U0946493

[内部资料　注意保密]

CHINA CONSTRUCTION BANK ALMANAC

中国建设银行年鉴

2014

中国金融出版社

责任编辑：肖丽敏
责任校对：张志文
责任印制：裴　刚

图书在版编目（CIP）数据

中国建设银行年鉴 2014（Zhongguo Jianshe Yinhang Nianjian 2014）/中国建设银行编. —北京：中国金融出版社，2015. 1

ISBN 978 - 7 - 5049 - 7406 - 8

Ⅰ. ①中…　Ⅱ. ①中…　Ⅲ. ①建设银行—中国—2014—年鉴　Ⅳ. ①F832. 33 - 54

中国版本图书馆 CIP 数据核字（2014）第 313086 号

出版发行　中国金融出版社
社址　北京市丰台区益泽路 2 号
市场开发部　（010）63266347，63805472，63439533（传真）
网 上 书 店　http://www. chinafph. com
（010）63286832，63365686（传真）
读者服务部　（010）66070833，62568380
邮编　100071
经销　新华书店
印刷　北京汇林印务有限公司
尺寸　205 毫米×280 毫米
印张　41. 5
插页　18
字数　1650 千
版次　2015 年 1 月第 1 版
印次　2015 年 1 月第 1 次印刷
定价　139. 80 元
ISBN 978 - 7 - 5049 - 7406 - 8/F. 6966

《中国建设银行年鉴2014》编委会

《中国建设银行年鉴2014》编辑部

本年鉴数据使用责任说明

本年鉴为中国建设银行股份有限公司内部刊物，不对外发行，本年鉴中的部分数据在使用之初仍处于审计过程中，为了在年鉴中真实体现当时数据使用环境的历史面貌，我们保留了这些数据。这些数据与本行公布的招股说明书、定期报告和临时公告有差异的，应以招股说明书、定期报告和临时公告的数据为准。因此，本年鉴使用者不得以任何形式复制、打印、转发、分发或以其他任何方式使用这些数据。如有违反，责任自负。

卷首语

2013年，面对异常复杂的形势，建设银行认真贯彻中央决策部署，深入开展党的群众路线教育实践活动，坚持稳中求进，加快转型发展，内生动力持续释放，创新驱动不断增强，规模、质量和效益稳步提升，取得了良好的改革发展业绩。

2013年末，建设银行集团口径资产总额达15.36万亿元，较上年增长9.95%；客户贷款和垫款总额8.59万亿元，增长14.35%；客户存款总额12.22万亿元，增长7.76%；一般性存款新增、个人存款新增同业第一；经主动控制，高成本同业存款较年初减少2 870亿元；人民币贷款增速四行第一，个人类贷款和信用卡贷款增量同业第一。营业收入5 086.08亿元，较上年增长10.39%，其中，利息净收入增长10.29%；手续费及佣金净收入1 042.83亿元，增长11.52%，占营业收入比重为20.50%。成本费用开支得到有效控制。

第一，服务实体经济取得扎实有效的新进展。全行紧紧围绕经济社会发展大局，提升金融服务效能。积极支持国家经济建设的重点领域和重大项目，全行新增基本建设贷款占公司类贷款新增近3成。强化了“三农”、小微企业等薄弱环节金融服务，涉农贷款增长27%，小微企业贷款新增、客户数及新增四行第一。围绕实体经济需求不断丰富金融产品和服务，全年完成了961项产品创新，在四行中领先；发挥“民本通达”系列产品的品牌优势，民生领域贷款余额达到2 260亿元，养老金账管新增规模、受托新增规模同业第一。加快物理网点、自助和电子渠道建设，扩大服务覆盖面。全行网点机构达到1.46万个，其中“三综合”网点1.26万个；现金类自助设备运营数量达到6.9万台；手机银行业务以及善融商务、微信银行等电子银行创新领先同业。积极支持扩大开放和企业“走出去”战略，在上海自贸区和沿边重要口岸设立分支机构，在深圳前海、珠海横琴新区积极拓展业务，主动对接客户需求，开展跨境综合金融服务创新。

第二，市场表现迈出稳中有为的新步伐。面对经济下行压力和日趋激烈的同业竞争、跨界竞争，全行迎难而上，寻找机遇，积极争取市场主动，部分指标的表现超过预期，为下一步发展赢得了主动。2013年，全行资产、负债、中收、利润等主要指标保持同业中良好发展态势；一般性存款、储蓄存款新增10年来首次表现同业最优；平均资产回报率（ROA）、股东权益回报率（ROE）、净利息收益率（NIM）等主要财务指标继续保持最佳状态；资产质量、资本充足率保持稳定，拨备覆盖充分；投行、现金管理、私人银行、金融IC卡等新兴业务继续取得新的市场优势；子公司发展态势良好，建信人寿、建信信托的主要业务指标居于前列。

第三，战略转型取得关键领域的新突破。全行按照“综合性、多功能、集约化”的战略导向，不失时机加快转型。综合性转型取得重要进展，收购上海良茂期货正式获批，综合金融牌照领先同业；母子公司业务联动量达到1 358亿元，子公司净利润增长25.6%。海外布局提速，新成立了6家海外机构，完成了巴西BIC银行并购签约；海外机构资产增长57%，税前利润增长36%。多功能转型深入推进，通过整合集团资源，提升产品供给能力、服务定制能力和资产配置能力。客户产品覆盖度不断提升，对公信贷客户产品覆盖度达到4.8个，个人有资产客户产品覆盖度3.4个。集约化转型进展有序，营运集中力度加大，完成了1.4万个网点机构28类产品的前后台分离；集团集约化管理机制不断健全，业务协同和风险并表管理得到强化。推进风险和信贷体制机制改革调整，加强了风险抓总管理和全流程管控，促进了信贷管理的专业专注；开展授信流程优化，提高了信贷服务效率。新一代核心系统建设一期13个项目投产上线并释放功能，二期34个项目全面启动，为全行经营管理转型提供了有力的支撑。

第四，转变作风带来改革发展的新气象。全行认真贯彻中央要求，在中央督导组的指导下，扎实深入开展党的群众路线教育实践活动，取得了实实在在的成效。活动开展以来，针对查摆出来的“四风”问题，全行制定了整改措施2.1万条，其中已经落实1.48万条，制定了配套制度4 026条。各级机构班子成员深入基层调研，研究解决实际问题，提升科学决策能力和推动改革发展的能力。轻车简从，不搞迎来送往；压缩不必要的出差，严格出差出国请假报告制度。精简审批、优化流程，总行审批事项减少30%，答复下级行请示效率提升22%。勤俭办行的观念逐步深入人心，招待费支出下降21%，会议费支出下降45%。全行通过教育实践活动，弘扬了主旋律，传递了正能量，并将活动成果转化成为提升服务、推动改革发展的强大动力。

回顾2013年的工作，在以下四个方面有深刻的体会。

一是坚持服务实体经济的基本方向，推动科学发展。银行发展必须牢牢植根于实体经济，必须紧紧围绕实体经济需求配置金融资源、创新金融服务。全行按照中央关于稳增长、调结构、促改革的要求，通过差别化信贷政策、综合化金融服务，促进经济发展和产业结构调整；同时，在复杂多变的市场环境中保持了定力，不参与恶性竞争和“空转”套利，自觉维护金融市场秩序，在“6·20钱荒”等市场波动中发挥了国有控股大型银行“稳定器”的作用。坚持发展仍是解决所有问题的关键这个重要发展思想的战略判断，通过发展提升服务实体经济的能力，在加快自身的转型发展中助推经济转型升级。

二是坚持“以客户为中心”的服务理念，引领经营转型。准确分析把握客户多样化、多层次的金融需求，科学确定银行经营转型的方向、路径和重点。根据客户需求持续改进服务、创新产品，通过“双向进入”建立伙伴式的新型银企关系，在为客户创造更大价值的同时实现银行的盈利增长。以深化改革的勇气和决心，根据客户体验不断调整优化内部管理模式和体制机制，推动“部门银行”向“流程银行”转变，切实提升对市场变化和客户需求的响应能力。

三是坚持改革创新的发展思路，激发内生动力。经过股改上市以来多年的持续高速增长，建设银行的股改红利逐步消失。党委、管理层按照中央关于深化改革和创新驱动发展的要求，大力推动产品创新、流程创新、技术创新、商业模式创新以及体制机制改革创新，破解制约发展的重点难点问题，通过改革创新获取新的发展红利。2013 年，在全行季度工作会议中增加了战略与创新专题研究内容。通过电子银行战略、风险体制和信贷机制改革调整、产品创新等专题，推动了重要领域的业务发展创新，促进了体制机制完善，释放了发展潜力。

四是坚持依靠群众的工作方法，调动各方面积极性。在管理政策上，强调总行因势利导、分行因地制宜，发挥基层首创精神。在资源配置上，薪酬、培训和人员配置等向经营一线倾斜，调动基层积极性。坚持干部人事制度改革，加大干部交流培训力度，不断提升干部队伍的履职能力；加强党风廉政建设，努力遏制大案要案的发生。在企业文化建设中，坚持以人为本，通过“知行合一，实干兴行”等主题实践活动，凝聚发展力量。在青年工作中，通过开展创新创效、志愿微公益、最美青工评选、青年员工成长帮助计划等富有时代气息的活动，为青年搭建成长平台，激发改革创新热情。通过最大限度地发挥人的创造力，全行充分挖掘人力物力资源，取得了资产规模、利润总额较好的市场表现，实现了股东、客户和广大员工利益的协同发展。

2013 年取得的成绩来之不易，得益于党中央、国务院的坚强领导，得益于宏观管理部门、监管部门的指导帮助，得益于全行广大员工的拼搏奉献。当前，我国进入了全面深化改革的关键历史时期，建设银行也处于转型发展的重要关口，既有新挑战，又有新机遇，全行干部员工要以高度的责任感，迈出改革创新的新步伐，为实现中华民族伟大复兴的中国梦，建成国内最佳、国际一流银行的建行梦，作出我们应有的贡献！

王洪章

张建国

张福荣

2013年1月10日，董事长王洪章亲切看望云南省分行特殊困难员工。

2013年7月18日，董事长王洪章到陕西分行视察开展党的群众路线教育实践活动情况。

2013年8月29日，董事长王洪章和青海省副省长高云龙视察建设银行青海省建行网点。

2013年10月12日，董事长王洪章与上海市市长杨雄共同为中国建设银行（上海）中心揭牌。

2013年10月29日，董事长王洪章与卢森堡财政部长吕克·弗里登共同为中国建设银行卢森堡分行揭幕。

2013年5月7日，行长张建国到河南分行进行工作调研。

2013年6月27日，行长张建国出席中国建设银行台北分行开业庆典并致辞。

2013年7月12日，行长张建国到内蒙古自治区分行视察期间会见内蒙古自治区政府主席巴特尔。

2013年8月1日，行长张建国与卡特彼勒集团总裁爱德华·莱普举行会晤。

2013年8月16日，行长张建国到信用卡中心开展党的群众路线教育实践活动调研。

2013年4月11日，监事长张福荣到海南省分行调研指导工作。

2013年6月24日，监事长张福荣到江西分行调研指导工作。

2013年7月22日，监事长张福荣到云南省分行调研指导工作。

2013年11月7日，监事长张福荣到河南省分行调研指导工作。

2013年12月31日，监事长张福荣到建信租赁慰问员工。

2013年1月31日，纪委书记、副行长朱洪波在天津市分行调研并主持召开部分一级分行纪委书记座谈会。

2013年10月14日，纪委书记、副行长朱洪波到广东省分行检查指导党的群众路线教育实践活动开展情况。

2013年11月5日，副行长朱洪波会见香港会德丰集团常务董事吴宗权先生一行。

2013年1月14日，副行长胡哲一会见美国Ashcroft集团董事长John Ashcroft先生及大成律师事务所一行。

2013年9月5日，副行长胡哲一到宁夏回族自治区分行调研。

2013年12月2日，副行长胡哲一出席总行组织召开的珠三角地区重要客户产品推介会并讲话。

2013年3月19日，副行长庞秀生到位于皇城国际的“新一代”测试工作场地调研。

2013年5月8日，副行长庞秀生在北京出席神华电子交易平台启动仪式。

2013年8月2日，副行长庞秀生到河南省分行进行工作调研。

2013年8月9日，副行长赵欢到江西省分行调研。

2013年8月21日，副行长赵欢到山东省分行进行工作调研。

2013年11月8日，副行长赵欢到湖南省分行进行工作调研。

2013年1月10日，副行长章更生到宁夏回族自治区分行指导工作。

2013年8月22日，副行长章更生到苏州分行调研期间走访亨通集团。

2013年10月29日，副行长章更生到武汉生产基地实地察看武汉生产基地项目。

2013年10月14日，副行长杨文升会见摩根资产管理公司主席Paul Bateman先生一行。

2013年10月21日，副行长杨文升到福建省分行开展授信流程调整优化试运行工作调研。

2013年11月6日，副行长杨文升会见泰国政府养老基金秘书长兼泰国证监会副主席Sopawadee Lertmanaschai女士一行。

目 录

二、市场研究（此部分见光盘）

三、风险管理研究（此部分见光盘）

四、业务研讨（此部分见光盘）

CHINA 中国建设银行年鉴
CONSTRUCTION BANK ALMANAC
2014

CHINA 中国建设银行年鉴 2014
CONSTRUCTION BANK ALMANAC

第一部分　战略决策与战略管理

董事会的改革与成就

在董事会、监事会、管理层和全行员工的共同努力下，2013 年，建设银行总资产规模突破 15 万亿元，净利润比上年增长 11.1%，不良贷款率保持年初水平，资产回报率（ROA）、股东权益回报率（ROE）、每股收益和资本充足率等多项核心指标保持同业领先。

一、持续加强董事会建设

一年来，董事会严格落实最新监管要求，认真履职尽责，持续优化决策和运行机制，积极探索最佳治理实践。2013 年，建设银行获得《亚洲公司治理》杂志颁发的“亚洲最佳公司治理奖”最高奖项——“亚洲标志奖”，并连续三年蝉联香港《财资》杂志“最佳公司管治铂金奖”。

（一）严格执行股东大会决议

2013 年，董事会召集股东大会两次，审议通过了董事会报告、监事会报告、财务决算方案、利润分配方案、固定资产投资预算以及选举董事和监事等议案。年内，董事会严格执行股东大会各项决议，顺利完成 2012 年度分红派息工作，合计向近 80 万股东派发现金股息 670.03 亿元；落实固定资产投资预算，重点支持业务转型和渠道建设；聘用普华永道、罗兵咸永道会计师事务所为 2013 年度外部审计师，并完成 2014 年度外部审计师筛选工作，外部审计费用进一步下降；积极推进减记型合格资本工具发行，增强银行资本实力。通过严格执行股东大会决议，有效地维护了全体股东的合法权益，促进了全行业务的稳健发展。

（二）充分发挥董事会决策作用

董事会强调发挥战略决策功能，力求在复杂的市场环境中把握正确发展方向，确保战略决策的科学性。2013 年，董事会共召开定期会议和临时会议 7 次，审议议题 71 项，内容涵盖财务报告、资本管理、章程修订、董事提名、高管聘任、机构设置、海外拓展、投资并购、风险管理和聘用外部审计师等多个方面，充分发挥了董事会的决策作用。董事会战略发展、审计、风险管理、提名与薪酬和交联交易控制五个专门委员会共召开会议 28 次，审核、听取、讨论及参阅议题 168 项，为重大问题的科学决策提供了有力支持。

（三）不断加强董事会制度建设

2013 年董事会以提高决策效率，完善运行机制为重点，不断加强董事会制度建设。年内完成了《董事会授权管理办法》的修订，进一步明确了董事会授权的范围、内容、职责和程序；研究制订股东大会对董事会授权和董事会对委员会授权方案，进一步完善授权体系；在依法合规、加强监督与风险可控的前提下，探索优化董事会和管理层部分审批权限，以提高决策效率。积极研究同业先进经验，拟在董事会关联交易控制委员会中增设社会责任有关职责，不断优化董事会架构。为支持董事会成员依法履职尽责，专门研究制定了董事会与管理层及所属机构联系制度，进一步规范相关信息沟通的内容与方式。此外，加强了股东大会和董事会计划管理，年初确定全年的会议日程、初步拟定待审议的议题，规范临时召开次数和程序，有效地提高了董事会运作的规范性和权威性。

（四）进一步提升董事会多元化水平

董事会认识到成员多元化对于规范董事会运作、完善公司治理具有重要意义。2013 年，董事会根据香港联交所最新上市规则，制定了专门的董事会成员多元化政策，明确董事候选人遴选标准，要求董事选任兼顾专业能力和职业操守。全年董事会共有6位董事期满离任，为确保新老董事顺利过渡，董事会一方面认真研究过渡期董事任期机制，离任董事留任至新任董事资格核准之后，另一方面在全球范围积极遴选董事候选人。截至2014年1月，17位董事会成员全部到位，其中执行董事4名、股权董事6名、独立董事7名，董事会成员来自中国大陆、中国香港、美国、欧洲和大洋洲，包括前政府政要、知名学者、专业监管人士、商业银行高级管理人员和职业会计师等，成员结构符合监管规则和章程要求。

（五）持续提升董事履职能力

2013年董事会成员恪尽职守，切实履行忠实和勤勉义务，不断加大履职时间投入，董事会会议出席率均为100%。除参加正式会议外，年内董事会成员参加各类董事沟通会44次，深入研究议题材料，广泛听取部门汇报；列席行长办公会、全行工作会、专题会、监管机构通报会等重要会议，及时掌握决策动态；赴境内12家分行，就经营模式和盈利模式转型、风险管理、产品创新和互联网金融等开展调查研究。董事长和其他董事会成员还赴中国香港、中国台湾、新加坡、俄罗斯、卢森堡等国家和地区，拜访当地监管部门和金融机构，获取最新外部资讯。此外，董事会成员积极参加银监会、上海证券交易所和北京证监局等举办的董事履职培训，了解国际和国内银行业监管、公司治理、市值管理及恢复和处置计划制订等最新动态，不断提升履职能力。

二、推进全行战略转型和发展

2013年，董事会围绕“综合性、多功能、集约化”发展战略，加强重大战略问题研究，紧抓战略规划执行落实，优化信贷和业务结构，强化资本管理，推动海外机构布局及调整，扎实推进全行战略转型。

（一）加强战略和转型问题的研究

根据银行业当前面临的形势，董事会不断加强解决复杂问题的能力。2013年，董事会定期听取专题汇报，及时跟踪和研判宏观经济金融形势、国家财政和货币政策以及监管要求变化，提出应对策略。不断完善战略与创新研究机制，年内对转型发展、电子银行、产品创新等重大战略课题进行研究讨论，确定未来发展策略和目标。针对当前社会经济结构调整加快、金融领域市场化改革不断深化以及互联网金融等的蓬勃发展，董事会认为加快推进经营转型已刻不容缓，转型应坚持以客户为中心，以市场为导向确定业务方向和管理目标，提升价值创造能力。在董事会推动下，管理层已组织专门团队着手制定新的转型发展规划，于2014年6月提交董事会审议。

（二）推动全行业务战略转型

根据加速战略转型、优化业务模式和收入结构的整体目标，2013年董事会围绕客户、产品和渠道，着力推进5个方面的转型。一是由存贷款为主向综合服务型银行转型。全年母子公司业务联动量达到1358亿元，子公司净利润增长25.6%，子公司对集团的贡献度显著提高；收购上海良茂期货于年内正式获批，综合金牌照领先同业。二是由简单的服务向多产品、多功能服务转型。电子银行、跨境人民币结算、金融社保卡、养老金等多项战略性业务实现快速发展。三是由手工处理向电子化转型。截至2013年底85%的账务性交易实现了电子银行和自助渠道办理，只有15%在柜面办理；新一代核心系统一期13个项目投产上线并释放功能，二期的34个项目正式启动。四是由商业银行向金融集团管理模式转型，经营管理的集约化、资本集约化程度不断提高。五是由传统型银行向创新型转型。年内全行共完成产品创新961项，流程创新、商业模式创新和管理模式创新也取得积极进展。

（三）加强资本集约化管理

金融危机以来，境内外监管机构不同程度地加强了对银行业的资本监管，如何保持业务增长和资本积累的良性循环是大型银行面临的严峻挑战。2013年，董事会一方面做好资本充足率评估管理，加强资本补充规划，根据股东大会的决议，积极推进220亿减记型二级资本工具的发行；同时，根据最新政策变化，积极研究优先股、永续债等新型资本工具，在满足银行资本需要的同时，丰富和优化资本结构。另一方面推动管理层加大业务转型和结构调整力度。以“资本占用少、收益高”为原则，鼓励个人贷款、信用卡透支、小微企业贷款等业务发展，控制房地产贷款、产能过剩行业贷款等高风险权重资产的增长速度，发展非信贷类资产业务。通过提高资本使用效率、降低低效和无效资本占用，实现业务增长和资本积累的良性循环。

（四）推动海外布局与调整

海外业务发展是建设银行实现综合性、多功能经营的重要途径。董事会按照海外发展战略总体要求，积极构建多形式、多层次的海外机构网络，把握投资和并购机会。年内董事会决定将香港分行的主要资产注入建设银行亚洲，同时启动澳门地区机构设置和业务模式调整，通过资源整合提升市场竞争地位；审议通过向伦敦子行增资30亿元人民币，全力支持建设银行伦敦争取英国人民币清算行资格。在董事会的大力推动下，2013年建设银行海外机构申设取得积极进展，俄罗斯子银行、迪拜子银行、台北分行、欧洲及卢森堡分行、大阪分行相继开业；海外并购也取得突破，完成了巴西BIC银行并购签约，建设银行在南美的布局迈出重要一步。

三、全面推进风险管理

2013年，银行面临的经营环境异常复杂，风险管控、案件防范的压力都大于往年。董事会严格落实境内外监管要求，督促管理层加大全面风险管理力度，推进风险管理体制改革和信贷机制调整，关注重点风险领域，强化内控建设和关联交易管理，不断提升风险管理水平。

（一）加大全面风险管理力度

2013年，董事会继续深入研究银行面临的各类风险，积极推动全面风险管理建设。持续推进信用风险全面评估与应对，坚持信贷结构调整，做好系统性风险防范；推动管理层加强市场研究，优化估值方法和模型，提高市场风险和利率风险的识别、计量和控制能力；推进信息科技风险、合规风险管理和案件防控，有效防范操作风险。此外，董事会高度重视资本管理高级方法的实施推进，年初审议通过了资本管理高级法实施申请方案，目前相关成果已广泛应用于全行信贷政策标准制定、业务流程优化和资本计量等领域。

（二）推进风险体制改革和信贷机制调整

根据形势变化和管理需要，董事会、管理层在深入调查研究的基础上，针对体制、机制中一些不适应的环节，提出了优化和调整风险体制与信贷机制的总体思路。通过落实全员风险管理、强化分行管理层责任、实现双向报告、推进专业分工、完善风险抓总，使银行经营管理更高效、风险管控更有效。董事会同时高度重视风险体制调整、授信机制优化的推进和落地工作，专门听取管理层有关汇报，充分讨论调整后的风险报告机制与报告路径、激励计划与考核机制以及全面风险框架。目前，风险授信新旧流程切换已顺利完成，在保证客户维护和授信业务稳定的基础上，实现了风险管控水平的提高。

（三）强化重点领域风险管理工作

2013年，董事会专门通过了重大风险事项报告规程，以便及时掌握重大风险信息。在董事会推动下，管理层持续开展业务和风险管理年活动，2013年对理财、委贷等业务开展清理整顿，业务经营和风险管理基础得到进一步巩固。2013年6月，市场出现流动性紧张的局面，董事会及时督促管理层制定应对策略及应急预案，在确保自身正常支付清算的前提下，向市场融出富余资金，发挥了大行应有的市场“稳定器”作用。针对长三角等重点区域，房地产、钢贸、煤贸、铜贸等重点行业风险有所集聚的情况，董事会督促管理层加大对不良贷款的处置和核销力度，控制不良贷款反弹，强化风险预警预控。

（四）持续加强内控建设和关联交易管理

董事会认真贯彻落实外部监管要求，充分发挥内外部审计的作用，组织开展2013年度内控评价工作。在关注财务报告内控评价的同时，强调适当关注非财务报告内控评价，使银行内控建设质量得到显著提高。在关联交易管理方面，董事会高度重视相关制度建设和信息系统建设，推动银行提高交联交易管理的规范性和管理效率。2013年，由于美国银行减持建设银行全部股份，淡马锡及其附属公司成为建设银行第二大股东，董事会要求管理层加强对建设银行与淡马锡交易行为的监控，保障了关联交易的合规性。

四、不断提升良好市场形象与影响力

董事会始终遵循上市公司相关规则与惯例，建立与资本市场的双向交流机制，利用多种平台展示建设银行良好的外部形象，不断提升市场影响力。

（一）不断提升信息披露质量

2013 年，董事会继续坚持“真实、准确、完整、及时”的原则，高质量地对外披露信息，不断提高市场透明度。密切跟踪监管规则变化，加强与证券监管机构的联系，顺利完成上海证券交易所信息披露直通车以及信息披露网络平台的转换工作；进一步健全内部信息披露制度和流程，不断提升信息披露质量；加强集团信息披露工作的联动性，指导协助子公司向证券交易所的信息报备。2013 年，建设银行发布定期报告 4 次，发布各类临时公告 57 次，发布信息披露文件 210 余份，完成各类权益申报事项 64 项，董事、监事、高管等信息报备 20 人次，完成监管机构各类临时性工作 26 项，做到了信息披露文件零差错，多方证券监管零违规，有效地避免了危机事件发生。

（二）加强投资者关系与市值管理

2013 年受全球宏观经济金融形势、资本流动及市场预期等多种因素影响，中国主要国有大型银行的市值有所波动。董事会、管理层高度关注银行资本市场表现，将市值管理工作纳入银行战略管理的重要组成部分，多次指导和部署市值研究和管理工作。全年安排业绩发布会和路演活动 4 次，接待国内外机构投资者与分析师来访 300 多人次，通过向境内外投资者积极宣讲建设银行业绩，打消投资者的顾虑。首次举办“稳健之行”企业开放日活动，安排北京、上海两地共 11 场活动，设计了与管理层现场交流、观摩审批会、了解风险管理实践与操作、参观信用卡业务中心、拜访监管机构和走访客户等环节，49 位来自世界各地的投资者通过亲自体会建设银行业务发展优势和风险控制能力，提升了对建设银行投资价值的认可度。加强在境外市场宣传，通过业绩发布、境外机构开业及境外合作等机会，主动拜访重要投资者，做好沟通与解释。

（三）积极履行企业社会责任

董事会在努力为股东创造更大价值的同时，始终坚持积极回馈社会。全年建设银行对外捐款 4 800万元，其中向四川雅安地震灾区捐款 1 500 万元；持续实施“母亲健康快车资助计划”、“贫困高中生成长计划”、“贫困英模母亲资助计划”等长期公益项目；建立健全消费者权益保护管理机制，明确全行消费者权益保护工作的目标、框架和主要措施；积极推行绿色金融，加大绿色环保、节能减排领域的信贷投入。2013 年，建设银行成为 APEC 中国工商理事会成员单位，董事长王洪章当选亚太经合组织（APEC）工商咨询理事会候任代表，建设银行通过与 APEC 各经济体工商界代表广泛交流和沟通，展示了良好的企业形象，为创建区域及全球自由便利的贸易和投资环境做出了积极努力。

执笔：于宝亮

监事会的改革与成就

2013 年，中国建设银行监事会依据公司章程和《商业银行监事会工作指引》等的规定与要求，结合本行经营管理实际，明确监督重点，充实监督内容，完善工作机制，创新工作方式，扎实有效地开展监督，为本行公司治理的完善和持续健康发展作出了贡献。

一、依法召开监事会及委员会会议

全年共召开监事会会议 8 次，审议通过年度工作总结及计划、监事会报告、银行定期报告、内部控制评价报告、年度履职评价报告、提名监事候选人等 22 项议案，听取资本管理、风险管理、内控合规等专题汇报 5 次，对监督工作进展情况和《商业银行监事会工作指引》落实情况等重要事项进行了研究讨论。召开履职尽职监督委员会会议 5 次，审议审核议案 10 项，集中评议对董事会及其专门委员会、高级管理层、董事、高级管理人员 2012 年度履职评价意见，研究评议监事会及监事 2012 年度履职情况。召开财务与内部控制监督委员会会议 6 次，审议审核议案 8 项，听取内控评价工作、内部审计发现、信贷资产质量、外审师商定程序工作等专题汇报 13 次。监事会及委员会会议运作规范，议事重点突出，围绕本行依法合规运作、董事会、高管层及其成员勤勉尽责、重要事项决策与执行、定期报告编制与披露等事项进行了认真研究，并对财务报告、募集资金使用、重大资产收购与出售、关联交易、内部控制以及履行社会责任等事项发表了独立意见，相关内容纳入本行年度报告进行了公开披露。

二、认真落实监管规定，组织开展财务、内控、风险和履职监督各项工作

监事会 2013 年第二次会议专题讨论了落实《商业银行监事会工作指引》的意见，根据该指引要求，监事会调整完善了年度监督与评价工作，进一步明确了财务、内控、风险管理和履职监督的工作重点与内容。

（一）财务监督

监事会成员列席了董事会审计委员会、财务报告预沟通等会议，对董事会及审计委员会履行财务报告职责与表现进行监督。围绕定期报告与外部审计师进行工作访谈 3 次，与财会、风险等职能部门开展工作沟通 4 次，就逾期贷款、减值计提、信息披露等进行建议或提示，得到了审计委和管理层的重视和采纳。对 2014 年外审师选聘工作开展全程监督，就选聘方案、选聘流程和具体安排等向有关方面提出了建议。加强对外审师审计审阅工作的监督，在定期的工作沟通中全面了解外部审计重点，及时提出工作要求。加强重要财务领域的分析研究，针对近年来我行一些关键经营指标增速开始放缓的情况，组织对净利息收益率（NIM）和资金成本等进行专题分析。强化基础财会信息的收集、整理和分析，建立财务报告数据库，完善了财务监督持续化工作机制。

（二）内控监督

跟进了解董事会内部控制自我评估工作，并就本行内部控制评价年度报告发表独立意见。通过书面征询等方式，对关联交易、重大资产收购与出售等事项进行监督。列席了董事会相关委员会及管理层的会议，与职能部门开展访谈、座谈，对董事会和高管层完善内部控制体系及履行内部控制职责情况进行监督。定期听取内控合规工作情况、内部审计主要发现及整改、案件防控等专题汇报，就加强重点业务领域的内部控制、强化基层机构的案件防控等提出意见和建议。加强对

新业务、新产品内部控制情况的监督，选取网络银行贷款、国内保理等发展较快的新业务开展调研，对其制度建设、操作流程、关键风险环节等进行深入研究。围绕全行业务发展重点和内控管理中存在的突出问题开展专项研究，对我行内控缺陷认定工作、案件与部分核销贷款问责、内控体系建设及运行，以及信息系统运行等情况进行专题分析，提出了具体的意见和建议，这些分析意见和建议已转送管理层阅研。

（三）风险管理监督

列席了董事会风险管理委员会的全部会议和管理层的相关会议，加强与有关方面的沟通，持续跟踪了解银行全面风险治理架构的建立和完善情况，并对董事会、高管层履行风险管理职责情况进行监督。听取全行风险管理情况、流动性风险管理情况专题汇报，适时就资产质量、区域风险、流动性风险、理财业务等进行提示。关注信贷资产质量变化情况，指导工作机构建立资产质量监督数据库，按季对不良贷款和逾期贷款变化情况和趋势进行监测分析，定期听取信贷资产质量情况专题汇报，与职能部门交换意见，就重点区域、小微企业、钢贸企业的风险防控和不良资产处置等问题提出工作建议或要求。针对当期热点和重要事项开展专题分析，重点关注了银行主要风险评估工作、声誉风险管理、流动性风险管理、同业业务等事项。组织开展了小企业业务、对公业务押品管理、海外机构风险管控的专题调研，加强对业务风险管控情况的深入了解，提出有针对性的意见和建议。根据监管规定，对风险监管指标执行情况也开展了持续监控。

（四）履职监督

监事会成员列席了2013年度本行各类重要会议，其中股东大会2次、董事会及其委员会会议32次、董事沟通会10次、全行工作会议4次、行长办公会8次、经营形势分析会4次、业绩发布会2次，还列席了财务会计、纪检监察、审计等业务条线会议，对董事会、高管层及其成员履职情况进行监督。认真审核股东大会、董事会决策程序、表决结果、信息披露等的合法合规性，分析股东大会和董事会决议的执行情况。加强对重大决策与执行情况的监督，有重点地调阅文件签报，全年调阅各类签报100余份。组织开展对董事会、高管层及其成员年度履职监督评价的一系列工作，包括对部分董事、高级管理人员及分行主要负责人的访谈、座谈；集中审阅董事会、高管层及其成员的年度履职报告；在董事、监事、高级管理人员及部分总行部门负责人范围内组织无记名履职测评；对董事、高级管理人员个人年度履职情况进行审核；召开履职尽职监督委员会会议集中研究评议履职评价报告。在上述工作基础上，结合日常监督情况，研究提出对董事会及其专门委员会、高级管理层、董事、高级管理人员年度履职情况的评价报告，提交监事会会议进行审议。监事会年度工作情况和监督意见以书面形式向董事会、高管层进行通报；董事履职评价结果纳入监事会报告通报股东大会，董事、高管个人履职评价意见分别向其个人做了书面反馈，并按要求报送监管部门。对监事会及其成员自身履职情况也进行了评价。

三、突出监督重点，深入开展调研检查和非现场监测分析

2013年，监事会继续坚持以往行之有效的监督方式，突出监督重点，深入开展调研检查和非现场监测分析，监督工作的针对性和有效性进一步显现。

（一）深入开展专题调研与检查

2013年，监事会先后组织开展了小企业业务、对公业务押品管理、资本管理、新业务内部控制、海外机构经营管理5个领域的专题调研，召开部分分行主要负责人参加的工作座谈会1次。监事会负责人及监事先后到河南、广东、福建、浙江、江苏等十多家分行，深入了解分支机构经营管理、风险内控情况，听取对全行业务发展和对董事会、监事会、管理层的工作意见。调研结束后，形成了翔实的报告，提出了有针对性、建设性的意见建议。如小企业业务调研报告指出“零售化”经营理念尚未落实到位，客户选择、业务流程、管理手段等与小企业业务特点不相适应，存在风险控制能力不足，资产质量出现下滑等问题，建议董事会加强对小企业业务的指导，建议管理层继续对业务流程进行优化与再造，夯实“零售化”发展基础，遏制小企业不良和逾期贷款反弹。对公业务押品管理情况调研指出分支

机构押品管理职责较分散、价值重估大多流于形式、差别化管理不足等问题，建议以授信及风险管理体制改革为契机，提升押品管理的统一化和专业化水平，同时根据实际情况对押品管理政策进行重检和完善。资本管理调研报告就如何更好地提升资本集约化水平、完善内部评级体系、改进经济资本和 RAROC 的计量和应用、夯实数据基础等进行了分析，建议加快推进资本计量高级方法的推广和深化应用，促进资本管理工作水平的进一步提升。新业务内部控制调研报告以网络银行与国内保理两项战略性新兴业务为重点，对其关键风险环节和内部控制进行了剖析，提出重视战略性新兴业务顶层设计、加强对新兴业务支持力度、强化内部控制建设、增强系统支持能力等意见。海外机构经营管理情况调研报告指出海外业务发展跟随战略有待深化、风险内控管理存在薄弱环节等问题，建议采取实质性措施推动海外机构落地业务快速发展，通过持续完善绩效考核机制等推动其业务转型，同时进一步研究加强海外机构的风险内控和基础管理工作。

监事会调研报告均转送董事会相关委员会、管理层及总行有关职能部门参考研究，分管行领导对监事会调研报告高度重视，专门做出批示，责成相关部门进行研究，吸收监事会建议，提出具体的改进措施。

（二）加强非现场监测分析工作

近年来，国内外经济金融形势复杂多变，商业银行面临的潜在风险增多，与此同时，监管部门对监事会工作提出了新的要求，例如，要求加强对新业务及新产品管理制度、操作流程等内部控制情况的监督，对内控合规工作进行监督指导；监督银行全面风险管理治理架构的建立、完善及相关各方职责履行情况，对银行当期主要风险进行重点监督等。为切实落实这些监督职责，我们一方面对监督信息需求和获取情况进行梳理，理顺相关工作机制，保障监事会的知情权；另一方面紧密结合经营管理实际，对一些重要事项开展持续、深入的了解和分析，全年共撰写专题分析材料 12 份，提出了意见或建议。如在内控监督方面，对建设银行内控体系建设及运行情况、内控缺陷认定工作情况作了梳理，调查了解案件及核销贷款的问责情况，重点就案件及重大风险事件所反映的内控现状进行分析，提出了内控存在的缺陷或需要关注的问题，并在监事会内部进行了研究和讨论。在风险监督方面，跟踪了解建设银行主要风险评估工作情况，对声誉风险管理、流动性风险、理财业务和同业业务等一些领域的风险管控情况开展分析，针对不足之处提出了改进建议。

四、积极建言献策，努力推动银行持续稳健发展

在如何更好地实施发展战略、推动经营转型、加强风险管控等关系全行长远发展的重大问题上，监事会通过多种途径和形式，积极提供意见和合理化建议，努力推动银行健康发展。

（一）关注战略性、全局性事项，积极提供意见建议

面对经济金融形势的新变化，在全行性的重要会议上，监事会负责人多次强调要实施好既定的发展战略，明确战略传导，加强组织推动，确保战略落地。结合十八届三中全会关于全面深化改革的总体要求，提出要更好地研究和推动经营转型，加快转变发展方式。始终坚持服务于实体经济，体现自身特色，重视集约化，寻求经营转型与利润增长的平衡点。重视化解产能过剩矛盾，加强对产能过剩行业的系统性和预见性研判，提高信贷风险缓释能力。加强重点领域风险防范的前瞻性管理，把握新形势下信用风险、市场风险、操作风险和声誉风险的工作重点，加强研究分析，完善体制机制，制定防范措施，确保风险管理工作到位、有效。保持资产质量基本稳定，确保不发生系统性和区域性风险。在与分支机构负责人座谈和调研过程中，监事会负责人多次深入分析和交流对商业银行面临的形势、挑战等的看法和认识，对资产、负债、客户、区域和收入结构调整提出了有针对性的指导意见，在分支机构中引起较大反响。

监事会成员非常关注本行的经营管理和业务发展，通过列席董事会、管理层的重要会议，听取职能部门的专题汇报，开展非现场监测分析、访谈座谈、现场调研等多种方式和途径，主动加强与不同层面的交流互动，积极建言献策，提供意见和建议，推动银行持续健康发展。

（二）提出年度监督评价意见，及时进行通报和反馈

年度监督工作结束后，监事会形成对董事会、高管层年度监督的意见，并向董事会和高管层及其成员进行书面通报。在充分肯定成绩的同时，明确指出需要关注和亟待解决的问题。建议董事会进一步加强对宏观形势、发展战略和重大决策事项的研究，在战略规划与实施、经营发展、资本管理、资源配置等方面发挥更积极的作用；进一步加强自身建设，完善董事会及委员会的运作机制，切实提高议事效率和质量；建议董事会成员按照公司章程的规定，认真履行职责，不断提高履职能力。建议高级管理层进一步加强对银行业发展趋势和经营环境变化的分析研判，积极应对利率市场化、资本监管变革的挑战，坚持经营转型和结构调整，稳步推进业务创新；继续采取措施落实风险管理、内部控制和案件防范责任制，保持全行运营安全和资产质量稳定；建议高级管理人员深入调研，着力研究解决经营管理中的重大问题，扎实推动各项工作。

五、加强对内部审计工作的指导

监事会认真履行对内部审计工作的指导职责，针对如何提高审计工作的质量和水平，加强审计队伍建设等提出意见或工作要求，努力发挥内部审计在提升全行业务发展和经营管理水平等方面的积极作用。2013 年，内部审计积极贯彻落实总行党委战略部署，始终坚持“围绕中心、服务大局、创造价值、促进发展”的工作目标，以风险为导向，明确审计重点，完善审计手段，提高审计能力，促进审计成果运用，在履职能力和履职效果方面不断进步。全年有针对性地实施了系统审计项目 28 个（类）、自选审计项目 1 830 个。发现重大问题及隐患 199 个，提出审计建议 6 600 余条。共向总行领导呈报重要报告 36 份，向全行发送审计要情 1 份，审计简报 40 份；向总行部门发送重要审计信息 283 件。审计覆盖领域更加广泛，审计工作层次得到进一步提升，审计成果得到总行领导、业务部门和各级机构的高度重视，在“揭示风险、服务发展”方面发挥了积极作用。

近两年，监事会还通过选派工作人员参与年度海外审计工作、抽调内审人员参与监事会专项调研等方式，不断加强工作机构与内审部门的沟通协作。2013 年，共选派 8 名工作人员参与了悉尼、纽约、伦敦等 8 家海外机构的年度审计工作，实地了解海外机构业务发展和风险管控情况，提高了监事会开展监督检查的能力和工作水平。

六、加强自身建设，持续提升履职能力

监事会始终重视自身建设，不断健全完善制度体系和组织机构，持续改进工作方法，工作质量与效率进一步提高。

（一）按时完成监事选任的相关工作

2013 年 6 月，在任监事任期届满。按照规定的提名、审核及选举程序，监事会及时与主要股东、监管机构汇报沟通监事人选情况，召开履职尽职监督委员会会议和监事会会议进行审核、审议。2013 年年中，建设银行年度股东大会和职代会联席会议分别选举产生了新的股东代表监事、外部监事和职工代表监事。随后举行的监事会 2013 年第五次会议选举产生了监事长和履职尽职监督委员会委员、财务与内部控制监督委员会委员。

（二）健全内部信息交流机制，加强对重要信息的整理分析

改进完善内部监督信息沟通交流机制，定期在全体监事中通报监督工作的进展情况，加强了监事会内部对风险管理、内部控制监督等重要事项的研究讨论。注重发挥监事会工作机构的监督支持和保障作用，通过完善与相关职能部门的常态化沟通协调机制，建立财务报告、资产质量监督数据库，加强重要信息的监测、分析、报告等，进一步增强工作机构为监事会及监事履职提供专业化支持与服务的能力，全年编制提供了监督参考 30 期，其中风险监督参考 11 期。

（三）积极组织监事参加培训和参与监督工作

监事会成员参加了银监会举办的大型银行董事、监事培训班和证券监管部门举办的上市公司专题培训，就系统重要性银行和资本监管、资本市场和货币政策、银行国际化和综合化等专题进行了学习和讨论，了解了监管新知识、新要求。参加了本行组织的各类学习讲座、业务专题研讨或培训，深入了解经济金融和银行业务发展情况。

全体监事积极出席列席本行的各类重要会议，根据专业特长有重点地参与了各项监督，包括调研检查、访谈座谈、专题研讨、企业开放日等活动。监事会成员注重对本行整体经营形势的分析研判，积极主动地提供个人看法和专业意见，认真履行职责，为公司治理的完善和本行的发展做出了努力。

（四）注重借鉴同业经验，完善相关制度办法

在对自身工作实践进行总结的同时，监事会注意学习借鉴同业好的经验与做法，与来访的南方航空公司监事会、中信保公司监事会、中国邮政储蓄银行监事会进行了工作交流，认真参加了中投公司控参股银行监事会座谈会，介绍了监事会年初以来的主要工作情况，交流了防范金融机构系统性风险的认识和体会。结合工作实际和《商业银行公司治理指引》等监管新规，对公司治理文件中与监事会职责相关的条款进行了讨论，初步形成了修订意见。研究制定了《监事会及其成员履职评价办法》，进一步规范了监事会及其成员的履职评价工作。

执笔：刘进

CHINA 中国建设银行年鉴 2014
CONSTRUCTION BANK ALMANAC

第二部分　战略部署暨文献资料

坚持创新 深化转型 努力实现建设银行新发展

——在中国建设银行2013年工作会议上的讲话

王洪章

（2013年1月20日）

同志们：

为全面深入贯彻党的十八大和中央经济工作会议精神，落实国家宏观部门和监管部门的要求，分析形势，部署2013年的工作，总行党委、管理层决定召开这次会议。近期，党委在听取各部门意见建议的基础上，研究确定了2013年工作思路和措施，董事会也审议通过了全年经营计划。张建国同志、张福荣同志还要作重要讲话。下面，我代表党委讲三点意见。

一、2012年工作回顾

2012年是建设银行股改以来最为困难的一年，挑战和变数多，风险和压力大。全行认真贯彻党中央、国务院的决策部署，牢牢把握“稳中求进”的总基调，坚持发展不动摇、坚持效益增长不动摇、坚持创新转型不动摇，各项工作取得了新的进展。

（一）服务实体经济，信贷结构调整取得新成效

坚决贯彻落实中央关于金融服务实体经济的要求，适时调整业务政策，合理调配信贷资源，加强授信管理，大力支持国家重点项目、民生领域以及经济社会发展薄弱环节。2012年，全行基本建设贷款新增占公司类贷款新增的37%，支持了大批国家重点在建、续建项目；小微企业贷款增速为18%，涉农贷款增速为21%，新农村建设贷款增速为156%，保障性住房开发贷款增速为130%，均高于全行贷款平均增速。实施主动授信管理，有保有压，调控“6+1”、融资平台、房地产等敏感性行业贷款。通过抓发展、调结构，取得了良好的经济效益和社会效益。

（二）加快战略实施，综合化经营迈出实质性步伐

总行党委根据国内国际市场变化，进一步明确了“综合性、多功能、集约化”的战略定位，不失时机地推进战略转型。积极拓展“三大一高”客户，加强高层营销、总分行和母子公司联动营销，客户基础得到强化。综合化经营格局初步形成，建设银行的非银行金融牌照种类领先于其他大型商业银行。各子公司加快发展，服务集团、做大做强，境内子公司利润同比增长73%。海外布局提速，机构申设进度加快，率先实现在伦敦发行人民币债券。海外机构总资产突破800亿美元，增长幅度35%以上。

（三）优化体制机制，激发了内部潜力和发展潜能

一是抓网点“三综合”建设，促进机关和中后台业务骨干向营销一线流动。全行综合性网点新增832个，7家试点分行新增综合柜员2 190人，组建综合营销团队544个。二是抓前后台分离，简化流程、提高效率，客户办理立等业务平均时间由5分钟缩短到2分钟。三是抓后台集约化。规划建设能够满足境内外分支机构和子公司业务发展的大后台，加快800与95533电话银行业务功能和服务渠道整合，改善客户体验，降低营运成本。此外，积极稳妥地推进城市行经营体制优化、在港机构整合等工作，取得了阶段性成果。

（四）加强党的建设，推进干部人事制度改革

全行认真学习贯彻党的十八大精神以及习近

平总书记在参观《复兴之路》展览时的重要讲话，迅速组织落实中央关于改进工作作风的要求，结合建设银行实际制定了10条具体措施。扎实推进“基层组织建设年”活动，健全完善了党委成员基层联系点制度。召开了全行纪检监察工作会，对党风廉政建设提出明确要求，开展了“讲党性、重修养、守廉洁、作表率”主题教育实践活动。召开全行组织人事工作会，对干部人事制度改革进行了部署。推出41个总行部门及一级分行领导岗位在全行公开竞聘选拔，开展了总分行干部批量交流，充实了各级领导班子的后备队伍，积极推进“393”人才培养计划。对失职渎职、造成重大风险损失的领导干部进行严肃问责。召开了全行职工代表大会，进一步加强职工民主管理，完善员工关爱机制。

经过全行上下的共同努力，2012年建设银行在经济下行压力下取得了较好的业绩，圆满完成了董事会确定的计划任务。净利润增长幅度达14%以上，ROA、ROE、每股收益、资本充足率等多项核心指标继续保持同业领先。建设银行的品牌价值突破千亿元，在《福布斯》品牌价值排行中居中国银行业首位；获得91个国内外不同机构颁发的奖项。成绩来之不易，凝聚着全行30多万员工的智慧和汗水。这里，我代表总行党委、董事会、管理层和监事会向你们，并通过你们向全行员工表示衷心的感谢！

二、面临的形势和挑战

在新的起点上，全行既要对未来发展充满信心，也要对面临的问题和挑战有清醒的认识。一定要把困难估计得更充分一些，做好应对最困难的准备，争取最好的效果。

从国际经济形势看，虽然近期美国经济出现了积极信号，“财政悬崖”问题暂时得到缓解，但是增长内生动力仍然不足；欧洲经济持续低迷，目前还看不到曙光；日本债务问题日益严重，摆脱通缩还有待时日；新兴经济体增长放缓。

从国内经济形势看，基本面稳中向好，仍具备难得的机遇和有利条件，尤其是新型工业化、信息化、城镇化、农业现代化的全面纵深推进，将为经济增长注入新的生机和活力，这是银行最大的发展机遇。但是也要看到，经济中不平衡、不协调、不可持续的矛盾和问题仍然突出，结构调整、缩小区域差距、转型发展和节能减排任务仍然很重，经济下行压力和产能相对过剩的矛盾尚待化解。在经济增长放缓、产业结构转型的大背景下，一些风险可能加快暴露。

从银行业情况看，有利条件和不利因素相互交织。一是经济状况将逐步好转。中央确定2013年经济增长预期目标为7.5%左右，与2012年基本一致，CPI涨幅调控目标在3.5%左右。二是社会资金面将相对宽松。预计M_2增速在13%左右，新增贷款总量将达到9万多亿元，高于去年的8万多亿元，社会融资规模也将适当扩大。三是国家即将出台促进城镇化发展规划，这将成为新的经济增长点，也为银行拓展客户、调整信贷结构带来新的机会。四是国家鼓励有实力的企业“走出去”，支持金融、物流等企业建立全球服务网络，为银行全球化提供了难得契机。

市场变化也给银行带来新的考验。一是金融业竞争更加充分。既体现在存贷款等传统银行业务竞争的白热化，也体现在诸多非银行金融机构、准金融机构如第三方支付公司、“影子银行”等，在大范围地介入银行传统优势领域，包括支付结算、理财业务等，挤压了银行传统和非传统的利润来源。二是利率市场化影响将集中释放，贷款重定价等因素将导致NIM下降，初步估计建设银行将下降10～15个基点。三是风险压力增大。经济下行在某些领域仍在显现，产能过剩行业的信贷风险在新一轮结构调整中将暴露出来，“一夜暴富”的少数民营和个体企业社会融资、经营管理举步维艰，此类风险屡屡暴露。此外，理财、代付等表外业务以及民间融资、非法集资等外部风险也可能向银行表内转移。

从建设银行情况看，还存在一些突出问题。一是客户和网点基础薄弱。建设银行公司和个人客户数量、网点数量均为四大行第三，虽然2012年有了较大幅度增长，但是网点数量和营业环境仍有差距，能够为建设银行经营发展带来持续价值的有效客户占比不高。二是创新能力不足。创新机制不健全，对市场和客户需求的响应速度慢，创新准入流程烦琐，对同业产品的跟踪分析不够。三是在管理上，有的权责不对等，缺乏相互制衡机制，有的多头管理，有的无人负责。业务政策上，针对市场和客户等热点区域的变化调整不够及时。四是风险管控技术有待提升。对风险提前预警、精确控制的技术手段还相对欠缺。五是经营特色和比较优势不明显。目前建设银行在基本建设贷款、住房金融等传统业务上虽然还有优势，但与其他行差距逐步缩小。执行力、市场表现能力总体上具备优势，但个别方面产生的效果不理想，有的优势已经丧失。业务方面，在资金结算、账户管理等传统领域，海外业务、国际业务、IT技术等新兴领域，以及“三农”和县域等热点区域方面，明显落后于先进同业。

上述问题已经引起全行的重视，需要解决的是，全行要有忧患意识，认真找差距，积极想对策。要加强对全行重大战略问题的研究，加强与市场主要同业的比较分析，切实解决制约建设银行加快发展的机制、体制问题，解决某些领域的基础薄弱问题，解决提高竞争能力、强化市场表现问题。为此，从2013年开始，总行会议的内容和形式要作些调整，年度工作会议以安排部署全年工作任务为主，季度工作会议则以研究专题为主，重点研究改革、发展、创新等重大战略机制、体制等问题，便于集思广益，针对性地解决影响全行发展的重点、难点问题。

三、2013年工作要求

习近平总书记在中央经济工作会议上指出，做好今年经济工作，要紧紧围绕主题、主线，以提高经济增长质量和效益为中心，发挥货币政策和财政政策逆周期调节和推动结构调整作用，坚决守住不发生系统性和区域性金融风险的底线；要稳中求进，加大创新，积极稳妥地推进城镇化，保障和改善民生。近期中国人民银行、中国银监会召开的工作会议也提出，要深化银行改革和发展转型，提高服务实体经济的质量和水平，切实防范和化解金融风险，促进经济金融发展质量和效率同步提升。这些要求为全行2013年工作指明了方向。

2013年全行工作的总体要求：全面深入贯彻党的十八大和中央经济工作会议精神，落实好各项监管要求，牢牢把握发展机遇，坚持创新、深化转型，在新的起点上扎实开局，抓发展不争论、抓转型不动摇、抓创新不停顿、抓基础不懈怠，进一步提升客户服务能力和市场表现。重点做好以下工作。

（一）落实既定战略，加快发展步伐

全行发展战略已经明确，全体干部员工要进一步统一思想，全面、深刻地理解总行党委、董事会提出的“综合性、多功能、集约化”的战略定位。综合性是建设银行发展的必然选择。建设银行作为国有大型商业银行、上市公司，只有综合性才能实现好为实体经济全面服务的任务。综合性发展可以为建设银行注入新活力，有利于建设银行保持长久的发展能力。综合性首先要继续抓好传统的存贷款和结算等业务，保持目前传统的银行业务在业内的领先地位，这是实现综合性经营的重要基础。同时要争取较多的其他类金融业务牌照，通过办好各类金融类以及资本投资、资产管理等非金融类子公司，发展好信托业务、保险业务、基金业务、租赁业务、投行业务，以及其他符合综合性要求的证券、期货、资产管理等业务；通过综合性经营，实现集团内平台互为依托，产品交叉销售，内外互为联通；通过综合性发展，使集团和各类子公司进一步做大做强。从经营上考虑，综合性也是盈利多元化、风险分散化的内在需要，有利于规避不同的经济环境所带来的不同的经营风险，实现稳健、持续健康发展。各分行、各部门、各子公司要深刻认识综合性对建设银行未来发展的重要性，要坚定不移地朝着综合性目标向前推进。

多功能是银行实现以客户为中心，满足客户多元化要求的必需条件。现在客户需求是多样化、全方位的，客观上要求银行提供的金融服务也必须是多元化的。客户已经不像以往那样被动地接受银行的产品和服务，越来越多的客户，特别是优质客户要求银行提供综合性的金融解决方案，越来越多的“走出去”企业要求银行提供全球化的金融服务，业务门类相对齐全的银行为解决这些问题提供了可能。在服务方式上既能面对面服务，又能够远程服务，既能够银行员工帮助服务，又能够随时随地自助服务。在服务手段上要求功能多样、手段先进，能够满足不同层次客户要求。在服务产品上，既要能满足客户保值、增值需要，又能够解决客户生产、经营、生活中的难题。通过存贷款、结算、信用卡、金融市场、贵金属、

财富管理、本外币、投行理财、电子银行、网络银行以及各业务条线的服务产品，为客户提供最为方便快捷安全的服务。各分行、各部门、各子公司要善于运用多功能服务方式，坚持以客户为中心，坚持在多功能服务中实现双赢。

集约化是现代商业银行实现有效经营的重要基础，是以效益、效率为根本，对经营要素的重整，以最短的流程、最小的成本、最集中的资源获取最大的投资回报。综合性、多功能必须建立在集约化的基础上，否则不仅无法发挥协同效应，还会影响到全行的成本管理，甚至滋生风险内控隐患，在这方面，国际、国内银行业都有过很多经验教训。集约化的基础必须打牢。重要客户、重要产品、重要业务功能特别是系统开发与运营、后台服务，均应实现集约经营，通过集约经营降低成本、提高效率效益，便于管控风险。总行战略专题会议或季度工作会议将专门研究集约化经营思路和实践途径。各部门、各分行、各子公司要统一思想，结合本单位、本部门工作实际，加快综合性、多功能、集约化战略的落地实施。

全行要加强对战略性问题的研究，准确把握国内外经济金融形势，分析利率市场化、人民币国际化、汇率改革、产业升级、城镇化以及新资本协议等带来的机遇和挑战，研究市场同业竞争取向，提前预判、融入市场，加快发展步伐。要加大对全行战略执行和市场表现的考核激励力度，继续实行和落实“全面考核、压力均等”，“上不封顶、下不保底”的考核政策。要优化资源配置，向战略性业务倾斜，向市场表现突出的机构倾斜。2013 年，主要经营指标排名第一的分行要巩固优势地位；排名第二的分行要缩小与前面行的差距，争取赶超；排名第三、第四的分行应提升 1 个位次。

（二）坚持深化转型，主动调整结构

要通过转型培育增长的新动力、新优势。一是网点功能转型。要扎实推进网点“三综合”建设，两年内所有具备条件的网点要实现综合化转型。按照“彻底分离、高度集中”原则，进一步加大网点前后台分离力度。同时，加大网点服务电子化、智能化设备研发与投入力度，提升客户自助服务水平。建立健全跨部门、跨条线综合营销服务团队，提升基层网点员工综合服务能力。在网点功能转型的基础上，研究设计网点新的功能布局、形象展示、客户体验等环境建设。通过转型，进一步释放基层网点“三个平台”的能力。

二是经营服务转型。要针对客户需求做好交叉销售，进一步提高各业务条线、各子公司产品渗透率。要健全协同机制和利益分配机制，多方面调动积极性，加强集团联动、条线联动、境内外联动，增强对客户的综合金融服务能力。要有针对性地强化结算业务的“短板”，没有稳定的结算就没有稳定的存款、安全的贷款，就难以实现综合化服务。通过结算服务转型，密切银企关系、稳定客户存款，增强对客户的风险识别和管控能力。

三是资产和客户结构转型。要按照价值最大化的原则，合理摆布资产的客户结构、产品结构、期限结构，在风险、资本边界约束范围内逐步增加高收益资产比重。要按照全行发展战略，不断提高子公司、海外资产和收益的比重。要着力提升“三大一高”以及“三农”、小微企业信贷资产的比重，同时主动退出主业不清、盲目扩张、脱离实体经济、诚信度差、管理混乱的一些民营企业，降低在全行信贷资产中的占比。要保持基础设施、住房按揭等优势领域信贷新增占比，进一步调整“6+1”行业、房地产以及融资平台贷款的比重。要通过主动调整结构，提高发展的质量和效益。

注重盈利模式的多样化，加大产品和技术创新力度，在创新中寻找和培育新的利润增长点。按照监管部门的要求，继续抓好和规范发展中间业务，在为客户提供优质服务的同时，逐步加大中间业务收入的占比。要进一步培育和提升利率市场化条件下定价管理能力，在满足信贷政策、符合风险底线要求的前提下，信贷资源配置要优先考虑定价水平。

（三）强化创新驱动，提升竞争能力

要通过创新打造经营特色，培育拳头产品。总行专门成立了产品统筹与创新委员会，要充分发挥作用。一是抓紧研究制定产品创新战略规划。在细分市场和客户的基础上，明确哪些产品采取引领策略、哪些产品采取跟随策略。对于主打产品、拳头产品要坚持引领策略，加大资源投入，创出特色品牌。二是要提高创新的效率，改进和完善创新管理机制，加大对跨部门、跨条线产品创新的协调力度，避免推诿扯皮。三是要加强同业动态跟踪，建立同业产品信息情报监测机制，定期对同业产品创新进行分析比对，取长补短。四是完善创新准入管理，尊重和发挥基层的首创精神，合理精简创新流程，适当扩大对下授权，让直接接触客户、了解客户的市场主体参与到产品创新中。五是完善考核机制，将产品创新纳入部门和分行的业绩考核指标中，使创新成为各项业务健康发展的必然。

（四）加强内部控制和风险管理，健全信用授信机制，坚决守住底线

一是落实风险管理责任。全面风险管理既要强调风险要素的全面覆盖，更要落实全员的风险管理责任。总行党委、董事会、管理层和监事会对全行风险负总责；分行党委、分行行长对所辖风险负全责；基层行党组织和管理层对所领导的单位和业务风险负有管理、控制和风险经营的首要责任。每个部门、岗位都要落实“一岗双责”的要求，既做好经营工作又要做到严格管控风险。要实行严格的风险管控责任制，对重大风险事项发现晚、报告处置不得力的，将按照风险管理责任制要求追究管控不力责任。

二是明确管控职责，严格授信管理。根据目前风险、内控、案件多头管理、信息分散、职责不清、查处不及时的问题，进一步明确管控职责。要根据内控原则、风险内在规律和案件防控要求，合理界定各个岗位的管理职责，风险管理重在风险分析、风险揭示、风险计量及避险工具的研发推广。内部控制和合规管理要着眼于岗位操作、业务流程执行中的检查与监督，并在深刻分析违章、违纪典型案件基础上，提出完善制度、强化内控的基本要求。纪检监察部门要切实履行职责，落实案件和重大责任事故上报制度，对重大事故案件和造成严重损失的，要严肃追究责任。风险管理、业务经营和信贷审批等要按照“权责对等、相互制约”原则分开履职，风险总监要重点加强风险监测和控制，主要专注于风险分析报告、监测提示和处置化解。经营管理、授信核准、贷款审批、政策管理要按照“谁经营谁负责，谁审批谁负责”的要求，切实履行各自职责，并按照流程银行建设要求，将风险管理嵌入业务流程中，实现过程管控。此问题的解决方案总行党委和管理层已进行多次研究论证，近期将组织实施。

三是着力改进技术方法。要提升风险识别技术，抓住关键、精确打击，同时为客户选择提供支持；要提升风险计量技术，准确评估、科学评级，同时为贷款定价提供支持；要提升风险监测技术，准确研判、科学应对，同时为风险处置提供支持。要重视对区域性风险、系统性风险以及重点业务领域风险的监测，加强避险技术工具的开发，更好地支持业务健康发展。

四是要倡导健康信贷文化。在授信评价中，不仅要看企业的“三张表”，看企业的账户流水和销售归行情况，还要看企业的文化和经营风格，看企业负责人的素质和道德操守。对不务正业、盲目扩张的企业，对钻营取巧、行为不端的企业，要“敬鬼神而远之”。还有个别民营企业以经济利益诱惑银行内部人员严重违规操作甚至渎职犯罪，既坑了银行，也害了员工，一定要从中汲取教训。

五是要加强对各级干部员工的教育、管理和警示。坚持不懈地抓好员工行为管理，针对内外部检查和审计发现问题认真落实整改。要坚持从严治行，坚持对案件和重大责任事故“零容忍”，坚持对案件事故处理“三个不放过”。要切实加强网点用工管理，规范用工形式，业务岗位要统一实行劳动合同制。对业务岗位现有劳务派遣制员工要区分情况抓紧择优转制或转岗，不符合转制转岗条件的要及时清退，防范操作风险和案件发生。

（五）加大科技投入，抢占先发优势

一是打造领先的核心技术平台。要以“新一代核心系统”建设为重点，高起点定位、高标准建设，确保系统建成后能够满足业务未来发展需要。希望总行各部门、各分行都重视起来，2013年“新一代”一期投产的13个应用项目要确保按时上线。IT系统建设要坚持“集中、集成、集约”的原则。集中是指人才集中、开发集中、数据集中；集成是指总行部门系统、分行系统的建设，都要集成到新一代核心系统中，不得再自行单独开发系统；集约是指后台IT系统和数据要集约化管理，要加快“两地三中心”建设，统筹分行和子公司系统建设规划，统一调度，协同作业，力争通过三五年的不懈努力，IT 建设要赶上或超过同业先进水平。

二是打造领先的网络金融平台。要加快电子银行发展，着眼于完善服务功能、提升客户体验，尽可能多、尽可能快地把银行产品优先部署到电子渠道上。网银、手机银行、E 商贸通等产品要做成精品。目前电子商务领域的竞争已经白热化，我们要找准自身的定位，突出金融服务的特色，发挥“善融商务”亦商亦融的优势。依托电子商务平台，拓展客户基础；通过电子商务数据的积累和挖掘，开展精准营销；通过网络金融创新，提升为实体经济服务的能力。要以敢于创新的精神，努力成为中国网络金融的领跑者。

（六）全面提升党的建设科学化水平

要以学习贯彻党的十八大精神为指引，掌握金融企业党建的基本规律，扎实推进思想建设、组织建设、作风建设、反腐倡廉建设、制度建设，增强党组织的凝聚力、战斗力。

一是认真学习。各分行、各部门要按照《学习宣传贯彻党的十八大精神实施方案》的要求，系统深入地学习，把握精神实质，把思想认识统一到中央要求上来，以十八大精神统领建设银行再发展，要坚持学以致用、用以促学，以落实促发展、以实干出成效。

二是严肃纪律。全行党员干部要按照即将召开的中央纪委全会精神，自觉遵守党章，自觉按照党的组织原则和党内政治生活准则办事，严肃党的纪律特别是政治纪律。

要认真落实标本兼治、综合治理、惩防并举、注重预防的要求，扎实推进廉政建设。各级党员领导干部要严格遵守廉洁从业规定、职务消费管理规定，上下级之间、部门之间不得相互宴请，严禁用营销费用办理私事和内部营销；不得接受或赠送礼金、有价证券、贵重物品等。要自觉接受组织和群众监督，营造风清气正的良好氛围。对违规、违纪的要从严处理。

三是改进作风。要认真落实中央关于改进工作作风的八项规定以及总行党委提出的十项要求，各级党员领导干部要带头执行，做好表率。要深入调研，解决实际问题；要切实改进文风、会风，少发文件，力戒空话、套话；要厉行节约，勤俭办事，加强成本管理，精简行内各类表彰、庆功活动。纪检监察、内部审计、内控合规、巡视等部门要加强检查和监督。

四是强化管理。进一步加强组织人事管理，深化干部人事制度改革，切实发挥党管人才的作用。要加强领导班子建设，各级领导班子要增强学习能力、创新能力、战略思维和决策能力、团结协作能力以及拒腐防变能力。建设银行作为国有大型商业银行，各级领导班子特别是“一把手”更要提高业务发展能力，各级领导班子的配备要优先考虑懂经济熟悉金融并具备政策水平和专业能力的干部，优先考虑业务水平高、领导能力强、有强烈市场竞争意识并善于解决复杂问题、承担急难险重任务的干部。要坚持党管干部原则，坚持五湖四海、任人唯贤。拓宽干部选拔视野，总行干部和一级分行领导班子面向全国选拔，一级分行干部面向全省（市）选拔。要完善干部竞争性选拔制度，建立健全领导干部能上能下、班子成员能进能出的用人机制。要加强年轻干部的培养，扩大总分行之间的交流力度。要注重从基层发现和选拔干部，多岗位培养和锻炼干部。要充分发挥党校和三个培训基地的作用，加紧推进重大人才项目和“393”人才培养计划，加强高端人才和海外人才储备，为全行业务发展提供坚实的人力资源保障。

要加强对各级领导班子的管理和监督，充分发挥纪检监察、内部审计、巡视工作在领导班子建设中的监督检查作用。提高领导班子和领导成员执行党的方针政策、总行重要战略部署的自觉性，强化作风管理，增强廉洁自律意识。

要加强员工思想政治工作，继续做好工会、共青团和老干部工作，严格安全管理、做好舆情应对，认真做好和妥善应对各类上访、信访事项，保持员工良好的精神面貌，营造安全稳定的内部环境。

2013 年是全面贯彻党的十八大精神的第一年，是实施“十二五”规划承前启后的关键一年，机遇与挑战并存。我们要紧紧抓住和用好发展的战略机遇期，积极进取，扎实开局，再创佳绩，努力在新的起点上实现新发展！

在全行纪检监察工作会议上的讲话

王洪章

（2013年3月15日）

同志们：

党风廉政建设和反腐倡廉工作是一项艰巨而重大的政治任务，党的十八大提出了明确的要求，十八届中央纪委二次全会作了全面部署，我们要认真贯彻落实。在当前形势下，建设银行应该如何加强党风廉政建设、做好反腐倡廉工作，事关全行的改革与发展能否顺利和健康运行，需要我们认真研究，作出安排。洪波同志还要就2013年的纪检监察工作作出布置。下面我讲六个方面的意见。

一、认真贯彻中央纪委二次全会和习近平总书记讲话精神

中央纪委二次全会强调，深入推进党风廉政建设和反腐败斗争，严明政治纪律，下大力气改进作风，着力解决群众反映强烈的突出问题。我们要按照中央的要求，把这几方面的工作认真抓实抓好。

要大力转变作风。转变作风，是新一届中央政治局向全党发出的号召，也是新时期加强党的建设的基本要求。中央制定的改进工作作风、密切联系群众的八项规定，在全党全国产生了良好的示范效应和社会效果。习近平总书记强调，要以“踏石留印、抓铁有痕”的劲头抓好作风建设，并就反对铺张浪费连续作了多次重要批示。王岐山同志在中央纪委二次全会上提出要求，2013年党风廉政建设的工作重点是要不折不扣地落实中央八项规定。转变作风，中央的态度斩钉截铁，措施也非常具体。建设银行作为国有控股大型商业银行，要坚决贯彻落实好中央的要求，把切实转变作风作为今年全行党风廉政建设的一项重要任务。总行党委为此提出了十项要求，这是我们抓作风转变的第一步，下一步就是要具体落实，扎扎实实抓下去。我们是大型上市银行，在国际、国内享有一定的声誉，要有与其性质和品牌相称的良好作风、良好形象。通过作风的转变，展现良好的风貌，实现优良的业绩，建立起让客户满意、受市场欢迎的经营机制和服务流程。

严明政治纪律。作为国有控股商业银行，必须在政治上与中央保持高度一致，坚决维护党的集中统一。同中央保持一致不是空洞的口号，而是一个重大政治原则问题。我们要认真贯彻落实党中央、国务院的经济金融方针政策，确保中央政令在建设银行的传导和落实。全行党员，特别是党员领导干部要严格遵守党的政治纪律，不符合中央要求的话不说，不符合中央要求的事不做。要增强政治鉴别力，坚持正确立场，不制造、传播政治谣言以及丑化党和国家形象的言论。

努力维护群众利益。中央纪委二次全会明确，2013年要把金融、电信等公共服务行业损害群众利益的不正之风和突出问题作为纠风和治理的重点。我们要认真落实中央的要求，主动开展清理整治，切实维护群众利益，展现国有控股大型商业银行的良好形象。各分支机构和干部员工要努力改进服务、改进作风、改进态度，着力改善客户体验，丰富产品供给，提升服务效率，解决为客户服务中存在的问题，不能因服务态度不好、能够提供良好服务而未能服务周到，让群众有意见，更不能损害群众的利益。柜台服务、电子银行、产品销售、信用使用等，都要以客户为中心，维护和发展好客户的利益。要主动、虚心听取群众和客户的意见、建议，有针对性地改进服务，增强服务意识、提升服务能力。

二、加强对重大问题的调查研究，有的放矢地解决实际问题

中央制定的改进作风八项规定，第一项就是改进调查研究。我们要自觉贯彻执行好中央要求，紧密联系建设银行实际，主动加强对重大问题的调查研究，这也是新形势对我们提出的要求。当前，经济金融形势更加复杂多变，银行经营环境异常严峻，需要我们在战略定位、机制调整、经营方式、业务模式等方面适时加快转变，在影响发展的重要领域推进改革和调整，以有效应对考验和挑战，并取得市场竞争的优势，这就要求全行各级机构的领导干部加强问题调查和对策研究。建设银行提出的发展目标，是成为“国内最佳、国际一流”的商业银行。要实现这个目标，需要通过调查研究，查找差距和不足，推进相关工作落实。要按照真正国际现代化商业银行要求，现有的体制、机制、制度、管理等是否适应，与国内、国际先进同业相比较尚有哪些差距，也需要通过调查研究，找到自身缺陷，有针对性地改进完善。新资本协议如何实施、新监管要求如何应对、利率市场化的影响及对策，这些关系银行经营发展的战略性问题，也需要通过到基层调查研究，求得真谛，做到心中有数、应对有方、措施得力，做到微观经营工作与宏观环境和监管要求相适应。开展调查研究工作，要注意解决好以下几个问题：

加强调查研究的科学安排，提高调查研究的质量。要多到困难地区、问题多的地区、对全局有重要影响的地区调查研究，注重解决实际问题，既要锦上添花，更要雪中送炭。针对经营困难的行业和地区，要找准建设银行在经营策略、政策制定、竞争意识以及精神状态等方面需要解决的问题。针对各部门、各分行工作中的问题和不足，要寻找解决的良策。今后，总分行领导每年至少要到基层做3～5次调查研究，对分管工作中存在的问题要心中有数，对基层的情况和问题要了如指掌。要带着问题下去，带着疑问下基层，向一线干部员工求学、求教、求解，不能仅在办公室里听汇报、下指示、发文件，而不掌握活的情况，不了解真实信息，人云亦云。调查研究切忌先入为主、凭空臆测，而要深入实际了解情况、掌握信息、研究问题、把握规律。通过调查研究，提高洞察能力和解决实际问题的能力，提高领导艺术和指挥、驾驭全局的能力。

加强全行政策制度的调研和完善，努力做到措施有效、执行有力。政策制度的制定，不能拍脑袋，不能闭门造车，而要以充分深入的调查研究为基础。具体的业务经营政策制度的制定，要随着形势和宏观政策的变化不断地改进、完善和调整，既不能一成不变、一蹴而就，也不能不分全国各地的差异化、具体问题的复杂化，而无差别地“一刀切”。既要全面掌握宏观政策，善于理解中央的规定、监管部门的要求，也要结合实际，深入了解基层行的做法、创新以及在执行政策制度中存在的问题，有针对性地加以完善。总分行制定政策制度，要充分反映和吸纳监督者、执行者的意见和建议，努力做到使各方面都明确制定政策制度的初衷，使基层了解上级政策制度的基本要求和内涵，从而增强执行政策制度的自觉性。

提高调查研究的效果。通过调查研究，加强政策制度的执行，增强政策制度的约束力。各分支机构领导干部在开展调查研究的过程中，都要注意宣传中央和总行的政策、战略措施，宣传、解释总分行的政策制度，了解政策制度的效果和执行中存在的问题，纠正执行中的偏差和错误。同时，把基层行、基层员工对完善政策制度的期望和建议带回来。调查研究，是各级行领导机构和领导干部的一项重要职责，下去调研要有所斩获，不能只是走走看看，不解决实际问题。今后，各级行领导干部下去，能解决的问题要就地解决，不能解决的问题要带回来，或者带着基层的经验回来，增强指导工作的针对性。部门负责同志出差应有出差报告，目的就是一条，把调查研究做实，真正见到效果。

三、加强对领导干部的监督，促进作风转变和廉洁自律

领导干部既是党风廉政建设的组织领导者，更是带头执行者。中央对领导干部的监督工作十分重视，习近平总书记在中央纪委二次全会上，用大量篇幅指出了当前领导干部存在的一些不良现象和突出问题，需要我们认真地进行对照检查。

从建设银行的情况看，各级领导班子和领导干部总体上是好的，能够满足建设银行改革发展的需要，也符合新时期对干部素质的基本要求，这是我们各项业务保持较快发展的重要基础。但是，从近几年案件和重大违规、违纪问题暴露的情况看，从总行党委调研、巡视工作和群众反映的情况看，一些分支机构、部门的领导班子不团结、闹矛盾，甚至相互拆台。有的分支机构的领导干部党性不强、作风不硬、不熟悉党务工作、不了解党风党纪的基本要求、不会做思想政治工作、缺少领导风范。个别领导干部不是把主要心思放在工作和事业上，而是挖空心思找靠山、求方便，揣摩领导意图，逢迎领导爱好。个别领导干部甚至团团伙伙、你亲我疏、搞小圈子。有的领导干部吃吃喝喝，玩风太盛，甚至低级庸俗，违反社会公德，形象欠佳。还有个别领导干部不学习、不唯实，暮气太重，既无推进业务发展的真招、实招，又无解决问题的得力措施和办法，任凭所负责的工作“逆水停舟、不进自退”。还有个别机构热衷于基建工程，搞非生产性建设，办公楼贪大、求奢华。有的开业庆典铺张浪费，不讲求实际效果。有的领导干部下基层讲排场、比阔气，喜欢迎来送往、前呼后拥。有的单位随意将营销费用于招待上级、招待熟人或自支自用，等等。以上种种，虽然只是少数单位的个别现象，但是，在日益激烈的市场竞争面前，在中央强调改进作风、整饬风纪的严厉要求面前，在当前反腐倡廉的严峻形势面前，这些问题显得格格不入，我们不能视而不见、充耳不闻，必须予以点破和讲透，并且应该下决心解决。作为一个统帅一方的领导班子、领导干部，如果存在这些问题，就会给业务发展、干部队伍建设、严格内部管理、依法合规经营等造成十分负面的影响，危害很大。全行各级党组织必须采取切实措施，加强对领导干部的教育和监督管理，着力解决存在的问题。

首先，要加强思想政治建设，提高领导干部的思想政治素质和廉洁自律意识。要加强对领导干部的理想信念教育和反腐倡廉教育。各级领导干部要“讲党性、重品行、作表率”，从思想深处树立宗旨意识、党性意识，慎言慎行、严格自律、拒腐防变，树立领导干部良好的政治形象、廉洁形象和作风形象。2013 年，要在全行开展领导干部“学党章、守纪律、正品行”主题教育实践活动，各级党组织要认真组织好这次活动，使领导干部进一步增强党性、锤炼作风、严守纪律、廉洁从业。

其次，要按照“一岗双责”的要求，严格落实党风廉政建设责任制。各级领导班子要坚持业务发展与党风廉政建设“两手抓、两手都要硬”，各级领导干部特别是“一把手”要认真执行中央关于勤政廉政的要求，既要抓好业务工作，又要加强思想政治工作和党风廉政建设工作；既要抓好本机构、本部门的勤政廉政工作，又要抓好自身的廉洁自律工作；既要管好自己，还要管好亲属和身边工作人员。领导班子和领导干部要增强责任意识，深知守土有责，在职责和管辖范围内全面抓好党风廉政建设。

再次，按照党风廉政建设的要求，加强对权力的制约和监督。按照“权责对等、授权有限”的原则，科学地界定和行使权力。权责对等是履行职责的基本要求，在行使权力的同时，必须承担相应责任，做到以权定责，以责追究。授权有限是指重要权力不能集中于一个部门、一个人身上，要通过制度建立和完善、程序设定来规范权限的范围和权力的行使，不得越职揽权、行事越权、随意授权。权力运行必须实行“四只眼”原则，运作时必须公开透明，对重要审批事项、大额信用审批、基本建设工程、重要的采购招投标项目，要完善运行程序，建立公开透明制度，以加强群众监督、舆论监督和监督部门的监督，要认真执行“三重一大”决策制度，对重大问题决策、重要干部任免、重大项目投资、大额资金使用，要集体研究、科学决策。决策会议前，要充分酝酿，要坚决防止违反程序、个人或少数人说了算，同时要防止在集体决策过程中违反原则、不负责任、随声附和，使集体决策名存实亡的不正常现象。

最后，要加强信访核查，坚持廉政谈话制度。目前，反映领导干部问题的来信较多，主要是反映领导干部在选人用人、经营管理、工作作风、廉洁自律等方面存在的问题，对群众来信、来访反映领导干部存在的苗头性问题，要及时进行提醒谈话，以防微杜渐。对有核查价值的信访件要及时核查，通过核查弄清问题，纠正错误，查处违规、违纪行为。各级领导干部要正确对待信访核查，能否正确对待也是领导干部政治上是否成熟的标志，不能一查就跳、一问就闹。信访核查本身也是对干部考核的一种重要形式，体现对干部负责任的态度。要按照《党内监督条例》的要求做好“三谈两述”工作，尤其要在干部职业生涯发展的重要时点，如交流、提拔之际，及时开展廉政谈话。这个时候的谈话，体现组织的关怀，干部听得进去、记得牢固，效果较好。在坚持纪委任前廉政谈话的基础上，各级行主要负责同志也要与交流、提拔的干部进行谈话，既要肯定、鼓励，更要提醒、鞭策。要做好述职述廉工作，通过述职述廉，增强领导干部的自律意识。

四、严格教育管理，努力造就一支合格的员工队伍

经过股份制改造和近年来不断深化改革，建设银行已基本建立了现代企业制度。员工队伍的学历结构、专业知识、工作能力、精神面貌等发生了重要变化，适应了现代商业银行对人力资源的目标要求。但随着同业竞争不断加剧，再加上社会上的一些负面影响，加强员工队伍建设的必要性日益凸显，已经成为各分支机构党委的重要任务。分析近年来发生的案件和违规事件，在员工队伍建设中还存在一些问题：一是教育不经常、不深入，对员工进行有针对性的思想政治教育、理想信念教育、遵章守纪教育、爱岗敬业教育还做得不够；二是管理不到位，管控不力。一些岗位制度执行不严，一些风险点控制不力，违规操作甚至违法办理业务的问题仍然存在，以致形成经营风险甚至酿成案件。2012 年，全行立案查处内部操作性案件 2 起，贿赂案件 7 起，重大违规、违纪事项 11 起。三是个别员工和基层行负责人唯利是图，贪赃枉法。通过泄露重要信息，寻找管理不严的漏洞，利用自己所从事的银行岗位为自己也为犯罪分子违法犯罪提供方便。有很多案件特别是一些大案要案，没有“家鬼”引不来外贼，有些案件“家鬼”与外贼勾结作案，已经到了难以容忍的地步。在浙江上虞的非法民间融资案件中，外部不法分子精心设局，以高息诱骗客户到指定的建设银行分支机构存款，内部个别员工利令智昏，在收到好处之后，与外部坏分子沆瀣一气，盗走客户资金，将风险转嫁银行，出卖建设银行利益，令人发指。浙江“中江系”案件和上虞案件，以及最近发生的甘肃伪造公章担保案件，涉案金额巨大，而且从中均可以找到员工中“家鬼”的影子。由于案件背后涉及的法律关系和利益关系复杂，查处难度非常大，建设银行也面临很大的资金风险。而其中暴露出的员工教育、管理上的问题，更是令人深思，必须引起全行各级领导班子、监督部门和领导干部的高度警醒。

各级党委要增强责任意识，把加强员工教育管理放在重要位置。要深刻认识到，事业的发展、经营的稳健、风险的防范、案件的控制，最根本的取决于员工队伍建设是否符合现代商业银行发展的要求。要深刻理解对员工管理严是爱、宽是害。各级党组织要加强对员工的理想信念教育、爱岗敬业教育、遵章守纪教育。既要抓好正面教育，又要通过负面典型抓好警示教育，加强教育的针对性、及时性和有效性。组织人事部门、群团组织、思想政治工作部门、纪检监察部门都要认真研究全行员工的思想状态，做好教育、引导、管理、惩戒等方面的工作。

要加强员工行为排查。认真落实重要岗位员工定期轮岗交流制度和强制休假制度，加强岗位风险排查，以此发现和遏制员工的操作风险和道德风险。要注意观察、了解和掌握员工的行为表现和精神状态，对有经商办企业行为的员工，有赌博、大量购买彩票等不良嗜好的员工，支出与收入严重不相匹配的员工，八小时内外社会交往复杂、朋友圈鱼龙混杂的员工，要加强重点关注和风险排查，发现问题苗头的，要果断调离重要岗位，采取风险隔离措施做好预防工作，把问题解决在萌芽状态。对管理松弛、违章违纪突出的单位，要加大监督检查力度，在从严管理的同时给予重点帮扶。

严格员工的考核管理。要建立健全严格的奖惩制度，对遵章守纪、表现优秀的员工和堵截、检举、抵制违法违规违纪行为的员工，要按照规定给予鼓励、表彰和奖励；对有轻微违规行为的员工，要加强教育，辅以适当惩戒措施；对违规违章屡查屡犯的员工，要追究责任；对操守败坏甚至违法犯罪的员工，要严肃查处，该移送司法

机关的要及时移送。对少数害群之马，必须坚决处理，绝不姑息。要严格责任人员管理。发生违规违纪问题、案件和重大责任事故后，有关责任人随意辞职的情况较为普遍，这种状况必须改变。今后，凡出现上述问题的，有关责任人不能随便辞职，相关领导干部也不能甩手走人，必须等情况查清、责任明晰、追究到位后，再由组织研究决定有关人员的去留，决不允许个别人随心所欲地通过辞职来逃避党纪政纪和法律的追究。总行要研究建立辞职人员严格审核制度，违反制度的，对有关责任人严肃追究责任。

五、严肃纪律，严格制度，加大案件查处力度

建设“国内最佳、国际一流”的现代商业银行，必须有与之相匹配的一流的制度、一流的纪律、一流的管理。建设银行股份制改造以来，进一步完善了以风险管理、内部审计、内控合规、纪检监察为基本构架的监督体系。但是，审视我们的制度管控、纪律执行、案件查处，还存在一些不足。通过内外部审计、检查和案件查处，发现和暴露了不少问题，那就是“十案九违规”，有的变通办事、违规操作，由违规发展成违法，由小案酿成大案。有的案件发现不及时、查处不得力，没有及时采取措施避免损失。有的讲人情、顾脸面、不想得罪人，或处理责任人避重就轻、敷衍了事，甚至有个别责任人员被处理后异地提拔任职，失去了纪律的严肃性，根本达不到惩戒的目的。有的教训吸取不深刻、堵塞漏洞不得力、整改不到位。这些问题必须引起全行高度重视。

（一）要牢固树立制度至上、敬畏纪律的观念

在制度和纪律面前人人平等，没有人可以不遵守制度，任何人都必须对纪律怀有敬畏之心。对违反制度、破坏纪律的行为要坚决纠正，造成损失的要严肃查处。全行员工要养成自觉遵守制度、执行纪律的良好习惯。各级分支行党组织和纪检监察、内审、内控合规部门要自觉担负起检查制度和维护纪律的责任，不能漠视违规违章，任制度和纪律松弛，甚至让制度和纪律成为徒具形式的摆设和花瓶。要按照从严治行的要求和铁腕管治的决心，加强制度管控和纪律管理，使全行干部员工增强认真执行制度、遵守纪律的自觉性。

（二）要严格执行纪律，强化责任追究

纪律是“铁律”，更是“霸道”。我们提出的各项管理措施和要求是“王道”，但如果个别领导干部和个别员工不去执行，就需要运用严肃执纪的“霸道”。当前，案件和重大风险事件频发，必须落实责任追究制度，加大问责力度。按照各类监督部门的职责和“谁检查、谁认定、谁负责督促整改”的要求，违规必究、有案必查，不断铲除滋生违规违纪、影响全行改革发展的负面土壤。各级分支行党组织、纪检监察部门要以对国家财产负责的态度，进一步增强责任追究的严肃性。一要明确责任。责任追究要分清主观客观原因，厘清责任主体，明确责任档次，落实查处责任。二要严肃追究，提高违规、违纪和失职渎职行为的成本。责任追究要坚持原则，不能大事化小、小事化了。对案件和重大责任事故，要加大惩处力度。三要讲求效果。做到查处及时、惩戒严肃，起到查处一人、警示全体，查处一案、警示一片的作用。

（三）以坚强的决心，采取切实有力的措施，遏制当前案件高发的态势

当前，要认真查处诈骗客户存款、非法民间融资、违规开具票证、伪造公章、违法出具保函、违法发放贷款等方面的案件，以及发生在基建工程、采购、招投标等领域和涉及领导干部腐败的案件。要认真落实案件治理“三个坚持”（坚持“从严治行”、“零容忍”、“三个不放过”）的要求，针对不同的案件类型，要细化“从严治行”、严密防控的措施。要认真研究如何具体落实案件“零容忍”的要求，让“零容忍”在防控上、考核上、查处上、问责上都得到体现。要制定完善“三个不放过”的具体措施，以保证在严肃查处每起案件的同时，能够从中吸取深刻教训，做到吃堑长智、亡羊补牢，避免重蹈覆辙。

（四）落实案件防控和查处的责任，提升案件查防的质量

各级领导班子要有明确的责任分工，领导班子负总责，“一把手”要切实承担起第一责任人的责任，对防控案件负全责。分管领导要对工作职责范围内的案防工作负起主要责任，有布置、

有督促、有检查。纪委书记要担当起党风廉政建设和案件防范的组织协调责任，切实履行职责。要加强对各级分支机构领导班子的考核，对发生大案要案和重大责任事故的单位，坚决实行“一票否决”。对发生案件的有关责任单位、有关责任人及主要负责人，除依照规定给予党纪政纪处理之外，应扣发或核减当年绩效奖励。查办案件要强化程序观念，该报告的必须报告，该立案的尽快立案，尤其对大案要案和重大责任事故，要严格办案程序，明确查处责任。按照党风廉政建设责任分工，该履行职责的必须履行职责，该承担责任的必须承担责任。各级领导班子和主要负责同志对大案要案要亲自听取汇报，制定措施，并指定专人负责案件查处工作。案件查处工作要做到有始有终，不得虎头蛇尾，办成“半截案”。各级纪检监察部门要提高办案的责任意识，不推诿、不扯皮，勇于承担起案件查处的责任。

六、加强纪检监察队伍建设

近年来，全行纪检监察队伍按照“融入业务、促进发展、创造价值”的要求，认真履职，甘于奉献，为全行的健康发展作出了重要贡献。当前，形势更加严峻，任务更加繁重，必须进一步加强纪检监察队伍建设，使其在党风廉政建设、案件防控、严肃执纪、员工队伍监督管理等方面充分发挥作用。

加强纪检监察领导班子建设。纪检监察队伍要有战斗力，首先要纪检监察领导班子过硬。对各级纪检监察领导班子，要按照政治强、作风硬、会办案、形象好的要求来配备、管理和培养。各级分支行党委要重视和关心纪检监察领导班子和队伍建设，把思想好、懂业务、有原则、能力强的干部配备到纪检监察队伍中，把一些青年人才和后备干部有意识地放到纪检监察岗位上锻炼培养，在提升纪检监察队伍战斗力的同时，为全行的长远发展储备德才兼备的优秀干部。

纪检监察干部要进一步加强学习。监督者必须要有过硬的本领。本领来自学习和实践。纪检监察干部既要全面熟悉党风廉政建设的相关知识，掌握纪检监察工作的规律和专业技能，又要努力学习金融业务知识、法律知识和政治理论知识，提高知识层次、拓展工作视野、增强综合素质，成为银行内部监督领域的行家里手。

进一步加强纪检监察队伍的能力建设。要全面提高反腐倡廉教育的能力、监督检查的能力、查办案件的能力。当前，尤其要努力提升突破线索发现案件、依规依纪查处案件、化解案件风险、减少资金损失的能力。要善于从日常观察和专项排查掌握的蛛丝马迹中，从业务检查、内外审计、合规管理、风险处置、群众信访等各方面反映的情况和问题中，发现案件线索，及时进行查处，把风险和案件遏制在初始阶段。

纪检监察部门要切实担负起案件查处的责任，对职责范围内的案件，要认真研究案件性质，制订办案方案，明确案件管理责任人。要讲求办案方法、严格办案程序、提升办案质量。要严肃案件查处责任，对查处案件不力、贻误办案时机、责任追究不到位以致造成不良后果的，或因查处不力扩大涉案资金损失的，要追究包括纪检监察部门在内的有关人员的责任。

改进工作方法，进一步建设好“三道防线”。中央要求反腐败要做到关口前移，强化源头治理，坚持惩防并举。为此，建设银行纪检监察工作要围绕中心，服务大局，贴近业务，推进制度反腐。要进一步构建好由业务管理、内部审计和内控合规、纪检监察等部门组成的“三道防线”。这“三道防线”，在建设银行案件防控中发挥了重要作用，要继续推进完善和有效运行。我们所说的“三道防线”，是立体防线、“三人拦网”，没有谁先谁后之分。关口前移、源头治理，不是某个部门、某个条线一家的事情，而是各级党组织、纪检监察部门和全员共同的责任。

各业务管理部门的岗位设置、流程管理、业务审批以及各项制度，必须有党风廉政建设内容和岗位风险防控要求，实现无缝对接。全行各部门、各岗位要认真总结建设银行近年来案件频发的教训，研究“案件风险点”管理办法，通过岗位风险管理，明确各岗位风险要点、风险指数及管理要求，以提高监督管理的有效性。

内部审计和内控合规部门要强化对重点领域和重要岗位的审计和检查，强化违规、违章行为的责任认定和整改工作。要加强违规、违章行为的分析研究，对由此发现的管理上的漏洞和制度上的缺陷，要有针对性地提出整改要求。要落实整改责任制，各级领导班子对监督检查部门指出的问题必须认真研究，防止讲客观、找理由，甚至推诿扯皮。整改结果要向检查部门反馈，检查部门对整改效果要组织整改评价。

各级纪检监察部门要加强对业务部门党风廉政建设和案件防范工作的监督检查，定期召开案件防控联席会议，及时分析各项制度落实情况。对查处案件、核查信访举报等工作中发现的管理漏洞、薄弱环节，及时反馈给业务部门，并通过组织协调和检查督促，把预防案件和腐败的要求体现到业务部门的制度建设和操作流程中，推动业务部门将反腐倡廉工作与业务工作同布置、同落实、同检查，以实现纪检监察工作关口前移。

加强巡视工作。总行党委对巡视工作高度重视，自建立巡视制度以来，巡视组开展的巡视工作，对促进各级行领导班子执行党的方针政策和总行的决策部署、促进领导干部廉洁自律、促进业务发展等方面均发挥了重要作用。按照中央要求，从2013年开始，在加强巡视工作组织建设方面，主要是巡视办要相对独立，干部要相对专职，巡视组要配备专职的巡视组组长、副组长，巡视组长由领导经验丰富、熟悉业务、有基层工作经验并且党性强、有原则的分行领导同志担任。巡视监督的重点是各分行、子公司以及总行直属管理单位的领导班子及成员，尤其是“一把手”。要通过巡视工作，监督被巡视机构领导班子执行党的方针政策和总行党委要求的情况；贯彻党风廉政建设以及“一岗双责”情况；检查思想作风、廉洁自律、团结协作、业绩表现、执行力和战斗力等方面的情况；发现和查处违规、违纪问题，为上级党委的决策提供重要参考，同时推动被巡视机构做好问题整改。

同志们！当前，外部经济社会环境蕴藏的风险因素仍在不断显现，建设银行案件和重大责任事故易发高发的态势尚未从根本上扭转，党风廉政建设的责任重大，案件查防的任务艰巨，制度建设和纪律执行任重道远、充满挑战。全行各级分支行党组织、纪检监察部门要坚定信心、强化责任、扎实行动，按照中央和总行党委的要求，为实现全行党风廉政建设和案件形势的根本好转做出不懈的努力，为促进业务健康发展、实现全行战略目标作出应有的贡献。

在中国建设银行2013年组织人事工作会议上的讲话

王洪章

（2013年4月10日）

同志们：

这次全行组织人事工作会议的主要任务是：以邓小平理论、“三个代表”重要思想、科学发展观为指导，深入学习贯彻党的十八大精神，进一步落实全国组织部长会议、全国人才工作座谈会和全行年初工作会议精神，回顾总结2012年组织人事工作，研究部署2013年重点工作。下面，我讲三个方面。

一、2012年全行组织人事工作回顾

2012年，在总行党委的正确领导下，全行各级组织人事部门认真落实中央组织人事工作会议精神及总行党委提出的新要求，为全行发展选干部、配班子，聚人才、建队伍，抓改革、打基础，较好地完成了各项任务，呈现出以下特点：

一是服务大局水平不断提升。组织路线是为政治路线服务的，是确保政治路线实现的。一年来，根据中央统一部署，按照总行党委要求，全

行扎实开展创先争优活动，全面实现预期目标，取得良好成效；深入推进基层组织建设年工作，改进党组织设置，扩大党组织覆盖面；组织开好领导班子民主生活会，编发新时期党组织及党支部工作手册，扎实推进党员教育培训，确保全行干部员工在思想上、政治上、行动上与中央保持一致，确保总行党委的决策部署坚决落实、工作安排坚决执行，为促进全行业务发展，加快结构转型提供了有力的组织保障。

二是改革创新力度不断加大。改革创新是时代精神的核心。一年来，以改革的思路谋划工作，以创新的方法推动工作，在破解干部管理工作难题上取得了进展。对部分总行部门和一级分行领导岗位进行公开选拔、竞争上岗，拓宽了干部选拔任用渠道，重视从基层选拔干部；完善领导干部聘任管理办法，重新核定领导干部聘期；完善领导干部职数管理办法，重新核定分行班子职数，配齐、配强各级领导班子；积极推进总分行之间干部交流，建立健全总行部门及各分行副职后备干部队伍，对高潜质的后备干部集中资源实施加速培养计划，为全行改革发展储备了干部。

三是规范化管理程度不断提高。规范化管理程度的高低决定着管理效率和工作质量的高低。一年来，针对全行组织机构管理工作中存在的薄弱环节及难点问题，进行全面梳理、重点突破。总行开展“三定”，核定部门人员编制、机构编制、干部职数，本部管理有章可循、有法可依；出台分支机构职能部门设置管理办法，按照统一性、系统性、高效性和差别化原则，进一步优化全行上下组织结构，清晰职责、提高效率；规范省会城市行机构设置，增强省会城市行综合实力，培育持续竞争优势。

四是管理基础不断夯实。基础管理是企业的生存之本、立足之地、发展之基。一年来，加快专业技术岗位职务聘任，专业技术人才队伍规模不断扩大、素质不断提高，为提升专业化服务水平提供了人才保障；开展总行部门工作述职，细分考核档次，拉大考核差距，实现全面考核，压力均等；试点实施全员目标管理，层层分解经营目标和重点工作任务，将全行经营发展目标、管理控制目标落到实处；薪酬管理不断完善，激励基层、鼓励价值创造的收入分配导向逐步形成；培训规模不断扩大、方式不断创新，为全行实现综合性、多功能、集约化的改革目标奠定了坚实的基础。

成绩的取得，离不开全行各级党委的关心支持，离不开全行各级组织人事部门广大干部员工的共同努力。在此，我代表总行党委对大家表示衷心的感谢！

二、增强做好新时期组织人事工作的责任感、使命感

党的十八之后，中央召开了全国组织部长会议和全国人才工作座谈会。会议提出，要深入学习领会党的十八大精神，提高思想认识，增强行动自觉，以强烈的事业心和责任感，扎扎实实地抓好工作；要切实加强理想信念教育，引导党员干部进一步坚定中国特色社会主义道路自信、理论自信、制度自信，以良好的精神状态为实现伟大“中国梦”而奋斗；要突出抓好作风建设，引导党员干部按照为民务实清廉的要求，进一步密切党同人民群众的血肉联系；要认真贯彻从严治党方针和党管干部、党管人才原则，着力建设高素质的执政骨干队伍和人才队伍；要着力加强基层党建工作，进一步夯实党执政的组织基础和群众基础；要坚持继承传统与改革创新相统一，不断提高党的建设和组织工作科学化水平。会议要求，组织部门作为党管干部的重要职能部门，要全面贯彻党的干部工作路线，在领会十八大精神中做好组织工作；要始终与时代发展同步伐，与党的事业共命运，更加有效地服务党和国家大局；要居安思危，认真落实从严治党任务；要坚定信心，推动组织工作有新的作为；要开阔视野，自觉运用党的建设和组织工作规律，在继承传统、借鉴经验基础上探索，在注重实际、遵循规律前提下创新，在稳健稳妥、有序有效落实中提升，一步一个脚印，推动组织工作迈上新台阶，更好地为党分忧、为国尽责、为民奉献。

对照中央的新要求和全行改革发展的实际需要，组织人事工作仍存在一些突出问题：一是在干部管理方面，如何按照总行党委关于综合性、多功能、集约化战略发展要求，把综合素质好、业务能力强、有执行力的优秀干部选拔到各级领导班子中来；如何进一步提高干部考察的科学性

和准确性，选准干部；如何按照结构合理的要求配好班子，增强班子战斗力；如何加快选拔培养优秀年轻干部，统筹安排干部基层锻炼，增加基层工作经验，提高科学管理能力；如何科学有序地加大干部交流力度，不断提高干部队伍的生机和活力。二是在人员总量和结构管理方面，如何按照流程银行建设要求，加强人员总量控制，加大人员结构调整力度，提高全行人力资源的配置效率；如何按照集约化要求，解决中后台人员过多而一线营销力量不足，一些分支行（部门）存在人浮于事、忙闲不均等问题。三是渠道建设方面，如何科学规划，统筹安排好物理网点、自助设备及电子银行建设，在此基础上科学安排人力资源，促使其既适应业务发展需要，又与成本投入相匹配，讲求效益。四是在薪酬分配方面，如何发挥好薪酬激励作用，理顺收入分配关系，实现前中后台考核有差异、薪酬有差别；如何实现薪酬向基层机构倾斜、向业务一线倾斜、向直接创造价值的岗位倾斜，充分调动基层员工的积极性。五是在组织人事条线，如何强化统筹能力和人事工作执行力，如何进一步增强遵章守制的意识，加强对政策制度的学习领会及执行落实，切实提高人力资源管理水平等。

站在新的历史起点，按照中央指明的改革方向，面对全行新形势下存在的突出问题，我们要牢牢把握住战略机遇期，实现全行科学治理、精细管理、深化转型、持续创新和加快发展。组织人事工作要坚定信心、迎接挑战，面对机遇勇于把握，面对挑战善于应对，面对问题迎难而上，不断提高思想理论水平、战略思维能力、工作方式方法。实践永无止境、认识永无止境，要把继承优良传统与坚持改革创新结合起来，在组织人事工作的实践中，注重把握规律，善于总结经验。对行之有效、群众欢迎的做法，遵循推广经验、形成制度、不断完善的基本方法，定型下来、坚持下去。对方向正确、不够成熟的措施，遵循实践探索、试点先行、总结经验的基本思路，继续探索、不断完善。在与时俱进中解决实际问题，推进实践创新、理念创新、制度创新，推动全行组织人事工作不断发展和进步。

三、2013 年主要组织人事工作任务

2013 年建设银行组织人事工作总体要求：深入学习贯彻党的十八大精神，进一步落实全国组织部长会议、全国人才工作座谈会和全行年初工作会议精神，围绕全行“坚持创新、深化转型、加快发展”的总体要求，加强党的组织和党员队伍建设，完善干部管理机制，统筹人才队伍建设，强化机构人员管理，提升员工培训质量，进一步提高组织人事工作的科学化水平，为顺利实现全行发展目标提供有力的人力支持和组织保障。

（一）深入学习贯彻十八大和全国组织部长会议精神

党的十八大明确提出要全面推进党的建设新的伟大工程，全国组织部长会议对落实十八大精神提出了明确要求，全行要深入学习贯彻，把握工作契机，遵循工作规律，落实工作任务，在贯彻十八大会议和中央的要求中，提高组织人事工作的科学化水平。

要加强对十八大精神的学习和贯彻。2013 年要按照中央要求和总行党委的部署，以处级以上干部为重点，紧密结合业务发展和工作实际，采取专题培训、研讨交流等多种方式，分期、分批开展学习培训，全面领会十八大提出的新思想、新理念、新任务，多学一层、学深一些、学透一点，促使理想信念内化深化，做到学以致用、用以促学。

学习贯彻十八大会议精神，就是要运用规律、推进工作。总结这些年的实践，组织人事工作应当把握的规律是必须坚持围绕中心、服务大局，这是做好组织人事工作的根本要求；必须坚持与时俱进、改革创新，这是做好组织人事工作的强大动力；必须坚持求真务实、狠抓落实，这是做好组织人事工作的关键所在；必须坚持健全机制、落实制度，这是做好组织人事工作的重要保障。

要按照中央统一部署，落实好各项工作任务。抓好理想信念教育，提高党员干部思想政治素质，保持党的先进性和纯洁性；抓好干部队伍、人才队伍和员工队伍建设，增强凝聚力、创造力、战斗力，促使全行进一步改革创新、深化转型、科学发展；抓好作风建设，开展教育实践活动，推动党员干部牢记根本宗旨、为民务实清廉，切实解决实际问题、培养群众感情、增强工作本领。

（二）切实加强领导班子建设

事业发展得好不好，领导干部是关键。干部

的健康成长，既要靠自重、自省、自励，又要靠组织的严格要求、严格教育、严格管理、严格监督。要切实把从严要求贯穿于干部选拔使用、教育培训、管理监督等整个过程之中。

坚持正确的用人导向。用人导向，是通过用人过程和结果，对人们价值取向和功利目标产生的引导作用。古人云：用一贤人，则贤人毕至；用一小人，则小人齐趋。提拔使用一个干部要体现出正能量。要按照中央关于德才兼备、以德为先的用人标准，选拔和使用干部，既要注重业务水平、工作能力，更要注重思想意识、道德品行、工作作风和廉洁自律问题。对事业感情真挚，有真知灼见，办事有效率，谋划发展有思路，解决问题有实招，对人对事出以公心，对上对下实实在在，清正廉洁、深得员工拥护的干部要优先提拔使用。对唯亲唯上，拉关系、找门路，工作不扎实、热衷于形式主义、廉洁自律意识较差、群众意见大的干部坚决不用。进一步形成注重品行、崇尚实干、清正廉洁、群众公认的正确用人导向，引导广大干部把心思凝聚到推进发展上，把精力用到转型创新上，把工夫下到夯实基础上。

优化领导班子结构。事业的发展和一个单位的好坏，关键在班子，重点在于“一把手”。优化领导班子人员结构，要坚持好中择优、优中选强。选拔政治坚定、民主作风好、清正廉洁、能够驾驭全局、善于抓班子带队伍、领导科学发展能力强的领导干部担任正职；选配党性观念强、工作能力强、有大局意识、能够合作共事的领导干部担任班子成员。班子成员结构要在工作经历、业务专长、性格气质以及具有基层领导经验等方面合理搭配，确保一班人团结协作、取长补短。优化领导班子年龄结构，要把握好领导班子成员年龄结构要求，合理使用各年龄段干部，特别要注重班子成员中要有一定比例的优秀年轻干部。加快各分行领导班子正职后备干部队伍建设，通过交流、多岗位任职，进一步发现培养使用优秀年轻干部。

加强领导班子考核和监督。组织人事部门、巡视工作要加强对各级行领导班子的考核和巡视工作，充分利用民主生活会、“三谈两述”和巡视督查等方式，加强对领导班子和领导成员的监督。干部考核工作要严谨、科学、负责任，通过严格考核，发现和使用优秀干部。继续组织实施领导班子综合经营竞争力监测工作，在保持监测指标延续性的基础上完善指标设置，进一步提高指标的科学性、合理性。初步考虑加大存款和风险指标权重、调整信贷资源占用指标，适度拉大考核奖惩兑现差距，突出价值贡献导向与激励鞭策作用。

要进一步加强分行党委建设。加重分行党委和各级党组织特别是“一把手”的责任。分行党委和各级党组织要切实承担起改革发展、风险管理、员工队伍建设和党风廉政建设的责任，重要业务审批核准，风险管理以及群团工作应由党委成员和管理层领导人员负责。

严格干部管理。严格干部职数管理，按照中央干部监督工作会议要求，严禁超配高配领导干部，这是一项政治纪律。对全行超职数、超职级配备干部问题，2013 年将开展专项检查，进一步促使各级机构干部人数与经营规模、管理半径、业务优势、发展重点相匹配。要加强对领导干部的管理和教育，进一步克服情面思想，敢于开展批评，对干部出现的苗头性、倾向性问题，组织人事部门、纪检监察部门和领导同志要及时给予提醒，不能“睁一只眼闭一只眼”，不批评、不纠正，防止小毛病演变成大问题。严格执行领导干部个人事项报告制度、诫勉谈话制度和责任追究等制度，坚持对案件和重大责任事故“零容忍”，对失职干部严肃问责、严肃处理，切实做到制度面前没有特权、制度约束没有例外。综合运用年度考核、巡视工作、内外审计和内控合规检查等成果，把了解到的情况及时反馈给干部本人，对成绩正面肯定鼓励，对问题及时告诫提醒，帮助干部认清问题、克服不足。

（三）推进干部人事制度改革

改革创新是提高组织人事工作科学化水平的强大动力。要积极推进干部人事制度改革，使干部工作更加符合干部成长规律，更加契合业务发展需要，更加顺应员工群众期盼，不让踏实能干的老实人吃亏，不让投机钻营者得利。

加大干部竞争性选拔力度。将组织考察任命和竞争性选拔干部有机结合起来，在 2012 年开展的竞争性选拔的基础上，进一步研究完善长效机制，处理好考试和业绩能力之间的关系，推进领导干部竞争性选拔工作的科学化、常态化，让干得好的优秀干部在竞争性选拔中考得好、上得来。2013 年，总行将继续拿出部分领导岗位在全行开展竞争性选拔，为广大干部提供竞争平台。通过竞争性选拔，进一步拓宽选人、用人渠道，进一步建立和完善公开、公平、公正的选人、用人机制。

加大干部交流力度。交流干部的目的，一是培养优秀干部，二是增加思维转换能力，三是互补经营管理经验，四是防止风险案件和产生不廉洁行为。要以具有高发展潜力的优秀年轻干部为重点，有计划地实施上下级行之间、发达地区与落后地区之间干部交流，使干部交流成为干部职业生涯发展的重要平台，以及激发干部活力、丰富工作经历、提高能力素质的有效途径。建立交流干部信息库，加强动态跟踪管理，对那些沉得下去、踏实肯干、实绩突出、群众公认的交流干部，在选拔任用、评先评优等方面予以优先考虑。特别是重点做好上级行的干部到下级行任职的下派交流工作，今后，总行新提拔部门负责人，原则上要有基层工作经验。要加强对交流干部的管理和关爱，特别是对交流到相对偏远落后地区任职的干部，进一步完善保障机制，妥善解决交流干部的后顾之忧。

健全干部退出机制。领导班子成员能进能出、领导干部能上能下是干部制度改革的关键。当前，建设银行面临的风险形势严峻，经济案件频发，暴露出建设银行管理松懈、治行不严以及查处不力等问题，所以，要切实解决能出和能下的问题。要坚持对案件和重大责任事故“零容忍”，对严重违法、违纪以及工作失职的干部严肃问责，情节严重的严肃处理。要充分发挥考核在干部管理中的导向作用，加大奖惩力度，对连续 2 年年度考核排名靠后以及市场表现落后的领导干部，要落实退出机制。及时调整不胜任、不称职的领导干部，对责任意识不强、工作作风不实、廉洁自律意识不够、能力较差、群众意见很大、已经影响工作的领导干部，加大调整力度。真正实现干部能上能下、职务能升能降。

（四）深入抓好党员队伍和基层党组织建设

党员是党的肌体的细胞和党的活动的主体，党员队伍建设是党的建设基础工程，各级党委和组织人事部门要坚持面向基层、眼睛向下，更加重视抓基层、打基础，把党员教育和管理工作做实、做深、做细。

加强党员队伍建设。中央对党员队伍提出了“控制总量、优化结构、提高质量、发挥作用”的新要求，2013 年核定建设银行发展党员计划数 4 320人，重点向基层机构的优秀年轻员工、业务骨干和岗位能手倾斜，从思想政治、能力素质、道德品行、现实表现等方面严格条件，坚持成熟一个发展一个，确保全行党员质量不断提高，党员队伍结构不断优化。严明党的政治纪律和组织纪律，严格经常性的党内组织生活，健全党员党性定期分析、民主评议等制度，健全党员能进能出机制，及时处置不合格党员，纯洁队伍。

加强基层党组织建设。基层组织是党的全部工作和战斗力的基础，各级党委要更加重视抓基层、打基础工作，切实增强基层党组织的创造力、凝聚力、战斗力。深入研究和把握全行各类基层党组织特点，大力推进组织设置创新、方式方法创新，努力扩大党组织和党的工作的覆盖面。进一步巩固“基层组织建设年”活动成果，对尚未解决的问题要加强整改，形成晋位长级、长效机制。

（五）大力推进人才队伍建设

专业人才对全行创新发展具有重要的带领作用，要提高人才工作水平，关键在于用改革创新的思维不断完善管理机制，加快培养一批专业水平高、创新能力强、能够引领业务发展的高层次专业人才，不断开创人才工作新局面。

进一步加强人才工作。要认真学习贯彻中央关于人才工作的新要求，牢固树立“人才资源是第一资源”的理念，从全行长远发展的大局出发，努力做好人才工作。实施人才发展规划，推进加速培养青年英才、国际化人才等重大人才项目，加快全行核心人才队伍建设。发挥业务部门对人才培养的主体作用，鼓励人才参加行内外职业能力培训，立足岗位、提升能力、发挥作用。加强对人才的激励，促使各类人才把自身利益与全行长远发展更紧密地结合起来，最大限度地激发各级、各类人才的主动性和创造性。

发挥专家型人才作用。全行已聘任一批专业技术人才，他们在各自岗位上发挥了很好的作用，但也存在着一些问题，主要是如何做实的问题。要按照明确设置范围、统一职务名称、加强绩效考核、强化聘期管理的思路进一步研究完善。首先要明确岗位，不能飘于空中，无所适从，浪费人力资源。其次要发挥作用，根据所任职务，发挥专业特长。总之，要真正做到明确职责、发挥作用。

加强专业技术人才队伍建设。按照科学规划、做实岗位、严格聘任、强化考核的要求，统筹编制全行专业技术人才队伍建设规划。整合专业技术岗位职务系列设置，对全行员工实现全覆盖。强化岗位任职资格要求和绩效考核标准，做到岗位价值越高、能力素质越严、职责任务越重。坚持以品德、能力、业绩为导向，严格标准、严格条件、严格程序，防止专业技术岗位成为解决待遇、安置人员的途径。以业绩指标和专业研究成果为核心，制定绩效任务书，强化年度和聘期考核，加大激励约束，充分发挥作用。

加快国际化人才培养步伐。以海外人才库为核心，按照来源广泛、储备充足、培训有效、培养得力的要求，逐步建立管理层、部门中层和业务人员等多层次的人员储备，实施差别化的岗位分类管理。强化海外机构干部职数管理，按一正两副配备海外机构领导人员。海外机构招聘录用本地员工，主要从同业在职员工中选用。加大从分支行选派优秀人员到海外工作力度，确保海外机构每个部门有 1 名以上内派员工。最近中国银监会向我行通报，8 名海外机构拟任高管参加任职资格审核考试，首次及格率仅为 63%。这要求国际化人才培养一定要解决实际问题、解决应用问题，进一步提高人才队伍建设的持续性、应用性和长效性。

（六）推进集约化经营，提高机构管理水平

在经济下行周期，面对同业竞争加剧、银行利润增长放缓的压力，完全依靠增加资源投入、比拼市场的粗放经营发展模式难以长期维系。推进集约化经营、走集约化发展道路，是建设银行贯彻中央转换经济发展方式要求、提高综合竞争力、实现持续健康发展的战略选择。

明确集约化重点。推进营销网络集约化。按照“三综合”要求，加快推进综合性网点建设，提高营业网点资源集约化水平，增强营业网点综合营销服务能力；推进总行、分行各类专营机构集约化经营力度，逐渐形成总分行的利润中心。各类专营机构原则上不承担系统管理职责，应该直接为客户提供专业化服务；推进电子银行集约化，打好攻坚战。手机银行、电话银行、网络银行、电子支付以及自助服务系统要坚持总行统一开发、试验、推广，并实现精细化服务，集约化、专业化经营，大幅提升电子渠道营销服务能力；推进中后台业务处理集约化。对各部门专业化中心加强统一管理，逐步建立以总行为主、以分行和城市行为辅的中后台业务处理中心和服务中心，推动中后台业务集中处理；推进信息管理集约化。促使系统开发集中、运行维护集中、信息数据集中，保证数据及时、准确、完整，实现跨部门跨层级共享；推进人员配置集约化。优化人力资源的层级和条线分布结构，精简机关工作人员，进一步充实基层一线。总之，集约化是以效益、效率为根本，对经营资源在组织机构内进行优化组合，集约化的过程必然伴随着组织机构调整完善，要下大力气抓好。

统筹机构总量管理。机构设置不能一哄而上，根据监管部门限制县域新设机构的新要求，考虑业务发展、员工增量、成本投入情况，全行机构总量原则上控制在 1.5 万个左右。要持续加大自助设备投放力度，力争实现自助设备市场保有数量居四大行前列。加快电子银行、电话银行、手机银行、网络银行等电子渠道建设，充分实现虚拟空间对物理网点的替代。优化存量机构区域结构布局，提高机构单产水平，减少低效、低产机构。提高新设机构质量，新建机构要进行详细的投入产出分析，综合地区竞争性、市场盈利性、发展持续性和风险可控性等因素，充分评估合理性。机构设立后，要建立后评价制度，坚持跟踪评价。境外机构布局要与全行海外发展战略相配，在注重效益的前提下，充分考虑国别风险、市场竞争和业务拓展前景，坚持效益、效率和适合度发展。

加快推进省会城市行机构改革。省会城市行机构改革是一个持续过程，总的方向是稳步推进营业部模式，有条件地减少多支行模式数量，取消事业部模式，做大做强省会城市行，明确经营责任主体，增强综合实力，培育持续竞争优势。

目前，已实行营业部模式的，要不断进行完善；实行多支行模式且主要业务指标保持当地第一的，可继续维持现状；已实行扁平化管理的，可继续保持，积累经验；实行事业部制的，要改为扁平化模式；除个别网点机构较少的省会城市行外，其他省会城市行要积极创造条件适时调整为营业部模式。机构改革方案必须报经总行审批同意后方可实施，一经调整到位，要保持相对稳定，不得随意调整。拟进行改革的分行，从2013年第二季度开始实施，同时不能影响业务发展。改革方案要充分考虑如何规范业务流程，简化前台操作，强化后台业务集中处理能力，增强营业部客户营销服务能力，提高营运效率。

规范总行直属机构管理。总行直属机构设置要按照整体规划、科学设置、规范管理、注重效益的原则，综合考虑业务发展、市场培育、客户服务的需要，与全行整体发展目标相一致。对目前总行专业化中心存在的缺乏长期规划、重复建设、数量过多、布局分散、职责交叉、人员增长过快等问题，总行将研究制定直属机构管理办法，统一规划、科学定位、规范名称、定岗定责、明确编制、加强管理。现有中心适时适度进行分类整合，对个人类客服中心，要稳妥地推进业务机构整合，明确归口管理部门；对信息技术类开发中心和数据中心，结合各中心建设和新一代核心系统开发安排，进行整合；保留业务处理中心、单证处理中心、资金交易中心，扩大业务范围，提升专业化、集约化处理水平；投资托管中心，根据投资托管业务发展方向的需要加以规范和调整。

整合机构管理职责。目前，机构管理职能分散，全行机构设置缺乏顶层设计，弱化了集约化经营的基础，今后经营机构和内设机构由人力资源管理部门归口管理，实行一个部门承办、一个口行文，各部门根据业务需要设立机构，统一由人力资源部门归口管理。要严肃内设机构管理纪律，总行在2012年下发了分支机构职能部门设置管理办法，部分分行已按要求实施了改革，取得了良好的效果。2013年，全行要加快推进实施，规范决策流程，控制部门数量。增强一级法人体制的统一性，提高全行经营管理效能，上级行职能部门要严格自律，不得以任何形式干扰下级行内设机构设置。

（七）进一步加强员工队伍建设

自股改上市以来，对人员总量一直保持着从严控制的政策，实现了人员总量低增长，保持了劳动生产率领先的优势。在未来整个银行业盈利增速放缓的背景下，要继续通过前后台分离、网点“三综合”及中后台业务集中处理等集约化措施，控制总量、优化结构，保持行业领先优势。

实行人员管理总量控制。2013年，全行人员总量目标为38.2万人。今后，全行人员总量规模力争以39万为控制目标，这是全行共同的责任，无论是规模大小、效益好坏、总分行都要控制，没有例外。要增强人力资源投入的成本意识，全行人员总量安排将实行“量入为出”原则，根据未来年度利润增长以及工资增量情况确定年度人员增量。按照汇金公司要求，我行年度净利润与工资总额增长的控制比例为1:0.6，根据前几年的数据，当净利润增幅 > 6%时，能保证现有员工工资水平不降低，所以，在净利润增幅≤6%的年份，人员总量将实行零增长或负增长。

实行差别化的人力资源配置政策。根据人力资源投入集约度指标评价，分类确定人员配置政策，进一步强化人力资源分配在促进业务健康发展、组织机构规范设置等方面的引导和推动作用。对“两洲一海”（长江三角洲、珠江三角洲、环渤海）、东部沿海地区及城市行、重点县支行实行人员配置倾斜政策；对连续保持当地四大行占比前两位，且人均贡献度区域领先、人员力量不足的分行，优先满足人员需求；对人均贡献度偏低或持续走低的分行，以及网均人数较高的分行，原则上实行零增长或负增长；对内设部门设置不规范、本部人员过多的分行，限制人员总量增长。要不断挖掘内部潜力，通过调整人员结构、提升人员素质来推动业务发展。

进一步规范用工管理。目前全行劳务用工21 363人，其中营业网点业务岗位11 339人。按照“公开、平等、竞争、择优”原则，加快推进营业网点业务岗位劳务派遣人员转制工作。2013年底，营业网点业务岗位原则上要全部实行统一的劳动合同制，不再使用劳务派遣人员。总行将制订方案，严格转制条件和流程，组织统一考试。各行要制定实施细则，平稳有序地推进，确保程序公开、结果公正。要严格把住转制关，对不符合转岗、转制条件的要依法清退，对发现降低标准、不符合条件的，要严肃处理有关责任人员，不要给建设银行长远发展留后遗症。

大力推动员工培训工作，提高员工素质。要高度重视对员工的教育培训，以提高能力素质为重点，以KPI考核和培训积分为抓手，以推动业务发展为目标，充分利用好各种培训资源。确保领导干部不少于10天、专业技术人员不少于5天、基层员工不少于3天的培训。各行要进一步落实好“一行一中心”的要求，已有培训中心的，要加大硬件和软件改造建设力度，充实培训管理人员，逐步完善培训功能，提高使用效率；目前没有培训中心的，要因地制宜，充分利用现有物业，适当进行改造，满足培训需要；全行原则上不再建设培训中心，要科学利用和统筹全行培训资源，各省培训中心可以跨省使用和安排。今后干部培训主要以网络形式进行，要加快网络学习系统平台建设，注重在方便基层干部员工学习上下工夫，力争2013年能容纳2万人同时上网学习。严格执行中央有关加强培训管理的有关要求，厉行节约、勤俭办学，严格培训纪律，从紧安排教学。对重点培训班次，组织人事部门要专人跟班，将参训干部员工主要表现记入个人档案，作为考核内容和任职、晋升的参考依据。

坚持收入分配向基层一线倾斜。根据前中后台岗位差别，优化岗位工资结构，完善按岗付薪、按绩付薪、按能付薪相结合、分级分类的薪酬制度。配合营业网点“三综合”建设，总行对营业网点“八岗位”员工，按照基本工资的20%安排专项岗位补贴，以进一步提高营业网点员工薪酬保障。各行要抓紧制订分配实施细则，不得把专项岗位补贴挪作他用，不得当做绩效工资考核分配使用，确保落实到网点员工个人。营业网点员工已享受的其他薪酬福利政策，不得因增发专项岗位补贴而减少。已实施营业网点薪酬倾斜政策的分行，要继续执行，深化推进，把薪酬倾斜固化下来，通过发挥薪酬激励作用，充分调动基层员工积极性。

（八）加强组织人事干部队伍建设

加强自身建设是做好工作的可靠保证。打铁还得自身硬，只有自身过硬，才能保持良好形象，才能让人信服，才能承担完成繁重任务。

全行各级党委要高度重视组织人力资源管理工作。要切实加强对组织人力资源工作的领导、指导和协调，为组织人事部门开展工作、履行职责创造必要条件。要按照严格要求与关心爱护相结合原则，从思想、学习、工作、生活上对组织人事干部真情关怀、真心爱护、真诚帮助，充分调动大家干事创业的积极性。

一是要转变观念。21世纪是知识主宰世界的世纪，是全球化、市场化、信息化的时代，特别是现代服务业，人力资源管理必然要发生相应的变化。人事管理观念也应相应变化，由人事管理转为人力资源优化配置。要根据建设银行的战略定位和发展规划，有计划地对全行37万员工这一人力资源进行合理配置，通过招聘、任用、培训、调整、激励等一系列过程，调动员工积极性，发挥员工潜能，为全行创造价值，确保全行战略目标的实现。

二是要进一步增强改革创新意识。广大干部员工对组织人事工作期望和要求还很高，需要改革创新的地方还很多，要推进思路创新、工作创新、方法创新，不断提高破解难题的本领，不断为人力资源管理工作注入强大动力。

三是要进一步改进工作作风。认真落实中央关于改进工作作风的八项规定以及总行党委提出的十项要求，进一步增强责任意识，加强对政策规章的学习领会，强化对政策制度执行落实的力度。组织人事部门干部要公道正派、科学务实，敏于行、慎于言、求实效，切实提高能力和水平。

四是要进一步加强学习。把学习作为一种政治责任，作为一种生活方式，带着问题学习，结合工作学习，学习国内外先进的人力资源管理理念和机构管理经验，学习借鉴同业科学有效的管理办法和管理方式，不断开阔眼界、开阔思路、开阔胸襟，提升科学水平，提高工作能力。

同志们，2013年是全面贯彻党的十八大精神的第一年，让我们以求真务实、踏实肯干的工作作风，扎扎实实做好全行工作，为实现全行的发展目标提供坚强的组织保障和人才支持！

集全行之智　举全行之力 抢占电子银行业务战略制高点

——在战略与创新专题研讨暨春季工作座谈会上的讲话

王洪章

(2013 年 5 月 17 日)

同志们：

从 2013 年开始，总行党委决定将全行季度工作会议内容作重要调整，专题研究战略问题和改革创新问题。通过这一新的会议形式，务实和务虚相结合，旨在启发思考、凝聚共识、集中智慧，起到“推动理念变革，形成战略思维，引导管理创新”的作用。同时，利用季度会议机会，对季度经营情况和问题作简要总结，提出要求。

自 2012 年以来，总行确定了近 10 项战略与创新重大研究专题，其中流程银行建设、子公司管理等几项专题已经完成，并在总行进行了专门研究，部分专题已取得了阶段性成果，目前其他专题正在有序推进之中。之所以选择电子银行作为 2013 年第一季度研讨会的专题，一是考虑到其重要性和紧迫性。整个社会电子银行业务需求变化日新月异，银行电子服务发展迅速。电子银行发展事关全行的战略转型，事关核心竞争力的打造，已是刻不容缓。二是考虑到我们在电子银行方面的探索和实践已取得较大进展，部分领域已走在国内银行业的前列，当然有些地方又还落后于同业先进水平，需要在认真梳理总结的基础上进一步提升。三是全行对于发展电子银行业务还存在诸多认识上的不足，甚至可以这样讲，电子银行领域的不少新理念、新知识、新技术，以及所带来的银行经营方式、模式的革命，我们可能还比较陌生。因此，这次研讨会的战略意义重大。上午，大家听了专题研究组的报告和专家的讲解，相信对电子银行业务的重要性有了新的认识。下面，我讲三点意见。

一、把握电子银行发展的大趋势

随着信息技术的快速发展，互联网已经融入社会生产生活的各个领域，公民网民化、企业信息化和社会网络化成为不可阻挡的潮流。截至 2012 年底，全球互联网用户数达 24 亿，互联网普及率达 38%。据预测，到 2015 年全球互联网普及率将达到 60%，谷歌执行董事长施密特更是大胆预测，到 2020 年，全世界所有人都将用上互联网。我国网民规模到 2012 年底已达到 5.64 亿，互联网普及率达到 42%。根据工信部的规划，到 2015 年我国互联网普及率将接近 60%，互联网网民规模将超过 8 亿。全球企业越来越多地通过信息化手段和网络平台组织采购、生产、销售和流通，各种交易活动瞬间实现。发达国家 50 人以下规模的小微企业，互联网普及率超过 95%，50 人及以上规模的企业互联网普及率接近 100%。截至 2012 年底，我国中小企业互联网普及率也已达到 79%。随着电信网、广播电视网、互联网“三网融合”的不断深入，新一代互联网的普及率和覆盖面还将进一步提升。这些数字的背后，是社会生产和生活方式的巨大变化。公民网民化和企业信息化共同推动着社会网络化的进程，整个社会经济运行和日常生活高度互联、互通、互动，互联网已渗入现代社会的各个领域。

银行业是使用网络信息技术最广泛、最深入、最领先的行业之一。在网络信息时代，商业银行的经营渠道、服务方式及业务范围都发生了深刻变化，在各行业中率先实现了金融服务的全球化，并越来越呈现出全渠道化、智能化和平台化的发展趋势。

——全渠道化。传统物理网点之外，商业银行的经营渠道不断丰富，自助设备、网上银行、手机银行、电话银行、电视银行等电子渠道蓬勃发展。近10年来，电子渠道凭借突破时空的便利和成本优势，契合了客户的需求，迅速发展成为商业银行经营的主渠道。目前发达国家90%以上的金融交易是通过电子渠道完成的，国内很多银行也超过了50%，而且还在不断增长。

这个变化的意义不仅仅在于服务渠道的多元化，更在于多渠道的互通、互补和协同。每一个渠道都可以成为与客户的连接点、业务的触发点，通过一个电子渠道可以联接银行整体服务功能，从而大大改善客户体验，提高客户黏性。目前，国际先进银行线上、线下渠道都可以实现客户和业务信息全面共享，业务流程无缝衔接和高效协同。客户可以根据自己的需求和偏好，选择最便捷的渠道与银行实现信息交互，完成业务申请和办理。例如美国银行的汽车贷款，客户可以很方便地通过手机银行提出申请，从系统受理、自动审批、客服核实并索取资料，到银行放款，全流程下来最快的只需要32分钟。

——智能化。随着移动互联网、物联网、社交网络、触屏技术、远程视频、芯片技术、云技术，以及指纹、虹膜等生物技术的商业化应用，“智慧型”银行已经逐步从设想变为现实，银行服务呈现出个性化、定制化、交互性等新特点。云技术和大数据技术使银行的客户细分能力大大增强，从根本上改变了商业银行的销售模式。依托数据挖掘的精准营销和个性化推介，已经成为市场竞争的利器。移动定位技术的运用，使得银行能够根据客户所在地理位置开展针对性营销。智能机器人的引入，将在相当程度上取代人工客服工作。远程视频、社交网络技术的应用，使得银行服务有机融入客户的日常生活和工作，随时随地响应客户的需求。这些新技术、新功能已不是停留在概念或图纸阶段，很多已经成为国际领先银行的成功实践，并且正在被越来越多的银行所效法。

——平台化。平台化是“开放共享、合作共赢”的互联网文化在商业形态上的具体体现。2003年创立的淘宝网，本身并不销售任何商品，只是提供连接买卖双方的网络交易平台。经过短短10年的发展，已经创造了一个超越人类商业史上任何交易市场的超级商业平台。基于这个平台，阿里巴巴着力整合信息流、物流、资金流，通过开展快捷支付、小额贷款、信用支付以及“三马合作”（阿里巴巴马云、腾讯马化腾、平安马明哲），“跨界”进入金融领域。2013年4月，阿里巴巴面向所有银行开放了阿里小贷平台。这种“跨界”，预示银行“脱媒”进程的加快。最近，阿里巴巴又入股新浪微博，进一步打通网络社交平台。可以这样说，在网络商业生态系统中，谁拥有平台的主导权，谁就能够以“游戏规则”制定者、信息资源整合者的身份，掌握竞争的主动权。对商业银行而言，谁先创建和拥有了这样的平台，谁就占领了一个制高点。

在全渠道化、智能化、平台化大趋势的推动下，国内电子银行业务发展出现了新的变化：

一是实现了同业联结，突出综合营销与综合服务。银行产品和客户营销模式出现了新的变化。从过去单一产品、单一客户的营销，越来越多地向多产品组合、多客户集群的方向转变。例如，农业银行、华夏银行的供应链金融平台，整合了多渠道支付、现金管理、订单管理、物流管理、融资服务等多种功能，为大中型集团企业提供打通上下游的综合服务。兴业银行的“银银平台”，通过广泛吸收中小银行、农村信用社加盟，开展柜面业务互通、理财业务合作等，拓展同业业务，延伸服务网络。截至2012年底，“银银平台”签约银行达到381家，其中实现柜面互通的银行有150多家，连接网点2万多个。平安集团推出网贷平台“陆金所”（上海陆家嘴国际金融资产交易市场），打造中小企业和个人的网上投融资平台。据媒体报道，“陆金所”推出的一些借贷产品，在网上不到一分钟就被抢购一空。

从未来发展趋势看，银行通过“智慧、泛在、跨界”，融入客户的生活圈、社交圈以及产业链、交易链等，整合信息流、资金流、物流，基于大数据分析，发现目标客户和客户的潜在需求，精准推送营销信息、研发配置适销产品、定制专属金融服务方案等，这将成为未来银行营销的重要模式。

二是实现了跨业联结，突出金融与非金融业

务“一站式”服务。银行传统业务边界出现了新的变化。为应对挑战，从源头上获取客户资源以及物流、资金流信息，越来越多的银行开始尝试“跨界”，介入非银行业务乃至非金融服务的领域。2012 年我行推出的“善融商务”就是这方面的有益探索。“善融商务”上线后，在业内引起了较大反响，迅速吸引了大量客户，据了解，许多银行已经开始跟进。可以预见，在传统经济向互联网经济发展转型的过程中，围绕客户综合化、多样化的需求，银行业的服务外延将进一步拓展，不仅仅是局限于银行、证券、保险、基金等传统金融领域。未来的领先银行，很可能是一个“跨界”的综合性、多功能金融机构，能够基于自身平台有效整合集团母子公司、内外部的金融和非金融服务，“一站式”地满足客户的需求。

同时要看到，互联网企业等非金融机构也在大举进入金融服务领域。除了前面提到的阿里巴巴，还有大量的第三方支付公司。京东商城、苏宁电器等也开始介入小贷业务。在网络互联时代，支付结算、信用中介等银行传统核心业务领域将逐渐“被跨界”，这个趋势需要引起高度关注。

三是实现了流程再造，突出管理的科学化、流程化和精细化。银行业务流程和内部管理出现新的变化。电子银行、网络商务强调以客户体验为中心。客户要求操作最便捷、效率最高、体验最佳，这对银行的业务流程、内部管理、产品设计等提出了全新的要求。在网络互联时代，客户在银行之间业务、账户的迁移成本越来越低，客户体验不佳往往意味着客户的流失，这就要求银行改变过去“以我为中心”的经营管理习惯，主动去适应客户的需求，包括个性化的需求。着眼于客户体验，银行业都在加快业务流程优化再造的步伐，通过流程再优化吸引和留住客户。

同时，电子银行渠道逐步实现了对绝大部分柜面操作性、账务性交易的分流，加之前后台分离的深入推进，经营网点的功能定位正在发生变化。通过综合化服务、集约化管理、流程化管控，经营网点的客户营销、产品展示推介、体验互动的功能得到强化，客户服务能力和价值创造能力不断提升。

二、充分认识加快电子银行发展的战略意义

信息技术进步特别是互联网发展给银行业带来的变化是革命性的。马云曾经说过一句话，“如果银行不改变，我们将改变银行”，当时大家听起来不当一回事，现在来看，这不是危言耸听。几年前，第三方支付兴起的时候，国内银行业后知后觉，错失商机。在当前网络信息化迅猛发展的大背景下，如果不抓住机遇，抢占电子银行发展先机，必将导致未来全局的被动，甚至被淘汰出局。加快电子银行发展具有非同一般的战略意义。

总行关于 2011—2015 年电子银行发展五年规划已对战略定位、发展目标、路径选择作了全面的布置。下面，我再补充讲几点意见，作进一步的强调。

（一）是必然选择

我们面对的市场和客户正在变化，而且变化之大、速度之快已经远远超过大家的预料。顺应市场和客户要求变化，加快发展电子银行是一种必然，别无选择、别无出路。根据普华永道对美国市场的调查，在银行各类服务渠道中，2011 年有 62% 的受访者表示更喜欢使用网银，而 2007 年这一比例仅为 25%；更喜欢使用网点渠道的受访者占比则从 2007 年的 40%，大幅下降到 2011 年的 20% 左右。调查显示，客户对手机银行渠道的认可度迅速提升，使用手机银行的受访者占比已由 2005 年的 29% 上升到 2011 年的 42%。预计到 2015 年，手机银行在全球零售客户中的渗透率将超过 60%。

国内电子银行起步虽然相对较晚，但是近年来发展势头迅猛。相关机构调查显示，2011 年全国个人网银交易规模达到 138 万亿元，同比增长 43%；企业网银交易规模达到 563 万亿元，同比增长 34%。2012 年，移动支付交易规模达到 1 511亿元，有 45% 的受访者选择手机银行作为未来最愿意使用的移动远程支付方式。

银行经营以客户为中心，客户的需求、偏好、行为模式变化了，银行绝不可能不改变。如果看不到市场和客户的变化，或者看到了变化却不因时而动，仍然沿袭老习惯、旧模式，那就很可能

重蹈柯达和诺基亚的覆辙。例如，被称为“网络新一代”的80后、90后年轻人，将成为银行重要的目标客户群，如果银行不及时掌握和跟进这类客户群体的交易习惯、行为模式，那么很可能丧失这块重要的市场。要防止客户和市场份额流失，争取新的客户和市场份额，出路只有一条，就是正视市场变化、跟进客户需求、主动调整转型。

需要指出的是，强调发展电子银行并不意味着忽视物理网点。在相当长时期内，仍会有一部分客户群体选择在物理网点办理业务，物理网点在银行产品展示、与客户深度交流互动、满足客户个性化及差异化需求等方面，仍然发挥着不可替代的作用。例如开户、购买复杂金融产品、获取专业咨询服务等，都需要依托物理网点。随着网络信息技术的广泛运用，物理网点的功能定位、业务模式将发生显著变化，逐步向“三个平台”功能转变。物理网点和电子渠道将通过差异化定位，实现无缝衔接、高效协同。

（二）是迫切要求

国内银行业经过几十年的发展和竞争，逐渐形成了今天的市场格局，四大行市场份额领先，其他股份制银行紧紧跟随，总体位次相对稳定。但是，在新形势下如何保持原有的市场地位，取决于能否把握竞争的主动性，其主动性取决于有无竞争的优势。这种优势已不仅仅在于机构数量、人海战术和拼命精神，更重要的是在于技术的领先水平。建设银行作为目前市值第二大银行，无论是追赶前面的领先者，还是防止被后来者赶超，都面临着巨大压力。与工商银行、农业银行相比，我们的客户基础、网点数量、人员配备都存在差距；在市场表现上，与前面银行的差距越来越大，与后面的差距所剩无几，如果不采取切实的措施，不转变经营方式，不抢占战略制高点，不抢抓新的市场机遇，现有格局随时有可能被改变。

网络信息技术进步既给银行带来新的挑战，同时也带来了难得的发展新机遇。随着银行渠道的电子化转型，客户将不可避免地从线下向线上迁移。这是各行争夺他行客户资源、重新划分市场“势力范围”的关键时期，重新瓜分金融蛋糕的“战争”将不可避免。在此过程中，传统网点和员工数量、地域分布等先天差距将相对淡化。我们的物理网点不能无限制地扩充，人员不能无节制地增加。今后，电子银行服务水平的高低、线上客户体验的优劣，将成为银行能否在新一轮市场竞争中制胜的决定性因素。

电子银行已经成为国内各家银行投入重兵争夺的战略制高点。无论是五大银行还是中小股份制银行，都不遗余力地加大了对电子银行的投入力度。近年来，各家银行在电子银行领域的产品和服务创新层出不穷，发展日新月异。我们在电子银行某些领域赢得了先机，但是还谈不上占据了制高点。目前国内电子银行发展的整体格局是百花齐放，暂时还没有绝对的领先者，在此形势下，谁能够率先取得突破，抢占到电子银行的战略制高点，谁就能够掌握全局的主动权，赢得超常规的市场份额。

（三）是必由之路

2008年国际金融危机以后，全球银行业更加注重资本回报，大力发展低成本消耗的电子银行渠道成为转型的重要策略之一。我们在综合性、多功能、集约化战略转型过程中，唯有实现和完成电子银行的转型，我们的战略转型才能实现。根据普华永道的调查，目前美国银行业通过网点完成一笔交易的平均成本（4美元）比手机银行（0.19美元）高20倍，比网银（0.09美元）高40倍。从国内银行业的情况看，随着人力成本、物业价格的不断上升，电子银行渠道以其成本低、受众广、覆盖面大、渗透力强的特点，将成为银行经营转型中优先发展的领域。同时，电子银行的发展，将有力地促进银行营销方式的转变，以及业务流程的优化和变革。

从我行情况看，综合性、多功能、集约化战略的实施，要求全行加快发展电子银行业务。综合性要求通过电子银行无缝对接，多功能要求通过电子银行良好契合，集约化需要电子银行高效率联通。例如，我们很多综合性、多功能业务，如果没有电子银行，很难实现快捷、安全的交叉销售、综合分析和机控风险。很多“三大一高”客户，在电子商务、现金管理、网络供应链等方面有很大的需求，如果银行无法提供便捷、可靠的配套电子银行服务，那么就很难吸引客户、留住客户。加强对小微企业的金融服务，也需要提升电子银行服务水平，以更有效地降低综合成本、提高效益、防范风险。此外，网点"三综合"转型中，在深化前后台分离的同时，需要大力发展电子渠道，将网点人力和资源从大量重复性操作、账务性交易中解放出来，进而将物理网点真正打造成为产品展示平台、客户体验平台和客户交流互动平台。

总之，要依托"智慧、泛在、跨界"的电子银行服务，满足客户综合性、多样化的需求；要依托集约化的电子服务平台，提升客户体验，降低交易成本；要依托专业化的信息处理和数据挖掘技术，实现对客户的精准营销、对风险的"精确打击"。电子银行的发展状况，将直接影响到银行转型的进程。

三、以企业级姿态，全行协力发展电子银行业务

发展电子银行业务，抢占战略制高点，需要集中全行智慧，举全行之力。现在全行业务发展、市场竞争的压力非常大，工作头绪多、任务重，在这里面就暴露出一些问题：一是重视不够，一些部门、分行对短期内看不到"直接效益"的电子银行业务重视不足、投入不够、推动不力；二是前瞻性不够，自主研发不足，模拟模仿多，照搬照抄多；三是体制、机制和人才队伍建设需要加强；四是持续性推广运用、迅速抢占市场不够。大家要认真思考、研究和对待这些问题，从建设银行的长远发展着想，把做好眼前工作和谋划长远发展结合起来，既埋头做好业务，又抬头把握好战略，以保障我行发展的可持续性和先进性。全行要进一步统一思想，扎实做好工作。

（一）转变观念，增强紧迫感

虽然近年来建设银行的电子银行业务在部分领域形成一定优势，但要清醒地看到，目前我们总体发展水平与客户的需求增长、与国际国内同业的领先实践差距还比较大，电子银行业务发展的空间还相当大。我们的创新能力还明显不足，缺乏能够引领市场、叫得响的电子银行产品和服务。面对外部经营环境、市场"游戏规则"的深刻变化，全行上下发展电子银行业务的紧迫感、危机感还远远不够，还没有形成全行合力的企业级态势。

一件关系发展全局和长远的战略性工作，能不能做、能不能做好，取决于很多因素，但首要的是要解决好认识和态度的问题。这次电子银行业务战略专题研讨，核心目的就是要自上而下地推动全行理念变革和观念转变，增强紧迫感。转变观念需要各级领导带头，重在行动、贵在落实。对于加快发展电子银行业务，许多同志都有了切实感受和迫切愿望，但也有些同志思想认识还远远不够，主动性、紧迫性不强，在实际工作中不同程度表现出"躲"和"拖"的情况。对于新的不熟悉的东西并没有采取积极主动的态度去努力学习和熟悉运用，而是满足于现状。对于带有战略性的事情，缺少坚决、大胆、迅速、全力去干的精神，缺乏不进则退、背水一战的决心和勇气。当前，不论是从社会和客户需求变化、电子银行发展势头，还是从行业融合和同业竞争看，加快发展我行电子银行业务都已真正是躲不过、绕不开、等不起了。全行必须首先从思想上警醒和振奋起来，统一认识、积极主动，全力推进电子银行发展。

希望总行各部门、各级行、各子公司的负责同志特别是"一把手"，一是要带头加强电子银行业务新知识、新理念的学习和传播。二是要加强考核和评价。对分行主要是评价电子银行的市场表现、经营业绩、风控水平和创新能力；对总行主要是评价电子银行创新和领先水平、自主研发能力、市场应对策略和科学管理能力。在工作重点的摆布、人财物资源的配置、考核激励机制的安排，以及各级领导精力的投入等方面，都要有一个实实在在的变化，取得实实在在的进展。

（二）明确方向和主要任务

建设"国内最佳、国际一流"电子银行是全行"十二五"规划确定的目标，发展的方向是"智慧、泛在、跨界"，具体的发展指标在五年规划中也作了明确。对照规划的要求，目前工作任务还十分艰巨、繁重，当务之急是抓好落实，重点突破。

一是加强自主创新能力建设。要按照中央关于建设创新型国家的要求，把增强自主开发和创新能力作为战略的基点。要坚持以市场为导向，坚持以我为主，坚持吸收国内外先进创新理念和创新思维，囊括国内外同业先进的电子银行技术与产品，努力做到为我所用。同时，依据市场和

客户需求，加强自主研发，形成构思一批、研发一批、试验推广一批的持续开发能力。通过提高自主研发能力，拥有更多的具有知识产权的技术和知名品牌，形成强大的技术开发能力，努力成为国内领先的电子银行。

二是搭建好电子银行平台，不断丰富产品。对公、对私和移动金融电子银行平台要齐头并进。电子银行平台建设要坚持以客户为中心，统一规划、统一组织实施，对现有的电子银行平台要按照综合、“跨界”、开放的原则进行调整，该整合的整合、该优化的优化，既不能留下空白点，也不能各搞一套，重复建设。

以“泛在”与“跨界”为目标，重点抓好“善融商务”平台的建设与推广，变先发优势为胜势。按照“开放共享、合作共赢”的原则，丰富平台的服务内容，提升客户体验。应该讲，怎样运营好电子商务平台，对商业银行来说是个新的课题。与市场领先的专业化电子商务企业相比，我们无论在经验、技术还是人才储备方面，都有明显的差距；与后面进入市场，并以建设银行为赶超对象的其他银行相比，我们的先发优势也面临挑战。要下大力气持续研究推进，加快发展，保持住优势。要善于吸收借鉴国内外银行同业、专业化电子商务公司好的经验和做法，积极探索建立契合电子商务特点的经营模式、管理体制、运营架构、业务流程和配套政策制度。

在丰富产品方面，适合电子银行渠道销售的线下产品，要尽快迁移到线上。新产品原则上要优先在电子渠道部署，至少要线上、线下同步部署，这要作为一个原则，信息技术部门在立项环节就要把好关。要基于客户需求，创新研发一批适合电子银行渠道的专有产品。要针对客户的综合化金融服务需求，将我们子公司的产品在电子渠道上充分展示、优先推介。电子银行渠道产品丰富度是吸引客户的关键，原则上要做到线下渠道有的，线上都要有；同业有的，只要市场认同，都要学习借鉴、快速跟进。同时，要下决心培育一批具有引领性和创新性、在市场上叫得响的产品。

产品研发要发挥两个积极性。总行产品统筹与创新委员会要继续充分发挥作用，做好统筹、推动和协调。虽然研发主要职责在总行，但总行不能闭门造车，需要分行帮助收集市场、客户和同业信息。即使总行研发出了全行性的产品，分行一方面要积极反馈客户反响和优化建议，同时可以根据自身业务实际，因地制宜地进行本地化创新。实际上，近年来总行研发推出的产品，不少灵感就来源于分行的创新项目和创意。

在电子银行平台建设和产品营销中，要深入开展数据挖掘工作。要善于运用互联网大数据领域的先进技术，依托行内外可获得的海量数据，进行科学分析处理。要结合新一代企业级数据平台的建设，充分利用数据仓库资源，整合跨系统、跨渠道的数据信息，多维度开展数据挖掘，满足各级机构精准营销、个性化服务、精细化管理和考核的需要。

三是平衡好客户体验和安全。既不能为了追求所谓的零风险，牺牲客户体验，也不能片面地强调客户体验，突破风险底线。要始终把改善客户体验放在首位，贯穿于电子银行工作的全过程。要关注客户的每一点感受和产品服务的每一个细节，探索建立以客户满意度衡量工作成效、指导工作改进的科学管理机制。

需要特别强调的是，安全性始终是客户最关心的问题。这方面一旦出了问题，银行不仅会蒙受经济上的损失，而且可能面临声誉受损、客户流失的风险。必须始终把电子银行风险防控摆在突出的位置，时刻绷紧这根弦。近年来，网络钓鱼、黑客攻击等手段不断翻新，客户信息失密、泄密事件时有发生，这对电子银行风险防控提出了新的挑战。要着力提升技防能力，做到“魔高一尺，道高一丈”，同时要探索建立电子银行风险巡查、压力测试等管理制度和流程。

（三）理顺职责，强化分工协同

电子银行业务不能简单理解为电子银行部或者电子银行条线的业务，而是全行、全局性的工作。发展电子银行业务本身就是一项系统工程，事关前、中、后台，涉及银行渠道、客户和产品，关系到业务系统、流程乃至管理和决策。目前，全行电子银行条线的员工加起来只有 1 000 多人，不仅和领先的互联网企业相比差距很大，与所承担的任务相比，人手也是明显不足。只有动员起全行各部门、各级行的力量，集团母子公司协同，分工合作、落实责任，才能把电子银行工作有声有色地组织起来。重点要抓好以下工作：

一是电子银行部要承担起电子银行业务的管总职责任务，负责电子银行渠道建设和持续优化，不断实现新产品在电子银行渠道的部署，并为日常运营提供基础服务。作为电子银行渠道管理部门，要加强电子银行发展规划制订、数据挖掘、综合平台建设、技术采用和推广，以及产品与渠道统筹等工作，还要对电子银行业务任务分配、激励标准制定、统计分析等承担一些综合、协调和平衡的责任。总之，电子银行部既要负责“搭台”，又要为各部门、各条线“唱戏”提供专业支持。

二是产品、客户部门是电子银行产品的主要研发和推广部门。涉及跨部门、组合型的重点产品创新，总行产品统筹与创新委员会要加强组织协调。各部门除了最大限度地开发产品、推动产品通过电子银行上线之外，还要重视电子银行渠道的应用。电子银行渠道在本质上与物理网点一样，是各个产品和客户部门拓展市场、销售产品、服务客户的重要渠道。在电子银行渠道上部署哪些产品、分销哪些业务，如何向客户销售，产品和客户部门要发挥主导作用，承担主要责任。在电子银行渠道部署的产品，只要能比较清晰地对应到产品和客户部门的，原则上营销任务都要落在相应部门。今后各部门要把相当的工作精力投入到电子渠道上来，主动思考本部门业务在电子渠道上的发展规划和具体实施。

三是科技部门要承担起电子银行业务的强大技术支撑责任。科技部门作为技术开发、需求实现和科技保障部门，要对电子银行业务的技术开发效率、需求实现能力负责。要通过强有力的技术支撑，提升电子银行业务的市场响应速度和创新能力。

四是落实分行责任。建立线上线下全渠道的销售和服务体系，归根结底还是要具体落实到各分行。各分行作为电子银行战略的执行单位，主要承担辖内电子银行渠道客户拓展和产品销售、线上线下协同营销宣传、售后服务支持等工作。目前，我行电子银行业务发展在各地区还不平衡，这既不适应客户流动的金融服务需求，也不符合电子银行平台建设系统化的要求。加快电子银行业务发展，既是沿海发达地区分行技术提升、加快普及的基本要求，也是中西部地区分行实现现代金融服务跨越式发展和提升层次的有效途径。

（四）着力完善考核激励机制

各部门、各分行的职责能否落实到位，关键取决于能否通过科学的机制设计，明确各利益相关者的责、权、利，从而调动各方的积极性。

一是产品、客户部门的考核激励机制。产品、客户部门是电子银行渠道产品销售主体。今后对产品和客户部门不仅要考核产品销售总量，还要考核电子银行渠道的销售占比。具体地说，不仅销售总量不能落后于同业，电子银行渠道的销售占比也不能落后于同业。

二是各分行的考核激励机制。要把电子银行账务性交易量占比、电子银行渠道客户渗透率、活跃客户占比等衡量电子银行发展水平的关键指标，与各分行的物理网点增设、人员增加、等级行评定、财务资源配置、绩效收入分配等紧密挂钩。对电子银行发展水平明显高于全行和同业平均水平的，要给予激励；明显落后于全行或同业平均水平的，要作出约束性安排。

三是基层网点员工和客户经理的考核激励机制。把客户从线下迁移到线上，从短期看会影响物理网点员工的利益。为了充分调动基层网点员工和客户经理的积极性，现阶段需要在考核政策上作相应的调整。客户经理营销客户过程中，凡是通过电子银行渠道销售的产品，不仅要纳入基层网点员工和客户经理的销售业绩，而且激励标准要和物理渠道大体相当，使他们的收入不会受到明显影响。下一步，随着物理网点职能的逐渐调整，考核制度还要与时俱进地作出相应修订。

（五）培育先进的创新理念和文化

要虚心学习国际先进同业和领先互联网企业的创新理念和方法，积极培育互联网创新基因和鼓励“试错”的文化。创新没有常胜将军，尤其在网络信息时代，要求100%的创新成功率是不现实的，也不可能催生真正的创新。要实行创新容忍度管理，允许创新失败。美国3M公司的创新政策值得我们学习，即即使创新失败也不追究个人责任；反之，不求有功，但求无过，在任职三年期间“做一天和尚撞一天钟”，提不出任何改进工作意见和行动的，则是公司裁员的首选。建设银行作为一家大银行，在推动创新上要推崇国内外领先银行的创新理念和文化，要给予创新一定的“试错”空间和容忍度。要通过培育创新文化，让大家敢于创新，释放出全行30多万员工的创新智慧和潜能。

（六）加大财务资源投入

电子银行渠道作为建设银行最主要的交易渠道、重要的产品销售渠道和客户服务渠道，财务资源的投入力度必须与其渠道定位和未来贡献相匹配。近几年我们对电子银行的财务支持力度在同业当中是比较突出的。钱要花得值得，技术开发要先进。采购招投标任务很重，采购的技术和产品要挑选质量好、功能先进的，成本要有效控制，效率更要提高。下一步，要站在战略高度，着眼于长远发展，进一步加大资源投入。要高起点定位、高标准建设。未来几年电子银行的发展，无论是业务上还是技术上，都要按照国际一流的标准进行规划和布局；在渠道建设、产品创新、数据挖掘、客户体验及风险防控等方面，都要力争国内领先。相应在财务资源上要给予充分的保障，为抢占制高点提供充足的“弹药”支持。此外，在营销宣传、激励费用等方面，也需要向电子银行业务倾斜。

（七）加强专业化队伍建设

人是生产力中最重要、最活跃的要素，只有一流的人才才能干出一流的事业。目前，我行电子银行人才储备严重不足，必须把培养、引进电子银行专业人才作为一项基础性、战略性工作来抓。发展电子银行业务，我们急需一大批新型人才，既需要专业化的人才，如IT和银行专门业务人才，更需要综合型人才，既要懂电子、网络和系统，又要熟悉银行产品和业务流程，还要善于集合、管理和协调、推广工作。这方面的人才现在还很欠缺，要加快培养和引进。要抓紧制定电子银行业务人才培养规划，充分利用行内外培训资源，重点加强对电子银行和产品、客户部门专业员工的培训，同时也要加强对各层级负责人的理念和方法培训，力争用3—5年时间，将所有专业员工和各层级负责人轮训一遍。要着力解决电子银行业务快速发展与人员不足的矛盾，多渠道充实人员，除了通过内部培养之外，要注意加大外部专业人才的引进，打造一支熟悉互联网产品研发、电子商务、数据挖掘和客户体验的中高端人才队伍。总行各业务部门、各分行要着手建立专业化的电子银行团队。对于适合外包的业务，也可以通过外包方式缓解人手不足的压力。

电子银行发展任务还很艰巨，市场机遇稍纵即逝。这次战略与创新专题研讨，从战略发展角度分析了形势，提出了问题，也进一步明确了要求。希望全行上下行动起来，群策群力，以企业级的姿态，以敢于创新的精神，打赢抢占电子银行战略制高点的攻坚战，努力成为中国电子银行建设的佼佼者，为建设银行经营转型和长远发展打下坚实基础。

在中国建设银行党的群众路线教育实践活动工作布置会上的讲话

王洪章

（2013年7月5日）

同志们：

今天上午，根据总行党委的安排，召开了党的群众路线教育实践活动动员大会，对全行系统教育实践活动进行全面动员部署。下午，召开党的群众路线教育实践活动工作布置会，主要任务是对全行系统教育实践活动有关工作进行具体布置。下面，我就开展教育实践活动讲五个方面。

一、进一步把思想和行动统一到中央和总行党委的决策部署上来

2013年6月18日，习近平总书记在中央教育实践活动工作会议上发表了重要讲话（以下简称《讲话》），从贯彻党的十八大精神、坚持和发展中国特色社会主义的高度，从实现党的执政使命、奋斗目标的高度，深刻论述了教育实践活动的重大意义，精辟阐述了教育实践活动的指导思想、目标要求和重点任务。《讲话》反映了我们党适应时代发展要求、保持先进性纯洁性的高度自觉，体现了党要管党、从严治党的坚定决心，具有很强的政治性、指导性、针对性。近日，中央教育实践活动领导小组下发了《关于认真学习贯彻习近平总书记在党的群众路线教育实践活动工作会议上的讲话的通知》，对学习贯彻习近平总书记重要讲话精神作了具体部署。全行各级党组织和广大党员、干部，特别是二级分（支）行以上管理机关、领导班子和领导干部，要把认真学习贯彻《讲话》作为当前的一项重要政治任务，自觉把思想和行动统一到《讲话》精神上来，统一到中央决策部署和总行党委各项要求上来。

一要深刻认识教育实践活动的全局性、战略性意义。群众路线是我们党的生命线和根本工作路线。开展群众路线教育实践活动，就是要以贯彻中央八项规定和总行党委十项要求为切入点，改进各级领导班子和领导干部作风，提升形象；就是要充分发挥密切联系群众的独特优势，通过学习把全行上下更好地凝聚起来，提升市场竞争力；就是要把党组织密切联系群众的优势转化为推动科学发展的动力，以作风建设的新成效凝聚起全行加快发展的强大力量。二要深刻认识教育实践活动的现实必要性、现实紧迫性。近年来，建设银行在党的建设方面取得了很大成绩，全行系统党员干部队伍的状况总体是好的。但同时也存在着作风不正、不实、不廉等问题。对这些问题，是保持清醒、认真解决，还是听之任之、放任自流，关系建设银行改革发展各项工作的成效。开展群众路线教育实践活动就是要坚持党要管党、从严治党，从群众反映强烈的问题上改起，从最能体现良好作风的具体事情上抓起，以作风建设正行风，以行风建设促发展，为建成“国内最佳、国际一流”的现代化商业银行提供有力保障。三要有针对性地解决好模糊认识、思想障碍。这次教育实践活动全行关心、群众关注，广大党员群众给予了很高的关注和期盼。从了解掌握的情况看，一些党员干部还存在着思想认识的问题：有的对当前作风方面存在的问题严重性认识不够，缺乏解决问题的紧迫性自觉性；有的对解决问题信心不足，存在畏难情绪；有的担心影响工作，认为搞活动牵扯精力、增加负担，弄不好会顾此失彼。这些轻视的思想、观望的心理、担心的情绪，都需要引起我们的重视，在教育实践活动中切实加以解决。我们一定要把思想认识统一到中央的要求上来，切实增强贯彻群众路线、改进工作作风的自觉性、坚定性。

二、扎实有序地展开教育实践活动的各个环节

根据中央部署和总行党委《意见》安排，这次群众路线教育实践活动分为学习教育、听取意见，查摆问题、开展批评，整改落实、建章立制三个环节，每个环节有四个方面的重点工作，再加上教育实践活动的准备和总结工作，共有14项重点工作。各单位要紧密结合自身实际，认真抓好各个环节和每项重点工作，确保教育实践活动扎实有序推进。

第一，准备工作。开展这次教育实践活动，做好思想准备、组织准备和工作准备是第一步，这是开展党内集中教育活动的成功经验。准备工作主要应抓好3件事：一是制订教育实践活动实施方案，二是成立领导机构和工作机构，三是筹备动员会。各单位要把制订活动方案作为准备工作的重点，在认真调查摸底的基础上，围绕为民务实清廉的内容，设计有本单位特色的实践活动载体，确定符合实际的目标要求和切实可行的具体方法步骤。动员讲话稿不需要总行审批，活动方案要经总行督导组审阅。

第二，学习教育、听取意见环节。这一环节是教育实践活动的基础，重点抓好以下四个方面。一是搞好宣传动员，要开好本单位本部门的动员大会，部署教育实践活动，主要负责同志作动员讲话，要做到“三个讲清”，讲清楚教育实践活

动的重大意义，讲清楚中央和总行党委的部署要求，讲清楚本单位的工作安排和对党员、干部的具体要求。各分行应在7月底前召开动员大会。二是抓好学习培训，要采取个人自学、集中培训、专题辅导、领导干部上党课等形式，组织党员、干部认真学习中国特色社会主义理论体系，学习党章和党的十八大报告，学习习近平总书记一系列重要讲话精神，学习党的光辉历史和优良传统，学习《论群众路线——重要论述摘编》等文件资料，开展理想信念、党性党风党纪和道德品行教育，开展中国特色社会主义宣传教育。要创新学习载体和学习形式，引导党员、干部带着问题学，真正领会和掌握群众路线的深刻内涵和根本要求，增强学习效果。三是开展专题讨论，组织党员、干部结合本单位和本岗位实际，深入开展“宗旨意识和群众观点”专题学习讨论。专题讨论要实事求是、从实际出发，使之成为统一思想、深化认识、更新观念、转变思路、形成共识的有力推动。围绕这个专题也可安排其他专题学习讨论，加强对宗旨意识和群众观点的认识。四是听取群众意见，要着重围绕群众最关心的现实问题，深入开展“三走进”活动，组织广大党员走进网点、走进市场、走近群众，听取群众意见。各级党员领导干部坚持做到“三深入”，即深入基层、深入群众、深入客户。要通过召开座谈会、个别谈话、上门征求意见、联系点调研、基层岗位体验等多种形式，广泛听取党员干部群众和服务对象的意见，做到情况明、底数清。

第三，查摆问题、开展批评环节。这一环节是发现问题、分析问题、扩大认识成果的关键环节。要围绕为民务实清廉要求，通过群众提、自己找、上级点、互相帮，认真查摆“四风”方面的问题，进行党性分析和自我剖析，开展批评和自我批评。重点抓好以下四个方面。一是开展谈心谈话，开展“三必谈”活动，即党委主要负责同志与班子成员逐一谈心，班子成员之间互相谈心，班子成员与分管部门负责人逐一谈心。督导组要向党委主要负责同志和班子成员通报掌握的班子作风建设情况和存在的突出问题。对反映问题较多的班子成员，由督导组会同党委主要负责同志进行谈话提醒。二是撰写对照检查材料，各级领导班子和领导干部要自己动手撰写对照检查材料，坚持做到“四对照、四查看”，即对照党章、对照廉政准则、对照改进作风要求、对照群众期盼和先进典型，查看思想认识深不深、查摆问题准不准、分析原因透不透、整改措施实不实。这里要注意，督导组要审阅领导班子和党委主要负责同志的对照检查材料，并提出意见和建议。三是召开专题民主生活会，要按照严肃认真、实事求是、民主团结的要求，召开一次高质量的专题民主生活会，以整风精神开展批评和自我批评，达到“团结—批评—团结”的目的。基层党组织要认真组织党员参加教育实践活动。每个党员都要参加所在党支部召开的专题组织生活会，党员领导干部除参加专题民主生活会外，还要参加所在党支部的专题组织生活会。四是做好情况通报，民主生活会后，党委主要负责同志要主持召开会议，在规定范围通报民主生活会情况和听取意见、查找问题、开展批评和自我批评等情况。

第四，整改落实、建章立制环节。这一环节主要是针对作风方面存在的问题，提出解决对策，制订整改落实方案，集中治理突出问题。重点抓好以下四个方面。一是制订整改方案，以征求的意见建议、对照检查材料中查摆的问题为依据制订整改方案。整改方案要目标化、具体化、责任化，做到“三明确”，即明确时间表、责任人和任务书。对群众反映的突出问题和重点问题，要实行“一把手”负责制。整改方案制订后，采取适当方式公布，作出承诺，整改落实情况要向党员、群众通报，接受监督。二是强化正风肃纪，紧扣为民务实清廉要求，开展专项检查。在反对形式主义方面，开展“三清理”活动，即清理各类会议、清理文件简报、清理评比表彰活动。在反对官僚主义方面，坚持做到“三服务”，即二线为一线服务、机关为基层服务、全行为客户服务，坚决整治推诿扯皮、办事效率低下、服务不到位问题。在反对享乐主义方面，组织“四严禁”专项检查，即严禁违反公务接待有关规定、严禁违反规定配备秘书、严禁违规占用办公用房、严禁超标准配备公务用车。在反对奢靡之风方面，集中开展“四项治理”，即专项治理“小金库”现象，治理行政经费使用中的铺张浪费行为，治理用营销费用办理私事和内部营销的现象，治理借开会、调研、考察、检查、培训等名义变相旅游的行为。同时，要加强领导班子建设和严格教育管理干部，对软、懒、散的领导班子进行整顿；对存在一般性作风问题的干部，立足于教育提高，促其改进；对群众意见大、不能认真查摆问题、没有明显改进的干部，要进行组织调整。在教育实践活动中发现的重大违纪、违法问题，要及时移交纪检监察机关或有关方面严肃查处。三是提高做好群众工作的能力，通过教育实践活动，要提高调查研究、掌握实情能力；提高科学决策、民主决策能力；提高解决问题、化解矛盾能力；提高宣传群众、组织群众能力；提高深入市场、服务客户能力。四是加强制度建设，这是教育实践活动取得实效的重要标志。要对贯彻党的群众路线已有制度进行梳理，经实践检验行之有效、群众认可的，要长期坚持，抓好落实；对不适应新形势、新任务要求的，要抓紧修订完善。如党员领导干部联系点、党务（行务）公开、公务接待、职务消费、集中采购、领导干部住房用车等制度规定。同时要坚决纠正有令不行、有禁不止、无视制度的问题，努力推动改进工作作风、密切联系群众常态化长效化。

第五，总结工作。这是教育实践活动最后一项工作。各单位要召开教育实践活动总结大会，党委主要负责同志要在大会上作教育实践活动的总结，认真总结本单位教育实践活动取得的成效和经验。会上，还要对本单位领导班子和领导人员开展教育实践活动情况进行民主评议，重点是解决问题、改进作风的情况。总行将科学制定测评指标，合理确定参评人员范围，确保测评结果客观真实。评议表将由总行督导组负责回收汇总。

三、牢牢把握教育实践活动的基本要求

各单位在部署和推进群众路线教育实践活动过程中，要牢牢把握教育实践活动的基本要求，坚持做到“五个贯彻始终”：

一要把活动总要求贯穿始终。习近平总书记在讲话中全面阐述了“照镜子、正衣冠、洗洗澡、治治病”的深刻内涵，强调这“四句话”是解决作风方面存在突出问题的总要求。“照镜子”，主要是对照党章、查找差距；“正衣冠”，主要是正视问题、改掉缺点；“洗洗澡”，主要是听取意见、自我批评、相互批评；“治治病”，主要是对症下药、治病救人。这个总要求简洁明了、内容丰富，四个方面是一个相互联系、有机统一的整体，是开展活动必须把握好的重要遵循。贯彻总要求，关键要把握精神实质，以整风精神开展教育实践活动，就是要摆问题、找差距、明方向，就是要自我净化、自我完善、自我革新、自我提高。

二要把反对“四风”贯穿始终。中央要求，教育实践活动必须抓住反对形式主义、官僚主义、享乐主义和奢靡之风这个要害。抓住了“四风”，就抓住了干部群众的关注点，就抓住了教育实践活动的着力点。中央出台关于改进工作作风的八项规定后，总行党委制定了10项具体措施，并针对总行机关提出了23条要求，取得了初步成效。总行审批事项精简了30%，各类领导小组撤销了60%；2013年会议计划压缩了60%，仅差旅食宿费就节约了2 000多万元。但是全行在体制机制、工作流程、工作作风、队伍建设等方面还存在不少问题。各单位要着力查找领导班子和领导干部作风方面、改革发展和业务转型方面、客户服务方面、维护基层群众利益方面以及完善体制机制方面的突出问题，深刻剖析根源，拿出可行办法，真正解决问题，实现作风明显改进。

三要把整风精神贯穿始终。整风是我们党解决自身问题的一大创举。中央反复强调，这次活动要贯彻整风精神。各级党组织要教育引导党员干部，打消“自我批评怕丢面子、批评上级怕穿小鞋、批评同级怕伤和气、批评下级怕丢选票”等顾虑，拿起批评和自我批评的有力武器，开展积极健康的思想斗争，体现“认真”二字，敢于揭短亮丑。自我批评，要真正触及问题、挖到思想深处，防止避重就轻；相互批评，要敢于指出问题、真诚帮助提高，防止好人主义。对作风方面存在问题的党员干部，要及时教育提醒，问题严重的要严肃处理。

四要把领导带头贯穿始终。习近平总书记强调，作风建设一定要从上头抓起，各级领导班子和领导干部都要把自己摆进去，带头转作风。要带头学习、带头听取意见、带头谈心、带头开展批评和自我批评、带头进行整改。自我剖析准不准、深不深、严不严，是对领导干部能不能起好示范带动作用的重要检验。全行各级领导干部要

放下架子，虚心听取下级、基层和党员、群众的意见，认真查摆个人、领导班子、本单位在作风方面存在的突出问题，深刻剖析问题症结和原因，把整改方向和具体措施明确亮出来。

五要把制度建设贯彻始终。中央要求，作风问题必须经常抓、长期抓，要高度重视制度建设，建立健全促进党员、干部坚持为民务实清廉的长效机制。要梳理现有制度。对贯彻群众路线的已有制度，经实践检验、行之有效的，长期坚持下去；不适应新形势、新任务要求的，抓紧修订完善。要研究制定新制度。从活动一开始，就要重视研究出台一些加强作风建设的具体制度和规定，为反对“四风”提供政策依据。注重总结活动中的经验做法，上升为制度规范。要严格落实制度。坚持一手立规矩、定制度，一手抓整改、抓落实，强化制度执行力，用严明的制度、严格的执行、严密的监督，形成加强作风建设的长效机制。

四、强化对教育实践活动的督促检查

督促检查是推进工作落实的重要手段，也是以往开展集中教育活动的重要经验。这次教育实践活动，有很多硬任务、硬要求，要真正落实好中央和总行党委要求，攻克一些难关，解决一些难题，必须强化督促检查。没有严肃的督促检查，没有一定的约束和压力，就很容易打折走样。要在抓好活动安排部署的同时，切实加大督促检查力度，把督促检查贯穿整个活动全过程，推动各部门各单位把总行党委要求不折不扣地落到实处。

为示范带动和深入推进教育实践活动，总行党委成员将建立教育实践活动联系点。这是领导同志带头参加教育实践活动的一项重要内容，也是领导同志获得第一手材料、亲自指导和督促教育实践活动顺利开展的一项重要举措。总行活动领导小组办公室要加强对联系点工作的协调，安排好各项重点任务和工作，加强具体指导和督促检查，当好参谋助手。被确定为联系点的单位，更要坚持高标准、严要求，认真落实总行部署，认真谋划、精心组织，积极探索有效开展教育实践活动的途径、办法，以更有力的举措、更大的成效，为推动教育实践活动创造新鲜经验，提供借鉴和示范作用。

派出指导组和督导组是加强检查和工作指导的一个非常重要的步骤。经党委研究，总行活动领导小组将派出 2 个指导组，指导总行各部门、直属单位、子公司开展活动；派出 8 个督导组，全程督导各一级分行、培训中心的教育实践活动。按照政治过硬、原则性强、认真负责的标准和要求来确定指导组和督导组组长，他们都是经验丰富、阅历深厚的领导干部。这次会议之后，要认真抓好培训工作，使指导组和督导组成员深入领会中央和总行党委要求以及督导规则，明确工作遵循，明确指导督导任务。各督导组要紧紧依靠所督导单位的党委，切实履行好自身职责，做到尽职不越位、督导不包办。要把精力放在重点对象、重点要求、重点环节的督导上，督促各单位既把“规定动作”做到位，又把“自选动作”做精彩。对有不足之处的，要明确提出，帮助弥补；对问题较多、工作不利的，要责其纠正、加大工作力度；对走过场的，要严肃批评，令其重新进行，充分发挥好督导组的监督、指导作用。各分行党的群众路线教育实践活动领导小组也要成立督导组，按照上述要求精心选派督导成员，抓好教育培训工作，全程督导下一级部门和单位的教育实践活动。

五、切实加强对教育实践活动的组织领导

一要落实领导责任。各级党委主要领导同志要承担起第一责任人的责任，深入一线、靠前指挥，既当指挥员又当战斗员，沉下去面对面地开展工作，加强调查研究、提出工作建议，畅通信息渠道、搞好上传下达。各级组织部门、纪检监察部门、宣传部门等相关部门要在抓好自身教育实践活动的同时，充分发挥职能作用，齐抓共管、密切配合，切实履行好各自职责。

二要制订好活动方案。这次教育实践活动涉及面广、政策性强。各级党委要深入基层、深入群众，广泛听取意见，查明情况、摸清底数，抓紧制订好实施方案。要针对不同层级、不同对象党组织的情况，找准各自需要解决的突出问题，提出适合各自特点的办法措施，不搞“一刀切”。

三要重视宣传引导工作。各单位要大力宣传教育实践活动进展和实际成效，宣传活动中的好经验、好做法，及时反映行内外各方面的积极反

响。要发挥典型的示范作用，发现、挖掘一批叫得响、立得住、群众公认的为民务实清廉的先进典型，加大报道力度，用身边事教育身边人。要丰富报道内容，创新宣传方式，实现传播效应的最大化，积极推动教育实践活动的正能量。

同志们，搞好这次活动，责任重大、任务艰巨。我们要以高度的政治责任感、良好的精神状态和扎实的工作作风，把教育实践活动组织好、开展好，为贯彻落实党的十八大精神、推进建设银行各项业务又好又快发展提供有力保障。

谢谢大家！

以党的群众路线教育实践活动为契机在服务实体经济中加快调整转型

——在战略与创新专题研讨暨夏季工作座谈会上的讲话

王洪章

（2013 年 8 月 6 日）

同志们：

为传达贯彻党中央、国务院会议精神，深入开展党的群众路线教育实践活动，总结上半年工作，布置下一个阶段任务，推进风险管理体制改革和信贷机制调整，总行党委决定召开这次座谈会。上午张建国同志还要对全行经营工作和授信流程优化做出安排。我首先代表党委讲几点意见。

一、认真贯彻中央精神，加快调整转型步伐

2013 年上半年我国经济发展总体平稳。党中央、国务院审时度势，统筹大局，在有效稳增长的同时，着力调结构、促改革、惠民生，重点推动解决深层次矛盾和问题，实现了好的开局、新的进展。总的来看，主要经济指标处于年度预期目标的合理区间。GDP 同比增长 7.6%，CPI 涨幅为 2.4%，就业形势总体稳定。虽然第二产业发展有所放缓，但第一产业稳定发展，第三产业增速稳步提高，特别是能够广泛吸纳就业的服务业发展加快。这些正在发生的积极变化和不断增加的有利因素，为下一步经济发展和转型升级打下良好的基础。

同时也要看到，经济整体基本面仍是稳中有忧，部分领域风险突出。一些行业产能严重过剩，企业开工不足，PPI 连续 16 个月下降；部分地方财政风险积聚，5 月底地方政府性债务余额同比增长 15.6%，还本付息压力凸显；金融领域多种风险交织，虽然社会融资规模大幅增加，但套利“空转”问题突出，银行体系面临更为复杂的风险管理挑战。

针对当前经济形势，中央政治局常委会议、政治局会议和国务院常务会议进行了深入研究，并作出了明确部署。近期，国务院下发了《关于金融支持经济结构调整和转型升级的指导意见》，其中对银行服务实体经济、推动经济结构调整和转型升级提出了具体要求，主要包括：按照“消化一批、转移一批、整合一批、淘汰一批”的要求，对产能过剩行业实行差别化信贷政策，对产品有竞争力、有市场、有效益的企业，继续给予信贷支持；支持小微企业发展，全年贷款实现“两个不低于”；加大“三农”领域信贷支持，鼓励金融机构开发符合新型经营主体特点的金融产品和服务，创新融资担保方式；进一步发展消费金融，支持居民家庭首套自住购房、大宗耐用消费品以及教育、旅游等服务消费的信贷需求；积极拓展海外业务，支持“走出去”的中资企业开拓国际市场。

按照中央精神以及监管部门要求，全行上下

牢牢把握“稳中求进”的工作总基调，运用底线思维，对可能出现的困难做最充分的准备，争取最好的结果。2013年上半年，既保持了整体经营上的“稳”，又实现了在战略重点、薄弱环节、关键领域上的“进”。

“稳”主要表现在：一是业务发展稳。全行资产、负债增幅分别达到6.18%和6.27%，主要经营指标实现时间过半、任务过半。二是盈利状况稳。净利润同比增长12.4%，净利息收益率为2.71%，与2012年同期基本持平。三是资产质量稳。在严峻的形势下守住了风险底线，不良贷款率继续保持0.99%的水平。四是流动性稳。在资金面紧张甚至一度出现“钱荒”的情况下，建设银行流动性保持稳健，发挥了大型银行市场“稳定器”的作用。

“进”主要表现在：一是服务实体经济取得新进展。支持了大批国家重点在建续建项目，基本建设贷款新增在公司类贷款中占到38%；小微企业、涉农贷款增长超额实现“两个不低于”；新农村建设贷款增长45%。二是结构调整效果开始显现。零售贷款新增占比达到58%；退出高风险贷款273亿元。三是战略性业务取得新突破。电子银行账务性交易量占比达到44%；个人客户增加近10%，计划完成率达91%；私人银行客户增长17%；跨境人民币结算量同比增长43%；金融社保卡发卡量增长50%；大客户战略业务发展良好，达到年度计划进度。四是基础建设取得新进步。网点“三综合”扎实推进，全行新增综合性网点1 401个，组建综合营销团队3 139个；新一代核心系统项目进展顺利，“两地三中心”基础设施建设加快。五是综合性、多功能发展迈出新步伐。海外机构的资产、税前利润增长超过40%；子公司在外部环境不利的情况下，净利润增长达50%以上，符合董事会制订的五年规划要求；海外机构申设取得突破性进展，俄罗斯和迪拜子行、台北分行顺利开业，建设银行欧洲和卢森堡分行获得金融许可执照，香港地区机构完成整合；集团旗下获准设立资产管理公司，期货经纪业务即将取得突破。

与此同时，经营中面临的困难和压力也越来越大：不良贷款暴露的压力大，信用风险上升，2013年上半年新形成不良贷款237亿元，超过上年同期水平，个别地区不良贷款反弹势头尚未得到有效遏制；对公存款增长乏力，截至2013年6月24日，当月存款仅增加2亿元，但后三天猛增1 600亿元，主要是对公存款，特别是部分分行季末时点现象严重；中间业务增速放缓，增长速度仅12.6%，增速在四大行中位列第四，比其他行低10个百分点以上，主要产品与工商银行差距扩大；非信贷资产管理弱、集约程度低，效益不高；表外业务管控不够，会计核算、风险管理缺乏规范性，垫款比例高。

尤其值得关注的是，经济结构调整和转型升级加快，将对银行的市场拓展、客户选择、风险管控带来新的挑战。利率市场化的推进、金融“脱媒”的加剧，将对既有的盈利模式、定价能力、流动性管理等提出重大考验。地方政府债务的加重和企业经营的困难，将进一步加大银行业不良资产暴露的压力，不良率和不良额“双升”的态势正在显化。鉴于此，如果仍然沿用过去的办法和经验来应对，肯定会影响发展速度和质量，丢失客户和市场，与前行者差距越来越大，与居后者距离越来越小，很可能在不长时间里被赶超。

面对内外部新形势、新变化，全行要把思想和行动统一到中央要求上来，在支持实体经济中加快转型调整的步伐。“明者因时而变，知者随事而制”，要加强对外部经营环境的分析，对同业竞争发展情况的研判、对全行重大经营策略的研究，做到经营政策适时调整，经营策略顺势而变。转变思路、准确研判，把握国家政策和市场机会，在经济转型和结构调整中抢得先机，赢得新的发展空间。现阶段，要重点抓好以下几个方面的工作。

（一）全面深化结构调整

资产结构调整。首先是信贷资产。要按照中央政策要求，增量和存量并重，加快信贷结构调整。要合理摆布新增投向，大力发展对个人、小微企业、涉农、民生、环保、物流、现代服务业等领域的优质贷款，促进资本集约运用和整体收益的提升。在用好新增贷款资源的同时，要切实重视存量信贷资源的合理盘活和运用。从总量看，近年来全行每年新增人民币贷款规模不到8 000亿元，但是对公存量贷款的回收就有2万亿元左右，个人贷款有2 000多亿元。下一步，要着力盘活存量，腾挪出宝贵资源，更多地投入到实体经济发展薄弱环节和民生领域。此外，建设银行作为国内资产证券化的先行者，要发挥自身专业优势，积极探索通过资产证券化等市场化手段盘活存量信贷资产。

其次是非信贷资产。目前全行非信贷资产接近7万亿元，其中投资约3万亿元，结构调整的潜力很大。随着金融“脱媒”的深化，越来越多的优质企业转向债券市场融资，信用债券比重将越来越大，这是银行调整非信贷资产结构的一个重要方向。要研究设立资产管理部门或机构，制定科学的投资交易策略、风险策略，增强主动的资产选择和组合配置能力，提升非信贷资产的整体收益水平。

同时，随着国际化战略的深入实施，我行海外机构资产规模快速增长，上半年已突破千亿美元。虽然目前对全行利润贡献还不大，但增长势头很快。下一步，要按照既定战略加快海外网络布局，构建全球综合化金融服务平台，提升全球化资产配置能力。特别是要抓住人民币国际化和国内优质企业“走出去”的市场机遇，通过内外联动、跨境联动做大做强海外业务，进一步提升海外资产比重和利润贡献。

负债结构调整。要加强策略研究，优化负债结构，努力争取既有效控制负债成本，又能保持存款稳定增长，减少对公存款波动。要着力增加基本结算户，提高活跃客户比重，大力发展结算类产品，吸纳资金沉淀，增加低成本负债。要积极跟进政策变化，提前准备，研发市场化的新型负债产品，增强主动负债能力，调整优化负债的产品和期限结构。

盈利结构调整。要做好关于稳定和提升NIM水平、存贷款及非信贷资产科学定价等问题的研究，加强存放同业和理财资产池管理，提高收益水平。在满足信贷政策、符合风险底线要求的前提下，信贷资源配置要优先考虑定价水平，向收益高的区域、客户和产品倾斜。要坚持大力发展中间业务，持续提升中间业务收入占比，加大产品创新力度，改进服务，执行好收费相关政策和监管要求，做到稳定增长、定价合理、收费规范、发展健康。同时，要按照综合性、多功能的要求，加大发展投资银行、理财、保险、租赁、基金、期货经纪、资产管理等新型业务的力度，在满足客户综合服务需求的同时，培育新的盈利增长点。

（二）细化和优化信贷政策

按照中央精神和监管要求，宏观政策要稳，微观政策要活，以解决突出问题为导向。经济环境越复杂，制定和实施政策、策略越要精细，多一点则过头，少一点则不足，要恰到好处。

准确把握经济结构调整和转型升级的方向，在对各个产业、行业、区域、客户群体深入分析评估的基础上，挖掘、甄别和服务有效需求，抓紧重检和优化信贷政策。要跟踪研究战略性新兴产业、节能环保、新能源等行业的发展趋势，重点选择国家政策鼓励、技术和市场成熟、商业可持续的项目，加大信贷支持力度。要抓住新兴服务业、信息设施建设和信息产业发展，以及传统产业改造升级的市场机遇，积极拓展优质客户。对于“6+1”等产能过剩行业，以及房地产、融资平台等领域，要分类梳理、区别对待、因户施策，落实好“有扶有控、有保有压”的要求；对于符合国家政策、资金需求合理、有效益、有偿还能力的项目，对于实施产能整合的行业龙头企业、向境外转移产能的优质客户等，要给予相应支持；对于国家重点在建、续建项目后续融资，要区别情况，符合条件的要允许合理的延期或展期。要通过政策引导，继续加大对高风险领域的信贷控制，坚决守住风险底线。

同时需要强调的是，各个区域具体情况千差万别，信贷政策不能“一刀切”，要有一定的灵活度。要结合国家产业政策和各地区的区位优势，进一步研究完善区域差别化信贷政策。

（三）加大创新提升金融服务能力

总行党委将创新能力建设作为当前和今后一段时期的重点工作。要按照中央关于“创新驱动发展”的要求，通过创新进一步提升金融服务能力和服务内涵。2012年总行调整设置了产品统筹与创新委员会，并设立了产品创新与管理部，负责组织、推动和协调全行产品创新工作。《中国建设银行2013—2015年产品创新规划》已经过产品统筹与创新委员会审议，最终审定批准后正式下发。这个文件将明确近几年产品创新的目标要求和体制机制保障，充分发挥总分行两个积极性，建立跨部门的研发机制和新的研发模式，加大创新的考核激励力度，营造创新文化氛围，全面提升建设银行的产品创新能力。

近期看，要重点围绕支持实体经济开展产品创新活动，特别是在“三大一高”、小微企业和“三农”、现代服务业等领域，要在充分考虑和平衡风险收益的情况下，有针对性地加大服务模式和特色产品的创新。例如支持小微企业，按照传统模式开展信贷业务不仅成本较高，效果也不尽理想。但是通过创新服务模式，搭建小微企业服务平台，与政府相关部门、行业协会合作开展批量营销，借助人民银行征信系统进行客户筛选，利用财政补贴覆盖贷款利息，引入保险、担保等机制，与政府部门合作建立风险基金等，既可以做到批量化筛选和拓展优质小微企业客户，又可以降低业务成本，有效管控风险。这方面我行已经开展了一些探索，成效很好。

此外，在服务“三农”方面，也可以通过创新找到新的切入点。目前我行县域机构少，申设新网点也比较困难。要多想办法，创新服务方式，通过网络银行、手机银行、电话银行、ATM 和 POS 机等电子化渠道，以及与其他金融机构战略合作等模式，延伸服务终端。在这方面，通过创新来拓展的业务增长空间非常广阔。

二、平稳有序推进风险管理体制改革和信贷机制调整

经过一年多的研究论证和反复推敲、完善，新的风险管理体制和信贷机制调整方案已进入实施阶段，相关参阅材料已经发给大家。张建国行长还要就授信流程优化提出要求，王业同志明天将做具体讲解。这里主要讲一下总行关于风险管理体制改革、信贷机制调整的总体思路和基本考虑。

1999 年，建设银行率先建立了以信贷经营、审批、风险“三驾马车”为核心的信贷机制；2006 年实施的风险管理体制改革，针对当时存在的风险意识较差、风险制度不健全、风险流程控制薄弱、层级“信号衰减”等突出问题，引入了垂直管理、平行作业。通过垂直管理，拉直纵向风险报告路线，着力解决风险信息传递、政策传导、风险监测管控分散的问题；通过平行作业，将风险管理嵌入流程，着力解决风险过程控制缺位的问题。从实施效果看，这套体制、机制契合了当时的实际情况，全行风险和授信条线同志兢兢业业、扎实工作，对促进建设银行股改后业务的持续健康发展、保障资产质量的稳定向好发挥了重要作用。

但是也要看到，这套体制、机制运行 7 年来，无论是外部的市场环境、客户需求和监管要求，还是内部的风险意识、管理基础、制度流程、系统和技术手段等，都发生了很大的变化。随着时间推移，部分体制、机制的设计已经不适应新的形势变化和管理需要。

风险管理体制方面的不适应主要表现在：一是风险垂直管理体制与目前层级管理、分行班子负责的管理架构不匹配。银行作为经营风险的企业，经营管理决策和风险管控决策很难截然分开。二是风险问题的发现、报告和处理的管理链条长，风险报告多，下发指示多，及时发现和实质处置不够，效率不高，难以对风险事项适时作出灵敏反应、快速应对处理。在经济波动较大、风险频发的大环境下，其短板效应尤其明显。三是按照监管要求，董事长是风险管理的第一责任人，行长是风险控制的第一责任人，监事长是风险监督的第一责任人。在分行层面，分行行长相应也要对风险承担起第一责任人的职责。但是目前负责风险和审批的风险总监不在分行班子里面，存在风险责任主体不清的问题，也与监管要求不吻合。四是相互制约不够，风险总监既管风险又管审批，不符合管理学的基本要求。五是集团风险管控弱，管理体制亟待完善，难以适应综合性、多功能发展要求。

信贷机制方面的不适应主要表现在：在信贷管理上，重授信审批，轻基础管理；重流程操作，轻实质性审查；重信贷投放，轻贷后管理；重保全核销，轻教训吸取。一是前中后台界面不清晰，部门银行色彩较浓，有权的事抢着做，无权的事、打基础的事很少有人做。贷前调查不认真，抵押有瑕疵，即担保有虚假、数据不真实、情况不准确，这既不利于落实责任、分工制衡，也不利于集约管理、专业专注。二是随着业务发展和产品创新，信用风险形态发生了深刻变化，现行信贷体制难以适应信贷政策统一、信用风险管控统一的要求。三是授信评估评价专业化建设亟待加强，

近年来建设银行在项目评估等领域的传统优势在逐步丧失。四是放款环节管控薄弱，有的未落实或放松贷款条件，监管部门检查、外部审计和内部审计发现的信贷违规问题以及近几年出现的信贷损失、风险案件多数都与此相关。五是贷后管理职责不落地、“规定动作”不落实的现象长期存在，导致信贷风险未能及时发现和处理。六是押品管理分散，全行信贷抵质押物总价值已超过14万亿元，但是总行还没有一个明确的牵头部门将其统一管理起来。此外，信贷文化建设亟待加强，尤其在核心价值观、授信风险理念、行为规范和信贷职业操守等方面的宣传教育还很不够。

（一）风险管理体制改革的总体思路和制度安排

这次风险管理体制改革的总体思路是，通过落实全员风险管理、强化班子责任、实现双向报告、推进专业分工、完善风险抓总，使银行经营管理更高效、风险管控更有效，实现效率和风控在更高水平上的平衡。主要制度安排包括：

风险管理职责进党委。不再单独设立风险总监，风险管理职责由党委和领导班子负责，明确各级行“一把手”承担风险管理的第一责任，分管风险的副行长以及其他班子成员在各自分工范围内承担相应风险管理责任，真正体现监管部门上移风险责任的要求，充分发挥各分行班子在领导和推动本辖业务发展、风险管理方面的核心作用。

实现双向报告。分行分管风险的副行长向本分行行长直接报告，同时向总行首席风险官、分管风险的行领导报告。风险事项涉及其他班子成员分工领域的，要第一时间相互沟通，密切协同配合。同时，进一步明确风险报告责任，强化监督考核。

科学分工制约。风险管理体制调整到位后，分行党委对分行班子成员应按照“权责对等，相互制约”的原则进行科学分工，提出规范要求，经营、审批、风险管理的职责要分离，体现相互制约、专业专注的要求。

完善集团全面风险管理体制。总行风险管理部门作为全行业务风险的综合管理部门，要进一步提升管理层次，承担起集团整体全面风险的汇总和抓总职责。要按照监管要求进一步完善管理体制，落实“三抓总”，即综合风险（信用风险、市场风险、操作风险等）抓总，全集团风险抓总，境内外风险抓总。下一步，要借鉴国际领先银行的经验和做法，建立集团风险的统一视图，加强对各类风险范畴的整体监测、相关性分析和组合管理，为调整经营策略和资产结构提供支持。要根据综合性、多功能、集约化的发展要求，进一步完善建设银行集团的风险管理策略、风险“防火墙”机制建设等，督促集团发展战略、风险偏好在各级行和子公司的贯彻落实。

（二）信贷机制调整总体思路和重点强化的工作

信贷机制调整总体思路是，按照“流程银行”建设的内在逻辑，科学界定前、中、后台职能，实现政策制度统一、集团综合授信、强化支用审批、业务集约管理、补强贷前贷后管理短板的要求。涉及相关部门的职责和工作要求主要有以下方面：

一是设置信贷管理的综合部门，承担全行信贷业务的综合管理，信贷业务的监督、检查与指导，强化信贷政策、信贷基础制度和准入标准的制定和管理，统一信用风险监控，加强信贷系统建设、信贷资产分类和减值准备计提，以及牵头押品管理、贷后管理等工作。

信贷管理部门要加强信贷制度建设，使信贷制度的基础更加牢固。根据监管要求、客户情况变化以及管理方式的改变，适时对制度进行调整和充实，强化制度的执行。专设部门负责信贷政策制定，细化行业、区域信贷政策，使信贷政策更加契合实际，更加具有可操作性。信用风险管控职责交由信贷管理部负责，有利于信贷政策和风险政策相统一，避免相互脱节、政策不一致，给分支行执行带来困难。贷后管理和押品管理是目前比较薄弱的环节，此次调整明确由信贷管理部门负责，主要是强化制度建设、检查评估、监测分析和系统建设，提出政策建议。贷后管理和押品管理的具体工作由经营部门负责。

二是分设授信和审批职责，主要是强化综合授信和集团授信职责，发挥综合性、多功能优势，实现以客户为中心。授信审批部内设授信部作为二级部，承担项目评估、评级审查、授信方案制订等工作。

充分发挥授信在风险管控中的作用。授信环节是客户信用风险总量控制的核心，要体现以客户为中心，实现全方位、全产品、全集团的综合授信，既涵盖信贷业务，还应覆盖具有实质性信用风险敞口的理财、信托、债券、基金、租赁、投行等业务，防止多头授信、过度授信。要扩大授信面，提高授信层次，体现全球集团统一授信。

支用审批环节是信贷安全的关键，也是风险控制的最后一道关口。调整后的职责要求是审查实质性风险，包括还款来源是否可靠、充足，抵质押等担保是否真实有效，贷款支用各要件和风险缓释是否充分，风险调整后资本回报（RAROC）是否符合要求等，支用审批环节承担最终责任。目前分行信贷支用审批授权过大，要重新考虑和设置，进行差别化授权，对于风险较大的客户、风控能力较弱的机构，要尽量上收审批权限。

信贷机制调整后，需要对授信审批流程进行优化，分层次、分客户类型作出差别化安排，进一步缩短流程，加重责任，由前、中、后台各部门一起多角度审视风险。

三是强化经营部门和经营机构市场拓展责任、客户维护责任、贷前贷后真实性审查和管理责任，以及产品创新等工作。各经营部门、经营机构要转变工作重点，强化市场分析和客户管理，积极拓展优质客户，维护好基本客户，强化贷前调查和贷后管理，加强具体授信业务风险控制，确保信贷资产安全。要落实信贷经营文化的组织实施工作，深入推进全行信贷经营文化建设。要在文化要素中体现建设银行的发展愿景和服务实体经济的经营导向，体现以客户为中心的服务理念，体现“诚实、公正、稳健、创造”的核心价值观。要通过文化建设提升建设银行信贷业务的“软实力”。在这方面，公司业务部、小企业部等客户经营部门要率先做好。

四是提升风险管理层次，强化风险控制。风险管理部是全行业务风险的综合管理部门，除了前面讲的汇总、抓总和集团风险控制外，还要加强对授信管理的风险计量技术支持，同时要强化对授信业务提出专业风险评估意见的职能。

要结合新一代核心系统建设，持续优化完善风险计量系统和模型，为基层一线提供便捷易用的信用风险成本、资本成本等计量工具，支持前台经营人员做好客户选择和风险定价。要着力推动新资本协议的落地，将风险评级的“技术语言”，转化为各级机构和员工能够理解和掌握的“业务语言”，转化为生产力。风险管理部门要发挥专业优势，参与授信评审决策，提出风险评估意见。风险评估要综合考虑国家宏观政策以及行业、产业、区域风险，产品技术、市场风险等因素，结合客户和项目的风险控制措施、风险缓释安排等，作出综合、专业的分析判断，提交授信审批部门作为重要参考。

更好地发挥资产保全专业作用。这次将资产保全部调整为二级部，划归风险管理部管理，旨在通过风险管理和资产保全的职能整合，进一步提升风险处置化解的专业化能力，前移风控关口，提前发现和化解风险。要在回收资产的同时吸取教训，发现授信经营管理中存在的漏洞、隐患和具有共性的风险点，回馈到政策制度的制定完善中，提升风险管控的针对性和有效性。

此外，这次调整根据职能相近、管理协同的原则，将操作风险管理职责划转到内控合规部。下一步，内控合规部门要按照全员风险管理的要求，做实流程中每个操作人员直接承担风险控制的职责，并依托内控技术手段，进一步提升操作风险控制的专业化水平。

这样调整以后，信贷业务的前、中、后台分工明确，职责清晰，既可以做到专业、专注，又可以实现相互制约，有利于实现信贷业务全流程管理和信用风险的科学控制。

（三）几点要求

统一思想，尽职履责。这次风险管理体制改革和信贷机制调整，是总行党委慎重研究，在广泛听取各方面意见的基础上决定的，授信流程优化方案是经过多次行长办公会议反复讨论修改形成的。总的来看，这次调整既着眼长远，又立足当前，既根据新的变化进行了体制和机制创新，又充分承接了原有好的经验和做法。全行要把思想和行动统一到总行党委的决策上来，认真贯彻、坚决执行。要按照方案要求，统一步调，抓紧时间做到工作到位、责任到位，使新的体制、机制尽快有序地运行起来。要按照“人随事走”的原则做好工作衔接，避免出现管理断档，不能“新官不理旧账”。各个相关部门要按照新的体制、机制的要求，抓紧研究制定具体管理制度、办法和流程。

拾遗补阙，持续完善。在体制改革和机制调整中，难免会有些遗漏、疏忽或者考虑不周全的地方，包括制度配套、职责边界、运转流程等，都需要在实施过程中不断磨合和完善。总行部门要主动发现问题，及时研究解决。总行层面按照新的体制运行顺畅了，“顶层设计”也就基本到位了，后续全行的推进工作就会顺利很多。

做好衔接，保持稳定。总行部门作了调整，分行的相应机构如何设置，总行不做统一安排，由分行党委根据总行关于分行内设部门设置规定以及授信流程优化的需要研究确定。只要做到责任明确、职能衔接、流程顺畅、报告线路清晰、不相容职责分离，就不一定要增设或调整机构。当前经济形势复杂、经营任务繁重，在推进体制改革和机制调整中要注意加强统筹，平稳过渡，切实避免影响业务发展、队伍稳定和客户体验。

调整流程，完善配套。按照这次信贷机制调整的要求，总行正在研究制定新的授信流程，并在2家分行开展试点。第一，新的授信流程设计思路，尽量简洁、适用，缩短管理链条；第二，在流程中落实全员风险管理，同时控制住风险易发、高发的关键节点，做到“精确打击”；第三，落实责权利对等的要求，实现清晰的监督和考核；第四，坚持重大事项集体审批，分行行长行使一票否决权，但不能参加审批会；第五，做实综合授信流程，建立多部门协商决策机制，依托授信评审会议的平台实现前、中、后台密切沟通、集体决策，从集团层面综合考虑客户需求，强化客户信贷经营策略的整体安排和各类信用风险敞口的统一管控。目前各项配套制度正在加紧研究制定，将成熟一项推出一项。各分行要按照总行部署统一行动，在总行文件下发前，仍要严格按现行的制度和办法执行。

三、以教育实践活动持续推进党的建设，坚持从严治行

开展党的群众路线教育实践活动，是新形势下坚持党要管党、从严治党的重大决策。各级党组织和党员干部要按照总行统一部署，认真落实全行动员大会和工作布置会的要求，将教育实践活动与全行中心工作结合起来，做到两手抓、两促进。

（一）深入开展党的群众路线教育实践活动

目前全行教育实践活动正在有序推进，总的情况是好的。下一步要着重抓好以下几个方面工作。

一是抓好学习教育，认真听取意见。分行领导班子和班子成员要扎实开展学习，领导班子要以集体学习为主，坚持自我教育、自我提高。集体学习时间不能少于3天。领导班子要集体学习党章和党的十八大报告，学习习近平总书记等中央领导同志一系列重要讲话精神，学习教育实践活动相关文件和3本指定教材，掌握思想武器，牢固树立宗旨意识和群众观点。领导干部要深入基层、深入群众，摸实情、听真话、接地气。

二是聚焦“四风”问题，深入进行查摆。找准问题是解决问题的前提，找准问题才能有的放矢、抓住要害、取得突破。习近平总书记强调，集中整治形式主义、官僚主义、享乐主义和奢靡之风，首先要发现问题，有问题发现不了、认识不到，就没有办法去解决。要聚焦“四风”，结合建设银行实际，重点针对6个方面深刻查摆问题。问题找得越具体越好，不能笼而统之、大而化之，否则就会“走神”、“散光”。找问题不能避重就轻、遮遮掩掩，要注意防止以工作问题代替“四风”问题，防止以笼统的班子问题代替个人自身存在的问题，防止以客观原因的分析代替主观因素的剖析。要以整风精神开展批评和自我批评，听得进逆耳之言。领导干部要有度量，有则改之，无则加勉。不要无原则地给干部戴高帽，也不要心胸狭隘地给干部穿小鞋。

三是坚持边查边改，建立长效机制。教育实践活动能否取得实效，关键在于整改落实。不解决问题，不仅于事无补，还会适得其反。各分行从教育实践活动一开始，就要强调坚持边学边改、边查边改。针对查摆出的“四风”问题，拿出改正问题、解决问题的决心和措施，以自我净化、自我完善、自我革新、自我提高的精神开展活动。

（二）加强班子建设，提升市场表现

深入开展教育实践活动，持续提升服务实体经济的能力，提升分行的市场竞争力，关键在于

各级领导班子。各级党委要将强化班子建设摆在更加突出的位置。一是要认真贯彻中央组织工作会议、全行组织人事工作会议精神，结合当前经济金融形势需要和全行长远发展考虑，抓紧配强各级领导班子，特别是要配齐、配强“一把手”，提升各级党委班子的战斗力。二是要勇挑重担，善谋发展。面对当前复杂的经营形势，各级行领导班子要敢于担当、事不避难，把握战略方向，加快结构调整，坚持转型发展。要善于结合本单位、本区域的实际，把这些要求落到实处，有思路、有办法、有作为、有实绩。三是强化考核。进一步加强各级领导班子思想建设、政治建设和组织建设，加强对“一把手”抓班子带队伍能力的考核，进一步完善分行领导班子综合经营竞争力考核机制，突出市场表现的量化指标。考核不合格的，首先要对班子问责；长时间没有改观，已经影响工作、耽误建设银行事业的，要果断调整班子。

（三）落实中央八项规定，加强党风廉政建设

要持之以恒地抓好中央八项规定和党委十项要求的贯彻落实。一是领导干部要带好头，严格遵守公务活动、用房用车、出国出差等规定。下去调研要深入到基层一线，轻车简从，切实为基层解决问题。二是强化成本管理，招待费、会议费要严格控制，确保比上年有明显下降，广告费及公关营销等费用要注意节俭使用。总行部门要带头。同时要按照中央要求，严格控制楼堂馆所建设，现有营业办公用房能够满足需要的，不得安排新建或新购。三是纪检监察部门、巡视组要加强作风建设的督查和巡视。近期总行纪委组织开展了改进工作作风专项检查，对于发现的问题要及时督促整改，对违反规定的行为要严肃查处并通报。

（四）坚持从严治行，强化案件治理

要按照中央关于严守风险底线的要求，着力强化基础管理，进一步提升案防和内控的有效性。2012 年以来全行发生了多起案件，虽然在风险处置、问责处理等方面做了大量工作，但是有分量、有深度的案件剖析还不多，有针对性地汲取教训还不够。同时，在内部审计、外部检查中，也发现不少问题和风险隐患，但有针对性建立长效机制还不够。纪检监察、内部审计、内控合规部门要着力加强案件及风险损失案例分析和数据库建设，查找案件易发部位和风险高发环节。2013 年下半年要组织以承兑汇票、信用证垫款为主要内容的专项检查。要举一反三，从制度、流程、系统“机控”等方面强化薄弱环节的管控，提升案件和风险防控的有效性。

同志们，下半年的工作任务仍然很艰巨。全行要以这次教育实践活动为契机，着力解决发展中面临的突出问题，优化金融服务、强化创新驱动，在支持经济结构调整和转型发展中，努力完成和超额完成年度经营计划，努力实现建设银行的战略转型和市场表现的提升。

关于党性修养和群众观点问题

——在总行机关群众路线教育实践活动党课上的讲话

王洪章

（2013 年 8 月 12 日）

同志们：

这次全党开展以“为民、务实、清廉”为主要内容的党的群众路线教育实践活动，是中央在新的形势下坚持党要管党、从严治党的重要举措，也是提高党的执政能力、保持党的先进性的重要举措。前一个月主要是学习教育环节，在这个环节当中，全行注意保持了两条：一是坚持把学习贯彻始终，不断提高思想认识；二是按照“边学边查边整边改”的要求，对存在的“四风”问题以及总行党委提出的六个方面的突出问题进行了初步的查摆。今天按照全行教育实践活动的安排，和大家交流一下学习体会，题目是“关于党性修养和群众观点问题”。

第一个问题：关于党性修养问题

党性修养和廉洁政治在我们党的历史上是非常重视的，老一辈革命家就党性修养问题作了大量的阐述和论述。但是，这也是一个“老大难”的问题。我们党从成立一直到现在，在廉洁政治问题上和一些发达国家走过的道路在有些方面是相同的，发达国家在廉洁政治上也存在这个“老大难”的问题。老，是因为老牌的资本主义国家和社会主义国家都碰到过这方面的问题。百年之前，列宁就曾经提出来党性修养的问题，《列宁全集》里面有一句话“为了公开的和广泛的进行阶级斗争，必须发展严格的党性修养”。但是到了前苏联时期，因为这个问题解决得不彻底、解决得不好，一个早晨，这个政党几千万党员全部脱党。这个老问题应该说解决起来困难还是比较大的。大，是因为党性问题涉及党和国家的生死存亡，不是个小问题。党性不强、作风不正，群众就会有意见，这样不仅亡党，也会亡国。陈云同志曾经讲过：“党风问题是涉及党的生死存亡的大问题。”难，是世界变化非常快，党风廉政面临的形势也发生着深刻的变化，腐败的问题在每个时期都有不同的表现形式，大家看看我们党的历史和国际共产主义运动史，就知道确实是很难。我们党在每个关键阶段都对党性和党风廉政建设问题提出了新的要求，在每个关键时期都采取了不同的方式来克服难的问题，但这个问题现在并没有得到完全解决，一些党员领导干部甚至高级干部在这方面的问题仍然很突出，大家也经常在报纸、网络和中纪委的案件通报上看到这方面的案例。所以，解决好这个老大难的问题不是一两代人的努力就能够完成的，应该是一代又一代的党员干部和我们这一代党员的责任和义务。

一、党性修养是党员领导干部的基本要求

党性修养的概念，列宁同志很早就提出来了，应该说是我们共产党人的发明创造，但是不是只有我们党提出了党性修养问题，这个可以考证。但从目前掌握的材料来看，把党性修养诠释和实践到一个全新高度的只有我们中国共产党。党性是党的性质、宗旨、纲领和作风的集中表现，也是政党的生命所在、生命所系。从党员的角度讲，党性坚强是合格共产党员的根本条件，党性体现在每个党员的思想、言论和行为当中。从组织的角度讲，体现在党性原则和党的路线方针政策上。

修养是中华民族的思想基础和人文基础，我国历史上有许多关于修身养性方面的论述，有很多先辈进行了探索，提出了要求，如陶冶品性、反省自身、道德涵养等。注重个人修养是中华民族的固有传统，这方面儒家最具代表性，是中国思想文化的重要基础，也是我们意识形态的根基。儒家十分重视修养，孔子讲：“见贤思齐，见不贤而内自省也。”见到有人超过自己的长处和优点，就应该向他学习，向他看齐；见到有人存在缺点或不足，要冷静地进行反省，看自己是不是有和他一样的毛病。其实这本身也是一个修养要求。公孙丑曾经问孟子：“老师你哪方面比较擅长呢？”孟子说：“我能理解别人言辞中表现的情趣和志向，我善于培养我的浩然正气。”公孙丑问：“什么是浩然正气？”孟子说：“很难说得明白，但是我自己悟出来的是它最宏大、最刚强，是正义在内心中长期积累起来的，不是偶然形成的，而且它与仁义和道德相配合、相辅助，充满天地之间，无所不在，这就叫浩然正气。”这是修身养性达到了一定的精神和思想境界。曾子也曾经讲过“吾日三省吾身”，就是每天都要三次回顾自己，总结自己；每天要从三方面来反省自己：替人谋虑是不是够尽心，和朋友交往是不是足够诚信，先生传授的知识是不是复习了，等等。后来，由此又上升到“格物、致知、诚意、正心、修身、齐家、治国、平天下”，就是大家说的“八条目”。“八条目”的前五条都和修养有关系，是排到第一位的，你只有做到了前五条，首先搞好自身的修养，才能搞好自身之外的“齐家、治

国、平天下”。当然，这些条目带有旧的思想意识和思维观念，维护的是旧有的统治，但是对人的道德修养、思想境界应该说是比较科学的要求，道理是相通的，哲理也是不能颠覆的。我们历代的仁人志士在个人修养的问题上，在“诚意、正心、修身、齐家、治国、平天下”的问题上身体力行做了大量的工作，而且在修养方面也留下了许多感人的事迹。

我们党高度重视党的思想建设和党员的教育，结合马克思主义基本理论和共产主义理想，把党性和修养结合起来，赋予了党性修养新的含义，强调在个人主观努力的同时，也要求在社会实践中更加注重自我教育、自我改正和自我完善，而且在政治思想、道德品格、素质能力等方面，通过教育来锤炼和改造，不断增强自身党性修养。

关于党性的基本要求我们党的几代领导同志都进行了系统的阐述，其中刘少奇同志应该是最全面、最完整、最系统地论述了党员的修养问题，他的《论共产党员的修养》是我们党关于党性修养的经典之作，其理论之扎实、基础之深厚、思想之深刻，应该说至今没有哪个著作能够与之相比拟。《论共产党员的修养》产生于1938年，当年9月我们党召开了党的六届六中全会，全会重点解决了两个问题：一个是毛泽东作了《论抗日民族战争与抗日民族统一战线发展的新阶段》的报告，对抗日战争的形势、任务和目标做出了充分的论述；二是张闻天作了《关于抗日民族统一战线与党的组织问题》的报告，适应了当时党对党员队伍管理教育的客观情况。会后，刘少奇同志深刻地考虑了当时党员队伍的建设问题。抗争初期，有很多知识分子和国统区的大学生向往抗日根据地这个充满阳光和希望的地方，纷纷来到抗日根据地。当时，除了这些知识分子之外，也有一些农民、工人甚至一些乞丐和个别土匪也参加到了延安的抗日战争中来。我们党为了壮大力量，在1938年前专门下发了《关于大量发展党员的决议》，在短短两三年时间内党的队伍得以蓬勃发展，这个过程中党员队伍难免出现各式各样的问题，所以党员的修养、管理和教育就摆到了党的议事日程上来。刘少奇同志在河南负责中原局工作期间，撰写了《论共产党员的修养》初稿，他从8个方面论述了“如何增强党员的修养”问题，并且在当时的豫西省委举办的党员干部培训班上连续做了6次讲解，在党员干部中引起了强烈的反响，参加学习的同志都说“这是入党以来受教育最深刻的一课。”刘少奇同志回到延安后，延安马列学院院长张闻天听到刘少奇同志在河南讲得很好，就专门请刘少奇同志把文稿拿出来，在延安的报纸上公开进行了发表。毛泽东在阅读这篇文章后说，这篇文章写得很好，提倡了正气，反对了邪气，应该在全党公开发表，于是，《论共产党员的修养》在党的刊物和全国根据地的刊物上进行了连篇累牍的发表。《论共产党员的修养》应该说在加强党员干部党性修养方面发挥了重要的作用，是党在党性修养方面的一个重要理论丰碑，问世70多年来仍然魅力不减。2005年，全党开展先进性教育的时候，仍然作为必修文章加以学习。

我们党的历代领导人都非常重视党性问题，毛泽东、邓小平、江泽民和胡锦涛同志都做出过许多重要的论述，提出过许多具体的要求。特别是习近平同志，他在2009年一次会议上强调：“坚强的党性是成为高素质党员领导干部的首要条件，要加强政治修养，增强政治信念的坚定性；要加强道德修养，陶冶道德情操，提高道德境界；要加强纪律修养，增强纪律观念；要加强作风修养，做到求真务实，廉洁从政。”习近平同志在十八届中央纪委第二次全会上谈到：“实现十八大确定的目标，实现两个‘一百年’的目标，实现伟大的中国梦，必须把我们党建设好。每一个党员，特别是党员领导干部，都要牢固树立党章意识，自觉用党章来规范自己的一言一行。干部的党性修养，不会随着年龄的增长而自然提高，也不会随着职务的升迁而自然提高，而需要终生的努力。”同时，习近平同志还要求以“踏石留印，抓铁有痕”的劲头抓好党性修养和党风廉政建设问题。习近平同志深刻阐述了新时期加强党性修养的问题，提出了基本要求和工作重点，说明党性修养的问题是个永久的课题，特别是在新的形势下，党性修养的内涵将更加丰富，党性修养的重要性将更加突出。

二、党性修养的主要内容

关于党性修养的内容，有的党建理论专家说

应该包括理论、政治、道德、作风、能力和纪律六个方面。习近平同志讲党性修养主要包括五个方面：理论修养要精；政治修养要强；道德修养要高；纪律修养要严；作风修养要实。深刻揭示了党性修养需要解决的主要问题。

关于理论修养。刘少奇同志在《论共产党员的修养》当中曾经讲道："理论修养就是要研究马克思主义，掌握马列主义，应该具有科学的世界观。"实际上理论修养包括两个方面：一是理论功底，二是指导实践的能力，而且重要的是实践。回想一下我们党重要理论的产生，都是应用马克思主义理论的基本立场和方法，通过了解和认识实践当中存在的问题而演变成很好的理论，那么大家在学习的时候，也可以研究一下党在每一个重大历史阶段，在每一个关键时期，特别是在重大转折时期党的理论和实践是怎么结合的？把这个搞清楚了才能够真正理解党是如何一步一个脚印领导人民走向胜利的。其他国际上很多社会主义国家的政党在 1989 年以后纷纷垮台、倒闭、解散，唯有我们的党仍然坚持共产主义道路、坚持党的领导，说明我们党在理论建设和加强党的建设实践中具有成功的经验。

关于政治修养。政治修养应该说包括政治素质、政治立场和政治态度三个方面。看一个党员领导干部在政治方面是否成熟，修养是否达到要求，关键看是否经得起生与死、公与私、胜与败，成功与挫折以及重大政治风暴和各种复杂局面的考验。说话要讲政治。说话不讲政治、处理问题不讲原则，就会导致个别党员领导干部的政治形象在群众当中差得很远。所以，应该增强政治修养，坚持在重大问题上同中央保持高度一致。

关于道德修养。培养高尚的道德情操，要切实做到耐得住寂寞、抵得住诱惑、经得住考验。这三句话很容易被大家忽略，也是最不容易做到的。相当多的领导干部，特别是高级干部在这方面出了问题、犯了错误，甚至受到了法律的惩罚。道德修养对领导干部至关重要，对道德修养的要求，不论职务高低、不分权力大小，对每个人都应有这个要求，只是衡量标准不太一样。作为文明古国，在道德修养上要求德才兼备、德高望重、德艺双馨等，都是把德放在第一位。我们党在干部路线上，特别注重干部的道德修养，而且也是党的一贯选人、用人的重要标准。在延安时期，毛泽东同志就提出过"才德兼备"的干部标准和"任人唯贤"的干部路线，建国以后又发展为"又红又专"。邓小平同志在改革开放初期就提出了干部队伍的"四化"问题，并强调首先要"革命化"。江泽民同志提出了"以德治国"的重要思想，胡锦涛同志提出了"德才兼备、以德为先"的选人、用人标准，并且进一步指出"德的核心就是党性"。习近平总书记在今年的组织人事工作会议上指出：用一贤人则群贤毕至，见贤思齐就会蔚然成风。要求各级党组织要坚持正确的用人导向，努力做到任人唯贤。还特别对领导班子建设提出了很多要求，这些要求都是在"德"的方面制定了一个非常高的标准和更严格的纪律。所以，坚持"德才兼备、以德为先"是抓住了当前领导干部和干部队伍建设的关键问题。

关于作风修养。党风正、政风清、民风淳，党员领导干部的作风牵动政风，引领民风，这方面更不可忽视。党的三大作风建设当中确实有许多不尽如人意的地方，比如实事求是、理论联系实际问题，对一些重大问题不搞调查研究；有少数领导干部说大话、说谎话、说空话，上骗领导下哄群众；有个别干部瞪着眼睛说瞎话，想当然办事，甚至不想也办事。另外，批评和自我批评也存在一些问题，批评和自我批评运用得好可以改正错误增进团结，但也确实存在一些很不好的现象：一是批评不够，出了问题既不做自我批评也不批评别人，你好我好大家好；二是表扬无度，遇事首先表扬，不管该不该表扬，甚至有的干部明明有问题也是无原则的表扬，有的甚至委以重任、提拔任职；三是你批评人他安抚，人为制造一些矛盾。这种状况导致个别干部目无规章制度和组织纪律，违章违规、违法办事；有些单位的领导，自诩在位置不如在圈子，专横跋扈，胡折腾、瞎指挥、乱办事，这些现象是很不正常的。密切联系群众也存在着摆不正位置的问题，毛主席讲的"忘记了自己是个普通老百姓"的现象也是存在的。由于脱离群众，一方面不了解群众的意见，要求和呼声，经常办错事；另一方面也容易脱离群众的监督，只关注自己和身边人的切身利益，也容易犯错误。关于作风修养问题、理论联系实际问题、密切联系群众问题、批评和自我批评问题确实还存在许多需要改进的地方。

关于能力修养。主要包括两个方面：一是正确的能力；二是对能力的正确理解。正确的能力是能干事、干成事、干好事。就是把交给你的任务能够完成好，既符合政策规定，得到群众的拥护，又能够为改革发展添砖加瓦，这个能力是实力的展现。但如果方向不对，可能是越干越乱。有一些干部走一路乱一方，离任以后留下一大堆后遗症，让后面的人给“擦屁股”，我觉得这不叫能力，叫蛮干、胡干。或者在能力方面仅强调发展的能力，不强调效益；仅强调风险，不强调创新发展；科学治理不够，持续发展不足。这也说明我们的能力是不足的或是不够的。金融领域，包括建设银行特别是广东省分行在20世纪90年代初期、中期曾经发生和出现过一些金融风险案件和重大信贷损失案件，有的行长当时也觉得是很能干的，在全系统也是有了名的，结果出了一大堆问题，最后受到了严肃处理。股份制改革以后，建设银行也出现了一些信贷损失案件，也反映出我们在做事情、干事情和发展上如何既科学把握发展又防控风险的能力方面还存在一些问题，所以对能力应该有一个正面的理解。另外，能力的修养应该具备责任心和事业心，具备正确的世界观和科学的方法论，要注重能力建设中的这个软实力。过去中央曾经批评过一些地方搞劳民伤财的形象工程和沽名钓誉的政绩工程，说明注重什么样的能力建设和能力修养也需要我们认真地思考。

关于纪律修养。这里就不多讲了，当党员就必须有付出，就应该付出更多的辛劳，就应该接受党章更严格的约束，处处严格要求，处处做表率。

三、如何加强党性修养

加强党性修养是成为高素质领导干部的关键，至于怎样加强党性修养，我想有三个方面：

第一，党性修养要做到“三真”。对党性修养要怀着一颗崇敬的心情去学习它、实践它。一要真信。真信是发自内心的一种自然的反应，真信才能广布于政，全心全意为人民服务，做起事来就不仅仅是为了树立一个样板，体现一个政绩。真信才能坚持永远，才能像主席讲的那样一辈子做好事。真信才能广施天下，才能坚持始终，才能不唯书、不唯上、只唯实。真信才能不天天围着关系转，晚上围着酒桌转，才能够对群众的事情上心而不会不闻不问，甚至伤害群众。二要真学。内得于己，要有内在动力，用心学、用思想去思考、用行动去体验，通过学习在思想上引起共鸣。三要真用。党性修养其实是看得见、摸得着的，也是通过我们的经营行为、政治、工作和生活态度表现出来的，并且体现在你安排布置的每项工作上和对待每一件事物的态度上。处理问题是否符合党性原则，处理方式是否科学合理、公开透明，并且让群众所接受，这很重要。用得好，就会走过一地风光一路；用得不好，走过一路怨声一片，甚至是骂声一片。另外，也不能只让别人讲党性，拿着镜子只照别人，这也是没有党性修养的表现。

第二，党性修养要注意人格魅力。党性修养当中要注重人格魅力的培养、锻炼和建设。党员是党的细胞和元素，党的领导干部是其中一个重要的细胞和元素。党的历代领导同志特别重视共产党人理想人格的培育和塑造，党的历史上涌现出了很多共产党人的人格典范，他们在平凡的工作岗位上作出了不平凡的贡献。我们一提到平凡工作和平凡岗位的时候想到的是张思德，学习做一辈子好事的时候想到的是雷锋，“心中想着老百姓唯独没有他自己的”是焦裕禄，这些先进人物的思想境界、道德情操、榜样作用和对事业的态度所展现出来的人格魅力具有深深的吸引力，是我们几代人念念不忘的，这比我们死记硬背一些书和一些警句效果要好得多。人格魅力会影响我们每个人的一生，人格是做人的根，党性是为官的魂。为人要修炼人格，为官要清正廉洁、取信于民。不修人格，将一生虚度；不修党性，可能会一生糊涂，甚至会犯错误。人格如果没有魅力，大家可能都跟着累心，不舒服；人格倒置，大家可能会跟着讨伐，甚至共诛之。所以，要注意人格魅力的培养。

第三，党性修养要长期坚持。党的十六大以后，胡锦涛同志多次强调，各级领导干部要自觉加强党性修养，要常修为政之德，常思贪欲之害，常怀律己之心。习近平同志在2012年《求是》杂志上发表的文章指出：应该从对新形势下党面临的风险和挑战出发，充分认识保持党的纯洁性的极端重要性和紧迫性，不断地增强党的意识，为保持党的纯洁性做出不懈的努力。这三个“常”和习近平同志讲的不懈的努力充分说明中央领导同志的语重心长和切切之情。

第二个问题：关于党风问题

我们党历来十分重视党风问题。

一、党风廉政建设面临的形势仍然十分严峻

从国际上看，形势发生了深刻的变化，世界上不同政治、经济、思想和文化的相互交织日益剧烈。这次金融危机，有的同志认为美国会衰退，但事实证明并没有改变世界上任何政治版图和经济格局，相反，有些发达国家还在危机当中取得了某种主动权。我们应该把这些经济现象、金融现象和政治现象看得更加复杂一些，在思想上有正确的看法和观点才能有正确的行为。在2005年金融改革和2007年以来的金融危机中，每当出现这些重大的经济波动和金融风波时，总有方方面面的政治因素干扰和阻挠我们的改革和发展，我们在海外的并购不是很顺利，最近华为海外经营受阻问题、光伏的双反问题等显示出贸易保护主义在抬头，背后有着深刻的政治因素；现在国际上在炒作气候变化、能源资源、公共卫生安全，等等；目前又出现炒作我们的金融风险，唱衰中国经济的苗头，包括“影子银行”。中国的“影子银行”是不是那么严重？是不是像外面讲的已经到了不可救药的地步？我们的理财产品和“影子银行”是相对的，是不是有那么大的问题？关于政府融资平台贷款和银行不良贷款问题，国际上极力夸大这些问题的严重性，我们不可掉以轻心，形势还很复杂。

从国内形势看，邓小平同志在20世纪90年代初讲的坚持中国特色社会主义道路一百年不动摇，党的十八大提出在建党100年和建国100年这两个“一百年”里还要实现重要的目标，这个时候对我们党员干部，特别是党员领导干部的要求不能降低，党性修养和政治素质应该相应提高。现在发生的大量群体性事件，重大的安全生产事故等有很多都和党员干部的政治素质、党员意识、责任意识不强是有关系的，同时与我们对干部的使用也有关系。习近平同志在最近的一次讲话中指出：不能唯GDP来提拔和使用干部，讲的就是这个道理。要坚持党性标准，要有正确的政绩观、权力观和价值观。

我们还面临长期执政和发展市场经济的考验，要求领导干部要严格操守。市场经济当中一些消极腐败的东西滋生蔓延起来，蔓延得还很广泛。在实际工作中，有一些干部，特别是党员领导干部随着收入差距拉大，政治上的优越感逐渐变为经济上的失落感，以权谋私的冲动，世界观和价值观的扭曲，使有的领导干部把权力当成享乐的工具，把腐败视为特权的象征，大公无私的献身精神和过去比有很大的变化。有个别干部和群众，一方面嘴上说反腐败，另一方面又羡慕别人搞腐败，甚至渴望有腐败的机会，这种情况也是存在的。另外，现在群众对干部的要求也非常高，群众对干部的要求往往不是在“才”上，在这方面没有什么问题。现在的领导干部大都是最近一二十年成长起来的，学历高、阅历多、基础好、理论功底和实践基础都很扎实，所以“才”不是问题，群众对“才”也没有什么不同意见，群众对党员干部的要求主要体现在“德”上，对干部的意见也主要在“德”上。我们少数干部确实在“德”上出了问题，降低了品德操守，甚至走上了犯罪的道路，损害了党的形象。

二、我们现在的案件还比较多

无论是社会上的案件还是建设银行自己的案件都还比较多，特别是中高级领导干部违纪、违法的现象比较严重。过去有一个统计，十六大期间，我们追究刑事责任的县处级干部1万多人，地厅级干部700多人，省部级干部29人；十七大以来，每年都查出一定数量的省部级干部；十八大以后，连续有多名省部级领导干部出问题，案件形势非常严峻。建设银行的情况也是这样，不容忽视。

一是重大的案件还时有发生。2013年银监会通报的13起案件中，建设银行占了5件，是四大行中最多的。2005年以来，建设银行一共发生了166起案件，涉及金额达10多亿元，其中处以上干部涉案23起。这里有一个值得注意的现象，

2011年之前，我们的案件金额小，但数量多。2011年之后，我们的案件数量小，但金额大，大案要案时有发生，而且案件发生的岗位呈低层化，有参与民间借贷的；有违规操作侵占客户资金的；有私自利用银行员工身份伪造文件提供担保和诈骗存款的。案件小的有几百万元，多的有几十亿元。

二是作风不正、责任心不强造成的管理松弛是引发一些金融风险和信贷损失案件的重要原因。这些案件在个别地区和信贷条线是常态性发生，每年都要出几个，在监管部门挂号了，有的在全国也有影响，希瑞的问题、中江系的问题，三峡贷款也出了问题，三峡贷款现在处理得还可以。总行领导现在抓了20个重要的信贷项目风险处置，有一些成效，不抓不行。我们现在的承兑汇票、信用证的垫款也集中暴露出一些问题，有的问题由来已久，现在垫款也将近100亿元，这里面都难免会产生一些案件。

三是我们的技术手段极其欠缺。业务管理和系统建设还难以做到实时监控，做不到实时监控，风险就是敞着口的。

四是在思想认识上也存在一些问题。有些盲目乐观的表现，有时判断也不一定正确，重业务轻党风廉政建设等，这些思想认识和导向还需要不断地完善和纠正。

五是党风廉政建设的责任制落实不够。“一票否决”执行不严，出了那么多的案件，还没有看到在党风廉政建设上否了谁，甚至一些出了重大损失案件的单位领导干部的工资照发、奖金照拿；有的出了很严重的问题，结果扣个几分，给个警告完事。这样无法达到惩戒和吸取教训的目的。

我们干部队伍中个别同志价值取向不是很正确。刚才讲的2005年以来处级以上干部涉案23起，数字上也不算少，都是思想上放松要求才出的问题。作风上缺乏真实，工作上不思进取，既不严格管理，又不严格要求自己，群众有意见、工作上不去、任务完不成在一些干部身上还是存在的。在组织管理业务当中，有的干部甚至是少数领导班子，不讲规矩、不守纪律，带头破坏制度；一些业务制度执行不力、管理松懈、控制不严；一些操作环节有章不循、有法不依、漏洞百出；个别单位还存在比较严重的违规行为，造成了恶劣影响。从这几年审计署查出的问题、我们自己内部审计查出的问题，以及司法和监督部门查出的问题来看，制度不执行是我们目前面临的一个普遍问题，刚才讲的几个大的案件，很多都是制度执行上的问题。过去出的一些风险事件、信贷损失案件90%以上都是制度问题。所以，违规问题没有得到根本的纠正，这些问题应该引起我们的高度重视。

在作风建设上，特别是经营作风上，也存在图虚荣、摆阔气等作风不正的问题。人是越进越多，办公场所越盖越大，花钱大手大脚，只顾花钱不计效果。最近准备对相关费用进行一次检查和审计。还有个别干部心胸浮躁，想自己的事情多，想工作的事情少，不看自己的工作状态、事业成就，工作敷衍塞责。我们还是要多想一些工作和事业，吾日三省吾身，看看自己做得怎么样？也有少数同志光想别人，盯着别人出问题，很怕别人做得好，专挑别人的毛病，甚至无中生有乱告状，这种情况也是存在的。2012年和2013年两次选拔处级干部，告状信像雪片似的，选拔的二三十个处级干部有三分之一都有人民来信，最后没办法，组织和纪检部门只能一项项去核实和取证，给组织和纪检部门带来了很多的困难，增加了很多的负担。我们不反对大家正面反映问题和反映情况，但有相当一部分来信与事实是不符的。

另外，要加强干部交流和岗位轮换。我们这么大的银行，重要岗位的轮换制度和强制休假制度落实得不好也容易出问题，有一些案件就与员工长期在一个岗位不动有很大关系。要加强自身修养和一定的纪律约束，加强自我教育，自我约束和自我提高，首先自己本身要做好。康德有一句名言：“世界上有两样东西能深深地震撼我的心灵，一件是头顶上灿烂的星空，一件是内心崇高的道德律令”。人的灵魂有这样的敬畏和震撼，才不会迷失人生的方向。世界观的改造是长期的，什么时候放松，什么时候就会出现问题。

第三个问题：关于党的群众路线问题

党员干部对群众的感情和态度，直接影响干部的行为和价值取向。

践行党的群众路线，要把群众当回事，视群

众为真正的英雄。总行机关党员干部践行群众路线的思想基础和工作基础是不错的，但是也存在着一些问题。总行机关处在决策中心和权力中心，“三门”干部多、与书本和文件打交道多、与领导打交道多、离基层远，如果不重视调查研究，容易唯上，容易脱离实际，脱离群众，难以培养深厚的群众情结。全行在改革发展中，尤其是股份制改革后，如何深化改革，深化发展，实现战略转型，困难和问题可以摆出很多条，但从一定意义上讲，最核心、最根本的还是人的问题，群众参与不足的问题，群众实践不够的问题。改革发展的各项任务如果有了群众参与，有了群众的积极性，很多问题和矛盾会得到很快的解决，在各个问题上要增强群众观念，增进群众感情，站稳群众立场。

践行党的群众路线，要增强为民服务的本领。总行机关干部为民服务本领在不断提高，但能力不足的危险也还存在。客观上，问题不断增加。国际、国内政治经济形势变化太快、变数太大，对我们的工作影响很大；另外，建设“世界一流，国内最佳”的现代大银行也是个全新的实践，以前没有搞过，缺乏现存的经验，且主观上自身也不够努力。我们的专业素质不是很足，责任心和使命感需要增强，官僚主义和形式主义作风还一定程度地存在，对一些重要问题的学习和研究不够。要解决这些问题，要提高以下几种能力：

一是要提高调查研究问题的能力。这是领导干部和总行机关干部的一个基本功。不入虎穴焉得虎子，调查研究，就要到问题多、困难多、矛盾多的地方去掌握下情。要善于求是，把问题分析透，把思路理清楚。还要善于转换，现在调查研究的深度与改革发展的要求还相距较远。最近召开了部门“一把手”和分行行长等几个座谈会，大家都反映总行调查研究不够，有针对性的解决问题不够。

二是要提高科学决策的能力。我们这么大一个银行，全行系统情况千差万别，区域经济发展也非常不平衡，我们在做决策、定政策、下任务时，如何提高科学决策的能力，如何坚持实事求是、集思广益，充分考虑区域差异，避免“一刀切”或“切一刀”，还有大量的工作要做，在这方面我们还远远不够。总行是全行的领导机关，做出的决策基层必须执行，总行不同意做的事基层就做不了，总行的权威很大。但是我想，总行的权威应该是在科学制定政策制度中形成的，不是靠硬卡乱管树立起来的；总行的威信是在帮助基层分行解决实际问题当中树立起来的，不是靠职务层级树立起来的。大家一定要注意。要经常倾听基层分行和基层员工的意见和建议，善于从他们的感受和判断中、从业务发展的过程中、从各项指标的综合平衡中思考总行政策的正确与否，思考改进工作的思路和方案，提高科学民主决策的水平。科学民主决策是两句话：首先要科学，其次要民主。总行的决策要建立在大家充分认可的基础上，这样才不会走弯路。习近平同志专门批评过“拍脑袋决策，拍胸脯表态，拍屁股走人”式的“三拍”干部。

三是提高解决复杂问题的能力。全行面临的经营环境、经营形势和经营改革推进深化，包括现在正在进行的战略调整和经营转型，是一个全新的实践，一个复杂的系统工程，牵扯到很多深层次问题和矛盾需要解决，这对总行机关干部解决复杂问题的能力提出了要求。要善于运用马克思主义的立场、哲学的思维和辩证唯物主义的方法来解决这些问题。解决得好，我们可能跟上时代的步伐，跟上商业银行改革的步伐；解决不好，我们就会落后于改革，落在其他商业银行的后面。

第四个问题：发挥群众作用，实现建设银行转型发展

建设银行正处于战略调整和转型发展的关键阶段，也是矛盾的凸显期和问题的多发期。在经济增速放缓和结构调整加快的形势下，全行的发展不仅面临着利率市场化、监管严格化、信息网络化、人民币国际化和汇率改革的挑战，还面临着竞争主体多元化、竞争手段多样化、竞争业务效益化和金融服务同质化的竞争压力，不仅面临业内竞争，而且面临业界之外的多元化金融行为的竞争和挑战。

在渠道建设上，我们过去重视物理网点的建设，最近十年开始重视非物理网点渠道的建设，开发了手机银行、网络银行，现在又出现了互联网，还有微信，谁知道不久又会出现什么样的经

营形式，经营行为和经营产品？马云说的“如果银行不改变，我们就改变银行”这句话不是没有道理的，有可能会打败银行。竞争日趋激烈，应对好这些挑战，全行在思想上、理念上、战略上、体制上、业务架构上如何做好准备，确实需要加以认真分析和研究。比如大数据的问题讲了很多年，但我们对于大数据的研究和推进还远远不够，我们计算机里的数据一半以上没有进行合理开发和科学运用，所以做不到客户和市场的细分。做不到客户和市场的细分，怎么去应对市场设计我们的产品、流程，调整业务策略？类似这方面我们的准备工作还远远不够。

不加快推进战略转型可能会落后，绝不是危言耸听。我前两天到香港和港中旅的董事长进行了会谈，现在的港中旅已经是一个综合性、多元化的集团，而且旅游在今后集团多元化发展过程中可能不一定占据主要的位置了，港中旅对银行的需求在五六年前就已经不再是简单地存款和贷款了，需要的是银行能够提供上市、并购、资产管理等多方面的金融服务。我跟20多个央企的董事长见过面，他们没有一个跟建设银行谈贷款的，谈的都是企业在综合性、多元化转型之后，银行如何提供综合性、多元化金融服务的问题。贷款不是今后我们需要开发的业务模式和盈利模式，当然，在相当长的时间内我们还是要以贷款为主，毕竟信贷占我们资产的50%以上，但是从经营转型上可能要更多地考虑信贷资产之外的价值转型，包括客户的转型、渠道的转型、产品的转型、资产负债的转型、营利模式的转型，这些问题确实需要总行机关的同志认真地分析研究，把这些长远发展的战略问题解决好，当然，我们也正在逐步地解决。2011年总行党委和董事会提出了“六个转型”，2011年底我们又把它归纳为“综合性、多功能、集约化”的战略方向。在此基础上，我们又认真地解决了如何应对市场提高竞争能力的问题，网点“三综合”的问题，“前后台分离”的问题，等等，包括这次总行战略创新与夏季工作会上提出的风险改革、信贷机制调整、授信流程优化等问题，都是为了适应这种“综合性、多功能、集约化”转型发展的要求。下一步，转型到了一个关键点。我想未来三五年，哪个银行转得正确、及时，哪个银行就有可能在新一轮的竞争中赢得先机；哪个银行转得慢，转得不彻底或者转得不好，会落到后面。回想一下2005年建设银行改制的时候，我记得建设银行不是在四大行中排第二，但我们利用改制的机会和体制调整的机会，用了不到3年的时间，就竞争到了中国银行业的第二。那么到现在已经8年，现在国际环境、经济形势、商业银行经营方式、市场化的进展对银行的转型又提出了新的要求，又到了建设银行发展的一个关键点和重要节点，如果适应了，我们可以很好地提升竞争能力，保持住我们现在的优势和地位；如果适应不了，我们很可能在三五年之内就变为二流的银行。所以转型不是你想转或不想转、愿转或不愿转的问题，而是你必须转的问题，而且只能转好不能转坏。

总行机关的领导干部要敢于承担责任。推进战略转型、适应市场需求、加强结构调整需要一点牺牲精神，我们从传统发展的路子转到以适应市场需求的轨道，从传统经营模式转到以客户为中心的经营模式，必然会打破常规、超越传统，必然会在短期内经历一些阵痛，付出一定代价，也可能会成功，也可能出现不利、失利甚至失败，这都需要冒风险，这是个很现实的问题。另外，战略转型没有现成的经验和模式，需要反复摸索，这个时候需要总行党委的同志、各部门的负责同志敢于担当，只要方向对、目标对、措施得当，我们就一定会顺利实现好战略转型。转型要明确目标方向，在哪些方面转？采取什么措施？包括体制机制的调整、资源的配置、流程的优化这都需要研究。我只是抛出一个题目。

我们只有真抓实干、狠抓落实，才能描绘出建设银行宏伟的发展蓝图。要掌握抓落实的方法，方法是实现目标的唯一途径。方法得当，可以顺利地实施从而接近目标；方法不当，目标再好也没有希望到达光辉的顶点。要始终出实招见实效，脚踏实地。一是要做到“快”。时间就是金钱，效率就是生命，这对建设银行具有重要的现实意义。快，是一种需求，更是一种表现，快要体现在先人一步上。二是要做到“会”。会是一种能力，就是要有思想、有思路，会思考、会推进，会做扎实的调整工作，会做解决疑难问题的工作，会做落实工作，会做思想工作。三是要做到“真”。真是基本要求，要落地且要有声，既不是图虚名、挂幌子，也不是花拳绣腿。

最后，提几点要求：

一要强化责任意识。在党性修养上、党风建设上和群众观点上要注重加强领导，领导就是责任。全行各级党员干部不仅要率先严格自律，而且要管好班子，带好队伍，抓好职责范围内的事情；要敢抓、敢管、敢于负责，不能光想着要职务却不承担责任；不能无所事事，消极懒惰，要讲责任和职务匹配，责随职走，你担任这个职务就要承担这个责任，要考核兑现，职在责在。2012年总行机关建立了考核制度，就是根据总行党委关于“全面考核，压力均等”的要求制定的，既考核分行也考核总行，现在看已经取得了初步的成效，但是还有些问题人力部正在研究。一个问题是谁来考核？是党委考核、分管行领导考核，还是有一个考核委员会来考核？这个问题一定要解决好，否则难以客观公正。二是现在考核的力度不大，考核的差距还没有拉开，难以达到考核的目的。这两个问题解决了，才能真正体现总行党委2012年提出的压力均等的要求。

在责任制的落实上，现在也存在一些问题。纪委做了大量工作查处了很多人，但有一些处理得并不到位，或者说还存在问小不问大、问远不问近，甚至只问不责的现象。在责任追究和考核的问题上，要体现现代银行制度的一个主要导向——赏罚分明，一定要把它运用好，不然就会伤害绝大多数人的积极性。责任落实要说到做到，否则有些干部说得好但做得怎么样？要记住，说一万是个零，干一就是一，说和做就是这个关系，不要光听说。除以责任追究之外，对处理的问题我也是这么看的，宁可在没出事之前大动干戈地进行检查、考核、督促、监督；不想在出事之后，动用大量人力物力去“擦屁股”。我们何必不把这些人力资源、物力资源和时间资源摆在前面做到未雨绸缪？在这一点上，纪检监察部门、内控合规部门、审计部门一定要做到“三道防线”立体防守，加强事前的检查和监督。我们的审计队伍也是很有战斗力的队伍，要充分发挥他们的作用。合规部门组建后也做了大量工作，要继续抓好。业务发展责任落实也是这样，我走了二十五六个分行，好的行一看基层员工的精神面貌就能看出来，员工都有一种自豪感；不好的行员工情绪消沉，一脸无奈。有的干得不好还经常表态，表态有什么用？而且这也不是我们建设银行的风格，我们这支队伍是很能打仗、很有战斗力的，总行不发号召则以，一发号召，用不了几个月的时间就能冲在前面。我们有些干部确实责任意识不强、竞争意识不够。

二要严格自律。严格自律，一是要慎独。一个人的时候、独处一室的时候和无人监督的时候也要做到严格要求，不做违规、违章的事情。二是要慎微。祸患积于忽微，大家要记住这个道理。三是要慎情。禁止利用手中的权力为亲友谋取私利，防止为情所累、为情所伤、为情所误。四是要慎友。交友一定要慎重，建设银行的广告是“善建者行，成其久远”，希望多交客户，多交市场，建才能成行，才能成其久远。交朋友也要以心相交，才能成其久远，不能以钱交友，否则难以久远。

三要守规矩。总行机关的干部除了懂业务更要懂规矩，特别要注意自己心中的规矩。上有党纪国法，下有规章制度，心中的规矩也一定要有。有句话叫“心中自有一杆秤”，哪些事情该做，那些事情不该做，其实都很清楚。守规矩，我想强调这么两个方面：一个是廉洁从政的规矩。2013年中央政治局提出了八项规定，总行党委提出了十条要求，机关党委又补充了23条规定，最近中央又颁发了有关楼堂馆所建设的规定、用车的规定、出国（境）的规定，都讲得很具体，我们一定要认真执行。现在看，在经营上、在市场拓展上、在日常的开支上还有很多不完善的地方，也要纠正几种思想。如钱是挣的不是省的，这种思想也对也不对，要我讲钱是挣的也是省的，一花几百万，几千万，几个亿，不是小数。国外现代银行的经营意识、花钱态度和财务控制能力要比我们强得多，这方面我们还远远不够。勤俭办银行我觉得还有余地，不要贪大求洋，营销费用、市场拓展费用、广告费用都还有节省的空间。上次德国施豪银行送我一个手机贴，价值20欧分，四分之一名片大小，一面是银行的LOGO，一面是不干胶，不用的时候贴在手机背面就是银行的广告，用的时候取下来就能擦拭手机，既有很好的广告效应又有很好的实用功能，花钱也不多但广告效果非常好。要按照中央的要求，严格控制楼堂馆所的建设，财会部要把楼堂馆所建设统一管起来，要有科学的论证和整体的规划，规划要严格按照审批权限，需要经过行长办公会定的由行长办公会定，需要党委会定的由党委会定。要按照中央规定5年内不建楼，省行的办公楼要严格控制，营业用房、后台中心和营业网点该建的还要建，但要按照节俭和适用的原则去办。二是规章制度的规矩。对制度要有畏惧感，制度是铁律，制度面前人人平等，谁破坏谁就应该受到惩罚，切实增强制度的执行力。总行机关要以身作则、做好表率，要带头贯彻中央有关的规定，廉洁从政、勤俭节约，带头抓好纠正“四风”工作。

四要重学习。加强学习，树立终身学习的思想。学无止境，这么多的困难，这么多需要研究的重大问题，只有靠学习才能取得真谛。要正确选择学习的内容，注意掌握科学的学习方法，真正把学习抓好。这是今天讲的四个问题：一个是党性问题，一个是党风问题，一个是群众观点问题，一个是需要做好的几个事情。

2013年7月11日至12日，习近平总书记去河北调研指导党的群众路线教育实践活动，在西柏坡指出：“当年党中央离开西柏坡时，毛泽东同志说是‘进京赶考’。60多年过去了，我们取得了巨大进步，中国人民站起来了、富起来了，但我们面临的挑战和问题依然严峻复杂，应该说，党面临的‘赶考’远未结束。”考什么？在执政条件下，考的就是党能否保持“两个务必”，继续保持同人民群众的血肉联系，防止腐败，跳出“其兴也勃焉，其亡也忽焉”的历史周期率。我们要深刻领会习近平总书记的讲话精神，积极参加到这场注定是漫长的“进京赶考”中去，在践行党的群众路线方面要坚持更高的标准、更严的要求，发挥好总行机关的模范和示范作用，以实际行动完成好中央交给我们整顿“四风”的重要任务，通过整顿“四风”为建设银行长远发展打下良好的基础。

今天，我把自己的学习体会和大家进行了一个沟通和交流，说得不对的请大家批评指正，谢谢大家。

以党的十八届三中全会精神为指引
加快发展创新　推进战略转型

——在战略与创新专题研讨暨秋季工作座谈会上的讲话

王洪章

（2013年11月18日）

同志们：

为进一步贯彻落实党的十八届三中全会精神，加快推动全行发展创新和战略转型，总行党委决定召开这次座谈会。张建国同志还要对全行经营工作做出安排，下午将专题研讨产品创新问题。这里，我首先代表党委讲几点意见。

一、深入学习贯彻三中全会精神，以高度的紧迫感推动发展创新和战略转型

刚刚闭幕的三中全会，对全面深化改革进行了总部署、总动员。会议深刻剖析了我国改革发展面临的重大理论和实践问题，阐明了全面深化改革的重大意义和未来方向，提出了全面深化改革的指导思想、目标任务、重大原则，描绘了全面深化改革的新蓝图、新愿景、新目标，汇集了全面深化改革的新思想、新论断、新举措，明确了全面深化改革的战略重点、主攻方向、工作机制和推进方式，形成了改革理论和政策的一系列新的重大突破，体现了我们党与时俱进，不断推进理论创新、实践创新、制度创新的巨大政治勇

气和智慧。

全面深化改革的总目标，是完善和发展中国特色社会主义制度，推进国家治理体系和治理能力现代化。经济体制改革是全面深化改革的重点，核心是处理好政府和市场的关系，使市场在资源配置中起决定性作用，更好地发挥政府作用。主要内容包括：坚持和完善基本经济制度，积极发展混合所有制经济，推动国有企业完善现代企业制度，支持非公有制经济健康发展；建设统一开放、竞争有序的市场体系，建立公平、开放、透明的市场规则，完善主要由市场决定价格的机制，建立城乡统一的建设用地市场，完善金融市场体系，深化科技体制、改革；健全宏观调控体系，全面正确履行政府职能，优化政府组织结构；深化财税体制改革，改进预算管理制度，完善税收制度，建立事权和支出责任相适应的制度；健全城乡发展一体化体制、机制，加快构建新型农业经营体系，赋予农民更多财产权利，推进城乡要素平等交换和公共资源均衡配置，完善城镇化健康发展体制、机制；构建开放型经济新体制，放宽投资准入，加快自由贸易区建设，扩大内陆沿边开放等。经济体制改革将发挥强大的牵引作用，使经济更有效率、更加公平、更可持续发展，使发展创新的活力竞相迸发。

在政治建设、文化建设、社会建设、生态文明建设、国防和军队建设以及党的建设方面，三中全会提出了全面深化改革的新任务、新要求。

会议强调，要充分发挥党总揽全局、协调各方的领导核心作用，提高党的领导水平和执政能力，确保改革取得成功。中央成立了全面深化改革领导小组，负责改革总体设计、统筹协调、整体推进、督促落实；各级党委切实履行对改革的领导责任。同时，着力深化干部人事制度改革，建立集聚人才体制、机制，充分发挥人民群众积极性、主动性、创造性。

三中全会是我们党在重要历史关口召开的一次关键性、全局性的会议，对于全面建成小康社会、不断夺取中国特色社会主义新胜利、实现中华民族伟大复兴的中国梦，具有里程碑式的重大意义。

（一）将思想和行动统一到中央要求上来

总行党委第一时间学习了三中全会精神，并向总行机关党员干部和一级分行领导班子进行了传达。各部门、各分行、各单位要把学习好、宣传好、贯彻好三中全会精神作为当前和今后一个时期的首要政治任务，深入、准确地领会会议精神，全面迅速地推动贯彻落实，在思想认识和行动自觉上达到一个新的高度。要紧密联系建设银行实际，根据《中共中央关于全面深化改革若干重大问题的决定》的要求，将落实全面深化改革大计与加快全行体制改革、机制调整，进一步理顺总分行之间、部门之间关系紧密结合起来，将服务宏观经济大局与强化创新驱动紧密结合起来，将破解制约发展的矛盾问题与科学发展和经营转型紧密结合起来，在更好地支持服务经济转型升级中实现建设银行的新发展。

全行各级党委要加强组织领导，着眼发展大局，立足本部门、本分行、本单位的实际，抓住关键问题、难点问题进行深入研究，内从制度完善、组织结构、资源配置等方面加大调整力度，外从市场分析、客户选择、产品创新等方面开拓新的增长点。要坚持问题导向，进一步解放思想，以创新的思维引领改革、推进转型，以创新的举措破解难题、化解风险，以创新的技术提升服务、优化管理，以创新的体制机制理顺流程、解放生产力。

（二）在新的起点上推动发展创新

习近平总书记指出，要坚持发展是硬道理的战略思想，坚持发展仍是解决我国所有问题的关键这个重大战略判断。这一战略判断对经济适用，对金融特别是银行业也同样适用。

建设银行经过30多年的改革和高速发展，已进入新的转型发展阶段，机遇与困难并存。随着经济步入中速增长期以及国际金融危机的影响，银行风险显现，盈利能力下降，改革所形成的各方面“红利”逐渐消失，整个银行业面临新的困难和挑战。在这样的时刻，谁对发展的认识更深刻、走出困难的决心更大、应对的措施更得力、创新的动力更强，谁就将领先战胜困难，抢占新一轮的先机和高地。

应该看到，建设银行在股改上市后用了不到3年的时间便跻身国内和国际大银行的前列，积累了成功的经验，提升了竞争力，确立了市场表现的优势，为下一步转型奠定了坚实基础。因此，我们有理由坚定信心，牢牢把握发展这一要务，破除制约发展的瓶颈，继续发挥在一些领域的领先优势，不断赢得新的“红利”和机遇，实现建设银行新的跨越。

首先，要坚持服务实体经济的基本方向。按照中央关于金融支持经济结构调整和转型升级的要求，充分发挥国有大型银行的表率作用，着力优化金融资源配置，创新金融产品和服务，在支持实体经济发展中实现银行自身的转型发展。要继续巩固和发挥建设银行在基础设施、大型项目、重点企业、住房金融以及零售银行转型等领域的传统优势，针对“新型四化”的内在金融需求，积极拓展新的服务对象，加快产品、渠道和服务模式创新，发挥集团的综合化、全球化、多功能服务优势，为客户提供一揽子的金融综合解决方案。

要关注和跟进城乡发展一体化、社会事业改革、农村产权流转等重大政策变化，在前期已开展的小微企业综合服务、消费金融、新农村建设贷款、小额农贷等业务以及延伸金融服务区域的基础上，提前研发创新配套的新型融资模式、金融服务和产品；要积极探索与其他涉农服务机构、农村金融机构互利合作新模式，加快向县域以下市场渗透，努力为“三农”特别是新农村建设提供良好服务。

其次，要牢牢把握发展的新机遇。三中全会为我国经济社会发展开启了新的历史阶段，也为银行发展转型带来了难得的历史机遇。正如习近平总书记所指出的，机会稍纵即逝，抓住了就是机遇，抓不住就是挑战。“来而不可失者，时也；蹈而不可失者，机也。”全行上下要切实增强发展的紧迫感，准确研判新形势，抢抓市场新机遇。

一是抓住全面深化改革的新机遇。三中全会对经济建设、政治建设、文化建设、社会建设、生态文明建设做出了全方位的改革部署。特别是随着市场在资源配置中发挥决定性作用，跨城乡、跨行业、跨地域乃至跨国界的要素市场将更加活跃，配套金融服务需求将更加广泛，各类金融市场将获得前所未有的发展创新空间。

在产权制度改革中，会涌现出新的各类所有制经济，形成新的经济实体，这些新的活跃的经济实体将需要银行提供新的服务，建立新型的银企关系。在民生领域，政策要求构建多层次的社会保障体系并进行一系列改革，加快发展企业年金、职业年金、商业保险等；在生态文明建设领域，政策鼓励发展环保市场，推行节能量、碳排放权、排污权、水权交易制度；在文化领域，政策要求建立多层次的文化产品和要素市场，鼓励金融资本、社会资本和文化要素相结合，等等。要充分挖掘建设银行在这些领域的发展潜力，加快创新步伐，提升品牌影响力和市场渗透率，变机遇为实实在在的市场优势。

二是抓住扩大开放的新机遇。自由贸易区建设和内陆沿边扩大开放，标志着我国对外开放“升级版”全面启动，这为贸易便利化、投资自由化、金融国际化提供了“试验田”。此外，企业“走出去”、项目“跟出去”、产能转“移出去”，也为大型银行综合化经营、国际化发展提供了广阔的平台。特别是在人民币国际化、人民币离岸市场建设，发展跨境金融服务、推进投行业务、开拓金融市场业务，以及营销跨国优质客户、区域集团总部客户等方面，有着很多新的市场机会。

建设银行作为大型银行，有条件、有能力通过提供国内外一体化的金融服务，通过加强内外联动、本外币联动，充分挖掘和发挥现有全球网络的综合性、多功能服务潜力和功能。同时，在积极推进国际化战略、加快全球机构布局的基础上，以总行统筹、全球授信和全球现金管理等专业化服务为突破口，继续提高全球金融服务能力，努力为“走出去”客户和当地经济发展提供国际水准的综合化服务。

最近，我们成立了建设银行（上海）中心，上海自贸区分行也已获批成立。要充分利用好自贸区“负面清单”等政策优势，争取更多的创新空间，以敢为人先的气魄，努力在政策、制度、经营模式、业务创新等方面取得突破。

三是抓住经济转型的新机遇。不断优化金融服务，促进传统产业特别是传统制造业的改造升级，培育战略性新兴产业、高端制造业、现代服务业，加强对循环经济、节能减排、环境保护等领域的支持，在助推经济结构调整中寻找新的服务机会，实现建设银行资产、负债和盈利结构的调整优化。要坚持调整增量和盘活存量并举，从信贷政策层面牢牢把握产业转型升级的方向，从经营策略层面准确筛选优质目标客户，以积极主动的结构调整提高与经济转型的契合度，实现整体的最优效益。

再次，要以勇于进取的精神和锐气保持同业领先地位。建设银行改制上市以来，规模、质量和效益等指标一直保持同业领先。过去近60年的发展历史告诉我们，建设银行赢得竞争的关键或者说核心优势，就在于专注发展、勇于争先、勇于改革、勇于创新。现在进入了发展转型的关键时期，面临很多新的困难和压力。不仅是建设银行，其他银行也都遇到这样的问题。经验告诉我们，越是在这个时候，越不能松劲；越是困难，越要迎难而进。无论是从内部管理基础还是从外部条件、面临的机遇来看，我们没有理由认可被赶超的被动局面。在这个问题上，思想要统一、认识要一致、大局要服从。全行上下一定要克服松口劲、歇歇脚的懈怠心理，既要完成好既定的计划目标，更要紧盯同业、着眼长远，确保资产总额、主要业务核心指标长期稳固地保持住领先地位。

需要说清楚的是，我们既不是搞规模竞争，也不是求总量最大，而是要保持住目前的市场地位，不能丧失目前的优势。这不是高标准，而是最低要求。当然，要保持住困难不小，目前有些方面与其他大行相比优势已不明显，但我们有赶超的经验和一支非常能战斗的队伍，加上有“国内最佳、国际一流”的战略目标，有正确的战略方向和转型发展的要求，只要锐意创新进取，把各项工作进一步做实、做细、做优，一定会保持住持续较快的发展势头，为长远发展打下更坚实的基础。要坚持科学发展、转型发展、稳健发展，突出综合性发展。要加强以发展、效益、质量和管理为综合指标的竞争力考核导向，认真分析各分行2008年以来的发展趋势，找出差距，剖析原因，采取相应措施予以解决，在此基础上进一步调动和激发发展活力，提高发展能力，提升市场表现。

（三）加快经营转型战略的落地实施

要按照三中全会关于深化金融改革的要求，坚持不懈地推进“综合性、多功能、集约化”发展战略，努力实现经营转型和盈利模式转型，应对新的形势变化，打造新的竞争优势。要抓好以下几个方面工作。

明确任务。董事会战略委员会要抓紧推进转型发展总体战略研究和规划建设，从战略方向、转型内容、目标任务、措施保证等方面制订出规划，提出建议，并提交董事会进行决策。经营层面要按照全行转型发展战略要求，认真分析研判政策和市场走向，研究制定资产结构、负债结构、盈利结构、客户结构以及渠道建设的转型策略和落地措施。

要加快公司和零售业务转型。针对不同客户群体的特点和发展趋势，制定差别化的经营转型策略，坚持抓好“三大一高”中的重大项目和重点客户、行业中的优质企业，突出服务好小微企业、“三农”、民生领域和新兴经济体；要大力推动互联网金融和移动金融发展创新，做大做强私人银行业务，加快发展消费金融，提高零售业务精细化管理水平。要着力提升风险管理能力、资产管理能力、定价能力、多维度盈利分析和管理能力、产品创新能力、交易能力等战略转型所必须具备的6个方面关键能力。

近两年建设银行海外业务和子公司发展加速，对全行战略转型发挥了重要作用。要按照海外业务发展规划和各子公司五年发展规划要求，持续推进海外战略和子公司加快发展战略的实施。2013年以来，海外机构布局成效显著，新成立了6家；近期还完成了巴西BIC银行并购签约，这是改革开放以来中资银行在海外最大的一笔控股权收购。要强化内外联动，做好政策、资源、人才的适时调整和配置，高效、优质地加快国际业务发展。

在推进综合化方面，通过调整、完善集团资源配置，子公司发展态势较好，资产和利润增长较快。集团金融牌照日趋全面，最近通过子公司建信信托签署了收购上海良茂期货的协议，可望在年底前获得监管部门批准。随着综合化经营的加速推进，一定要强化管理。最近总行决定加强境内外子公司的管理和考核，改进派出董事方式，增强董事的专业能力，促进认真履职。要按照五年规划要求制订好年度经营计划，严格落实资产、利润、风险等核心指标。财会部、股权部、资债部要对各子公司2014年经营计划进行认真审定。

子公司业务发展要高标准、严要求，各项指标要向集团靠近，不能越拉越远，更不能做赔本买卖。这方面我们与其他大行相比是有差距的。如净利润指标，2013 年上半年全行净利润增长 12.38%，高于另一家大行 1.24 个百分点；但是子公司并表后，我们集团净利润增长 12.65%，同口径仅比另一家大行仅高出 0.29 个百分点。希望各子公司的董事长、总经理高度重视，要认真查找劣势和不足，加快发展步伐。

转型发展和综合性经营要注意把握好三个原则。一是共同发展原则。传统业务、优势业务与转型业务不是相互替代或取舍的关系。要坚持发展好传统业务，保持既有的业务优势，并在此基础上寻找加速发展的机遇和方式，通过体制、机制、结构、流程、服务模式等创新，寻求新的业务增长点和新的盈利机会。

二是循序渐进原则。转型发展不可能一个早晨就天翻地覆，那样不是唯物主义；要科学论证和准确分析判断，在权衡利弊关系的基础上实现科学转型，并能体现出良好的规模、质量和效益。要按照成熟一个就转一个、成熟一批就转一批、成熟一个条线就转一个条线的原则，哪个区域成熟就转哪个区域。当然，循序渐进不是走慢步、迈方步，而是坚持积极稳妥、一项一项地推进，确保可持续性。

三是鼓励创新原则。转型发展是个不断创新的过程，建设银行就是在不断转型中走过来的，只是目前遇到的转型发展要求更迫切，转型涉及的内容更多、业务更广泛、方式更复杂，需要我们有足够的勇气和智慧来面对。全行要以勇于创新的姿态，研究推进和实现转型。总行在政策上要鼓励各分行、各部门创新和转型，争取更好的发展质量和发展效益。

推进体制机制创新。为适应转型发展和市场竞争的要求，要进一步调整和完善体制机制及组织结构。要按照“战略导向、稳步实施、重大优先”的原则，积极稳妥地推进。当下的工作重点，一要按照“集约化”经营的要求，努力实现成本最低、效率最高、效益最好。总行要尽量加大集约化经营力度，对于能够直接经营的业务要集中经营，或通过组建机构实现公司化或中心运作；实行公司化运作的，应与管理决策职责相分离。对于能够集中的操作性业务，要通过组建各类中心实现集中处理；各类中心建设要体现“系统先进、技术适用、流程规范、要件标准”的要求，充分发挥系统的替代作用，不能搞人员“搬家”，重复劳动、浪费资源。应该说，这就对全行 IT 系统建设提出了重大考验。目前新一代核心系统建设有理想化的思路和目标，这非常好。没有理想化就没有理想，没有理想就没有高水平的技术、高水平的系统，就无法支持体制和机制创新。

二要落实流程银行建设要求，科学设置组织机构，实现部门专业专注管理。要科学界定部门职责，职与责对应，职责确定后不能随意扩大和调整；要切实解决有些部门无事做、有些部门越权揽事，有些事情多个部门管、有些事情却无人管的问题。

三要调整优化审批事项和审批机制。按照“抓大放小、抓特殊放一般”的原则，精简审批事项、下放审批权力。科学核定审批事项和权限，推进全行审批目录管理，未纳入目录的不得自行确定审批事项。进一步完善审批分层次授权体系，对重大事项坚持集体决策，提高审批流程透明度。要加强准入管理，按照“以客户为中心”的经营理念，科学设定准入标准，下放准入权限，努力实现为客户提供良好服务的最佳目标。

四要完善考核机制，支持转型发展。研究建立可量化、可监测的转型目标、转型任务和计划，并纳入考核指标体系中，体现在目标管理、资源配置、绩效考核上。在推进转型方面做得好的分行可以获得战略性费用等激励，对落实转型要求不力的分行要有刚性的约束措施。要认真研究健全奖优罚劣机制，激励先进、鞭策后进。

（四）严密防范风险和案件

转型变革时期机遇多，风险也多。2013 年以来，银监会多次对商业银行风险和案件作出提示。从银监会通报的案件情况看，建设银行案件数量在大型银行中是最多的，既有外部诈骗、外部侵害，也有内部违规操作问题。同时值得关注的是，不良贷款反弹压力加大，2013 年以来不良贷款新暴露 305 亿元。虽然全行加大了处置和核销力度，也取得了很大成效，但是部分区域、行业的风险仍在集聚和增加。

全行上下要切实增强责任感、紧迫感，严密盯防风险和案件。一是提前预警，解决事前准确分析判断不够的问题。近年来，我们对“6+1”等敏感性行业和高风险客户，特别是对房地产、融资平台、钢贸、船舶、多晶硅等领域提前作出风险提示，及时采取措施，总体效果很好。但也有一些分行贯彻落实得不够好，一些企业和项目的风险因为判断不准、预警不及时，造成应对被动，失去了处置风险的绝佳时机。风险管理体制、信贷管理机制调整到位后，需要重点强化准确的风险事前分析、科学的预警预控。要加紧研发和优化风险管理模型和系统，创新管理手段和技术工具，完善风险“仪表盘”，通过前瞻性预判，及时发送“天气预报”，切实发挥风险“风向标”的作用。

二是及时处置风险。发现风险要迅速采取措施作出处理，处置过程中要体现专业水准，包括工作上怎么组织、法律上怎么应对、人力上怎么调配、企业方面怎么谈判、政府方面怎么协调等，都要有周密的方案。

三是实行严格的责任制。各级行“一把手”是第一责任人，分管行领导是主要责任人，要切实担负起风险管理把控的责任。具体风险的处置，要按照“谁审批谁经营谁负责”的原则，责任到人。要坚持先严肃认定责任再核销处置不良贷款，不能一核了之、一转了之，同时责任追究要到位。总行在2013年9月下发了《关于强化风险防控责任，实施责任收贷制度的通知》，要严格执行，下岗收贷、扣减绩效不能打折扣。要尽快制定员工辞职管理办法，防止个别员工出了风险和案件后一走了之。辞职也要先追究责任，绝不能姑息养奸。

四是探索创新不良资产处置模式。要善于借助市场化机制和手段，引入打包转让、竞价拍卖、资产证券化等多种方式，拓宽不良资产处置通道，提升处置效率和效果。近期，总行对60亿元小企业不良贷款进行批量转让，这项工作要抓紧推进。要将其做成严谨规范的样本，便于下一步的借鉴和推广。

要增强案件防控的责任意识。深入开展案件风险大排查“百日行动”，集中力量“挖雷”排险。需要特别强调的是，各级党委和班子发现重要案件线索和重大违规、违纪事项的，要及时上报并认真处理，要对辖内的案件负总责。纪委书记负有监督责任。同时，要主动与当地人民银行、银监局、政府相关部门沟通汇报。

此外，近期安全保卫和信访维稳压力较大，前一段时间北京、山西等地都发生了极端事件，协解人员上访压力大。全行上下都要提高警惕，要发挥总分行两个积极性，落实好相关政策，做好风险防范和应对预案。要在依法合规的前提下，带着感情做好工作，体现建设银行的社会责任和人文关怀，努力把问题化解于萌芽状态，坚决守住安全运营和维护稳定的底线。

（五）圆满收官为来年发展打好基础

2013年发展的成效也是对下一步能否贯彻好全行发展转型战略的重要检验。从前3个季度情况看，建设银行ROA、ROE、NIM、资本充足率等核心指标在四大行中继续保持领先，但是盈利优势在弱化，中间业务收入增幅最低，业务管理费增长较快，存款主要是对公存款增长乏力。例如，经营收入增幅、拨备前利润增长等指标，我们2012年是四大行第一，到2013年第三季度位居第三；业务管理费增速反而提高，达到9.4%；资产总量指标与前面的大行相比，差距已达到3万亿元以上，增速在四大行中位居第三。这有违发展仍然是解决所有问题的关键这一重要的经济工作指导思想，要引起高度重视。现在距年底还有1个多月，时间紧、任务重，要认真梳理各项工作的推进落实情况，集中力量抓重点、补短板、扩优势，确保实现既定目标。张建国行长还要对经营工作作具体布置，我在这里主要强调几个重点。

一是扎实完成各项任务。在全面实现年初确定的各项计划目标基础上，要按最佳、最优和领先标准，继续巩固市场优势。哪个分行掉下来哪个分行负责，哪个条线掉下来哪个条线负责。同时也不能竭泽而渔，要避免短期行为，为2014年打下良好基础。

在资产增长和对公存款的增存稳存方面要加大力度，实现总行既定的目标。要用好2013年的贷款规模，既确保完成“两个不低于”等监管要求，又要加大结构调整力度，在有效管控风险的基础上提高贷款定价水平，带动存款以及投行业务、中间业务等发展；要对照序时进度加大存款营销力度，强化公私联动、上下游联动，增加资金沉淀，拓展有效客户，确保存款市场份额稳定。

同时，要充分发挥综合性、多功能的优势，强化集团联动，进一步提升子公司的盈利能力，争取为集团利润增长多作贡献。

二是确保合规经营。要严格遵守监管政策、监管标准，不能“闯红灯”，“踩红线”，以大银行的高度自律，为维护金融市场秩序、依法合规经营作贡献。要严格执行宏观部门和监管部门关于房贷、服务收费等方面的政策要求。发展改革委对银行业的服务收费检查就要全面铺开，一方面，要注意加强沟通，做好配合，同时抓紧自查自纠；另一方面，只要是服务规范、收费合规的业务，该发展的还是要继续加大发展力度，尤其在信用卡、国际结算、贵金属等重点产品，以及战略性和新兴业务方面，要进一步挖掘潜力，同时在转型发展上多做文章。海外业务、子公司经营方面，要进一步强化内控合规管理，严格遵循各项属地监管规则、所在行业监管要求，做到发展和合规两不误、两促进。

三是谋划好 2014 年工作。2014 年的战略转型、改革创新、业务经营、风险防控将面临新的挑战，任务更重、压力更大。要紧紧抓住和用好全面深化改革的机遇，深入分析有利条件和不利因素，提前筹划，周密安排。要对照建设银行发展转型要求和同业情况，做好对标管理，强化薄弱环节，巩固优势业务，拓展新兴领域；要坚持底线思维，把各方面困难估计得更充分一些，把措施考虑得更周到一些，努力争取最佳的经营业绩和市场表现。要认真研究制订好全行综合经营计划，进一步突出价值创造导向、战略转型导向，优化 EVA、KPI 考核体系，引导全行做好 2014 年的工作。

二、培育一流产品创新能力，建设创新型银行

这次会议研讨的专题是产品创新。总行将产品创新列为重点研讨的课题，既是贯彻十八大提出的实施创新驱动发展战略和落实三中全会提出的全面深化改革的要求，也是我们应对日益激烈的市场竞争和巨大转型压力的现实选择。

（一）从战略高度认识产品创新的重要性和紧迫性

三中全会对我国经济体制、经济增长方式、经济发展战略布局提出了一系列新的要求，深刻的变革将给银行传统服务方式、服务产品带来诸多新问题、新挑战，同时也催生市场新的金融需求。加快经营转型，打造新的增长引擎，是摆在银行面前重大而紧迫的任务。

客户需求多样化带来银行经营多元化、国际化，对产品创新能力提出了更高的要求。随着经济结构调整和经济全球化的不断深入，无论企业还是个人的金融需求都日趋丰富。银行只有站在客户的角度，在做好存、贷、汇等传统业务的基础上，为客户提供包括投行、理财、贸易融资、全球现金管理、套期保值等综合性的金融服务，才能确保在新的市场竞争中立于不败之地。这对银行综合金融产品和服务能力，尤其是产品创新能力、服务定制能力和资产配置能力提出了新的要求。

利率市场化、人民币国际化提速和资本市场快速发展，对银行业传统盈利模式形成强烈冲击。从 2012 年开始，我国利率市场化步伐加快。下一步随着存款保险制度的建立，存款利率上限也将彻底放开，银行业长期依赖存贷高利差的盈利模式将难以为继。从 2012 年第三季度放开贷款利率以来，国内银行业 NIM 下降超过 18 个基点；2013 年前三个季度，建设银行 NIM 下降了 4 个基点。同时，随着多层次资本市场的发展，间接融资比例不断下降，银行贷款在社会融资总量中的占比从十年前的 90% 以上，下降到目前的 50% 左右。从国际银行业发展规律来看，这是大势所趋。人民币国际化检验我们同时应对一种货币两个市场的能力，考验着我们对国际金融市场的熟知程度和运用水平。

更加严格的金融监管对银行经营转型提出挑战。近年来，金融监管部门从宏观审慎和微观审慎的角度加大了监管力度，就银行资本约束、流动性管理、杠杆率控制、动态拨备等方面出台了更严格的监管新规，针对银行业服务收费以及外汇、理财、债券、同业业务等提出了一系列监管要求。此外，宏观管理部门出于规范市场行为的考虑，也加大了对银行业的监督检查力度，设定

了更多更为严格的标准，所有这些都给银行业固有的业务发展模式带来巨大压力，也迫使银行加快经营转型。

日趋激烈的同业竞争、跨界竞争，对银行发展空间形成明显的“挤出效应”。目前国内银行（含农村信用社）已有3 000多家，同质化竞争不断加剧。随着超级网银、跨行取现等业务的推出，大型银行传统渠道优势在弱化。证券、保险等非银行金融机构也在争夺银行传统业务。2012年，证券、保险公司合计融资约1.68万亿元，是10年前的8倍。与此同时，互联网金融创新更是直接威胁到银行存款、贷款、结算等核心业务。阿里巴巴“余额宝”的推出、货币基金实现T+0及消费支付等功能，不断蚕食银行传统存款市场份额。“余额宝”推出仅5个多月，就成为国内首支资产规模超千亿元的基金。还有阿里贷、人人贷、虚拟信用卡等一系列创新产品，也在大举挑战银行传统信贷业务。支付结算领域的竞争压力更为明显。2012年，我国第三方支付机构实现的互联网支付交易金额超过6万亿元，有61%的中国网民使用第三方支付进行在线交易，第三方支付已成为第二大电子支付方式。从发展趋势看，跨界竞争将进一步加速金融脱媒的进程。

日新月异的科技进步对银行业带来前所未有的深刻影响。以互联网、物联网、移动技术、大数据和可再生能源及其相互融合为主要特征的第三次工业革命，正在广泛而深刻地影响着人类社会的生产、生活和经济发展方式。2013年全球联网设备增加到500亿台，每天的数据信息量已超过2001年全年的总量。中国拥有世界上最多的互联网用户，电商消费者数量是日本的2倍、英国的5倍，预计到2015年，电商市场规模将达到2万亿元以上。随着科技的进步，银行业的产品、服务方式、业务流程和管理模式必将发生深刻变化。

这些因素的影响是长期、深远的，如果银行业缺乏清醒的认识，缺乏自觉的行动，那么很可能要丧失机遇、丧失优势，甚至在不远的将来被边缘化。唯一的出路是主动求变、主动创新，以创新驱动转型，以创新赢得新的发展空间。

从建设银行自身情况看，在产品创新方面还存在差距和不足。一是产品创新体制、机制有待进一步完善。目前还缺乏清晰的产品创新模式；产品创新的权责不对等，流程长、效率低；跨部门的产品创新缺乏机制保障；部门间、层级间沟通协调效率有待提高。

二是产品创新还没有成为日常经营管理的基本元素。创新驱动发展的理念还没有完全深入人心；产品创新仍处于相对分散、自发和半自觉状态，缺乏有效的内生动力；全行统一、结构化的产品创新流程有待进一步确立，客户需求和客户体验管理缺乏相对统一的规则；产品创新数量有待增加、质量有待提高。

三是产品创新策略不清晰。缺乏一以贯之的产品创新目标、方向、重点和实施策略；“以我为主”的创新引领策略尚未得到充分体现；总行的产品创新主导性作用尚未得到有效发挥。

四是产品创新资源投入偏少。产品经理配备不足，研发费用稳定增长的长效机制有待建立，产品创新绩效难以准确计量考核，资源投入和激励力度都需要进一步加大。

（二）以“国内领先、国际一流”的目标打造创新型银行

党委、董事会、管理层对产品创新高度重视。总行成立了产品统筹与创新委员会，设立了产品创新综合管理部门，制订了产品创新规划，提出了未来3年全行产品创新的战略目标、策略和重点，考核激励、产品经理队伍等配套措施也在逐步改进。

战略目标方面，要以客户需求为驱动，完善产品创新体制机制，打造国内领先、国际一流的产品创新能力，建设创新型银行，实现创新兴行、创新强行。未来要建成的创新型银行至少应具备5个方面基本特征：一是创新体系高效；二是创新投入高，在人力、财力、技术等各方面的投入明显高于同业平均水平；三是自主创新能力强，有一批核心产品能够引领市场；四是创新产出高，新产品对全行利润的贡献度要达到10%以上；五是创新成为全行的核心价值观。目前战略目标已经明确，全行上下要将思想和行动统一到建设创新型银行这个目标上来。

产品创新策略方面，首先要突出“自主创新、引领为主”。加快实现从仿制跟随到自主创新，从单一产品创新到复合型、系列化创新的提升。既要紧盯同业，做到人有我有；更要引领产品创新，做到人无我有，人有我优。要通过自主创新把握竞争主动权，树立行业标杆。要抓住新产业、新生态和新技术等发展趋势，紧扣“三大一高”、小微企业、“三农”等领域的创新需求，努力抢占互联网金融、移动金融、链式金融、跨境金融、绿色金融和综合金融服务的创新制高点。其次要坚持实施差异化的创新策略。借助大数据、云计算等先进技术，提升数据分析和挖掘能力，更加精准地细分市场和客户，创新个性化、定制化的产品与服务，形成差异化的竞争优势。例如，美国的卡拜奇公司（Kabbage）借助大数据挖掘技术，对网上商家的销售、信用记录、商品价格、顾客流量、评论、存货等数据，以及在脸书（Facebook）和推特（Twitter）的互动信息进行综合评价分析，实现全流程数据驱动，快速提供定制化信贷服务，最快7分钟之内就可以发放到账。

产品创新重点方面，一是以“综合性、多功能、集约化”战略统筹产品创新。通过强化综合化营销，充分发挥集团优势，为客户提供“一站式”金融服务；通过不断丰富产品供给，加强母子公司联动，匹配客户的多样化需求；通过集约化服务，以快捷便利的方式向客户交付产品，提升客户体验。

二是明确产品创新主攻方向。要将服务实体经济与建设银行特色优势紧密结合起来，统筹整合集团资源，着力推动以经济转型为主脉，以客户需求为驱动、以市场和监管为驱动、以信息技术和全球化整合为驱动的产品创新。

三是大力推进商业模式创新。IBM对全球765个公司的调查表明，近三分之一的公司将商业模式创新放在最优先的地位。目前全球市值第二的富国银行，就以其独特的商业模式赢得了“交叉销售之王”的美誉。富国银行的客户人均购买金融产品5.92个，远高于同业人均2—3个的水平。从实务经验看，如果银行能够为客户提供7—8个甚至更多的产品，这个客户就可以维护得很好；如果只能提供1—2个产品，那么客户随时都有可能流失，特别是“三大一高”客户更是如此。此外，富国银行的社区银行业务收入占比达到60%左右，使得其净息差高于行业平均水平30%以上。商业模式创新是更高层次的创新，它能使银行获得战略性的竞争优势，将成为未来银行更高形态、更加关键和更具挑战的竞争焦点。对此要加强前瞻性的研究，提前谋划和布局。

（三）以创新能力建设为基础，打造驱动发展的强大引擎

要从规划、体制、机制、资源、技术、文化等多方面入手，夯实创新基础，提升产品创新能力。要尽快破除制约创新的障碍，释放创新活力，确立“统筹规划、顶层设计、集中为主、分工负责”的管理体制，实施“资源配置合理、创新激励有效、收益风险平衡、科技支撑有力”的产品创新管控机制。

一是落实规划，提升能力。近期总行印发的《2013—2015年产品创新规划》是建设银行历史上首次编制的产品创新专项规划，是未来三年产品创新工作的指导性文件。全行要认真组织学习，抓紧贯彻落实。总行各部门、各一级分行要按照规划要求，建立清晰的产品引领策略，明确重点，制订产品创新计划和具体推进时间表。要以实施规划为契机全面推进创新能力建设，不断增强创新内生动力。要持续加大资源整合力、深入激发技术支撑力、积极培育创新文化力，形成一整套有建设银行特色、流程顺畅、协作高效、有机融合的产品创新体系。

二是加强领导，统筹协调。要从战略高度重视产品创新，真正把产品创新作为突破发展瓶颈的根本出路，作为经营管理中的基本元素狠抓不放。要充分发挥各级领导班子和成员在创新中的引领和推动作用，带头加强学习，提高市场洞察力、形势预判力和创新决策力，切实关心支持产品创新，指导解决产品创新中遇到的困难和问题。各级领导要亲自组织开展产品创新实践和新产品体验，广泛听取客户和员工的意见，做产品创新的宣传者、组织者、推动者和体验者。

总行产品统筹与创新委员会要进一步加强统筹和协调，发挥强有力的组织、推动作用。总行产品创新与管理部要切实担负起产品创新的综合管理职责，成为跨部门产品创新需求的整合者、跨部门产品创新的推动者和产品创新流程的建立者。今后，涉及跨部门的重大产品创新，由产品统筹与创新委员会统一协调；无法对应到现有部门职责的产品创新，由产品创新与管理部负责牵头落实。总行各相关部门要发挥本条线产品创新的主导作用，建立专门的产品创新团队，形成从创意到产品上市的一整套运行机制，抓好本条线的产品创新工作。

会后，各一级分行要比照总行的管理模式，由相应的委员会组织、推动和协调分行内的产品创新工作。有条件的分行要加快设立产品创新综合管理部门；条件一时不具备的，要成立专门团队，设置专门的岗位，配备符合条件和要求的专职人员从事产品创新管理工作。

三是创新模式，形成合力。构建包括总行战略性产品、总行重点产品、分行自主产品和分行移植推广产品四个层面的产品研发体系。产品统筹与创新委员会层面要积极推进总行战略性产品研发，形成“杀手锏”。各业务部门都要提出战略性产品创新选题，委员会每年从中选定若干重大优先项目，指定牵头部门组建跨部门团队加以推进，产品创新综合管理部门负责这类项目的推动、管理和协调工作。总行业务部门层面要积极推进总行重点产品研发，每年确定重点产品创新任务和目标，形成拳头产品。一级分行层面要紧密围绕当地客户和市场需要，积极推进分行内产品研发和集成应用，形成分行自主特色产品。同时，各分行要动态跟踪、主动分析本行与当地同业及系统内分行的产品创新差距，及时加以借鉴和移植，加大分行产品移植推广力度。

充分发挥总分行两个积极性。总行要负责顶层设计，为全行产品创新制定规划、计划，搭建制度平台，开展重要产品研发，起到示范引领作用。分行要充分发挥连接客户和市场的桥梁作用，收集和输送产品创新需求，对于辖内能够实施的要及时转化，对于需总行实施的要及时报送。调整优化产品创新授权机制，鼓励分行大胆开展产品创新。今后，对于授权范围内的产品创新，原则上采用备案制；对于管理水平高、内控能力好、创新能力强的分行，进一步扩大创新授权；对于试点行、产品创新实验室所在地分行，给予更多的先行先试权。相关部门在这方面要尽快研究出台一些具体措施。

抓紧建立产品研发的流程化运行机制和跨部门协作机制。对以上四个层面的产品创新，都要统一纳入计划管理，强化计划约束，并按季动态调整。今后，重大产品创新一律实行项目团队制，成立由牵头部门、相关业务部门和中后台部门共同参与的项目组，保持人员稳定，配备相应财务资源，以加强过程管理、提高协同效率，形成跨部门的协作机制。要抓紧制定产品创新项目管理办法，建立产品研发结构化的统一流程。重点是要按照流程银行的要求，建立需求管理流程，保证客户需求能得到及时响应；建立任务确定流程，保证投入产出效率；建立上市审批流程，控制上市风险。

建立相对集中的研发模式。在环渤海、长三角、珠三角和中西部地区逐步设立专业化的产品研发中心，建设有较强自主研发能力的产品研发专业团队。对于涉及系统开发的产品创新需求，统筹把握业务的必要性、紧迫性与技术可行性，区分优先顺序，整合形成统一的业务需求后直接提交技术部门开发。

四是整合资源，夯实基础。产品创新关系到长远发展，要从战略的高度加大资源配置力度，从人员、财务、科技等方面给予倾斜，明确具体措施。要提高产品创新研发费用投入，实行专项管理，并建立单独的研发费用管理机制，确保研发费用与创新项目增幅同步。设立产品创新奖励基金，加大产品创新奖励力度。继续加大总分行KPI考核对产品创新的引导作用，不断优化产品创新考核办法，实现由“创新数量”向“创新绩效”转变。

加快产品经理队伍建设。按照产品经理的配备要求，认真落实规划提出的全行产品经理数量达到5 600人的目标要求，使产品经理与客户经理配置比例尽快达到合理区间。推进产品经理岗位责任制建设，加大培训力度，提升产品经理队伍的综合素质。

五是培育文化，营造氛围。要在全行上下逐步形成以“鼓励、开放、宽容、审慎”，“试错、容错、纠错”以及“创新兴行、创新强行”为核心内容的产品创新文化，努力营造全行动员、全员参与的创新氛围。要坚持“鼓励和规范并重、培育和防险并举”，区别对待创新产生的风险，从制度层面给予产品创新充分的空间，建立容错机制，保护员工参与创新的积极性，不能出点问题就打一棒子；相关部门要积极介入产品创新过程，开展新产品风险评估，制订应急预案，合理界定可接受的产品创新风险容忍度；要加大宣传力度，通过开展产品创新宣传月等活动，树立积极创新的企业形象；通过开展多种形式的创新竞赛、评比表彰等活动，对产出效益显著、成效突出的创新项目团队成员以及优秀创意的原创者给予奖励，广泛调动员工创新的积极性和能动性。

三、深化教育实践活动成果，推动作风建设制度化长效化

党的群众路线教育实践活动开展以来，总行党委按照中央部署，扎实开展学习教育，广泛听取意见建议，聚焦“四风”查摆问题，边学边改、边查边改、立行立改。2013 年 10 月，总行党委召开了高质量的专题民主生活会，目前正在全面推进整改落实和建章立制工作。中央第三十三督导组对建设银行教育实践活动给予了充分肯定。督导组认为，建设银行有四个方面特点和成效：一是查摆问题突出，认识到了“四风”危害；二是深入剖析了思想根源，增强了党性；三是认真开展了批评与自我批评，体现了整风精神；四是明确了整改方向，反对“四风”的自觉性有了提高。全行要按照督导组的要求，确保教育实践活动善始善终、善做善成。要坚持党的领导，严守政治纪律，将思想和行动进一步统一到中央要求上来，确保作风建设取得长效。

（一）及时组织“回头看”

认真对照中央关于教育实践活动的要求，做好查漏补缺，加强薄弱环节。要逐项进行“回头看”：看学习教育是否扎实，看查摆问题是否聚焦，看自我剖析是否深刻，看谈心交心是否充分，看开展批评是否认真，看边查边改是否见效。发现差距和不足的要抓紧“补课”，走了过场的要坚决“回炉”。要通过再学习、再查摆、再聚焦，确保在活动第三个环节开始前把基础打得更扎实。

（二）认真开展专项整治

要针对群众反映突出的“四风”问题，进行全面深入的专项整治，这是整改落实的重要途径和解决“四风”问题的有效方法。专项整治重在求实求效，要发扬钉钉子的精神，动真格、出实招、敢碰硬。要做到治标与治本相结合、群众监督与自纠自改相结合、矫正“四风”问题与加强党的建设相结合，确保组织落实、责任落实、措施落实、目标和时限落实。一要组织落实。各级党委统筹抓总，党委成员按照分工认领问题，各部门按照职责具体执行整改措施。二要责任落实。对照查摆出来的问题，明确责任部门和责任人，强化督查和问责。三要措施落实。认真研究制定整改方案和具体动作，确保每项措施能够落地，说到必须做到，而且确实能够做到。四要目标和时限落实。按照问题的轻重缓急和难易程度，明确整改时间表，既有近期目标，又有中长期安排。各级党委要召开会议专题审议整改方案和落实情况，并通过适当形式向广大党员、群众公布整改落实结果。

（三）抓紧抓实建章立制

制度建设既是活动目标，也是活动取得长效的关键。“四风”问题具有反复性和顽固性，要通过建章立制把整改措施用制度固化下来，注重从体制机制上解决问题，管住不良行为、规范权力运行、扎紧制度篱笆，切实巩固和深化教育实践活动成果。对于查摆出来的问题，各级党委、各相关部门要认真梳理剖析，举一反三，不能仅仅就事论事。特别是对于反复发生、带有一定共性的问题，要抓住典型案例“解剖麻雀”，从制度规范、管理流程、执行监督、问责追究等方面进行针对性的改进和完善，防止“破窗效应”，务求源头治理。

（四）深入推进各层级的教育实践活动

各部门、各分行、各子公司的教育实践活动也都陆续进入民主生活会的关键环节，要按照中央督导组的要求，比照总行的做法，认真撰写对照检查材料，在准备充分的基础上召开民主生活会。活动越是向前推进，越要坚持从严标准，坚持时间服从质量、进度服从效果。总行督导组和指导组要切实负起责任，加强指导、严格把关。各级机构“一把手”在教育实践活动中要承担第一责任，发挥第一标杆的作用。现在快到年底，各级行工作任务都很繁重，要做到“两手抓、两促进”，把教育实践活动抓好抓实，将活动成果转化为改进服务、促进发展的强大动力。

（五）加强党风廉政建设和反腐败工作

2013年10月底，中央纪委副书记、监察部部长黄树贤同志一行来到建设银行调研指导工作。他充分肯定了建设银行在大力推进党风廉政建设和反腐败工作，积极探索适合金融企业特点的反腐倡廉工作路子，不断加强纪检监察组织建设等方面取得的成绩。这既是对我们的肯定，也对今后工作提出了新的更高的要求。

各级党委班子要做到"两手抓，两手都要硬"，全面负起责任，既要担负起发展业务、提高效益的责任，又要切实承担起反腐倡廉、防范风险和案件的责任。要从制度层面进一步落实"一岗双责"要求，今后不管哪个机构出了问题，都要按照责任制的要求严肃问责，不能出了大问题还照样当官，或者换个地方继续当官。各级纪委、监察部门、巡视组要切实履行好监督执纪的职责，做到有案必查、有腐必惩，形成不敢腐、不能腐、不易腐的有效防控机制。

（六）将厉行节约落实到经营管理各项工作中

近期中央即将印发《党政机关厉行节约反对浪费条例》，这是第一次将反对浪费提升到法规的层面，以刚性的制度约束、严格的制度执行、强有力的监督检查、严厉的惩戒机制，遏制公务支出和公款消费中的各种违法、违规现象。全行上下要认真学习贯彻，结合本单位工作实际制定实施细则和配套制度，形成立体式、全方位的厉行节约制度体系。要把厉行节约反对浪费与现代商业银行成本管理紧密结合起来，贯穿于各项经营管理活动中。在当前利差收窄、竞争加剧的背景下，必须开源与节流并重，善于从节支中挖掘利润增长的潜力。全行要在已取得进展的基础上，进一步加快成本管理的体制机制、制度流程、IT系统的建设，通过厉行节约、精细管理，使每一分钱都发挥出最大的效益，将成本管理打造成为建设银行的核心竞争力。

当前，摆在我们面前的任务是非常艰巨的。全行上下要以三中全会精神为指引，充分运用教育实践活动成果，统一思想，激发创新活力，迈出转型新步伐，取得2013年转型发展的新成效。

增强信心　稳中求进　努力提高发展水平

——在中国建设银行2013年工作会议上的讲话

张建国

（2013年1月20日）

同志们：

刚才，王洪章董事长作了重要讲话，张福荣监事长和几位行领导还将在明天的会议上讲话。希望大家深入学习领会，认真贯彻执行。这次全行工作会议，我们将认真研究贯彻落实中央经济工作会议精神和监管新要求，总结全行2012年工作，分析经济金融形势，部署2013年工作。现在，我向大家报告2012年全行的经营情况，并对2013年的经营安排谈几点意见。

一、2012年经营管理取得优异成绩

（一）经营成果好于预期，核心指标居同业前列

2012年，全行资产负债快速增加。截至2012年末，资产规模达到14.01万亿元（集团口径初步数据，下同），增加1.73万亿元。负债总额达到13.06万亿元，增加1.6万亿元。

实现效益好于预期。全行净利润达到1 935亿元，比上年增长14.21%；平均资产回报率

(ROA)、平均股东权益回报率（ROE）分别为1.47%和21.97%；按照国内会计准则成本收入比29.21%，国际准则口径为37%；净利差（NIM）2.74%，增加4BPs。

资产质量继续向好。不良贷款余额为745亿元，比年初增加36亿元；不良贷款率为0.99%，下降0.1个百分点。拨备覆盖率达270%，上升29个百分点；拨贷比为2.69%，增加了0.05个百分点，全行整体抵御风险能力进一步增强。

存款市场占比上升、稳定性优于同业。全口径存款新增占比增加3.6个百分点，一般性存款时点余额、时点新增、日均新增占比均获提升；个人存款余额突破5万亿元大关，新增占比提高10个百分点；企业存款增量行业第一。岁末前后的数字表明，建设银行存款波幅小于同业，稳定性最好。

（二）信贷管理能力持续增强，信贷资产结构不断优化

信贷计划管理得当。2012年，全行各项贷款增加9 231亿元。其中，人民币贷款增加7 639亿元，在大银行中增量第二，增幅第一。新增额精确控制到比中央银行核定计划少1亿元，既充分利用了资源，又有效执行了监管要求。

努力巩固传统优势业务。基础设施贷款新增1 565亿元，主要支持重点为建续建项目。对客户综合金融服务能力显著提升。个人住房贷款余额、新增居同业首位。房改金融各项业务继续保持一行独大地位，公积金项目贷款累放金额市场占比67%。信用卡贷款新增在四大行中位居第一。

努力支持经济发展中的薄弱环节。小企业贷款、涉农贷款新增满足“两个不低于”监管要求，新农村建设、保障性住房开发贷款增幅分别高达156%和130%。

努力执行好宏观调控政策。“6+1”产能严重过剩等限制性行业贷款余额比年初减少12亿元；房地产开发类贷款减少34亿元；全口径融资平台贷款客户数及贷款余额双降，分别减少215户、177亿元，平台贷款余额中现金流全覆盖类占比提高8.11个百分点达93.8%。

（三）中间业务规范发展，经营转型持续推进

中间业务收入实现正增长。在清理规范的基础上，全行努力拓展市场、创新服务、合规经营，扭转了一度出现的负增长局面，全年实现中间业务净收入936亿元，比上年增长6.7%，收入总量、增速均为四大行第二，在四大行中占比达到28%，提升了0.4个百分点。个人条线、投资理财条线对中收贡献上升，公司条线中收居四大行首位。表外业务量保持适度增长，余额增长2.2%，加权风险资产余额得到有效控制。

战略性业务快速发展。金融市场业务实现收入1 093亿元，债券投资收益率提升34BPs达3.68%。投资托管规模达2.7万亿元，增长31%。养老金业务受托资产新增、央企中标客户数量位居同业第一。率先发行居民健康卡，财政公务卡、军人保障卡累计发卡分列同业前两位，金融社保卡和其他金融IC卡超额完成发卡计划。外汇贷款和贸易融资新增行业第一。跨境人民币业务量达11 473亿元，境内市场份额又提升3.85个百分点。

综合化经营和海外发展两大战略推进有力。加强母子公司战略协同，国内子公司净利润增长73%。海外机构总资产近850亿美元，增长39.6%，税前利润增长58%。海外布局加速推进，第一家海外二级分行墨尔本分行顺利开业；迪拜、俄罗斯子银行，多伦多分行境外申设进程加快；台北分行、旧金山分行、大阪分行，卢森堡分行和子银行审批工作取得阶段性成果。香港地区机构整合正式启动。

（四）基础建设成果显著，持续发展能力增强

客户账户基础日益坚实。账户总量达339.5万户，四大行占比提升1.12个百分点。结算账户新增63.88万个，增量位列四大行第一，基本账户新增超过工、农两行。现金管理户、小额无贷户分别增长46%、23%，民生领域事业法人结算账户新增2 266户。有资产个人客户新增2 005万个，私人银行客户增加1.5万个，增长19%。

物理渠道和电子渠道建设齐头并进。长期以来，总行一直推进完善网络布局、构建长效发展基础，这一举措在2012年取得显著成绩，机构新增、网点升格、闲置牌照恢复启用、渠道建设等都达到了目标要求。境内营业机构总量14 121个，新增540个。自助设备增加11 323台，新增数量创历史最好水平。电子银行客户与渠道应用高速增长。“E 商贸通”、“网上招投标”、“电子银行代缴费”等典型应用全面铺开。“善融商务”抢占电子商务新阵地。铁路客运电子支付业务在2012年11月正式投产，交易额后来居上，市场占比同业领先。

重点技术、内控、制度建设工作稳步推进。银监会完成了对建设银行资本管理高级方法评估验收，新资本管理办法实施准备工作基本就绪。新一代核心系统一期项目实施工作有序推进，IT系统运行稳定，经受住了关键时期和灾害天气考验。阶段性完成前后台分离项目全行推广，后台日处理业务量达45万笔，是2012年同期业务量的6倍。

（五）着眼风险事前防控，强化授信薄弱环节管理

预判预警及时有效。加强了对宏观形势、政策变化、同业竞争情况的分析研判，对发生发现的区域、行业、产品等风险苗头及时预警，依托系统和技术工具，实时跟踪监测全行授信风险，共发布61份风险提示。开展主动授信管理，在投行、理财等业务和产品整顿的基础上，把类授信和代理代销的产品纳入授信管理；着重加强重点行业风险排查和处置化解，其中对钢贸、光伏、船舶等重点领域累计压缩风险敞口612亿元。

授信审批质量和效率持续提升。全面推进差别化的集团授信审批模式，创新“直通车”、“预审批”等审批方法，优化审批流程，在把控授信质量的同时，效率大幅提升。跨区域集团客户授信审批用时由原先的半年左右骤减到1—2个月，总战客户缩减至1个月。对“影子银行”相关产品实行差别化审批方式，如理财产品审批平均用时11天。

大力压缩处置逾期贷款和不良贷款。下半年对逾期贷款逐行提示、逐户督办、逐月通报，有效遏制住了大幅反弹势头，年末余额为768亿元，较第三季度末减少83亿元。全年共处置不良贷款401亿元，全行最大的30个风险客户压缩34亿元。30个分行实现不良贷款双降。

2012年，面对环境复杂多变、宏观经济下行、同业竞争加剧的困难挑战，全行坚持打牢经营基础，坚决守住风险底线，坚定支持实体经济发展，取得了优异的经营业绩。成绩来之不易，难能可贵，更获得了监管机构、股东、客户、市场及同行的认可。回顾2012年全年工作，应对经济下行考验有很多亮点经验值得总结，我们从中得到几点启示：

一是敏锐预判形势指导经营。总行不断加强对国际国内宏观形势、中央和监管政策、市场和同业变化的分析研究，努力把握发展机会，充分估计困难挑战，超前采取应对措施，及时提示并推动全行实施针对银行业薄弱环节的整改工作。在连续开展贷后、押品和表外、海外风险两个管理年活动的基础上，2012年又开展了金融市场业务管理年活动，率先对理财、投行业务进行整顿，及时化解苗头性趋势性风险。

二是坚持稳健务实的经营作风。坚持按商业银行发展规律办事，把中央政策及监管要求与本行实际密切结合，合理确定发展目标。经营过程当中注重结构调整、保证季月均衡，不追求时点、不贪图虚名，尤其到年底，不与他行盲目攀比，实现了经营业绩稳步提高、核心指标保持同业领先的目标。

三是强化整体执行能力。全行以履行好国有控股银行职责为己任，严格执行宏观调控政策和监管要求。大力支持实体经济发展，不断提升创新能力和服务水平，严控各种风险。总行对各分行政策信号传导清晰明确，资源配置、绩效考核趋于科学完善，全行整体能做到令行禁止。对于历史遗留问题，各相关分支行的管理层勇于担当、敢于负责，坚持不推卸责任，新官努力理好旧账。

二、银行经营面临新挑战和新机遇

（一）认真把握宏观政策，严格执行监管要求

针对世界经济低速增长、国内经济稳中回升的内外部宏观形势，中央决定2013年继续实施积极的财政政策和稳健的货币政策，一系列数字目标体现了稳中求进的总要求。赤字规模为1.2万亿元，比上年增加4 000亿元。适当扩大社会融资总规模，保持贷款适度增加。M_2预期增长13%左右，新增贷款将达9万亿左右，高于上年的8.2万亿元。实施有差别的产业政策，加大对重点产业支持力度，严格控制“两高一资”产业扩张，继续坚持房地产市场调控政策不动摇。银行业面临的市场资金面会比2012年宽松，但信贷结构调整任务却更加艰巨。

监管政策更严要求更高。近期，银监会召开了2013年全国银行业监管会议等重要会议，发布了一系列重要制度，对银行业提出了新的监管要求：

——要求银行切实防范和化解金融风险。将守住不发生系统性、区域性风险的底线作为首要任务；严防平台、房地产、企业集群、产能过剩行业等重点领域信用违约风险，稳步解决不良贷款与拨备余额双高问题；严控表外业务关联风险，严禁未经授权销售产品，严禁误导消费者，严禁销售私募股权基金产品，防止风险转移到表内；严管外部风险传染，禁止金融机构及员工参与民间融资，禁止为“影子银行”放大杠杆提供融资，禁止银行客户转借贷款资金。

——要求银行积极支持实体经济发展。加强对重点领域和薄弱环节的信贷支持，规范贷款资金使用，合理确定服务价格。

——要求银行深入推进改革转型。适应利率市场化改革要求，加强利差管理和中间业务成本管理，审慎开展综合化经营试点和金融创新。

——要求银行保持案防高压态势。银监会修订了银行业金融机构案件定义及案件分类，放大了案件定义及外延，“案件是指银行业金融机构从业人员独立实施或参与实施的，或外部人员实施的，侵犯银行业金融机构或客户资金或财产权益的，涉嫌触犯刑法，已由公安、司法机关立案侦查或按规定应移送公安、司法机关立案查处的刑事犯罪案件。”只要涉及银行的外部侵害案件，不管银行机构及员工有无违法、违规行为，均被纳入案件统计范围。人员伤害、非法集资、网上银行、电话银行、电信诈骗、盗刷银行卡、POS机套现等都纳入了案件统计范围。监管要求的变化，使我们保持良好的案防成果面临严峻考验。

（二）把握宝贵政策机遇坚持发展，坚定信心应对新的挑战

2013年商业银行业务发展的外部有利条件很多。中央将扩大内需作为发展的战略基点，首次把生态文明建设列入中国特色社会主义建设总体布局，把保障和改善民生放在更加突出的位置，新的区域规划纷纷出台，这些都为商业银行发展指明了方向。2012年国家发展改革委新审批重点项目2 254个，后续城市公开服务体系建设、保障房建设和土地综合开发投融资规模巨大，建设银行基建贷款、造价咨询等传统优势业务发展潜力很大。产业结构升级、兼并整合与对外迁移提速，绿色信贷、并购贷款、跨境人民币业务将快速发展。互联网、第三方支付、物联网建设市场潜力无限，网络银行、善融商务机会多多。城镇化、农业生产现代化、海洋经济大有可为，金融服务舞台十分广阔。我们应该很好地把握这些宝贵机遇。

2013年市场竞争将更加激烈。住房资金业务承办银行选择模式发生转变，同业均有机会通过重新招投标方式进入公积金领域；财政部推进中央专项转移支付改革、账户撤并和大额资金招标。我们在这些领域的优势地位受到猛烈冲击，必须守牢地位，松懈不得。银行间对电子不停车收费（ETC）项目拼抢激烈，建设银行参与了7个省ETC项目，位居第二，但与排名第一的工商银行差了1倍。对于此类已有一定基础、市场机会潜力仍然很大的领域，需全行联动、增加投入、加强营销，务求取得更大成果。近期，国家外管局开展跨国公司总部外汇资金集中运营试点，商务部推行单用途预付卡资金存管制度，要抢占此类新的市场机会。

（三）自身经营仍有不足，管理能力面临考验

1. 盈利增长将进一步放缓。我国经济已进入个位数增长的阶段，大型商业银行效益也将进入个位数增长的阶段。2012年利率市场化改革正式启航，会在2013年对银行业的经营产生更大影响，经测算2013年贷款重定价额度比存款多2.24万亿元，公司类贷款重定价总额1.19万亿元，重定价后贷款收益率将有所下降。中间业务收费调整效应集中显现，银行卡刷卡手续费大幅下调将减少13.5亿元收入；新《商业银行服务价格管理办法》若年内出台，预计将减少44亿元收入。我们在效益增长、巩固质量、战略转型、维护员工收入适当增长及市值稳定等方面都会遇到新的考验。

2. 资产质量面临严重反弹考验。环境复杂、变化很快、经济下行、风险蔓延直接考验银行信贷和类授信产品的经营管理能力，我行恰恰在这些领域还存在许多缺憾和不足。2012 年个别分行、部分领域不良贷款集中暴露，对全行资产质量形成威胁，后续走势及影响有待观察。个别二级行无视总行预警提示和管理要求，继续增加钢贸授信，形成大额风险敞口。部分民营企业大额授信风险事件频发，已对银行声誉造成负面影响。小企业贷款不良额、不良率连续几个季度环比上升。财政部等四部委制止地方政府违法、违规融资行为，平台客户风险可能暴露。自营及代理理财业务并表管理引出的风险需格外关注，个别子公司资产风险显现。发生损失不仅影响经营和员工利益，更会对建设银行品牌形象、发展基础和员工士气造成伤害。

3. 突发事件和案件防控难度加大。2012 年发生了几起突发事件和大的风险事件，尽管总分行积极处置，也努力做好舆情应对，但相应问题造成的潜损、对声誉的冲击越来越严重，这说明有的行风险排查走了过场，风控基础仍然差强人意。有些重要岗位员工十几年不轮岗，对不合规操作熟视无睹又疏于检查，本来可以及时避免的问题，结果酿成案件，代价巨大、教训惨痛。随着业务量越来越大、环境变化越来越快，防控突发事件和案件的任务也越来越艰巨。

三、做好各项经营管理工作

2013 年总的经营思路：以党的十八大和中央经济工作会议精神为指引，大力支持实体经济发展，坚持以效益和质量为中心，深化结构调整和经营转型，严控各种风险，完善硬基础、提升软实力，确保主要业务市场份额稳中有升。

2013 年主要的经营目标：税前利润增长 9%，不良贷款率控制在 1.02% 以内；一般性存款时点新增 1.2 万亿元，增长 11.4%，同业存款保持稳定；人民币贷款新增预安排 7 300 亿元，增长 10.8%；中间业务净收入增长不低于 8%。

2013 年绩效考核和资源配置的导向：积极支持业务发展，严格执行与目标和业绩挂钩的资源分配规则，坚持“上不封顶、下不保底”；提高经济增加值、主营业务收入费用挂钩系数，增加效益、风险、有效客户考核权重；费用资源向分行和一线倾斜，专门安排网点一线岗位津贴。

（一）推动业务健康发展

1. 突出信贷业务发展重点。2013 年全行贷款新增预计比上年略有增加。信贷资源要向“资本占用少，风险权重低，经营效益好”的业务倾斜；支持有优势、有特点的集团客户、重大项目；巩固个人住房金融业务领先地位；严格落实“两个不低于”监管要求；“善融商务”继续实行总行专项安排。信贷计划根据各行经济资本回报率、存贷比、中心城市行等指标得分按季动态核定。分行推荐进入理财池资产按 50% 与贷款计划挂钩。

2. 巩固存款市场份额，增强稳定性。存款依然是商业银行竞争的重点，各行考核激励力度不能下降，要确保市场份额稳中有升，四大行排名第三、第四的分行市场位次要提升 1 位。一般性存款考核将着眼于存款本身，不再嵌入其他替代产品。切实降低存款波动性和付息成本，活期存款和一年以内定期存款占比要力争有所提升；同业存款要做好量价平衡，重点是抓活期，严控 1 个月以上银行同业定期存款新增。

3. 坚定不移地发展中间业务。通过 2012 年的清理整顿和重新确定标准，收费业务得到规范。这项业务关乎收入结构调整和整体经营转型，要始终高度重视。进一步提高产品覆盖范围和渗透率，市场地位稳中有升，确保不出现同业第四的分行。要以重点产品为突破口，从业务量、客户数、渗透率等各方面深入挖掘增长潜力。将“挖潜增收”活动产品由 10 个扩展到 20 个，提高基层行开办率及开办水平。坚持“四公开”和“四有”原则，依法合规收费。

4. 加快推进战略性业务发展。

电子银行业务要牢牢把握客户体验和安全运营两个基本点，提升渠道交易、平台销售、系统服务、业务创新和风险控制五大关键能力，力争成为国内最佳。

金融社保卡要着力提升市场份额，2013 年计划发卡 1 300 万张，确保重点地市分行实现大面积发卡。

现金管理要打造全流程、“一站式”客户服务平台，实现“票据池”、“跨行现金池”等创新型产品功能上线，提高产品的市场竞争力。

养老金业务主要指标要确保同业前两位，实施“一户一策”差别化营销，尽快扭转行际间不平衡的现状，加快形成并完善养老金融产品与服务体系。

房改金融要守牢优势，加大住房资金归集力度，加强公积金个贷投放，争取公积金项目贷款承办资格，确保资金体内循环。

债券承销、国内保理、跨境人民币、私人银行、投资托管等业务也要把握机遇，抢占市场制高点。

5. 抓好旺季营销。做好第一季度工作至关重要。总行有关部门、各分行要继续抓住有利时机，在多个同时开展的旺季营销活动中形成合力，做好春节前后的金融服务，把发展的好势头保持下去，为全年发展奠定更为坚实的基础。

（二）继续夯实经营基础

1. 着力拓展有效客户。努力提升客户金融资产、账务性交易量和产品覆盖度，有效客户增速原则上不低于存贷款增速。积极运用“工商验资通”等手段拓展新客户，提升集团客户的资金归集力度。细化存量客户经营策略，加强销户管理。提升低效账户活跃度，抓好小额无贷户营销维护。提高大众富裕和富裕客户占比，加大高净值客户服务推广。

2. 大力推进营业机构建设。2013 年计划新设机构 650 个左右，升格机构 1 000 个左右，优先安排单一功能的储蓄所升格为支行。要加强与监管部门沟通汇报，争取政策支持。新设机构当年开业率要达到 60%，2012 年筹建机构力争上半年全部开业，杜绝出现长期歇业机构。做好存量机构的布局优化和装修改造，力争实现单功能对私网点 50% 转型为综合性网点，综合性网点单一对公柜台 50% 转型为综合柜台。自助设备全年新增 1 万台。

3. 不断提升全行定价能力。加强定价管理，进一步细化政策与考核引导，加强模型工具研发和人员培训，切实提高全行定价水平。贷款定价水平在当地市场排名前两位的分行要保持优势，排名后两位的须提升 1 个位次；实施标准化与差异化相结合的存款定价策略，不主动以利率上浮吸收长期限、高成本存款。

4. 周密组织新一代核心系统一期功能释放。现金管理、托管、代收代付等 13 个应用项目以及 2 个配套支持专项将于 2013 年 9 月试点上线，2014 年 3 月向全行推广。推广工作涉及全行，各部门、各分行要高度重视、及早安排、周密计划，保证系统安全运行。

5. 做好新资本办法实施工作。建设银行正在申请成为实施资本管理高级方法的第一批试点银行。要以新资本办法实施为契机，促进资本、风险和业务的良性互动。

（三）提高风险内控能力

1. 强化重点领域风险管控。防范个别地区风险向其他地区逐步蔓延，防范个别产品出现问题后影响相关产品，防范个别环节造成系统性风险。做好大额授信客户风险诊断；防范民营企业、小企业隔行取利、盲目投资，严禁对民营企业和小微企业过度授信；控制批发零售业、制造业、钢铁、钢贸、光伏等行业信贷风险，加大对钢贸存量信贷减退压缩力度；化解平台客户由于政策收紧带来的风险隐患。做实贷后管理，做好逾期贷款、非不良拖欠贷款、关注三级贷款的监测分析。加快构建海外业务风险管理体系。

2. 防范“影子银行”业务风险。银监会 2012 年对建设银行“影子银行”业务进行了尝试性检查，2013 年已将此列为整个银行业监管检查重点。虽然这项工作我们启动较早，但在全行性、普遍性规范整顿的基础上，各部门、各分行还要结合实际，有所作为。要加强制度和相关系统建设，严格业务审查与会计核算。启动理财业务新一轮内部整顿工作，主要目的是完善管理流程，明确部门职责，确定投资方向，加强资产池管理。代理代销产品要执行好监管最新规定，禁止销售私募基金产品。

3. 推进案件防控长效机制建设。根据 2012 年银行业案发特点，2013 年要以员工参与民间融资、信贷业务、贿赂贪腐等突出风险为重点，深入开展案件风险专项治理。切实落实案件防控责任制，对员工加强职业操守教育和行为管理。

4. 提升内控合规管理水平。优化内控评价内容、程序、标准和方法。内控合规要与风险管理、审计监督、纪检监察形成合力，不断推进内控与业务的融合，守牢合规底线。

5. 加强对检查发现问题的整改。2012 年国家审计署和银监会对建设银行进行了多项检查，全行高度重视、积极配合，总体结果好于历次情况，但仍然发现了许多不合规问题。全行要积极运用内外部检查结果、整改到位、改进管理。

同志们，我们要把做好 2013 年工作作为贯彻落实十八大精神的实际行动，上下一心、再接再厉，为全行科学发展作出更大贡献。

在2013年海外工作座谈会上的讲话

张建国

（2013年1月22日）

在全行工作会议期间套开海外工作座谈会，充分表明总行对海外发展整体工作高度重视。下面，我讲几点意见。

一、2012年海外发展取得良好业绩，整体经营保持稳定

1. 海外经营保持稳定。一方面，2012年海外业务取得了良好业绩，为全行整体经营水平提高作出了新的贡献；另一方面，海外业务保持了稳定发展，难能可贵。回顾过去二十几年，自设立第一家海外机构至今，我行海外发展受到过挑战、遇到过困难，也曾经对全行品牌形象和整体经营造成一定影响。但2012年海外机构不仅没有发生让总行担忧的情况，还认真化解了历史遗留问题。总的来看，2012年海外机构吸取了历史教训，控制了业务风险，维护了建设银行集团的良好形象。

2. 海外业务快速发展。次债危机、欧债危机爆发以来，全行加强了对国内外经济金融形势的研究分析，对全球各大市场的分析判断能力也进一步提升。特别是市场化程度更高的各海外机构，通过及时了解、密切关注市场情况，较好地控制了风险，把握住发展机遇，实现了业务的快速发展。2012年海外资产同比增长近40%，利润增长超过50%，在全行沉甸甸的经营成果中，海外机构作出了积极贡献。

3. 海外发展战略积极推进。过去几年，总行对海外布局和业务发展倾注了大量心血，行领导也给予了大力支持，多次主动关心、亲自拜访监管机构，积极推进相关工作。2012年建设银行多家海外机构创建工作取得阶段性成果：墨尔本分行正式开业，迪拜子银行、多伦多分行、俄罗斯子银行、台北分行、旧金山分行、大阪分行的各项申设及筹备工作全面推进，并均已向境外监管机构递交了申请；在港机构整合与调整工作筹备充分，稳步推进。2012年，建设银行伦敦在中资同业中率先在英国资本市场发行10亿元人民币债券，也是海外发展史上值得记载的大事。这些都与在座各位的积极努力和辛勤付出密不可分。

总而言之，2012年海外工作成效显著，为今后海外发展战略的进一步贯彻落实奠定了坚实基础。

二、继续坚持稳健发展，切实防控经营风险

一是坚持稳健发展。客观来看，当前海外的管理基础和市场环境要支撑年均40%的高速增长存在一定难度。前两年海外资产快速增长在一定程度上是受内保外贷、海外代付等联动产品的驱动。但2012年以来，监管政策推陈出新，对海外资产增长造成较大压力。从风险防控的角度看，未来各地监管机构未必允许建设银行海外业务长久依赖这些产品去实现高速增长；从夯实经营基础的角度看，这些业务由于相对缺乏坚实的客户基础，也难以支撑海外业务长久、稳健发展。因此，我们在编制2013年年度海外经营目标和业务计划时，还是要坚持稳健发展的总体原则。

二是不断丰富功能。海外机构因为发展历史较短、整体规模偏小，在服务功能和手段等方面与建设银行集团整体发展水平还存在一定差距。现在主要中资银行都在大力发展海外业务，海外竞争也非常激烈。在我看来，海外业务越在高速发展阶段，越要重视不断丰富服务功能、提升经营水平、凝聚客户基础，进而保证今后的长远发展。

三是总结经验教训。2012 年海外机构很好地化解了历史遗留问题，如香港、约堡分行积极处置了不良贷款，但这些绝非是"一核了之"的事情，我们既要发挥特长优势，借鉴经验做法，积极处置不良贷款，也要深刻总结历史教训，确保海外业务安全稳健经营。

四是坚持不懈努力。建设银行发展到今天，拥有庞大的资产规模和员工队伍，即使各项工作都不错，也不能掉以轻心、妄自尊大，正所谓"不进则退"。虽然目前建设银行各项财务指标比英美银行都好，获利能力也很强，但要想成为国内最优、国际一流的商业银行，还需要假以时日。海外业务更是如此，一旦出了问题，建设银行在当地市场的品牌形象、竞争实力、经营基础、员工信心和队伍凝聚力都会受到影响。因此，我们一定要认真吸取历史经验教训，坚持不懈地努力经营。

三、强化发展基础，扎实推进海外发展战略

一是积极推进海外布局工作。根据《工作方案》要求，总行计划用 3 至 5 年时间，搭建起覆盖二三十个国家/地区的海外机构网络。目前我行海外机构覆盖全球 13 个国家/地区，距离这一目标要求还有一定差距，需要总行相关部门，特别是国际部和海外机构共同努力。在此过程中，我们要坚持自设和收购并重，统筹协调、积极推进，特别是在并购方面力争实现突破。

二是打好海外发展基础。首先是语言基础。在海外工作，语言基础是前提，目前建设银行这方面的人才仍相对缺乏。因此，未来要进一步加大人员派出力度，通过在海外机构跟岗培训，加快国际化人才培养力度。同时，我也希望海外机构的负责同志从海外业务长远发展角度出发，为年轻人提供更多的成长、锻炼和培养机会，因为他们才是建设银行未来的希望。其次是 IT 基础。2006 年下半年总行提出了海外 IT 系统建设规划，2009 年海外核心系统在香港成功上线。可以说，现在的海外 IT 系统已经具备了一定基础，但与未来发展要求和同业水平相比，仍存在差距，未来还要继续努力，特别是目前总行正在全力开发的新一代核心系统，一定要达到海内外系统相通、信息共享的效果。最后是客户基础。过去几年建设银行业务发展势头迅猛，自 2008 年起一直保持着中国第二大商业银行的地位，人均利润、业务结构、资产增速等均位居同业前列。但受专业银行的历史影响，建设银行客户基础一直不如工商银行和农业银行。尽管 2012 年建设银行新增客户数量为同业之最，但基础依然相对薄弱。海外机构在这个问题上更为明显，从目前的客户基础看，难以支持资产的高速增长。因此，未来必须进一步加强内外联动、外外联动，有意识地通过发展业务来增加客户数量、强化客户基础，这将是一项艰巨的任务。

三是继续扎实推进海外发展战略。海外发展战略是全行重点战略之一，未来海外发展目标明确、战略远大，需要大家众志成城、脚踏实地，共同为实现海外发展战略目标作出应有的贡献。

谢谢大家！

凝心聚力共促发展　攻坚克难再创佳绩

——在全行 2013 年对公业务工作会议上的讲话

张建国

（2013 年 3 月 28 日）

同志们：

大家上午好！这次对公板块会议，覆盖广、

时效强、形式新，非常重要！覆盖广，是因为会议由结算部、公司部、集团部、机构部、养老金部、小企业部、投行部7个部门携手筹备召开，总行四位高管、四位董事共同出席，各分行分管行领导、7个条线设一级部的部门总经理悉数到场，符合中央能合并召开的会议、尽量合并的要求。时效强，是因为会议安排在全行工作会、全年综合经营计划下达之后，又适逢“两会”刚刚闭幕，四大行业绩最新发布，亟须我们研判形势、把握机遇、应对挑战、共谋发展。形式新，是因为这次会议积极落实中央要求，改进会风，以会代训，专门安排了城镇化和海洋经济、财政资金下游承接专题培训，其中，城镇化更是当前热点中的焦点，大家要认真学习，做好组织推动。

刚才，章更生委员代表总行党委和高管层，对2012年以及2013年第一季度对公板块的经营情况做了一个深入透彻的分析回顾，围绕当前形势、未来的经营发展，提出了发展思路、目标和措施，简要全面、重点突出，我完全赞同。会议还有一天的时间，大家要认真学习、深刻领会、贯彻执行。围绕会议主题，我谈几点意见，供大家讨论。

一、全行经营业绩优异，对公板块贡献突出

2012年，我们遇到了前所未有的困难和挑战。国际金融危机持续发酵、全球经济震荡低迷；国内经济增速下降、部分领域风险集中暴露；同业竞争异常激烈、主要业务市场位次不断交替；存贷款利率浮动区间双向扩大、市场化改革加速；不规范经营治理整顿、“影子银行”关联业务检查、经营责任审计、新发放贷款投向审计全面开展，各种因素错综交织，极具挑战，充满变数，特别艰难。2012年中，高管层几度考虑调整经营目标，最终，我们全面完成了年初确定的目标计划，极其不易，对公板块贡献尤为突出。

（一）业务规模再上台阶，盈利能力持续增强

资产负债业务取得突破。全行资产规模接近14万亿元，负债规模突破13万亿元，其中各项贷款增长超1万亿元、达到7万亿元，一般性存款增长超1万亿元、达到11万亿元；公司类贷款、企业存款余额保持四大行第二，市场占比较年初均有所提升；企业存款新增更是首年夺得四大行第一，成绩巨大；同业存款提前预判，主动调控，与年初数基本持平。

盈利水平好于预期。2012年，全行实现净利润1 936亿元，增幅为14.26%；ROA为1.47%，ROE为21.98%；NIM为2.75%，增加5BPs，逆势提升。全行实现贷款利息收入4 218亿元，其中公司类贷款利息收入3 066亿元，对全行贡献超过70%；公司类贷款收益率为6.57%，跃居四大行首位，高于第二位的农业银行0.06个百分点，盈利能力显著增强。中间业务坚持合规与发展并重，全行实现收入936亿元，居四大行第二；其中对公中间业务收入蝉联四大行首位，超工商银行70多亿元，成绩骄人；造价咨询、国内保理、境内保证、银团贷款等重点产品表现优异。

品牌形象不断提升。共获得国内外不同机构颁发的逾百个奖项。品牌价值突破千亿元，在《福布斯》品牌价值排行中居中国银行业首位；被英国《银行家》杂志评为世界银行1 000强最赚钱银行第2位；被美国《福布斯》杂志评为全球上市公司2 000强排名第13位。

（二）坚决执行调控政策，信贷结构不断优化

一直以来，全行执行国家宏观经济政策、各项监管要求非常坚决，也得到了监管机构的充分肯定。审计署对建设银行2012年新增贷款投向审计认为：“建设银行坚持积极稳健的经营方针，信贷结构持续改善，信贷投放趋于稳健，较好地促进了经济平稳较快发展”。上周四，审计结论已出，建设银行信贷投向违规金额为零，关注问题金额最少，在五大银行中最好。

巩固传统优势，支持实体经济。基本建设贷款新增1 565亿元，占公司类贷款新增近四成，传统优势得以巩固；小微企业贷款、涉农贷款新增完成了“两个不低于”监管要求；新农村建设贷款增幅高达156%，保障房贷款新增四大行第一，债券承销量达到3 411亿元，有效地满足实体经济融资需求。

严控限制性领域信贷投放。严控“两高一剩”和限制性行业贷款，信贷余额连续三年减少；平台贷款量减质升，清理成效显著；房地产

开发类贷款全年减少34亿元，控制有效。

（三）战略业务长足发展，综合化经营成效显著

过去的一年，我们做大做强优势业务，做深做优战略业务，做实做细极具潜力业务，战略性、基础性、方向性业务得到了快速发展。

网络银行领先同业。近几年，陆续与国内一批知名网络运营商签署战略合作协议，从源头上抓住产业链、客户和业务机会，在行业中取得了优势地位，品牌形象不断提升。2012年合作平台拓展提速，共新拓展12家至21家，领跑同业。

机构业务快速发展。“四卡”营销取得突破，同业中首发居民健康卡，财政公务卡、军人保障卡同业领先，金融社保卡超额完成年度计划。保持中央财政非税收入收缴代理业务、中央财政授权支付代理业务、证券第三方存管客户数等11项业务同业第一。“民本通达”等品牌深入人心。

养老金业务取得突破。受托资产规模新增首次位居同业第一；成功中标8家央企11项企业年金管理资格，再次实现“央企中标数同业第一”；发行国内首张养老金卡；首次荣获《首席财务官》杂志“最佳养老金品牌奖”、“全国服务业公众满意度调查—金典奖—中国养老金融服务公众满意最佳典范品牌奖”等奖项。

投资银行业务稳步发展。对理财业务清理规范得最早；债券承销总量、收入同业领先；私募债券首年发行即取得市场第一，抢占先机；新型财务顾问业务收入居四大行首位。

现金管理业务增长强劲。现金管理客户增长45.66%，达到155万户，其中，使用现金池等复杂现金管理产品客户存款沉淀2.19万亿元。“禹道”现金管理品牌市场影响力不断扩大。

综合化经营平台初步搭建。拥有投行、保险、信托、基金、租赁等附属子公司，牌照种类同业领先。子公司业务快速增长，市场地位巩固：建信信托受托管理资产规模、建信人寿保费收入在银行系位列第一；圆满完成回购美国银行持有股权、建信租赁成为全资控股子公司。

（四）业务基础不断夯实，持续发展能力增强

客户账户基础夯实。公司机构客户增长20.15%，达到265万户；单位结算账户增长18.87%，达到340万户，四大行占比提升1.12百分点，账户新增自2008年以来首次跃居四大行首位；企业网银、个人网银客户分别增长54.10%、41.07%。

渠道建设扎实推进。网络布局日臻完善，境内营业机构增加540个至14 121个；“信贷工厂”模式的小企业经营中心达到244个；自助设备增加11 323台，创历史最好水平。企业网银客户覆盖度达72%、提升了18个百分点；“善融商务”成功上线，企业商城累计成交35亿元，为平台客户提供网络银行融资6.6亿元，抢占电子商务新阵地。

信息技术支撑不断增强。“新一代核心系统”顺利推进，完成企业级建模主体工作。对公客户信息管理项目取得阶段性成果，作为第一期项目，将在2013年8月上线，对建立对公客户统一视图、实现客户360度立体把控意义重大。

（五）风险管理水平提升，资产质量保持稳定

抗风险能力稳步提高。面对复杂多变的经济形势，我们加强预研、预判、预测，完善政策制度，优化管理工具，丰富计量手段，全面提高风险管理水平。实施主动授信，将理财等产品纳入授信管理；主动压缩逾期贷款，逾期贷款反弹趋势得到有效控制；优化经济资本和风险限额等管理工具，严防风险；加强风险计量工具研究运用，资本管理高级法顺利评估验收；深入推进内控体系建设，制订三年规划。

资产质量保持稳定。不良贷款率为0.99%，下降0.1个百分点；不良贷款额略有增加。其中，大中型公司客户实现不良双降，不良额减少46亿元，不良率下降0.2个百分点。

2012年，面对异常严峻复杂的经济金融形势，我们的经营成果好于预期，圆满完成董事会确定的各项经营计划，市场地位得到巩固，赢得了社会各方认可，极为不易。总结成绩，归纳经验，主要得益于三个方面：

一是理性预判，准确把握。一直以来，业内外对我们的研究预判能力、快速反应能力、贯彻执行能力都是赞誉有加的。2009年，面对4万亿元投资，我们提前预判，调控贷款投放，控制总量，优化结构，被称赞先知先觉。在网络银行、战略性新兴产业、新农村建设、文化民生等方面的金融服务，我们见识很早、行动很快、措施得力、成果丰硕。对限制性领域，早在4年前就确定了16个产能过剩行业，对政府融资平台贷款提前预警、限制准入、清理整改、控制得力，房地产开发类贷款及时响应政策、调控得当。从2010年开始，就率先对理财业务进行了清理规范，开展主动授信、实施“投审分离”、重检政策制度，先后下发了八十余项核心规章制度，加强投后管理，进行全面风险排查；过去三年启动了抵质押物、贷后、表外、海外和金融市场业务管理年五项活动，提前化解风险，成绩显著。

二是协同作战，勇于担当。对公业务作为全行基础性业务，充分发挥识大体、顾大局、协同作战、勇于担当的优良作风，主动联动其他板块，带动了代发工资、信用卡、电子银行等业务的快速发展，仅贷记卡一项，对公客户近三年就新增近200万户。公司部牵头、12个部门配合审计署2012年新增贷款专项审计，始终本着对建设银行负责的态度，积极沟通协调，认真研究反馈，最终实现审计发现问题金额建设银行最少、定性最轻的良好效果。

三是措施得当，执行有力。全行严格执行宏观调控政策和各项监管要求，令行禁止；始终坚持求真务实，不急功近利，不盲目冒进，不一味攀比，脚踏实地地推动业务良性发展。多年来，对公投放重点符合国家产业政策和全行信贷政策。各项业务坚守依法合规经营，没有出现以非正当竞争手段吸收企业存款行为；制定“四有”标准、规范收费。主动调整业务结构，降低资本占用，一年期以上贷款承诺三年内下降2 810亿元。

同志们，2012年，全行经营业绩优异、对公板块贡献突出，成绩的取得，是党中央、国务院正确领导的结果，也是全体建设银行员工上下齐心、攻坚克难、强化执行、共同努力的结果。在此，我代表总行党委、高管层向你们并通过你们向对公条线的全体员工表示衷心的感谢！

二、正确研判经济形势，把握商机应对挑战

（一）认真分析宏观形势，抓住宝贵发展机遇

当前，我国经济结构调整和产业升级不断深化，随着城镇化积极稳妥地推进，工业化、信息化融合程度提升，农业现代化加快发展，将不断形成新的经济增长点；居民消费结构升级加快，基础设施建设、生态环境保护和社会事业发展等都蕴藏着巨大的增长潜力。

一是城乡一体化深入推进。近年来，国家持续推动“三农”发展和新农村建设，农业快速发展，2012年全国农业投资增长32.2%，比上年加快7.2个百分点，显著高于全社会投资增速。但总体来看，目前仍未改变“靠天吃饭”的局面。农业机械化水平的提高、规模化经营的加快发展，将不断形成新的经济增长点。同时，随着农村社会结构的深刻变动、城乡发展的加快融合，城镇化建设已成为我国现代化建设的重大战略选择，与农业现代化相辅相成。2012年，我国城镇人口比重为52.6%，到2020年，比重将达到60%左右，超过56%的世界平均水平；李克强总理在记者见面会上指出：五年将改造千万棚户，为我国经济较快发展提供持续动力。

二是工业化和信息化融合加速。近年来工业化、信息化融合成效显著，据工信部统计，目前主要行业的大中型企业数字化设计工具普及率超过60%；基于信息基础设施的新兴经济迅速发展，互联网服务市场规模超过2 000亿元；2012年前三个季度，电子商务整体市场规模达到5万亿元。但我国目前工业生产信息化水平与国外相比仍有较大差距，制造业的智能化、数字化、网络化程度仍有较大提升空间。随着工业化和信息化融合程度提高，将不断扩大企业的投资需求。

三是居民消费结构升级加快成为经济发展新动力。当前，我国居民消费结构正在由以衣、食为主的生存型消费，向以住、行为代表的发展型消费转变。2012年我国汽车销售超过1 900万辆，增长4.3%，其中乘用车销售超过1 500万辆，增长7%，已经成为世界最大汽车市场。随着居民收入水平提高、居民消费结构升级步伐加快，新的消费热点将会形成。

四是基础设施建设、生态环境保护、社会事业发展仍有巨大空间。与发达国家相比，我国人均基础设施水平仍有较大差距；公共教育支出占国内生产总值的比重不足4%，低于发达国家5%的平均水平；节能环保领域和低碳经济还处于起

步阶段，生态环境保护已成为可持续发展和经济社会协调发展的重要内容；就业和社会保障体系尚待完善，文化体育事业发展方兴未艾，发展潜力巨大。2013 年，中央安排财政赤字 1.2 万亿元，增长 50%，主要投向保障性安居工程，农业、水利、城市管网等基础设施，社会事业等民生工程，节能减排和生态环境等领域蕴藏商机。

五是企业“走出去”步伐加快。2012 年我国境内投资者共对全球 141 个国家/地区、4 425 家境外企业进行了直接投资，非金融类直接投资 772 亿美元，增长 28.6%，比上年加快 26.8 个百分点。2012 年 7 月，中海油宣布收购尼克森公司普通股，交易金额 151 亿美元，收购成功将成为中国企业最大的一笔海外收购。

2013 年 1—2 月，全国社会消费品零售总额同比增长 12.3%，规模以上工业增加值增长 9.9%，固定资产投资同比增长 21.2%、比上年全年加快 0.6 个百分点，非金融类直接投资 183 亿美元，同比增长 147%，国内经济企稳回升态势显著。随着结构调整和发展方式转变的深入推进以及中央稳增长政策措施的落地实施，将为我们带来更多宝贵的发展商机，各位必须敏锐把握，按照商业可持续原则，要抓早、抓准、抓牢、抓好。

（二）积极主动应对挑战，抓好业务发展基础

当前，世界政治经济格局仍处于深刻调整期，外部环境变化具有较多不确定性；国内经济发展模式转型进入关键期，发展中不平衡、不协调、不可持续问题依然突出；银行同业竞争日趋激烈，自身经营管理尚存不足，业务发展面临考验。

一是宏观经济形势严峻复杂：

从国际看，世界经济复苏依然艰难曲折。主要发达经济体增长乏力，新兴经济体还没有走出增长疲软的困境；美、欧、日量化宽松政策不断加码，为潜在通胀埋下隐患；贸易保护风险增加，仅 2012 年上半年，我国遭遇的反倾销、反补贴等调查就有 40 起，增长 38%，涉案金额达 37 亿美元、增长 76%。

从国内看，国内经济发展模式转型进入关键期，经济发展依然存在较多问题。劳动力资源优势弱化，2011 年劳动年龄人口的比重首年下降；资源环境约束增强，土壤、水资源、空气等污染严重；部分行业产能过剩问题突出，习近平总书记在中央经济工作会议上指出：钢铁、有色、水泥、煤化工、平板玻璃、船舶制造、风电设备、多晶硅等行业产能过剩问题严重，必须下大力气解决。

二是同业竞争异常激烈，市场拓展难度加大。主要表现在：

主要业务竞争白热化。以企业存款为例，近五年，四大行企业存款余额在全社会企业存款中占比下降了 9.68 个百分点，到 2013 年 2 月市场份额只占 40%，其他银行同业对存款的争抢可见一斑。近两年存款的拼抢更是几近白热，四大行存款增长一路胶着。大家离市场更近，感受更具体、深刻，务必凝聚精神、主动竞争、巩固地位。

多元化金融体系挤压分流银行业务。为改善我国金融结构，国家正着力吸收多元资本参与金融改革。2012 年 3 月，温州市金融改革试验区获批建立；银、证、保等各部门均出台了实施细则，落实促进民间投资的“新 36 条”，对鼓励和引导民间资本进入金融领域作出具体安排；第三方支付公司、财务公司、小贷公司、典当行等银行体系外机构日趋活跃，都在一定程度上挤占、分流银行业传统优势市场。

三是自身业务发展尚存不足，经营管理面临考验。主要包括：

盈利能力面临挑战。随着国家经济发展进入一位数增长时代，在经过前几年快速发展后，大型银行也进入了个位数增长时期。多方因素影响，2013 年的盈利增长面临着更大压力：2012 年的降息效应将在 2013 年进一步释放，贷款利息收入增长压力加大；同时，存贷款重定价不同步将影响 NIM 提升；《商业银行服务价格管理办法》年内可能出台，发展改革委会议明确 2013 年将深入开展银行收费检查，中间业务收入增长难度加大。这都要求我们既要在业务和产品创新上、也要在提高定价水平上下工夫、提能力、见成效。

企业存款稳定性欠佳。近年来，企业存款增长稳定性问题一直比较突出。2010 年、2011 年企业存款年初负增长在 2 000 亿元上下，近两年达到 4 500 亿元左右；日均新增与时点新增比例从前几年的 90% 左右降到 2013 年的 52%，这给我们的经营管理带来了巨大压力。各位分管对公业务的负责人要深入分析，找出原因、提出对策、身体力行、确保稳定。

风险内控亟须完善。2012年，逾期贷款大幅反弹，一度达到850多亿元余额的高点；个别区域，钢贸、光伏等行业，民营及小企业客户，"影子银行"及表外关联业务、理财等重点产品风险持续加大。这些风险大部分是操作层面的、重复性的、可预见的，有些是总行反复强调、明令禁止的，只要大家稍加注意、规范经营，基本上都可以避免。2013年以来，风险事项仍接连不断，逾期贷款又增长了100多亿元，"蓝文彬"系、三峡全通等大额授信客户风险暴露，部分民营及小企业客户资产质量还在恶化，钢贸、光伏等行业风险仍不容忽视。各位务必按总行要求，抓紧行动，严防风险！

（三）落实监管要求，坚守风险底线

从2013年中央银行工作会议精神看，中央银行将进一步深化金融重点领域改革，稳步推进利率市场化改革，完善人民币汇率形成机制，支持发展民营金融机构，继续支持香港等境外人民币市场发展，大家要密切关注、深入研究、积极应对。

2013年1至2月，银监会相继召开监管会议、印发文件，布控全年风险监管工作。2013年共提出12项风险防控重点，首提输入型风险，监管范围更广、要求更严。

一是对信用违约风险重兵防守、分类实施。银监会数据显示，目前平台、房地产、企业集群、产能过剩行业贷款占银行业贷款的半数以上。对平台贷款，继续执行"总量控制、分类管理、区别对待、逐步化解"政策。对房地产贷款，强调加强名单制管理和压力测试。对产能过剩行业风险，坚持有保有压，确保风险可控。

二是严控表外业务风险。2012年底，全国有高达11万亿元的理财产品、6万亿元的信托总量，2013年面临兑付风险考验。监管部门明确提出要严格监管理财产品设计、销售和资金投向，严禁未经授权销售产品，严禁销售私募股权基金产品，严禁误导消费者购买，实行固定收益和浮动收益理财产品分账经营、分类管理。

三是严管外部风险传染。重点防控民间借贷、担保公司、小贷公司等外部风险向银行体系的传染渗透，禁止银行业金融机构及员工参与民间融资、为"影子银行"放大杠杆倍数提供融资。防范非信贷授信风险与信贷业务间的交叉传染。防范表内风险向表外风险转移。

四是开展资本管理高级方法实施情况、理财及"影子银行"相关业务、信用风险等现场检查。

五是支持实体经济。继续对重点领域和薄弱环节提供信贷支持。严格执行"七不准、四公开"规定，坚决遏制附加各种不合理贷款条件和变相不合理收费行为。

三、抓好当期谋划长远，提升可持续发展能力

2013年是全面贯彻落实党的十八大精神的开局之年，是实施"十二五"规划承前启后的关键一年，是中央新一代领导集体执政第一年，各方面有利条件很多，大家要把思想统一到中央的要求上来、统一到总行的决策部署上来，抓好谋划，提高执行力，提升可持续发展能力。

（一）坚定信心，稳中求进，科学发展

近几年，我们面对纷繁复杂的外部环境，坚持发展的信心没有动摇，各项业务实现又好又快发展。2007年至2012年，对公业务收入平均增速为17.81%，其中对公中间业务收入平均增长达48.94%；对公贷款不良率、关注类贷款占比分别为1.16%、2.82%，分别比2006年底下降1.13个、7.89个百分点，这些数据足以说明问题。所以，只要我们保持良好精神状态，上下齐心、奋力拼搏，就一定能够再创佳绩。

必须要坚持科学发展。中央已明确2013年经济增长目标在7.5%左右，目标符合国情。但从地方"两会"结束后各地相继公布的增长目标看，地方投资冲动已有隐现。24个省提出增长10%以上，其中11个省市增速定在12%以上，部分省市甚至推出万亿元投资规模。对这种情况，大家"心要热、头要冷"，不盲目乐观、急躁冒进，切实维护建设银行利益，贯彻落实监管部门和全行信贷导向，坚持稳健经营、科学发展。

（二）明确目标，强化执行，确保完成

全行工作会已开，综合经营计划也已下达，

全年经营目标已经明确。各项业务的目标任务，是总行充分考虑内外部经营环境、比较同业发展目标、与分行反复沟通的情况下确定的，是符合建设银行发展实际的。年度各项经营计划是刚性的、严肃的，各行要不讲条件、不讲困难，不与总行搞博弈，想方设法全面完成。

提高存款稳定性。同业竞争形势前面已经分析得比较充分。针对企业存款稳定性问题，大家要提高忧患意识、竞争意识，千方百计巩固市场份额、增强存款稳定性。特别是同业排名下降的分行，要采取有效的措施，确保市场地位。

要继续深化信贷结构调整。一是围绕支持实体经济，按照商业可持续原则，做好国家重点在建续建项目、“三农”、小微企业、保障房建设等重点领域和薄弱环节的信贷投放；加大新农村建设、城镇化建设、水利建设、战略新兴产业等领域的信贷支持；通过“民本通达”系列产品发挥服务优势。二是围绕调控重点，进一步清理规范地方政府融资平台贷款，压缩区县域平台及高资产负债率平台；继续严格控制产能过剩行业贷款，习总书记强调的八个产能过剩行业贷款不能新增，要在保障我行债权安全的前提下，稳步实施信贷退出；审慎稳健地发展房地产贷款，统筹新增及回收再贷资源，控制好总量、优化好结构。

要坚定不移地推动经营转型。一是加快推进收入结构转型。利率市场化进程加快，中间业务收入增长对全行盈利水平提升至关重要。2012 年对公中间业务在收费政策趋紧、客户基础与同业差距明显的情况下，收入蝉联四大行首位，成绩喜人。2013 年要在巩固优势产品、加快新兴产品、发展劣势产品上有突破，加强创新，依法合规，充盈收入来源。二是加快战略业务发展。大力拓展网络银行业务，全力推进“四卡”营销，加快养老金业务发展、确保资产规模过千亿元，做强债券承销业务，稳健发展理财业务等，加快现金管理业务发展。

从长远来看，还要坚持不懈地夯实客户基础。近年来，我们持续加强客户/账户拓展，配置激励费用，成效显著：2012 年公司机构客户增长20%，结算账户近四年平均增速为 13.5%、市场占比提升 1.54 个百分点；但由于基础相对薄弱，与同业还有很大差距，支撑未来可持续发展动力不足，从存款等基础业务竞争力上已经有所体现。各位行领导务必高度重视、亲自营销、统筹安排资源，全力以赴做大做实客户账户总量；在有“量”的基础上，通过综合金融服务，增强客户黏性、优化结构、提高质量、实现量质齐升。

（三）敢于作为，勇于担当，抢抓机遇

作为大型商业银行，我们自身的经营发展与国家政策导向、监管要求密切相关。2013 年，积极的财政政策和稳健的货币政策已定，国家加快推进新型四化建设的政策措施将陆续出台，货币政策将继续加大预调、微调力度，监管政策也会根据形势变化适时更新。面对复杂多变的经营环境、稍纵即逝的业务机遇，对公板块作为全行基础性业务，要进一步强化大局意识，要从全行经营发展的高度，敢作为、勇担当，要把业务发展和风险防控担当起来，要把提升当期竞争力和长远发展能力担当起来，为全行经营管理水平提升作出更多、更大贡献。当前有几个重点，大家要把握好：

一是铁路改革。目前中央银行已明确原铁道部贷款或债券由中国铁路总公司继承，并表示下一步国家将会采取综合性措施支持铁路建设、投融资。截至 2012 年第三季度末，铁道部负债 2.66 万亿元，资产负债率为 62%，年利息约 150 亿元；截至 2013 年 3 月底，我们对铁道部信贷余额近 2 000亿元，还有近 600 亿元的债券。随着改革方案的进一步细化，监管政策的进一步明朗，我们有评级授信、贷款对象变更、集中度管理等大量工作要做，总行要加强研究、统筹安排好，各分行要密切关注、认真落实、妥善解决。

二是支持城镇化建设和海洋经济发展。关于城镇化建设，《城镇化发展规划 2012—2020》有望上半年出台，规划将重点解决“人往哪里去”、“钱从哪里来”、“土地怎么用”、“城市怎么建”等问题；国家层面的指导意见、实施细则等也将陆续出台。我们较早时候就开展了城镇化建设研究，在业内率先制订城镇化建设贷款管理办法，2013 年 2 月在全行推广，抢占了先机。目前，许总监牵头、18 个部门正在共同参与制订城镇化建设综合服务方案，分析机遇和挑战，明确目标和重点，提出政策和措施，集全行之力，积极稳妥地推进城镇化建设金融服务。关于海洋经济，国家重新组建国家海洋局，并设立国家海洋委员会，意在更好地推动发展海洋经济。目前总行正在研究制定海洋经济贷款管理办法，会在近期完成。对于这些新的业务领域，财会、风险、授信等部门要认真研究、尽快制定支持业务发展的政策措施；各对公业务部门要认真学习、深刻领会、严格落实、积极推进，努力打造对公业务新优势。

三是加快发展养老金业务。养老金领域上我们有很大的发展机遇。中科院数据显示：2012 年中国老年人口数量占总人口的 14.3%，2013 年达到 14.8%，我国已完全进入了老龄化社会。但与国际已先期步入老龄化的典型国家相比较，我国的老龄化问题具有“未富先老”、“人群庞大”等特征，缺少解决养老问题的“硬实力”。面对人口老龄化压力和基本养老金赤字风险，我国养老金市场化改革迫在眉睫。我们作为综合性、多功能金融机构，可以在养老产业基础设施建设融资、养老金保值增值服务等方面多角度、全方位参与，一方面助力国家养老体系建设，另一方面做强做大我行养老金业务，实现双赢。

四是新资本管理办法。高级法我们已经正式报告银监会，将会是第一家或第一批实施高级法的银行之一，大家要加强学习、弄懂弄通。资本管理不仅是风险、财会部门的事，各位作为对公业务经营管理人员，更要树立资本集约化经营理念，掌握新资本办法主要内容，用它来主动调整、优化我们的业务结构，这对我们业务经营、转型至关重要。

（四）遵规守纪，严控风险，提升质量

近年来，全行建立健全了风险管理体系，完善丰富了风险管理工具，强化了内控合规管理，风险内控管理水平持续提升。从这些年的执行情况看，总体较好，但从相关检查结果看，有些问题屡查屡犯、屡禁不止、不可容忍。2012 年个别二级行更是无视总行预警提示和管理要求，继续增加钢贸授信，形成大额风险敞口，对全行资产质量管理和业务发展产生较大压力。习近平总书记提出：要坚决守住不发生系统性和区域性金融风险的底线。中央和总行政策导向十分明确，大家务必严守纪律，做到言必信、行必果，不折不扣地执行到位。

在信用风险管控方面，要做到早排查、早发现、早预警、早报告、早处置。做好贷款“三查”、理财产品投前、投后管理等各项规定动作，提早发现、及时化解，防范风险积聚、蔓延。做好大额授信客户风险诊断。严防部分民营企业、小微企业风险，严禁过度授信。加强对类似个人控股的“集团”、“系”等管理企业的风险控制，研究新的管控方法。持续加强限制类领域风险防控。严密防控民间融资、融资担保、小贷公司等外部风险向银行体系渗透；加强对信托、票据、理财等表外业务风险排查，严防表外风险向表内转移。最近，有些媒体和学者认为，中国面临金融系统性风险，关于这点，我们心中有数，绝不会发生；但各位也要高度重视、提高警惕、做好防控。

在案件防控方面，银监会修订了银行业金融机构案件定义及案件分类，我在全行工作会上已经讲过。各行要保持案防的高压态势，对案件风险继续“零容忍”；各级领导、管理者要利用会议、培训班、调研等一切机会，不断向广大员工宣传遵规守法的文化；要持续加强员工管理和印章管理，把对业务和制度的检查排查定期化、常态化，确保员工行为遵规守纪。这项工作非常重要，既是保障建设银行的资产安全和声誉，又是对我们的员工负责。希望大家把工作做实做细，管好自己的人，看好自己的门，守住我们以往良好的案防成果。

同志们，2013 年国内外经济金融形势将更加复杂多变，对公业务面临着更高的起点、更重的任务、更大的挑战。大家要继续发扬敢打硬仗、敢打胜仗的拼搏精神，立足当前，谋划长远，攻坚克难，再创佳绩，推动对公业务可持续发展！

强化风险管控 确保稳健发展

——在战略与创新专题研讨暨春季工作座谈会上的讲话

张建国

（2013年5月17日）

同志们：

刚才，王洪章董事长作了关于电子银行发展战略的重要讲话，我完全赞同，大家要认真学习领会，抓好贯彻落实。根据会议安排，我向大家报告今年以来的经营情况，并就下一个阶段工作谈几点意见。

一、业绩超过预期，经营喜中有忧

（一）主要指标稳中有升，盈利增长四大行第一

截至2013年4月末，本行口径资产规模14.03万亿元，比年初增加2 289亿元。负债总额达13.01万亿元，新增1 493亿元。人民币储蓄存款新增四大行第一，同业存款实现季末7 000亿元的余额控制目标。

2013年第一季度集团实现净利润597亿元，同比增长15.7%，增速四大行第一；平均资产回报率（ROA）、平均股东权益回报率（ROE）分别比上年提高0.2个和2.54个百分点，达到1.67%、24.52%，均列四大行首位。净利差（NIM）为2.71%，成本收入比为24%；资本充足率为13.63%。主要经营指标保持良好的市场位次。

（二）贷款投放均衡有序，信贷政策执行有力

信贷计划执行稳健。2013年4月末，本行口径各项贷款余额为7.74万亿元，新增3 904亿元。其中境内人民币各项贷款余额为7.1万亿元，比年初增加3 049亿元，同比多增223亿元。

支持实体经济取得新成效。基础设施贷款增加664亿元，占公司类贷款新增的39%，主要投向重点在建、续建项目。小微企业贷款、涉农贷款分别新增275亿元（行内管理口径）、670亿元，满足“两个不低于”的监管要求。新农村建设贷款增长33%，教育、卫生行业贷款均居四大行第一。房改金融业务市场占比57.44%。四川芦山地震发生后，迅速开辟信贷绿色通道，全力支持抗震救灾和灾后重建。

政策限制领域得到严格控制。“6+1”限制性行业贷款余额较年初减少30亿元。房地产开发类贷款新增115亿元；全口径融资平台贷款微增19亿元，监管类平台贷款减少244亿元，连续5个季度下降；平台贷款余额中现金流全覆盖类占比较年初提高0.21个百分点，达94.11%。

（三）重点业务发展强劲，经营转型稳步推进

战略性业务快速发展。养老金受托资产新增市场占比保持同业第一，央企中标数量同业第一；职业年金营销取得新突破，拓展了江西7家高校客户。居民健康卡、财政公务卡、军人保障卡累计发卡居同业前两位；金融IC卡保持高速增长，累计发卡近4 000万张，其中金融社保卡2 245万张。信用卡净增发卡量等关键指标保持同业第一。跨境人民币业务稳步增长，市场份额达16.41%。本币债券组合收益率提升4BPs达3.74%。ETC业务系统成功上线。

中间业务增速领先。实现中间业务净收入353亿元，同比增长22.6%。债券承销业务保持同业领先，“融智”型顾问业务快速发展，贵金属业务、造价咨询等7个产品收入同比增速超50%。

综合化经营和海外战略加快推进。境内子公

司净利润增长64%。海外布局取得新的突破，俄罗斯子行和迪拜子行已于日前先后开业，旧金山分行获得当地监管机构原则性批准，台北分行获得筹设许可。

（四）基础建设力度加大，经营能力得到增强

渠道建设取得新进展。境内营业机构总量达1.42万个，增加90个；自助设备突破6万台，新增数量再创历史同期最高水平。网银、手机银行客户分别增加1 110万个、1 172万个。电子银行账务性交易量占比提升3.4个百分点，达到44%。“善融商务”商户增长45%，交易额达41亿元，继续在业内保持先发优势。

客户和账户基础不断强化。引入“有效客户”考核激励机制。单位人民币结算账户达352万户，新增12.28万户，账户占比四大行提升至21.61%。小企业授信客户总量达8.7万户，新增6 271户。小额无贷活跃客户达97万户。现金管理活跃客户同比净增36.98万户。个人有资产客户达2.5亿个，其中，私人银行客户36.21万个。中央财政授权支付资金下游承接率为25.02%，较上年提高3.39个百分点，提前实现全年目标。

新一代核心业务系统建设扎实推进，一期项目进入测试和上线准备阶段。10 082个综合化网点均已实施前后台分离，后台日处理业务量达到52.3万笔。按照新资本管理办法要求，资本计量、信息披露、系统改造、业务流程改进等工作顺利推进，正式向银监会提交了资本计量高级法实施申请。

（五）强化风险防控，资产质量依然保持稳定

一是加强重点领域风险防控。针对风险突出的钢贸、制造业、批发零售、航运、民营高速以及融资平台等领域开展贷款专项排查，压缩钢贸、融资平台等行业贷款254亿元；强化逾期贷款管理，计提“惩罚性”拨备，遏制反弹势头，累计清除逾期贷款户1 046个；针对潜在风险较大的领域和行业，相应调整了信贷审批授权；继续完善理财、信托等业务的风险管控；开展了对2007年以来债券业务交易的全面排查。

二是坚持处置不良资产。前4个月处置不良资产79.6亿元，现金回收47亿元，其中，已核销资产现金回收11亿元。处置关注三级公司类贷款25.7亿元，提前化解了潜在风险。

经过努力，全行资产质量保持了总体稳定。2013年4月末，境内分行不良贷款率为1.05%，比年初上升0.02个百分点。拨备覆盖率270.77%，拨贷比2.85%，保持着充分的风险抵御能力。

总的来看，在经济下行压力不减、市场环境复杂多变的情况下，2013年以来全行经营良好，但也要客观看待成绩，不能盲目乐观。要透过显露的隐忧，重视解决经营中的突出问题：存款、中收、利润时点现象非常严重，既给稳定经营、持续发展带来了难题，也给合规经营、培育良好文化造成了不利；逾期、垫款大量增加且难于遏制，不良贷款增加40多亿元，且后续反弹压力骤增；突发事件、重大案件频发使全行品牌形象、资金安全受到伤害。

二、经营环境异常复杂，银行面临严峻考验

当前，宏观形势困难复杂、问题矛盾不断显现，金融“脱媒”加剧、风险跨界扩散、监管更趋严厉，商业银行面临前所未有的压力和挑战。因此，认真研判当前经营环境、深刻认识银行业面临的考验尤为重要。

（一）经济复苏基础不稳，结构性矛盾日益显现

2013年以来全球经济出现了积极变化，但复苏基础依然脆弱。大宗商品市场震荡加剧，国际金融市场风险和不确定性没有改观。国内经济虽然GDP增速、就业率等关键数据仍处合理区间，但固定资产投资下滑，制造业PMI反季节回落，消费增势偏弱。尤其需要关注的是，经济减速导致很多长期积淀的结构性矛盾和问题“水落石出”，突出的表现是部分产能过剩行业风险不断显露，而且呈现出由个案向行业性、区域性蔓延势头，许多国外机构降低中国主权信用评级、下调中国GDP增长预期、唱衰中国，给银行经营带来了新的风险和困难。

（二）金融“脱媒”进程提速，监管要求更趋严格

随着利率、汇率市场化进程加快，金融“脱

媒”已成事实，许多优秀企业选择发行股票、债券、理财等直接融资产品，偿还银行贷款。据了解，2013 年第一季度全社会新增融资总量中，55% 为各类产品，45% 是贷款。建设银行客户第一季度运用 IPO、理财、债券等产品替代已审批待发放贷款或置换存量贷款 1 338 亿元，预计 2013 年全年将替代 5 000 多亿元。大型企业集团不断强化财务公司的资金调配能力，不仅分流了银行存贷款，而且开始冲击财务顾问等业务。5 月 6 日召开的国务院常务会议，对财税、金融、投融资、民生、统筹城乡等 9 个重点领域和关键环节的改革做出了新的部署。客户对金融综合服务、避险保值、资产管理等需求将更趋多元化，对银行的服务能力、定价能力、产品创新能力提出了更高的要求。

监管机构也出台了很多新举措、新要求。2013 年 4 月，银监会召开 2013 年第一次经济金融形势通报会和对我行的监管联动会议，并印发了大型银行监管工作要点等一系列重要监管文件，提出了严格的监管要求，主要包括：

1. 严守风险底线。守住不发生系统性、区域性风险底线依然是首要任务；密切关注信用风险变化趋势，防范平台、房地产、“两高一剩”行业等重点领域风险，严防企业多头融资、过度融资和担保圈风险；规范发展银行理财等业务，高度关注新兴表外业务风险；加强操作风险管理，严防民间融资和非法集资等外部风险向银行体系的传染渗透；加快提高流动性风险管理水平，尽快纠正“冲时点”行为。

2. 高度关注不良贷款问题。提高贷款五级分类准确性和资产质量真实性；加强风险处置和前瞻性管理，进一步落实不良贷款“双控”目标，制订“双控”计划；对存量不良贷款加大处置力度，稳步解决不良贷款与拨备余额“双高”问题；积极构建风险防控长效机制。

3. 提高实体经济服务水平。大力支持国家重点在建、续建项目，改进小微企业和“三农”金融服务，积极支持消费、产业升级、绿色环保等重点领域，做好城镇化配套金融服务；严格贷款用途管理，确保资金投入实体经济；合理定价、规范收费，并将针对银行业的价格和收费开展专项检查和反价格垄断执法。加快银行转型，加强基层和社区金融服务。

4. 稳妥推动新资本管理办法实施。切实推动标准落实，妥善应对巴塞尔委员会国别评估工作，积极开展资本工具创新。

在年度监管通报和监管联动会议上，银监会还对我行的绩效考核、国际业务、理财业务等多个领域，提出了新的监管要求。

（三）部分业务波动过大，新一轮风险加速暴露

过去三年，全行着力强化政策引导、审批把关、监测预警，连续开展了押品、贷后、表外、海外、金融市场等业务管理年活动。率先于同业对投资银行、理财业务开展清理整顿，业务经营和风险管理基础日益夯实。虽然整体经营稳健，风险防控有效，但暴露出的一些苗头性、倾向性问题迫在眉睫，需要格外警惕。

1. 部分业务波动很大。一般性存款季末月初增减变化动辄三四千亿元，虽然不断加强流动性管理，但时点现象仍是全行历史上最严重的时期。平常旬日我行增量存贷比已严重倒挂，超过了 120%。中间业务 2013 年第一季度末最后几天收入超出预期，使得第一季度净收入增速超过 19%，而且集中在几个敏感类收费内容和产品项目，能否确保合规，令人担忧。

2. 风险集中暴露。一是不良、垫款、逾期加速暴露。股改后，建设银行曾实现连续 6 年不良贷款双降，即使 2012 年不良额增加，不良率仍然下降，很好地巩固了改革成果。而且与同业相比，我行资产质量相对更加扎实。但 2013 年全行不良贷款却加速暴露，前 4 个月境内分行不良贷款新增 42. 67 亿元，已超过 2012 年全年的增量。甚至出现了低风险业务风险频发、高收益业务难以覆盖高风险等现象。逾期贷款新增 146 亿元，真实状况更加严重。自 2012 年初开始，贷款逾期的性质已悄然发生重大变化，由过去的个贷类技术性逾期为主，演变为公司类客户端实质性违约为主。表外业务垫款明显增加，2013 年第一季度末接近百亿元。银监会在 2012 年度监管通报中指出，建设银行表外垫款问题在五大行中最为突出。

二是风险暴露特点明显。概括为行业集中、区域集中、产品集中、客户群集中，且单项风险暴露大额化。制造业、批发零售业、船舶、光伏等重点行业；长三角等重点区域；承兑、进口信用证、理财、国内保理、个人助业贷款等重点产品；以及小企业、钢贸、民营集团企业等客户群的风险加快暴露。

三是后续压力不减。2013 年以来，海外机构信贷业务发展迅猛，但管理基础相对薄弱，拨备覆盖水平较低，潜在风险需格外关注。随着融资平台客户实施全口径负债管理，信托、债券等融资渠道规范整顿，潜在风险也有可能浮出水面。前不久，黄金等贵金属价格大幅波动，给自营和代销产品带来新的风险，需要及时跟踪和防范。

3. 案件高发态势尚未得到有效遏制。自 2012 年以来全行案件频发，疲于应对。仔细剖析可以发现，从风险隐患发展到案件，往往只有一步之遥。有些严重违规问题，如个别员工参与民间融资、代客过渡资金等，仍然时有发生、屡禁不止，凸显内控管理各个流程环节中，还存在不少漏洞。银监会年初实行了新的案件分类，现在又在制定案件问责管理办法，针对案件调查、处置、考核、问责将实施全过程严格监管。从内外部形势看，案防任务非常艰巨。

总体上看，2013 年金融业风险抬头，并呈加速暴露的趋势。全行要保持高度警惕，采取积极应对措施。

三、抓住发展重点，全力防控风险，努力完成任务

2013 年是我国经济转型的关键一年，也是考验银行经营能力、风险管理能力的关键一年。越是在形势复杂时期，越要善于抓住业务发展机遇，越要善于把握化解风险时机。要坚持提前预判形势，坚持稳健务实作风，坚持强化整体执行力，努力完成好各项工作任务和经营目标。

（一）抓住重点，善加引导，把握转型发展机遇

2013 年，我国经济发展有许多新机遇，我行也确定了一些新重点。

一是支持经济社会发展重点项目。发挥我行传统优势，着力支持重点在建续建项目，以及城市公共服务体系建设、产业兼并整合等重大项目；积极支持海洋经济重点项目；大力支持深圳前海、珠海横琴开发建设，以及上海浦东、天津滨海、重庆两江等六大国家级新区建设。

二是积极服务新型“四化”。把握新型工业化、信息化、城镇化、农业现代化的机遇，规范有序地推进城镇化建设贷款试点，探索创新支持城镇化发展金融综合服务方案。用好国家关于自主创新示范区先行先试政策，选择优质客户，通过创新知识产权质押、股权质押等新产品，加大对科技企业的支持力度。总行和深圳分行已对商事登记制度改革做了一定研究，要做好这项改革在全国推广的服务准备。

三是抓好建设银行几项重点业务。

住房金融。要在资源配置上保证我行住房贷款在同业中的优势。优先支持居民购买自住普通住房需求；重点向房地产市场运行平稳、住房需求旺盛、诚信环境良好的城市倾斜；密切关注并积极把握城镇化进程的个人住房贷款需求。在商业可持续原则下，积极支持保障房建设。守牢房改金融传统优势，努力实现市场份额稳中有升。

小企业。持续推进小企业信贷业务小额化、标准化，提高整体收益水平。各分行季度信贷计划中，要确保满足监管部门“两个不低于”的要求。

新兴业务。继续增加投入，推动投行、私人银行、托管、“四卡”、养老金以及跨境人民币等新兴业务发展。电子银行、“善融商务”作为全行重要销售渠道和战略发展重点，这次会议进行了专题研讨和部署，全行要高度重视，抓好落实。

金融市场。加大对优质行业本币信用债券投资力度，重点向符合准入政策的总行级战略客户或总行级重点客户倾斜，严控产能过剩等强周期行业债券投资。完善信用债券的投后管理。

中心城市行。认真落实中心城市行的各项支持政策，确保实现年初确定的发展目标。

（二）守牢底线，保持高压，严密防范风险案件

处置化解大额风险和集群性风险。一是对于全行前 20 大不良和风险隐患项目，实施一户一策，由总行领导、相关部门专人督导，集中攻坚。二是对复杂行业，如批发零售业、住宿餐饮业、制造业等，从行业类别、会计科目设置、统计分析、细化行业政策等方面入手，合理调整信贷政策，坚持区别对待原则，真实反映经营情况，从

严防不良新增和压缩存量两方面下工夫，坚决遏制住不良贷款居高不下、新增不良持续增加、贷款又大量进入这一怪象。三是对于房地产、平台等敏感行业和领域，要密切关注并认真落实监管新政，确保合规经营，对潜在风险要加强排查，加固债权。四是对于国内保理、表外信贷、仓单质押以及受国际大宗商品、贵金属市场波动影响较大的产品，要完善内控机制，防止价格跌宕起伏造成自营和代客损失，要妥善处置好由此造成的风险损失。对逾期、垫款、不良持续增加的产品，要采取有力措施处置化解存量风险。五是对小企业和助业贷款，既要一如既往地支持，但也不能过高估计这些业务的风险分散能力，必须执行好行业产业政策。六是加强黑名单管理，包括企业及相关管理人员，凡是在我行核销过的、有过不良记录的、有过重大的风险事项的、曾经逃废银行债务的都要列入黑名单，嵌入对公信贷业务流程管理系统中，实行文件与系统双向控制。

落实资产质量管控责任制。在经济下行压力加大的情况下，全行要切实将信贷资产质量管控作为2013年工作的重中之重。各级行要比照总行办法，处置控制大额不良贷款要责任到人，要有清晰的工作措施、时间进度、处置任务等具体要求。力争6月末不良、逾期、垫款不超过第一季度末水平，为实现全年目标打好基础。

风险控制与绩效考核、资源分配与资产质量双挂钩。总行将不良贷款、逾期贷款、表外垫款和重大风险事件等指标纳入分行KPI、分行领导班子考核体系，要在各类考核评价中进一步提高风险指标的考核权重，增加风险防控“一票否决”的要求。同时，根据各分行不良贷款和逾期贷款的增长或压缩额度，相应扣减或增加分行的季度计划，第二季度已经执行，第三、第四季度将继续严格执行。

重视审计工作。从2013年起，审计署将对包括我行在内的8家商业银行开展“经常性审计监督”，审计人员可能随时到各级机构调查取证，审计监督没有确定的范围和边界。目前，审计署已要求我行进一步提供国际、理财业务和深圳公司客户详细情况。各行要切实重视，做好自查自纠，同时要注意加强沟通。

严防案件和安全责任事故。为了遏制案件频发态势，总行下发了“抓基层、强管理、防案件”的通知，要求全行加强对员工的培训教育，各级领导要高度重视，认真落实通知要求，做好排查和整改，加大问责力度，始终保持案件防控的高压态势。各级管理人员要善于借助系统控制、IT“机控”等新的技术方法，提升案防能力。同时要坚持传统查账、查库、查岗，以及员工行为排查、飞行检查等诸多行之有效的做法，确保管好自己的人、看好自己的门。重视银行客户信息安全和第三方平台支付漏洞问题，加强在信息管理上的风险管控。分析原因，完善制度，严格筛选合作伙伴，及时查补在客户信息管理上潜存的隐患和漏洞，确保客户信息安全。结合网点“三综合”和新一代核心业务系统建设，运用有效控制手段，不断加强和完善行政用章和业务用章管理。

（三）巩固基础，调整结构，增强持续发展能力

积极拓展有效客户。抓联动，对公、零售、理财业务要加强联动，做好交叉销售，围绕交易活跃、业务黏性高、价值贡献大的客户开展重点营销。抓源头，加强与工商、税务、财政等部门合作，前移客户营销环节，从源头抓有效客户。抓链条，围绕产业链、供应链、专业商圈、产业园区等开展批量营销，打通上下游服务。

巩固存款基础。确保6月末存款时点和日均新增均超过计划的60%；巩固并提升市场份额，份额提升的分行视同完成计划进度。降低一般性存款新增对理财业务的过度依赖。抓好结算业务，大力拓展企业现金管理，提高存款稳定性。企业存款要加大财政社保、住房维修基金等领域资金吸收力度；跟踪客户资金流向与节点，提高财政拨付资金、E商贸通上下游结算资金及贷款受托支付等资金承接率；加大单用途商业预付卡营销。储蓄存款要加大经济活跃县域地区业务的拓展；对代发工资、CTS等重点业务开展名单制精准营销。加强存款定价管理，控制高成本存款。

优化信贷结构。继续毫不放松地抓信贷结构调整，确保“6+1”等敏感行业信贷余额比年初下降；控制钢贸、光伏、LED、食品等领域贷款新增。认真落实四部委《关于制止地方政府违法违规融资行为的通知》要求，严控平台贷款总量，确保贷款余额低于年初水平。审慎适度发展房地产类贷款，严禁假借保障房名义发放其他房地产开发贷款。

规范发展中间业务。各行要确保中间业务市场份额稳中有升，市场份额提升的分行视同完成计划进度。开展中间业务排查，重点检查银团贷款、贷款承诺、财务顾问、海外代付等增长快速的产品。服务收费要严格执行“四有”原则，确保符合监管要求。

提高资本集约管理水平。进一步增强资本集约化意识，合理把握表内高风险资产增长节奏，适度压缩承兑汇票、融资性保函等低回报且与贸易关联性较弱的产品。加大海外业务结构调整和转型，加强子公司管理，降低风险资产权重。

增强定价能力。按照产品、客户、信用评级的不同，对分支机构制定差异化的贷款底线价格和目标价格。信用证议付单笔价格不得低于基准利率的9折，房地产开发贷款和流动资金贷款加权平均上浮幅度不低于5%，基础设施贷款加权平均浮动幅度不低于基准。总结推广大客户综合定价试点的经验，引导交叉销售，增强综合定价能力。

加快渠道建设。网点建设、自助设备购置、电子渠道要继续加大投入。2013年全行机构要新设424个、升级485个，建设任务繁重，且监管批复时间晚、政策变化大，各行要提前做好准备工作，抓紧组织实施，前三个季度力争完成全年计划的60%。长期歇业机构要尽快复业，2012年筹建机构上半年要全部开业，2013年新设机构开业率要达到60%。

强化产品创新。完善产品创新机制，着力加强对重点领域产品创新的支持与推动。针对市场变化和客户需求，要切实抓好资本节约型、存款拉动型、融资替代型产品的研发和运用，加快资本市场、消费金融、支付结算、跨境业务、投资银行、金融市场、电子银行等领域产品创新的步伐。

不断提升客户服务水平。坚持“以客户为中心”，扎实推进服务管理工作，切实提升服务质量。从2013年5月开始启动为期一年的“个人客户服务年”活动，以“与客户共赢”为主题，以提升客户满意度、降低客户投诉率、降低负面舆情曝光率为目标，建立增强服务能力的长效机制。

扎实推进新一代核心系统建设。一期13个项目已基本建成，投产上线是下一步工作重点。要做好后续测试及上线准备工作，确保9月能够安全、顺利投产运行。二期项目也要抓紧研究安排，争取尽早启动。

同志们，上半年剩下1个多月时间，工作任务还非常艰巨。全行一定要振奋精神、克服困难、扎实工作、再接再厉，确保时间过半，完成任务过半，圆满实现上半年的各项经营目标，并为全年工作赢得主动。

（根据录音整理）

在全行安全生产大检查动员部署视频会议上的讲话

张建国

（2013年6月25日）

同志们：

为深入贯彻落实国务院关于集中开展安全大检查的工作部署，总行决定，从2013年6月到9月底，在全行集中开展安全生产大检查工作。今天召开全行视频会，主要是对集中开展安全生产大检查工作进行动员部署。下面，我讲四点意见。

一、要充分认识当前做好安全生产工作的重要性

（一）开展安全生产大检查是党中央国务院的重要部署

近一个时期以来，全国多个地区接连发生多起重特大安全生产事故，造成重大人员伤亡和财产损失。习近平总书记、李克强总理对此高度重视，就做好安全生产工作分别作出重要批示。习近平总书记强调，接连发生的重特大安全生产事故，造成重大人员伤亡和财产损失，必须引起高度重视。人命关天，发展绝不能以牺牲人的生命为代价，这必须作为一条不可逾越的红线。要进一步警醒起来，吸取血的教训，痛定思痛，举一反三，开展一次彻底的安全生产大检查，坚决堵塞漏洞、排除隐患。要始终把人民生命安全放在首位，以对党和人民高度负责的精神，完善制度、强化责任、加强管理、严格监管，把安全生产责任制落到实处，切实防范重特大安全生产事故的发生。

为贯彻落实习近平总书记重要指示和李克强总理要求，6 月 7 日，国务院召开全国安全生产电视电话会议，马凯副总理就开展全国安全生产大检查和进一步做好安全生产工作作出了具体部署。国务院办公厅、安全生产委员会发出通知并制订实施方案，对全国集中开展安全大检查工作作出安排；银监会转发了国办通知，要求各金融单位加强组织领导，成立由主要负责同志牵头的安全生产大检查领导小组，细化具体方案，圆满完成好大检查工作任务。国务院将组织 16 个督察组，赴全国 32 个省级单位对大检查工作进行全过程、全覆盖的督查、检查、抽查；组织开展暗访暗查，不发通知、不打招呼，直插基层、直奔现场。对检查发现的典型问题进行通报并向社会公布，强化震慑。

开展安全生产大检查，是国务院审时度势作出的重要工作部署，充分体现了中央对安全生产工作的高度重视。我们要坚决贯彻落实中央要求，切实把安全大检查工作落到实处。

（二）抓好安全生产是确保银行安全运营的内在需要

金融安全直接关系到经济发展和社会稳定，在党和国家工作大局中具有重要意义。抓好安全生产对确保金融安全具有举足轻重的作用。金融行业的特点决定了其对安全生产的要求更高、敏感性更强，关乎千家万户和国计民生，其安全生产具有内容广泛、点多线长、专业性强、影响面广等特点，范围覆盖营业场所、信息系统、资金财产、员工客户、消防交通、自然灾害等方方面面；网点遍布全国，管理层级多、环节多、链条长；业务涉及金融、科技、财会、信息、风险等众多领域；与经济社会发展密切相关，与人民群众生产生活紧密相连。银行安全生产是银行管理的重要内容，是实现银行安全运营的重要保证。各级行、各单位必须从大局出发，从讲政治、保稳定、促发展的高度，切实重视安全生产工作，一手抓好业务发展，一手抓好安全生产，牢固树立安全是一切工作的基石，安全就是效益的思想。

（三）抓好安全生产是保障员工和客户安全的必然要求

坚持以人为本是安全生产的出发点和落脚点，人的生命是最宝贵的，必须通过强化安全生产，把发展建立在安全保障能力不断增强、劳动者生命安全和身体健康得到切实保障的基础之上。具体到银行业来说，就是要把保障员工、客户安全放在首要位置。员工是企业的宝贵财富，是推动企业发展的主力军。我行有 37 万多员工队伍，全行的改革发展离不开广大员工的辛勤工作和默默奉献。保障员工安全、关注员工身心健康是我行安全生产工作的重要任务之一。客户是银行的“衣食父母”，坚持以客户为中心，为客户提供安全、优质服务是对银行安全生产工作的根本要求。各级行必须要进一步强化责任意识、风险意识，切实树立安全第一的观念，严格落实和执行安全生产责任制，坚决防止各类案件事故的发生。

二、要清醒认识当前安全生产形势的严峻性

（一）全国安全生产形势十分严峻

2013 年以来，全国事故多发频发，重特大事故呈上升趋势，安全生产形势十分严峻。一是事故总量仍处高位。1－5 月，全国共发生 12 万多起事故，平均每天发生近千起事故，共死亡 1.8

万余人，平均每天死亡近130人，数字触目惊心。二是重特大事故仍频繁发生。共发生重大事故20余起、特别重大事故3起，造成500多人死亡。特别是6月3日吉林长春发生的特别重大火灾事故，造成121人死亡，这是近5年来死亡人数最多的事故。三是事发地区和行业领域相对集中。吉林省2013年以来连续发生5起重特大事故，贵州六盘水市接连发生3起煤矿重大事故，中石油在大连市所属企业2010年以来先后发生5起同类燃烧爆炸事故。

马凯副总理指出，事故多发的原因主要有5个方面：一是思想认识不到位。一些地方领导干部安全发展意识淡漠，不能正确处理发展经济、提高效益与安全生产的关系；一些企业没有把人的生命放在首位。二是主体责任不落实。一些企业不认真履行安全生产主体责任，规章制度形同虚设，现场管理混乱，重大隐患长期得不到有效治理。三是“打非治违”不彻底。几乎所有事故都存在违规问题，反映出一些地方和单位“打非治违”态度不坚决、工作不落实。四是安全基础不扎实。一些地方和单位安全投入欠账较多，安全设施不健全，安全培训教育滞后，专业技术队伍不稳定。五是监督管理不得力。基层监管力量不足，监管手段落后。一些单位和企业没有依法设立安全管理机构。马凯副总理的讲话一针见血地指出了当前事故频发的根源，对加强我行的安全生产工作具有很强的指导意义。

（二）我行安全生产面临的问题不容忽视

2013年以来，我行生产形势总体安全、运营平稳，而且有效应对了四川芦山地震、“5·13”群体上访等突发事件。但是，我们应该清醒地看到，全行的安全生产工作还存在着一些不容忽视的问题。

1. 安全管理基础有待加强。自2012年以来，总行对20个一级分行组织开展了安全检查，发现了一些问题：一是隐患数量多。共发现1 800多个隐患问题，涉及安全管理、消防、技防、物防等方面。二是基层安全管理相对薄弱。二级分行及以下机构的隐患问题超过1 300个，占比70%以上。三是许多隐患问题的风险较高。Ⅱ级风险391个，Ⅲ级风险764个，Ⅲ级以上的风险占到了60%以上。四是消防隐患相对突出。查出了429个消防隐患，有的消防隐患还比较严重。

2. 案件防控形势比较严峻。一是案发区域相对集中，浙江省分行连续发案。二是信贷领域案件高发。既有企业骗贷，又有员工违规操作、违法放贷。三是违规问题比较严重。少数员工违规保管客户重要物品、代客办理业务，违反安全操作规程，案件风险不容乐观。例如海南省分行发生的自助设备资金被盗案，由于加钞员没有锁好设备保险柜，导致资金被盗，成为银监会案件监管新规出台后的全国首例二类案件。四是暴力侵害案件频繁多发。目前，已发生多起不法分子破坏自助设备的事件。前5个月，全行共成功堵截案件和风险事件46起，其中，制止抢劫营业网点事件6起。

3. 安全运营压力依然较大。近期，全国金融行业发生了2件事件，社会很关注，需要引起我们的警醒。一件是金融市场流动性短缺问题。这个问题在本月初、端午前夕就有端倪，资金短缺可能还要持续一段时间，我们在这个时期每天都要召开资金调度会。上周五，又召开了临时资债委会议，将相关要求通报全行。通过加强调度，加强资产负债管理，加强流动性管理，建设银行整体情况正常。当前，为确保资金营运安全，全行一定要按照总行前不久召开的视频会议要求，抓好存款、稳定客户。请大家注意，第二季度以来，尤其是“五一”过后到昨天，建设银行同业存款余额仍然比年初负增长。毫无疑问，在当前情况下，各金融机构、各大小金融企业，都在同业存款上下更大力气，以保各自营运安全。在理财产品研发经营方面，建设银行要通过理财产品募集资金、保持丰裕，与其他银行采取对等交易，保持全行稳定。另一件事情是6月23日上午，工商银行由于某种原因导致北京、上海、武汉等地的网点和ATM等渠道无法取现，网银不能正常使用。这一事件表明银行业安全运营的压力巨大。目前，我行生产系统安全运营需要关注以下问题：一是生产系统事故仍需关注。2013年第一季度，全行网络及系统发生5级事件15起，原因包括应用程序缺陷、内部操作不当、巡检排查不够细致等方面。二是机房环境隐患比较突出。存在设备陈旧、技防建设不规范、消防检查不到位，以及应急预案演练有待加强等问题。三是客户信息安全亟待加强。要着重解决好客户信息安全问题，第三方支付存在的风险隐患，以及员工安全意识的教育培养。

4. 员工、客户安全需要更加重视。2012 年，我行涉及员工、客户人身安全的突发事件比较多。2013 年 1 –5 月，仍然发生了 3 起员工非正常死亡事件，主要是由于员工个人、家庭原因所致，采取了卧轨、服毒等极端形式。在涉及客户人身安全方面，发生了 8 起客户被抢事件，有 2 名客户受伤。这些事件表明，我们在关爱员工，保障员工、客户生命和财产安全方面，仍需要加大工作力度。

三、坚决贯彻中央部署，扎实开展安全生产大检查

（一）检查范围要做到全覆盖

此次安全大检查的范围要做到“两个全覆盖”，即覆盖所有机构单位，覆盖与安全生产相关的所有部位和岗位。包括总行本部及直属机构、各级分支行、各子公司、各生产建设基地，等等。检查的主要内容包括业务运行和营运安全、信息技术和信息安全、办公营业场所安全、电子银行安全、案件和风险防控、消防交通安全等。各单位情况有所不同，可结合各自实际，按照总行检查方案要求，进一步确定本单位的检查内容和重点。

（二）检查方法要形式多样

各级行、各单位要采取“全面自查、分行检查、总行抽查”的方法，牢牢把握制订方案、动员部署、排查问题、隐患整改、总结成效、建立机制等重点工作环节，推动检查扎实有效开展。一是全面自查。各级行、各单位要对本单位安全生产工作进行全面、深入、细致的大检查，检查覆盖面要达到 100%。二是分行检查。一级分行和直属单位要加强对所属机构开展检查工作的监督指导，按照“谁主管、谁负责”原则，组织、指导和监督基层单位自查自纠，对二级分行和基层机构的综合检查覆盖面原则上要达到 50% 以上。三是总行抽查。总行将对各单位开展安全大检查的情况进行抽查，并对部分单位安全生产情况进行检查。对一级分行安全检查以总行安全保卫部为主，结合年度安全检查工作进行；对总行京外直属机构的安全检查，由总行业务主管部门及属地分行配合开展；对子公司的安全检查，由总行战略规划与股权投资部组织实施，以子公司自查为主的方式进行；对总行生产基地的安全检查，由属地分行和生产基地共同组织实施；对总行本部的安全检查，由总行安全保卫部牵头组织实施。

（三）检查工作要注重实效

集中开展安全生产大检查，要全面摸清安全隐患和薄弱环节，强化整改措施落实，彻底排除隐患，有效防范和坚决遏制案件事故发生。为确保此次大检查取得实效，要把握以下四点：一要加强组织领导。根据国务院、银监会通知要求，总行成立了领导小组，由我担任组长，朱洪波副行长、庞秀生副行长、赵欢副行长担任副组长。各级行、各单位要尽快成立由主要负责同志牵头的安全生产大检查领导小组，组织制订具体的检查实施方案，按照“全覆盖、零容忍、严执法、重实效”的总体要求，组织指导和监督本单位的安全大检查工作。二要做好宣传发动。各级行、各单位要广泛深入地开展学习宣传活动，认真学习和贯彻落实国务院关于开展安全生产大检查的通知精神，开展学习安全生产法规、制度和知识等系列活动，使安全生产法规得到落实，安全生产意识深入人心。三要强化隐患整改。检查要做到不打折扣、不留死角、不走过场，对检查出的问题实行“零容忍”，要严格坚持原因未查清不放过、责任人员未处理不放过、整改措施未落实不放过、有关人员未受到教育不放过“四个不放过”原则，彻底堵塞安全生产漏洞，排除安全隐患。四要构建长效机制。各级行、各单位要在认真、深入检查的基础上，建立健全隐患排查整改和日常监管的长效机制，逐步构建横向到边、纵向到底的日常排查整改制度。要把检查中形成的好经验、好做法及时总结提炼固化为规章制度和标准规范，进一步促进隐患排查治理制度化、规范化和常态化。

四、以安全大检查为契机，全面加强和改进安全生产工作

（一）深化平安建设，夯实安全管理基础

前不久，习近平总书记就建设平安中国作出

重要指示，他强调，平安是人民幸福安康的基本要求，是改革发展的基本前提。贯彻习近平总书记的指示精神，具体到我行，就是要继续深化平安创建工作，紧紧围绕全行发展战略和全行中心工作，以“抓基层、强基础、防案件、保平安”为主要内容，深入开展平安创建“基础建设年”活动。要全面推进安全管理体系建设，大力构建安全管理制度体系、责任体系、应急体系、防卫体系、考核体系和保障体系，当前要着重推进以安全生产责任制为重点的责任体系建设。要强化远程监控系统、安全预警系统和安全信息系统建设，重点推进远程监控系统规划设计、技术标准、产品设备、操作系统、管理模式“五统一”项目，提升监控系统集约化管理水平。要加大安全生产检查、考核和指导力度，推进安全检查工作规范化、标准化和常态化，强化对基层机构安全管理状况考核，对管理薄弱、问题突出的机构进行重点帮扶，不断夯实安全管理基础，努力实现不发生重大恶性案件、重大安全责任事故、重大群体性事件的目标。

（二）消除安全隐患，确保信息系统安全运营

信息系统安全平稳运行对于保障全行安全生产至关重要，细微的技术故障或操作问题都可能给全行造成巨大的品牌形象和资金财产损失。要始终高度重视信息系统安全，确保全行生产机房基础设施安全运行，加快完成风险易发部位隐患整改，进一步完善运维管理流程，严控人为操作失误。严格执行突发事件应急处置和报告制度，迅速反应、准确到位、妥善处置，最快速度排除故障，避免事件升级。要切实防范新旧系统并存期间业务连续性风险。新一代系统研发、基地和中心建设、系统升级、新技术使用等都必须确保平稳安全。要进一步强化信息安全意识，高度重视敏感信息防泄露工作，管好自己的设备，合规使用企业内部邮箱和网络，防止行内出现木马侵害、网路堵塞、传播谣言等问题和事件。

（三）加强案件防控，切实防范声誉风险

各级行、各单位要按照总行党委提出的“从严治行”、“三个不放过”和“案件事故零容忍”的要求，认真落实案防责任，突出案防工作重点，着力消除案件风险隐患。要持续抓好案件专项治理工作。对柜面、信贷以及员工参与民间借贷等突出风险，要结合区域特点，认真分析风险形势，将专项治理各项措施抓深、抓细、抓实；对内外审计检查发现的问题要逐一剖析，抓好整改问责工作，切实提高内控管理水平。要妥善处置应对已发案件风险和事故。对暴露出的问题要确认性质、督促整改和追究责任。特别是对重大恶性案件和重大安全责任事故，要按照“快处置、快处罚”的监管要求，快速处理相关责任人员。对于情节严重需要给予党纪、政纪处分的，按照干部管理权限处理，对触犯法律的，一律移送司法机关处理，决不姑息迁就。要进一步加强信息报送和立案管理。高度重视立案和案件风险报送工作，严肃工作纪律要求，杜绝随意性。要积极主动做好与当地监管部门的汇报、沟通，争取理解和支持。要高度重视声誉风险管理，防止媒体舆论负面报道和不良炒作，维护我行良好的声誉形象。

（四）关爱员工客户，严防安全责任事故

要坚持“以人为本”的原则，把保护员工和客户生命安全摆在首位，主动关心员工的工作、生活和思想状况，认真细致地做好对员工的教育、警示和行为排查，帮助员工心理减压，提前化解矛盾，消除不稳定因素。要切实加强办公营业场所安全管理，保障员工、客户的生命财产安全。眼下全国已进入汛期，要防止洪涝、台风等自然灾害对我行办公营业场所造成直接损失。要认真吸取2012年广西“10·30”重大交通事故的惨痛教训，加强公务车辆和驾驶员监督管理，特别要加强对恶劣天气下的交通安全管理，严防重大恶性交通事故。

同志们，做好全行安全生产工作任务艰巨、责任重大。我们一定要认真按照国务院的要求，以更大的决心、更扎实的工作，全力以赴做好安全生产工作，确保员工、客户生命安全，确保全行运营的安全稳定！

坚持稳健经营 全力完成下半年工作任务

——在战略与创新专题研讨暨夏季工作座谈会上的讲话

张建国

（2013年8月6日）

同志们：

刚才，王洪章董事长作了重要讲话，请大家深入学习领会，认真贯彻执行。按照会议安排，我向大家报告全行上半年经营管理情况，并对下一阶段工作安排谈些意见。

一、业务发展平稳，经营成果良好

2013年以来，面对复杂多变的经济金融形势，全行认真贯彻中央“稳增长、调结构、促改革”的总体要求，坚持科学发展不动摇，主要经营指标实现“时间过半、任务过半”，整体经营成果与年初经营策略和计划安排相符。银监会在监管会谈时对建设银行上半年整体情况给予充分肯定：建设银行严格贯彻国家宏观调控政策，积极落实并配合银监会各项监管要求和监管检查，经营情况总体良好，各项监管指标整体向好。

（一）各项业务发展稳健，经营业绩符合预期

截至2013年6月末，（本行口径）资产规模达14.7万亿元，比年初增加8 526亿元。负债总额13.7万亿元，增加8 060亿元。一般性存款新增位居四大行第二，储蓄存款时点与日均新增均列四大行第一，企业存款日均新增领先同业。

中间业务规范与发展并重。上半年实现净收入544亿元，同比增长12.6%；贵金属业务收入翻番；资金监管类产品、新型财务顾问等5个产品增幅均超过20%；债券承销额同业第一；托管证券投资基金新增份额居市场首位。

全行效益两位数增长，主要财务指标良好。上半年实现净利润1 186亿元，同比增长12.4%。平均资产回报率和股东权益回报率分别为1.66%和23.72%，NIM为2.71%，成本收入比为24.23%。

（二）服务实体经济措施有力，信贷结构持续优化

贷款增量及进度控制均衡有序。6月末，人民币贷款余额7.2万亿元，新增4 423亿元，余额与增量均列四大行第二；同比多增350亿元。

加强对优势领域和薄弱环节信贷支持。基础设施贷款新增781亿元，占公司类非贴贷款新增的38.3%。我行在业内率先制定实施了《城镇化建设贷款管理办法》、《城镇化建设理财业务管理办法》，为城镇化建设提供多元化金融支持，已累计支持城镇化建设项目152个。小微企业贷款、涉农贷款新增满足“两个不低于”的监管要求；新农村建设贷款增长45.48%。

个人贷款余额突破2万亿元，住房贷款余额保持同业第一。房改金融市场占比稳中有升，达到57.24%。

（三）基础建设稳步推进，经营能力继续加强

物理渠道与电子渠道建设并进。境内网点数量达1.43万个，比年初增加174个；营业机构升格62个，长期停业机构复业4个；总行建立低效网点监测制度，低效网点减少761个；自助设备新增5 423台，达6.2万台。

客户、账户基础继续扩大，客户产品覆盖度有所提升。个人有资产客户新增986万个，金融资产新增5 220亿元，有效客户占比提高1.6个百分点；私人银行客户达31.5万个，增长17%。网络银行客户增加1 600万个，手机银行客户突破1亿。单位人民币结算账户达362万户，账户增量和增速位列四大行第一，账户在四大行中占比提升至21.81%；现金管理活跃客户同比净增40.54万户。

“新一代核心系统”建设总体进展顺利。一期项目按计划将于2013年10月开始分批投产上线。二期项目已准备就绪，计划于本月正式启动。

（四）风险防控成果良好，资产质量稳定

不良贷款率保持稳定。2013年6月末，（集团口径）不良贷款余额为803亿元，较年初增加57亿元；不良率为0.99%，在各银行不良率普遍反弹的情况下，我行保持了稳定。

调控领域贷款控制得当。“6+1”产能过剩行业信贷余额连续12个季度下降，其中光伏、钢贸行业贷款余额减少近百亿元。全口径、监管类平台贷款余额“双降”。

不良贷款处置加快。一是高管层成员牵头20个重大风险项目处置化解工作，这些项目不良余额比年初减少79亿元。二是大部分分行完成不良贷款中期控制目标，29家分行实现“双降”。三是全行处置不良资产200亿元，其中核销呆坏账53.14亿元，是上年同期的5倍。

金融市场业务合规安全。2013年四五月，为打击违规违法交易行为，人民银行、审计署、公安部联合采取行动，在全国范围内开展了自2007年以来的人民币债券交易大检查，我行严格按三部委要求进行了自查、抽查工作，未发现违规问题，而且总结了很多如标准较高、偏离度很小等防控风险的经验，为未来发展打下了更坚实的基础。

流动性管理主动有效。2013年6月，货币市场出现流动性紧张状况，引起了全球关注。在此期间，我行全面加强了资产负债、贷存比率和流动性管理，确保了全行总体稳定安全。同时，通过有序市场参与，为维护金融稳定发挥了大银行应有的作用。

2013年以来，全行认真贯彻落实中央八项规定和总行党委十项要求，深入开展党的群众路线教育实践活动。全行会议计划压缩60%，会议费、招待费分别下降44.6%、6.4%，营销费用增幅大幅降低；审批事项精简30%；发文数量下降20%，取得了经营和作风“两手抓、两促进”的良好成效。

二、认真把握政策和形势变化，沉着应对环境考验

当前，宏观环境正在发生深刻变化，国际和国内、长期和短期、结构性和周期性因素相互交织、相互影响。我国已步入新的经济发展阶段，当前经济运行虽然仍处于合理区间，但是发展中的“两难”问题增多。日前，中央政治局会议、国务院常务会议专门研究当前经济金融工作，决定“保持经济发展的稳定性，坚持宏观经济政策连续性、稳定性，提高针对性、协调性，根据经济形势变化，适时适度进行预调和微调”，“盘活存量，用好增量”。

经济结构调整、升级转型蕴含着新的改革红利和市场机遇，我们要牢牢把握其间的重大机遇。一是“十二五”规划重大项目加快推进，能源、西部地区基础设施等领域项目建设陆续铺开；二是消费升级，大力促进信息、文化旅游、医疗健康等服务消费，加快发展电子商务；三是产业转型升级，光伏、船舶等重点产业中长期发展规划陆续发布，战略性新兴产业20项重大工程实施方案加快推出；四是国家加快实施“走出去”战略。上述战略机遇使商业银行大有可为。

同时，我们也要看到新的调控政策、更严格的监管要求使商业银行经营管理面临新的考验。国务院紧急要求审计署对全国政府性债务开展全面审计；环保部发布《重点区域大气污染防治“十二五”规划》，明确了13 369个重点工程项目；工信部近日公布涉及19个行业的落后产能企业名单，部分企业将被迫限产甚至关停；发展改革委加强涉企收费秩序的整治规范，进一步清理取消银行业不合理的收费项目，治理高收费行为，新的商业银行服务政府指导价和政府定价目录即将出台。人民银行根据国务院决定，出台了加快推进利率市场化方案，明确了近期目标是建立健全自主定价机制，取消了贷款利率下限；中期目标是全面实现利率市场化。下一步将逐渐简化归并存贷款基准利率期限档次，先行取消5年定期存款种类，并多次提示将择机实施存款保险制度。银监会警示银行业上半年不良贷款双升，而且已连续7个季度反弹；警示平台贷款、产能严重过剩行业贷款潜在风险仍在积聚；警示部分中小城

市房地产销售积压、部分城市新“地王”频现、部分城市商业地产过剩且隐患较大；警示当前银行业案件频发、信息科技存在风险隐患，理财、同业、贸易融资等业务管理不到位，风险的复杂性、隐蔽性、传染性增强。针对这些风险，银监会提出了更严格的监管要求。大家要对上述新变化做好充分的应对准备。

三、抓住经营重点，全力做好下半年工作

目前，党的群众路线教育实践活动正在全行深入开展，“两手抓、两促进”既是中央的要求，也是总行党委的要求。活动成果最终要体现在切实转变作风、提升金融服务实体经济能力、提高经营管理水平、增强竞争实力和获利能力上来。

（一）大力支持实体经济发展，不断提高贷款和类授信产品经营水平

作为国有控股大型银行，要以支持实体经济为己任，为“稳增长”多作贡献。要贯彻落实国家产业政策和我行信贷政策，努力提高信贷业务经营能力，合理调配信贷资源，促进经济结构调整和转型升级。

根据中央银行差别准备金动态管理模型测算，预计全行全年人民币贷款新增将达到8 500亿元，增幅可达12.5%。总行将坚持控制总量、把握节奏、调整结构、行业限额等经验方法，努力用好增量信贷资源。继续发挥传统优势，支持在建续建重点项目建设，对关乎国计民生的国家重大战略项目，争取开立基本账户、取得银团牵头地位。重视满足民生领域的资金需求，持续打造“民本通达”这一品牌产品。确保个人住房贷款优势，努力巩固公积金业务的优势地位。下大力气盘活存量贷款，将退出的资金投向符合国家产业政策、信贷政策的行业和需要支持的薄弱环节。确保全年小微企业贷款、涉农贷款实现“两个不低于”的监管要求。特别要强调的是，对于小微企业业务要敢于发展、善于发展。中央高度重视支持中小微企业发展，2013年7月15日，国务院召开了全国小微企业金融服务经验交流电视电话会议。我行在小微企业业务上付出过巨额学费，已调整了业务策略和风控手段，严格按照四部委口径清洗梳理了基础数据。只要把握好政策、严格筛选客户、打好基础、提高经营能力，小微企业业务发展前景广阔。

我行已连续5年拔得中票、短融主承销头筹。自2013年初开始，金融脱媒骤然加剧且方兴未艾，这是活跃金融市场、改善企业负债结构、顺应银行业务结构多元化趋势的必然选择。既然金融脱媒不以商业银行意志为转移，我们要在执行好行业产业政策的前提下，积极拓展相关业务，争取第6次实现业界年度第一的目标。

完善理财业务经营策略和机制，调整理财产品结构。2013年上半年，我行理财业务经营策略与同业大相径庭，收益结果差异也比较大。我行坚持稳健经营、巩固上年整顿成果，有的大银行则非常激进，其理财产品规模比我行多3千亿元，非保本理财产品占比近80%。从6月初开始，有的银行启动对理财业务防控风险整顿工作，下半年收益增速不可持续。我们要继续坚持既定策略，不断完善创新、风控、联动销售机制，适时调整产品结构，非保本理财产品比例将安排在65%－70%，努力提高收益水平，力争全年理财业务收入达到100亿元。

（二）改善负债和中间业务经营，努力实现稳健持续发展

促进存款业务稳定发展。确保全年实现一般性存款（不含保本理财产品）时点新增12 000亿元，日均新增10 800亿元的计划目标。全行要深度挖掘客户价值，运用优势结算产品等工具手段留住客户资金。

为顺利实现上述目标，也为落实好群众路线教育实践活动要求，总行将不断转变作风、改善服务，采纳有关分行和部门建议，加大低成本存款的竞争力度，并增强存款的稳定性。总行从2013年7月1日起，上调内部资金转移价格：将企业活期存款较年初新增部分的内转价格上调5BPs，调整后与储蓄存款活期新增价格保持一致；分别上调3个月、6个月和1年期定期存款内转价格。进一步扩大对分行企业存款定价授权，授权各一级分行可对辖内2年期、3年期单位定期存款在挂牌利率1.1倍（含）以内进行定价。继续严格控制办理各类协议存款。

确保中间业务健康发展。2013年上半年，其他三家大银行中间业务收入增长均超过20%，我

行只增长了12.8%，原因是基础不同、策略各异。2012年同期我行增速远高于其他大银行，虽然2013年增速下降，但增量不少。下半年我行将努力实现持续增长，其他大银行超速增长态势则难以为继。全行要坚定信心，坚决执行新的收费目录和“四有”原则，争取实现在四大行中占比不下降，达到净收入超千亿元、增速超过12%的全年目标。集中攻坚有差距、有潜力的中间业务产品，如国际结算、银团贷款、外卡收单等，不断改善收入结构。

（三）稳步推进新兴战略业务发展，不断打造品牌服务

近几年，全行非常重视业务、产品和服务创新，逐步培育出一系列战略性业务，如电子银行、养老金、人民币跨境结算、“八一工程”、民本通达、金融IC卡、现金管理、资产托管等。要按照战略性业务所处的不同市场地位，采取不同策略，分类确定目标。对已在业内取得领先地位的业务、成为品牌的产品，前景依然非常广阔，要继续发挥特点优势，巩固领先地位；对竞争激烈但市场潜力巨大的业务和产品，要加快发展、塑造品牌；对那些刚刚起步的业务和产品，要抓住机遇、努力拓展，尽快形成规模效益。

（四）加强风险防控，确保全行安全

一是坚决守牢不发生系统性风险底线。加强对受经济周期波动影响较大、存在过度授信等潜在风险行业和客户的重点排查，做好各类系统性风险因素的分析预判。加强对重点分行的支持帮助和促进，加快风险处置进度。探索和完善大额客户风险处置机制，坚持总行高管层牵头负责处置化解全行前20大风险项目的做法，通过总分行密切联动，以大额风险项目为抓手，推动大额风险与集群风险及时化解，争取下半年取得更大成果。

二是坚持推进信贷结构调整。加强对产能过剩和“两高一资”行业、政府融资平台贷款的监控，确保全年实现产能过剩行业贷款和政府平台贷款余额减少；继续控制房地产开发贷款，执行好年度300亿元左右的增量计划。对列入限产、关停名单的落后产能项目要抓紧排查，一个项目一个处置预案，既要执行好国家政策，又要把我行经营损失降到最低。同时要总结经验教训，抓紧对相关行业进行研判，严禁新的贷款和产品进入，努力减退存量资金，并争取在第二批名单出台前完成减退工作。

三是高度重视逾期、垫款的防控和处置工作。总行将尽快完善承兑、保理等产品的制度办法和操作流程，防止新的垫款发生。对于已形成的垫款，产品管理部门和相关分行要加强监控，加大清收力度，确保全行表外垫款余额较年初有明显下降。对逾期贷款反弹、居高不下问题，各级行、各条线要研究新的管控措施，坚决遏制逾期增加势头，并着力解决存量问题。

四是进一步加强流动性管理。要总结好我行经验，吸取同业教训，建立全面流动性管理体系，提高压力情景下的管理能力，进一步完善资产负债和业务结构管理，确保我行本外币、海内外流动性的稳定安全。

五是严防安全事件和操作案件。2013年以来一些地方自然灾害较为严重，安全事故也时有发生，要保证员工、客户和行产安全，各级领导不容掉以轻心。6月某大行系统升级导致业务中断近2个小时，引发社会对银行安全运行的关注。我行专题审计揭示出安全运营和信息安全仍存隐忧。7月26日，洋桥数据中心备用电路受市电闪断影响中断10分钟，所幸未影响生产。操作风险损失事件有所反弹，上半年发生了5起案件。在经济下行压力下，全行必须更加重视案件防控工作，坚决把发案数量降下来。

（五）严格执行中央八项规定要求，加强财务管理

为深入贯彻落实中央八项规定要求，下半年要严格年度预算总量控制，不再追加预算外费用。全行招待费支出要比上年实际压缩10%以上，差旅费支出稳中有降，广告费支出要在年初预算基础上压缩5%，宣传费和市场拓展其他费用的全年增幅要比上半年增幅下降5个百分点以上。总分行本级要率先垂范，降低行政成本。2013年总行本级全年预算总量压缩5%，招待费预算在年初预算已比上年下降10%的基础上再压缩10%，会议费和广告费支出分别比年初计划压缩15%和10%。各分行也要研究并落实相应措施，切实发挥带头示范作用。与此同时，费用投向上要体现“有保有压”。严格控制与压缩行政成本，合理安排与控制营销费用支出，突出结构调整。对不符八项规定要求的各项费用要坚决控制和压缩，对重点业务如社保卡、网银盾等发展所需的投入予以充分保障，保持对各项战略业务及 IT 等基础设施的投入力度。

四、关于信贷机制调整和授信流程优化工作

2012 年以来，总行党委多次研究信贷机制调整和授信流程优化工作，2013 年春天总行党委会最终审定了相关方案。

（一）信贷机制调整和授信流程优化推进情况

按照总行党委“总体设计、分步实施”的原则，在过去三个多月时间里，高管层召开了十多次专题会、办公会推进方案落地工作，确定了“先易后难、先总后分、逐步完善”的工作方法以及 7 大类 21 项工作任务，把下半年作为过渡期，制定了推进时间表和进度要求。确定了每2－3 个月进行一次评估，安排了上海、福建两个分行开展流程优化测试。

上周，总行信贷管理部正式成立，相关部门更名调整完成、领导班子配置到位、新的职责开始履行。8 月，将根据流程测试结果修订相关制度印发全行。总行将尽快启动 IT 系统改造和培训工作。

（二）授信流程优化要解决的问题

授信流程优化是要着力解决流程中评估评审、放款审查、贷后管理、抵质押物管理、风险统一监控等商业银行长期存在的 5 个薄弱环节问题。

一是解决授信方案审查、项目评估、客户评价等方面的问题。

在原贷前流程中，客户评级、项目评估、授信审查、部门核准等职责分散在不同机构之间，岗位职责界限不清晰、作业标准不统一等问题较为普遍，难以有效发挥风险把控作用。

为此，总行明确由授信审批部专门负责客户评级、项目评估和综合授信方案制订，与经营机构共同提出客户综合授信控制总量、风险控制措施安排，实现对客户授信总量的把控和信贷经营策略的统一。

二是解决放款环节审查薄弱、风险多发等问题。

实践证明，绝大部分信贷违规都与放款环节管理疏漏、未落实或放松贷款条件有关。事前严密的风险控制措施，在放款环节容易被“弹性”处理，导致变相放松贷款条件，酿成风险。

为此，将在全行建立差别化的放款审核流程，逐步推广放款中心模式，从而达到“有效制衡、集中集约、专业专注”的目的，明确放款审查的关键点和理财等产品审核的标准。在放款中心设立前，贷款的支用审核工作仍由原部门承担。

三是解决贷后管理难以落实的问题。

贷后管理一直是全球银行业的难题，而职责不清一直是我行贷后管理的老大难问题。客户经理、信贷经理、风险经理之间岗位职责不清，容易形成人人都管却无人负责的局面。在企业发生超越能力投资、隔行取利、管理混乱、参与非法集资和介入高利贷时，我行贷后管理存在未能及时发现、没有采取措施，有的甚至还在增加信贷投资的现象和隐患。

为此，由新成立的信贷管理部专门负责完善贷后管理规章制度，规范贷后管理操作流程，进一步明确贷后管理流程中相关部门的职责。由风险管理部负责从行业、区域、客户群体等组合层面提出风险提示，支持全行更好地开展贷后管理工作。由授信审批部在客户综合授信方案制订、重检时，提出信贷策略调整意见，对于风险客户，及时采用冻结额度等措施；在审批时，有针对性地提出贷后管理建议，由客户经理具体负责贷后管理工作的执行，落实贷后走访、跟踪管理和风险信号的应对处置。

四是解决抵质押物管理粗放问题。

全行押品管理分散在经营部门、保全部门或风险部门，不同牵头部门采取的管理模式各不相同，存在登记保管不规范、手续和权证要求不统一、价值评估不审慎、押品真实性难以保证等缺陷。

为此，由信贷管理部牵头负责押品管理，包括制定管理政策、制度办法、操作要求，以及相应的 IT 系统建设。

五是解决客户统一风险监测问题。

面对日益复杂的经营环境，需要统一的客户风险监控平台，解决信贷部门已明确主动退出问

题客户，但有的业务部门或分行依然新增资金，客户整体风险敞口不降反升，重大信贷风险事项因此发生的问题。

为此，一是由授信审批部制订客户综合授信方案，坚持统一授信原则，实现全行在集团层面对客户信用风险的总量管控，全面覆盖银行和子公司、境内及海外机构、本币与外币资金、贷款和类授信产品、表内及表外业务。二是将进一步强化全行风险管理条线职责，牵头负责客户风险统一监控、预警、处置，全面跟踪贷后管理信息，及时、准确地处置潜在风险。

（三）优化流程要达到的目的

首先是提高风控和营销两个能力。银行的核心竞争力集中体现在两个方面，一是风险管控能力，二是市场拓展能力，两者相辅相成。此次优化流程的核心就是要同时提升这两个能力，更好地兼顾防控风险与提高效率。一方面通过调整信贷机制，落实全员风险管理责任，并重点对五大薄弱环节进行改善和加强，补齐流程“短板”，提升风险管控能力；另一方面通过优化授信流程，使前、中、后台形成合力，提升效率，提高市场竞争力。通过职能定位的调整，使风控部门通过主动授信，更好地理解经营、了解客户；经营部门参与授信评审决策，更多地考虑风险控制。前、中、后台部门定位的互相延伸，在更高的水平上达到风险与收益的平衡。

（四）确保机制调整和流程优化期间各项业务平稳运行

信贷机制调整和授信流程优化是极为复杂的系统工程。牵涉面广，既涉及总分支行多个层级，又涉及前、中、后台多个部门，还涉及授信申报、审定、审批、贷后管理等所有环节，可谓“牵一发而动全身”，为保证有序推进，总行把下半年设定为流程优化的过渡期。

在过渡期内，要确保全行队伍、客户、业务经营的稳定，做到思想不乱、人员不散、业务不丢。一是要尽快把思想和行动统一到总行党委的要求上来，确保各项业务发展、客户服务质量不受影响。二是要执行好制度要求。制度流程的变化以正式文件为准，避免出现新制度没到位、旧制度不执行的“真空地带”。

当前全行正分批推进风险总监转岗工作，在完成岗位转换前，风险总监仍要履行原有职责；在岗位调整到位后，一级分行领导班子中只有分管审批工作的行领导有权牵头审批贷款，由行长行使一票否决权。

同志们，今年后几个月，形势复杂多变，商业银行面临严峻考验，但全行经营基础扎实、全行员工信心坚定。我们要以党的群众路线教育实践活动为契机，坚持扎实工作、稳中求进，努力实现全年计划目标。

（根据录音整理）

贯彻党的十八届三中全会精神
努力完成全年任务目标

——在战略与创新专题研讨暨秋季工作座谈会上的讲话

张建国

（2013 年 11 月 18 日）

同志们：

刚才，王洪章董事长向大家传达了十八届三中全会精神，并就加快发展创新、推进战略转型做了重要讲话。明天，张福荣监事长还要做重要讲话。请大家深入学习，认真贯彻执行。按照会议安排，我向大家报告全行经营情况，并对下一阶段工作谈些意见。

一、业务发展总体稳健，经营成果符合预期

2013 年以来，面对经济下行压力加大、同业竞争激烈、市场复杂多变的严峻形势，全行依然取得了很好的经营业绩。

截至 10 月末，资产规模达 14.6 万亿元，比年初增加 7 518 亿元。负债总额达 13.5 万亿元，增加 6 384 亿元。一般性存款（不含保本理财，下同）新增 5 640 亿元，储蓄存款新增在整个行业一枝独秀。

实现净利润 1 928 亿元，同比增长 11.4%。平均资产回报率和股东权益回报率分别为 1.63% 和 23.31%，成本收入比为 25.17%，NIM 为 2.72%。

（一）信贷政策执行有力，整体结构继续改善

贷款增量及进度控制得当。各项贷款余额达 8.13 万亿元，比年初增加 7 888 亿元，其中，人民币贷款新增 7 219 亿元，在四大行中位列第二，增速达 10.6%，四大行最快。

传统优势领域地位巩固。基础设施贷款新增 1 148 亿元，占公司类非贴贷款新增的 33.15%。城镇化建设贷款自 2 月推出以来，发展态势良好，全口径贷款余额 684 亿元，支持了 281 个项目。个贷余额突破 2 万亿元，住房贷款余额和房改金融继续保持同业第一。

支持薄弱环节力度加大。小微企业贷款新增 928 亿元，涉农贷款新增 2 262 亿元，均满足“两个不低于”监管要求；新农村建设贷款增加 435 亿元，增速达 58.65%，试点分行扩大到 27 家。

调控领域得到严格控制。敏感行业贷款余额减少 138 亿元，其中“6 + 1”行业信贷余额实现连续 13 个季度下降；光伏和钢贸贷款余额减少 98 亿元。平台贷款结构持续优化，全口径、监管类平台贷款余额下降，监管类余额减少 306 亿元，现金流全覆盖及支持类平台贷款占比提升。

（二）重点业务发展良好，经营转型稳步推进

中间业务有序增长。手续费净收入增长 15.1%，金额为 836 亿元，保持四大行第二。许多产品和服务贡献度加大，贵金属业务收入接近翻番；贷款承诺、信用卡中收同比增长超过 50%；造价咨询、新型财务顾问、债券承销增速列四大行首位；投资托管规模和收入双双增长。理财业务管理和产品结构得到优化。

战略性业务迅速发展。电子银行应用水平进一步提高，活跃客户数量显著提升。网银交易额达 109 万亿元，增长 34%；网银客户数达 14 794 万户，增加 2 684 万户，其中一半是活跃客户；手机银行客户数达 11 193 万户，新增 2 803 万户。“善融商务”累计发展商户 2.8 万户，交易规模达到 164 亿元。

养老金受托资产新增市场占比继续保持同业第一。管理资产规模提前完成超千亿元的目标，实现机关事业单位、医院、武警、院校职业年金的突破。

“民本通达”服务方案不断优化，银行卡发行高速增长。金融 IC 卡新增 5 764 万张，增速达 242%；金融社保卡增加 1 440 万张；信用卡累计发卡量突破 5 千万张，净增客户等 10 项指标居四大行第一。

国际业务多管齐下，利润打了翻身仗，一举扭转了 2012 年的亏损局面；跨境人民币结算量同比增长 39%。

（三）基础建设力度加大，重点项目进展顺利

管理措施调整及时有效。根据大家意见，及时优化了等级行和一级分行 KPI 考核方法，实施了差异化外币存款考核权重；增设了“小企业业务发展”指标；适度调整了内转价格；重新统筹安排了理财产品经营；积极开展了大客户综合定价及综合金融服务模式试点工作。

渠道建设继续加强。境内营业机构比年初新增 280 个，行业第一；机构升格 305 个，长期歇业机构复业 3 个。自助设备又增加了 8 879 台，总量达到 6.58 万台。前后台分离工作持续推进，营业网点综合化建设加快，新增综合性网点 2 133 个。

客户、账户基础持续增强。个人有资产客户、私人银行客户、单位人民币结算账户、现金管理活跃客户和小额无贷活跃客户增量增速在大银行中保持领先。中央授权支付财政资金承接率上升 3.51 个百分点，达到 25.14%。

产品创新数量质量不断改善。全行共完成产

品创新573项，计划完成率达99%。其中，总行完成78项，分行完成495项。分行间创新产品移植模式逐步发挥效用。

“新一代核心系统”建设取得新进展。一期工程中第一、第二批次项目按照计划顺利投产上线，客户、员工体验良好。二期项目已正式启动。

新资本协议推进顺利。配合银监会完成资本充足率定量测算、巴塞尔委员会Basel Ⅲ国别评估等工作，达到了银监会核准批复要求。

（四）风险管控严格有效，资产质量相对扎实

不良贷款率保持稳定。2013年第三季度末，不良贷款余额为821亿元，不良率为0.98%，境内38个分行中的29家及海外机构整体不良率比年初下降，至2013年10月末，依然有27家分行下降。

不良资产处置力度加大。重大信用风险项目处置化解顺利，总行管理层成员牵头20大项目，对每个项目亲自督导处置，总分行联动，20个项目信贷余额比年初减少137亿元。全行共处置不良贷款317.71亿元，其中核销不良贷款83.49亿元，同比增加61.79亿元。

对公信贷流程调整优化工作稳步推进。风险管理体制改革、信贷机制调整、授信流程优化工作按照总行党委决定有序推进。总行先后多次召开办公会、专题会研究推进落地事宜，目前总行部门、人员均已到位；配套IT系统正式上线；福建、上海两个试点分行从11月初已经按照新流程试运行；9月底印发了授信审批业务手册，采取活页办法，留有改善空间。

（五）严格落实中央八项规定，重点费用管控持续加强

加强制度建设。总行党委制定了10项要求，高管层对成本管理、购建管理、重点费用、职务消费、后勤管理等方面提出严格要求。前10个月全行招待费、会议费和差旅费同比分别下降15.3%、45%和11.5%；其中总行本部招待费下降38.74%，切实发挥了带头作用。全行一级分行办公楼建设削减计划2个，停建、缓建5个。

坚持群众路线教育实践活动与经营管理两促进两不误。总行认真对待查摆出来的74条意见建议，研究制定整改落实的具体措施，“四风”问题明显好转，客户服务不断改进，行业、区域、产品、客户结构继续改善，取得了良好的效果。

2013年以来，在复杂多变的形势下，全行取得了不错的经营成果，成绩来之不易，需要继续巩固。

二、充分认识复杂经营环境，积极把握稳健发展机遇

（一）三中全会启动全面深化改革，银行发展进入新的历史机遇期

当前，宏观经济形势企稳向好，深化改革、扩大开放将为银行发展创造新的机遇。但也要认识到经济结构调整、市场化作用增强、风险扩散态势也将使我们面临新考验。

十八届三中全会审议通过了《中共中央关于全面深化改革若干重大问题的决定》（以下简称《决定》），部署在新的历史起点上全面深化改革，内容涉及经济社会诸多方面。《决定》明确提出完善金融市场体系，扩大金融业对内外开放；健全多层次资本市场体系，鼓励金融创新，丰富金融市场层次和产品；加快实现人民币资本项目可兑换；建立存款保险制度，完善金融机构市场化退出机制等。

《决定》明晰了许多社会各界高度关注的内容，如划转部分国有资本充实社会保障基金；推进工商注册制度便利化；推进水、油、气、电、交通、电信等领域价格改革，放开竞争性环节价格；建立城乡统一的建设用地市场；建立规范合理的中央和地方政府债务管理及风险预警机制；加快房地产税立法并适时推进改革；健全符合国情的住房保障和供应体系，建立公开规范的住房公积金制度；健全社会保障财政投入制度；加快建立企业年金、职业年金、商业保障，构建多层次社会保障体系等。改革范围之广、措施之细、力度之大，都是空前的，影响深远。

我们要跟踪研究随后密集出台的具体措施，抓住新的发展机遇。此前，我行在一些领域已先行进行了有益探索。深圳市分行结合深圳商事登记制度改革试点，已开展了服务注册资本登记制度改革的实践。在总行和上海市分行的共同努力下，我行有望第一批获准开办自贸区业务。中央提出在推进上海自贸区试点基础上，选择若干具

备条件地方发展自贸区。我行现有方案可以升级复制，如何利用现有经验参与其中、挖掘市场机会等需要提前准备。

（二）金融改革加快推进，监管要求更趋严格

利率市场化和人民币国际化步伐明显加快。利率市场化的进程超出业内预期，10月25日中央银行正式向社会公布贷款基础利率报价（LPR），推进市场定价自律工作机制建设，商业银行定价能力面临考验。国务院领导非常重视离岸人民币中心建设，各大银行竞相争取伦敦人民币清算行资格，这是把握人民币国际化战略、构建商业银行全球服务能力的难得机遇。

国家有关部门出台了很多新举措、新要求。国家外管局加强了外汇资金流入管理，打击使用虚假单证进行套利交易。国家工商行政管理部门加大了对银行业格式合同条款的监管力度。

银监会为落实中央有关精神，专门召开银行业化解产能过剩暨践行绿色信贷会议，尚主席要求商业银行践行绿色信贷标准，将推动化解产能过剩作为银行业转型发展推进产业结构调整的工作重点，按照“尊重规律、分业施策、多管齐下、标本兼治”的原则，加快完善差别化信贷安排，落实有保有控的政策要求：支持扩大有效需求，助推消化一批产能；支持企业“走出去”，助推转移一批产能；支持企业兼并重组，助推整合一批产能；加大退出保全力度，助推淘汰一批产能。同时，要求完善风险识别和统计监测制度，做好风险应对预案，防范和化解可能出现的金融风险。要求健全考核问责机制，将有关工作情况纳入综合考核评价体系，并与机构、人员奖惩挂钩。

李琳副主任在第三季度监管会谈中代表监管部门对我行提出了6条明确的监管要求：重检海外机构管理，增强海外机构的内控合规建设；贯彻落实国家产业政策，助力产能过剩矛盾的化解；高度关注区域性风险的新趋势，加大对区域性风险防控；妥善应对保值储蓄兑付纠纷引发的问题；进一步加强代理、代销业务风险管理；积极稳妥地推进金融创新。全行要认真落实各项要求，努力做好相应整改工作。

（三）我行经营存在许多不足，管理能力面临考验

1. 稳健经营压力越来越大。一是企业存款增长乏力，市场占比下降，时点问题依然严重。虽然全行采取了许多针对性措施，但这个问题不仅没能得到解决，反而更加严重。前10个月，四大行企业存款合计比年初增长6.26%，我行仅增2.24%，且波动最大。二是重点分行竞争力下降，市场排名第一的分行数量较上年减少9家，第四的分行增加10家；全行与同业相比的差距主要集中在6家分行。三是客户账户增量很大但质量不高，新增有效客户一半以上集中于金融资产总量1万—5万元区间，户均存款余额持续下降；基本存款账户占比仍为四大行最低。透过这些问题表象，不难看出我行在客户结构、队伍建设、产品创新、考核激励、业务联动、信息挖掘等方面仍缺乏增存稳存的长效机制。

此外，中间业务收费等政策调整效应集中显现，互联网金融等跨界竞争对银行业务空间的抢夺日益激烈，银行业盈利增长在逐季放缓。第三季度季报披露数据表明，16家上市银行净利润增速已呈严重下滑势头，某家大型银行净利润增速更降为一位数，我们在年初所做“大型银行效益进入个位数增长时代”的预测变为现实。银行业在效益增长、质量巩固、战略转型及市值稳定等方面都会遇到新的考验。

2. 风险防控越来越难。新暴露不良问题加剧，清收盘活难度加大。虽经努力调度、严格控制，2013年9月末全行不良贷款、逾期贷款、垫款金额比年初仍呈增加局面，10月不良贷款、逾期贷款继续增加。若还原处置及核销数额，境内分行前10个月新暴露不良贷款413亿元，同比多增136亿元。

（1）区域性风险仍未完全缓释。尽管沿海个别城市、个别区域风险已经大量暴露，但仍有隐患；中西部、东北地区逾期贷款增加很快，需格外警惕。（2）行业风险有所蔓延。除批发零售、制造业、船舶、钢贸等不断暴露风险的行业外，煤炭业、新能源汽车、铜贸、铝贸、白酒、高档餐饮行业风险开始显露；国家级大气污染防治方案密集出台，“两高”行业的信用风险加大。（3）产品风险集中，承兑汇票、贸易融资、国内保理等产品风险事件在产业链和担保链中时有发生。(4) 逾期和垫款增长态势仍未得到遏制。逾期贷款余额一度高达 1 200 多亿元；表外垫款居高不下，集中度高。(5) 同业业务风险敞口较为集中，交易对手信用风险值得关注。(6) 国家审计署对地方政府的债务审计结果正在汇总当中，随着整改的展开，部分平台风险可能逐步显现；有关部门通报的涉及资金截用和挪用情况的 348 个能源项目，其中部分涉及我行客户。(7) 海外机构资产规模快速扩张，已引起属地监管部门的质疑。监管检查和内部审计都发现一些合规性问题，个别情况甚至影响到新机构的申设，教训深刻，必须引以为戒。

此外，风险监控技术手段滞后于管理要求，这是一个需要大家努力共同解决的瓶颈问题。境内系统 T+3 才能看到数据，集团要 T+10，海外数据仍需手工报送，加大了风险防控难度。

3. 成本控制要求越来越高。大型国有企业的招待费支出和管理已经成为社会舆论炒作热点。中铁建集团因 8 亿元招待费，被通报批评 57 人、处分 8 人。2013 年 1－9 月，国资委管辖的 113 家央企集团招待费下降了 37%，而我行同期招待费支出只下降 14%，个别分行、总行个别部门的招待费支出甚至不降反升，说明对加强管理和控制压缩招待费支出的要求认识和行动还不到位。中央已经审议通过《党政机关厉行节约反对浪费条例》，要求持续加大这方面工作力度。要针对我行存在的问题细化措施，坚决抓好落实。

4. 案件防控和声誉维护责任越来越重。2013 年全行违规操作、发案数量明显反弹，造成的潜在损失及对声誉的冲击比较严重。截至 10 月底，建设银行共查处各类案件 11 起，涉案金额 1736 万元。其中内外勾结案件 5 起、员工受贿案件 3 起、外部侵害案件 3 起。尤其是新出现的网络金融诈骗案，作案手法新颖、犯罪手段隐蔽，防范难度很大。同时，随着微博、微信等新型自媒体的普及，银行客户信息泄露、一位重病老人密码修改困难、长期保值储蓄兑付纠纷、协解人员上访等事件极易引起外界炒作，事关我行社会形象。

三、努力做好旺季工作，确保完成全年任务

长期的改革发展使我行的经营管理基础日益坚实，换届以来的宏观经济金融形势渐趋稳定明朗，我们面临的有利条件很多，要进一步增强信心，做好年底年初的重点工作。

（一）坚持稳健发展

大力巩固存款客户基础。一是抓好存款旺季营销活动，努力完成全年人民币一般性存款 1.1 万亿元新增计划，确保市场份额不下降。将企业存款时点新增计划由 6 000 亿元调整为 5 000 亿元，维持储蓄存款新增计划不变。二是保持储蓄存款领先优势，重点做好零资产客户激活工作，继续大力发展结算通、代发工资、电话支付等业务，尽快补齐个人外币存款短板。三是落实全行企业存款工作视频会议要求，实现企业存款日均保二争一、时点保三争二既定目标。四是发挥重点产品的带动作用，用好结构性存款和打包存款产品，做好到期资金衔接。积极拓展现金流充裕的商贸零售类客户和县域财政社保客户，适度参与中央和地方国库存款招标，试点发行同业大额可转让定期存单。

深化信贷结构调整。2013 年我行人民币贷款新增将超过 8 500 亿元，增量在四大行中位列第二；增速达 12.6%，位居四大行第一。全行要保证执行好中央银行要求，不能突破核定的计划。信贷投向要符合中央政策精神和监管最新要求。第四季度公司类贷款和零售类贷款新增暂按4:6配置资源，但要优先满足小微企业和“三农”贷款需求，确保达到“两个不低于”监管要求。

不断提高理财业务经营管理水平。经过自 2012 年以来的持续整改，总行重新确定了理财业务经营策略、中期发展规划、具体产品结构和风险管理措施。2013 年底，理财产品余额预计将达 1.1 万亿元左右，争取非保本产品占比达到 55% 以上，实现收入超百亿元目标。不断完善创新、风控、联动销售机制，合理安排短、中、长期发行比例，适当增加中长期产品供给。尽量安排好理财产品发行节奏，可在关键时点有效利用收益率较高的理财产品吸引资金，重点营销“代发工资客户专属”、“元旦节假”等产品。不断规范、稳健推进资产池业务管理和经营，保证入池资产价格。

保持中间业务健康发展。坚持合规发展。2013 年以来中间业务总体经营策略把握很好，季

度环比增速逐步提升，保持了很好的势头。全行要坚定信心，力争在四大行中占比不下降，达到净收入 1 000 亿元以上、增速超过 12% 的目标。要集中攻坚国际结算、银团贷款、外卡收单等与同业差距较大的业务，进一步加快信用卡、单位人民币结算、贵金属、养老金等重点产品发展。

认真配合外部检查。国家发展改革委已经全面部署，从现在到 2014 年 6 月底，除西藏外，分三批检查。此次检查重点是对公收费检查，但也会涉及个人业务；检查对象包括多个行业，但银行业肯定是重点。各分行要主动与当地主管部门沟通，提高政策把握能力，同时做好自查自纠、拾遗补阙。总行部门要各负其责、加强协调、及时指导。前三个季度我行中收增速低于其他三大银行，特别是与贷款关系密切的产品收入占比低，检查出来的问题也应该少于其他三家。

统筹安排旺季营销和收官开门工作。总行已经通盘部署了各条线旺季营销活动，务必取得实效。要认真做好年终决算工作，严格执行各项财务制度，确保费用列支的合规性。总行近期启动了 2014 年经营计划编制工作，大家要共同研究解决制约业务发展的主要问题，确定工作重点，提出业务发展目标、策略和措施。

（二）改进内部管理

研究制定新的绩效考核办法。通过认真反思原有考核办法利弊，总行决定研究制定新的绩效考核办法，目前正在广泛征求各层级、各板块、各条线的意见建议。考核方法上，要简洁清晰，统一规则和导向，等级行、KPI、分行竞争力考核要定位准确、逻辑统一、口径一致，简化每项指标计算方法。考核内容上，兼顾规模、份额、收益、风险的平衡，KPI 指标精简为战略、客户、份额、风险、效益五个模块。财务资源配置主要与 EVA、经营转型、战略性业务、有效客户挂钩；把资本约束显性化，单独编制资本计划并进行考核。做实总行部门考核，前台经营部门都要承担存款、中收等任务指标。

加快推进对公信贷流程优化调整。这项工作目前已推进到关键阶段，大家要把握好重点。要按照党委审定方案，优化操作流程。既要防控好风险，又要保证审批效率；既要加强配合，又要有效制约。具体工作：一是分期分批上线，争取月底前后完成；二是加强各种形式培训，让广大管理人员、专业人士尽快熟悉；三是不断优化流程、完善制度；四是准备好总结，年底前向有关方面汇报。此外，在推进过程中，明确海外风险由风险管理部总牵头，海外机构的国别、信用等具体风险防控由信贷管理部负责。在整个推进落地的实施过程中，我们坚持了先总后分、先易后难的工作方法。对集团授信、责任认定、IT 牵头等大家关心的问题，我们坚持先运行、再优化的方法，待新流程、新系统运行稳定一段时间后再提出完善方案。

继续严控重点费用支出。要加大力度进一步执行好中央精神和总行要求。总行已经明确了全行严控类费用支出事项的压缩和控制目标，要在已取得成效的基础上再进一步控制压缩。除了对招待费、会议费、差旅费、广告宣传费的管控外，对全行单车运行费用支出、开业庆典等一般行政费用、外包费用、营业办公用房建设与改造等重点成本开支事项的管控，也要进一步加强。各分行、各部门、各子公司“一把手”要负总责，从讲大局、讲政治、维护我行形象的高度，从爱护同志的角度做好这项工作。

（三）加强风险防控

保持资产质量管控高压态势。鉴于风险不断暴露，总行制定了责任收贷制度，全行要认真执行。确保 2013 年末不良率保持在年初水平，逾期贷款不超过 1 000 亿元，垫款压缩到 100 亿元以内的目标。

加强重点领域风险防控。加强统一授信管理，严把准入和审批关口。落实同业业务往来优化方案；跟进地方政府债务审计结果；严控产能过剩行业、地方政府融资平台、房地产等重点领域贷款新增，对大气污染重点治理区域的高排放行业进行风险排查和预警。加强重点区域小企业客户群的风险防范，强化存量钢贸、煤贸类等小企业客户风险监控；对不符合国家产业政策和行内信贷政策，存在投机炒作、挪用资金的客户，尽早退出。加强本外币、境内外联动发展的相应管理。

多策并举加大处置不良资产力度。当前，做好资产保全工作非常重要。2013 年全行处置计划从 300 亿元调增至 400 亿元，不包括 60 亿元的打包处置。要加快推进打包处置，争取年底前把主体工作完成。核销按照100亿元以内掌握。要坚持账销案存，坚决追索债权。在处置、核销过程中，要有意识地把既反映在不良，又反映在逾期，也反映在垫款科目中的不良资产作为重点，优先处置。

抓好重点分行帮扶、重点风险项目化解。全行计划目标的完成，总是靠“鞭打快牛”不行，要针对短板，抓好重点分行“支帮促”，既有要求，又有支持，还有促进。总行管理层牵头化解的20个重点风险项目取得了很好成效，要坚定不移地坚持下去。

防控违规事件和案件风险。岁末年初是经营的关键期，也是案件高发期，要强化已发现问题的整改，亡羊补牢。要加强对重点部位关键节点的控制，严防各类案件和违规事件的发生，确保全行的稳定安全。

同志们，十八届三中全会为全党全国指明了前进方向，进一步坚定了我们搞好全行经营管理的决心信心。现在距年底仅剩40多天时间，已经到了做好2013年收官和为2014年良好开局打好基础的关键时刻。全行同志要努力拼搏、扎实工作，圆满完成各项任务！

在中国建设银行2013年工作会议上的讲话

张福荣

（2013年1月21日）

同志们：

我们这次工作会议是在全行认真学习贯彻党的十八大、中央经济工作会议精神，各项工作已经有了良好开局的形势下召开的。昨天上午，王洪章董事长、张建国行长分别作了讲话，深入分析了内外部经营形势，对新的一年工作做了全面部署。昨天下午和今天上午，与会的同志们进行了充分讨论，大家认为两位领导的讲话主题鲜明、精炼务实、分析透彻、指导具体，为全行做好2013年工作指明了方向。大家表示回去后将认真传达，抓好落实。讨论中大家还分析了业务发展遇到的问题和困难，提出了意见和建议，既有共性问题，也有个性问题。普遍感到今年存款业务、中间业务发展以及利润增长的压力很大，控制不良贷款反弹的任务较重。尽管如此，大家都表示要积极采取措施，扎实做好工作，努力提升市场位次，创造新的业绩。

刚才党委各同志又结合分管工作谈了意见，讲得很具体，很有针对性，也很有操作性。2013年的工作思路已经清晰，工作任务已经明确，希望各行、各部门结合实际，抓好落实。下面我讲几点意见，供同志们研究参考。

一、应对形势新变化，保持持续健康发展

面对经济金融形势的新变化，我们必须保持清醒的头脑。全国有全国的情况，各个地区有各个地区的情况，各个分行有各个分行的情况，海外有海外的情况。我们要充分认识经营环境的复杂性，加强对经济金融形势的分析研判，尤其是对一些苗头性、倾向性问题要高度重视，准确把握发展趋势，使我们工作更具前瞻性、预见性，做到既立足当前，又着眼长远、从容应对；必须做好充分的战略措施准备，从现在开始，还要对一些关系全行长远发展的重大战略问题进行深入研究、深入思考，储备必要的政策措施，提高指导和推动全行科学发展的能力，牢牢把握工作主动权；必须增强发展自信，要看到，尽管我们可能会进入一个相对较低的盈利增长时期，由两位数到一位数，但这些年改革发展奠定的良好基础和体制、机制优势，使我们有能力、有条件跨越这一阶段，向着更高的发展质量和水平迈进。建

设银行在2003年率先启动股份制改造，由一个账面净资产为－1 155亿元的已经濒临技术性破产的银行，成长为一家全球市值第二、具有一定国际影响力的现代商业银行，并能为国家作出贡献，就完全可以证明我们在困境下是有能力走出低谷，实现持续发展的。

无论现在还是将来，最重要的是做好我们自己的事情，做好发展的文章。扬长避短、趋利避害，从推进经营转型、强化内部管理、加强资本约束等多方面着手，化压力为动力，变挑战为机遇，努力走出一条资本消耗低、风险可控、稳健增长的发展路径。现在来看，商业银行都共同面临着资本约束、利率市场化、产品创新、科技进步的压力，这些压力是客观的、具体的，是没办法回避的，谁能够有有效的措施和策略来应对，谁就会继续保持持续健康发展的势头。在新的一年里，全行要针对资本管理办法的实施这一变革，积极应对。2013年开始实施的《商业银行资本管理办法》显著强化了商业银行的资本约束。资本不足将直接约束信贷资产的扩张，固有的盈利增长模式将难以为继，挑战是现实的。资本管理能力将成为衡量竞争力的重要因素。针对资本管理办法实施，全行要加强资本管理，控制风险资产增长，将资本约束要求落实到各行各机构。要制定有效的资本规划和资本补充计划，保证业务稳健发展。未来几年需要增加多少资本、每年需要多少、在哪个时段去补充，这些问题都很重要，要认真考虑、早做安排。利率市场化推进将对银行盈利模式、经营结构、成本管理能力提出严峻的挑战，利差收窄、重定价、贷款利率下浮区间扩大将直接影响收入增加、利润增长的速度和水平。我们要坚持风险、成本和收益平衡的原则，努力做到根据客户、期限、金额和市场竞争状况，保持具有一定竞争力的定价水平。要密切关注市场变化，适时、适度调整利率和定价管理策略，在准确核算客户综合贡献度的基础上，做到科学定价。大家在分组讨论中也谈到了定价问题，可以看出还是很重视的，总分行都要重视起来。如何将总行政策与分行实际更好地结合起来，能不能把每个客户的综合贡献准确地核算出来，都需要一一作出安排。对综合贡献度高的客户，贷款定价适当降低一点；而对综合贡献度低的客户，贷款定价适当提高一点，这就是策略安排。要提高内部资金价格与市场的契合度，完善内部资金定价管理，在定价和考核上要充分考虑保护和调动分行的积极性。

在新的一年里，全行上下在实际工作中有三点是应该把握的：

一是要把握加快转变增长方式，推进经营转型不停步。在当前宏观调控的压力下，全行还是要坚定地加快发展方式的转变，加快经营转型，确立不同地区、不同机构转型的内容、转型的重点，注意把握转型时机和策略。提高优质贷款比重，实施主动负债管理，加快改善收入结构，减少对存贷款利差收入的过度依赖。要下决心改变投资交易规模较小和收益较低的状况，把规模做得大一点、收益高一些。提高中间业务收入在总收入中的占比，同时，积极稳妥地推进综合化经营，做到风险分散、收益多元化。

二是要把握防范风险这一根本。股改上市到现在将近9年时间，这期间银行业利润快速增长，有银行自己的努力因素，也与我国整体经济环境向好、处于景气的经济周期有直接关系。现在经济下行，外部形势不确定、不稳定，国内发展不平衡、不协调、不可持续，我们作为经营风险的银行在追求发展的过程中，在经济金融形势深刻变化的情况下，更要高度重视风险防范，始终把风险防范摆在首位，做到资本扩张与经营业绩的增长速度相适应，银行资本规模与所能覆盖的经营风险相适应，通过规避风险来确保发展质量。没有质量的发展，就是带引号的发展，结果可能是发展得越快，积聚的问题会越多，隐患越大，付出的代价就越大。

三是要把握将发展成果最终体现到价值增长上来。实现价值增长，这是国家对银行改革发展的本质要求，也是银行自身发展的内在要求。银行未来的发展最终要体现在价值的增长上，实现价值最大化是银行经营的根本目标，而扩大规模和提高效率都是手段。价值不能增长，就意味着银行未来的发展难以为继，因此，要更加注重统筹兼顾，科学平衡风险、收益和资本的关系，促进规模、质量、效益的全面协调发展，实现银行价值的可持续增长。我们只要能够较好地把握这几点，就更能实现高质量可持续的发展。

二、重视机构和人员管理工作

机构和人员管理是现代企业管理的核心内容之一，是发展的保障。因此，我们要站在战略的高度，从大局出发来不断规范、优化机构和人员管理，提高机构和人员管理的科学化水平。

机构管理要坚持完善体制、优化机制、控制总量原则。完善体制就是机构管理要坚持严格的集中管理体制，也就是实行总行管理、坚持顶层设计，总行决定、分行执行。营业机构和内设机构都要遵循这一原则。各分行不再自行进行机构改革，而是按照总行的规定规范设置营业机构和内设机构，做到全行机构的统一性、完整性和一致性。总行要在组织架构设计、机构分类、机构名称、层级、管理制度等事项上做出安排。优化机制，就是在论证评估基础上，构建起能够支撑全行运营、管理的组织机构模式，明确各类机构的职能定位，进而逐步建立完善的机构管理制度体系。

要控制总量。建设银行目前各类机构共14 121个，2013年再建650个，年末可达到14 771个。根据资产规模和业务增长速度，要有一个总量控制的安排。这个问题一定要认真研究，适时做出决定。像商业银行这样一类服务性企业，从现在看没有物理网点是不可以的，但是随着科技的广泛应用，自助设备、电子银行的普及，办理银行业务方式的改变，业务替代率将越来越高，客户对物理网点的依赖将逐步减少。同时也要看到，过多地增加营业机构也是银行的成本难以承受的。在这样一种情况下，更需要我们科学规划营业机构的设置，注意布局的合理性，特别是在一些地方，一定要警惕，不能再盲目铺摊子。因此，与业务发展相匹配，作出规划，控制机构总量是必要的。总行已编制下发了分支机构职能部门设置管理办法，下发了省会城市行机构规范设置指导意见，2013年要在总结经验基础上进一步推进两个办法的实施。前不久银监会出台了一个专业化中心的指引，包括票据、银行卡等业务，我们要根据建设银行实际，对专业经营中心的设置也要制定规范的指导意见，促进机构管理水平的进一步提高。

人员管理要坚持盘活存量、提高质量、控制增量的原则。建设银行的人员控制能力是强的，效果也是好的。尽管这几年业务规模成倍增长，但人员总量仍然保持了合理的低增长。尽管如此，全行人员总量也已超过37万人，从长远来看，我们应该认真测算，对人员增量有一个控制，对人员总量有一个安排，减少人力成本的无效占用，避免人浮于事。控制人员增量是一项艰苦的工作。它需要一种共识，需要有强烈的成本控制意识，需要准确合理的定岗、定责、定员。不能建一个机构要多少人，设置一个中心就要多少人，这种粗放的管理是不行的，我们是有教训的，是要吸取的。有些分行资产负债规模、盈利水平以及贡献度不高，但人员总量比较多，这要逐步解决。我们要算算账，到底需要多少人，要控制总量、盘活存量，这既是对现在负责，也是对今后负责，既是对员工负责，也是对建设银行负责。

控制人员数量就是要综合建设银行的业务发展规模、机构布局、自助设备投放和电子银行的发展等因素作出判断，在总量控制的原则下，有一个比较准确合理的增人计划。从2012年看，全行自然减员5 000人左右，人员流出7 000人左右，这1.2万人是要从毕业生、人才招聘等渠道补充的。考虑机构增加等因素，每年还是要再净增加一些员工的，这也是结构调整的需要，但一定要有增量的控制。全行未来5年、10年人员总量控制在一个什么样水平上才能够承担起经营发展任务，心中没有数是不行的。在人力资源的配置上，要根据人力资源投入集约度指标的评价加以配置，对人均贡献度持续走低的分行，应实行人员少增长或负增长。其结构调整主要通过自然减员和人员流出的缺口加以解决。调整年龄结构、文化结构和专业结构，办法还是有的。

要不断优化人力资源结构，对重点业务发展的急需人才如工程造价咨询人员，要制定全行统一的人才引进名录和数量，增强人才引进的针对性。要重视新增人员的质量，要研究建立全行统一的分类招聘标准，健全多维度的招聘测试体系。为什么讲这个问题呢？就是担心新进员工的质量。在一些地方，标准和实际情况是脱节的。进人质量问题应引起重视，总分行要共同负起责任来，坚守全日制大学本科学历这一进人底线，不断吸纳高素质员工，努力使员工队伍学历结构每年提高2%，在条件成熟时明确校园招聘名录。关于派遣制员工的使用管理，要根据王洪章同志的讲话意见，结合实际，对转制、转岗以及加强管理等问题，研究制定具体的规定。

三、加强风险管理工作

新的一年，防范系统性、区域性风险的任务十分艰巨，资产质量和运营安全面临着更为严峻的挑战。全行一定要保持清醒的头脑，加强重点领域风险防范的前瞻性管理，坚持不发生系统性和区域性风险这个底线，增进风险应对处置的有效性，深入落实全面风险管理责任制，保持资产质量基本稳定。这就是风险管理的目标。

关于风险管理的重点。在信用风险的防控上，要把握市场走势，抓住风险突出的地区、突出的机构、突出的业务种类等重点环节，采取针对性措施，遏制不良贷款反弹。要重点加强逾期、关注等资产质量预警性指标的监测分析，抓紧收缩和控制风险系数较高的客户贷款总量，采取名单制管理。要警惕和关注信用风险由东部向其他地区扩散，从困难企业向其他行业扩散，通过担保链、资金链、产业链传染蔓延的趋势，避免发生对小微企业过度融资风险。新四化（工业化、信息化、城镇化和农业现代化）中，城镇化既是一个发展机会，也是一个新的风险点。我们应该及时介入这一新的市场的研究，制定充分体现风险偏好的信贷政策，做到有序进入、有效防范。在城镇化过程中，目前相当多的资金是来自政府融资平台，一定注意做好风险控制。我们要针对市场风险大多出在交易策略上、出在授信管理上、出在风险管理机制上的特点，认真吸取过去的教训，总结经验，完善相关管理制度。要加强对国际金融市场的动态监测分析。对金融市场业务要实施完善的过程监控，不断创新风险监控方式，重在提高有效性。针对操作风险发生的几率、特点，加强对其规律性的研究，从制度、流程、机制、技术等多方面强化手段和措施。强化全行员工特别是关键岗位员工的行为管理，强化对制度规章执行情况的监督检查，强化突发风险事件的应急处理机制。要坚定地执行重要岗位轮岗制度，总行对此要做出硬性规定。一些核心岗位、关键岗位长期不轮岗是容易出问题的。休假制度也要认真执行。针对近些年来案发的特点，要重视对客户经理、基层机构负责人的管理。前不久银监会对宏观经济运行及银行业风险情况进行了通报，做出了重点提示。我们要结合建设银行的实际，认真梳理，制定防范措施。

关于声誉风险的管理。从总行到分行要进一步重视声誉风险管理工作，维护建设银行的良好形象，使我们在一个良好的舆论环境下和客户高度认知的氛围内做好经营发展的各项工作。要加强声誉风险的监测识别，要建立舆情的快速反应报告机制，要进一步提高声誉风险控制的效率，做到反应迅速、应对处置有力。要充实力量，增加一定投入，做好与媒体的关系管理工作。总行已经制定下发了声誉风险管理办法，各行要认真研究执行。

关于审计工作、监事会工作，已经作了初步安排，很快就会召开专门会议或以适当的方式进行部署。希望各分行、各机构能够继续配合、支持这些部门的工作，实现既定的工作目标。

2014 年就是建设银行成立 60 周年了。60 年来，建设银行象征了一种信念、一种风格，诠释一种启迪，揭示一种全新的理念，“因建设而生，因改革而兴”。建设银行经历了办理基本建设拨款监督的专业银行、国家专业银行、国家商业银行、股份制商业银行几个发展阶段。1954 年，建设银行成立初期办理拨款业务量只有 85 亿元，现在成长为一家资产 14 万亿元的现代化商业银行，已经成为支持国家经济社会发展的重要力量。追昔抚今，感慨万千。一代又一代、一批又一批的建设银行人艰苦创业、努力拼搏、辛勤耕耘的身影就在我们眼前。展望未来，任重道远，我们的使命是在规划好未来的基础上，做好改革发展各项工作，特别要做好 2013 年的工作，努力以优异的成绩迎接建设银行成立 60 周年。

我和张建国同志受辛树森书记委托，代她向同志们问好。她对 2012 年建设银行取得的良好业绩，向全行员工表示祝贺。她希望大家要继续支持中国监察学会建设银行分会的工作，并感谢大家已经为此付出的努力。她和谢渡扬监事长向同志们致以蛇年春节的问候。

（根据录音整理）

在中国建设银行党的群众路线教育实践活动工作布置会结束时的讲话

张福荣

（2013年7月5日）

同志们：

这次会议认真学习了中央教育实践活动工作会议精神和中央领导同志重要讲话精神，对全行教育实践活动做了全面部署和动员。会议开始的时候，王洪章同志作了重要讲话，从思想认识、推进方法、组织领导等方面，对教育实践活动提出明确要求，具有很强的针对性、指导性。各行、各部门、各机构要认真贯彻落实。下面，我讲几点意见。

一、切实增强做好教育实践活动各项工作的责任感

这次教育实践活动，主题是群众路线，主要内容是为民务实清廉。教育实践活动搞好了，对于增强广大党员干部的宗旨意识和群众观念，增强全行党员自我净化、自我完善、自我革新、自我提高的能力，增强各级党组织的凝聚力创造力战斗力，促进建设银行各项业务又好又快发展，必将起到重要推动作用。从活动一开始就要有措施，确保活动取得实效，关键是把中央精神学习好、领会好、贯彻好。这次教育实践活动，总要求是“照镜子、正衣冠、洗洗澡、治治病”。这4句话不是一个简单流程，而是有机整体，各有侧重、相互关联，核心是解决突出问题、密切党群干群关系。我们一定要系统理解、准确把握，把这个总要求落实到教育实践活动每个环节、各个方面。切入点是贯彻落实中央八项规定和总行党委关于改进工作作风密切联系群众的十项要求。聚焦点是加强作风建设，突出反对形式主义、官僚主义、享乐主义和奢靡之风。采取的重要方法是总行党委带头、自上而下进行。重点抓好二级分支行以上管理机构、领导班子和领导干部。各级领导干部都要把自己摆进去，当好表率、作好示范，务求实效。基本的规定动作是学习教育、听取意见，查摆问题、开展批评，整改落实、建章立制。要达到的目标要求是提高思想认识、解决突出问题、服务客户群众、完善体制机制，使全行党员、干部思想进一步提高、作风进一步转变，党群干群关系进一步密切，为民务实清廉形象进一步树立，促进全行的改革发展。这几个方面，构成了这次活动的鲜明特点。

二、要以好的作风确保教育实践活动取得实效

中央领导同志强调，要以好的作风组织开展教育实践活动，做到“不虚”、“不空”、“不偏”，这一条是保证活动取得实效、不走过场的关键，必须牢牢抓住，作为衡量全行各级领导班子、领导干部作风好坏的重要尺度，作为督查活动开展、检验活动成效的重要内容。

一要解决突出问题。开展教育实践活动，要正视矛盾、直面问题。查摆问题的要求是群众提、自己找、上级点、互相帮，重点是自己找，也要广泛谈心谈话，听取群众的意见。自我剖析的要求是对照党章、对照廉政准则、对照改进作风要求、对照群众期盼和先进典型，开展深刻的自我批评、进行诚恳的相互批评。解决问题的要求是依据总行党委《意见》提出的正风肃纪任务，抓住本单位的重点问题、抓住群众反映强烈的突出问题，制定整改任务书、时间表，实行“一把手”负责制，及时整改、逐项落实。要坚持边学边改、边查边改、边整边改，把解决问题贯穿教

育实践活动全过程。

二要注重分类指导。分类指导既是思想方法，也是工作方法。各单位情况不同，开展活动要从实际出发，防止简单套用一个标准、一个模式。只有从实际出发才能取得良好的效果。要在活动对象上分类指导。针对总行本部、一级分行、直属单位和子公司的不同情况，针对党员干部的岗位特点，提出具体的目标要求和方法措施。要在解决问题上分类指导。找准各自需要解决的突出问题，有什么问题就解决什么问题，什么问题突出就重点解决什么问题。要在环节方法上分类指导。规定动作要扎实到位，坚持中央和总行党委的原则要求，对3个环节的工作，一项一项认真研究、一件一件落到实处。自选动作要突出特色，把上级要求与本单位实际结合起来，灵活安排各个环节的工作，探索务实管用的具体载体。

三要坚持依靠群众开展活动。开展群众路线教育实践活动，一定要紧紧依靠群众。要让群众参与。党员领导干部要采取召开座谈会、个别访谈、上门征求意见等多种方式，广泛听取党员干部群众以及客户的意见。对群众的意见和建议要高度重视、认真研究，属实或基本属实的，要认真整改；与事实有出入的，也要本着“有则改之、无则加勉”的态度正确对待。要让群众监督。各单位的整改任务书和时间表，应向群众公示；整改方案和结果，要在一定范围公布，让群众知道改什么、怎么改、改得怎么样，使整个活动始终处于群众监督之下。要让群众评价。组织党员群众，对解决问题、改进作风情况进行评价，使活动成为群众支持、群众检验、群众满意的民心工程。

四要推动中心工作。开展教育实践活动，不能游离中心工作、脱离自身职责，要与推动科学发展紧密结合，紧紧围绕总行党委的各项部署要求，凝心聚力、攻坚克难、开拓前进，把活动成果转化为科学发展成果。要与党员干部履职尽责紧密结合，教育引导党员、干部增强政治意识、大局意识、责任意识，充分发挥领导干部的骨干带头作用、党组织的战斗堡垒作用、党员的先锋模范作用。

五要提高经营管理水平。教育实践活动的根本目的，是为建设银行事业发展提供保障，发挥促进作用。要处理好完成各项经营管理任务与开展教育实践活动的关系，把开展党的群众路线教育实践活动作为提高经营、加强管理、促进发展的重要动力，做到活动和工作两手抓、两不误、两促进。

三、认真抓好会议精神的贯彻落实

开展党的群众路线教育实践活动，任务和要求已经十分明确，关键是抓好贯彻落实。各单位要认真准备、及时启动。

一是认真学习中央文件和会议精神，抓好贯彻落实。各单位要采取召开党委会、中心组学习等方式，学习领会中央文件和中央领导讲话精神，按照总行党委的部署要求，研究、部署本单位教育实践活动。要采取形式多样、务实管用的办法，组织广大党员深入学习中央精神和总行党委的部署要求，为参加活动做好思想准备。要大力宣传中央《关于在全党深入开展党的群众路线教育实践活动的意见》、总行党委《关于在全行系统深入开展党的群众路线教育实践活动的意见》和这次会议精神，引导群众有序参与，为活动顺利开展营造良好舆论氛围。

二是认真制订实施方案。要组织力量深入调研，广泛听取党员干部群众的意见和建议，摸清本单位作风方面存在的突出问题，理清工作思路，明确方式方法，制订符合各自实际的实施方案。实施方案要请总行督导组审阅，并报总行教育实践活动领导小组。

三是及时进行工作部署。会后，各单位要及早与总行督导组沟通联系，商量具体事项，做好相关准备，及时召开会议，作出安排部署。总行派出的督导组和指导组对各单位教育实践活动进行督导检查。各分行也要抓紧组建督导组，抽调党性强、作风正、经验丰富的同志参加督导组的工作。督导组组建后要搞好培训。

四是切实加强组织领导。为了加强联系和指导，总行党的群众路线教育实践活动领导小组将采取3条措施：一是建立党委成员联系点制度；二是加强调查研究，了解教育实践活动进展情况，听取意见建议，提出工作要求；三是编发简报，通报情况，交流做法和经验。

四、关于教育实践活动几个具体问题的意见

第一，关于教育实践活动的组织领导。教育实践活动的领导关系，原则上按照党组织的隶属关系确定。比如，直属单位、子公司党组织关系在机关党委的，其教育实践活动由机关党委领导；审计条线党组织关系在一级分行的，其教育实践活动由所在地一级分行党委领导。个别单位参加教育实践活动领导关系不明确的，请及时与总行党的群众路线教育实践活动领导小组办公室联系。

第二，关于撰写对照检查材料。哪一级领导班子及成员要撰写对照材料：总行各部门、子公司、直属单位领导班子和领导干部，一级分行党委领导班子和领导干部，一级分行各部门领导班子和领导干部，二级分（支）行领导班子和领导干部都要撰写对照检查材料。

第三，关于离退休党员和其他特殊情况党员参加活动的问题。对离退休党员，要视其身体状况采取灵活多样的方式组织他们参加活动。对已经与单位解除劳动关系的党员，如果组织关系还在原单位，原则上由原单位党组织负责组织他们学习，具体方式由各单位确定。

第四，关于非中共党员领导干部参加活动的问题。非中共党员领导干部作为领导班子的一员，应该欢迎他们参加活动。召开领导班子专题民主生活会时，可以邀请他们列席，但不要求写对照检查材料。组织集体学习时，也可以邀请他们参加。活动中，要注意听取他们的意见和建议，发挥他们的作用。

第五，关于派驻督导组问题。38 个一级分行、2 个培训中心开展活动期间，由总行党委派出 8 个督导组；总行部门及子公司开展活动期间，总行党委派出 2 个指导组。二级分行及以下分支机构开展活动期间，由一级分行党委派出督导组。督导组要紧紧依靠所督导单位党委，按照职责要求，积极主动地开展工作。

第六，关于教育实践活动具体时间安排问题。教育实践活动具体到每个单位，集中教育时间一般不少于三个月。总行、子公司、一级分行、二级分支行教育实践活动时间已经明确，总行本部（包括直属单位和子公司）教育实践活动从 2013 年 7 月 5 日开始。一级分行本部的教育实践活动原则上从 7 月末开始，二级分行及以下分支机构教育实践活动原则上从 8 月下旬开始。这里强调一点，各行、各机构开展教育实践活动的具体时间由各单位党委与总行督导组商定。

同志们，搞好群众路线教育实践活动，责任重大、使命光荣。我们要在总行党委的领导下，认真组织，确保活动取得实实在在的效果。

谢谢大家！

在中国建设银行党的群众路线教育实践活动总行督导（指导）组培训会上的讲话

张福荣

（2013 年 7 月 12 日）

同志们：

昨天，大家深入学习了中央文件和习近平等中央领导同志的重要讲话精神，学习了总行党委关于开展群众路线教育实践活动的有关文件。通过学习，大家进一步提高了认识、明确了任务、掌握了工作方法，这对于保证督导工作的顺利开展将起到重要作用。为做好督导工作，下面，我讲几点意见。

一、要提高思想认识

总行党委派出督导组和指导组，是加强督导检查、具体指导的重要举措，是教育实践活动健康开展、取得实效的重要保证，大家要充分认识做好督导和指导工作的重要意义。各督导（指导）组要认真学习贯彻中央和总行党委有关精神，努力成为传达中央和党委精神、了解实际情况的桥梁和纽带，成为各行、各部门开展活动的有力帮手。督导（指导）组要认真把握活动的目标、任务和方法步骤，有序开展督导和指导工作，保证活动不走过场。各组要细致安排工作，在每个环节都不折不扣地体现中央和总行党委要求。

这次教育实践活动就是要按照“照镜子、正衣冠、洗洗澡、治治病”的总要求，重点抓好县处级以上领导机关、领导班子和领导干部，主要任务是教育引导党员、干部树立群众观点，弘扬优良作风，解决突出问题。主要是坚决反对形式主义，教育引导广大党员、干部端正学风，改进文风会风；坚决反对官僚主义，教育引导党员、干部深入实际、深入基层、深入群众，热心为群众服务，接受群众监督；坚决反对享乐主义，教育引导党员、干部保持昂扬向上、奋发有为的精神状态；坚决反对奢靡之风。我们的督导和指导工作要围绕着总要求和主要任务来开展工作。

二、要认真履行职责

各督导（指导）组要认真履行工作职责。每个督导组要制订本组的工作规划，规划要具有可操作性，做到职责明确、任务清楚、重点突出。督导（指导）组要深入了解活动安排布置情况、了解党员群众的反映、活动进展情况、规定动作落实情况，要督导、指导所在行、机构查摆“四风”方面存在的突出问题。这次教育实践活动不搞转段，所以要在每一个环节督导、指导各分行、各机构、各部门做好安排。

总行督导组要全程参与指导各一级分行（培训中心）专题民主生活会。一是认真审阅所督导分行专题民主生活会方案，对征求意见、谈心谈话、情况通报等环节提出指导意见。二是向督导分行党委通报掌握的班子建设情况和存在的突出问题，对问题较多的班子成员进行谈话提醒。三是认真审阅分行班子成员特别是主要负责同志的对照检查材料，对不符合要求的提出修改建议。四是督促分行领导班子成员特别是主要负责同志认真查摆问题、严肃开展批评和自我批评。五是对专题民主生活会情况进行评价，指导做好民主生活会情况通报等工作。六是督促抓好整改措施落实。督导（指导）组一定要指导分行、机构和部门开好一个高质量的民主生活会，关键是要做到认真准备，勇于开展批评和自我批评。

要特别强调的是，要做好“规定动作”，这是教育实践活动取得成效的关键。各督导组和指导组要把中央和总行党委要求的“规定动作”做好、做到位。

督导组和指导组在工作中要做好上下沟通。对督导和指导的单位活动开展情况要报告；对涉及领导班子、领导干部的重要问题，要及时反映；对带有政策性、普遍性的问题，要深入研究，及时提出意见和建议；对难以把握的问题，要及时向总行教育实践活动领导小组请示，加强信息传递，确保活动有序、有效进行。

三、要注意工作方法

一是抓住督导和指导重点。各督导组和指导组在全程督导、全面督导的同时，要把主要精力放在重点对象、重点环节上。不仅要关注是否认真地学习、认真地听取意见、认真地查摆问题、认真地开展批评与自我批评、认真地整改和建章立制，还要看各级党组织是否按要求组织这次教育实践活动。教育实践活动主要是着力解决“四风”方面的问题，“四风”问题是否解决，要看各单位是否做到有什么问题就认真解决什么问题、什么问题突出就着重解决什么问题、什么问题紧迫就抓紧解决什么问题。

二是紧紧依靠督导和指导单位党组织。各督导组和指导组要明确职能、找准定位，紧紧依靠督导分行党委和部门（单位）党组织，既积极主动开展督促指导，又不过多干预具体工作。对活动中了解的情况、发现的问题，及时与分行党委或部门党组织沟通，帮助出主意、想办法，督促研究解决，做到尽职不越位、督导不包办。

三是改进工作作风。教育实践活动聚焦作风建设，督导组和指导组首先要有好的作风。要重视学习，深入领会中央和总行党委的部署要求和督导工作规则，明确工作职责和要求。督导工作开始后，各督导（指导）组要尽快熟悉情况，尽快形成有效的工作机制，保证督导和指导工作的有序进行、有效推进。要加强自身建设，严格遵守中央八项规定和总行党委十项要求，严守政治纪律、工作纪律、廉政纪律。要加强团结协作、相互支持，形成工作合力。

总行教育实践活动领导小组办公室要全力支持督导组和指导组开展工作，各分行、各机构、各部门要为督导（指导）组开展工作创造条件、积极配合。每个督导组负责 5 家分行，每个指导组要负责 20 个以上机构的指导工作，任务是繁重的。大家要以高度的政治责任感和良好的精神状态，按照总行党委的要求，认真做好对各单位的督导指导工作。

在二级分行党的群众路线教育实践活动座谈会上的讲话

张福荣

（2013 年 11 月 6 日）

同志们：

今天召开这个座谈会，主要内容是学习贯彻中央关于教育实践活动的会议精神，学习贯彻总行党委关于教育实践活动的工作部署，座谈交流二级分行教育实践活动情况，对下一步教育实践活动工作进行部署。刚才，10 位二级分行同志介绍交流了前段教育实践活动开展情况，大家讲得都很好，希望相互学习借鉴。

从 2013 年 7 月 5 日开始，全行启动了群众路线教育实践活动，4 个多月来，总行党委把贯彻落实中央八项规定作为切入点，把作风建设作为聚焦点，按照“照镜子，正衣冠，洗洗澡，治治病”的总要求，紧扣作风建设，自加压力、上紧发条，“规定动作”做到位、“自选动作”做扎实，推动教育实践活动深入开展。10 月 17 日，总行党委召开了专题民主生活会，党委领导班子和班子成员在对照检查中，深挖思想根源，积极开展自我批评，党委同志普遍感到这次民主生活会是入党以来质量最高、感触最深、受教育最深的一次民主生活会，中央督导组也都给予了充分肯定。10 月 25 日，总行党委召开情况通报会，向分行主要负责人、总行部门负责同志专门通报了党委专题民主生活会的情况。目前，总行已经完成了第二个环节的工作，即将进入整改落实、建章立制的环节；各一级分行正处于查摆问题、开展批评环节，准备召开专题民主生活会；各二级分行也已陆续进入查摆问题、开展批评环节。

从同志们刚才谈的情况看，各一级分行认真贯彻中央的精神和总行党委的要求，在抓好自身教育实践活动的同时，扎实抓好二级分行的教育实践活动，整个教育实践活动进展顺利、态势良好。各二级分行坚持高标准、严要求，在认真完成中央和总行党委规定动作的同时，还结合自身实际，制定出了一些有特色、有成效的措施和办法。可以说，这次教育实践活动组织是到位的，学习教育是认真的，征求意见是广泛的，边查边改、边学边改是有成效的。如山西吕梁分行，抓边学边改、边查边改，取得了明显的成效。各个行都有这样的例子，说明边学边查边改是有效果的，为下一步的工作开展打下了坚实基础。建设银行总行、一级分行、二级分行“压茬”开展群众路线教育实践活动。中央督导组对于建设银行这种做法是肯定的，实践证明这个方法是有效的，质量是有保障的，结果是好的。

在充分肯定前段工作的同时，我们必须清醒地看到教育实践活动还存在一些不容忽视的问题：

一是活动进展还不大平衡。有的单位工作节奏显得慢，推进活动的具体办法相对少，工作重点不够突出。二是学习教育还不够扎实。集中学习讨论不够、全面深入思考不够、触及思想深处不够。三是听取意见还不够充分。有的二级分行征求到的意见数量少、针对性不强。四是查摆的问题还不够深入。查共性问题比较多、查具体问题比较少，查形式主义和官僚主义多、查享乐主义和奢靡之风少，找问题避重就轻、避实就虚。这些倾向性问题应当引起我们足够重视，采取有力措施加以纠正。下面，我结合同志们的发言，着重就贯彻中央精神和总行党委的要求，讲几点意见。

一、坚持学习，不断地增强思想自觉和行动自觉

要按照总行党委的要求，把学习教育摆在突出位置，贯穿教育实践活动始终。各单位要认真学习习近平总书记一系列重要讲话精神，特别是习近平总书记参加河北省委常委班子专题民主生活会时的重要讲话，学习刘云山等中央领导同志关于教育实践活动的重要讲话精神，自觉用讲话精神统一思想、指导工作，切实贯彻到教育实践活动全过程。通过学习深刻认识搞好群众路线教育实践活动的重要性和必要性，各级党委要站在讲党性、讲政治的高度，承担起政治责任，切实增强思想自觉和行动自觉。关于学习教育，要坚持以下三点。一是要保证学习时间。按照中央的要求，保证三天集中学习时间，合理安排自学时间。二是要学习必读书目。按照要求，精读、细读，把规定书目学习好。三是要讲究学习效果。学习要坚持联系实际，通过学习解决问题，达到学习的预期目的。

二、坚持开门听意见、找问题，深入查摆“四风”问题

第一，听取意见要再深入。领导干部要欢迎提意见，敢于听意见，不怕别人提意见。要敞开心扉，放下思想包袱，这样才能够听到真正意见，才能让别人感觉到是在真心诚意地听意见，这样大家才敢于发表自己的意见。一要点面结合深入听。不仅要“面对面”听意见，通过召开座谈会等形式，听取不同层面干部员工的意见和建议，还要“点对点”听意见，通过个别谈话等方式，包括党委同志之间的谈话和党委同志与分管部门负责人之间的谈话，深入听取意见和建议。二要内外结合“广泛听”。既要向基层网点和员工敞开大门，也要向客户、服务对象敞开大门，听真话、实话、心里话。要把主要精力放在听取干部员工的意见和建议上，通过设立意见箱、发放征求意见函、开通电子邮箱、专用电话和问卷调查等多种形式，让干部员工群众“背靠背”给自己提意见。三要逐步深入地“反复听”。在前一阶段听取意见的基础上，要通过各种方式，进一步听取意见，不断拓宽听意见的广度和深度，为找准“四风”方面的问题打好基础。

第二，查摆问题要再聚焦。如果问题找不准，活动就走了形式，就没有意义。查摆问题要做到“三个聚焦”：一是聚焦领导班子和领导干部。对于二级分行来讲，就是要聚焦二级分行领导班子和领导干部。二是聚焦“四风”问题，主要是领导班子的“四风”问题和领导干部的“四风”问题，不能把问题找偏。查找“四风”问题主要是从三个方面入手：一要在思想上查“四风”问题，查一查是否自觉坚持把发展壮大建设银行作为职业追求；是否全心全意依靠员工办银行，使发展成果惠及员工；是否有坚强的党性原则、保持了先进性与纯洁性；是否认真贯彻执行党和国家的方针政策，自觉同党中央保持高度一致。二要在工作上查“四风”问题，查一查领导班子“三重一大”决策、经营管理、服务基层等方面的问题，领导人员行使权力、履职尽责、执行纪律、接受监督等方面的问题，有没有个人专断、群众观念淡薄的问题。三要在生活上查“四风”问题，查一查是否有攀比待遇、贪图安逸的现象；是否有铺张浪费、大吃大喝、讲排场比阔气的问题。三是聚焦重点问题。主要是总行党委《关于在全行系统深入开展党的群众路线教育实践活动的意见》中提出的六个方面问题以及每个单位结合自身实际梳理出的重点问题。这就要求大家要围绕“四风”有针对性的查找问题，问题找得越具体越好，分析越深入越好。要从自身实际出发，有哪些重点问题，就解决哪些问题。要避免问题反复，避免今天解决的问题，过些时候又反复

出现。

第三，要及时进行“回头看”。要按照中央和总行党委的要求，不断对学习教育、听取意见、查摆问题情况开展“回头看”。一看学习教育是否扎实。主要是看规定学习的内容是不是都学了，规定的书目是不是认真研读了，党员干部在思想认识上有没有真正得到提高了，宗旨意识、群众观念有没有得到强化。二看征求意见是否深入。主要是看听取意见是否广泛、深入，是否听到真话、实话、心里话。三看查摆问题是否到位。主要看是不是聚焦了“四风”问题，有没有避重就轻、避实就虚，领导干部是不是真正把自己摆进去，把存在的问题找出来。进行“回头看”，总行、一级分行、二级分行都要做。总之，“回头看”是一个自我诊断、自我评估的过程。下一步，总行再有新的要求会及时下发通知。

三、坚持时间服从质量，认真开好专题民主生活会

第一，会前准备要扎实。要把征求意见、查摆到的问题归纳整理好，通过归纳能够看清我们的领导班子和班子成员自身存在的问题，凡是思想认识上不去的、准备不充分的，就不要急于召开民主生活会，时间服从质量。关于专题民主生活会时间，督导组要和所督导单位党委进行总体把握，对于二级分行专题民主生活会时间，省分行党委和省分行督导组要认真把握。

第二，谈心交心要充分。开好民主生活会，工夫要下在会前的谈心活动上。各二级分行党委主要负责同志与班子每个成员之间、班子成员相互之间、班子成员与分管部门的负责人之间要逐一地开展谈心，谈心的关键是指出问题和不足。一要把意见谈透。坚持实事求是、直面问题，把事实讲清楚、把意见说透，不能吞吞吐吐。二要把思想谈通。提意见、谈看法要有个交换、谈心、反复的过程，我们给对方提的意见要让对方能够接受，能够听得进去、想得通，才能达到我们的目的，所以在谈心的过程中，能够谈通是很重要的，对方能够接受也是很重要的，如果对方不接受，那么谈心是没有效果的，党委书记一定要把它把握好，做到谈通、谈透。三要把情绪谈顺。在思想通了以后情绪就会好，如果谈得不透、谈得不通、谈得不顺，情绪就不会好，这样专题民主生活会质量就很难有保证，所以要反复交换意见，要做到心悦诚服，然后再开会。

第三，自我剖析要深刻。要认真撰写领导班子和班子成员查摆问题情况的报告，在这个基础上，每个班子成员要自己动手撰写对照检查材料，紧密地联系思想实际和工作实际，认真地查找、查摆“四风”方面存在的问题。关于对照检查材料如何撰写，总行已经有了一个基本的要求，一是遵守政治纪律和中央八项规定的情况；二是“四风”方面存在的主要问题；三是剖析产生问题的原因；四是提出改进的措施和努力的方向。在这个原则要求的基础上，各一级分行要结合实际，对二级分行的对照检查材料提出具体要求，承担起“把关”的责任，使二级分行专题民主生活会能够开得更好、更有质量。

第四，开展批评要认真。要用整风的精神来开好民主生活会，严肃认真地开展批评和自我批评。自我批评既要从分管工作上来查摆问题，也要积极分担班子问题的责任；既要联系现在的身份和岗位职责，也要联系自己的成长进步经历；既要在工作上找差距，还要从思想上、党性上找差距。相互批评要开门见山，直奔主题，有一说一，但是一定要与人为善，为我们的同志们加油、鼓劲，更好地承担起改革发展的重任。

四、坚持边学边查边改，确保活动取得实效

一要坚持开门搞整改。开门搞整改就是要敞开大门，全过程置于群众的督导之下。制订整改方案、出台有关制度都要请群众参与，特别是对涉及群众切身利益的问题，要充分听取群众的意见，整改的内容、目标、时限、责任和进展情况，要通过一定的方式向群众公布和公开，改什么、怎么改，都要让群众看清楚。要通过民主评议等方式让群众来评判，绝不能用自我感觉来代替群众评价。这一点，刘云山同志在两次会议讲话中都提到了，要抓好贯彻落实。

二要着眼长远搞整改。要紧紧围绕坚定理想

信念，从世界观、人生观、价值观入手，增强政治定力；要围绕树立正确的政绩观，处理好长远利益和短期利益的关系、企业和个人利益的关系、潜在业绩和显性业绩关系，抓好打基础、利长远的工作；要紧紧围绕全行发展战略落实来解决发展中的突出问题和突出矛盾，使整改能够见到实效。

三要突出重点搞整改。针对群众提出的问题，要逐项研究、细化方案，明确整改责任，制定任务书、时间表，一个一个地加以解决，进行整改。解决问题要坚持实事求是，有些问题是可以解决的，有些问题是没办法解决的，现在做不到的，以后也很难做到的，不要承诺。对能够解决的问题，一定要有诚意、有措施，把问题解决好。对公款送礼、公款吃喝、奢侈浪费的问题，对超标配备公车、多占办公用房的问题，要进行专项整治，而且要整改好，尽快见到实效。

四要标本兼治搞整改。“四风”问题具有顽固性、复杂性，解决“四风”问题既要治标也要治本。要严格执行总行的各项规章制度，以制度机制固化作风建设成果，严格约束力、增强执行力。通过建立有效的机制，堵塞滋生不正之风的漏洞，实现作风建设制度化、规范化、常态化。

五、要加强对教育实践活动的组织领导

第一，抓住党委书记这个关键。各二级分行要切实加强对教育实践活动的组织领导，关键是党委书记，要承担起政治责任和“第一责任人”的责任。要做到“五个带头”：一是要带头学习，学得深一点、学得透一点，在理论联系实际方面做得好一点。二是要带头征求意见，利用各种机会来征求各个层级和群众的意见和建议。三是要带头查摆问题，把问题找深、找透、找准。四是要带头整改落实，让群众看到党委书记勇于纠正错误，解决存在的问题和不足，让群众看到希望，让群众信服，要求别人做到的，首先自己要先做到。五是要带头剖析问题，深挖思想根源，剖析得要更深入一些，运用批评与自我批评，敢于揭丑亮短。“五个带头”是对各单位“一把手”的基本要求，要坚决贯彻落实好，确保教育实践活动取得良好效果。

第二，要加强对教育活动的具体指导。各一级分行活动领导小组和办公室要投入足够的精力，安排足够的力量，加强对二级分行教育实践活动的工作进展、总体态势的分析和评估，经常沟通情况，密切协调配合，及时掌握苗头性、倾向性和潜在性的问题，对一些重要问题及时地提出意见和建议，有针对性地加强和指导。要注意总结典型经验，以典型经验指导和推动工作。要进一步做好宣传工作，通过各种有效方式宣传、交流教育实践活动的做法和经验，促进教育实践活动扎实开展。

第三，要坚持抓活动促发展。要通过教育实践活动进一步履行好经营管理和发展的责任，抓好经营、抓好管理、抓好发展。临近年末岁初，要把开展教育实践活动作为推进各项工作的重要动力，扎实做好分行的经营发展工作，使活动和经营工作“两手抓、两不误、两促进”。总行将于2013年11月18日至19日召开秋季行长工作会议，对前三个季度的工作进行总结，对于年末岁初工作进行布置。希望各行把会议精神贯彻落实好，各级党委要按照中央的要求和总行党委的部署，扎扎实实地开展好群众路线教育实践活动，保证“压茬”开展的活动能够取得实效。

谢谢大家！

（根据录音整理）

在战略与创新专题研讨暨秋季工作座谈会上的讲话

张福荣

（2013 年 11 月 19 日）

同志们：

这次会议是在深入学习贯彻十八届三中全会精神、推动建设银行改革发展和经营转型的重要时期召开的。昨天上午，王洪章董事长和张建国行长分别做了重要讲话，传达了十八届三中全会精神，深入分析了全行发展面临的机遇和挑战，部署了岁末年初的各项工作。昨天下午和今天上午，与会同志进行了充分讨论，提出了建设性的意见和建议。初步做了归纳，包括信贷政策、产品创新、拓展市场、渠道建设、资产质量、绩效考核、综合服务 7 个方面的问题，会后请总行办公室协调有关部门提出意见。

这次会议主题鲜明、议程紧凑、讨论深入、重点突出，体现了中央倡导的良好会风，起到了统一思想、明确任务、推动创新、促进发展的效果。希望各分行、各部门、各单位以深入学习贯彻十八届三中全会精神为契机，抓紧落实这次会议的各项部署，抓紧抓好岁末的各项工作，实现 2013 年既定的工作目标。对于2014 年的工作，各行、各机构、各部门要早研究、早安排、早部署，开好局、起好步，力争在复杂多变的形势下，继续保持良好的发展势头。

下面我讲几个问题。

一、关于学习贯彻十八届三中全会精神

十八届三中全会是在我国改革开放的关键历史时期召开的一次重要会议。会议通过的《中共中央关于全面深化改革若干重大问题的决定》，明确了全面深化改革的战略目标和前进方向，是在新的历史起点上全面深化改革的科学纲领，也是全行做好改革发展各项工作的行动指南。

认真学习宣传贯彻党的十八届三中全会精神，是当前和今后一个时期全行的首要政治任务，要集中精力抓紧、抓实、抓好。各级党组织要按照中央要求和总行党委的部署，精心组织、广泛发动、深入宣讲。要把学习贯彻三中全会精神与学习习近平总书记系列重要讲话结合起来，与深化党的群众路线教育实践活动结合起来，与推进全行经营转型和改革创新结合起来。在学习中要深刻领会和理解全面深化改革的重大意义和指导思想，深刻理解全会对深化经济、政治、文化、社会、生态文明、体制改革和加强完善党对全面深化改革领导的部署要求。各级党委要认真组织好中心组学习活动，开展系列集中学习和专题讨论；各行、各机构、各部门领导干部要带头学习，发挥表率作用，同时抓实、抓好本单位本部门的学习；要充分发挥党校和分校的培训平台和理论阵地作用，开发高质量的培训课程、视频课件组织学习；要通过开辟网上学习专栏、专家专题讲座，以及多种形式、多个层次的学习实践活动，在全行形成学习贯彻落实三中全会精神的浓厚氛围。要把全行员工的思想统一到三中全会精神上来，把学习成果落实到经营管理各项工作中去，以高度的思想自觉、行动自觉推动改革发展。要坚决按照中央的决策部署，在总行党委领导下，坚定不移地推动建设银行的改革，通过体制、机制改革增强发展优势，不断开创改革发展新局面。

二、关于如何更好地实施战略问题

建设银行的发展战略已经实施了近三年。在这个节点，可考虑对战略实施进行必要的评估、总结，目的是使战略实施更到位、更有成果。因

为“战略”始终是一家银行经营管理的核心，决定着其成败兴衰，要通过总结评估保证战略不出偏差。应该说，建设银行要发展成为一个什么样的银行，在未来中国金融业体系中占据什么样的位置，战略思路和目标是非常清晰的，未来一个时期的大政方针、目标任务和工作举措也是明确的。这几年，在战略引领下，全行改革发展和业务创新取得了显著成效，证明我们的战略是符合实际的，目前更多地需要我们在战略定位、意图传导、组织推动等过程中加以高度重视，来确保我们的战略在贯彻落实中不走样、不走形式，真正起到导航图、定星盘的作用。在未来的战略实施过程中要把握以下几点：

要保持战略定位的稳定。分析国际上长期稳健经营的银行，它们之所以能够在竞争中立于不败之地，保持明确和一贯的发展战略起到了决定性作用。例如，富国银行始终坚持将美国本土商业银行业务确定为其核心业务，在花旗、摩根大通等大规模进行海外扩张、发展金融市场业务时，没有盲目跟风，即便是并购也都是美国本土的商业银行。富国银行就是通过专注于核心领域的深度开发经营，逐渐成为美国最有影响力的零售银行。目前富国银行在家庭抵押贷款、小企业贷款等市场长期位列第一，每 3 个美国家庭就有一个是富国银行的客户。反观一些国内商业银行，在战略定位上最突出的问题就是缺乏稳定性，因宏观政策因素、管理层更替、市场变化等经常出现变动，缺乏持之以恒的战略方向，因而核心业务领域得不到持续的资源支持，形有战略实无战略。比如我们国内很多商业银行，都要把自己办成国际一流的商业银行，其中有的是小的股份制商业银行和地方商业银行。我认为这个目标是缺少依据的，论证是不够充分的，哪有那么多国际一流商业银行？思路不清晰、目标不准确，这样就无法形成竞争优势和强劲的发展能力。任何事物的发展都是一个螺旋上升的过程，非一日见效，需久久之功。因此，我们的战略一旦确定下来就要一以贯之，认真实施，尤其是对符合自身特点和具有相对优势的战略领域，更要扬长避短，不能盲目追随和跟进，把自己所长丢了。在实际工作中，只要是符合战略导向的事情，就要坚持、就要实践，不能被眼前的、一时的、表面的现象或困难，甚至是一些细枝末节阻碍行动，进而影响战略执行效果。我们要通过坚持不懈地执行既定战略，形成鲜明的业务特色，培育核心竞争力。当然，任何一项工作都不是一成不变的，战略也是这样，否则就会脱离实际、违背规律，甚至导致失去发展机遇。我们看到，当前的外部形势变化很快，在这样一个极其复杂的经营环境下，战略一定要本着科学、客观、求实的态度和原则，积极适应宏观经济金融形势的变化、市场和客户的需求，持续完善，但战略的基本方向必须保持稳定，是不应该改变的。

要有明确的战略传导。战略除了明确企业未来发展方向外，还具备统一思想、引领行动、凝聚力量的重要作用。这一重要作用要得到较好的发挥，首要任务是正确的战略传导。从总行的战略规划发布将近三年的时间来看，在总行、分行这个层面，对党委的战略思想和意图传导是充分的、到位的，干部员工的了解和领会也是比较全面的。但我们发现在一些基层干部员工当中，对战略就不是十分清晰，甚至还有这样、那样不同的说法和看法，这说明，我们在战略传导的过程中还有许多工作要做。一方面，要加大战略宣讲力度。战略规划制定部门要围绕全行未来一个时期的目标任务，做一些深度解读，让干部员工尤其是基层机构干部员工了解战略目标和任务，了解实施战略中的基本要求，更要了解战略发展的具体内容，这样一来，干部员工能够看到努力的方向和蓝图，在工作中就不会偏离战略。更重要的一点，就是我们任何部门、分行都不能脱离全行战略另讲一套新观点、新概念，更不能去改变或曲解总行的战略。这个情况实际当中是有的，在总行有的部门、有的分行都发生过，这是要纠正的。对于偷换概念的问题，更是不能允许的。总行这几年推进了一系列的改革，包括经营体制、运营体制、授信体制、风险内控体制改革，在执行当中的一些环节上都不时出现一些问题，有的是正常的，有的是不正常的，这可以看出一个机构的执行力，一个干部的基本素质和能力。希望各行、各机构、各部门要紧紧围绕全行既定战略去谋划工作、推进工作。另一方面，要制定有效的配套措施。战略是纲领性的，不能面面俱到。各部门和机构都要主动围绕战略目标，研究具体的实施措施，科学配置资源。特别是要重视发挥绩效考核的重要作用，强化绩效考核管理与战略落实的结合。在考核中应该对突出战略核心和重点任务进行有效考核，要增强考核的针对性、有效性，适度保持连续性，引导全行上下把精力和资源投入到符合战略要求的领域中，共同努力实施好战略。

战略规划与经营计划要衔接、要落地。战略规划在企业的计划结构中处于最顶端，突出体现了战略性、长期性和指导性，而年度经营计划是各部门、各分行、各业务线厘清年度工作方向、工作目标、工作思路、工作重点的重要管理步骤，也是集团战略能否真正落地的重要环节。没有真正详尽可行并与战略紧密对接的年度经营计划，再好的战略也难以发挥其应有作用。因此，各行、各机构要高度重视年度经营计划，将其作为提高战略管理水平的重要支撑和工具。要通过制定科学的、符合实际的年度经营计划，将全行战略目标和战略措施实实在在地落实到各单位的年度工作当中，确保集团的战略规划与各单位日常运营紧密衔接，这样才能避免战略与运营“两张皮”现象。不能你定你的、我干我的，你讲你的、我说我的，这是不可以的。要通过定性与定量结合进行分解，明确时间节点，把远期目标逐年、逐项、分阶段落实到位。

组织推动要有力，确保战略目标实施。战略一旦明确，就要围绕这一目标统一思想，坚定不移地推动实施，凝心聚力实现目标。各级管理者和员工要增强责任意识，善于从大局出发、从集团利益出发考虑问题，提高战略执行力。牵头部门要切实负起责任，协同部门要提高协同能力。因此，我们在实施战略过程当中必要的工作机制的建立还是应该的，要明确责任，加强督查，形成工作合力。为了局部利益和权利而影响战略实施的要坚决制止，不能开这个头，我认为这个问题总行有的部门比较明显一点，这种短视行为是不能容忍的。各分行、各部门要切实担当起各自的职责任务，更好地推动全行战略发展规划的实施落地。这也是这一次党的群众路线教育活动当中中央督导组给我们指出的一个问题，我们应当把它解决好、落实好。

三、关于如何更好地推动经营转型问题

近年来，全行上下在战略规划的指导下，经营转型迈出了坚实的步伐，已经成为一家有国际影响力的大型金融企业集团，站上了发展的新平台。在这样一个历史节点，我国经济发展进入转型升级阶段，经济从高速增长进入相对平缓的增长区间，应该说我们所处的经营环境正在发生深刻的变化。这些都倒逼我们去认真思考，需要深入研究在新的、复杂的经营环境下银行传统业务空间收窄、新兴业务市场有限的情况下，如何转型发展的问题。可以说，摆在我们面前的问题是前所未有的，包括新资本协议的实施、利率市场化、金融“脱媒”、监管加强、宏观经济政策调整等，这些相互叠加在一起的压力过去也是没有的。从业务上看，储蓄业务理财化过去是没有的，企业发债致使信贷需求下降过去是不多的，收费业务受挫是不能复原的，社会对银行的各种声音是要默默承受的。在这种情况下，就需要我们回答一个重大问题：全行经营转型往哪里转、何时转、怎么能够转得更有效果，更有利于我们的持续健康发展？倒逼机制已经呈现了，所以不存在转不转的问题，而是要冷静分析经济金融形势和走势，下决心抓紧研究安排转型，而且要动作起来。经营转型一定要做好顶层设计，要有相应的体制、机制及资源做保障。转型就是要不断适应经济形势、金融环境、客户需求和技术条件的变化，谋求做强、做优，只有这样，才能走出一条内涵式的转型发展和价值增长的道路。应该说，我们的战略是清晰的，经营转型方向也是明确的，全行在推进经营转型中已经进行了尝试，还需要注意把握好几条原则。

一是经营转型要始终坚持服务于实体经济。银行经营转型不可能也不应该脱离实体经济而自转，这是全球金融危机带给我们的深刻教训。金融危机发生以后，欧美主要国家都开始重新审视银行业的功能和作用，从监管上严厉限制银行过度杠杆化、多元化、虚拟化的经营行为，引导银行业逐步回归核心主业、回归实体经济。我们一定要加深对银行经营转型同实体经济互利共赢辩证关系的认识和把握，始终坚持服务实体经济的价值取向，深化对实体经济的金融服务，在这一

过程中不断开拓新的业务领域和新的利润增长点。就当前来看，重点是紧紧围绕转方式、调结构、保增长、惠民生的重点领域，持续推动金融产品和服务方式的创新，使银行业经营转型与国家经济结构转型升级方向契合、互促共进。例如，抓住“新型四化”建设的机遇，从之前重点支持“铁公基”这些行业转向支持先进制造业、现代服务业等新兴朝阳产业，增强对国民经济“新兴增长极”的金融服务能力；抓住人均收入“十年倍增”计划和收入分配制度改革破冰的机遇，大力发展财富管理和消费金融业务；抓住中国企业“走出去”、人民币国际化趋势，加快国际化业务发展；等等。实体经济需要什么、市场需要什么，我们的经营转型就要转向哪里，当然，这里面有个度的把握的问题。我们就是要始终根植于经济发展的大环境和阶段性特点，契合于现阶段金融生态环境和客户需求来研究和考虑转型。也就是说，经营转型选择要从现实出发，不可能也不应该跨越发展的现实基础，也不能落后于不断变化的经济金融环境。同时，还要注意到不同市场条件下不同业务线、不同产品线、不同机构之间的情况各异，它们的经营转型方式和内容也各不相同，这些都需要我们深入研究思考和把握，就是在一个省内也有发达地区、欠发达地区，经营环境是明显不同的，所以转型的内容应该是有差异的。要坚持从实际出发，确立转型的内容。在支持实体经济发展上，要重视盘活信贷资金存量，用好增量，特别是要在盘活资金存量上下工夫。以2012年为例，回收再贷近2.3万亿元，其中公司类2万亿元多一点，个贷有2千多亿元，这是非常可观的信贷规模。我们要通过盘活存量支持实体经济发展，实现自身经营转型和信贷结构调整，应该说是有这条件和能力的。

二是经营转型必须体现出自身特色。由同质化竞争走向差异化竞争、专业化经营，是银行业格局演变的必然趋势。富国银行的社区银行模式、纽约梅隆银行的托管银行模式，都是差异化竞争策略的典范。纽约梅隆银行的经营特点，最重要的一条是走自己的发展道路，坚持自己的经营模式，它是一家最好的、全球最有影响力的托管银行，它不因为市场变化而放弃自己的优势，一直坚持在市场上做自己擅长的、有特点的、有回报的业务，而且做得很成功。因此，我们的经营转型要体现出个性和特色，不仅是总行，各行也要找到自己在当地市场的优势业务领域，建立不可复制的差异化竞争优势。我们要看到，与其他大型银行相比，我们省会城市行经营分散，相当一部分没有经营主体。我们的县域网点少，农村没网点，当然，未来我们也不会到农村去设很多网点，我们的海外业务正在拓展当中。由于业务雷同、产品相似、市场化程度低等一些原因，有些分行的有些业务市场排名不进而退。在这种情况下，我们更迫切地需要走出一条有特色的经营转型之路。各行各机构对于总行提出的经营转型的方向要加深理解、潜心研究、认真落实，不断推动资产负债结构、渠道结构、客户结构、经营模式、盈利方式的转变。

三是经营转型要高度重视集约化。随着新资本管理办法的全面实施，银行业面临的资本监管更为严格，同时全行利润增长也将逐步进入一个平缓期，未来经营发展受各方面资源尤其是资本和财务资源的约束将越来越多。面对资源的刚性制约，我们必须牢固树立起集约经营理念，逐步扭转业务拓展和客户服务模式，向低成本、高产出的集约化发展方式转变，更多依靠技术进步、业务创新、精细化管理推动业务增长，大力发展资本节约型、智力密集型业务，创新推广高技术含量、低运营成本的服务模式。在条件具备时，及早启动针对各机构、各项业务、各类产品、各种服务在内的全方位的核算体系，成本核算到客户、到员工、到产品。我们在新一代系统推进的过程当中，在完成之日应该说这些都是可以做到的。在解决这个问题的同时，我们的经营则应是专业化、集约化的。没有专业化，就谈不上集约化。我们作为一家商业银行，若没有较强的专业化的服务能力，其他都无从谈起。所以，当前我们要把专业化水平的提升进一步摆到重要位置，得以更好地实施集约化经营。在集约化经营的模式下，资源配置要向投入产出高的区域和机构倾斜，不断促进经营结构的优化调整和资源的节约使用，力争以最少的资源投入，争取最大的价值回报。我们现在真正要解决集约化的问题，我认为还有很多工作要做，还有很长的路要走，所以全行上下应该进一步统一思想认识，坚持集约化经营的方向不动摇。

四是经营转型与利润增长之间要找到一个平衡点。随着外部经济增长速度的放缓和我们自身股改红利的释放基本结束，全行再维持过去那样的高速增长已经不现实，我们亟待通过经营转型提质增效，使全行经营发展稳健致远。但银行是一个规模经济的行业，没有较大的规模和市场占有率，没有一定的发展速度，只能处于市场跟随者的地位。作为一家上市银行，我们对股东、对客户没法交待，市值和市场形象也会受到很大影响，而且抗风险能力、经受市场冲击的能力将大大降低。具体到全行员工收入，每年实现一定幅度的增长也就难以保证。因此，如何在经营转型和利润增长之间找到一个平衡点，既关注短期的盈利水平，又关注持续增长能力和长期价值，需要我们有银行家的眼界和睿智，并作出正确抉择。我们在经营实践中不可盲目拼规模、设机构、增人员，应该把着眼点放在自助渠道、互联网技术应用上，我们不争物理网点最多，但可否成为自助设备多、互联网技术应用优的银行？这样既可解决机构问题，也可解决人员问题。这样就能更好地统筹发展的规模、速度、质量和效益，使发展建立在结构更优、效率更高、风控更严的基础上，也就是一种可持续的、符合商业银行规律的发展。

实施结构调整、经营转型，全行必须牢牢把握一点，就是建设银行的核心优势不能丢，建设银行的品牌业务不能丢。我们的核心优势和品牌业务是什么？基础设施业务、造价咨询业务、房地产业务，也包括住房按揭业务，都是核心优势和品牌业务，是不能丢掉的。这是建设银行人的责任，坚持做下去才能把建设银行办成一家有特色、有品质的能够经得起挑战和考验的银行。

四、关于化解产能过剩矛盾问题

产能过剩矛盾是一个具有普遍性、规律性的经济现象，但像我国范围之广、数量之大、影响之深的产能过剩是少有的。解决得好，就能带动经济结构转型升级，推动经济持续健康发展；但若处理得不好，将引发诸多矛盾，影响经济发展进程。当前，产能过剩的形势是严峻的。产能过剩表现在我国钢铁等一些行业的利用率明显低于国际上通常的水平。2012 年底我国钢铁、水泥、电解铝、平板玻璃、船舶等行业产能利用率分别仅为 72%、73.7%、71.9%、73.1% 和 75%，2013 年以来，部分行业产能过剩情况更加严重，突出的表现是钢铁、电解铝、船舶等行业利润大幅下滑，企业普遍经营困难。值得关注的是，这些产能严重过剩行业仍有一批在建、拟建项目，产能过剩呈加剧之势。目前，产能过剩有三个突出特点，反映了产能过剩问题的严重性。第一个特点是产能过剩既有结构性又有全面性，传统产业和战略性新兴产业都出现了产能过剩。第二个特点是部分行业是绝对性、长期性的产能过剩，主要出现在钢铁、水泥、电解铝等行业。第三个特点是产能增长过快，而且新增产能还在不断形成。以电解铝为例，目前全国总产能不过 2 600 万吨，但仅新疆一地在建、拟建产能就达 1 305 万吨。一边是产能过剩，一边还在建、还在搞。从原因分析来看，我国的产能过剩除了由于市场盲目性的原因外，也有地方政府干预的原因，因此解决起来难度较大。

产能过剩给经济发展、社会稳定带来了一系列问题，也对银行提出挑战，它带来的直接冲击就是造成金融风险累积，不良率上升，使潜在风险显性化，增加了系统性、区域性金融风险发生的几率，影响到国家金融的安全。我国产能过剩既有国际金融危机导致全球供求格局发生重大变化的影响，也是国内产业发展中各种矛盾和问题长期积累的结果，情况很是复杂。因此，消化产能过剩问题需要一个过程、一个时间段。有人讲，某国家搞了七年就解决了，我们能做到吗？我们讲化解产能过剩不止七八年了，情况怎么样了呢？我们搞银行的人应该心中有数，有一个充分的思想准备和工作安排。

建设银行一直认真贯彻执行国家有关抑制产能过剩的政策要求，从 2007 年起就把钢铁、水泥、石油化工等业务确定为“两高一剩”行业。2009 年又列出“6 + 1”产能过剩行业，2013 年再列出 5 个“产能严重过剩”行业加以特别关注和控制，应该说我们认识是比较早的、动作是比较快的。在新的形势下，我们要加强对产能过剩行业的系统性和预见性研判，提高信贷风险缓释能力，强化执行力。对产能过剩行业产能过剩情况的变化要加强系统、深入和超前的研究，解决上下之间认识不一致、工作不同步等问题。在化解产能过剩工作中，我们既要总结经验，也要吸取教训。我们在钢贸行业贷款掌握上，教训是比较深刻的。对于这项业务，总行其实早已下发风险提示并要求有关分行深入排查化解，但分行间执行差别甚大，有些地方见事迟、动手慢，待全面收紧时，再想动作为时已晚，失去了化解风险的最佳机会，教训是深刻的。现在核销当中相当一部分是钢贸企业，相当一部分是由于我们的工作抓得不紧造成的，当然也有小企业的问题。我们要特别警惕钢贸和小企业核销中的道德风险问题。

化解产能过剩问题本质上是利益格局调整，难度大、阻力大。但是党中央和国务院已经做出具体部署，提出了"尊重规律、分业施策、多管齐下、标本兼治"的原则和"消化一批、转移一批、整合一批、淘汰一批"的路径，有关部门和监管机构也有明确意见。全行要从思想上重视起来，要结合实际、抓住机遇，将推动化解产能过剩作为当前和今后一个时期的工作重点，产能过剩问题大企业有，小企业也有，要紧紧盯住。要切实完善差别化信贷政策，加强信贷管理，既要支持化解过剩产能，更要防范可能出现的金融风险。关于化解产能过剩的问题，昨天张建国同志在工作安排中已经讲过了，我希望把它落实好。在化解产能过剩工作中，重点地区、重点行见事要早、行动要快、效果要好。我们的重点地区在哪里？东北地区、华北地区、华东地区，当然也包括华南地区。重点行包括辽宁行、河北行、山西行、江苏行、山东行、江西行、广东行。广东行可能主要是平板玻璃的问题，河北山西是煤炭钢铁的问题，辽宁是钢铁的问题，华东当然也有光伏产业的问题，重点行要把这项工作做好。这里很重要的一点就是，从管理行到经办行都要落实责任，要有人承担起应有的责任，这是化解产能过剩的重要保证。

五、关于党的群众路线教育实践活动

党的群众路线教育实践活动已经进行了4个多月，在党委领导下，活动已经取得了阶段性成果。全行要继续努力，保证教育活动有始有终，取得预期效果。昨天王洪章同志已就下一阶段活动进一步做了部署，提出了要求。有几个问题我再明确一下。

第一，各一级分行党委专题民主生活会要在保证质量的前提下，在11月末前基本开完，二级分行专题民主生活会应在12月中旬前完成。

总行本部各部门专题民主生活会应在11月25日前开好，根据有关通知精神，总行各内设机构、一级分行内设机构也要召开党组织专题组织生活会，应在12月上旬基本开完。

第二，各分行专题民主生活会开过之后要抓紧召开通报会，通报内容及范围请按已发通知来掌握。

第三，各一级分行、二级分行要制订整改方案，专题整治方案和建章立制方案，分别上报总行和分行教育实践活动领导小组。上报时间为12月上旬和12月中旬。前面讲的各个事项，请各个分行事先都要征求我们各个督导组和指导组的意见，督导组和指导组要进一步发挥作用，把好关。

第四，各一级分行、二级分行在制订并上报整改方案之后，可着手考虑对党的群众路线教育实践活动进行总结。具体总结时间总行将做通知。

（根据录音整理）

在全行纪检监察工作会议上的报告

朱洪波

（2013年3月15日）

同志们：

刚才，王洪章同志代表行党委所作的重要讲话，就学习贯彻中纪委二次全会精神、改进作风、干部员工队伍建设、案件查防和纪检监察组织建设都提出了系统的、针对性很强的要求。各级行要认真组织学习，联系实际抓好贯彻落实。

下面，我代表纪委作工作报告。

一、2012年主要工作回顾

2012年，各级机构按照中央及总行党委部署，紧密结合实际，以惩治和预防腐败体系建设为主线，以推进领导干部廉洁从业和防控案件为重点，抓好反腐倡廉各项工作任务的落实，有力地支持了全行的改革发展。

（一）日常监督和重点监督相结合，促进了权力的规范运行

加强和改进巡视监督。总行对部分分行进行了巡视，22个一级分行对所辖173个分支机构开展巡视，共发现问题492个，提出整改建议879条。总行跟踪督促2011年被巡视的8个分行进行全面整改，一级分行对70个分支机构进行了巡视回访。通过巡视监督，进一步加强了被巡视单位班子建设，推动了总、分行决策部署的贯彻落实，促进了合规经营和健康发展。

发挥信访举报的监督作用。全行共办理信访举报961件。发现违规、违纪问题和风险隐患126个。对群众反映突出的选人用人、信贷管理、费用开支等方面问题进行严肃查处，共对124名责任人进行了处理。对领导干部存在的苗头性问题，进行提醒谈话152人次。信访举报在监督权力运行、维护和谐稳定等方面的作用得到进一步发挥。

强化对“权、钱、人”重点领域的监督。各级机构进一步完善和落实“三重一大”决策制度，规范决策流程，提高决策质量。严格执行领导干部任职前听取纪委意见等规定，加强对选人、用人的监督，提供领导干部任前廉政意见3 248人次。充分发挥特派员职能作用，强化对基层机构及其负责人的监督。坚持开展集中采购监督，对2万多个项目的程序合规性进行了审查，涉及预算总金额188亿元。组织全行对2011年以来的基本建设和集中采购项目开展专项效能监察，其中，总行和一级分行共检查综合业务用房购建项目46个，营业网点购置项目277个，集中采购项目1 064个，提出改进管理建议857条，促进了规范化管理。

（二）加强教育和严格管理相结合，促进了干部员工廉洁合规从业

开展“讲党性、重修养、守廉洁、作表率”主题教育实践活动。以“三学、三评、三走、三建”为主要载体，在全行领导干部中开展形式多样的教育实践活动。组织员工参与评议79 147人次，领导干部参加客户体验55 219人次，为基层解决实际问题14 206件。在增强领导干部党性观念和廉洁意识、改进管理和服务、提升员工和客户满意度方面收到良好效果。

认真落实中央及总行党委关于廉洁从业的规定和要求。严格执行领导干部报告个人有关事项、述职述廉、礼金礼品登记上交等制度，全行领导干部报告个人重大事项19 462人次、述职述廉20 710人次，有1 760人次主动上交未能拒收的现金、有价证券和支付凭证共计777万元。

健全党风廉政建设责任制。根据中央有关精神，完善党风廉政建设责任制办法，进一步明确

各级领导班子和领导干部的责任。分支机构通过签订党风廉政责任书、开展考核，促进了责任制的落实。

加强员工从业行为管理。认真贯彻银监会有关员工从业行为管理的规定和我行员工从业行为“禁令”，通过宣传、教育和检查，督促员工守牢从业底线。坚持开展员工行为排查，在做好日常排查的同时，对员工参与非法民间融资等禁止性行为开展集中排查，共排查60余万人次，发现处置问题和线索4 165个，及时消除风险隐患。

（三）严肃查处和主动防控相结合，提升了防范案件风险的能力

严肃查处案件及重大违规、违纪事件。全行立案查处内部操作性案件2起，案件风险率符合银监会监管指标要求。此外，还查处7起贿赂案件和“中江系”等11起重大违规违纪事件，把案件风险“零容忍”的要求落到实处。对重大典型案件，及时通报全行，发挥案件查处的警示效果。坚持“一案一整改、一案一验收”，案发行和涉案业务条线认真开展案件整改，总分行对整改工作严格验收把关。

扎实开展案件专项治理。针对信贷、贿赂、非法民间融资、柜面业务4个方面的突出案件风险，总行制定了41项针对性的措施，在全行开展专项治理。一些分行结合实际开展“安全年”、“内控合规年”等活动，丰富治理内容和措施，取得了实效。各业务条线坚持常态化排查机制，围绕突出风险，定期组织业务排查。全行共识别、堵截案件和风险事件723起，避免资金损失2.1亿元。

推进案防长效机制建设。层层签署《案件防控工作责任状》，不断强化案防责任意识。完善案件防控工作考评，考评结果与KPI挂钩。一些分支机构结合实际，设立案件防控专项奖励基金。总分行将案件风险较为突出的下级机构确定为重点联系行，实施差别化的督导帮扶措施。坚持案防联席会议制度，纪检监察部门与业务部门共同研究案防工作。坚持案件风险分析预警制度，及时发布风险提示、编发案防动态，推动业务条线和各级机构及时采取防范措施。有的分行开发了案件防控监测系统、员工廉洁合规知识测评系统，运用信息技术提升案防能力。

（四）严格问责和正面引导相结合，提高了从严治行的水平

加大对案件和违规问题的问责力度。全行处理违规违纪责任人3 065人，其中，一级分行负责人级13人，二级分行负责人级147人，县级支行负责人级725人；开除及解除劳动合同43人，留用察看39人，撤职24人。针对不良信贷资产损失较大而问责偏轻偏软的问题，总行制定了授信业务违规问题审理标准，避免随意从轻减轻处理。向监管部门移送45名已调离建设银行责任人的处理建议，防止调离人员逃避责任。

进一步规范对检查发现问题的问责。按照“谁检查、谁认定、谁负责督促整改”的原则和“三个不放过”的要求，督促各级机构对内外部审计、检查发现问题及时问责，并将问责率纳入案防工作考评。通过现场检查、定期通报、台账监测、编发典型审理案例等方式，加强对责任追究工作的督促指导。

推进轻微违规积分管理。通过定期通报、考评、专题研讨交流、重点帮扶等方式，各级机构主动运用积分手段加强基础管理的主动性进一步增强。全行对84 135人进行违规积分，促进了全行员工遵章守纪、合规操作。

加强正面激励引导。制定奖励积分指导意见，鼓励员工合规操作和抵制违规行为，共有15 302人次获得奖励积分，兑现奖励576万元。落实堵截、检举和抵制违法违规行为奖励办法，兑现奖励308万元。

（五）健全组织和提升能力相结合，推进了纪检监察自身建设

加强纪检监察组织建设。继续推进中央四部委12号文件及总行党委3号文件的贯彻落实，全行纪检监察组织机构和人员队伍在机构改革中基本保持稳定。完善纪委书记和纪检监察部主要负责人述职述廉制度。加强对纪检监察特派员的管理和考核，充分发挥特派员在基层机构反腐倡廉和案件防控中的作用。在纪检监察条线开展创先争优，对近年来纪检监察工作先进集体和个人进行评选表彰。

加大纪检监察人员培训力度。总行举办一级分行纪委书记、纪检监察部总经理、业务骨干、特派员等培训班12期。坚持片区培训制度，基层纪检监察人员逐年得到轮训。举办了首期全行巡视工作培训班。选派业务骨干参加中纪委一院两中心8期培训。各分行通过自办培训班、共享相关业务培训资源，加大了培训力度。全行共培训2 000多人次，促进了纪检监察队伍专业素质提高。

发挥中国监察学会建设银行分会的平台作用，深入开展反腐倡廉理论研究。组织全行围绕工作中热点、难点问题，开展了3类21个课题的调研，形成78篇调研成果，进行交流、评选和表彰。《运用科技手段强化商业银行内控监督和风险防范》的调研课题获得中国监察学会2012年优秀理论研究成果一等奖。建设银行分会组织编写的《国有控股商业银行纪检监察理论与实务》出版发行，填补了相关研究领域的空白。分会各项工作得到了中央纪委、监察部和中国监察学会的高度评价。

过去的一年，全行党风廉政建设和反腐倡廉工作取得了新的进展和成效。但也必须充分认识到我们工作中还存在一些问题，主要表现在：有些行对党风廉政建设重视不够，工作抓得不实不紧；少数领导干部党性观念不强，工作作风不实，廉洁自律意识淡薄，甚至个别领导干部收受贿赂，触犯刑律；一些分支机构勤俭办行意识不强，花钱大手大脚，铺张浪费现象严重；各类案件特别是违法放贷、参与非法民间融资等案件和重大违规、违纪事件在一些地方高发，造成很大的资金和声誉风险，严重影响了正常业务经营；一些案件和重大违规、违纪事件发现不及时，处置不得力，贻误时机，工作被动；对一些违规失职行为查处不及时、问责不到位、执纪不严，责任认定和追究特别是对负有责任的领导干部处理偏松、偏软；纪检监察队伍建设有待加强，在查办案件、责任追究、融入业务抓防控等方面的能力需要进一步提升。

当前，我国正处在社会和经济转型的关键时期，各种矛盾凸显，银行面临的环境更加复杂。经济下行压力在某些领域仍然显现，部分企业出现了经营困难，风险可能向银行集聚。银行同业竞争加剧、金融监管趋严，对银行的管理和案件防控提出了更高的要求。全行反腐倡廉任务依然繁重，案件防控工作依然艰巨，我们必须常抓不懈，继续加大力度，把反腐倡廉和案防工作不断引向深入。

二、2013年的主要工作

2013年，全行要认真学习贯彻党的十八大和十八届中央纪委二次全会精神，按照全行工作会议部署，坚持标本兼治、综合治理、惩防并举、注重预防的方针，以严明纪律、改进作风、廉洁从业、防控案件为重点，深入推进惩治和预防腐败体系建设，为全行持续健康发展提供坚强保障。

（一）严明纪律、改进作风，确保党的十八大和中纪委二次全会精神的落实

党的十八大和中纪委二次全会对党风廉政建设和反腐败斗争作出新的部署，对严明党的纪律、改进工作作风提出了新的要求，为我们深入推进反腐倡廉建设指明了方向。全行要认真学习领会，坚决贯彻落实。

遵守党章、严守党纪是对党员最基本的要求。全行党员要学习党章、遵守党章、维护党章，认真履行党章规定的八项义务，增强党员意识，做合格党员，对不合格的党员要及时处置。党员领导干部还要按照党章规定的六项基本条件，查找和改进自身不足，在为民务实清廉方面作表率。各级纪检监察部门要加强对党的纪律执行情况的督促检查，特别要把维护政治纪律放在首位，严肃查处有令不行、有禁不止的行为，保证中央及总行重大决策部署的贯彻落实。

各级机构要认真执行中央“八项规定”及总行党委“十项要求”，特别是领导干部要在密切联系群众、厉行勤俭节约、转变文风会风等方面作出表率。2013年要在全行组织开展作风建设执行情况的专项检查，对检查发现的问题，要认真整改，情节严重的要严肃处理并通报。切实落实中央纪委二次全会关于重点在金融等行业开展纠风的要求，清理整治客户服务中存在的问题和不足，改进服务质量、提升服务效率，努力维护好客户利益。

认真执行中央及总行党委有关廉洁从业的规定和要求。根据中央纪委二次全会精神，结合我行实际，对领导干部强调和重申以下要求：严禁用公款大吃大喝、内部营销、高消费娱乐；严禁违规干预信贷审批、集中采购、资产处置；严禁内幕交易、利益输送，利用职务之便为亲属经商办企业提供便利条件。严格执行中央及总行关于领导干部职务消费的规定和要求，厉行节约、勤俭办行；严格执行领导干部报告个人事项制度，按照中央要求做好抽查核实工作。各级领导干部特别是“一把手”，既要严于律己，作出表率，又要加强对亲属和身边工作人员教育约束，决不允许搞特权。

今年要在全行组织开展领导干部“学党章、守纪律、正品行”主题教育实践活动。促进领导干部增强党性、严守纪律、改进作风、提升操守，在全行营造令行禁止、风清气正的良好氛围。这项活动要与中央部署的“为民务实清廉”群众路线教育实践活动结合起来。总行将制订活动方案，各级行要按照总行统一部署，紧密结合实际，细化内容、抓好落实、力求实效。

（二）坚持案件“零容忍”，深入推进案件专项治理

严肃查办案件。2013 年，银监会将案件分为一、二、三类及贿赂案件进行统计、管理，并组织开展案防工作评估，对案件管理提出了新的更高的要求。各级行要认真学习掌握监管政策的变化，对案件要准确定性、归口管理、及时查处。要严肃报案纪律，凡是司法机关、纪检部门、内外部审计机构发现的涉及内部员工严重违规、违纪问题，涉嫌触犯刑法的，必须及时报告总行纪检监察部。要按照信息对称的原则，在总行指导下向监管部门报送案件信息，确保报告的案件性质、金额、时间等口径协调一致。对可能涉及案件的重大违规、违纪事件，纪检监察部门要提前介入。对于内部审计检查发现的重大违规问题，纪检监察部门要及时跟踪了解，及早发现和处置案件风险隐患。要加强与监管部门的沟通协调，争取理解和支持。严格落实“三个不放过”的要求，及时有效查办案件，深刻揭示原因，严肃追究责任，认真做好整改，及时通报，警示全行。组织修订《案件管理办法》，进一步完善办案流程，提高案件处置水平。

开展“抓基层、强管理、防案件”专项活动。以员工参与非法民间融资、违规办理信贷业务、商业贿赂、柜面操作风险等作为全行防范案件的重点，制订针对性措施。抓好基层机构负责人、客户经理、柜员等重要岗位人员的管理，完善基层机构及其负责人管理的制度办法。认真落实重要岗位员工轮岗、交流制度，强化不相容岗位的分离制衡。研究完善员工从业行为管理办法，加强对员工的教育管理。以《国有控股商业银行违规违纪案例与分析》为重点读本，深入开展警示教育。坚持开展员工行为排查，改进排查方法，综合运用员工谈心、家访、外查、信息系统筛查等多种形式，提高排查效果。加强信息化平台建设，试点推行基层机构负责人廉洁合规从业问查监督系统，对基层机构负责人廉洁从业、行为表现等情况进行监督管理。

强化案件防控责任。加强案件防控工作责任的分解和落实，各级领导班子要对本机构范围内的案件防控工作负全面领导责任，“一把手”是第一责任人，负主要领导责任，大案、要案必须亲自过问。分管副职按照工作分工，对职责范围内的案件防控工作负直接领导责任，业务经营和案防工作要同部署、同检查。各级职能部门按照“谁主管、谁负责”的原则，对职责范围内的案件防控工作负全面管理责任，业务条线要切实发挥好案件防控“第一道防线”的作用。继续组织各级机构层层签订《案件防控工作责任状》，组织全行员工签订《廉洁合规从业承诺书》，强化约束措施。组织开展案件防控工作专项检查，督促各级机构认真落实各项案防措施。坚持案件防控重点联系行制度，2013 年总行将浙江、辽宁、甘肃分行作为重点联系行，各分行要将案件风险突出的下级机构确定为重点联系行，实行差别化的督导帮扶措施。

（三）完善制度，健全机制，深入推进惩治和预防腐败体系建设

认真落实党风廉政建设责任制。各级党委要进一步增强责任意识，按照总行《党风廉政建设责任制实施办法》，抓好责任落实。总行将制定党风廉政建设责任制考核办法，加强对各级领导班子的考核，对大案、要案实行“一票否决”，促进各级领导干部切实落实“一岗双责”。

深入推进惩治和预防腐败体系建设。根据中央部署，在总结我行 2008—2012 年惩防体系建设 5 年规划执行情况的基础上，研究制订 2013—2017 年 5 年工作规划。各级行要结合实际，有重点、有针对性地推进教育、制度、监督、改革、纠风、惩处等各方面工作。

强化制度建设在反腐倡廉和防范风险中的作用。坚持用制度管人、用制度管事、用制度管权。各业务部门要根据内外审计、检查、案件查处发现的问题，进一步完善制度、流程和机制，加强管理、堵塞漏洞，要把反腐倡廉和防控案件的要求嵌入规章制度和操作流程中。各级业务管理和监督部门要加强制度执行情况的监督检查，切实提升制度的执行力，维护制度的严肃性。纪检监察部门要对反腐倡廉制度进行梳理、修订、完善，并抓好制度的贯彻落实。

探索健全廉政风险防控机制。根据中央纪委《关于加强廉政风险防控的指导意见》，总行将制订实施廉政风险防控方案，以现代风险管理理念和信息技术为支撑，通过各业务条线编制职权目录、描述职权运行流程、查找风险点、评定风险等级、建立风险信息库、实施动态监控等措施，完善教育、监督、预警、处置等方面的机制，实现对权力的监督制约，系统地防控廉政风险。各分行要按照总行部署，结合实际抓好落实。

积极推进基层党务公开。总行下发的基层党组织党务公开指导意见，明确在二级分支行及以下机构基层党组织实行党务公开。2013 年将选择具备条件的部分分支机构推行，2—3 年内全面实施。各一级分行要按照总行统一部署，结合行务公开，稳妥有序地做好基层党务公开工作。

（四）加强对重点领域的监督，充分发挥巡视和信访监督的作用

加强对涉及“权、钱、人”关键环节的监督。各级机构要对财务收支、信贷经营审批、资产处置、基建和集中采购、选人用人等权力相对集中的部位加强监督检查。纪检监察部门要重点加强对领导班子执行民主集中制、“三重一大”决策制度等情况的监督检查，防止违规操作和以权谋私，促进权力正确行使。

强化巡视监督。巡视工作要按照“服务大局、强化监督、反映实情、促进发展”的指导思想，把发现和推动解决突出问题作为巡视工作的主线，深入了解掌握被巡视机构班子建设、业务发展、基础管理存在的主要问题，以及员工反映强烈的问题，督促整改，确保总行党委战略部署和工作要求得到贯彻执行。总行 2013 年重新组建了 3 个巡视组，拟对 5 家分行和 1 家子公司进行巡视，对 3 家分行进行回访。已对下开展巡视工作的分行要按照总行的指导意见，健全机构、配齐力量，开展好巡视。巡视工作办公室要主动工作，加强政策研究，建立健全制度，做好组织协调，为巡视工作提供支持保障。

重视信访监督。各级纪检监察部门要认真受理群众信访举报，处理好初信初访，努力减少重信重访。对群众反映强烈、风险较大的问题，要加大核查力度。对反映问题性质严重、线索具体的信访件，总行和一级分行要直接核查，提高信访件的核查率。对涉及群众切身利益的举报事项，要认真核查，妥善处置。对反映领导干部作风方面的突出问题，要及时通过信访核查、函询、提醒谈话等方式，促进领导干部改进作风。加强与相关部门的配合沟通，注意做好反腐倡廉网络舆情的收集研判、应对处置工作。对信访核查发现的问题，要严肃处理。查实的重大典型事例，要及时通报。对自查率和核查质量较低的机构，上级行要加强监督检查。

（五）加大问责力度，维护铁的纪律

强化案件及重大违规问题问责工作。严肃处理案件及重大违规问题责任人，尤其要加大对领导干部及管理人员的问责力度。针对授信业务违规问责力度偏弱的问题，各级行要严格执行问责制度标准，对于性质和后果严重的违规失职行为，必须从严惩处，不得以扣减绩效等处理方式代替纪律处分。发生案件和违规、违纪问题后，在责任未明晰、追究未完成之前，不得批准相关人员调离、辞职，防止其逃避责任。单户本金亿元以上损失类授信业务的责任人处理，必须报总行核准；其他公司机构类授信业务的责任人处理，由一级分行核准。总分行要对问责情况加强监测和检查，发现处理偏轻的及时予以纠正。

进一步完善检查发现问题的问责机制。针对内外部审计和监管检查发现问题问责不到位的现象，纪检监察部门要会同相关部门开展调查研究，提出具体意见和措施，健全问责机制，完善问责流程，使“谁检查、谁认定、谁负责督促整改”的要求落到实处。纪检监察部门要加大对检查发现问题责任追究的审核力度，对内部审计认定为“比较严重”等级以上的问题，以及外部审计、监管检查发现的问题，除总行管理的人员外，责任人处理要由一级分行核准。总分行要对内外部审计和监管检查发现问题问责率加强通报和考核。

持续推进轻微违规积分和奖励积分管理工作。各级行要强化“检查 + 积分 + 整改”联动机制，健全轻微违规积分数据分析、通报制度。要抓好《奖励积分管理指导意见》的落实，加强宣传，兑现奖励，提高员工防范案件和风险的积极性。总行将在调研的基础上，制定奖励积分管理办法，进一步规范和推动奖励积分工作。

（六）切实加强纪检监察组织建设，全面提升队伍素质

中央纪委二次全会强调，要建设一支忠诚可靠、服务人民、刚正不阿、秉公执纪的纪检监察干部队伍。各级行要充分认识加强纪检监察组织建设的重要性，继续抓好中央四部委 12 号文件和总行党委 3 号文件要求的落实，在机构改革中要保持纪检监察组织健全和队伍稳定。设立党委的分支机构必须设纪委和纪检监察部，规模大的分支行单独设立纪检监察部门。在省会城市行机构改革中，维持现有营业部模式和多支行模式的，要进一步健全纪检监察组织，充实人员力量；由多支行模式向营业部模式调整的，必须在营业部设立纪检监察部门。

纪委书记要把主要精力放在纪检监察工作上，不得分管与履行监督职责相冲突的工作。要认真落实纪委书记和纪检监察部主要负责人述职述廉制度。继续加强纪检监察特派员的管理，认真执行特派员工作案例、工作例会、工作考核等 10 项管理制度，提升特派员履职能力，充分发挥特派员在加强基层机构负责人监督、防控案件等方面的作用。

全行纪检监察人员要带头遵守纪律、改进作风，自觉接受监督。要加强学习和实践，提高案件防查、信访核查、责任追究、廉政监督等方面的能力，努力融入业务、前移关口。总分行要继续利用各种培训资源，分层次、有针对性地加大对纪检监察人员的培训力度，鼓励纪检监察人员参加业务条线培训，努力改善纪检监察队伍的知识结构，提高履职能力和工作水平。

继续发挥监察学会建设银行分会的平台作用，结合十八大精神和建设银行实际，围绕当前商业银行经营管理和反腐倡廉建设中的重点、难点问题开展调研，提升全行反腐倡廉建设的理论指导水平。做好优秀理论调研成果的转化，将课题成果中提出的相关解决措施和工作建议运用到实际工作中。对近年来银行业案件进行深入总结和梳理，编好《国有控股商业银行违规违纪案例与分析》一书。继续坚持纪检监察机构负责人调研制度，一级分行纪委书记和纪检监察部总经理每年要向总行报送 1—2 篇有价值的调研报告或理论文章。

同志们，全行反腐倡廉建设任务繁重，纪检监察部门的责任重大、使命光荣。在总行党委领导下，我们要坚定信心、扎实工作、开拓进取，努力为全行的持续健康发展作出更大贡献。

在巡视工作培训班上的讲话

朱洪波

（2013 年 3 月 18 日）

同志们：

大家上午好！

下午，王洪章董事长还将来看望大家，并作重要讲话。在此，我谨代表巡视工作领导小组，对大家的到来表示衷心感谢和热烈欢迎！

总行党委对巡视工作高度重视，新的党委组建伊始就将进一步加强和改进巡视工作提上了议事日程，加强巡视办协调支持职能，调整充实巡视组力量，而且新巡视组的组建和成员的选拔，王洪章董事长都非常关心、亲自过问，目的是希望进一步提高巡视质量和水平，真正了解真实情况，发现突出问题，推动被巡视单位改革发展。总行党委选任了在建设银行系统德高望重、有丰富管理经验、在一级分行担任过“一把手”的3位同志担任巡视组组长，巡视组的成员也都是年轻有为的后备干部和业务骨干。选调精兵强将配齐配强巡视组，既反映了总行党委对巡视工作的高度重视，也体现了总行党委对大家的充分信任。大家从事巡视工作，使命光荣、责任重大、任务艰巨。希望大家不辜负党委的信任和重托，以良好的工作作风和高质量的巡视，回应总行党委的决策。

古人说得好，“工欲善其事，必先利其器”。对于在座大多数同志，是第一次参加巡视工作，通过系统培训掌握巡视工作的理论方法和相关知识，十分必要，今后每年都要进行一次系统培训，使培训常态化。巡视办要参考中央巡视办的做法，收集相关制度、经验做法，编制巡视工作手册，供大家学习参考。为了办好本次培训班，巡视办作了周密筹划、精心准备，安排的时间比较充裕，内容也十分丰富。有中央巡视办曾鑫处长为我们讲授巡视的基本原理、全国巡视工作情况、中央对巡视工作最新的指示精神；有总行巡视办各位同志为大家讲解总行党委近一个时期以来对巡视工作的指示精神，以及巡视工作的基本要求、工作流程、方式方法、巡视报告的撰写、民主测评和问卷调查系统运用、巡视模板使用等内容；请了总行7个部门为大家介绍全行发展战略、政策导向、2013年工作重点、9个被巡视单位相关情况等；还请了多年参加巡视工作的老同志与大家分享巡视工作的心得和体会等。巡视是一项实践性很强的工作，这些内容都是巡视组人员必须了解掌握的必修课，是学了以后马上能够运用到实际工作中去的内容，希望大家珍惜机会，认真学习，尽快进入角色。下面，我讲几点意见。

一、要掌握政策，把反映实情、发现问题作为工作重点，切实增强监督的有效性

巡视工作是一项政治性、政策性很强的工作，是新的历史时期党中央采取的特殊的党内监督手段，因此要把掌握政策放在首位。巡视工作人员必须通过学习，准确把握巡视工作的指导思想、政策法规、基本原则及一般规律。同时，要突出工作重点，把“了解真实情况，发现和推动解决突出问题”作为巡视工作的生命线。巡视组是督察队，不是宣传队，必须不断强化发现问题的意识，提高发现问题能力，把被巡视单位的情况和存在的主要问题搞准、摸透，把被巡视单位领导班子和领导人员的像“画准”。如果一个巡视组通过两三个月的时间还不能把一个单位的情况摸准吃透，了解的情况还没有党委掌握的全面、准确，这样的巡视工作就毫无意义，长此以往，巡视组也就没有存在的价值。根据巡视工作的任务，结合建设银行情况，重点了解掌握以下五个方面的情况和存在的问题。

（一）全面了解掌握被巡视单位领导班子建设的情况和存在的主要问题，尤其是“一把手”的情况和问题，为总行党委提供真实情况

要把巡视重点放在被巡视单位尤其是“一把手”身上。现有体制下，“一把手”起着至关重要的作用，选好“一把手”能搞好一个行。在刚刚召开的全行纪检监察工作会上，王洪章董事长在讲话中用了很多篇幅指出了当前建设银行领导干部存在的问题，大家在巡视中一定要调查清楚被巡视单位领导班子及其成员尤其是“一把手”存不存在这些问题，产生这些问题的根源是什么。具体内容包括贯彻执行民主集中制、“三重一大”决策制度、集体领导与个人分工负责的制度、党委议事规则、民主生活会制度、党委中心组学习制度、党风廉政建设责任制、领导人员廉洁从业规定、职务消费管理规定等情况。2013年还要重点对贯彻执行中央“八项规定”以及总行党委“十条要求”的情况、对遵守政治纪律的情况进行监督检查。特别是在执行中央和总行党委改进工作作风、密切联系群众要求方面，我们分支机构不得把一些显性的东西变成隐形的东西，巡视组在这方面要做重点关注。总之，要通过巡视，

对被巡视单位领导班子建设情况及存在的问题作出客观公正的评价。

（二）了解掌握影响被巡视单位在改革发展中的突出问题，推动被巡视单位领导班子厘清发展思路，增强可持续发展能力

在这个问题上要重点把握三个方面。一是了解掌握被巡视单位贯彻执行党的十八大和中央经济工作会议精神，中央关于“调结构、稳增长、促改革”以及党风廉政建设责任制在本单位的贯彻落实情况；二是了解掌握被巡视单位贯彻落实全行工作会议精神，总行党委各项决策部署，以及全行发展战略、深化转型、调整结构、推进改革、加快发展的情况，存不存在阳奉阴违、各行其是或者“消化不良”的问题；三是了解掌握被巡视单位主要业务发展目标的完成情况，当地市场竞争力的状况等。通过深入了解被巡视单位业务发展状况，查找、发现、揭示业务发展中存在的主要问题，对被巡视单位的业务发展状况、可持续发展能力和存在的主要问题作出全面准确的评价。

应该说，东部地区是我国金融业务最具成长潜力的区域，中央对东部地区提出“两个率先”的要求。从建设银行情况看，东部地区的分行竞争力普遍偏弱，中西部地区的分行反倒比较强。2013 年的被巡视单位中，有好几个是在东部地区。如果我们“武器先进、装备精良”还不能取得竞争优势，可能是战略上出了问题，或是经营管理上出了问题，巡视组要深入了解这些单位竞争力偏弱的原因，剖析一下问题到底出在什么地方。市场经济环境下，不进则退，进得慢也是后退。

（三）了解掌握被巡视单位基础管理的薄弱环节，督促被巡视单位领导班子进一步强化控制力，加强内部控制和风险管理

风险管理是商业银行一切工作的底线，尤其在当前社会环境、经济环境下，风险管理面临巨大压力。2012 年发生的几起案件，说明我们的基础管理存在薄弱环节，某些防线形同虚设。因此，要对被巡视单位的基础管理进行全面的了解，尤其是在案件防控方面。具体包括：被巡视单位的风险管理、内部控制的现状和问题，落实案件防控工作责任制、推进案件防控工作情况和问题，违规问题的查处、整改、责任追究情况和问题等。目前尤其要关注信贷投放、财务管理、固定资产管理、基本建设项目和基层网点建设等方面隐含的风险，关注重大风险问题和重大案件隐患，对被巡视单位的内部控制和风险管理状况和问题作出实事求是的评价。

（四）了解掌握被巡视单位干部选拔任用情况，促进被巡视单位提高选人、用人的公信度

人是一切的核心。最大的腐败是吏治腐败，吏治腐败是根上的腐败。2012 年，全行信访举报比较多，其中反映领导班子及主要负责人选人、用人的尤为突出。因此，巡视组要重点关注被巡视单位选人、用人的情况，具体包括：执行选人、用人原则和基本条件，遵守组织人事工作纪律，执行选人、用人程序的情况；选人、用人的风气情况；对二级分行领导班子管理、对本部中层干部管理、年轻干部的培养以及队伍建设的情况等。要关注和发现被巡视单位在干部选拔任用中存在的问题和用人上的不正之风，促进被巡视单位提高选人、用人的公信度，提高被巡视单位广大员工对干部选拔任用工作的满意度，确保按照中央的要求，选好人、用好人，将那些想干事、会干事、干成事的人用到领导岗位上来。同时，在巡视过程中，还要注意了解发现被巡视单位的优秀干部和人才，为总行党委及相关部门加强干部队伍建设提供参考。

（五）了解掌握被巡视单位广大员工反映强烈的突出问题，促进被巡视单位领导班子重视并维护员工切身利益

要把干部员工最关心、最直接、最现实的利益问题作为巡视重点，认真查找损害干部员工利益的行为，保障干部员工的权益，体现建设银行“回报社会，成就员工”的理念。

二、要善于学习、总结经验、改进方法，不断提高巡视工作质量

巡视监督自古有之，古代有巡抚、巡察、八府巡按，只不过与我们的目的、方式不同。中央决定在新时期开展巡视工作，到目前只有 10 年，经历了一个探索完善的过程，到目前，中央的巡视工作条例仍然还是试行。在 2012 年中央召开的巡视工作理论研讨会上，何勇同志就谈到，条例

在巡视的目的、任务、方向方面规定得很清楚，但在方式、方法方面规定得不是很细，就是为了给各地区、各单位留有探索完善的空间。因此，巡视工作是一个不断探索、实践、提高的过程，善于在实践中探索、在探索中完善，也是对大家做好巡视工作的一方面要求。巡视结束后，三个巡视组也要认真总结交流。就一般规律而言，大家重点要在以下几方面下工夫。

（一）要充分做好进驻前的准备工作

进驻被巡视单位前，要加强与总行相关部门沟通，全面收集并深入分析有关情况，做好案头工作。“未出茅庐，便知三分天下”，做到未到被巡视单位前，至少掌握七分情况，带着问题下去，提高发现问题的前瞻性和针对性。做银行巡视工作有个有利的条件，就是连续性强，历史数据齐全，相关资料完整。培训之前，巡视办向各相关部门收集了9个被巡视单位的班子结构、近三年的考核情况、业务发展情况、内控评级情况、审计发现问题、案件、责任追究、信访情况等，把能收集到的数据和情况都尽可能地收集到了，这方面的准备工作是比较充分的。培训期间，安排了7个业务部门为大家介绍9个被巡视单位的各方面情况，大家可利用这个机会，多与这些业务部门沟通、探讨，收集素材，挖掘情况。2013年增加了对子公司的巡视，这是建设银行历史上第一次对子公司的巡视，子公司的业务和经营管理方式都与一级分行有很大的不同，我们都没有现成经验可循，巡视组的同志对这一块业务也不太熟悉，这对我们是个考验。负责子公司的巡视组事前更要作充分准备。

（二）要灵活运用各种手段，进一步拓宽发现问题线索的来源和渠道

建设银行是一级法人体制，全行是“一家人”，巡视组同志与各被巡视单位的领导之间都比较熟，所以要求巡视组坚持原则，尽可能多地了解实情、发现问题。特别是在方式、方法上，大家要多做探索。尽量少听汇报多谈话，少开会多调研。大的情况可以听一听汇报，但了解掌握实际情况还是要靠多谈话、多调研，自己看、自己听、自己分析。工作中不仅要听取被巡视单位党委的全面工作汇报，还要听取纪委、人事、财务、风险、审计等部门的专题汇报；不仅要和班子成员、各级管理人员进行个别谈话，必要时还要选取部分基层员工、近几年退休的领导人员谈话；要提高谈话技巧，善于引导被谈话人将被巡视单位真实的情况、存在的问题谈出来，必要时可采取“一对一”的谈话方式；对基层行的调研，要适当增加部分县支行和营业网点，必要时可以采取暗访；外部走访面，包括银监局、人民银行、金融办、财政部专员办等都要走访到；民主测评和问卷调查要注意做好组织动员，善于将定性判断与定量分析结合起来，确定巡视方向和重点；要充分利用信访、投诉，捕捉问题线索。

（三）要提高巡视报告质量

巡视报告是巡视成果的集中体现，是巡视组交给党委的“答卷”，巡视结束后，起草好巡视报告十分重要，巡视组内要集体讨论、反复推敲、字斟句酌，篇幅不能太长。巡视报告既要对被巡视单位领导班子进行全面评价，又要把重点放在反映巡视发现的问题上，确保总行党委能够全面掌握真实情况。巡视报告要突出重点，要注意反映总行党委高度关注的带战略性的问题、制约被巡视单位科学发展的要害问题，干部员工对领导班子及其成员反映强烈的突出问题，包括对被巡视单位领导班子及其成员问题的反映、举报，都要向总行党委汇报。巡视报告既要认真归纳和提炼，又要注意“原滋原味”，努力做到生动、鲜活，给人留下深刻印象。对存在的问题、违反的规定、潜在的风险危害以及产生问题的原因等，这些都要详细描述，深入剖析，并提出具体整改建议，为总行党委决策提供参考，为被巡视单位解决问题出谋划策。对一些事关全局的倾向性问题、广大干部员工关注的热点问题，巡视组在深入调查研究的基础上，可以形成专题报告报总行党委，为总行党委决策提供有价值的参考。

（四）要运用好巡视成果，积极推动解决问题

很多工作，“虎头蛇尾”的比较多。对于巡视工作来说，从某种意义上讲后期的成果转化更为重要。巡视组要做好巡视反馈和巡视回访，巡视办要督促被巡视单位抓好整改落实，并做好整改效果的评估。巡视结束后，巡视办要按制度流程将巡视成果移交相关部门具体处理，使巡视成果与业务发展、风险管控、业绩评价、资源配置、选人用人、绩效分配等结合起来，增强巡视监督的综合效应。

三、要努力做到“四个过硬”，不断加强自身建设

（一）巡视办和巡视组要保持密切联系

2013年是巡视工作按“组办分设”模式运行的第一年。巡视办是总行党委巡视工作的日常办事机构，要认真贯彻落实总行党委的决策和部署，全面履行《巡视工作规定》明确的职责：承担巡视工作的综合协调、计划安排、政策研究、制度建设等工作；向总行党委报告巡视工作中的重要情况；对巡视组人员进行培训、考核、监督和管理；对总行党委决定的事项进行督办；管理、指导一级分行对所辖二级分支机构的巡视工作；为巡视组提供支持保障，并配合巡视组做好巡视前准备、进驻、被巡视单位工作汇报、巡视反馈、向总行党委汇报、跟踪督促被巡视单位整改等工作。巡视组是在总行党委领导下开展巡视工作，其主要职责是贯彻落实总行党委关于巡视工作的决策和部署，承担对下一级机构领导班子及领导人员的巡视和回访任务，向总行党委负责并报告工作。

新模式的高效运行必然有一个磨合过程。一方面，巡视办要充分发挥支持保障职能作用，主动加强与巡视组的沟通联系。巡视办的同志要认真学习和熟练掌握中央有关精神和总行党委的部署要求，及时向巡视组传达；要主动了解巡视组工作和生活中的遇到的困难和问题，并及时帮助协调解决。另一方面，巡视组要将巡视进度、遇到的困难和支持需求及时向巡视办沟通、反馈，巡视组和巡视办之间加强沟通协调，保持密切联系，共同推动巡视工作深入开展。

（二）要加强自身建设

由于巡视工作的重要性和特殊性，总行党委高度重视，广大干部员工寄予厚望，尤其是2013年又从全行系统调集了精兵强将，各方面对巡视工作的要求和预期就更高了。我们只有不断加强自身建设，提高各方面的素质，真正做到政治上靠得住、工作上有本事、作风上过得硬，才可能把巡视工作做好。在这方面，我在2013年4月巡视工作培训班上对巡视人员提出“四个过硬”的要求，今天在这里再重申和强调一下。

一要有过硬的政治素质。巡视工作本来就是一项政治性很强的业务，大家出去一言一行又是代表党委，所以要求我们首先在政治上要强，讲党性、讲原则，增强大局意识、纪律意识。如果政治不强，巡视中夹带个人恩怨，就可能严重影响一个班子的建设。希望同志们认真学习党的路线方针政策，准确理解和掌握总行党委的决策部署，以更高的标准要求自己，严格遵守党的纪律和巡视工作纪律。中央和总行党委要求全行做到的，我们首先做到；中央和总行党委明令禁止的，我们坚决不做，以高度的责任感、使命感投入到巡视中，圆满完成总行党委交给的任务。

二要有过硬的业务素质。业务素质包括两方面的内容，一个是巡视工作本身的规律、方法和技巧，另一个是银行业务。巡视工作政策性、技术性都很强，这需要我们通过不断地学习、揣摩，深入掌握巡视工作的政策、规律、方法、要求，结合实际创造性地开展工作。同时，巡视的落脚点还是在于促进被巡视单位提高经营管理水平，所以要求我们还要熟知商业银行的经营管理。比如，要了解被巡视单位班子民主集中制执行情况、选人用人情况、业务发展情况，就要准确掌握相关纪律、政策要求和业务知识，如果巡视组的同志连“一报告两评议”、“三重一大”是什么内容都不了解，报表也看不明白，怎么开展工作？

三要有过硬的工作作风。巡视人员的作风建设非常重要，大家的作风如何，直接关系到干部员工对巡视工作的信心，也决定着巡视工作的质量和效果，同时对被巡视单位也具有一定的示范和表率作用。这次出去巡视时机也比较特殊，正值全行上下深入贯彻落实中央改进工作作风的“八项规定”和总行党委“十项要求”，同志们下去以后，一定要严格执行，带头遵守，在这方面为被巡视单位作出表率。大家在巡视工作中要深入基层、深入实际，密切联系群众，善于听取不同的意见；要坚持原则、实事求是、客观公正，不能“一叶障目”；要坚持党性，不怕得罪人，敢于发现和指出问题，不能戴着有色眼镜看人，

不能掺杂个人恩怨；要沉得下、蹲得住，通过艰苦细致的工作把情况和问题摸清、摸透；对发现的问题不夸大、不缩小，如实反映、如实汇报；说话、办事要谨言慎行；要严格遵守接待规定，吃住从简、轻车简从。

四要有过硬的思想品格。由于职责的要求，每个巡视人员必须以更高的标准严格要求自己。要模范遵守巡视工作纪律，特别是保密纪律和重大事项请示报告制度；要严格遵守廉洁自律有关规定，不准收受礼品，不涉足有损巡视工作人员形象和声誉的场所；不准利用工作之便办私事，不准在被巡视单位报销应由个人支付的任何费用。总之，希望大家严守纪律、秉公办事、勤俭节约、廉洁自律、谦虚谨慎，在思想品格和工作纪律上为被巡视单位树立榜样，作出表率。

巡视工作是一个非常重要的岗位，对干部的培养锻炼和成长进步十分有益，特别是对年轻同志来说，更是一个锤炼成才的好机会。总行党委明确要求，要把巡视岗位作为培养和锻炼后备干部的平台和基地。到一个分行三个月时间，能够了解所有情况，查阅所有资料，对一个分行像"解剖麻雀"一样可以剖析得很透，既要对事又要对人，既要对领导人员又要对一般员工，所以巡视工作也是一个十分难得的学习机会。希望大家珍惜这个难得的机会，注意向实践学习、向基层干部学习，向被巡视单位的领导干部和同志们学习，在巡视实践中磨炼意志、积累经验、增长才干、有所收获、有所提高。

最后，对巡视办提点要求。巡视办不是巡视组的领导机构，巡视办是党委巡视工作的日常办事机构，大量组织协调、支持保障工作需要安排，所以十分重要。同时巡视办还要不断地研究总结巡视工作好的经验和做法，不断进行方式、方法和制度的创新，做好制度建设、机制建设。同时还要加强对各一级分行巡视工作的指导、支持和管理，2013 年要求各分行全面开展巡视工作，不一定全覆盖，但要求都开展。各分行情况不一样，对政策的理解把握也不一样，巡视办要加强服务指导。

总之，希望大家通过培训，将巡视工作的有关政策规定、制度要求学习好、掌握好，把巡视前的准备工作做充分，打响专门巡视组成立后的"第一炮"，确保完成总行党委交付的任务，同时为今后进一步加强和改进巡视工作探索经验、奠定基础。下午，董事长还要来看望大家，做重要讲话，希望大家学习好，认真贯彻落实好。

（根据录音整理）

在全行公司机构客户养老金业务营销推进（视频）会上的讲话

朱洪波

（2013 年 11 月 28 日）

同志们：

党的十八届三中全会对全面深化改革进行了整体部署，公布了综合改革方案，其中关于养老保障的改革非常引人注目。政策要求构建多层次的社会保障体系，加快发展企业年金与职业年金。随着我国养老保障制度改革的不断深入，未来我行养老金业务也将迎来重大的机遇和挑战，能否准确把握稍纵即逝的发展机遇，变挑战为推进业务发展的强大动力，是我们当前迫切需要解决的问题。我行养老金业务部成立以来，这是首次举行全行范围的视频大会，非常有必要。会议时间虽然不长，但任务明确，就是研究养老金业务的战略转型和全面可持续发展的问题，进一步统一思想、深入动员，对今后养老金业务深化发展进行安排部署。

下面，我谈几点意见，供大家参考。

一、养老金业务工作成效显著

近年来，全行养老金业务条线依托我行综合化经营优势，以“三大一高”为战略指导，以养老金业务综合金融服务方案为重要抓手，大力拓展养老金市场，加快养老金产品创新，深化养老金业务转型。养老金业务主要指标年平均增幅达40%以上，企业客户数继2012年实现“万户工程”后，已突破1.7万户，管理的养老金资产规模也已超过了千亿元大关。这是一个里程碑，标志着我行养老金业务的规模效应开始逐渐显现。

（一）提前完成全年各项计划、业绩增长同业领先

截至2013年10月末，我行养老金业务条线攻坚克难、拼搏奋进，各项业务指标新增规模全部提前完成了全年计划任务；与此同时，继续保持了受托资产规模新增、中央级企业中标数两项同业第一的突出业绩。

（二）产品以及营销模式的创新不断取得新突破

我行在业内率先推出养老金卡，该卡是我行与中国老龄产业协会合作推出的国内唯一具有养老特色的联名借记卡，成功将养老金服务对象扩展到个人领域。此外，为满足养老金对公客户的投资理财需求，养老金业务部与投资银行部积极联动，成功发行“乾元—养颐四方”养老金理财产品，募集资金总额达32.7亿元，开拓了养老金市场新领域，成功填补了我行养老金投资理财类产品方面的空白。同时，养老金业务部在营销模式方面也进行了不断创新，不仅进一步丰富和完善了我行养老金业务综合金融服务方案，还创新出了“五句话营销养老金”的营销方式，并且制作成卡片，方便了一线同志推广营销养老金业务。

（三）分行养老金业务发展成效显著

2013年以来，各分行在营销养老金业务方面实现了多项突破。比如，江西省分行勇于创新，针对高校客户的需求成功研发“养颐天福”养老金产品，打开了高校客户养老金业务的突破口；江苏、浙江等分行深入挖掘客户潜力，在全行率先拓展了军队武警客户的养老金业务；湖南、甘肃等分行成功营销了医院等事业单位的养老金业务；上海市分行对企业年金计划个人投资选择权开放进行了试点，帮助企业减少决策风险，满足了企业员工个人对自身企业年金的投资偏好；云南省分行在市场竞争非常激烈的情况下实现了到期的存量客户全部成功续约，克服更换管理人过程中的重重困难，实现了增量客户全部上线运营；浙江、湖南、深圳等分行在养老金理财产品销售方面做出了很好的业绩；海南和苏州分行根据客户的需求推出了专属的养老金理财产品，实现了在养老金业务方面的突破。

（四）通过优质的服务，树立了我行养老金业务良好的市场声誉

我行养老金业务在产品创新和客户服务方面的优异表现获得了市场的广泛认可与赞誉，接连荣获《首席财务官》杂志评选的“最佳养老金服务品牌奖”与“最佳养老金品牌奖”，以及《经济》杂志等机构评选出的“金典奖—中国养老金融服务公众满意最佳典范品牌奖”、“民生中国—中国养老金融服务最具领导力品牌”等多个奖项。2013年8月，我行成功当选了中国银行业协会养老金业务专业委员会第二届主任单位，同时凭借突出的专业能力、协调能力和服务能力，荣获了“中国银行业协会养老金专业突出贡献单位奖”，进一步提升了我行养老金业务良好的市场声誉。上述成绩的取得离不开总行领导的高度重视，离不开分支行一线同志的不懈努力，更离不开总分行各相关部门的大力支持。在此，我代表总行党委和管理层向大家表示衷心的感谢。

二、牢牢把握人口老龄化、养老保障制度改革以及养老金市场多元化所带来的机遇期

随着我国人口老龄化程度的不断加深，现行养老保障制度所存在的问题也日益显现出来。十八届三中全会审议通过的《中共中央关于全面深化改革若干重大问题的决定》（以下简称《决定》），对我国社会保障制度改革作出了全面部署，提出了具体、现实且操作性强的改革措施。这将为养老金融产业的快速发展、养老金业务的跨越式发展以及养老金产品的创新突破带来一个至关重要的机遇期。

（一）我国人口老龄化程度的不断加深将为养老金融产业快速发展带来一个至关重要的"黄金机遇期"

2013 年我国 60 岁以上老年人口数量将突破 2 亿大关，占全国总人口的比例达到 14.8%；预计 2053 年我国老年人口的数量将达到峰值 4.87 亿，占全国总人口的比例将达到 34.8%。届时，每 3 个人当中就有 1 个 60 岁以上的老人。我国人口老龄化程度的不断加深，将使得以老龄化为引领的、潜力巨大的"银发经济"得到蓬勃发展，成为我国未来经济持续增长的新兴市场。

人口老龄化确实会给经济增长带来许多挑战和冲击，老龄人口数量的增加，将导致用于养老的资源增加，比如增加有关养老的财政支出、降低企业基本养老金缴费费率和配置更多与养老有关的公共设施等，这些都意味着国民收入分配格局以及经济资源配置格局将发生改变。由此也将会带来社会、经济等方面的深入变革，而这种变革的背后必然离不开金融服务的支持。在这种形势下，养老金融产业将会得到快速的发展，各分行都要正确认识到养老金融产业的发展前景，充分挖掘养老金融产业的快速发展所带来的巨大商机，提早进行业务谋划与业务布局。

（二）养老保障制度的全面深化改革将为养老金业务实现进一步跨越式发展带来一个至关重要的历史机遇期

十八届三中全会部署的全面深化养老保障制度改革，将为养老金业务进一步的跨越式发展带来至关重要的政策红利和历史机遇。

一是《决定》明确提出"推进机关事业单位养老保险制度改革"，这体现了中央对机关事业单位养老保障制度改革问题的高度重视和坚强决心，将有利于从根本上解决社会反映强烈的"双轨制"问题。据统计，我国事业单位涉及 126 万多家机构，3 000 多万名干部员工，一旦事业单位职业年金工作在全国范围内全面铺开，养老金业务增长的规模与市场空间将十分可观。

二是《决定》明确提出"制定实施免税、延期征税等优惠政策，加快发展企业年金、职业年金，构建多层次社会保障体系。"一旦免税、延期征税等优惠政策出台，将极大地提高企业建立以及员工参加年金计划的积极性，成为加快企业年金发展的重要推动力。

三是《决定》中关于基本养老保险制度的改革包括了加强社会保险基金投资管理和监督，推进基金市场化、多元化的投资运营等内容。2012 年全国职工基本养老保险基金累计结余约 2.4 万亿元。随着企业职工基本养老保险、城镇居民基本养老保险、新型农村养老保险制度的整合，基本养老保险结余资金规模必将进一步扩大。我国社保基金的市场化运营也是大势所趋。庞大的社保基金市场化管理必然需要专业的养老金管理机构进行参与，而这也将成为我行养老金业务不断快速增长的新动力。

通过对《决定》中的相关内容进行分析，我们能感受到我国养老保障制度的顶层设计已经非常明晰，其中很重要的一点就是要大力发展企业年金、职业年金，这将为养老金业务进一步跨越式发展提供更为广阔的空间。各分行要深入学习领会《决定》中有关促进养老金业务发展的内容，充分利用好养老保障制度改革带来的政策红利，不断拓展业务范围和业务规模，推进我行养老金业务进一步跨越式发展。

（三）养老金市场发展的多元化将为养老金产品带来一个至关重要的创新机遇期

在近期召开的战略与创新专题研讨暨秋季工作座谈会上，王洪章董事长明确提出了"培育一流产品创新能力，建设创新型银行"的要求。我行的养老金业务恰逢实现进一步跨越式发展的历史机遇期，亟须不断地进行养老金产品创新，开发出既有特色又领先同业的养老金产品。正如前面所提到的养老金卡，就是一项非常好的养老金产品创新。

我行作为国内领先的综合性商业银行，如何能够以前瞻性的眼光，充分利用政策红利，发挥商业银行作为专业机构的综合化金融优势，多角度、全方位地参与到我国社会老龄化的进程中来，积极推进我行战略转型，确实是一个值得大家去深入思考的问题。而解决这个问题的方式之一，就是各分行都要着眼于各类客户的养老保障需求，致力于在各类养老保障细分市场当中进行有效的产品创新，并且不断向其上下游进行延伸，从而进一步形成涵盖对公客户与个人客户、在职人员与退休人员等不同服务对象的养老金产品体系，为我行开辟出新的战略业务板块。

三、当前我行养老金业务发展存在的问题

通过对我行养老金业务的发展现状、未来的发展形势进行全面分析，当前全行在养老金业务发展中还存在以下5个方面的问题：

（一）对养老金业务的认识问题

我行养老金业务虽然起步相对较晚，但是总行党委对养老金业务高度重视。然而从全行养老金业务的整体发展情况来看，还是能够感觉到一些分行行领导没有充分认识到养老金业务在全行业务转型发展中的重要性，对这项业务的重视程度还不够，认识上还存在一定的偏差：没有深刻认识到养老金业务蕴藏的巨大商机，能为商业银行的利润增长带来新的源泉；没有意识到养老金业务作为商业银行一项新型中间业务，具有经济资本占用少、资金沉淀稳定、抗周期性强、收入增长持续性好、业务协同效应显著等优势特点，是商业银行调整业务结构，实现战略转型的重要抓手。认识上的不到位，影响了一些分行养老金业务的发展。

（二）业务发展行际不平衡

就各个分行的养老金业务量而言，排名前10位分行的业务总量占据了全行养老金业务总量的60%；仅有部分分行在总行养老金产品创新的推广方面有所突破，相当一部分分行在总行养老金产品创新的推广方面还有待于进一步加强。

（三）考核激励机制较弱

根据在党的群众路线教育实践活动中了解到的具体情况，不少分行发映养老金业务绩效考核激励机制还不够完善、养老金业务考核指标在各层级考核指标当中的占比依然偏低以及激励措施不到位等问题，不能够充分地调动起分行在发展养老金业务方面的积极性。

（四）养老金业务条线机构设置与人员配备仍显不足

这与我行养老金业务规模的迅速扩张形成了比较突出的矛盾。相对于养老金业务资产规模的迅速增长、业务范围的不断延伸、后端投资管理风险监控要求的不断提高，我们现有的养老金业务条线机构设置和人员确实是不能满足养老金业务的发展需要的。此外，由于分行养老金业务岗位人员的欠缺，导致了混岗与兼岗等问题的出现，极易引发潜在操作风险。

（五）培训的深度和广度有待加强

各分行养老金业务取得了不少成绩，但有的客户经理，甚至有一些中高级管理人员对养老金业务知之甚少。各分行不仅要加强养老金业务培训的广覆盖，更要加强对养老金业务专职人员培训的深度。要加强宣传力度，提高各级业务人员对养老金政策与业务的理解和认知，深刻认识到养老金业务的战略地位，深刻把握养老金业务的基本特征，以新的认知、新的策略、新的措施和新的行为方式，更好地贯彻实施养老金业务综合金融服务方案，推动养老金业务的大发展。

四、下一步工作重点及要求

为了能够全面开展好2014年养老金业务的工作，提出以下几点要求。

（一）进一步提高对养老金业务的认识程度，坚持共同发展原则和鼓励创新原则不动摇

目前，我国已经面临人口老龄化的巨大压力，党中央、国务院、各级政府、社会各界以及相关金融机构高度关注养老事业的发展。我们要在全国养老保障体制改革之际，正确认识到养老金业务的重要性；认识到养老金业务在我行转型发展中的重要作用以及在未来巨大的潜力；认识到养老金业务已经成为了连接我行对公与对私业务的重要纽带，并且成为了增强客户黏性的重要抓手；认识到养老金业务是我行新的业务增长点和新的盈利机会。作为承担着我行战略转型职能的重要方面，养老金业务需要总行和各分行坚定不移地坚持共同发展与鼓励创新原则不动摇。如果现在我们不统一思想、提高认识，把这项业务做大、做强，未来当我们迎来迅速扩张的养老金市场以及更为激烈的竞争时，将处于被动地位。

（二）强化分行业务推动，加强联动营销与外部机构合作，狠抓重点客户营销工作

各分行都要将养老金业务作为“一把手工程”来抓，各分行的主要负责人要对各自分行养老金业务的发展负起责任来，制订出详细的目标任务，并逐一将目标任务列入业务推进责任书中。2014年，对于养老金业务发展依然缓慢或者没有

突破的分行，要将其主要负责人请到总行来开推进会，看看问题到底发生在哪里，还需要多久才能够解决存在的问题。

养老金业务条线要进一步主动加强与集团、公司、机构、投行、金融市场等部门，以及建信基金、建信信托、建信人寿等子公司的合作，为客户提供全面的养老金业务综合金融服务方案。同时，总分行都要重视并积极开展与保险公司、基金公司等外部机构的合作，为客户提供全面、优质的养老金服务。在客户营销方面，既要重点营销也要注重“跑马圈地”，及时抢占市场。

一是要加快推进中心城市行的养老金业务推进。2013 年总行养老金业务部有针对性地开展了中心城市行培训，效果很好。将来就是要紧紧抓住中心城市行这个重点，不仅要实现各个中心城市行在养老金业务方面零的突破，更要实现每个中心城市行的批量客户营销。如果每个二级分行都能够营销 10—20 个客户，全行养老金业务的增长必将会有一个新局面。

二是要坚持做好传统重点客户的营销突破。第一，要做好高校、医院、军队武警等机构客户在职业年金、员工福利计划等业务方面的营销工作。特别要注意将养老金卡与军人保障卡等业务进行联合营销，各个分行要早抓、早行动，争取较高的市场份额。第二，要做好地方性重点客户以及中小企业养老金业务的营销工作。第三，要做好央企及其下属企业的营销工作，建立央企客户营销目录，既要做好高层营销工作，又要建立一户一策的营销策略。第四，要做好外资企业与合资企业养老金业务的营销工作。外资企业和合资企业有着广泛的养老金业务需求，各分行都需要进一步加强这方面的客户营销。对于重点客户，每个分行都要建立起精干的营销团队，负责攻关工作的开展与落实。

三是要高度重视城镇化背景下的新农保、新农合客户。目前，国家正在加强推进城镇化建设，各分行要高度关注其中所带来的新的客户资源。要在新农保、新农合等方面加大工作力度，及时开展好政策学习与客户营销等各方面的工作，实现系统性的业务推动。随着城镇化步伐的加快、户籍制度改革、新农村建设的深化以及农民收入水平的提升，新农保、新农合的业务前景非常广阔，与住房公积金业务的发展轨迹是类似的。目前全国已经有将近 5 亿农民参保，资金规模增长潜力巨大，河南省分行已经先行一步，作出表率。全行一定要全力把握新农保、新农合养老金业务商机，积极布局，提前介入，储备客户资源。

（三）加大绩效考核力度与资源投入，加强机构与人员专业队伍建设

在激烈的市场竞争中，各个养老金管理机构均纷纷加大了投入，都期待能够在养老金融领域尽早抢得战略先机。因此，我们需要谋划更为有力的发展措施，加大养老金业务的考核比重。各分行要在数量指标与规模指标等方面加大考核力度、细化考核方式，在财务资源与客户资源方面，要给养老金业务更多的倾斜，全力支持这项业务的发展。

从这几年分行发展的经验来看，机构设置健全、专业人员充足、队伍稳定的分行往往能够实现区域竞争优势；反之，机构设置不够健全、专业人员较少、人员频繁调动的分行，业务发展相对滞后。因此，各分行要进一步加强专业机构的设置、进一步加强专业人员队伍的建设。2011 年总行已下发《关于加快推进我行 2011 年企业年金业务发展的通知》（建总函〔2011〕172 号），明确了人员配备的具体要求。但从目前的情况看，还有部分分支机构没有按照文件的要求进行相应的人员配备，希望各分行予以高度重视，严格执行文件中的各项要求。

（四）加强产品创新力度，建立核心竞争优势

三中全会对我国经济体制、经济增长方式、经济发展战略布局提出了一系列新的要求，深刻的变革也将给银行传统服务模式、服务产品带来诸多新挑战。总行养老金业务部要在总行产品统筹与创新委员会的统筹协调下，与相关部门加强联动，积极推进总行养老金重点产品的研发，形成拳头产品；各分行也要紧密围绕当地客户和市场的需要，积极推进分行内养老金产品研发和集成应用，形成分行自主特色产品。同时，还要建立起总分行产品研发与创新联动机制，不断满足客户的不同需求，提升客户的满意度与忠诚度，进一步建立起我行的核心竞争优势。

（五）继续加大培训力度，全面普及养老金业务知识

各分行要进一步开展形式多样的养老金业务培训，形成全行学习养老金、全行营销养老金的氛围；要重视对分行、中心城市行与二级分行行领导的业务宣讲和培训，使中高级管理人员“人人知晓养老金，人人营销养老金”。在宣传方面，各分行要重视每个季度的业务分析与通报，并且在本辖区内大力宣传我行的养老金品牌，进一步的提升我行养老金业务的市场形象。

同志们，经过这几年的发展，我行养老金业务已经取得了非常突出的业绩，但全行上下一定要克服松口劲、歇歇脚的懈怠心理，要着眼长远、盯紧同业、提前谋划。要充分意识到我行养老金业务发展中依然存在的问题，全面分析问题的原因，并采取相应的措施予以解决，推动我行养老金业务进一步全面发展，使我行的养老金业务真正能够承担起在战略转型过程中应有的重要作用。我行养老金业务的发展目标应该是规模最大、账户最多、管理最好、产品最优、服务最佳，这样才能与我行“国际一流，国内最佳”的战略目标相匹配。所以，面对新的机遇，总行和分行都要打破思想上和业务上的局限性，坚定信心、开足马力、攻坚克难、真抓实干，充分调动各方面资源，以养老金业务综合金融服务方案为抓手，为客户提供全面、优质、令客户高度满意的养老金融服务，使我行养老金业务的发展迈上新台阶。

谢谢大家！

（根据录音整理）

在2013年海外工作座谈会上的讲话

胡哲一

（2013年1月22日）

刚才张行长充分肯定了2012年海外业务积极发展和深化转型取得的成绩，再次强调了海外发展在我行国际化进程中的重要意义，并对海外机构防控风险、夯实基础、稳健发展、扎实推进战略等方面提出了新的要求。希望总行各部门和各海外机构认真学习领会，切实贯彻落实。下面我再讲几点意见。

一、关于业务发展

2013年，各海外机构要继续按照年均资产增速35%、利润增速25%的战略要求，克服不利因素影响、深化跟随、加快落地，实现海外业务又好又快发展。海外发展战略一经确定，就不能再犹豫，必须坚定不移地推进落实，通过多种方式加快发展。第一，要申设和并购并重，并力争在并购方面实现突破。第二，要跟随和落地并重。落地方面，一要有战略意识，认识到落地是海外业务多元化发展的一个重要方面，并坚持这一努力方向；二要实事求是，关于能不能落地，落什么，怎么落，先落什么业务、后落什么业务，一定要非常清楚；三要进行充分的可行性研究，不但分行要做，总行也要把关。要根据总行战略要求、资本投入产出、当地市场具体情况和中资同业落地的正反两方面经验等提出完整的可行性分析报告，在此基础上确定落地的策略和具体工作。跟随方面，要继续深化跟随，保持现有优势产品，弥补产品劣势和不足。海外代付停了，但是中国企业的需求没有停，而且还更加旺盛，国有企业在海外有数万亿资产，对银行“走出去”的金融服务需求非常迫切，我们能为它们做什么？服务实体经济的市场肯定是有的，关键是能不能找到新的产品和服务方式。第三，要充分发挥境内和境外两个积极性，实现境内外联动的双赢。在这方面，珠三角联动应该是做得最好、最务实的。

海外发展不能靠空喊，要根据新的形势做到多种业务齐头并进，实现多元化发展。

二、关于风险防范

刚才张行长多次强调要稳健经营、防范风险。我也很担心，海外业务不发展达不到总行的战略要求，但发展快了，一旦出了事是要负责任的。与境内业务相比，海外业务几方面的特殊性要求我们更加强调稳健经营和风险防范。一是海外业务过去曾有过深刻教训，不能重蹈覆辙。我们做成了几十件事，但一笔不良就会使我们陷入被动，好多年缓不过来，我们要从中深刻吸取教训，吃一堑长一智。二是现在海外机构发展速度很快，但成立时间长短不一，与境内业务相比，总体还很不成熟。如果能力跟不上、反应跟不上，就容易出问题。三是境外市场和政策环境对我们而言相对陌生，我们到不熟悉的地方去发展，风险肯定比较大。四是差异性大，境外和境内，海外机构之间的差异都非常大，容易出风险。不一定发展落后的地区容易出风险，发达地区也可能出风险。

2012 年，海外机构已经处理了一些前几年发生的不良，未来各机构还要进一步排查风险，提高预见性和管控能力。前年的风险管理年卓有成效，要常抓不懈。各海外机构要深刻领会张行长刚才讲的“稳健经营，防范风险”，扎实推进海外业务发展。

三、关于调动境内和境外两个积极性

海外发展要充分调动境内和境外两个积极性，但是根本的积极性还在海外，在于海外机构的主要负责人，希望大家积极进取。只要总行的战略定了、条件给了，各位就要勇于承担责任。我行海外业务发展和自己比，确实不错，值得充分表扬，但同时也要看到目前海外业务规模还比较小，不能仅限于跟自己比。我建议已经进入成熟期的海外机构要和当地外资银行，特别是中资同业去比较，认真学习借鉴它们的经验，避免走弯路。需要总行提供什么支持，可以反映，总行也要学习其他银行科学、合理、有效的做法。在总行战略明确、条件提供、工作作风改进、各条线大力支持的基础上，海外业务没有理由不进取发展。

四、关于加强总行的管理、支持和督导

随着海外业务多元化发展和落地力度不断加大，总行必须进一步强化对海外机构的条线化管理、支持、督导和帮助，这就要求各个条线的目标、政策、措施、人才、能力都要跟上。此次海外会前我专门召集总行相关部门开会，针对海外机构提出的 8 个大类 47 个经营管理问题逐一进行研究，并在会后整理形成了回应材料。从回应情况看，总行各部门都在积极行动，多策并举支持海外业务发展，希望这些措施都能落到实处。我也反复说过，总行所有的部门都没有打括号，注明只管境内、本币，各个部门的职责范围都应该包括境内外和本外币。以后海外业务发展，属于哪个条线的事情，原则上就由哪个对口部门牵头解决。这样做有几方面优势：一是有利于总行各部门和海外机构共同实现战略目标，二是有利于提高总行各部门和海外机构间的熟悉程度，三是有利于提升海外业务的整体经营管理水平。

这里有个矛盾，就是境内和境外的资源配置问题，境外处于业务成长期，收益低于境内，应如何看待这个问题？一是考虑是否符合战略发展需要，如果是，即使收益暂时低一些，也要积极支持。二是要动态来看，如果跟自己比或跟同业比是增长的，即使达不到境内的收益水平，也要支持，这样才能使海外业务逐渐接近境内水平，才能实现海外发展战略目标和要求。总行也要形成一个风气，海外机构干得好的，各条线都来支持和鼓励；干得不好的，都来督促和想办法解决问题，这样才能做得更好。这对总行各部门，特别是各业务条线都提出了新的管理要求。

最后是几个具体问题，我点一下题目。比如海外机构债券投资、银团贷款的具体操作问题；不同国家税收政策对内部考核的影响问题等，我认为可以专题研究。此外还有海外机构跨区域发展、跨境人民币资金投入、海外机构本地客户授信及集团客户全球授信、海外资金来源及运用平衡问题等，都要在问题清单中进一步充实。会后，国际业务部要以张行长讲话和总行要求作为 2013 年海外工作的基本指导思想，把问题清单进一步细化成 2013 年的工作计划，并分解落实到各相关部门。国际业务部要切实承担起牵头、汇总、督

促和管理的职责。希望大家共同努力，把境内、境外两个积极性调动好，把总行的战略目标贯彻好，让海外业务取得新的成绩和突破。

谢谢大家！

在2013年秋季海外工作座谈会的讲话

胡哲一

（2013年11月19日）

同志们：

在行长会期间召开此次海外工作座谈会，主要是想就年底收官及2014年开年工作的思考与各位负责人做一个交流。请大家回去后将全行秋季工作会议精神及本次会议要求传达给本机构的全体员工，统一思想、认清形势，确保海外业务实现稳健增长。

银监会银行监管一部李琳副主任、丁慧处长今天来参加会议，为我行提供了直接向监管机构汇报、沟通的宝贵机会。银监会两位领导参会，体现了银监会对我行工作的关心和关怀，为我行工作带来了有力的推动，我们感到非常荣幸，也非常振奋。

刚才国际部对2013年前10个月海外业务发展情况进行了总结，2013年国际业务、海外业务的成绩有目共睹。国际业务保持了较快的发展势头，本币经营得好，外币经营也取得了丰厚利润，为本币业务增光添彩。海外布局经过多年努力，在2013年开花结果，2013年新开业了6家机构。海外重大工作也取得阶段性成效，香港机构整合取得重大进展，建设银行伦敦争取英国离岸人民币清算行也取得良好开端。王董事长、张行长和其他行领导也在不同的场合都作过重要批示，指出国际业务、海外业务取得了非常大的成绩，希望继续努力。我代表总行向大家表示感谢，特别要感谢银监会对我行的关心、监督和指导。下面，我主要就2013年底和2014年的工作提几点要求。

一、做好年底收官工作

一是再接再厉，确保2013年各项经营任务圆满完成。2013年工作已接近尾声，在剩下的1个多月里，各机构要确保依法合规经营，计划进度完成好的机构要进一步优化业务结构，健全流程与机制，加强风险内控管理和各项基础建设；进度相对滞后的机构要有紧迫感，制订详细的工作计划，尽可能地弥补差距，加大业务拓展力度，确保按期完成各项经营指标，不拖后腿。

二是夯实客户基础，为2014年业务开展做好客户储备。各机构要统一思想，充分认识到夯实客户基础在我行经营转型和可持续发展中的重要性和战略意义，加大客户拓展力度，为明年业务开展建立储备。年底和年初对于各个国家都是重要阶段，要利用时机做好客户拓展工作，通过优质服务吸引并留住客户。

三是要重视风险防控。海外总体资产质量在改善，但境内企业面临的困难会反映在海外，要防范境内风险向境外的传递。各机构必须严格执行总行风险政策，密切关注国际经济、政治形势变化，结合当地特点，加强行业分析，把好客户选择和准入关口，要加强对实质风险的分析、监控和防范，严格遵守当地监管要求。

四是要支持境内分行。海外机构在完成自身经营指标的同时，要主动支持境内的业务发展，为境内分行提供更好的联动服务，共同提供全球性的服务和支持，提供更有竞争力的业务报价，为境内分行完成全年经营目标提供更有力的支持。

二、2014年海外工作的初步思考

2014年海外工作总的是要认真贯彻党的十八届三中全会精神和明年初全行工作会议的要求，要根据全行经营发展来部署和落实海外工作。今天，只是根据今年的情况和近期大家讨论想到的，先作个初步的沟通交流。

第一，要注重积极与稳健相结合，业务发展与风险防范相结合，发展速度和发展质量相结合。首先，发展是第一要务，要继续坚持海外发展战略不动摇，在发展中解决前进中面临的问题。一是因为海外业务基数小，一些机构刚成立或成立时间不长，还有较大的发展空间。二是因为海外要为全行综合化发展作贡献，就必须要有一定的规模。现在海外资产在全行总资产中占比为4%左右，力争未来一段时间之内达到5%-8%，才能为客户和全行业务提供有力支持。三是因为只有具备一定的规模和实力，才能引起当地企业、当地经济的重视，才能更好地融入当地发展。综上，现阶段海外业务要保持一定的发展速度，达到综合化战略的基本要求。其次，发展中要坚守“符合监管、防范风险、规范经营、提升能力”的基本底线要求。这个底线是发展的前提和基础，不要把底线与发展对立起来。

第二，要高度重视流动性风险管理和内控合规工作。2013年以来，海外当地监管在对我行部分海外机构的检查中，重点提到了流动性风险管理、内控合规、IT基础等问题。11月14日，银监会到我行进行2013年第三季度监管工作会谈时，也就加强流动性管理、合规体系建设、对海外的内外部审计及IT达标等问题提出了专门的要求。上述问题在2014年的经营发展中要高度关注。

流动性管理方面，要加强流动性的监测，避免流动性出现风险，注重吸收稳定资金来源，提高资产负债期限的匹配度，确保流动性管理不出问题。内控合规方面，内控合规是境内外监管特别重视的领域，是海外机构机体是否健全的重要标准。各机构要高度重视，加强内控体系建设，培养合规人才，加强和当地监管的沟通。要设立或明确内部控制团队和岗位；制定并完善内控合规政策制度；建立内部控制评价标准，开展自我评价工作；明确、细化内控合规工作信息化需求；严格遵守当地反洗钱监管要求，提高监控主动性。

第三，要优化负债结构。全行外汇资金管理有3个层次：第一层次是总行整体外汇资金来源及运用；第二层次是在确保全行外汇流动性基础上，能拿出多少资金支持海外；第三层次是海外如何有效分配和利用总行资金。截至2013年9月末，总行司库外币资金总额为841亿美元，其中拨付海外机构运用153亿美元（含营运资金以及资本金拨付48亿美元和系统内拆借105亿美元），总行拆借资金在海外总负债中的占比为9.58%。根据2013年第三季度末同业数据，我行对海外机构的资金拆借余额比工商银行多29亿美元，比农业银行多70亿美元。

目前，随着海外机构资产的增长和机构数量的增加，海外机构的资产总额已超过了境内外币资金的总额，海外机构负债来源已从总行支持为主过渡到当地筹资为主、总行支持为辅。总行要通过吸收境内个人外汇存款等多种方式，加强总行司库资金实力，继续保障新设海外机构的营运资金和资本金需求。此外，为满足业务规模的迅速发展，海外机构要积极利用当地市场，巩固并进一步增强主动负债能力。要大力拓展客户存款，提高存款在总负债中的比重；利用各种金融工具发展负债业务，积极拓展中长期资金来源，总行也将进一步加大政策支持力度。有条件的海外机构要在政策允许的范围内，加强对兄弟机构的资金支持。处于主要国际金融中心、具备当地市场融资能力的海外机构，要利用有利条件进一步提高融资能力并为其他海外机构提供资金支持。悉尼分行近期新增了5亿美元资金拆出额度，加大了对兄弟机构的支持力度。总行也在考虑给予适当考核激励，鼓励海外机构发展一般存款和系统内资金拆出。

第四，要推进资产结构调整。要在巩固前期业务转型和发展成果的基础上，合理把握业务发展节奏，重点拓展战略性业务，进一步优化资产结构，不断拓宽业务范围和产品种类，促进各类业务合理均衡发展。要注重联动业务与落地业务协调发展，适度提高本地业务比重；要优化期限结构，在做好短期联动贸易金融服务的同时，适度增加中长期资产比重。

第五，要大力拓展海外人民币相关业务。各机构要挖掘内部潜能，将现有资源更多地向人民币业务领域配置和倾斜，在提升人民币联动和组合产品创新能力的同时，注重发挥人民币业务对优质客户拓展、资产和利润增长的带动作用；在人民币国际化向纵深发展的过程中，要战略性扶持所在地人民币清算业务，积极拓展本地金融机构客户；伦敦、悉尼、法兰克福、首尔及其他相关机构要积极参与本地人民币离岸市场建设，力争成为本地人民币业务的引领者。其中，建设银行伦敦争取清算行资格是重中之重，要动员多方面力量给予支持，也要加强对各方面资源的协调。

第六，加快香港簿记中心建设。为解决部分海外机构营运资金和大额敞口限制，总行正积极推进香港簿记中心建设。国际部已就《香港分行海外资产簿记方案》征求了有关部门和海外机构意见，反馈意见主要集中在簿记资金来源以及簿记资产出现不良后的处置流程方面。总行部门要结合近期海外资金中心建设情况，根据意见建议尽快调整、优化方案，再次发部门和海外机构征求意见，加快推进簿记中心建设。卢森堡分行近期已经开业，下一步将抓紧研究推进簿记中心建设事宜。

第七，加强信息收集和沟通。海外机构要收集当地经济、政治、社会、商务等信息，成为总行在世界各地的“耳目”，成为及时、畅通、有效的信息渠道，做到“看得到、听得到、想得到”。此外，在2013年的国际化战略成效现场检查中，银监会指出中资银行在海外与监管机构沟通不主动、与同业不合群，“孤家寡人”办银行，没有很好地融入当地金融、经济和社会，很多消息不灵，不少事情被动。各机构要主动拜访联系当地监管机构，适时提前沟通业务发展情况，要积极参与同业活动，更好地了解市场与社会。此外，要与我驻外使领馆保持经常沟通，既要让对方了解建设银行的最新情况，也要向其了解我国对所在国的政策动向。

第八，加强基础建设。内部审计方面，总行将进一步缩短海外审计的时滞，增强审计的时效性、针对性。我们必须运用好内部审计成果，严格落实整改。文化建设方面，根据中央关于整顿“四风”的要求，总行和境内机构经过教育和批评，实现了很大的促进和提高。海外机构虽没有系统地进行群众路线教育活动，但管理层尤其是主要负责人从改进经营管理和建设企业文化出发，也需要以不同方式认真地开展批评和自我批评，切实听取基层员工意见，互相帮助、接受监督，达到凝聚人心、提升能力的成效。人才培养方面，对内派员工要严格要求和管理，同时对本地员工也要加强发现、扶持和培养，发展一支了解、热爱建设银行，勇于奉献建设银行事业的优秀当地员工队伍。

三、关于未来我行海外发展的想法

对于下一阶段海外业务的发展，我提一点深层次的想法与大家交流。

目前海外机构反映的很多问题有些是海外银行共有的，也有的是建设银行在海外业务初级发展阶段所特有的，例如监管限制、联动业务比重过大、总行资金不配套等。我考虑，中国的银行在境外要真正实现更好地生存和发展，最根本的一条，就要按照当地银行的基本模式来运营和管理，要符合当地情况和通常做法。因为你再特殊，也是在当地办银行。因此，要选择处于中等水平的当地银行同业作为我们办银行的最基础标杆和基本参照系。落地是向当地标杆银行靠近，跟随一是为中国经济和企业“走出去”服务，二是为落地发展增添能量，为落地“锦上添花”。我们长远的目标是办成一流的国际化大银行，现实目标是海外机构要加快办成有特色的符合当地规范的中等水平银行，只有在这个基础上，才能更好地往前走。总的是我们要像当地办银行那样办银行，我们有中国建设银行的特色，但绝不是当地的异类，这样才能在当地扎下根，为监管部门所接受、为当地社会所认可，才能获得持续的生命力和发展活力。为做到这一点，我们首先要选择标杆，逐步向标杆靠拢是“一行一策”的基础，要在考核中体现和引导。

一是明确当地同业银行标杆。总行部门和海外机构一起梳理当地外资银行，尤其是中资同业的经营发展情况，包括资产负债结构、利润来源、资本回报、客户基础、资金渠道、产品组合、激励机制、管理模式等，从中挑选可比性强的银行，综合画出同业标杆。标杆的选择要以广泛的数据收集和严密的数据分析为基础。总行要把关，多与监管、同业、客户开展沟通、调研，科学、严谨地锁定标杆银行。

二是分类别、有计划地赶超标杆。海外机构要与选定的标杆银行进行差异分析，明确各个定量和定性指标存在的差异，分析差异形成的原因，并结合各机构实际情况，分阶段、分步骤地缩小与标杆银行的差距。对成立5年以上的机构、成立3—5年的机构、3年以内的机构要具体分析，制订差异化的赶超计划。总行部门与海外机构共同搜集同业信息，共同完成对标杆的选择和分析，指导海外机构制定追赶计划，总行要支持和检查追赶行动。

三是总行要解放思想，开拓创新。要积极研究解决新情况、新问题。一方面，要实事求是地认真梳理重检已有的政策措施规定，该修改的要修改、该调整完善的要调整完善，不能墨守成规、自我封闭。另一方面，政策规定没有调整和修改的，可以反映情况和要求，但必须不折不扣地坚决执行。总行作为海外机构的后台，要以支持、督促、服务的态度对待前线。

四、关于总行加强和改进条线化管理的问题

在海外业务管理方面，我行已明确了条线化和矩阵化结合的管理原则，总行各部门在不断加大对海外业务的条线化管理和支持力度。国际部作为矩阵式管理中的交接点，要继续担负牵头、协调的职能。对同时涉及多部门的事项，对一时不明确该由谁办的事情，国际部要兜底，不能出现海外机构反映和要求的事没人管的现象。对部门职责暂未明确的事项，国际部要承担报告职责，及时将有关事项报告行领导，由行领导协调，杜绝分工未明确事项的漏报。

海外风险管理方面，总行职责分工非常明确，张行长在全行工作会上也作出明确要求。我和赵欢副行长于11月7日专门召开了专题会议，研究海外风险管理职责等问题，并明确风险管理部是全行境内、境外风险管理的总牵头部门，负责整体的沟通、协调与指导，风险管理部现有的涉及风险管理的职责均应延伸至海外。各相关部门负责不同类别风险的条线化管理。比如，信贷管理部负责国别风险和海外信用风险管理，信贷管理部应尽快更新国别风险管理制度，明确各相关部门职责；内控合规部负责海外操作风险管理；公共关系与企业文化部负责海外声誉风险管理；资债部、金融市场部负责海外市场风险管理。关于总的风险管理牵头和海外信用风险职责调整中涉及有关人员划转和补充问题，由风险管理部、信贷管理部和人力资源部具体协商。各部门都要以建设银行国际化发展大局为重，在明确职责、负起责任的基础上，加强协调配合，共同做好海外风险管理工作，更有力地保障海外健康发展。总行要全面梳理海外所有日常报送材料，尽量归并、精简报告内容，实现一份材料报送多个部门，减轻海外机构负担。

最后，王董事长、张行长再三叮嘱，海外重大事项与问题要及时上报。与境内比，海外机构在当地的规模相对较小、控制力相对较弱、运作空间有限，因此，要及时准确地向总行报告重大事项和重大问题，才能争取主动。如果没有及时报告，要追究责任。

我代表总行感谢海外机构同志对全行工作作出的贡献。2013年要收好官，2014年要开好门，总行部门与海外机构要群策群力，共同推进海外业务取得更大的成绩。

谢谢大家！

（根据录音整理）

在珠三角地区协调委员会2013年例会上的讲话

胡哲一

（2013年12月2日）

同志们：

近年来，随着利率市场化进程加快，客户需求逐步走向综合化、多样化。为适应新形势，全行提出并加快落实转型发展战略，上个月全行工作会议作出了新的工作部署。王洪章董事长反复强调建设银行要为客户提供多元化的金融服务，建立“综合性、多功能、集约化”的银行服务体系。换言之，就是要不断深化银企合作，实现表内与表外业务、信贷与非信贷业务的结合。建设银行的珠三角联动工作正是体现了综合化的战略要求，符合金融发展的主流方向。

珠三角业务联动是总行各部门、珠三角地区各分行、香港机构、子公司共同参与和培育的事业，历经7年，在总行所有区域联动中做得最好、坚持最久、机制最完善。珠三角地区协调委员会例会作为总行区域性的协调会，通过不断总结经验，区域协调工作做得很务实、很有成效。

珠三角联动具有它自身的特点，一方面是珠三角区域内的联动，另一方面也是包括港澳台地区在内的境内外联动。7年的合作发展，各分行和子公司都作出了巨大的努力和贡献，也共同收获了丰硕的成果，促进了区域内的资源优化配置，形成了合理的发展格局，带动了珠三角地区业务的发展，提升了区域竞争力和综合实力。实践证明，区域联动是促进珠三角地区共同发展的重要平台，是促进建设银行综合性、多功能、集约化经营的有益实践。下面我重点讲3个方面的内容。

一、珠三角地区联动成效显著

2013年以来，面对复杂的国内外经济形势，总行进一步加强了对珠三角地区业务联动的指导。珠三角地区各分行及香港机构依托业务联动加大营销力度，在集团授信、银团贷款、产品创新、人员培训等方面都取得了一定的成效，对此，总行给予了充分的肯定和鼓励。

（一）业务联动硕果累累

截至2013年10月底，珠三角地区推进联动项目242个，其中企业授信项目57个，银团贷款项目50个，国际业务项目78个，投行业务39个，其他业务18个。

公司业务方面，联动营销客户授信总额与珠三角区域分行之间的内部银团金额均有较快提升。以广东省分行为例，通过区域联动，为TCL集团、越秀集团、恒大地产、碧桂园等多个大型集团客户完成约500亿元授信申报，比2012年翻了一番；新组建或投放的银团贷款项目达到38个，涉及合同金额483亿元，比2012年分别同比提升41%和28%。支持了包括粤海铁路、南广铁路、大广高速、万科集团广州东荟花园等大批优质项目。

国际业务方面，截至2013年9月末，建设银行亚洲与珠三角地区分行的联动资产达到1 316亿港元，占建设银行亚洲信贷资产余额的28.6%，其中，内保外贷业务172.8亿港元，委托付款+出口风险参与311.3亿港元，信用证贴现及票据保付余额370.3亿港元，买方付息贴现+福费廷461.2亿港元。深圳分行与建设银行亚洲积极探讨跨境融资易、出口应收账款风险参与、跨境人民币贸易融资资产跨境转让等业务合作，为安科智慧城市、深圳金龙实业、康佳集团等公司出具融资性保函，跨境人民币实收实付金额1 039.57亿元，在全行系统排名第一。

投行业务方面，建银国际与福建分行联动，取得卡宾服饰IPO联席保荐人角色，协助祥兴集团开展PRE－IPO业务，成功设立“平潭开元中庚”二期私募投资基金；与广西省壮族自治区分行联动，争取到两仪糖业集团有限公司中国业务重组项目财务顾问，广西投资集团有限公司和北部湾港务集团有限公司境外发债业务，劲达兴纸业境外IPO上市业务；与厦门市分行联动营销了明发集团、中骏置业、宝龙地产、禹洲地产等境外发债及大股东增持业务。

个人业务方面，随着建设银行亚洲机构整合和联动力度的加大，香港投资移民服务、见证开户、内房按揭等业务实现了超常规发展。截至2013年9月末，建设银行亚洲服务的已符合投资移民资格的客户达531户，客户AUM约28亿港币；见证开户2 707户，客户AUM达27.74亿港币，是上年同期的4倍；内房按揭已审批70名客户，总贷款额约5 000万港元，是上年同期的5倍。

（二）产品创新步伐加快

珠三角地区一直是建设银行新需求、新产品、新服务比较活跃的区域，珠三角境内外机构（含港澳台）的业务创新工作长抓不懈，根据政策契机实现了多项业务的突破，在业务联动方面走在了建设银行系统的前列。

国际业务方面，针对海外代付入表等新规定，建设银行亚洲推出委托付款业务、出口应收账款风险参与业务，在珠三角地区分行迅速推广实施，有效地填补了海外代付业务的空缺。人民银行推出跨境人民币新政策后，深圳市分行与建设银行亚洲迅速联动，共同完成首笔“境内机构境外放款”业务，结算金额超过4亿元人民币，实现了建设银行该项业务的首次突破。

个人业务方面，建设银行亚洲新推出了“内存外贷”服务，即由境内分行为客户办理人民币定期存单资金监管后，由建设银行亚洲为客户发放境外港币贷款。截至2013年9月末，建设银行亚洲与深圳、广东分行开展了此项业务，已审批通过15笔，总金额达1.7亿元港币。

（三）交流形式丰富多样

珠三角地区的业务联动和交流不局限于项目联动营销和拓展，近年来，通过联动培训、座谈等为业务交流提供了较好的平台，并且逐步探索出了一些新的业务交流形式。一是业务培训与项目交流紧密结合成为区域联动的新形式，建设银行亚洲、建银国际分别在福建、海南、广西召开区域联动项目沟通及新产品推介会，推介重点联动产品，沟通协调工作中存在的困难和问题。二是通过座谈学习先进经验和做法。广东珠海横琴支行与深圳前海支行，就横琴、前海两大新区金融创新信息进行座谈交流；福建省分行就参与泉州金融服务实体经济综合改革试验区建设与广东省分行进行座谈沟通。

（四）联动机制日益完善

珠三角地区联动起步早、机制好、做得实，为全行的业务联动树立了榜样。经过多年的发展，珠三角地区的联动机制日趋完善，逐步向常态化方向发展。

1. 总行加强了联动工作的部署。总行在年初就制定了联动工作要点，作为珠三角地区业务联动的工作指引；年中又通过编制《区域联动信息动态》，分享联动工作的成果，并定期总结联动工作经验。此外，总行还通过珠三角联络办协调推进联动的具体事项，并召开本次联动工作例会、项目对接会全面总结成果，部署下一年度的工作安排。

2. 联动范围的扩大。近年来，许多长三角地区的分行也通过珠三角联动办协调一些具体的联动事宜，珠三角联动不仅在区域范围内起到了做实、做细、做强的效果，同时也覆盖到了其他的地区。

3. 联动工作风生水起。珠三角联动工作不是简单的吃吃饭、见见面、热闹一番，而是确实有客户、有项目、有产品，通过客户信息共享、需求互通，互相介绍客户，为我们的重要客户提供一致、顺畅的服务，给客户依赖感、安全感，让客户感受到建设银行的服务特别得力。

珠三角区域能够发挥联动优势，形成这么好的机制，与珠三角地区的地理位置和文化环境有关，与区域内各分行和子公司在多年的合作中得到的实惠有关。珠三角地区的业务联动能够给大家带来实实在在的效益，这就是对我们联动工作最大的肯定！

总之，联动工作得益于总行的正确指导和大

家的大力支持，得益于珠三角联络办长期持续、细致的工作，得益于相关分行和机构的大力推进，得益于建设银行广大基层员工的努力贡献。对此，总行对珠三角地区28个先进机构和38个优秀个人给予表彰，分别授予“2013年中国建设银行珠三角地区联动先进机构、优秀个人”的荣誉称号，表彰事项将在会后通过总行文件正式下发，希望大家以崭新的面貌和开拓进取的精神，在2014年的珠三角业务联动中再创佳绩，探索新的经验。

二、把握当前业务发展机遇

珠三角地区是我国经济最具活力和发展潜力的地区之一。充分发挥其独特的地缘优势，是适应经济全球化和区域经济一体化、促进我国区域协调发展的重大举措。近年来，国家制定了一系列国家级发展规划，加大对珠三角地区金融创新、服务创新、综合试验区创新的支持力度，新一届政府也必将着力把珠三角打造成为引领全国金融改革创新和开放发展的重要引擎。建设银行在珠三角地区新时期改革和发展中将大有可为。

（一）优势产业潜力巨大

一是产业转移如火如荼。按照工信部发布的《产业转移指导目录》，东部地区着力发展战略性新兴产业和先进制造业，积极承接国际高端产业转移，建设有全球影响力的先进制造业基地。先进制造业和战略性新兴产业是引导未来经济社会发展的重要力量，已成为世界主要国家抢占新一轮经济和科技发展制高点的重大战略。在电子信息、石油化工、汽车、装备制造、生物医药、新材料、新能源、节能环保等行业的发展中，存在较大的发展机遇。

二是激发现代服务业活力。发展以生产性服务业为主的现代服务业，引导提高服务业在国民经济中的比重，是国家产业转型的重点。利用国家给予深圳前海深港现代服务业合作区先行先试的特殊政策，支持珠三角地区与港澳地区在现代服务业领域的深度合作，推动现代服务业集聚发展，从金融业、会展业、物流业、信息服务业、科技服务业、商务服务业、外包服务业、文化创意产业、总部经济和旅游业发展中深入挖掘机遇。

三是推进区域重大基础设施建设。在珠三角区域一体化建设过程中，推进交通、能源、水利、信息基础设施一体化建设，不断提升区域内基础设施的共建共享和互联互通水平。打造便捷的陆路、水运、航道立体综合交通网络，建设高速公路、城际轨道、口岸、连澳通道、航空运输等交通运输基础设施建设，将进行大规模重点投入，为我们的业务发展提供难得的机遇。

（二）区域规划商机良多

一是城镇化建设带来的机遇。从十八大报告到十八届三中全会，城镇化建设始终是国家新一轮改革的重点，推进以人为核心的城镇化，推动大中小城市和小城镇协调发展、产业和城镇融合发展，促进城镇化和新农村建设协调推进的过程中，对应的城市承载能力建设、城乡要素平等交换和公共资源均衡配置，以及对农村集体经营性建设用地出让、租赁、入股，实行与国有土地同等入市、同权同价改革等，均需要大量的金融服务支持。

二是海洋经济方兴未艾。我国海洋经济起步较晚，近年增长较快，已成为国民经济新的增长点，但与海洋经济发达国家仍有较大差距。在珠三角地区，国家相继批复了广东海洋经济综合试验区发展规划、福建海峡蓝色经济试验区发展规划，发展海洋经济对促进沿海地区经济合理布局和产业结构调整，保持我国国民经济持续健康快速发展具有重要意义，也为银行业的发展提供了诸多机遇。

三是改革规划的新机遇。十八届三中全会开启了全面深化改革的新篇章，中国未来改革的重点仍然是经济体制的改革。改革过程中，必将涉及既得利益格局的变化，也会产生大量新的金融服务需求。例如，深化财税体制改革将影响地方债务与政府平台融资等多个领域，涌现新的业务需求；产权制度改革能够形成新型经济体，可能改变现有的银企合作关系；经济社会保障体系的建设能够加快发展年金、保险等；此外，在传统制造业的改造升级，循环经济、节能减排、环境保护等领域均有机可寻。

（三）统筹推进对外合作前景广阔

一是具有较好的开放平台。珠三角地区是依托港澳、面向世界的重要桥梁，是国内开放最早、程度最高、跨境投资贸易最为频繁的地区。目前，珠三角地区既拥有横琴、前海、南沙这 3 个粤港澳合作先行先试的平台，又有辐射中国—东盟自由贸易区及中国—马来西亚自贸区的北部湾经济区，促进大陆和台湾经济交流的福建海峡西岸经济区和平潭地区等，从东盟、港澳、到台湾，形成了一个扇形开放区域，拥有较好的地理位置和资源优势。

二是贸易合作便利化。珠三角地区外向型经济特征明显，对外贸易出口额超过全国 1/4，具有良好的贸易发展基础。珠三角区域的广州、深圳、厦门等地都是总部经济集中的地区，也是本区域乃至于辐射东南亚的物流交通中心。十八届三中全会提出构建开放型经济新体制，推动对内和对外开放相互促进、引进来和走出去更好结合，以开放促改革，将为珠三角地区的贸易开放提供更加广阔的平台。

三是放宽投资准入。泛珠三角地区的对外投资和外资内投长期以来一直居于全国前列。十八届三中全会提出了在做好中国上海自由贸易试验区的基础上，选择若干具备条件的地方发展自由贸易园区，扩大对香港特别行政区、澳门特别行政区和台湾地区的开放合作。之前社会各界热议的粤港澳自贸区具有较大的获批可能性，自贸区的建设将成为我国新一轮改革开放和进一步融入经济全球化的重要载体，为我们提供了历史性发展机遇。

与此同时，我们也应理性地看到珠三角联动工作存在诸多挑战。一是区域合作不进则退。珠三角地区的业务联动虽然是全行做得最好、持续最久的区域，但长三角、环渤海区域的联动需求也非常旺盛。此外，中原经济带、关中—天水、丝绸之路等一批经济区的联动也快速崛起。二是创新能力要求较高。作为全国经济改革的先驱，对珠三角地区的主动创新能力提出了新的要求，这也是珠三角各分行和子公司需要共同研究和解决的问题。三是同业竞争异常激烈。随着国内经济形势放缓和利率市场化进程加快，同业竞争和多元化金融体系发展使我行业务发展压力日益增长。需要我们加快转变经营理念，完善管理体制、机制，加快创新进度和步伐。

三、着力提升区域竞争力

（一）2014 年联动思路和目标

联动思路：落实全行战略，发挥区域优势，巩固成绩、夯实基础、挖掘机遇、把握重点、持续推进，扎实推动联动工作再上新台阶。

联动目标：积极推进已梳理的 132 个联动项目需求，16 个联动产品创新需求，8 个联动培训需求，密切联动合作，定期沟通进展情况，积极推进各项联动工作，带动珠三角地区各项业务持续发展，走在同业及系统前列。

（二）抓住联动重点

一是发挥优势巩固现有地位。城镇化建设贷款、新农村建设贷款、海洋经济贷款都是我行结合国家政策在同业率先推出的产品，具有较强的竞争力。各分行要充分利用这些优势产品，认真研究支持措施，及时把握发展机遇，抢占市场先机，按照商业可持续、依法合规的原则，对符合信贷投向的客户（项目）给予积极支持，通过工程造价咨询、发行债券、理财产品、国际业务等组合营销，提高综合收益水平和市场竞争力，确保同业领先。

二是加大优势产业的支持力度。重点支持珠江东岸的电子信息产业集群、石油化工产业集群、珠江西岸的汽车产业集群、装备制造产业集群等行业发展。着力支持前海的特色金融、现代物流、信息服务、科技服务业，横琴的基础设施、现代服务、科教研发和高新技术产业，南沙的物流产业、邻港产业、高新技术产业，海南的滨海旅游业，深圳、广州、厦门的总部经济产业，福州、泉州、汕头等沿海交通枢纽和港口的现代物流业等。

三是推进人民币国际化和离岸市场建设。新一轮的扩大开放，为我行综合化经营、国际化发展提供了广阔的平台。珠三角地区要以前海、横琴、南沙为突破，通过内外联动、本外币一体化，推进人民币跨境资本流动，做好全球授信管理，促进人民币贸易结算，结合跨国公司总部外汇资金集中运营管理试点政策，成立资金结算、国际业务条线组成的专职团队，探索开展全球现金管理业务，努力在政策、制度、经营模式、业务创新等方面取得突破。

四是保持跨境人民币业务快速发展势头。跨境人民币业务开办3年多来，我行积极拓展客户资源，在严格遵循各项监管政策的前提下，对产品和服务创新进行了诸多有益的尝试。目前，产品和服务覆盖范围已从最初的货物贸易人民币结算扩展到服务贸易人民币结算、非贸易项下人民币结算、人民币对外直接投资、人民币外商直接投资、人民币购售、境外人民币衍生产品、人民币对外保函、人民币出口信贷、RQFII托管业务、人民币非居民账户（NRA）开立及使用等多个业务领域。

业务开办以来累计为各类客户办理跨境人民币业务超过1.5亿元，其中2013年前10个月完成跨境人民币结算量6 795.63亿元，为超过9 000家客户提供了跨境人民币贸易和投资服务，与我行发生人民币实际收付的境外国家地区超过了145个，累计为海外客户开立人民币账户近5 000个。跨境人民币结算量在全行国际结算量中的占比为12.25%，高于全国平均水平1.35个百分点。

目前，跨境人民币各项政策框架已经基本确定，2013年以来人民银行又陆续出台了简化业务办理流程和系统操作的一系列政策，并在多个特殊试验区推出了试点型政策，各分行要把握现阶段政策机遇，提高客户服务能力，积极做好跨境人民币客户的营销工作，挖掘客户需求，持续推进跨境人民币业务快速发展。

（三）学习和借鉴经验

1. 借鉴上海自由贸易区建设的经验。上海自由贸易区是我国首个真正意义上的国家级自由贸易园区，为紧抓这一历史性机遇，完善风险防控，实现长期可持续发展，总行已制定并下发了《中国建设银行支持中国（上海）自由贸易试验区建设总体服务方案》，提出了争当自贸区金融服务首选银行的目标，并制定了系列工作措施，请各分行加强学习研究。

2. 借鉴国际化市场发展的经验。十八届三中全会决定进一步开放港澳地区，并加快利率市场化、资本项目可兑换进程，将使得内地金融市场环境与国际进一步趋同。今后，港澳台机构不但要承担起作为全行国际化经营桥梁的责任，还要充分吸收、借鉴国际市场的历史经验，包括市场上先进同业的做法，承担起作为全行在更加开放的现代市场体系中竞争的桥头堡作用。这就要求港澳台机构不仅能根据制度与要素的差异进行联动业务的创新，更要根据客户需求和市场趋势，在本地业务竞争中进行创新，为全行储备在投资开放，交易自由的国际化市场中的业务和产品，为全行创新工作作出更多的贡献。

（四）联动工作要求

1. 加强信息联动，建立高效联动机制。完善区域联动信息月报制度。各机构按时为总行和珠三角联络办提供业务联动、产品创新进展情况及联动需求，建立优质客户资源共享机制。珠三角境内外机构要定期交流，建立现有及潜在客户名单，并由珠三角联络办将这些信息迅速传递至各个机构，实现客户资源共享。

2. 深化联动合作，推动纵深发展。一是加强境内外联动业务。建设银行亚洲和香港分行整合后，建设银行亚洲成为了建设银行在香港地区的唯一商业银行，联动工作存在进一步加强的空间和潜力，建设银行亚洲要继续支持联动，确保重点客户和项目联动人员的稳定性，保证业务持续发展。二是加强重点项目联动。珠三角联络办每年的联动工作都组织得较好，带有一定的主动性、创造性、探索性，得到了总分行、子公司的支持，要继续保持工作的激情和热情，协助各机构明确项目牵头人，充分发挥联动营销的作用。

3. 多策并举，将产品创新落到实处。一是依据国家政策加大产品创新力度。紧密结合国家给予前海、横琴、南沙等地的政策规划，以及十八届三中全会有关精神，包括上海自由贸易区规划方面可能产生的重大政策调整，以差别化、特色化的创新产品抓牢客户。二是由内部创新走向内外部联动创新。加强与客户的沟通，根据客户的实际需求进行产品创新，提高创新产品的实用性和适用性。三是加大产品创新共享力度。通过培训、座谈、推介、定期或不定期书面介绍等多种形式，搭建产品创新经验分享平台，加快创新产品在区域内的推广应用。

4. 以点带面，推动全行业务发展。总行各部门要关注珠三角的信息、重视珠三角的动态，通过支持珠三角地区的业务联动，发现新的亮点、苗头和趋势，以点带面，为全行业务发展提供参考和借鉴。

同志们，十八届三中全会的召开、国家各项政策和规划的出台，为建设银行的业务发展提供了历史性的发展机遇。经过7年的发展，珠三角区域联动迈出了坚实的步伐，但前面的道路依然漫长，站在新的起点，我们应该以更加坚韧的毅力、更加务实的举措，齐心协力、迎接挑战、探索创新！希望珠三角联动工作在体制、机制方面不断调整和优化，将联动工作做得更好、更实，把珠三角的联动品牌继续保持下去，推动区域业务持续发展，为全行转型发展作出新贡献！

谢谢大家！

（根据录音整理）

在2013年度财务会计决算视频会议上的讲话

庞秀生

（2013年12月6日）

同志们：

一年一度的财务会计决算工作又开始了。年终决算是一个全行参与、全行关注的大事，是对一年收成的盘点和确认，是对整个家底的重新梳理，同时也是对内外部的账务关系、债权债务关系、财务关系的清理和确认。这项工作很重要，而且涉及面广，全行要高度重视，做细、做好。

2012年建设银行决算工作在财政部考评中取得了第二名的成绩，做得不错，比以前年度有进步。希望2013年能够继续保持，再有所提高。决算工作的具体要求，包括组织领导，包括各个方面的细节，实际上都已经有很成熟的流程和做法，大家也都有丰富的经验，所以我今天不再细讲，具体按照总行下发决算文件中的相关要求落实。希望各级行切实加强组织领导，做好各项基础工作，包括资产核查和账务核对、暂收暂付款的清理、真实完整地反映损益、把控年末各项支出的安排、技术部门和业务部门要紧密配合顺利完成CCBS等系统年终结转，以及高质量地完成外部审计和财务报告编制工作。

第二个问题，讲讲年末的工作。今天距离年末还剩3周多的时间，完成全年综合经营计划的任务还很繁重。现在全行调整后的存款目标是11 000亿元，其中个人储蓄存款6 000亿元，企业存款5 000亿元。到昨天为止，全行完成不到5 000亿元，还差6 000亿元以上，也就是说完成不到一半。储蓄存款最近有下降的趋势，企业存款也一直处于比较低迷的状态。所以，既要努力实现全年存款计划，同时又要避免冲时点。但目前看来，这是一个很困难的平衡。如果2013年末不能取得一些实实在在的改变，那么就算2013年冲到11 000亿元了，2014年的日子依然艰难，2014年全年的存款形势仍然可能令人焦虑。所以，最重要的不是看年末的数字，更不要过度去冲数字，而是要扎扎实实地想办法以推动存款业务发生实质的好转。

全行贷款增长现在已经接近80 000亿元，比存款增长多3 000亿元。如果存款剔除20%准备金的话，那么剩下的资金只有4 000亿元，而贷款却增长了8 000亿元，新增存贷比非常之高，甚至多数分行贷款的增长已经超过了存款。昨天，人民银行通知我们要压缩全年贷款，否则即将到期的650亿元短期借款就不再续借。目前，我行向人民银行借了1 550亿元的短期借款，四大国有商业银行中仅有建设银行有这么多的向中央银行短期借款。我们是依靠1 550亿元支撑着开门啊！如果人民银行不再续借，建设银行马上就要面临支付的紧张，所以，我们只能按人民银行要求适当压缩年度贷款规模。在这里，也跟大家通报一声，年前已有19家分行申请追加贷款规模450亿元，这个基本上是不可能的了。总行原则上对分行不再追加贷款规模。原来留的一点点机动余地可能也要按照人民银行的要求退回去。目前，建设银行的流动性状况在四大银行中是比较严峻的。

全行中间业务收入的压力也很大。国家发展改革委组织的部分省份的检查已经进驻建设银行。我了解了几个分行的情况，去海南调研时还见了山东物价局在海南的检查组。检查的调子很高，政策尺度把握很严，工作力度很大，而且态度非常严肃。对于检查中反映的问题，有一些是实实在在存在的，包括对小微企业和个人的一些收费问题；但也有检查部门政策尺度过严的问题。所以，全行务必要细致地去做工作，对存在的问题，要认真对待、严格整改，特别是现在，不要顶风上。2014 年初，更大范围的检查将分两批再次进驻建设银行。总体而言，我坚信我们的政策掌握还是不错的，只要认真按照"四有"（有需求、有协议、有服务、有记录）原则去做，总体上来说还是健康的。所以，该收的还是要收，该完成的任务还要完成。总行现在还是期望全行在前三季度四大行中间业务收入增长第四的情况下，能够保持稳定的增长速度，能保持在 12%—13% 的增长率。总行年初布置的任务是增长 10%，希望各行更积极地去完成计划，同时也要规范，争取市场份额不降低，要尽可能在中间业务收入增收上更积极一点。

全年的购建指标费用，总行已经尽了最大努力，在年末也又做了一些积极的安排，希望各行要落实好，特别是严把招待费、会议费等开支的审批关。

第三个问题是做好 2014 年综合经营计划的编制工作。预计 2014 年我们面临的形势更为复杂，经营的难度更为艰巨。初步预测 2014 年集团和本行利润增长差不多都在 8% 左右，实际利润增长百分数为个位数的概率非常大。2014 年，利率市场化将继续推进，存款保险制度必将实施。前两天我参加了人民银行的一个会议，根据会议情况，估计 2014 年二三月存款保险制度相关文件将会下发，第二季度正式实施。存款保险金的缴纳对于银行财务是一个新的压力。

还有其他各种因素，包括收费。发展改革委在组织对全国各银行检查之后，有可能梳理出一批问题，并采取相应的措施。从宏观上，节制银行的收费对于增强企业活力，减少中小企业，特别是小微企业的负担是有利的，我们对此也要有所认识。

2014 年的中间业务收入增长不乐观，贷款增长更不乐观。我们多年来形成一个特点，就是觉得贷款要积极营销，通过贷款去创造价值。但是现在我们已经不再向人民银行争取贷款规模了，因为我们已经没钱了。我们这么多分行的稳定存款远远低于贷款的情况，2014 年不可能继续。所以，2014 年对贷款规模分配的模型要作实质性地调整，要把实实在在的日均存款作为安排贷款规模的一个基本参数。没有存款、没有资金，何谈贷款？存款只有 4 000 亿元，却贷出 8 000 亿元，银行靠什么过日子？另一方面，我认为我们以往对贷款创造价值的判断存在一定的误区，对经济资本的占用、分配不够谨慎。2014 年综合经营计划编制过程中应更严格、更严肃地对经济资本的分配进行测算，让全行对贷款、对风险资产所占用的资本有更清楚的认识和理解。

目前全行信贷成本率为 0.43% 左右，有的分行实际信贷成本率比较低，因此提出来，总行是不是可以在 EVA 绩效薪酬挂钩中按照分行的实际信贷成本率计算。我想各分行都很清楚，各行实际资产质量的恶化程度给全行带来了很重的压力，远远不是数字反映的这点情况。从数字上看，不良率保持稳定，没有增加，不良额也只是增加了 70 多亿元。实际什么情况？各分行心中有数。从过去来看，也许信贷成本拨备提取是充足的。但是，在这两年，根据资产质量恶化的实际情况判断，全行信贷成本要有更慎重的估计，各分行对此都要有充分的判断。两年前，浙江、江苏的拨备是非常充裕的，拨备率很低，即使按照底线 0.4% 计算也是很富裕的，所以这两家分行奖金池里存了一大堆。但就是中国经济最发达地区的这两个省份，两年后的今天，这两家分行的奖金池里面是大额的负数。所以，今天感觉日子好过的分行要格外注意，其实真的没有谁有这个底气的。我们一定要对信贷成本、拨备成本有审慎的估计。同时，最近调整了内部转移价格，增加了贷款的转移支出，并增加了存款的转移收入。目的就是为了让全行有更清晰的认识，不要以为通过增加贷款就能赚钱、创造价值。贷款是要做的，但它只是银行对客户综合营销方案、综合服务方案的一个组成部分，而不是为了贷款去营销贷款、做贷款。

流动性问题比以往任何时候都严峻得多。现在市场上正是债券投资收益率比较高的时候，这个时候进行债券投资非常适宜，但可惜的是，我们没有充裕资金进行债券投资了。所以，全行要清醒地认识到，2014 年的综合经营计划日子更难过。面对挑战，也希望各部门、各分行能以积极的态度编制 2014 年的综合经营计划。秋季行长会和董事长最近下去调研的时候都一直在讲，我们不是要争规模，不是要冲规模搞扩张，但从建设银行的历史和优势条件来看，守住我们的市场地位是底线，是应该能够做到的。我很赞成这一点。只是这个底线已经没有多少余地了。到 2013 年第三季度末，农业银行和我行总资产的差距只有 4 000亿元；从最近两个月报表来看，农业银行存款增长情况比我们要好得多。我真的担心 2013 年末农业银行的总资产有可能会超过我们。所以，守住市场地位的底线，并不是一件轻松的事情，相反，是压力和挑战都非常大的事情。

第四个问题是要更积极地推动发展、支持市场竞争。这句话主要是针对计财条线来讲的。最近总行在研究怎样贯彻三中全会的精神，推动加快发展和转型。其中很重要的一个方面就是要注意发挥总行和基层两个积极性。在发挥两个积极性的过程中，很重要的一点就是总行该管的一定要管，但是要用新的方法、新的理念去管，不要总是采取审批、准入、条条框框、报备这些方式。管不了也管不好的要放开，适当地增加基层的权力，增加前台部门的权力，增强市场的活力，增强对客户需求的反应能力，提高反应速度。也就是说，要适当地放权。

同时，作为资源配置部门的计财部门，要在资源配置上服从全行营销和业务发展的要求，积极地配置资源，调度资源，支持市场营销，支持业务的发展。最近，我布置资债部和财会部清理部门授权问题，把捆住、束缚住基层活力和手脚的制度、流程梳理一下，有些地方要适当地放开，有些必须管的，要转变管理方法和理念。比如购建指标，管了这么多年，我认为我们的目标很清晰，战略也很清晰，就是提高网点自有率，这是我们在四大银行中的一个弱项。但实际上，我们的钱还没有花到这个地方来。前两天我看到，总行还在费很大精力，给一个已经有了一个 9 000 多平方米办公楼的二级行再去换一个 9 000 多平米的办公楼作审批。总行、一级分行费这么大劲搞审批，做大量的工作，就是为了一个二级行的办公楼更换，这是怎么掌握的？所以，要有明确的导向，不能在这样的事情上下工夫，事先就要明确这事是不可能的，不要做。二级分行、支行的办公楼不是不可以买，但一定要有清晰的标准，只有那些很落后、很陈旧、面积很狭小的楼，已经严重过时的楼，才可以调整。一个二级行，刚刚有一个本世纪买来的 9 千多平方米的办公楼，为什么还要换办公楼？天天在说提高网点的自有率，为什么拿钱去干这种事情？所以，该管住的要正确地去管，有些事不能都去分权，都去授权的。

我今天在这里也跟各部门打个招呼。前几年我们的战略性费用分配有点散，前两天在办公会上我也说了，不要这样，就这么点儿财务资源，这么多人去分钱，每个部门都去分钱，每个部门分的指标又不一样，这不利于全行整合资源合理地去对市场竞争做出反应。所以，战略性费用可以有，但不能这样分，不能各部门自己想办法找几个指标，找几个公式去分。战略性资源要和全行有效客户的增长挂钩，和经营收入的增长挂钩，和一些战略目标挂钩。战略性资源的配置还有，但不是每个部门拿一块回去自己再想办法分。分的指标、分的导向要清楚，就是和全行的发展战略要求紧密挂钩。建设银行要的是什么？要的是有效客户，要的是经营收入的增长，要的是价值创造和经济增加值！各项战略性资源分配的方式要作出新的调整。各部门要适应，全系统也要适应。但另一方面，全系统包括各分行也要注意，战略性业务的支持力度不仅不能减，而且还要增加，要想办法更好地积极支持发展，2014 年用于营销方面的一些购建指标、费用资源还要增加。2013 年年初计划安排的时候，对于营销，主要是社保、IC 卡、一些院校、大医院、军队，这些方面的营销，安排的购建指标是 5 亿元，到年末追加到了 10 亿元，明年还要继续加大力度安排。客观地说，有些事掌握起来是有难度的，执行制度、执行政策方面也是有压力的。但是还得要做，今天的市场就是这样，就需要有一些资源去支持营销。所以，整个计财条线要转变观念。概括起来就是做好三件事：第一是放权，减少审批、减少流程。最近我发现有的部门在放权的时候，还在不断地一边放，一边增加一些约束。调研的时候也发现，有的放了权还要加个附加条件，又不能动，有的是放了又不允许再往下放。这种心态是不对的，要放就大大方方地放！第二是该管住的要换个方法去管，不要总用审批和烦琐的流程去管；第三是安排资源积极地去支持市场竞争，支持业务营销。

第五个问题要特别说一下费用开支的控制问题。每年12月，报销的经费支出约为全年的五分之一到六分之一，招待费占开支的五分之一。大家已经形成老习惯了，认为反正预算已经给了，到年末没花的，找个发票都给报了，钱存到哪儿去都没事。有的是真花出去了，发票没来得及报，年末来报了，有的实际是没花出去，找个地方把钱存在那儿，划给哪个宾馆、哪个会议中心，划给谁的账户里去。我提醒大家，不要再干这样的事了！各行特别是计财部门要注意，要为建设银行负责，为全行员工负责，为自己负责，这是很严肃的问题。

中央八项规定已经出台快一年了，最近国家中央办公厅和国务院办公厅又下达了厉行节约反对浪费的条例。坦率地说，年末集中报销是非常危险的事情。条例里规定得很清楚，招待费的开支，要把清单列出来，包括是谁花的、请的谁、送给谁了。我前两天开会遇到一些中小股份制银行的人，他们说原来股份制银行对费用的管理比较弱，到了年末，给多少钱花出去多少，不剩也不超，因为那就是等于分给每个行、每个领导的资源，但是今年末他们都不这么干了，花多少就是多少，剩了的就都给退回去。请大家要有敏感的政治意识和纪律意识，对自己、对他人、对建设银行负责任。年底一定不要搞集中报销，特别是虚报、转移资金，否则明年清查出来，就只能视为是顶风上，是情节很严重的事情。

2013年招待费的支出，提出了比较严格的压缩目标。现在总行同比压缩速度已经达到了40%，远远超过全行的压缩速度。各级行在招待费的支出上要严肃谨慎、负责任。2012年中铁建花了8亿多元招待费，国资委和中铁建就组织了一千多人，对所有单位2012年的报销情况进行核查，并处理了大批的人。而且，2012年跟2013年可不一样，因为2012年还没有八项规定，整个社会风气是不一样的，人们都是心里有数的。如果2013年的费用开支还存在问题的话，性质就大不一样，各行一定要意识到自己的政治责任和纪律责任。计财部门更要注意，更要以身作则。财务人员本身是管钱的，要谨小慎微啊！对转变作风的要求，对于群众路线教育活动的要求，在许多转变作风问题上，财会部门要敏感、要带头、要谨慎。

借这个机会我就讲这么多，可能只有一部分内容跟决算有关，其他内容是我最近关注的一些事情，就讲这些。谢谢大家！

抓住机遇 明确思路 全面推进零售业务各项工作

——在2013年全行零售业务工作会议上的讲话

赵 欢

（2013年2月26日）

同志们：

这次会议的主要任务是贯彻落实党的十八大、中央经济工作会议以及全行工作会议精神，总结回顾2012年全行零售业务发展情况，研究未来一段时间面临的机遇挑战，明确思路目标，部署2013年零售业务重点工作。下面，我谈几点意见，供大家讨论。

一、2012年业务发展情况

2013年以来，国内外经济形势错综复杂，我国经济增长放缓，金融行业遇到较多困难，我行经营也面临挑战。在上述背景下，全行零售条线积极承担责任，着力拓展市场，持续夯实基础，实现了稳健较好发展，为全行经营管理取得优异成绩作出了重要贡献。王洪章董事长、张建国行长、张福荣监事长近期在批示中对零售条线2012年的各项工作给予了充分肯定。张建国行长会前特意委托我转达他对零售业务条线全体员工的感谢和鼓励。下面，我简要总结2012年零售业务主要工作情况。

（一）个人存款平稳较快增长，市场份额和行内贡献提升

一是总量再上新台阶，余额突破5万亿元，新增6 618亿元，创历史最好水平，增速创2009年以来新高；二是市场竞争力增强，时点增速、网均新增在四大行中位居第一，时点新增在四大行中占比提升11个百分点；三是稳定性好，全年有350多天新增在四大行中位居第一，时点新增较日均新增偏离度不到2%，且年末未出现大规模“冲时点”现象；四是行内贡献提升，个人存款余额在全行一般性存款中占比达46%，提升1个百分点。到2013年2月18日，在旺季营销活动有力推动下，个人存款工作初步实现“开门红”。年内新增已超过4 500亿元，居四大行第一，全行一般性存款占比已达49%。

（二）贷款量、价平衡提升，资产质量实现管控目标

2012年个人类贷款余额突破2万亿元，全行占比已近三成。新增3 397亿元，增速达20%，比全行水平高8个百分点。其中，个人住房和消费类贷款新增2 595亿元，信用卡贷款新增802亿元。市场份额持续提升。房贷余额和新增居四大行第一，在四大行中占比均超过30%。信用卡贷款新增在四大行中占比32%，同行业第一。

盈利能力继续增强。2012年个贷利率较基准上浮7.3%，上浮幅度比上年提升2.7个百分点，其中房贷利率比工商银行高25BPS。信用卡业务综合收益率为10.6%，比全行平均水平高3.9个百分点。

资产质量实现了管理层的管控目标，并保持四大行最优。个贷不良率为0.26%，继续有所下降，不良水平不到其他三大行的一半，个人逾期贷款也实现“双降”。信用卡逾期90天以上不良率为0.59%，比同业水平低0.5个百分点。

（三）中间业务健康发展，重点产品表现突出

合规经营和加快发展“两手抓”。一方面抓合规经营，坚决落实监管要求和“四有”原则，零售中间业务收入真实、稳定的特征继续固化。另一方面抓快速发展，零售条线实现中间业务收入363亿元，全行占比39%，同比提升2个百分点。

重点产品贡献显著。零售条线共有6项中间业务产品收入超20亿元。其中，个人结算及借记卡收入超过150亿元，是全行最大的中间业务产品；信用卡收入超过90亿元；个人电子银行、个人银行理财、代理人身保险和房改金融收入均超过20亿元。信用卡、私人银行和房改金融中间业务收入增速分别达96%、40%和32%，有力地带动了全行收入的增长。

个人中间业务收入网点单产同业领先。七大类同业可比个人中间业务产品网均收入居四大行第一，是工商银行、农业银行的1.3倍。

（四）渠道建设加快推进，多项工作取得历史最好成绩

获得营业机构筹建批复631个，是2011年的2.1倍；营业机构新增540个，首居同业第一；自助设备运行量新增1.1万台，创历史最好水平；已开业私人银行专营机构311家；个贷中心运营数量超过1 100家；电话银行集约化管理稳步推进。

积极推进电子渠道交易分流和业务布局。基金产品电子渠道销售占比已近50%，与工商银行差距显著缩小；个人网银结售汇功能顺利上线；同业首推私人银行专属网银；“房e通”全面上线；龙卡商城主要业务指标同业第一。

（五）客户拓展成效明显，发展基础更加牢固

个人有资产客户新增 2 005 万人，创历史最好水平，个人客户总数已近 4 亿人。增加客户金融资产的经营理念不断深化，成效显著。个人客户金融资产新增 8 156 亿元，创历史最好水平。其中，大众富裕客户和富裕客户价值贡献主体地位凸显，两类客户数量仅占全部客户的 10%，金融资产贡献达 75%。私人银行客户新增 1.5 万人，增速为 19%，金融资产新增 1 301 亿元，增速达 30%，两项增速均高于平均水平；客户产品覆盖度达 6.32。个贷客户新增 168 万户，新增客户人均覆盖 6 项金融产品，100% 持有电子银行产品。信用卡客户新增 715 万户，客户净增量居四大行第一。电话银行客户总量突破 1.2 亿户，新增 2 812万户，增速达 29%。

（六）一批重点产品发展良好

房改金融业务方面，继续保持“半壁江山”领先地位，在四大行中占比 57%。住房资金存款保持良好增长，余额为 5 780 亿元，新增 710 亿元。公积金个人住房贷款新增 1 651 亿元，创历史新高。获得公积金项目贷款承办权数量同业占比近七成，已确立先发优势。

投资理财业务方面，个人投资理财产品销售稳定增长，各类产品合计销售金额近 4.5 万亿元。其中，新兴贵金属高速增长，账户银、铂合计销售 1 192 亿元，是 2011 年的 8 倍。

银行卡业务方面，信用卡净增发卡 807 万张，在四大行中占比 33%，多年来首次取得同业第一，均超过其他三大行 200 万张。其他金融 IC 卡发卡 2 376 万张，规模是 2011 年的 21 倍，完成全年新增计划的 184%。

（七）创新工作开始提速，推出一批新产品、新功能

个人业务方面，推出资信证明、大额存单、美元账户贵金属等产品，拓展自动理财账户业务试点，业内率先推出 ATM 存取款冠字号记录功能。私人银行方面，创新香港投资移民、家庭理财培养和贵金属专营等 8 项新产品服务。房金业务方面，推出财富贷、个人黄金质押贷款、网上小额贷款和权利质押贷款全流程自助服务。信用卡业务方面，推出 IC 信用卡和手机支付信用卡。

（八）业务联动跃上新台阶，助推子公司加速发展

子公司联动跨越发展，建信基金认购金额是 2011 年的 8 倍，占全行全部基金认购的 40%；代理建信人寿保险销售金额是 2011 年的 10 倍，建信人寿保险代销金额居我行所有合作公司第 3 位；建设银行亚洲见证开户业务实现 38 家分行全覆盖，推荐客户资产翻番，香港投资移民签约客户 451 人。代销建信信托产品 178 亿元，为客户提供稳健优质收益回报。条线内部联动任务全面完成，个人、房金和私人银行条线均超额完成信用卡发卡计划。与其他条线联动良好，个人网银高级客户、手机银行客户新增均超过 3 000 万户，计划完成率超过 120%。

同志们，上述这些成绩令人鼓舞、值得肯定。这得益于我们坚决贯彻落实总行党委、高管层的战略部署，牢牢把握科学发展、效益增长和创新转型“三个不动摇”，得益于董事会、监事会和监管部门的有力指导和支持，得益于各条线、各部门有效的业务联动，也得益于十多万奋战在零售条线经营一线员工们的辛勤努力。借此机会，我代表总行党委和管理层向监管部门、各位董监事、总行各部门的指导和帮助表示衷心的感谢，向零售条线全体员工的辛勤付出表示衷心的感谢！

在肯定成绩的同时，我们还要清醒地认识到，我行零售业务发展中还存在一些不容忽视、亟待解决的问题。

一是发展基础仍显薄弱。作为一家从对公业务“起家”的银行，我行零售业务基础不强。在富裕人群、代发工资、渠道分布和特大城市份额等方面与工商银行差距较大；随着城镇化推进和县域经济提速，我行在这些区域较农业银行的劣势正加速显现。零售业务要实现新发展，“补历史课”问题必须得到正视和解决。

二是客户投诉仍然偏多。2012 年客户通过电话银行渠道向我行提出投诉 2.5 万件，增幅达 46%，这反映出我们的服务水平有待提高。此外，还出现了因为合规销售执行不到位引起的投诉甚至负面舆情。“卖者有责，买者自负”是商业销售的一个基本规则，必须下决心清退那些风险收益特征不适合在银行销售的产品，全面落实合规销售要求。

三是创新能力还不能引领同业。近年来，随着个人财富积累和利率市场化推进，中高端客户的投资理财需求日益迫切。我行不断加强创新、完善产品线，取得了显著成效，但与客户需求还有一定差距。与工商银行相比，我行还处于跟随地位，需要在新热点业务上继续加快发展，争取引领同业。支付结算方面，总体来说各家银行还处在同一起跑线，但在一些领域同业已率先发力，如招行在网银等新兴渠道上产品布放齐全、功能创新有力，值得我行借鉴。

四是分行间发展不平衡。一些分行的零售业务为全行业务良好发展作出了明显贡献，如北京、贵州分行的个人业务，北京、上海分行的私人银行业务，福建、山东分行的房金业务和福建、河北分行的信用卡业务。与此同时，面对相似的市场形势，分行间发展不平衡，甚至差异很大。在市场竞争力上，比如同处在长三角地区，有的分行个人存款余额当年提升0.7个百分点，有的分行下滑超过1.5个百分点；在房贷等我行传统优势领域，某些重点大行市场份额减少，个别分行信用卡业务在四大行中排名下降。在业务增速上，同处在客户投资理财意识成熟的经济发达地区，北京市分行的客户金融资产增速可达20%，某些大行增速则不到其一半；个人中间业务收入增速最快与最慢的分行相差近50个百分点，苏州、贵州等规模相对较小的分行成绩显著，某些处在相似市场环境的分行却差距很大。在网点单产上，有的分行产出水平与当地GDP、居民收入水平明显不匹配，如东部地区有两家分行的个人存款网均余额排名系统后几位，不仅低于全行平均数，甚至低于西部地区网均水平。在业务拓展上，某些大行的私人银行客户计划完成率不足70%、金融IC卡发卡推进缓慢。

上述这些问题制约了全行零售业务竞争力的提升，必须着力研究解决。

二、零售业务面临的机遇与挑战

全行工作会议对当前经济、金融形势作出了分析和判断，我们要把思想统一到总行的判断上来。未来一段时期，零售银行业务面临的机遇与挑战并存。我们要抢抓机遇、应对挑战，把零售业务做大做强。

（一）从发展机遇方面看

1. 经济社会环境为零售业务提供了广阔市场空间。城镇化是零售业务在新十年最重要的增长动力，因为它带来客户和金融资源的集聚。十二五规划提出城镇化率每年新增一个百分点，到2015年城镇人口可达7.7亿人；2011年我行个人有资产客户占城镇人口的33%并逐年提升，以此测算，2015年有资产客户可达3亿人，较2012年增加5 500万。客户增加的同时带来业务规模增长，未来三年仅城镇化新增人口就能带动金融资产新增1.4万亿元。我行现有客户总数4亿人，但有资产客户仅2.4亿人，还有四成的客户在我行没有金融资产，这部分客户金融资产增长的潜力巨大。此外，现有客户的产品覆盖度也只有3.14，按国际先进银行1个客户覆盖6个产品的标准，还有很大的提升空间。城镇化的推进、居民收入的倍增、消费支出的增加，将为零售业务带来巨大的市场需求，同时需求也更加多元化，这将为我行稳步扩大存贷款规模、拓展投资理财业务提供有利条件。

2. 金融改革与监管政策变化鼓励发展零售业务。根据《商业银行资本管理办法》，按照零售贷款50%风险权重计算，假设我行有5 000亿元贷款由高风险权重产品调整为零售贷款，可节约资本约360亿元，多产生经济增加值约40亿元。特别是住房按揭贷款业务的资本回报、经济增加值和RAROC贡献水平，较其他信贷业务优势明显。目前，我行房贷不良率仅0.2%，2005年以来房贷按核销额计算的实际损失比率仅为万分之一，2011年实际核销额仅占当年计提准备金总量的8%，抵押率存量不到50%。

3. 利率市场化凸显零售业务定价优势。从美国、欧洲、中国香港等已实现利率市场化的国家和地区来看，零售存款利率水平明显低于同业拆借利率水平，这反映出银行对分散零售客户有较强议价能力。我行个人存款也呈现这一特征，付息率低于全口径存款10BPS。资产方面，零售贷款定价优势目前已较为明显。我行信用卡业务综合收益率就明显高于全行平均水平。

4. 行内发展零售业务条件较为有利。零售业务已成为全行三大支柱业务之一，地位不断巩固。

截至2012年末，零售条线贷款、存款①和中间业务收入全行占比已分别达30%、46%和39%。从产品体系看已比较完善，在较好地满足客户“存、贷、汇”需求的同时，投资理财产品不断增加，据权威机构评价，2012年我行综合排名第一；其次是服务覆盖比较广，营业网点、自助银行和电子银行渠道发展较为协调；服务能力方面也有较大改进，网点转型成果显著，分层服务体系初步建成。零售业务目前已打下较为坚实的基础，为下一步发展创造了有利条件。

（二）从面临挑战方面看

1. 市场竞争力还需进一步提升。零售业务的市场地位很大程度上取决于渠道规模。从网点数量来看，我行网点在四大行中占比仅22%，数量分别是工商银行的83%、农业银行的60%；自助设备运营数量也位居四大行第三。2012年以前，工商银行每年的网点新增量一直高于我行；农业银行、工商银行的自助设备总量分别于2009年、2010年超越我行，差距越拉越大。从网点单产来看，存款、贷款余额网点单产均居四大行第二，存款单产较工商银行低3 700万元、贷款单产较中国银行低1 000万元。我行不仅网点数量不占优势，同时还存在大量的低产低效网点。据初步摸底，我行开业3年以上但个人存款低于2亿元的网点还有2 137家，占全部网点的15%。从区域来看，北京、上海和广东三家重点大行与当地工商银行差距十分突出，存款余额仅为工商银行的50%，贷款余额仅为工商银行的73%。因此，要保持市场位次并缩小差距，还需要增加网点及自助设备数量，优化渠道布局，继续提高网均单产。

2. 金融消费者权益保护监管趋严，对银行经营影响深远。现代市场经济中，消费者权益不仅是一种公共约定和公认规范，而且得到国家法律的确认和保护。早在20世纪60年代初，国际消费者联盟就确定了消费者“自主选择权、公平交易权、依法求偿权”等9项基本权利；2008年金融危机后，美国率先开始重视金融消费者保护，监管当局不仅成立了独立机构，还推出了一系列具体措施保护消费者权益。近年来，我国金融消费者权益保护工作也正在加快推进。银监会成立了消费者保护局，公布银行业社会责任报告、减免客户相关交易及账户收费、规范理财产品销售风险评估等措施陆续出台。这一系列“新政”唤醒了客户对银行服务瑕疵的维权意识，社会上还出现了一些专业的“维权”人士，专挑银行瑕疵。银行稍有不慎，就会面临赔偿经济损失、媒体曝光的风险。

3. 市场竞争压力日益加大。从个人存款看，2012年人民银行推出存款利率小幅上浮市场化措施后，一些中小股份制银行立即就将上浮空间用足，今年一些大行也将存款利率上浮到顶，以吸引客户、争夺旺季存款。随着利率市场化深入推进，控制付息水平和拓展存款的压力会继续加大。特别是存款资金竞争主体日益多元化，市场竞争不再局限于商业银行，基金、券商、信托等竞争者不断加入。从住房贷款看，工商银行2012年下半年以来月均新增均超过300亿元，全力赶超我行态势不减。2013年1月，我行已有一些分行新增位次下滑，余额领先优势缩小。守牢房改金融业务优势也面临严峻挑战，随着部分地区开始采用招投标重新选择承办银行，公积金支持保障房项目贷款试点全面铺开，对原有市场格局将产生很大冲击。

4. 非法民间融资给银行带来的风险越来越大。一方面，很多民间融资都要利用银行账户和支付结算渠道，比如POS机刷卡套现等，这都可能给我们经营带来风险。另一方面，银行员工也有意无意参与了非法民间融资。有的员工是主动参与，有的员工则是警惕性不够高，被人利用卷入其中。无论是哪一种情况，对银行都会造成声誉风险甚至经济损失，务必要重视这些问题。

三、2013年零售业务的目标、思路和重点工作

（一）零售业务未来一段时间的总体目标

零售条线要继续围绕全行三大支柱业务之一的定位，做大做强，建立品牌，打造优势，充分发挥好零售业务的“三个作用”，即对全行经营

① 指在一般性存款中的占比。

效益稳健增长的助推作用，对全行应对外部环境变化的平衡作用和对全行服务实体经济和承担社会责任的主体作用。个人业务要逐步缩小与领先者的差距；私人银行业务要打造“中国第一品牌”；房金业务要守牢领先地位，巩固住房按揭第一银行的品牌；信用卡业务要争取同业领先地位。具体要求是：

一是市场份额稳中有升。个人存款要保持市场份额提升势头，确保网均新增居四大行第一。个人中间业务要保持收入总量居四大行第二，缩小与农业银行差距，保持网均四大行第一。住房金融要确保房贷余额和新增四大行第一，守牢房改金融领先优势。信用卡业务要保持净增卡量四大行第一，逐年缩小核心指标与领先者的差距。

二是效益质量保持领先。个人存款付息率要保持较工商银行的领先优势；各类零售信贷产品收益率要继续巩固四大行领先地位。保持个贷、信用卡不良率四大行最优水平。

三是传统新兴同时兼顾。存款、房贷和支付结算等传统业务的行内贡献和市场竞争力要稳中有升。力争到2015年零售存款、贷款和中间业务收入全行占比分别达到50%、35%和40%。要确保在重要新兴领域中都取得应有市场地位，私人银行业务要打造“中国第一品牌”，投资理财产品、信用卡等业务要争取同业领先地位。

（二）零售业务今年主要经营指标

——零售存款、贷款和中间业务收入全行占比有所提升；

——个人存款新增6 000亿元；

——房贷余额和新增在四大行中占比第一；

——信用卡客户净增600万户，贷款新增1 000亿元；

——私人银行客户AUM新增600亿元；

——个人贷款不良率保持稳定；信用卡贷款逾期90天以上不良率低于0.8%。

需要强调的是，既要确保实现上述目标，也要关注竞争力的提升，市场份额的提升是检验工作成效的重要标准。

（三）发展思路

要实现上述目标，需要在负债、资产、中间业务、客户服务和风险防控上明确发展思路。

一是加快发展负债业务。牢固树立“存款立行”思想，建设银行开办储蓄的初衷就是为了抓稳定的存款，存款是个人业务的“立命之本”。在客户、渠道等基础弱于同业条件下加快负债业务发展，核心是转变思路，要“跳出存款抓存款”。要以增加客户金融资产作为核心目标，通过稳健发展银行理财和代理销售业务，大力吸收客户资金；要依托结算抓存款，大力拓展代发工资、拆迁补偿、代收学费、个体工商户资金结算等优质个人结算账户，努力成为客户的“零售主办银行”。

二是做大做强资产业务。守牢领先优势只是零售资产业务的基本要求，经济转型、新资本协议实施促使我们必须做大做强零售类信贷。做大，就是要加大资源投入、提升零售贷款的全行占比；做强，就是要在确保零售贷款质量的前提下提高定价能力。

三是推动中间业务转型。核心是由“融资增收”向“融智增收”转型。当前形势下，支付结算产品增长潜力有限，保持收入稳定增长的重点在产品销售。一方面要把为客户提供“稳健理财服务”作为销售目的，当务之急是加强客户经理队伍建设，增加人数、提升素质；另一方面要加快自有产品创新和行外优质产品引入，举全行之力拓展新的收入来源。

四是形成分层服务能力。为大众客户提供标准化服务，方便快捷、舒适得体，要让客户满意。为富裕客户提供差别化服务，重点是满足投资理财需求，要让客户获利。为私人银行客户提供定制化服务，办成真正的、走在市场前列和具有国际竞争力的私人银行，以顶端客户为目标群体，着力满足资产配置、财富管理等综合化需求，由销售产品向不断增加顶端客户金融资产转变。

五是打造风险防控机制。要把握零售业务信贷风险、操作风险、合规风险中的关键风险点。要有针对关键风险点的控制机制和手段，进一步提高合规意识。要把建立长效机制作为零售风险防控的核心工作。要用机制抓信用风险，吸收国外银行经验、不断优化模型工具、根据业务规模足量配置专业人员，真正使零售类贷款业务经受住经济周期起伏考验。

（四）2013年重点工作

结合上述目标和思路，零售条线要围绕“抓

市场、增效益、强基础、控风险、谋长远”五个方面，全面推动各项工作，并落实好监管部门关于信贷政策、产品合规销售、银行员工行为管理、服务收费规范以及消费者权益保护等方面的工作要求。

1. 抓市场，巩固传统业务份额，抢先布局新兴业务。

——毫不懈怠抓好个人存款工作。2012 年以来，个人存款发展形势喜人，但全行上下不能有丝毫懈怠，要持续巩固优势和不断完善策略。要圆满完成旺季营销任务。虽然春节已经过去，但从 2011 年、2012 年数据来看，3 月当月新增量都约 1 000 亿元。要把余下这一个多月的工作做得再扎实一点、目标再积极一点，为全年计划的顺利完成早筑优势。要围绕提升金融资产的核心目标，加大客户拓展力度，以此带动存款增长。抓住城镇化、收入倍增机遇，依托各类服务网络，抓好金融 IC 卡、代发工资等重点结算产品，加强发达县域渗透。要做好理财资金衔接，目前存款工作重点还是要放在满足客户资产配置需求、保持我行日均领先优势上。可以适当借鉴同业经验，但要坚守底线，不要盲目为年末时点大规模调动资金。

要大力发展个人外汇存款业务。目前我行个人外汇存款市场竞争力不强，在四大行中占比不到 10%，与大行地位严重不符，与个人人民币存款市场份额水平也差距较大；目前所有分行在四大行中位次均排名第三位或第四位，只有 4 家分行市场份额超过 10%，个别分行仅 1%。要抓好外汇存款业务，以此拓展和维护好优质客户。要在网点开办率、产品创新、人员培训和考核激励等方面再下工夫，争取市场份额和业务规模有明显提升。

——加快发展零售信贷业务。要会算账，零售信贷收益高、风险低、资本占用少的特征大家都比较清楚，但我们的工作还要深化到推动业务实践中。比如，每 100 亿元零售贷款规模能给分行增加多少利润、多少 EVA、增加的 EVA 能多增加多少员工费用，只有把账算清楚了，资源才有可能倾斜，各分行房贷、信用卡部门要主动承担起这方面工作。要抓重点，住房按揭贷款排名靠后的分行务必加大资源支持，确保争先进位，持续加强营销储备。房改金融业务方面，张建国行长对这项我行传统优势业务十分重视，要求必须守牢优势，确保市场份额稳中有升，要求各部门、各分行给予有力支持。要加强高层营销，维护好与住房资金管理部门的战略合作关系，抓好资金归集；要全力拼抢公积金项目贷款承办资格，持续加大科技投入。信用卡业务方面，一是要保持信用卡贷款业务健康较快发展，做大市场份额，加快产品和服务模式创新，提升收益水平；二是要持续夯实信用卡产品发展基础，在介质、渠道和支付模式等方面加强研究和布局，打造顶端信用卡等重点产品竞争力；三是要加快客户和各类商户拓展，发挥网点营销主渠道优势，对于“三大一高”优质企业，实施关联企业链式名单制营销。

——聚焦顶端客户加快发展私人银行业务。打造我行私人银行业务“中国第一品牌”，必须将服务对象聚焦于顶端客户，这是私人银行服务特征所决定的，也是花旗、汇丰等国际先进私人银行的突出特点。要下大力气加强私人银行员工队伍建设，探索按照客户数量与服务人员 3∶1 比例打造一支具有国际先进水平的从业人员队伍，涵盖客户经理、产品经理和财富顾问。要按照“需求驱动”的原则加大产品供应，“举全行甚至全集团之力”满足客户差异很大、范围很广的各类需求。做实私人银行业务产品平台和机制，落实优质产品优先供应，推进财富保障与传承、海外保险等定制和综合解决方案。

2. 增效益，平衡效益规模关系，打造价值创造能力。

——跟进利率市场化进程，优化存款结构。2012 年商业银行存款利率可较基准上浮 10%，存款利率市场化迈出实质性一步；近年来银行理财产品大量发行，个人存款已经以理财形式开始了利率市场化。面对这一新趋势，银行如何拓展低成本存款客户、存款利率上浮安排在何种期限、银行理财发行多大额度等问题，都对存款付息成本产生较大影响。为此，一方面要根据同业竞争态势适时调整我行的存款定价；另一方面要抓代发工资、代收代付等低成本资金，同时面向成本较高的中长期限存款设计理财产品，主动推动客户资产转化。

——调整零售贷款结构，提高收益水平。房贷、信用卡分期等零售贷款业务不仅是资本节约型业务，而且因银行议价能力较强而有较好的收益水平。要按照五年规划要求，坚定不移地加大零售贷款资源投入，配合全行信贷结构的持续优化。要加大零售贷款客户拓展，结合区域、客户和产品风险情况，制定差异化的定价底线，加强定价执行监测考核，稳定贷款利率上浮水平，推进零售信贷的量价平衡发展。

——推动中间业务创新，拓展收入来源。2012年以来价格主管部门推出银行服务收费规范，对全行第一大中间收入来源的结算业务产生较大减收影响。2013年随着商户收单手续费率下调、银行结算服务实行政府指导价等不利因素的集中显现，零售中间业务增长可能更加困难。下一步，要下大气力推进中间业务转型，加快银行理财、贵金属等产品创新，提高其在客户资产中的占比水平；加快服务创新，为客户提供综合理财规划服务，实现“融智增收”；加快发展消费金融业务，打造新的增长点。要继续加强建信基金、建信人寿和建信信托产品销售工作，在支持子公司发展的同时，拓展中间业务收入来源。

3. 强基础，全面加快渠道发展、客户拓展和队伍建设等各项工作。零售银行业务与其他行业零售业务有许多共同点，基础工作是重中之重。要取得领先同业的成绩，资源投入不能落后于其他竞争者。零售银行业务与批发银行业务有一个明显区别，就是零售业务目标的达成来自每天、每项工作的努力，业务的组织推进一天都不能放松和错过，因此“过程管理”十分关键，总行、分行各相关部门都要开展目标过程管理。

——继续加快各类渠道网络建设。要抓住当前城镇化推进、我行加大资源投入的战略机遇期，全面加快渠道建设。物理网点要用足获批网点资源，加快在“两洲一海”、特大城市、中心城市建设布放，及时在空白发达县域进驻网点。加快自助设备投放，力争逐步缩小与同业领先者差距，继续推进清机运维的集中专业化管理。私人银行专营机构要承担起经营客户主体责任，着力提升专业能力建设。理财中心要打造成富裕客户差异化产品和专享型服务平台。个贷中心要全部覆盖大中城市和百强县，在经济发达的中小城市和县域加快布局。这里明确提出一项要求：2012年我行获得银监批复的新设网点中有约240家当年没有开业，上述网点2013年第一季度必须全部开业，尽快发挥效益。2012年，我行新设网点开业率为61%，今年各分行要以70%开业率作为工作目标。要“早动手、早受益”，监管要求等外部问题很难立刻解决，但选址、监管沟通等准备工作可以再早一点、进度可以再快一点，为全年留下更大空间。

——巩固客户维护拓展良好势头。要大力发展个人有资产客户，一方面继续拓展大中城市的居民客户，另一方面要高度关注城镇化带来的中小城市、县域地区客户。2013年总行对分行的KPI和等级行考核中，增加了有效客户的考核，各行要高度重视，大力挖掘有价值客户，全面完成有效客户拓展任务。要把客户专项营销活动、理财产品精准投放等过往好的经验做法推进下去，力争到2013年末提前完成五年规划新增5 000万客户的目标。要关注客户满意度调查发现的问题。2012年，我行个人客户总体满意度为65%，提升了0.4个百分点，继续保持四大行第二。但值得关注的是，我行较同业平均水平的领先优势由2008年的3.6个百分点减至1.2个百分点，工商银行则提升明显。个别分行、个别产品的客户满意度下降超过5个百分点。各分行要重视客户满意度调查工作，积极查找影响客户体验的热点和难点问题及背后的原因，不断提升客户服务质量。

——积极推动网点三综合工作。网点综合化建设是全行优化体制、机制工作的一件大事。网点首先是物理渠道，其次是交付产品的综合平台，最后是承担任务目标的经营中心。零售条线要积极参与三综合工作，提升网点零售产品交付能力，加强在代发工资、私人银行等业务上与其他条线的联动。批发业务和零售业务经营方式差异很大，其特征决定了前者要不断上移、后者要不断下沉。网点服务的重点还是个人客户、对公客户的柜面结算、小微企业和小额无贷户。零售条线要充分抓住三综合契机，进一步理顺网点各岗位定位，着力解决网点人员短缺问题。

——持续提升电话银行服务水平。全行电话银行服务坐席人员工作强度大、人员流动性较高，过往三年尽管不断加大招聘力度，但人员年均增长率仅12%，远低于业务规模增速，人员配置水平远低于同业和其他条线水平，直接影响了接听质量和客户体验。要加快推进电话银行业务功能和服务渠道整合，将95533作为统一客服号码对外服务，适时加快物理整合，推进呼入业务独立运行分行上收工作，从根本上实现有限人力资源的集约使用。要强化队伍建设，不断丰富业务培训的形式和内容，继续组织开展直属中心人员转岗转制，拓宽员工职业发展道路，采取多种形式关爱一线人员，增强员工归属感和责任心。

4. 控风险，提升风险防控能力，重视消费者权益保护。零售业务单笔额度比较小、风险敞口比较小、但发生频率相对较高，必须建立防控长效机制。零售业务创新步伐快，新业务、新产品中容易隐藏风险，特别是那些初期发展好、盈利水平不错的产品，由于没有历史经验积累，更要加倍注意风险防控。

——继续保持信贷风险防控良好势头。个贷资产质量方面，要充分挖掘逾期和不良的压缩空间，多途径保持质量稳定。加强信用卡业务风险防控。始终坚持长远审慎风险管理策略，绝不能因为当前较低不良水平而放松大意；坚决杜绝发生案件，特别是高速增长的汽车分期业务，要一手抓业务发展、一手抓风险防控机制建设，两者丝毫都不能放松；要增强业务真实性风险识别的能力，精准打击欺诈、伪冒、套现风险。

——建立产品代销风险防控长效机制。银行投资理财业务的首要目的是“帮客户赚钱”，在此过程中“自己赚钱”。要坚决退出那些银行与客户利益相互背离、风险极大、收益极不稳定的产品。要抓住当前监管部门开展代销产品风险排查时机，下决心把我行代销产品风险防控流程机制梳理好、调整好，尽最大可能杜绝因我行原因带来的客户投诉。

——高度重视消费者权益保护工作。2012年我行客户投诉数量增长较快，特别是理财产品亏损、人身保险代销和网点服务等方面的问题时有发生，损害了我行声誉。要尽快扭转这一趋势。把消费者权益保护当成维护建设银行声誉的大事来抓，特别是在“3·15”期间要高度重视声誉风险防控工作。

要强化理财及保险产品的合规销售。“把合适的产品销售给合适的客户”，不得向客户夸大产品本金保证和收益实现，必须主动充分提示产品风险。要提高行内理财产品的资产运作能力，避免出现亏损。要抓好代理销售理财产品准入，对代销产品进行严格把关。

要加强网点服务。当前办理效率低、过度营销、强制渠道分流和婉拒客户大额转账取款等方面的投诉比较集中。要加强业务操作技能培训，规范服务用语和销售行为；要主动及时处理投诉，对处理不及时影响我行声誉的问题要追究责任。

——抓好合规风险和操作风险防控。合规风险方面，要严格执行住房信贷政策，规范贷款操作，严格执行贷款“三查”要求，坚持面谈面签、规范贷款支付和用途管理，通过岗位设置和流程制约增强关键环节风控能力，重点防范假按揭。操作风险方面，要重点关注非法民间融资问题，完善可疑交易的识别技术手段，强化行内员工教育管理；要加强风险检查整改工作，督促整改屡查屡犯问题。

5. 谋划长远，不断探索优化管理模式。要根据零售业务市场和客户的快速变化，不断探索优化我行零售业务的管理模式。

——要将AUM1 000万元以上客户金融资产的增长作为私人银行考核的主要目标，围绕顶端客户群体，打造产品平台，建立高素质专业服务团队。对于AUM500万元至1 000万元的客户，各分行按照有利于服务好客户、有利于增加客户金融资产、有利于用好当地服务资源的原则自主确定归口管理事宜。

——逐步优化零售信贷业务分工。美国个人消费信贷业务的四分之三是通过信用卡载体实现的；在日本、中国香港等亚洲市场这一占比也在70%左右。下阶段，我行消费信贷要逐步过渡到以信用卡作为主要载体，充分发挥其资金挪用风险较小、银行权益保护较完备、信贷与支付结算服务结合较紧密的优势。当然，消费信贷业务种类很多，客户需求多样化，当前管理分工中那些有利于拓展客户、发展业务的模式也要充分用好。

6. 关爱员工，不断增强凝聚力和战斗力。零售业务一线人员多，劳动强度大，晋升通道相对狭窄，如何发挥人力资源潜力是事关零售业务长远发展的一件大事。零售业务各级领导要关心员工，注重员工工作环境的改善，加强专业技能培训，加强人文关怀，更要从体制、机制上为一线员工成长和职业生涯发展多做努力。总行自2012年开始对基层一线员工的薪酬进行了倾斜，2013年继续实施，各分行要把这一政策落到实处。同时，要为员工职业生涯发展拓宽晋升通道，在专业技术聘任上更多地向一线员工倾斜，注重从基层发现和选拔干部。通过让员工满意来实现客户的满意，实现凝聚力和战斗力的提升。

同志们，随着我国经济社会转型不断加快、金融改革深入推进，我行零售业务将迎来广阔空间。与此同时，也要清醒地认识到，零售业务市场竞争日趋激烈、发展形势时不我待。我们必须抓住机遇、应对挑战，明确思路、扎实工作，为建设银行的健康发展作出新的、更大的贡献！

在2014年个人业务旺季营销启动会上的讲话

赵　欢

（2013年11月27日）

同志们：

再过35天，新的一年就要到来了，我们个人业务也将迎来岁末年初这个最重要的时期。上周召开的全行秋季工作座谈会议学习了十八届三中全会精神，部署了未来一段时期我行的发展转型和产品创新工作，王董事长、张行长和张监事长对近期旺季营销工作也提出了明确要求。在明年初的零售业务工作会议上，我们将研究部署全年以及未来一段时期工作。今天视频会的主要目的是落实全行秋季工作座谈会的要求，专题部署2014年个人业务旺季营销工作。下面，我讲几点意见。

一、旺季营销在个人业务发展中发挥着十分重要的作用

旺季营销是我行多年以来的传统活动，各分行也都十分重视。尽管如此，今天我们还是要再次强调其重要性。原因一是在过去一年的干部调整中，我们不少同志是新接受或者重新接受个人业务方面的工作，需要“补上这一课”。二是尽管各分行都很重视，但重视程度有差异。有些分行思路清晰、措施和机制到位，活动成效很好；同时也有个别分行的重视主要体现在形式上，活动成效并不理想。因此，尽管旺季营销每年都布置，重要性每年都强调，但我们仍要进一步重视起来。

个人业务旺季营销活动的重要性体现在哪里？一方面由于第一季度个人业务规模全年占比很高，它对全年业务拓展具有很强的推动作用，对全年目标的完成奠定了十分重要的基础。另一方面是旺季为全年个人存款增长“确定基调”。从往年经验来看，一家分行全年个人存款的新增市场份额和计划完成率情况基本取决于其一季度情况，私人银行业务方面也是如此。概括而言，旺季营销对全年个人业务发展有决定性作用，体现在3个方面：

一是旺季营销活动的重要性是市场决定的。第一季度全社会资金足、流动快、消费旺，是拓展个人客户、吸收存款资金以及发展中间业务“机不可失，时不再来”的黄金时期。统计数据表明，第一季度是城镇居民可支配收入最多的季度；第一季度个人存款新增全年占比达60%左右。由于工资奖金集中发放、假期较长，第一季度也是社会消费规模相对较高的季度；如果考虑到环比增长因素，这也应是全年消费最为旺盛的阶段。此外，资金频繁流动背后，是人口也就是

银行目标客户的大规模流动。2013 年春运期间，全国累计共有 34 亿人次出行，日均达 1 亿人左右，随之带来的消费结算需求十分可观。

二是经验表明旺季营销对我行全年个人业务发展有决定性意义。根据近几年的数据计算，我行全年个人存款新增的 66%、个人客户金融资产新增的 60% 和个人富裕客户数量新增的 70% 都在第一季度完成。2013 年该特征更为明显，第一季度个人人民币存款新增（不含保本理财）5 351 亿元，完成全年新增计划的 89%。抓好旺季营销，可以极大提振全行士气，可以充分奠定发展基础，可以牢牢抓住全年工作主动权。2013 年大部分分行旺季营销工作都抓得比较好，特别是江苏、湖南和重庆等分行，全年发展势头很好，稍后我们还将请 4 家分行做经验交流。反之，个别分行由于旺季营销抓得不实、抓得不准，全年工作比较被动。

三是同业竞争激烈，个人业务失去了旺季就失去全年。旺季营销是我行个人业务的传统经验，历年来取得了良好成效。同业不会坐视不管，一定会加大投入、有所作为。据初步了解，目前其他三大行和股份制银行都在部署各种形式的旺季营销，同行业特别是农业银行，股改后学习跟进我行的步伐非常迅速，比如其网点转型基本与我行模式类似。投资理财业务过去是农业银行的“短板”，2013 年以来高速增长。截至 2013 年 10 月末，农业银行个人银行理财余额近 6 400 亿元，年内增速高达 92%，与我行差距在 10 个月时间内缩小了1 633亿元。2014 年旺季营销期间，很可能是全年市场竞争最激烈的阶段之一。我们如果仍按照过去的思路、采取过去的方法、基于过往的节奏抓旺季营销，很可能要打败仗。除了来自银行业的竞争外，我们还面临行业外的跨界竞争。2012 年支付宝日均交易突破 60 亿元，已基本和我行借记卡日均消费额持平；淘宝“双 11”一天成交金额超过 350 亿元。余额宝 5 个月时间内资金余额突破 1 000 亿元，成为国内首只规模超千亿元的货币基金。银行同业和非银行机构都在紧盯旺季、狠抓旺季。我行失去了旺季就失去了全年，个人业务条线的同志们对此都要有清晰的认识。

二、抓住客户资金主线，紧盯旺季七大市场，牢牢把握活动重点方向

旺季营销活动存款资金从哪里来，中间业务收入向哪里要？把握好目标市场就能事半功倍。旺季的个人客户流、资金流，个人客户的消费行为和投资需求特征都有规律可循。把握好这些规律，就能找准目标市场。各地的实际情况不同，但从全行来看，需要重点抓好七大市场，即收入分配市场、支付结算市场、投资理财市场、信贷市场、消费市场、资本市场和县域市场。

（一）收入分配市场

代发工资业务资金来源稳定、客户关系可靠，能够带来持续和低成本的存款沉淀，是个人存款最重要组成部分之一。以代发工资发展较好的湖南省分行为例，春节期间代发工资个人户沉淀的存款占分行个人存款余额的 20%。岁末年初是企事业单位工资、各类奖金和红利的发放高峰，政府部门的各类补贴、转移支付也集中在年末发放。我们要抓住这一资金流动高峰，抢抓代发工资市场的有利契机。

一是加强公私联动营销。以在我行开立基本结算户的优质公司客户和信贷投放大户等为重点目标，全面梳理其中没有在我行代发工资的客户名单，组织个人和对公条线联动营销。近年来，对公条线对我行代发工资拓展和个人存款增长给予了有力支持，要确保营销激励落实到对公条线的客户经理。要拓宽思路，既要争取工资代发，也要积极争取并抓住奖金补贴的代发市场。二是加强零售条线内部联动。要建立代发与代理业务联动机制，做好基金、保险、信托和商户收单等合作伙伴的代发工资营销，零售条线相关部门要承担相应的任务。三是加强与地方政府联系，积极争取岁末年初、元旦春节期间各种补贴、转移支付资金代发。四是还可借助行内采购招标等机会，在合法合规前提下，通过与采购供应商的合作，拓展代发工资业务。

（二）支付结算市场

支付结算业务不仅能够带来稳定手续费收入，而且可以形成资金沉淀，带动存款业务发展。2013 年第一季度国内银行卡交易金额突破 100 万亿元，支付结算市场还有很大潜力。要细分客户

群体，狠抓重点产品。对于普通客户，重点营销金融IC卡，同时借助节日气氛浓厚时机开展办卡有礼和刷卡抽奖活动，促进新发卡、提升交易额。对于专业批发市场和个体工商户，重点营销结算通和电话支付等产品，以实现客户上下游资金行内循环，推动存款增长。总行将不断优化结算通功能，将费率优惠政策再延续一年，并拟对新增发卡配置激励费用。分行要建团队、摸市场、定目标、强考核，大力发展结算通业务；个别业务规模与自身存款体量不相符的分行，要加强对当地市场环境、客户支付结算习惯的研究分析，加快业务发展步伐。

（三）投资理财市场

岁末年初个人客户资金充沛，各类投资理财需求旺盛。要积极发展银行理财、贵金属、基金和保险产品，吸收客户行外资金，防止行内存款外流。一是抓银行理财。要瞄准重点客户，特别是那些曾经在我行购买理财产品但又将资金转向他行的“逐利型”客户。这类客户对理财收益率敏感，其中部分客户资金体量较大，在银行间频繁流转，要开展“迎新理财”名单制营销。产品设计部门要根据旺季特征，提供足量、档期紧密衔接和价格有竞争力的产品，特别是通过适当提高我行产品收益率，在旺季率先抓住客户资金。要专题分析银行理财资金的流动特点，区分到期资金有多少再次购买、多少回流存款、多少流向行外，摸清家底，拿出对策。二是抓贵金属。综合考虑各方因素，黄金价格预计目前处于阶段性的低位。要抓住佳节时机，拓展贵金属客户群体，增加产品交易量；要及时跟踪研判同业最新竞争策略，针对性地采取费率优惠等措施。三是抓基金，预计资本市场明年有一定机遇，要在旺季做好包括建信基金在内的各类产品销售。四是抓保险，旺季期间也是保险热销时期，要针对外来务工人员保障等特定需求，有针对性地推动销售。在抓投资理财市场时，不要过分担心其与存款的替换效应。投资理财抓好了，一方面可将客户资金吸收入行，另一方面通过产品覆盖提高客户黏性，对增加存款、提高我行市场竞争力有积极作用。

（四）信贷市场

第一季度也是全行信贷业务发展较为快速的时期，如对公贷款全年占比超过三分之一。元旦春节期间，信用卡消费、个人贷款也有很大客户需求和市场空间。抓好信贷市场，一是要拓宽思路，不仅抓大中型对公客户代发工资业务，还要链式营销、链式联动，做“链式金融”，争取大客户上下游企业如供应和分包商的个人业务。跟踪资金流向，延伸支付结算服务，推动资金行内循环，以点带链、以点扩面。二是要有策略性。比如信贷需求主要依赖我行的客户，要争取代发工资；对我行有一定信贷需求的客户，争取代发工资有难度可先重点营销代发奖金；我行的小企业客户原则上都应在我行代发工资，这样一方面可吸收存款，另一方面可通过综合金融服务来防控风险。三是要强化交叉销售，小企业、个人和信用卡贷款应优先支持我行私人银行客户，以提高客户的忠诚度和贡献度。继续发挥好个贷客户产品覆盖度较高的优势，深化客户关系，带动存款、支付结算、投资理财和电子银行业务，提升客户金融资产总量，力争使我行成为其主办银行。

（五）消费市场

消费市场潜力巨大、资金流充沛，传统商场和电商消费都有很大空间。要强化银行卡消费功能，通过“行庆”、“迎春”等主题营销活动增加交易额，提升消费交易收入在银行卡收入中的占比。要突出行业应用，积极拓展银行卡的应用领域，积极寻求优质行业合作机会，加强基础保障、社会民生、医疗、交通、校园等重点领域业务拓展。要加快银行卡产品创新，开发借贷合一卡，实现客户在ATM、POS、网银和手机银行等渠道迅速便捷的支付、消费、还款和查询等功能。要结合马年喜庆特点，创新推出马年黄金新品，丰富实物贵金属产品线，做大实物白银业务，逐步在贵金属消费品领域有所突破。

（六）资本市场

岁末年初节假日较多、股市休市频繁，资本市场资金回流是重要商机。截至2013年10月末，我行CTS客户约2 200万，账户月日均资金余额约1 500亿元，挖掘潜力很大。一是要考虑对系统进行优化，进一步降低银证一户通门槛余额，增加办理业务的客户数；深入整合通知存款一户通和CTS这两类产品。二是密切关注CTS资金流动对存款的影响，建立CTS账户资金流向监测机制，加强预测判断，研究准备对策。三是加大CTS客户的产品交叉销售力度，对回流存款的CTS资金进行及时挽留，销售投资理财产品。可以借鉴余额宝的经验，在符合监管要求和风险可控的前提下，逐步将客户存款、建信基金和CTS三类账户“打通”，为客户获得更高收益提供便利，确保资金行内循环。

（七）县域市场

强县强镇是我国经济的新增长点。2012年，国内农民人均纯收入同比增长16.7%，比城镇居民收入增速高3.3个百分点。县域资金具有明显的时间和区域特征：资金流一般会在元旦春节井喷式增长；劳务输出大省资金流入，劳务输入大省资金流出。我行在县域网点布设不占优势，要找准重点和方法。一是在县域支行组建综合营销团队，走出去、进乡镇；不仅要全面覆盖所辖区域，还可以积极探索直接前往用工地区营销、劳务输入和输出分行之间联动营销等形式，在客户返乡前抢抓返乡资金。二是依托外部力量。适当发展居委会、村委会和园区管委会负责人为宣传员，依托其影响力拓展客户；有条件的分行可与第三方公司开展助农取款等合作。三是营销合适产品，针对县域客户风险承受能力弱、理财起点低等特点，重点营销存款、趸交人身保险等产品；县域客户流动性强，要重点营销借记卡，突出异地存取款功能；外出打工人员有定期汇款需求，要重点营销银行卡附属卡和存款亲情联名账户等产品。

以上这7类市场总体上看是旺季期间的重点市场，但各地旺季营销工作的重点可能有所不同，比如劳务流入和劳务流出地区之间，各分行要结合当地市场和客户需求时机，有针对性地确定自身的目标市场。

三、抓好旺季营销的六项工作要求

一是统一思想，高度重视。在充分认识旺季营销重要性之后，首要问题是进一步提高重视程度，树立积极和进取的奋斗目标。不仅要提高个人条线的重视程度，更要争取分行党委的重视，以获得资源牵头部门、兄弟部门的联动协同。不仅要在分行各部门层面迅速动员起来，更要将此次会议的判断和要求扎扎实实地落实到网点一线。各分行要在活动方案下达目标的基础上，主动加压、自我加压，要站在共同推动全行个人业务明年良好开局的高度，树立更加积极的存款、客户和中间业务收入计划。我希望所有的分行特别是重点大行都能超额完成任务。

二是明确目标，全面完成。2014年旺季营销活动的计划目标：个人存款（剔除保本理财后）时点新增4 000亿元，个人中间业务收入70亿元。个人有资产客户新增400万户；其中，大众客户新增280万户，大众富裕和富裕客户新增120万户。私人银行业务方面，客户新增2 900户，AUM新增360亿元。要通过全面完成上述目标，实现个人业务“开门红”，为全年业务发展奠定坚实基础。需要指出的是，不应孤立甚至对立地看待存款、投资理财销售和中间业务收入之间的关系，而应该以吸收客户行外资金、扩大金融资产总量为目标，实现各项业务协调发展。

三是配置资源，加大投入。总行党委对个人业务的旺季营销活动十分重视，2013年从行长基金中拿出6 000万元用于此次活动，投入力度大于2012年，充分体现了总行对个人业务的重视和支持。各分行要充分理解总行的政策意图，在分行范围内补充配套充足费用，使总行投入的资源发挥出更大作用。从过往经验看，旺季营销活动的成效，相当程度取决于资源投入力度的大小。

四是加强联动，依托全行之力。旺季期间，也是各家企业和机构选择全年甚至更长一段时间银行合作伙伴的关键时期。个人条线要主动与其他兄弟部门加强联动，充分发挥建设银行综合化金融服务的优势。要与零售条线其他部门加强联动，以客户在我行的负债需求拉动客户在我行的资产保有；私人银行业务要与个贷、小企业和信用卡条线建立“一一对应”的客户服务联动机制。要与对公部门加强在代发工资、CTS业务上的联动，争取拿下一批重点客户。我也希望在座的总行各部门积极支持个人业务旺季营销，共同实现我行各项业务“开门红”。

较国外一流银行而言，我行私人银行的客户数量和金融资产规模还比较小。要充分认识私人银行业务是我行层级管理体制下一项业务的实际，重点发挥各级机构在业务管理和经营支持上的作用。私人银行条线要“做加法、不与网点争利”，要与各网点形成“利益共同体”，做到责任考核分解到网点，客户服务落实到网点，工作成绩体现到网点。

五是迅速落实，充分预热。现在已经11月末了，距离活动正式开始只有1个月时间。各分行会后要迅速落实，做好充分的准备。要做到“三个尽快”，尽快向分行“一把手”汇报，争取将个人业务旺季营销作为分行岁末年初的核心工作；尽快与财会部门充分沟通，争取更多配套费用和考核支持；尽快向二级分行全面布置，落实活动要求。在预热期间，比较关键的方面是落实资源、细化方案和储备产品，特别要有针对性地储备好银行理财、贵金属等产品，提前协调有关部门做好工作。

六是抓好服务，不忘风险。优质的服务是吸引客户的“法宝”。要一只眼睛紧盯营销计划完成进度，一只眼睛不忘客户满意度、客户投诉和负面舆情。要严格落实客户服务年活动的各项要求，抓好4个主题活动，建设4个长效机制，通过提升客户满意度来吸引客户。要争取多开服务窗口，延长营业时间，用好营业网点九项客户服务措施和理财中心四项客户服务措施，多提供人性化服务。要高度重视客户投诉和监管检查，确保不出纰漏。要积极发挥自助和电子渠道交易分流作用，力争缩短客户等候时间。要确保投资理财产品销售合规，通过规范、诚信和高效的服务留住客户、吸引资金。

春节前后不仅是客户营销的黄金时期，同时也是风险案件的高发阶段。各分行分管行长、个金部门负责人要亲自坐镇，风险检查、应急事件处理等重点工作不能马虎，要力争实现营销成绩喜人、不出风险纰漏的良好局面。

四、岁末年初要重点抓好的几项工作

在全力推动旺季营销工作的同时，各分行也要抓好岁末年初特别是2013年收官工作。前10个月，全行个人业务发展情况良好。个人存款在第二、第三季度末均实现时点新增四大行第一；前10个月牵头中间业务产品计划完成率达87.9%，快于时序要求；个人客户增势良好，渠道建设运营加快推进，客户服务年活动已取得初步成效。前10个月，私人银行的客户数量和金融资产新增已超额完成全年计划。但与此同时，还存在一些需要关注和解决的问题。我们要提升紧迫感、危机感和责任感，绝不能有所放松。

（一）个人存款要确保完成新增6 000亿元目标，确保时点新增四大行占比提升

9月末时点后，我行个人存款新增规模呈现下行趋势，截至26日降至3 700亿元。从前三季度情况来看，季末最后一周新增规模约1 400亿元；若年末仍保持该水平，还有“缺口”近千亿元。值得关注的是，我行个人客户全量资金市场份额不容乐观。若将个人存款和银行理财合计，前10个月新增四大行占比25%，同期存款新增四大行占比是33%。其中主要原因是我行银行理财发行和投放工作向对公业务有所倾斜，以支持公司存款增长。

下一阶段，一是要明确目标，个人存款新增6 000亿元是必须完成的目标，各分行特别是重点大行不能放松、不能懈怠，还要在完成计划的基础上多作贡献，不能留力。要高度关注市场份额，当前新增四大行领先的分行要继续保持；第二、第三的分行要力争有所进位；在四大行中列第四的分行是不可接受的。二是要提前准备，巩固2013年末时点成绩，银行理财资金衔接是必要的。现在还有1个月时间，要立即准备策略性的银行理财设计发行工作。三是要谋划长远，包括总行部门和分行个人条线，要开始研究推动个人存款更为平稳、更有竞争力发展的长效措施。不能简单地将存款日常的下降归因于流向理财，更不能盲目地将存款关键时点的上升依赖于理财回流。我行个人存款工作的目标是保持市场份额持续提升，不能跟随个别同业“冲时点”。

银行理财是利率市场化先行工具，这两年“储蓄资金理财化”的现象日益明显。为做好存款和银行理财协调发展，吸引客户、留住资金，设计和销售部门做了大量工作。近期，总行又将个人保本理财计划的上限提高至2 000亿元，并对档期进行了合理安排。各分行要根据总行安排，组织推动销售，处理好年末存款和银行理财的关系，同时为明年存款增长做好储备。对于私人银行客户，要着力满足客户需求，提升客户资金总量，做好有竞争力产品的充足供应和精准营销。

（二）落实张行长重要指示，力争完成今年新设网点开业60%的目标

2013年以来，受到监管部门批复时间较晚等因素的影响，我行当年新设网点开业进度偏缓。截至10月末，开业率只有13%，距全年60%目标差距较大。近期张行长作出重要批示："关键是请各分行领导同志重视，争取各银监局支持"。张行长的指示，既是年底前抓好开业的关键，也正切中2013年以来我们工作最薄弱的环节。最后1个月时间内，各分行要贯彻落实张行长指示精神，一是分行"一把手"、分管行长要亲自去监管部门汇报和沟通，争取理解和支持，迅速打开当前局面。二是要坚定信心，13%与60%这两个数字表面上看差距很大，但全年新设网点建设工作的成果很多都在年末集中显现，2012年最后两个月开业率提高了近30个百分点；各分行特别是那些进度较为落后的分行，不能懈怠甚至放弃，要扎扎实实抓好。三是抓关键环节，特别是外部安防、消防验收、人员准备和内外部机构号申请等工作。

需要强调的是，大家要严肃对待并十分珍惜当前渠道建设的良好机遇。近年来，监管部门在这方面给予我行很大支持；总行党委在财务资源日趋紧张的条件下，仍不断加大渠道建设投入。尽管新设网点开业面临很多的客观困难，但是一些分行通过积极努力和扎实工作，取得了很好效果。这项工作的成效，关键还是取决于我们准备、报批和沟通等主观工作。今后，各类渠道建设资源的配置要与分行过往建设运营的工作成效挂钩；2013年工作不力、进度明显落后的分行要检讨。

（三）继续提高私人银行客户的稳定性和质量

2013年前10个月，部分私人银行客户金融资产波动较大，稳定性需要进一步提高。下阶段，要以客户的财富管理需求为驱动，综合运用客户细分、"一户一策"、名单制管理、客户驱动销售管理等精细管理工具，深入开展私人银行客户的关系管理、财富管理综合解决方案和多元产品服务配置销售相结合的一体化精准营销，有效续接和吸引客户资金。一方面维护保有达标客户及其AUM，另一方面拓展提升潜力客户及其AUM，做大私人银行客户总量和AUM。

同志们，岁末年初时间紧、任务重，再有1个多月旺季营销活动就要正式拉开帷幕了。全行个人条线要高度重视、协同努力，在总行党委的正确领导下，在各兄弟部门的大力支持下，设计好、组织好、实施好2014年个人业务旺季营销活动，为全年业务的良好发展打下坚实基础。

谢谢大家！

（根据录音整理）

坚定信心 加大力度 严格管理 全面推进对公业务持续健康发展

——在全行2013年对公业务工作会议上的讲话

章更生

（2013年3月28日）

同志们：

我们这次会议的主题是贯彻落实全行工作会议精神，总结2012年和2013年第一季度对公业务运营情况，分析形势、研究问题、提出措施、部署工作。这次会议涉及对公七个部门，总行党委对这次会议高度重视，张建国行长在百忙之中挤出时间，亲自到会，一会儿还要作重要指示。下面，我先讲三个方面的意见，供大家讨论。

一、全行对公业务取得了良好业绩

2012年，面对复杂严峻的经营形势，对公条线认真贯彻落实总行党委、高管层的决策部署，攻坚克难、稳中求进，突出“三大一高”战略，诸多业务成绩优异、经营管理可圈可点。自2013年开年以来，全行继续保持了良好的态势。

（一）负债业务实现历史突破

1. 企业存款新增首夺四大行第一。2012年末，我行人民币企业存款新增5 842亿元，超工商银行178亿元、超农业银行1 446亿元、超中国银行5 153亿元，取得了同业第一的历史性重大突破。余额第四的分行为零，新增第四的分行同业最少，成功实现了“缩小与领先者差距，扩大与追赶者距离”的既定目标。

2012年是上市以来存款形势最困难的一年。外部，经济持续下滑、企业资金面紧张、同业竞争激烈；内部，坚守低成本策略，协议存款基本未做，财政招标没有价格优势。面对困难我们没有气馁，张建国行长亲自调度督导，各部门领导分片包干，对公条线全体动员，最终超额完成既定目标。

2013年第一季度，总行又乘势组织开展了“企业存款旺季营销活动”，各分行积极行动，加大资源投入，预计第一季度正增长300亿元以上，扭转往年“一季度落后、全年被动”的不利局面。

2. 同业存款总量与成本控制合理。2012年我行同业存款余额为7 439亿元，居四大行第二，新增75亿元，完成了总行控制目标。通过压缩高成本定期存款，有效控制了付息率，第四季度同业存款付息率为4.25%，环比下降了18个BP。2013年第一季度，同业存款的经营策略继续得到贯彻，截至3月26日，同业定期存款比年初减少1587亿元，量价比更加优化。

（二）有力地支持了实体经济

2012年，公司类贷款新增4 242亿元，同业第二；截至2013年3月26日，新增1 263亿元，同业第一。长期以来，我行积极服务实体经济，重点支持在建续建项目，加大了对“三农”、保障房、社会民生、小企业等薄弱环节的信贷支持，巩固了银企、银政关系。近期，总行陆续收到陕西、山东、湖北、山西等诸多省政府来函，对我行积极支持当地经济社会发展表示感谢。同时，我们更加注重提高回报，公司类贷款收益率达到6.57%，居四大行第一，贷款利息收入占全行的73%；非贴现存贷利差4.7个百分点，高于全行平均37个BP，贴现收益率达6.84%，取得了经济效益、社会效益的“双丰收”。

——2012年，我行基建贷款当年新增1 565亿元，占公司类贷款新增的37%，维护了和地方政府、优质客户的良好关系。截至2013年3月26日，基建贷款新增572亿元，占比45%，有力地支持了国家建设和地方经济发展。

——2012年涉农贷款新增2 165亿元，同比多增414亿元，增速高于各项贷款5.6个百分点，小企业贷款新增807亿元，增速高于各项贷款2.1个百分点，均远超“两个不低于”的监管要求。2013年以来，我们继续加大资源倾斜，涉农、小企业贷款分别新增349亿元、161亿元，均高于上年同期。

——2012年保障房开发贷款新增334亿元，增长了130%；截至3月26日，新增95亿元，增速为16%，高于公司类贷款增速13.36个百分点。

——2012年末，教育、卫生领域贷款余额为1 184亿元，市场份额连续8年保持同业第一。

——2012年底，对公贷款储备达到了4.6万亿元，新增1万亿元，业务发展基础进一步夯实。

（三）市场营销成效显著

1. 积极开展高层营销。总行领导亲自带队，先后与山西、福建、贵州等12个省、市政府签订了战略合作协议，积极开展项目对接。以总行名义，与重要集团、机构客户签署战略合作协议25个，新组建跨区域集团客户资金结算网络32个，总战客户由94家扩增到了118家。与工信部、中小企业协会、工商联签署了战略合作协议，将小微企业金融服务推向深入。中标中国化工、中国保利等8家央企年金管理资格；中标中央财政非税收入代理银行；同业首批获得私募债承销资格。总行牵头，组织了企业存款、客户拓展、造价咨询、国内保理、对公结算等7项营销活动；举办了珠三角联动、网络银行、ETC产业、综合金融服务、文化悦民、居民健康卡等20场推介会，取得了良好效果。

2. 主动开展联动营销。通过代发工资，带动个人账户新增855万户；举办了两次信用卡营销推介会，联动新增发卡183万户，计划完成率达140%，仅与供销总社签约，就带动发卡200多万张。根据现金管理业务特点，开展了财务公司、酒类、烟草和医药4个行业推介活动，举办了3场“财资论道”产品推介会，新上线现金管理业务系统客户24家，带动了结售汇业务、私人银行业务发展。加大电子不停车收费（ETC）业务推介力度，带动储蓄、结算、发卡等业务增长。小企业与私人银行联动，推荐了1672户个人高端客户。联动电子银行业务，企业网银客户新增56万户；实现电子银行业务收入16.3亿元；春运期间，铁路客运电子支付业务交易量居四大行第一。

3. 合力开展综合营销。利用对公客户经理渠道优势，积极营销投行业务，总战客户债券承销近2 600亿元，增速42%。联动香港分行，为中国联通提供50亿元港币贷款；联动建银国际，营销华能、中国铝业在港IPO承销资格；联动总行部门、境内外分行等10个单位，成功参与中海油收购尼克森项目，中标俱乐部贷款份额3.75亿美元，获得45亿美元资金交易与汇划交割业务。联动建信租赁，推进“中国商飞客机租赁”等项目。

（四）创新与转型有效推进

创新是保持竞争优势的“不二法门”，近年来，我们坚持以创新为先导，新兴业务、产品创新不断取得佳绩。

1. 战略性业务保持领先。

——网络银行继续领跑同业，2012年底合作平台达到21家，完成了每月新增一家的既定目标；累计服务客户突破1.5万户，发放贷款950亿元。2013年第一季度，网络银行标准化项目成功上线，平台拓展能力进一步增强。

——国内保理2012年新增294亿元，综合收益率为8.56%，相当于基准上浮52.86%；流贷替代率10%，较上年提升1.18个百分点。

——新农村建设贷款试点调整为备案制，试点分行扩大到25家，2012年贷款新增526亿元，增幅156%，荣获“2012年服务‘三农’最佳创新成就奖”。

——“民本通达”已形成品牌优势，新增客户1.7万户，新增账户2.5万户，成功拓展了人民网等文化领域客户。

——“四卡”快速发展。同业首推居民健康卡；财政公务卡新增89万张，累计发卡量同业第一；军人保障卡累计发行29万余张，同业第二；金融社保卡新增近1 300万张，超额完成计划。

——中央财政授权支付代理、银期直通车等传统优势业务，连续多年稳居市场第一。

——养老金业务新增签约客户3 900户，央企中标客户数量同业第一；企业年金受托资产新增80亿元，同业第一，与工商银行差距逐渐缩小；建设银行员工年金计划收益率达6.85%，超业绩基准2.61个百分点。

——债券承销总量、承销业务收入居四大行第一，其中，短融承销额取得八连冠，中票承销首次实现第一。

——电子商业汇票业务拓展加快，承兑笔数、金额居四大行第一，贴现笔数、金额居四大行第二。

2. 产品创新成效显著。

——“三大工具”（创新试点行、创新直通车、银企联动创新）运用自如，产品创新试点行扩大到29家，产品创新直通车覆盖27家一级分行、69个二级分行，上报创意55个，有效创意10个；与客户组建了19个银企联动创新团队。

——创新成果丰硕。完成了网络银行“e链通”、一票通、第三方入库黄金质押、对公证券质押信贷与监控、金融机构透支、“善融贷”等新产品开发，以及基于中铁物流合作、以“金银仓模式”融资的业务创新；围绕企业供应链，推出了对公回款通产品；创新了跨行国内信用证，实现手续费收入3.56亿元；开展了“沿海滩涂资源开发贷款”试点。

2013年初，我们按张建国行长的要求，迅速贯彻中央部署，在同业中先人一步，率先制发了《城镇化建设贷款管理办法》，各分行制定了细则，并着手营销。总行现已初步完成了服务方案的制订，为抢占市场先机奠定了坚实基础。

（五）中间业务收入同业第一

2012年实现公司中间业务收入398亿元，蝉联四大行第一，超工商银行71.74亿元，在四大行中占比达35%，同比增加了11亿元，做到了

"同比正增长、份额不下降"。

其中，造价咨询收入82亿元，再创新高；新型财务顾问收入67亿元，居四大行第一；单位结算、国内保理、代理保险三项产品收入超过20亿元；代理信托业务收入18亿元，连续4年第一。

（六）客户账户增长强劲

近两年，总行连续开展了"对公客户/账户营销拓展活动"，取得了令人欣喜的成果，客户增长提速，质量优化。

——客户新增超计划。按考核口径，2012年对公客户新增41万户，超计划14.6万户；客户增幅达20.36%，历史上首次超过20%。基本户占客户总数的65.52%，同比提升了1.11个百分点。加强源头拓展，工商验资业务覆盖31家分行。

——账户新增四大行第一。2012年，单位结算账户新增53万户，跃居四大行首位。其中，基本结算户比工商银行多增6.72万户。账户数量四大行占比21.42%，同比提升了1.12个百分点，28家分行份额上升，4家分行排名提升1位。

——第三方支付客户市场份额第一。第三方支付备付金存管客户168家，新签约79家。其中，获支付牌照的客户119家，市场占比60.4%，同业居首；前十大支付机构中，有6家与我行建立了合作关系。

——现金管理客户跨越式增长。2012年末，全行现金管理客户155万户，新增48.64万户，增幅达45.66%。其中，现金管理系统客户新增13.71万户，增长了2倍；总战客户68家，覆盖率达到了57.63%。荣获了《首席财务官》、《财资中国》现金管理专业奖项，"禹道"品牌影响力不断扩大。

（七）基础管理有所加强

2012年我们的业绩良好，管理也没有放松，切实做到了"两手都硬"。

1. 信贷结构得到有效调整。2012年末，"6+1"行业本外币贷款比年初减少12亿元，圆满完成控制目标；政府融资平台贷款余额减少177亿元，顺利完成监管要求；房地产类贷款比年初减少34亿元，新增近五年最少；全年退出贷款496亿元，计划完成率达165%。

2. 资产质量优良。2012年末，大中型客户不良贷款减少了46亿元，不良率下降了0.23个百分点。外部审计调整后，大中型客户新暴露不良149亿元，控制在300亿元的目标之内；大中型客户纯新发放不良率为0.17%，控制在0.2%的目标之内。

2012年贷款投向审计结果，全行仅有23.9亿元贷款存在薄弱环节，需关注贷款55.1亿元，在五大行中数额最少。

3. 管理制度不断完善。修订了保理、承兑、保证、工程资金监管、法人账户透支、内部银团、银票贴现、商票贴现等多项产品管理制度；完善了养老金业务管理制度。对资金证明、集团授信申报等进行了优化；推进了投审分离，促进理财业务健康发展。

4. 客户服务再上台阶。实施了"单位开户及签约便利化"项目，率先推出了"账户E"和开户免填单服务，开户启用时间缩短了31%。优化单位资金证明业务流程，受理审批人数从7—9人减少至3人，90%的资金证明业务从2—5天缩短为立等可取。完成了结算卡支付密码、支付限额、信息报告等功能优化，并在95533电话银行进行了部署。

5. 加强了对条线业务指导。2012年，公司条线按季研究分析市场机遇，制定下发了17个指导意见、23个行业研究报告，养老金业务完成了2个重大课题研究，为高层决策提供参考，为基层营销提供指引。2013年第一季度，制定下发了对公板块各条线全年工作要点，以及20多个单项指导意见。

6. 专业化程度进一步提高。编写了《公司客户经理能力提升教材》、《公司业务产品手册》，以及《机构业务客户经理能力培训教材》、《投资银行业务岗位培训教材》，提升了队伍专业化水平。"信贷工厂"模式的小企业中心244家，规范化程度不断提高。

7. 业务管理更为信息化、系统化。完成了75项CLPM系统功能优化、网络银行标准化项目开发、客户综合定价模型开发，实现了企业存款月末实时监测；积极参与新一代核心系统建设，IT系统对营销、管理支持的能力不断提升。

同志们！2012年全行对公业务经营业绩突出，为全行效益提升作出了应有的贡献，2013年又开了个好局，为完成全年任务打下了坚实的基础。成绩的取得，得益于总行党委和总行领导的正确领导，得益于对公条线及相关条线全体员工的共同努力。在此，我代表总行党委向你们，并通过你们，向全行对公业务条线的每一位员工，以及支持、帮助我们的相关条线表示衷心的感谢！

成绩值得肯定，但成绩只能代表过去。冷静分析，我们在业务发展上，还面临着巩固市场地位的巨大压力，定价能力还有待提升，风险内控还有待加强，精细化经营与管理有待进一步提高，客户经理的激励约束机制有待建立健全，全行的整体合力有待进一步加强，影响合力形成的机制有待进一步改进。新的形势要求我们必须戒骄戒躁，沉下心来搞经营、抓管理、促发展。

二、认清形势、明确目标、把握机遇

当前，国内外经济金融形势依然错综复杂，我们面临的经营环境发生了较大变化，机遇和挑战并存。

国际形势依然复杂多变。金融危机已历时六年，全球经济复苏前景依然黯淡，主要发达经济体主权债务负担沉重，财政紧缩压力空前，相继推行量化宽松政策，贸易保护主义又在抬头。展望未来，输入性通胀和外需不振，将是制约2013年我国经济增长的主要外在压力；但西方发达经济体主动收缩业务，主权政治壁垒将有所消除，也给中国企业“走出去”带来难得机遇，据商务部预计，到2015年中国对外投资将突破1 500亿美元，年均增速达17%。

国内形势则是喜多于忧。“两会”后，政府新政推进实施，主要体现出五方面特点。一是经济增长预期放缓，2013年GDP增速7.5%，低于预期，企业库存压力增大，资金链紧张。二是财政政策取向积极，2013年财政赤字增长50%，达到1.2万亿元，保障房、“三农”、社保等领域仍是支持重点。三是货币政策相对稳健，2013年M_2增速设定13%，低于预期的13.5%，低于我行五年规划预期2个百分点，对市场流动性宽松的乐观预期似须有所调整。四是产业结构转型迫切，经济下行压力与产能过剩矛盾依然突出，环境问题引起热议，“两高一剩”调控力度持续加大。节能减排、循环经济将加速推进，企业环保、降耗技改需求增大，预计2013年相关投资超过5 000亿元。五是监管政策日趋严格，新资本协议开始实施，资本约束压力增加，收费监管政策继续从严。

综合判断，我国改革发展仍处在重要战略机遇期，宏观政策仍然有较大回旋余地，实体经济发展的空间依然广阔。随着金融体制改革的不断深入，我行也相应步入经营转型期、精细服务深化期和价值服务提升期，需要我们审时度势，不失时机把握机遇，沉着冷静应对挑战。

（一）2013年对公业务发展思路

根据全行工作会议精神和总行领导要求，2013年对公业务发展思路是以提高对公业务发展质量为前提，以强化“三大一高”战略为重点，以网点“三综合”为依托，走资本节约、管理集约、经营精细之路，加快业务转型，强化体系建设，持续提升价值创造力和客户综合服务能力。牢牢把握业务发展、基础管理和风险控制三个重点，坚定信心、加大力度、抢抓机遇、加强联动、严格管理、精细经营、提升竞争力、实现新跨越。

（二）明确目标，落实责任

总行党委、高管层统筹考虑当前经营形势，确定了2013年综合经营计划，并已下发各行。全行对公条线起点要高、目标要明，要进一步发挥好对全行各项业务的带动作用。2013年对公方面的主要目标是：

——企业存款新增6 000亿元，日均新增5 280亿元，同业排名保二争一；同业存款增速视情况而定；

——实现公司中间业务收入418亿元，确保三连冠；实现投行业务收入增幅11.23%，缩小同业差距；

——对公客户新增27.6万户，其中现金管理活跃客户净增21.66万户、企业网银活跃客户净增16万户，小额无贷活跃客户净增10万户；

——中央财政授权支付资金下游承接率达到25%以上，提高4个百分点；

——金融社保卡新增1 380万张，财政公务卡累计发卡量保持同业第一，军人保障卡发卡量同业第一，居民健康卡保持同业领先；

——养老金四项主要指标增幅不低于25%，其中，受托资产新增100亿元；

——小企业贷款实现两个不低于的监管要求；

——对公新暴露不良控制在300亿元以内，对公逾期贷款余额不超过年初数，小企业不良实现“双降”。

逾期贷款在一定程度上有人为的因素，就是说有些贷款，只要加大力度，完全可以转为正常，而有些是技术上的，那就更不用说了，2013年压缩不良的目标一定要完成。

总的来讲，2013年的工作任务很重，因此需要我们增强信心。我们对公条线历来都是一支能打硬仗的队伍，只要我们思路清晰、方法得当、措施得力，就没有我们完成不了的任务。我们各级管理人员要认真履职履责，把控大局、精于谋划、善于指挥，加强对所属机构的指导；要提高每一个员工的工作动力，在各项任务有人背、人人都有任务领的前提下，加强考核，通过机制将员工业绩与奖惩密切挂钩，只要每一个员工都能给力，就没有干不成的事。面对市场变化，面对竞争对手出招，面对自身经营管理中存在的问题，要及时深入、细致地分析研究，提出对策与措施；要有全行“一盘棋”的细想，上下配合、横向配合，树立全行利益最大化的价值观，相互借力，共同奋进。

（三）把握机遇，提早布局

2013年是新一届中央领导集体履新之年，“新四化”建设分头突进，国家级规划全面落地，配套金融服务需求旺盛，全行必须高度重视，发掘机遇，抢占先机。

1. “城镇化”前景广阔。“城镇化”是“新四化”的龙头与核心。《全国城镇化发展规划(2011—2020)》即将出台，涉及全国20个城市群、180多个地级以上城市、1万多个城镇，预计新增城镇人口1.2亿，对应的土地开发、城市承接能力建设，以及其他配套金融服务需求巨大。

土地综合开发将持续增长。根据“十二五”规划，我国将新增建设用地3 500万亩，对应资金需求5.3万亿元。

城市综合承载能力建设加快。一是今年保障房要建成470万套，新开工630万套。二是交通轨道、管网改造等基础建设，为我行城镇化建设贷款、基建贷款、造价咨询等优势业务，提供了更大的发展空间。三是公共服务体系需求大增，为“民本通达”业务提供了更大市场。四是社会老龄化加快，养老体系逐步完善，我行社保业务、养老金业务有机会大显身手。

2. “新型工业化”潜力巨大。一是新兴战略产业发展提速。围绕产业结构升级，战略性新兴产业相关配套政策陆续出台，商业效益会逐步显现。二是产业兼并整合进入关键时期。国家确定对钢铁、造船、汽车等行业进行兼并整合，配套产业链将向核心企业聚集，有利于我行通过供应链融资，实施“链式营销”、全产业链服务。三是产业对外迁移增多。围绕国家推进“走出去”战略，我行并购贷款、跨境人民币等业务将随之快速发展。四是绿色信贷已成共识。脱硫、排污处理等收费权质押融资需求较大，合同能源融资等新兴业务模式日趋成熟。

3. “信息化”浪潮方兴未艾。一是互联网业务呈几何式增长。电子商务、网络购物等新型业务发展迅猛，2012年全国电子商务交易规模已超过2万亿元，商贸流通领域信息化建设提速，我行网络银行、善融商务充满商机。二是第三方支付发牌加快。据中央银行披露，2013年末第三方支付牌照客户将增加到325家，第三方备付金存款业务将持续快速增长。三是物联网建设逐渐做实。围绕“智慧城市”建设，ETC、智能电网、安防等物联网应用领域进一步扩展，相关领域前景广阔。

4. “农业现代化”大有可为。一是新农村建设如火如荼。2013年，国家计划改造农村危房300万套，新建改建农村公路20万公里，解决6 000万农村人口饮水安全问题；同时，农村集体用地、宅基地确权、流转和抵质押配套制度日臻完善，为我行新农村建设业务发展扩展了空间。二是农业生产走向现代化。农业生产企业化、生产工具现代化、生产资料资本化，农机经销商融资，林权质押、农业初级产品质押等新型业务市场较大。

5. “区域规划”点多面广。一是产业转移梯次分明。东部人力、地租成本持续上升，产业梯次转移不断加快，通过密切东、中、西分行间业务联动，开展主动营销，有利于扩大区域领先优势。二是海洋经济借势崛起。受国际和地区形势影响，海洋议题持续升温。全国11个沿海省、市、自治区海洋发展规划全部获批，填海面积将超过20万公顷，相关资源开发等需求旺盛。三是金融创新多点试水。国家赋予珠海横琴、深圳前海财税、金融创新等优惠政策，批准设立温州、泉州综合金融改革试验区，围绕新兴产业、结算、投行、离岸人民币等业务领域，我行产品创新舞台将更为广阔；天津滨海新区等六大国家级新区，规划功能上各有特色，在城乡统筹、高新科技、高端制造、跨境合作等方面对创新金融服务需求旺盛。

（四）正视挑战，弥补短板

在抢抓机遇的同时，我们也应理性地认识到，形势变化对我们的经营理念、管理素质、考核机制、信息决策等方面，提出了诸多挑战，需要我们打破惯性思维、打破思维禁锢，加快转变经营理念，完善管理体制机制，弥补差距和不足。

1. 现有领先地位面临冲击。2012年我行企业存款、公司中间业务收入居四大行第一，给同业带来了较大压力，2013年势必奋力反击，竞争将更加激烈。

一是企业存款压力显现。2013年初以来，受季节性因素影响，全行企业存款大幅下滑，最多时，较年初减少4 986亿元（2月22日）。而面对同样的因素，同业恢复增长迅速，截至2月末，工商银行、农业银行、中国银行分别比我行多增714亿元、2 217亿元和4 731亿元。分析原因，工商银行客户基础四大行最优，存款来源充足；农业银行网点四大行第一，渠道优势明显；中国银行利用外汇业务优势，大量吸纳人民币保证金存款。除了外部的竞争，我们自身的定价能力也有待进一步提高，产品品种及适时投放的能力有待进一步加强，联动机制、部门及客户经理考核机制还有待完善。

二是中间业务收入难以持续快速增长。虽然拿了两年第一，但我行中间业务产品较少、服务单一，对信贷依赖性强的问题，始终没有得到很好地解决。我行独有的造价咨询业务占到了公司中间业务收入的21%，而单位结算、财务顾问等产品与同业差距较大；我行的客户基础薄弱，只能“竭泽而渔”。反观同业，服务性产品收入高、客户基础强。工、农两行账户总数，分别是我行的152%和132%，户均中收却不到我行的一半，未来一旦发力，我行同业第一的地位将受到极大冲击。

2. 金融改革深化，新发放贷款能力有待提升

2012年，中央银行开启利率市场化改革，扩大了存贷款浮动区间，客户贷款下浮、存款上浮预期继续提升。新资本协议的实施，也要求我们把信贷资源投向高收益、低资本占用的产品，贷款定价将面临市场竞争和资本约束的双重压力。

我们自身，在下浮贷款中，大客户占比95%，利率上浮的贷款在四大行中最少，小企业贷款利率上浮水平，与同业相比差距较大。2013年2月末，全行对公贷款加权浮动水平4.71%，居四大行末位，上浮幅度进入前两位的分行只有11家。2013年，总行要全面推进客户综合定价管理，希望大家算好账，与客户充分沟通，减少大客户浮动定价的负面影响，提升小企业收益对风险的覆盖度，落实全行工作会议要求——“排名后两位的分行必须提升一个位次”。

3. 部分行业区域风险急剧蔓延，要严守防控底线

2013年初以来，经济下行对我行资产质量的影响继续显现，截至3月24日，全行对公逾期贷款增了325.42亿元，不良贷款增了25.83亿元、不良率上升了0.02个百分点。其中，小企业不良增了34.11亿元，主要集中在民营企业密集、外向型依赖度较强的长三角地区，客户多为钢贸企业。分析原因，主要是个别分行无视总行要求，责任心不够、精细化管理不够、执行力不强，贷前贷中审查不严，大量钢贸客户绕道小企业模式获得授信，部分小企业客户过度授信严重；在发现风险苗头时，退出不坚决，丧失了全身而退的有利时机。这种势头必须坚决遏制住，各行要令行禁止、责任到人、雷厉风行，切实查堵漏洞，提升监测和预警能力，化解和处置潜在风险。尤其是在季末、年末关键时点，要守住不良贷款底线。

此外，还需要提醒的是，要做好理财业务、“影子银行”风险防控，这也是近年银监会监管的重点。近几年，全行理财业务发展很快，但相应制度、流程、IT系统还亟待完善，2012年监管专项检查就发现了这些方面诸多问题。还有些分行投后管理不到位，导致表外业务风险向表内转

移。如果理财出了风险、不能兑付，有可能引发群体性事件，最终损失的可能还是建设银行。还有担保公司、典当行、小贷公司等，都存在向银行体系注入风险的问题，需要严肃对待。

三、落实要求、强化执行，着力提升当期和长远竞争力

2013 年，全行对公业务条线要重点做好以下七个方面的工作。

（一）巩固既有优势，提升市场竞争力

企业存款和中间业务已经有了很好的基础，2013 年更要扬长避短，争取更好的市场份额。

1. 提高企业存款增长稳定性。一是明确营销重点。要密切跟踪中央 4 376 亿元预算内投资、发展改革委 2 292 个新审批项目，做好前期营销衔接工作，吸纳国家重点项目前期资本金；2013 年，社保支出预算同比增长 4 000 亿元，要巩固传统优势，抓好、抓牢社保资金；要关注存量客户年度筹融资计划，以我行获得“高收益私募债试点主承销商”为契机，积极吸纳直接融资募集资金；要继续密切与国土、住建、海关、公积金中心等政府部门合作，尤其是公积金业务已成了他行冲击的重点，张建国行长已提出明确要求，要坚决守住公积金存款份额，积极营销住房维修基金，抓好各类房金存款。各行要高度重视季度和年度数据，抓日均是“过日子”的需要，抓季末、年末是保市场形象和士气的需要，这都将影响我们业务的开展。第一季度必须正增长 300 亿元以上，这两天各位行长要一边开会一边调度存款。

二是加强产品运用。要做好第三方支付、单用途商业预付卡商户拓展，抓好备付金存款；要加大“票据池”、对公自助服务终端、百易安等产品推广力度，沉淀交易结算资金；要加强与政府合作，抓好网上招投标客户存款；适当发展承兑、全额人民币质押外汇贷款，增加保证金存款。

三是增强承接能力。要做好财政资金下游承接工作，总行已将“中央财政授权支付资金下游承接率”指标纳入了一级分行 KPI 进行考核，还将下发重点下游收款人客户名单，各分行要加大营销与维护的力度，责任到人、任务到人，务必把承接率提高到 25% 以上；要针对信贷客户的“销售归行率”，提出制度性管控要求，提升信贷客户的存款贡献。

四是推进链式营销。要继续做好对核心企业上下游客户的营销拓展，提升产业链资金归集能力；加强对现金池、对公网络系统、现金管理综合服务方案的营销推广，做细、做密结算网络，提升对集团客户资金的归集能力；抓好县域财政存款、县域基层政府社保存款。

2. 巩固中间业务领先优势。

一是要坚持合规收费。各行要继续落实“四有”原则，按照新版服务价格表，合规收费，收费标准、收费内容要经得起检查。属于合理收费范围的，要理直气壮地去收，应收尽收。

二是要提升重点产品贡献。要加大对新型结算产品、“回款通”产品的推介力度，扩大适用范围，实现单位结算收入增长 9.4%；要加大资源投入，充实造价咨询专业队伍，力争工程造价收入破百亿元；要提升银团牵头和分销能力，努力实现手续费收入同业第一；要与客户充分沟通，积极营销非隐蔽保理，保持国内保理收入稳定；要拓宽代销保险营销渠道，增加代理保险收入；要提升服务水平，全面满足客户投融资顾问需求，增加财务顾问收入。

三是要加快产品创新。要以降低信贷依赖、减少资本占用、满足客户需求、切合市场机遇的产品为重点，积极开展业务创新。要围绕产业链上下游，挖掘金融服务需求，重点研发供应链金融产品；要在兼并收购、财务顾问等复杂业务上进行创新，抓大额中间业务收入。

（二）抢抓发展新机遇，加大营销力度

要不失时机，抢抓“新四化”及区域规划给我行带来的发展机遇，推进各项业务全面发展。

1. 把握“新四化”机遇，打造先发优势。

一是抢占城镇化发展先机。按照张建国行长的要求，总行已经下发了《城镇化贷款管理办法》，各行要切实执行、提前部署、提早营销，要以城镇化贷款、保障房贷款、银团贷款、造价咨询等产品为重点，抢抓优质项目；要积极捕捉科教文卫、城市公共服务配套需求，加大“民本通达”综合服务方案营销推广力度；要抓牢城镇人口增长、人口老龄化带来的养老金业务机遇，夯实客户基础，提升市场份额。总行正在制订城

镇化金融服务方案，制定相关配套政策，以及个人、投行支持城镇化建设的办法，很快就会下发到各行。明天下午袁总还将做专题培训，大家要认真学习。

二是把准新型工业化发展之脉。要重点支持符合节能环保要求的企业和项目，积极发展绿色信贷；要优先支持符合产业升级方向、集群化发展及为核心企业配套的小企业；要以财务顾问、私募债等投行产品，为企业兼并重组提供多元化金融服务。

三是紧跟信息技术发展步伐。要做好 ETC 银行业务系统上线的各项准备工作，加强与客户的沟通，确保做好系统上线推广工作；要继续拓展电子商务合作平台，力争 2013 年合作平台总数达到 33 家；要加快推进“善融商务”平台融资业务，构建网络银行存量客户导入“善融商务”平台的绿色通道，拓宽客户来源。

四是大力支持农业现代化发展。继续加大向“三农”领域的信贷资源倾斜力度，确保涉农贷款增长符合监管要求；要积极探索适合本地农业发展的金融服务与产品。

2. 围绕区域发展规划，拓展业务增长点。

一是加大海洋滩涂经济参与力度。总行正在着手制定《海洋经济贷款管理办法》，各分行要围绕滩涂资源开发利用、港口建设、临港产业园区建设、滨海旅游项目开发等领域蕴藏的巨大商机，积极开展沿海滩涂资源开发贷款、工程造价咨询、发行债券、理财产品等组合营销，提升对沿海滩涂经济的服务能力。

二是支持国家级新区建设。积极研发创新金融产品，营销区域落地客户和项目，借助国家配套扶持政策，提供包括信贷、资金托管、投资银行、融资租赁等方式在内的综合金融服务。

三是突出区域梯次营销。积极营销东部跨国公司在华总部、集团客户总部等源头客户，重点支持、构筑区域经济一体化的交通、港口物流项目。中、东部分行要加强联动，及时跟踪产业转移项目、客户信息，提高营销主动性和针对性；西部、东北地区分行要结合国家西部大开发、振兴东北老工业基地战略，重点支持水利、能源基地、基础设施、高端装备制造、沿边开放等领域。

3. 密切联动，提升整体营销效果。联动是建设银行的核心竞争力的体现。2013 年，对公条线在已有的基础上，更要统筹资源，提高业务发展的协同性。要按照网点“三综合”建设要求，积极组建跨条线、跨部门的综合化服务团队，提升客户综合贡献度，进一步发挥联动、带动作用。

一是要深化与零售条线的互动。要通过代发工资、ETC 产品、大型集团牵头营销，促进个人账户、储蓄存款的快速增长，积极推荐高端个人客户。要通过为企业高管、私营业主，提供差别化的个人金融服务，挖掘对公业务需求，提升营销效果。各个网点要组成涵盖对公、对私的综合服务团队，共同做好客户服务。

二是加强对公条线内的业务联动。要将养老金、投行等业务纳入“综合金融服务方案”中，以大型集团客户营销，带动养老金业务、投行、信用卡等战略业务发展，提升集团客户满意度。要加大债券承销、企业理财、企业网银、现金管理等业务营销力度，全面满足重要客户多元化、综合化服务需求，提升客户综合贡献。要抓住财政系统与企业客户的资金纽带，联合作战，确保承接，提高企业存款资金沉淀。

三是突出集团整体联动。积极开展境内外联动，加大跨境贸易人民币结算、海外代付、并购贷款、境外 IPO 及财务顾问等产品的运用，为“走出去”、“走进来”项目组建跨境团队，提升全球化综合服务能力。充分发挥集团优势，强化分行与子公司联动指标考核，运用对公条线客户和渠道优势，将租赁、信托、保险、投行等产品纳入客户“综合金融服务方案”，提升客户贡献，支持子公司发展。

4. 加强组织推动，强化考核激励。2013 年总行将安排条线统筹费用，开展企业存款、结算、保理、造价咨询、信用卡等专项营销活动，并对中间业务、客户账户增长进行专项激励，总体激励力度高于往年。各分行要发挥好总行专项营销费用的带动作用，在财务资源允许的情况下，适当增配费用，同时科学细化激励方案，用好、用足每一分钱，切实提升前台一线营销积极性，确保完成各项活动任务目标。

（三）量质并举，充实客户账户基础

要坚持“三大一高”客户发展战略，绘制客户拓展“作战图”，以 52 个大行业、17 个大系统作为客户营销维护重点，从维护存量客户、营销新客户两个角度出发，全面提升“三大一高”及其上下游中小客户的营销服务能力，促进客户提质升量。

1. 全面拓展客户总量。要充分利用工商验资通系统，抢抓“源头”客户（全年再上线2—4家分行）；要加强对第三方支付机构的营销力度，提高营销的针对性和有效性，力争新签约51家客户；要明确重点客户、行业和分行，加大对下游收款人，特别是中央财政资金拨付对象的营销力度；要按照新的标准和管理范围，积极拓展优质小微企业客户，力争新增小企业授信客户12 000户，其中基本户新增5 550户。

2. 突出提高客户质量。要从金融总量、产品使用范围和交易频度三个维度，深入研究分析客户行为和产品偏好，开展分层式差别化营销，增加有效客户；要完善柜面服务，发挥网点、短信银行、电话银行等渠道优势，力争实现小额无贷户活跃客户净增10万户、日均存款净增58亿元；发挥新型结算产品作用，增加现金管理、企业网银活跃客户。

3. 以客户促账户，以账户稳客户。要深入挖掘客户潜力，以客户资源带动账户增长；要强化执行客户挽留维护政策，持续规范销户管理，积极开展二次营销，减少客户流失；要促进低质账户向优质账户的跃迁，提升存量账户贡献。

4. 积极实施综合金融服务方案。对“三大一高”客户，要实行“一户一策”，实现从服务“单一客户”到服务“集团客户群”，从“单一产品营销”到“多产品组合营销”转变，根据银企双向价值贡献，制订差别化的综合金融服务方案，增强对集团优质客户、政府性系统客户的综合化、差别化服务能力。

（四）守牢风险底线，深化信贷结构调整

贯彻国家产业政策、监管要求，从严执行总行信贷政策，严禁触碰政策“红线”，所有信贷资金投放都必须合规，任何理财资金都不得进入政策限制的行业和客户。

1. 严控敏感行业信贷总量。继续实施“进、保、控、压、退”政策，确保“6+1”行业本外币信贷余额比年初有所下降；控制钢贸、光伏、LED、食品等领域贷款新增；加大信贷退出力度。加强名单制管理，修订完善名单准入退出标准，落实准入名单的系统标签化管理。

2. 守牢融资平台贷款监管底线。要严控平台贷款总量，确保贷款余额低于年初水平；要重点关注到期贷款的还款来源，逐户落实；要持续监测、排查平台客户通过债券、信托、委托贷款等途径融资的情况，防范信贷、非信贷交叉风险。

3. 审慎适度发展房地产类贷款。要用好新增资源，优先保证优质客户的合理需求；加大结构调整力度，主要投向限购城市保障房项目、非限购城市中低价位普通住房项目，以及与之相关的土地收储项目。

（五）开拓创新，提升产品市场号召力

要坚持以创新为驱动，发挥特色优势，实现“人无我有，人有我优”，以差别化、特色化的产品抓牢客户。

1. 用好三大工具，推进全员创新。继续加大三大工具的推广运用，实现产品创新向市场引领型、全员创新型和银企联动创新型的转变。

2. 打造“人无我有”的特色产品。要完善制度、流程，加强系统支持，扩大审价咨询、网络银行、新农村贷款、城镇化贷款等既有特色产品的优势地位；申请工程咨询和招投标代理资质，拓展造价业务领域，增强综合服务能力；加快研发推广海洋经济、滩涂开发贷款等新产品，奠定先发优势。

3. 加大重点产品营销力度。重点拓展供应链类合作平台，加快网络银行业务发展；继续做好金融社保卡、财政公务卡、居民健康卡、军人保障卡等“四卡”业务和“民本通达”品牌推广，稳固并提高政府类业务的市场竞争力；加大对公一户通、单位结算卡等新型结算产品的推广、营销力度；积极营销“善融贷”、“速贷通”、“供应贷”等产品，在有效防控风险的同时，针对性满足不同小企业客户需求。

4. 推进对公品牌建设。在“中国建设银行”母品牌下，推出对公业务子品牌，凸显品牌效应，突出公司业务专业、创新的核心价值；各分行要通过多种渠道，开展对公业务整体品牌的宣传力度，提升我行产品的市场影响力。

（六）扎实管理，提升经营管理水平

1. 加强定价管理，努力提升位次。继续严控下浮超过5%的新发放贷款总量；新发放贷款利率平均浮动幅度，当地排名只能上升，不能下降，当地排名后两位的分行必须提升一个位次。各分行要在风险可控的前提下，加大对高信用等级中型客户的信贷投入，发挥议价优势，带动整体公司类贷款收益水平提高。要继续增强小企业贷款定价能力，目前定价水平仅为基准上浮20%左右，要不断挖掘潜力，提高贷款收益、确保覆盖风险。

2. 完善内控管理，巩固资产质量。

一是加大系统性风险防控力度。要压缩钢贸类客户信贷总量，做实风险缓释措施，加强贸易背景真实性审查；严禁介入生产经营情况异常的民营企业，要主动退出生产管理混乱、诚信度低的客户；严格按照总行信贷政策与结构调整最新要求，对钢铁、造船、光伏等严重产能过剩、全行业亏损行业有保有压；对食品、制药、煤炭、路政施工等产品质量和安全生产事故多发行业要严格准入，对已造成不良社会影响的企业要加快退出。密切关注铁路改革进展，做好合同变更等工作，固化债权。

二是防范化解小企业风险。要加强客户选择，严把准入关口，严控大额信贷业务，防止过度授信；充分利用小企业早期预警工具，加强对客户、客户群以及系统内的风险监测、管理和预警；要加强存量客户管理，进行客户重检、逐户清理；要完善风险缓释措施，提高抵质押贷款占比，减少第三方企业担保。要加快小企业不良贷款处置，妥善解决已经暴露的问题，切实化解相关风险。

三是强力压缩逾期贷款。针对当前逾期贷款增长较多的情况，要逐户分析原因，拿出强有力的处置措施。总行将制定逾期贷款压缩计划，各行要层层分解压缩目标，落实到户、专人跟踪、及时化解。上半年逾期贷款必须压回到年初数，因为我们要披露半年报，这事关信心和形象问题，全年要确保逾期贷款零增长。

四是加强理财和表外业务风险管理。要按照贷后管理的标准和要求，做好理财业务投后管理，认真核查抵质押物真实性，提高重要部位、关键环节的检查频率；加强理财资金监管，做好存续期客户监测。要加强承兑业务交易背景、贸易真实性审查，强化保证金管理；要严控融资性保证业务，加强客户资信和履约能力调查，防范表外业务风险表内化。要大力压缩表外垫款，逐户制订清收计划。

五是规范“影子银行”相关业务。总行将制定下发《担保机构管理办法》，实现担保机构名单制管理系统化。未经总行批准，各行不得再向小额贷款公司、典当行和担保公司等机构发放贷款。

六是严防操作风险，强化案件防控。要高度重视对公柜面操作风险，运用“柜面反欺诈交易”体系，构建常态化风险监控模式，落实账户滚动风险排查、对账、业务检查等工作，确保资金结算业务安全。继续对案件风险实行“零容忍”，重点防控“内外勾结”案件。要落实贷后管理规定动作，加强贷款资金管理，提升押品质量，加强风险预警和提示，早报告、早处置。继续加大内外部审计整改力度，切实整改到位，防止屡查屡犯，确保效果。

3. 加强队伍建设，提升专业水平。

一是充实总量，提高素质。目前我行对公条线人员严重不足，特别是产品经理人数仅有1千多人，难以满足业务快速发展的需要。各行要按照五年规划中对公队伍增加1万人的要求，逐步补充到位。要增设信贷经理等技术职务序列，加大评聘力度，拓宽晋升通道。推进投行业务专员队伍建设，选拔素质高、能力强的人员充实到专员队伍中。要持续推进网点综合服务团队建设，增强前台对公、零售人员的通用性，在网点增配客户经理/产品经理。要继续加大培训力度，开展多层次培训，全面提升从业人员综合服务能力。

二是加快专业机构建设，确保专业、专注。各行要按照人力部统一安排，完善专业机构建设。要加强辖内养老金业务的经营管理和组织推动，重点是100家中心城市行，争取全面开花。要持续推进小企业经营中心规范化、标准化建设，实现重点地区全覆盖。要加快集团客户专业机构建设，提升对战略性优质客户的综合服务能力。要完善岗位设置，增加专职人员配备，保证专业、专注，促进业务长期可持续发展。

（七）落实责任，切实提高执行能力

问题找得再准、措施定得再好，执行跟不上，就都成了空谈。2013 年，我们要重点解决执行的问题。

1. 完善考核办法。总行将研究对各行分管对公业务的行领导进行考核，赋予总行对公部门一定的考核权重，综合考虑各分行对公业务指标完成情况、价值创造、营销服务、内控管理等因素，进行定量和定性的评价，确保总行战略意图的贯彻，提升我行对公条线经营管理水平。

2. 强化问责机制。根据总行“对完不成任务，以及业绩下降的单位领导班子，要进行提醒谈话或做出调整”的要求，这一措施要保持常态化，甚至更加严格。大家要提高警醒，强化问责、层层传导、压力共担，采取切实有效措施，努力把业务抓上去。

3. 优化资源配置。各行要按总行要求，努力完成总行下达的各项任务目标，对完成不力的分行，总行将取消各项评优资格，并扣减相应营销费用。对于完成较好的分行，总行将在评优表彰、费用配置等方面将予以倾斜。

4. 加强支持保障。对于业务发展较好的分行，总行将在新业务推进、产品创新权限、理财产品发行、资产入池等方面予以政策支持，加强指导；而对于指标完成不好、拖全行后腿的分行，总行将在这些方面予以严格控制。

5. 定期检查通报。总行将采取现场与非现场检查相结合的方式，对各分行业务进展情况进行监督，并定期通报。对任务目标完成不理想的分行，要加强调度、监测、督导，确保目标实现；对任务目标完成较好的分行，及时总结成功经验，在全行范围推广。

以上是全行对公条线 2013 主要的工作部署，由于是七个条线部门联合召开，难免挂一漏万，因此，接下来请各部门根据各自要求任务，再细化本部门具体工作部署；各分行要根据自身工作实际，认真落实。

同志们，2013 年对公条线工作任务相当艰巨。大家一定要坚定发展信心、加大工作力度，抓住商机、勇于开拓、坚持不懈、强化执行，不断提升价值创造力，筑牢未来长远发展的基底，为全面提升对公业务发展质量，进一步提升对公业务的竞争力，促进全行业务的快速健康发展而努力奋斗！

谢谢大家！

在全行新闻宣传工作座谈会上的讲话

章更生

（2013 年 5 月 31 日）

我们开这个会的目的就是要引起全行对新闻宣传工作的重视，并通过这个会交流新闻宣传的经验，一起研究、探讨新形势下新闻宣传工作的思路、方法、措施，切实提高我行新闻宣传的数量和质量，从而进一步提升我行的社会形象，助推全行业务健康、持续、快速发展。刚才大家作了很好的发言，交流了各自的经验，提出了很好的意见和建议，应该说都有自己的亮点，所提的建议也都是可行、符合实际的。

新闻有正面和负面的两个方面。关于负面舆情，总行 2012 年已经召开了一个全行的视频会议，就防范和化解负面舆情引起的声誉风险作了统一部署和安排。就目前的情况看，全行对其重要性的认识基本上到位，将来要重点解决的是对负面舆情如何发现、处理和化解等技术和经验层面的问题。我们这次会议主要是针对正面宣传，结合大家的发言，我讲几点意见。

一、全行新闻宣传工作取得了较好的成绩

总行党委对新闻宣传工作始终高度重视，王洪章董事长、张建国行长、张福荣监事长等行领导多次做出重要批示，提出具体要求。全行新闻宣传条线的同志们按照总行党委的部署要求，能够紧紧围绕全行中心工作，积极宣传改革发展成果，树立我行服务品牌，维护我行声誉影响。特别是2012年以来，全行开创了体验式新闻宣传的新模式，组织媒体深入现场采访，生动鲜活地通过第三者视角走进我行、走近建设银行人，真实体验我行产品服务，在千家万户中传递我行服务亮点。这种聚集式宣传，拉近了我行与社会、与读者的距离，真实、自然地树立了我行稳健经营、科学发展、优质服务的良好形象，得到了银监会、媒体记者和读者的赞许。

据第三方机构统计，我们2012年围绕党的十八大、“走进建设银行网点，当一天大堂经理”、“善融商务”等专题宣传，共刊载稿件4 000余篇次，网络转载量超过10 000次。2012年，全行共在人民日报、新华社、中央电视台、光明日报、经济日报和英国金融时报、路透社等国内外媒体刊发新闻稿件21 947篇，正面报道量在四大行中列第二位，有效扩大了我行的社会知名度，提升了全行形象。

2013年以来，以“走进建设银行看服务”为宣传主题，每季度一个业务宣传重点，全行联动集中宣传体现了两个特点：一是正面宣传稿件明显上升，比上年同期提高了36%；二是影响力大，我行是同业中唯一一家在春节后推出大型主题采访活动的银行，监管部门也给予了较好的评价。除此之外，各分行也通过当地的主流媒体进行了广泛的宣传，取得了良好的效果。

以上我简要地讲了一下我行宣传工作所取得的成绩。全行新闻宣传条线人手不多，但这支队伍是一支作风过硬、不断总结经验、勇于创新、甘于奉献的队伍，是一支在全行改革发展中不可或缺的重要力量。近几年大家取得的工作成效是有目共睹的，在此，我谨代表总行党委，向在座的各位并通过你们，向所有直接从事和间接从事新闻宣传工作的各级领导和同志们表示衷心的感谢！

二、新闻宣传工作存在的问题与不足

在肯定成绩的同时我们要清醒地认识到，要想取得更好、更大的成绩，还需要充分挖掘工作中存在的问题，要善于发现问题，发现不足，加以改进。我认为目前我们至少还存在以下问题亟待解决：

一是全行对正面宣传重视不够。主要原因是对于新闻宣传工作的重要性认识不足。同时，还在于宣传工作是弹性的、间接的，效果是隐形的，在一定程度上增加的是全行的无形资产，看不见、摸不着，加之当前各项业务压力大，繁忙中容易忽视，就会造成对宣传的人力、财力投入不足。

二是全行新闻宣传的意识不够。主要原因是还没有达到文化理念上的高度，没有形成捕捉工作中新闻点的习惯，使很多可以宣传的宝贵素材从我们眼皮下不断溜走。

三是管理上缺乏硬性规定。主要原因是没有指标任务和硬性考核，缺乏压力，干与不干一个样，工作的力度自然要差很多。

四是外部关系维护有待加强。主要原因是我行各级宣传部门与政府、媒体的日常关系不够紧密，往往到了需要加强正面宣传和消除负面舆情的时候才“临时抱佛脚”，没有做到关系维护在平时。

五是存在内部沟通配合脱节现象。主要原因是我行宣传部门不够及时和全面地了解全行业务情况，起不到媒体兴趣点和业务宣传点之间的“撮合”作用。

六是行际和部门间宣传工作不均衡。主要原因是部分分行和部门重视不够，从分析来看，全行各分行、二级分行之间新闻宣传量极不平衡，这些都需要下一步采取管理手段，把薄弱环节和短板补齐。

七是重内宣、轻外宣。其实内宣和外宣都很重要，各有各的作用。总的来看，内宣可能容易一些，外宣需要求人，还需把握政策意图、重点时期等，相对比较困难。

八是从业人员的素质有待提高。随着信息网络的快速发展和以博客、微博、微信等为代表的自媒体影响力日渐增强，新闻宣传工作所面临的

环境、手段、受众都发生了翻天覆地的变化，要想做好新时期的宣传工作，全行宣传条线的人员自身专业素质还有待提高。

九是与同业领先水平还有差距。据第三方监测的情况，我们新闻报道的数量虽居四大行第二位，但与第一位的差距较大，在这方面也需要贯彻董事长“拉近与领先者距离”的要求。

综上，无论是从我们内部来看，还是与同业相比，确实存在着不少的问题和不足。但是只要我们正视问题、解决问题，就有改进的空间和提高的余地。

三、充分认识新闻宣传工作的重要性

如果重要性的认识问题不解决，新闻宣传工作就不会主动去做，而是被动去做，被动地去做工作往往就难以做好。宣传工作是我们党取得胜利的一大法宝，毛主席总结长征胜利经验的时候就说过，“长征是播种机，长征是宣传队”，走到哪里，就把红军的思想宣传到那里，这是我党取得胜利实实在在的法宝。进入新中国建设时期，掀起了社会主义建设高潮，也是靠宣传工作把全国人民建设的积极性给调动起来。打倒“四人帮”后，党内进行了关于真理标准的大讨论，通过争论和宣传达到了思想和认识上的统一，从而解除了我们的思想禁锢，才有了改革开放的新局面。进入新世纪，党先后提出“三个代表”和“科学发展观”来统领全国人民的思想，也是通过宣传提高全党、全国人民的认识，达到大家的共同认可，并朝着一个目标来努力。现在，习近平总书记提出了“中国梦”，要把全国各族人民的注意力都引导到实现中华民族伟大复兴的伟业中来，这也需要进行广泛而有效的宣传。

就建设银行自身来说，没有“一心一意办银行”和“统一法人”的提出，就没有今天的规范经营；没有“三大一高”，就失去了业务发展方向；没有“三综合”，我们的网点建设就不知道如何去做、如何去改变；没有“国内最佳、国际一流”，就失去了奋斗目标。所有这些，都要靠各种手段、各种形式的宣传，通过宣传将这些深入全行员工之心，使全行员工了解和理解，最终转化为自觉行动。

具体来讲，对于我们建设银行做好宣传工作至少有以下作用。

（一）让社会各界了解建设银行，提升企业形象

建设银行是做金融服务的，只有客户真正了解我们的历史、服务、实力和口碑，以及为国家建设发展作了多大的贡献、尽了多少社会责任等，客户才会继续支持我们，建设银行的企业形象也就能得以持续提升。

（二）是建设银行竞争的利器

在战争年代敌强我弱的背景下，毛主席利用“三篇广播稿，吓退蒋傅十万兵”，被誉为新华社“最高级别”的记者。今天，建设银行要在激烈的竞争中赢得客户，让客户从心底认同建设银行、支持建设银行、选择建设银行，也要通过宣传。

（三）是我行的喉舌、指挥棒和风向标

总行党委做出每一项决策，都要通过一定的宣传形式和渠道，把党委的决策宣讲出去，讲清楚为什么要做、怎么做。在主要渠道上刊登行领导的文章、讲话等，全行就会关注，就起到了引导的作用，引导全行应该关注什么、做什么、不做什么、怎么去做。

（四）是生产力

站在业务角度看，宣传具有营销作用，宣传产品实际上就是在营销。比如宣传我行的造价咨询业务，就是告诉客户我们能做这项业务，这是我行的业务优势。宣传工作能够对各项工作的开展具有良好的推动作用。

（五）是凝聚力量、鼓舞士气的重要手段

人心齐，泰山移。宣传工作无疑具有凝聚力量、鼓舞士气的作用。当我们取得很好的经营业绩时，或者打了阶段性的一个漂亮仗，把业绩宣传出去，可以使员工有自豪感；反过来，某个时候，由于种种原因，业务出现下滑、出现困难的时候，我们准确分析原因，向员工解释清楚，让员工认识到困难是暂时的，让员工看到光明、看到希望，进一步鼓足干劲，这样就能够渡过难关。

（六）是思想政治工作的一个重要方面

如果不做思想工作，就很难带好队伍。做思想政治工作，一个非常重要的方面是做宣传工作。大到组织改革，小到员工人生观和价值观，都需要通过各种有效的宣传方式来进行正确引导、沟通和疏导。

（七）具有学习和交流的作用

宣传先进集体、先进个人、先进的产品，让更多的员工分享，分享的过程就是一种学习和交流。

四、认识新闻宣传的渠道、形式和内容

（一）渠道

按传统分法，渠道大致分为5类：报刊、广播、电视、互联网和移动网络。如果按渠道的形式，媒体可以分为平面（印刷类、非印刷类、光电类）、电波（广播、电视）、网络（网络索引、网络平面、视频、论坛、贴吧、博客、微博、微信、手机新闻）3大类。

（二）形式

大致划分主要有“走出去”、“请进来”。具体来说，包括：主题宣传、高层访谈、新闻发布、书面采访、新闻通稿、邀请采访（比如到基层采访）、论坛、举办年会、投放专题软文、投放广告等形式。

（三）内容

新闻宣传包括内宣和外宣。内宣可以宣传建设银行的战略愿景、企业文化，宣传各个时期、各个阶段的工作重点、应注意的问题（如防信息诈骗等）、各项改革的实施，宣传先进集体、先进个人事迹，各类经验交流，引导员工的思想（帮助员工树立正确的世界观、人生观、价值观，帮助员工正确地对待改革）。外宣可以宣传建设银行的愿景和目标（引起投资者和公众对建设银行的关注和了解）、建设银行的经营理念，宣传建设银行贯彻中央大政方针、贯彻执行中央和有关部门专项任务的情况（如支持中小企业、支持城镇化建设、支持“三农”、支持节能减排等），宣传履行社会责任的情况（包括支持民生，帮扶困难群体，救灾，英模母亲、母亲健康快车、母亲水窖）、品牌宣传（大品牌、子品牌，业绩，社会上的获奖情况）、建设银行的业绩（总行的业绩发布，对投资者、股东负责）、新产品、新服务（如电子商务）以及为地方经济发展服务的情况。

在日常工作中，要善于选取渠道、形式和内容，用合适的渠道、合适的形式、合适的内容进行宣传：

一是利用报刊、广播、电视等传统的日常媒体，发挥其影响力大、宣传权威性高、报道真实可信的优势，做好企业整体品牌形象和发展成果的宣传。

二是利用网络媒体和市场化媒体传播快、覆盖广、受众多、影响大的优势，及时传播我们产品服务创新、服务社会民生方面的举措和成效。

三是利用好大型论坛、年会、研讨会等交流平台传播集中的优势，在专业专注中提升现场宣传力度。

四是组织专题软文策划宣传，发挥其信息真实、宣传详尽、投放集中的优势，有目的地持续提升企业品牌形象。

五、要努力将新闻宣传工作做好

怎样才能把我们的新闻宣传工作做上去？关键是要采取切实的措施。

（一）要明确职责，加强领导

关于职责分工，再重申一下，从媒体来说，中央级媒体，由总行和北京分行维护；地方媒体，省一级的由省分行维护，地市一级的由二级分行维护。

从总行条线来说，宣传部（公关部）作为全行新闻宣传归口管理部门，负责规划、策划、组织、管理；各相关条线在全行总的规划、计划下，做好自己条线内的规划、策划、组织、管理等。

跟媒体打交道和对外宣传过程中，一般性的，自己能把握得住的，可以往外投稿。稍重要的，一定要经过公关部把关。这有一个责任问题，凡是公关部把关审过的，公关部要负把关的责任。当然各业务条线要对新闻的真实性负责，稿件要由各条线来提供。

从扮演的角色来说，公关部要扮演我们建设银行内部的记者角色，也就是说公关部要善于去发掘一些新的东西，一些新闻性的素材；各业务条线要扮演好通讯员的角色，有什么好的素材，一定要报公关部。公关部和业务部门都要主动些。

从领导角度上来讲，各分行分管宣传工作的领导，要对所辖的宣传工作负责，各部门负责宣传的总经理要对条线的宣传负总责。

（二）加强新闻宣传队伍建设

一是要加强专职队伍和通讯员队伍建设，实行名单制管理，总行公关部要加强对两个队伍的管理和考核。二是要加强宣传骨干的培训工作，可以采用视频培训的方式，从总行到分支行，从专职人员到兼职人员，从新闻宣传的方法到技巧开展培训。三是加强工作交流，互相借鉴，共同提高。四是加强考评激励，研究制定可行的考评方法，进一步调动全行积极性。

（三）做好新闻宣传工作策划

要定期研究制定全行的宣传工作要点，加强工作指导。对一些重要活动与文件，要加强宣传的策划工作，力争取得良好的宣传效果。

（四）处理好与媒体的关系

要把媒体当做客户来维护，注意加强与媒体的业务合作，比如可以适当用广告换取宣传资源，体现相互支持，合作共赢。

（五）充分借助政府力量

重视与政府部门日常关系的维护，比如政府宣传部门、网管部门、公安网监部门等，不论是正面宣传还是负面应对，政府的力量都不容小视。

（六）突出重点、全面展开

一是突出重点，各单位在宣传内容选取上都要有所取舍，择其重要的；二是全行共同努力，宣传工作不单纯是宣传部门的工作，全行各条线人人有责，要举全行之力共同做好。

（七）建立部门间协同工作机制

当前一定程度上存在着部门间脱节的现象，公关部要研究出台部门间协同机制，理清公关部和业务部门的宣传职责分工，促进工作有机衔接，有序开展。

（八）加强与同业的对比

要注重借助第三方机构的分析评估，了解同业情况，注重对比分析，从宣传的数量、质量、影响力等方面查找差距，学习借鉴同业好的做法，提高我们的整体水平。

（九）加强考核评先

总行公关部要研究出台考核办法，一是制订宣传指标及任务量，明确各分行、各条线在中央级媒体、地方性媒体、市场化媒体的宣传稿投放指标，全行支行及支行以上单位每月都要有稿件刊载；二是要加强监测，每季度通报各分行、各条线的稿件刊载情况；三是评选优秀宣传工作者、优秀通讯员和优秀稿件，通报奖励。

（十）适度的财力、资源投入

分行要保证新闻宣传工作必要的财力保障，如监测设备、分析软件、广告投放等。

六、需要注意的事项

一是宣传内容务必与中央精神保持一致，要讲政治、讲大局。

二是宣传工作要注意围绕中心，服务大局。中心就是业务工作，大局是全行的发展战略和各时期工作的重点，这既是宣传工作的出发点，也是落脚点。

三是要注意各时期、各阶段媒体关注的热点问题，做到要有的放矢。

四是善于捕捉工作中的亮点，提高新闻敏感度。

五是注重对宣传内容的把握。撰稿人要对稿件的真实性和准确性负责，审核人要把好关。新闻稿件对外刊发，至少要由撰稿人和审核人共同签字。

六是注意宣传内容与形式、渠道的搭配，实现宣传效果最大化。

七是要防范泄露商业秘密。宣传中的保密问题十分重要，对于带有革命性、创新性的业务，要仔细研究是否涉及商业秘密，如涉及要予以回避。

八是一般不与媒体论战。对于歪曲报道，要注意与媒体交涉的技巧，可以向媒体公告我们的真实情况，不要轻易陷入媒体论战的“陷阱”。

九是学习了解业务。对于全行不同时期的发展战略、工作部署和业务亮点等，宣传条线人员一定要加强学习，理解把握，这是做好新闻宣传工作的基础。

十是注重工作总结。加强工作总结，积累经验教训，同时要学习借鉴国际、国内先进的管理理念和好的做法。总行公关部下一步要收集整理全行的典型案例和好的经验，整理成册，下发全行学习参考。

在贯彻落实国务院及银监会进一步提升小微企业金融服务相关意见视频会上的讲话

章更生

（2013 年 9 月 29 日）

同志们：

这次视频会议的主要内容，一是传达国务院及银监会小微企业金融服务的有关会议和文件精神，二是结合我行实际部署相关工作。下面，我讲几点意见。

一、关于国务院和银监会小微企业金融服务会议及文件主要精神

2013 年 7 月 15 日，国务院召开全国小微企业金融服务经验交流会议，马凯副总理发表重要讲话。马凯副总理指出：小微企业是国民经济的生力军，在稳定增长、扩大就业、促进创新、繁荣市场和满足人民群众等需求方面发挥着重要作用。做好小微企业金融服务工作、促进小微企业发展事关经济社会发展全局，党中央和国务院高度重视。近年来小微企业金融服务不断向好，取得了积极成效，但与小微企业的发展需求相比仍有较大差距。进一步做好小微企业金融服务，十分重要十分迫切。各金融部门要在优化信贷结构中腾挪信贷资源，在盘活存量中扩大融资增量，在新增信贷中增加贷款份额。马凯副总理从全局战略的高度，全面总结了近年来小微企业金融服务工作，深入分析了当前小微企业金融服务面临的问题和挑战，对小微企业金融服务作了重要部署，强调要认真贯彻落实国务院常务会议精神，多措并举、多管齐下、多方给力，提高小微企业金融服务水平，支持小微企业发展。

会后，国务院办公厅下发了《关于金融支持小微企业发展的实施意见》（87 号文），主要从 8 个方面提出了优化小微企业金融服务的具体要求。文件提出要确保小微企业贷款增速和增量“两个不低于”的目标，充分发挥再贷款、再贴现和差别存款准备金基准的引导作用，细化考核措施，将总体目标分解到每一家银行业金融机构；下一步要进行考核、监督、落实，各银行金融机构要单列信贷计划，层层推进落实。文件还提出，要加快丰富和创新小微企业金融服务方式；着力强化对小微企业增信服务和信息服务，搭建综合信息共享平台；大力拓展小微企业直接融资渠道；切实降低小微企业融资成本，重点治理银行业金融机构不合理收费、高收费行为；加大对小微企业金融服务的政策支持力度，从财税、不良贷款核销、差异化监管等方面给予支持；全面营造良好的小微金融发展环境，严守不发生系统性、区域性风险底线。

2013 年 8 月 30 日，银监会专门召开了贯彻落实国务院会议及文件精神的视频会，阎庆民副主席通报了 2013 年前 7 个月全国服务小微企业的情况：截至 7 月末，全国小微企业贷款余额为 16.5 万亿元，占全部贷款余额的 22%，较年初增加 1.6 万亿元，同比多增 3 533.3 亿元，比各项贷款增速高 6.3 个百分点，继续实现“两个不低于”目标；小微企业贷款户数 1 302.2 万户，同比增长 14%，其中，小型微型企业贷款户数约 123.6 万户；批复 43 家银行合计 4 540 亿元小微企业专项金融债发行申请；信用贷款和保证贷款占全部小微企业贷款的比重接近 50%。

会上，阎庆民副主席传达了 2013 年 8 月 6 日李克强总理在银监会报告中的批示：“要把小微企业贷款增速和增量两个不低于的目标说到做到，

年终宜有结。”阎庆民副主席要求银监会和各地银监局要确保增长目标，从4个方面加以推动：一是以银监局为单位分解任务，确保全辖实现“两个不低于”；二是要求各银行单列小微企业信贷计划，优化信贷结构，腾挪信贷资源，在盘活存量中扩大小微企业信贷增量，在新增信贷中增加小微企业贷款份额，力争全行实现“两个不低于”；三是强化正向激励，将各银行小微企业“两个不低于”目标的完成情况、小微企业申贷获得率情况与市场准入、存贷比考核等优惠政策挂钩；四是对当年没能实现“两个不低于”的银监局和相关银行实施重点督导，实时采取有效措施。

阎庆民副主席还要求，各地银监局、银行业金融机构要进一步完善监测指标体系，把小微企业贷款覆盖率、综合金融服务覆盖率和小微企业申贷获得率这3项指标纳入常规统计和监测体系中。10月下旬，银监会将牵头督查各银行落实国务院会议精神的情况。

对于各银行业金融机构，阎庆民副主席强调要推进机构建设、规范服务收费、加强风险管理，相关要求已在银监会8月29日发布的《关于进一步做好小微企业金融服务工作的指导意见》（37号文）中予以明确。

此次国务院和银监会连续出台的小微企业政策，与以往相比，力度更大、要求更细、涉及面更广、责任更明，充分体现了国家和监管机构对小微企业的高度重视和做好小微企业工作的决心。总行将把国务院87号文和银监会37号文尽快转发至各行，并按照会议及文件精神，结合我行业务发展实际，进一步细化相关要求。

二、2013年以来我行小微企业业务运营情况

2013年以来，全行小微企业业务按照“稳发展、控风险、增效益、促转型”的要求，坚持推进业务向小额化、标准化、专业化转型，业务发展取得了良好成效。

一是小额化转型取得初步成效。2013年初，我们重新界定了我行小微金融的客户标准，即在四部委小微企业标准基础上，加上授信限额3 000万元，并进一步优化速贷通评级模型，试行小微企业评分卡，初步建立起评级和评分卡并行的柔性生产线，推动业务向小额化转型。截至8月末，我行小企业贷款余额达6 482.5亿元，占各项贷款的8.8%，新增468.9亿元。户均贷款723万元，比年初下降43万元。其中，单户500万元及以下的小企业贷款新增占比达到21.6%，比年初提高3.8个百分点。

二是初步形成了标准化的产品体系。区分客户群的共性需求和共同风险特征，研发配置标准化的产品，并实行标准化的操作和业务流程。

三是探索建立适宜小额化发展的渠道体系。依托网银平台，特别是“善融商务”向客户提供全流程“网银循环贷”业务，目前贷款余额接近30亿元。同时，围绕网点“三综合”，探索将50万元以下贷款置于网点销售，以拓展市场触角。

四是建立适宜客户群批量化运作的三大增信平台。包括主动与各级政府合作，共同设立风险补偿基金，目前已组建各类“资金池”超过200个，入池资金超过20亿元，服务客户2 100户；重点与信用等级高、资本金充足、有政府主导或参股的担保公司合作，实现担保增信；利用保险公司的资本规模优势，实现保险增信，贷款余额近10亿元。

五是主动调整优化区域和行业信贷结构。一方面，针对长三角，特别是温州、杭州、无锡、苏州4个城市行风险高发的态势，加强控制，主动调整这些分行的信贷计划，同时大力培育市场潜力大、区域信用环境好、管理能力强的分行。截至2013年8月末，长三角地区小企业贷款占比39.6%，比年初下降4个百分点。另一方面，从2012年下半年开始，加大了对钢贸及承兑等风险较大领域的退出力度，积极拓展商务服务、居民服务等现代服务业，持续优化行业信贷结构。

通过上述一系列措施，我们已初步建立起一个能够适应小微企业特点，在有效防控风险的前提下支撑业务可持续发展的商业模式。截至2013年8月末，全行小微企业授信客户达89 705户，占全行企业类授信客户的比重达到77%；小微企业授信户比年初新增8 992户，同比多增了3 910户，新增居市场第一。其中，基本户占比48.6%，比年初提高1.5个百分点。当年新发放小企业非贴贷款利率上浮19.3%，小企业风险调

整后的资本回报率为25.6%，小企业对公产品覆盖度为3.94，成为全行盈利能力最强、联动最好的业务之一。

在肯定成绩的同时，也要看到我们还面临着许多的压力和挑战，需要明确目标、冷静分析、找准问题、合力改进。

一方面，与监管要求还存在差距。2013年上半年，报银监会数据由于部分小企业成长为中型企业调出，贷款新增距全年完成“两个不低于”的目标还有一定差距。在近期人民银行对各省级分支机构2012年中小企业信贷政策导向效果评估中，我们只有江苏、山东、贵州3家分行评估结果为“优秀”，10家分行为“中等”，还有11家分行为“勉励”。财政部从2012年开始，将中小企业贷款占比作为对各行绩效评价的加分指标，2012年度我行主指标得分超过工商银行，但中小企业贷款占比加分指标较低，导致总评价得分仍低于工商银行。

另一方面，小企业信贷资产仍然面临较高风险。2013年以来，全行13个分行小企业不良实现双降，但受长三角，特别是浙江省分行以及钢贸行业的影响，全行小企业不良率上升了0.51%，不良额增加了40.5亿元。虽然从6月以后，随着回收、核销等盘活处置措施力度的加强，一些重点地区分行资产质量形势正在开始好转，但个别地区以及钢贸业务的风险还未完全显现，防范和化解难度还较大。

当前，外部经济形势还不乐观，虽然9月发布的汇丰PMI已经越过荣枯线，达到50.1，但产能过剩、出口受阻等导致这轮经济增长放缓的核心问题还没有从根本上得到解决，经济回暖的基础还不牢固，小企业整体经营仍然困难。从我行内部看，贷前调查和贷后管理仍然是薄弱环节。贷前主要的问题是客户经理不足，目前全行专职小企业客户经理仅2 500人，比2012年减少约200人，人均服务客户数量数倍于，甚至部分分行数十倍于其他对公条线管理的客户，人员不足使贷前调查的覆盖面和精细化程度难以得到有效保障。贷后主要是有效性有待提高。小企业早期预警工具还有待在实践应用中不断完善，同时，系统功能和信息渠道也有局限，还不能对小企业贷款资金在第二手及以后的后续流转情况、对外担保情况等进行有效的持续监管。

下一阶段，全行小企业业务条线要总结经验、解析问题，把握业务发展和风险管理的规律，坚持在发展中解决问题。

三、充分认识小微企业业务重要性

第一，对建设银行的特点要有清晰的认识。我们是一家在国内品牌价值最大、社会形象最佳的国有股份制银行，这为我们开展各项业务，尤其是小微企业业务奠定了良好的基础；我们是一家有着14 000多个网点的大银行，这就意味我们可以在全国范围内做业务，辐射面十分广泛，这对发展小微企业业务十分有利；我们是一家做大企业、大项目见长的银行，这是我们的出身所致，是传统优势，但也意味着我们需要加紧补偿我们的短板，如小微企业业务；我们是一家尽快需要转型的银行，要通过转型寻找新的利润增长点，转型是多方面的，其中发展小微企业业务是对公业务转型的重点内容；我们是一家小微企业规模相对不大、服务经验相对不足的银行，需要我们立即创新、改进，迅速赶上。只有对我们建设银行自身有了清醒的认识，才能根据我们自身的特点，发展小微企业业务。

第二，做好、做大、做强小微企业业务是国有控股大银行履行社会责任的需要。国民经济要发展，离不开实体经济。在实体经济中，小微企业是基础，就像钢筋混凝土中的细小沙粒，如果没有它们，钢筋混凝土就失去了强度，而且大中型企业也都是从小微企业发展而来的。同时，小微企业在增加就业、繁荣市场、满足人民群众多种需求等方面，特别是对于当前国民经济稳增长，均发挥着主力军作用。因此，中央高度重视，将其提升到了战略层面进行部署。因此，我行要从讲政治的高度来发展小微企业业务。

第三，有关部门有考核、有监管，我们必须要做好。这一点前面已经传达了，人民银行有要求、银监会有监管、财政部有考核，都必须完成。同时，总行党委高度重视小微企业业务，将其作为支撑我行未来发展的重要战略性业务。为此，我们不仅要做小微企业业务，还必须要发展好小微企业业务。

鉴于以上几点，这几年几乎所有的全行性会

议，都要求支持小微企业业务发展。这次国务院会议之后，王洪章董事长专门批示，要制定好具体贯彻落实措施。张建国行长在2013年8月8日亲自组织召开了包括小企业部、资债部、计财部、风险部、授信部、公司部、房金部、投行部、信息中心等相关部门参加的专题会议，并多次作出批示。在2013年8月20日召开的行长办公会上，张建国行长进一步强调，我行将服务小微企业作为支持实体经济发展的重要战略性业务，全行要切实将思想和行动统一到落实中央要求和总行部署上来，坚决执行总行关于加快发展小微企业业务的各项要求，对照财政部绩效评价标准查找与同业的差距，严格按照四部委标准梳理筛选客户，完善业务经营模式，确保全年小微贷款实现“两个不低于”的要求，实现在信贷余额中的占比明显提升，促进全行持续健康发展。同时，会议也要求，资债部、计财部等部门要在资源配置、绩效考核、产品创新等方面对小微企业业务给予进一步支持。

综上所述，我们没有理由不把小微企业业务做上去。

四、几点工作要求

（一）找准小微企业的特点和特性

小微企业特点和特性主要有以下几点：

一是小微企业规模小，需要批量化、工厂化运作，否则消耗的人力资源就会过大、过多。

二是小微企业成长性强，小微企业做好了，其实是为大企业客户充当了预备队。

三是小微企业的生命周期较短，有些小微企业头几年发展很好，在此期间我们可以做，但是有的小微企业过几年可能就会出问题，因此，我们一定要掌握单个小微企业各个阶段的生产经营情况，根据风险状况，选择适时退出。

四是小微企业风险相对较高，我们要做好甄别、遴选、评审工作，特别是要高度关注高科技创新型企业，这类企业成功了回报高，失败了造成的风险也大。这类企业在国外一般通过创业板、中小板上市融资或风投投资。这么说不是绝对不能做，可以适当做，但是一定要看准。

五是规范性相对较差，有些小微企业报表不真实、数据不全甚至没有报表，造成了与银行的信息不对称，给我们的经营和管理带来了巨大的困难，需要我们加强日常监管监控。

只有对小微企业的特点特性认识清楚了，我们才能选择好企业、经营好客户、防控住风险。

（二）确保完成各方面任务

这里包括中央提出的“两个不低于”要求以及银监会、人民银行和财政部的相关要求。特别强调的是，要确保2013年财政部对我行中小企业考核加分一定达到2分，争取达到2.5分，满分是3分，希望全行加大努力。同时，还要完成总行下达的各项指标计划，2013年全行小微企业非贴现贷款新增1 000亿元的任务一定要完成。以上的任务都是刚性任务，必须完成。

（三）改进和创新小微金融服务方式

小微企业业务虽然脱胎于公司业务，但又不同于传统公司业务。面对数量庞大且有效信息不充分的小微客户群体，如果一味沿用过去的模式开展信贷业务，不仅成本高、效率低、风险控制得不到保障，而且随着业务量的不断扩大，最终将使业务发展难以为继。为此，我们一定要突破传统思维，把握小微企业的经营特点和需求特征，将“大数定律”应用于小微金融的管理中，针对不同类型、不同发展阶段的小微企业，建立起适应向“小额化、标准化、批量化”转型的经营模式，更深层次地支持实体经济。

一是完善以客户群为主要对象的营销模式，提高小微企业贷款覆盖率。要推进“一圈一链一平台”集群营销模式，大力发展商业圈融资、产业链融资和企业群融资。针对“一圈”，与市场管理方、园区管委会等建立合作，对圈内客户分层、分类，设计“团体贷款”产品，适应批量化经营。针对“一链”，重点围绕优质大客户，总体评审，统一开发和管理，通过挖掘核心企业采购和销售数据，为其上下游小企业设计“交易信贷”产品。针对“一平台”，加强与政府、保险公司和优质担保公司的合作，大力推广助保贷、保贷通等业务。

二是以评分卡上线为契机，加快推动业务向小额化、标准化转型。结合我行小企业业务发展实际，按照新的客户认定标准和管理范围，一方面采用传统的“分析、评级、授信”，再加上抵押的主观性评价模式，抓好单户授信500万—

3 000万元的客户。另一方面做好总体信贷规划，定向开发适应性产品，再加上评分卡的客观性评价模式，重点分析客户的履约能力、信用状况、资产状况，抓好单户授信500万元以下的客户，并争做这部分客户的“唯一银行”。

三是发挥大银行的优势，提高小微企业综合金融服务覆盖率。要加强联动服务，促进对公、小企业、个贷、私人银行、信用卡等业务的交叉销售，同时，以券商、基金、信托、租赁、保险等子公司为依托，加强集团母子公司、境内外机构、本外币业务协调联动。设计差别化的套餐产品，推动开办小微企业金融租赁、集合债券、集合票据、集合信托、短期融资券、引进风投、商业保理以及IPO等融资服务和结算、理财、咨询等在内的综合化金融服务，全面满足客户需求。持续完善渠道功能，结合营业网点“三综合”建设，充分利用网点贴近和熟悉客户的优势，逐步推进网点对小额化、标准化产品的销售，努力将网点打造成我行小企业业务销售的主渠道之一。充分利用互联网等新技术、新工具，研发网络融资平台，不断创新网络金融服务模式。

四是加强产品和服务创新。小微企业业务的生命力在于创新。要围绕竞争性、可行性、安全性和效益性，建立起总行引领创新、分行主动创新、多方合作创新的创新模式。总行牵头研发全行基础性、战略性产品，分行充分发挥了解市场、贴近客户的优势，增强区域产品的活力和竞争优势，总分行积极开展与外部合作伙伴的联合创新，积极探索多方共赢的合作方式。

（四）细化和优化信贷政策

要在全行统一信贷政策框架下，深入分析行业、客户、区域等发展趋势，结合实际研究完善差别化政策措施。

一是适应产业结构调整，优化信贷投向。要执行好产业、行业信贷政策，把好客户准入关，优化信贷期限结构，加强区域的精细化、差异化管理。

二是做好存量优质客户服务，持续提高客户满意度。要适当简化存量优质客户的贷款申报材料及申报环节，优化续贷业务流程，提高业务办理效率。要做好小企业客户成长为大中型客户的过渡安排，确保优质客户不流失。这个一定要衔接好。

三是合理定价。要继续按照四有原则清理规范不合理收费和高收费行为，严格执行“两禁两限”的规定，同时，主动配合银监会的专项检查，提早开展自查，并完成整改工作。要优化利率的风险定价机制。遵照“收益覆盖风险和成本”的原则，参考同业平均定价水平，结合客户评价状况、所处行业、担保方式及当地社会融资成本等，确定合理的差异化定价水平。要结合综合化金融服务建立综合定价机制，降低客户综合成本。

（五）持续提升小微企业经营与风险管理能力

一是建立增信平台，不断加强贷前管理。要建立并维护好政府、担保公司、保险公司三大小微企业增信平台，解决好小微企业缺信息、缺信用问题，构建全方位风险缓释体系。

二是推动经营中心建设，持续强化贷中管理。要推动小企业经营中心标准化、规范化建设，建立并完善评级和评分卡并行的柔性生产线，持续优化评价、抵质押管理等重要业务环节，落实关键岗位分离，提升风险管理能力和业务办理效率。要提高通过信贷工厂集中处理小企业业务的比重，发达地区分行要力争实现百分之百覆盖。

三是建立适应小微企业的贷后监测方式，提高贷后管理效率。要围绕早发现、早行动，依托预警工具，引入非现场监测的分级预警监测机制，力争通过20%的预警发现80%的潜在风险客户。

四是确保完成年度资产质量控制目标。各行综合运用各种手段，形成多元化且功能互补的化解处置模式，提高处置效率，确保完成总行下达的小企业资产业务质量控制目标。将第三季度末不良及逾期贷款控制在中期水平，将年末数控制在年初下达的考核目标范围内。各级行要将资产质量变动情况与信贷规模配置相挂钩，促进不良处置和风险化解。要根据责任收贷的通知要求，结合本行实际情况，明确目标责任，迅速制定实施细则，抓好责任收贷管理制度的落地执行。对未能完成年度资产质量控制计划，且对全行资产质量形势造成重大负面影响的分行有关人员减发相应绩效。

（六）加强客户经理、产品经理队伍建设

发展小微企业业务，没有人不行，人数少了也不行，质量差了更不行。因此，一是要配备与业务量、客户数、计划任务数相适应的客户经理、产品经理。

二是努力通过经验交流、在岗培训、拓展培训和实战练兵等尽快提高小微企业业务队伍的质量。各行一方面要抓业务发展，另一方面要狠抓培训。培训是提高队伍战斗力的根本出路，一定要重视起来。关于人员数量问题，小企业部在充分调研的基础上，可以提出一个大体比例要求。

（七）建立健全科学的制度体系

建立健全科学的制度体系是一项重要的基础工作。我们目前已经建立了不少的制度，但还是希望大家再梳理一遍。要使我们的制度对业务全覆盖，不留死角，使我们的各项工作有制度可依，都能按制度执行，违者必究、违者必罚。

（八）加强加快系统建设

小微企业的特点决定着我们不能打“人海战术”，只能是依靠系统做业务，不管是客户的遴选，还是日常的管理、风险防控等，都要朝着系统化方向大踏步迈进。

（九）任务到人（单位），责任到人（单位）

各层级、各单位主管小企业业务领导是第一责任人，部门主要负责人是主要责任人，承担业务的客户经理、产品经理、风险经理为具体责任人。总行小企业部要定期通报各行业务进展情况。各分行也要一级对一级进行通报。通报中要列出第一责任人和主要责任人。

（十）强化激励约束措施

一是要强化对小微企业金融服务的正向激励，加强业务考核。总行在分行年度 KPI 考核中，已把小微企业信贷计划的完成情况以及小微企业贷款占全部贷款比重的提升情况作为加减分项。各级行要加强组织领导，成立由行领导任组长的小微企业业务发展领导小组，层层推动，狠抓落实。

二是加大小微企业信贷资源倾斜力度，单列信贷计划。国务院、银监会在会议讲话和文件中对单列信贷计划都有专门的强调和要求，总行已在下达给各分行的信贷计划中单独列示出各分行的小微企业信贷计划，并建立起分行间的调剂机制，各行也要单列小微企业信贷计划，足额保证小微企业信贷需求，确保计划完成；对于自身计划无法满足小微企业信贷需求的分行，总行将相应予以调增；对于 2013 年未完成小微企业信贷计划的分行，总行将相应调减分行明年贷款总量计划，向计划完成好的分行倾斜。

三是完善小微企业监测指标体系，做好业务监测、考核及通报工作。各行要按照监管机构要求，根据四部委标准完整统计和对外报送小微企业业务数据。要做好与当地监管部门的沟通，明确监管部门的监管指标、口径与考核要求，做好本行小微企业业务监测、考核及通报工作。

四是加强对客户经理、产品经理、风险经理的业绩评价考核工作。将业绩与薪酬紧密挂钩，论功行赏、论过行罚。

同志们，经过几年的实践，我行小企业业务已经打下了较好的基础。现在中央及监管部门对发展小微企业业务有硬要求，我行自身发展有迫切需求，可谓内外目标高度一致。我们要识大体、顾大局，坚定信心、上下一心、克难奋进。我们要打破思想禁锢，诸如没有好企业、风险防不住、人员不足、人才缺乏等，这些确实是困难，但是只要方法得当、打法正确、力度到位，就都可以在一定程度上予以克服。建设银行有着敢于打硬仗、善于打硬仗的光荣传统，只要我们想做的事，就一定能够做成、做好。曾经的“双大”战略如狂风席卷全国，令对手们发怵。我们深信，今天我们的小微企业战略也一定会风起云涌，再创新的辉煌。拜托大家了，谢谢！

第三部分　改革发展与内部管理

一、改革创新与业务发展

资产负债管理

2013年主要工作与成效

（一）加强计划管理，有效推动业务发展和结构优化

1. 改进贷款计划分配机制，加强部门沟通，合理配置信贷资源。贷款新增总量和进度符合监管要求；零售类人民币贷款新增占比为64%、较上年提升7个百分点，个人类贷款新增四大行第一，小微企业贷款和涉农贷款新增满足监管要求；RAROC较年初提升1.5个百分点。

2. 加强业务分析，为经营决策提供参考。组织召开综合经营形势分析会，及时抓住业务发展中的难点和重点，提出政策建议，切实解决部门和分行反映的问题。如保本理财策略安排、规范同业往来业务、企业存款业务需要解决的问题等；以调研、问卷调查和数据仓库信息挖掘等方式不断延伸分析深度和广度。按季通报存款计划执行情况，关注存款稳定性，对波动较大的分行及时进行督导，并将好的稳存增存案例发送分行共享。

3. 挖掘重点产品潜力，提高中间业务产品管理水平，推动中间业务发展。在11家一级城市行、27家省会城市行、315家二级分行之间开展20个重点产品"挖潜增收"活动，效果显著。如账户贵金属、单位结算卡收入较2012年翻番；详细分析理财、信用卡、国际结算等产品与工商银行收入差距较大的原因，提出改进措施，2012年上述产品与工商银行差距已明显缩小。组织大行巡讲、基层行长培训、标杆管理交流；积极配合相关部门应对发展改革委的"涉企服务收费大检查"，提供相关政策支持。通过上述措施，中间业务收入结构进一步优化，信用卡、贵金属、理财产品、债券承销、借记卡、收单、电子银行等战略性业务快速增长，占比为44.5%，同比提升4.9个百分点。

4. 加强计划和基础管理，表外业务结构调整成效显著。表外业务计划由单向约束变为双向约束，通过建立退回机制，既支持了表外核心业务发展又节约了加权风险资产。推动系统完善，建立"按月监测、按季分析"的常态化监测分析制度。全年追加260亿元加权风险资产专项，满足分行国际业务需求，加权风险资产比计划少增100亿元，增速下降了1.2个百分点。

（二）根据市场形势，主动管理利差；全年NIM为2.75%，表现优于同业，保持四大行第二，缩小了与领先者的差距

1. 加强利率定价管理。通过明确定价目标、开发定价模型、调整定价授权、实时跟踪指导等手段，指导分行差别化定价，新发放人民币非贴贷款利率6.37%，四大行第三，比上年提升一个位次；人民币全口径存款付息率1.96%，保持四大行第二，领先工商银行优势扩大10BPS，缩小与农业银行差距4BPS，一般性存款和同业存款付息率变化均优于工商银行。积极参与人民银行推进利率市场化的各项改革，推出全国第一笔LPR贷款业务，与金融市场部等共同完成首单NCD发行。综合定价试点工作扩大至118家总战客户的480家成员单位和8家分行的239家分战客户的成员单位，模型作为量化工具对定价提供有力支持，审批效率明显提高。跟踪分析研判市场价格走势与资金状况，灵活调控价格支持流动性、投资等方面的资金需求。

2. 加强NIM的精细化管理。加强净利息收益率的定期分析研究，动态监测业务发展量价情况，跟踪市场价格变化，分析建设银行业务面临的机遇和挑战，提出针对性管理措施，先后提出了贷款新增进一步向个人住房贷款倾斜，境内持有外汇敞口、境外对冲的操作，控制保本理财规模或改变会计核算方式，邮储及协议存款到期后不续作，在第四季度市场利率位于高位时加紧投资以提高组合收益率等若干建议，对本年度NIM的提升和2014年保持稳定发挥了明显作用。

3. 优化内部资金转移价格管理政策。及时调整存款、贷款、同业资金往来的FTP价格，有效维持人民币FTP定价、计结息体系健康运转，支持全行业务发展。

（三）组织新资本办法的实施，实现资本充足率管理新老办法平稳过渡；推进资本精细化管理和集约化经营，资本充足率水平继续保持同业领先

1. 牵头做好新资本办法各项协调和推进工作。及时向董事会和管理层汇报资本充足率执行情况，做好资本规划和年度计划测算；制定资本充足率管理办法和计量规则；会同信息中心确保新权重法和老方法并行下资本充足率计量、报送和披露的准确及时，报送工作多次得到银监会表扬；及时对第一季度工商银行新方法资本充足率领先建设银行进行深入分析，提出十项改进措施并组织部门跟踪落实，保证了建设银行资本充足率从第二季度起重新超过工商银行；及时组织部门研究最新资本监管配套政策，制定细化落实方案并组织推进；全力配合银监会圆满完成巴塞尔委员会国别评估组现场评估，获得监管好评；全面优化内部资本充足评估方法论，2013年正式评估通过董事会审议。

2. 推进资本精细化管理和集约化经营，巩固建设银行资本充足率同业首位优势。近年来建设银行在外部融资最少的情况下持续保持同业首位，主要是依靠内部资本管理能力的提高。2013年推动部门完善分红购汇的会计处理以避免形成外汇敞口，通过该措施预计节约风险加权资产246亿元，提升资本充足率0.03个百分点；会同股权部等对建银国际股权投资进行梳理，推动完成银行账户和交易账户二分类，预计风险加权资产可减少约370亿元，提升集团资本充足率约0.05个百分点；推动在香港机构整合中将“东汇18”楼宇转为建设银行（亚洲）的固定资产，节约风险加权资产250亿元左右，提升资本充足率0.03个百分点；会同股权部推进债转股处置工作等。牵头完成建设银行（亚洲）增资方案，确保香港机构整合顺利实施；会同部门拟定伦敦子行增资方案，指导伦敦子行提出次级债发行计划。

3. 积极应对新资本工具创新，同步推动多期债券发行。完成600亿元新资本工具的股东大会和董事会报批；会同相关部门组织境内200亿元和香港20亿元二级资本债发行准备，完成方案制定、中介采购、评级谈判、申报材料制作等各项工作，与各监管机构多次进行沟通汇报和条款讨论，分别向银监会提交了境内和香港资本债的全套申请材料。

（四）在新增存款长期少于新增贷款和存款大幅波动的情况下，保证了流动性安全

1. 平稳度过“钱荒”，流动性管理工作得到广泛认可。受贷款增长较快、企业所得税集中清缴、端午节假期现金需求、外汇市场变化、补缴法定准备金、财政拨款减少等多种因素影响，2013年6月、12月货币市场利率大幅波动。建设银行通过加强与人民银行和同业沟通、相机压缩同业资产业务、加强大额预报等多种措施，保障了全行流动性安全，平稳度过“钱荒”，流动性管理工作得到了银监会、中央银行和汇金公司的认可。

2. 不断改进流动性管理，人民币日均备份率进一步降低。通过加强日常资金头寸匡算、灵活调整同业存款价格、适时调整流动性资产业务、组织保本理财资金上存总行等方式，全年日均备付率1.46%，比上年下降17个BP，与工商银行的差距从上年9个BP缩小到3个BP，分别领先农业银行、中国银行39个、80个BP。

（五）推动《五年规划》贯彻执行，做好计划衔接落地；组织推进分支机构年度计划实施，首批完成自贸区机构升格

组织开展战略及转型问题研究，加强规划指标与年度综合经营计划衔接，提出战略转型指标并纳入2014年一级分行KPI；组织部门对《五年规划》执行情况进行评估总结，向董事会提交《〈五年规划〉2012年度执行情况报告》、《关于五年规划2012年度执行情况的报告所提问题的建议》。牵头拟定、调整年度分支机构计划，加强监管沟通并获银监会批准，2013年新设机构计划数量同业第一；及时把握政策动向，第一批完成深圳前海、上海自贸区机构升格分行。

（六）实现新一代定价管理组件（一期）上线

新一代定价管理组件（39主题）一期已于2013年10月19日成功上线，初步建立企业级的价格统一发布平台，建立市场化、多层级的定价参数体系，规范和统一了全行利率、费率等定价规则，较好的支持了现金管理、代收代付、家庭现金等3个应用组件的计价工作。目前，定价组件日均支持交易约8 620笔，最大并发笔数约10笔/分钟，平均每笔响应时间约26毫秒，系统运行平稳。

（七）高质量完成定期报告编制，评级工作顺利开展

严格遵循监管要求，按时完成定期报告编制；对定期报告架构进行优化，增强了信息披露的规范性和针对性。为满足子公司评级需求，将子公司评级有关条款（费用）纳入续签合同。

执笔：杨振伟

财务会计管理

2013年，全行财务会计工作围绕全行发展战略，以增强价值创造力为核心，持续优化绩效评价与资源配置体系，提升财会管理科学化、精细化水平；落实勤俭办行要求，深入推进战略成本管理；深化条线支持，促进职能由“服务”向“支持”的转型；加强财会管理基础能力建设，以新一代核心系统建设为契机，完善会计信息全流程管控机制，提升数据分析和信息披露能力；切实加强作风建设，有效支持全行业务发展和业绩水平提高。

一、优化资源配置，有效促进业务发展和盈利增长

一是统筹调度，积极支持业务发展。坚持EVA激励导向，执行“上不封顶、下不保底”考核政策，保持政策稳定性。积极腾挪资源，优化费用结构，调整资本性支出预算结构，积极用于支持业务发展和战略转型。2013年，集团净利润实现2 151亿元，增幅11.1%，ROA、ROE等主要核心财务指标在全球大型商业银行中持续名列前茅。

二是改进绩效考核体系。坚持有效客户理念组合运用政策工具，在加强效益、风险和竞争指标的同时，引入“有效客户”和“客户金融资产”等指标，引导分行夯实客户基础，提升客户质量。完善业务部门绩效评价，贯彻“全面考核、压力均等”的管理要求，强化经营部门经营责任。做好绩效评价数据通报和结果评定，加强考核政策的解读、传导、管理和监督，充分传达总行管理意图。

三是加强对计划执行的监控。适应形势变化和管理要求，加强季度损益管控，提高预测频度

和密度，适时适度调整相关政策，季度损益符合管理层预期。加强集团损益管理，建立集团损益管理框架，梳理管理要点，建立子公司损益预测和报送的相关机制，集团损益管理运转有序。

四是加强重点费用项目的管控。按照中央和总行相关要求，结合加强成本管理的实际，对招待费、会议费、差旅费等重点费用进行重点管控，相关费用实现较大幅度下降。研究改进战略性费用、专项费用等业务支持费用配置模式，增强资源配置的统一性，取消按部门、按条线分散分配资源的方式，提升分行统筹安排整体资源的能力。

五是细化完善固定资产投资计划管理。根据内外部形势变化及战略发展要求，完成全行年度资本性支出计划编制、下达工作，有效支持业务转型和渠道建设，促进长期价值创造能力和可持续发展能力提升。通过细化管理，加强监控，强化执行，年度中间计划执行进度继续提升，全年固定资产计划执行率为99.8%，圆满完成年度计划，有力地支持了各项业务发展和战略转型。

二、深化条线支持，为业务发展和管理决策支持服务

一是为业务拓展提供专业财会解决方案。充分发挥数据、信息专业特点，在计划管理、资源配置、投入产出分析等方面提供一系列财务支持服务方案。支持业务部门开展专项投入产出专项分析，针对业务发展方案提出财务配套支持意见。研究制定部门条线统筹营销方案，确保营销方案设计和资源安排合理有效。对延伸类项目制定投入产出模型和相关管理要求，明确项目准入标准，为项目投入提供财务分析决策工具并建立后评估约束机制。

二是条线支持不断深入业务发展过程和前端。围绕以客户为中心的经营理念，推进客户责任划分、合理反映客户部门的经营贡献，推动开展相应客户标识及信息展示相关工作；适时调整资本性支出预算安排，择优满足营销类项目投入和拓展，提高分行资源配置的灵活性以及市场竞争能力；安排资源投入支持对公存款、对公客户拓展、养老金业务拓展等营销活动的顺利开展。

三是发挥管理会计对业务活动及经营管理的支持作用。加大管理会计系统核心信息在全行各个层面的应用，支持各级财务条线对各个维度的计划、考核和评价。做好对总行业务部门应用管理会计数据的支持工作，对客户关系管理、组合风险、大客户定价等应用系统提供数据信息，支持各应用系统对客户、产品、定价、风险管理等更深层次的数据钻取和分析。

四是加强同业比较分析。积极落实外部绩效考核要求，完成财政部绩效评价基础数据上报工作，保证我行财政部绩效考核的顺利完成。积极落实考核结果，不但运用杜邦分析法对上年度财政部绩效评价考核结果进行分析，还每季度对五大行绩效评价结果测算分析，为我行提升经营绩效评价水平提供决策参考。

五是提升对总行本级和海外机构的支持保障和服务能力。合理安排总行本级各机构预算，重点保障新设立和新调整部门、机构的顺利运营和财务规范。制定在港机构整合财务方案，对总行购置大楼资产等重点事项持续提供财务支持服务。对各海外机构下达年度业务计划及财务预算，制定各筹备组日常经费预算标准和决算工作规程，规范筹备组财务预算及决算工作，继续做好海外新设机构的筹备、开业相关财务支持工作。

三、全面加强全行成本管控，提高资源使用效率

一是制发并严格执行勤俭办银行相关政策制度。按照中央八项规定和总行十项要求，制定厉行节约、勤俭办行的工作方案，对重点费用进行严格控制，全行招待费、会议费、差旅费均大幅度下降。总行本级发挥带头作用，费用压缩力度高于全行，招待费同比下降45%。采取主动型税收管理，积极与税务机关沟通协调，实现以前年度税收退税近3亿元。

二是积极推进重点成本管理项目成果转化。推进第一批重点成本项目的成果转化，取得成效显著，如会计档案保管改进项目实施后，预计每年将为全行节约成本2.6亿元，综合成本节约率将达76.5%。从全行战略高度组织实施第二批重点成本项目，坚持基于数据和事实的定量分析，切实推动管理变革，仅营运业务外包策略研究项目预计全行每年可节约人力成本2.5亿元。

三是努力提高固定资产投入产出效率。按照

中央相关规定，制定专项购建管理办法，严控营业办公用房建设，全行削减办公楼建设项目，部分办公楼项目停建、缓建。大力压缩超标准占用和闲置物业资产，2013 年全行闲置资产净值压缩率达 35%，比原计划多压缩 15 个百分点。

三是细化调整经费科目，规范费用支出核算。主要将原包含内容过多的科目进行了拆分细化，将分类不合理的事项做了重分类调整，对弹性较大的科目予以了厘清、界定和规范，确保费用预算总量和重点费用压缩目标落到实处，更好地满足准确核算、预算管理和成本管控的要求。

四是精简和扩大财务授权。落实党中央和总行党委关于改变工组作风、简政放权的精神，在规范财会管理、确保管理质量的前提下，从减少授权审批和改善制度管理流程两方面入手，一方面将审批事项从 10 项缩减到 7 项，减幅 30%，大幅减少审批事项具体笔数，压缩 54%，另一方面简化授权审批流程，提高工作效率和市场反应能力。

四、以“新一代”核心系统建设为契机，提升财会信息质量

一是牵头新一代财会相关专题组织实施。投入新一代财务会计组件建设，以“交易与核算分离”为切入点，对会计引擎、内部账等重点环节研究解决方案，构建会计引擎、会计计量、总账、报告的会计信息全流程管理体系，为未来会计处理自动化水平的提升打下坚实基础。在总结国内外经验、明确总账与管理会计、统计的职能分离的基础上，梳理、构建全新会计科目体系。

二是持续推动管理会计的完善和发展。扩充和完善现有管理会计功能，优化管理会计系统功能，重构管理会计盈利计量、成本分解、业绩分成模型，持续推动新一代管理会计系统的转型。加强管理会计应用和操作性研究和实施，构建全新的管理会计平台，支持全行各管理层级的经营决策和评价。

三是研究实施集团总账统一视图方案。开展集团总账方案设计和需求分析，实现子公司总账数据向总行报送，从而使总账系统数据范围覆盖到整个集团，在总行实现子公司数据的共享。设计集团合并报表自动编制方案。在总账系统实现集团内往来的抵消和集团合并报表的自动生成。同时，通过系统开发，在总账系统完成了期后调整入账功能的开发和应用，实现总账数据和对外披露报告的衔接。

四是参加“新一代”海外财会专题研究。以总行企业级目标建模为基础，逐条比对境内外分行会计核算规则、流程的差异点，研究解决方案，重点海外机构账务实现方式，推进境内外财会管理、会计科目、财会处理流程一体化。

五是完成核心系统存贷款利息按日计提功能优化。会同相关部门完成对核心系统实现存、贷款利息按日计提的需求撰写、系统开发及验收测试，推动系统顺利上线，进一步提高我行会计核算精度、准确预测利息收支、加强计划预算监测、强化预算执行和管理控制，提升我行会计核算质量和财务管理水平。

五、完善财务会计制度与管理流程，夯实管理基础

一是制发全行新统一会计核算规定。结合全行未来会计管理工作思路和要求，对全行统一会计核算规定进行了系统修订并执行。新核算规定定位清晰、内容完整、形式集中、格式标准，既满足内外部不同使用者的需求，又为新一代核算系统参数编写打下坚实基础，标志着我行新财会制度体系建设基本完成。

二是建立新形势下经费共享中心制度体系。适应经费共享中心一级分行集中的形势，从共享中心管理运行和经费业务的实际需求出发，结合系统功能优化情况，对原制度进行补充和完善，并细化了经费核算内容，下发相关制度文件，完成共享中心制度体系的再构。

三是持续完善金融工具估值管理机制。借鉴同业先进实践并结合实际，制发《中国建设银行会计估值管理办法》，明确部门职责、规范估值流程，建立完整的公允价值估值管理内部控制体系。对《金融工具公允价值估值指引》和《金融工具入账估值操作手册》进行了修改和完善，形成了全面完整、层次清晰的估值制度体系。此外，探索对海外分行、子公司进行金融工具估值指导，全面提升集团估值能力。

四是积极构建财会管理的长效监督机制。落

实中央和行内管理的要求，对重点领域安排专项审计，检查重点涉及财务费用、固定资产管理、中间业务收支、理财产品核算等方面，同时，积极配合各地专员办检查，狠抓整改落实，推动审计成果的转化，促进内控水平的整体提升。

五是加强税务管理，防范税务风险。密切关注国家税收制度改革，深入研究税收政策，确保全行准确执行国家要求；加强与监管部门的沟通协调，认真配合各级税务机关的督导检查，有效防控税务风险；积极主动配合税务部门的问询及调研工作；加强税务管理的信息化、系统化建设；积极配合业务部门、分行等各方面需要，提供税务支持服务。

六、优化财务报告编制，不断提升信息披露质量。

一是按时保质完成各期财务报告编制，首次完成XBRL财务报告自主编制。精心组织，周密安排，圆满完成各期财务报告编报和年终决算的组织工作，决算工作在财政部考核中位列第二位。同时，在财政部统一部署下，率先开展基于通用分类标准和银行业扩展分类标准的XBRL财务报告编报工作，在前期实施基础上，梳理元素1 636个，定义4 788个标签链接关系，2 300个列报链接关系，2 500个定义链接关系和500个计算链接关系，在实例文档中共计完成标记9 300个，在同业率先完成自主编报，获财政部通报表扬。

二是持续完善会计信息质量非现场监控机制。依托总账监控系统对重点项目和科目波动的合理性、科目使用的合规性、科目余额的准确性以及科目勾稽关系进行审核，抓实抓好总账日常审核监控；借助内部账管理系统，定期对暂收暂付类挂账款项等重要会计事项开展定期监控；对于非现场监控发现问题定期通报评价，督促分行提升会计信息质量。

三是协调组织各部门做好管理建议书整改落实。积极跟踪2011年度管理建议书的整改落实情况，确保相关事项有效整改完落实，整改完成率达到87.5%。组织协调外部审计师出具2012年度管理建议书，设专人定期跟踪各部门整改落实情况，定期征集归口部门整改意见，督促工作顺利完成。

四是牵头组织2014年外部审计师选聘工作。根据审计委员会及外部审计师选聘领导小组要求及工作安排，在时间紧、任务新的情况下，牵头完成2014年外部审计师选聘工作，为未来外部审计选聘工作积累了丰富的经验。

七、加强财会队伍建设，提高全行财会条线专业素质。

一是积极开展多层次专业化培训工作。总行直接组织财务管理、财会制度、管理会计等培训班近十期，培训内容突出专业特点，涵盖当前银行业的热点业务，也包括国内外监管要求、我行最新的制度变化等，通过分行的再培训与转培训，参加人员近10万人次，对提升财会条线专业素质、促进专业化队伍建设、传导总行管理理念、提升队伍凝聚力起到积极作用。

二是修订财务师专业技术岗位职务题库。根据统一部署，完成了财务师专业技术岗位职务题库的更新完善工作。修订后的题库考试答辩题目更加贴近财会工作管理实践，更多反映了业务和管理上的最新变化，更强调了对财会人员能力的重视，对财会条线人才所需技能覆盖面更加全面完整。

三是持续追踪国际会计准则修订及监管动态，深入开展研究工作。先后配合财政部完成对新金融资产分类实施影响的测试，对减值准备预期损失模型进行测算等工作，并将测试结果报送财政部。积极参加金融会计学会各项研讨，撰写的《商业银行金融资产终止确认问题研究》论文，获中国金融会计学会省部级研究课题一等奖。

执笔：张歌

股权与投资管理

一、改进子公司管理，持续提升并表管理能力

2013年，建设银行不断改进子公司管理，完善监测机制，积极引导子公司服务于集团的综合化、多功能、集约化战略，大力推进集团战略协同，推动子公司尽快做大做强，境内外子公司管理成绩瞩目。

（一）推动子公司做大做强，子公司经营取得优异业绩

2013年，建设银行积极推动各子公司落实集团综合化经营战略要求，加强集团各成员业务联动和战略协同，有效实现客户交叉销售、境内外服务对接、产品服务互补、信息资源共享等，在复杂的经济环境下保持了子公司各项业务良好的发展态势，各子公司资产质量良好，监管指标达标。

2013年，子公司继续取得优异业绩。子公司资产和利润增速显著高于集团水平，实现净利润18.7亿元、同比增长30%，超额完成预算目标；年末总资产达到1 413亿元，较年初增长27%；管理资产规模达4 412亿元；ROE提升了0.5个百分点。子公司金融服务功能不断健全，市场位次稳步提升，建信人寿、建信信托、建银国际主要业务指标均位居银行系统排名前2位。子公司经营取得令人瞩目的业绩，进一步印证了建设银行推进综合化经营发展战略的前瞻性和必要性。

（二）完善制度，提升子公司管理精细化水平

出台子公司对外股权投资管理制度，梳理子公司授权体系。同时，建立了对子公司经营动态分析监控制度，加强行业趋势和同业比较分析，支持管理决策。为提高子公司管理水平，赴中信银行、平安银行等机构调研，借鉴同业经验，进一步研究完善子公司管理机制。

（三）战略协同纵深推进，成效显著

2013年，母子公司业务联动量（母行代销产品及推荐合作成功项目）达1 358亿元，其中推荐项目同比增长44%。年末，子公司自有资金与管理资金在母行存放资金达694亿元，同比增长约2倍。

（四）牵头并表管理，推动集团并表管理能力提升

在完成2012年并表管理自评估基础上，编制2013年度并表管理工作计划，梳理形成33项工作任务，分解到17个部门，持续跟踪督办落实；组织推进加快债转股处置工作，确定了工作目标、方式和配套政策；深度参与银监会并表监管办法修订，完成信托业务、债券业务等专项排查，全面落实银监会影子银行检查和内外部审计检查整改要求。

（五）推动母子公司中后台资源共享，集约化建设初见成效

协调推动子公司的信息系统建设、运营维护、灾备中心建设、档案存放管理和后台业务集中处理等事项，纳入集团统一规划。子公司IT规划和系统建设的基础架构已按照要求，纳入总行新一代整体规划审核流程；建立母子公司采购信息的沟通联络机制，推动子公司共享母行集中采购成果。2013年，子公司通过共享机制采购办公器具、IT软硬件和公务用车等物资，节约采购成本约10%左右。

（六）强化集团经营导向和激励约束，全面改进子公司预算与考核管理

首次将子公司预算纳入集团综合经营计划编制流程，督促子公司对标母行、本行业和银行系统同业，制订积极的年度经营计划，落实规划目标。将子公司工资费用与利润增长及综合考评结

果挂钩，提升资源配置合理性。完成子公司2012年度综合考评，优化2013年度考评办法，传导集团经营意图，督促子公司快速提升市场位次和回报水平。

二、持续深化战略协助合作，促进协助成果的转化与运用

（一）全面完成与美国银行和淡马锡战略合作年度计划

2013年，虽然美国银行清售其持有的20亿股建设银行H股，但是按双方续签的协议，战略合作关系持续进行。全年共完成协助项目54个，总行17个部门、15个试点分行，建设银行148名项目成员和美国银行320余名专家参与，116名业务骨干赴美参加跟岗培训。此外，与淡马锡开展了5期培训，79名中、高层管理人员及业务骨干参训，并顺利完成了市场风险管理领域的模型验证咨询项目。

（二）服务发展战略，解决关键问题，合作项目取得预期成果

根据“服务发展战略，解决关键问题”的项目选择与实施原则，本年度建设银行与美国银行在公司业务、小企业、电子银行、私人银行、信息系统等领域继续开展深入合作，项目成果丰富。首次实现对小企业客户提供跨区域的电话营销与服务，营销成功率达25.51%；首次建立对公客户筛选模型和对公客户细分模型，客户经理对模型产生的潜在客户名单满意度为77%；行内首创建立了集团级的员工管理信息平台，制定员工门户网站升级需求；电子银行反欺诈单笔事中预警处理时间每笔从13分钟降低到10.8分钟，网上银行精准营销开通手机银行活动期间，新开通2 859户手机银行客户，接收广告的客户群开通率是未接受广告客户群的3.5倍；制定了建设银行大数据技术应用规划，从技术层面助力大数据应用；建立私人银行的专属数据集市，实现了按日计算私人银行客户AUM、综合对账服务等。

三、稳步推进海外并购，巴西项目取得突破性进展

建设银行成功完成与巴西Banco Industrial e Comercial S. A银行（以下简称BIC银行）控股股东签约，收购该行72%的股份（若剔除库存股，建设银行持股比例为73.96%），交易金额约为16.21亿雷亚尔（约合44亿元人民币）。建设银行巴西BIC项目取得突破性进展。

执笔：迟君辉　武腾　杨梦迪　杨军

公司业务

2013年，在总行党委的正确领导下，公司业务条线全面完成各项工作任务，取得了良好的业绩。

一、主要经营成果

（一）客户基础不断夯实，账户增长同业第一

公司机构客户总量突破300万户，达到307万户，新增41万户，增幅15.54%。考核口径客户总量289.57万户，新增41.31万户，计划完成率为146%；有效客户新增21.27万户，计划完成率为160%；有效结算客户新增35.55万户，计划完成率为218%。截至11月末，单位人民币结算账户总量达385.69万户，新增46.16万户，四大行第一。

（二）企业存款先抑后扬，新增位次同业领先

企业存款总量上台阶，新增超计划。截至12月末，人民币企业存款余额60 985亿元，突破6万亿元大关，较年初新增4 673亿元，增幅8.3%，计划完成率为116.83%；日均余额

55 873亿元，新增 5 023 亿元，计划完成率为 104.43%。

日均、时点企业存款同业第二。日均新增企业存款四大行第二，分别比农业银行、中国银行多增 1 079 亿元、966 亿元。建设银行时点新增企业存款年初以来工作压力巨大，排名四大行第四。进入 12 月，全行公司业务条线发挥出极强的执行力和调度能力，克服了诸多不利因素，全年时点新增最终勇夺四大行第二，分别比农业银行、中国银行多增 1 193 亿元、334 亿元。

（三）中间业务蝉联四大行第一，表外业务结构优化

全年实现公司中间业务收入 424 亿元，计划完成率为 100.29%，同比增幅 6.42%。公司中间业务收入四大行占比连续三年保持四大行第一。其中，境内保证、国内保理、其他中间业务收入三项产品收入四大行第一，单位结算、托管、CTS 业务、承诺、转贷款、年金等六项产品收入四大行第二。

表外业务平稳发展，承兑、保证、承诺三项产品余额合计 13 514 亿元，较年初增加 744.54 亿元，增幅 5.83%。结构不断优化，电子银行承兑汇票快速增长，增幅 48.62%；融资性保证较年初减少 66.01 亿元，增幅 -5.71%。资本占用控制良好，加权风险资产增加 438.54 亿元，控制在 683.78 亿元计划之内。

（四）公司类贷款同比少增，有力支持实体经济

公司类人民币贷款余额 51 767 亿元，较年初新增 3 998 亿元，四大行第二，增幅 8.37%，低于全行平均水平 4.1 个百分点。中小微企业非贴贷款余额 24 553 亿元，占各项贷款余额的 30.79%，较上年提升 3.18 个百分点；涉农贷款新增 3 492 亿元，同比多增 1 328 亿元，增速 27.39%，高于各项贷款平均增速 15.38 个百分点，圆满完成“两个不低于”监管要求；新农村建设贷款新增 462 亿元，增幅 62.27%，余额达 1 191亿元，支持项目 475 个；城镇化建设贷款余额达 921 亿元，支持项目 405 个。供应链金融快速发展，2011—2013 年复合增速 32.65%。网络银行业务累计放款 1 162 亿元，累放客户 1.64 万户，其中“善融商务”投放 32.28 亿元，完成全年计划的 161.4%。

（五）资产质量保持稳定，信贷结构持续优化

对公贷款不良率为 1.16%，较年初提高 0.03 个百分点，其中大中型客户贷款不良率为 0.83%，较年初下降 0.04 个百分点。对公客户当年暴露不良贷款 320 亿元，纯新发放贷款不良率为 0.21%。其中大中型客户当年暴露不良贷款 173 亿元，纯新发放贷款不良率为 0.15%，均控制在考核计划之内。

“6 + 1” 产能过剩行业信贷余额 2 282 亿元，贷款余额 1 727 亿元，分别较年初减少 147 亿元、156 亿元；不良余额 12.7 亿元，较年初减少 8.6 亿元，不良率为 0.73%，较年初下降 0.4 个百分点。

全口径平台贷款余额 7 166 亿元，监管类平台贷款余额 3 738 亿元，分别较年初减少 122 亿元、377 亿元，圆满完成监管部门总量控制要求。监管类平台贷款现金流结构持续优化，全覆盖类贷款 3 578 亿元，占比为 95.73%，较年初提高 1.83 个百分点，基本覆盖、半覆盖、无覆盖三类贷款合计较年初减少 91 亿元。

房地产开发类贷款较年初增长 289 亿元，增幅 6.95%，低于同期人民币对公非贴贷款增速 2.11 个百分点，新增四大行第三。不良贷款余额 24.51 亿元，不良率为 0.55%，分别较年初减少 8.39 亿元、0.24 个百分点，连续八年“双降”。

对公信贷退出客户压缩退出 1 686 户、金额 434 亿元，计划完成率为 144.61%。

（六）定价水平位次提升，收益贡献不断提高

贷款利息收入 3 178 亿元，在各项贷款利息收入中占比为 70.14%。存贷款利差 4.36%，比全行平均水平高 39BPs。新发放公司类非贴现贷款加权执行利率 6.30%，加权浮动幅度 4.83%，四大行位次均较上年提升一位至第三位。实现贴现利息收入 75.81 亿元，贴现收益率 5.39%，直贴价格保持四大行第二位。

二、主要工作措施

（一）加强研判，抓实发展机遇

深入研究国家区域规划、六大国家级新区、

横琴和前海经济区、丝绸之路经济带、中马钦州产业园区、新疆跨越式发展、中部地区崛起、宁夏“两区”建设等政策，完成海洋经济、新能源、高端装备制造、工程机械、煤炭等40余篇行业研究报告。牵头制定支持城镇化建设金融服务方案，形成“一个方案、五个专题、三个办法、一个产品包”。牵头制定支持上海自贸区建设总体服务方案，提出八个方面25条具体措施，并制定《自贸区客户营销方案》，支持分行开展后续营销工作。

（二）强化市场营销，联动成效显著

制定《公司机构业务客户战略实施方案》，优选客户，分类营销。建立公司业务客户营销和维护工作机制，加大总行牵头营销推介力度。持续推进银政战略合作协议签约，先后与河南、内蒙古、西藏、厦门、广西、上海等省、自治区、直辖市、市政府签署战略合作协议。对公贷款储备总额58 812亿元，较年初增加1 2561亿元，其中发放储备额4 953亿元，较年初增加1 360亿元。

密切联动，综合营销。一是加强与子公司联动，与建信信托、建信人寿建立沟通联络机制，加强项目对接。二是加强公私联动，对公条线完成信用卡发卡52.43万户，计划完成率为116.51%；代发工资户新增886.3万户，计划完成率为107.49%。三是加强区域联动，召开珠三角联动例会、重要客户产品推介会和项目对接会，推进联动项目249个，其中企业授信项目59个，银团贷款项目48个，国际业务项目82个，投资银行业务项目41个。

（三）加强产品创新，提升市场竞争力

积极响应市场需求，丰富优化产品。一是优化存款产品，降低协定存款办理门槛，增加较低成本的资金沉淀；推动对公定活通产品系统改造，满足客户按实际存期灵活定价需求；推出结构性存款和打包存款。二是不断丰富网络银行e系列产品，创新推出“e销通（汽车）”、“e链通（专业供应链平台）”服务模式，研发“善融商务”平台专属“e联通”、“e速通”产品。三是研发科技企业发展贷款，将知识产权质押、非上市公众公司股份质押作为有效担保措施；优化商用物业抵押贷款和黄金质押贷款。四是积极开展绿色信贷领域创新，加强合同能源管理、碳排放交易领域金融服务研究。

公司业务条线全年完成产品创新项目86项，年末产品创新试点行达30家，累计104家二级经办机构成为直通车试点行，新组建银企联动创新团队18个。

（四）推进业务转型，提升综合金融服务能力

制定《对公业务转型方案》、《中型客户定位及发展策略》、提出转型思路、方向、目标和措施。召开对公业务转型总行部门专题协调会，与中后台部门展开深入探讨，保障业务转型。选取公路、电子信息制造、城镇基本建设和房地产开发四类行业，制定《大中型客户产品综合营销服务指引》，进一步加强对分行营销的指导。

积极参与网点“三综合”建设，配合牵头部门制定下发营业网点综合营销团队建设、单功能网点综合化转型等系列指导意见，发挥网点对公业务营销维护功能。在33家分行建立造价咨询经营管理专门机构，积极研究票据中心专营事宜。研究大中型客户新发放非贴现贷款利率核准规则和差异化底线管理要求，提出贴现业务分区域差别化定价方案和价格底线，提高差异化定价能力。

（五）落实监管要求，深化结构调整

一是严格执行“6+1”产能过剩、铝冶炼、汽车整车制造等20个行业及房地产开发贷款、土地储备贷款、保障房贷款名单制管理要求，动态调整名单，切实把好客户准入关口。二是严控全口径平台贷款新增，严格审核平台客户信贷三分类和平台退出，加强到期贷款风险监控，逐户制定还款方案，定期开展监测类平台风险排查。三是自2013年9月起逐月下发房地产开发类贷款和保障房贷款新增计划，强化限额管理。四是制定《对公信贷退出管理办法（试行）》。五是密切监测煤炭、餐饮、二级公路等敏感领域的发展趋势。

（六）强化内控管理，有效防范风险

制定对公信贷业务内控管理工作指导意见，对重点行业、客户、产品、区域提出内控管理具体要求。建立实施内控名单制管理，防止有不良信用记录的企业及其高管新成立企业在建设银行再次获取授信。开展不良/逾期/垫款压降专项工作，分解下达压缩计划，逐户落实。持续做好重点领域风险排查、贷后预警跟踪、到期还本付息管理、处置抵（质）押物、信贷产品承接、存量不良贷款核销等工作。

实时监控舆情，盯防负面信息。全年编制《对公业务相关媒体舆情监测》226期，共收集105家企业相关舆情新闻91条，其中与建设银行有信贷关系的51家，在建设银行授信总额525.51亿元，信贷余额334.42亿元。通过人民法院网、《人民公安报》、《检察日报》及其他公检法报刊收集票据公示催告信息，全年录入CBD系统公示催告信息上万条，及时提示分行谨防票据风险。

执笔：唐维维、冯玫眉

集团客户业务

2013年，集团客户业务条线在总行党委的正确领导下，全面贯彻落实"三大一高"战略和推进"综合性、多功能、集约化"的要求，积极开展全方位、多层次营销和持续创新，在综合金融服务和全球一体化经营等领域取得重要突破，进一步提升了大客户经营管理能力和价值创造力。

一、主要经营成果

（一）进一步巩固传统业务优势

1. 存款快速增长。2013年末，总行级战略性客户（以下简称"总战客户"）存款余额7 412.11亿元，可比口径较年初增长13.25%，高于对公整体水平。重点提升对财政支付、铁路与施工企业建设资金拨付及中石化、国药控股H股配股等直接融资专项资金的承接能力，积极跟踪中国移动分红资金、卡特彼勒人民币外债资金追加等客户资金流，仅这些方面拉动的存款就超过1 000亿元。

2. 贷款保持稳定。2013年末，总战客户贷款余额12 080.78亿元，可比口径较年初增长3.93%。资产质量继续保持优质，不良率仅为0.1265%，大幅低于全行平均水平。

3. 效益持续攀升。总战客户2013年实现考核口径拨备前利润230.46亿元，完成年度计划的107%；实现考核口径经济增加值52.24亿元，完成年度计划的284%；实现考核口径非利息收入43.59亿元，较2012年增长15.60%，收入结构进一步优化。

（二）进一步加强战略业务优势

1. 债券承销再创新高。2013年，共承销总战客户债券2 153.58亿元，占建设银行债券承销总量的62.9%，占客户市场发行总量的15.17%，连续三年同业第一。

2. 企业年金业务再创佳绩。2013年成功中标10余单总战客户及下属成员单位企业年金业务，同时成功争取多单他行合同到期的存量业务转投建设银行，继续保持央企中标数量同业第一。全年总战客户企业年金托管业务增长69.2亿元，增幅18.42%；受托业务增长19.0亿元，增幅45.56%；账管业务增加19.1万户，增幅11.76%。

3. 现金管理持续推进。牵头组建跨区域集团客户资金结算网络48个，签约账户近千个，进一步扩大了客户在建设银行的资金结算量和沉淀率。

4. 单用途商业预付卡业务营销成效良好。截至2013年末，全行共营销单用途商业预付卡发卡企业440余户，市场占有率约18%，列同业第三。

二、主要工作措施

（一）抓基础营销，力促抢占先机

1. 调结构、夯储备、夺项目。发挥建设银行在基础设施建设和重大项目领域的优势，以优质金融服务支持实体经济发展。2013年，总战客户基础设施类贷款余额7 846.5亿元，余额占比达

65%。同时，优质项目贷款储备达到15 516亿元。以有限的信贷资源为杠杆，撬动各类业务综合发展。全年新营销融资需求超20亿元的建筑类总战客户大项目16个，成功争取到其中12个基本户和8个项目牵头行、3个项目独立融资资格；新拓展中国黄金、山东黄金超过3吨黄金租借业务，并创造了2 500余万元中间业务收入；成功包揽新营销铁路项目的开户和代发工资业务；中石化、中石油中西部4个新投资大项目有3个基本户落户建设银行。

2. 拓客户、抢账户、占先机。从集团总部、重要成员企业和项目、上下游产业链企业等多层次开展营销工作，客户账户基础得到进一步巩固。总战客户成员单位1.8万家，基本户达5 484个，较年初增长36.8%。在市场拓展中注重抢占先机。例如，成功取得三星电子陕西芯片基地项目主办行和全部账户，资本金存放14亿美元，份额超过60%；成功营销石油化工总战客户基本户21个，第一时间争取到中缅油气管道等重大项目；成功营销中国移动TD项目结算网络，半数以上的省公司开立了建设资金账户；拓展一汽集团上游供应商电子商业汇票业务，累计争得上游供应商103家开户和办理业务。

（二）抓好两大试点，增强经营能力

1. 做好综合服务试点。2013年继续延伸综合金融服务方案试点，对首批7家试点客户进行年度重检，实现多产品综合覆盖、经营模式不断优化、重点业务突破等预期目标，加强与集团整体、核心企业上下游的全面合作，提高风险管控能力。在此基础上，完善服务方案模板，并启动制度化、IT系统化和流程化工作。

2. 做好综合定价试点。完善“综合定价快速测算模型”，选取部分客户和分行试点，执行情况优于试点前以及其他总战客户同期情况，有力促进了定价审批效率的提高，通过量价均衡有效提高了客户综合贡献度。目前试点范围已扩展至118家总战客户的480家成员单位及8家分行的239家分行级战略性客户成员单位。

（三）抓创新服务，引领经营转型

1. 推进供应链金融服务，创新链式营销。一是推动制度创新，出台差别化经济资本占用政策，创建差别化评级授信体系，并优化授信模式；二是按照“一链一策”方针制定实施中粮“粮贸融”、红豆“备货贷”和固特异创新“金银仓”等服务方案，全年带动上下游500余家供应商与建设银行开展合作，实现中间业务收入过亿元，通过大客户网络交易平台批量新增上下游客户1 500余户，结算量2 500多亿元。

2. 多维度试水，创新服务模式。

一是创新电子化渠道。顺应互联网和移动技术的发展趋势，积极抢占大客户电子化、信息化服务制高点。一方面，主动拓展互联网金融服务。例如，铁路电子支付业务，交易量市场份额23.6%，一直保持同业第一；另一方面，根据客户需求及时优化行内服务系统。例如，创新研发中国烟草跨行支付结算直联、一汽大众VIP版企业网银、通用电气“自动化付款”等技术。

二是创新产品应用，满足客户复杂需求。一是成功探索资产收益权理财买断应收账款和“股+债”资产组合型融资模式，解决中冶集团、大唐集团等央企资产负债率过高问题；二是创新航天科技“代开票据”、国开投分离式保理、GE“总对总”结售汇、兵工“融财通”等产品组合，增加了中间业务收入和日均存款沉淀。

三是创新经营理念，优化业务流程。取消总战成员单位差别化政策核准事项，将总战客户内部银团业务由核准改为报备，合理下放总战客户贷款价格核准事项。优化财务公司额度使用流程，优化总战客户债券投资、黄金寄售等业务流程，提高市场反应速度。优化现金管理网络总行战略性费用的补偿流程，减轻分行工作压力。

四是创新互利共赢方式，加强“互为大客户”合作。积极沟通总行采购部和产品使用部门，推进三星、卡特彼勒、航天科工参与投标建设银行相关采购项目，推进与三大电信运营商战略合作，为银企形成“高黏度”合作关系奠定基础。

（四）抓联动协同，助推综合服务

1. 境内外联手，布局全球经营。紧跟人民币国际化和企业“走出去”的趋势，会同境内外分子机构，积极拓展全球一体化金融服务。在开展中色赞比亚项目、中广核纳米比亚内保外贷、华为尼日利亚买方信贷、国航股份境外转贷款以及中标中冶科工越南项目主办行等多项传统业务的基础上，新兴业务也取得多项突破。

一是创新发展间接融资业务。担任中信集团7亿美元香港银团牵头行和簿记行；成功参与中海油收购尼克森项目、增持柯蒂斯项目；担任中石化35亿美元全球银团贷款核心角色，这是建设银行历史上牵头筹组并发行的最大规模全球银团业务。

二是积极拼抢直接融资市场。连续获得“三大油”、中航工业和中铝等客户外币债券账簿管理人、全球协调人、保荐人、承销商、财务顾问等角色，开创多个市场“第一”纪录。

三是持续推进跨境人民币业务。全年为总战客户办理跨境人民币业务近千亿元，并实现与中石油、中国联通跨境人民币结算“零”的突破。

四是着力改进提升全球资金服务。中石油“海外现金管理系统”的测试成功，标志着建设银行海外现金集中管理系统从无到有，初步具备了为大型跨国集团客户提供“境外资金池”管理服务的能力；开发卡特彼勒“跨国公司外汇资金集中运营”项目，进一步完善建设银行外汇现金管理产品线，为本外币现金管理一体化经营奠定了基础。

2. 多条线联动，凸显平台效应。一是公私互动效果显著。借助个人金融渠道拓宽客户服务领域，通过柜台渠道发售铁路建设债券。同时，为联名卡、名企卡等个人金融产品的推广搭建渠道，为港中旅电子商务平台量身定制芒果旅行龙卡，全年新增发卡近32万张。二是母子公司互动成绩斐然。除与建银国际合作开展境外直接融资服务之外，积极搭建集团内外部资金组织和“通道”业务，全方位满足客户多元化需求。在战略投资供销集团、南方航空融资租赁、中交产业基金、中国中铁工程保险、中铁建信托贷款等项目均实现突破，有力推动了建设银行集团业务的整体发展。

（五）重授信管理，聚焦风险防控

1. 加强授信集中管理，配合做好优化调整工作。2013年前8个月，总行授信专业团队共发起集团授信278笔；直接编制并申报授信方案65笔（含全球授信方案1笔），申报金额近1.6万亿元；认定区域内集团客户2 002笔，完成批复1746笔。此后，按照总行授信机制优化调整相关安排，积极配合做好授信业务、档案、系统移交等工作，确保平稳过渡。

2. 加强风险管理，预警与化解并重。密切关注各类风险事项，增强风险预判和处置力度，对出现亏损的企业集团严密跟踪分析，制定风险防范预案。成功化解了中电投彭泽核电、兵装天威光伏等贷款的潜在风险。

执笔：韩卫东、马龙

机构业务

2013年，机构业务条线在总行党委的正确领导下，积极推进转型创新，大力开拓市场，进一步强化精细化管理，圆满完成了各项工作任务。

一、主要经营成果

1. 机构类存款持续增长。2013年，在成功消化到期不续作的360亿元保险协议存款、五年定期存款的基础上，机构类一般性存款年末时点余额达到25 176亿元，增幅超出对公存款3.3个百分点，占对公存款新增的56%，占全行一般性存款新增的1/4；全年日均余额23 029亿元，在对公日均余额中占比达41%，日均新增2 643亿元，在对公日均新增中占比达53%，日均增幅12.96%，不仅超过对公存款3.08个百分点，也高出个人储蓄存款0.74个百分点。有22家分行机构类一般性存款新增在对公新增中的贡献度超过50%。

2013 年 6 月 17 日，建设银行与新华网战略合作签约仪式在北京举行。

2. 多项业务实现市场领先。2013 年，“民本通达”重点账户新增、财政资金下游承接率、金融社保卡发卡新增、产品创新等部门 KPI 指标均超额完成年度计划。在教育卫生贷款、财政公务卡等 11 个方面，市场份额保持同业第一；CTS 客户总数连续八年保持同业第一，手续费收入四大行占比较上年提高 4.7%、增量四大行第一，存管资金总量首超工商银行；代理信托收入以 73% 的市场份额遥遥领先；银期直通车签约客户市场占比 49%，保持同业领先。

3. 资产质量保持优良。不良贷款额由年初的 5.32 亿元降至 4.02 亿元，不良率由年初的 0.24% 降至仅 0.17%，比全行对公类贷款不良率低近 1 个百分点，均创历年新低。新发放贷款无不良发生。截至 2013 年末，同业授信总额 5.97 万亿元，共涉及客户 135 个，授信余额超过 2 万亿元，未出现一笔不良。代理业务稳健发展，全年没有发生一笔垫款。

4. 盈利能力显著提升。机构业务年度经济增加值达到 241 亿元，年增长达到 14%。主营业务收入增速较上年提高 10 个百分点，经营费用增速较上年降低 5 个百分点。机构业务贷款收益率 6.33%，高于全行对公类客户 0.27 个百分点。

二、主要工作措施

1. 抓好重点客户和核心环节。抓好“二类客户”名单制营销，包括 2 179 个重点客户、195 项重点收入业务和 247 家重点分支行。2013 年先后与新华网、清华大学、中国传媒大学、总装备部、总后勤部、平安集团、全国中小企业股份转让系统有限公司等重要客户签署了战略合作协议；以总分第一名的成绩成功中标中央财政授权支付代理银行项目；与协和医院、301 医院深化拓展银医合作项目；成功吸纳公共资源交易中心等招投标客户 284 户。建立财政资金上下游承接机制，全年中央财政授权支付资金下游承接率 25.81%，承接中央财政资金超过 600 亿元，较上年增长了 4.18 个百分点。

2. 建立完善三级联动营销体系。在总行建立有效的案例指导、分类指导机制，研究制定机构客户差异化管理评价体系，总行领导亲自带队上门营销重要客户；在分行积极推行客户经理制，进一步调动主动营销的积极性；在支行建立团队服务模式。因地制宜研究政府类大系统客户分层级营销和区县级财政业务创新方案，有力提升在财政社保领域的竞争力。抓住财政国库集中支付信息化改革契机，总分行联动配合，积极推动国库集中支付电子化试点自助柜面系统上线。

2013 年 7 月 9 日，建设银行与清华大学在北京举行战略合作协议签约仪式。

3. 积极拓展综合化金融服务。与建信人寿开展电子渠道销售、团险业务销售、信贷业务联动营销，全年为建信租赁直接发放同业借款 50 亿元，交叉融资 225 亿元。开拓网上招投标业务新领域，在成功营销公共资源交易中心、工程建设招投标、土地招拍挂、政府采购等政府机构类客户的基础上，积极拓展大型企业采购、招标公司、拍卖公司等公司类客户，在实现政府类招投标客户存款增长的同时，带来下游投标企业存款沉淀。

4. 加强产品服务创新。成立机构业务创新课题研究小组，就利率市场化趋势下的“民本通达”综合服务方案优化延伸、机构业务负债产品及金融机构业务发展路径三个方向进行研究。根据机构客户需求、资金特点、敏感性因素以及当前环境和未来发展趋势，提出10项新型负债产品创意；挖掘出柜面通、企业直接融资咨询、保险资金投资顾问、非银行金融机构代客等7项可行的新产品。全面优化调整“民本通达”综合金融服务，优化重检教育、卫生、传媒、水利、旅游等行业综合金融服务指引并下发全行。2013年总行组织完成“股贷通”等19项产品创新，全条线共完成76项产品创新。

5. 提升精细化管理水平。推出《同业往来业务优化方案》，对同业资金来源和运用进行统一规划和管理，为实现客户准入统一、授信管理统一、操作运行统一、价格执行统一的同业业务全面、规范发展目标奠定基础。

执笔：李华、刘琦

小企业业务

2013年，在总行党委的正确领导下，小企业业务条线按照“稳发展、控风险、促转型、增收益、打基础”的思路，加快向小额化、标准化、集约化转型，并通过创新服务方式，提高服务效率，强化风险控制，实现了价值创造力的持续提升。

一、主要工作成果

（一）客户基础不断夯实，总量和新增均居四大行第一

全行小企业授信客户94 013户①，新增13 300户。新四部委口径法人小微企业授信客户数（不含个体工商户、小微企业主）84 249户，新增16 250户，总量、新增均居四大行第一。

（二）贷款新增四大行第一，贷款结构持续优化

内部管理口径小企业贷款余额6 802.65亿元，占各项贷款余额的8.9%，较年初提高0.04个百分点。新四部委口径法人小微企业贷款余额8 657.3亿元，完成“两个不低于”要求，贷款新增居四大行第一位。

（三）定价保持较高水平，综合价值贡献提升

1—12月新发放小企业非贴贷款利率相对基准利率上浮20.12%；全年实现中间业务收入39.68亿元，综合贡献度相当于基准利率上浮26.22%。

（四）联动营销成效显著，综合服务能力增强

1—12月小企业有贷户对公产品覆盖度4.22，较年初提高0.44。全年小企业条线带动信用卡客户新增22.6万户，协助个金条线代发工资户（个人）新增886.3万户，成功推荐私人银行客户2 867户。代理建信人寿团险业务，全年实现保费收入6 582万元，占全行代理建信人寿保费收入的50%。

（五）风险防控化解有力，资产质量保持稳定

小企业不良贷款226.8亿元（未包含审计分类调整），考虑客户规模等级变动调整还原后小企业不良贷款率3.33%，比年初下降0.34个百分点。

二、主要工作措施

（一）平稳推动业务发展，确保完成各项目标

1. 强化对分行的政策指导，明晰发展定位。

① 数据为小企业管理口径，已将成长为中型企业后调出小企业范围的客户数进行还原，下同。

印发小企业业务发展指导意见，明确发展思路与措施，加强对分行的业务指导。制定小企业客户管理办法，明确建设银行新的小微金融客户标准，并建立对公客户移交管理机制。

2. 加强对分行的资源配置，明确考核导向。在一级分行 KPI 中增设“小微企业业务发展”加减分指标；优化小企业信贷规模分配机制，建立信贷资源在分行间的调剂机制。

3. 强化对分行的监测督导，确保完成目标。建立每月两次的业务发展快速调查机制以及以 3—5 天工作日为周期的业务监测机制，及时掌握业务发展动向，发现问题并提出解决措施。加强横纵向联动协作，做好管理口径小企业客户成长后的移交，做好客户持续服务工作。

（二）多策并举防范风险，保持资产质量稳定

1. 实行区域差别管理，强化重点地区监控指导。依据各行资产质量水平，对新增客户给予差异化的业务办理权限，提升整体风险控制能力。对浙江、江苏、苏州等重点分行以及温州、杭州、无锡等重点城市加强跟踪监测和指导，引导分行落实“帮”、“救”、“转”等措施，加快不良贷款处置和化解。

2. 积极应对高风险领域，提升风控能力。针对钢贸类企业信贷风险，指导分行开展专项排查和风险化解，全行钢贸类信贷不良贷款 45.89 亿元，比年初下降 10.81 元。加大力度管理银行承兑汇票、国际贸易融资等表外业务，对煤贸等存在风险隐患的业务加强排查梳理。积极防范企业过度、多头授信风险，切实隔断与盲目过度投资、民间高息借贷等领域的联系，从源头上防范信贷风险。

3. 依托技术工具支持，完善风险监控和贷后管理模式。在客户分层分类的基础上，依托早期预警工具建立小微企业分级贷后管理机制，进行实时监测和分类处置，贷后管理方式由传统“一刀切”变为“触发式”，提高了监测效率和贷后管理的针对性。建立大额不良贷款及重点分行风险报告制度，加强对重点区域、产品、行业、客户等维度的不良及逾期变动趋势的监控分析。

4. 加强风险化解处置，提高处置效率。积极运用核销、现金回收、批量转让等多种处置手段，加快推进不良贷款核销进度。

5. 打造风险管理的长效机制。研究探索专门的贷后管理流程，初步完成《小企业信贷客户贷后管理办法》（讨论稿）、《小微企业授信业务岗位责任管理办法》（讨论稿）。组织开展重点分行经验教训总结及不良案例编制工作，切实加强对业务经营管理上存在问题的整改。

（三）创新金融服务模式，持续推进业务转型

1. 转变客户营销模式，搭建批量营销平台。与工信部、工商联、中小企业协会先后搭建总对总营销平台，开展专项营销活动。在全国近 400 个县级行政区“一对一”建立风险补偿资金池，搭建合作平台。

2. 加强产品创新，完善产品创新机制。建立“总行引领创新、分行主动创新、多方合作创新”三维创新机制，引导产品创新常态化，提高创新有效性。针对不同类型、不同发展阶段的小微企业，持续加大产品研发力度，推出商盟贷、结算透等新产品。

3. 完善评分卡评价模式，提高效率，降低成本。对单户授信 500 万元（含）以下的业务，重点关注企业的履约能力、信用状况、资产状况，在四大行中率先研发评分卡，并在年内实现申请评分卡上线。同时，对存量客户，积极研发用于贷后风险监测及续贷审批流程的行为评分卡，进一步发挥评分卡标准化操作、自动化处理的作用，提高服务效率，降低业务成本，有效控制风险。

4. 充分利用两网渠道优势，由点及面延伸业务触角。发挥网点覆盖面广的优势，结合网点“三综合”建设①，依托小企业经营中心的专业化支持，将小微企业服务重心下沉到分行网点。发挥网络便利高效的优势，为客户提供线上在线申请、支用、还款的“网银循环贷”业务。

（四）提升服务质量，提高价值贡献

1. 进一步规范服务收费。梳理下发涉及小微企业服务收费的制度文件，督导分行做好全面自

① 综合性网点、综合柜员制和综合经营队伍。

查；跟进发展改革委专项检查，发送检查工作提示，并以此为契机提升分行服务质量和能力，在“有需求、有协议、有服务、有记录”的前提下，为客户提供质价相符的金融服务。

2. 提高贷款定价管理水平。资源配置优先考虑定价管理水平高的分行，同时借助 ALP 系统，定期监控分行定价情况，及时督导，并针对性提出解决措施。

（五）加强基础建设，巩固提升市场竞争力

1. 进一步优化业务流程。以单户授信 500 万元为界限，将小微企业信贷业务流程划分为评级业务流程与评分卡业务流程。对业务受理、贷前调查、客户评级、授信申报、信贷审批等评级关键环节和动作进行优化。在实现申请评分卡上线的基础上，进一步研究建立续贷业务流程，对符合条件的客户运用行为评分卡进行履约能力评价，经审批后客户可继续使用贷款额度或快速发放贷款。持续推广信贷工厂流程处理的集约化作业模式，将评分卡流程嵌入信贷工厂，打造适合两种模式并行的柔性生产线。

2. 加快业务系统开发建设。小企业早期预警工具系统于 2013 年 1 月在全行推广使用，下一步拟根据系统运行情况和分行建议，提出预警指标与流程的优化需求。同时，持续优化现有的小企业评级模型，并开发商圈和供应链的专家评分模型。完成信用贷、善融贷产品线上功能，实现“网银循环贷”线上功能优化及小企业贷款逾期、欠息和不良客户的批量管理等。

3. 完善培训基础，加强专职队伍建设。组织 6 次全行范围内的专业培训，包括赴美国银行进行短期业务培训和赴中国香港、新加坡的境外培训，与西南财经大学联合开展高级管理人员培训，以及针对信贷工厂中心主任组织的 2 次专题培训。开发《小企业客户经理岗位培训教材》，并拟配套开发现场培训课程、电子课件及试题库，进一步完善分层级、多层次的业务培训体系。

执笔：张召明

养老金业务

2013 年，在总行党委的正确领导下，养老金条线员工全力推进业务创新，持续加强基础管理，圆满完成各项工作目标，进一步扩大了市场竞争优势。

一、主要经营成果

（一）超额完成业务经营指标

2013 年，养老金业务四项指标平均计划完成率 138%，实现连续三年平均 41% 的高速增长。

签约养老金对公客户 20 008 户，较年初新增 6 129 户，增幅 44%，计划完成率 170%。实现中间业务收入 8 970 万元，是养老金业务以前年度中间业务收入总和的 1.3 倍。

运营养老金受托资产 365 亿元，较年初新增 119 亿元，增幅 49%，计划完成率 119%；运营养老金托管资产 843 亿元，较年初新增 201 亿元，增幅 31%，计划完成率 134%；运营养老金个人账户 322 万户，较年初新增 66 万户，增幅 26%，计划完成率 127%。

（二）市场新增占比赶超工商银行

1. 成功中标 9 家中央级客户的 12 项年金资格，中央级客户中标数连续三年保持同业第一。

2. 受托新增资产规模连续两年保持同业第一。受托新增资产规模超过上年新增总量的 1.5 倍，同业市场占比达到 61%，超过工商银行和招商银行受托新增资产规模的总和。

3. 账管业务新增规模首次跃居同业第一，新增占比反超工商银行 12%。

（三）拓展地方市场成效显著

托管业务、账管业务和受托业务中地方企业

2013 年 3 月 20 日，建设银行在北京举办养老金卡发布仪式，推出国内首张具有养老特色的联名借记卡。

占比分别由 2012 年的 16%、23%、54% 提升至 22%、34% 和 61%。河南、山东、江苏、湖南、黑龙江、上海、湖北 7 个分行签约客户数均突破 1 000 户。100 个中心城市上半年全部实现养老金业务破零。

建设银行已成为金融、烟草行业企业年金最大服务商。其中，金融行业已中标 39 家客户 53 项资格，管理资产 222 亿元，管理个人账户 7.6 万人；烟草行业全年中标 18 家客户 20 项资格，资产总额 50 亿元，管理个人账户 2.7 万人。年内还成功中标茅台集团、上海星巴克、山东出版集团、四川旅游发展集团、渤海船舶重工、通化钢铁集团、五菱汽车、珲春矿业、太原自来水、浙江巨化集团等一大批地方大型客户的养老金业务。

二、主要工作措施

（一）以综合金融解决方案搭建养老金融服务平台

制定《养老金业务综合金融解决方案》，依托建设银行集团整体经营优势，通过多部门联动的方式，以优势业务带动养老金业务快速发展，全力打造养老金融综合服务平台。例如，通过与集团客户部、机构业务部密切联动，成功将养老金业务纳入中国移动、东方航空、人保集团、中国平安等 20 多户重点客户全面战略合作协议或金融服务方案中。

（二）抢抓职业年金市场机遇形成先发优势

全行积极落实总行领导与人力资源和社会保障部高层会晤成果，抢抓战略机遇，在职业年金市场形成先发优势。江西分行勇于创新，成功实现高校客户养老金业务的首单突破；江苏、浙江等分行深入挖掘客户潜力，在全行率先拓展了军队武警客户的养老金业务；湖南、甘肃等分行成功营销了医院等事业单位的养老金业务。

（三）以产品创新驱动业务快速发展

（四）优化业务流程，完善运营管理体系

持续优化企业年金业务信息系统，进一步丰富业务处理模式，有效提高业务处理的灵活性，同时，将养老金业务系统建设纳入新一代核心系统建设范围加快推进。做实养老金业务资产管理顾问小组工作机制，整合建设银行在行业研究、授信审批、债券承销、信托产品等方面的资源优势，提升养老资产投资决策能力。协助建信信托与各投资管理人建立联系制度，提高受托资产信托产品配置力度。加强与投资管理人沟通，提高受托资产私募债、协议存款配置力度。建立受托投资重点项目按周业绩跟踪机制，加强对投资管理人的全面监管，年内与全部 20 家投资管理人进行了有效沟通。

2013 年 5 月，建设银行荣获首届“民生中国·中国养老金融服务最具领导力品牌”奖项。

稳妥推进中标央企项目上线实施，组织做好本行员工年金计划、航天科工、国家开发银行、养颐乐集合计划等 6 个全国性计划运营管理与客户服务。督导分行做好受托项目的信息披露、运营报告、客户沟通等工作，推进总行集中运营账管项目的稳健运营。针对中国电力投资集团大面积缴费延迟问题，制定专门实施方案，在两个月内完成了该集团200多个下属单位的缴费业务追账处理工作，并保证了业务处理期次匹配，使相关支付人员得以及时领取。

（五）强化风险管理，提升业务发展质量

认真梳理内控评价重点关注的业务流程和关键控制环节，组织开展养老金业务操作风险自评估。制定养老金业务授权方案，规范省会城市地区营业部转授权事宜。加强养颐四方产品运营管理，对暂时不满足产品建账运营条件、但确有需要的30个客户养颐四方计划进行业务审核，及时批复分行。

（六）开展多项重大课题研究，加强品牌宣传

年内组织完成了《养老金业务商机研判》、《养老金业务盈利模型》、《养老金业务综合金融方案》、《养老金新产品研发趋势及下阶段产品研发重点》等重大课题研究工作，为深入推进建设银行养老金业务打下了良好基础。

研究制作养老金业务专题视频宣传片和宣传册，从客户的认知接受角度全新设计宣传内容，推出后获得市场高度认可。完成《养老金业务案例集》，宣传稿《忠于所托 为民养老》发布后被人民网、新浪网、和讯网、搜狐网等数十家媒体转载。2013年，建设银行荣获了“最佳养老金服务品牌”、“民生中国——中国养老金融服务最具领导力品牌”等奖项，品牌价值进一步提升。

执笔：陶呈

投资托管业务

一、2013年主要经营业绩及亮点

1. 托管规模和收入双增长。投资托管业务规模3.1万亿元，当年增长3 994亿元，增幅14.8%；托管费收入23.0亿元，当年增长2.6亿元，增幅12.5%，计划完成率为116%。

2. 证券投资基金托管稳中有升。基金托管规模6 137亿元，稳居市场第二位；新发托管基金84只、份额1 237亿份，均列四大行第一。

3. 保险托管规模占比增速四大行第一。保险资产托管规模5 864亿元，四大行占比16%，较2012年提升了1.5个百分点，占比增速四大行第一；当年新增1 669亿元，增幅40%。

4. QFII托管规模、新增客户、新批额度列四大行第一。QFII托管规模455亿元，跃居四大行第一。新增QFII托管客户7家，四大行占比44%，新批额度19亿美元，四大行占比42%，排名均为四大行第一。

5. 集约化经营能力进一步提升。与前20大基金公司合作的占比提高11个百分点，达到63%；保险委外资产创新托管210亿元，市场占比80%。

6. 服务创新取得新突破。在公募基金ETF产品、保险实业投资、受托资产外包服务、养老金后端集合产品、保险资产投资股指期货、RQFII ETF跨境人民币汇款等多个领域保持了同业领先。

7. 新一代托管系统一期功能顺利上线，填补了建设银行没有自有托管业务处理系统的空白。

8. 全年运营管理安全无事故，连续第六年获得国际审计机构出具无保留意见内部控制审计报告。

二、主要工作措施

（一）加强总行直接经营，提升托管业务市场竞争力

1. 加强优质客户营销。坚持与大型优质、高成长性的基金公司合作，与行业规模位居前二十的大基金公司产品合作占比提升11个百分点，达到63%；为八大保险公司、中小保险公司逐一制定服务方案，分类进行精准营销；大力营销保险实业托管业务，与工商银行完成所属保险公司资产托管业务互换。

2. 拓展新兴托管领域。拓展交易所场内销售基金及基金公司直销基金托管业务，新增基金18只，新增规模211亿元，均列市场第一；及时抓住机遇，获得平安保险、太平洋保险委外资产创新托管业务共计210亿元，该品种市场份额达到80%。

3. 动态调整产品结构。根据A股市场的变化，及时调整基金产品布局，公募基金新增托管只数、规模一直保持同业领先。

4. 完善托管收入分成机制。按照产品销售难易程度制定挂钩比例，并根据市场变化进行动态调整，调动分行销售建设银行托管基金的积极性，托管基金主代销占比较2012年提升15个百分点，达到60%。

（二）积极发展海外市场，推进全球托管能力建设

1. 加强海外客户营销。抓住人民币国际化和QFII/RQFII市场扩容的政策机遇，积极营销香港等全球五个市场，连续举办高级论坛，国外主权基金托管业务取得突破性进展，建设银行争取到首家国外主权基金——泰国养老金，成功托管首家RQFII ETF产品。

2. 推进香港市场的托管机制建设。全力推进香港建设银行亚洲下设信托公司的筹备工作，向银监会递交在港设立信托公司的申请，力争尽快解决建设银行托管服务的功能性缺陷。

3. 积极支持伦敦子行申办人民币清算行。在伦敦成功举办大型QFII/RQFII投资国际论坛，吸引了十多个国家和地区的185家投资机构参会。

4. 培育海外机构QFII业务发展能力。首次培训海外分支机构QFII业务；中国香港、首尔、悉尼等海外分行配置了托管业务客户经理，进一步增强了开拓当地市场的能力。

（三）以创新促发展，强化综合金融服务

1. 加快产品创新。成功托管国债ETF等国内首只基金或行业首批创新基金24只，新产品数量市场第一；首家推出“托保通”综合金融服务解决方案，成功挖掘保险实业投资项目40多个；创设并获批后端集合养老金产品20只，投入运营4只，数量均居市场第一；成功研发基金管理公司子公司专项资产管理计划托管产品。

2. 加强业务创新。首家获批受托资产外包服务，建立起托管增值服务的功能性优势，并与信诚基金、上银基金等客户达成合作意向。

3. 推进服务创新。率先为保险公司提供券商特殊机构结算服务，突破保险公司无法申请股票交易单元的瓶颈；提供境内外人民币跨境汇款两小时到账服务，弥补了建设银行在香港机构非人民币清算行的功能缺陷；满足黄金ETF产品投资运作的特殊需求，确保产品T+0完成中国证券登记结算有限公司与上海黄金交易所的资金清算。

4. 推进流程创新。打破前后台界限，直接面向市场，为客户提供综合服务解决方案；重构清算业务流程，打造新型业务处理架构，优化指令接收和处理流程，使之模块化、标准化，并积极推行电子指令。

（四）强化基础管理，确保安全运营

1. 完善制度建设，规范新兴业务操作管理。制定下发保险实业投资、实业类券商定向、基金公司子公司、受托资产外包等6个业务管理办法；规范养老金托管服务标准，为建立托管集约化服务体系进行了有益的探索。

2. 加强业务管理，切实防范风险。在总行和运营中心推行岗位轮换制度；组织分行对信托、理财托管业务操作进行风险自评估；将托管业务检查由本部扩展至全行，并外聘会计师事务所进行内控审计。

执笔：杨增亮　王云鹏

资金结算经营管理

2013 年，在总行党委的正确领导下，全行资金结算条线攻坚克难，主动应对，通过积极努力，全面完成各项经营指标，较好地完成了年度主要工作任务，在收入增长、客户账户拓展、产品创新、流程优化和新一代对公网络服务平台建设等领域取得新进展。

一、主要经营成果

（一）超额完成全年收入增长目标，收入结构进一步优化

全年实现资金结算业务收入 91.82 亿元，同比增长 14.84 亿元，增幅 19.28%，占对公中间业务收入的 21.66%，较上年提升 2.34 个百分点，总量保持四大行第二。其中，考核口径单位人民币结算业务收入实现 64.55 亿元，计划完成率为 106.01%；在传统结算业务收入负增长的情况下，新型结算产品收入出现快速增长，增幅 25.31%，计划完成率为 112.42%，占比较上年提升 2.56 个百分点；收入过亿元的产品达 20 项，较上年增加 3 项；严格执行“四有原则”，实现现金管理服务收入 31.95 亿元。

（二）单位人民币结算账户快速增长，增速和增量跃居四大行首位

截至 2013 年 12 月末，全行单位人民币结算账户总量 508.99 万户，当年新增 72.94 万户，增幅为 16.73%；正常账户数量达到 377.02 万户，当年新增 63.07 万户，增速为 20.09%；基本结算账户占比较上年提升 2.07 个百分点。

人民银行口径下，截至 2013 年 12 月末，全行单位人民币银行结算账户总量 389.60 万户，当年新增 50.07 万户，增速为 14.75%，增量和增速同时跃居四大行第一；账户四大行占比为 22.36%，比年初提升了 0.94 个百分点。

（三）客户拓展取得新突破，实现数量和质量双提升

截至 2013 年 12 月末，现金管理活跃客户新增 57.39 万户，计划完成率为 264.92%，覆盖全行对公客户的 53.93%，较年初提升了 6.33 个百分点；使用建设银行现金池等复杂现金管理产品的客户沉淀存款 2.25 万亿元，占全行企业存款的 36.89%。

实行名单制管理的小额无贷客户 143.24 万户，较年初增长 20.45 万户；其中活跃客户 116.87 万户，当年新增 23.31 万户，计划完成率为 233.06%；日均存款全年新增 711.86 亿元。

企业网银客户达到 248.80 万户，其中活跃客户 108.45 万户，当年净增 36.57 万户，计划完成率为 228.59%；活跃客户占比为 43.59%，较年初提升了 6.38 个百分点。

对公网络客户达到 139.52 万户，当年新增 47.34 万户，计划完成率为 172.19%；其中核心客户 382 户，计划完成率为 122.44%；高级客户 38.16 万户，计划完成率为 166.85%；一般客户 9.14 万户，计划完成率为 199.10%。

公司机构有效结算客户达到 183.52 万户，当年新增 35.55 万户，计划完成率为 227.95%；有效客户占比为 63.38%，较年初提升了 3.78 个百分点。

（四）重点结算产品超额完成全年目标任务，稳存增存效果显著

截至 2013 年 12 月末，资金结算重点产品覆盖度为 97.54%，较年初提高了 15.50 个百分点，高于计划 7.54 个百分点；对公一户通、实时现金池分别吸收存款 9 469.06 亿元、981.04 亿元，当年分别新增 2 744.08 亿元、126.44 亿元，其中实时现金池固化集团客户存款日均余额 4 787.44 亿元，新增 987.54 亿元。

单位结算卡累计发卡 119.23 万张，活跃单位结算卡新增 48.16 万张，计划完成率为 120.35%；密码器通兑签约客户新增 45.68 万户，计划完成率为 176.33%。

二、主要工作措施

（一）加大市场营销力度

一是联合公司业务部、机构业务部举办了 3 场总行级“财资论道”现金管理客户推介会，条线内共举办各类客户推介活动 500 余场，成功拓展大众汽车、海尔集团、华侨城等 382 家核心企业的现金管理业务，超额完成全年目标任务；二是与公司业务部联合开展以“收入、客户、旺季营销”为主题的对公结算营销竞赛活动，重点加强联动营销和交叉营销，有力推动了全年经营目标的顺利完成；三是加大宣传力度，多渠道、多方式加大对建设银行现金管理产品、服务和品牌的宣传，品牌影响力不断提升，并荣获《首席财务官》、香港《企业财资》、中国资金管理网等专业机构评选的“最佳现金管理品牌”、“最佳现金管理银行”、“2013 年度最佳现金管理品牌”等奖项。

（二）多策并举强化客户拓展

一是借助“工商 E 线通”、“企业注册 E 站通”等验资渠道，加强与工商、税务等单位及第三方机构合作，从源头抓账户增长，促进开户量快速提升；二是积极做好财政部、中石油、中石化等“三大一高”现金管理客户的营销维护，截至 2013 年 12 月末，132 家总行级战略客户中有 97 家是建设银行的现金管理客户，覆盖率达 73.48%；三是强化小额无贷户名单制管理，依托网点和电子渠道，抓供应链、高新工业园区、专业市场等优质客户新增；挖掘存量客户潜力，促使潜力户、临界户转变为有效客户；四是建立客户定期联系机制，不断提升服务质量。

（三）加快产品创新步伐

一是依托新一代现金管理项目，创新推出票据池、对公账单自助服务、黑白名单、虚拟现金池、托付易、贷款管家、财税库行联网缴税 7 项新产品，大幅提升现金管理产品的市场竞争力；二是持续优化产品功能。完成现有对公一户通、单位结算卡等 6 项产品 17 项功能优化，以及对公网络系统 5 项产品功能创新和 34 项功能优化，及时解决了财政部、武警总部、住建部、中石化、中石油、总后勤部等一批大客户的应急需求，进一步巩固并扩大了建设银行同业领先优势；三是编制《资金结算产品创新三年规划》，着力提升快速响应、快速创新能力；四是做好 CCBS 系统日常功能优化，完成近 200 个核算码切换上线，下发 4 个重大优化版本上线通知，确保系统安全运转。

（四）积极推进流程优化

推出账户免填单、账户 e 服务，实现结算账户电子影像系统的全行上线，简化了开户手续；精简 CCBS 系统授权 84 项，集中上收授权 59 项，减轻营业网点授权工作量；实现交易联动机打银行承兑汇票，组织完成电子验印系统二期优化上线；优化中移动资金结算网络集中处理流程，将 20 个网点、40 名柜员、1 个小时的工作量，精简至 1 个网点、2 名柜员、30 分钟完成。

（五）加快新一代对公网络服务平台建设

一是新一代对公现金管理（一期）于 2013 年 11 月成功上线，成功整合了原有的现金管理系统、企业网银等五个对公业务系统，实现对公网络渠道的“五合一”和用户界面的“二合一”。推出应收应付款管理、资金预算、综合信息报告等创新产品，并可通过定制化服务满足客户差异化需求，为客户提供更完善、更专业的现金管理服务；二是积极参与新一代核心系统二期项目建设，并牵头开展企业现金管理二期、员工渠道整合二期、对公信贷与存款、产品支持基础、支付结算五个子项目，完成项目前期立项准备，编写项目应用需求分析说明等各项准备工作，同时还参与了客户信息管理二期、机构员工用户管理二期、会计档案、员工服务响应与知识库、企业级信息应用等其他项目建设。

（六）严防柜面风险

一是组建 12 个总行现场检查小组，对重点结算产品的 17 个风险点进行了全面排查，并先后组织开展 3 次非现场专项检查，检查覆盖面达到 100%；定期下发风险防控工作动态，对检查发现的问题及时进行风险提示，加强整改，强化责任追究；二是定期通报对账工作开展情况，组织开发自助设备对账功能，优化对账系统相关功能，全年重点账户回收率达到99.59%，非重点账户回收率达到97.99%；三是创新风险防控手段，完成“（柜面）反欺诈交易监测及非现场检查模型”的全行推广，将前台分散排查方式调整为后台集中排查，改进“中介代开户”等7项内容排查方法，研发风险信息短信提示功能，提高技防能力和风险预警时效。

（七）加强人才培养和队伍建设

编写完成《资金结算师能力提升教材》，修订《对公柜面人员岗位培训教材》，加强对结算产品经理、委派营业主管的培训，全年完成18期境内业务培训和2期境外培训，有力推动了条线人员进一步加快向营销服务型转型；加强现金管理专业人才队伍建设，有294名员工获得国际财资管理师（CTP）资格认证；持续开展百佳营业主管竞赛评选活动，激发基层机构委派营业主管的积极性和创造性，树立了一批业务出色、精通管理、爱岗敬业的优秀委派营业主管典范。

执笔：张宇

个人存款与投资业务

2013年，在总行党委的正确领导下，个人存款与投资条线圆满完成各项工作任务，取得了良好成绩。

一、主要工作成果

（一）个人人民币存款新增四大行第一，余额市场份额创历史新高，个人存款行内贡献提升

2013年末，个人人民币存款余额54 797亿元，新增5 883亿元，增速12.0%。建设银行个人存款新增额在四大行中占比34.2%，十多年来首次在年末时点位居四大行第一；新增额在四大行中占比同比提升9.9个百分点，建设银行提升最多。个人存款余额在四大行中占比达到24.2%，创多年来历史新高，同比提升0.8个百分点。行内贡献方面，个人人民币存款在一般性存款新增中占比为55%；余额占比已达47%，同比提升1个百分点。在市场竞争力提升的同时，付息成本降低、优于同业水平。个人人民币存款年化付息率1.98%，同比下降26BPs（全行一般性存款整体下降21BPs）；建设银行付息率比四大行平均水平低4.8BPs。

（二）个人客户数量和客户金融资产的规模稳步扩大，零资产客户激活成效明显

2013年末，个人客户总量4.4亿户，年内新增4 610万户。其中，个人有资产客户2.7亿户，新增2 097万户，新增规模创历史最好水平；个人客户金融资产余额7.2万亿元，新增8 031亿元。客户数和金融资产新增全年计划完成率分别为180%和181%。有效客户方面，2013年11月末客户数8 100万户，新增1 208万户，全年计划完成率达159%。零资产客户激活成效明显，前11个月共激活641万户，占有资产客户新增总量的36%。前11个月，有1 363名客户晋级成为私人银行客户，占同期建设银行私人银行客户新增总量的36%。

（三）中间业务收入超额完成全年计划，市场份额提升

2013年，个人条线共实现中间业务收入258.1亿元，在全行收入总量中占比25.3%。牵头产品收入同比增长12.8%，全年计划完成率为107%。市场份额继续提升，前11个月，同业可比七项重点中间业务产品收入合计在四大行中占比27.4%，同比提升0.8个百分点。

个人条线有8项产品收入超过10亿元。借记卡收入突破百亿元大关，达到100.3亿元；在银行收费监管趋严、低费率渠道持续分流的不利条件下，实现了10.7%的稳定增长，继续保持全行第一大产品地位；前11个月在四大行中占比为

25.8%，同比提升1.1个百分点。个人电子银行收入37.4亿元、代销基金收入23.6亿元，增速均超过20%。代销人身保险收入23.2亿元，前11个月在四大行中占比29.4%，同比提升1.4个百分点。实物贵金属收入10.7亿元，同比增速72.0%，成为个人条线收入增长新热点，全年计划完成率为139%。

（四）重点热点产品规模快速增长，综合贡献显著

支付结算产品方面，2013年末借记卡发卡5.3亿张，年内新增9 196万张，创历史最好水平。其中其他金融IC卡新增7 150万张，占借记卡新增总量的78%；余额在借记卡中占比由2012年末的5%升至18%；完成金融IC卡功能二期优化，实现磁条卡功能全覆盖；指导分行加快发行交通、教育、市政和养老行业应用联名卡，抢占市场先机，布局增收基础。预计代发工资个人户全年新增超过950万户，增速13.8%。结算通卡余额702万张，年内新增227万张，增速达47.8%，沉淀低成本活期存款资金近500亿元。电话POS已开通终端超过55万台，全年交易额达8 000亿元、同比增长29.5%，客户结算账户存款余额1 200亿元。

投资理财方面，全年银行理财销售金额4.7万亿元、年末资金余额7 255亿元、实现中间收入28亿元，分别占全行总量的69%、65%和67%。全年共上线125款黄金产品和75款白银产品；新增开办实物银、账户贵金属定投和账户黄金兑换实物黄金等6项业务。全年基金销售金额超3 600亿元。加快人身保险业务“三个转型”，重点发展期缴等高价值产品，期缴业务规模和其在总销量中占比均居四大行第一。储蓄国债代销620亿元，再创历史新高；电子式储蓄国债承销规模全市场占比由16%提升至20%，与工商银行差距进一步缩小。

（五）物理网点新设开业和低效整改超额完成计划，自助业务运营规模进一步扩大，电话银行集约化管理加快推进

网点建设方面，2013年末，423个当年新设网点全部获得银监局筹建批复；其中307个网点对外营业，开业率72.6%，较2012年提升11.3个百分点，圆满完成60%的目标。2013年年初2 137个低效网点到9月末减少了753个，整改率35%，提前完成32%的目标。

自助业务方面，年末现金类设备运营数量达69 013台，新增12 045台，新增规模创历史新高。自助渠道账务性交易量37.6亿笔，同比增长19.7%，是柜面规模的2.8倍。增加自助设备吞卡后客户现场自助取卡功能，减少了相关投诉；增加领卡网点信息提示功能，改善了客户体验。

电话银行方面，2013年末全行电话银行客户达1.5亿户，新增2 537万户，增速达20.4%；渠道来电量、转人工来电量分别为4.3亿笔和1.0亿笔。人工接听率76.8%，同比大幅提升13个百分点。电话银行渠道共受理客户问题71.4万件，总行问题解决中心直接处理约1 500件。电话银行的集约化管理加快推进，呼入业务集中托管分行达33家，新增3家；托管建设银行亚洲银联双币种信用卡和台北分行客服业务；实现38家分行个贷催收业务全部集中。95533和800整合方面，号码整合顺利上线并在两家分行试点对外服务。

二、主要工作措施

（一）将扩大客户资金总量作为引领个人负债业务持续发展的核心目标，大力拓展有资产客户群体

积极发展银行理财、贵金属、人身保险和基金等业务，着力吸收客户行外资金，抓流量、引增量、留存量。以代发工资、结算通和电话POS等产品为抓手，以自助设备、网上银行和手机银行等为触角，从源头吸收资金、增加存款。

积极把握城镇化、居民收入提升等带来的个人客户增长机遇，以增加有效客户、大众富裕客户和富裕客户群体数量为目标开展专题营销，下发目标客户清单，强化存量客户的维护和资产提升。建立县域客户发展监测机制，对超过4 000家县域网点客户情况进行逐月监测，组织开展了县域客户专项营销活动。加强客户数据分析对经营决策和一线营销的支持作用，使用总行名单制客户数据开展精准营销的分行增至23个，并组织推动6个分行建立专业数据分析团队。

（二）发挥个人条线客户接触、产品销售和渠道管理的主体作用，业务联动成效显著

一是推进电子银行业务联动。2013年11月末，个人网银客户1.5亿户，新增2 854万户，增速23.9%；手机银行客户1.1亿户，新增3 036万户，增速36.2%；短信金融客户2.0亿户，新增3 855万户，增速24.3%。电子银行产品已成为仅次于存款、借记卡以外个人客户覆盖度最高的产品。基金电子渠道销售占比54%，较年初提升6个百分点；银行理财产品电子渠道销售占比64%，提升12个百分点。

二是加强与其他部门的业务联动。2013年，个人条线信用卡客户净新增778万户，创历史最好水平，全年计划完成率156%。通过人身保险销售，带动建设银行托管业务增长，建设银行保险资产托管规模达5 864亿元，新增1 669亿元。自动理财业务专户托管规模146亿元，占全行托管总量的55%。

三是支持子公司业务发展。代销建信人寿产品102亿元，同比增长101%；建信人寿联名卡发卡48万张，同比增长238%；建信人寿产品建设银行网点出单率已超过70%。建信基金在建设银行渠道累计保有规模489亿元，占建信基金总量的67%；首发销售占比27%，超额完成全年计划，持续营销约178亿元。基金业务激励考核重点继续向建信产品倾斜，用于建信产品的首发二次激励费用占总量的25%。

（三）加快业务创新，及时满足客户综合金融服务需求

2013年，全行个人条线完成124项产品创新，数量同比增长176%。总行个人存款与投资部组织完成18项产品创新，数量同比增长80%，包括储蓄存款浮动利率系统计息功能、助农取款、自动理财账户、欧元特色储蓄、NFC－SIM卡、货币基金自动申赎和个人账户贵金属定投等项目。优化完善系统功能，推出个人网银结售汇业务，配合开通建信人寿产品手机银行销售功能，实现个人金融产品营销服务系统向网银推送商机功能。

（四）一手抓个人客户服务年活动，一手抓基础建设，稳步提升服务质量

以提升客户满意度、降低客户投诉和负面舆情数量为目标，建立四个长效机制，有效推进个人客户服务年活动。活动开展以来，客户投诉和负面舆情逐月减少，月均环比降幅均达到或接近30%。2013年上半年，建设银行个人客户满意度较上年提升了3.7个百分点。

抓好个人客户经理队伍、服务流程优化等基础建设。加大个人客户经理中高端客户理财能力、网点经理运营管理等方面的培训力度，不断提升专业服务能力。上线个人客户经理业绩评价功能，研究建立全行统一的个人客户经理业绩评价体系。完善网点排队叫号系统功能，增加排队拥挤报警、根据客户金融资产调整排队优先顺序等功能。开发手机银行客户远程取号功能，优化客户体验。

执笔：赵鸿

财富管理与私人银行业务

一、主要业务成果

2013年，全行私人银行业务围绕“三大一高”发展战略，以客户AUM总量增长、超高净值客户总量增长、产品服务增加、风险内控严密、经营收入增长为目标，全行条线人员奋发努力，形成合力，取得了显著成效，荣获2013金融界领航中国年度评选“最佳私人银行奖”，2013中国金融发展论坛暨第四届金鼎奖——“最佳财富管理银行”，第四届中国金牌理财总评榜“金貔貅奖”——“年度最稳健财富管理银行”。

（一）业务发展迅速

截至2013年末，AUM300万元以上考核口径私人银行客户比年初增速21%，客户金融资产比年初增速24%；AUM500万元以上考核口径私人银行客户比年初增速25%，客户金融资产比年初增速28%；AUM1 000万元以上考核口径私人银行客户比年初增速31%，客户金融资产比年初增速36%。AUM1 000万元以上私人银行客户投资类资产余额比年初增速44%。私人银行客户存款余额超1 500亿元，增幅26%。私人银行卡和财富卡累计发行21万张，年内新增7万多张，增长54%，两卡存款余额比年初增长124%，卡均存款年内增幅44%。

2013年1月24日，建设银行和中国黄金协会在北京举办合作备忘录签约仪式。

（二）发挥集团整体协同优势

积极推动全行实施《私人银行业务产品平台和机制建设实施方案》，发挥建设银行整体协同优势，满足私人银行客户、家庭及其企业对建设银行信贷产品服务的多元化需求。积极与机构、小企业、房贷和信用卡等业务条线，开展全方位、多层次联动活动。由总行牵头，与投资银行部、金融市场部密切协同销售理财产品超4 000亿元，增速21%。发行单笔1 000万元起点定制化理财产品70期，募集金额较2012年增长18倍。与子公司联动，代理销售建信信托的信托计划，募集资金30多亿元。联动太平洋人寿、建信人寿、平安人寿、安邦财险4家保险公司合作推出保险产品定制化服务，代理销售“财富保”产品累计金额2.98亿元。与海外机构联动，香港投资移民已覆盖分行35家，香港投资移民服务累计为990名客户办理申请，2013年签约539户，完成资产配置224户，资产到位36.33亿元港币。联合建设银行澳洲开发推广澳大利亚投资移民服务，服务独创澳大利亚首个获得澳大利亚政府认可的保本型投资移民基金，并设计基金质押融资产品，解决客户在澳大利亚投资、安家的资金需求，开创了海外私人银行业务新模式。

（三）创新与转型成效显著

加强AUM超亿元的战略私人银行客户维护管理，AUM5 000万元以上客户增速36%，亿元以上客户增速65%；建立首席客户经理制；推进“客户大使”关系营销，强化客户推荐客户；分析客户金融资产保有现状及驱动因素，实施“客户金融资产保有提升攻坚战”；加强客户驱动销售管理应用和精准营销，全行共完成客户事件140.6万条，日均6 420条，人均每日完成7.1条。全行私人银行专营机构签约私人银行客户数量和金融资产分别占总量的66%和71%。

领先同业推出“金管家”个人客户（家庭）现金管理服务，归集客户本人及其家庭成员名下的不同账户及不同用途资金，满足客户对流动性资金全方位管理需求，上线仅两个月即实现有效签约数32 629个，有效签约经营机构数7 263个，网点覆盖度51%，累计交易金额48.3亿元。推出“私人银行客户资产配置策略参考”和“幸福晚年”养老财务规划顾问咨询服务方案。研究“家族银行”家族信托、海外信托等产品创新服务，优化财富交易服务。集成信托、保险等产品服务，创新家族财富传承综合解决方案。提高培训针对性和实用性，对私人银行部总经理、专营机构主管战略私人银行客户经理等岗位分别开展专题培训编写完成《私人银行业务岗位培训教材》；创新培训方式，开展私人银行“学产品、用产品、销产品”专项培训，和“行动式培训”。

二、主要工作措施

（一）探索推进业务发展转型

为应对利率市场化挑战，落实“三大一高”和“综合化、多功能、集约化”经营战略，按照行领导指示精神，明晰建设银行全能型私人银行业务定位，健全服务模式，划分总行、分行、支行业务职责，推行团队作业，提升以资产管理为核心的解决方案能力，形成顺畅的业务联动机制，实现做大做强私人银行业务，努力打造“国内一流私人银行品牌”。

2013 年 2 月 25 日，建设银行和中华全国工商业联合会在北京举办合作协议签约仪式。

（二）加强客户营销拓展和关系管理创新

加强 AUM 超亿元的战略私人银行客户维护管理，建立首席客户经理制；印发《私人银行“客户大使”客户关系营销方案》，强化客户推荐客户营销方式；分析客户金融资产保有现状及驱动因素，实施“客户金融资产保有提升攻坚战”；加强客户驱动销售管理应用和精准营销，全行共完成客户事件 140.6 万条，日均 6 420 条，人均每日完成 7.1 条 。

（三）加快专营机构转型，提升经营能力和业绩表现

2013 年，全行新建私人银行、财富管理中心 25 家，截至年末，全行已开业私人银行、财富管理中心达 336 家，共配备私人银行业务人员 2 337 人。全行私人银行专营机构签约客户达到 149 491 名，金融资产 5 560 亿元，其中签约私人银行客户 23 214 名，金融资产 2 794 亿元，分别占全行私人银行客户总量和金融资产总量的 65.72% 和 70.86%。推出《私人银行专营机构经营业绩跟踪监测方案》，建立经营业绩管理体系；优化客户服务能力评价体系，提出针对性改进要求；实施分类指导和业务辅导，开展重点私人银行专营机构营销竞赛，持续跟踪经营发展落后的 53 家机构。完成关键作业与成本效率项目和私人银行专营机构岗位人员绩效管理项目的试点工作，优化作业流程，提升效率。完成《建设银行私人银行客户服务体验研究报告》，对影响客户体验的重点问题进行重点研究；下发《关于进一步规范私人银行专营机构客户服务工作的通知》，分析 400 私人银行电话银行客户投诉情况，采取有效措施提升服务质量和客户满意度。

（四）完善风险内控体系

制定《总行财富管理与私人银行部风险内控管理机制》。组织开展私人银行条线风险内控检查、分行代理第三方投资理财产品排查、代理业务自查等工作，实现一级分行及专营机构全覆盖。强化创新产品服务与第三方产品审核，规范私人银行理财产品销售及操作行为；制定《代理投资理财类产品风险防控规程》、《中国建设银行私人银行客户投资者教育工作规程（试行）》、《私人银行投资者教育知识读本》及《私人银行业务相关法规制度选编》，引导客户增强投资风险防范和风险自负意识。

（五）夯实流程化业务营运基础

建立私人银行业务分析数据集市，加工处理 8 类 230 多个维度的私人银行业务指标，通过 ODSB 系统定期发布数据，从基本业务分析向直接支持前台经营方面扩展。推出综合对账服务，实施“客户需求管理信息总线”项目，建立高效客户需求采集、传递、加工、交付和反馈流程，逐步解决客户关系转移、南北中心客户等级信息不一致等投诉热点问题。完成“家庭现金管理”系统开发与应用推广工作。推动新一代核心项目中“产品运营—财富管理专题”，启动个人资产管理、客户名单制、客户驱动营销项目开发。客户评级模型、客户营销、渠道等三个项目列入新一代主题研究范围，实施私人银行客户评价模型研发与应用项目。

（六）深入开展党的群众路线教育活动

一是将学习贯穿到整个活动过程，广泛征求整改意见，发放部门调查问卷，向总行部门、子公司征求意见，深入 20 个分行进行调研，召开多次座谈会，部门领导开展谈心 80 余人次，召开 10 次支委扩大会。做到边查找问题、边整改，在改进调查研究、精简会议、精简文件简报、提高办事效率、严控成本等方面取得初步成效。二是精心组织召开专题民主生活会，开展批评与自我批评，班子成员相互间诚恳提出建设性意见。三是构建整改长效机制，研究制订部门整改方案、专项整治方案和制度建设方案，建章立制，落实措施，确保持续改进。

执笔：王娟

住房金融与个人信贷业务

一、业务发展成果

2013年，住房金融与个人信贷业务紧紧围绕“抓市场、增效益、强基础、控风险、谋长远”五个方面，稳中求进，科学发展，在经济下行、竞争激烈的情况下，圆满完成全年任务目标。个人住房贷款和房改金融继续保持市场领先，个人住房贷款余额率先突破2万亿元，房改金融市场占比超过57%，个人贷款资产质量总体稳定且同业最优，个人贷款电子服务创新加快，客户拓展成效显著，效益贡献进一步提升。2013年建设银行荣获《亚洲银行家》“中国最佳按揭及住房贷款业务奖”，“要买房　到建行”品牌形象得到巩固。

2013年12月4日，建设银行举办2013年住房金融专题研修班

（一）个人贷款持续增长，余额在全行各项贷款[①]占比进一步提升

截至2013年末，全行个人贷款余额21 960亿元，在全行各项贷款占比28.74%，比年初提升1.64个百分点；比年初新增3 561亿元，在全行各项贷款占比41.77%；全年增速19.36%，比2012年提高3个百分点。

（二）个人贷款资产质量总体平稳且同业最优，实现不良贷款、逾期贷款控制目标

截至2013年末，全行个人贷款不良余额62.22亿元，比年初增加14.32亿元，不良率0.28%，比年初增加0.02个百分点。其中，住房贷款不良余额39.21亿元，不良率0.19%，比年初下降0.01个百分点，持续8年下降。个人贷款不良反弹主要集中在助业贷款和少数分行。个人逾期贷款比年初“双降”，余额144.19亿元，比年初下降11.95亿元；逾期率0.66%，比年初下降0.19个百分点。

（三）个人住房贷款余额下半年新增四大行第一，比年初新增四大行第二

截至2013年末，全行个人住房贷款余额20 249亿元，比年初新增3 748亿元，同比多增1 433亿元，余额四大行占比30.62%，比年初提高0.14个百分点。贷款主要满足百姓自住购房需求，一手房、二手房贷款合计新增3 515亿元，占全部房贷新增的93.8%，一人一贷占比99.7%。全年新发放房贷加权利率为基准的0.997倍，其中一手房、二手房贷利率高于工商银行19BPS。全行存量个人住房贷款抵押率48.5%，当年新发放贷款平均首付比例44.4%，具备较强的抵御风险能力。

（四）个人消费经营贷款稳健发展，主要投向居民消费和民生领域

截至2013年末，全行个人消费经营贷款余额1 710亿元，比年初负增长186亿元，其中个人消费贷款余额720亿元，个人经营贷款余额991亿

① 本文中“余额在全行各项贷款占比”、“新增在全行各项贷款占比”中的“各项贷款”是指建设银行境内人民币口径的各项贷款。

元。个人经营贷款中，个人助业贷款余额917亿元；个人支农贷款试点分行达到17个，余额74亿元，比年初新增7亿元。收益水平持续提高，全年新发放个人消费经营贷款加权利率7.41%，为基准的1.23倍，同业排名第二。

（五）房改金融市场占比超57%，继续保持同业领先

全年住房资金归集新增2 496亿元，完成全年计划的121%；实现房改金融中间业务收入24亿元，完成全年计划的111%。2013年末住房资金存款余额5 941亿元，比年初新增161亿元，其中住房维修基金存款余额突破千亿元，达1 099亿元，比年初新增215亿元，同比增长63%；公积金个人住房贷款余额10 116亿元，比年初新增2 303亿元，同比增幅40%。公积金项目贷款保持领先，建设银行承办项目248个，同业占比64.42%，已累计受托发放贷款384亿元，余额259亿元，新增37亿元。

（六）效益贡献显著，客户新增、中间业务收入、产品覆盖超额完成计划

2013年新发放个人贷款加权利率6.67%，超过非贴公司类贷款37BPS，全行实现个人贷款利息收入1 232亿元，同比增长14%。全年实现中间业务收入32.5亿元，完成全年计划的108%。全年新增个人贷款客户超200万户，户均覆盖产品近6个，100%覆盖存款和电子银行产品，新增信用卡客户超过60万户，新发放公积金龙卡超550万张，累计发卡约2 700万张，卡内资金沉淀超240亿元，客户产品联动效果突出。

二、主要工作措施

（一）以客户拓展为主线，加快业务发展，落实战略要求

围绕全行重要战略，认真制定落实措施，主动调整经营策略，明确各季度工作措施和营销目标，以“客户拓展”为主线，组织开展“新春梦想季”旺季营销和“家，一起建设”营销活动，持续推动住房资金营销，以推进新业务突破为目标，组织开展房e通、善融商务个人贷款、“贷无忧”产品营销，拓展优质客户，加快业务发展。2013年全行个人贷款增速19.36%，比2012年提高3个百分点，达到五年规划年度增速。

（二）以巩固优势为目标，狠抓资源储备，大力发展个人住房贷款

针对主要同业全力追赶建设银行个人住房贷款的形势，全行齐心协力，主动拼抢市场，一手抓业务储备，强化楼盘营销，加大业务受理；一手抓资源配置，加强计划管理，跟踪监测贷款积压和各区域业务发展情况，积极衔接资源配置部门，保障业务需求。5月全行召开视频会议，进一步明确加大个人住房贷款资源配置力度，全行个人住房贷款下半年新增重回市场首位。2013年全行新营销储备楼盘超过16 000个，有力支撑了业务持续发展。

（三）调整结构，优化流程，促进个人消费经营贷款规范发展

坚持“优质客户+有效抵押”，强化产品定位，加强风险控制和结构调整，积极推进助业贷款、消费贷款在电子渠道的业务拓展，促进与善融商务平台的有效联动。2013年下半年推出善融商务个人助业贷款后，当年累计投放32亿元。逐一梳理产品制度和差别化政策，修改完善《个人消费贷款操作规程》，加强规范经营和标准化操作，强化层级管理责任，将适合分行审批准入的事项授予分行权限，进一步理顺业务流程，提高工作效率。

（四）开源扩面，挖潜增存，确保房改金融业务优势

以扩大客户基础为核心，大力实施抓源头、抓缴存、抓贷款、抓产品、抓执行等措施，开展“抓户扩面增存”营销，抢抓基本户、住房资金存款、公积金个人贷款、公积金项目贷款等业务，对市场占比低于50%的分行加大帮扶，大力拓展潜力市场和维修基金等新兴领域，有效促进房改金融客户稳步增长。加强重点客户营销，继续做好国家住房公积金结算系统开发推广，牵头北京市、天津市、河北省分行跨区域营销服务北京铁路局公积金中心，军队职工住房公积金营销取得突破，独家获得沈阳军区军队职工公积金属地化业务承办权。2013年12月末已圆满完成沈阳军区单位和职工住房公积金账户开立工作，为资金缴存和相关业务营销奠定了坚实基础。

（五）细化目标，分类管理，全力做好个人贷款质量管控

以保持质量平稳为前提，按季制定逾期贷款、不良贷款控制目标，动态监控资产质量，帮助分行寻找压降空间，加强计划落实。一是全面梳理不良贷款，组织分行逐笔明确处置责任人、手段和时间，加快处置进度。二是坚持重点联系行制度，对不良新增较多的分行和不良处置难点集中会诊，建立重点项目、大额不良日常监控制度，推动不良额大、不良率高的分行加快处置，全面分析钢贸风险和集中拖欠项目风险，建立行际联动机制，实施名单式管理。三是重点推进拖欠两年以上不良贷款处置和呆账核销工作，组织分行逐笔梳理损失类贷款，明确核销计划加快推进。四是细化催收流程，加大短信催收和电话催收强度，以控制逾期1—30天贷款余额为抓手，进一步加强逾期贷款管控，减少逾期贷款波动。

（六）强化风险排查，完善制度流程，增强风险预警和快速化解能力

一是主动增强风险控制，强化重点事项、重点产品、重点分行的风险分析和业务排查，全面排查专业市场和担保机构风险集中度，对黄金市场价格变动、禽流感疫情、违约楼盘等具有区域性和集中性风险特征的贷款，进行专项排查和风险化解，严防风险扩张。二是高度重视内外部审计、检查发现的问题，及时排查风险隐患，认真梳理制度办法，针对风险易发环节，制定下发《关于进一步加强个人贷款管理的通知》，重申加强贷款“三查”、合作项目和合作机构的管理等要求。三是进一步加强和规范贷后管理，修改完善《个人贷款贷后管理工作评价办法》，推进贷后管理常态化、精细化。四是以自评估为抓手，明确关键操作风险点的优化要求，进一步强化操作风险管理与内部控制。

（七）以提升客户体验为重点，加快个人贷款电子服务创新推广

借助“体验调查”、“捉虫活动”，改进完善房e通功能，优化理顺房e通业务从网站、到95533跟踪营销、再到个人贷款中心跟进服务的流程体系，服务触角进一步延伸。2013年房e通客户、房源、贷款发放快速增长，注册用户、二手房源信息均突破100万条，当年个人客户申请且发放贷款超过1 000亿元。创新善融商务个人贷款服务，推出善融商务个人助业贷款产品服务方案，研究设计“善融e贷”系列产品服务方案，扩展借贷通应用领域和渠道，实现网上全流程操作。2013年借贷通签约达到2 520笔，善融商务个人贷款助业当年发放1.72万笔、32.24亿元。

（八）以夯实基础为目标，扎实推进系统开发和渠道建设

一是完成个人贷款流程管理系统（PLPM）全行推广，全部个人贷款产品实现全流程线上操作，业务管理进一步从人控向机控转变，业务联动和交叉营销能力进一步增强。二是搭建个人贷款风险预警平台，加强数据挖掘分析，满足多维度交叉统计需求，主动选取具备一定风险特征的贷款明细数据进行逐笔排查，提升了系统对监测、预警及流程管控的支持能力。三是加快个人贷款档案影像化应用，促进实物档案保管的集中化和标准化。四是做好个人贷款系统和房改金融系统整体融入新一代的相关工作，参加客户信息等新一代项目建设。五是完善一、二级分行所在城市城区个人贷款中心布局，加快远郊区、县（市）个人贷款中心建设。2013年建设个人贷款中心289家，全行已累计建设1 403家。

（九）加强队伍建设和人员培训，持续提升专业素质和业务能力

2013年面向房金条线经营管理人员、专业技术人员以及基层从业人员举办各类培训班20期，累计培训1 463人次，共计6 469人天。组织人员赴美国参加美国银行的经验分享项目，学习和借鉴先进经验，提升经营管理水平。组织岗位培训教材修订开发项目，完成房金远程培训电子课件修订、评审等工作。大力推进资格考试，组织完成房金条线2013年岗位资格考试的题库维护和组卷工作，全行共有6 218人参加了房金岗位培训考试，考试合格率95%，有效提高了员工履岗能力。

（十）深入落实教育实践活动，改进工作作风，增强部门凝聚力

充分认识党的群众路线教育实践活动的重要意义，把活动开展与部门工作紧密结合，认真落实学习教育、听取意见等各环节的内容要求，扎实开展学习，广泛征求意见，坚持边查边改。总行住房金融与个人信贷业务部的部门领导班子带头落实中央八项规定和党委十项要求，严格对照自查，认真开展批评，深挖“四风”问题根源，逐项制定整改措施。活动开展以来，多项整改措施已经取得实效。如取消部内公文处理单，进一步改善文风会风；建立总分行沟通机制，提高分行请示事项批复效率；制定了部门网站管理办法，加强全行房金业务信息交流。

执笔：王毅　蔡军花　林岚　王芳

信用卡业务

一、工作成果

（一）业务发展再创新高

截至2013年末，全行信用卡当年新增发卡1 170万张，同比增长45%，累计发卡突破5 000万张，达到5 201万张；累计客户4 443万户；当年消费交易额突破10 000亿，达到12 732亿元，同比增长49%，其中分期交易额1 280亿元，同比增长49%；贷款余额2 684亿元，当年新增906亿元，同比增长51%；实现收入201亿元，同比增长45%，其中中间业务收入143亿元，同比增长46%。信用卡业务全面超额完成各项经营计划。

（二）市场领先地位进一步巩固

2013年，建设银行新增发卡、新增客户、新增贷款、消费交易笔数、资产质量等核心指标同业第一，消费交易额实现进位，同业第二。累计发卡、消费交易额、贷款余额、中间业务收入四大行占比分别达到25.0%、27.5%、27.5%、28.8%，分别较年初提升1.6个、2.5个、2.6个、4.7个百分点，市场竞争能力进一步增强。

（三）盈利实现历史性突破

2013年，全行信用卡业务实现了发卡十年来首年盈利的历史性突破。条线总收入201.1亿元，其中利息收入57.6亿元，居四大行第一；中间业务收入143亿元，在全行24大类产品中排第二位，同比增长46%，在全行中间业务收入占比13.2%，中间业务收入新增占全行中间业务收入新增的35%。信用卡条线净利息收益率（NIM）为3.62%，较全行平均高出0.87个百分点。首次实现全成本口径下扭亏为盈，条线经济增加值超出计划目标20亿元，计划完成率达到184%。

（四）品牌影响力进一步提升

先后荣获国际国内专业信用卡组织及主流媒体27个奖项。专业卡组织授予建设银行“银行卡风险管理‘领导者’奖”（此为VISA国际组织进入中国10年以来首次颁发给亚太地区银行的奖项）、“亚太区信用卡业务卓越成就奖”、“中国最佳产品创新奖”、“中国最佳产品推进奖”、“年度银联卡创新产品优秀奖”、“年度银联卡客户服务体验优秀奖”等奖项。同时，在主流媒体评比中，建设银行先后荣获“年度最佳信用卡品牌”、“年度最具创新力信用卡”、“最具品牌影响力信用卡领袖奖”等一系列殊荣。

（五）资产质量持续向好

2013年，全行信用卡逾期90天以上不良率0.65%，与年初基本持平，低于行业平均水平0.55个百分点，在业务规模持续扩张的情况下，资产质量始终保持同业最优。

二、主要工作举措

（一）做大有效客户规模，发展基础更加稳固

一是充分发挥网点营销主渠道作用。按照零售业务经营重心下沉的总体要求，深入开展“送培训、下基层”和“我学、我用、我营销”信用卡业务知识竞赛活动，培训覆盖33家一级分行、813家二级分行和网点，超过17万员工参与知识

竞赛，分支行和网点的专业化营销技能和规范化服务水平大幅提升。全行网点渠道营销发卡占比达到83.8%，网点营销产能较年初提升0.3户，达到每日点均2.5户，行内客户渗透率达到27.5%，较2012年同期提升3.6个百分点。

二是大力推进电子渠道营销发卡。2013年先后开通网络、手机、短信、邮件、二维码、平板电脑、微信等电子申请渠道，应用覆盖面同业领先。电子渠道当年发卡211万张，同比增长171%，平均办卡周期较传统渠道缩短5个工作日，节约作业成本1 200万元。

三是深化经营提升客户贡献。开展多样化大型促销活动，账户活动率达到57.97%，同比提高1.39个百分点；金卡及以上等级卡种发卡量占比64%，较年初提高10个百分点，无限卡和白金信用卡规模保持同业领先；户均营业收入490元居四大行第一。

（二）产品创新亮点纷呈，业务发展再生新动力

一是深挖客户需求加快创新拓展。推出具有划时代意义的龙卡全球支付信用卡，在业内首次根本性地解决了任意币种消费人民币入账、免收外汇兑换手续费等客户关心的核心问题，上市四个多月新增发卡达到55万张；推出金融与音乐跨界合作的中国好声音龙卡，深受年轻客户群体欢迎。

二是专注新兴领域加快应用推广。推出国内首张具有液晶显示功能的龙卡数字显示信用卡，实现了数字显示技术和制卡工艺的新突破；紧盯移动支付发展大势，推出国内首张SD卡模式和SIM卡模式手机信用卡，创新实现“空中发卡”。

三是进一步完善传统优势重点产品权益，世界旅行卡新增突破200万张，汽车卡、百货联名卡新增超过80万张，确保了重点产品的同业领先地位。进一步加快IC信用卡在城市公交、ETC、信息管理、医疗卫生、市民卡等公共服务领域的行业应用，新增发卡超过900万张，同业领先。

（三）持续深化结构调整，挖潜增效日益明显

一是优化信贷资源配置结构。大力发展高收益、低占用的循环消费信贷业务，业内首推具有自动循环消费信贷功能的龙卡益贷信用卡，全年循环消费信贷投放占比达到36%，较年初提高12个百分点。

二是优化刷卡消费结构。在满足持卡人日常生活性透支消费的前提下，落实监管要求限制特定行业和商户的大额交易，降低无效资金占用；同时精心组织各类餐饮、境外等高回佣刷卡消费促销活动，提升整体刷卡手续费率水平。

三是着力提升定价管理水平。以价值创造为导向，完善并强化产品效益评估机制，提高消费信贷收益水平，当年分期业务年化利率9.11%，较年初提升42BPS，分期净利差5.32 %，较年初提升45BPS。合理调整资金定价规则，增强对业务发展的导向作用，全年减少资金成本13亿元。

（四）加快优质商户拓展，收单业务量质齐升

一是明确发展目标，强化考核激励。明确收单商户“网点每月一户”、特惠商户“一城一榜”等营销目标，借助对公客户资源联动开展名单制营销。当年新增收单商户13.59万户，同比增长34%，实现收单交易额1.8万亿元，同比增长20%。累计发展特惠商户1.7万户，覆盖城市数量（275个）同业第一。

二是着力提升商户质量和收入贡献。加快清理和盘活存量商户，商户活动率69%，较年初提升7个百分点；积极应对和消化刷卡手续费全面大幅下调的不利影响，通过以量补价实现商户收单业务收入7.4亿元，同比增长6.8%。

三是推动电子支付平台建设。加快龙卡商城向善融商务整合，联动做好网上商户的拓展和维护，促进电子支付业务快速发展。

（五）坚守风险底线，夯实业务管理基础

一是开展信用卡风险管理大检查活动。以“排隐患、控风险、严管理、促发展”为目标，部署开展全行信用卡风险管理大检查，全面掌握业务经营管理中存在的问题和薄弱环节，“一行一策”提出整改要求，有效排除风险隐患。

二是主动应对经济下行期风险。密切关注宏观经济及行业经营形势变化，加强客户统一授信管理，及时调整分期业务授信政策，从源头上控制风险；加强早期预警和风险排查，对风险账户提前介入催收，对风险暴露较为明显的钢贸、光伏、建材等行业客户及时采取风险管控措施。

三是进一步提升审批效率与精准度。成功上线申请评分卡自动审批功能，系统自动审批占比达42%，审批环节基本实现“日清日结”，全行审批作业周期缩短1个工作日，审批时间效率提升19%。不断提高审批授信精准度，额度使用率较年初上升3.62个百分点，表外资产控制在目标范围内。

四是持续优化欺诈风险防控策略。持续优化部署欺诈侦测策略，加强对高风险非金融类机构交易监控；进一步优化网络交易欺诈侦测策略，欺诈发生率和损失率连续三年下降。

五是继续加大不良资产处置力度。建立健全不良贷款责任追究与化解机制，落实信用卡责任收贷，强化委外催收机构管理，部署开展大额账户催收竞赛。

六是加强内控和合规管理，深化案防长效机制，加强内控合规检查，强化信用卡从业人员管理。全年实现安全营运，未发生案件和重大责任事故。

（六）加强基础运营精细化管理，客户服务能力大幅提升

一是开展“五个一”体验活动。通过亲身体验强化员工对服务理念的认识，切实提高网点人员信用卡服务能力，形成总分行联动的“一站式”服务。

二是积极推进信用卡“个人客户服务年”工作。深入开展“客户角度看建设银行”员工服务体验、客户服务专项自查等系列活动，持续提升客户体验。据独立第三方调查公司测评，信用卡客户满意度77.5%，较2012年提高7.5个百分点，四大行第一。400客服热线满意度84.5%，同比提升5.9个百分点，同业排名第一；每百万张信用卡的客户投诉率0.58%，较2012年同期大幅下降了2.7%，上海地区同业最低；客服中心先后获得中国银行业协会和主流媒体授予的“客服好声音”、“中国最佳呼叫中心”、“中国最佳客户联络中心”等荣誉称号。

三是持续推进核心服务流程优化。针对客户来电量较大、体验较差的服务流程进行专项改进，其中信用卡申请流程优化取得明显成效，办卡时间较年初缩短10.3个工作日，“预审批客户营销流程优化”项目获得建设银行“产品创新与流程优化奖”一等奖。

四是拓宽客户服务电子渠道。相继开通电子账单、在线客服、短信客服、微信客服等电子服务渠道，其中微信客服上线3个月绑定客户超过100万人。电子账单使用率达到52.6%，较年初提升21个百分点，四大行第一，当年节约成本3 000万元。

五是扎实开展党的群众路线教育实践活动。认真落实总行党委有关要求，以“为民务实清廉”为主题，以改进作风为切入点，聚焦反对“四风”，突出解决实际问题，中心5个总支、29个党支部、950余名党员全部参与到教育实践活动中，征求到来自客户、员工、基层行的意见建议141条，制定了40项整改内容、5个专项整治任务、8个制度建设计划，中心党员、干部的作风明显改进，服务意识进一步增强，客户满意度、员工满意度和基层行满意度持续提升。

执笔：蔡莉华

电子银行业务

一、总体发展情况

（一）网上银行

在个人网银方面，推出互联账户管理、家庭现金管理、跨行资金归集、快捷转账、移动总对总“易充值”等功能。截至2013年末，个人网银客户数达1.5亿户，新增客户3 074万户，较年初增长25.8%；存量活跃客户达4 231万户，同比净增1 393万户，存量活跃客户占比为28.21%；实现交易52亿笔，同比增长20%；交易额33万亿元，同比增长38.9%；个人网银账务性交易量是柜面的2.2倍，客户满意度达82.9%，四大行排名第一。

在企业网银方面，新一代企业网上银行作为新一代核心系统建设首批实施项目，整合了企业网上银行系统、重要客户服务系统、现金管理系统、多银行资金管理系统、国际结算大客户直联系统，2013年11月17日在全行试点上线推广。新推出的内部账户管理、现金池、票据池、应收应付、预算、信息报告、集团收付款等功能提升了建设银行渠道现金管理产品的服务能力。新推出的财政部财政授权支付专用版网银在遵循地方财政业务规则差异化的同时，统一了全国地方财政网上银行支付渠道标准。

在海外网银方面，中国香港、纽约、新加坡、胡志明市、法兰克福等分行的海外网银完成了推广，开始对外提供服务。截至2013年末，企业网银客户数280万户，新增客户66万户，较年初增长31.1%；存量活跃客户（不含现金管理系统）达108万户，同比净增37万户，存量活跃客户占比为43.59%；实现交易19亿笔，同比增长49.7%；交易额104万亿元，同比增长32.4%。

（二）手机银行

手机银行推出了摇一摇转账、保险自助购买、二维码购物、网点排队取号、i分享、建设银行优惠簿、手机商盟等重点应用场景功能。其中，建设银行优惠簿、摇一摇转账、二维码购物均为同业首创。截至2013年末，手机银行客户数超过1.16亿户，新增客户3 262万户，较年初增长38.88%；实现交易11.92亿笔，同比增长212.99%；交易额36 659亿元，同比增长157.08%。手机银行客户数及交易规模继续保持同业第一。

（三）短信金融服务

推出基于短信的智能客服服务，目前短信智能客服应答准确率达90%以上。完成短信服务费总行集中扣费上收工作，实现全行短信服务集中扣收，并可实时清算到网点。截至2013年末，短信金融客户达19 945万户，新增客户4 104万户，较年初增长26%；全年实现短信金融业务收入27亿元，占电子银行业务收入的47%。

（四）微信银行服务

2013年11月，全新推出微信银行，可向客户提供微金融、悦生活、信用卡、微客服等4大类、75项功能和服务。截至2013年末，微信公众号共发展粉丝88.8万户，绑定客户52万户，交易量2.4万笔，交易额2 961.5万元。

（五）国际互联网网站

国际互联网网站基于web2.0的展示方式建设了以用户需求为导向的新版“电子银行频道”，由服务介绍性频道转变为服务引导及支持平台，优化了投资者关系、今日建设银行栏目，新增“学生惠”频道，建立了统一网站会员体系。为响应监管部门要求及客户需求，新增人民币贷款基础利率栏目，并优化外汇频道及网站账户查询服务。

截至2013年末，国际互联网网站总访问次数达10亿次，日均页面浏览量平均值为5 926.33万次，同比增长68%；单日最高页面浏览量达1.49亿次，同比增长165.6%；全年累计发布信息8.7万条；网站会员数达到1 034万人，较年初增长98.8%。网站每日流量排名（来源alexa统计口径）一直稳居国内银行的首位。“悦生活”平台新增231个电子银行代缴费项目，实现交易2 340万笔。

（六）电子支付

电子支付业务继续保持稳步发展的势头。截至2013年末，网上支付商户数达3 433户，实现交易9.3亿笔（单向统计，不包含快捷支付，下同），同比增长32.5%；累计交易额4 697亿元，同比增长60.9%。企业级电子商务支付服务“e商贸通”共接入401家商户，已上线294户。

（七）善融商务

善融商务电子商务金融服务平台按照“商务跟随”和“金融创新”的策略加速发展，平台商户活跃度、交易规模迅速扩大，市场份额和品牌影响力明显提升。截至2013年末，商城累计成交金额277.82亿元，全口径活跃商户新增8 297户，当年融资贷款累计发放110亿元。新增商户中，因善融商务在建设银行新开立结算账户的他行客户共计3 762户；跨行个人支付交易13.41万笔，金额2.98亿元；跨行企业支付交易0.32万笔，金额18.71亿元。

二、管理与创新

（一）风险控制能力不断增强

坚持事中控制与事后控制相结合的模式，强化内外部风控基础数据和典型案例分析，通过查找误报原因，排查漏报控制点，跟踪研究外部欺诈形势和手段等工作方法和措施，积极应用工作成果，持续对风控规则有效性进行评估，适时部署和优化风控规则，进一步提高风控平台的风险控制能力和提升风险控制规则的命中率。2013 年 5 月 18 日，风险监控平台的高风险商户事中交易阻断功能正式上线，进一步完善了平台支付类交易风险事中阻断功能，也带动了整体风险控制效率的提升。

（二）试水精准营销，创新网络方法宣传推广

营销活动方面，“用建设银行手机银行 购心爱之物”手机银行营销活动包含“降价竞购”、“分级竞购”两个主题 12 期竞购活动，参与客户近 400 万人次；“用建设银行手机银行 时尚商品欢乐拍”活动采用数据库营销的方式，选择使用过手机银行但未养成业务办理习惯的客户作为营销目标，向其定向发送短信，22 万目标客户中有 34% 成为手机银行活跃客户。

在媒体宣传方面，在人人网、91 手机助手、手机腾讯网、天涯论坛等媒体投放宣传广告，投放渠道覆盖 SNS 媒体、智能手机综合平台、手机 WAP 网站、知名论坛、视频类媒体等多种形式的媒体，投放内容涉及善融商务、“用手机银行 购心爱之物”、支付购票、电子银行微信号推广等，起到吸引网络活跃用户、青年群体等电子银行潜在客户关注的作用。

在主流群体营销方面，组稿在《中国金融家》、《中国青年报》、《金融时报》、《证券时报》、《21 世纪经济报道》、《中国证券报》等报刊杂志以及人民网、新浪网、凤凰网、搜狐网、中国金融网、和讯网等网络媒体刊发了《在群雄逐鹿时代抢占战略制高点——建设银行电子银行业务不断求新求变》、《建设银行：为金融插上互联网之翼》、《建设银行在虚拟网络中打造全新金融世界》、《搭建泛在同盟 + 跨界进攻 百亿善融商务的新战略》、《建设银行善融成交额突破百亿 突围互联网金融》等重点宣传稿件，为建设银行电子银行主流媒体正面宣传营造了声势。

在理财方面，继续开展电子银行渠道专享理财产品营销宣传工作。2013 年，全行网上银行、手机银行渠道实现理财产品交易 55 023.7 亿元。面向全国客户发行了 67 期电子银行渠道专享理财产品，共募集资金 1 830.33 亿元，累计认购近 60 万笔。为满足上班族客户需求，延长了产品认购时间，推出“理财早市”，将全国范围销售的大部分产品起售时间由认购首日早 9 点提前到 7 点。

三、客户体验与对外项目合作

（一）扎实推进客户体验工作，科学开展客户研究

一是坚持并强化客户之声问题快速响应机制。持续收集来自网站留言、网银邮件、95533 客户服务等多渠道的客户之声信息，专门的团队分类、分析，找出客户关注的焦点问题并制订方案加以解决，提升整体满意度。共收集客户之声问题 57 万条，经过分类整理，提炼焦点问题 109 个，解决新增和历史问题 92 个。

二是持续开展客户满意度监测工作。组织实施了个人网银和手机银行客户满意度专项研究。数据显示，2013 年建设银行个人网银和手机银行满意度均位居四大行第一。

三是加大可用性测试工作的力度。组织完成“个人网银页面提示信息”、“善融商务会员注册、整合及商城账户优化功能”、“移动总对总”缴费等 63 组可用性研究项目。

（二）进一步优化电子银行服务区应用策略

为适应形势的变化，启动电子银行服务区应用策略调整工作，将原电子银行服务区“定制终端 + 行内办公网”模式调整为“通用设备 + 互联网 WIFI”模式，并下发配套服务区工作指引、互联网 WIFI 管理办法。全行布放通用设备 5 000 多台，27 家分行完成所辖 80% 网点的互联网 WIFI 部署。

（三）积极开展数据挖掘与应用工作

根据电子银行数据工作目标，一方面，逐步把业务数据纳入数据仓库，推进电子银行数据实验室的建设；另一方面，在美国银行合作项目的支持下，启动了电子银行动态行为数据的采集工作。

（四）深入推进对外项目合作

通过与美国银行开展“电子银行反欺诈运营能力提升”战略协助项目，学习先进经验，开发了标准化欺诈案例收集分析及应用系统，完善了电子银行风险控制运营指标，建立了动态排班模型。

执笔：里薇拉

金融市场业务

一、金融市场业务经营情况

2013 年，金融市场条线资产规模达到 3.4 万亿元，占全行总资产的 22.6%。条线收入 1 163亿元，同比增长 12.4%。条线中间业务收入 81.8 亿元，同比增长 18.9%，占全行中间业务净收入比例提升近 1% 至 9%；其中，贵金属条线收入增速 81%，居全行 24 大类中间业务产品首位。

（一）主动进行本外币流动性管理，综合运用多种融资渠道确保全行流动性安全

2013 年，全行人民币存款增长乏力，资金时点波动加剧。金融市场部在积极配合资产负债管理部强化系统内资金调度和管控的同时，主动加强流动性预判，积极联系人民银行及市场成员，通过公开市场逆回购、常备借贷便利（SLF）、短期流动性调节工具（SLO）、发行同业存单等融资渠道，有效熨平头寸波动。全行日均超额备付率（含现金）1.49%。同时，与海外分支机构开展人民币账户融资交易量 929.2 亿元，同比增长 82.3%，有力推动了全行跨境贸易人民币业务发展。

2013 年，外币存贷差前松后紧，呈单边下降态势。总行金融市场部在配合国际业务部做好全行外币资金管控的前提下，积极通过同业拆借、外汇掉期、白银调期等方式融入资金，实现对海外机构与境内外联动业务的资金支持及富裕头寸的有效运用，并满足人民银行各项监管指标要求。

（二）加大本币存量债券调整和扭转操作力度，减持风险较高的外币债券，债券投资收益率大幅提升

在本币投资组合方面，根据全年投资策略，准确把握市场利率走势，在 2013 年 1—5 月全行资金头寸相对充裕、市场利率处于全年低位时期，通过加大货币市场运用，将有限资金推后至利率高点；同时，出售票面利率较低的存量债券，提高组合平均票面利率，为利率走高后开展债券投资腾挪资金。下半年，特别是进入第四季度，利率大幅上行，在全年策略和计划新增内，在安排好流动性需求的前提下，加大债券投资力度，第四季度新增投资量过千亿元。2013 年，本币债券投资收益率 3.85%，较上年提升 15.4BPS，对 NIM 贡献约 3.1BPS。同时，加大与境外中央银行债券交易力度，与印尼中央银行等多家境外中央银行开展债券交易 68.1 亿元，交易量在中资机构中名列前茅。

在外币投资组合方面，主动减持高风险次级住房抵押债券，降低信用风险。全力支持伦敦子行申请英国人民币清算行，累计向子行划拨外币债券约 27 亿美元。

（三）灵活报价策略，主动管理风险敞口，有效提升做市能力和报价竞争力

2013 年，建设银行银行间市场外汇远期、掉期综合排名第一；期权交易规范性指标排名第一。2013 年 4 月，建设银行成为首批银行间外汇市场澳大利亚元对人民币直接交易做市商。利用市场波动在敞口权限范围内寻求获利机会，全年汇率业务做市交易量增长41%；贵金属业务积极响应人民银行平抑国内外市场价差要求，本级账户贵金属套利交易量225吨，套利收入同比增长656%。

（四）抓住有利时机，加大理财产品投放，产品结构进一步优化

2013年，金融市场部加强对银行间市场走势的研判，抓住6月以来资金面紧张、市场收益率冲高的有利时机，提高理财产品收益、增加产品供给量，圆满完成全年各项计划指标。累计投放产品3.47万亿元，募集资金1.45万亿元，余额3 203亿元，增长45%；收入12.3亿元，增长41%，完成计划的140%。进一步优化产品结构，保本产品年末余额2 427亿元，占比76%，较2012年下降7个百分点。批复辽宁省分行开展金融市场条线理财业务，使开展条线理财业务的分行数量增至8家。

（五）大力推进产品创新，蓄积业务持续发展动能

2013年12月12日，作为首批发行机构之一，建设银行在全国银行间同业拆借市场公开发行了2013年第一期同业存单，发行金额总计50亿元，投资者认购踊跃，发行取得圆满成功。与上海清算所签署债券借贷协议，四大行中首家获得上海清算所综合清算会员资格。业内首创账户贵金属转换交易、账户金提取实物、黄金库存再利用等产品；大规模采用地点转换交易（LOCATION SWAP）方式将境外账户黄金头寸通过寄售方式调入境内运用，提高库存利用率，并增加上海作为进口口岸；同业中率先参与黄金ETF银基合作业务。外汇交易新增新西兰元等6个币种。首次面向全行发行一期对私“本外币结合”日元理财产品。

（六）努力缩小与领先同业差距，市场地位显著提升

2013年，建设银行贵金属业务收入四大行第二，四大行占比28.44%，提升3.78个百分点；收入占工商银行比值73%，较2012年大幅提升13个百分点；贵金属收入居当地四大行首位的分行数由2012年的11家增至18家，四大行末位分行数由2012年的1家降至零。代客资金业务收入保持四大行第三，四大行份额21.91%，占工商银行收入比值99%。2013年，金融市场部销售债券284只，金额3 461亿元，销售只数和金额均位列市场第一，是当年银行间市场唯一一家债券销售金额突破3 000亿元的机构。

（七）积极创先争优，荣获多项荣誉

2013年，金融市场部获财政部、国家开发银行、农业发展银行、进出口银行债券优秀承销商奖；获银行间外汇市场最规范衍生品做市商、最佳竞价做市商、最大进步做市商奖；荣获人民银行颁发“2012—2013年度黄金市场统计监测工作一等奖”；获银行间市场优秀主管2人、优秀交易员6人。此外，获行内产品创新奖3项：账户银二等奖、人民币对外汇期权交易三等奖、CLPM债券投资模块上线及优化二等奖。

二、主要工作措施

（一）加强人民币信用风险管理、量化分析及投后管理

一是细化信用债券各行业的投资准入标准，按行业拟定重检报告和策略安排；二是加强存量债券发行体信用风险重检，择机出售发行体资质可能变差的存量人民币债券，防范信用风险；三是完成《风险价值（VaR）在债券资产配置策略计算中的应用》，将VaR指标引入组合优化配置模型；四是补充申报本币债券投资额度发行体名单，签报行领导获批在授权内开展名单发行体优质信用债券二级市场投资交易。

（二）加强内控与授权管理，强化监督检查，规范业务流程

一是坚持每周风险重检。与风险管理部开展每周重检例会，及时发现、沟通、整改。检查发现问题同比大幅下降78%。二是开展债券业务清理规范工作。对2007年以来债券业务逐笔排查，形成《中国建设银行关于债券业务清理规范自查及整改情况的报告》（建总报〔2013〕119号）上报人民银行。制定交易对手管理办法，加强对手准入和集中度管控；制定《中国建设银行金融市场部询价交易报价操作规程》，规范交易报价。三是组织开展金融市场表外业务自查。重点检查保本理财和衍生产品业务，提出管控措施。四是以“光大乌龙指”事件为鉴，排查建设银行交易系统，防范同类风险事件发生。五是督促海外机构规范授权管理。集中治理和专项整改，明确分行内部职责分工，落实前台、中台、后台功能，严格内控合规管理。六是持续加大部分衍生品处置力度。清收垫款3 125万元，余额降至3 917万元。七是完善制度建设，加强检查督导。制订或修订制度办法12项。部领导深入基层行调研20余次；汇率、利率和商品交易等处室分别对多家境内分行开展现场调研和业务支持。八是开展岗位交流，严格执行离岗休假制度。开展部门间、部门内岗位交流32人次，组织部内8名关键岗位人员离岗休假。

（三）加强对分行营销支持和条线督导，有效夯实客户基础

开展总行及总分行联动营销56场，营销客户3 000余人。新增账户贵金属客户542万户，增幅达70%；新增对公结售汇业务量超过500万人民币的客户5 116户，同比增长20.97%。拓展营销渠道，开发客户账户金挂单成交短信提醒功能；优化“建设银行金点”短信平台，受众量达15.2万人；发布“建设银行贵金属业务”微信订阅号。实施贵金属业务分行标杆管理；继续组织“百家讲坛、千场讲座”培训；利用布谷鸟、“金银看点”平台开展分行业务支持。

（四）提高研究分析能力，扩大市场影响力

完成研究报告《金融市场评论》95期；在《建设银行报》设“金融市场聚焦”专栏，刊登6篇专题报告和数十篇市场分析；增加对《债券》、《中国货币市场》、《中国外汇》、《金融市场研究》、《理财周刊》、《建设银行财富》等杂志投稿力度，发表稿件46篇；成为路透中国固定收益市场展望、《证券周刊》“远见杯”和“水晶球”等有市场影响力数据调查成员。

（五）成功上线新一代金融市场一期（一批次）和衍生数据平台项目

首次搭建横跨金融市场前中后台的一体化人民币业务处理平台，基本实现“投资及交易功能覆盖完整”、“前中后业务直通式处理”、“业务流程控制完整”、“体现投资组合管理分析方法”和“保障业务数据安全”五大业务目标。建立了集本币策略跟踪、组合分析、交易试算等管理功能为一体的业务操作平台，实现电子审批和操作流程的机控处理。

（六）坚持以人为本，加强人员培训

2013年，金融市场部举办金融市场业务高级研修班，赵欢副行长亲自授课，38家一级分行金融市场业务分管行领导、总行12个部门负责人参会；举办全行视频培训，邀请国家统计局党组成员、总工程师郑京平教授讲授“如何运用统计指标研判宏观经济形势”；举办全行范围代客资金业务和商品与期货业务培训班4期、境外培训班3期。

（七）扎实推进党的群众路线教育实践活动

开展支部书记讲党课、部门班子集中学习和主题党日活动；广泛征集群众意见，深入群众谈心谈话；班子成员认真撰写对照检查材料，深入查摆问题；召开专题民主生活会和组织生活会，制订部门领导班子整改方案、“四风”突出问题专项整治方案和制度建设计划方案，征集意见和建议12条，认真贯彻落实。

执笔：姜胜木　王金石

投资银行业务

一、工作成果

2013年，投资银行业务紧密围绕全行发展大局，按照总行党委和高管层的要求，巩固既有优势，谋求创新发展，稳健经营，强化管理，开辟了投资银行业务发展新局面。全年实现中间业务收入201.28亿元，成为继公司业务部和个人存款与投资部后第三个中间业务收入超过200亿元的部门。债券年度承销量排名连续三年第一；理财业务收入首次突破100亿元；理财产品余额突破1.1万亿元，首次实现四大行第一；通过债券承销和理财业务，为客户解决融资需求超过6 860亿元。新型财务顾问收入占比达到75%，位居四大行第一，融智业务凸显优势。

建设银行投资银行品牌市场价值进一步提升，受到社会广泛认可和肯定。投资银行业务荣获《证券时报》"最具竞争力银行投行"、"最佳债券承销银行"、"最佳并购财务顾问银行"和"最佳私募债券项目"四个奖项；"乾元"系列理财产品荣获《中国证券报》"金牛银行理财产品"大奖。

（一）理财产品规模超过万亿元，收入突破百亿元，高收益资产大幅提升

2013年，建设银行理财产品余额达到1.14万亿元，理财业务收入100.33亿元，首次突破了百亿元大关，增幅14.17%，完成全年计划的104.24%，理财业务收入占全行中间业务收入达到10%，创历史最高。

（二）债务融资四项第一，优势差距逐渐拉大，分行间发展日趋平衡

2013年，建设银行债券承销量、承销期数、短期融资券、超短期融资券承销量均市场排名第一。全年承销各类债务融资工具282期，承销量总量达到3 424.86亿元，市场占比11.97%，领先优势进一步扩大。2013年全行债务融资业务共实现承销费收入15.1亿元，同比增长28.64%。

（三）财务顾问转型提速，新型占比超七成

2013年实现财务顾问业务收入98.15亿元，新型财务顾问业务收入73.42亿元，计划完成率103.15%，同比增长9.9%，在财务顾问业务中占比提升至75%。

（四）证券化业务再度重启，试点工作有序推进，阶段性工作颇有成效

积极推进公司类信贷资产证券化试点项目，完成了证券化业务《管理办法》、《转让手册》、《服务手册》和建元2013年第一期公司类贷款证券化项目申报工作，积极探索与深圳证券交易所合作开展信贷资产证券化产品的创新，拓展证券化产品发行渠道。

（五）超额完成全年创新计划

全年完成创新项目18项，是上年完成项目的4.5倍，完成全年计划的225%。

二、工作措施

（一）研判形势，多形式加强业务指导，提升精细化管理水平

一是分析研判形势，加强业务指导。年初召开对公业务工作会后，下发理财业务发展策略、债务融资业务发展策略、总行流动性管理策略、城镇化理财业务指引等4个发展策略或业务指引，明确业务目标和发展思路。

二是完善制度建设，规范业务标准。先后出台加强业务管理通知23个，操作指引和管理办法5个，业务发展及管理策略3个，业务操作手册11本，累计达25万字，健全各项业务细则，规范业务流程，做到管理有据可依，标准有章可循，确保了业务的合规、健康发展。

三是加大资源配置，支持分行营销活动。全年配置2 400万元统筹营销费用，组织分行开展新型财务顾问、债券承销、高收益资产等营销活动，相关业务领域拓展均取得显著成效；配置战略性激励费用3 000万元专项支持分行营销新客户，全年投资银行业务新客户新增1 310户，完成计划的192%。

四是召开专题会议，部署重点业务。组织召开4次新产品、债务融资、海外上市及并购业务座谈会，理顺思路，推介产品，发展业务，明确各块业务发展重点。

五是加大培训力度，提升业务能力。全年共完成各类投资银行业务培训班6期，累计培训540人次，培训直通基层行，加大培训力度；完成《投资银行业务岗位培训教材》开发项目，填补了投资银行条线培训教材的空白。首次举行全行岗位资格考试。

（二）加大产品创新力度，有效提升客户体验

完成"资本金用途股权投资类理财产品"、"城镇化理财等产品，拓宽客户融资渠道，优化企业债务融资结构，债券投资类理财产品"、"银证信类理财业务"、"保障房私募债"、"手机银行客户专享""代发工资客户专享"、"养老金客户专享”、“节假日专享”、“高端客户专享”、“机构客户专享”等18项产品创新。

一是与电子银行部联手推出新产品。创新推出“理财早市”类理财产品；持续推出节日专享、八一专享、网银专享、分行区域定制等个性化产品，配合客户部门和基层行对特定客户开展针对性的营销。

二是延长业务时间，改善客户体验。总行开放式理财产品业务开放时间大幅延长至15个小时，产品实时申赎特性更加突出，客户体验得到进一步提升。

三是稳步推进分行资产组合型理财业务。根据年初总行统一部署，在北京市、天津市、山东省、上海市、江苏省、广东省、深圳市7家分行逐步试点开办资产组合型理财业务。截至12月末，山东省、江苏省、广东省、深圳市4家分行已完成产品报备，广东省和深圳市分行已经开始面向投资者发行，运行平稳。

（三）规范经营促进发展，风险内控工作取得实效

一是初步建立理财业务风险管理流程框架。建立了定期常规检查、专项调查和突发事件调查的“三查”制度，加强对管理过程的监督力度，全年形成各类风险排查报告共计18份，切实做到了对风险资产的定期跟踪和强化管理，使得风险管理措施行之有效、落地有声。

二是开展自查与检查交叉，全面与专项结合，点面结合检查。根据监管要求，对“乾元”系列理财产品中与债券相关交易开展自查自纠工作，未发现异常交易。在要求分行按月、按季自查的基础上，针对投资银行业务情况、执行银监会“8号文”情况、年内到期非标资产、审批结构调整前存续期项目等开展了4次全行范围内的专项检查。抽样对8家分行年内到期的非标资产进行现场检查。对深圳市分行理财产品发行情况开展专项检查。全年各项检查7次，形成工作底稿65份，检查报告10份。

三是信息系统上线、优化，实现全流程电子化管理。响应监管要求，通过行内集中采购流程，租用ComStar理财资产管理系统，目前已在全行范围内上线，初步解决了理财资产端信息化的管理需求。“理财业务综合支持系统”功能持续优化，目前已可支持13个产品销售渠道，5大类产品资金自动划拨与清算，以及保本理财分层级的核算。资产管理系统与销售系统成功对接，实现了理财产品单独管理和出具报表的全流程电子化管理，通过系统实现监管要求。同时，派专人推进“理财资产全流程直通式处理流程”组件的开发工作，“新一代”正式成立投资银行工作组，行内自主开发工作步入正式进程。

（四）围绕中心服务大局，多项举措助力全行发展

一是立足全行大局，积极支持行内存款增长。2013年12月最后5个工作日，通过年末到期兑付、跨季募集、非保本理财的资产池开放式赎回、信贷资产入池等措施对接资金4 546亿元，占12月当月一般性存款新增的78%。6月末支持存款2 321亿元，占一般性存款当月新增的82%。关键时点上，在保证理财产品正常兑付的前提下，理财产品对存款的支持力度明显。

二是保证流动性安全，维护对公大客户稳定。2013年末关键时点，通过加大资金募集规模、营销同业机构购买建设银行理财产品、提高产品收益率等方式，保证了130亿元资金入池，较好地保证了关键时点流动性安全，缓解了对公客户的流动性压力，对全行维护大客户提供了有效支持。

三是积极服务客户，定制化产品满足金融需求。主动加强与个金、财富、电子银行、养老金等部门的联动，有效满足高端客户个性化、多样化的需求，全年共发行固定期限产品664期，发行总规模2.51万亿元，同比增长152%，募集资金1.32万亿元，平均募集率达到53%。与客户部门的联动得到了相关部门的理解和一致好评。

四是加强公司部门联动，延伸对公业务价值链条。2013年初，与公司部、集团部联动开展了债务融资业务旺季营销活动，部门联动营销成果显著，仅2013年第一季度，累计承销金额659.28亿元，比上年同期增长14.15%，实现承销费收入5.27亿元，占全年收入的35%。通过部门联动，全面提升了投资银行综合营销服务能力，同时延伸了对公业务价值链条。

五是紧密联系金融市场部、资债部，保证关键时点流动性安全。紧密联系市场部，尤其是在资产池运作方面，关键时点市场部拆借资金达

1 000亿元，保证了流动性管理的安全。年末关键时点，资债部通过运用自有资金购买理财产品方式协助缓解资金紧张压力，有效支撑了理财业务的安全运营。

执笔：李宇庆

国际业务

一、多项业务取得突破

10项指标排名四大行第一：跨境人民币业务市场份额新增、外汇贷款新增及增速、外币贸易融资新增及增速、外汇存贷比及增幅、转贷款余额及项目新增、出口信贷再融资累计签约额。

3项指标位次提升：跨境人民币开户数、外币贸易融资余额、外汇存贷比。

境内跨境人民币业务市场份额上升了3.85个百分点，达到17.68%，超过计划2.68个百分点，境内外跨境人民币业务量突破万亿元，国际结算量突破万亿美元，达到10 378亿美元，三年时间实现翻番，同比增长23.25%，高出全国对外贸易增速17个百分点；国际结算收入45亿元，较年初实现正增长。

海外机构总资产878亿美元，商业银行类海外机构考核口径资产736亿美元，税前利润4.81亿美元，分别较年初增长40%和52%，大幅超过35%和25%的年度计划和战略目标。

墨尔本分行作为首家海外二级分行顺利开业，伦敦子行在中资同业中率先在伦敦发行人民币债券，东京分行在自设机构中首家开办零售业务。

贸易融资投放突破万亿元人民币，利息收入同比增长41%，在同业中率先推出大宗商品融资套期保值、跨境换币转通知等独创性产品，获得“中国最佳贸易融资银行”、“最佳商品融资服务银行”和“最佳国际供应链融资银行”等奖项。

单证业务集中速度创历史新高，年内上收11家机构，为2006年以来最多，境内外上收机构总数已达29家，上收比率接近六成。

二、重点产品保持市场优势

（一）国际融资业务同业领先，多项指标位居前列

国际融资签约额11.3亿美元，较2012年提高5%；实现转贷费收入6 673万元，同比增长15%；转贷款余额20.49亿美元，余额新增和签约额新增均列四大行第一；出口信贷签约额7.48亿美元，比2012年年提高11%，其中出口信贷再融资签约额四大行第一。

（二）国外保函业务稳居四大行第二，收益水平有所提高

余额218亿美元，融资性和非融资保函各占一半，实现中间业务收入5.3亿元，同比增长6.02%，支持了三峡集团香港子公司并购葡萄牙电力公司和三一国际香港全资子公司采购大型配套设备。

（三）代理外币清算业务积极推进，跨境人民币开户数排名前进两位

与1421家境外注册商业银行建立了总行级代理行关系，覆盖135个国家和地区，建立了2 400个代理行密押关系；111家金融机构在建设银行开立各币种清算账户188户，清算笔数8.8万笔，同比增长36.2%，清算量6 933亿美元。开立跨境人民币同业账户130个，交易量3 468亿元，同比增长415%。

三、产品和流程创新取得积极进展

（一）积极应对政策和市场变化，贸易融资市场地位更加稳固

根据客户需求，完成了质票融资、汇贷盈、

贸易融资保证金保本理财、进口保理、场外期货保值、远期信用证买方付息贴现等多项创新产品，制定了大宗商品场外套保融资办法，研发出口应收账款非买断型风险参与、三方协议委托付款等产品，与境外机构合作推进福费廷和国际保理业务，建立了出口账款境外催收和债务确认机制。

（二）扩充了国际融资产品系列，多渠道拓展资金来源

积极探索飞机融资业务模式，成功推出海外分行贷款、境内分行转贷款创新产品，获得了东航两架空客飞机的融资主办权。

（三）境内外汇现金管理网络全面投入运营，全球现金管理迈出第一步

为中国冶金科工集团、中航工业集团、海航集团、德国朗盛集团、海南泛洋航运集团等客户提供了外币现金管理服务；积极竞标中石油集团境外资金池项目，通过与卡特彼勒集团合作，成功进入跨国公司外汇资金集中运营管理试点银行名单。

（四）交易币种日趋丰富，小币种服务能力显著提升

新开立新西兰元、澳门元、兰特、韩元等小币种外汇清算账户，基于业务需求发展海外机构账户行网络，为海外分行在境内外银行开立人民币和外币账户提供支持。

（五）单证中心建设步伐加快，上收速度创历史新高

顺利上收了11家机构的国际结算单证业务，境内集中机构已达24家、境外机构5家，2012年以来处理单证业务33万笔，同比增长了55%，单证业务操作效率和质量大幅提升。

四、外币资产负债管理能力有所增强

（一）外币存贷款结构趋于均衡

大力压缩高息保证金存款及同业存款，加大贷款投放，外币资产负债结构不断调整优化。外汇全口径存款余额649亿美元，外汇贷款余额突破500亿美元，达到524亿美元，新增及存贷比增幅均列四大行第一。

（二）外汇效益状况逐步好转

通过7次下调内部资金转移价格、加强分行存贷款价格监控、取消“以存定贷”、推出境内同业存放业务、为海外机构增加临时资金拆借额度等手段，抑制高息存款，增加贷款投放并扩大外币资金运用渠道，资金收益稳步提升。

（三）服务全行重点客户发展战略

支持重点综合定价，开展外汇存贷款业务名单制定价管理，简化了审批流程，提高了市场反应速度和竞争力。

五、经营风险得到基本控制

（一）认真落实全面风险管理要求

根据银监会大型银行监管工作要求，梳理部门应急预案，配合做好内外部审计、内控及风险管理工作。加大风险排查和业务督导力度，组织贸易融资风险排查和现场检查，建立了风险预警报告制度，多个维度对内保外贷存量业务进行风险分析，贸易融资业务总体上未出现系统性、全面性风险暴露，有效遏制了区域性风险蔓延，内保外贷业务未发生不良。

（二）做好国家/地区和境外金融机构风险管理

一是关注国际局势变化。针对各类风险事件发布风险预警提示19次。二是健全制度建设。配合风险部制定了“国别风险监控应急规程”和“国别风险评级管理规程”。三是加强额度管理。境外金融机构授信156家，总额度613亿美元，一方面大力支持符合授信条件的需求，另一方面根据风险防控需要及时开展额度调减或冻结。四是规范代理行建押标准。及时更新代理行名单，从源头控制与外资银行合作风险，2008年金融危机以来倒闭的银行中无一家建设银行代理行。

（三）严格执行监管部门要求

认真执行监管部门要求，进一步规范收费及价格；牵头组织执行外汇管理规定有关工作，配合外汇局开展常态化、高频率外汇业务检查，确保了各项业务合规经营。

六、海外业务发展和机构布局全面提速

（一）海外发展战略加速推进

一是顺应形势提升目标。制定了《关于落实“2011—2015年海外发展规划”的工作方案》，明确了“十二五”期间年均资产规模增速35%、利润增速25%的业务发展要求和机构网络布局目标；

二是业务指标圆满完成。确立了“以资产战略增长为中心”的年度经营策略，实现资产和利润增速“双超”目标；三是机构布局多线并进。建设银行在海外的第一家二级分行——墨尔本分行顺利开业；迪拜、俄罗斯子银行，多伦多分行境外申设进程加快；台北分行、旧金山分行、大阪分行，卢森堡分行和子银行审批工作取得阶段性成果。

（二）境内外联动进一步深化

一是搭建了高层次、多区域的境内外联动平台。牵头组织环渤海、珠三角和长三角地区五次联动营销会，成功营销200多家国内战略/重点客户，实现超百亿美元联动业务对接；利用培训及会议机会，积极推介联动产品、强化联动合作；二是积极推进集团总部营销。会同集团部共同推动海外机构办理中海油收购尼克森60亿美元的俱乐部贷款和香港联通50亿港元融资等业务，全力争取中石油全球现金管理行资格。

（三）落地业务快速发展

一是完善计划考核体系。首年在海外综合经营计划和绩效考核方案中建立了落地业务发展考核体系；二是升级机构牌照功能。东京分行在自设机构中首家开办零售业务，新加坡分行以代理行模式推出本地私人银行服务，实现建设银行伦敦和建银国际欧洲投资银行业务的机构整合，推进在港机构资源整合和增资流程；三是全球授信能力显著提升。牵头筹组南非标准银行在伦敦、香港两地的银团贷款，获得2012年度英国权威媒体国际银团最佳交易提名，组织长江、太古、怡和、嘉吉等大型外资跨国集团全球授信；四是战略业务重点突破。在伦敦成功发行首只中资银行人民币债券，确立了建设银行在欧洲市场离岸人民币业务的领先地位。

（四）基础工作扎实推进

一是积极推动港澳机构整合与调整工作。完成《澳门地区机构设置及业务模式调整的可行性研究报告》并有序推进；二是推动海外产品创新和资源整合。成立了海外业务产品创新专家组，着手编写《海外业务产品手册》；启动海外资产簿记中心试点工作；三是完善海外机构管理机制。梳理简化授信业务核准政策和流程，提高海外机构授信审批权限；出台海外机构申设筹备工作规程，进一步健全规章制度体系；四是提升信息技术水平。海外企业网银在香港分行成功上线，实现海外核心业务系统（OCBS）全球现金管理功能；开发海外机构管理信息系统（MIS）、优化升级海外数据管理系统，超半数海外手工报表实现自动化生成。

七、外事服务能力和管理水平不断提高

2012年共审理全行各类因公出访团组576个；安排境内外会谈406场，接待外宾1 382人次，为全行各类外事会谈提供6 306小时口译支持，笔译和审核16万余字；接待国外政府、金融监管机构、银行同业、非银行金融机构、全球500强企业、知名媒体等高层来访，为建设银行走出去战略实施及海外业务发展提供了支持和保障。

执笔：展佳

海外业务

一、海外业务经营情况

（一）经营效益

截至2013年末，海外机构税前利润7.06亿美元，其中商业银行类海外机构税前利润6.35亿美元，同比增长1.66亿美元，增幅35%，顺利完成2013年税前利润增长目标。其中，胡志明市分行、悉尼分行、法兰克福分行、纽约分行、首尔分行、东京分行、建设银行亚洲、建设银行俄罗斯、建设银行迪拜和台北分行等机构均顺利完成

利润计划，建设银行俄罗斯在开业第一年即实现盈利。

（二）业务规模

在资产方面，截至2013年末，海外机构资产总额1 276亿美元，较上年末增长399亿美元，增幅45%；其中商业银行类海外机构管理口径资产1 160亿美元，较上年末增长426亿美元，增幅58%。各机构均按计划完成资产增长目标，其中，约堡分行、建设银行亚洲落地资产在总资产中占比超过50%；建设银行伦敦、胡志明市分行、新加坡分行、纽约分行、悉尼分行落地资产也实现了较快增长。

在负债方面，截至2013年末，海外机构主动负债928亿美元，较上年末增加333亿美元，增幅56%，在负债中占比79%，较上年末增长6.34个百分点；其中一般性存款418亿美元，较上年末增加128亿美元，增幅44%；存款证发行315亿美元，较上年末增加149亿美元，增幅90%。

海外机构中，建设银行亚洲、约堡分行的一般存款在总负债中占比已超过50%；悉尼分行、建设银行亚洲、东京分行、建设银行欧洲、台北分行、首尔分行、新加坡分行的主动负债在总负债中占比均超过70%；建设银行亚洲、纽约分行和悉尼分行积极利用自身优势，为兄弟机构提供资金支持达41亿美元。

（三）跨境人民币业务

2013年，海外机构累计办理跨境人民币结算量9 722亿元，同比增长4 111亿元，增幅73%；其中与境内分行联动办理的跨境人民币结算量8 034亿元，同比增长3 504亿元，增幅77%；海外机构人民币结算客户数964户，同比增长530户，增幅122%。

（四）资产质量

截至2013年末，海外机构不良资产1.12亿美元，较上年末减少5 428万美元，减幅33%；不良资产率0.09%，较上年末下降0.11个百分点。不良贷款8 947万美元，较上年末减少6 329万美元，减幅41%；不良贷款率0.10%，较上年末下降0.23个百分点。贷款拨备覆盖率238.37%，较上年末增长71.25个百分点。

二、重点工作开展情况

（一）机构布局实现突破性进展

俄罗斯子行、迪拜子行、台北分行、大阪分行、卢森堡分行及建设银行欧洲等6家机构相继开业，海外一级机构总数达17家，覆盖15个国家和地区；在港机构整合顺利推进，建设银行亚洲和香港分行在圆满完成各项整合任务的同时，实现了既定的发展目标；澳门分行、智利分行申请获得银监会批准，新西兰子银行境内申设正式启动，初步完成泰国、荷兰、波兰市场研究报告。

（二）境内外联动持续深化

一是搭建高层次、多区域、全方位的境内外联动平台。组织集团客户境内外联动座谈会，建立集团客户境内外信息联动机制；举办三次联动客户营销会，对接94个客户联动项目，意向金额约40亿美元；总分行、境内外联动营销中石油、中海油、通用电气、邦吉等大型战略/重点客户，促成超百亿美元联动业务。二是推进联动业务模式创新。利用新加坡、伦敦获得人民币额度的有利契机，配合海外机构营销RQFII业务在建设银行托管，并借此机会与全球投资机构建立合作；悉尼分行与境内分行联动，为高端私人银行客户提供理财及投资移民服务；积极推进海外簿记中心建设，推动香港分行、新加坡分行开展资产簿记业务。

（三）落地业务加快发展

一是零售业务积极推进。东京分行充分发挥牌照和营业场所优势，积极开办零售业务；法兰克福分行、俄罗斯子行开办个人住房贷款业务；新加坡分行以代理行合作模式提供私人银行服务；悉尼分行为高端私人银行客户提供理财及投资移民服务。二是全球授信能力显著提升。办理中石化集团香港成员企业鼎典能源有限公司10亿美元、中国船舶（香港）航运租赁有限公司10亿美元等大额集团授信业务；配合海外机构推进三星电子、大宇国际、阿尔斯通等大型重点跨国集团客户的全球授信工作。

（四）资产负债业务均衡发展

指导海外机构拓展中长期负债来源并取得实质性进展，通过吸收存款、发行CD、CP等方式自筹资金达900多亿美元。首尔分行成功在韩国发行首笔美元存款证，开创了外资银行在韩国市场发行存款证的先河；建设银行亚洲成功设立欧洲中期票据发行计划（EMTN Program），初始金额30亿美元；悉尼分行首次成功发行全球澳大利亚元中长期存款证，筹集4亿澳大利亚元，超额认购1亿澳大利亚元；东京、纽约、法兰克福分行分别筹备发行商业票据和人民币债券。

（五）跨境人民币战略重点突破

以人民币方式完成对建设银行亚洲和建设银行伦敦的增资，全力支持建设银行伦敦争取英国人民币清算行并顺利实现跨境人民币清算业务直通功能；悉尼、法兰克福分行积极推动当地人民币离岸市场建设，力争成为人民币业务引领者；香港分行与台北分行密切配合，在中资同业中首批发行宝岛债，筹资20亿元；悉尼分行在香港市场私募发行1年期人民币存款证，发行规模6亿元。

（六）基础工作扎实推进

一是完善海外业务管理。总行各部门印发了一系列海外管理规章制度和业务发展指导意见，进一步强化对海外机构的条线化指导与管理；梳理优化授信业务核准政策和流程，提高海外机构授信审批权限；进一步加强海外风险内控管理，指导机构合规经营。二是加大海外员工培训力度。通过多种方式强化海外机构员工培训，特别是6月在常培举办全行第一届海外机构外籍员工培训班，增强了外籍员工对建设银行文化的了解和认同，取得良好效果。三是加速推进海外IT系统建设。正式启动新一代系统海外建模工作并初步完成差异化分析，新一代企业级数据应用系统实现60余张手工报表的自动化处理，并已在香港分行试点上线；企业网银系统在7家海外机构成功上线，完善了海外机构渠道处理功能；完成OTFS系统开发立项，力争今年上半年在新加坡、悉尼和台北分行上线。

执笔：郭梅军

营运管理

一、推进营业网点综合化转型，提升综合营销服务能力

推进单功能网点综合化转型，提升网点资源利用效率。全行综合性网点新增3 189个，总数达12 640个；中高端对公客户复用个人理财室6 752个，复用比率达64%，网点资源利用更为充分。

推进综合柜员制，提升网点人员综合服务能力。全行新增对私业务窗口12 070个，相当于新增3 000多个办理对私业务的储蓄所；单一对公柜台转型比例67%，综合柜台占比由32%提升至65%；新增综合柜员52 561人，综合柜员占比由27%提升至65%，满足客户“一站式”业务办理需求；客户排队等待时间减少约5分钟，日均服务客户数量增加15%，客户满意度提升8.8%。

推进网点综合营销团队建设，提升客户综合营销能力。全行组建综合营销团队11 589个，网点营销服务人员占比由31%提高到45%；梳理适合在网点销售的144类产品，提升客户综合营销和产品交叉销售能力；探索建立与网点综合化经营相适应的考核机制；建立起网点与上级行、专营中心联动营销机制，网点综合营销服务能力显著增强。

推进网点岗位标准化，促进资源向网点倾斜。统一网点八岗位设置，引导分行增加网点客户经理7 000人，交易核算岗位人员转型产品销售经理16 000人；联合人力资源部等编写八岗位培训读本并组织培训；引导资源配置向网点倾斜。

着力推动柜面业务流程优化，进一步为网点

减负。推进柜面业务凭证整合和标准化管理，逐步将柜面业务普通凭证由226种精简到66种，减少71%；取消、整合和电子化21种登记簿，提出60种登记簿电子化需求；推进柜面授权流程优化，拟减少授权事项466项，授权量可减少80%以上，试点完成126项精简优化和59项远程集中，点均授权由102笔/天降到40笔/天，降幅达61%。

二、深化网点前后台业务分离，提升集约化处理能力

进一步扩大集中处理服务网点、业务范围，提升客户与柜员体验。新增4 472个营业网点业务上收，实现38家分行共13 973个网点柜面实时业务总行集中处理；新增汇划落地等11类网点业务总行集中，单笔处理时长减少62%；实现38家分行信用卡进件总行集中处理，办卡效率由2—3周缩短为1周；完成对公类、外汇类、对私类共28类新增需求提交技术开发。

进一步上收分行处理环节，整合集中处理资源。新增上收11家分行业务修改、业务修改授权、影像拆分环节至总行，实现全行外包业务、3个行内处理环节总行集中处理；试点人工版面识别、失败原因分析等环节上收；实现企业网银及重客、汇兑汇入落地业务标准化处理环节由一级分行集中上收至总行，分行工作量减少65%，全流程处理效率提升60%。

持续优化生产机制与配套管理，生产质量效率稳步提升。通过规范凭证使用、细化业务指导、优化系统功能，异常处理率由11.83%下降至9.41%，自动验印通过率由90.48%上升至92.69%；推进二维码、OCR等新技术拓展应用，自动化处理能力不断提高。

三、加强生产组织管理，提高集约化生产质量

持续提升网点业务支撑服务能力。集中生产平稳运行，日集中处理业务达71万笔，严格生产作业管理，差错率由0.29%下降到0.21%，录入切片平均时长由8.08秒缩短至6.91秒；推进质量效率及风险控制精细化、专业化管理，探索完善适应工厂化流水线作业的集中生产运营模式。

试点云生产应急处理模式。组织推进分布式云生产应急模式研究，试点实施灵活复用分行人员在分散的物理地点参与总行集中业务处理，研究云生产应急机制，为跨区域劳动力调配奠定基础，增强集中业务生产连续性能力。

四、推进现钞业务改革，实现“现钞实物流转”战略成本项目落地

重新构建现钞业务制度体系。出台《金库管理办法》、《金库建设管理办法》与《机构现金调度业务管理办法》，实现了金库建设精细化管理，填补了机构现金调度业务管理空白。新审批的14个金库，节约面积1 343平方米，节约成本1 677万元。

全面推进各子项目的落地试点工作。完成实物黄金库存管理项目试点，通过研制黄金电子保管柜和保管盒，节约库容60%，出入库和盘库效率分别提升30%和50%，5个操作环节风险人控变机控；柜员现金循环机试点应用，简化收付款流程；营业机构、自助设备及金库库存限额三个数据模型试点，实现系统自动测算；完成集中维护自助设备清机频率改进试点，清机成本下降1.3%—14.2%；动态密码锁脱机试点扩大至全行集中维护自助设备的50%（8 266台），解决密码、钥匙管理难点问题，效率提升22.3%，并成功推动密码锁国家标准正式颁布；款箱出入库交接纳入新一代实施，对不同物品配送流程和系统功能进行整合。

落实反假货币专项治理工作。推进付出现金全额清分工作；完成冠字号码查询系统开发及首批30家分行上线，履行涉假举证责任；按季通报缴存人民银行发行库现金中发现假币情况，全年平均假币浓度为四大国有商业银行最低；加大出纳机具配置与更新力度。

做好现金备付管理工作。强化现金备付工作过程管理，提高针对性和有效性。在网点新增712个、自助设备新增17 337台的情况下，全行现金备付率完成预定计划目标。

五、推进集约化、专业化稽核作业改革，提升集中监督能力

提高稽核监测模型预警准确率。进一步优化稽核监测模型，下发核查指引。全年新增上线预

警模型62个，优化调整模型102个；提高稽核人员分析核查能力，减少前台核查工作量。稽核监测模型准确率从7.1‰提高到8.75‰，下发网点核查的信息量减少62.4%。

紧盯风险热点问题，深抓专题稽核。制订专题稽核方案，组织全行开展专题稽核151项，发现重大违规问题391个。其中，“参与民间融资行为风险排查专题稽核”发现典型案例202个，涉及资金248.68亿元。组织38家分行开展专题稽核经验共享、互相学习点评活动，进一步提高全行专题稽核业务能力。

研究推进核对类稽核业务总行集中改革。研究将分散在一级分行的核对类稽核业务进一步上收到总行，实行标准化驻场外包作业和专业化质检管理。启动核对类稽核总行集中改革试点，完成四川省、西藏自治区分行业务上收集中。

六、提高总行本级交易核算水平，支持海外机构及金融市场业务发展

推进二代支付系统项目建设。完成38家分行一代支付系统总行集中，并上收了参数维护和对账等日常作业；利用超级网银系统，协助电子银行部开发和部署了网银跨行资金归集产品；配合完成二代支付系统人行端的上线切换，使跨行支付业务平稳过渡。

持续支持海外机构业务拓展。完成海外清算系统、资金后台结算系统在迪拜、台北、多伦多和澳门分行及建银国际的推广，实现与胡志明、台北当地清算系统直连，实现两个系统全行集中管理；配合伦敦子行争办人民币清算行资格，完成方案设计，优化系统实现以伦敦子行为中心、三地联动、24小时人民币清算服务。

全力支持金融市场业务发展与创新。完成10项金融市场产品后台业务流程设计和系统开发，完成新一代金融市场一期后台项目投产上线；通过系统优化，实现贵金属租借、寄售买入业务、代客黄金远期业务前后台直通处理，在业内率先实现贵金属拆借类确认报文自动生成、收发、匹配，减少人工环节；新签并修改ISDA主协议11份，完成本外币衍生品交易确认书668份，为金融市场业务提供有效法律支持。

圆满完成本级账务核算及业务运行工作。牵头完成第二阶段龙卡历史挂账清理和账务处理工作；规范证券业务系统与CCBS系统账务直联处理流程；完成总行级理财产品账户维护模式调整，实现总行一次性批量集中维护，效率提升4倍；积极参与建设银行会计核算制度的整合修订工作，全面梳理优化黄金业务操作流程；完成总行本级2010—2012年营业税退税1.35亿元。

七、夯实营运业务基础管理，提升标准化、规范化管理水平

进一步规范营运集中处理业务管理。结合核算和集中处理业务新增、流程变化等情况，修订下发《核算中心业务操作手册》、《营运集中处理业务操作风险控制要点》；配套修订完善柜面集中处理业务作业规则。

组织开展业务检查，防范案件风险。按照网点综合化统一检查要求，分三批对20家分行综合性网点及营运机构进行了检查，共检查40个综合性网点、34个营运机构，发现问题308个；完成全行78座金库，500台自助设备总行级特别检查，全行金库保持连续9年无案件和责任事故。

加强业务连续性管理。组织营运安全生产大检查和主管系统应急演练；对外包公司及处理中心安全生产及合同执行情况进行全面检查；拟定《营业网点业务连续性处理应急指引》，建立柜面业务应急处理机制；修订《OPICS系统应急响应及恢复预案》，提高后台系统支持能力。

强化业务培训。组织全行金库特别检查、核算中心业务主管、柜面业务集中处理、稽核监测业务、银行卡跨行差错及争议处理、营运操作风险等11期培训，参训人员达1 140人次。

八、积极参加新一代核心系统建设，支持全行业务发展

完成一期项目上线推广。牵头组织机构员工用户一期项目的上线推广工作。会同各部门、各分行完成全行4轮次总计4.7万个机构、37万员工用户的数据梳理；整理规范了1 921个业务岗位，1 164个业务角色，建立了同业领先的机构员工用户应用权限集中管控体系。

主题研究和后期项目建设。牵头完成实物主题研究，配合完成员工业绩、人力资源等主题研

究；牵头设计“知识管理平台”和“员工响应平台”，并规划组建“员工服务响应中心”和“一口入一口出”服务响应模式；牵头“运营配送管理项目”、“集中运营服务项目”等4个、参与10个二期项目实施。

执笔：王立辉　范知文

信息管理工作

一、主要工作成果

（一）建成企业级数据规范体系，强化数据规范执行

发布了企业级数据模型C模型1.30版，作为完整的企业级业务模型重要组成部分，成为新一代二期项目的基线版本。数据模型1.30版包括参与人等27个二级业务主题域，共2 510个数据实体、13 355个唯一数据属性。发布了包括5 469个数据项的衍生数据统一视图。从业务角度对银行业务关键词汇、指标和专有名词进行专业化和规范化定义，形成了包含8 788项业务术语的企业级业务术语库。建立了涵盖电子银行、财富管理等19个业务领域的6 000多个常用业务指标，并系统梳理和解决了511条全行管理中指标口径不一致的问题。持续进行数据标准的需求收集和更新维护工作，全年共完成558次数据标准完善工作。企业级数据规范体系已在新一代正式发布执行。

强化数据规范执行，建立了数据规范管理与维护的长效机制。指导和审核新一代一期组件C’模型的设计，完成新一代一期13个组件、21 368个属性、44 523个代码取值的评审，发现并纠正问题3 416个。规范数据需求管理，全面分析整理新一代实施方法中数据需求管理机制，制定了《数据需求描述模板》，在业务需求管理流程中对数据需求描述进行规范。推动业务术语等数据规范在业务领域落地和屏幕设计环节数据规范的执行。加强基准数据管理，完成对客户信息管理组件、产品研发组件、机构信息管理组件和人力资源管理组件基准数据管理要求的合规性检查，确保基准数据管理原则与规范有效落地。

（二）完成监管统计信息管理和企业级信息应用专题能力研究

按照新一代业务能力主题研究工作方法，完成企业级信息应用专题及企业级管理信息应用能力解决方案、监管统计信息能力解决方案两个主题的研究工作。从数据管理、数据整合、信息应用三个方面提出了全行数据管理与信息应用能力目标，明确了企业级管理信息应用和监管统计工作内容，确定了流程能力和业务改进方向，为新一代二期项目实施打下了基础。

（三）企业级数据应用一期项目上线，启动四个二期项目建设

企业级数据应用项目从企业级视角出发，基于新一代流程建模、数据建模、指标体系、数据标准成果和规范要求，采用全新的组件化方法、基于统一的数据架构建设，一期项目实现了包括电子银行部、财富管理与私人银行、信用卡中心、海外机构报表等共计194项业务需求，于2013年11月2日成功上线。企业级数据应用项目支持多样化的数据应用模式，为全面提升数据应用水平创造了条件。在新一代一期项目开发的同时，启动了新一代数据仓库、监管统计、元数据管理、企业级信息应用二期等4个数据与信息类项目的实施工作。

（四）银监会新资本充足率报表报送工作顺利完成

顺利完成建设银行资本充足率报告的对外披露工作，包括2次季报和1次半年报的信息披露。牵头13个部门试编了全量的资本充足率报告，基本确定了2013年年度资本充足率报告定性信息的

框架和定量信息的取数口径。正式发布《中国建设银行股份有限公司资本充足率信息披露报告编制指引（试行）》，详细说明各相关部门的职责分工和编制流程。完成BASEL全球系统性重要银行（G－SIFI）定量测算、《BASEL Ⅲ》全球定量测算、银监会高级计量方法定量测算等工作。按照巴塞尔委员会要求，完成了G－SIFI12类近200项指标、《BASEL Ⅲ》四大类300多项指标的测算，并配合银监会完成了巴塞尔委员会对我国的《BASEL Ⅲ》实施评估工作。持续夯实资本计算数据质量，梳理定义了监管资本计量关键数据项清单，确定了数据质量检核流程、检核规则和问题等级分类等，定期监测监管资本数据质量并编写运行报告。及时按照监管规则的调整对RWA系统进行了四期优化改造，新增或优化功能点涉及35个，较好地满足了行内管理考核需要。

（五）监管数据报送工作

按期完成总分行非现场监管报表报送工作，全年共向银监会报送了1 080张报表，无一迟报漏报现象。落实银监会新版客户风险统计制度要求，组织建设客户风险统计系统并如期上线，按时完成各期客户风险统计数据报送、数据核对与举证等工作，数据范围覆盖建设银行15万对公客户和5万对私客户的300多个数据指标，得到银监会好评。全年共向人民银行报送日报、周报、旬报、月报、季报以及临时性调查等各类统计报表总计657张（批次）；人民银行缴存表36期；向人民银行报送理财产品、资产池等信息累计66 113笔。向国家外汇管理局报送月报、季报、年报160张，向西城区统计局报送月报、季报26张。建设银行荣获人民银行2013年24家金融机构金融统计数据报送工作考核第一名。

（六）人民银行征信管理工作

高质量完成全行征信信息日常报送、数据质量管理、客户异议处理、征信系统应用成效报送等各项工作任务，全年共上报企业征信记录640万笔、个人征信记录8.17亿笔，处理客户异议信息11 900笔。在人民银行的数据质量和异议处理工作考评中，建设银行企业征信数据质量季度考评得分持续领先，先后获得“2013年度企业征信系统数据质量工作优秀机构”和“2013年度个人征信系统数据质量工作优秀机构”称号。积极组织协调总分行相关部门，严格落实《征信业管理条例》各项要求，完成征信管理相关制度的修订、相关数据报送系统的优化，组织开展《征信业管理条例》的宣传学习、培训以及执行情况的自查、检查活动。

（七）落实银监会良好标准现场评估检查整改

明确了70项监管建议整改的项目责任人和完成时间点，认真推动整改工作，按月监控跟踪整改效果。银监会统计部、监管一部对建设银行统计现场检查问题整改情况回访时，对建设银行良好标准整改工作给予了高度评价。以良好标准达标评估工作为抓手，组织分行开展自评估和整改工作，在第三季度完成了自评估工作，并针对不足制定了整改措施。编制良好标准评估工作手册，推动评估达标整改工作制度化、常态化。

（八）参与监管部门制度建设

完成金融行业标准《银行数据标准定义规范》函审、技术评审、报批，获得行业标准号“JR/T 0105－2014”，正在人民银行进行发布。提交金融行业标准《银行数据标准管理规范》标准立项申请。应人民银行金标委约稿要求，撰写《数据标准建设夯实现代商业银行数据管控基础》，发表在《中国标准化》（海外版）上。负责人民银行科技司《中国银行业信息化成果20年》数据管控理论与实践部分的撰写。协助人民银行完成经济普查机构情况调查、开展存贷款抽样统计系统上线后的业务验证、协助完成公积金存款账户和委托贷款账户结构情况调查，对2014年金融统计制度和系统提出修改建议。

（九）群众路线教育实践活动取得成效，基层员工报表工作压力减轻

2013年，总行共为全行377个分支机构提供了报表52 026张，其中月报31 668张，季报9 048张，半年报754张，大幅减轻基层机构监管报表编制压力。充分利用统计管理信息系统（SMIS）信息补录平台，对少量系统暂时未采集但管理急需的指标进行统一补录、集中共享，全年清理停报了分行对下布置的544张固定性报表。为满足银监会下发的《中国银监会办公厅关于报送调整后贷款行业投向统计表的通知》要求，与公司部密切配合，在CLPM系统完善了信息，避免了分行大规模手工报送数据。通过对NARMIS系统的分析加工，解决了部分补录信息的系统生成工作。优化理财销售系统和统计系统，减少分行手工干预，大幅缩减了工作时间。2013 年通过挖掘现有系统数据为总行相关业务部门加工生成了新提出的 161 张报表。

（十）数据挖掘分析及信息服务

基于企业级数据仓库为总行多个业务部门提供临时性数据服务以及月报、季报、半年报等经营分析所需数据和固化报表 52 次。支持财富管理和私人银行部、个人存款与投资部、住房金融和个人信贷部基于数据仓库的自主灵活查询数据服务。重点支持和满足了建设银行利率市场化、对公存款增长乏力原因分析、“三大一高”发展战略的重点客户群体营销、网银精准营销、小微企业的金融服务、全行综合经营计划和 KPI 考核等各项数据信息服务累计 400 余次。

（十一）外部资讯及用户统一管理工作

加强外部资讯信息共享，编发 24 期《经济信息文摘》，向各部门共享；通过资讯服务系统（ICSP）向全行提供外部共享信息的查询与数据接口服务，并对总行采购的 13 种外部信息实现全行信息共享。基于 ICSP 提供的统一的资讯信息服务，配合技术部对具备整合上收条件的 18 家分行实施分行资讯系统整合上收工作。加强全国统一用户管理，提高用户信息准确性和可靠性。

二、主要工作举措

（一）依托新一代核心系统建设，制定与执行数据规范体系

按照新一代数据管理工作整体规划，全面深入开展数据规范体系建设，建立企业级数据模型和标准体系，将数据模型与流程模型进行对接，建立了完整的基础数据规范，并通过严谨的项目实施方法确保数据规范在项目中的落地实施，提升数据服务水平和效率，有力地支持了全行管理和市场竞争。

（二）进一步完善制度体系

按照银监会监管统计数据质量管理良好标准的要求，搭建覆盖总分行、表内外、境内外、法人和集团、行内经营决策和外部金融监管等多维度统计制度体系，包括《中国建设银行新资本充足率（BII、BIII）报表管理办法》、《中国建设银行股份有限公司资本充足率报告编制工作规程》、《中国建设银行新资本充足率（BII、BIII）报表填报指引》、《关于落实〈征信业管理条例〉有关要求的通知》、《关于加强对公授信业务中客户信用信息查询和报送管理的通知》、《中国建设银行个人信用报告查询应用管理办法》、《中国建设银行企业信用报告查询应用管理办法》、《中国建设银行企业征信系统运行管理办法》、《中国建设银行企业级数据应用操作规程（试行）》等制度，建立了监管统计报备制度和各类专项统计制度。

（三）发挥数据质量考核机制作用

充分发挥 KPI 考核对全行数据质量提升的促进作用，进一步提升数据源录入质量、人民银行金融统计数据报送、银监会监管数据报送、征信数据质量、数据应用与报表的系统生成情况等信息质量指标。

执笔：谢坤

信息技术管理

一、确保系统安全生产，提高运维管理水平

2013 年，安全生产始终作为全行信息技术工作的第一要务，与运行体系、风险防控、支持保障等方面齐头并进。

一是加强运行维护综合体系建设，实现了应用运维一线与二线的分离，通过人员整合复用，节约了近 50% 的现场值班人员，建立起集约、高

效的技术服务管理流程。二是提高自动化运维管理水平，资源、应用、交易监控三位一体，自动化巡检达到87.42%、自动化应急达到80.13%，故障自动发现自动定位达到95%，持续提升故障自动发现、自动定位和自动恢复能力，保持了同业领先水平。三是组织签署安全生产责任承诺书，定期开展操作水平评估和考核评价，完善安全生产事件分析流程和整改落实。四是实施新一代云计算管理平台基础设施建设，实现了基础设施交付自动化。五是强化企业级信息安全风险管理，组织落实电子银行高危紧急风险整改措施，进一步提升了运行管理水平。

2013年，各系统交易量屡创新高，核心业务系统日交易峰值达33 019万笔，同比增长了51.90%。信息技术部门积极应对运行压力，确保各项保障措施到位，圆满完成了年初制定的运维保障目标，全年未发生四级及四级以上生产责任事故，五级事件数量同比下降63.83%；重要系统可用率均达到99.99%，其中核心业务系统、网上银行、国际卡、证券、EAIH等关键系统的可用率为100%。

二、"新一代"一期圆满上线，二期项目全面启动

新一代核心系统建设（一期）企业现金管理等13个项目，经过四批次上线切换已顺利投产，实现了新一代核心系统建设的预期目标，二期项目全面展开。

一是按照"企业级、集约化"原则，强化组织领导、明确实施计划、加强质量管控体系、完善管理规程等措施有序推进，确保了工程项目有序推进。二是以企业级建模方法，以结构化、标准化方式设计出的流程、数据、产品及用户体验模型来表述业务需求，构建起全行统一的业务架构。三是采用业界先进的面向服务架构（SOA），遵循层次化、组件化设计理念，搭建起基于12个应用平台统一、标准的IT开发与运行环境。四是基于专业化分工和一体化协同的实施工艺，IT项目开发实施向"软件工厂"转型。在项目建设过程中，通过推动以企业级工程实施方法保障项目建设目标落地，从业务模型、架构、实施工艺到管理流程等各方面有效提升了自主研发能力。

新一代核心系统一期项目顺利投产上线，实现了全行内部流程整合和外部服务渠道创新，推出了个人资产管理、托管、企业现金、金融市场等一批具有较强市场竞争力的产品服务，业务发展的制度和机制基础得到进一步夯实。一期项目在整合业务办理流程、提高交易处理效率、降低员工劳动强度、支持产品快速创新与综合营销等方面的业务价值发挥出的作用日益显著。

按照"新一代"实施路线图规划，二期相关准备工作已于2013年3月下旬正式启动，11月初完成了二期34个应用项目、2个基础设施项目的立项工作，二期项目全面启动。

三、深化科技改革创新，重点项目稳步落地

在推进"新一代"建设的同时，重点保障生产、市场和监管最急迫的项目实施。2013年，共完成53个项目立项、变更16项、验收25项，完成157项非项目任务书下达，审查了13个分行的25个项目；加强知识产权保护，全年新获得5项专利和63项版权登记；在人民银行公布的2012年度银行科技发展奖项中，建设银行有5个项目获二等奖，4个项目获三等奖。

证券业务系统新增账户贵金属定投功能，根据监管要求增加了基金短期理财份额明细查询，优化了国债开户等交易，进一步提升了系统的客户服务能力。善融商务系统通过优化，支付速度提高了2倍、订单支付率提高8%；整合龙卡商城，已有唯品会、天品网等454个商品作为善融联盟商城进驻。推进利率市场化系统改造工作。落实人民银行推出的贷款基础利率（LPR）集中报价、发布及LPR在建设银行业务中的应用，协调存款利率浮动相关需求的落实。在海外业务方面，在港机构IT应用整合项目成功上线，涉及海外核心业务、海外清算、海外网银等多个系统，实现了会计科目的统一、总账自动报送和同业往来户的集中管理。完成海外核心系统在迪拜、台北、大阪、墨尔本、卢森堡分行和建设银行欧洲等新设机构的推广上线。推进纽约、新加坡、胡志明市、法兰克福、伦敦、澳门等6家海外分行网银推广工作。同时，优化全球支付清算系统，提升了全行跨境人民币清算效率和清算服务能力，为建设银行伦敦争取英国地区离岸人民币清算行

资格奠定了坚实的IT基础。

四、推进“两地三中心”建设，助力提升保障水平

1. 主机系统物理集中顺利实施。南北数据中心整合项目如期完成并顺利投产，为实现信息技术“两地三中心”战略目标迈出了实质性一步。采用的分段异步级联的数据迁移方式属国内首创。整合后的新主机平台，大幅度提高了全行的业务处理速度和能力，本地交易响应时间从切换前的40毫秒缩短为20毫秒，通兑交易响应时间从100毫秒缩短到50毫秒，批量处理时间从原先的260分钟压缩到200分钟。主机系统的物理整合节约了生产投入，提高了资源利用率，改善了现有生产系统运行的基础环境。整合工作实现了数据中心跨地域集中管理的远程系统运维方式，开创了国内商业银行核心业务系统管理模式的先例。

2. 推进南湖生产中心建设。已完成一期投产相关模块基础环境建设、强弱电综合布线、ECC建设以及IT设备到位，实现了预期目标。完成了数据机房强弱电施工及相关IT设备安装调试，上线投产所需基础环境基本就续。详细制定了65个应用系统的迁移方案，相关应用改造及测试工作进展顺利。提前锻炼了队伍，组织近百人团队参与一体化运维体系建设工作，培养独立的运维操作能力，为南湖数据机房和ECC投产奠定了基础。

3. 提高风险管控能力。制定了《信息科技内控体系建设三年规划》、《一级分行2013年IT风险管理工作要点及考核标准》、《新一代核心系统建设中生产数据应用管理细则》等制度规范，健全完善IT风险制度体系；配合内外部审计检查，完成审计署金审平台推广，建立“IT审计检查问题跟踪库”、启动“IT风险数据库”建设；明确审计发现违规问题对责任人及处理的决定，落实信息科技管理问责机制，推进审计发现问题的整改工作；开展全行及海外机构信息安全自查，实施重要信息系统安全保护等级评定、报备、测评工作，通过风险评估排查出631个风险点，举一反三持续改进，严格落实了监管要求。

制定了电子银行安全保障技术架构，部署防病毒和桌面安全软件，加强音频盾等安全产品应用和创新，推进国产安全算法应用，防范大额案件发生及群发案件爆发，确保电子银行运行安全；以信息防泄漏为重点，拦截客户敏感信息2万余条；严控互联网访问风险，实施全行办公网与互联网隔离；深入开展IT风险管理课题研究，建设银行获银监会信息科技风险管理课题表彰一等奖1项、三等奖1项、优秀奖1项。

4. 加强灾备及应急管理。实施了《中国建设银行信息系统应急管理规定》；完善了灾备应急处置流程，推进全行IT应急预案标准化管理；全行共建立系统预案1 794个，更新预案2 727个次，评审预案2 327个次；组织开展业务连续性综合演练，重点开展了CCBS、CCS、ALS等核心系统灾备模拟演练；组织海外机构开展了总行端海外业务信息系统灾备模拟演练。全年共组织演练3 830次，其中实战演练3 181次，模拟演练367次，桌面演练282次，进一步提升了全行应急响应和快速恢复能力。

五、贯彻企业级原则，深入推进一体化进程

重点推进了中心岗位一体化，明确中心职责定位，建立起适应“一体化”集中统一管理模式下的中心岗位职级体系；明确员工岗位发展规划及职业技能发展方向，并在绩效考核、薪酬发放等方面不断完善配套机制。

中心一体化技术管理与“新一代”建设紧密结合，形成设计模式共享；对项目开发过程的资源配置、进度控制、风险度量、质量验证等实施全过程目标跟踪，开发中心整体自主率达到51.6%，较2012年提高了3.1个百分点。建立统一的开发测试环境，全年共组织688个投产版本的上线检验，同比增加了180%，整体通过率为98.7%，全年未发生因测试不足导致的生产事件。

同时，在分行项目审批方面，开放“新一代”代收代付平台，建设企业级总分行联动的一体化开发体系，支持分行特色业务发展，同时，分行项目审批环节减少为10个工作日内完成。在技术资源需求、技术产品及方案审批方面，则是通过统筹分行需求、明确审核要素、相关方平行受理等措施，提高响应速度，支持分行应对市场竞争。

研究工作

2013年，全年共形成并提交业务决策参考、研究报告和其他研究材料近300份。较好地贯彻落实了党委和领导的战略意图，组织材料、提供报告，为建设银行的重大经营决策起到了一定的支持和参谋作用。在对外交流，学术研讨方面也有声有色，较好地发挥了大型银行应有的作用。

一、紧紧围绕全行中心工作，从战略和全局的角度全力完成多项重点课题

研究部紧紧围绕全行中心工作要求，在总行领导的亲自指导下，开展有关专题研究，先后完成《关于银行支持企业“走出去”情况的报告及建议》、《对社会融资总量指标的几点看法》2篇向国务院领导报送材料，得到有关领导积极评价。完成了银监会2013年重点专题《利率市场化条件下商业银行发展转型的国际经验》，获得银监会政策研究局领导一致认可与好评。完成了《我行支持新型城镇化的战略选择》专题报告，该报告获得了行领导的良好评价，并在《建设银行报》、《现代银行导刊》以及外部媒体刊载，深受好评。完成了《增强忧患意识，加强预期管理——从美国银行业的发展轨迹看中国银行业未来》研究报告，提出了加强预期管理的若干对策建议。推出了《建设银行存款业务竞争能力分析》研究报告，对全面提升建设银行存款业务的竞争能力提出了针对性的政策建议。完成了《把握监管趋势，借鉴国际经验，加快创新银行资本补充工具》的专题报告。

二、紧密结合全行业务经营实际，集中开展热点问题研究

2013年，针对银监会会出台理财业务新政，研究部及时跟进，撰写了《理财业务政策变化对商业银行影响与我行对策》。针对证券市场化步伐加快，开展对证券化业务的研究，形成了《资产证券化市场发展趋势及我行策略选择》研究成果。2013年8月，国务院正式批准中国（上海）自由贸易试验区，研究部根据总行党委要求，形成了有关《自贸区利率市场化先行先试对我行的影响及对策》、《自贸区分行获批后面临的机遇及未来改革展望》，《自贸区资本项目开放对我行的影响及对策》、《自贸区离岸金融业务发展》等一系列研究材料。

三、密切关注同业发展动态，及时研究竞争策略

2013年，完成了《四大行盈利能力变化分析及相关战略对策》、《影响我行ROA持续增长并保持四大行优势的因素变化分析》的专题研究报告，并对建设银行转型发展规划的内外部环境变化进行分析，提出了影响建设银行持续增长的各种关键因素。撰写了题为《五大商业银行公司治理比较及相关建议》的专题研究报告。针对建设银行的市场定位问题，从建设银行转型发展的角度，加强了同业的比对研究，撰写了《建设银行发展的坐标定位、四大行战略执行情况对比及最新发展趋势》、《2013年三季度五家大型银行经营状况分析》等研究材料。此外，撰写出版《中国商业银行发展报告（2013）》，作为连续第六年全面持续跟踪反映中国商业银行经营发展状况的研究报告，本年度报告的翔实程度、论证的充分程度和写作的规范程度有了明显提高。

四、不断提升宏观经济形势分析研究水平，为经营决策提供重要支撑

努力提高宏观经济形势分析的及时性和准确性。先后完成2013年、2013年后三个季度和2013年下半年和2013年第四季度经济金融形势

分析报告共18篇。其中关于2013年第四季度经济金融形势分析报告还作为秋季行长座谈会参阅材料，为建设银行经营管理决策提供参考依据。与此同时，完成《当前发达经济体经济复苏中需关注的主要问题》、《全球经济政策调整增大新兴国家经济风险和市场波动》、《新兴市场资本流出压力降低，但资本流动走向分化》等国际形势分析报告13篇。

五、持续跟踪行业发展最新动态，不断增强行业研究的及时性和敏感性

2013年，研究部密切关注国家产业政策变化以及行业发展的新动向，紧紧围绕房地产、煤炭、天然气、电力、铁路、航空、汽车、互联网等重点行业发展热点、焦点问题，展开深入分析研究，完成了包括《商业银行信贷资产质量下降原因探析》、《自贸区航运金融探索》、《2012年我国互联网产业运行特点》、《公务航空融资租赁市场潜力分析》等在内的20余篇行业动态报告。此外，紧密结合建设银行业务发展需要，形成了《房地产行业显现复苏势头》、《我国合同能源管理发展趋势与我行对策》、《移动互联网发展态势及银行对策》、《信托业发展对银行业的启示》等13篇决策参考报告。

六、博士后培养取得积极成效

鼓励博士后多出成果，出好成果。博士后在课题研究工作中，以“问题研究”为导向，完成了《人民币国际化与商业银行经营管理研究》、《商业银行表外资产运用与管理》、《商业银行贷后管理机制塑造》、《如何创造建设银行新优势》四份博士后报告。并形成《人民币国际化背景下建设银行发展跨境人民币结算业务建议》、《西方商业银行表外资产发展趋势及经验启示》、《如何创造建设银行新的战略优势》等6份专题研究报告。同时，积极引导博士后参与到研究部的工作中来。2013年，博士后研究人员积极参与研究部大讲堂的建设和对外培训工作，完成了“供应链及供应链金融初探”、“金融数学模型概述”两期的大讲堂讲座工作，完成了对信息技术部国际业务组的业务培训工作。组建研究团队，承接“美国经济修复能力对中国经济改革发展的启示”等课题研究工作。

七、努力做好刊物的组稿编审工作，确保办刊质量

一是紧密围绕建设银行中心工作和金融热点问题，按照规范流程，积极组织稿件编审及校对出版工作。《现代商业银行导刊》全年处理了500多篇来稿，约240万字，刊登了204篇文章，刊登研究部稿件85篇，刊登了总行其他稿件22篇，其中刊发了董事长《关于党性修养和群众观点问题》的专稿，组织完成了行长专访《顺应经济转型，实现可持续发展》等重点稿件，较好地传递了总行声音，提高了刊物的品位和在全行的影响力。此外，与行长办公室密切协作，积极做好《投资研究》每一期的排版修改、印刷核红、发行、编审费发放等工作，全年共完成12期的编辑出版任务，提升了《投资研究》刊物的品牌形象。二是创新刊物的内容与风格。根据建设银行业务发展需要和宣传重点，对《现代商业银行导刊》中的部分专栏进行调整，开设了行长笔会、信贷经营、公司业务、中小企业、风险防控、客户服务等20多个栏目，新设了行业分析、聚焦基层、工作研究等栏目。同时，在装帧设计上，也做了很多努力和尝试来体现行刊特色，做到美观大方，并通过有选择地刊发图片，及时报道重要新闻和基层行的一些活动，力求图文并茂。

八、积极开展对外交流，扩大建设银行及研究部的对外影响力

2013年，研究部继续加强对外交流工作，致力于提升建设银行品牌形象和改善外部经营环境。一是赴人民银行参加美国联邦存款保险公司（FDIC）主席格伦伯格先生座谈交流会、“资产价格与金融风险早期预警”研讨会。二是接待北欧投资银行经济学家来访，给美国德宝尔大学MBA学生授课，介绍有关中国经济形势和建设银行发展情况。三是接待光大银行、浦发银行来访人员，介绍建设银行博士后工作站管理经验和做法。四是组织建设银行博士后研究人员参加中国工商银行博士后论坛等活动。五是在《建设银行报》、《现代商业银行导刊》及外部媒体公开发表各种

报告140余篇。六是翻译投资银行研究报告《中国银行业新金融渠道背后的风险》。七是与万德咨讯商定研究报告发布事宜，与新浪公司商定开通研究部官方微博，并与电子银行部及多家分行联系微博推广等事项。

执笔：孙永红

境内子公司改革与发展

一、建信基金管理有限责任公司

（一）主要经营成果

一、专户业务发展迅速

截至2013年末，公募基金资产管理规模730.45亿元，份额766.93亿份，规模行业排名第14位，在银行系基金公司中排名第3位；特定客户资产管理业务规模为252.92亿元，比2012年增长263%。2013年公司专户理财业务呈现两方面特点：一是自动理财业务取得快速发展，已与7家分行展开合作，规模达134.18亿元，不仅为建设银行带来托管费收入和中间业务收入，而且满足了建设银行客户的理财需求。二是通过与信托、券商、银行等机构的密切合作，直销业务规模达到34亿元，成为公司专户业务发展的新增长点，实现了专户业务渠道的多元化发展。

二、旗下基金业绩整体表现良好

在第十一届中国基金业金牛奖评选中，公司旗下建信稳定增利债券基金荣获“五年期债券型金牛基金”奖、建信双息红利债券基金荣获“2013年度债券型金牛基金”奖、建信深证100指数增强基金荣获“2013年度指数型金牛基金”奖。

三、营业收入和净利润持续增长

截至2013年末，公司总资产8.10亿元，同比增长12%，股东权益7.29亿元，同比增长27%。面对宏观经济和资本市场双双下行的不利局面，公司积极进取，通过加大新基金发行规模、全面控制各项费用支出等措施，全年实现营业收入6.21亿元、净利润1.32亿元，同比都实现增长；ROE为20.18%，ROA为17.20%。

（二）主要经营管理措施

一是加快新基金发行

2013年，全年新发公募产品10只，比2012年增加2只。产品发行只数行业排名第10位，发行规模285亿元，行业排名第2位，单只产品的平均规模为28.5亿元，排名第6位，用相对较少的只数取得了较高的规模。

二是坚持价值投资，加强投资管理

公司坚持价值投资理念，在风险可控的前提下尽可能获得更大的绝对收益。充分发挥投资研究的相互促进作用，不断加强市场研判，及时捕捉市场机会，提高投资业绩。同时，加大市场上优秀投研人才的引进力度，扩充投研队伍，提高投研团队对市场机会的把握能力，提升资产配置能力。

三是提高财务管理的精细化水平，严格预算控制

公司坚持开源节流，全力增加收入，严格贯彻落实中央八项规定和总行十项要求，厉行节约，严格控制支出。

四是强化风险及合规管理，保证业务平稳运行

公司高度重视依法合规经营，坚守证监会的“三条底线”，全年未发生任何违法、违规事件，在监管层检查中获得好评。高度重视合规文化建设，通过开展教育培训，强化规章制度和风险防控的执行力。加大对重点业务的梳理和优化，对业务关键节点做到随时跟踪，进一步提高公司内控水平。加强专业委员会的运作，夯实风险防控

机制。

执笔：罗志恒

二、建信金融租赁有限公司

（一）主要经营成果

一是经营成效显著。截至2013年末，公司资产总额512亿元、同比增长27%，租赁资产余额491亿元，其中，融资租赁余额449亿元、同比增长16.7%，经营租赁资产余额42亿元；净利润3.77亿元，ROA为0.82%，ROE为6.83%。

二是飞机租赁业务增长较快。机队规模从2012年末的5架增加到16架，其中经营租赁飞机6架，实现了该领域零的突破。飞机租赁资产67亿元，占租赁资产比率已达到14%。公司在国内外飞机市场已有一定影响。

（二）主要经营管理措施

一是大力发展飞机租赁业务。落实总行王洪章董事长关于大力发展飞机租赁业务的指示，围绕发展战略和年度经营目标，积极营销飞机业务，主动发展与境内外航空公司、飞机租赁公司和融资银行的关系，初步建立了广泛的业务网络，陆续与国航、南航、东航三大航空集团公司建立了业务合作关系。

二是银租合作和自主营销并举。优化银租合作模式，与建设银行多家分行签署《战略协同合作协议》，探索战略协同新模式。同时，公司加强了自主营销和渠道建设，公司内部相关部门紧密配合，积极探索自主营销租赁新型营销方式。

三是拓宽融资来源，降低融资成本。公司通过多种形式营销各类金融客户，与国有银行、股份制银行及部分城市商业银行建立了良好的合作关系，拓宽了公司资金来源。同时，公司密切关注资金市场，合理运用筹资策略，保障资金供应；积极丰富融资产品，降低公司筹资成本；积极探索境外融资模式，为境外SPV融资做好准备。

四是强化风险管理。完善风险管理制度体系，提升全面风险管理水平，建立长效防控机制，促进业务安全稳健运行；优化业务流程，提高风险防范能力，为促进业务持续、健康发展打下坚实基础；加强租赁审批，在审批中严把客户准入关口，防范和处理各类风险，在守法合规的前提下谋求价值最大化；强化资产质量风险监控，加强对不良租赁资产的动态管理和处置力度，提升拨备水平，强化抗风险能力，深化政府融资平台治理工作，加强流动性风险管理。

五是加强业务创新。积极探索通用设备经营性租赁，实现了公司通用设备经营性租赁零的突破；对医疗租赁行业与产品进行了深入研究；此外，积极研究自贸区政策并推进自贸区子公司申报工作。

六是优化定价管理。为适应新的租赁产品和新的市场交易结构，为开展飞机租赁业务探索建立了多维的风险收益分析模式；针对不同地区营改增政策特点，适时调整定价方法，降低税收风险并争取税收优惠政策的最大化。

七是促进业务信息系统建设。公司加速推进业务信息化建设，调研租赁业务核心系统建设，实现了公司信息系统建设基础工作和IT团队建设的大发展。

执笔：张超

三、建信信托有限责任公司

（一）主要经营成果

2013年，建信信托积极应对复杂多变的内外部经营形势，加快业务发展，调整结构，持续创新，积极构建多元化业务体系，公司转型发展和自主管理能力进一步增强。

一是实现了经营发展的主要预期目标。全年实现营业收入11.45亿元、净利润6.50亿元，同比增长10%；年末净资产规模63.09亿元、信托资产规模3 258亿元，均位居行业前列。

二是公司自主管理能力进一步提升。主动管理类信托业务规模达到881亿元，较上年增加479亿元，增长率119%；新设主动管理类规模763亿元，较上年新增386亿元。

在证券时报社主办的“第六届中国优秀信托公司评选活动”中，公司连续第三年被评为“中国最具成长性信托公司”。

（二）主要经营管理措施

一是强化自主管理，提升信托业务经营能力。

2013 年，公司顺应信托行业发展趋势，通过积极对接实体经济需求，以总行授信客户特别是"三大一高"客户为重点，持续优化结构，加强自主管理，提升项目运作效率，优化工作机制和流程，推动主动信托规模快速增长，自主管理能力持续提升。

二是拓展多元化渠道，市场营销能力持续提升。积极落实总行战略协同工作，通过召开业务联动会议、深入分行进行业务推介和对接，与集团分支机构的联动机制不断完善；通过抢抓险资年金投资新政机遇，成功营销 30 多家保险机构及年金投管人，合作金额达 267 亿元；继续深化与民生银行、光大银行的合作，新开发招商银行、中国银行、农业银行等多家商业银行的销售渠道；不断加大对高净值客户直销力度，逐步培育核心客户资源。

三是优化固有资产结构，增强资产管理能力。2013 年，公司进一步加大了固有业务资产配置调整力度，优化固有资产结构。在盘活低收益资产、提升流动资产配置效率的同时，稳健开展优质长期股权投资。落实集团综合化经营战略，积极推进收购良茂期货工作，重组方案已获证监会批准；作为战略投资者出资 8 000 万元成功参与设立陕西延长石油财务公司，完成了对厦门国际银行的投资入股工作；积极拓展新的业务模式和思路，与信达资产、深圳国资委合作设立并购基金。

四是搭建全面风险管理体系，强化风险管理能力。2013 年，公司在不断完善业务准入标准、细化风控措施、加强项目风险管理的同时，积极构建全面风险管理体系。通过引领全员参与、加强责任约束、完善内部制衡、强化整体管控，逐渐形成覆盖全员、全公司和主要风险类别的风险管理架构，有效增强了风险管控效果。

五是加强团队建设，逐步优化考核激励机制。2013 年，公司不断加大人才引进力度，全年共引进高层次专业人员 47 人，硕士研究生及以上学历占 77%；加强员工培训工作，全年组织各类培训 17 次，培训人员 231 人次；公司进一步规范了薪酬管理及考核机制，调整和细化了绩效挂钩政策，强化对信托业务部门负责人考核，明确风险控制考核政策，促进了公司价值创造能力的提升。

执笔：赵曼

四、建信人寿保险有限公司

（一）主要经营成果

2013 年，建信人寿深入贯彻落实党的十八大精神，坚定执行总行"综合性、多功能、集约化"战略，坚持改革创新，持续加快发展，取得了较好的经营业绩：全年规模保费收入 111.5 亿元，同比增长 84.1%；市场排名进一步提升至第 16 位；投资收益率 5.11%；实现净利润 1.01 亿元，同比增长 104.5%，连续第八年盈利；总资产达到 262.8 亿元，比上年末增长 48%；偿付能力充足率为 632%，达到中国保监会充足Ⅱ类标准。

2013 年，建信人寿广受媒体好评，先后荣获"2013 年最佳综合服务保险公司"、"2013 年中国最佳银行系保险公司"、"创新服务奖"等荣誉。

（二）主要经营管理措施

一是大力推进战略协同。积极推动渠道对接，与建设银行联合推进保险产品嵌入银行产品与业务流程，保险产品和服务成功登陆建设银行手机银行和网上银行。强化培训，不断提升网点人员的保险销售意识和销售技能。将运营管理和信息化建设纳入建设银行总体规划。

二是积极推动业务发展。银保努力做大规模，保费位列四大行寿险公司的第一位。团险重点销售效益型产品，积极创造业务价值。电销、网销逐渐步入正轨，建设银行外渠道开拓取得成绩。

三是不断实施改革创新。实施银保分类销售、团险大项目团队、个险新体制等营销创新工作。适时开发和推出万能险，率先开发上市利率市场化改革产品，推动热销产品的升级换代。电话平台新增自助查询和自助保全功能，网络平台实现客户自我服务功能整体上线。

四是优化激励约束机制。优化直属分支机构绩效考核制度，更加兼顾规模和效益的均衡，更加关注机构整体经营能力的提升，更加重视战略业务和效益业务。发布实施直属分支机构业务竞赛方案，实现业务竞赛的制度化和规范化。

五是稳步推进机构布局。四川、湖北分公司

顺利开业，河南、河北分公司成功批筹，三四级机构布局也持续加快。截至 2013 年末，公司拥有分公司 10 家（含上海业务总部）、中心支公司/营业部 28 家、支公司 4 家、营销服务部 23 家。

六是提升财务管理和资金运用水平。加强财务管理，全面推进分公司产品费用包干制，同时采取多项措施节省开支，为公司整体盈利提供有力支撑。努力提升投资收益，主动把握保险资金运用新政出台的机遇，积极申请投资资格，创新拓展投资渠道，引进储备投资人才。

七是持续提升服务支持能力。进一步提高集约化运营水平，实现后援全功能集中。不断完善投诉管理工作。坚持推行高效快捷的理赔服务，完善理赔应急处理机制。大力推进信息系统建设，重点推进信息化发展长期战略规划的落地实施。

八是不断强化风险管理。坚决打击销售误导行为。持续推进全面风险管理体系建设。强化制度建设，完成了内控制度框架体系的构建并汇集形成内控制度全景图。

九是着力加强品牌建设。全年无负面报道，未发生重大声誉风险事件。“4·20 雅安地震”发生后，公司第一时间向灾区捐款 200 万元，并向灾区记者及医护人员赠送意外保险，获得良好的市场反响，公司美誉度得到提升。

执笔：倪皓超

五、中德住房储蓄银行有限责任公司

（一）主要经营成果

一是经营成效持续、快速提升。2013 年末，中德住房储蓄银行资产总额 216.11 亿元，同比增长 41.90 亿元，增幅达 24.05%。实现税后净利 1.41 亿元，同比增长 0.39 亿元，增幅 38.24%。

二是住房储蓄业务再创历史新高。全年累计销售住房储蓄合同额 76.89 亿元、实现住房储蓄存款考核新增 14.13 亿元，同比增加了 13.75 亿元和 2.73 亿元，双双再创历史新高。

三是贷款类业务保持平稳。个人住房贷款年末余额为 103.81 亿元，比年初增长 25.98 亿元，房地产开发贷款年末余额为 67.05 亿元，其中保障房开发贷款余额 31.89 亿元，占中德银行全部开发贷款的比重为 47.56%，保障房开发贷款在天津市场的余额占比排名第四位。

（二）主要经营管理措施

一是加强风险管理与内部控制建设。紧密围绕五年发展规划，积极构建“大风险，大内控”全面风险管理体系，优化风险管理组织，理顺管理流程，传导风险理念，强化内控和审计监督，各类风险管控效果良好。截至 2013 年末，不良贷款率仅为 0.0776%，无不良房地产开发贷款。此外，编制完成内部控制体系建设三年规划，并在全行范围内，开展了“内控合规文化宣传活动”，强化了对全行员工的内控合规理念传导，全员风险合规文化正在逐步形成。

二是全面开展“业务流程和管理模式优化调整”工作。在优化调整过程中，成立两个总行直属营业部，并对营业部直属的销售中心进行综合化转型，使调整后的经营机构更加贴近市场和客户，业务流程更加清晰，人力资源得到有效整合。经过此次优化调整工作，基本上实现了管办分离和把总行办成真正意义上“总行”的目标。

三是完成“三定”，优化调整人力资源政策和完善人力资源管理体系。作为人力资源管理的重要组成部分，总行在优化调整的基础上，梳理岗位、编制和职责，开展并完成了“三定”工作。通过建立人力资源市场、双向选择、组织内部公开招聘、竞聘等措施，达到人尽其才、淘汰落后、提高效率的目的。

四是探索创新模式。通过搭建创新实验室，总行选调 30 岁以下的优秀员工组建了“创新实验室”，通过滚动式的选拔和培养，着力打造中德银行未来中坚人才队伍。调整住房储蓄事业部工作职责，更名为住房储蓄部，统一安排管理创新方面的工作，有效推进创新工作的开展。

五是注重企业文化建设工作。成立企业文化与市场推广部，统筹推进全行的企业文化建设，突出品牌建设。深入开展内部微信公众平台的建设和推广，使其成为内部信息传递和企业文化宣导的快速通道及重要平台。

执笔：沈卓

六、建银国际（控股）有限公司

（一）主要经营成果

2013 年，建银国际持续深入推进战略转型，经营更加稳健。截至 2013 年末，建银国际总资产 258.99 亿港元，实现净利润 4.05 亿港元。

一是建银国际发展转型成效显著。在宏观形势研判的基础上，坚持审慎稳健的原则，大力推动风险较低的固定收益类业务发展，投资结构进一步优化，利息净收入同比大幅增加，手续费及佣金净收入保持稳定。公司因应成长型企业迅猛发展的新浪潮，充分认识成长型企业的战略价值，加大对新技术、新能源、劳动力、环保和资源行业等研究分析，推进成长型客户跟踪挖掘工作，抢占成长型客户业务制高点。

二是公司品牌形象进一步巩固。2013 年荣获 20 多个奖项，其中连续 5 年荣获《The Asset》的"香港本地最佳投行"奖项。

（二）主要经营管理措施

首先大力拓展收费类业务。一是保荐承销业务方面，全年以账簿管理人角色完成 IPO 项目 9 个，包括银河证券、重庆银行、徽商银行、美东汽车、中国信达等，在中资银行系投资银行排名第 2 位。二是并购业务方面，全年完成并购项目 12 个，继续列中资银行系投资银行第一。三是债券发行承销业务方面，加强与总行相关部门的对接，共完成 16 个债券发行项目，项目角色逐渐向主要角色转变。四是证券经纪业务方面，证券保证金融资业务成为新利润增长点，实现利息收入同比增长 18 倍。五是在境内监管政策收紧的情况下，财务顾问业务实现稳步发展。六是完善资产管理平台，加强产业基金管理。

其次不断完善投资银行平台。在中资银行系投资银行率先获得中国证监会开展 RQFII 业务的资格，在同业中引起较大反响。建设衍生品经纪业务平台，期货经纪业务于 2013 年 12 月正式开业。

第三不断强化战略协同联动。以全球协调人身份，成功完成香港分行 20 亿元人民币台湾宝岛债发行相关工作，为国有银行首次推出宝岛债。与总行相关部门联动，成功完成中船 8 亿美元债券项目。

执笔：建银国际

海外机构

一、建设银行亚洲（含香港分行）

（一）业务开展情况

截至 2013 年 12 月末，建设银行亚洲总资产余额 4 112 亿港元（含香港分行转移），约为年初的 2.3 倍。加上香港分行后，建设银行香港地区（商业银行）总资产接近 6 000 亿港元，较年初增长 38%，超预算 2 个百分点。

2013 年，建设银行亚洲实现税前利润 17.2 亿港元，同比增幅达 84%。加上香港分行后，建设银行香港地区商业银行类机构税前利润 35.8 亿港元，超预算 8 个百分点，较上年增长 36%。

截至 2013 年末，建设银行亚洲不良资产和不良贷款均实现双降，仅分别为 0.04% 和 0.05%。香港分行不良贷款率更是仅为 0.01%，两家机构信贷资产质量在同业保持领先。

（二）主要工作措施

1. 建设银行亚洲和香港分行整合顺利完成。自 2012 年 12 月 19 日总行启动整合工作后，香港分行和建设银行亚洲在同两地监管机构充分沟通的基础上，经过半年时间的反复论证和修订完善，形成了最终实施方案。在机构整合方式上，两家机构合并成为一家在香港注册的商业银行，沿用建设银行亚洲的牌照，同时继续保留香港分行的牌照；资产划转与增资安排方面，在监管允许的前提下，将香港分行的资产于2013年末前分批转移至建设银行亚洲。总行向建设银行亚洲一次性股权注资176亿元人民币（已于2013年8月到位）。2014年和2015年建设银行亚洲发行150亿港元二级资本工具，保持资本充足率14%以上，核心资本充足率不低于10%；部门设置和人员方面，设置19个部门，其中前台11个，中后台8个。不裁员、不减薪；办公楼搬迁方面，中后台部门迁入九龙湾建设银行中心，前台部门迁入中环建设银行大厦办公。2013年6月27日，总行在九龙湾建设银行中心举行了香港地区机构整合发布会暨中国建设银行中心启用仪式。7月1日起建设银行亚洲和香港分行正式合署经营。

2013年6月27日，中国建设银行在香港九龙湾中国建设银行中心举行香港地区机构整合发布会暨中国建设银行中心启用仪式。

2. 境内外联动持续深化，跨境人民币业务取得新的突破。境内外联动是建设银行亚洲（含香港分行）的经营特色，在中资商业银行中处于领先优势地位。对公业务方面，落实“三大一高”战略，以独立协调行身份为中石化集团组建全球性银团贷款，目前也是建设银行筹组并发行的最大规模银团贷款；成功发行了20亿元人民币“宝岛债”，成为首批在台发行离岸人民币债的中资机构之一；成功举办了第一届“中国建设银行QFII/RQFII投资国际论坛”同时紧密加强了同中船工业集团、中石油、中国联通、中国移动等合作，取得了良好成效。大力支持境内外兄弟行开展联动业务，积极促成长实集团等本地蓝筹客户与境内建设银行合作。对私业务方面，与境内分行的联动营销取得突破，拜访了20余家一级分行，创新推出了“高端客户贷款”和“内房按揭”产品。“见证开户”、“陆港通龙卡”、“投资移民”等传统产品实现了高速增长，被总行授予“珠三角地区联动先进机构”。截至2013年末，两家机构合计人民币贷款1 228亿元，较上年增长83%。人民币客户存款711亿元，较上年大幅增长近160%。跨境人民币结算量突破6 800亿元，市场占比预计20%以上。

3. 制订战略发展纲要，加强零售银行和私人银行建设。按照建设银行亚洲董事会要求，制订了建设银行亚洲未来战略发展纲要，以“综合性”为支点，跨境金融为主线，同时大力发展本地业务和东南亚地区业务（“一点三线”），逐步成为香港当地一流的、全功能的、主要指标进入同业前列的优质银行。当前高度重视零售银行发展，在现有良好根基上，进一步加大资源倾斜力度，培育核心竞争力，巩固并提升零售业务的战略支柱性作用。同时重点加强了私人银行功能建设，明确了客户定位和经营策略。

二、新加坡分行

（一）业务开展情况

截至2013年末，新加坡分行资产总额42亿美元，较上年增长44%；实现税前利润1 550万美元，较上年减少44%。

（二）主要工作措施

1. 贸易融资业务。2013年，分行继续加强境内外联动和落地客户营销，增加授信客户，丰富创新产品，并继续加快跨境人民币业务发展，全面提高清算结算服务能力。

2. 公司贷款业务。2013年，分行以在中国有业务的当地大客户和落地大型中资客户为主要目标，加大营销力度，深化境内外业务联动，进一步深化、创新和发展联动业务。

3. 主动调整负债。2013年，分行主动调整负债的期限结构，增加中长期负债占比，进一步降低流动性风险。分行加大发行存款证筹资力度，其在负债中占比大幅提高，负债结构已渐趋合理。

4. 投资银行业务。作为分行特色业务，2013年分行继续大力发展投资银行业务。尽管投资银行总体环境不佳，分行还是积极进行营销活动，与各省分行充分交流并积极推介新加坡上市活动。

5. 私人银行业务。分行于2012年末获得总行批复后正式筹建私人银行业务，于2013年在总行财富部的指导下与渣打银行、瑞信银行展开私人银行业务多轮谈判，目前与瑞信银行的谈判结果明朗，取得较好成效，预计将会于2014年第一季度完成签约。

6. 资产簿记业务。2013年，分行正式启动簿记业务，完善了分行海外簿记管理制度和系统运作、操作流程，并完善了簿记业务相关报表。全年为胡志明市分行完成了赛轮集团和天南集团等4笔贷款的簿记工作，目前簿记业务运作顺利。

三、法兰克福分行

（一）业务开展情况

截至2013年末，法兰克福分行总资产达40.11亿美元，较上年增长36.14%；实现税前利润1 574万美元。

（二）主要工作措施

1. “落地”与“跟随”并举。在以前年度业务发展基础上，分行加强了本地业务拓展和市场营销，本地业务发展迅速，各类客户总数超过200户。同时，分行密切保持与总行及境内分行的密切联动，人民币跨境结算取得突破进展，截至2013年末，业务量已达384亿元。

2. 完成网银优化，通过网银服务辐射欧洲其他国家和地区。网银功能主要包括转账及各类查询功能，服务的客户数量超过30家。截至2013年末，交易笔数超过1 700笔，交易金额近8 000万欧元。

3. 协同卢森堡机构筹备组，顺利完成卢森堡机构申设及开业工作。

四、约堡分行

（一）业务开展情况

截至2013年末，约堡分行总资产22.4亿美元，较上年增长7.86%，实现税前利润1 704万美元。不良资产额4 396万美元，不良资产率1.96%。

（二）主要工作措施

1. 巩固分行业务“落地”优势，努力拓展新的目标客户。2013年分行新增客户数23户，超额完成总行下达的新增10户的任务目标，其中本地客户新增达17户，为分行未来进一步拓展当地业务夯实了基础。

2. 积极落实总行“跟随”战略，中长期联动信贷资产进一步增长。在“跟随”方面，分行始终树立服务理念，力争为建设银行境内、外分行提供优质服务，注重提高服务的质量和效率。2013年，约堡分行与北京市、广东省、深圳市等境内分行密切配合，继续巩固存量联动客户关系，深度挖掘存量客户潜力，先后办理了中有色赞比亚湿法公司内保外贷，中铁资源刚果金MKM信用证贴现。及中广核纳米比亚铀矿项目。除上述已经投放的项目外，2013年分行加大了联动项目储备，如与北京市分行、湖南省分行共同联动营销的三一南非内保外贷、中国南车南非机车更新项目、与广东省分行联动南方航空1亿美元的内保内贷项目等。同时分行也加大了对央企在当地分支机构的营销力度，正积极跟踪国家电网南非分公司莫桑比克电站建设项目。

3. 分行客户存款继续稳步增长，成绩显著。

截至2013年末，分行存款余额达128亿兰特，比年初增加31亿兰特，增长32%。同时，海外同业拆借也初步打通了渠道，为下一步根本性解决海外簿记奠定了基础。

4. 继续深化流程管理，风险控制水平不断增强。

5. 积极寻找机会，努力处置剩下的不良贷款。在2012年成功处置6户不良贷款以后，2013年分行积极寻找机会处置剩余的不良贷款，通过债权转让和核销完成处置了一笔不良贷款，最终实际形成损失3.77万美元，将损失降到了最低水平。

五、东京分行

（一）业务开展情况

截至2013年末，东京分行资产总额48.5亿美元，较上年增长76.7%；实现税前利润2 714万美元，较上年增加57.82%。

（二）主要工作措施

1. 大阪分行顺利开业，落地经营再下一城。2013年10月25日，分行举行了大阪分行开业仪式，大阪分行开业以来，立足当地市场，积极推进对公、零售各项业务，相继实现了存款、贷款

2013年10月25日，中国建设银行大阪分行在日本大阪举行开业仪式。

和中间业务零的突破。

2. 强化业务创新，可持续发展能力进一步增强。

——产品线不断丰富，服务功能日趋完善。

——客户基础扩大，发展基础进一步巩固。

——主动负债能力增强，资产负债结构进一步优化。2013年建立欧式商业票据计划，并完成500万美元商业票据的试发行，成为首批在日本建立并发行商业票据的中资机构。不断加大中长期资产的比重，增强抵御市场波动能力及增强资产组合获利能力。同时，进一步加强了资产和负债的期限、币种等匹配管理，降低因利率错配和货币错配所产生的市场风险。

3. 拓展联动业务内涵，进一步加快落地业务步伐。

——创新驱动，服务导向，实现联动业务转型升级。积极协助境内分行对重点客户进行全球一体化营销和服务，努力提高“总行战略客户”、“总行重点客户”和“AAA”级客户比重。

——克难求进，分层渗透，全力推进落地业务发展。在发展思路上，由低风险的存款业务开始，逐步拓展保函、保证等表外业务，进而发展银团、双边贷款等授信业务。在拓展方式上，采用“精确打击”方式，确定目标客户，并逐一进行营销。

——抢抓机遇，创新驱动，跨境人民币结算业务取得长足进步。

4. 实施全面风险管理，努力夯实发展基础。

——强化信用风险管理基础。完善贷款审批机制，优化授信申报书格式，构建差别化的审批流程。努力推进贷后管理集约化，整合贷后管理各环节活动，实现客户、债项、拨备等事项的联动决策。

——积极改进市场风险管理模式。尝试在资产负债组合层面建立汇率、利率等市场风险因素的识别和评估模式，实施积极的风险对冲策略，强化资产负债管理。

——不断完善流动性风险管理手段措施。进一步强化流动性风险的识别和监测机制，开展多币种、多情景压力测试，按照日、周、月等维度进行流动性头寸预测。

5. 完善内控管理，持续强化合规经营。

——持续强化内部控制和运营合规。定期完善规章制度，并开展对规章制度等的执行、落实情况的检查、监督。2013年根据分行实际，以地震和系统中断为主题，开展了业务持续管理和相关演练工作。年初的外部审计和5月总行的审计现场检查，均未发现违规事项。

——着力加强声誉安全管理。

——全面推进信息安全管理。

六、首尔分行

（一）业务开展情况

截至2013年末，分行总资产达58.6亿美元，比年初新增77%，税前利润3 029万美元，比上年新增80%。

（二）主要工作措施

1. 加强本地业务拓展和总部营销。积极开展韩国客户的总部营销和维护，客户主要包括三星集团、现代汽车集团、现代重工、LG集团、SK集团等世界500强企业。目前与韩国30余家大型跨国集团建立信贷业务关系，与境内分行业务合作持续深入，为分行长期可持续发展奠定了良好的客户基础。

2. 提升价值创造能力。加强成本收入管理，开源节流，盈利能力持续提升。2013年ROE为20.4%，同比提高5.2个百分点；成本收入比为31.1%。同时，首尔分行收入结构不断优化，2013年实现中间业务收入1 071万美元，中间业务收入占比为20.1%。

3. 风险管理能力全面加强。2013年，分行把风险管理和内控合规作为全行最基础的工作来抓，不良贷款余额和逾期贷款余额均保持为零，信贷资产质量持续向好；流动性风险得以有效控制；内控管理水平迅速提升，全年无重大风险事件。

4. 积极推进产品创新。分行积极贯彻总行关于“产品创新”的战略要求。为拓宽融资渠道，并于2013年10月成功发行了8 000万美元存款证，成为在韩国金融市场上第一家发行美元存款证的银行，获得多家韩国主要经济媒体报道和赞誉。

七、建设银行伦敦

（一）业务开展情况

截至2013年末，建设银行伦敦总资产61.1亿美元，较上年增长664%，实现税前利润392万美元。不良资产额1 946万美元，不良资产率0.32%。

（二）主要工作措施

1. 公司业务清晰定位，客户拓展成效显著。2013年子行重点服务于与中国有业务往来的公司，聚焦细分市场。加强境内外业务联动，针对目标客户，积极开展了市场营销，信贷资产从年初的4.2亿美元增长到26.7亿美元，全年新增双边客户21户。同时进一步新增完善公司业务系列产品和离岸人民币融资产品。

2. 资金业务稳步推进，资产规模显著上升。截至2013年末，子行为国内32家分行提供了相关交易类服务，完成代客业务交易量600亿元，共计实现利润1 490万美元，占全行主营收入的一半。2013年购入总行转让的外币金融机构债和美国国债，共计约28亿美元。自主投资美国国债5 000万美元，为子行资产规模的迅速扩充起到了关键作用。

3. 扎实推动清算业务，积极开展同业营销。截至2013年末，建设银行全年处理英镑清算业务15 603笔，较上年增长28%。先后举办了大型国际论坛，开展同业营销，牵头开立人民币清算账户等举措，短时间内扩大市场影响力，为人民币清算行的设立工作打下了坚实的基础。

4. 密切关注政策导向，高度重视零售银行和分行牌照申请工作。

5. 完善风险管理政策，积极应对重大事项。

6. 狠抓信息安全管理，确保安全运行。

八、纽约分行

（一）业务开展情况

截至2013年末，纽约分行总资产（剔除总行清算沉淀资金）达66.13亿美元，较上年增长163.71%；税前利润达3 627万美元，增幅27.20%。

（二）主要工作措施

1. 夯实客户基础，促进业务发展。截至2013年末，纽约分行贷款余额43.36亿美元，比上年末增加27.56亿美元，增幅174.35%，完成贷款增量计划的322%，其中：非联动类贷款占比达到43%。客户数量快速增长，两项产品覆盖客户数达到97户，比上年增长31户，增长率47%，有效客户新增计划完成比为155%。

2. 为兄弟行提供资金支持。截至2013年12月31日，向海外其他兄弟行拆出资金9.84亿美元、分别比上年增加9.39亿美元，增幅2 087%；提供账户透支累计金额2.79亿美元，力所能及地支持了兄弟行流动性需求及业务发展。

3. 推进美元清算业务及跨境人民币业务。截至2013年12月31日，纽约分行共与1 160家银行建立了代理行关系，当年新增代理行90家，新增代理美元清算开户5家。2013年，纽约分行全口径跨境人民币结算量393.19亿元，比上年增加315.78亿元，增幅408%；全年共完成跨境结售汇交易726笔，金额244亿元。

4. 推动联动业务深化。纽约分行与境内分行联动业务取得良好成效，与18家一级分行建立了贸易融资业务关系，部分重点分行已将纽约分行列为海外合作分行的优先合作伙伴，截至2013年12月末，联动贸易融资业务余额24.87亿美元，比年初增长23.24亿美元。

九、胡志明市分行

（一）业务开展情况

截至2013年末，分行资产余额达到12.3亿美元，比年初增长9.7亿美元。税前利润实现182.29万美元。

（二）主要工作措施

1. 积极开展市场拓展。全年累计办理信用证买方付息贴现业务1 097笔，总金额达到29亿美元，实现利息收入1 005万美元。信用证通知业务87笔，金额为3 004万美元，人民币换币转通知业务37笔，金额为1.4亿美元。客户高层营销方面，与越南HD BANK正在积极推进全面战略合作，主要涉及代理行、边贸结算、银团项目、在越跨行异地取现以及额度授信等业务合作。

2. 稳步壮大客户基础。2013年，分行新增企业客户数33个，新增落地客户6家，客户总数达上百家。行业分布包括建筑类、制造类、贸易类等诸多行业。

3. 不断加强基础性工作。按照总行制度要求及当地监管规定，分行建立并保持了覆盖重要业务领域的内部控制体系，基本能够满足业务经营与风险管理的需要。对已开展的业务制定了相应的操作规程，各部门能够合格地履行本部门的职能。

十、悉尼分行

（一）业务开展情况

截至2013年末，悉尼分行总资产达58.49亿美元，较上年增长187.71%，实现税前利润2 869万美元，增幅134.48%。

（二）主要工作措施

1. 积极探索海外二级机构发展模式，加速澳大利亚网络战略布局。分行将墨尔本分行定位为前台营销为主的服务延伸模式。2013年，墨尔本分行快速建立对公产品体系和落地服务功能，资产规模快速增长至4.12亿澳大利亚元；累计完成主营业务收入152万澳大利亚元，实现了首年营业第四季度盈利。

2. 重点推进人民币清算业务，领先本地同业。截至2013年12月末，分行实现跨境人民币结算量429.39亿元。多管齐下推进人民币清算业务，积极与中澳监管机构密切沟通，短时间内完成人民币清算流程设计和GMPS系统升级以及清算通道建设，于2013年12月正式实现人民币直通清算功能。

3. 高端理财业务取得突破。分行研究和探索以高端个人投资移民澳大利亚理财业务为核心的私人银行战略，成立建设银行澳洲财富管理中心，密切联动国内分行开展客户营销，服务客户全球资产配置。

4. 筹建建设银行首台海外ATM。2013年，分行筹建设立首台建设银行海外（不含香港）ATM，该ATM计划设置在墨尔本分行。这将进一步丰富和完善分行业务功能，解决建设银行持卡客户以及银联卡客户在澳大利亚取现等个人金融需求，同时对扩大建设银行澳洲影响力起到了积极作用。

5. 开辟多元化筹资渠道，对兄弟行提供资金支持。自成立以来，分行一直致力于拓宽负债来源与渠道，通过发行当地短期存款证、欧洲商业票据、多币种中长期存款证以及客户存款等方式筹措资金，有力地支撑了业务发展。截至2013年末，分行负债总额达65.4亿澳大利亚元，其中同业拆入20亿澳大利亚元，发行存款证39亿澳大利亚元，对总行资金依存度仅为6.6%。分行于2013年2月成为建设银行海外三大资金中心之一，负责为海外分支机构提供流动性及外汇业务支持。分行共向系统内7家机构提供了资金支持，2013年末已累计提供资金约18.87亿美元。

十一、建设银行俄罗斯

（一）业务开展情况

截至2013年末，建设银行俄罗斯总资产1.97亿美元；实现税前利润219万美元，实现当年开业，当年盈利。

2013年3月21日，中国建设银行（俄罗斯）有限责任公司举行开业仪式。政治局委员、国务院副总理汪洋（左二）在访俄期间出席了开业仪式，并与建设银行董事长王洪章（右二）共同为建设银行（俄罗斯）有限责任公司揭牌。

（二）主要工作措施

1. 扎实推进子行开业运转的各项基础工作。

2013 年 3 月，子行成功取得营业执照及完成开业仪式。按照总行管理要求，结合俄罗斯中央银行的监管要求和俄罗斯市场的情况，制定了子行董事会职能和议事规则，及内部控制、信贷风险、市场营销、会计营运、IT 运行和人事管理等核心业务管理政策制度和流程。

2. 积极营销客户，奠定客户基础。对公业务方面，2013 年成功营销 7 户客户开户，包括中国建筑、黑龙江能源建设公司等重要客户。个人客户方面，将留学生群体作为主要的营销对象，出台了针对留学生汇款、提现、存款等方面的优惠措施，取得了一定的效果，共开立个人账户 131 户。

3. 积极探索新领域。子行积极尝试个人住房抵押贷款业务。成功发放个人住房抵押贷款 1 笔，金额约 25 万美元。这是俄罗斯中资银行中的首笔个人房贷。

十二、建设银行迪拜

（一）业务开展情况

截至 2013 年末，建设银行迪拜总资产 3.4 亿美元，实现税前利润 -189 万美元。

2013 年 5 月 13 日，中国建设银行（迪拜）有限公司举行开业仪式。

（二）主要工作措施

自 2013 年 5 月开业，建设银行迪拜重点做了以下几项工作：

1. 资产业务方面，积极为中资背景的企业在中东及北非地区的分支机构提供融资和结算服务，特别是为石油、建筑、通讯设备等行业的大型企业提供金融解决方案；同时，积极寻求与本地客户的合作，包括通过银团贷款、开立银行保函、银行间的风险参与等多种形式开拓当地业务。2013 年完成 29 个客户的授信审批，授信总额为 57 348 万美元，累计投放 35 133 万美元。

2. 负债业务方面，受当地金融法的限制，资金来源目前主要依靠从总行拆入。同时，子行注重积极拓展主动负债业务的规模和品种，开办了离岸客户（非 UAE 本地注册企业）存款业务及同业市场资金拆借业务，为确保获得长期稳定的资金来源，以从根本上改善流动性管理的问题，同时尝试探索发行 CD 或 EMTN。

3. 完善制度建设和规范操作。

4. 加强风险管理及内部控制。

5. 加强流动性管理。

十三、台北分行

（一）业务开展情况

截至 2013 年末，资产总额新台币 476.7 亿元，实现利润新台币 -4 522 元。

（二）主要工作措施

1. 积极拓展当地客户。开业前后，分行先后拜访了近 400 家各类客户，商谈业务合作事宜，并建立了分行基本的目标客户群。截至 2013 年末，分行企业客户开户数已达 46 户。

2013 年 6 月 27 日，中国建设银行台北分行举行开业仪式。

2. 积极参与宝岛债发行，活跃台湾离岸人民币金融市场。分行成功协助香港分行在台湾发行建设银行首笔宝岛债。该债券由建设银行亚洲（香港分行）、建银国际、台北分行和主承销商——兆丰国际商业银行通力协作，于 12 月 10

日在台湾柜买中心挂牌发行，金额为20亿元，发行期限为3年，发行利率为3.25%。

3. 扎实基础管理。分行高度重视风险管理组织建设，明确了分行的风险管理组织架构，建立分行总经理负总责、全员参加的风险管理体系，并成立“风险管理与内控委员会”、“授信审批委员会”控管分行重要风险。遵照“中央银行”外汇局及业务局要求，推进准备金户及公开市场操作的申请等前期工作，取得了外汇业务许可。

十四、卢森堡分行/建设银行欧洲

（一）业务开展情况

2013年末卢森堡分行及建设银行欧洲总资产达3.56亿美元，实现税前利润-42万美元。

（二）主要工作措施

顺利开业并积极推进基础设施建设。2013年10月，卢森堡分行及建设银行欧洲正式开业，依照当地公司法和现代企业管理需要，建立了完整的组织架构和全面风险管理组织架构体系，制定了一套较完整的风险管理政策制度性文件，梳理并规范了流动性管理、市场风险管理、业务对账机制等内部管理政策流程。

执笔：郭梅军

二、内部管理与风险控制

办公自动化与基础工作管理

一、2013 年工作成效

（一）保障党务行务系统平稳运转

对外加强与党中央国务院以及人民银行、银监会等有关部门的联络，对内做好与总行各部门、各分支机构的联系。全年共收转和处理外单位来文、来函、来电 27.5 万余件。OA 系统覆盖境内外各级机构，保障了全行上情下达、下情上传。全年昼夜在岗值班，及时报告处理急务要务。

（二）保障全行政令畅通

组织全行四次年度工作会议和季度工作座谈会；筹办 25 次党委会、8 次行长办公会；提供视频会议支持 1 185 次。从会议筹备、议题归集、材料准备、宣传报道到任务分解、督办落实等全流程工作扎实细致，保证总行决策部署迅速准确地传达落实。

（三）保障服务协调到位

2013 年，行领导出席党中央国务院以及人民银行、银监会等上级领导机关召开的会议 59 余次；高层营销及访问交流活动 317 次（其中仅接待省部级领导人次、大企业高管 100 人次）；听取总行部门、子公司工作汇报 449 次，赴分行、子公司调研 112 余次。行长办公室周密做好相关协调安排和服务。

（四）保障重大决策的执行力

对党委会、行长办公会以及工作会部署事项做到件件督办，逐项通报，全年共立项督办 243 项。将分行落实情况及时报告行领导和各部门。做好对下级行请示文件的分办及督办；跟踪到具体承办人，及时提示，抽查、通报办结情况和质量；全年立项督办下级行请示 2 万件，日均 80 件。

（五）加强信息服务和宣传引导

发挥好《建设银行报》、《每日动态》、《值班动态》、《建设银行年鉴》、《投资研究》五大载体作用，全年共发行 246 期，发布信息 2 200 条，及时有力地宣传报道全行重要会议精神、党委工作部署、转型调整举措，交流、反映基层经验做法和意见建议，引导全行统一思想、深化改革发展。

（六）提升办公管理水平

把好用印关，全年审核用印近 71 851 次。把好公文关，总行收文发文 50 830 件，审核发文和签报 4 721 件，推行跨级直发，公文从总行传递到网点由两三天缩至 10 分钟。把好保密关，加强涉密文件和载体的检查管理，全年未发生涉密案件。把好档案管理关，总行本部归档 17 847 件，提供营业执照等实物档案复印件 3 572 份，全行线上线下档案查询 69 万次，组织鉴定销毁到期档案 82 万卷。

二、主要做法

（一）转变作风，增效增收

减会正风。为贯彻落实中央和总行党委关于严控会议活动的要求，我们严格控制会议数量，改进会议形式，减少和压缩全行性专业会议。2013 年总行本部召开会议数量比去年减少 60% 以上，经费压缩 60% 以上，在此基础上，2014 年将再压缩 30% 。

减文增效。发文数量减少，总行发文（不含业务批复文件）比 2012 年同期减少 20%；公文运转效率提升，总行签报会签平均用时较 2012 年同期减少 0.7 天，效率提升 21%；答复下级行请示平均处理用时减少 1.6 天，效率提升 22%。精简了 30% 的审批事项，减少了 40% 的审批件数。在原有 97 个领导小组的基础上撤销了 57 个，并对新设领导小组作出严格规范。

减支增收。制定了后勤服务勤俭节约十项措施，从细微处培养精打细算的好习惯。并着力创新管理方法，挖掘节支降耗的潜力，例如，组织工作小组，通过数据挖掘分析，采集总行大楼门禁系统出入人数、食堂就餐人数等历史数据，研究开发出就餐人数预测模型，以此确定食堂午餐饭菜的供应量。根据初步估算，通过该模型预测就餐人数可减少误差 30% 左右，既能减少饭菜浪费，还可避免因供应不足导致员工长时间等待的现象。

（二）转变理念，用心服务

从性质上看，办公室工作内容中包含着服务，有为员工服务的资源、手段和权力。所以办公室有条件从员工最需要的事做起，从员工最不满意的事改起。从责任上看，办公室既有管理的职能，又有服务的职能；既有监督检查的职责，又有抓好落实的职责。在联系员工和为员工服务方面，办公室比业务部门肩负更多的责任，所以要有更高的标准、更高的追求。时刻都要把员工的安危冷暖放在心上，关心员工疾苦，努力为员工办实事、办好事。

心系群众，树立服务保障理念：一是先解决，后解释。二是先有一个好态度再有一个好方案。三是即使做不到人人都满意，也要做到大多数人都满意。四是服务无止境，工作无边界。五是想到最困难，做到最圆满。在坚持抓好大事的同时，抓好五小：解决小问题，处理小矛盾，排除小隐患，提出小建议，帮助小人物。

（三）心系群众，做好保障

恢复晚餐供应、提高伙食标准；在食堂设置孕妇专座，服务女员工；开通信达大厦与兴融中心班车，方便员工公务往返，提高工作效率；根据员工需求优化体检方案，增加体检项目和套餐种类，并将体检时间提前 3 个月；在总行开设火车票代理点，为广大员工出差出行提供便利；随着寒冬临近，办公室还进一步完善雨雪等极端天气应急机制，及时向员工发送短信提示，布放防滑设施，协调相关部门调整考勤时点，延长早餐供应时间保证员工吃到热菜热饭，做好医护服务应对摔伤等意外情况。

（四）加强学习，联系实际

坚持理论联系实际，在坚定理想信念的同时，提高解决实际问题的能力。办公室党支部组成了理论学习小组，对学习心得体会进行整理，形成了《党的群众路线的内涵与实践》一文，从群众观点、群众立场、群众利益、群众工作体制、机制、制度、方式方法、纪律等诸多方面做了条分缕析，发表于《建设银行报》。之后，办公室进一步深入研究探讨群众路线的内涵与社会主义金融实践的关系，将有关观点整理后形成《群众路线的内涵与社会主义金融实践》一文，于 2013 年 11 月 18 日刊发在《光明日报》理论版头条，并被各大理论网站转载。

2013 年，《建设银行报》刊发群众路线教育实践活动专题报道 245 篇。办公室课题小组完成的《建设服务型总行的实践与思考》获得 2013 年全国金融系统思想政治工作和企业文化建设优秀调研成果二等奖和总行企业文化实践课题研究一等奖。

执笔：蒋岷

风险管理

2013年，在经济增速放缓和不良贷款反弹压力加大的情况下，全行资产质量保持稳定，年末集团口径不良率0.99%，与上年持平，各类风险总体保持平稳；资本充足率保持稳定，拨备覆盖充足；腕骨指标满足监管要求。全年共处置不良贷款485亿元，创股改上市以来新高。积极支持实体经济发展，严格控制产能过剩、地方政府融资平台、房地产等调控领域新增授信总量，产能过剩行业贷款余额较年初减少135亿元，全年对公信贷退出434亿元，信贷结构进一步优化。“小微”及“三农”贷款满足“两个不低于”的监管目标，民生领域业务健康发展，对国家各项宏观经济政策、监管规定执行有力，得到监管机构的充分肯定。

一、完善集团全面风险管理体制

（一）健全完善风险管理体制机制

1. 积极推进风险管理体制改革。多次召开部门、分行座谈会，逐一研究分析风险管理体制改革和信贷机制调整过程中有关配套衔接的事项，提出完善风险管理体制机制的建议，并在广泛征求意见的基础上，出台《关于进一步明确风险管理体制若干问题的通知》等相关改革措施，指导分行稳妥完成改革工作。推进风险管理职责覆盖至境内外分支机构和子公司，明确总行职能部门在集团风险管控中的职责定位。

2. 迅速完成机构职责调整。顺利完成机构整合和处室精简，保障了人员不散，工作有序衔接。将调整后的部门职责细化到处室和岗位，并迅速进入状态，提出具体工作措施，把全集团全面风险管理工作落到实处。在改革的过程中勇于担当，确保不因部门职责调整形成暂时的管理真空。

3. 健全风险管理与内控管理委员会沟通机制。补充增加委员会成员部门，完善风险管理与内控管理委员会议事规则，建立季度例会制度，研究讨论全行整体风险、各类别风险的趋势变化、突出风险隐患以及风险管理领域重要事项，部署落实重要工作事项，确保委员会充分发挥在风险管理与内部控制中的议事、协调、沟通作用。

（二）加强集团全面风险管理汇总

1. 完善全面风险报告内容。充分运用风险计量成果，从业务增长、资本占用、风险趋势变化、风险调整后收益等多个维度全面反映集团整体风险轮廓及各类风险变化趋势。同时，加强风险分析研究，及时向董事会、董事会风险委、监事会、风控委提供相关议题材料和参阅材料，分析当前面临主要风险，提出应对措施。为管理层决策提供有效支持。

2. 建立风险偏好传导和执行情况监测机制。印发《关于建立风险偏好传导与执行情况监测机制的通知》，将风险偏好陈述书内容分拆至各责任部门，组织各责任部门对风险偏好传导及执行情况进行监测、分析和报告，提出重检建议，定期向高管层及董事会报告，确保各项经营管理活动符合风险偏好要求。

3. 推进落实监管要求。针对大型银行监管工作要点、年度监管通报、监管联动会、季度监管会谈等重要监管要求，逐条分解落实制订工作方案，转发相关文件，建立跟踪反馈机制，确保监管要求落到实处。

4. 深入开展全面风险评估工作。形成《主要风险试评估报告》，经董事会会议审议通过后，在同业中先行探索建立全面风险评估的框架、定量评估方法和模板，对业务运行中面临的主要风险类别及风险程度进行评估，为进一步强化全面风险管理奠定基础。

5. 推进集团层面的风险管理系统建设。组织集团“统一风险视图”、“中央计算引擎”等新一代风险项目的规划、设计、开发和实施，更好地适应业务发展和风险管控要求。

6. 加强并表风险管理。加强对信托、租赁、投资银行、保险类等子公司风险跟踪分析，防范信托、投资银行、保险等附属机构对母行的风险传染，推进风险隔离机制建设。开展子公司风险管理调研和全面风险评估，完善子公司风险报告机制。

二、加大不良贷款处置力度

在2013年风险管理体制改革中，资产保全部调整为风险管理部的二级部。建设银行按照改革要求，积极应对复杂多变的市场环境，充分发挥资产保全业务专业化优势，坚持不良资产集中经营，不断创新处置手段，提升处置能力，全年共处置不良贷款485亿元，创股改上市以来新高。

1. 抓重点项目。坚持重点联系行制度、完善大项目名单管理制、实施项目经理责任制，以重点分行、重点项目、重点行业为抓手，做好不良贷款处置工作。

2. 抓小企业不良贷款批量转让项目。坚持依法合规、公开透明、竞争择优、价值最大化原则，规范完成交易。为有效防范风险，由总行成立跨部门专门工作小组，全程跟进把控批量转让整体进程，组织完成资产池组建、中介机构采购、尽职调查、资产推介、责任认定及追究、资产估值、转让方案制订及审批、报价及报价评审等工作。转让方案经建设银行内部严格审批程序审核通过后，由总行专门小组组织实施，实施过程立足市场化原则，流程严谨规范、公开透明，顺利实现60亿元小企业不良贷款批量转让，回收率超出预期。

3. 做好总行重大信用风险项目的处置及风险化解工作。“申达系”和“湖南小水电”项目已于年内处置完毕，“中江系”和“中基集团”取得重大进展。对已经进入不良的8户重大信用风险项目逐户分析、诊断，提出处置建议。

4. 积极推动大额疑难项目处置。全年组织存量重大不良资产专家集中诊断7次，累计诊断项目共150个，诊断项目金额116.63亿元。2013年新增大额不良项目诊断会2次，对24个分行、41个重大不良项目进行了专家诊断，本金金额合计41.87亿元。截至2013年末，已诊断公司类项目中已有99个取得处置进展，处置本金32.20亿元。

5. 加强关注三级及已核销资产的管理与处置。加强关注三级公司类贷款的处置及风险化解工作，处置金额275.05亿元，现金回收232.62亿元，有效防范了贷款下迁风险。加大已核销资产回收力度，全年现金回收已核销资产20.53亿元，较上年增长39.2%，实现减值准备回拨17.56亿元，利息收入3.48亿元，提升了保全工作的价值创造力。

6. 多渠道处置非信贷资产。利用产权交易机构平台，挂牌处置阳泉煤业、南汽集团和哈飞集团3户债转股项目，处置额6.23亿元，实现超值回收2.17亿元。运用核销手段及时消化安徽宣城丝织、江苏天伦染织项目股权损失。推动首钢新钢协议转让，处置额4.81亿元，实现超值回收1.44亿元。处置逾期抵债资产105笔、金额4.17亿元。

三、提升市场风险管理能力

1. 积极应对市场突发重大事件，不断改进和强化薄弱环节管理。针对“债市风暴”、“钱荒”、“光大乌龙指”等市场事件，提出针对性管理措施建议，查找与堵塞管理漏洞，完善业务管理流程。

2. 强化信用债基础管理，增强风险抵补能力。制定人民币信用债风险十二级分类管理办法，加强发行体信用风险评估和防范。运用灵活的久期策略，有效应对流动性收紧、收益率曲线上移等风险，在发行体平均违约概率与年初持平的情况下，人民币债券组合收益率较上年提升0.15个百分点。积极应对经济下行带来的风险，科学合理计提债券减值准备，总行本级本币信用债减值准备保有比例0.72%，比年初增加0.05个百分点。

3. 加强技术工具建设，提升市场风险计量能力。开发外汇敞口交易监控系统，完成迪拜子行、台北与多伦多分行Kondor+系统上线，将建设银行亚洲的资金交易数据纳入FMBRM系统。开展25个市场风险模型的验证，维护系统3 572项参数，完成165 144笔交易、1 447 134个交易要素的新增头寸和交易数据质量检查。

4. 强化交易对手管理，防范违约风险。印发《金融市场业务交易对手管理暂行规定》，明确交易对手准入标准，实行交易对手名单制管理。修订《衍生产品业务交易对手信用风险管理暂行规定》、《关于进一步加强代客衍生产品业务管理的通知》。积极推进“衍生品交易对手风险管理”主题项目实施。

5. 创新与完善监控方式，提升风险应对能力。制定《2013 年金融市场业务及市场风险政策限额方案》，定期监控执行情况，全年发布风险预警提示 21 次。全年开展 50 次每周重检工作，及时督促相关部门做好整改。对贵金属 IT 系统、外汇等 4 个领域的关键风险点评估和检查。针对人民币债券业务、建信基金量化交易、交易员管理等，开展 11 次专项检查。完成人民币可供出售债券对资本公积的影响、账户金报价异常情况、向花旗银行缴纳衍生产品交易保证金质押品分析等专题报告 23 份。

6. 加强风险评估，支持产品创新。全年召开 19 次新产品风险独立审查会议，完成国债期货、大额同业存单、账户贵金属双向交易，账户原油交易，金属锡原油、燃料等大宗商品的远期、掉期、期权交易等金融市场业务新产品的风险审核及评估工作，支持前台业务在创新中平稳发展。形成《关于更新金融市场业务产品目录的请示》，对 43 项产品进行更新，优化调整管控流程。

四、强化风险管理工具建设和运用

1. 优化经济资本和行业限额工具。制定下发年度经济资本和行业限额方案，按月跟踪监测、发布和分析，按季对行业、区域、客户、产品等维度的风险收益情况进行分析，提出资产组合优化建议。

2. 提升大中型客户评级模型的实用性和准确性。研发地方政府客户评级和限额模型，优化大中型客户其他服务业模型，建立网络银行评级映射规则，研究探索现代服务业评级方法，提升评级模型的精准度。

3. 构建海外机构内部评级体系。完成四大类 17 个客户评级模型开发，优化单机版评级模板，完成 IT 系统开发需求，印发《中国建设银行海外机构客户信用评级手册》，规范海外机构客户评级。

4. 支持小企业业务“小额化、标准化、集约化”转型。重点完成“速贷通”和新成立小企业模型研发工作；调整优化小企业评级模型参数，提高模型的可操作性和准确性；启动小企业客户评级模型优化项目，对小企业评级模型和限额模型全面优化。

5. 促进个人消费金融发展。完成 27 个零售计量模型的开发优化，大力推进零售小微企业、信用卡欺诈侦测、信用卡催收、个人商用房、个人助业贷款等零售信用风险计量工具的开发；探索建立基于内部评级结果的贷款定价模型及模型实施方案。

6. 提高压力测试工具的系统性风险防控水平。完善资本充足评估框架下各类整合风险的压力测试工作机制，制定《2013 年 ICAAP 信用风险压力测试优化实施方案》，针对宏观经济、金融稳定、房地产等重点领域开展测试，提高极端情况风险应对能力。

7. 深化信用风险计量成果的应用。整合管理会计系统和组合风险管理系统数据信息，进一步提高 RAROC 指标计算结果的精细化程度。完成零售贷款 RAROC 批量计算和快速测算功能的系统上线，建立覆盖所有信贷客户的风险排序 RAROC 指标体系。印发《风险管理工具应用指南》，归纳总结五方面 70 余类风险管理工具，建立了风险管理工具应用索引和“工具箱”。研发优化“经济资本快速计算器”、“对公非违约敞口经济资本计算过程”，满足基层人员实时测算的要求。将计量工具和结果广泛应用于额度管控、贷后管理、欺诈侦测、智能催收、综合金融服务方案、产品创新等方面，全年发布零售业务“重点预警”、“重点催收”名单 48 份，累计预警贷款约 410 万笔。

五、加快推进资本计量高级方法实施

2013 年 2 月，建设银行正式向银监会提交了资本管理高级方法实施申请，成为首批向银监会正式提交实施申请的银行之一，并组织开展验收问题整改，全面完成 2013 年的 37 项整改工作任务，包括监管资本风险参数校准方案测算，完善 LGD 模型计量和管理应用，改造零售分池系统等，达到核准批复要求。开展海外机构客户评级模型、市场风险交易数据等8项验证工作，满足业务发展及监管要求。开展大额风险敞口国际新监管标准定量测试工作，为我国参与集中度国际标准制定提供定量依据。未来将根据监管批复要求做好实施资本计量高级方法的后续工作。

执笔：陈杰　梁伟

信贷风险管理

为了进一步加强全行信用风险管控，保持资产质量稳定，2013年下半年总行成立信贷管理部，负责全行信用风险牵头管理。2013年主要工作如下：

（一）成立信贷管理部、明确部门职责及内设机构

2013年6月24日，总行以《关于中国建设银行相关机构调整的通知》（建总发〔2013〕128号）宣布设立信贷管理部；7月8日，信贷管理部总经理、副总经理任命到位；8月28日发文调配部门员工到位；9月4日，总行以《关于印发〈信贷管理部主要职责及内设机构〉的通知》（建总发〔2013〕78号）明确部门主要职责为：牵头研究制定信贷管理政策、基本制度；牵头负责行业信贷政策研究；牵头负责信贷资产质量监控；负责全行重大信用风险管理，负责重大信用风险事项的汇总分析、报告和处置；牵头负责研究海外机构信用风险管理；牵头负责制定贷后管理和押品管理政策和制度；牵头负责信贷业务系统建设等。部门内设处室10个，分别为：综合处、信贷政策处、信贷制度处、信贷质量监控处、贷后及押品管理处、海外信用风险及贸易融资处、信贷检查处、系统管理处、行业一处、行业二处。

（二）开展全行信贷管理情况调研

为全面、深入了解全行信贷经营现状，多方面听取信贷管理工作意见和建议，信贷管理部在成立之初即在全行范围内，针对信贷政策、信贷制度、信贷流程、信贷资产质量管理、贷后管理、押品管理、信贷业务信息系统等多方面，向总行多部门及境内外的140个机构进行了差别化的、有针对性的意见征询，共收集整理到75万字的工作建议。通过此次调研，进一步发现和查找现有信贷管理中的薄弱环节、低效环节、缺失环节，查找问题、研究对策，为后续全面梳理信贷制度、整合信贷管理框架和制度体系，提高我行信贷经营的效率和效益做前期工作准备。

（三）梳理全行信贷政策、制度文件

针对全行信贷政策缺乏统一归口管理、重检机制不完善、核准事项要求繁多、管理散乱的现状，信贷管理部成立后对全行现有的各类信贷制度、政策、规定、文件等进行梳理和分类，共梳理出管理文件1 378份，其中包括：信贷政策347份、信贷制度870份、贷后及押品管理制度119份、重大信用风险事项报告制度28份、海外信贷业务管理制度14份。在此基础上，有计划、分步骤地推进信贷制度优化和整合，并按照轻重缓急，排出政策制度修订时间表。截至2013年末，先后修订下发了《固定资产贷款管理暂行办法》、《信贷资产风险十二级分类系统操作规程》等15项信贷制度，其中：基本制度8项、贷后及押品制度4项、海外制度2项、重大信用风险报告制度1项。

在完善境内各项信贷制度的同时，针对海外客户评级、授信管理、贷后监控及风险分类，以及风险报告规程等制定了相关制度和办法，并明确了相关要求，逐步完善了海外信贷业务管理制度体系，填补制度空白。

（四）优化重检信贷政策

为明确信贷政策制定的工作思路和工作计划，制定出台了《信贷政策制定规划方案》。作为纲要性文件，《方案》梳理了信贷政策的含义与要素，就信贷政策发布频率、总体架构、重检机制、全行政策统一性进行了说明。在其框架体系下，按照“贯彻落实国家产业政策，严格遵循监管部门要求，切实符合建设银行战略发展目标，强化防范行业区域系统性风险，有效促进业务稳健发展”的指导思想，起草制定2014年信贷政策。同时，依据“指标适用性、参数合理性、使用有效性”的原则，对电力生产、港口、铁路、房地产开发、钢铁、水泥、电解铝、批发、零售等22个行业的信贷政策和标准进行逐条清理。同时，根据产业政策、市场环境变化，进行了重检优化。

（五）处理重大信用风险事项

进一步加大对重大信用风险事项的处置管理力度，明确了重大信用风险事件分类上报标准及部内重大信用风险管理处置相关规程；实施了重大信用风险事件会商制度，邀请相关部门共同研究风险化解措施，群策群力，全面把握、判断重大风险事件的风险状况。2013年共牵头处理了17家分行上报的85个客户重大信用风险事件报告，完成了对以上重大信用风险事项的汇总、分析和报告，并组织开展了项目情况跟踪和处置方案制定等工作。

（六）搭建信贷业务系统平台

认真履行全行信贷业务系统建设的职责。一方面，与金融同业（如工商银行、毕马威、安永、安硕、德勤等咨询公司）加强沟通联系，学习其系统建设和大数据挖掘等方面的先进理念和做法，为下一步优化建设银行系统建设提供借鉴；另一方面，深刻剖析自身，全面梳理了全行与信用风险相关的流程系统，整理分析出系统建设的意见建议，并积极与“新一代核心系统”建设衔接，交换需求、主动跟进、全面参与。拟订“客户统一信用风险监控系统”和“贷后作业与资产处置流程系统”两个平台的基本架构，力求实现信贷业务作业流程与管理流程的有效结合与相互支撑。

（七）实现资产质量管控目标

建立资产质量管控的常态化工作机制和措施，认真履行信贷资产质量监控职责。一是通过信息系统开展资产质量监测，发现风险隐患，及时组织化解。二是持续跟踪管理重点项目和潜在风险客户。对潜在风险较大项目，逐笔提示、逐户督办、逐月通报，进行风险提示。三是强化了重点领域的事先预警机制。持续关注国家对产能过剩、环保治理方面的政策动向，组织各相关分行开展高排放行业企业风险排查，密切跟踪辖内企业环保、经营状况，做到逐户排查、提足拨备，提前规避风险，加强风险管控的主动性和前瞻性。

2013年资产质量管控实现了总行党委关于资产质量平稳运行的总体目标要求。截至2013年末，全行（集团口径）不良贷款余额为853亿元，不良贷款率为0.99%，与年初持平；年末逾期贷余额为857亿元，表外垫款余额为88亿元，分别控制在千亿元、百亿元以内。

执笔：蒋帅

授信审批管理

一、积极稳妥推进对公授信业务流程优化调整，为全行业务战略转型奠定良好基础

2013年，根据总行党委关于完善风险管理体制、调整信贷机制、优化调整对公授信业务流程的决策意见，授信审批部缜密部署，精心组织，扎实推进对公授信业务流程优化调整。

一是开展专题调研、深入案例分析，了解原授信流程短板，明确流程优化调整方向。总行组

织多个小组赴上海市、江苏省、广东省、云南省、四川省、重庆市、辽宁省等7家分行开展专题调研，对2012年信贷流程耗时最长的145个客户逐户进行详细讨论，总结原授信流程的主要制约因素45点，提出针对性改进建议约46条。

二是设立授信部（二级部），为流程优化调整在全行推进提供组织保障。

三是成立评级、评估、授信、审批、授权、放款6个课题组，研究拟订《大中型对公客户授信管理办法》等流程调整优化相关的六项制度办法，于2013年9月末印发全行执行，确保新流程运行有据可依。

四是选择上海市、福建省两家分行进行新流程试点运行，总行进行全程跟踪，对发现问题随时沟通、处理，对试点工作进行及时总结，为新旧流程成功切换奠定基础，为全行推广积累经验。

五是多形式并举对分行宣讲指导，将新流程、新制度在全行范围内推广普及。10—11月，先后对20家分行进行现场宣讲；召开3次片区座谈会，听取分行意见建议；召开优化工作动员会、举办《对公授信流程调整优化培训班》；召开38家一级分行授信部门负责人参加的流程切换准备工作会，不断向分行传达此次授信流程调整优化的整体思路。

六是配合新流程和新制度，进行IT系统开发上线，为新流程运行提供技术保障。

12月7日，在确认全部38家分行人员机构、培训、业务、系统到位的基础上，全行对公授信流程顺利切换。12月23日，总行组织广东省、深圳市、四川省等十余家分行座谈新流程运行情况，各行反映良好，未出现因流程切换耽误业务办理的情况。12月末，总行就建设银行风险管理体制改革、信贷机制调整和对公授信业务流程调整优化工作向监管部门提交专题报告，并进行当面汇报，获得监管部门的肯定。

二、依托对公授信业务流程优化，深入践行主动授信管理理念，全面提升授信审批质量效率

本次授信流程调整优化的主要内容是“一项调整、六个优化”。

“一项调整”是指整合建立专业化的授信评估评价部门，调整跨区域集团客户的授信流程，通过综合授信环节提前介入、主动了解市场、了解客户，实现风险控制向前延伸。

“六个优化”是指集团客户、差别化授权、客户评级、项目评估、授信申报和额度管理、并行作业六个方面的流程优化，重在强化关键薄弱环节风险管控的同时，尽量缩减、整合重复环节，提高流程质量和效率。

——集团客户授信模式优化。修订下发《中国建设银行大中型对公客户授信管理办法》，改变过去集团客户申报成员行“齐步走、打捆批”的模式，所有集团客户均采用“一次授信、分别审批”的方式，作业流程大大缩短。

——信贷授权差别化。制定印发《2013年授权方案》和《境内一级分行授权执行规定》，增加综合授信的授权维度，适度扩大重点优质客户授权，大幅上收产能过剩、高风险行业授权，上收风险管控能力较差、区域性风险偏高分行的审批授权，建立差别化授权客户名单等。

——项目评估流程优化。修订下发《中国建设银行项目评估操作规程》，提升项目评估专业化、集约化水平，对不同类型项目设置预评估、简易评估模式。

——客户评级流程优化。修订下发《中国建设银行大中型对公客户信用评级操作规程》，将客户评级原有流程最长19个环节合理精简优化为最长9个环节，优化客户评级材料，取消不必要的客户评级申报材料附件，合并与其他申报材料报告重复的内容。

——授信申报和额度管理。制定下发《中国建设银行大中型对公客户综合授信评审与信用审批申报材料管理规定》，将现有客户经理多份材料合并为一份客户调查评价报告，作为贷前、贷中、贷后共同的信息平台，并基于风险特征类同的基础上，灵活设计额度串用和调剂机制。

——并行作业。根据流程风险特征相近的原则，允许评级、授信同时申报，准入、授信同时申报、评估、固贷同时申报等，减少因串行流程出现流程相互等待、效率低下的问题。

此外，还制定下发《关于规范一级分行辖内集团客户认定操作的通知》，进一步规范一级分行辖内集团客户认定的组织和审核确认工作，发

挥牵头行属地化优势，提高客户需求反应速度并提高信息搜集和反馈效率。

三、加大重大信用风险事项处置化解力度，推动全行建立信用风险防控长效机制，促进全行信贷资产质量稳定

二十大项目是总行从全行挑选出的对资产质量影响重大的项目，项目体量大、情况复杂、处置难度特别高。为推动二十大项目处置化解工作，总行创新管理方式，建立起高管牵头、总行相关业务主管部门配合，与各一级分行协调联动的处置机制。授信审批部牵头负责二十大项目的日常监测、工作协调和报告总结工作，对二十大项目的处置落实情况及时跟踪、督导，推动二十大项目处置取得重大进展。

2013 年6 月初，总行组织召开2013 年总行重大信用风险项目化解方案论证会，对二十大项目化解方案进行逐一论证，对项目化解工作作出部署，进一步推动总行“二十大”项目处置化解。截至2013 年末，总行二十大信用风险项目信贷余额（含理财产品）合计566. 81 亿元，比年初减少194. 72 亿元。

同时，总行制定下发《重大信用风险项目风险化解工作规程》，要求各一级分行比照总行建立完善重大信用风险项目化解工作机制。截至2013 年末一级分行共选取272 个重大信用风险项目，信贷余额（含理财产品）共计559. 25 亿元，比年初减少206. 03 亿元。

四、拓展管理手段，持续加强审批系统管理，提升系统管理有效性

一是充分利用授信业务风险监测系统持续加强审批作业实时监控，及时叫停违反信贷政策和管理制度要求审批的业务，督促落实整改措施促进审批条线合规经营。2013 年经总行核查要求分行采取进一步完善授信方案、中止业务发放流程或限期收回等相关整改措施的事项140 笔，金额合计398 亿元。

二是及时调整业务规定，促进房地产信贷业务健康发展。起草下发《关于调整房地产信贷业务若干管理规定的通知》，调整住房开发贷款等房地产信贷业务最长期限，并明确房地产开发企业办理商用物业抵押贷款的会计科目设置，解决了此前房地产开发企业不能办理商业物业抵押贷款问题。

三是对部分风险较高的行业客户授信业务审批实行总行备案机制，加强审批政策传导，落实统一风险偏好。下发《关于调整部分业务授信审批模式的通知》，要求新增商用物业抵押贷款等风险较高的业务，在一级分行审批同意后，增加上报总行备案审核流程。2013 年经总行审核最终不同意14 笔，涉及申报金额59. 9 亿元；减额同意12 笔，调减金额7. 28 亿元。

四是完善主动授权管理机制，实施对分行信贷授权和差别化授权客户名单的动态调整，促进全面提升全行授信审批的整体能力和水平。

五是持续推进信贷审批指引研究，强化审批条线业务指导。总行已累计发布76 个信贷审批指引，包括行业、客户、项目、产品的信贷审批指引，覆盖全行信贷余额90% 以上，其中：2013 年发布了航空制造业、光伏发电、液晶面板、水利项目等9 个行业信贷业务审批指引。

六是加强信贷审批监控督查，不定期开展专项风险排查。针对重大风险事项或审计揭示事项所代表的典型风险类型或风险敏感行业，不定期在全行范围内开展专项风险排查工作。2013 年，先后对出口信用保险项下信贷业务风险状况、固定资产项目贷款合规风险、煤炭贸易和铜贸易企业风险状况、商用物业类房地产开发项目发放基本建设贷款风险状况开展专项排查。

五、加强热点、重点领域研究分析，做好信贷决策支持工作

对十八大三中全会报告及《中共中央全面深化改革若干重大问题的决定》进行深入地学习和研究，在此基础上起草《关于〈中共中央全面深化改革若干重大问题的决定〉对授信业务带来的机遇、挑战和对策的报告》，全面分析《决定》可能对建设银行授信业务形成的机遇及挑战，提出相关对策建议，发送相关部门作为信贷政策制定参考。

六、加强内控制度建设，提升合规经营能力

一是根据部门职责变化梳理调整内设机构。

配合全行风险管理体制改革和对公授信业务流程调整优化工作，按照人力资源部的统一安排进行部门职责梳理，确定部门主要职责及内设机构。

二是加强条线内控制度建设，制定内控规划。根据授信条线三年内控规划及年度工作计划进度，按照部门工作职责对《内控体系建设三年规划》进行工作分解，对《中国建设银行股份有限公司内部控制基本规定》、《内部控制评价指标意见》等内控文件提出相关意见建议。

执笔：朱旭群

内部审计

2013年，审计条线在董事会、监事会、高管层的正确领导下，坚持“围绕中心、服务大局、创造价值、促进发展”的工作目标，以风险为导向，根据监管要求和建设银行实际，明确审计重点，完善审计手段，提高审计能力，促进审计成果运用。认真履行审计职责，圆满完成了各项审计工作任务。2013年审计工作体现了以下特点：一是履职尽责意识不断增强，审计成果更丰富。二是围绕中心工作并跟进形势变化，资源统筹更灵活。三是重视机制建设与创新，专业化建设成效更明显。四是质量意识和管控能力有较大提升，审计工作水平进一步提高。具体而言，全年工作主要包括以下五个方面。

一、围绕中心，注重效果，扎实开展审计项目

全年有针对性地实施了系统审计项目28个（类）、自选审计项目1 830个。审计机构上报各种报告653份，审计要情、简报982份，发现重要问题及隐患199个，提出审计建议6 600余条。经汇总、加工、提炼后，审计部及时报告高层并提示相关部门和分行。审计成果得到总行领导、业务部门和分支机构的高度重视，在“揭示风险、服务发展”方面发挥了积极作用。

（一）突出重要风险和管理重点

针对信贷业务，深入关注了中型信贷客户、钢贸客户、保障房贷款、保理业务、已核销信贷资产管理、小微企业信贷业务等方面的风险或缺陷。针对表外及影子银行业务，实施了理财业务跟踪、委托贷款审计、建信信托审计，牵头组织38家分行表外业务自查。新兴业务方面，首次组织了对总行本级及部分分行的贵金属业务审计。服务全行综合化经营目标方面，完成了对9家海外机构、2家在港机构和建信人寿等机构主要业务经营管理情况审计。结合区域风险特点，各审计机构实施了涵盖个人业务柜面关键控制、代销第三方产品、自助银行、营运管理、财务收入支出、代客外汇买卖与结售汇、个人涉农贷款等众多领域的自选审计项目，强化了对驻地分行的支持与服务。

（二）突出动态关注

紧密结合业务形势及变化，开展信贷业务动态调查审计，强调敏感性、自主性、机动性和灵活性，对全行信贷领域的热点、难点和焦点问题，快速跟进，动态关注。持续关注操作风险，在各类审计项目中，进一步加大对利用职务便利获取私利、参与非法集资、违规办理信贷业务、违规代客等行为的审计力度。

（三）突出基础领域

密切关注基础管理事项，开展集中采购管理审计、批量代收付业务跟踪审计、业务持续性管理审计等。针对IT运行的安全性、效率性，组织实施了部分分行IT管理审计、电子渠道审计、海外分行IT支持等多个审计项目。

（四）突出监管要求

组织实施反洗钱审计、关联交易审计，以及

新资本协议项下的4个审计项目，落实监管要求，配合推进《商业银行资本管理办法（试行）》在建设银行的实施。全年完成经济责任审计1 600多项，为全行干部管理提供了支持。

2013年4月11日至12日，2013年建设银行内部审计工作会议在海南召开。

（五）突出持续跟踪

除年度常规跟踪外，专门组织实施了内控改进跟踪与分析和重要问题跟踪工作。在总行和审计机构层面，分别安排了立项跟踪审计项目，并在各类项目中，加大对重要问题和缺陷的跟踪力度。审计跟踪工作逐步实现了规范化和流程化，有效促进了全行加强整改和完善内控。

二、坚持原则，注重管控，着力提高审计质量

通过强化意识，加强管控，审计工作质量有较大提升。银监会在检查中，对建设银行审计工作的质量和水平，也给予了充分肯定。

（一）强化职责意识和质量意识

将作风建设及群众路线教育活动与审计工作紧密结合，加强对机构负责人和各级审计人员的教育和管理。落实岗位责任制，加强调研、检查和指导，严格规范审计信息报告制度，完善考核激励约束，运用机制传导审计理念和工作要求。审计人员坚持原则和尽职尽责的意识得到进一步强化。

（二）增强项目组织的适应性和机动性

按照“充分、合理、有效”运用资源的目标，加强集约管理，确保了重要项目和紧急任务的需求。尝试动态调查形式，适时调动机动资源，增强了对突发性经营风险的快速反应。不断增强现场与非现场、审计与审计调查、专业研究与审计项目结合的力度。上下联动、协同沟通，加强对中小机构的帮扶，共享信息、经验、方法和技术。

（三）提高质量管控的规范性和有效性

发挥纠错纠偏机制的作用，严格执行审计程序，落实审计规范。加强项目过程控制，及时掌握项目动态，集中研究共性问题，并推广成功经验。编发6期《审计文书修改案例及点评》，向部分审计机构定向征集并编发《审计深度查证案例》，得到基层审计人员的广泛好评。从审计工作过程和结果来看，程序更加规范，分析更加深入，报告瑕疵大幅减少，揭示了很多全局性、系统性和机制性问题，整体工作水平不断提升。

三、立足长远，夯实基础，不断强化审计能力建设

在2012年“审计能力提升年”的基础上，着力巩固完善能力提升的各项长效机制。

（一）加强专业化建设

调整专业化建设管理架构，优化专业体系，调整牵头机构及专业机构群，明确各专业团队的职责。实行专业研究分类管理，明确实用型和课题型两类专业研究的划分标准和具体要求。持续维护审计知识库，全年新开发基础审计方案43个，基础审计方案总数达到141个。推动专业研究成果的应用，逐步形成了“研究成果—实践应用—反馈建议—维护提高”的良性循环。优化专业化建设年度考核，试行了各专业牵头机构年终述职机制。

（二）加强制度建设

组织了对内部审计章程和准则的修订工作，规范了审计部直接组织实施的项目管理。优化统计报表，促进相关工作的规范化、标准化、流程化。梳理内外部制度、办法，持续强化信息安全管理。进一步加强财务管理，细化财务管理制度，强化财务支出的监控、提示和检查。

（三）加强技术建设

全面推进非现场审计集中系统项目建设，优化功能，拓展数据，成功实现集中版OAS系统上线，搭建了新一代非现场审计基础平台。统筹应

用非现场审计资源，制订模型体系规范和操作规程，建立了模型集中管理机制。以考促学，以用促练，互帮互助，提高非现场应用能力。

（四）加强队伍建设

推动人员交流，审计条线年末员工总计3 018人（含审计部），比年初增加297人，审计力量得到了加强。配合人力资源部，完成部分机构副主任、处长的选拔聘任工作。推进新员工融入计划，明确新员工培养目标、职责分工、工作机制等，力促新员工成长。精心组织培训，全年审计条线共举办短期培训班726期，视频培训8期，审前培训591期，参加总行其他部门及驻地分行的培训468人次，人均参训11.5次。

（五）加强战略性基础工作

启动了关乎审计长远发展的战略性基础工作。探索内控基础审计方法，加强理念传导，在审计的各个阶段和环节，融入对内部控制的关注，在全条线试行内部控制缺陷分析报告工作，提升审计成果层次和价值。着手新一代审计管理系统研究工作，对审计项目、资源、知识和成果的管理及操作流程，进行全方位调研，提出了解决当前信息系统支持问题的目标流程和IT实现方向。

四、积极配合，注重沟通，保障外部审计检查顺利进行

2013年，外部监管部门加强了对建设银行的检查监督。审计条线组织专门力量较好地完成了各项配合工作。

（一）认真负责地做好配合审计署审计工作

根据审计署“经常性审计监督”的新特点和新要求，牵头建立健全全行相对稳定的配合工作机制，积极协调，配合检查，安排协查。协助信息技术管理部，搭建审计署金融审计数据分析平台。有关工作取得了较好效果。

（二）配合并虚心接受银监会内审履职情况检查

银监会专门开展五家大型银行内部审计履职情况检查，是对建设银行近年来内审工作的一次全面检验。从检查结果看，建设银行内部审计工作得到了监管部门的肯定，所提示的问题和事项，有利于日后工作的改进和提高。

五、高度重视，结合实际，认真组织开展党的群众路线教育实践活动

根据中央和总行党委的要求，紧密结合审计职责和工作实际，群众路线教育实践活动突出了三个“深入”。一是征求意见深入。通过多种渠道，面向多个层面，广泛而深入地征求意见，并注重从讨论和体验中听取群众意见，从实践中了解群众呼声。二是查摆问题深入。全体党员聚焦“四风”，深入对照检查，坦诚开展批评与自我批评，既查摆了问题、改进了不足，又增进了团结、凝聚了力量。三是整改落实深入。将整改与日常工作紧密结合，边查边改，细处着手，深挖问题的思想根源和制度基础，制订详细的整改计划和制度建设计划，分工明确，责任清晰，保障了整改效果。

执笔：陆君　王婷婷　湛卢

内控合规管理

2013年，在总行党委的正确领导下，内控合规条线围绕全行发展战略，全面组织实施内控体系建设规划，整合相关职能，完善组织体系，积极推进内控标准化建设，实施合规检查、内控评价与反洗钱业务集中，强化问题整改管理，完善业务连续性管理，顺利完成了各项工作任务。

一、推进内控体系建设三年规划，完善内控组织架构

（一）内控体系建设工作全面展开

2013年是内控体系建设规划执行第一年。总行组织各业务条线、各分行对规划确定的52个关键领域的132项目标任务进行了细化分解，落实了具体工作措施。据统计，总行各部门围绕完善内控措施进行制度修订104项，并在50多个系统中进一步增加、补充了机控手段或其他控制措施；各分行修订涉及内控措施完善的制度383项，其中柜面结算类97项，授信类152项。各海外机构、子公司也结合本机构实际，建立完善内控基础管理制度。

（二）内控组织机构建设得到进一步加强

针对分行内控合规职能分散、缺乏统一管理、力量较薄弱等问题，总行加强督导，要求分行进一步整合内控、合规管理、操作风险管理等职能，明确牵头责任部门，并针对海外机构、子公司专门制定下发了内控合规指引。独立设置内控合规部门的一级分行由年初的5个增加到22个，内控合规工作人员也得到进一步充实。

二、扎实推进内控标准化建设，建立内控管理制度

配合新一代核心系统建设，以内控的视角从企业级、业务条线级、流程级研究建立内部控制标准。基本完成企业级通用控制标准制定，提炼和梳理出181项标准、792条规则。编制完成信贷、信用卡等6个业务领域的控制标准初稿。

制定下发《投资银行业务内控指引》和《信用卡业务内控指引》，初步编制完成《柜面业务内控指引》，明确关键风险点和控制要求，促进相关业务条线进一步加强内控管理。

从源头落实内控合规要求，研究建立制度库。分类整理现行6 000多份监管规则和行内业务规章制度，初步完成《合规审查管理办法》，对规章制度制定、新业务（产品）开发实施合规性审查，规范制度管理。

三、以内控合规检查、典型案件、审计发现分析为切入点，严格落实重点业务、关键环节的内控措施

（一）组织开展参与民间融资行为专项排查

按照监管要求，在全行组织开展参与民间融资行为的专项风险排查。通过营运稽核系统非现场筛选可疑交易，辅以必要的现场核查。共抓取疑点账户约316万户，涉及客户201万个，资金交易额近13万亿元，最终发现涉嫌参与民间融资的员工人数16人，涉及金额5 882万元；信贷客户17个，涉及信贷余额3.5亿元；客户个人账户241户，涉及金额148亿元。建设银行排查工作得到银监会的充分肯定。

（二）组织开展信贷业务合规检查

对浙江省、江苏省、广东省等六个分行开展信贷业务合规检查。现场检查涉及各类信贷客户195户，债项金额455亿元，发现问题261个，涉及信贷余额170.9亿元。重点揭示了集团客户识别不够充分、客户信息真实性核查不足、授信审批执行不够严密、押品与贷后管理存在缺陷等问题，特别是重点关注了监管政策执行与制度设计存在的缺陷，并通过检查发现广东分行某企业涉及16亿元的重大风险事件。针对制度设计、流程执行等方面存在的问题和缺陷收集了有关改进建议，提交总行相关部门研究解决。

（三）持续开展关键风险点检查

根据操作风险与案件防控的新特征和新形势，重检关键风险点检查内容，重点增加了授信业务反欺诈管理。检查基本覆盖了全部基层营业机构，截至2013年第三季度，累计检查164万点次，发现问题4 452个，发现问题比率0.27%，对防范基层机构重大案件和操作风险事件发挥了积极作用。

（四）强化案件与风险事件分析预警

选取重大风险事件或案件开展专题分析，加强风险预警。主要对浙江青田支行涉嫌挪用资金案、辽宁本钢支行客户公积金转投资理财事件、温州瓯江支行冯霞案等，从制度设计缺陷、业务操作、运行监督、IT系统等多方面剖析内控薄弱环节及形成原因，提出了完善制度、强化内控的管理建议。

（五）配合做好发改委收费专项检查工作

成立专门协调组织，多次主动拜访国家发展改革委等相关部门，积极做好与政府价格部门的沟通工作。督促各一级分行在全面检查之前主动开展自查自纠，加强对分行的具体指导。建立上下通畅的信息沟通机制，共发布28期专项检查简报与6期专报。

四、开展内控评价和操作风险自评估，加强问题整改

（一）组织实施全行内控评价

制定下发《内部控制评价操作规程》，进一步明确内控评价的要求、方法与程序，并将一级分行对所属机构评价工作偏离度纳入结果指标考核当中。在充分吸收监管要求和借鉴同业经验的基础上，优化完善了包括514个过程指标、9个结果指标、3个修正指标的内控评价标准，突出过程控制要求。

完成2012年全行内控评价工作，并完成董事会委托的集团层面内部控制评价对外披露工作。制定全行2013年内控评价工作方案，组织开展对总行部门、各级机构的内控评价工作。在一级分行对所属机构开展内控评价工作的基础上，由总行进行偏离度测试，并选取部分分行、海外机构和子公司开展了现场测试。

（二）深入推进操作风险自评估，动态重检不相容岗位

多维度组织开展操作风险自评估工作，其中总行14个部门（条线）选择了31个自评估项目、38个一级分行选择开展了230个（次）自选项目，同时重点开展了4家分行网点综合化建设操作风险专项自评估，并督促发生案件或突发事件的分行开展了触发式自评估。全年共识别风险点2 000余个，提出控制优化建议近300个，改进建议已提交总行相关部门。根据风险变化和流程调整，重检和动态调整《不相容岗位（职责）对照手册》，新增不相容岗位（职责）59组、删除4组、修改20组。

（三）做好重点项目整改，切实提升整改成效

按照审计署要求在全行调查摸底原自办实体情况，加强整改督查，并组织重点问题整改情况的现场核查。试点整改工作小组负责制，统一整改标准，推动试点分行在真实性、持续性和系统性上认真下工夫整改，有效解决屡查屡犯的问题。

五、推进反洗钱作业集中，加强关联交易基础建设

（一）加快推进反洗钱作业集中

进一步推进全行反洗钱作业集中工作。研究洗钱风险评估方法和可疑交易数据分析模型，通过手机短信每周向一线员工下发反洗钱风险提示。优化反洗钱监测分析系统，组织实施新一代系统反洗钱项目。应对美国《海外账户税收合规法案》，起草建设银行上海自贸区反洗钱工作管理办法。

2013年，反洗钱可疑报告数量持续下降，报告质量有所提高。年内共向人民银行提交重点可疑交易报告561份，移送公安机关82份。根据我行报告线索，公安部破获了浙江金华“8·31”特大黄金期货非法经营案件。

（二）进一步加强关联交易基础管理

修订《关联交易和内部交易管理速查手册》、《拟发生关联交易申报标准》，优化关联交易系统。研究分析关联交易集中管理模式，完成《一级分行关联交易集中管理试点方案（初稿）》。

按照董事会关联交易控制委员会的要求提交关联交易报告，积极做好关联交易信息披露工作。按月下发关联交易风险提示，年内完成4个分行的关联交易和内部交易现场检查。

六、完善操作风险与业务连续性管理，提高风险管理前瞻性

（一）优化风险计量技术，提升操作风险管理综合实力

梳理管理会计系统中的1 000余个产品，明确建设银行产品与资本管理办法中九大业务条线的对应关系，建立操作风险监管资本计量规则，推进资本计量标准法的实施。在此基础上，进一步研究开发操作风险高级计量法，完成项目立项、系统第一阶段技术开发和业务测试等工作。

（二）推动业务连续性管理体系建设，强化低频高损风险的有效应对

修订完善《业务连续性管理政策》，印发业

务影响分析等6份操作手册、工具模板以及其他20余份问卷模板。首次实施业务连续性管理体系自评估工作。研究完善对现有5 000余份存量应急预案的评审、入库、维护、使用等管理机制，加强标准化、规范化管理。

七、深入开展群众路线教育活动，推进合规文化建设

结合本业务条线实际，深入开展党的群众路线教育活动。结合“四风”对照检查，从强化内控基础管理的角度，从制度建设、作风建设、团队建设等方面提出整改措施并落实到条线实际工作中。

在全行组织开展“内控合规文化宣传活动”，开展“寻找身边的内控合规标兵”评选和有奖征文、内控合规警示短句征集活动，进一步增强了各级管理人员和员工的底线意识、责任意识和合规意识。

执笔：王光远

产品创新与管理

2013年，全行产品创新与管理工作以创新和转型为目标，以“需求驱动创新、创新驱动发展”为主线，在统筹创新管理、理顺创新机制、推动创新实践、强化消费者权益保护、参与“新一代”系统建设等方面取得了积极进展，为实现全行战略目标提供了有力的服务和支持。

一、组织开展产品创新战略专题研究

2013年11月，全行召开战略与创新专题研讨暨秋季工作座谈会，专门研究产品创新工作，这是建设银行首次以行长座谈会形式对产品创新工作进行全面、深入、系统的研究与部署。为此，总行产品创新与管理部牵头成立产品创新研讨课题组，通过基层调研、业务访谈、外部咨询、同业交流等，广泛收集素材，形成专题研究报告，并在会上代表产品创新研讨课题组作了《加快产品创新，促进战略转型》的研究成果汇报，提出并初步回答了为什么创新、如何创新、创新什么、怎么创新等四大问题，与会代表反响热烈，有力地促进了全行产品创新工作。

二、牵头制定产品创新三年规划

结合“十二五”规划的实施，总行产品创新与管理部牵头历经半年多，通过五个阶段、六次大幅修改，制定了产品创新三年规划。经产品统筹与创新委员会和第60次行长办公会审议，于2013年11月正式印发了《中国建设银行2013—2015年产品创新规划》。这是建设银行首次编制的产品创新专项规划，充分体现了总行党委、董事会、高管层对产品创新工作的高度重视，前所未有地传递出“创新驱动发展”的强烈信号。《中国建设银行2013—2015年产品创新规划》明确提出了未来全行产品创新的战略目标、指导思想、创新策略、主要领域、重点内容和工作措施，并勾画出近三年全行产品创新的路线图。《中国建设银行2013—2015年产品创新规划》是全行产品创新工作的重要指导性文件，也是年度产品创新计划编制的主要依据。

三、进一步健全产品创新管理机制

（一）着力加大产品统筹协调力度

总行产品创新与管理部认真履行产品统筹与创新委员会办公室职责，初步构建产品创新与管理框架，形成从客户需求到产品面市及评价的产品创新流程化运行机制。建立分层负责的产品研发体系，明确总行战略性产品创新、总行重点产品创新、分行自主产品创新和分行移植推广产品创新等四个层次的项目管理规范。

（二）有效完善产品创新管理机制

印发《中国建设银行产品创新与管理暂行办法》，将产品创新流程加以固化，推动建立从客户需求到产品面市及评价的产品创新流程化运行机制。

（三）健全完善产品经理队伍建设

开展全行产品经理队伍建设的需求调查，研究分析产品经理队伍建设的必要性和迫切性。出台《加强产品经理专业技术人才队伍建设的意见》，明确了2013—2015年各一级分行各职级产品经理配置的数量目标；提出了各一级分行辖内各业务条线、各层级产品经理配置的指导数量以及年度配置要求；明确了产品经理在产品研发、产品营销支持和产品管理三方面的职责和能力要求；提出了配套落实措施。

（四）加大产品创新考核力度

实施产品创新考核，对2012年总行业务部门创新情况进行考核评价。制定总分行2013年产品创新考核方案，将产品创新纳入2013年总行产品部门及一级分行KPI考核指标，充分发挥总行产品部门和一级分行在产品创新中的主体作用。

（五）开展产品创新与流程优化评比活动

对产品创新和流程优化作出突出贡献的团队和个人实施奖励，不断提升各级机构和全行员工参与产品创新的动力。共评选出8个“最具创新力奖”、43项“产品创新奖”和45项“流程优化奖”，共有全行64个单位的856人次获奖。获奖项目涵盖对公一户通、新农村建设贷款、集团通、资产收益权投资类理财、金融IC卡、短信客服、小企业信用贷款等创新产品。其中一些创新产品不仅为同业首创，代表了业界领先水平，而且体现了未来的创新发展趋势。

四、进一步加强产品创新需求管理

（一）深入开展四大行产品比对

在2012年末首次完成与工商银行产品比对的基础上，2013年全面开展四大行产品比对，组织34家分行对建设银行550个与工商银行、农业银行、中国银行1 700余个产品进行了比对。以产品功能比对为主，辅之客户体验、渠道部署、风险及定价等，形成了《四大行产品竞争力分析报告》，分析了建设银行产品竞争力和差距情况，并对重点产品进行追踪督导，得到行领导充分肯定。

（二）不断规范创新需求管理

印发《关于加强产品创新需求管理的若干意见》、《关于进一步加强同业产品信息收集工作的通知》，进一步加强产品创新需求管理。完善产品需求收集体系，按照每日动态、需求快递、同业信息、差异分析多个层面，建立了需求收集、登记、转发、反馈、追踪的工作流程和规范要求，分部门、分人实施对口监控管理。加强同业产品日常跟踪比对，为全行产品创新和产品持续优化提供了线索。通过开展同业产品比对分析及跟踪，全年共发布同业信息179项；通过开展专项同业产品比对，将分行报送的304篇差异分析素材，整合为87篇差异分析报告，其中，66篇刊发于产品创新专刊，其余21篇用于专题研究。

（三）初步建立开放式需求管理平台

特别设立“需求快递”专用通道，收集各级机构的产品创新需求。全年共收集了78条需求，并逐一进行了研究和回复，通过PIPM系统收集处理创意14 975个。利用公共媒体开通“创e之道—金融创新资讯”微信公众平台，及时刊发创新资讯。

五、进一步推动重点产品研发推广

（一）不断提升产品创新战略契合度

一是产品创新紧密契合宏观政策，围绕客户需求的新热点，助推业务转型。如总行公司部根据国家大力发展海洋经济的政策要求，推出海洋经济建设贷款，首次将海域使用权作为可接受押品。二是产品创新充分应用新技术。如总行信用卡中心推出龙卡数字显示信用卡，在IC信用卡上加载LCD显示技术和数字键盘，是我国信用卡在数字显示技术和制卡工艺方面的重大突破。三是产品创新更加注重客户体验。如总行小企业部推出小微企业综合金融服务方案，根据小微企业不同发展阶段的金融需求特点，为客户提供集融资、结算、理财、咨询等为一体的综合性金融服务，从单纯满足客户功能性需求逐步过渡到满足客户体验性需求。

（二）整合完善客户综合金融解决方案和行业应用方案

基于市场和客户细分，总行产品创新与管理

部与公司、投资银行、小企业等部门联合，组织重点产品研发推广，先后完成《城镇化建设金融产品组合方案》、《小微企业综合产品服务方案》、《留学金融创新需求方案》及《广西中马钦州产业园商业计划咨询报告》等多个综合金融服务方案，部门协同创新能力和成效得到进一步提升。

（三）有效移植和推广产品创新成果

加大产品创新的推介和移植推广力度，建立起分行产品移植项目情况跟踪与管理流程，促进产品创新的全行共享和资源有效利用。通过企业网、《建设银行报》等载体加大创新宣传的同时，全行确定了69个可移植产品。至2013年末，已完成近50项产品推广移植，涉及结算通大额透支、一户通支付易等多个产品。

六、进一步强化产品创新基础管理

（一）有力推动产品创新计划管理

编制产品创新计划，明确年度产品创新的重点、方向和任务，按月跟踪、按季通报，严格创新备案管理。2013年全行产品创新计划，共包括创新项目577项，较上年实际完成数增长66%。2013年，全行共完成产品创新961项，较上年增加613项、增长176%。其中，总行完成168项，分行完成793项。全年产品创新计划完成率167%。全行产品创新步入快车道。

（二）完成产品目录调整维护工作

基于《中国建设银行产品目录》（V1.0版），配合“新一代”项目组持续维护《产品目录》。完成了产品目录的调整工作，增加了分行特色和本行代理产品。调整后产品目录包括产品线12个、产品组45个、基础产品125个、可售产品6 973个。

（三）完成全行产品手册编写工作

组织全行产品手册的编制，经过两轮集中审核，多次意见征集与修改完善，已形成涵盖12条产品线、1 065个可售产品、涉及全部15个部门条线的产品手册，包括396个手册文档，共计130万字，并制作了手册电子书。同时，在手册中链接了相关产品内外部制度共588项，便于客户经理和产品经理查阅。

（四）建立健全产品信息监测体系

开展新产品信息采集统计、产品销售数据监测等方面的研究，初步形成产品信息监测体系建设方案。设计完成包含创新产品信息统计表、产品机构渗透率监测报表、产品待深耕机构监测报表、产品渠道分布情况表4个维度共30张产品信息统计和监测报表，并提交“新一代”开展需求分析，力争随“新一代”二期功能释放上线。

（五）扎实开展前沿领域专题研究

分别针对利率市场化、富国银行财富管理及业务模式、货币基金的T+0赎回和城镇化、互联网金融、消费支付体系、影子银行、理财产品同业分析等开展专题研究，撰写完成《商业银行盈利模式转型分析报告》、《金融支持和服务城镇化的思考》、《关于设立互联网财富管理银行若干思考》等研究报告，获得行领导的高度评价。

七、进一步加强消费者权益保护工作

（一）创新开展消费者权益保护工作

根据银监会相关工作规划纲要和本年度工作要点，针对2013年是全行消费者权益保护工作开局之年的现状，及时构建建设银行消费者权益保护工作体系，探索工作模式，丰富工作内涵。印发《关于做好消费者权益保护工作的若干意见》，明确指导思想，搭建工作框架。围绕“3.15”，主动策划开展宣传教育“五个一”活动，取得良好的社会反响。圆满完成银监会部署的“网点服务语言和服务流程标准化”试点、“金融知识进万家”宣传服务月、消费者权益保护知识竞赛等三项重点工作，并获“银行业金融机构突出贡献奖”和唯一的个人特等奖。

（二）不断加强神秘人调查监测

持续开展客户满意度和神秘人调查，客观检验客户服务提升效果。根据2013年监测结果显示，建设银行个人客户总体满意度达到68.7%，较上年提升4.2个百分点，近5年年均提升1.4个百分点，高出同业平均水平1.2个百分点；对公客户总体满意度达到92.7%，较上年保持稳定，近5年年均提升0.9个百分点。

（三）建立客户投诉监督体系

8月1日起，在同业中首家开通投诉监督电话，有效回应消费者合理诉求。截至2013年末，累计收到客户来电250余通，其中申述来电85通，已妥善处理79通，其余6通正在督办落实。

（四）完成龙卡卡面规范设计工作

会同有关部门开展规范龙卡卡面设计工作，涵盖五大类基础借记卡、三大类标准贷记卡以及近千种联名卡、公务卡和特色卡，涉及龙图形、卡标、背景色、行名行徽组合 LOGO 等四大要素，完成12套设计方案效果图。建设银行5.5亿张存量卡片的换卡和新发卡片将采用该设计成果。

执笔：何静

法律事务管理

2013年，在总行党委和高管层的正确领导下，法律事务部紧紧围绕全行中心工作，积极践行“法律工作创造价值与保障发展”理念，深入贯彻落实总行各项决策部署，全面完成了年初确定的各项工作任务。

一、推动全行战略转型和结构调整，促进创新创造

积极参与产品创新，全力支持重大项目开展。全行法律部门紧密围绕全行战略发展重点，充分发挥法律工作在推动全行战略转型和结构调整方面的积极作用，积极参与业务发展各项工作，有力地支持了业务目标实现和全行创新创造工作。总行法律部全年参与100项左右总行本部重要创新研发和重大项目，包括网络银行融资业务、海外代付替代产品、“固利通”产品、小微企业各类创新产品、“善融商务”个人贷款业务、个人客户现金管理业务等。参与了收购巴西子银行、建设银行伦敦人民币清算行资格申请、GE中国授信、上海自贸区机构申设、私人银行客户资产配置策略参考服务、私人银行客户投资者教育等重要业务工作，有力地促进了各项业务平稳、健康、持续发展。就工程咨询及工程招标代理甲级资质申领事宜、俄罗斯子银行购置不动产等提供了有效法律咨询及相关法律服务。各行法律部门积极参与本行各项业务工作，帮助规避、防范产品及业务创新中的法律风险，努力确保建设银行产品创新符合法律及监管要求。

加大知识产权权利取得，促进核心竞争力的提升。在商标申请方面，配合全行战略性项目，将商标申报与全行品牌管理、产品和流程创新工作相结合，重点申请了“善融商务”及“善建者行成其久远”系列商标。在专利申请和计算机软件版权登记方面，将专利申请与技术创新相结合，认真梳理全行信息技术开发工作中产生的新技术并进行专利申请，着力提升知识产权战略储备的价值，促进建设银行核心竞争力提升。

二、化解重大法律风险，依法维护建设银行权益，直接创造经济效益

2013年，法律条线共办结案件13 898件，涉及金额364.87亿元，胜诉率99.15%；采用诉讼手段回收91.46亿元，减免赔偿支出22.39亿元，两项合计实现效益113.85亿元，法律工作直接创造价值作用更为突出，对全行综合效益的贡献更为明显。

重大诉讼案件全部实现预定目标。总行法律部直接经办的和总行作为当事人的民事案件，以及指导分行处理的重大诉讼、执行案件，全部取得理想结果。影响较大的北京农社保诉北京分行财产损害赔偿纠纷、苏州分行与易通公司借款纠纷、深圳硅银公司诉黑龙江分行财产损害赔偿纠纷、湖北省分行与工商银行内蒙古自治区分行票据纠纷、广西壮族自治区分行与河南省法院协助执行纠纷、吴某诉建设银行侵权纠纷等或已全面胜诉，或取得阶段性成果。

有效应对境外涉诉案件。妥善应对美国法院长臂管辖等境外涉诉案件，与纽约分行共同处理

涉及欧米茄、耐克等公司的长臂管辖案件10余起，迄今为止尚未出现遭受美国法院处罚或产生其他不良后果的情况。

运用和解手段解决纠纷。总分行充分利用和解手段解决一大批传统诉讼手段难以处理的纠纷，和解手段“消除纠纷、维护声誉、促进发展”的作用正不断显现。

积极参与重大风险事件处置。在参与处置过程中，采取各种法律措施抢占主动、保全资产，基本达到了解除舆论风险、维护声誉、减轻责任、控制损失的既定目的。

加强诉讼工作日常管理。完成了诉讼仲裁类预计负债及减值准备计提调整的审核、律师代理方案审批、诉讼费公证费预算管理、律师聘任采购等各项日常管理工作。

三、加强风险内控，保障业务依法合规

开展重要业务合同文本制作与管理。制作了10万字的全套《国内保理业务合同文本》，修订了《委托贷款合同》等13份示范合同文本，有效满足了业务部门的现实需求。下发了《第一批对公业务合同文本填写范例》及11份采购类示范文本使用说明，有效地指导了合同填写及使用，防范了工作人员误用、误填合同所产生的法律风险。响应工商行政管理部门关于消费者保护工作的要求，启动了对私业务条线合同文本的修订。

加大知识产权申请与管理。积极开展知识产权保护，截至2013年末，全行共有专利309件，其中已获权专利96件，申请进程中专利213件；全行共有商标1 247件（含境内、境外商标），其中已注册商标650件，申请进程中商标597件；计算机软件版权登记347件，知识产权保有量继续稳居国内金融同业领先地位。积极开展商标复审、异议及专利答辩，妥善处理知识产权争议事项。提高维权工作主动性，启动核心商标监测，防范知识产权侵权风险。完成了2012年全行知识产权奖励，提升了全行员工参与金融创新、加强知识产权保护的意识。

推进授权管理科学发展。牵头制订并下发2013年行长授权方案，将授权管理范围进一步扩大到境内外的分支机构（境内子公司除外），为全行各项业务发展奠定了坚实基础。在方案制定过程中，一方面，加强了对授权管理重要问题的研究探索；另一方面，贯彻落实行领导要求，切实履行了授权审核审查职责。新方案与2011年方案相比，篇幅减少了约40%，更加便于分行理解查阅和对照执行。适应业务发展需要，修订下发《行长授权管理办法》。牵头完成了经管层2012年授权执行情况向董事会的报告工作。加强授权的动态化管理，全年共下发授权变更通知书18份，制作特别授权书39份、授权证明书8份。

不断深化法律性文件、规章制度审查工作。广泛开展法律性文件审查服务，有效防范合同法律风险。截至2013年12月31日，全行法律部门共审查各类法律性文件184 987份，涉及金额约76 037亿元，法律意见全部采纳率95.82%。加强对规章制度的审查，进一步增强了出台的规章制度的科学性、合理性。

四、丰富完善法律工作体制机制、加强法律条线管理及指导

完善工作机制，提升业务支持响应效率。探索建立了法律问题及时响应机制，与个人存款与投资部电话问题中心建立双向联动机制，通过实时电话咨询、会议研讨等方式快速解决法律问题。进一步完善健全了“分级负责、协同处理”的重大法律纠纷处理机制，下发了《关于进一步完善法律纠纷管理工作机制的通知》，突出强调了综合应对、顶层协调、胜诉免责的工作导向。理顺了总行本部知识产权代理机构选聘机制，开展了知识产权代理服务事项集中采购。

贴近业务实践，创新指导形式。组织编写《对公业务常见非诉讼法律问题解答》，帮助基层业务人员（特别是基层客户经理）解答一些基础性法律问题。涵盖了法律性文件认定、合同、担保等常见的80多条法律问题，采取一问一答形式，通俗易懂、简明实用、便于检索，受到了基层行的广泛欢迎。组织编写第一批《银行业法律纠纷典型案例》，提示业务风险、总结经验教训、指导纠纷处理、普及法律知识，取得了较好效果。

加强重要法律课题研究，有效指导业务实践。配合总行战略发展重点，专题研究电子银行（善融商务）系列法律问题，形成两篇专题研究报告和十几篇研究论文，总计近30万字的初步研究成

果。积极通过指导意见、风险提示、研究报告等形式加强业务指导及研究，内容涉及国内保理业务、海外租赁保险融资业务、不动产抵押、债务人控股股东失信行为、刑民交叉银行法律纠纷处理、保函诉讼案件等多个方面，对于指导全行法律风险防范化解工作起到了积极作用。

强化法律工作监督、检查及管理。牵头组织开展全行法律性文件签字用印专项检查，各级机构共查阅各类文件 167 万份，促进了法律性文件签字用印的规范化管理。开展子公司非诉讼法律工作现场调研，就改进子公司非诉讼法律工作提出明确要求。牵头开展全行规章清理，及时向全行公布了现行有效规章及规范性文件目录、废止失效文件目录，进一步夯实了管理基础。

加强沟通联系，创造有利于发展的内外部法律环境。进一步加强了与立法机关、司法机关、监管机构、行业协会以及银行同业之间的法律工作联系，向最高人民法院和监管部门反映了社会上普遍存在的民间借贷向银行转嫁风险的情况，加强了与法院在执行回收方面的合作，联合国内主要商业银行与最高人民法院建立了网络执行查控及信息共享合作机制，提高了协助执行的集约化程度，减轻了网点工作的劳动强度和复杂程度。对《应收账款质押登记办法》、《国内信用证业务管理办法》等多部法律法规、司法解释、监管规则，从维护银行权益的角度提出意见，为银行业务发展创造良好法律环境。

定期开展业务交流，深化学习培训效果。针对业务发展重要、疑难法律问题，总行面向法律条线举办 6 期培训，进一步提升了人员履岗能力；面向总行本部员工举办 6 期讲座，促进了法律人员与业务人员之间的工作交流。各级机构结合实际大力开展法制宣传教育，进一步增强了全行员工法制观念、法律素养，促进建设银行依法治行方略的不断深入。

执笔：宁欣

采购管理

一、全行集中采购取得效率和效益的双丰收

（一）供应保障优质高效

2013 年，总行本部组织实施 792 个采购项目，金额 128 亿元；41 家机构（包括 38 个一级分行、信用卡中心以及两个培训中心）组织实施 21 960 个采购项目，金额 216 亿元；全行集中采购金额达到 344 亿元，为全行业务发展提供了有力的支持保障。

（二）成本节约成效显著

加大成本控制力度，坚持采购谈判“三不高”原则，即采购价格不高于同业、不高于历史、不高于市场，通过采购策略的精心设计和灵活应用，全行共计节约 41.86 亿元，节约率达 12.2%。其中，总行本部节约 24.6 亿元，节约率达 19.2%，高于 2012 年同期 3.5 个百分点，41 家机构平均节约率达 8%，节约 17.26 亿元。

（三）采购结构不断优化

以竞争促质量提高、以竞争防错防腐。继续扩大竞争，跟踪分析供应市场，培育优质供应商，严控单一来源项目占比，全年以招标、竞争性谈判、询价等竞争性方式实施的项目占比达 60.2%；单一来源采购进一步压缩到 4.8%，采购结构持续优化。

（四）集中度进一步提高

贯彻落实行领导指示精神，积极与各部门沟通协调，联动各一级分行和总行直属机构，及时将条件成熟的商品增补到《全行性集中采购商品目录》中，新增支票账号打印机、XPE 终端等 16

种产品和服务内容，由总行实施的全行性集中采购商品种类同比增长10%。

二、全流程管理向上下游延伸，持续提升管理水平

继续推行覆盖“供应商管理—采购谈判—合同管理”全流程的采购管理制度，管理向上下游延伸，夯实管理基础，堵住风险漏洞，提高条线供应保障能力。

在采购部大力推行和示范效应下，各一级分行全流程管理模式基本建立，实施效果日益显著：供应商审核选取效率和质量大幅提高，采购谈判专业性、科学性进一步增强，合同执行管理力度不断加大。全行集中采购功能得到有效发挥，供应保障能力和用户满意度持续提高。

将服务职能从采购全流程向采购供应链的全过程延伸。向前延伸，主动协调需求部门，提前介入需求编制和新一代、重要基建项目供应商审核；向后延伸，加强采购后评价管理，健全履约考核机制，加大合同执行检查力度，提高了分行和使用部门的满意度。

三、加大制度创新力度，保持制度建设、管理手段和业务指标同业领先

及时研究业务发展新挑战和审计检查发现问题，探索新的管理方式和手段，抓紧制定、实施新的管理制度，在同业中率先实现以竞争性谈判为主的采购方式向以邀请招标为主的采购方式转变。

制订《中国建设银行集中采购管理办法修订案（试行）》和《中国建设银行邀请招标采购操作规程（试行）》，并于2013年4月1日印发全行执行。

充分发挥建设银行采购专业能力，聘请招标代理公司，内外部专业力量形成合力，确保了建设银行采购方式由竞争性为主到邀请招标为主的平稳过渡。

通过全行采购工作自查自纠和现场检查，检查监督条线邀请招标工作实施情况。

从执行效果看，总行本部招标项目成本节约率高于预期，操作更规范，供应保障效率未受大的影响。截至12月31日，招标金额较预算节约4.87亿元，节约率达到15.6%，实施效果好于预期。

四、以开展教育实践活动为契机，深入推进采购精细化管理

在教育实践活动中，采购部紧紧围绕为民务实清廉要求，以贯彻落实中央“八项规定”和总行党委“十项要求”为切入点，着力解决“四风”方面的突出问题和群众反映强烈的重点问题，提高服务全行核心业务能力，促进采购业务健康科学发展。

切实转变工作作风，进一步梳理、精简审批环节和事项，制定《采购部提高办文效率的六条措施》等规定，建立上下环节提醒机制、跟踪督办机制和“三位一体”的沟通协调机制，加大与各部门和分行沟通的力度，提升了部门运转效率。

积极支持全行中心业务开展，对特殊重大项目，把住关键关口，简化其他流程环节，确保满足业务发展急需。及时调整采购授权，把总行采购目录中营销类商品权限下放分行。对于一线营销急需的采购，精简审批环节，分行报总行审批的采购事项，审批效率提高60%以上。

加大对生产基地采购管理的参与和支持力度，从梳理流程入手，制定针对性提高效率的措施，安排专人参与评标，实现了全程管理和服务。

五、加强条线管理，提高分行采购执行力

通过开展全行集中采购自查自纠，查找制约条线持续健康发展的突出问题，提出针对性解决措施，现场对分行指导，帮助分行查堵风险漏洞，制定改进措施，促进其从制度、流程和管理上进一步提高采购的科学、高效和安全水平。

在广泛调研和征求意见的基础上，邀请分行就供应商履约考核管理等全行广泛关注的专题进行研讨，为深化、细化管理进行顶层设计，实现管理靠制度、上下一盘棋的全行采购管理模式。

六、进一步深化内控管理

加大案件防控力度，对案件“零容忍”配合纪检监察部开展案件专项治理活动，结合工作实际，研究制定了《采购部2013年案件风险防范措

施》。

定期公开采购信息，增强采购操作公开透明度。认真落实采购信息公开的相关管理办法，定期公开采购信息和供应商履约考核信息，进一步增强采购操作公开透明度，自觉接受全行员工监督，打造阳光采购。

强化培训，提升员工队伍业务技能。通过举办讲座、专题培训和知识竞赛等活动，对全行采购业务条线进行培训，提高员工队伍整体专业技能和综合素质。

严肃工作纪律，严格执行采购人员管理要求。将廉洁采购视为采购工作“生命线”常抓不懈，定期检查“采购部工作人员七遵守八不准”等管理要求的落实情况，靠制度流程来阻挡各种侵蚀，保持采购专职队伍“零案件”记录。

执笔：潘涛

安全保卫

一、基本工作情况

（一）深入扎实开展全行安全生产大检查

2013 年6 月至9 月，根据《国务院办公厅关于集中开展安全生产大检查的通知》（国办发明电〔2013〕16 号）等中央和监管机关有关文件精神，在全行范围内集中开展了安全生产大检查。一是召开全行安全生产大检查视频会议。6 月25 日，总行召开安全生产大检查动员部署视频会议，对全行集中开展安全生产大检查工作提出明确要求。张建国行长出席会议并作重要讲话；朱洪波副行长主持会议。二是认真扎实开展大检查。组织全行系统检查。结合年度安全检查工作，组织25 个检查组，对北京市等25 个分行及8 家京外机构的安防设施状况和安全管理水平进行检查，对检查发现的隐患问题及时下发预警提示，督促指导相关分行做好整改工作，整改率达到94.2%。组织总行本部检查。选调专家骨干，对总行机关信达大厦、长安兴融中心、洋桥数据中心等7 处办公楼进行了安全检查。大检查结束后，向国务院报送了《中国建设银行关于集中开展安全生产大检查的总结报告》（建总报〔2013〕276 号）。

（二）严肃认真做好案件防控工作

一是扎实有效做好案件查处和风险化解工作。从严从快查处重点案件，分析案件发生的原因，总结案件暴露出的问题。指导分行做好案件查处工作，对现场处置、案件侦破、内部排查、违规责任认定等提出工作要求。指导分行妥善处置风险事件，协调沟通当地政府、银监、公安等部门，积极化解案件风险。二是抓好安全生产监管，妥善应对和处置安全生产事故。妥善处理重大安全事故，防止发生不稳定事件，对事故暴露出的问题隐患，责成分支行认真整改，努力消除事故负面影响。三是依法合规审核手续，协助和配合公安机关严厉打击各类违法犯罪活动。协助公安部查处了5 批重大案件的涉案账户，冻结涉案账户1 620 个。配合公安机关查处了105 件一般案件的涉案账户。积极主动维护国家金融安全和社会政治稳定，有效履行企业社会责任。

（三）有条不紊推进系统安全管理

一是做好重大会议活动和敏感时期安保工作。印发《2013 年安全保卫工作要点》，对重大会议活动和敏感时期安保工作作出部署。针对“两会”、十八届三中全会等重要会议期间安保工作，印发《关于做好“两会”期间全行安全运营和维护稳定工作的通知》等文件作出具体部署，确保全行安全稳定和安全运营。二是做好技防建设指导协调工作。做好上海建设银行大厦安防工程方案评审工作。成立专家评审小组对上海建设银行

2013年6月25日，建设银行召开全行安全生产大检查动员部署视频会议。

大厦安防工程进行现场调研，后提出安防工程设计的总体需求框架。稳步推进常规远程监控系统建设。规范方案审批，严格项目验收，加强中心管理。三是积极主动防范应对自然灾害。2013年我国重大自然灾害频发，全年发生较重大自然灾害14起。针对四川芦山7.0级地震、宁波“菲特”台风等重大自然灾害，及时上报灾情、传达领导指示、指导救灾工作。下发一级安全预警60期，二级预警162期。总行安保部主要领导赴宁波了解当地营业办公机构受台风“菲特”影响情况，实地指导抗台应对工作，为宁波市、浙江省分行分别申请救灾专项费用1 810万元和1 760万元。

（四）积极主动推进联网报警“五统一”建设

推进实施监控联网系统建设“统一规划设计、统一技术标准、统一产品设备、统一操作系统、统一管理方式”的管理模式。开展行内调研摸底厘清我行远程监控报警系统现状，在走访工商银行、农业银行、中国银行、北京银行总行以及北京市政府应急指挥中心等单位了解同类系统建设管理情况的基础上，向内控合规等13个部门征集业务需求。在深入了解金融同业发展趋势、建设银行现状及不足、业务部门新需求、开展五统一建设必要性的基础上，形成了“五统一”项目调研报告，行长办公会专题讨论并通过报告。

（五）不断加强总行本部安全管理

成功做好上访应对、重大活动、综治维稳等工作。成功处置化解多次较大规模集体上访。扎实做好“两会”、十八届三中全会等敏感时期安全维稳工作，高标准完成3次全行工作会、2次股东大会安保工作。成功举行总行本部消防疏散演练，21个部门1 100多名员工参加。编制《中国建设银行总行部门安全管理责任书》，明确责任分工和责任人。

二、主要工作举措

（一）以第三类案件管理为重点切实增强案防工作能力

一是研究制定第三类案件管理办法，从制度层面应对监管变化。制定《中国建设银行第三类案件及案件风险管理暂行办法》，从分级分类、案件预防、应急处置、信息报告、立案管理、责任追究等方面对第三类案件处置应对工作作出明确规定。二是及时发布安全预警，对多发易发案件主动跟踪指导。对多发易发类第三类案件逐类分析研究并开展预警，如网上银行诈骗、电话银行诈骗、电信诈骗、盗刷银行卡、POS机套现等。三是紧跟银行业务发展变化，加强案防工作调查研究。继续深化对案件和风险事件的分析研究工作，提出案件防控工作的针对性建议，不断增强案防工作的有效性。重点加强自助设备和电子渠道安全防范。四是加强基层基础建设，指导条线做好案件防控工作。举办案件防控及突发事件处置工作培训班，讲解案件全流程管理思路，案件管理工作如何向业务渗透延伸等案件管理新思路新要求。严格执行重大突发事件报告制度，以总结分析报告等形式分析案发原因、报告问责及隐患整改情况。及时将监管部门案情通报下发各分支机构，以安全预警提示的方式提醒分支机构加强风险防范。

（二）以安全预警系统为主要抓手提升安全服务能力水平

一是拓展预警渠道。在企业网首页“热点专题”栏开设安全预警平台，38家一级分行均建成二级预警平台。创办微信预警平台，面向全行智能手机用户提供预警信息，进一步拓宽预警信息传播渠道。二是丰富预警内容。相继开展自然灾害、极端天气、空气质量、案件防控、安全检查等多层次、多方位安全预警，初步形成门类较为齐全的安全预警体系。三是加强预案建设。据不完全统计，目前全行各级机构（含点库楼房区等重点部位）共制定下发安全保卫类应急预案103 765个，其中综合类应急预案6类5 667个，防抢、防盗、防骗、防汛、防火等单项应急预案15类98 098个。认真开展演练。全行共开展突发事件（案件）演练44 140次，消防演练20 368次，合计64 508次。

（三）以安全检查新标准运用为依托不断提升工作科技含量

《中国建设银行安全管理标准——安全隐患分级分类标准 JAB 800—2012》于2013年在全行颁布实施，《JAB 800》标准属同业首创，主要适用于银行“点、库、楼、房、区”等重点部位及枪弹、押运等重要环节的安全检查，并据此发布隐患预警、督导问题整改、规范安全管理。

（四）以研究制定新制度为切入点持续推进制度体系建设

为落实党的群众路线教育实践活动整改要求，固化活动成果，进一步提高全行安全管理和服务水平，总行狠抓安全管理制度建设，在反复酝酿、充分研究的基础上，研究制定（修订）了第三类案件管理等五项重要规章制度。这五项重要制度文件包括：为积极应对安全形势挑战，适应案件监管新规，提高案件防控水平，制定第三类案件管理办法；围绕执行JAB800新标准，为进一步规范安全检查工作，修订完善安全检查办法；为加强应急安全检查车规范管理，确保检查车发挥业务效用，制定应急安全检查车管理办法；针对当前安全生产严峻形势，为进一步细化消防管理各项制度规定，守牢不发生消防事故底线，修订完善消防安全管理办法；为加强条线队伍建设，充分发挥各类专家人才作用，拓宽职业发展通道，制定安保专家库管理办法。此次即将出台的五项制度是继2012年颁布实施“3 +5”制度之后总行安保部推出的又一批重要制度成果，涉及面广、指导性强，对确保教育实践活动整改落实取得实效和进一步指导规范全行安保工作健康有序开展具有重要意义。

执笔：戴天娇

三、党建工作与队伍建设

人力资源管理工作

2013年以来，在总行党委的正确领导下，人力资源部认真贯彻落实全行工作会议精神和全行组织人事工作会议精神，围绕全行“坚持创新、深化转型、加快发展”的总体要求，进一步加强党的组织建设以及领导班子、干部队伍、人才队伍建设，深化人力资源改革，进一步提高组织人事工作的科学化水平，为顺利实现全行发展目标提供有力的人力支持和组织保障。

一、组织推进党的群众路线教育实践活动

在总行党委的正确领导下，全行以二级分（支）行以上管理机关、领导班子和领导干部为重点，12 000多个党组织、18万多名党员以“压茬”进行的方式参加了活动。活动期间，全行各级党委组织党委中心组学习4 834次，专题辅导2 351次，下发调查问卷212 186份，收集意见建议50 376条。全行各级党员领导干部讲党课1 473次，开展专题讨论52 93次，基层调研21 396次，开展谈心活动32 683次，撰写对照检查材料12 067份，召开民主生活会2 049个。

全行各级党委制定整改措施20 663条，完成14 662条，制定相关制度4 006条。重点抓好“大企业病”、客户权益保障、案件风险防控等方面的专项整治，对违反纪律迎来送往、公款吃喝的干部，按照规定进行严肃处理，取得了良好效果。全行系统会议计划压缩了60%，全行会议费支出同比下降45%；行政招待费支出同比下降26%，差旅费支出同比减少10%；清理超标办公用房1 699平方米；削减办公楼建设项目2个，停建、缓建办公楼5个，累计节约预算80亿元。

中央活动办公室和中央督导组对建设银行活动给予了充分肯定，中央《群众路线活动简报》先后4次刊登建设银行活动情况。《人民日报》4次在头版进行宣传，中央电视台《新闻联播》先后2次进行报道，《光明日报》、《经济日报》先后3次进行报道。行内编发活动简报88期，《建银行》刊稿201篇，行内活动专网登稿468篇，营造了良好的活动氛围。

二、加强干部队伍管理

1. 完善干部管理制度。为适应全行风险管理体制改革，优化了一级分行风险总监、工会主任、行长助理岗位设置。修订一级分行领导班子综合经营竞争力监测办法，调整指标和权重，组织实施监测。

2. 加强分行领导班子建设。对32个一级分行、12个审计机构的领导班子进行了调整补充，共计职务任免123人次，涉及一把手调整的8个单位。

3. 加强总行本部、海外机构和子公司部门级人员管理。总行部门级人员任免60余人次，海外机构负责人任免35人次，子公司董事、监事换届15人次。

4. 开展总行部门级、一级分行行级及审计条线领导人员公开选拔工作。16位同志通过选拔提任至新的岗位工作。

5. 加大后备干部队伍建设。初步建立一级分行及总行部门正职后备干部队伍，共48人。组织273名一级分行及总行部门副职后备干部参加总行党校培训，占总数2/3。

6. 加强干部监督工作。以贯彻八项规定为切入口，严肃处理违反纪律迎来送往、大吃大喝、造成不良影响干部。规范领导干部境外休假管理，严格审批。选人用人“满意和基本满意”率提升5.76个百分点，得到中央组织部充分肯定。

7. 完成上级部门交办的各项任务。配合中央组织部完成行领导班子和领导人员年度考核、“一报告、两评议”、行领导任职考察、兼任执行董事、任职资格核准、行外兼职报批及中管金融企业副职公开选拔、推荐高管人员行外任职等工作。

三、加强各类人才队伍建设

1. 推进专业技术人才队伍建设。全行专业技术人才队伍总量持续增长，截至2013年6.55万人，较上年新增5 037人。

2. 加强海外人才储备。海外人才库储备总量1 057人，平均32岁，其中：处级及以上178人，业务经理级267人，业务员612人；小语种人员95名，初步实现结构优化。

3. 完成二类、三类行资深专业技术岗位职务聘任。共聘任19人。举办全行资深专业技术人员研修班，35人参加培训。

4. 加强分行专业技术岗位职务聘任方案指导审批。共11个分行、2 987人，其中：三四级386人、五六级1 587人。

5. 组织全行高师评审。422人取得高师资格。确定各类中级专业技术资格4 511人，初级专业技术资格18 517人。

6. 完善专业技术岗位职务管理制度。制定资深专业技术人员考核实施方案，完成客户经理等4个系列题库建设，综合题目11 834个，专业题目3 753个。

7. 与美国银行开展优化人力资源信息系统战略合作。进行3次集中办公，共30天，进行27次电话会议，开展远程办公，重点研究myHR员工门户、考勤、绩效流程及子公司人员管理的业务流程、系统功能等，涉及55类功能。在新一代核心系统建设的总体安排下，启动人力资源信息系统优化工作。统一系统二级运维支持渠道，建立难点问题技术会商、远程授课机制。

四、加强机构人员管理

1. 加快推进省会城市行机构改革。除黑龙江省、湖北省分行因“一把手”调整而适当延后外，其他分行已全部实施到位。

2. 规范设置分支机构内设机构。34个一级分行对其本部和下辖机构的职能部门进行了规范，共调整减少分行本部部门（含二级部）233个，减少下辖机构部门700个。

3. 加强总行本部机构编制管理。完成总行11个机构设立、更名、职责与内设处室调整。核定总行40个部门处级干部及专业技术岗位职数，统一专业技术岗位职务名称。

4. 加强全行人员总量管理。全行人员376 730人，比2012年增加6 412人，其中：一级分行增加5 492人，新增员工全部补充到前台营业网点，优化营业网点人员结构。

5. 有序完成营业网点业务岗位劳务转制工作。全行共择优转制11 495人，转制后，全行营业网点业务岗位不再有劳务派遣员工。

6. 编制总行直属中心五年人力资源规划。综合成本控制要求，将总行直属中心2017年末人员总数控制在17 930人。

7. 加强员工管理制度建设。制定因公出国人员审批管理规定、总行新员工入职培养工作指引及金融市场业务关键岗位人员离岗休假、岗位轮换及离职管理实施办法等。

五、加强岗位绩效薪酬管理

1. 强化全行人力费用管理。完成全行工资预算，涉及124个单位，约261.09亿元。建立总行本部工资发放、福利分配台账，与财务会计部形成人力费用日常对账机制。

2. 促进薪酬资源向一线倾斜。落实营业网点薪酬倾斜政策，将全行约19万网点一线员工纳入补贴发放范围，人均补贴标准约为基本工资的20%。

3. 做好总行各级人员薪酬服务工作。完成年度绩效工资清算，3 000余人，约2.85亿元。年薪制人员清算报告544份。实施董事、监事、高管薪酬分配清算，并配合做好信息披露。

4. 完成董事、监事和高管考核工作。根据董事会薪酬委安排，实施董事、监事和高管2012年度绩效考核，修订2013年度绩效考核方案，提请董事会和薪酬委审议通过。

5. 完成总行部门考核。按照一部一表，开展部门述职、部门互评、分行评价和行领导评价，细分考核档次，考核结果与部门领导及员工考核挂钩，扩大绩效工资浮动范围。

6. 在全行推广实施员工绩效管理。正式出台员工绩效管理暂行办法，统一规范全行绩效管理理念、流程、目标体系、结果分档、工具模板、职责分工。

7. 优化岗位管理和职务职等管理方案。完成全行岗位体系的初步方案设计，明确岗位分类方式、评价方法、说明书模板、职务设置方式、员工晋升路径、岗位管控模式等内容。

六、提升培训工作质量

1. 加强对全行培训工作管理。全行共举办各类培训班3.7万期，培训191万人次，完成培训工作量381万人天，通过网络学习系统开展员工学习400万人课次。

2. 组织实施重点培训项目。举办井冈山培训班、高级研修班、二级分行行长、网点经理培训班36期，培训2 419人。

3. 认真开展境外培训。举办境外培训班74期，培训2 801人。

4. 推进网点综合化建设培训。完成网点柜员、高级柜员、产品销售经理、网点客户经理、营运主管等5个岗位培训读本，举办259期培训班，对1.4万名网点负责人开展新一轮轮训。

5. 推进网络学习系统建设。开发268门网络课件，开通企业内网通道，推进系统扩容到4万并发容量，实现现场培训班线上维护工作逐步走向常态化。

6. 加强培训基础建设。开展兼职师资评审，共聘958名，实现名单制动态管理。召开教材编审委员会会议，开发完成11套岗位培训教材、5个岗位培训读本、17门培训课程。

执笔：张洋

反腐倡廉与纪检检察工作

一、抓好中央八项规定的贯彻落实

（一）围绕改进作风定制度抓落实

按照中央八项规定及总行党委十项要求，建章立制，在业务招待、出差出国、费用预算、开业庆典、领导人员用车用房等方面作出严格规范。各级机构结合开展党的群众路线教育实践活动，坚决纠正“四风”问题，在密切联系群众、厉行勤俭节约、转变文风会风等方面有了明显改进。一年来，全行各级机构制定整改措施2.1万条，已落实整改1.5万条；发文比2012年同期减少18%，总行答复下级行请示平均处理用时1.6天，效率提升22%；全行行政招待费支出下降40%，会议费支出下降45%。

（二）加强改进作风建设的监督和检查

各级纪检监察部门把监督执行中央八项规定及总行党委十项要求作为一项严肃的政治任务，在全行组织开展改进工作作风专项检查，各级机构全面开展自查自纠，总行对部分一级分行进行抽查，对检查发现的问题进行了督促整改。通过巡视、信访举报等渠道加强日常监督，坚决纠正违反规定的行为，对顶风违纪问题严肃查处并进行通报。加强中秋国庆、元旦春节等重点时段的监督提醒，狠刹公款送礼、公款吃喝、奢侈浪费等不正之风。

（三）开展“学党章 守纪律 正品行”主题教育实践活动

组织各级领导人员学习十八大修订的党章，开展党风党纪教育，强化宗旨意识、增强纪律性。各级机构围绕遵守纪律、改进作风、廉洁从业，组织专题讲座1 094场次，通过组织参观教育基地、监狱等，开展现场教育64 306人次。各级领导人员通过基层调研、行长接待日、走访客户等途径，多渠道向员工及客户征求意见，解决廉洁从业、作风建设、勤俭办行等方面的问题4 044个，营造了风清气正的良好氛围。

（四）做好重点业务领域的纠风工作

按照国务院及银监会纠风工作的部署，重点治理服务收费、金融产品销售和信用卡服务等3个重点领域存在的问题，完善相关制度，加强监督管理，进一步提高了规范经营的水平和服务客户的能力。

二、加强重点环节监督，权力运行更加规范

（一）通过巡视加强对一级、二级分支机构领导班子的监督

围绕党风廉政建设和改革发展，以发现问题、形成威慑为主要任务，进一步加强和改进巡视工作。全行两级巡视组织体系基本形成，按巡视组、巡视办“组办分设”原则，总行组建了3个专门巡视组，有28个一级分行建立了巡视组织，全行巡视力量进一步加强。总行对5个一级分行和1个子公司进行了巡视、对3个一级分行进行了回访；一级分行对二级分支机构巡视了118个、回访26个。全行共发现突出问题797个，向总行、分行党委提出建议193条、向被巡视单位提出意见建议638条。

（二）通过纪检监察特派员加强对基层机构及其负责人的监督

纪检监察特派员组织队伍建设不断加强，作用有效发挥。特派员深入基层一线，列席基层会议、参加网点晨训、开展员工家访和外部走访、组织业务检查和员工行为排查、查看监控录像、与员工谈心，及时发现和排除风险隐患，提醒和督促基层机构负责人廉洁从业，实现对基层机构及其负责人近距离监督。全行纪检监察特派员共组织或参与相关业务检查约17 000次，向基层机构负责人发出《监督检查意见书》6 853份，提出合理化建议5 641条，被派出行和基层行采纳4 263条。

（三）通过信访举报加强对群众反映突出问题的监督

全行纪检监察条线共受理信访举报952件，其中总行受理526件。围绕信贷管理、集中采购、费用开支等群众反映的突出问题，各级机构集中力量加大核查力度，对查实的问题进行严肃处理。总行和一级分行加大直接核查力度，对线索清楚、性质严重的问题开展现场核查；加强督查督办和系统指导，促进全行信访核查质量的提升。全行通过信访核查处理158人，提醒谈话182人，提出业务整改建议146项。

（四）通过落实制度加强对“权、钱、人”的监督

严格监督执行“三重一大”决策制度，促进民主决策、科学决策。稳步实施基层党务公开制度，全行共有146个单位先行实施了党务公开，党务公开与行务公开有机结合，促进了基层党风廉政建设。全行纪检监察部门对22 752个集中采购项目进行了监督，涉及预算总金额344亿元。认真落实领导人员任职前听取纪委意见的规定，各级纪检监察部门提供任职审核意见3 126人次。领导人员认真执行廉洁从业规定及总行党委相关要求，开展任前廉政谈话、提醒谈话、诫勉谈话共28 806人次，述职述廉20 853人次，个人重大事项报告19 675人次，全行有4 567人次主动上交未能拒收的现金、有价证券和支付凭证共1 174万元。

三、扎实推进案件防控，案防能力进一步提升

（一）加大案件查处和风险化解工作力度

全行共查处案件5件，涉案金额1 488万元。

积极协调中央有关单位及地方党政司法机关，成功化解甘肃“2·21”事件重大资金风险，妥善处置9起严重违规违纪事件。

（二）开展案件风险专项整治

针对违规办理信贷业务、柜面操作风险、员工参与民间融资、商业贿赂4个方面的突出风险，有关部门分工合作，整合业务检查、稽核监测、审计等力量，进行专项整治。坚持案件防控重点联系行制度，采取差别化的督导措施，实施重点帮扶指导。开展案件防控工作专项检查，督促各项案防措施落实。组织案件风险大排查“百日行动”，运用技术手段，开展员工行为排查80多万人次，发现经商办企业625人，违规代客办理业务584人，参与民间融资、大额借贷和博彩等不良行为446人，及时采取了消除隐患的措施；堵截案件和风险事件717起，避免损失25.3亿元。

（三）不断健全完善案件防控机制

组织签订《案件防控工作责任状》，层层落实案防责任，增强风险和案防责任意识。开展案件防控工作考评，对发生特别重大、恶性案件的分支机构实行“一票否决”，扣减其KPI中的案件防控指标全部分值。在全行开展“案例警示教育读书季”和“纪委书记讲案例”活动，增强合规意识。开发基层机构负责人廉洁合规从业问查系统，提升行为排查的效能。根据监管要求，对13项64个指标建立案件防控统计制度，强化案防工作过程监测。不断完善“案件防控工作动态”等信息平台，及时提示风险、交流经验、督促落实整改。

四、严肃执规执纪，从严治行的要求进一步落实

（一）强化责任追究

加大对案件和重大违规问题查处力度，全行共处理违法违规违纪行为5 362人次，比上年增长75%；其中处理各级领导人员1 869人次，比上年增长51%。严肃授信业务违规失职行为的问责，全行处理22 86人次，比上年增长136%。总行对各分行问责率进行考核，促进了全行对检查发现问题问责工作的重视程度，全行因内外部审计、监管检查及各类业务检查发现问题处理2062人次，比上年增长142%；问责更加严格，采用纪律处分及解除劳动合同的人数724人次，比上年增长189%。有力促进了全行制度执行力的进一步提升。

（二）深入推进积分管理工作

坚持轻微违规积分和奖励积分并重。全行共对92 227名员工轻微违规行为积275 750分，积分人数和分值分别较上年增加10%和13%，积分平均覆盖面（被积分人数/员工人数）达到26%，较上年增长0.93个百分点；共对70 255人实施奖励积分227 462分，增发绩效工资2 182万元。积分管理的激励和约束机制进一步健全，积分工具强化基础管理的成效进一步显现。

五、加强纪检监察自身建设，履职能力不断提升

（一）加强组织建设

继续贯彻中央四部委12号及总行党委3号文件精神，适应全行机构改革和业务转型的需要，积极推动省会城市行的纪检监察组织建设，一些子公司、专业化经营机构也相继建立纪检监察机构，充实了人员力量。

（二）强化内部管理

各级纪检监察机构带头执行中央八项规定及总行党委十项要求，总行还就巡视工作中贯彻落实相关规定和要求提出11项具体措施。按照总行党委统一部署，深入开展群众路线教育实践活动，着力解决“四风”问题。按照中央纪委要求认真开展会员卡专项清退活动，全行3 000多名纪检监察干部做到“零持有、零报告”。

重视发挥监察学会建设银行分会的平台作用，围绕当前反腐倡廉建设和经营管理中的热点、难点问题开展课题研究，加强调研成果的交流和利用。建设银行选送的《商业银行廉政风险防控机制研究》，荣获中国监察学会金融分会2013年理论研究成果一等奖。分会组织编写的《国有控股商业银行违规违纪案例与分析》出版发行，成为基层员工开展案防教育的重要读本。分会在提升全行反腐倡廉理论研究水平、促进工作实践方面的作用日益凸现，得到了中央纪委监察部的高度评价和金融同业的认可。

执笔：王君

公共关系与企业文化建设

一、严格执行中央八项规定和总行党委十项要求

一是停办三地媒体联谊会。股改上市后，为密切与媒体关系、提升公众公司形象，建设银行每年均在京、沪、穗三地举办新春媒体联谊会。2013年初，在传达学习中央八项规定当天，紧急叫停了当晚拟在上海举办的新春媒体联谊会，随后立即停办了在广州、北京两地的联谊会，并向全行发出通知，要求准备举办媒体联谊会的分行一律停办，改宴请联谊为走访征求意见、沟通情况，同样取得了较好效果。

二是改文风、转会风。与上年同期相比，2013年部门发文、签报分别压缩了37%、25%；取消了原定的90人规模的一类会议计划。在精减的同时，提高办文、会议质量和效率。文件内容要求言简意赅，处理时间原则上不得超过两天；从改革部务会入手，把会议的主题集中到议大事、议难事、议而有决上面来，使会议真正开出效果。

三是节俭办事。"母亲健康快车"是建设银行与中国妇女发展基金会合作的公益项目。在2013年的合作实施过程中，建设银行提出压缩宣传开支和简化发车仪式，得到中国妇女发展基金会的理解和支持，节约出资金多购置了救护车及配套器材。

四是积极主动压缩经费预算。年初对以往费用安排进行认真梳理，取消了一批沿袭多年的费用项目；在具体执行中根据实际情况主动取消已安排的项目。在总行党委提出压缩广告宣传费要求后，部门在较短时间内完成了压缩目标。

二、围绕中心、服务业务发展，新闻宣传和声誉风险管理积极有效

一是贴近业务发展，加大正面宣传力度，刊稿量首次超过工商银行，在四大行位居第一。全年围绕"善融商务"、小微企业、服务三农、电子银行等业务策划开展了7次主题宣传活动，分10多个批次组织媒体记者下分行采访，形成了一批内容鲜活、有影响的稿件。根据贝叶思信息咨询公司统计，建设银行2013年正面宣传刊稿量9 141篇（工商银行8 637篇，中国银行8 542篇，农业银行7 108篇），四大行排名第一；在四大行总刊稿量占比由上年19%增至27%，增幅明显。建设银行群众路线教育实践活动宣传报道的数量和质量，在中管金融企业中均位居首位，受到了中央督导组和中央教育活动办公室的好评。

二是改进外部奖项参评工作，全行获奖数量、质量及排名稳步提升。全年共获得国内外奖项荣誉110项，包括荣获美国《环球金融》的年度大奖；在英国《银行家》、美国《财富》杂志、美国《福布斯》发布的全球最强银行排名中，建设银行排名均有显著提升，国际影响力和美誉度进一步增强。

三是声誉风险管理水平进一步提高，负面舆情数量在四大行位居第三，实现全年舆情平稳。全年成功化解了包括央视"新闻联播"拟报建设银行客服问题等在内的潜在舆情936起，妥善处置已曝光负面舆情443起，使得全年媒体报道的负面舆情总量较2012年下降46%。据第三方外部专业机构监测，建设银行负面舆情数量在四大行中居第三位，少于工商银行、农业银行，保证了全年舆情平稳。

三、坚持品牌建设，营销宣传贴近实际业务

一是优化投放渠道，初步实现了广告宣传看得见、有印象。据央视索福瑞监测，2013年建设银行广告在央视总曝光量达130亿人次，在四大

行中成本最低、效果最好。紧密服务业务发展，推出了“善建者行 成其久远”宣传语和系列主品牌形象广告，据业务部门反馈，龙卡通、小企业广告持续投放后，新增发卡和客户数同比分别增长了17.97%、89.57%。

二是强化了广告投放的统一规划和动态管理。2013年首次明确了全行全媒体广告投放策略。总行加大了直投力度，并根据媒体变化趋势调整投放渠道，增加对央视、网络渠道投入，压缩、退出了广告效果渐微、投放环境较差的平媒、楼宇液晶广告等投放。在网络渠道投放上，将资源向影响力大的四家门户网站、专业性强的主要财经网站倾斜，并关注视频网站等新进媒体，形成了重点突出的投放格局。

三是打破惯性思维，推动公关企化工作相互融通、资源共享、形成合力。在开展海外形象宣传时，围绕确定的选题，将软文与硬广相结合，形成了相互呼应、强化叠加的宣传效果；加大广告宣传与负面舆情处理的协同联动，利用广告投放中形成的媒体资源，协助网络舆情处理，处理时间由1天缩减为1个半小时，取得了事半功倍的效果。

四、坚持理论指导实践，宣传思想、文明创建工作富有成效

一是加强思政和企业文化研究，课题获奖数量第一次居金融系统之首。积极参加全国金融系统思想政治工作和企业文化建设优秀调研成果评选活动，形成了一批高质量的调研成果，其中47篇调研报告获奖（一等奖2篇，二等奖4篇，三等奖20篇，优秀奖21篇），获奖数量超过了工商银行、农业银行和证券系统，居金融系统之首（工商银行38篇获奖，农业银行36篇获奖，证监会系统获奖29篇），并获得优秀组织奖。

二是深入开展了群众路线教育实践活动，抓四风、转作风成效明显。部领导带头深入基层、客户、业务部门和合作单位调研，以多种方式征求意见建议41条，明确了22项重点改进任务，坚持边查边改、边整边改，建立长效机制。

三是尝试把优秀的员工故事宣传与业务宣传相结合，加深了受众对建设银行业绩和建设银行文化的认同，同时以业绩宣传带动了员工故事宣传，使宣传内容更具说服力和感染力。在行庆60周年宣传筹备工作中，动员全部门力量，多方协调申请纪念特种邮票、熊猫加字纪念币发行计划，积极筹划制作企业形象宣传片，推进行庆logo、海报设计等各项工作，完成了“老干部口述行史”三集样片的剪辑制作，取得了阶段性成果。

五、坚持和发展核心价值理念，企业文化促进业务发展成效显著

一是重视树立企业文化建设标杆。审核确认了全行第一批共48家企业文化建设示范单位；大力推广企业文化建设优秀案例及成果，河北省分行的“日清日轻精益工作法”和北京市分行东四支行的“五心服务”分别荣获全国企业文化建设优秀案例奖和优秀成果奖，建设银行成为金融系统唯一获得两项大奖的单位。

二是将企业文化建设有机融入中心工作。组织全行开展了“知行合一，实干兴行”企业文化主题实践活动。全行举办了109场“综合性、多功能、集约化”经营创新成果交流研讨会，组织各级机构开展了创新文化大讨论，8 800余名员工参与了创新理念征集活动。聚焦经营转型、电子银行、互联网金融、海外业务拓展等战略性重点问题开展创新课题研究，总行、分行和子公司积极参与、深入调研，形成了一批有深度、有对策的高质量研究报告，河北省、浙江省、辽宁省等分行组织得力，成果突出。

三是企业网部门主页可读性提高、影响力扩大，2013年点击率进入总行部门前3名。重视发挥《公关工作动态》、部门主页等信息载体的宣传交流作用。不断改进部门主页，新设了“企业文化园地”、“VI点评台”等栏目，为“新闻中心”等热点栏目增加了链接入口，“企业文化园地”栏目还在32家一级分行首页进行了链接。部门主页全年访问量达到33万人次，居总行部门第3位，较上年上升2个位次。

六、坚持专业化、合规化工作方向，基础管理和队伍建设进一步加强

一是突出依规办事、作风转变和能力提升，加强队伍建设。强调各项工作必须有规可依、遵章办事，集中梳理了部门制度流程，新出台了公

益捐赠管理办法、企业文化建设示范单位管理办法、向新闻媒体发布信息有关管理规定、全行舆情应对处置工作考评方案、加强外部合作公司管理工作规则（试行）等制度办法，统一编制了重要岗位工作流程，持续推进了部门内控体系建设。

二是围绕工作落实加强检查与指导，注重发挥考核评价的激励约束作用。在“两会”、“3·15”前夕召开了新闻宣传与舆情应对工作座谈会，研究加强宣传引导工作；年中围绕新闻宣传、品牌管理、企业文化建设、员工思想教育等分别举办了座谈会，推广经验、研究问题，推动工作创新。坚持每季度下发新闻宣传工作要点和舆情提示；组织开展了全行范围企业视觉形象大检查，并设立“VI点评台”强化指导。尝试建立了条线负责人微信群，加强日常信息交流。

三是探索对工作成效开展科学评价，发挥考核的激励约束作用。根据全年工作要点和形势变化，调整了条线工作考评方案的部分评价指标，加大了对工作质量的考核力度；统一了全行正面宣传稿件的统计标准和口径，每月通报点评分行刊稿情况，在条线内营造了多上稿、上好稿的良性竞争氛围；完善了全行舆情应对处置工作考评方案，加大了通报、问责力度。将科学开展广告效果后评估作为重要课题，尝试以龙卡通、小企业作为研究范本，在广告效果后评估上取得了突破；继续开展企业文化建设评估工作，对天津市、广东省中山分行等6家分支机构在经营管理过程中践行建设银行价值理念和制度规范的成效进行了考察评估，总结经验，发现不足，提出了改进措施。

四是精心组织履职能力培训，着力提高培训的针对性和有效性。举办了股改上市以来第一期分行党委宣传部长培训班、全行企业文化教材讲解员培训班、公共关系与声誉管理培训班、品牌与社会责任培训班等，统一了要求，强化了认同，拓展了思路，提升了工作能力；总分行相关负责人赴基层开展了声誉风险管理、品牌管理、文化要素等培训，直接受训人员近万人。完成了“企业文化远程自学课件”的开发工作。组建了一支覆盖总行主要业务部门和分支机构的网评员队伍。

执笔：娄云

总行机关党建工作

一、加强思想建设，大力推进宣传思想文化工作

（一）深入宣传党中央和总行党委的重大决策部署

一年来，机关党委采取多种形式，通过多种平台，认真做好党的十八大、全国两会、中央经济工作会议以及十八届三中全会等重要会议精神的宣传工作，加强党的思想理论建设。特别是十八届三中全会召开后，及时部署了学习贯彻工作；下发了学习辅导资料和专题报告光盘；组织党员干部参加工委举办的系列辅导报告会；利用多种宣传手段，第一时间将中央精神传递给广大党员干部。为强化宣传效果，机关党委不断拓展新兴媒体宣传阵地，通过电子大屏动态地宣传党中央、国务院和总行党委的重大决策部署，建立了机关党建微信平台，目前已有近1 800名党员干部通过手机加入了机关党建微信平台。为提升宣传层次，机关党委不断加强对外信息宣传，被工委评为“中央国家机关党建信息工作先进单位”和“中央国家机关十八大宣传工作先进单位”。

（二）积极推进学习型党组织建设

2013年以来，结合形势任务，围绕员工普遍关心的热点、难点问题，机关党委精心选题，认真策划，利用“机关大讲堂”平台，邀请政治、经济、党建、军事等领域的知名专家举办了6场

高质量的辅导报告，帮助广大员工坚定理想信念、把握发展方向、提升能力素质。为推进各支部的学习型党组织建设，机关党委为每个支部配发了1套集政策、管理、思想、文化、历史等内容于一体的“移动学习平台”；为支部订阅了《大讲堂》《动态参考》《紫光阁》等期刊。为推动学习成果转化，联合电子银行部组织开展了“三进三察三提”学习实践活动，开展电子银行业务专题调研。总行33名业务骨干组成8个调研小组，走进分支机构和政府企业，与30多家企业客户和10多家分支机构面对面交流互动。2013年8月，在工委组织的学习型党组织建设经验交流会上，王洪章董事长做了题为《以学习立德增智，靠实干兴行筑梦》的交流发言，受到中央国家机关各部门的广泛好评。

（三）大力弘扬建设银行优秀企业文化

在工委组织的行业系统践行社会主义核心价值观和部门核心价值理念先进典型的宣传活动中，工委在人民网等中央媒体开设专栏，集中宣传了建设银行6个集体和个人的先进典型事迹，展示了建设银行员工良好的精神面貌、职业操守和建设银行的良好企业形象。

二、加强作风建设，深入践行党的群众路线

（一）扎实开展党的群众路线教育实践活动

一是坚持联系实际、扎实推进。2013年7月教育活动启动后，机关党委迅速制发了有关实施方案，紧密联系总行实际，部署了机关党委统一组织开展的4项活动和各部门自行组织开展的3项活动，做到规定动作讲落实，自选动作重实效。二是坚持聚焦四风、开门纳谏。在深入学习教育、开展批评与自我批评的基础上，通过多种形式和渠道，向广大客户、员工以及其他部门征求意见、问计问需。期间，各部门共召开各类座谈会约400多次，征求到各类意见建议2 000余条。三是坚持边查边改、善作善成。针对客户和基层反映强烈的“四风”突出问题，机关党委认真组织各部门细化整改方案，开展专项整治，以重点突破推动作风整体好转，并建立健全了作风建设的制度机制，固化作风建设成果。其间，各部门查找突出问题1 000多个，有约50%的问题得到整改落实。四是坚持大力宣传、浓郁氛围。机关党委充分运用工作简报、信息网站、电子大屏以及手机微信等各类媒体，分层次、分类别、分档期宣传教育实践活动的工作动态、典型事例和经验做法。尤其是在宣传题材、形式和方法上力求“短实新”，力诫“假长空”。工作简报集中报道每一个活动环节的情况综述、典型事例和经验做法；网站、微信等则实时反映各部门的教育动态和员工反响，形成立体覆盖、互为补充、导向鲜明的宣传模式。截至2013年末，机关党委共向工委上报信息140多篇，编发简报25期，编发微信260多条，制作LED宣传信息12期，有80多条信息在紫光阁网站刊登，有4条信息在工委《信息交流》上刊登，促进了教育活动的深入开展。

（二）充分发挥机关工会、妇女组织联系和服务群众的作用

一是为员工做好事、办实事、解难事。一年来，机关工会为总行全体员工办理了北京市公园年票、郊区景点年票4 600余张，并发放了电影娱乐卡。积极开展节日慰问活动，在元旦、春节、五一、国庆等主要节日，向各部门拨发了节日活动经费。组织了慰问离退休老同志春节文艺演出；组织了三八节妇女心理卫生知识讲座及健步环湖走活动；六一节为员工子女购买了园博会门票；八一节向总行本部230余名复转军人发出了慰问信，并赠送了慰问品。针对雾霾、沙尘天气及疾病流行趋势，为每名员工购买了口罩。积极与北京知名中小学、幼儿园开展共建，为员工子女入学入托提供帮助，共有15名员工子女获得了实验二小和十一学校的入学名额，并为员工子女在北京新育代双语幼儿园入托提供了便利渠道。先后向7名员工发放救助款共计22万元。在长安兴融中心建立了健身房，更新了运动设施。为总行全体员工办理了交通意外伤害保险，为援疆干部办理了人身意外伤害保险。先后4次组织了玉米、红薯、胡萝卜、果品等采摘活动，等等。二是积极组织社会公益活动。为引导总行员工增强扶危济困、乐善好施的社会责任意识。组织员工参加了中国金融教育发展基金会的“金惠工程”项目捐赠库存图书活动，共捐献各类书籍3 066册，价值61 641.21元。响应北京金融街商会发出的“捐赠一本书”活动的倡议，组织员工向怀柔贫

困山区学校捐赠书籍、文具3 000余件。三是不断丰富员工文化生活。为培育员工高尚情趣，促进员工身心健康，机关工会先后组织了总行本部保龄球、游泳、拔河等比赛。并在10月组织了总行第十届职工运动会，2 399名运动员及3 000余名观众和家属参加了运动会。同时，机关工会还分别组织员工参加了中央国家机关、中国金融工会、总行工会、金融街商会以及金融街街道办事处等单位组织的多项文化体育比赛活动，并取得良好成绩，为建设银行和总行机关赢得了荣誉。此外，机关工会积极建设和发展各类文体协会，在组织、制度和经费上为协会提供服务保障。截至2013年末，已成立了13个文体协会，会员人数达1 000多人，总行机关群众性的文化体育活动不断丰富和活跃。

（三）充分发挥机关共青团组织联系和服务青年的作用

一是大力加强青年思想政治建设。机关团委坚持党建带团建，引领广大青年在改革发展中发挥生力军作用。派员参加了共青团第十七次全国代表大会，组织广大青年认真学习和宣传贯彻会议精神。指导7个团支部进行了组建改选，完成了总行团支部、团员数量的统计，加强基层团组织建设。组织青年积极参加党的群众路线教育实践活动，自觉反对“四风”。组织参加了“根在基层 中国梦”中央国家机关青年调研实践活动，完成了有关调研报告，编辑了汇报手册、光盘和展板。组织参加了全行“最美青工”宣传评选活动。宣传表彰了2011—2012年度总行青年岗位能手。组织参加了全行“金点子”大赛，激发了总行员工创意激情，展示了广大青年创新能力，并获得多项大奖。组织开展了“光盘行动”和“节俭节约妙招贴”活动，引导青年厉行勤俭节约、反对铺张浪费。组织开展了“建设银行青春 中国梦”主题演讲活动，加强青年爱国主义教育。二是积极开展关爱员工活动。在向总行员工发放了关爱卡，开通了电话和网络心理咨询服务的基础上，为员工及家属开展心理咨询一对一专家服务。举办了孕期保养、亲子教育、心理健康等3期辅导讲座。继续开展“易购”品牌活动，为员工购买汽车、电脑等提供优惠服务。组织单身员工参加了由中央国家机关团工委等单位组织的一系列联谊活动，并策划组织了两场由建设银行牵头的单身联谊活动，积极为青年婚恋交友提供平台。邀请专业机构为员工进行体质测试，并继续组织瑜伽培训课程，促进员工身心健康。不断创新培训内容形式，成功举办了总行本部第二届“超鲜英语”培训班，深受员工好评。三是认真组织青年志愿者活动。组织在红莲小学举办中外文化交流志愿者活动，引起社会积极反响。组织开展“绿色回收，爱心传递”电脑废旧回收及捐赠贫困小学活动；组织在房山打工子弟学校开展“献爱心送暖冬”活动，向学校师生捐赠20台电脑和1.5万元衣物，增强了青年员工社会责任意识。

三、加强组织建设，夯实总行机关党的工作基础

（一）加强基层党组织建设

一年来，机关党委积极探索党建工作模式，先后15人次深入直属机构调研，制订了直属机构党组织设置及工作方案，加强直属机构的党组织建设。先后指导帮助直属机构成立14个党总支和56个党支部；根据总行部门和人员变动情况，指导12个基层党组织完成换届改选、委员增补和支部成立。制定了《总行本部直属机构党总支部委员会印章使用管理规定》《党支部（总支）制度建设及组织工作程序》，规范基层党建工作。

（二）加强领导干部思想政治建设

一方面，加强党员领导干部的理论学习和党性教育。组织总行46名基层党组织负责人和党务工作骨干参加了总行党的十八大精神辅导培训。结合党的群众路线教育实践活动，组织广大党员干部认真学习近平同志一系列重要讲话等辅导材料。机关党委制作了6个专题的党课课件和讲义，各支部书记先后96次组织开展了专题党课辅导；另一方面，建立健全员工思想动态分析、谈心谈话和心理辅导等工作机制。全年，机关党委先后组织了3个层次的6场座谈会，各级领导人员与员工开展谈心谈话3万多人次。

（三）加强党员教育、管理、服务和发展工作

机关党委认真贯彻执行中央《关于加强新形势下发展党员和党员管理工作的意见》，组织138个党组织3 938名党员参加了中央组织部举办的

十八大报告和党章知识竞赛网上答题活动；组织了总行本部组织委员工作培训班，详细讲解党支部生活制度和组织委员工作职责。按照“控制总量、优化结构、提高质量、发挥作用”的总体要求，机关党委坚持记实制，规范公示制，推行票决制，做好新党员发展和预备党员转正审批工作，提高发展新党员质量。全年接收了100名中共预备党员；审核了64名拟发展党员的材料；审议批准了137名预备党员转正，并有78名到期转正党员正在履行审批程序中；举办了2期总行本部入党积极分子培训班，共有112名员工参加了学习。

四、加强反腐倡廉建设，积极推进纪检监察工作

（一）严明党的纪律

中央八项规定和总行党委十项规定出后，机关党委及时制发了《关于改进总行机关作风的若干规定》，涵盖了9项24条内容。在此基础上，机关党委还积极研究制定总行机关作风建设检查考评实施细则，探索从管理教育、工作效能、会风文风和廉洁从业等多个方面对各部门实施动态考评和激励约束，初步形成了强化作风建设的时间表和路线图。此外，还及时组织学习贯彻中央纪律检查委员会出台的一系列制度规定，坚决维护党的纪律的严肃性和权威性。

（二）深化惩治和预防腐败体系建设

2013年初，机关党委组织召开了总行部门支部（总支）书记会议，认真传达了中央国家机关第27次党的工作会议暨第25次纪检工作会议精神，并对全年纪检工作进行部署。严格执行领导干部任职廉政谈话、个人有关事项报告、述职述廉等制度。加强党务、政务、财务的信息公开，促进权力规范透明运行。推进廉政风险防控机制建设，积极探索加强总行机关权力运行监督约束的新途径新办法。

（三）深化反腐倡廉宣传教育和廉洁文化建设

机关纪委认真组织开展“学党章、守纪律、正品行”主题教育实践活动，强化党性党风党纪教育、法制教育、诚信教育和从政道德教育。先后向各支部下发了警示教育片，组织总行处级以上领导人员学习观看党内教育片《苏联亡党亡国20年祭》、《较量——正在进行》，加强理想信念教育，增强拒腐防变意识。组织在建设银行报刊发了《以作风正行风、以行风促发展》等多篇评论员文章。结合党的群众路线教育实践活动，机关纪委积极推进廉洁文化建设，引导各基层党组织将廉洁意识寓于业务制度规范之中。

执笔：王斌

离退休人员管理工作

一、积极开展专题调研工作

2013年4月23日，根据中央组织部布置的三个调研课题自选1至2项进行调研的工作要求，部门确定了“积极开展文化养老、有效发挥离退休干部在全面建成小康社会中的积极作用”二个专题，各分行就调研课题进行了广泛深入的调查研究，32家分行共报送了39篇调研文章。

2013年9月，部门分南、北两个片区进行了交流与评选，在此基础上，选出辽宁、吉林和云南省分行三篇质量较高的调研文章代表建设银行报送中组部老干部局。这些课题研究昭示了离退休工作今后一个时期的发展方向，为建设银行做好下一步工作奠定了基础。

二、开展离退休人员学习“十八大”心得体会征文活动

4月28日，在全行系统开展了离退休人员学

习“十八大”心得体会征文活动，在各行推荐的85篇离退休老同志学习心得的基础上，评选出一等奖10篇、二等奖18篇。总行网页开辟了离退休人员学习“十八大”精神优秀征文专栏，在首页设计了“中国梦 建设银行情 夕阳红”浮标，通过这个专栏，展示了离退休人员学习“十八大”精神的部分成果，展现了全行老同志“政治坚定、思想常新、理想永存”的精神风貌。

三、组织离退休人员开展“同心共筑中国梦，携手奉献建设银行情”活动

2013年6月3日，部门转发了中组部下发的《关于在离退休干部中开展“同心共筑中国梦”活动的通知》，6月5日，王洪章董事长在通知上作出了重要批示：认真组织好“同心共筑中国梦”活动，充分发挥各级党组织和老干部党支部作用，调动老同志积极性，使老同志离岗不离心系事业，退休不退爱行精神，与在职员工共创建设银行未来。同时要结合明年建设银行成立60周年活动，把实现“国内最佳、国际一流”的长期战略目标紧密结合，把活动推向深入。部门将贯彻落实中央组织部通知与董事长批示精神结合起来，制订了具有建设银行离退休工作特点的“同心共筑中国梦，携手奉献建设银行情”系列活动方案。在全行离退休人员中广泛开展了“同心共筑中国梦，携手奉献建设银行情”系列活动，取得了比较好的效果。

四、组织编写总行本部离退休人员服务手册

2013年7月，部门组织编写了总行本部离退休人员服务手册，内容涵盖了离退休部门工作职责及组织机构、退休手续办理流程、生活待遇等相关政策规定，离退休党支部组织生活、退休生活服务等项目。手册内容全面丰富，极大地方便了离退休人员，为他们的晚年生活提供了有效的帮助。

五、认真做好年度老干部综合信息统计上报工作

2013年12月，根据中组部统计工作要求，经过全行离退休工作部门统计人员的共同努力，圆满完成了2013年度全国建设银行系统老干部综合信息统计上报工作。

执笔：刘筱菈

党校（高级研修院）培训工作

一、主要业绩

（一）年度培训任务圆满完成

总行党校和哈尔滨、常州分校“一校三地”年度培训量再创新高，全年共举办各类培训班87期，培训129 581人天，其中总行党校9期，培训13 598人天，发挥了全行领导（管理）人员培训“主渠道”和“熔炉”的作用。

（二）重点培训项目成效显著

通过精心策划与实施、探索与创新，高标准地完成了党委赋予的总行部门副职、一级分行副职后备干部集中强化培训的任务。一是参训学员提高了综合素质与履职能力，理论上固了本，思想上补了课，精神上补了“钙”，贯彻执行群众路线的意识和能力明显提高，战略思维、创新思维、法治思维、底线思维的意识与能力明显增强，想战略、谋改革、抓班子、带队伍、促转型的能力显著改善。二是形成了对每位学员的全方位、立体式的考察考核意见，为党委更好、更适当地使用人才以及有针对性、差别化的培养人才，提供了依据。三是形成了8篇具有较高的研究水平、具有现实的参考和指导作用的课题报告。即《适

应利率市场化变革实现经济效益稳定增长》、《以更积极地实践和创新提升思想政治工作水平—新形势下增强建设银行思想政治工作实效研究》、《银行声誉风险管理问题与对策研究》、《关于优化网点员工绩效考核的思路与建议》、《关于当前推进我行金融市场业务发展的思考与建议》、《建设银行员工职业生涯若干问题与建议》、《关于提升总行处长队伍履职能力的对策与建议》、《关于增强建设银行青年员工思想政治工作实效的对策与建议》。总行领导听取汇报后指出，这些学习研究成果立意有高度、分析有深度、措施和建议有力度，具备较高的应用推广价值。此外，还配合有关部门首次成功举办了2期100个大中城市行长专题研修项目。

（三）教学管理水平、培训质量与效果各相关方高度认可

一是学员满意。借鉴国内外的先进经验，通过专业测评系统（无记名），由党校春、秋季（第28期、29期）干部进修班全体学员参与全方位的评估，共进行13个方面、90项测评，非常满意率为91%，满意率为8%，基本满意率和不满意率为1%（主要为硬件设施和个性化服务）。二是上级有关部门和来校授课（调研）的专家教授（领导）普遍称赞。从上级党校负责人和专家组进行现场检查评估，到来校授课的专家教授（领导）以及考察交流的其他单位党校（分校）负责同志及教学管理人员，均对建设银行党委重视党校建设以及建设银行党校的办学理念、做法、作风、质量及校园文化给予了充分肯定，称赞建设银行党校是中央党校分校系统的一面旗帜。

（四）对哈尔滨、常州分校的工作指导得到明显改进与加强

通过充分激发现有人员的潜能，高效利用网络电教视频系统，做到党校“一校三地”统一教学计划、统一管理标准、统一组织实施、统一考察考核、统一教学评估，使分校教学管理水平和培训质量有了质的飞跃。2013年12月，中央党校中央国家机关分校组织专家评级组首次对建设银行党校《ISO9000教学质量管理体系》进行了全面审核并给予高度评价，中国质量认证中心为建设银行党校颁发了质量认证证书。

二、主要特点及做法

（一）坚持正确的办学宗旨与指导思想

坚持不懈地抓好《党校工作条例》、《党校第11次校委会纪要》及《学员管理规定》等重要（基础）文件的贯彻落实。坚持正确的办学宗旨与指导思想，以培养好干部的“五条标准”为基本目标，以加强党的执政能力建设、先进性和纯洁性建设为主线，以增强教育培训质量与效果为根本，以加强学风校风建设为关键，以强化党性锻炼、提高履职能力为重点，坚持把遵循党校办学规律与贯彻党委决策意图及其培训需求、符合建设银行党员干部成长规律有机地结合起来，把坚持党校姓党、从严治校与精细化、专业化、人性化管理有机结合起来，把主动适应学员需求与正确引导、有效提升学员需求有机结合起来，确保总行党委的决策部署在党校及其学员与员工中得到及时正确地传导、有效地贯彻落实，确保党校的教育培训工作能紧紧围绕全行的中心工作展开，自觉服务于全行深化改革、科学发展及其人才发展的大局，并贯穿于教学管理等各个具体环节，确保党校的功能与作用有新的拓展与增强，彰显了本行党校的鲜明特色与优势。

（二）紧紧抓住首要任务

坚持把学习贯彻党的十八大、十八届三中全会精神和习近平总书记系列重要讲话精神作为党校的首要任务。通过分专题组织学习、督促指导学员原原本本地研读文献、精心组织好专家辅导、围绕建设银行改革发展实际开展学习交流及课题研究，深化了学习成果。学员普遍反映，通过系统学习马克思主义基本理论特别是中国特色社会主义理论体系，进一步加深了对马克思主义中国化创新成果的认识，坚定了理想信念；深入系统地学习习总书记系列讲话精神，进一步增强了政治定力，认清了党和国家工作的新要求，强化了敢于担当的责任和使命；认真听课读书，积极开展课题研究，完善了知识结构，提高了分析问题和解决问题的能力；认真贯彻中央八项规定精神和总行党委的十项要求，自觉转作风、正学风，增强了党性修养。

（三）积极探索与创新

以党的群众路线教育实践活动为契机，坚持

把理论学习、党性锻炼、作风建设和能力训练、行动学习等新的培训理念、方法有机结合起来，贯穿于教育培训全过程。通过开设“党的群众路线与党性教育单元”，突出马克思主义群众观教育，把弘扬党的优良传统与作风融入具体教学管理实践之中，体现到从项目研发到教学实施，从开学（班）动员到课堂面授及其总结点评，从组织学员研讨到课题研究，从日常教学管理到生活保障等具体环节之中，坚持把提高课堂教学、研究式教学、专题能力训练、现场教学质量与发挥示范行动影响力统一起来，有效地教育、引导学员自觉加强党性修养，深化学习教育效果，增强反对“四风”的思想自觉和行动，自觉做到学、思、知、行有机统一。通过深入研究、自我开发，以“根、脉、魂、‘钙’”为基本线索，着力提升“入学教育”、“党性修养”、“领导力修炼”、“单元教学与研讨提示”、“课题研究”或“对策与建议”等教学辅导（提示）的教育、引导、沟通水平，增强其思想性、专业性、创新性、针对性、说服力、影响力。通过学员党支部成员采取公开竞聘、直接选举的方式产生，“竞”出了人才，“选”好了班子，进而优化了管理，带出了学风，体验了“政改”。通过组织开展以“比较与欣赏”为主题的读经典原著学习体会交流与笔记观摩活动，以及每天一名学员轮流值日并担任课堂主持等教学活动，有效地调动了学员学习的主动性与创造性；通过采取课题研究与答辩、领导力与管理能力专题（系列）策划与训练，以教学管理人员为主导、以学员为主体进行策划、组织、实施、研讨、点评等生动活泼的研究式教学，增强了培训的针对性与实效性，做到了教学相长、学学相长。通过组织学员赴延安、临沂现场教学考察，到监狱开展警示教育活动，使全体学员受到生动实际的党性教育，意志品格得到锻炼，灵魂深处经受震撼。

执笔：潘伟

工会工作

一、落实职代会制度，组织召开全行系统三届二次职代会联席会暨一届工会委员会四次会议

一是总行5月组织召开了全行系统三届二次职代会联席会暨一届工会委员会四次会议，会议选举了职工代表监事，审议了修订后的《企业年金方案》；选举替补了经费审查委员会主任。12月征集职代会议题和提案、调整职工代表，筹备召开全行系统三届三次职代会。

二是各级行加强了以职代会为基本形式的民主管理建设，进一步推进行务公开，畅通职工诉求表达渠道，有23个一级分行组织召开了职代会和联席会议。

二、围绕业务发展开展以“两创一促”为主题的劳动竞赛

一是在全行系统组织开展了以“金融创新，服务创优，促进发展”为主题的劳动竞赛活动，与总行养老金业务部、信用卡中心分别联合组织开展了“忠于所托、为民养老，以创新谋发展”、“龙卡信用卡，我学、我用、我营销”业务竞赛，助推了业务发展。

二是将各项竞赛中涌现出来的先进典型与评选表彰活动紧密结合。2013年，向全总和金融工会推荐表彰94个先进集体和个人。为切实体现总行党委对优秀员工的关爱，总行及各分行组织了优秀员工集体休养活动。

三是组织起草《劳动竞赛管理办法》和《评

先表彰管理办法》。

三、深入开展帮扶救助和送温暖活动，切实解决员工困难

为深入贯彻总行党委“以人为本”关心关爱员工的指示精神，各级行工会采取多种措施认真抓落实：

一是组织了2013年元旦春节期间送温暖活动，全行系统工会走访慰问困难职工12 461人次，发放慰问金2 063万元；王洪章董事长、章更生副行长在分行工作调研期间，专门走访了基层网点，亲切看望慰问了一线员工和困难员工。总行工会组织了女员工代表与单亲困难女员工结对子帮扶活动。

二是组织了互助资金救助特困人员工作，一年来，全行各级互助基金救助特困员工11 311人次、救助金额3 331万元。总行制定下发了《员工互助机制管理办法》。

三是各级工会还开展员工人文关怀、心理疏导、夏送清凉、金秋助学等帮扶活动；协助有关部门做好基层通风、取暖、降噪、卫生等劳动保护措施建设；积极配合解决职工就餐、休息休假、文体设施建设等问题。

四、广泛开展文化体育活动，丰富员工的文化生活

围绕弘扬主流文化和建行核心价值观，广泛开展文体活动。

一是组织参加全国金融系统第二届职工运动会，章更生副行长亲自挂帅指挥，总行工会精心组织；2013年9月中旬，我行由169名选手组成的代表队参加了金融系统职工运动会，勇夺团体冠军，同时获优秀组织奖；胡哲一副行长参加了领导组网球双打比赛，赢得了本次运动会的首枚金牌；活动受到了行领导的高度肯定，王洪章董事长在工会呈送的总结报告上作出重要批示。同时我行运动员在赛场上展示的精湛的竞技水平和良好的精神风貌受到金融工会和各参赛队的好评。

二是举办了全行第六届职工乒乓球赛，全行系统315名运动员参加了比赛；章更生副行长出席闭幕式并为获奖代表队和运动员颁奖。

三是组织建行俄罗斯子银行开业揭牌仪式“员工书画展览”，国务院副总理汪洋观看了展览，给予了高度评价。

四是组织参加全国金融系统2013年文学艺术展评活动，我行获得摄影、文学展评金奖等优异成绩。

五是各级行工会积极组建、完善文体协会和兴趣小组，开展员工各种喜闻乐见的活动；配合业务部门开展银企联谊和客户营销活动。

五、重视和关心女员工工作，维护女员工特殊权益

一是开展“巾帼建功”创建活动，命名表彰了2012年度总行级“女职工文明示范岗”和“巾帼建功标兵”。

二是举办了党的群众路线教育实践活动基层女职工座谈会，女工代表围绕建行改革发展主题建言献策，提出关注女员工特殊权益的意见和建议10条。

三是举办了全行“女性魅力和建行发展”征文演讲活动，我行参加金融系统演讲比赛荣获二等奖。

四是在全行开展《女职工劳动保护特别规定》知识竞赛活动，年内推动9家一级分行签订女职工专项合同。

六、加强自身建设，提高服务能力和水平

一是落实行长责任状要求，加强对工会财务审查监督力度，年内总行工会经审委组织对本级和16个一级分行工会的工会经费、职工互助资金核算和管理情况进行了现场检查。

二是从总行工会经费中划拨专项资金100万元，用于支持偏远落后地区基层职工之家场所建设。

三是举办分行工会主席培训班，制定《工会内部管理规程》。

四是认真贯彻落实中央八项规定精神和总行党委十项要求，整合发文、会议、活动，压缩文件篇幅，节约活动费用，为基层解决实际困难，加强制度化、规范化建设，切实改进工作作风。

执笔：鞠红洁

CHINA 中国建设银行年鉴 2014
CONSTRUCTION BANK ALMANAC

第四部分　境内分行改革与发展

北京市分行

北京市分行行长　田惠宇
（2013年5月免）

北京市分行行长（兼）　余静波
（2013年8月任）

一、业务发展概况

【主要业务指标】截至2013年末，本外币全口径存款时点余额11 332亿元，日均余额10 698亿元；人民币一般性存款日均新增608亿元，比上年增加149亿元。本外币各项贷款余额4 346亿元，新增453亿元；其中，个人住房贷款余额754亿元，新增136亿元。实现税前利润154.62亿元，计划完成率110.1%，同比新增22.74亿元，增幅17.2%；实现经济增加值85.29亿元，同比增长15.84亿元，增幅22.81%。利润和经济增加值都保持了两位数的增长。

【公司业务】企业存款日均新增360亿元，比上年新增126亿元，增幅7.99%；非贴现对公贷款新增234亿元，占全部贷款的50%；公司机构全量客户达到14.65万户，新增3.63万户；其中，有效客户7.13万户，新增1.81万户，有效客户占全量客户的48.64%，比上年提升0.35个百分点。

【个人金融业务】储蓄存款日均新增248亿元，比上年新增24亿元，增幅9.65%。个人贷款新增118亿元，增幅17.59%；个人全量客户960.01万户，新增75.46万户；其中，有效客户330.74万户，新增56.5万户，有效客户占全量客户的34.45%，比上年提升3.45个百分点。全年个人理财产品销售量3 920亿元，四项产品销售490亿元，总计达4 410亿元，比上年增加20%。

【中间业务】实现净收入突破60亿元，余额达63.91亿元，计划完成率105.23%，同比新增10.01亿元，增幅18.58%。有19项重点产品收入超过亿元，其中：投资理财业务收入11.9亿元，比上年增长62.14%；债券承销业务收入达到5.49亿元；托管业务收入达到4.3亿元，比上年增长32.6%；信用卡分期业务收入达到3.7亿元，比上年增长96%。

【国际业务】外汇企业存款比上年增加2.73亿美元；各项外汇贷款余额60.69亿美元，比上年新增19.07亿美元；全年国际结算量1 330亿美元；跨境人民币业务结算量突破1 000亿元。

【信用卡业务】实现信用卡分期交易额60亿元，比上年增长43%；信用卡贷款余额105亿元，比上年增长42%；签约汽车经销商突破400家，市场覆盖率达到95%；信用卡客户净新增60万户，同业排名第二位。

2013 年 1 月 4 日，建设银行北京市分行与中国传媒大学举行战略合作协议及校园一卡通协议签约仪式。

2013 年 4 月 2 日，建设银行北京市分行与北京高端制造业基地管委会、中信信托有限责任公司举行战略合作协议签约仪式。

【资产质量与风险控制】通过落实主动授信，增强风险服务能力；通过实施抵押全面集约化管理，降低管控环节操作风险和道德风险；通过细化理财业务流程，防范市场风险；通过开展形式多样的业务培训、研究分析，不断提高队伍专业化水平，全辖风险管理能力显著增强，分行资产质量稳步提升。不良贷款保持“双降”，五级分类不良贷款余额及不良贷款率分别为 16.83 亿元和 0.39%，比上年分别下降 1.85 亿元和 0.1 个百分点。

二、主要工作举措

【“三大一高”战略有效推进】结合总行提出的“三争当，一打造”要求，分行明确了实现“北京分行梦”的奋斗方向，确立了建设“一流分行”的发展定位。并在研究、营销、服务、管理、机制等方面落实“五个到位”，为拓展客户提供保障。

通过“三大一高”抓住客户和上下游产业链客户，实现客户数量的批量化增长；打通产业链，实现产品链、供应链，带动存贷款、结算等传统业务发展，促进包括债券承销、并购重组、投资理财在内的投行业务，国际业务、金融市场等新兴业务发展。制定以财政业务为源头、以社保业务为突破口、以军队武警业务为重点的营销方案，推动全行机构业务实现跨越式发展。加快对成功案例的复制，推广成熟模式。加强配套制度建设，继续完善过程监控、考核激励机制。

【各项业务紧抓市场变化提升竞争力】结合地区客户特点，创新了包括委托代理、集团集中代理、分离式信用证在内的三种模式六种子产品。打造特色小企业金融服务推出保贷通、聚融贷等新产品。与社保中心签署《全面战略合作协议》和《北京市社保保险费银行缴费协议书》，正式启动代理社保基金电子收款项目。养老金受托余额突破 120 亿元。协和医院的银医卡系统实现联名卡、绑定两种模式，网上银行、多媒体查询机、院内自助等多渠道实现建设银行卡预约挂号、退号、查询等就诊功能模块。联合四家券商推出了“鑫存管联名卡”。

坚持“抓体量、促中收”使业务发展更符合客观规律，实现个人存款、理财、重点产品销售的协同发展。推出北京固生堂龙卡、国金证券龙卡等联名借记卡新产品；个人贵金属收入是 2012 年的 2.32 倍。5 月 16 日北京市分行第一家个人贵金属中心正式开业运营。年内，贵金属电子保管柜系统上线，该系统利用扫描二维码识别产品，联动银行账务系统自动记账，通过贵金属在电子保管柜立体分层码放，实现出入库产品定位处理。私人银行 AUM1 000 万以上客户 2 191 人，净新增 532 人，增速 32.07%；AUM500 万以上客户净新增 1478 人，增速 24.40%。通过系列培训、客户路演、跨境体验等手段，持续在全辖推进投资移民业务的宣传和落地工作。优化住房公积金组合贷款业务流程，通过同步办理贷款申请受理、调查、审批等措施缩短贷款办理时间；营业网点开设“绿色通道”，为公积金贷款客户办理开卡、验卡等服务。合作发行以条码扫描方式完成会员功能的物美龙卡 IC 信用卡。截至 2013 年末，新增个人电子银行客户 368.3 万，电子交易量达 3.08 亿笔，是柜面交易量的 8.3 倍，电子银行账务性交易量比达到 66.53%。自助设备账务性交易量 1.18 亿笔，账务性交易量比达 76.15%。

高度重视中间业务发展，以“赶超”战略为核心，以增收挖潜活动和产品创新为抓手，以加强产品管理、客户管理和综合管理为手段全面提升中间业务经营管理能力。推出手机专享、教师节享等主题理财产品，推出“养颐四方”养老金保本理财。推出基于债券、同业为投向的货币市场理财产品池等一系列创新产品；投资理财产品持续创新，推出企业财务顾问型股加债融资产品；发行上市公司股票增发类理财产品；办理股权收益权投资于民生银行可转债业务。创新推出了乾元按周开放型保本理财产品专。截至 2013 年末，全年票据贴现业务量达 315 亿元，比上年增长 20%。全年黄金租借 14 743 千克，四大行占比 66%。

国际业务以提升境内外综合服务能力为目标，组织开展“融通国际”国际业务专项营销活动，开展支行走访对接活动，制定落实客户拓展措施，提高国际业务产品覆盖度。加大重点客户培育和重点项目储备，创新了建单通、建票通、出口双保通、出口协议融资、建资通等产品。

【提高风险和案件防控能力】通过落实主动授信，增强风险服务能力；通过实施抵押全面集约化管理，降低管控环节操作风险和道德风险；通过细化理财业务流程，防范市场风险；通过开展业务培训、研究分析，不断提高队伍专业化水平及全辖风险管理能力，资产质量稳步提升。不良贷款保持“双降”，五级分类不良贷款余额及不良贷款率分别为 16.83 亿元和 0.39%，比上年分别下降 1.85 亿元和 0.1 个百分点。

完成对公授信流程优化工作，实现新旧流程体系的平稳切换；强化信用风险管理，明确风险偏好，保持了资产质量稳定；声誉风险管理关口前移，从服务窗口和业务源头上化解风险；制定涉及公司、个人、会计、风险等主要业务条线的案件防控措施 40 条。开展平安创建“基础建设年”，组织安全教育 1 333 次，开展预案演练 5 802 场，成功堵截各类诈骗案件 125 起，金额 608.37 万元。组织开展“廉洁从业，践行合规”主题教育活动；建立“违规风险事项”回检制度；制定《员工从业行为管理办法》；开展员工行为排查，合计排查员工 3 万余人次。4 月 14 日，朝阳北路支行成功处置一起持械抢劫案件，员工孔海旺荣立二等功、金磊荣立三等功，朝阳北路支行获集体嘉奖。

【加强队伍建设】制定了《加强管辖行责权对等的若干意见》，提高了管辖行的履职能力；规范各岗位对应的专业技术职务序列，建立了包括综合表现、专业能力、工作业绩三方面内容的综合评价机制，实现人岗适配。强化客户经理队伍拓展与管理，制定了《北京分行私人银行高级客户经理管理规范》，明确了高级客户经理的评定、晋升、工作规范、考核办法等，分行 48 人被聘任为私人银行高级客户经理。研究制定了一线岗位补贴分配实施细则，并完成了津贴补发工作。全年分行共实施各类现场培训 455 期，登记参加培训 39 832 人次。制定了《关于印发北京市分行综合柜员制推广实施工作验收方案的通知》，完成全辖 193 家综合营业网点实施验收工作；制定营业机构综合化处理方案，进一步提升网点的渠道效能，实现网点资源公、私共享；制订了综合柜员培训方案，开展了贯穿全年的全辖综合网点培训工作。

【深入开展党的群众路线教育实践活动】在总行第 8 督导组的指导下，分行加强组织领导，健全工作机制，紧紧围绕“三四六一”（即“三个聚焦”、“四风”、“六个方面重点问题”、王洪章董事长 2013 年 8 月 19 日讲话），认真完成了教育实践活动各环节规定动作，开好民主生活会。活动的开展，有效地解决了分行党员干部中存在的“四风”问题和经营管理中存在的诸多实际问题，促进了各项业务健康发展。全分行共收集群众意见建议 990 条，制定整改措施 720 项，专项整治项目 8 项。

【创建和谐的企业文化】制定《中国建设银行北京市分行首次接触责任制实施细则（试行）》，对分行首次接触责任制的基本原则、方式流程、管理考核等作出明确规定。加强组织领导，健全工作机制，开展“学党章、守纪律、正品行”教育实践活动。落实“四关、四有”要求，切实关心爱护员工，服务意识不断增强，进一步强化服务支持。以“我的梦·建设银行梦”为主题开展道德讲堂活动，宣讲高尚的道德情操和良好的职业精神，进一步提升全行员工的思想道德修养和文明素质。组织召开分行第九届职工运动会。落实以职代会为基础的民主管理，组织召开了分行第三届第一次职工（会员）代表大会。

执笔：吕亚维、何冰

天津市分行

天津市分行行长　高德高

一、业务发展概况

截至2013年末，天津分行全口径存款新增155.63亿元，余额达到2 248.6亿元，一般性存款新增256.77亿元，余额达到2 202.51亿元。本币全口径存款及一般性存款日均新增完成情况远超年度计划，时点新增额（按可比口径计算）高居同业四大行之首。对公存款全年实现净新增148亿元，年末余额达到1 311.1亿元，新增额、余额均列四大行第一，日均新增156亿元，计划完成率高达294%。资产业务方面，各项贷款余额为1 959.6亿元，全年共实施贷款投放950亿元，上报总行项目审批通过率近90%。账户营销方面，对公人民币全部结算账户和基本结算账户分别较上年增长7 795个和6 120个，增幅达到17.67%和30.65%，四大行占比分别为15.5%和12.7%。

全年共实现中间业务净收入19.66亿元，同比增速达到14.26%，同业四大行占比26.03%，历史性地取得四大行第一。贷款质量比2012年有明显提升，不良贷款余额下降至5.77亿元，不良贷款率比2012年下降0.1个百分点。全年实现税前利润50.91亿元，拨备前利润达到54.80亿元，同比增速12.78%。

二、主要工作举措

（一）积极进行业务结构调整，零售板块取得明显进步

个金条线以公积金龙卡为依托搭建增值服务体系，持续强化代发工资等系列代收付业务，不断加大贵金属、代理基金、代理保险等融智类产品销售力度，按计划完成17个网点新增和53个网点升级工作、完成50个离行式自助设备选址布放和20家旗舰理财中心建设工作，在客户批量拓展、资金有效沉淀等方面市场表现良好。年末剔除保本理财后的个人储蓄存款时点新增、日均新增、网均新增均列四大行第一。

住房金融业务市场优势得到进一步巩固，个人住房贷款净新增84亿元，余额达到341亿元，历史性地重回四大行第一的位置。公积金贷款余额和新发放占比均稳定地保持在90%以上，公积金归集业务继续保持100%的市场份额，住房资金存款余额四大行占比高达93%，在系统内位列第一。

信用卡业务市场竞争实力显著增强，累计发卡量、消费交易额两项核心指标稳居市场第二，信用卡贷款余额、分期业务交易额均居同业首位，全年实现中间业务收入1.53亿元，增速居分行各业务条线之首。

小企业业务方面着力在全行推进“一圈（商

2013 年 7 月 24 日，建设银行天津市分行举行党的群众路线教育实践活动动员大会。

圈）一链（产业链）一平台（企业群）”集群营销服务模式并取得明显成效，全年小企业非贴现贷款新增 10 亿元，小企业授信客户数和基本账户数较年初实现或接近翻番增长。

（二）积极推进战略业务快速发展，业务创新成效显著

机构业务方面养老金营销工作实现多点突破，首次全面完成总行下达的各项任务指标。社保金融服务力度进一步加大，指定 20 家网点提供“即时发卡”一站式服务。自主研发的“医健通”诊疗费用结算系统正式上线运行，受到医院和就诊市民广泛好评。

投资银行业务方面全年累计承销各类债券 118 亿元，列区域第一位、系统内第六位，取得历史最好成绩。积极为总行理财资产池配置资产收益权、私募债等各类高收益资产并成功获得区域资产池试点资格。通过发行总行、分行各类理财产品为增存稳存工作发挥了积极推动作用，其中保本型理财产品余额居本地市场第一位、系统内第五位。

工程造价咨询业务方面成功营销到本市国家会展中心等十几项重点工程，编审额达千亿元以上，业务收入突破 2 亿元大关，位列全国百强从业单位第八名，被总行列为系统内标杆单位。

电子银行业务方面客户规模继续扩大，活跃客户新增在系统内排名大幅跃升，账务性交易占比达到 48.14%，在系统内位列第七位。电子商务平台工作进展顺利，“善融商务”平台成功吸引本市众多名优企业入驻，“e 商贸通”各项指标在系统内名列前茅。

国际业务方面跨境人民币结算取得历史最好成绩，贸易融资、国际结算、结售汇等主要外汇业务指标均较上年实现大幅增长并创下历史新高，同业四大行和系统内排名明显提升。全年实现外汇中间业务收入 1.54 亿元，同比增幅达到 41%。

全行努力适应新形势要求，通过产品和服务创新为业务发展提供了新的动力。全城通（对公通存通兑）、建设银行 SD 龙卡移动支付、出口协议融资等列入总行年度计划的十二个创新项目全部实施完成，融资租赁、网络信贷等新业务已获总行批复并成功开办。自主研发的城镇化理财、股权投资类理财和小微企业税务贷、工程贷，以及为优质客户专门定制开发的物流通、跨境人民币直贷等产品，不仅有效满足了市场需求，提升了客户对建设银行的整体贡献度，也为业务发展发挥了积极促进作用。

（三）稳步推进各项改革措施，转型基础进一步加强

继续按照总行要求深入推进营运管理体制改革，按照“先易后难、逐步扩充”的原则分三个批次有序实施网点综合化转型工作。截至 2013 年末，已经按计划完成 77 个纯对私网点转型为综合网点工作，230 个纯对公柜台可以办理综合业务，能够办理综合性业务的柜员已达 1 030 名，有 82 个综合性网点理财区实现对公对私综合复用，并组建起了 119 个综合型营销团队，为分行在新形势下进行经营转型、提升市场竞争力奠定了坚实基础。

按照总行统一部署实施授信业务流程优化工作，促进授信业务流程更加顺畅、工作效率不断提升，并通过权责对等、有效制衡达到控制授信风险的目标。

（四）不断强化风险控制，为分行安全运营保驾护航

继续加快存量不良贷款项目处置并取得积极进展，不良贷款额、不良贷款率连续第八年实现“双降”。不断加大审计检查发现问题整改力度、问责力度，全年审计整改完成率达到 95.5%，完成了年初的既定目标。继续重点开展案件专项治理工作，充分发挥负向连带积分与正向奖励积分在案件防控中的管理工具作用，促进员工合规操作和风险防范意识得到进一步强化。深入推进“平安建设银行”建设，在全行范围组织开展安

全生产大检查，认真做好维护稳定和安全运营管理工作，成功实现全年不发生案件、不发生重大安全生产责任事故的目标。

（五）大力加强服务质量建设，服务效率得到有效提升

2013年完成单位结算账户开户与签约便利化、电子渠道数据分析系统等九个流程优化项目。积极推进“新一代核心系统”一期推广工作，圆满完成76项特色业务开发工作，信息技术对全行经营管理的支撑作用得到充分体现。进一步加强集中采购统一管理，完善重大采购事项决策机制，全年共组织实施集中采购项目280个，合同总金额2.4亿元，实际节约资金3 700万元。持续加大督办工作力度，强化行务执行力考核的激励约束作用，进一步优化重大事项协调服务响应机制，加大分行对支行的支持与服务保障力度，促进行务运行效率得到有效提升。

（六）持续加强队伍建设，和谐氛围更加浓厚

根据总行党委统一部署，认真在全行组织开展党的群众路线教育实践活动，活动成果得到总行第八督导组和全行广大员工的充分肯定。分行党委以贯彻落实中央八项规定和总行党委“十项要求”为切入点，以作风建设为聚焦点，着力加强全行干部队伍的组织建设、思想建设和反腐倡廉建设。严格按照干部选拔任用程序和总行集中统一管理要求，提拔任用行处级领导人员7名，调整交流7人，使领导人员结构进一步优化。选择分行10个部门，结合业务专长、工作特点与基层机构开展党建工作结对共建试点。完善员工队伍管理机制，启动三级、四级专业技术岗位职务聘任工作，完成362名劳务派遣制员工择优转制，拓宽了员工职业晋升通道和成长空间。同时，稳步推进绩效管理试点，进一步完善员工考核指标设置，优化考核流程和方法，对提升绩效管理科学化、精细化水平发挥了积极促进作用。

多层次培训体系不断完善，全行员工人均参加现场培训7.92天，参加网络培训3.27天，对提升岗位技能和职业素养发挥了重要作用。企业文化建设中关爱员工的特点更加突出，分行信息站开设“魅力员工”栏目，反映基层员工平凡而感人事迹的报道被《建设银行报》及其他外部媒体刊发总计56篇。各级党政工团组织以开展文娱活动、劳动竞赛和志愿者服务等为载体，不断激发全行员工，特别是青年员工的归属感、使命感和社会责任感，使全行的向心力、凝聚力进一步增强，团结一心、和谐奋进的良好氛围更加浓厚。

执笔：吕树楠

河北省分行

河北省分行行长　李秀昆

一、业务发展概况

截至2013年末，全口径存款余额4 991.94亿元，比年初新增292.31亿元，新增系统第十位；各项贷款余额2 990.49亿元，比年初新增295.08亿元，新增系统第十位、同业第二位。实现中间业务净收入41.31亿元，系统第九位、同业第一位。实现账面利润93.18亿元，创历史最好水平，居系统第八位；拨备前利润104.2亿元，首次突破100亿元大关，创历史新高。五级分类口径不

良贷款额 9.98 亿元，比年初减少 4.08 亿元；不良贷款率 0.34%，比年初下降 0.19 个百分点。

2013 年 1 月 28 日，建设银行河北省分行在石家庄市召开全省建设银行 2013 年工作会议。

【公司业务】至 2013 年末，对公人民币存款比年初新增 200.98 亿元，时点余额继续保持同业第一位。对公人民币贷款比年初新增 99.73 亿元，同业第二位，其中非贴贷款新增系统第十位。实现公司牵头口径中间业务收入 13.17 亿元，同比多增 2.59 亿元。

【机构业务】至 2013 年末，机构客户人民币一般性存款新增 175 亿元，居系统第三位。总行考核口径中间业务收入实现 2.03 亿元。累计发放机构客户贷款 20.58 亿元，其中教育、卫生行业贷款信贷余额继续保持同业领先。

【小企业业务】至 2013 年末，小企业贷款余额 271.6 亿元，比年初新增 41.4 亿元，其中非贴贷款新增 54.4 亿元。小企业非贴贷款累计发放 324 亿元，同比增幅 20%。实现中间业务收入 3.51 亿元。

【个人金融业务】至 2013 年末，个人存款余额 2 878.25亿元，比年初新增 243.76 亿元，新增市场占比 27.60%，保持同业第二位。实现个人中间业务收入 11.58 亿元，保持系统第七位。个人有效客户总量达到 430.07 万户，居系统第四位，当年新增 63.79 万户，居系统第七位。个人有资产客户达到 1 216.97 万户，居系统第七位，当年新增 90.66 万户，居系统第五位。

【住房金融业务】至 2013 年末，房地产开发贷款余额 145 亿元，比年初新增 21.4 亿元，新增居同业第一位。个人贷款余额 838.9 亿元，比年初新增 189.6 亿元，新增居同业第二位。实现中间业务收入 4.28 亿元。

2013 年 7 月 17 日，建设银行河北省分行与承德市人民政府举行全面战略合作协议签约仪式。

【国际业务】至 2013 年末，对公外汇存款余额 4.26 亿美元，比年初新增 0.75 亿美元。实现中间业务收入 2.83 亿元。完成跨境人民币结算量 211 亿元，市场占比 27.16%，居同业第二位；跨境人民币实收实付项下结算量 128 亿元。严控贸易融资风险管理，全年无新增不良与垫款。

【信用卡业务】至 2013 年末，当年净新增客户 28 万户，存量客户达 178 万户；当年新增客户、净增活动客户、新增发卡、账户活动率、消费交易额、卡均消费、中间业务七项关键业绩指标继续保持四大行第一。实现业务收入 5.1 亿元，同比增长 55%。消费交易额 610 亿元，同比增长 66%。账户活动率 62.5%，较年初提高 5.82 个百分点，提升值居系统第一位。逾期 90 天以上贷款不良率 0.47%，低于系统平均水平 0.18 个百分点。

【电子银行业务】个人网上银行、手机银行、企业网上银行活跃客户净新增分别居系统第一位、第六位、第四位。直接业务收入 2.01 亿元，同比增长 22.54%。电子渠道账务性交易量比 41.60%，比上年末提高 4.22 个百分点。典型案例推广取得明显进展，善融商务全口径商户达到 347 户，居系统第九位；悦生活交易量 158.73 万笔，居系统第三位；签约学生惠 23.0 万户，居系统第五位。六家企业开通 e 商贸通业务。

【资产质量与风险控制】不良资产处置 11.56 亿元，完成总行计划的 257%；现金回收 5.83 亿元，完成总行计划的 530%。全年未发生案件和重大风险事件。

二、主要工作举措

【增份额，狠抓营销拓市场】存款规模不断扩大。以河北省委提出的“四大攻坚战”为契机，抢抓重大基础设施、国计民生项目和企业，以及直接融资类项目等大额存款来源；加强大额存量资金维护和有贷户信贷资金体内循环管理，深入挖掘中小型客户特别是小额无贷户增存潜力；积极拓展国土、公共资源交易中心等系统性机构客户资金；加强信用证、境外保函保证金账户管理，促进对公存款稳健增长。加强代工单位营销，抢抓重点批发结算市场资金，深入推进“社区金融”，强化理财产品销售，个人存款快速增长。

多措施促进资产业务发展。巩固电力、交通等中长期信贷业务传统优势，支持淘汰落后技改项目、产业升级、节能减排、并购重组项目，加强对现代物流、现代服务等优先支持行业和环首都经济圈、城镇化建设等战略性新兴区域和行业的研究和项目储备，对公贷款快速增长。深化民本通达品牌内涵，保持在教育、卫生行业的同业领先。加强小企业批量化营销，较好地完成了“两个不低于”目标。推进“大房金”策略，个人贷款保持强劲增长。强化定价授权管理和底线管理，提升整体定价水平。实施主动授信管理，加强客户信用评级管理和表外业务管理，大幅降低了经济资本占用。同时进一步加大从钢铁、水泥等受限行业退出力度，信贷资源优先投向政策鼓励的战略新兴、节能环保、新能源、新兴服务、信息设施建设、新农村建设等行业和小微、涉农、民生、文化和个人住房及消费领域，积极发展供应链融资、信用证等资本占用低、回报率高的产品，信贷结构不断优化。

稳健推进中间业务。认真配合做好银行业协会收费行为自查、检查和国家发展改革委涉企收费行为专项检查工作。大力推进财务顾问、审价咨询、国内保理、百易安等信贷类产品发展，不断加大新型结算产品、理财产品销售、债券承销、CTS等非信贷类中间业务产品发展力度，着力打造投资银行业务、信用卡分期、个人短信、贵金属等拳头产品，中间业务收入结构持续优化。

持续推进战略业务。深入做好养老金业务服务和营销推动，大力发展投资银行等融智增值业务，积极提高跨境人民币业务服务效率，加强IC卡行业应用项目拓展与管理，成功办理全国金融系统首笔澳大利亚投资移民业务。大力推广个人网银、手机银行、企业网银等电子交易渠道，做好善融商务和悦生活、移动签约等典型案例推广应用，加强信用卡业务精细化管理和风险管理，分期业务快速发展。

【转方式，调结构，促发展】客户基础。组织开展“有效客户拓展年”和“客户经理拓客户”活动，强化重点行业、重点客户和优质项目营销储备，开展中型客户专项营销，批量化发展核心企业供应链上下游和左右邻优质小微企业客户，精准营销个人高端客户，做实存量客户分层维护，扩大客户规模。

统筹推进，信贷结构更趋合理。进一步加大从钢铁、水泥等受限行业退出力度，信贷资源优先投向政策鼓励的战略新兴、节能环保、新能源、新兴服务、信息设施建设、新农村建设等行业和小微、涉农、民生、文化和个人住房及消费领域，积极发展供应链融资、信用证等资本占用低、回报率高的产品，信贷结构不断优化。渠道建设。合理安排营业网点新建、撤并、改造和搬迁计划，加大电子银行、善融商务和典型案例推广应用和考核力度，优化自助渠道整体布局，提升运行效率。充实客户经理队伍，加强履岗能力培训，完善考核激励机制，巩固客户经理营销维护主渠道地位。

【固基础，防范风险保平安】资产质量管控成效显著。编制资产质量控制计划，增强管控的针对性和有效性。加强对重点行业领域和重点业务的风险监测与排查，严格资产质量分类，加强逾期、欠息贷款监测预警，提前督导落实还贷还息资金，加大不良资产清收处置力度。同时全面加强内控管理。制定内部控制体系建设三年规划，组织开展内控评价和高风险事项专题稽核，加强关联交易管理和反洗钱数据集中作业处理。坚持会计营运风险分析例会制度，完善柜面会计操作风险评价体系，加强现金备付和柜面业务操作风险管理，规范结算账户和印鉴卡管理，做好对发现问题的整改，提升操作风险水平。组织开展“学党章、守纪律、正品行”、“抓基层、强管理、防案件”和案件风险排查“百日行动”等专项活动，严防员工参与民间融资、违规办理信贷业务以及收受商业贿赂等，案防基础更为稳固。加强媒体关系管理和声誉风险维护，推进网络和基础设施安全建设，有力地保障了业务健康发展。

【谋长远，转型创新增活力】产品创新成果丰硕。下达年度产品创新计划，开展产品创新和创意征集活动，加强对同业产品创新动态的搜集，做好各类新产品推广应用，产品竞争力不断提升。服务创新再创佳绩。部署开展个人客户服务年活动，落实二代转型标准化服务模式，调整优化网点布局，做好特殊人群服务，网点服务保障能力不断提升。“一行一策”持续推进。进一步加强对区域资源禀赋、经济特色、客户需求等市场情况的研究分析，动态调整完善县支行标杆管理考核机制，推进“一行一策”再落实，县域机构系统贡献度持续提升。加强对中心城市行的资源倾斜和政策指导，巩固了大幅进位的良好态势。体制机制逐步完善。围绕“两提升”目标，较好完成了营业网点综合化建设年度目标任务。将COS_ T系统上线范围扩大到全辖所有网点，实现了省分行营业部、保定分行的财政零余额额度申请业务省分行集中处理。优化整合营业网点登记簿和凭证，深入推广“日清日轻精益工作法”，进一步提高了业务处理效率和客户服务水平。

【带队伍，促进和谐聚士气】加强对群众路线教育实践活动的组织领导，突出实践特色，部署开展“纠四风，见行动”专项行动，初步建立了巩固教育实践活动成果的长效机制。不断加强各级领导班子的思想、组织和作风建设，调整完善二级分行领导班子综合竞争力监测评价，健全领导干部管理机制。加强员工队伍建设，强化培训效果，着力提高员工队伍的综合素质。加强对建设银行文化要素特别是核心价值观的学习宣传，深入落实关爱员工措施二十条，推进“一线员工成长帮助计划”，认真落实离退休人员“两个待遇”，和谐发展氛围更加浓厚。

执笔：赵亚旗

山西省分行

山西省分行行长　高强

一、主要业务发展概况

2013年，山西省分行成功“稳固二类行”，主营业务收入84亿元，同比多增10亿元；实现考核利润43亿元，计划完成率117%，同比多增7亿元，系统排名第21位。等级行排名第23位，KPI考核第16位，连续两年进入全国二类行。

全口径存款余额2 620亿元，新增135亿元，四大行第一。一般性存款余额2 594亿元，新增154亿元，四大行占比29.4%，四大行第一，其中：企业存款余额1 182亿元，超越农业银行5亿元，四大行第二；新增37亿元，四大行占比83.4%，位居第一。个人存款余额1 411亿元，新增117亿元，四大行占比24.3%，位居第二。

各项贷款余额（含信用卡透支）1 248亿元，新增144亿元。人民币贷款新增151亿元，增速13.8%，首次超过存款增速4.3个百分点；加上投资银行业务融资206亿元，全年信贷类资产新增达到357亿元，创出历史新高。其中：对公类贷款余额1 094亿元，新增96亿元，四大行第二；个人类贷余额150亿元，新增44亿元，四大行第一。不良连续八年实现“双降”。不良贷款额

8.04 亿元，减少 1.11 亿元；不良贷款率 0.65%，下降 0.18 个百分点，超额完成总行计划。

【中间业务】实现净收入 16.5 亿元，占主营业务收入占比 20.5%。毛收入 16.9 亿元，市场占比 30.4%，继续保持四大行第二；同比增量四大行第一，同比增幅四大行第三。

2013 年 11 月 22 日，建设银行山西省分行与山西省中小企业局签署战略合作协议。

【房金业务】个人贷款新增 44 亿元，增速 41%。其中，个人住房贷款新增 39 亿元，个人消费经营类贷款新增 4.48 亿元，均居四大行第一。住房资金存款新增 26 亿元，占对公存款新增 84%，系统排名第四位。

【国际业务】累计完成国际结算量 38.6 亿美元，结售汇量 23.6 亿美元。进出口贸易融资余额 42 亿元人民币，其中表内外贸易融资余额 4.86 亿元人民币，表外贸易融资余额 36.7 亿元人民币。

【资产质量与风险控制】非信贷不良资产处置取得重大突破，处置债转股 4.2 亿元，回收现金 5.77 亿元，实现溢价收入 1.98 亿元；抵债资产处置 4 836 万元，实现溢价收入 2 139 万元。

【机构业务】社保卡累计发卡 794 万张，新增发卡 410 万张，累计发卡居同业和系统第一。鑫存管存量签约客户 28 万户，新增 2.4 万户，同业第一。

【其他业务】投资银行业务发行理财类、债券类产品 49 笔 207 亿元。其中，财务顾问业务收入 9 244 万元；理财业务收入 27 851 万元，系统排名第 7 位；债券承销收入 5 229 万元，排名第 9 位。

电子银行业务账务性交易量比 44.5%，系统排名第 9 位。学生惠签约总量 30 万户，系统排名第 3 位；e 动终端网日均签约量 11.1 笔，系统排名第 7 位。

票据业务累计办理贴现业务 307 亿元，同比增长 121 亿元，增幅 65%，累计办理电子银行承兑汇票贴现业务 20 亿元。

信用卡业务累计发卡 102 万张，同业排名第二，系统排名 18 位；新增发卡 36 万张，同业排名第一，系统排名第 14 位。信用卡分期贷款余额 8.5 亿元，新增 4 亿元，增幅 90%。

小企业业务贷款余额 92 亿元，新增 45 亿元，增幅 95%，增幅排名全年保持系统排名第一位。贷款利率上浮水平 35%，系统排名第一位。

私人银行业务 AUM1 000 万元以上客户金融资产总量 114 亿元，系统排名第 12 位；私人银行客户电子银行渠道综合签约率 52%，系统排名第 7 位。

资金结算业务新增基本结算账户 6 216 户，非基本结算账户 4 707 户。小额无贷户时点存款余额 54 亿元，新增 35 亿元，日均存款余额 33 亿元，新增 20 亿元。

2013 年 8 月 1 日，建设银行山西省分行与山西省教育厅签署战略合作协议。

二、工作主要举措

【继续践行核心理念，确立打造“好银行”目标】明确提出打造“好银行”目标，即“员工爱岗敬业，运营有效安全，服务品质最好，形象内外俱佳；系统排名居前，同业份额占优，资产质量过硬，创新创效一流”。要求全行树立“五种意识”，即危机意识、责任意识、学习意识、沟通意识、服务意识。提出“严管理、抓落实、重细节”的工作要求，号召全行干部员工“主动工作、用心工作”，把工作当做事业、当做追求，主动作为，创造高效、快乐的氛围；推着工作往前走，不要被工作推着走。提出“感动基层，感动客户”，提倡大服务理念，要求上级为下级服务，感动基层；全员为客户服务，感动客户，以此促动业务发展。

【紧抓地方发展机遇，密切双方合作关系】积极落实与山西省政府签订的综改区战略合作协议，履行大银行应有的社会责任，通过多种拓展信贷融资渠道，支持服务地方主体经济，重点支持了山西省煤炭、铁路、电力、制造等支柱行业发展。同时，加强银企、银政关系，先后拜访营销重点企业高管层，成功组织与政府、单位、企业的十几家战略合作，并在财政、新设项目法人方面，取得有效突破，客户关系不断稳定，持续向好发展。2013 年，山西省分行人民币贷款新增 151 亿元，同比多增 17 亿元，其中煤炭行业累计投放 249 亿元，新增投放 43.74 亿元。

【不断加快业务转型，持续优化资产结构】一是坚持抓非煤产业。从以往的煤炭、电力等向学校、医院、旅游、文化等机构类行业转移；密切关注民生领域，加快发展企业年金、职业年金、商业保险等业务。二是坚持抓传统优势。抓好“三大一高”中的重大项目和重点客户，继续巩固和发挥建设银行在基础设施、大型项目、重点企业、住房金融以及零售银行转型等领域的传统优势。三是坚持抓结构调整。大力推进小企业、个人住房、信用卡分期贷款业务，推动信贷结构逐步向优。“三类贷款”余额 242 亿元，占全部贷款 19.4%，提升 5.8 个百分点；新增 92 亿元，同比多增 35 亿元，占全部贷款新增 61.8%，提升 19.7 个百分点。

【加强风险监测监控，确保信贷资产质量】一方面，及时收紧煤炭行业的信贷投入政策，信贷资源尽可能向机构类客户、个人类贷款、信用卡透支倾斜，在风险可控的前提下，适时、适度加快小企业贷款增速；另一方面，密切关注行业走势，监测客户经营情况，始终保持市场变化的敏感性，提高反应速度，及早化解风险，严格控制新暴露不良资产的新增，同时，加大存量不良资产的化解与处置，特别是加强对关注类贷款的管理，尽可能实现向上迁移，确保减值准备与不良指标控制在目标之内。

【建立创新激励机制，营造全行创新氛围】出台《产品创新奖励办法》，规范产品管理与创新流程，在省分行网站开通专栏，搭建信息资源共享平台。加大激励，先后对五台山金卡、五台山龙卡、小企业“商会通”、金融服务进社区等项目表彰。组织开展金点子活动收集 100 余条，有 4 条参与总行评选并获奖。着手打造“自助超市服务”新模式，在传统自助银行功能和服务的基础上，新增客户服务与拓展、产品营销与互动、创新客户自助服务产品等多种功能的自助银行，进一步丰富创新内容。创新业务见成效，“助保贷”新增 10.6 亿元，在太原、晋城、阳泉等 10 个地市推开，与 49 个县级政府签订合作协议，组建助保金池 54 个，为 200 多家民营企业提供信贷资金 15 亿元。

【开展“内控合规年”活动，全面加强风险防控】将 2013 年确定为“内控合规年”，开展为期一年的内控合规专项治理活动，将各条线规章制度和典型案例编辑成的“内控合规 U 盘”下发到全行每一位员工，方便大家学习制度，了解业务流程。同时，组织重点部位、关键岗位干部员工、客户经理前往监狱开展警示教育活动，参观服刑人员教育改造场所，听取服刑人员现身说法，并向全行客户经理发出“合规守纪、廉洁自律、诚信经营”倡议。针对内部审计检查发现的违规违纪问题，对 106 名责任人员从严处理。

【基础管理不断深化，工作效能持续提升】“严管理、抓落实、重细节”始终贯穿于管理，有效保证省分行党委工作思路、决策及时落地。提升服务理念，提出“感动基层，感动客户”，摸清基层发展中的难题、员工成长中的困惑、客户服务中的潜在需求，针对性地帮助解决。改进工作作风，着手解决部门人浮于事、忙闲不均问题，力求改进和提升部门和员工的工作作风。推广红梅品牌，创建“红梅品牌网点（团队）”，形成发展标杆，提升核心竞争力。拓展渠道建设，17 个新设机构全部取得银监局筹建批复，计划完成率 100%。强化安全生产，开展大检查，全面自查、自纠、自评，自查营业机构面达100%。

【狠抓客户数量、拓展客户关系，加强客户经理队伍建设】客户数量方面，将提升客户数量作为工作重心，将客户发展战略定位于“大、中、小客户齐要”、“抓大不放小”。客户结构方面，提出以资金流的末端客户为重点，由抓“源头”调整为抓“源头末端”并举。队伍建设和素质提升方面，提出争取在较短时间内打造出特别能战斗的客户经理队伍，打造出对公、对私、结算三个条线3 000人客户经理队伍。考核落地方面，对全行尤其是一线客户经理队伍，建立充分合理的考核制度，用足用好倾斜资源。

【深入开展群众路线教育实践活动，持续改进工作作风】高度重视，周密部署。及时领会教育实践活动精神，成立活动领导组，召开动员大会，迅速启动教育实践活动。认真学习，广开言路。严格落实学习时间和内容，通过召开座谈会、网上无记名、设立意见箱等方式，向全省万名员工征求意见。积极整改，引深活动。将征集到的1 643条意见建议归纳整理为14个方面465条，针对意见建议，省分行召开专题会议逐一研究，并制定措施，推动整改落地。

执笔：赵建伟

内蒙古自治区分行

内蒙古自治区分行行长　邱书民

一、业务发展概况

2013年，实现拨备前利润54.42亿元，同比增加3.62亿元，拨备前利润地区四大行占比28.65%，排名第一。经济资本回报率31.91%，同比提高2.96个百分点。

【资产负债】存款主要指标继续位居四大行第一。截至2013年末，全口径存款余额2 205亿元，当年新增183亿元。一般性存款余额2 128亿元，当年新增231亿元。在系统内，全口径存款余额排名第21位，较上年末上升2个位次；一般性存款新增排名第19位，较2012年末上升5个位次。存款主要指标继续位居四大行第一。在地区四大行，全口径存款余额占比29.08%，新增占比37.67%，均排名第一。

贷款指标继续位居四大行第一。截至2013年末各项贷款余额1 707亿元，当年新增128亿元。贷款余额（不含信用卡贷款）四大行占比28.56%，排名第一，新增（不含信用卡贷款）四大行占比26.64%，排名第二。各项贷款余额系统排名第21位。

【中间业务】2013年，实现中间业务净收入19.11亿元，同比增加1.6亿元。中间业务净收入地区四大行占比36.88%，排名第一。

【资产质量】信贷资产质量持续向好。截至2013年末，不良贷款余额5.72亿元，较年初减少0.12亿元，不良贷款率0.35%，较年初下降0.04个百分点。

【战略性业务】投资银行业务持续快速发展。全年发行各类投资银行产品430亿元，同比增长166%。实现投资银行业务收入6.3亿元，系统排名第13位。

信用卡业务实现收入5.96亿元，同比增长55%。净增客户21.7万户，计划完成率167%。

2013 年 2 月 4 日，建设银行内蒙古自治区分行召开 2013 年工作会议。

信用卡业务收入、账户活动率等指标系统排名靠前。累计发卡量、当年新增发卡量等 12 项指标四大行排名第一。

电子银行业务快速发展。电子银行客户新增 203 万户，增速 29%；电子银行活跃客户占比 25%，系统排名第 9 位，较上年前移 8 个位次；电子银行科目收入增长 38%。手机银行客户总量、短信金融服务客户总量同业排名第一。

“民本通达”市场份额不断提升。“民本通达”重点账户新增 165 户，计划完成率 458%；金融社保卡新增 100 万张，计划完成率 200%，新增系统排名第 6 位。教育行业、医疗卫生领域贷款余额继续保持四大行第一。

委托性住房金融业务持续领先同业。住房资金归集新增 77.36 亿元，住房资金归集余额、新增均系统排名第 14 位；住房资金存款新增系统排名第三位。

资金结算重点产品全部完成总分行计划。现金管理系统签约客户、对公一户通、单位结算卡等均超额完成全年计划。

企业年金业务发展势头良好。企业年金托管资产新增 2.94 亿元，计划完成率 130%。

国际业务稳步发展。转贷款时点新增、国际结算量、有效客户新增、贸易融资发生额等超额完成年度计划。

小企业业务稳步发展。小微企业贷款增速 36%，高于各项贷款平均增速 26.7 个百分点，全面完成了“两个不低于”目标。

【公司业务】截至 2013 年末，对公存款余额为 1 068 亿元，当年新增 85 亿元，对公存款余额、新增额地区四大行排名第一位。对公贷款余额 1 301亿元，新增 88.4 亿元，对公贷款余额四大行占比 28.99%，连续六年排名第一位，新增四大行占比 26.64%，排名第二位。公司机构有效客户新增 3 213 户，计划完成率 215%。

【个人金融业务】截至 2013 年末，个人存款余额 1 060 亿元，地区四大行排名第二位；当年新增 146 亿元，地区四大行占比 47%，排名第一位，个人存款增速系统排名第 4 位。个人类贷款余额 320 亿元，当年新增 51 亿元，新增四大行占比 38%，排名第一位。个人有资产客户新增 40 万人，增长 8.3%，计划完成率 140%。AUM500 万元以上私人银行客户新增 401 户，计划完成率 100%。理财收入、基金收入、国债收入等主要产品收入同业排名第一位。

二、主要工作举措

【深入开展党的群众路线教育实践活动】认真贯彻落实总行党委的工作部署，扎实推进各环节各步骤工作。对于发现的问题，加强整改落实，共制订整改方案 264 个，整改措施 378 条，制定相关制度 90 个；各级领导干部切实转变作风，深入开展调查研究，认真解决实际问题，决策和领导能力明显提升；勤俭办行的观念逐步深入人心，全年招待费支出下降 13%、会议费下降 43%、差旅费下降 11%。

2013 年 7 月 31 日，建设银行内蒙古自治区分行召开深入开展党的群众路线教育实践活动动员大会。

【深入推进客户战略，经营基础进一步夯实】一是个人金融业务以发展有效客户为重点，加强精准营销，深化客户价值挖掘，促进个人潜力客户向有效客户提升转化。个人客户当年新增120万人。二是持续开展名单客户营销，深化客户关系，拓展私人银行客户。私人银行客户AUM规模新增36亿元，计划完成率129%。理财产品销售量系统排名第9位。三是充分发挥网点主渠道作用，提高预审批发卡实际营销成功率考核标准，加快发展分期业务，拓展信用卡客户。预审批系统营销成功率高于系统平均水平15.6个百分点。分期业务收益率系统排名第二位。四是积极开展主题营销活动，建立电子银行专管员制度，拓展电子银行客户。五是加强三级营销服务体系建设，拓展个贷客户群体。个人类贷款新增四大行占比38%，排名第一位。六是持续推广工商验资通系统，加强小额无贷户管理，拓展账户。单位人民币结算账户新增地区四大行占比37.22%，排名第一位。七是夯实项目储备，组建任务型团队，拓展对公客户。公司机构有效客户新增计划完成率215%。

【持续强化风险内控管理，确保安全稳健发展】一是持续强化全面风险管理。加大信用风险排查力度，强化授信业务风险分类管理和监测，加强到、逾期贷款管理，信用风险精细化管理水平不断提高。全面深化操作风险管理，全年未发生重大操作风险。二是进一步优化信贷结构。电力、煤炭行业贷款集中度较年初下降5.1个百分点；个人类贷款占比较年初提高1.67个百分点；小企业信贷客户户均贷款余额同比下降16.3个百分点；房地产开发贷款余额降幅32%；“6+1”行业贷款降幅23%。三是积极稳妥推进对公授信流程调整优化工作，严把审批关，新发放贷款未发生不良。四是严格落实案件防控工作责任制，深入推进案件专项治理工作，强化员工职业操守教育，全力做好信访维稳工作，全年未发生案件和重大责任事故。五是以开展平安创建“基础建设年”为主线，以防控三类案件及安全责任事故为重点，有效预防了外部侵害案件的发生。六是进一步提高声誉风险管理水平，负面报道同比下降近100%。

【持续推进改革创新，发展动力进一步增强】一是积极推进授信和风险管理体制改革。区分行层面已完成部门设立和部门、岗位职责界定及人员配备等工作。二级分行的部门、岗位职责界定及人员配备基本到位，并已按新体制新机制平稳运行。二是积极推进营业网点综合化建设。存量单功能对私网点转型、存量单一对公柜台转型、综合性网点组建综合营销团队均超过50%的计划目标。三是产品创新实现新突破。2013年，完成产品创新14项，计划完成率550%。四是强化科技创新。完成了自治区本级及部分旗县财政集中支付、多家盟市银医项目开发等工作。五是新一代核心系统建设一期机构员工用户管理、员工渠道等项目推广上线并释放功能。

【持续加强基础建设，客户服务水平进一步提升】一是渠道建设力度不断加大。全年新增营业机构17个；新增私人银行2家；设立离行式自助银行56个；新增自助设备291台，自助银行四大行占比32.43%，排名第一位。二是客户经理队伍建设进一步加强。营业网点专职对公客户经理315人，新增96人。专职兼职名单个人客户经理416人，新增89人。三是营运后台集中处理效果显现。实现了集中处理系统网点全覆盖，完成了总行已启动产品的后台集中运行。四是客户服务水平大幅提升。在总行服务质量调查中，建设银行系统排名第13位。在个人客户满意度调查中，地区同业排名第一位。

【大力加强队伍建设，核心竞争力进一步提升】持续加强班子建设。区分行党委严格按照“四好”班子要求，全面加强自身建设。对二级分行及区分行部门20个领导班子进行了调整和充实，干部队伍年龄、专业、学历等结构进一步优化。持续加强员工队伍建设。全年通过校园招聘共录用新员工314人，将新增人力资源集中用于重点区域和一线岗位。加强专业技术人才队伍建设，有78人晋升为五至八级专业技术职务。培训力度进一步加大。2013年，累计举办各类培训项目496期，培训员工30 510人次。全面推广远程培训，大力开展“送培训到基层”工作。

【深入推进党风廉政建设，营造风清气正的发展氛围】一是层层签订了党风廉政建设责任状。二是组织开展党员领导干部“学党章、守纪律、正品行”主题教育活动。共1 307名党员干部参加了活动。三是确定了2个二级分行和2个基层机构为党务公开试点单位。四是开展了会员卡清退工作。共有190名纪检监察人员提交了会员卡零持有报告，1 353名领导干部参与了清退会员卡和商业预付卡活动。五是坚持领导干部谈话教育制度。全年开展领导干部谈话教育467人次。六是加强行风建设。在2012年度行风评比活动中，同业排名第一位。七是对贯彻落实中央“八项规定”、总行党委“十条要求”情况进行了监督。

执笔：梁桢　其木格

辽宁省分行

辽宁省分行行长　杨文升
(2013年9月免)

辽宁省分行行长　袁桂军
(2013年10月任)

一、业务发展概况

【主要业务指标完成情况】2013年，主要指标继续领先同业。一般性存款日均余额、时点余额和时点新增额四大行排名均为第1位。一般性存款日均余额3 173.5亿元，市场占比31.20%，日均新增180.1亿元。各项贷款余额1 969亿元，四大行排名第2位，新增204.3亿元，四大行排名第1位。实现中间业务净收入22.63亿元，四大行排名第1位，市场占比32.98%，领先第二位的银行3.91亿元，创历史新高。实现税后净利润43.6亿元，计划完成率111.8%；创造经济增加值28.73亿元，计划完成率113.8%。资产质量显著改善，不良率股改上市以来首次低于系统平均水平。不良贷款余额15.87亿元（按审计前口径），比年初减少1.27亿元，不良率0.81%，下降0.17个百分点。处置各类不良资产7.6亿元，其中现金回收2.67亿元。

【公司业务】建设银行对公存款日均余额1 320.9亿元，四大行排名第1位，四大行占比36.23%。对公贷款余额1 393亿元，新增84亿元，四大行排名第2位。其中对公非贴贷款余额1 229亿元，比年初新增82.3亿元。全年累计投放贷款921亿元，其中全行大中型企业客户人民币非贴贷款累计投放贷款719亿元，小企业非贴累计投资银行202亿元。全年通过投资银行产品累计为企业提供直接融资175.77亿元。全行对公全量客户60 000户，较上年末新增1 264户，增速2.2%；其中有效客户36 404户，较年初新增2 000户，增速5.8%。实现对公中间业务收入12.3亿元，完成全年计划的92%。

【个人金融业务】个人存款1 852.6亿元，四大行排名第二位，市场占比28.39%，新增165.5亿元，四大行排名第二位，市场占比30.81%。

个人贷款 577.5 亿元，四大行排名第一位，新增 116 亿元，四大行排名第一位。全量个人客户 1 307万人，其中有资产客户 828 万人，比年初新增 34.8 万人。全行私人银行客户 3 122 人，比年初新增 562 人；客户金融资产 184.16 亿元，比年初增长 37.65 亿元。电子银行账务性交易量占比 39.51%，较年初提升 2.2 个百分点。信用卡全年净增发卡 37.9 万张，同比增长 35.5%，总行计划完成率 121.9%，四大行排名第一位。信用卡消费交易额 207 亿元，消费信贷总投放 26.85 亿元，贷款余额 51.62 亿元。实现信用卡中间业务收入 3.01 亿元，同比增长 52.48% ，总行计划完成率 120.09%。

2013 年 10 月 11 日，建设银行辽宁省分行与辽宁省教育基金会联合举办 2013 年少数民族大学生“成才计划”奖（助）学金颁发仪式。

【房地产业务】房地产贷款全年累计发放 36 亿元，贷款余额 55.71 亿元，新增 13.17 亿元，综合收益率达到基准利率上浮 35%，实现中间业务收入 7 000 万元。个人住房贷款余额 540.6 亿元，新增 114.6 亿元，增速达到 27%。住房资金存款余额 253 亿元，新增 5.4 亿元，余额系统排名第七位。

【中间业务】实现中间业务净收入 22.63 亿元，四大行排名第一位，领先第二位的银行 3.91 亿元，市场占比 32.98%，创历史新高。实现工程造价咨询收入 1.82 亿元，计划完成率为 178.39%。房改金融业务继续保持同业第一，实现中间业务收入 1.19 亿元，巩固了传统领先优势，系统排名第七位，遥遥领先于同业。实现信用卡中间业务收入 3.01 亿元，完成总行计划的 120.09%。向私人银行客户销售理财产品 134 亿元，实现中间业务收入 1 712 万元。

2013 年 10 月 12 日，建设银行辽宁省分行与辽宁省中小企业厅联合举办的小微企业“助保贷”产品推介会在葫芦岛市召开。

【国际业务】累计完成国际结算量 133 亿美元，同比增长 25.5 亿美元，增速 23.7%；实现外汇中间业务收入 1.62 亿元；跨境人民币结算量达 108.96 亿元，同比增长 71 亿元，跨境业务量在全行国际结算量中的占比为 13.4%，较 2012 年末提升 7.6 个百分点；跨境人民币业务量市场占比 46.16%，系统排名第一位。企业时点存款 4.1 亿美元，比年初新增 5 643 万美元，超过计划 2 525 万美元；企业日均存款 4.35 亿美元，比 2012 年新增 2 563 万美元，沈阳地区保持四大行排名第一位。沈阳地区对公外汇存款、国际收支量、结售汇量和外汇资金业务收入四大行占比第一。

【资产质量与风险控制】累计处置不良资产 7.6 亿元，实现现金回收 2.67 亿元。资产质量显著改善，不良额、不良率实现“双降”。不良贷款余额 15.87 亿元，比年初下降 1.27 亿元；不良率 0.81%，比年初下降 0.17 个百分点。

二、主要工作举措

【坚定信心，多渠道全方位促进业务发展】千方百计稳存增存。在对公存款上，实行存款大户认领制，建立机构客户三层营销机制，大型客户利益补偿机制，成功营销省移动收款业务，省中国移动在建设银行存款增加 20 多亿元。狠抓外汇资本金项目，沈阳地区对公外汇存款四大行第一。通过抓工资性、投资性、经营性个人存款源头，提高了市场竞争力，确保了存款稳定增长。

全力归集住房资金，增加了存款沉淀。提高省分行本级保本理财产品设计研发能力，合理安排档期，共吸收行外资金77亿元。

多策并举，拓展中收。全分行严格按照总行“四有”原则、严格落实发展改革委收费检查要求，确保服务收费质价相符，实现了中间业务收入四大行第一。

优化结构，提高效益。全行坚持服务实体经济的导向，积极适应经济调结构、转方式的要求，严控高耗能、高污染行业贷款，压缩“6+1”行业贷款6亿元。严控政府融资平台贷款，全年回收18.45亿元，发放18.3亿元，总量、质量稳定。投放新农村、城镇化贷款30.3亿元，提高了收益。经过好中选好，多方筛选，新增房地产贷款13.2亿元，增加了收益。积极发展贴现业务，直贴平均价格6.1%，再贴现平均收益率3.8%。个人贷款新增116亿元，个人贷款余额占各项贷款比重提升3.2个百分点。

大力营销，做实储备。落实总行“三大一高”战略，制定营销地图，精准营销，新增总重、总战客户3户，新增机构客户152户，赢得了军队住房公积金属地化业务独家承办权，辽宁邮政、渤船重工、民航东北空中交管局等企业年金托管正式运营。成功营销沈阳军区总医院基本结算户，率先实现军级医院业务全覆盖。满足核心企业融资需求，提供每日无负债管理融资产品，带动核心企业上下游客户发展。通过抓“工商验资通”，有2 482户转为基本户。确立了居民健康卡省内主体发卡地位，实现首发，并借此新增三甲医院基本户2户，市场占比提升5个百分点。私人银行客户增速39.7%，金融资产增速45.9%，均高于系统平均水平。金融IC借记卡发卡提速，新增发卡203.9万张，行业应用取得有效突破。

贯彻落实综合性、多功能、集约化要求，积极推进网点“三综合”建设。截至2013年末，已经有75个网点、346个对公柜台实现综合化转型，92个理财中心实现了综合复用，组建综合营销团队232个，综合化率由59%升至72%。大力拓展电子银行业务，账务性交易量占比提升了2.2个百分点，手机银行活跃客户占比提升了3.48个百分点。推广典型案例，提升渠道应用，新增代缴费项目11项，悦生活平台交易量系统排名第一位，学生惠新增会员系统排名第十一位，新增善融商务活跃商户80户。新建离行式自助银行57家。

【从严风险管理，提高效率】加大资产质量考核力度，确保了资产质量稳定。实时监控逾期贷款，逐户落实措施，成效明显。在省分行设立贷后管理督查岗，集中对保理业务发票进行验旧复核，核查回款路径，控制保理业务风险。增加小企业客户群体、区域风险以及表外业务监测内容，叫停了小企业新增的联贷联保业务和信用贷业务，规避了风险。加大押品管理力度，定期重估比率达到99.1%，高于总行平均水平。

以案件防控重点联系行整改为契机，全面开展“风险内控专项治理年”活动，制定并完善《红线手册》，严惩顶风违规、触碰红线行为。开展案件风险大排查“百日行动”、个人业务违规代客行为专项排查、“抓基层，强管理，防案件”专项治理活动，主动开展员工行为规范排查，以及案件防控专项检查。通过制定内控建设三年规划实施方案，明确了指导思想、建设目标、主要任务。创建“平安建设银行”，初步建成远程监控报警系统。开展信访维稳制度建设年工作，成功化解多起上访事件。

【优化机制，奖勤罚懒】对于存款、中间业务收入计划超额完成的分行，只给挂钩的激励，不计入2014年考核基数；对于存款、中间业务收入计划未完成的分行，结转到2014年，并给予倍增处罚。这个政策在今年综合经营计划里要落实，与计划差一亿的乘以一，差两亿的乘以二，差三亿的乘以三，差四亿的乘以四，负增长的乘以五，计入2014年的计划。

【完善激励机制】在费用挂钩上，严格按照“上不封顶、下不保底”的清算政策考核兑现。引导全行落实发展战略，增强市场竞争、渠道建设和客户综合服务能力。在客户和渠道增长上，专项配置战略性费用。增量薪酬向基层员工倾斜，专项补充一线员工的岗位津贴。

【加强党建，关爱员工】全面深入开展党的群众路线教育实践活动，做到了“规定动作不走样、自选动作有特色”，实现了干群关系新变化。全行认真查摆“四风”问题，加强党风廉政建设，认真执行中央八项规定和总行十项要求，转变作风、勤俭办行。加强党建工作和企业文化建设，开展了“服务基层、关爱员工”活动，救助653名困难员工。丰富老同志精神文化生活，慰问老党员、老干部和生活困难党员376人。

执笔：杨阳

大连市分行

大连市分行行长　林忠治

一、主要业绩指标完成情况

本外币一般性存款日均余额1 183亿元，新增52亿元，余额地区四大行第二。其中对公存款日均余额632亿元，新增15亿元，余额保持地区四大行首位；储蓄存款日均余额551亿元，新增37亿元，余额地区四大行排名第二位。全口径存款时点余额1 268亿元，地区四大行排名第二位。各项贷款余额936亿元，新增71亿元，新增地区四大行排名第二位。

主营业务收入46亿元，同比增速15.7%；税前利润26亿元，同比增速22.8%，计划完成率103%；经济增加值12亿元，同比增速22.8%，计划完成率106%。人行口径利润总额地区四大行排名第一位。实现中间业务收入10.73亿元，增速10%，新增与增速均在地区四大行排名第一位。

不良贷款余额7.79亿元，较年初减少6.32亿元，较总行控制计划多压缩5 300万元；不良率0.83%，较年初下降0.8个百分点，同比提升11个位次；逾期贷款率1.5%，较年初下降0.31个百分点；风险调整后资本收益率25.8%，高出系统平均水平2.81个百分点，较年初提高5.6个百分点。资产质量大幅改善。

大连市分行20项业务指标地区四大行占比第一。其中利润总额、对公存款时点余额、企业存款时点余额、跨境人民币结算量、国际结算收入、投行业务收入、国债收入、委托性住房资金归集余额、公积金个贷余额、公积金项目贷款余额、信用卡贷款余额、信用卡活卡率、电话银行个人客户总量、电子银行个人客户总量等14项，余额/总量占比第一；企业存款时点新增、中间业务收入新增及增速、单位人民币结算账户新增及增速、企业年金市场新增份额等6项，新增/增速占比第一。

总行关键性业务指标中9项系统内排名靠前：一般性存款网均余额排名第七位、税前利润同比增速排名第六位、人均利润排名第十二位、点均利润排名第十位、成本收入比排名第九位、新发放非贴现对公贷款加权利率排名第九位、公司机构有效客户增幅排名第八位、公司机构客户产品覆盖度同比提升排名第七位、手机活跃客户占比提升排名第十六位、小微企业贷款不良率排名第一位。

二、主要工作措施

【坚持“三大一高”战略，服务实体经济发展】全力支持地区城镇化建设。推出分行城镇化建设贷款实施细则，进一步密切与地区政府合作关系。截至2013年末，分行城镇化建设贷款授信

41亿元。树立“八一工程”服务品牌。在巩固“辽宁号”资金结算服务的基础上，实现新的重点军工项目落户，新增军队存款40亿元，先后实现四家师级军队账户开立。

实现民生服务领域新突破。在大连市率先成功发行居民健康卡，全年卫生行业日均存款余额突破12亿元，同比新增8亿元；完成大连理工大学校园卡系统上线工作；发行辽通龙卡IC信用卡，实现交通领域快捷支付服务覆盖；3个月实现公积金龙卡发行75万张，居区域内银行首位。

积极拓展有效客户。截至2013年末，公司机构全量客户2.25万户，新增3 500户，增速16%；公司机构有效客户1.2万户，新增2 500户，增速26%，系统排名第八位。个人全量客户257万户，新增3万户；个人有效客户68万户，新增8万户，增速13%，计划完成率197%；资产客户232万户，新增9万户，计划完成率320%；私人银行客户350户，新增79户，计划完成率168%；私人银行AUM净新增8.51亿，计划完成率122%；个人贷款客户10.5万户，当年新发放1.95万户；信用卡客户40万户，增速55%；借记卡总量463万张，大连市平均每1.26人持有一张建设银行龙卡。

大力发展战略和重点业务。五项战略业务发展良好——电子银行账务性交易量比39.52%，提升1.96个百分点；个人网银活跃客户41万户，增速40%，企业网银活跃客户1.05万户，增速63%；善融商务活跃商户61户，交易额1.6亿元，计划完成率179%；金融社保IC卡全年实现新增35万张，超额完成年初计划指标；中央级财政资金承接率39%，同比提升3.51个百分点；实现单位人民币结算业务收入8 300万元，单位人民币结算账户3.38万户，增速18%，增速及增量地区四大行均为首位；企业年金基金托管规模新增4 075万元，计划完成率370%，运营受托资产规模新增4 337万元，计划完成率145%；年金业务运营个人账户1.34万户，新增2 720户，企业年金市场新增占比92%，连续两年市场新增份额第一；委托性住房金融业务保持同业领先地位，住房资金归集余额市场占比65%，公积金个人贷款余额市场占比74%。

七项重点业务发展迅速——小企业授信客户689户，新增173户，增速34%，高于系统平均水平17个百分点，小企业对公产品覆盖度达到5.72；个人贷款余额265亿元，新增40亿元；累计实现跨境人民币结算量76亿元，增速58%，总量地区市场占比28%，四大行第一，国际结算中间业务收入8 610万元，首超中国银行，四大行第一，境内外联动产品累计筹资50亿元，通过国际业务产品带来存款沉淀79亿元；投资银行业务收入2亿元，理财产品余额37亿元，累计筹资62亿元；电子票据余额8亿元，新增6亿元，累计贴现26亿元；信用卡实现消费交易额78亿元，银联口径活卡率四大行第一；分期交易额9.7亿元，其中专项分期6.7亿元；收单商户新增495户，增速41%，交易额达68亿元。

【坚持创新驱动，加快推动转型发展】加快创新转化。加强创新机制建设，开展主题产品创新创意征集活动与同业产品差异分析工作。全年立项研发产品创新项目14个，完成个人自动理财账户业务、“e链通”网络银行业务方案、“关税贷”、“农保贷”、“陆港通—内地存款增信服务”等多项业务创新，增强了同业竞争力和市场优势。

推进信贷结构调整。落实总行信贷政策与结构调整要求，合理调配信贷资源，重点支持重点行业、重点项目及重点客户。加大对网络银行、新农村建设、供应链融资等业务和医疗卫生、涉农业银行业的金融支持。2013年末，固定资产类贷款新增23亿元，余额占比较年初提高1.96个百分点；小企业贷款新增5.22亿元，余额占比较年初提高0.32个百分点；涉农贷款新增27亿元，余额占比较年初提高4.04个百分点；保障性住房新增1.12亿元，余额占比较年初提高0.13个百分点；限制性领域贷款得到控制，房地产类贷款余额占比较年初下降2.18个百分点，政府融资平台贷款压缩8.15亿元，压缩幅度达到23%。

加快物理渠道建设，推动营业网点综合化转型。优化网点选址业务流程，全年完成网点建设项目37个，其中新设网点9家，网点自有率提升至60%；继续保持自助业务高速发展势头，全年累计净新增现金类自助设备77台，共实现账务性交易量2 691万笔，较年初计划超额71万笔。同时以“实质转型、打造有自身特色的综合化营业网点”为目标，推广营业网点综合柜员制，加强营业网点综合营销团队建设。全年累计完成4个网点型支行转型升格工作，42个单功能对私网点实现综合化转型，顺利完成总行三个“50%”的综合化建设阶段性工作目标。

【坚持科学管理，提高风险内控水平】提升风险内控能力。稳步推进对公授信业务流程调整优化工作，顺利完成新旧流程的切换上线工作；强化风险平行作业，押品、客户评级等基础管理；完善责任收贷制度，健全分行重大信用风险项目处置工作机制，积极推进大额不良化解处置；建立贷款巡查工作机制，对公贷款业务巡检排查机构覆盖面达到100%；编制分行《中后台部门主要业务流程及关键风险点控制手册》及《对公授信业务关键风险点控制手册》，强化合规操作；创新开发“到、逾期贷款监测系统”风险监测工具，有效控制非实质性逾期贷款增加。认真开展反洗钱工作，获得大连地区金融机构“反洗钱工作先进单位”荣誉称号。加强案件防控工作，落实责任机制、联动机制、考核机制；编写警示案例，强化一线员工案防教育；加强“大平安”银行建设；建立信访联系人制度，制定信访维稳应急预案，扎实做好信访维稳工作。

【优化员工队伍结构】创新管理体制，规范并建立分行部门团队管理模式，拓宽骨干员工的晋升通道；推进职能整合，形成机构优化改革方案，制定分支行机构等级浮动管理办法；积极推进员工招聘工作，建立新员工培养机制，实施导师辅导、轮岗实践和考核评价相结合；尝试岗位交流新方式，通过岗位轮换、统一调配和岗位竞聘等方式盘活人力资源，对岗位退出机制进行有益尝试，实现人力资源配置精细化管理；稳步推进各级各类员工培训，全力打造培训精品项目，扩大培训覆盖度。2013年，分行员工人均参加各类现场培训13.6天，网络培训2.17天，员工培训满意度创历史新高。

执笔：张莉岩

吉林省分行

吉林省分行行长　张勤
（2013年9月免）

吉林省分行行长　杨铁军
（2013年9月任主要负责人，12月任行长）

一、主要业务指标计划完成情况

经营效益持续稳定增长。实现税前利润41.46亿元，列系统第24位，当地同业首位，经济增加值20.36亿元。实现中间业务净收入20.67亿元，四大行占比42.99%，保持第一位；同比增收4 700万元，增长2.33%。定价水平保持系统和同业领先。

存款持续增长，新增领先同业。全口径存款余额1 927.42亿元，四大行占比28.86%，列第二位，新增179.74亿元，四大行占比30.24%，列第一位。其中，个人存款余额985.39亿元，四大行占比25.98%，列第二位，全年新增100.46（时点）亿元，四大行占比33.46%，列第一位；企业存款余额853.84亿元，四大行占比32.59%，列第一位，新增74.1亿元，四大行占比25.1%，列第三位；同业存款余额88.19亿元，四大行占比32.73%，列第一位，新增5.17亿元，四大行占比53.65%，列第二位。

贷款按计划稳定投放，资产质量同业最优。各项贷款余额1 184.47亿元，四大行占比29.68%，列第二位，新增132.63亿元，四大行占比29.03%，列第一位。其中，公司贷款余额846.09亿元，四大行占比30.5%，新增94.53亿元，四大行占比38.94%，均列第一位；个人贷款余额338.39亿元，四大行占比27.81%，列第二位，新增38.1亿元，四大行占比17.8%，列第四位。不良贷款余额5.37亿元，不良贷款率0.45%。资产质量列系统第十四位，四大行最优。

二、主要工作措施

【坚持创新驱动发展，各项业务继续保持市场领先地位】

1. 公司业务践行“以客户为中心”理念，完善综合化金融服务手段。梳理重点目标客户清单，组建任务型营销团队，主动开展银政、银企对接，积极捕捉大行业、大系统客户需求。为“一汽”集团及其供应链企业创新“汽贸融”、“e销通”、“e点通”和电子票据系统等综合服务措施，“汽贸融”综合服务网络入网汽车经销商265户，网络融资592亿元，示范效应显著。以投资银行业务为纽带，发行资产收益权类、债券投资类、保本型等理财产品79期，帮助企业解决资金需求108.34亿元，实现投资银行条线收入4.9亿元。

深入把握“为实体经济服务”总要求，积极引导信贷资源重点投向。加大涉农金融服务力度，对公涉农贷款客户779户，余额144亿元，占对公非贴现贷款的17.26%。保障房贷款客户24户，

2013年8月6日，建设银行吉林省分行与长春市财政局签署政府采购中小企业供应商融资合作协议。

新增18户；棚户区改造贷款余额32.28亿元，增幅46.4%。城镇化建设贷款投放1.3亿元，审批通过3亿元。

2. 机构业务面向金融同业开办“账户盈”新型议价业务、保本理财议价业务、存放同业业务，合计实现中间业务收入1 954万元。推出国库支付中心资产业务，大幅带动机构客户开户和存款等业务发展。金融社保卡业务实行“一县一策”式的精准化市场营销，实现意向性签约71万张。

3. 国际业务推出“跨境盈”组合产品，累计办理“跨境盈”业务11亿美元，较传统结售汇业务多实现中间业务收入373万元；首次办理出口转让信用证业务、反担保保函业务和贵金属业务。全年完成国际结算量87.8亿美元，同比增长11%，完成全年计划的110%；跨境人民币结算168.63亿元，同比增长171%，对公贵金属业务收入145.37万元。

4. 小企业业务准确把握特色产业和行业金融服务需求，以特色产品有效拓展客户群体。围绕“两会两圈”，批量拓展核心企业上下游和关联企业客户。自主研发了“质保通、医贷通、政采融、袜业贷、善融贷、汽联融、新石贷”等适销对路的小企业产品，小企业非贴现贷款余额150.83亿元，较年初新增33.95亿元，增幅29%，完成总行核定计划的113%；小企业授信客户数1 063户，比年初新增348户，增幅49%。

5. 个人经营类贷款重点发展抵（质）押担保类贷款和供应链融资贷款，创新推出“商联融、

2013 年 12 月，建设银行吉林省分行获得汤森路透 EMP（Ekion Messanger Poll）颁发的“最准预测机构奖”。

保中保、保联融、地益融”等个人助业、联贷联保系列产品。消费经营类贷款余额 111.52 亿元，系统排名第四位，同业占比 41.11%，稳居首位。在涉农领域推出了粮食直补贷款、个人支农贷款、土地承包经营权抵押贷款等多种融资产品。

6. 电子银行业务依托“善融商务”和“悦生活”平台，加大网上银行、手机银行宣传推广力度，积极跟进微信银行应用，继续保持先发优势。全年个人网银活跃客户增加 22.56 万户，企业网银活跃客户增加 2.36 万户，手机银行活跃客户增加 21.95 万户；善融商务商户 163 户；电子银行账务性交易量比 70%，提高 12.7 个百分点。

7. 个人投资类重点中间业务产品销售成绩突出，贵金属、基金等个人条线七项产品中间业务收入同业占比 33.2%，居同业首位。拓展金融 IC 卡行业应用，取得公交、高校等领域的实质进展，累计发行金融 IC 卡 160 万张，同业市场份额第一。

8. 私人银行深入推动专营机构经营性转型，服务项目向非金融领域延伸，私人银行客户产品覆盖度 5.51，系统列第二位，客户黏度及贡献度进一步提升。

9. 信用卡发卡、商户和分期齐头并进，信用卡发卡量新增 25.14 万张，增长 38.1%，四大行占比 41.88%，实现分期付款交易额 23.1 亿元，同比增长 90.9%，四大行占比 33.96%，实现消费交易额 214 亿元，同比增长 57.0%。

10. 房改金融业务市场地位不断巩固，住房资金归集余额 304.35 亿元，新增 53.1 亿元；公积金联名卡累计发卡 98 万张，圆满完成全省 77 个军队单位 4 135 名职工的公积金卡开户工作。

11. 造价咨询业务打通与发展改革委对口部门合作的新渠道，全年新增造价咨询客户 92 户，完成计划的 153.34%；累计完成造价咨询编制审查工程量 44.36 亿元，实现收入 1 700 万元。

【深化细化营业网点综合化建设，市场响应能力进一步提升】

1. 实施省分行直属长春城区支行分类经营。给予不同的经营授权、经营目标和任务，实行差别化考核政策和资源配置，配套建立动态晋升退出机制，进一步突出业务优势，提升服务能力。

2. 物理渠道建设加快推进，优化网点功能布局。完成全年新设机构建设计划 16 个，新设机构开业 12 个，落实自助银行营业用房 170 个，新开业自助银行 150 家，实体服务端快速延伸展布。

3. 优化网点功能布局和形象展示，充实综合柜员队伍。全行综合型网点占比 94.33%，综合型网点综合柜员占比 83.49%。加快客户经理由单一业务型向全能型转变，客户产品覆盖度得到提升，产品覆盖度 。

4. 规范全省个贷中心标准化岗位设置，深化个贷业务中后台集中处理，打造全流程、多功能、集约化的个人信贷业务处理平台。

5. 建立以“客户贡献度”为核心维度的综合定价机制，辅之以定价正向激励制度。驱动客户经理主动议价，努力实现收益最大化。

6. 持续推进深化前台、后台业务分离改革。226 个对公机构（不含信用卡中台机构）成功上线柜面业务集中处理系统，上线率 79%。强化后台支持保障，对长春城区直属支行账户信息资料管理、账户申请提交、纳税申报代理、经费票据传递等非经营工作实施集中统一管理，进一步解放一线网点生产力。

7. 畅通层级行间信息传导和反馈渠道。通过设立长春城区业务发展中心，集中指导推动长春城区拓展类、功能类支行经营发展和市场拓展。开发“行务直通车”质量效率系统，提高省分行对基层行请办事项的办结效率和质量。

【优化基础管理模式，风险内控能力不断巩固】一是全面落实总行风险体制改革要求，厘清风险管理、授信审批和贷后管理等条线定位和职责，明确信贷管理前台、中台、后台的责任边际，基本实现了信贷中台、后台环节无缝对接。二是优化授信流程，加强主动授信管理，实施差别化授权，提升审批效率和风险管控有机结合。三是建立贷后影像信息系统和存货监管客户远程监控系统，强化专业、专注、高效的贷后预警跟踪管理。四是实行不良资产处置省分行直接经营，全年处置不良贷款2.1亿元，实现不良资产现金回收1.1亿元。五是落实“合规经营年”活动部署，狠抓问题整改，内外部审计监管检查发现问题整改率98%。六是狠抓案件防控，完善案防考评机制，实施“抓基层、强管理、防案件”专项治理、违规代客专项排查、案件风险百日大行动。七是持续开展“平安建设银行”创建活动，全年无火灾、水灾、抢劫、盗窃、诈骗案件和安全责任事故发生。扎实推进“新一代”一期项目，IT运行整体稳定。

【扎实开展党的群众路线教育活动，集聚和谐共进的正能量】

1. 通过开展教育实践活动，切实解决制约改革发展的重点问题，有效促进了各项工作开展。活动共征求意见建议1 866条，查摆问题231个，制定整改措施382条，涉及转变机关作风、完善机制体制、提高服务质量、加快业务发展、真情关爱员工等多个方面，325条整改措施已经得到落实，占比达到85.08%。

2. 强化监督管理的硬约束，落实廉政制度建设。建立巡视工作制度，试行基层党务公开，建立重要岗位人员社会监督机制，开展“学党章、守纪律、正品行”主题教育实践活动，有效增强了各级领导人员和广大员工的廉洁合规意识。

3. 深化人力资源体制改革。充分发挥内部市场化的人力资源配置功能，使双向选配成为常态化工作机制。

4. 开展“知行合一，实干兴行”和“创一流银行·当一流员工·争一流业绩”企业文化主题活动。实施关爱基层网点“员工心理资本提升”项目，构建“快乐工作，高效创造”的企业文化氛围。落实老干部政治待遇和文化养老需求。专款建设“职工之家”，加大困难职工帮扶力度。发放困难补助金163.35万元，慰问受助员工504人次。

执笔：邹昕

黑龙江省分行

黑龙江省分行行长　鲁可贵
（2013年9月免）

黑龙江省分行行长　张勤
（2013年9月任）

一、业务发展概况

税前利润、经济增加值分别实现31.76亿元和15.87亿元，分别完成总行计划的96.9%和97%。主营业务收入实现70.96亿元，完成总行计划的99.7%。总资产净回报率（ROA）1.03%，同比下降0.05个百分点；经济资本回报率（ROE）32.98%，同比下降0.09个百分点。

全口径存款时点余额2 183亿元，比年初下降102.53亿元。其中企业存款余额902.10亿元，个人存款余额1 272.63亿元，同业存款余额8.63亿元。一般性存款日均余额四大行占比27.8%，较年初下降0.01个百分点；中间业务收入四大行占比32.47%，较年初提高0.97个百分点。

各项贷款余额1 024亿元，新增67.15亿元，完成总行计划的56.57%。其中对公贷款余额715.97亿元，个人类贷款余额275.97亿元。累计办理贴现322亿元。

【中间业务】净收入实现13.7亿元，完成总行计划的88.85%；同业四大行占比32.47%，列第一位；保理、理财、基金、国债等产品收入列同业四大行第一位，人民币结算、借记卡及收单、代理寿险等重点产品收入列同业四大行第二位。

【市场竞争力】一般性存款日均余额四大行占比27.8%，较年初下降0.01个百分点；中间业务收入四大行占比32.47%，较年初提高0.97个百分点。

【客户发展】公司机构全量客户新增4 241户，其中有效客户新增2 734户，完成总行计划的166.91%；个人全量客户新增48.36万户，其中个人有效客户新增21.92万户，完成总行计划的144.10%。

【产品覆盖】公司机构客户产品覆盖度为4.11，较年初提高0.15；个人客户产品覆盖度为2.75。

【电子渠道】电子银行账务性交易量占比为37.59%，较年初提高3.98个百分点；自助设备账务性交易量增长22.66%，完成总行计划283.25%；手机银行活跃客户占比为2.69%，较年初提高2.46个百分点。

【战略性业务】信用卡发卡新增列同业四大行第一位。养老金业务理财产品销售实现零的突破，养老金综合客户数较年初增加72户，完成总行计划104.35%；小企业客户较年初增加109户，完成总行计划76.76%；跨境人民币结算业务市场占比为2.85%，完成总行计划15.83%；私人银行客户金融资产新增23.65亿元，完成总行计划197.06%；房改金融业务四大行占比78.62%，较年初提升0.73个百分点。

【资产质量】全年共处置不良贷款5.47亿元，其中处置公司类不良贷款4.8亿元。不良贷款余额13.28亿元，较年初减少0.72亿元；不良贷款率1.34%，比年初下降0.15个百分点。逾期贷款余额14.02亿元，较年初增加2.1亿元。非信贷类不良资产余额5.20亿元，较年初增加4.16亿元。非信贷类不良资产率0.41%，比年初提高0.33个百分点。

【议价能力】对贷款价格实行动态和差异化管理，2013年10月以后新发生各项贷款利率水平列同业四大行第一位。

【集约化水平】总资产净回报率（ROA）1.03%，同比下降0.05个百分点；经济资本回报率（ROE）32.98%，同比下降0.09个百分点。

二、主要工作举措

【深入推进体制机制改革、对机构让人员进行规范调整】制定了《中国建设银行黑龙江省分行内设机构设置实施细则》，省行本部内设机构的数量从改革前的38个部门、6个直属单位，减少至29个部门（包括5个二级部）、3个直营机构，哈尔滨城区支行的职能部门总量从100个减少至55个；同时分行也对二级分行及其下辖机构、哈尔滨郊县支行的部门设置予以规范。调整了城区支行的机构属性，哈尔滨综合型城区支行由9个减少至5个，六职等的城区支行从17个减少至8个；重组了对哈尔滨地区承担经营主责任的省行营业部，明确省行职能部门仅承担管理职责，将经营和管理职责相分离，缩短了业务经办链条，促使经营机构实现了专业专注，发挥了集中经营的优势。

实施省行本部和哈尔滨城区支行员工岗位交流。明确了基层机构的人力资源标准配置，规范了省行本部、二级分行本部和哈尔滨城区支行本部的人员编制数量，并印发了《省行本部及哈尔滨城区机构员工岗位交流实施方案》及《优化补充方案》，490人从省行本部和哈尔滨城区支行本部交流至营业网点，充实了一线营销力量，完善了支持服务保障体系。

加强对领导干部的聘任管理，拓宽人才选拔渠道。先后启动了省行部门和二级分支行正、副职竞聘等四次公开竞聘工作。共有832人次参加了竞聘，380人竞聘成功。同时，完成了全省24名六职等和44名七职等管理岗位人员的转聘工作。通过公开竞聘，进一步优化了领导人员队伍的年龄结构和知识结构。

【持续扩大客户规模，提升客户发展质量】实施客户发展标杆管理，锁定重点营销目标；增强电子渠道客户拓展能力；充分发挥公司机构条线与资金结算条线联动作用，以对公结算账户“纳客留客、提质增效”PK赛方式，形成不同层级、部门、岗位、产品之间的有机互动，形成全行为客户的大服务体系。截至2013年末，全行人民币结算账户7.69万户，比年初增长0.66户，增速9.42%。对公客户总量6.21万户，新增0.45万户；个人客户规模达1 149.41万户，新增75.99万户。

【全力拓展信贷营销，深入推进结构调整】制定了省分行存贷款价格指导意见，对贷款价格实行动态管理和差异化管理，培育和提升利率市场化条件下的定价、议价能力。2012年10月贷款价格政策调整后，全行新发生各项贷款利率及浮动幅度均大幅提升，当月全部新发生非贴人民币贷款加权平均利率7.09%，同业四大行和系统内均居第一位。11月全行新发生全部贷款利率6.91%，比前三个季度提高102个BPS。贷款结构也得到持续优化，对公非贴贷款中，11月末大型贷款占比50.96%，比前三个季度下降20.27%，小微企业贷款占比28.27%，比前三个季度提高11.87%。

【加大不良资产处置力度，切实提升资产质量】进一步加强资产质量监控、提高风险处置和化解能力。搭建了信贷经营部门、授信审批部、纪检监察部、风险管理部和资产保全中心“五位一体”的组织架构，实施防范风险、处置不良“双线推进”的名单制管理模式。加大逾期贷款的风险监控和管理力度，运用CRMS系统、CEMS系统预警、提示功能，及时进行预警提示和重大信用风险报告。截至2013年末，不良贷款余额13.28亿元，比年初减少0.71亿元，不良贷款率1.34%，比年初下降0.15个百分点，不良贷款额、不良贷款率比年初实现“双降”。

【加速业务转型，大力推进战略性业务拓展】

中间业务方面，深入开展重点产品“增收挖潜”活动，明确中间业务的发展方向和重点产品，制定了客户与中间业务标杆管理方案，调整增加了贡献度及贡献度变化指标、市场份额及份额变化指标，加强对中间业务运营分析，定期对各分支机构任务完成情况进行考核通报。搭建了中间业务信息平台，整合产品销售渠道，大力拓展电子渠道和自助渠道。全年保理预付款余额22.19亿元，实现利息收入15 897万元，大中型客户管理费收入5 241万元。保理业务、理财产品、代理基金、实物金、代理国债等重点产品收入在同业四大行排名第一位，人民币结算借记卡及收单、代理寿险收入在同业四大行排名第二位。

电子银行业务方面，围绕“一个核心两个重点三项应用”的工作重点，努力提升非柜面业务的交易占比，依靠“悦生活”、“善融商务”和“校园e缴费”3个平台，推动电子银行业务发展。全年，电子银行账务性交易量占比37.42%，同比提升4个百分点。

信用卡业务方面，强化客户关系管理、业务联动与产品供应，持续深化客户拓展维护及AUM提升保有工作。信用卡实现中间业务收入17 537.67万元，同比增长45.88%；分期业务收入8 962.05万元，同比增长90.17%；净增发卡25.08万张，省内同业四大行排名第一位。

国际业务方面，继续发挥贸易融资带动作用，发掘新的中间业务增长点。加快结算业务发展，跨境人民币结算业务重点抓好关键产品和境内外联动，扩大客户基础；进一步巩固边贸结算业务市场竞争优势。加强对金融市场业务的政策研究及市场分析，大力发展即期结售汇业务，适时推进远期结售汇业务，发展期权及期权组合业务，稳步推进衍生产品交易。

小企业业务方面，小企业业务价值创造能力保持较高水平，风险控制水平持续提高，资产质量保持稳定。授信客户达到789户，较年初新增

109户。在《新晚报》举办的“创新2013哈金融机构服务小微企业满意度调查暨小微企业融资创新产品推选活动”中，分行获得“最受小微企业信赖的融资银行”和“小微企业金融服务最佳伙伴银行”称号。

投资银行业务方面，储备了龙电电力、三联药业、博能汽车、国电电力、九三粮油、北大荒种业和东北轻合金等资产收益权项目，飞鹤乳业和完达山并购项目，阿妈牧场、新创新担保和北大荒商贸股权投资等股权融资项目以及区域中小企业集合票据等一批投资银行项目。

养老金业务方面，运营受托资产规模32 644万元，较年初新增4 454万元；养老金运营托管资产规模17 205万元，新增12 924万元，增幅302%。营销北京飞鹤生物科技股份有限公司、克山金鼎亚麻纺织有限责任公司两家客户购买理财产品200万元，养老金业务理财产品销售实现零突破。

私人银行业务方面，深入分析高端客户潜在需求，持续做好金融创新，加大投资理财产品定制、贵金属销售、代理保险、投资移民、陆港通、营销协办、家庭现金管理等产品供应力度，持续扩大业务规模。继续深化私人银行专业化转型，加强私人银行品牌建设，扩大市场宣传覆盖，不断提高品牌认知度和美誉度。进一步加快推进私人银行与财富管理中心等专属渠道建设，确保已审批项目早建成、早营业、早见效。

金融IC卡业务方面，继续加大投入和营销力度，已开展业务的分行要进一步加大发卡力度，提升市场份额；未开办的分行要主动跟进营销，争取尽快开办，抢得市场先机。

渠道分流方面，在做好网点“三综合”建设的基础上，大力开展渠道分流的营销促销活动，持续推进折换卡工作，进一步引导本行客户以及他行客户在建设银行自助设备上进行交易，增强渠道分流能力，提高自助渠道收益水平。继续大力推动电子渠道发展，围绕提高电子银行和自助设备账务性交易量占比，切实将电子银行工作融入到全行业务发展中。

【发挥重点区域行龙头作用，实施重点区域、重点突破】继续积极推进中心城市行和重点城市行优先发展战略，强化经营主战场竞争力。哈尔滨、大庆两个中心城市行认真查找同业竞争中的薄弱环节，明确主攻方向。各市地分行立足本地的区域实际，明确重点区域、重点目标，区分类型，突出重点，努力提升分行所在地核心竞争力；加快重点县市支行发展，挖掘潜力，确保其发展水平与当地经济总量、金融资源总量相匹配，发展速度、资产质量、人均创利、资产收益等各项指标明显优于区域整体发展水平，并努力多做贡献。

【加强内控管理，扎实做好风险和案件防范工作】制定了《黑龙江省分行内部控制体系建设三年规划》。在全行范围内开展了对票据业务的专项风险排查，固定资产项目贷款合规风险专项排查，违规办理信贷业务案件风险专项整治，押品真实性专项排查等工作。针对新的业务风险点重点从柜面操作、检查监督和管理三个层面进行检查。对典型或严重违规问题责任人进行积分处理共104人次213分。

【优化网点布局，推进营业网点“三综合”建设】一方面，加大了对中心城市行、金融资源密集区域、金融资源丰厚地区网点建设的投入，优化网点布局。全年机构升格29个，新设机构4个，全部获得筹建批复，其中3个获得开业批复并取得金融许可证。全行新建离行式自助银行52家；新建离行式自助设备33台；另一方面，重点充实客户经理队伍；组建市地分行营业网点综合化建设兼职师资团队，聘任了31名省行级网点综合化建设兼职师资，并由兼职师资团队深入营业网点开展柜面业务培训和指导。

【组织实施了两期网点服务质量调查】开展以“客户角度看建设银行”为主题的专项体验，消费者权益保护和“与客户共赢”的营销服务理念专项教育活动，服务质量和效率得到明显改进。4家网点被中国银行业协会评为“全国文明规范服务千佳示范单位”，61家网点被评为“黑龙江省文明规范服务示范单位”，3家网点被建设银行总行授予“全国百佳理财中心”称号，81%的网点受到建设银行省分行、当地政府或监管部门的表彰。为此，分行先后被省委、省政府评为“支持地方经济发展先进单位”及“关注民生、服务发展”群众最满意单位。

【深入开展党的群众路线教育实践活动】一

方面，全行各级党组织和党员领导干部深入开展学习教育，广泛听取群众意见，认真查摆突出问题，深刻进行自我剖析，全面制定整改措施。活动期间，全行各级党员领导干部共下基层调研400余次，制定整改措施668条，已整改落实468条。另外，认真落实中央“八项规定”、总行“十项要求”，秉承“勤俭办银行”的原则。全年会议费压缩74%，差旅费压缩30%，招待费压缩20%，车辆费下降4%，其中省行本部招待费、会议费、差旅费压缩比例均高于全行平均水平；另一方面，继续深化宣传建设银行文化要素和积极践行核心价值理念，开展了“一线网点员工思想状况调查”活动，并持续推进“一线员工成长帮助计划”。

执笔：王玉明

上海市分行

上海市分行行长　王江

一、业务发展概况

实现拨备前利润152.14亿元，比上年增长10.95%；实现税前利润138.82亿元，比上年增长15.60%；拨备前利润、税前利润的增量和增幅均为四大行第一。实现经济增加值70.32亿元，比上年增长21.86%。截至2013年末，本外币全口径存款余额突破9 000亿元大关，达到9 057亿元。人民币一般性核心存款时点新增809.47亿元，新增四大行第一，四大行占比达50%以上。人民币一般性核心存款日均余额新增493亿元，四大行份额比上年提升0.12个百分点。本外币各项贷款余额达4176亿元。人民币各项贷款新增315.9亿元，新增四大行第二；零售类贷款余额占比比年初提高1.7个百分点，信贷结构进一步优化。不良贷款实现“双降”，不良贷款率四大行最低。

人民币企业存款余额4 292亿元，新增411亿元，新增四大行第一，市场份额提升1.28个百分点。全年通过各种渠道为客户融资2 700多亿元，其中人民币对公贷款投放1 550亿元，同比多投放近300亿元，继续保持同业领先。人民币对公贷款余额2 808亿元，新增166亿元；人民币对公非贴贷款余额2 750亿元，新增254亿元，新增四大行第一，市场份额提升0.52个百分点。

［个人金融业务］人民币个人存款余额2 740亿元，新增398亿元，新增四大行第一。个人类贷款余额895亿元，新增143亿元。信用卡分期余额35.8亿元，新增10.9亿元，比上年增长43.8%。

2013年5月6日，建设银行上海市分行举办第十四届分行创新创效青年论坛金点子大赛。

［中间业务］实现中间业务净收入64.82亿

元，比上年增长10.67%。中间业务收入总量四大行第二，增量、增速四大行第一，市场份额比年初提升0.68个百分点，份额提升市场第一。其中对公条线中间业务收入38.43亿元，比上年增长8.58%；对私条线中间业务收入26.47亿元，比上年增长16.08%。

［其他业务］通过投资银行产品为客户融资超过238亿元，增长38%。承销债务融资工具158亿元，增幅41%。跨境人民币结算量1 465亿元，占上海地区中外资银行份额的21%，市场份额提高约5个百分点。发行货币市场理财产品3 662亿元，为存款稳定提供了重要产品支持。养老金受托、账户管理、托管等快速发展，各项指标全面超额完成总行计划，同业份额进一步提升。银行卡收入增速快，贷记卡净增发卡、消费交易额、卡均消费、分期交易额、贷款余额、中间业务收入和资产质量等7项关键指标四大行第一，市场份额提升。电子银行账务性交易量占比提升1.26个百分点，手机银行活跃客户占比提升3.15个百分点。备份中心托管业务量达到全行的79%，比年初提升1个百分点，业务核算规模突破10 000亿元，托管业务收入保持快速增长。造价咨询市场拓展取得新突破，在全国造价咨询收入百强企业排名中位列第一，品牌影响力全面提升。

［资产质量和风险控制］五级分类口径不良贷款余额22.48亿元，比年初减少0.53亿元，不良贷款率0.55%，比年初下降0.03个百分点，连续多年实现“双降”，不良贷款率四大行最低。逾期贷款余额25.08亿元，比年初减少2.66亿元，逾期贷款率0.61%，比年初下降0.09个百分点。

二、主要工作举措

［开展精准营销，扩大客户规模］捕捉上海自贸区设立、上海国资改革、部分区域政府职能转变试点等政策变化带来的业务机会，以“精准营销”和综合金融服务方案为抓手，细分市场和客户，扎实推进客户和账户营销，公司机构有效客户新增12 037户，超额完成总行下达新增计划。完善个人客户营销服务模式，搭建跨渠道、跨部门、跨产品的综合化营销体系，依托数据管理和应用，有效提高客户发展效率，个人有效客户新增35.27万户，个人有资产客户新增46.65万户。深化与公积金管理中心合作，巩固公积金、维修基金、住宅物业保修金独家归集地位，公积金缴存人数突破500万人，住房公积金累计归集额突破4 000亿元。

2013年5月28日，建设银行上海市分行首批贵金属展示中心开业。

［承贷重大项目，优化信贷结构］落实金融支持实体经济的要求，大力营销市重大建设项目和战略性新兴产业项目，支持后世博、黄浦江两岸开发、虹桥商务区、迪士尼、临港新城等城市新板块建设。承贷94亿元支持本市重大项目建设，占融资总额的23%。推出城镇化贷款，新增60亿元。支持保障房建设和旧区改造，贷款新增56亿元，市场份额达到80%，继续保持同业第一。小企业贷款新增达到“二个不低于”的监管要求。抓住房地产市场交易活跃的机遇，大力营销二手房和非开发贷楼盘，个人住房贷款新增161.5亿元，创历史最好水平。

［推进产品创新，完善客户服务］将产品创新作为增强核心竞争力、满足客户需求、实现份额提升的重要支柱，在支行实施产品创新直通车试点，与客户联合组建产品创新研发团队，开展产品创意和创新需求主题活动，形成良好的创新氛围，完成产品创新计划项目37项、计划外项目19项，完成流程优化项目18项。推出了创新智能存款、中长期定期存款灵活结息、对公存贷通、结构性存款等新产品，定向债务融资工具创新在总行系统推广。推出“汇贷盈”组合模式创新，人民币期权交易实现零的突破。推出类职业年金、企业年金个人投资选择权开放。打造循环组合贷、经营物业贷、母子连锁贷、网银循环贷等四大小

企业贷款主打产品。

落实个人客户服务年活动要求，积极开展金融窗口优质服务劳动竞赛活动，创建星级营业网点，提升窗口服务质量，个人客户投诉量下降50%。分行营业部营业室荣获中国银行业文明规范服务百佳示范单位称号，实现了建设银行全国百佳示范单位“零”的突破。

［强化风险管控，加强基础管理］坚持理性经营、稳健经营，持续推进全面风险管理，实现了安全稳定和可持续发展。做好重点领域风险防范和化解，保持信贷质量稳定。通过前瞻性研究、敏感性分析、主动性防范、针对性化解等措施，钢贸逾期贷款、贸易类企业、小企业贷款风险得到有效控制；房地产类贷款、平台类贷款、“6+1”行业贷款余额控制在监管要求以内，还款情况良好。超额完成总行下达的18.86亿元的信贷退出计划。提前完成全年不良贷款处置计划，超额实现效益目标，实现了华源集团等大额不良贷款的处置清户，遏止了小企业贷款和个人贷款新增不良势头。积极处置化解理财产品和代理信托产品风险，实现安全兑付。加强存续期管理，做好代理信托产品风险排查，及时化解风险，分行年内到期理财产品均按时兑付，理财产品整体风险基本可控。

全面启动内控体系建设，制定了分行内控体系建设三年规划，开展“内控促发展、合规创价值”内控合规文化宣传活动，强化柜面交易和营运后台操作风险控制，全方位、多手段地开展各项检查。严格个人客户经理和个人业务顾问的准入制度，加强关键岗位销售人员可疑交易行为排查，实现了“九个一”的预定目标。加强分行网络和信息系统安全管理，未发生业务系统重大安全事故和安全生产责任事故，实现信息系统安全稳定运行。加强安全保卫工作，全年实现无刑事案件、治安案件、责任事故、自然灾害损失和群体性上访事件的安全保卫工作责任目标。严格执行案件防控责任制，抓好案件风险专项治理，开展“抓基层、强管理、防案件”专项活动，对部分经营单位开展案防工作专项检查，组织案件风险大排查“百日行动”，全年未发生案件和重大违规违纪事项。

［深化改革转型，推进渠道建设］推进浦东分行深化改革，形成具有对公、对私和营运综合能力的支行，建立综合化营销平台和责任主体，开展专业化营销。按照总行统一部署，推进分行本部机构调整，完善职能部门设置。在做好总行授信流程优化试点工作的基础上，实施风险管理体制改革和信贷机制调整。完成156家营业网点“三综合”改造和转型，组建综合营销团队，配备367名对公、对私客户经理和小额无贷户客户经理，提升了网点综合营销能力。52个单功能网点转为综合型网点，102家网点恢复理财室，建立综合柜台1 437个，单一对公柜台综合化371个，配备综合柜员2 345人，均提前完成总行转型计划。

完成网点建设计划，新设网点4家，其中对外营业3家。全年新增对外营业网点13家，实际营业网点总数达到359家。新增自助设备140台，总量达到2 340台。新增自助终端45台，总量达到530台。新增离行式自助银行3家，总量达到32家。自助设备账务性交易量比74%，比上年提高2.8个百分点。

［加快人才培养，加强队伍建设］落实总行关于建设“人才高地”的要求，加快后备人才培养使用，开展了创新型和营销型后备人才选拔工作，23人入围三级后备人才库，140人入围四级后备人才库，94人入围加速培养后备人才库。拓展专业技术人才发展通道，制定分行2013—2015年专业技术岗位职务聘任规划，开展了经营单位三级、四级专业技术岗位职务聘任工作。

持续完善关爱员工机制，健全了帮扶救助困难员工的制度，建立女职工生育保险福利制度，推广“心得乐驿站”、“爱心妈咪小屋”，提升“职工之家”品质和品牌影响力。重视基层员工诉求，努力解决远郊网点员工午餐问题，实施营业网点一线岗位补贴制度，提高了网点人员的薪酬保障，受到员工欢迎。

执笔：顾静文

江苏省分行

江苏省分行行长　杨毓

一．业务发展概况

2013 年，江苏省分行全口径存款余额 6 849 亿元，新增 526 亿元；各项贷款余额 5 117 亿元，新增 528 亿元；实现中间业务收入 81.49 亿元，同比增长 14.8%，拨备前利润 174.7 亿元，同比增长 6%，总量均位居系统第二位。不良贷款额 80.87 亿元，较年初下降 0.80 亿元；不良贷款率 1.6%，较年初下降 0.2 个百分点。

【公司业务】企业存款余额 3 488 亿元，新增 284 亿元，新增同业第二。公司类贷款余额 3 671 亿元，新增 316 亿元，新增同业第一位。新发放对公非贴人民币贷款加权平均利率 6.34%，平均利率、浮动水平均居同业第一。单位人民币结算账户新增 2.4 万户，新增四大行占比 80.6%，余额份额较年初提升 1.75 个百分点。有效客户 8.6 万户，新增 1.1 万户，总量居系统第三位。小微企业贷款（四部委标准银监统计口径）新增 72.8 亿元，增速 12.1%，高于各项贷款增速 0.7 个百分点。

【个人金融业务】储蓄存款余额 3 235 亿元，四大行占比 23.35%，较年初提升 0.77 个百分点；新增 319 亿元，同业第二位、居系统第五位。有资产客户总量 1 508.89 万人，居系统第三位；新增 96.92 万人，居系统第四位。个人类贷款余额（不含信用卡）1 389.1 亿元，新增 201.4 亿元，余额四大行占比 25.70%，较年初提升 0.99 个百分点。个人住房贷款余额 1293.1 亿元，居系统、同业第二位；新增 248.1 亿元，居系统、同业第一位。

【中间业务】实现中间业务收入 81.49 亿元，居系统、同业第二位，同比增速 14.8%。中间业务收入在主营业务收入中占比为 29.57%，较上年提升 1.39 个百分点。

【国际业务】外汇存款余额 39.77 亿美元，较年初新增 3.29 亿美元，余额及新增均居同业第二；外汇贷款余额（不含转贷款）39.07 亿美元，较年初新增 9.39 亿美元，新增同业第一。完成国际结算量 609 亿美元，跨境人民币业务量 371 亿元。

【其他业务】电子银行客户新增类指标全面进入系统前三位。信用卡累计发卡 301 万张，居系统第三位；本年新增发卡 56.87 万张，同业第一。金融社保卡新增发卡 304.56 万张，同业第一。债务融资工具单年发行规模同业第一、系统第三；债券承销业务收入当年入账 1.4 亿元，同业第一、系统第二。

二．主要工作举措

（一）主动调整结构，努力提升市场表现

认真落实总行客户和区域发展战略，将“三大一高”作为经营重点，加快结构调整步伐，努力提升市场表现。坚定存款基础地位。坚持将存款作为“立行之本”，针对实体经济经营困难、资金紧张的情况，将政府机构客户营销作为存款新的增长点。新拓展政府机构客户结算账户 1 037 户，机构一般性存款新增 179.07 亿元，同业第二。主动调整信贷结构。着眼长远发展，加大信贷结构调整力度。主动调控占比较高的政府平台类贷款，对公新增贷款重点投向农林牧副渔、保障房等实体经济和民生领域。多方面、多层次满足客户投融资需求，直接融资规模达355亿元，同比增长34%。不断优化客户结构。针对经济下行期，部分经营管理规范、产品具有较强市场竞争力和发展前景的企业面临一定融资或资金周转困难的情况，以及一些掌握核心技术、具有较大发展潜力的成长型企业，积极开展"雪中送炭"和"发现之旅"营销活动，在确保风险可控的前提下，主动发现、培养一批优秀的、有潜力的忠诚客户，为结构调整和长远发展打下坚实基础。重回建筑业，根据江苏建筑业发达、建筑企业经营良好的情况，发挥传统业务优势，择优发展优质建筑业客户，巩固扩大业务合作，打造建设银行专业品牌，增强市场竞争力。强化高端客户营销。以做实做强客户金融资产为目标，以联动营销和精细化管理为手段，努力提高客户群体及客户资产稳定性，AUM1 000万元以上私人银行客户1 794人，较年初新增476人，资产规模达190.51亿元，较年初增长50.25亿元。

（二）深化改革创新，增强发展活力

将改革创新作为破解发展难题、探求发展良策的根本出路和基本途径，增强持续发展的动力和活力，在激烈的竞争中保持应有地位。加强班子队伍建设。增进班子团结，引导各级班子在共同理想信念基础之上增进团结，增强合力和凝聚力，敢于直面困难，勇于解决困难，脚踏实地谋思路、求发展。建立离任后评价机制，合理设置评价指标，对2012年离任的二级分行行长开展评价，为客观、公正评价干部提供依据。全面推进网点"三综合"建设。截至2013年12月末，共有327家网点达到"三综合"标准，193个单功能网点增开对公业务，502家网点实现柜员综合化。实施"柜面统一管理"，将柜面管理由个人金融部移交会计部，整合各种资源，释放生产力，网点整体营销服务能力和风险防控能力大幅提升。抢占电子银行制高点。进一步明确电子银行的经营思路和理念，增强发展电子银行的紧迫感，加大投入，切实做好保障工作。电子银行账务性交易量占比48.28%，系统第五。大力推动产品创新。全年共完成产品创新项目49项，系统第二；在总行"青年创新建设银行强"创新创效金点子大赛中，荣获四个一等奖，居系统首位。

（三）强化风险防控，确保平安稳定运行

从讲政治的高度，重视资产质量管理，突出加强不良贷款、逾期贷款、表外垫款管理和处置，严格防控苗头性、倾向性风险，守住了不发生系统性、区域性风险的底线。积极化解和处置不良资产。充分运用清收、核销、重组等多种形式，通过借助外部力量、引入社会资源，创新委外手段等多种渠道，主动作为，提高效率。坚持先事后人，分步实施，加大责任收贷力度，明确清收目标、措施和时间表，将责任收贷工作落到实处，保持了资产质量总体稳定。防范存量及新增贷款风险。注重潜在风险的前瞻管理，积极探索新思路、新办法，提前识别、防范、化解风险隐患。建立新发放贷款分析常态化机制，实施新发放贷款专题会诊，组织开展理财、信用卡分期付款、新农村贷款、光伏、船舶行业等授信业务梳理和排查。对信托贷款、委托贷款等，排查资金来源和运用情况，防范合规风险，确保银行及客户资产安全。不断筑牢案防基础。坚持"四管齐下"，筑牢案防基础。继续召开万人警示教育大会，提醒员工按章操作、合规经营，坚决杜绝违规违纪违法问题，全年无案件和重大风险事项，无违反八项规定的廉洁问题，无重大过激信访行为和恶性事件。持续加强内控管理机制建设。牢固树立"合规创价值、合规促发展"理念，搭建符合总行要求的内控合规组织架构，完善整改工作流程，梳理风险事项和法律纠纷暴露出的问题，强化风险预警与排查，以整改促进内控建设，切实提高内控管理水平。稳步推进风险体制改革。以"改善客户体验"和"提升风控能力"为标准，稳步推进对公授信业务流程调整优化工作。进一步完善前台、中台、后台分工制衡机制和风险控制流程，充分发挥出"三道防线"的作用，明确系统、行业风险由风险条线负责，风险管理部门切实承担起风险管总职责；单个客户、业务风险由前台经营部门负责，严把第一道防线；基层行提升对风险的敏感性和执行力，风险防控及反应能力进一步提升。

（四）扎实开展教育实践活动，改进工作作风

深入开展党的群众路线教育实践活动，坚持

党委班子带头，聚焦“四风”问题，自加压力、上紧发条，引导各级管理人员和全体员工将改进作风作为精神追求和工作习惯，树立与建设银行形象和品牌相称的良好作风。进一步转变工作作风。严格执行中央“八项规定”、总行党委“十项要求”及省分行党委五项补充意见，要求各级领导人员以身作则，带头执行。改进调查研究，提高工作效果。省分行领导轻车简从，深入基层调研、走访客户，认真听取基层和群众意见；针对发现问题提出解决方案和意见建议，落实办理部门，切实解决实际问题。深化求真务实之风。坚决反对一切形式的形式主义、教条主义，少说空话、少开会议、少发文件，注重落实，会议费支出同比下降36%。督促各级机构、各个部门提升工作执行能力，定下的事情一抓到底，文件印发后加强督办，摒弃“发文就等于解决了问题”的错误认识。厉行勤俭办行。出台加强成本管理和勤俭办银行指导意见，强化责任，落实成本支出负责制；加强成本源头控制，改进考核机制；严格本级财务管理，推行费用执行情况公示制，增强年度预算的刚性和约束力。严格压缩行政类费用，招待费支出同比下降20%。注重建章立制管长远。制定出台关于成本管理和勤俭办行、控制招待费支出、会议管理、文件用印、督促检查、公务用车和青年人才成长等制度文件，从制度上加强约束，建立健全加强作风建设的长效机制，促进了各级机关的作风转变，“三个服务”的理念更加深入人心。营造齐心协力促发展的良好氛围。召开省分行第二届职工代表大会，凝聚员工共识、共商发展大计。加强青年工作，认真落实中央和总行“党建带团建”要求，健全系统团委班子及各级团的基础组织，提出与业务发展相结合、与企业文化、工会的工作相结合，与组织工作相结合，有效调动了青年员工积极性。积极开展员工关爱活动，丰富员工的文体和精神生活，让员工身心愉悦地投入到工作中。持续做好离退休工作，让老同志们安享幸福晚年。通过一系列暖人心、稳人心、聚人心的措施，营造积极向上、团结奋进的良好工作氛围，形成合力，共谋发展。

执笔：徐松桃

苏州分行

苏州分行行长　岳鹰
（2013年9月免）

苏州分行党委书记　刘兴华
（2013年9月任主要负责人，12月任党委书记）

一、业务发展概况

【资产负债】人民币一般性存款时点余额2 035亿元，时点新增112亿元；人民币一般性存款日均余额1 959亿元，日均新增223亿元；新增计划完成率126%，列系统内第8位。本外币一般性存款付息率2.11%，列四大行第二位；较上年下降0.21个百分点，列系统内第二位，列四大行第二位。

本外币各项贷款余额2 004亿元；人民币贷款新增182亿元，列四大行第二位。贷款结构持续调整，个人类贷款新增占全部贷款比重50.9%，较上年提高16.8个百分点。本外币各项贷款收益率5.83%，列四大行第二位；其中人民币个人贷款收益率、新发放个人住房贷款利率浮动水平均列四大行第一位。

2013年1月27日，建设银行苏州分行召开2013年工作会议。

【经营效益】实现税前利润48.54亿元，同比增速3.44%，计划完成率102%。

【中间业务】实现中间业务净收入28.3亿元，列系统内第14位，与上年持平。

【资产质量】不良贷款余额15.39亿元，不良贷款率0.77%，两项指标均完成总行控制目标。

【客户、产品和战略业务】一是有效客户稳定增长。公司机构有效客户3.58万户，较上年增长15.13%，增幅列系统内第22位；个人有效客户136.10万户，较上年增长19.6%，增幅列系统内第19位。二是产品覆盖度稳步提升。公司机构客户产品覆盖度4.30，较上年提升0.26，提升值列系统内第27位；个人客户产品覆盖度3.16，较上年提升0.16，提升值列系统内第20位。三是战略业务表现突出。外汇业务付息率从2.93%下降至1.6%，外汇净利息收入转负为正，实现5 816万元；投资银行业务全年实现入账收入7.5亿元，列系统内第九位；电子银行账务性交易量占比38.85%，比上年提升4.03个百分点，提升值列系统第14位；个贷利率水平、中间业务收入均列四大行第一；信用卡全年实现中间业务收入列四大行第二位，新增发卡列四大行第一位。

主要工作举措

（一）夯实发展基础，业务稳健推进

1. 采用多样化营销模式，努力拓展各类客户，在提升数量的同时提高客户质量。一是积极拓展公司及机构有效客户。行领导带头开展重点客户的拜访活动，提升营销层级；深入推进“增客户、提效益”活动，年内拓展“销售亿元客户”新开户347户、“当年注册资金千万以上客户”新开户627户，占市工商局新注册登记客户数的39.31%。紧盯“三大一高”，构建财政支付数据分析模型，实行链式营销，新增客户51户；积极拓展供应链核心企业上下游客户，新拓展客户294户；明确优质小企业客户名单，指明小企业业务主攻方向，新拓展小企业客户914户。二是加大个人客户的精准营销，探索综合化经营的新模式。深入开展外汇客户、高净值客户“千人拜访”活动；实施网点综合营销项目制，成功营销拆迁街道17个、拆迁资金26亿元；开展合格价值客户耕耘行动，着力发展有效客户；AUM 1 000万元以上私人银行客户增速列系统内第七位，私人银行客户产品综合覆盖度列系统内第一位；构建房改金融大系统，上线分行首个住房维修基金归集系统，新发放个贷客户户均覆盖产品列系统内第3位；信用卡净新增客户列系统内第六位；手机银行、网上银行活跃客户同比净新增计划完成率均超110%。

2. 紧盯客户需求和同业动向，在挖掘存量重点产品潜力的同时，积极创新产品

一是深耕重点产品，增存创收。明确大中型信贷客户结算份额要求，拓展低成本结算资金存款；发挥保本理财产品对存款的稳定作用，累计募集资金237亿元；全面推广本外币组合模式，

2013 年 3 月 15 日，建设银行苏州分行举办“助力恒力、共赢未来”银企金融合作座谈会。

累计发行 66 期产品，带来存款 13 亿元、中间业务收入超 7 000 万元；大力发展票据业务，带来存款 68 亿元；实现跨境人民币结算量 309 亿元，市场占比约 34%，总行跨境重点区域中排名第一位；债券承销发行 18 亿元，获得人民银行区域 A 类主承销商称号。

推进贵金属、基金、保险业务，贵金属中间业务收入列四大行第一位，基金、对私保险收入均列四大行第二位；开展“双剑合璧 再决蓝海”活动，“结算通卡 + 转账电话”组合实现结算量 2 260 亿元，沉淀日均存款 28 亿元；新增 39 个网点开办个人外汇汇款业务，打造中美直联汇款、个人外币通存通兑等特色业务；试点贵金属分期交易，积极发展账单、旅游、商户分期业务，实现分期交易额 21 亿元；发行金融 IC 卡 110 万张。

二是力推创新产品，抢占先机。2013 年，分行共完成产品创新项目 48 项，是总行授予“最具创新力”荣誉的五家分行之一。

多部门协同实施“城乡一体化”配套金融服务方案，年内投放资金 11.4 亿元；创新优化外汇产品 12 项，“保财通”打通贸易融资和人民币理财界限，实现中收 4 408 万元；与台北分行联合建立两岸清算中心，成功办理分行首单融资项下跨境资金借入业务；创新发行苏州首单区域集优中小企业集合票据、唯一一单信用方式 5 年期私募债；与国开行联合主承销沙钢集团 60 亿元中期票据；践行“文化悦民”，发行年内首期影视基金；创新推进系统内首单“助保贷”；资产支持票据和中小企业集优债项目获总行创新创效金点子大赛二等、三等奖；“城乡合”“一票通”分获总行产品创新二等、三等奖。

深入挖掘高端客户金融服务需求，建立名单制销售机制，全年定制理财产品 12 亿元；发放苏州市首笔住房公积金支持保障房建设项目贷款 1.37 亿元；研发“仓建龙卡”，提供专属权益和专享优惠，试水消费金融村镇模式；创新“惠生活”增值服务，推进电商平台营销；探索二维码支付新技术使用，打造“一拍享购”应用环境；“建设银行超级汇”揽获“财富苏州 2013 金融创新大奖”。

（二）强化精细管理，实现安全运营

1. 加强渠道建设，延伸服务触角。电子渠道指标向好：善融商务活跃商户列系统内第 15 位；个人商城订单数列系统内第三位；手机支付活跃商户新增列系统内第八位；发放善融个人贷款 1.2 亿元，列系统内第九位。物理网点建设有序推进：分行营业机构 237 个（对外实际营业 225 个），年内新设网点 16 个、离行自助银行 20 个，投产自助设备 115 台。营业机构与自助设备总量均位列系统内城市行第一、当地同业第二。

2. 推进流程优化，提升经营效率。按照总行部署，稳步推进对公授信流程调整优化工作；对公业务放款中心投入运营，实现城区对公信贷业务集中放款；实施客户综合定价流程优化，提升综合收益水平；实施财务会计检查信息网络报送，提升运作效率；将柜面手工登记簿数量由 59 本精简至 37 本。全年流程优化项目 25 项，其中“公积金银行系统直联”获得总行流程优化三等奖。

3. 加强风险管理，深入推进案防。坚持倡导信用风险、操作风险和内控管理并重，健全全面风险管理体系，实现不良“双降”：不良贷款余额较年初下降 3.91 亿元，比全年最高点下降 7.86 亿元；不良贷款率较年初下降 0.28 个百分点，比年内最高点下降 0.41 个百分点。深入开展“控不良、压逾期、稳质量”活动，全年累计处置不良贷款 24.06 亿元，其中批量转让小企业不良贷款 8.91 亿元；加强重点领域风险监控，开展 25 项风险滚动式排查；退出问题担保公司 28 家，提高小企业贷款抵质押率 14.11 个百分点。开展“抓基层、强管理、防案件”活动，推出案件防控“十大措施”；开展员工不正当交易行为和违规代客行为排查。积极配合财政部驻江苏专员办开展会计信息质量检查工作；切实落实监管机构要求，在人民银行苏州中心支行政策执行综合评价中被评为A级；高度重视审计工作，全年完成内外部专项审计项目21个，内外部审计检查整改率97.48%。

4. 强化运营保障，确保安全生产。组织开展3次全行性安全生产大检查；全年信息系统安全稳定运行，未发生四级（含）以上生产事件；全年无案件、无重大风险事件、无重大违规违纪事件。

（三）密切党群关系，营造和谐氛围

1. 加强党风廉政建设，改进工作作风。坚决执行党的路线、方针、政策，建立健全领导班子议事规则，规范决策程序，对“三重一大”事项坚持集体决策；积极配合总行巡视组回访，自觉接受党内监督；强化党务公开，提高决策的民主性和科学性；加强费用管控，简化迎来送往；组织开设党性教育培训班，加强队伍党性修养；年内发展党员39名。

2. 践行群众路线，查摆整改“四风”。在总行第三督导组的指导和帮助下，全面开展党的群众路线教育实践活动，并加强对二级分支行活动的督导和推动；认真听取基层意见和建议，开展批评与自我批评，查摆“四风”典型问题；开好专题民主生活会，分析督导组反馈意见，明确整改思路；坚持务求实效，切实解决基层反映问题；改进文风、会风，全年本级会议较上年减少542场，行发文数量较上年减少509篇，同比减少26%；厉行勤俭节约，全年宣传、招待、会议费总支出同比下降4 133万元，降幅22%，其中分行本级同比下降48%。

3. 加强队伍建设，巩固核心竞争力。高标准、严要求招聘新员工308人；有序推进劳务派遣人员转制，1 079名劳务人员考核择优转制率达94.2%。持续实施“新员工快速启航计划”，对2010—2013年入行员工实施三年进阶式培训；开展客户经理营销沙盘模拟、培训课程体系开发、兼职师资培训等。

4. 强化正面宣传，提升企业形象。围绕经营重点，加强内外部宣传力度，组织大型专题采访活动15次；全年在各级外部新闻媒体刊稿2 700余篇，增幅为192%，其中在中央级媒体刊稿267篇，同比增长11倍。强化声誉风险常态化管理，加强舆情监测专业化队伍建设，严格落实7×24小时值班制度和“1+4小时”报告制度，实现声誉“零风险”。

5. 丰富内容形式，关心关爱落到实处。启动“关心身边人，传递正能量”主题活动，构建树状关心模式，营造“友善互助、尊重宽容、忠信感恩”的和谐氛围：关心员工心理诉求，全员开通心理咨询热线；改善食堂用水，开展员工体检；妥善安排“员工接待日”，协调处理员工反映的难题；落实帮扶工作机制，走访慰问困难职工家庭26户，发放慰问金16.3万元，安抚大病及遭遇突发事件员工8人次，发放安抚金3.5万元。

2013年，苏州分行和常熟分行均被省文明委授予“2010—2012年度江苏省文明单位”称号，苏州分行成为本届表彰中金融系统唯一一家摘得此殊荣的商业银行。

执笔：梁鼎

2013年1月11日，建设银行北京市分行到朝阳区霞光里社区开展金融服务大讲堂活动。图为建设银行员工教外国朋友包饺子。

2013年1月17日，建设银行重庆市分行举办员工文体活动。

2013年1月28日，建设银行湖南省分行联合湖南省律师协会举行“湖南卓越律师龙卡”首发仪式。

2013年3月2日，建设银行河南省分行举办2013年第一期“周末大讲堂”暨党委中心组学习。

2013年3月5日，建设银行贵州省分行开展学雷锋青年志愿者扶贫助学活动。

2013年3月6日，建设银行福建省分行与石狮市人民政府举行“石狮商品汇”电子商务金融合作签约仪式。

2013年3月7日，建设银行山西省分行组织女职工开展“汾河健步走”活动。

2013年4月10日，建设银行安徽省分行开展“百人工程”青年员工下基层活动。

2013年4月12日，建设银行上海市分行为F1大奖赛提供金融服务。

2013年4月25日，建设银行北京市分行右安门支行为北京市红十字会“华夏海归 情系灾区”募捐赈灾公益活动提供上门服务。

2013年4月25日，建设银行青岛市分行举办《女性魅力与建行发展》征文演讲活动。

2013年4月28日，建设银行海南省分行在海口组织开展“金融低碳 行知海南 圆梦中国”主题团日活动。

2013年4月30日，建设银行西藏自治区分行参加“西藏首届婚博会”主题营销活动。

2013年5月3日，建设银行河北省保定分行举办青年员工炫风采大赛。

2013年5月8日，建设银行吉林省分行与抚松长白山人参市场投资发展有限公司、抚松县人民政府举行“把万良人参市场打造成世界人参集散地”战略合作签约仪式。

2013年5月25日，建设银行上海市分行举办员工趣味运动会暨2013职工运动会。

2013年5月28日，建设银行广东省分行举办建设银行"名家讲堂"（广东）活动。

2013年5月30日，建设银行河北省承德分行赴驻村帮扶对象——承德围场满族蒙古族自治县山湾子乡王家店村开展捐资助学活动。

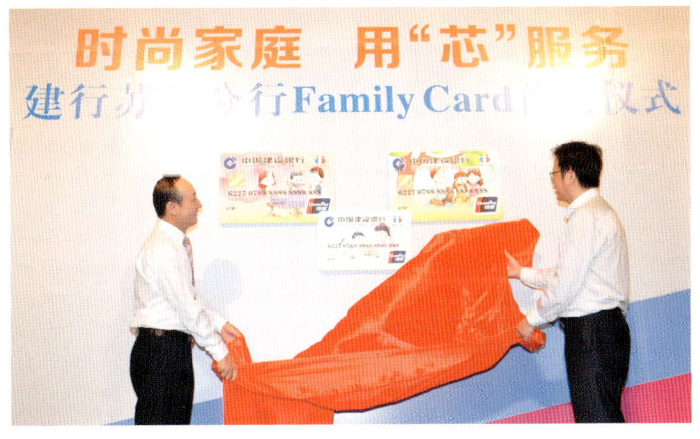

2013年6月1日，建设银行苏州分行隆重举办Family Card"家文化"主题IC套卡首发仪式。

2013年6月1日，建设银行深圳市分行在梧桐山举行以"弘扬'三创'精神，放飞青春梦想"为主题的第十届"五四"登山活动。

2013年6月3日，建设银行甘肃省定西分行举办“读红色经典讲党员故事”故事会。

2013年6月6日，建设银行内蒙古区包头分行参加包头市第七届社会科学普及周宣传活动。

2013年6月6日，建设银行党校常州分校组织第28期党校班举办主题为“拓展有效客户，促进持续发展”的学员论坛。

2013年6月25日，建设银行黑龙江省分行参加人民银行组织的增信活动。

2013年7月1日，建设银行宁夏回族自治区分行开展主题党日活动。

2013年7月17日，建设银行贵州省贵阳朝阳支行与贵阳火车站开展“手牵手，心连心，共筑青春梦”百业体验活动。

2013年7月17日，建设银行山东省分行与济南军区总医院合作开发的“银医一卡通”项目正式上线运行。

2013年7月20日，建设银行西藏自治区分行参加全区总工会第九套广播体操比赛。

2013年7月29日，建设银行宁波市分行举办金融支持建筑业转型发展对接会。

2013年7月30日，建设银行首家武警金融服务站在贵州武警总队正式投入使用。

2013年8月6日，建设银行吉林省分行与长春市财政局签署“政府采购中小企业供应商融资”合作协议。

2013年8月10日，建设银行海南省分行组织开展“送金融知识到苗村”活动。

2013年8月16日，建设银行河南省分行举办弘扬焦裕禄精神“宗旨意识和群众观点”专题学习考察和座谈活动。

2013年8月20日，建设银行甘肃省天水分行举办“e路通”电子银行走进校园活动。

2013年8月26日，建设银行宁波市分行举办“用心服务，分享感动”主题演讲报告会。

2013年8月30日，建设银行四川省雅安分行开展务工人员金融知识普及活动。

2013年8月31日，建设银行山东省分行举办建设银行基金服务万里行——中证金牛会（济南站）活动。

2013年9月1日，建设银行天津市分行参加天津金融宣传月活动现场。

2013年9月1日，建设银行内蒙古自治区乌兰察布分行开展“金融知识进万家”宣传活动。

2013年9月7日，建设银行苏州分行举办“2013贵金属金秋展销会”。

2013年9月8日，建设银行浙江省嘉兴分行举办“建行——幸福人寿”杯羽毛球比赛。

2013年9月10日，建设银行总行信用卡中心与新疆维吾尔自治区分行在新疆喀什地区塔什库尔干帕米尔建行希望小学，向师生赠送学习生活用品和爱心捐款。

2013年9月10日，建设银行青岛市分行举行职工书画协会揭牌仪式。

2013年9月13日，建设银行新疆维吾尔自治区分行举办“卓越理财在建行，天山南北我最棒”网点客户经理理财能力大赛。

2013年9月13日，建设银行青海省分行在黄南地区举办“建行金”推介会。

2013年9月14日，建设银行浙江省绍兴分行签订支持越商回乡创新创业金融服务战略合作协议。

2013年9月24日，建设银行重庆市分行与綦江区人民政府举行助保贷合作签约仪式。

2013年9月24日，建设银行四川省分行举行资助雅安地震灾区贫困高中生——蓝丝带·成长计划启动仪式。

2013年9月26日，建设银行安徽省分行与安徽省林业厅签订战略合作协议。

2013年9月27日，建设银行与中国妇女发展基金会在广西南宁隆重举行“母亲健康快车”项目10周年回访活动暨中国建设银行捐赠广西“母亲健康快车”发车仪式，共向广西捐赠15辆健康快车。

2013年10月11日，建设银行福建省分行举办体验该行新推出的视频柜员服务活动。

2013年10月14日，建设银行云南省分行组织开展“2013年云南省防伪反假货币宣传周活动”。

2013年10月16日，建设银行上海市分行员工参与2013上海金融服务月宣传日活动。

2013年10月23日，建设银行天津市南开王顶堤支行成功拦截诈骗，保护了客户的财产安全，图为客户向天津市南开王顶堤支行献锦旗。

2013年10月31日，建设银行湖南省分行举办“我学、我用、我营销”信用卡业务竞赛。

2013年11月1日，党的十八大代表、北京长安支行副行长、北京西四环支行行长刘艳受邀来建设银行党校常州分校，为第29期领导人员进修班、第10期基层党组织负责人及党务工作骨干培训班作题为“梦在前方、路在脚下”的专题报告。

2013年11月1日，建设银行广东省分行与广东省对外贸易经济合作厅联合举办外经贸政策宣讲暨总行级国际结算重点客户授匾仪式。

2013年11月7日，建设银行广西区分行举办“我是建行人”先进事迹报告会。

2013年11月8日，建设银行四川省分行勇夺第四届四川银行业小微企业客户经理技能竞赛团体冠军。

2013年11月9日，建设银行海南省分行在海口举办“青春飞扬　情满建行”服务风采大赛。

2013年11月25日，建设银行云南省分行与越南农业与农村发展银行老街省分行就边贸业务合作相关事宜进行会谈。

2013年12月2日，建设银行前海分行揭牌成立，成为经银监会批准的入驻前海的首家国有商业银行。

2013年12月5日，建设银行新疆维吾尔自治区分行举办中哈霍尔果斯国际边境合作中心跨境人民币业务创新推介会。

2013年12月20日，建设银行山西省分行举办“交通龙卡”发卡揭牌仪式。

浙江省分行

浙江省分行行长 黄先俊

一、业务发展概况

全口径存款余额5 813亿元，比年初新增438亿元。其中，一般性存款余额5 767亿元，比年初新增488亿元，同比多增758亿元；对公存款余额3 303亿元，比年初新增163亿元，同比多增375亿元；个人存款余额2 464亿元，比年初新增326亿元，同比多增383亿元。

各项贷款余额5 218亿元，比年初新增162亿元，同比少增152亿元，增速3.2%。贷款余额居系统第一位，新增居第21位，增速居第38位。其中，对公贷款余额3 562亿元，比年初新增97亿元；个人贷款余额1 656亿元，比年初新增65亿元。

中间业务毛收入54.5亿元，扭转同比下降趋势，同比多增0.34亿元，增速1.9%，总量居系统第七位。

经营效益较好，实现账面利润43亿元，同比多增1亿元。

不良贷款余额230.8亿元，比年初上升50亿元；不良率4.4%，比年初上升0.8个百分点。

二、主要工作举措

（一）深化理念，努力提升科学发展能力

分行坚持按照商业银行规律来推进业务发展。一方面，持续推进“七个坚持”（坚持改变高度依赖信贷风险扩张获得业务量、获得收益的发展方式，坚持在刚性合规和真实的硬约束下提升做真实业务的能力，坚持信贷向两头延伸的结构调整，坚持“任人唯贤、德才兼备”的用人观念，坚持“保障有度、激励有力”的薪酬政策，坚持“S+Y”超额累进的考核导向，坚持“从严治行、合规经营”的治行理念），把工作重点放在强化执行力和研究方法论上，不断深化转变发展方式、战略转型、选人用人机制及考核激励机制等方面的工作措施。科学发展的观念、理念得到进一步有效传导。另一方面，组织全辖签订案件防控责任状、不良压降责任状和业务发展目标任务书，这三大责任状的签署，是分行从科学发展观的角度出发，适时根据实际情况而做出的策略选择。同时，为了进一步坚定走出困局的信心和决心，在业务上有效落实长板突围、短板补位的措施，取得了积极的成效。

（二）狠抓根基，不断拓宽业务基础

全分行持之以恒地强化基础性工作。一是信贷结构向“两头”延伸稳步推进。截至2013年末，特大、大型客户新增184.3亿元，占新增贷款的146%。传统小企业信贷户新增294户，小企业人民币非贴贷款还原核销及打包后，新增64.9亿元。二是涌现了一批发展较有起色的产品。个人外汇买卖业务、现金管理系统收入、人民币期权业务居系统首位；信用卡分期、养老金、实物金、账户金、审价咨询等业务呈现快速增长态势。三是客户服务与拓展工作初见成效。全省银行系统群众满意度测评排名较2012年提升10位。单位人民币结算账户四大行占比21.1%，较年初提升了0.61个百分点，遏止了五年来持续下降的趋势。通过“工商事务金融服务通”平台累计开立账户1.9万户；月均四大行占比47%，居四大行第一位。分行还积极开展上游筑坝工作，与省侨联、台办、经信委、文化厅、进出口银行签约，选出了一批好客户，强化了合作。四是渠道建设进一步加快。10 个上年结转新设网点全部开业，全省网点总量达到 730 个。完成 49 个单功能对私网点综合化转型，391 个单功能对公柜台综合化转型，500 个网点建立综合营销团队。电子银行账务性交易量占比 60.5%，比年初提高 5.1 个百分点，居系统第二位。

2013 年 10 月 11 日，建设银行浙江省分行举办小微企业“助保贷”业务（绍兴）现场交流会。

（三）多措并举，持续防控和压降不良

全分行以不良资产大会战为主线，竭尽全力压降不良，努力打好“阻击战、歼灭战、反击战”。在深入实施风险类客户特殊化解机制、重点帮扶机制、联动“双抢”机制等措施的基础上，又推进了一系列硬举措：一是以不良贷款维持在年初水平为总体目标，对条线和二级分行的不良贷款额、逾期贷款额、垫款控制额、不良处置额等指标提出明确要求，落实责任。二是推行离岗收贷、减薪收贷制度。截至 2013 年末，已确定离岗收贷和减薪收贷人员共 183 人，其中离岗收贷 37 人，减薪收贷 146 人。三是成立或标准化改造专业处置团队，并对专业处置团队进一步明确处置项目、处置目标及团队组成人员，使专业处置团队制度更为标准化、规范化和体系化，目前全分行已组建和标准化改造专职清收团队 85 个。通过“阻击战、歼灭战、反击战”三大战术的充分运用，共处置和化解不良贷款和风险客户贷款 237.6 亿元。其中，通过歼灭战处置不良贷款 95.6 亿元；通过阻击战和反击战化解潜在风险客户贷款 142 亿元。

（四）优化机制，不断夯实内部管理基础

积极开展“提升基础管理年”活动。通过全面、系统梳理会议管理、员工管理、财务管理、柜面管理等相关规章制度，有效查找了现有规章制度存在的盲点、漏洞、矛盾、脱节之处，规章制度进一步完善。针对 2012 年各二级分行体制机制优化后出现的新情况、新问题，组建回访工作组，切实解决存在的问题，持续推进组织架构优化工作。稳步推进对公授信业务流程调整优化，实现了调整过程中的平稳过渡。在浙江同业首创研发“招投标银通保产品”，完成对公贷款客户资金管理系统、投资银行业务管理平台的开发，信息科技支撑能力进一步加强。积极开展对部门存款业务的界定，为强化部门考核奠定了基础，为总行推行此措施做了有益的探索。部分行积极推进客户经理考核系统建设，把任务和绩效量化到个人，为全分行推进这个系统建设积累了经验。

（五）从严治行，营造浓厚合规经营氛围

全分行认真落实从严治行、合规经营，积极建立风险内控的长效机制。一是开展了“强化从严治行、力促合规经营”内外部审计整改专项活动。除了对整改不到位、责任追究不到位、督促整改问责不到位等情况进行问责，对检查人员也建立了责任追究制度。审计整改率达到 96.7%。二是省分行党委与各二级分行、省分行各部门主要负责人重签案件防控责任状。与每位员工签署了《廉洁合规从业严防案件风险承诺书》，将案防责任落实到每位员工。三是进一步加强员工行为动态管理，细化从业严禁规定，近 1.2 万名员工参加了从业禁止性规定的考试；制定《从严治行加大问责工作力度十项要求》，强化了各个环节、各个过程的责任。四是通过“内控促发展、合规创价值”宣传活动、“方圆之道”典型案例宣讲、道德讲堂、统一风险偏好案例诊断会等各种平台，引导大家统一认识，从严治行、合规经营的理念更加深入人心。五是深入细致地做好受处理干部员工的思想工作，这些干部员工从内心认识到自己的行为给建设银行带来了损失，给广大干部员工带来了收入下降。

（六）落实要求，积极开展教育实践活动

分行各级领导班子按照“照镜子、正衣冠、洗洗澡、治治病”的要求，积极开展教育实践活动，在思想作风、学风、工作作风、领导作风、生活作风方面均取得较大成效。同时，全分行还以开展教育实践活动为抓手，坚持“两手抓，两促进”，将活动与业务发展、不良压降、风险防范工作有机结合，做到了统筹兼顾，真正达到了以活动的开展解决经营管理实际问题，促进科学发展的目的。随着教育实践活动开展，尤其是专题民主生活会召开后，各级班子的团结状况、拼搏精神、互相之间的理解和信任进一步提升，广大干部员工的凝聚力和战斗力不断增强。

（七）关爱员工，有效提升员工满意度

坚持正面激励和负面约束两手抓，积极营造公平、公正的氛围。一是通过赛马和相马相结合的方式，及时选拔出一批业绩突出、敢于担当、群众公认度高的干部，充实到经营管理的重要岗位。出台领导人员聘期管理办法，对工作业绩不明显、履职能力不足的管理人员，进行转岗或岗位调整。二是全面落实专业序列和非管理岗位职务职数投放三年规划，2013 年全省共聘任三级、四级专业技术职务 46 人，八职、九职等非管理岗 396 人。三是出台人才加速培育交流管理办法，建立管理人才、后备人才、核心人才加速培育交流体系和员工常态化交流体系，有效促进人岗相宜。四是区分不同机构、层次员工实施差异化培训，切实提升培训针对性。2013 年共举办各类培训项目 1 622 期，人均参训天数 12. 8 天。五是全方位开展好员工激励工作。按照“认真评、充分用”的原则完善评先评优机制。完成全分行剩余 456 名派遣工的转签工作，实现同工、同酬、同待遇、同身份。优化了干部退出管理岗位的有关规定，依据履职考评情况进行差别化对待。制定全省统一的工资管理办法，薪酬重点向经营前台和基层一线倾斜，向价值创造力和替代成本高的岗位倾斜。同时，分行还加大了对各级干部员工的关爱。开展“最美·建设银行”微电影大赛等“青春正能量”系列主题活动，以及联合运动会等主题鲜明、格调高雅的文体活动，让员工保持更加积极乐观的精神状态。不断改进、优化基层员工工作环境。切实提高对青年员工、妇女员工、离退休员工等重点群体的关注度，有针对性地出台了系列“暖人心”举措。对各级困难职工的慰问金超 293 万元，大病员工医疗救助金额 193 万元。

执笔：邓嫦琼

宁波市分行

宁波市分行行长　苏克

一、业务发展概况

（一）经营效益再创新高

全年实现拨备前利润 38. 9 亿元（数据未经审计，下同），市场份额较年初提升 2. 69 个百分点；同比增幅 12. 8%，增幅居四大行首位；成本收入比 23. 21%，系统排名第三位；贷款收益率 6. 17%、存贷利差 4. 21%，均居四大行首位；实现中间业务净收入 14. 81 亿元，四大行第二。

（二）日均存款表现良好

全口径存款、一般性存款、个人存款时点余额、新增均居四大行第三位；本外币一般性存款日均新增 107. 83 亿元，增幅 10. 65%。其中本币一般性存款日均新增四大行第二，市场份额比年初上升 0. 18 个百分点。

（三）资产质量同业领先

各项贷款余额四大行第三、新增四大行第二，严格控制在总行计划内。不良额 17.21 亿元，不良率 1.28%，资产质量四大行第二。

（四）战略性业务快速发展

国际结算量 190.38 亿元，超额完成年度计划；外汇企业存款时点新增 1.94 亿美元，四大行第二。投资银行业务实现收入 3.83 亿元，居四大行第一位；全年累计发行保本理财产品 69 期，共计募集资金 268 亿元。信用卡累计发卡 61.5 万张，市场份额较年初提升 1 个百分点；净新增突破 12 万张，获总行贺信表扬。电子银行账务性交易量比 43.82%，手机银行活跃客户占比 5.86%，均居系统第 12 位。住房金融快速增长，个人住房贷款余额首次突破 300 亿元，新增列四大行第二位；累计住房资金归集 22.37 亿元，完成全年归集计划的 149%。小企业业务强化转型，纯新发放单户 500 万元以下小额贷款占比提升，3 000 万元以上大额贷款占比下降。

二、主要工作举措

（一）制定战略规划，明确分行发展目标

面对宏观政策稳中求进、金融监管日趋严格、总行要求更加严格、同业竞争全面升级的新形势，分行坚决执行总行战略部署，按照总行党委“坚持创新、深化转型”的工作要求，确定了“效益、管理、合规”的价值导向。分行新一届领导班子深刻认识到发展定位对全行发展的重要意义，启动了《宁波分行加快发展三年行动计划》制定工作，明确“风险防控要管好、业务增长要发展、员工收入要提升”的总体目标，全面制定未来三年分行经营发展的战略方向、转型重点。为提高 2014 年工作思路的针对性、有效性、可操作性，分行及时开展基层调研、先进考察和同业对标等工作，动员全行上下群策群力，客观分析问题、寻求破解之道、明确重点工作，形成全行上下齐心谋发展的良好氛围。

（二）全力推进业务拓展，提升市场综合竞争力

1. 注重账户与存款同步增长。为加快扭转客户基础相对薄弱这一“瓶颈”，分行开年就制定了“客户拓展年”方案，重点开展有效账户营销，努力夯实优质客户群体。对公条线方面，依

2013 年 7 月 29 日，建设银行宁波市分行承办的“助力转型，金融先行”——金融支持建筑业转型发展对接会在宁波举行。

托“一个系统、两个源头、三类集群、百家客户链”，大力拓展客户群体，全年新增公司机构有效户账户 1 374 户、机构账户 417 户、外汇账户 376 户。积极改进对公客户经营模式，制定客户分层经营、重点客户管理办法，确定 91 家由分行行领导牵头营销的重点客户，提高管理层级和专业服务水平。全年本外币企业日均存款比年初新增 84.7 亿元，四大行第一。对私条线方面，实施“六源九类”拓户工作，制定针对性营销方案，全年有资产客户新增 25 万户，增速 10.72%，居系统前列。加快代发工资业务发展，将该指标纳入 KPI 考核体系，全年新增代发客户 2.2 万户，新增代发金额 10 亿元。灵活运用存款利率上浮政策和具有竞争力的理财产品，挽留存量资金、吸引行外资金，个人储蓄存款总量市场份额较年初提升 0.16 个百分点，提升值居四大行第二位。

2. 强化中间业务创收。公司业务上，积极推进银团贷款，全年新组建内外部银团 16 个，贷款总额近百亿元；以保理流贷替代率为抓手，大力拓展国内保理业务，创收超 3 000 万元；开展“促收入、拓客户、推产品”系列营销活动，实现单位人民币结算收入 8 757.49 万元。投资银行业务重点拓展资产收益权类理财产品，实现新型投资银行业务收入 3.53 亿元，完成全年计划的 118%；其中债券承销总量和实现收入均大幅增加，居四大行首位。个金重点产品销售有序推进，基金和实物金收入四大行排位上升 1 位，理财产品销售以绝对优势位居四大行首位，账户金收入

市场份额提升7.42个百分点。信用卡分期业务全面推进，实现收入1.49亿元，同比增速高达47.4%。造价咨询业务平稳推进，实现收入1.93亿元，居标杆银行第一。

3. 狠抓重点业务发展。一是加快军警民生领域市场拓展。全面落实总行“三大一高”战略，加快军警、社保领域发展，成功营销宁波军分区后勤部账户，打破工商银行垄断；新增社保卡49万张，完成总行计划245%。二是积极开拓新兴市场。与梅山管委会签署支持海洋经济合作协议，并同业首创推出海洋经济专项贷款；强化养老金业务营销，5项指标全部提前完成年度计划，养老金业务继续保持市场领先；持续抢抓农村市场份额，成功发放系统首笔新政策下的城镇化建设贷款，年末贷款余额超30亿元，居系统前10。三是提升电子银行品牌。加快“善融商务”、“微银行”推广运用，新增“善融商务”活跃客户72户，计划完成率达167.44%；同业领先推出“客运通”手机支付业务，业务量居同业首位。

（三）加强内控与风险管理，构筑安全运营屏障

1. 加强信贷风险管理。一方面，主动实施结构调整。优先投放政策支持力度大、发展前景广阔的行业，严格控制敏感性行业投放，从源头上控制信贷风险。A级及以上贷款余额占比93.8%，较年初提升4.1个百分点。加强经济资本理念传导，将风险调整后收益作为选择客户的重要指标，对公信贷RAROC值20.68%，比年初提高2.73个百分点。另一方面，及时健全完善规章制度。针对内外部形势变化，及时修改完善风险评估、信用评级、重大风险事项报告等一系列规章制度，确保信贷管理有章可循、有章必循。

2. 全面推进风险化解和不良资产处置。一是强化经验总结。专题分析分行近三年新发生对公不良贷款情况，从市场风险、信用风险和操作风险三个方面，从支行和管理部门二个维度，总结分析风险形成和暴露的关键原因，为下步工作指明方向。二是强化预警和排查。坚持例行排查和专项排查相结合的工作方式，及时监控潜在风险和重点行业客户，有效提高全行风险识别水平和效率。三是强化不良资产处置。通过建立区域管理责任制、离（留）岗责任收贷机制、灵活运用司法手段等提高风险资产处置效率，全年完成不良资产处置超9亿元，完成总行计划的116%。

3. 狠抓内控和案防建设。内控合规方面，积极推进分行内控体系建设三年规划工作，明确内控体系建设的指导思想和建设目标，进一步健全内控管理架构；对内审外查发现问题进行有效整改和督查，全年共办理内审项目18个，涉及问题346个，整改率达99.42%。案件防控方面，通过“抓基层、强管理、防案件”专项活动、案件风险大排查等工作，持续营造案防高压态势。通过开展“案防教育进基层”、“平安银行”创建、案防“三个四”台账创建等手段，确保案防工作落到实处。

（四）强化创新转型，培育竞争新优势

1. 积极稳妥推进体制改革。一是有序推进“三综合”工作。专题成立领导小组和工作小组，全面统筹各阶段重点工作；编制下发实施方案等一系列制度规范，明确规定工作推进的要点、环节，确保“三综合”工作有序推进。2013年末，29个网点完成转型，组建营销团队55个。二是全面推进授信体制改革。及时成立授信部，明确职责和理顺流程双管齐下，确保授信体制改革稳步推进；完成机构和人员调整等工作，分层次、分阶段组织集中学习和培训，为营销、服务重点客户提供有力支撑。

2. 强化产品创新工作。一方面，理念先行、提升能力。强化创新理念的重要作用，组织创新理念大讨论活动，累计征集创新标语49条，形成创新工作人人参与的良好氛围。积极通过“需求快速”向总行上报创意17个、通过“产品创新管理系统”向全行征集创意53个，逐步形成自下而上和自上而下相结合的创新体系；另一方面实践至上、特色制胜。产品创新聚焦热点市场、新兴行业等活跃领域，首家承办建筑业转型升级对接会、创新推出自行车租赁IC卡项目，打造分行特色优势。全年完成产品创新18项，超额完成总行计划139%。

（五）加强党建工作，努力构建和谐银行

1. 深入开展党的群众路线教育活动。一是自学和集体学习有机结合。紧紧围绕活动主题，明确全行的学习任务和重点；充分利用党委中心组学习平台，采取集中学习、专题研讨、辅导讲座等方式，强化领导干部对教育活动的思想认识。二是认真听取员工意见。以“作风建设年”活动为载体，通过

设立专门邮箱和意见箱、走访重点客户、召开座谈会等形式搜集意见20条，作为全行改进作风的突破口。三是坚持边查边改的工作原则。始终坚持“边查边改、边学边改”的整改要求，制定下发分行整改方案，促进全行作风进一步转变。修改完善公务用车管理规范，严格压缩招待费用和会议支出，均超额完成总行压缩目标。

2. 全力打造一流干部员工队伍。一是切实抓好领导干部管理。坚持薪酬分配业绩导向，首次出台支行分管行领导考核办法，强化对中层领导干部的考核激励。二是引导人力资源向一线倾斜。首次制定分行本部员工挂职锻炼方案，实行支行员工到本部跟岗培养机制，探索人才交流的常态化机制。统一规范营业网点员工工资结构，切实提高一线员工固化收入，全年发放补贴超800万元。三是全面提升培训质量。着力开展现代商业银行经营管理研修班等特色培训项目，提高培训的针对性和有效性。完善分行网络学习平台，人均学习课程22门、人均学时15小时，荣获全市金融机构唯一一家“学习型企业示范单位”称号。

3. 深入推进企业文化建设。一是发挥先进的示范作用。组织主题巡讲会，向全行传递爱岗敬业、积极进取的工作精神。开展首届“建设银行之星”表彰活动，激励全体员工为建设银行发展做出更大贡献。二是全面提升员工凝聚力。制定实施72项“两减一关”工作措施，为基层员工办实事、做好事。积极开展丰富多彩的文体活动和送温暖活动，进一步增强全行凝聚力和向心力。三是围绕服务，提升客户满意度。组织技能比武、业务竞赛等活动，提升广大员工服务客户的软实力，分行个人客户满意度、营业网点神秘人调查成绩均居系统前列。

执笔：张凯峰

安徽省分行

安徽省分行行长　戴跃明

一、业务发展概况

截至2013年末，全口径存款余额为2 902.44亿元、新增234.63亿元，其中：一般性存款余额2 802.88亿元、新增229.13亿元。各项贷款余额1 964.12亿元，新增223.40亿元。中间业务净收入19.34亿元。实现利润50.67亿元。不良贷款余额6.64亿元，不良贷款率0.34%。

【对公业务】一是客户基础不断夯实，有效客户增长迅速。客户总量突破8万户、对公客户增速16.3%，有效客户新增、有效结算客户新增均超额完成全年增长计划；重点领域客户快速增长，其中社保基金账户新增全国第三、国际结算客户新增中部六省第一、小企业授信客户新增系统第八、同业口径人民币结算账户新增位次第二。二是企业存款先抑后扬，余额位次保持领先。截至2013年12月31日，全行对公存款余额达1 450.4亿元，年末存款余额保持四大行第一；对公存款新增92.5亿元，其中公司部存款新增84.78亿元，全国排名第九位。三是贷款投放平稳有序，支持实体经济有力。人民币对公贷款新增112.5亿元，增幅10.97%；对公贷款新增四大行第一，增速四大行第二。项目储备总量稳步增长，有效储备充足。全行对公贷款储备总额1 454

亿元，比年初增加775亿元。四是客户规划逐步实施，综合营销效果显现。建立新客户“三个一百”体系；开展“三个一批”主题活动；交通行业营销成果丰硕，ETC业务取得阶段性成果；成功中标安徽淮北平山电厂银团牵头行。

【个人业务】一是个人存款贡献能力显著增强。截至2013年12月31日，个人存款余额达1 352.67亿元，四大行占比达到22.38%，网均新增保持四大行第一。时点新增136.69亿元，四大行新增占比达到22.89%；日均余额达到1 319亿元，新增164.1亿元，日均增速14.21%。二是个人住房贷款持续保持竞争优势。自营性个人住房贷款余额797亿元，增幅达101%，高出全行贷款增幅39个百分点，市场份额达到29.6%。委托性业务持续保持同业第一。三是结算账户持续超工商银行，个人客户拓展卓有成效。个人结算账户达1 302万户，已连续两年超工商银行；个人客户金融资产增速、中高端客户金融资产增速位居系统第一，中高端客户总量增速位居系统第二位；全行中高端客户新增近5万户，总量达23万户；私人银行客户增幅系统内领先，客户总量突破2 000户，金融资产突破100亿，系统内位次提升8位。商户通开通终端5.77万户，终端数位列系统第三位，年交易量、交易额分别列系统第三和第四位。电子银行客户规模迅速扩大，企业网银6.2万户，个人网银478万户，手机银行361万户，客户新增已连续三年同业第一。四是借记卡发展势头良好，IC卡发卡、结算通卡快速推进。截至2013年12月31日，借记卡存量达到1 302万张，新增额位居系统第14位，余额连续两年超工商银行排名四大行第二位。全年实现金融IC卡发卡289万张，金融IC卡推进速度同业领先。结算通卡新增发卡4.84万张，累计发卡达到6.54万张。五是网点布局持续优化，渠道建设全面加强。截至2013年12月31日，全行物理网点达到439个；县域网点建设力度加大，占全部新增网点的2/3以上；自助渠道建设保持同业领先水平，与网点比已超过1∶1，投产自助设备达到2 311台，投产数量居四大行第一位；私人银行物理渠道建设加快，专营机构总量已达16个，基本实现了区域全覆盖。

【中间业务】截至2013年12月31日，实现

2013年8月30日，建设银行安徽省分行举行分行营业部成立大会。

对公中间业务收入10.75亿元，加上2014年1月10日前入账的0.44亿元，合计11.2亿元，同比增加1.09亿元。其中：造价咨询收入3.26亿元，系统第九；百易安收入0.67亿元，系统第八；财务顾问收入2.4亿元，同比增加0.22亿元；单位人民币结算收入1.33亿元，同比增加0.32亿元。上述四项产品收入占比同比提高了4个百分点。截至2013年12月31日，实现个人中间业务收入10.1亿元。其中：个人借记卡及结算收入突破3.3亿元，成为全行创收第一大产品；电子银行业务收入达1.4亿元，同业第一；个人贵金属业务收入达到0.62亿元；房改金融业务收入0.73亿元，持续保持同业第一。

【机构业务】通过开展“破零割尾”活动，目标客户取得突破。2013年已梳理出510项业务空白点和20项业务薄弱点；与30多个机构客户签订了合作协议或建立了合作关系；新农合、新农保业务拓展取得了重要突破，其中新农合财政专户新增四大行排名第一位、新农保财政专户新增四大行排名第二位；大力拓展金融社保卡业务，新增发卡量四大行排名第二位；积极营销大系统源头性机构客户，军警业务获得重大突破，成功营销安徽省军区家底经费集中存储专户；海关业务也取得实质性进展，“银关通”电子保函业务成功突破，填补了安徽省分行此项业务的空白；创新推广“助医贷”产品，被总行列为“一级分行牵头的创新产品”，进一步确保了建设银行在全省卫生行业市场份额第一的稳定地位。

【投资银行、小企业、电子银行、私人银行】大力创新投行产品，满足客户投资需求。承销了

安徽省内同业首单超短期融资券业务；实现非公开定向发行债务融资工具（私募债）承销业务突破；遴选首批投资银行 VIP 客户并予以授牌。小企业业务持续发展。小微企业贷款新增在四大行中位居首位；创新推出小微企业“厂商赢”等具有批量特色的创新产品。电子银行业务发展迅速。截至 2013 年 12 月 31 日，电子银行账务性交易量占比 40.30%，系统内位次比上年末提升六位；个人网银活跃客户净新增 58.37 万户，系统内排名第九。手机银行活跃客户净新增 50.51 万户，系统内排名第 11 位；善融商务、学生惠、悦生活、E 动终端等典型应用也取得了较快进展。私人银行业务发展迅速。2013 年，私人银行客户增速稳居第一，其中千万级以上私人银行客户增速系统内排名第二位；私人银行客户金融资产增速系统内排名第二位；私人银行客户投资理财增速系统内排名第一位。

【资产质量与风险控制】2013 年不良贷款率、逾期贷款和垫款、案件防控三项 KPI 指标均为满分，位居系统第一系列。审计后不良贷款率 0.37%，系统内排名第七位，是连续 3 年不良率在 0.5% 以下的 5 家一级分行之一。不良贷款攻坚战成效显著。全行资产质量管控实现了“双降”、“双减”和“双升”，即不良贷款额和不良贷款率“双降”，逾期和垫款额“双减”，不良系统内排名“双升”。全年共处置不良贷款超过 7 亿元，是股改以来处置最多的一年。内控合规以及案件防控工作取得良好成效。加强对内查外审发现问题的整改，当年问题整改率和金额整改率均首次实现 100%，整改偏离度为零；全年没有发生案件，继续保持“零发案”。

二、主要工作举措

（一）谋发展，突出打牢基础

一是抓客户源头。纵深推进客户大走访活动，成立课题组专项研究目标市场，在资源配置上向有效客户倾斜，当年客户增长实现了量质并举。二是抓区域发展。在区域发展上，抓两头，带中间。一方面，以一号文件正式实施推进县支行发展战略，对县域的人力资源投入、资本性投入、信贷资源投入力度空前，县支行整体面貌发生可喜变化，系统内贡献显著提升；另一方面，努力提升中心城市行尤其是合肥地区的市场竞争力。顺利完成合肥地区的经营管理模式改革，促进整合经营资源，明确责任主体。新的省分行营业部组建后，合肥地区的存款市场份额逐月回升，与主要竞争对手工商银行的差距逐步缩小，中心城市行的引领作用必将进一步发挥。三是抓渠道建设。调整优化网点布局，持续加大自助设备投入，离行式自助银行及自助设备数量同业第一；离行式自助银行与物理网点比例达到 1.1:1；电子渠道对柜面业务的分流作用持续增强；“流动柜台”创新项目成功上线，借助科技的力量，成功让服务走出柜台，拓宽了营销渠道。

（二）强管理，突出作风改进

领导带头、本部示范，从班子自身做起。确定了党委主抓的十件大事，班子成员主动认领，一抓到底，分别对全省客户资源、同业竞争、产品收益、区域发展、经济资本占用、人力资源状况以及二级行领导班子竞争力等多个方面进行深入分析，拟定对策，采取措施。坚持本部与网点结对子制度，将部门负责人蹲点延伸到县支行，接地气，办实事。加强对数据的挖掘和利用，提高决策水平，提升服务能力。全面梳理优化流程，简政放权，下放各类审批权限 49 项，进一步为基层松绑，激发基层活力。

加大检查督导力度，加强职业道德和操守教育；除了开展总行组织的风险排查“百日行动”，审计组织的 38 项审计外，集中开展了“严纪律、除隐患、促发展”等专项风险排查，主动商请总审计室帮助分行对重点风险事项进行全面检查；对发现的问题，举一反三，加强整改；进一步加大对违规违纪行为的查处力度，对 286 名责任人进行处理。

（三）育人才，突出梯队建设

一是加强人才使用。坚持公平公正，采取选聘和竞聘相结合方式，把一批德才兼备的优秀人才充实到各级管理岗位。对部分二级分支行及省分行本部部门的领导班子进行调整充实。二是促进人才成长。正式启动人才培养和人才交流“百人工程”，首批 57 名 35 岁以下优秀员工赴县支行挂职锻炼，60 名同志赴省分行本部、二级分支行及外省兄弟行进行岗位交流。创新开发“人才跟踪管理信息系统”，对相关人员进行跟踪考核，为“百人工程”及后备人才配备导师。全面启动员工绩效管理项目，推广绩效管理新理念、新方法。持续优化人力资源结构，加大新员工招录力度，全年招聘新员工375人，研究生以上学历人员占比达到60%以上；人员分配重点向业务发展好、贡献度高的二级行及中心城市行倾斜，定向招聘人员100%充实到县支行。三是加强人才培训。组织各类提升性培训36期，2 000多人次参训；业务部门组织各类常规性培训84期，6 000多人次参训。在省分行本部创新培训方式，充分利用行内培训资源，首创“每周一课”培训制度，全年共安排了46期培训课程。委托中科大MBA中心培养的工商管理硕士专业首批学员顺利完成学业，取得硕士学位。

（四）抓创新，突出全员战略

一是营造氛围。鼓励全行全员参与创新，把创新融入到日常业务发展之中，融入到日常工作的方方面面，让创新成为习惯。二是建立机制。在省分行和二级分行都设立创新工作领导小组和办公室，发动全行员工申报670多项创新课题，从中筛选涉及全局、影响重大的课题，由省分行直接牵头完成，其余课题分别落实到分行部门和二级分行，排出进度，督促完成。为保障创新课题的开发推广，配置专项费用。创新正从零星分散状态转化成为一项体系化、常态化的工作。三是注重实效。全行大部分创新课题已经完成，开始推广运用，产生效益。如小企业“厂商赢”产品、机构业务“助医贷”产品、国际业务出口协议融资等；在管理创新方面，对公授信流程优化项目、柜员现金管控项目、经费审批影像扫描一体化项目、人民币单位结算账户电子影像集中管理、信用卡征信平台等创新课题的运用有效地提高了管理水平和管理效率。

（五）建文化，突出公平公正

把落实“最后一公里考核”作为从经营产品转变为经营客户的重要抓手，突出“人人有客户、人人有目标、人人有考核”。成功开展“纪委书记讲案例”活动，通过视频形式讲解剖析典型案例，进行警示教育。启动服务品牌推广工作，黄山“四好四会”工作法、桐城“瑞琴热线”、湖东路支行“三优品质综合性网点”、刘丽“亲情工作法”等品牌得到认可。

执笔：王文兵　凌云

福建省分行

福建省分行行长　彭洪明

一、业务发展概况

至2013年末，存贷款总量突破6 000亿元，并分别保持同业首位。一般性存款余额3 434.5亿元，新增375.4亿元，其中个人存款新增238.7亿元、企业存款新增136.7亿元，一般性存款、个人存款新增居同业首位。各项贷款余额2 773亿元，四大行占比28.9％；新增317.5亿元，四大行占比32%，余额及新增均居四大行首位。其中，个人贷款余额1 147.9亿元，新增185.9亿元，余额继续保持四大行首位。实现税前利润88.66亿元，同比增加7.86亿元，完成计划的

109%；实现经济增加值46.85亿元，同比增加3.7亿元，完成计划的115%。经济资本回报率为37.53%，成本收入比为29.58%。

【公司机构业务】新增单位人民币结算账户2.5万户，完成计划的139.9%。单位人民币结算账户及基本结算账户新增均居同业首位，账户总量居同业第二位，创历年最好排名。公司机构有效客户合计4.7万户，增加7 127户，计划完成率212.8%。小企业非贴贷款余额345.6亿元，当年新增72.1亿元，排名系统第二位；授信客户4 713户，当年新增858户。根据四部委统计口径，小微企业贷款余额612.3亿元，当年新增98.7亿元，新增额居四大行首位，完成“两个不低于”的要求。中央财政资金承接率提高2.68个百分点；网上招投标系统上线运行4家，吸收招投标保证金累计金额近8亿元。

【个人金融业务】借记卡新增254.3万张，总量达1 950.6万张。金融IC借记卡总量445.3万张，新增298.5万张，均居四大行首位。信用卡新增发卡92.6万张，消费交易额1 019.2亿元，分期交易额140.8亿元，实现中间业务收入12.5亿元，贷款余额267.7亿元，贷款新增92.3亿元，均居系统首位。香港投资移民签约和投资到位客户数、电子渠道综合签约率、家庭现金管理有效签约数等私人银行业务指标居系统首位。

【房地产业务】房地产公司类贷款新增17.8亿元，余额252亿元。住房资金归集新增87.5亿元，余额521.2亿元，余额四大行占比70.1%。个人贷款新增185.9亿元，余额1 147.9亿元，其中个人住房贷款新增220.1亿元，余额1 019.5亿元；个人消费经营类贷款减少34.2亿元，余额128.4亿元。

【中间业务】实现中间业务净收入47.6亿元，四大行占比35%，居首位。

【国际业务】完成跨境人民币结算量347.5亿元，同比增幅126.9%，四大行占比37.9%，领先第二名11.2个百分点。

【电子银行业务】电子银行账务性交易量比达81.8%。个人网银与手机银行交易额分别占系统的15%和30%，继续保持系统首位。电商平台商户新增7 485户，累计达11 882户，其中认证商户9 715户，B2B、B2C商户及认证商户总量均居系统首位。创造了与地方政府合作的“地方商品汇”模式，并在辖内13个县市进行了推广。B2B、B2C交易额分别达32.1亿元和1.2亿元，分列系统第二位和第一位。为2 910户商户发放贷款557亿元，其中通过电商平台发放贷款5.9亿元。

2014年2月1日，建设银行福建省分行举办“问鼎百亿 演绎精彩”主题论坛。

【其他业务】累计发行各类理财产品253.8亿元；作为承销商为客户发行短融和中票合计9亿元，发行企业债12亿元；帮助企业上市募集资金1.4亿元，通过提供第三方独立财务顾问、产业基金等服务为客户解决资金需求9.4亿元。养老金业务客户数（折算）新增370户，完成计划的137%。新增养老金资产9.9亿元，其中托管资产新增7.8亿元，完成计划的141%，余额及新增居四大行首位。类年金业务快速发展，受托资产新增2.1亿元，个人账户新增1.2万户。

【资产质量与风险控制】不良贷款额14.99亿元，不良贷款率0.54%，分别比年初上升4.24亿元和0.1个百分点，控制在总行下达的目标之内；逾期贷款额18.36亿元，比年初减少0.48亿元；表外垫款1.61亿元，比年初上升0.63亿元。资产质量水平四大行最佳。内控状况稳定，保持平安运行，被省委、省政府评为“平安建设先进单位”。

二、主要工作举措

【强化科学发展意识】把“当地最好、系统领先”作为努力方向，并确定了主要业务指标在当地同业竞争中实现“十连胜”、保持系统“一类行”位次的年度工作目标，全力推进“二次创业”。坚持长短结合，既重当期，全力完成年度各项任务；又夯基础、重长远，培育后劲。坚持全面发展，既着力抓好资产、负债和中间业务收入等传统业务，巩固优势；又大力推动电子银行、投资银行、私人银行等新兴业务，打造新的增长点。坚持速度与质量科学统一，在保持合理速度的同时，着力严防风险、提升发展质量。

【主动应对形势变化】加强对形势的分析研究，提高对变化的敏感性，全年召开工作会议、经营形势分析会或工作部署会共8次。针对员工普遍存在心态疲惫、拼劲弱化现象，推动“二次创业”来凝聚信心和士气，引导全员以“攻”为“守”、用“争”来“保”，把领先变为引领；针对新一届中央政府积极推动经济转型和产业结构调整，强调拓宽思路，趋利避害，尤其高度关注产能过剩问题；针对信贷资产质量控制面临巨大压力，要求各级机构领导班子勇于担责，采取有效措施，全力以赴遏制不良贷款反弹；针对监管部门的监管更趋严格，强调正确认识，苦练内功，把发展建立在规范管理的基础上；针对对公存款增长乏力，要求各二级行领导班子深入研究，真抓实干，奋力拼搏，实现目标。

2013年7月16日，建设银行福建省分行与中国农业发展银行福建省分行签署全面业务合作协议。

【积极抢抓发展机遇】注意学习和领会十八届三中全会精神及福建省委深化改革的措施，认识改革、参与改革，从改革中寻找发展机会。注意处理好与政银企之间的关系，积极参与政府主导项目的建设，大力支持地方经济发展；同时，也从支持地方经济社会发展中寻找到银行发展的机遇。注意抢抓全省各地推动新一轮发展的契机，尤其关注泉州市金融服务实体经济综合改革推动进程，加强对相关政策的学习研究，并结合总行、监管部门现有政策，把握泉州金改机遇，推动业务更好更快发展。

【不断夯实业务基础】落实“三大一高”战略，以“高端公司客户”为重点，以“大行业、大系统”核心企业为龙头，拓展战略新兴客户，弥补中型客户“短板”，支持符合产业升级方向、契合区域资源优势和集群化发展的制造业小企业和科技创新型小微企业。积极拓展个人客户，继续加强大众客户服务，同时进一步完善客户名单制管理，加大个人中高端客户维护力度。

【持续推进经营转型】推动“大经营”，通过“大福建”、“大福州”、“大泉州”模式，强化行际联动，增强整体合力；透过“大条线”、“大投行”体系，运用流程银行的方法，提高市场响应速度；实施“大金融”运作，依托建设银行集团的多元化金融业务平台，多渠道满足客户融资需求。全年通过信用类表外业务和非信贷方式解决客户资金需求1 030.6亿元。把握总行政策方向和风险偏好，从行业入手、立足于客户、落实到产品，打造稳健、可持续、有竞争力的信贷结构。至2013年末，节能减排行业贷款余额249.5亿元，较年初增长33.8亿元；“6+1”行业贷款余额16.7亿元，较年初减少2.9亿元；全口径政府融资平台贷款余额49.5亿元，较年初压缩3.2亿元；二级公路贷款余额3.5亿元，较年初减少1.2亿元；累计从退出类客户实现信贷退出22.1亿元，完成计划的217%。落实总行发展战略，通过构建网络金融业务运作体系等措施，积极打造电子银行的战略制高点。推动收入结构转型，把创新作为重要手段，全面推进融资、存款、结算、投资理财、服务流程和服务渠道六大领域创新，同时积极提升贷款定价水平。

【深入推动改革创新】在体制优化上，对泉州分行和福州城东支行管理体系进行优化探索试点，对省分行本部机构设置进行调整优化。承担系统内授信流程优化试点，为全行发展和管理探路，并从11月起全面按照新制度及流程进行试运行。成立网络金融业务推进管理委员会，把握银行业务与电子商务结合的契机，抢占网络金融业务的制高点。在业务流程上，持续进行柜面业务流程梳理，既确保风险可控，也减轻一线员工的工作压力，提升服务效率；在有效控制风险的前提下，深化以前台、后台分离为主线的业务集中处理和服务模式，充实前台服务或专业化操作岗位。在创新工作上，拓宽创新来源渠道，完善多层级、多形式的创新激励约束机制，将创新工作纳入省分行部门考评、二级分支行 KPI 考核，完成实物贵金属场外分期交易模式、外汇签约自动解付等创新项目。

【始终抓好风险防控】抓好风险要素的全面覆盖，落实每个部门、岗位经营和风险管控“一岗双责”及全员负责的要求。强化信用风险防控，重点针对上海异地钢贸业务风险，制定“一户一策”的风险处置计划。加强操作风险的精细化管理，综合运用各类操作风险管理工具，强化对关键领域、重点产品、流程和岗位的风险识别、评估与控制。做实贷后管理，做好逾期贷款、非不良拖欠贷款、关注三级贷款的监测分析，提前启动还贷资金的督导和落实，全力控制逾期贷款反弹势头。坚持“不发案、不误人、不伤企业”的工作目标，保持对案件和严重违纪违规问题“零容忍”的高压态势。作为当地唯一一家金融机构，获得了福建省“平安建设先进单位”荣誉称号。

【高度重视文化建设】加强统筹、确保时效、强化规范、突出成效，深入开展党的群众路线教育实践活动，坚决反对“四风”，保持和发展党的先进性、纯洁性。强化反腐倡廉和案件防控长效机制建设，深入开展领导干部“学党章、守纪律、正品行”主题教育实践活动，组建巡讲团赴辖内县级支行巡回教育，提升惩治预防腐败的能力。认真落实中央“八项规定”和总行党委“十项要求”，大兴学习之风，改进领导作风，树立节俭之风，提倡务实作风，切实加强班子建设。建立二级分支行行级和省分行部门级领导后备人才库，规范专业技术岗位职务聘任，加大优秀人才选拔力度。研究探索提高专业技术人员薪酬待遇和搭建管理岗位与专业技术岗位互通的通道。重视培训工作，坚持以提高培训质量和实效为主线，加大员工的针对性培训。

执笔：罗先武

厦门市分行

厦门市分行行长　刘丽华

2013 年，厦门市分行保持良好的发展态势，存款、贷款、利润、中间业务收入等主要业务指标继续保持同业首位，资产质量保持在较好的水平，基础管理和安全运营得到加强，取得了良好的经营业绩。经营效益稳步提升，全年实现税前利润 30.3 亿元；实现中间业务净收入 12.4 亿元，同比增速 19.6%，四大行占比达 37.95%。存款领先优势扩大，截至 2013 年 12 月末，分行本外币全口径存款时点余额 1 044 亿元；一般性存款余额 1 025 亿元，其中个人存款 518 亿元，对公存款 507 亿元，存款余额、新增均位居同业首位。各项贷款有序投放，截至 2013 年 12 月末，分行各项贷款年末余额 921 亿元，四大行占比 32.8%；年新增 109.5 亿元，贷款余额、新增均位居同业首位。客户基础得到夯实，实现客户总量第一和年度增量第一。资产质量保持良好，不良贷款额 2.11 亿元，不良贷款率 0.23%，较年初实现双降。

经过多年高速、稳健发展，厦门市分行不仅业务总量稳居当地同业首位，许多指标增速在全国建设银行系统中也名列前茅：2013 年，厦门市分行储蓄存款余额、新增保持当地同业第一，市场占有率系统内排名第一；个人贷款一年新增超百亿元，增速位居系统内第二位；信用卡首次实现存量、新增发卡量当地同业双第一，全口径分期交易额突破 15 亿元，账单分期交易渗透率、发卡增户双达标网点比率均位居系统内第一位；保险、借记卡及个人结算收入市场占有率在系统内均第一；基金收入增速在系统内排名第四，显示了良好的经营能力和发展态势。分行获 2012 年度“厦门市政风行风建设先进单位”。

【共建美丽厦门建设银行总行与厦门市政府签订《战略合作协议》】

2013 年 11 月 27 日，建设银行总行与厦门市政府在厦签署《全面支持“美丽厦门”建设战略合作协议》。同日，建设银行两岸人民币清算中心在厦门挂牌成立，分行与厦门轨道交通集团有限公司签订《战略合作协议》。

建设银行董事长王洪章、副行长章更生及福建省委常委、厦门市委书记王蒙徽，市领导刘可清、钟兴国、臧杰斌、林国耀、国桂荣出席签约仪式。厦门市有关部门和各区主要负责人，人民银行厦门中心支行、厦门银监局主要负责人，总行相关部门，福建省和厦门市分行主要负责人参加。

【外引内联 债券承销成为筹融资重要渠道】

2013 年，厦门市分行牵头建银国际、建信信托协助为中国交通建设股份有限公司组建中交海西产业基金。其中，厦门市分行协同建银国际经营并管理基金管理公司，同时协助建信信托发起信托计划组建基金，成为该基金的全程财务顾问。在债券市场价格波动大的形势下，厦门市分行取得了总行投资银行部、金融市场部和授信部的大力支持，充分利用总行“资产池”的资金实力，主动引入总行资金，先后投资了厦门国贸、水务、翔业、海翼等企业发行的 5 支债券，确保了债券的顺利发行，帮助企业有效降低融资成本；年内，建设银行债券承销的客户数从 2011 年的 1 户（海翼集团）发展到 2013 年的 8 户，占全市发债集团的 50%。累计为厦门市企业发行债券 28 期，总金额为 130 亿元。目前，厦门市分行存量已签约债券承销额度达 130 亿元，其中，2013 年累计为企业发行债券 25.5 亿元，承销金额和承销业务收入均位列四大行之首。

【服务重点项目取得重大突破】

牵头组建“厦门轨道交通一号线”银团并成功获得总行 76 亿元额度批复，同时与厦门轨道交通集团有限公司签订《战略合作协议》，为集团提供总额不低于 300 亿元的意向性授信额度；

成立“两岸区域性金融服务中心”项目专项服务小组并取得突破，实现第一笔贷款投放；

“中交海西”系列营销取得重大成果，首期 10 亿元的验资款如期入账厦门市分行，促进建信信托与中交海西就产业基金双方合作模式初步达成一致；

建发集团、国贸集团、海翼集团等 36 个集团客户授信额度（含单户）获总行审批通过，数量比 2012 年增加了 100% 以上，涉及授信额度 680 亿元；

充分发挥工程咨询业务优势，大项目战略，重点参与海西首座 E36 综合体、中航紫金广场、环岛路（鳌山路—高殿二路段）（墩上—集美大桥段）（集美大桥—鳌山路）、大小嶝造地（围堰）工程、住总莲花新城，水晶湖郡等一批厦门市重点工程大项目，实现了建设银行资金和特有业务技能服务厦门市重点工程大项目上的有机统一。

客户服务抓大不放小，截至 2013 年末，分行小企业全口径贷款余额 79.22 亿元，占全部对公贷款余额的 15.45%，较年初提升 2.2 个百分点。小微企业贷款（不含个人经营性贷款）新增 18.3 亿元，四大行新增占比达 55%。为促进科技小企业加快发展，年内成立了专门服务科技型小微企业的特色支行——科技支行，完善了小企业企业组织架构体系，并为其下的小微企业业务部、小微企业经营中心、科技支行配备业务素质高、专业技术过硬的小微企业客户经理、小微企业产品经理、小微企业风险经理和小微企业专职审人组成的专业团队，为小微企业提供科技产品开发、金融服务方案设计等全方位的专业化服务。

【连续多年成为为个人客户赚钱最多的银行】

2013年，厦门市分行投资理财业务快速增长。个人理财、基金、实物金、账户金、个人外汇和保险销售量增速分别达20%、32%、72%、82%、112%和12%。个人理财电子渠道销售占比达90%，比年初提升2个百分点；基金电子渠道销售占比67%。其中销售各类个人理财产品超900期，销售金额超过500亿元（其中自动理财归集达120期，归集金额超150亿元），已到期的理财产品超过450亿元，均顺利实现预期收益率，为客户带来了可观的投资收益，为厦门市民创造收益达5亿元，连续多年成为为客户赚钱最多的银行；

【政策性住房金融业务不断推进和完善】

2013年，厦门市分行实现公积金贷款投放、余额全市第一，公积金抓户、归集全市第一：公积金当年新增开户2 393户，公积金当年归集60.2亿，同比增长15.52%，公积金抓户归集全市第一；公积金贷款当年投放44.32亿元，同比增长19.8%，公积金贷款余额117.93亿，比年初新增34.01亿，余额新增全市第一。

在全市首推异地按揭、住房公积金支取自动入账、住房公积金自动缴存业务、住房公积金跨行批量转移、善融商务小额贷、善融商务权利质押贷、善融商务助业贷等业务。主动跟踪了解公积金业务系统使用情况及优化需求，做好系统升级维护，提升客户满意度，扩大市场影响力。4月厦门市分行对厦门市使用了10年的厦门市住房公积金管理信息系统升级改造并上线，实现了住房公积金支取自动入账、住房公积金自动缴存业务、住房公积金跨行批量转移、贷款自动审批（公积金中心）、业务数据“T+1”入账（公积金中心）等功能。通过技术创新，提高了公积金中心的业务处理效率和管理水平，改善了客户体验，为缴交单位和职工客户提供方便、快捷服务。

2013年，厦门市分行累计为翔城国际限价房、西亭安置房、滨海公寓保障房、佳宏花园保障房、同安区移民造福安置房、海投佳宏花园保障房等厦门市重点保障房建设项目提供融资约19.5亿元。

【依托电子银行，提供高效率的客户服务】

2013年厦门市分行个人网上银行、企业网上银行、手机银行存量活跃客户占比均名列建设银行系统首位，大口径电子银行渠道（含自助设备）交易占比达到93.31%，全行每百笔账户性交易量中，仅有不足7笔交易通过柜台办理。自助设备台日均交易量全行排名第二，台日均提升值在全行排名第三。

电子银行也为公司类客户提供更多便利。本年度厦门市分行与江西中环银业经营有限公司、承德富汇燕兴贵金属经营有限公司和厦门石油交易中心等三家客户签署e商贸通业务合作协议，实现分行E商贸通业务重大突破。

2013年，厦门市分行在系统内率先实现网银安全产品收费联动表外自动核算功能，通过系统功能的升级取消了电子银行安全产品手工登记簿，提高了电子银行安全产品管理的科学性及规范性，减少手工登记错误引发的操作风险。该管理模式覆盖了企业网上银行、个人网上银行安全产品种类，内控合规水平得到有效提高。

【首次实现信用卡发卡“双第一”】

依托不断完善的电子银行渠道建设，2013年厦门市分行信用卡中心通过福建公安便民龙卡IC卡等新品，实现跨越式发展，全年净增发卡和累计发卡量分别为12.8万张和53.2万张，实现同业双第一，并首度成为当地最大的信用卡发卡行。信用卡分期贷款成为促进市民合理消费的新方式，年末信用卡分期贷款余额138 817万元，占全部信用卡贷款余额的48%，占比提升13个百分点。

【树立建设银行品牌 助力厦门进出口业务发展】

2013年在系统内兄弟行金融市场业务普遍大幅下滑的背景下，厦门市分行的金融市场业务逆势增长，厦门市进出口总量排名前100名的客户，有85%以上客户与建设银行有外汇资金交易业务，其中50%客户与建设银行开展了衍生产品交易，远期结售汇量同比增长20.65%，远期掉期结售汇收入同比增长46%，外汇资金业务收入四大行占比上升8个百分点，代客结售汇及外汇买卖交易量上升6个点，根据2013年12月的市场重估数据显示，在厦门市分行办理外汇资金业务的300多家企业全部盈利，盈利总额超过20亿元，实现了银企双赢。厦门市分行金融市场部喜获总行“2012年金融市场业务突出贡献奖”、“2012年外汇资金业务标兵奖”两项先进集体奖。

执笔：梁小强

江西省分行

江西省分行行长　万国平

一、业务发展概况

截至2013年末，全行一般性存款余额2 018亿元，四大行占比24.52%，新增214亿元，增幅11.87%；各项贷款余额1 290亿元，新增157亿元，增幅13.82%，新增四大行第二；不良贷款额22.01亿元，不良贷款率1.71%，四大行第二；全年实现中间业务净收入20.2亿元，四大行第二，比上年增长8.04%，实现税前利润38.44亿元，比上年增长25.99%，经济增加值18.98亿元，比上年增长32.79%。

【公司业务】企业存款余额1131亿元，新增121亿元，增幅11.99%，余额、新增四大行第一；对公贷款余额758亿元，新增41亿元，增幅5.66%，新增四大行第二。

【个人金融业务】个人存款余额887亿元，新增93亿元，增幅11.73%；个人贷款余额532亿元，新增116亿元，增幅27.90%，新增四大行第一。

【房地产业务】房地产公司类贷款余额81.73亿元，新增33.6亿元，增幅69.82%，其中：房地产开发贷款56.98亿元，新增19.41亿元，增幅51.67%；土地储备贷款11.07亿元，新增6.12亿元，增幅123.80%；保障性住房项目开发贷款13.68亿元，新增8.07亿元，增速143.80%，保障房贷款四大行占比、新增均第一。个人住房贷款余额504亿元，新增114亿元，增幅29.19%，新增四大行第一；住房资金归集新增60亿元，四大行占比59.51%，四大行第一。

【中间业务】2013年，全行实现总行口径的中间业务净收入20.2亿元，同比增加1.51亿元，增幅8.04%；中间业务收入四大行占比27.42%，收入总量、增量、增速四大行第二。

【国际业务】实现外汇中间业务收入1.23亿元，累计完成国际结算量103亿美元，四大行占比28.36%，四大行第二；跨境人民币结算业务量四大行占比35.12%，四大行第二。

【资产质量和风险控制】不良贷款实现“双降”，不良贷款额22.01亿元，较年初减少0.29亿元，不良贷款率1.71%、四大行第二，较年初下降0.26个百分点。

【其他业务】2013年，电子银行账务性交易量比44.58%、系统排名第九位，手机银行、个人网银、企业网银、善融商务活跃客户新增分别排名系统第11位、第13位、第12位、第12位。信用卡新增发卡22.8万张、新增客户19万户、新增贷款30亿元、消费交易额283亿元、分期交易额33亿元，同比分别增长108%、96%、40%、100%、171%，增幅分别排名系统内第4、第2、第12、第1、第8；信用卡活动客户数、新增客户、活动卡量、新增发卡、新增贷款、资产质量、卡均消费、卡均收入8项指标四大行第一。养老金业务KPI指标全部超额完成总行计划，账管和托管余额系统排名第7、第9，四大行均排名第一。高校养老金、补充医疗保险等多项业务，获得总行领导的高度肯定。投资银行业务完成信贷资产入池67亿元；新型投资银行业务收入四大行占比35.6%、四大行第一；新型财务顾问收入四大行占比57%、四大行第一，债券承销收入四大行占比30.3%、四大行第二。单位人民币结算业务收入1.76万元，超额完成总行计划，增幅27.8%，四大行第二。小企业业授信客户1 723户，比年初新增337户，增幅24.3%，完成总行计划的164%，在全省首家推出的“财园贷”业务，得到省委省政府领导的充分肯定。造价咨询业务收入1.05亿元，较上年增长6.5%。

二、主要工作举措

（一）全力推进客户战略，打牢业务发展基础

围绕总行“缩小与市场领先者差距、拉大与市场追随者优势”的部署，分行党委提出“对公结算账户总量、借记卡总量每年与市场领先者差距缩小5个百分点”的发展目标，全力推进“四抓四进”和联动营销工作，打牢业务发展的基础。一是大力推进“四抓工程”。“抓户”方面围绕“三大一高”源头性大客户的上下游产业链和资金链，实施客户批量化营销。同时，狠抓客户的资金结算量和产品覆盖度，提升客户质量。到2013年末，对公人民币结算账户新增1.21万户，排名第一，余额四大行占比24.83%，比年初提升2.63个百分点。“抓卡”方面强化公私联动，重点抓好社保金融IC卡、洪城一卡通、市民卡、医院就诊卡、校园一卡通等重点项目。到2013年末，借记卡新增235万张，四大行第二，总量占农业银行的75.51%，较年初缩小9.04个百分点。“抓代发”方面，以建筑业为突破口，抓好管理人员及农民工工资、奖金代发，狠抓基本户和有贷户业务代发。到2013年末，有贷户基本户代发率达80%，其中大中型有贷户基本户代发率达100%；全行代发金额比上年增长48%，代发人数比上年增长49%。“抓全员”方面，持续开展各级机关部门的“三户两卡一增长”营销活动。二是全力开展“四进”活动。“进社区”方面，采取网点包干社区的形式，加强与物业公司合作，引导居民使用电子渠道缴纳水电气等费用，促进理财、基金、银行卡等产品的发展。“进园区”方面，以“助保贷”、“速贷通”、“财园贷”等产品为抓手，强化与园区合作，狠抓小企业、小企业主及其家属的批量化营销。“进商务区”方面，积极营销高档写字楼内客户、成熟市场中的个体工商户，促进个人高端客户的发展。“进校区”方面，以校园一卡通、电子银行、善融商务、职业年金等业务为切入点，提升高校产品覆盖度和综合金融服务水平。三是强化联动营销。从客户需求出发，打破部门和条线界限，强化联动营销，推动全行业务均衡发展。坚持“一户一表”抓好对公客户产品覆盖，推进资金结算、国际结算、财务顾问、造价咨询、保函等业务的快速发展。

（二）全力推进渠道建设，为快速发展创造有利条件

将渠道建设纳入二级行KPI考核，加大资本性投入，2012年被总行评为网点建设先进分行。在机构新设、升格、搬迁方面，共新设网点31个，开业27个，超过总行开业70%的要求；升格网点31个，搬迁网点44个。在网点“三综合”建设方面，有38个单功能网点开办了对公业务。在自助设备投放管理方面，全年新增自助银行89家，投放自助设备302台，自助设备交易量占比达到70.9%，较年初提升5.84个百分点，获总行旺季营销自助业务拓展奖。

（三）全力调整业务结构，努力实现全行均衡发展

一是积极调整信贷结构。充分发挥授信审批的引导作用，将有限的信贷资源向“资本占用少、风险权重低、经营业绩好”的业务倾斜。在巩固电力、交通、铁路、学校、医院等领域优势的基础上，优先满足个人住房、信用卡分期、小微企业等业务的需求，稳妥发展个人消费贷款、个人助业贷款，带动个人高端客户的发展。二是狠抓基础性产品销售。把理财、基金、保险、贵金属等产品纳入个人客户全量资产管理，加强基础性产品中间业务收入考核，促进网点均衡发展。到年末，全行借记卡及个人结算、代理寿险、基金、贵金属四项产品销售量四大行均排名第二。三是大力发展个人中间业务。积极发展电子银行、信用卡分期、保险、理财、贵金属等业务，努力打造增收亮点。全行实现个人中间业务毛收入8.57亿元，增长37.52%，占全行中收比重的44.23%。

（四）全力加强信贷管理，确保资产质量稳中有升

一是强化信贷风险管控。建立风险排查制度，按月加强信贷客户走访频次，进行“贴标签”管理，

及时掌握客户风险状况，防控大额不良贷款暴露。加强重点领域管控。持续强化对光伏、船舶、钢贸、煤贸、铜加工、融资平台、二级公路等重点行业及保理、中信保等重点产品的风险监控，全力做好风险防范和化解吸收工作。到年末，全行光伏、船舶、钢贸、煤贸、铜加工、融资平台等行业信贷余额103亿元，比年初下降4.03亿元，风险都处于可控范围内。消化吸收和化解信贷风险。去年共主动消化吸收信贷风险8.4亿元，其中钢贸贷款4亿元、船舶贷款3亿元、铜加工贷款0.7亿元、二级公路贷款0.7亿元。二是强化责任收贷机制。为加快推进不良贷款处置，省分行两次调增不良处置计划，与二级行签订责任状，落实责任收贷机制和不良处置“三定”责任，把处置结果与履职能力挂钩。按季兑现考核费用、按月会诊项目情况、按周调度进展情况，督促不良处置的落实和执行，一批不良贷款“硬骨头”都得到了盘活处置。三是多策并举加快处置。充分运用现金回收、呆账核销、减免利息、依法维权、债务重组、存量上迁等多种手段，加快材料组织，加快审批上报，加快处置步伐，主要业务指标全面完成总行计划。不良资产处置、呆账核销、超值现金回收、已核销资产现金回收分别完成总行计划的205%、754%、318%、412%。

（五）全力防范风险和案件，确保安全平稳运行

一抓专项排查。认真开展“员工行为管理年”、“抓基层、防案件、强管理”以及案件风险排查“百日行动”活动，累计检查发现问题1 141个，问题整改率达到97%。二抓操作风险管理。重点关注员工涉及民间借贷、非法集资、高风险投资、经商办企业、与客户发生不正当资金往来、频繁请假、“黄赌毒”等行为；深入开展“民间融资、违规办理信贷业务、柜面操作风险、商业贿赂、经商办企业、安全生产”六大风险大排查；重点围绕“违规代客行为，参与民间融资、大额借贷和博彩行为，经商办企业行为，押品真实性，擅自对外签署法律性文件”五个方面，严格落实职责和要求，集中力量在全行“挖雷”排险。加强反洗钱管理。三抓安全生产。在确保各类生产系统稳定运行的基础上，顺利完成中心机房搬迁、“新一代”核心系统上线推广等重大项目的实施；加强“楼房点库区”管理，全力防范侵害事件发生，协助公安机关抓获犯罪嫌疑人6人，堵截一起票据诈骗750万元。

（六）全力抓好群众路线教育实践活动，营造良好发展氛围

精心制订方案，深入查摆问题，到年底，查摆发现的问题已整改130个、占全部问题的55%，建立健全有关规章制度51个。重点监控费用大幅下降，招待费较上年下降19.86%，会议费较上年下降56.65%，差旅费较上年下降16.52%。

（七）全力抓好“三个建设”，提升全行整体战斗力

一是突出抓好各级班子建设。强化激励约束，修订完善《二级分（支）行综合经营竞争力监测办法》，体现压力均等，突出能力业绩。加强干部交流，充实调整后备干部队伍，加强基层负责人队伍建设。二是突出抓好员工队伍建设。择优选录劳务派遣制人员为定向岗位员工，提升一线员工岗位补贴浮动比例，解决员工子女回调工作问题。规范定向岗位员工内部等级管理，扩大定向岗位员工晋升通道，规范营业网点负责人职级配备。推进专业技术岗位职务聘任工作常态化。持续推进“百人工程”，加速年轻干部培养等等。三是突出抓好企业文化建设。积极开展员工关爱活动，向特困员工及协解人员捐助帮困资金365万元。2012年有多个单位获得全国及总行荣誉称号，其中全国文明单位1个、全国级“青年文明号”7个、总行级文明单位4个、总行级“青年文明号”14个。继续履行企业社会职责，向“资助贫困高中生成长计划”和“中国贫困英模母亲资助计划”捐资79万元。是全省唯一连续两届被评为“十大公益慈善单位”的金融企业。

（八）稳步推进改革，提升全行市场竞争能力

稳步推进南昌城区行机构改革，在洪都支行基础上组建省分行营业部，按照南昌行政区划对应组建7个城区综合型支行，形成省分行本部、营业部、综合性支行分别对接省市区党政机关、事业单位三位一体的大营销服务组织架构。

执笔：卢松　吴建辉　丁璐

山东省分行

山东省分行行长　薛峰

一、业务发展概况

2013年，山东省分行全年实现拨备前利润132亿元，同比增加24亿元；一般性、对公、个人存款（不含理财）年末余额分别达到5 545亿元、2 921亿元、2 624亿元，时点新增分别为752亿元、412亿元、340亿元，均超额完成总行计划、居同业首位；各项贷款余额3 854亿元，新增424亿元；实现中间业务毛收入58.5亿元，居四大行第二，四大行占比达到25.4%，为历史最高；资产质量四大行最优，不良贷款额17.56亿元，不良率0.48%，分别较年初下降2.28亿元和0.12个百分点。

【公司业务】本外币贷款余额2 685.1亿元，新增169亿元；表外业务余额1 391亿元，新增566亿元；投资银行等新型融资增长469亿元，余额834亿元。对公存款年末余额2 921亿元，时点新增412亿元，超额完成总行计划、居同业首位；对公存款余额超越农业银行，跃居四大行第二位。

【个人金融业务】个人存款（不含理财）年末余额2 624亿元，时点新增340亿元，超额完成总行计划、居同业首位。系统内比较，个人存款新增居系统第三位。

【中间业务】实现中间业务毛收入58.5亿元，四大行占比25.3%，比上年提高1.2个百分点；实现净收入56.9亿元，完成总行计划的112%，收入总量居系统第五位，系统占比5.4%，同比提升0.37个百分点。

【战略性业务】小企业业务全面完成“两个不低于”目标，贷款质量和综合定价稳居同业第一；国际业务全年实现中间业务收入11.5亿元，长期保持系统首位；房改金融住房资金存款居同业首位，四大行占比61.5%，高于全国平均水平4.3个百分点；电子银行个人网银、企业网银和手机银行客户新增四大行份额均超过30%，均居同业第一；信用卡累计发卡、新增发卡、消费交易额、贷款余额、贷款新增、资产质量六项指标均居同业第一。社保存款、私人银行、养老金等战略业务多项指标在系统和同业位居首位或前列。

2013年6月5日，建设银行山东省分行与中国电力建设集团5家驻鲁企业（山东电力建设总公司、山东电力建设第一工程公司、山东电力建设第二工程公司、山东电力建设第三工程公司、山东电力管道工程公司）在济南签署业务合作协议。

【资产质量与风险控制】不良持续“双降”，不良贷款额17.63亿元，不良率0.48%，分别较年初下降2.21亿元和0.12个百分点；逾期贷款20.99亿元，较总行计划和年初余额低1.73亿元。

二、主要工作举措

【持续提升科学发展能力】一是科学确定发展思路。发展上坚持市场导向不动摇，考核上坚持不惟计划惟市场，管理上坚持从严治行不放松，抓好各项目标的分解和执行。二是加快转变思维方式。从文化、作风、流程、机制等方面入手，转变发展理念，找准发展定位，实现规模、速度、质量、效益、效率的有机统一。三是坚持对市场和政策变化的高度敏感。提前预判形势变化，及时研究总行政策，结合分行实际快速落地，迅速推进综合化服务和综合融资，有力带动各项业务发展。四是持续完善发展机制。在资源配置方面，完善市场导向的资源配置机制，坚持人力资源、财务资源向一线倾斜，信贷资源向更能创造价值的客户和产品倾斜。在考核方面，建立全行性对标管理体系和工作目标责任机制，健全分支机构领导班子年度、任期市场竞争力监测和评价体系，完善省分行部门和二级分行分管行领导KPI考核体系，落实高级管理人员和专业技术人员“一人一表”考核，将考核结果作为干部调整、任用、薪酬分配的重要依据；完善县域支行、驻地城区机构业绩评价，深化重点业务争先进位、核心业务进位提档考核。

【加快发展转型】一是加快发展综合融资。一方面，通过做大日均存款、提升定价水平、加强投放节奏管理、做大总行理财池入池资产、强化风险管理等手段，争取更多信贷规模；另一方面，制定了新型融资业务激励方案，抓好理财、发债等投资银行业务和融资租赁等代理类业务，积极发展信用证、电票等资本占用低、收益高的表外产品，全年总行资产池入池金额（累计238亿元）长期居系统首位。二是加快推进结构调整。坚持“用好增量，盘活存量”，建立了以RAROC为核心的客户选择、产品安排标准体系，大力发展“资本占用少、风险权重低、经营效益高”的客户和产品，不断提升资本利用效率。“6+1”行业贷款余额下降9.9亿元，平台贷款余额下降21.9亿元；信贷退出21.7亿元，完成总行计划的124%。“三类贷款”新增占全部贷款新增的67.1%，余额占全部贷款的39.9%，其中小微企业贷款新增86.5亿元，个贷余额突破千亿元，新增192亿元。充分发挥基础设施建设领域的传统优势，重点对接山东省“十二五”期间重点建设项目，基础设施贷款（固贷类）新增131.4亿元，占公司类贷款新增的74.3%；城镇化、新农村建设贷款余额70.2亿元，新增64.2亿元。贷款定价管理得到加强，非贴贷款定价水平、浮动比例均较2012年提升1个位次，居四大行第三位。三是加快推动产品和服务创新。围绕“需求驱动创新、创新驱动发展”的思路，组建了221人的创新核心人才库，规范了产品创新流程，初步建立起全行创新管理体系。紧盯市场热点和客户需求，在外汇资金、国际结算、海洋经济、城镇化私募基金、ETC信用卡等领域推出一批重点拳头产品，全年共有34个创新项目列入总行计划，实际完成36个，比上年增加300%。四是稳妥推进网点综合化建设和前台、后台业务分离。网点综合化建设方面，完成了全辖存量综合性网点功能定位和85个单功能对私网点综合化转型工作，济南历城支行营业室被确定为全国八个样板网点之一。前台、后台业务分离项目方面，顺利完成了所有营业网点和二级分行本级的推广上线工作，上收对公对私业务共13项，日均业务量2万笔，业务处理效率明显提升。

【加强基础管理】一是不断夯实客户基础。把推进客户战略作为业务可持续发展的重中之重，以“三大一高”为核心，制定对公和个人客户战略推进实施方案，对公重点客户抓好链式营销、高层营销、联动营销，全年对公客户新增1.92万户，为历史最多；个人客户加强公私联动，绘制“网点客户地图”，深化社区营销，抢抓代工、代收代付、市场和个人结算客户，各分层客户新增、AUM新增全面进入系统前四位。二是不断丰富渠道网络。物理网点方面，完成22个新设机构筹建，开业率95%，超总行计划25个百分点；新设运行177个离行式自助银行，系统首家多功能自助银行在聊城试行；探索采用管道银行，实现网店前台受理综合化。电子银行方面，抓好传统业务和电子银行业务、传统渠道与电子渠道、传统电子银行和电子商务的融合，持续强化活跃客户拓展和产品应用，核心指标在系统和同业名列前茅。三是不断健全内控体系。制定内控体系建设三年规划，强化内控基础管理考核，严格落实全面风险管控责任，层层签订案防责任状。强化监督检查，开展案件风险排查“百日行动”、安全生产大检查等，集中力量“挖雷”排险。抓好员工行为排查，组织开展以柜面业务和电子银行以及代客操作、小微企业道德风险、投后管理、票据业务、中间业务合规性等为重点的专项治理，排除风险隐患。加大问题系统性整改力度，全年接受内部审计项目18个，比上年增加3个，发现问题笔数减少59%，金额减少50%，加权问题跟踪整改率继续保持100%，实现了“五个确保”（确保全年不发生案件、不发生领导人员严重不廉洁事项、不发生重大风险事件、不发生重大违规行为、不发生重大群体性事件）的目标。

【强化全面风险管理】一是强化资产质量管理。加大重点领域排查力度，先后组织高污染行业、固定资产合规性、贷款条件落实、押品及小企业、钢贸、光伏、船舶、服装、铜冶炼、酒店及餐饮业行业客户风险排查，对风险隐患做到早发现、早处置、早化解；加大重点区域风险管理，对不良余额和反弹压力较大的分行，明确对口帮扶部门，一行一表确定帮扶重点。加强大额授信风险管理，对重点监控客户一户一策制定风险管理措施和信贷调整策略，确保及时有效化解。加大不良资产处置力度，对千万元以上不良项目逐户落实责任团队。全年累计清收处置不良14.88亿元，其中现金回收4.71亿元，核销5.64亿元，以物抵债2.38亿元。二是强化投资银行业务风险管理。在系统内较早将理财产品纳入授信管理，建立差别化的审批管理与作业流程；强化理财产品投后管理，组建全面风险管理团队，密切监控资金流向，保证产品全流程的完整性与合规性，全年未出现一笔风险事项，也未发现风险。三是稳步推进授信流程优化调整。根据总行部署，认真开展制度梳理、学习培训、调整机构、补充人员等工作，研究制定了集团客户认定、综合授信和信用审批、信用评级、项目评估四个操作细则，较快实现了综合授信流程转换，客户授信总量控制适当，整体效果良好。四是扎实做好信誉风险防范。全年未发生大的负面舆情，得到地方政府、监管部门、社会各界以及广大客户的一致好评，先后荣获“诚信3·15百姓满意度优秀金融品牌”、“山东十大服务品牌”等荣誉称号。

【加强队伍建设】深入学习贯彻党的十八大精神，聚焦“四风”问题，深入开展党的群众路线教育实践活动，并将活动与各级领导班子和干部队伍建设、解决加快业务发展和经营转型中的突出问题、提升客户服务质量和服务效率、完善体制机制建设相结合，增强全行发展合力。省分行领导班子累计走访各地政府和重要客户500余次，深入基层调研170余次。全行招待费压缩20%、会议费压缩56%，差旅费压缩18%、行政费压缩45%，分行本部费用零增长。基层行对本部满意率达到94.6%，较上年提升0.8个百分点。同时，切实做好关心关爱员工工作，着力解决网点空气质量、休息条件、用餐环境、建家设施等工作环境实际问题，将1 798名短期、定向及劳务用工纳入内部等级管理，其中业务岗位劳务用工全部转制完毕。

执笔：刘太丽

青岛市分行

青岛市分行行长　冯涛

一、业务发展概况

2013年，青岛市分行本外币全口径存款时点余额993.71亿元，同比新增116.48亿元，增幅13.28%；各项贷款余额857.72亿元，同比新增58.92亿元，增幅7.38%。实现拨备前利润26.90亿元，同比新增2.17亿元；实现税前利润24.35亿元，同比新增3.09亿元，实现经济增加值12.19亿元，同比新增1.56亿元，增幅14.69%，实现中间业务收入11.31亿元，同比新增0.84亿元，增幅7.95%；不良贷款余额6.10亿元，同比下降0.72亿元，不良贷款率0.71%，同比下降0.14个百分点。

【公司业务】对公存款时点余额436.76亿元，同比下降22.57亿元，降幅4.91%；对公贷款余额531.10亿元，同比新增16.42亿元，增幅3.19%；同业存款时点余额53.36亿元，同比新增29.15亿元，增幅120.40%；小企业业务发展平稳，人民币非贴现贷款余额为57.49亿元，同比新增6.95亿元，增幅13.76%。财政存款余额109.53亿元，同比新增29.96亿元，增幅37.65%，同业排名第二位。

【个人业务】储蓄存款时点余额415.35亿元，同比新增30.13亿元，增幅7.82%；个人贷款余额326.62亿元（不含信用卡专项分期），同比新增42.50亿元，增幅14.96%。个人业务条线实现中间业务净收入3.05亿元，同比新增0.52亿元，增幅20.55%。个人高端客户增势良好，私人银行客户新增59人，人均AUM值1 178.63万元，系统排名第六位。

【房地产信贷业务】个人住房贷款余额326.61亿元，新投放贷款102.66亿元，同比新增42.50亿元，其中个人住房贷款余额284.86亿元，新投放60.21亿元，同比新增28.24亿元，个人消费类贷款余额41.76亿元，新投放17.24亿元，同比下降4.49亿元。个人贷款余额、个人住房贷款余额岛城同业首家突破300亿元。

【国际业务】实现国际结算业务量208.16亿美元，同比新增21.72亿美元，增幅11.65%；其中，国际结算单证业务量97.86亿美元，同比新增23.49亿美元，增幅31.58%。实现外汇中间业务收入3.11亿元，同比新增0.59亿元，增幅23.09%；完成跨境人民币结算业务量148.43亿元，同比新增53.22亿元，增幅55.89%。

2013年3月12日，建设银行青岛市分行举办“汇现在 盈未来”金融市场业务重点客户推介会。

【信用卡业务】信用卡客户净新增7.62万户，累计发卡50.29万张，居同业四大行第三位，实现净增发卡9.86万张，为2012年同期的0.66倍，居同业四大行第二位；分期交易额8.09亿元，为2012年同期的1.67倍，消费交易额96.40万元，增幅40.85%，跨行收单额564.30万元，均居同业四大行首位；实现信用卡业务收入1.49亿元，增幅35%；信用卡贷款余额19.31亿元，同业四大行排名第二位，当年新增贷款额5.97亿元，同业四大行排名第二位。

【电子银行业务】以拓宽营销渠道、策划创新型产品营销活动，扩大宣传影响面，全年新增个人网银客户16.66万户，完成全年计划的151.45%，存量客户达到119.82万户；新增手机银行客户14.04万户，完成全年计划的127.64%，存量客户达到92.54万户；电子银行账务性交易量比为40.23%，同比提升3.77个百分点。荣获总行2013年“增客户 促应用 提能力”专项营销活动“最快业务发展速度”二等奖。

二、主要工作措施

【不断优化组织架构，强化经营管理体制】按照总行统一要求，精心组织体制机制优化，进一步理顺分支行之间及分行本部之间的关系，着力解决机构间发展不平衡的问题；按照“贴近市场、贴近客户、贴近基层”的原则，对分行部分职能部门进行优化调整，强化业务营销功能；稳妥推进对公授信业务流程调整优化工作，确保业务的顺利过渡和衔接。持续打造集约型营运后台，稳步推进“三综合”工作，全面完成“新一代”核心系统建设一期项目的上线和推广工作，实现多项后台业务系统自动处理，有力支持网点转型。通过机制优化的不断深化，服务效率和客户体验有了明显改善，有效提升分行的市场竞争力。

【重点推进客户战略，“客户增长年”成效明显】实施“三大一高”战略，成功营销胶东国际机场、中德生态园、万达集团“东方影都”等多个投资过百亿元的项目；与青岛市政府就海洋经济和城镇化建设合作达成了总体框架协议；不断深化与海尔集团、青岛国信集团、城投集团、青岛港务局的战略合作。其中胶东国际机场项目，分行行领导带头营销，组建多个专业支持团队，量身定制包括资产、负债、投资银行、结算、造价咨询业务等涉及金融与非金融服务，涵盖单位与员工个人银行服务的综合金融服务方案，使该项目成功落户建设银行，并拓展了高级版企业网银、结算卡、理财白金卡、代发工资、财富卡等多项金融业务。另外，为青岛港务局制订综合金融服务方案，为万达游艇产业投资有限公司授信10亿元；养老金客户新增59户，完成总行计划的192%，系统内排名第六位。

【国际业务、投资银行业务等发展稳健】国际业务克服经济下行的影响，逆势而上，各项业务核心指标均实现两位数增长。积极配合总行成功举办商品与期货业务全行重点客户等营销活动，其中在“海关千强”和中信保客户的活动中营销海关千强客户24户，营销中信保客户22户。大力发展大宗商品套保业务，巩固特色与优势。取得境内首家商品交易所大宗商品美元交易清算行清算资格，成功办理首笔商品融资代客OTC套期保值业务。联合新湖期货有限公司、大连商品交易所举办铁矿石货押融资套期保值业务推介会，大宗商品融资境内期货套期保值的成功试点经验，先后在总行党校、常州培训中心进行操作实务经验介绍。

投资银行业务快速增长。大力推进资产收益权类理财产品，信贷资产入池工作有效开展，释放存量贷款规模37.49亿元，丰富了资产业务种类，拓宽了融资渠道；债券承销业务成功破零，承销海尔财务公司8亿元金融债。全年累计发行投资银行产品66.97亿元，同比新增49.07亿元。保本理财产品增长迅速，全年共发行15期，销售13.82亿元，同比新增11期，销售新增10.00亿元。

【创新个人金融产品营销模式，大力发展高端客户】以“创新求进、巩固基础”为主线，以“数据分析支持、精准营销活动和系统工具应用”为有力抓手，改变传统营销模式，建立精准营销工作机制，充分发挥数据仓库系统的支撑作用，“批量化、名单制”营销成效显著，客户结构持续优化，个人有效客户新增超额完成年度计划。实施“零售网点星级评定”激励，推动客户战略转型和产品战略转型。将个人客户服务管理提升活动与“固化网点转型、提升网点竞争力”工作有机结合，推广“存款源头资金统一营销”方式，客户金融资产稳步提升。紧跟青岛市加快建设财富管理中心的步伐，深化私人银行客户发展战略转型，搭建私人银行客户“定制化产品平台”和“非金融服务平台”，加快抢占客户发展战略的制高点。AUM1 000 万元以上私人银行客户新增 59 人，增速 30.26%，系统排名第 21 位，城市四大行排名第一位，私人银行客户 AUM 值累计达 29.94 亿元，比年初新增 7.30 亿元，增速 32.25%，系统排名第 24 位，城市四大行排名第二位；人均 AUM 1 178.63 万元，系统排名第 6 位，城市四大行排名第一位。

加快网点建设，推进网点转型，新增网点 4 个，网点总量达到 120 个，同业四大行第三；自助银行新增 12 家，自助设备新增 82 台；自助设备开机率 99.16%，处于系统内先进行列；自助设备账务性交易量为 2 454 万笔，同比新增 429 万笔，增速 21.16%。

【积极策划，主动营销，住房贷款业务保持同业领先】加强市场研究和预判，建立楼盘项目名单制管理制度，加大客户储备和楼盘营销力度，做好中介机构营销和二手房贷款拓展工作。积极开展“贷无忧”产品 2013 年“金蛇劲舞”系列活动，个人类贷款、个人住房贷款余额继续领跑同业，新发放个人类贷款利率水平同业最高。电子渠道保持高速增长态势，“房 e 通”和善融商务个人贷款实现快速发展。制订“房 e 通”推广活动方案，开展“体验房 e 通 新春礼相送”、“爱满五月 婚房惠卖”等营销推广活动，累计拓展“房 e 通”用户 11 126 户，新增二手房房源20 592 条，利用“房 e 通”办理贷款 2 650 笔；积极开展“善融 e 时贷，贷给您精彩”善融商务个人贷款营销活动，发放善融商务个人助业贷款 160 笔，金额 3 709.26 万元。

【积极探索，战略性业务保持稳健发展势头】大力拓展电子缴费品种，新增有线电视、黄海学院校园卡圈存、平度金泉热力、青岛财政非税缴交等 4 个代缴费项目，继续保持同业领跑地位。成功营销青纺联等 23 家新客户入驻善融商务，善融商务总商户数量达到 169 户，17 家开通信用卡支付，15 家开办信用卡分期业务。电子银行账务性交易量占比稳步提升，成为第一大交易渠道。信用卡抓实两大发卡渠道，客户规模稳步提升。通过组织“百日竞赛活动”、“岁末大冲关活动”、“三送”上门服务和开展“越聚越惠”系列集客团购活动，客户规模稳步提升，业务基础持续巩固，盈利能力大幅提高。其中，信用卡分期业务收入超越贷记卡业务收入，成为个人条线第一收入产品，占个人条线中间业务收入的 17.09%。

【大力开展创新，抢占发展先机】在全国首创公积金网上营业厅服务模式，全面办理公积金业务，覆盖公积金缴存、支取以及公积金贷款的放款、还款等业务，有效减轻前台工作压力，提高了公积金客户的满意度和依赖度。投资银行业务积极探索推进定向资产管理业务，向总行申报 2 笔该类创新业务，金额 20.80 亿元。小企业业务推出“助科贷”产品，开办 11 笔，金额 5 200 万元。个人业务联合建银亚洲创新推出“陆港通”资金监管业务，为高端客户提供专业的投资移民和相关咨询，市场反应良好；金融 IC 卡行业应用创新成果显著，先后研发“公积金 IC 卡”、“海尔 U－home 龙卡”和“黄海学院校园一卡通”等产品，其中“黄海学院校园一卡通”项目被总行产品创新与管理部列为全行推广项目，“公积金 IC 卡”为岛城首家发行银行。

【严管厚爱、从严治行，强化合规经营】在全行开展以“制度至上，敬畏纪律；合规从业，保护你我”为主题的警示教育活动，巡回宣讲 38 场次，用身边事教育身边人，以案为鉴；在全行组织开展了“五个一”活动，触动员工灵魂。制定内控体系建设三年规划、开展“寻找身边的内控合规标兵”等活动，营造“合规从业”文化氛围。制定《重大信用风险项目风险化解工作规程》和《责任收贷制度实施办法》，不良资产处置实现重大突破，广源发、喜盈门集团不良贷款实现全额处置，甩掉困扰分行长达七年的历史包袱，实现不良贷款“五连降”。

【积极推进企业文化建设，提升企业形象和影响力】组织开展“知行合 ，实干兴行”企业文化主题实践活动，评选“最具影响力员工故事”，增强员工的自觉性和创新意识；积极履行企业社会责任，参与“关爱新市民子女”等公益活动；关心员工职业发展，有计划地选派优秀人员参加名校培训，不断拓宽战略思维，丰富专业知识；稳妥完成了劳务派遣人员择优转制工作，提高劳务人员的工作积极性和归属感。积极开展送温暖活动，组织职工体检，关心老同志生活，慰问困难职工43人次，发放慰问金46.10万元；积极推进补充医疗保险商业化运作，给员工及家属更多保障，解决员工的后顾之忧。截至2013年末，分行拥有3个“山东省文明单位”、7个“青岛市文明单位标兵”和6个“青岛市文明单位”，市北支行被继续命名为“青岛市文明服务示范窗口”，树立了建设银行良好的服务品牌形象。

执笔：谭庆勋

河南省分行

河南省分行行长　石亭峰

一、业务发展概况

【发展综述】2013年全行认真贯彻落实总行各项工作部署，聚焦地方三大国家战略规划的实施推进，规模实力迈上新台阶，全口径存款余额突破4 000亿元；经营效益稳步增长，不良贷款率保持地区同业优良水平；在全行2013年等级行考核评定中蝉联一类行；行风评议连续四年获“先进单位”称号。

【主要业务指标】存款业务。各项存款余额4 066.69亿元，比年初新增556.09亿元。其中企业存款比年初新增279.9亿元；个人存款比年初新增276.11亿元。

贷款业务。各项贷款余额2 250.03亿元，新增298.15亿元。

效益效率。实现账面利润72.48亿元，比上年增加16.78亿元，增幅36.72%。实现经济增加值40.04亿元，比上年增加7.11亿元，增幅21.59%。

资产质量。不良贷款余额3.39亿元，比上年下降0.61亿元，不良贷款率0.15%，继续保持地区同业最优。

【公司业务】对公存款难中求进，余额1 803.28亿元，比年初新增253.49亿元；日均存款余额1 555.17亿元，比年初新增237.04亿元；对公存款时点余额、日均余额和日均新增均位居同业第一位，时点新增同业第二位。对公贷款稳健投放，余额1 560.17亿元，较年初新增151.97亿元，在四大行中，余额排名第二位，新增排名第三位。

【个人金融业务】个人业务稳步发展，个人存款余额2 151亿元，较年初新增240亿元，四大行占比27.16%，居同业第二位。客户拓展取得新突破，全行个人有效客户新增67.2万人，系统内排第五位，增幅高达22.5%，计划完成率204.6%；私人银行客户新增326人，计划完成率466%，系统排名第二位，增幅高达41.96%，同比多增239人。

【房金业务】个人贷款健康快速发展，年末余额达689亿元，余额在各项贷款中占比31%，比上年同期提高3个百分点，余额居同业排名第二位。全年个人贷款新增146亿元，增速27%，比上年同期多增43亿元，创历史新高。个人贷款新增在各项贷款新增中占比50%，同比提高5个百分点，新增居同业排名第一位，全国建设银行系统排名第七位。

【中间业务】大力发展新兴中间业务，把投资银行等业务作为中间业务发展重点。财务顾问、结构性融资理财、债券承销收入系统位次均大幅度前移，传统结算业务收入、造价咨询业务稳步增长。实现中间业务收入35.43亿元，比上年增加8.38亿元，增幅30.97%。

【国际业务】围绕海外项目融资服务、大型成套设备出口、对外承包工程等“走出去”企业，累计办理表内外外汇贷款和贸易融资折合人民币188亿元，同比增长17%。国际结算、结售汇、跨境人民币等指标继续大幅增长，中部六省位居第一。

【中小企业】聚焦产业集聚区发力小微企业服务，打造专业化小企业“信贷工厂”，已为153个产业集聚区提供金融服务，贷款余额104.9亿元，其中50个重点产业集聚区贷款余额74亿元，占比70%，贷款客户1 221户，占比75%。全行小企业贷款余额239.3亿元，比年初新增58.8亿元，同比多增21亿元，增幅40%，高于各项贷款增幅25个百分点。

2013年10月29日，建设银行河南省分行与中国建筑第七工程局有限公司举行战略合作协议签约仪式。

【电子银行】把电子银行业务作为转型发展的重点，电子银行账务性交易量占比达到40.47%，同比提升5.07个百分点。有效利用“善融商务”的“企业商城”和“个人商城”，为小微企业入驻提供了有利的通道。

【信用卡】加强全行营销组织推进，深入开展多渠道发卡营销，加强业务管理，注重风险防范。信用卡累计客户数达178.86万户，新增42.3万户；累计发卡206.15万张，新增49.43万张；新增商户891户。

【金融改革创新】围绕市场需求创新多种融资方式。设计发行理财产品971.6亿元；为河南煤化成功发行40亿元私募债，是全国建设银行系统单笔金额最大的私募债券业务；通过办理租赁业务为企业融资18.5亿元；通过发行理财产品为大中型企业融资110.8亿元。

【资产质量与风险控制】资产质量同业最优。推进信贷结构调整，大中型公司客户非贴现贷款中“优先支持”类行业与“审慎支持”类行业贷款余额1 269.25亿元，比年初新增104.82亿元，占比97.86%。累计压缩退出非不良行业客户、政府融资平台、“两高一剩”等宏观调控行业客户贷款4.39亿元。加强风险隐患的识别、预警和应对，对信贷余额在1 000万元（含）以上的正常、关注类授信客户偿债能力进行现场调研，共排查了657户大中型客户、599户小企业客户，排查面分别是2012年的1.57倍和8.43倍；共督促化解重点项目贷款风险15 798.4万元。

二、主要工作举措

【推动持续健康发展】提出围绕“稳增长，提份额，拓客户，调结构，强内控”的总体工作思路，要求全行务必做到“五个保持”，即保持存款增长的稳定性，保持市场营销的连续性，保持客户拓展的有效性，保持风险防范的持续性，保持关爱员工的持久性。完善管理考核机制，强化业务条线部门和二级分行双向考核评议机制，加强对二级分行指导，各条线制定印发业务指导书，针对各二级行业务发展的优势和短板，提出改进措施和努力方向。举办四场信息发布会，搭建了政策市场信息、经验案例交流的平台。

【不断夯实客户基础】一是落实“三大一高”客户战略。770个“三大一高”客户新增存款124亿元，占全部对公存款新增的49%；新增贷款142亿元，占全部对公贷款新增的92%；实现中间业务收入11.36亿元，占公司类中间业务收入的53.83%。推动工商验资系统应用，共开立验资账户26 698户，新增验资金额57.73亿元，新增注册金额196.92亿元；新增基本户17 838户，其中账户新增中验资户转为基本户的17 139户，基本户转化率为77.06%。二是全力攻坚机构客户。与开封、新乡等地市政府签订战略合作协议并取得一系列进展落实，濮阳、洛阳等8个地市及西平、获嘉等12个县的公共资源交易中心在建设银行开户，共开立各类账户4 014户，直接沉淀资金10.2亿元、间接资金沉淀13.9亿元；16家二级分行与当地社保机构达成合作协议，采取客户信息282万客户，金融社保卡完成开户91万户；14家二级分行与当地卫生局签订了居民健康卡合作协议，制卡102万张，在金融同业份额第一、系统内及全国金融系统发卡量最大。三是坚持不懈攻坚“八一工程”。先后拓展54集团军、20军、153医院、省边防总队等军警客户，新开立的联勤33分部医院资金归集账户存款余额为4 158万元、总后勤部郑州应急投送保障基地基建账户存款余额11 028万元、河南省军区定期存款1亿元，新开立20军2个定期存款账户。武警河南省总队选择建设银行作为武警军人保障卡发卡的唯一合作银行。五是积极抢抓个人高端客户。组建私人银行产品支持团队和私人银行营销支持团队，实施首席客户经理制，开展名单制客户联动营销，对“三大一高”、小企业贷款客户的大股东和高管，大额个人房贷客户开展一对一拓展维护。

【大力推进经营转型】一是网点“三综合”建设和新一代试点上线取得成效。综合性网点增加221个，占比提高29.44%；综合功能窗口3 888个，占比增加76.56%；630个网点组建795个综合营销团队，营销人员达4 164人，比转型前增加了1518人。推进总行“新一代核心系统建设”项目试点，并完成一期项目功能应用如期上线。二是推进区域协调发展。提出“市场不降、客户不丢、队伍不散、人心不乱、风险可控”的要求，推进郑州地区机构的优化调整，平稳实现了涉及37个机构、516名人员以及236亿元存款、58亿元贷款（日均）的隶属关系调整。修订完善县支行考核办法，推进贷款核算平台下移，贷款余额605亿元，同业排名第一位。组织开展县域“惠民”活动，助农取款点累计布放2 983个；乐家·乐业卡累计发放39万张；电话支付累计布放1917台；助业贷款累计投放5.29亿元。研究制定城区支行发展考核办法，着力提升城区机构竞争力和系统贡献。三是加强渠道建设。网点购置项目48个，资金投入7.3亿元，网点自有率达到47%；装修开工项目50个，新投放自助设备756台。推进低效网点治理工作，累计113个低效网点达标，达标率51%。四是加大产品创新力度。开展“点亮建设银行”创意征集与评选活动，征集创意170条。积极移植系统创新成果，研发推出“社区通达卡”、“户保通”、“联通建设银行一家亲”等新产品。五是狠抓服务质量。全面开展“提效率、增销售、降投诉”活动。

【着力抓好合规风控】一是加强作风建设。落实中央“八项规定”及总行党委“十条要求”，将党风廉政建设和案件防控工作任务逐条细化分解，开展“四个一点”作风建设大家谈活动，共撰写剖析材料952篇、心得体会3 074余篇。二是狠抓案防工作。每季度召开从严治行万人视频会议，覆盖到全行员工。深入推进合规长效机制和合规文化建设，在全行推广华山路支行合规文化管理体系。三是做好内外部审计配合及整改工作。积极与审计署郑州特派办、财政专员办、银监局等部门建立良好的工作关系和沟通协调渠道，主动沟通汇报情况，积极配合检查监督，认真做好各项整改，扎实做好合规经营。四是强化安全运营和维稳工作。

【不断加强队伍建设】一是深入开展党的群众路线教育实践活动。“压茬”推进“学习教育、听取意见”、“查摆问题、开展批评”和“整改落实、建章立制”等环节工作，组织举办了党的群众路线专题讲座、“焦裕禄精神”专题学习考察和“红旗渠精神”参观学习，并督导各单位组织开展好集中学习和各类活动，增强了党员干部的群众意识、宗旨意识。二是加强人才梯队建设和培训。选派102名青年人才到县支行挂职锻炼。制定《河南省分行千名业务核心人才库的实施方案》，共1 021人进入核心人才库。创新模拟银行培训、员工学习一点通等学习方式，全年组织各类现场培训3 340期、158 091人次、175 967人天。三是关心关爱员工。制定《营业网点“八岗位”员工一线岗位补贴分配实施细则》，拨付八岗位补贴专项费用；建立“服务基层三贴近”活动联系点178个。

执笔：孙俊岭

湖北省分行

湖北省分行行长 任德奇
（2013 年 10 月免）

湖北省分行党委书记 廖林
（2013 年 9 月任主要负责人，12 月任党委书记）

一、业务发展概况

2013 年，中国建设银行股份有限公司湖北省分行（不含宜昌地区）有营业机构 612 个，在册从业人员 13 357 人。资产总额（本外币）3 896.02亿元，当年新增 421.93 亿元。本外币全口径存款余额 3 761 亿元，当年新增 382 亿元。各项贷款余额 1 995 亿元，当年新增 253 亿元。

［公司业务］截至 2013 年末，全行企业存款余额（本外币）达到 1 526.63 亿元（不含保本理财），居同业第二位；当年新增 170.67 亿元，增速 12.59%。全行公司类贷款余额 1 422.87 亿元（含贴现），当年新增 139.43 亿元，增幅 10.86%。

［个银业务］截至 2013 年末，个人纯存款（不含保本理财）时点余额（本外币）2 206.81 亿元，系统内排名第十位；个人存款日均余额 2 179.32亿元，系统排名第十位；个人存款日均新增 265.92 亿元，系统排名第六位。个人类贷款余额 572 亿元，当年新增 113 亿元。

［中间业务］2013 年，全行实现中间业务收入 31.1 亿元，增幅 19.1%，超过全国平均增幅 5.9 个百分点。全行公司条线实现中间业务收入 18.1 亿元，地区同业排名第二位；全行个人金融条线实现中间业务收入 13 亿元，地区同业排名第二位。

2013 年 6 月 1 日至 2 日，国务院副总理马凯一行到湖北武汉就金融支持实体经济发展问题展开调研。图为调研期间，国务院马凯副总理到建设银行湖北省分行武汉光谷支行视察。

［经营效益］2013 年，全行实现税前利润 68.63 亿元，完成总行计划的 110.38%；实现经济增加值 35.67 亿元，完成总行计划的 117.86%。

［资产质量］2013 年，全行不良贷款余额

19.14亿元，比年初下降1.55亿元，不良贷款率0.96%，比年初下降0.23个百分点，实现“双降”。

二、主要工作措施

［转型发展取得新进展］2013年，面对复杂的外部环境和激烈的同业竞争，抢抓湖北中部崛起战略和资本市场快速发展机遇，着力转型发展。抓融资方式转型创新，加大综合融资理财服务力度，全年提供综合融资221亿元，并荣获“2013年度支持湖北经济发展突出贡献奖”。全口径理财产品销售余额264亿元，实现新型投资银行收入4.8亿元。贯彻“三大一高”战略，始终将业务发展放在首要位置，在全省849户重点行业龙头企业中梳理出未与省分行开展业务的529户作为重点拓展对象，分配到行，落实到人，明确营销职责和营销目标。进一步提升了武汉地区客户服务辐射和响应能力，2013年一般性存款新增166亿元，新增份额27.30%，比上年提升7.16个百分点，四大行排名第二位。抓信贷结构调整，小企业（四部委口径）贷款实现“两个不低于”目标，增幅50%，新增小企业贷款客户819户，同比多增352户，小企业客户实现中间业务收入2.5亿元，同比增加1亿元。加大战略性业务资源投入和激励约束，养老金客户增幅140%；公司机构结算客户新增1.21万户，增幅24.7%；私人银行客户金融资产增幅51%；新增金融社保IC卡126万张；财政资金承接率同比提高7个百分点；跨境人民币结算量同比增长75%；对公外汇存款份额地区同业四大行第一，同比提升19.2个百分点。

［基础建设进一步夯实］持续推进产品、渠道、服务、客户、管理等基础建设。产品创新与销售并重，2013年全行产品创新与管理工作按照“主动作为，有所突破”和“产品创新打造年”的总体要求和目标，完成鑫存款、创业易、灵活存、商票盈、出口协议融资等22项产品创新，个人和公司产品覆盖度同比分别提高0.16个、0.05个百分点。依托新兴城区、大型社区、大型工业区、经济强县等各类金融资源丰富区域，全年新开机构30家，离行式自助银行87家，投放自助设备478台，网点自有率提高2.8个百分点。加强组织推进网点“三综合”，28个单功能网点转型为综合性网点，263个网点组建综合营销团队。抓渠道应用，手机银行活跃客户占比居系统第二位，电子银行和自助渠道分流率分别提升2.1个、4.6个百分点，净增收单商户系统排名第五位。专项活动与日常拓户相结合，新增公司机构有效客户7 239户、个人有效客户59.2万户，增幅分别为18.5%、6.2%；电子银行活跃客户和信用卡客户新增均超额完成总行计划。坚持以客户为中心，为客户提供高效便捷的全方位、一体化综合解决方案，2013年，全行个人客户服务评价综合得分首次上升至总行系统内前十位，并获得省政府金融办评选的“2013湖北十佳优质文明服务金融机构”称号。

［发展机制激发新活力］建立了“551”考评通报应用体系，按照等级行、KPI、内控评价、综合竞争力监测和区间考评，突出市场地位和市场表现导向，加大考评力度。针对产品、服务、渠道、客户、质量，建立季（月）度监测通报制度。根据考评、通报结果，在财务资源、人力资源上“约法三章”应用。完善了中心城市行、直管行、县域行和网点指导意见，省行本部精简内设部门，优化岗位人员搭配，按照“抓大放小、抓特殊放一般”的原则简政放权基层；二级分支行强化渠道资源和信贷资源配置，大胆探索二级分行人力资源指标管理政策试点；直管支行坚持市场地位和市场表现导向，择优升格提级；县市支行发挥“红利”作用，在业务授权、资源配置、人力政策等方面加大了支持力度；网点支行出台了网点“分层管理”办法。按总行部署完成了风险管理体制调整和对公授信流程优化，梳理了省分行相关委员会，强化协调决策。坚持风控实质重于形式，精简流程与审批事项。

［运营管理安全稳健］突出重点领域信贷风险化解，全年处置不良资产10.7亿元，密切关注行业贷款风险，实时跟踪监测潜在风险客户，对重点风险隐患客户提前压缩收回，压缩二级公路贷款6.78亿元、钢贸贷款2.2亿元、“6+1”行业贷款26.7亿元；核销个贷3 131万元。历史遗留定期存单兑付和协解人员上访等突发事件得到有效处置。始终保持对案件和违规行为的高压态势，建立“统一领导、分级管理、纵向实施、逐级负责”的内控管理体系，顺利完成覆盖全部25

个指标的内控评价。深入开展“平安年”创建和“提升信贷基础管理水平”活动；加强与武汉审计分部等机构防线联动，及时识别和化解操作风险隐患；扎实开展案件风险排查“百日行动”、“百日千人”安全生产大检查，检查覆盖率100%，并对省分行及各二级行安全生产状况进行了全面评估，对安全隐患进行全面整改。全年无重大恶性案件，无重大安全责任事故，确保员工人身安全，银行资金安全，业务营运安全。强化问责，全年共处理责任人95人，对4 061人次积分12 113分。

［中后台支撑保障作用发挥良好］强化技术服务支持，完成了“新一代”13个项目上线推广任务，全年安全运营无事故。围绕发展抓培训，人均现场培训量同比增长46.4%，人均培训量及满意度达到总行KPI加分上限。落实为基层网点员工办10件实事，完善员工互助机制。企业文化主题实践活动形成特色，受到总行肯定。造价咨询等其他各项工作推进良好。后勤保障和服务质量不断提升。

［工作作风持续改进］圆满完成党的群众路线教育实践活动各阶段任务。以党的群众路线教育实践活动为契机，推进作风改进，解决客户和基层反映强烈的重点问题，营造思干思变、求实求进的氛围。班子作出了“四项承诺”，明确了“四个禁止”。持续改进领导班子和领导人员绩效考评体系。加大员工关爱力度，完成1 000多名派遣员工转制。健全员工关爱机制，落实《省分行机关工会对会员“七必贺”“二必访”“一救助”暂行办法》，坚持开展“爱心一日捐”活动，针对员工压力较大的问题，开展咨询讲座，并举办各类健康向上的文体活动。积极履行企业公民社会责任，2013年“中国贫困英模母亲建设银行资助计划”助款25万元、支持省分行扶贫点十堰丹江口市六里坪伍家沟故事村文化长廊建设项目10万元、省直新农村建设帮扶资金10万元、省委“616”工程对口支援来凤县项目帮扶资金15万元等。充实提升人才队伍，专业人员占比同比提升2.5%，全日制本科以上员工同比提升4%。大力营造“友善、谦虚、宽容、尊重”的氛围，传递“风清气正、和谐进取”的正能量。

执笔：张旭

三峡分行

三峡分行行长　林帆

2013年是建设银行三峡分行团结拼搏、克难奋进的一年，全行认真贯彻落实国家宏观调控政策和总行战略部署，紧密围绕“提档进位，永争第一”的目标，始终坚定信心，齐力攻坚克难，积极开拓创新，推进经营转型，深化结构调整，完善体制机制，提升服务水平，较好地完成了各项经营管理任务，继续保持了各项业务同业领先的优势地位。

一、紧扣加快发展主线，巩固核心业务优势

2013年，全行高举发展大旗，重点加快存款、中间业务收入、各项贷款等核心业务的发展速度，不断巩固和扩大市场领先优势，继续保持

了主要业务指标同业第一的地位。

存款业务快速增长。2013 年末（下同），全口径存款余额 470.5 亿元，新增 56.14 亿元。一般性存款余额 453.8 亿元，新增 48.24 亿元，增幅 11.88%，完成总行计划的 98%。其中，储蓄存款余额 240.1 亿元，新增 26.18 亿元，增幅 12.24%；企业存款余额 213.7 亿元，新增 22.06 亿元，增幅 11.51%。同业存款余额 16.7 亿元，新增 7.9 亿元。一般性存款、企业存款、储蓄存款总量和新增四大行占比分别为 38.94%、40.74%、37.48% 和 35.42%、36.33%、34.73%，均居首位。

中间业务再创佳绩。实现中间业务收入 54 653万元，比上年增长 5 424 万元，完成总行计划的 98%。中间业务净收入占主营业务净收入的比重为 27.78%。中间业务收入总量和增量四大行占比分别为 38.35% 和 31.6%，分别居区域同业第一位和第二位。

资产业务稳健发展。各项贷款余额 406.14 亿元，新增 48.04 亿元，增幅 13.42%。其中，对公贷款余额 319.04 亿元，新增 34.81 亿元，增幅 12.25%。个人贷款余额 87.1 亿元，新增 13.23 亿元，增幅 17.91%。贷款总量及新增四大行占比分别为 43.59% 和 41.96%，均居首位。

此外，由于计提贷款损失准备，对财务效益影响较大。实现税前利润 49 319 万元，净利润 36 433万元，经济增加值 -3 451 万元。经济资本回报率 10.05%，成本收入比 38.41%。

二、稳步推进经营转型，转变业务增长方式

推进中间业务发展转型。牢固树立大公司、大个银理念，强化齐抓共管、联动营销，通过提供涵盖多项金融产品的综合服务方案，充分挖掘客户潜力，进一步加大了综合经营工作力度。继续深化中间业务标杆竞赛活动，以系统内各个产品占比最高的先进行作为标杆，以“超系统平均水平、超湖北省分行水平、超同业水平”为目标，进一步调整和强化考核工作，推动了中间业务均衡发展。严格遵循“四有”要求，强化产品驱动型增收，进一步增强了银行卡、单位人民币结算、电子银行、国际结算、造价咨询、票据承诺、代理保险、保函等基础产品的增收能力，加大了国内保理、新型财务顾问、信用卡分期、中期票据、短期融资、理财等新型产品的创收力度。

2013 年 7 月 5 日，建设银行三峡分行与葛洲坝集团三峡分公司签订银企合作协议。

深化信贷结构调整。积极做好项目储备和贷款投放管理，加强对优质基础设施建设项目，符合绿色经济、循环经济的环保能源产业项目，低消耗、高附加的信息传媒产业项目，现代服务业，现代农业，民生等六大领域项目，以及 AA 级（含）以上、二级（含）以上资质、总分行重点客户、实力雄厚的优质房地产开发客户及保理客户的营销。继续保持信贷资源向小微企业、个贷、“三农”及县域经济倾斜，审慎加大营销支持力度。同时，主动做好信贷客户结构和产品结构调整，积极运用供应链融资等产品替代传统流贷，提高信贷资金利用率。加强对国家重点调控行业的风险管理，加强对行业和客户的调研、筛选和分析，对国家宏观调控重点行业、敏感性行业、政府融资平台贷款、房地产贷款、高耗能高污染行业贷款，从严掌握和控制，加大了问题客户的信贷退出力度。加快个人信贷结构调整，个人贷款投放向县区行倾斜，支持了县市行发展零售业务的战略定位。个人住房贷款主要支持购买首套自住房房贷需求，个人消费经营类贷款主要投向个人助业贷款。个人住房贷款投放 25.34 亿元，同比多投放 10.03 亿元。个人消费经营贷款主要投放个人助业贷款 2.8 亿元，占消费经营贷款的 78%。

加快战略性业务发展。2013 年，大多数战略性业务发展可圈可点。投资银行业务。全口径投资银行业务收入 8 178.72 万元，其中：债券承销收入 6 186.66 万元，居系统第七位。养老金业务

全面完成计划任务，养老金客户新增29户，计划完成率145%，兴发集团企业年金划转为建设银行法人受托模式，在区域内首次发行销售了“乾元—养颐四方”养老保本理财产品。完成了葛洲坝集团、宜化集团中期票据发行工作，以及兴发化工等客户理财产品的入池工作，发行77 958万元保本理财产品。投资银行产品融资能力稳步攀升，综合融资额达到184.05亿元，创历史新高。银行卡业务。借记卡发卡254.64万张，净新增31.55万张。金融IC卡（含社保卡）累计发卡65.35万张，净新增41.86万张。三峡分行金融IC卡发卡量占全市14家发卡银行总量的40%以上。信用卡发卡19.76万张，新增4.61万张，增幅37%，完成总行计划的105%。信用卡客户净增3.49万户，完成总行计划的140%。收单商户本年考核新增1 500户，布放POS 10 184台。信用卡业务创收12 761万元，实现中间业务收入10 760万元，完成总行计划的135%，同比增幅64%，系统内排第五位。当年信用卡净增卡量、中间业务收入、收单商户总量四大行占比分别为54%、44%、37%，均居首位。小企业业务。小企业贷款余额20.16亿元（不含保理及贴现），新增5.22亿元，完成总行的173%，超额完成“两个不低于”的监管目标。小企业信贷客户数309户，新增75户，完成总行计划的150%。基本账户新增36户，完成总行计划的150%。综合收益率达8.34%。三峡分行被市人民银行评选为“宜昌市小微企业最佳伙伴银行”，三峡分行“中小企业助保金贷款”被评为“宜昌市小微企业优秀信贷产品”。个人贷款业务。推动一手房和二手房贷款、住房类贷款和消费类贷款业务同步发展，个人贷款产品综合贡献度持续提升，个人贷款的综合利率执行水平为6.36%，消费经营类贷款利率执行水平为7.07%。个人贷款覆盖4个及以上产品的贷款占比达到98%以上，处于系统领先水平。住房资金归集41.5亿元，新增8.31亿元，完成全年归集任务的139%。善融商务个人小额贷款实现零的突破。国际业务。实现国际结算9.09亿美元，贸易项下国际结算6.9亿美元，结售汇6亿美元，区域四大行占比分别为34%、36%、43%，分别居第二位、第一位、第一位。实现外汇中间业务收入3 884万元，计划完成率110%。跨境贸易人民币结算量12.1亿元，区域市场占比25%。造价咨询业务。实现造价咨询类业务收入3 357万元，同比增加263万元，增幅8.51%。机构业务。稳步推进“机构业务年”活动，新开机构存款结算账户124户，新增民生领域及重点财政账户12户、社保基金账户2户，新增年结算量500万（含）~5 000万元财政预算单位3户。社保卡新增发卡60 328张，完成总行计划的100.54%。开展了社保卡代发养老金和工资试点工作，启动了居民健康卡项目合作试点工作。

三、加大基础建设力度，着力增强发展能力

大力加快渠道建设。深入推进物理网点建设，着力提升网点辐射及服务能力。新网点建设实现年度目标，完成了3个新网点筹建并对外营业，1个新设项目拿到筹建批复。网点改造步伐加快，完成了6个网点的装修改造。不断改善网点环境，购置网点5个，网点自有率达到57%，客户体验进一步增强。自助渠道提速布局，新设离行式自助银行9家，开业7家，投入运营现金设备275台，网均4.4台，存取款一体机151台，新增42台。自助设备开机率98.79%，缺钞率0.42%，自助设备账务性交易量1 608万笔，同比增速系统排第八位，台日均账务性交易量同比增系统内排第二位。成立“人民银行贷款卡业务西陵服务部”和“人民银行贷款卡业务伍家服务部”，独家承办城区范围内贷款卡预处理工作。

着力增强电子渠道客户拓展能力，积极抢占电子银行制高点。通过开展“八月提速，百二争先”等活动，紧盯同业、系统和工作亮点上的三个目标，狠抓交易占比、手机银行、企业网银三项重点业务指标，扎实推进提覆盖、强外拓、扩应用三项重点工作，电子渠道客户拓展能力显著增强。网银个人客户、网银企业客户、手机银行客户分别新增19.49万户、6 511户、22.78万户，四大行占比分别为72.89%、49.08%、63.18%。短信金融服务客户新增14.05万户。电子银行账务性交易量占比40.97%，系统排名第17位，提升值5.81%，系统排名第五位。善融商务客户数37户。其中个人商城商户25户，新增活跃商户5户，完成总行计划的125%。学生惠高校覆盖率

100%，会员总量 2.98 万人，新增会员 1.88 万人，完成总行计划的 391.7%。悦生活网站实现交易 12.8 万笔，完成总行计划的 213.4%，交易额 3 436.08 万元。e 商贸通实现零的突破，拓展 e 商贸通商户 1 户，商户会员 43.35 万户，交易量 1 354万笔，交易额 2 328.3 亿元。微博粉丝达 195.3 万人，活跃率及粉丝数综合评比指标居湖北企业微博风云榜榜首。

稳步推进客户战略。深度挖掘三峡、葛洲坝等水电客户潜力，积极储备跨区域新能源项目及海外项目，进一步巩固和深化了水电金融特色。持续推进落实“三大一高”战略和大中小、传统、新兴客户并举的客户战略，主要针对公司机构客户金融资产、个人客户金融总量、账务性交易额与交易笔数、产品覆盖度加大了工作力度，狠抓有效客户拓展。积极推进整体联动、交叉营销、源头营销和链条营销，重点拓展交易活跃、业务黏性高、价值贡献大的客户，注重提升低效账户的活跃度。年末，单位结算账户（人行口径）22 341 户 新增 3 459 户，四大行占比分别为 35.48% 和 51.63%，继续保持第一位。公司机构全量客户 17 042 户，新增 2 643 户，增速 18.36%，其中有效客户新增 1 004 户，增速 18.27%。个人客户总量 164.66 万户，新增 12.08 万户，增速 7.91%，其中有效客户新增 6.67 万户，增速 19.62%。

加快推进“三综合”建设。按照总行“三综合”建设要求，有序推进了营业网点综合化建设工作，原 16 个单一对私网点中 7 个转为综合型网点，33 个单一对公柜台全部转型为综合柜台，全行综合性网点成立了营销团队，进一步增强了网点综合竞争力。探索推进了营业网点八岗位设置及劳动组合工作，并在西陵支行进行了试点。深化前后、后台业务分离项目，全行 62 个营业机构全部完成系统上线，实现了 11 项对公、对私业务产品的业务分离，实现了城区存量账户电子影像初始化信息全部迁移到总行，为总行试点“人民币单位银行结算账户电子影像集中管理及签约便利化业务”探索了成功经验。

着力强化科技支撑。按照总行统一部署顺利完成了“新一代”一期项目投产工作，项目组织实施情况多次受到总行通报表扬。将运维模式由“被动应急处理”向“主动故障隔离”转变，有效防范与化解生产运行风险，确保了三峡分行信息系统全年安全稳定运行。同时，充分发挥信息技术与业务的互动优势，推动实施了居民健康卡、机动车驾驶员培训卡、校园卡等金融 IC 卡行业应用项目，以及电子银行代缴费、公积金网上服务平台、微信公众平台等项目，不断巩固和优化数据服务，有效支撑和推进了业务发展。

四、强化服务和产品创新，大力提升服务水平

强化客户服务工作。围绕提升客户服务质量，深入开展了“对公客户服务年”和“个人客户服务年”活动，通过走访、座谈、问卷等多种方式，广泛征集客户和员工对三峡分行服务工作的意见与建议，并结合实际予以改进，有效提升了客户满意度。有序推进了星级网点创建工作，创建四星级网点 3 家、三星级网点 5 家，全行星级网点达到 16 家。成立了 95533 电话银行外呼业务团队，完成了短信、邮件外呼平台搭建，初步具备了客户回访、客户关怀、咨询投诉、问题和解、后台营销等服务手段和能力。2013 年，三峡分行个人客户满意度为 78.7%，在系统内排名第二位。在总行开展的服务能力和服务质量综合评价活动中得分 81 分，在系统内排名第八位。

强化产品创新工作。进一步完善产品创新体制机制，加强新兴产品的研究和应用。注重借鉴运用他行和兄弟行好的产品及综合金融服务方案，精选市场和客户需求性比较强的产品，加大了推广应用力度。推出夷陵支行党费代收系统、交警罚款代收系统、宜昌劲森照明节能技术服务有限公司合同能源融资、商铺贷等创新项目，完成了总行下达的产品创新计划。成功办理委托付款、出口应收账款风险参与、全额保证金出口发票融资等国际业务新产品，实现了总行创新产品在我行的突破。开办了池保理、动产质押、BT 贷款等新业务。首创零辅币供应直通车，实现了对第一人民医院零币直接供应及配送工作。

五、优化经营管理体系，着力提升市场竞争力

优化经营管理架构。进一步厘清分行、支行、

网点三个层级的职能定位，明晰和强化了直管机构作为客户服务主体、直接经营主体、风险内控责任主体的定位。按照总行统一要求，进一步规范了分行本部职能部门设置，对本部 9 个职能部门和 1 个二级部进行了更名，新设 1 个二级部授信部，并对相关部门职责进行了调整。研究制定《三峡分行直管机构内设部门设置方案》，进一步健全了支行内部组织架构，明确了“三部一室”的必设部门及“二部门二中心”的选设部门，进一步突出了支行的责任主体地位。

深化用人制度改革。在干部选拔管理上，按照“一正二副”设置职能部门班子职数和“一正三副”设置直管机构班子职数，进一步完善了领导干部职数管理，并综合考虑领导班子成员年龄、经历、专长、知识和性格特点，以及工作业绩及民主评议情况，大力开展了领导班子成员交流调整，先后对 17 个直管机构领导班子进行了优化调整。从市场竞争力、业务发展潜力、风险内控及基础管理三个维度出发，不断完善了市场竞争力监测体系与领导班子考核机制。严格执行《三峡分行管理人员岗位履职问责暂行办法》，划定问责追责“高压线”，结合工作实绩动真格、出硬招，对直管机构领导班子进行了调整，2013 年共调整任免管理人员 38 人次，其中选拔任用管理人员 4 人次。改进基层干部选拔聘任，进一步完善了干部队伍梯队建设。2013 年，通过公开选拔及考察聘任方式，选拔聘任 44 名直管机构内设部门及下设网点负责人，完成了 14 名分行部门团队负责人的选拔聘任工作和 9 名团队负责人职等晋升工作。

在员工队伍建设上，推进了普通经办岗位员工职等晋升和专业技术岗位职务聘任工作，确保员工职等晋升工作的规范化和常态化。稳妥推进了劳务派遣制人员转制工作，86 名网点业务岗位劳务派遣制人员实现了身份的转换，增强了归属感。大力推动直管机构员工轮岗交流，2013 年各直管机构员工岗位交流面达到 33 %，初步形成了制度化、常态化的交流调整机制。规范营业网点岗位设置，并全面实施了薪酬分配向营业网点“八岗位”员工倾斜的政策，2013 年共发放一线岗位补贴 380 万元，777 名一线岗位员工享受到了分行的激励政策。大力推进实施“启航工程”及青年人才培养计划，对新入行员工实施辅导师制度，加强跟踪培养和考核，对青年员工在基层干部选拔等各方面予以适当倾斜，促进青年员工成长成才。进一步完善学习积分、夜校培训、网络学习等人才培养制度，将学习培训与员工职等晋升紧密结合，增强了员工的学习动力。

六、完善风险管理体制，全力防控和化解风险

深化风险体制和信贷流程改革。根据总行统一部署，建立了以各级分支机构管理层为责任主体，以风险管理相关部门为核心，与业务经营部门紧密联系的“三道防线”有效管控的风险管理组织架构。按照责任明确、职能衔接、流程顺畅、报告路线清晰、不相容职责分离的总体原则，对分行风险管理部、授信审批部、内控合规部等部门的职责、岗位分工进行了相应调整和优化，稳妥实施了风险管理职能的划转、整合工作。平稳推进了授信流程调整优化工作，按总行要求顺利完成了流程切换。

积极处置化解信贷风险。针对三峡全通、联邦电缆等信贷风险项目，分行建立了党委会、行务会研究机制，成立了分行行长总负责、分行领导分工负责的风险化解领导小组及工作专班，负责企业盘活解困各项工作的组织和推进。实行一户一策，制定了专门的风险化解处置方案，围绕筹集生产资金、引进战略投资者、寻求政府政策支持、盘活客户存量资产、采取金融支持手段等方面研究制定了相关措施，并积极参加政府、监管机构牵头的客户风险化解方案制定和化解措施实施工作，主动维护三峡分行权益，争取利益最大化。

推进信贷精细化管理。深入推进“信贷管理水平提升年”活动，坚持信贷经理月度工作例会制度，切实落实贷后管理规定动作，对风险苗头早发现早处置。加强预警客户跟踪管理，坚持季度风险预警高层分析会议制度，逐户分析客户现状，督导落实化解措施。加强信贷档案管理工作，集中整治不规范问题，推动信贷档案管理工作步入严谨、规范化轨道。推进贷后管理岗位职责分离，不断充实与加强信贷经理队伍。开展保理业务、合作担保机构业务、客户信用风险、表外业务、个人贷款业务等专项检查，加大了督促整改力度。年末不良贷款余额 15.64 亿元，不良贷款率 3.85%。表外业务保持零不良。同时，强化管

理，加大催收及处置力度，采取有效措施压缩不良贷款余额，处置不良贷款12 683万元，回收现金不良贷款1 554万元，完成年度计划的100.3%。

加强操作风险管理。组织开展了“学党章、守纪律、正品行”主题教育活动、突出案件风险专项治理活动和案件风险大排查“百日行动”，持续推进员工违规积分管理，加强员工廉洁合规教育和行为排查，有效防范了员工道德风险。进一步梳理优化业务流程，加强检查和整改，强化操作风险控制。深入推进“平安建设银行”创建活动，落实案件防控责任制和监督检查，强化案件防控工作，确保了全年未发生案件和安全责任事故，连续多年保持实现“三无”目标。

七、开展群众路线活动，塑造和谐进取企业文化

扎实开展群众路线教育实践活动。按照中央和总行部署，深入开展了以为民务实清廉为主题的党的群众路线教育实践活动，采取多种形式，广泛征集了有关经营管理和“四风”问题的意见及建议，并认真制定了整改方案、“四风”突出问题专项整治方案和制度建设计划方案，确保了活动实效。聚焦“四风”问题，分行大力加强作风建设，着力提升服务基层效率和质量。建立党建工作联系点制度，加大对首次接触负责制、AB角工作责任制、对口联系服务基层制度的督办力度，着力为基层一线提供指导，解决实际困难。强化员工日常行为和劳动纪律管理，员工队伍整体素质和执行力得到提升。实现了全辖网点现金直供、附行式自助设备集中供钞和一般单证集中配送，稳步推进了离行式自助设备营运服务外包工作，有效减轻了一线员工工作量，有力地支持了网点业务发展。大力改进会风、文风，强化会议管理和督办落实，加强发文管控，着力提高会议实效和公文质效。

加强企业文化建设。组织开展了创先争优主题演讲、“道德讲堂”暨魅力女性演讲、“青春建设银行中国梦”等全行性主题活动，有效凝聚和提升了全行正能量。进一步落实网点员工人文关怀，深入开展送温暖活动，持续抓好员工关爱工作。完善“职工之家”建设，不断丰富群众性文体生活。认真落实离退休人员“两个待遇”，扎实做好老干部和离退休人员的慰问及关爱工作。坚持高标准、严要求，圆满完成了湖北省最佳文明单位和宜昌市文明行业的复查验收工作，连续六届荣获此项荣誉。

执笔：刘圣林　潘峰

湖南省分行

湖南省分行行长　刘力耕

一、业务发展概况

主要业务指标完成情况。一般性存款余额4 203.72亿元，较年初新增447.18亿元，增幅11.9%，余额和新增均排名同业第一位。各项贷款余额2 618.94亿元，较年初新增306.96亿元，增幅13.3%，余额和新增均排名地区同业第一位。实现账面利润85.31亿元，较上年增长16.22亿元，增幅23.5%。审计后不良贷款额25.35亿元，不良贷款率0.97%，比年初下降0.11个百分点。

【公司业务】企业存款余额 1 876.31 亿元，较年初新增 161.84 亿元，增幅 9.4%。公司贷款余额 1 944.43 亿元，较年初新增 161.60 亿元，增幅 9.1%。对公全量客户新增 12 147 户，对公有效客户新增 5 525 户，有效客户占比 56.76%。

【个人金融业务】个人存款余额 2 327.41 亿元，较年初新增 285.34 亿元，增幅 14.0%。个人贷款余额 674.50 亿元，较年初新增 145.35 亿元，增幅 27.5%。个人全量客户新增 90 万户，个人有效客户新增 73.3 万户。

【房地产业务】房地产开发贷款余额 198.42 亿元，较年初新增 20.95 亿元。住房资金归集增长 84.77 亿元，余额 432.86 亿元，公积金归集业务市场占比提升 0.56 个百分点。

【中间业务】实现中间业务收入 36.02 亿元，较上年增长 4.26 亿元，增幅 13.4%，继续保持地区同业第一。

【国际业务】国际结算量 59.95 亿美元，较上年增长 13.08%；跨境人民币结算量 29.45 亿元；本外币表内外贸易融资 17.13 亿美元，市场占比 36.46%。外汇有效机构客户 500 户，较年初新增 82 户。

2013 年 4 月 18 日，建设银行湖南省分行与长沙市人民政府举行政银企合作签约仪式。

【战略性业务】

电子银行客户新增 483 万户，电子银行账务性交易量比 43.83%，交易量 1.97 亿笔，善融商务交易额 8.71 亿元，实现中间业务收入 2.3 亿元。

信用卡客户新增 39 万户，累计发卡 219 万张，实现消费交易额 599 亿元，实现中间业务收入 6.2 亿元。

投资银行业务入池资产总量达到 135 亿元，累计发行理财产品 169 期，发行金额 309 亿元，实现中间业务收入 3.18 亿元。

养老金业务受托资产新增 3.88 亿元，托管资产新增 3.19 亿元，个人账户数新增 4.25 万户，增幅分别为 75.91%、120.78% 和 119.11%。

小企业业务授信客户达到 2 588 户，新增 666 户；银监会口径小微企业贷款余额 364.67 亿元，新增 98 亿元。

私人银行业务个人高端客户（AUM300 万元以上）数量新增 1159 人，金融资产新增 50.45 亿元。

民本通达品牌教育行业重点客户市场占比 48%，卫生行业重点客户市场占比 54%。

渠道建设稳步推进。全年新设网点 7 个，装修网点 59 个，新设离行式自助银行 39 个，新增自助设备 630 台套；自助设备账务性交易量比 78.72%。

二、主要工作措施

（一）推动经营转型与创新

计划考核与资源配置。突出风险控制、发展质量等效益指标和存款、中间业务收入等主要市场竞争性指标考核，落实总行考核与部门、二级分支行考核全面对接，制定县域支行劳动竞赛活动方案和健康发展指导意见，首次对二级分支行分 5 组进行等级行评定。财务资源配置实行常态化配置，向一线倾斜，向重点业务增量倾斜，向发展转型倾斜，首次实施中间业务收入零基计划管理，严格执行新发贷款中收产出标准和利率目标值考核，稀缺信贷资源以价补量，推动规模、质量和效益协调发展。

内设机构和人力资源管理。稳步推进机构改革，优化私人银行经营机制，将养老金业务部单列为二级部，成立长沙地区小企业经营中心，有序推进信贷审批体制改革；开展二级分支行本部定岗定编定责工作，缩减职能部门 29 个，将 575 人充实到营销团队和基层一线，机关和基层活力得到激发；加强退出管理职务人员的管理，制定相关管理办法，更好地发挥人尽其才的作用。

流程优化。全年共完成流程优化项目 22 个。实现经费共享中心全省集中、长沙地区现金集中

2013 年 9 月 27 日，建设银行湖南省分行在南岳衡山举办"南岳金"系列产品首发仪式。

配送和离行式自助设备集中维护，运营管理集约化程度不断提高；建立和完善综合管理平台，经营部门可按照客户、账户及时掌握指标情况，为条线考核和经营分析提供有力数据支撑；圆满完成新一代核心系统一期项目的试点上线工作。

产品与服务创新。全年共完成产品创新项目 26 个。成功营销系统内第一单银证信资产收益权类理财产品 10 亿元；与建信信托合作，托管信托资金 34 亿元；开发韶山金、南岳金等特色金业务，黄金租借业务成功破零；金融 IC 卡行业应用进一步推广，完成多个城市公交车、出租车等公共应用项目。制定公司客户分层服务管理办法，根据规模大小、重要程度进行差别化服务；推出个人客户自助填单系统，节省客户等候时间，率先实现全省网点 Wi－Fi 无线网络覆盖。

（二）狠抓市场营销拓展

重点客户和项目营销。进一步深化银政合作，与长沙、湘潭、常德、郴州、怀化等地方政府签订战略合作协议，协议金额达 1 700 亿元；加强重点项目对接营销，成功营销大众汽车、五矿铜业、昆仑燃气、长沙市物业维修基金等重点目标客户；深入挖潜重点存量客户，湖南移动、湖南烟草、水电八局、长沙水业投、铁投、沪昆高铁、公路投等重点客户均超额完成全年综合贡献度提升计划。

产品营销。产品覆盖度稳步提升，对公产品覆盖度提升 0.658 个百分点，个人产品覆盖度提升 0.262 个百分点；有效发挥产品对业务的拉动作用，现金管理系统、单位结算卡、对公一户通等产品带来存款增长 124 亿元，产品稳存增存能力持续增强；以校园卡、就诊卡、军人保障卡等产品为切入点，实现中南大学、中医附二、省武警总队等重要学校、医院、军警客户的有效突破。

有效信贷需求营销。强化有效信贷需求的常态化营销，对公信贷项目储备呈现由营销、评估向审批、签约转化的良好态势，截至 2013 年末，对公信贷项目储备总额 1 966 亿元，较年初新增 314 亿元，其中已审批通过项目储备额 658 亿元，较年初增加 202 亿元；个贷准入额度 873 亿元，其中已审批通过待发放 56 亿元。

（三）夯实风险内控管理

信贷风险管理。适应全面风险管理新要求，成立综合授信评审委员会，整合职能、优化流程、明确职责；强化信贷风险责任管理，建立重大不良和审计关注风险项目化解机制，出台问题贷款责任收贷实施意见；加强存量不良处置工作，全年共处置各类不良贷款 17.71 亿元；主动前移风险控制关口，稳妥扎实推进项目评估工作，为审批决策与风险控制提供有效支持；信贷结构持续优化，突出支持国家重点在建续建基础设施项目，高新区、产业园、城镇化、新农村、旧城改造等行业新增贷款超过对公贷款新增的一半；调整退出名单内客户贷款 37.67 亿元，其中"6＋1"行业贷款压缩 9.72 亿元。

"双基"管理。推进"双基"管理长效机制建设，组织开展覆盖全辖所有县支行的案件防控暨"双基"管理巡讲检查，持续夯实管理基础；认真做好机要保密基础工作，提高技防水平，被人行、银监局评为先进单位；完善内控管理体系，将内控管理嵌入日常业务流程，加强风险梳理和主动识别；扎实做好问题整改工作，外部审计整改率 100%，内部审计追踪问题个数整改率 99.28%，问题金额整改率 99.59%。

安全稳定工作。贯彻落实总行"抓基层、强管理、防案件"专项治理要求，保持案件防控高压态势；依法维权成效显著，处理各类法律纠纷 931 起，审结案件笔数胜诉率 96.05%，金额胜诉率 99.08%，确权和减少损失金额 7.53 亿元；加强特困协解人员救助，妥善处理维稳事项，坚持合法、合理、合情处置上访事件；深入开展"平安建设银行"创建活动和安全生产大检查，连续四年被省委、省政府授予综合治理“平安单位”称号；提升舆情应对处置能力，成功处置负面舆情112起，化解潜在舆情78起。

（四）加强班子队伍建设

群众路线教育实践活动。根据中央、总行党委统一部署，分步骤、分环节组织开展群众路线教育实践活动，进一步增强党员干部的党性修养、理想信念、宗旨意识，领导班子和干部队伍建设得到加强，机关作风明显改进，服务基层和客户更加主动，服务质量显著提升，文风会风话风持续改进，勤俭办行意识明显增强，招待费、会议费、差旅费分别较上年减少13%、30%、13%。

党的建设、班子建设和队伍建设。组织开展“创先争优”活动，57个先进基层党组织和84名优秀共产党员受到表彰；继续组织西柏坡、井冈山、延安党建培训班，增强领导干部党性修养。完善二级行综合经营竞争力监测指标体系，加强对副总经理级以上干部的责任管理。完善分层分类员工培训体系，改善培训效果。深入推进党风廉政建设，认真开展“学党章、守纪律、正品行”主题教育实践活动，组织领导人员和员工签订责任状和承诺书，进一步增强廉洁合规从业意识。

关心关爱员工。薪酬分配进一步向基层网点和一线员工倾斜，向基层网点“八岗位”员工发放岗位补贴；打通定向招聘和转制员工晋升通道，做好劳务用工转制工作；加强员工食堂管理；积极落实离退休老同志各项待遇，慰问救助困难员工；在全省县级支行建设职工小家和党员活动室；依托工会和共青团组织，组建自行车、羽毛球等文体协会，开展形式多样的业余活动，促进员工身心健康。

执笔：陈梦圆

广东省分行

广东省分行行长　靳彦民

2013年，建设银行广东省分行认真贯彻执行总行经营战略方针，坚定不移地推进创新转型、夯实基础、强化内控和提升能力，经营管理业绩良好，基本实现了“三个确保、三个新突破”的目标。

【存款】全口径存款余额10 850亿元，新增289亿元；一般性存款余额10 647亿元，新增924亿元。一般性存款、个人存款系统内新增第一位。一般性、企业和个人纯存款新增均居四大行第一；全口径、一般性、企业和个人存款余额市场占比分别比年初提升0.85个、0.59个、1.16个和0.35个百分点。

【贷款】各项贷款余额5 172亿元，新增447亿元，其中公司类、个人类贷款分别新增205亿元和242亿元。人民币各项贷款和个人类贷款新增均居系统第一位，公司类贷款新增居系统第二位。各项贷款余额系统排名第二位。贷款余额市场占比21.9%，比年初提升0.32个百分点。不良贷款余额55亿元，控制在总行下达计划之内，比年初新增4亿元，比上半年末下降13亿元；不良贷款率1.07%，较年初下降0.02个百分点，较上半年末下降0.33个百分点。

【经营效益】实现拨备前利润195亿元，增幅11.3%，完成总行计划的107.7%；实现税前利润 170 亿元，增幅 14%，完成总行计划的 107.5%。实现中间业务净收入 87 亿元，增幅 9.14%，完成总行计划的 104.3%。

【公司业务】企业存款（不含保本）余额 4 858亿元，比年初新增 237 亿元；企业存款（含保本）余额 5 302 亿元，比年初新增 397 亿元；企业存款余额、本年新增均位列四大行第一位，当年新增四大行占比达 59.88%。对公贷款余额 3 628亿元，比年初新增 205 亿元，与同业比较，比年初提升 0.65 个百分点；与系统内比较，比年初下降 0.12 个百分点。实现对公中间业务收入 48.32 亿元，可比口径毛收入系统内排名保持第二位，系统占比 7.78%。

【个人金融业务】个人存款时点余额 5 149 亿元，比年初新增 533 亿元，日均余额 4 773 亿元，比 2013 年新增 470 亿元，时点新增和日均新增均位列系统第一位。个人存款新增市场占比 33.54%，同业排名第一；个人存款余额四大行占比 21.65%，比年初提升 0.85 个百分点（以上均为纯存款口径）。实现个人金融中间业务收入 21 亿元，可比口径毛收入系统内排名保持首位，系统占比 10.69%。

【房地产金融业务】个人贷款余额 1 543 亿元，比年初新增 242 亿元，完成全年个贷新增计划的 151%。委托性住房存款余额 456 亿元，比年初新增 8 亿元，存款余额占四大行比重 70%，排名第一位。住房资金归集余额占四大行比重 61%，排名第一位。公积金贷款余额 528 亿元，四大行排名第一，完成全年计划的 211%。

2013 年 5 月 21 日，建设银行广东省分行与广州市越秀区人民政府举行战略合作协议签约仪式暨金融服务活动。

【中间业务】实现中间业务净收入 87 亿元，同比增幅 9.30%，同比增量 7 亿元，中间业务收入总量连续五年保持系统内第一位。其中，公司和个人条线分别完成 48 亿元、40 亿元，同比增幅分别为 3.18%、17.29%。

【国际业务】国际结算量、跨境人民币结算、贸易融资三项指标均突破千亿大关，分别为 1 036 亿美元、1 163 亿元人民币、1 220 亿元人民币。办理跨境人民币的客户达 1 994 户，居系统内第一位；外汇贷款余额 54 亿美元，市场份额比年初增长 3.16 个百分点。

【资产质量与风险控制】全年共处置各类不良资产 32 亿元，其中处置不良贷款 32 亿元，回收已核销资产 2.44 亿元，批量处置小企业不良贷款 8 亿元。对 4 个项目实施责任收贷，金额达 1.2 亿元。全分行连续 7 年保持内部零案件，成功堵截各类外部案件 468 件，堵截涉案金额约 2 999 万元，协助公安机关抓获各类犯罪嫌疑人 197 名。

【其他业务】

小企业业务。小企业非贴现贷款余额 528 亿元，新增 105 亿元，完成总行计划的 123.7%；小企业信贷客户净新增 1 437 户，连续两年实现贷款及客户新增系统排名第一位。

金融市场业务。代客资金交易突破 500 亿美元，交易客户数量 7 548 户，均保持系统第一。累计发行本外币理财产品 613 期 2 298 亿元，计划完成率 145%。贵金属租借交易量增长 265%，收入增长 73%。

投资银行业务。全年完成债券承销金额 239 亿元，市场占比第一，系统排名第二位。信贷资产入池 309 亿元，系统占比 7.9%，排名第二位。

电子银行业务。企业网银活跃客户新增等主要业务指标取得系统 7 项第一。电子银行账务性交易量比 37.5%，比上年提升 2.26 个百分点；自助设备账务性交易量增长 4 701.06 万笔，增长率超过总行计划 7.69 个百分点。

私人银行业务。私人银行客户及其 AUM 总量和新增均排名系统第一位。私人银行客户 AUM 总量 609 亿元，新增 163 亿元，居系统第一位。高端理财产品共发售 435 期金额达 637 亿元，增长 47.76%；私人银行两卡新增和累计发卡均居系统第一位。

信用卡业务。客户净新增 94.82 万户，计划完成率126%；分期付款交易额99亿元，增长53%；营业收入16亿元，增长25%。累计发卡量与客户量、业务收入等主要指标均居系统首位。

二、主要工作举措

2013年，全分行持续大力推进"三大一高"（大行业、大系统、大城市和高端客户）发展战略，坚持深化改革、强化创新、打好基础、提升服务，不断转变发展方式，持续提升发展能力。

（一）深化改革，实现三个"持续"

1. 基础建设持续改善。一是客户基础不断夯实。公司机构全量客户新增2.39万户，有效客户净新增1.4万户，结算客户新增2.27万户，个人全量客户新增195.5万户，有效客户新增101.1万户，均超额完成总行计划。二是渠道建设持续推进。网点建设数量、自助业务手续费收入等五项渠道建设指标系统内排名第一位。新增营业网点41个，投放自助设备1 519台，运行自助设备增幅22%。

2. 信贷结构持续优化。经济资本占用率较年初下降0.03个百分点，中小企业客户贷款余额占比比年初提高0.84个百分点，城镇化贷款新增45.3亿元；主动退出贷款270.3亿元，政府融资平台贷款余额持续下降。开展"信贷能力提升年"活动，信贷经营管理能力和风险防控能力得到改善。

3. 队伍建设持续加强。扎实推进党的群众路线教育实践活动，作风得到全面改善。后备人才、专业技术队伍建设及员工培训取得新进展，全年共提拔使用后备人才415人，聘任各级专业技术岗位职务991人，择优录用2 108名劳务派遣人员为劳动合同制员工，员工培训平均人天超过8天。

（二）强化创新，提升三大能力

继连续两届荣获省政府"金融创新奖"一等奖后，又获得由人民银行广州分行主办的广东金融业支持经济社会发展"十大亮点工程奖"和由广东银监局主办的广东银行业服务实体经济"十大创新产品奖"。同时成为珠三角金融改革创新综合试验区首家、也是目前唯一一家签约创新"先行先试"合作银行。此外还荣获建设银行总行系统2013年"最具创新力分行"一等奖。

1. 稳存增存提升。全年全分行完成产品和服务创新项目286个，创新产品新增时点存款310亿元。创新推出"流动增值易"、打包存款等新型产品，"流动增值易"实现企业纯存款38亿元时点新增和26亿元日均新增。发行季末到期的理财产品为存款新增储备资金，每季度末分别有72亿元、76亿元、116亿元、85亿元到期转化为纯存款。

2. 中间业务收入贡献提升。研发推出新产品25项，综合利用保本产品、乾元开放式理财产品、货币及债券基金等打造组合营销工具；提供综合融资418亿元；新增国际结算量77亿美元；创新产品累计实现中间业务收入10.11亿元，对全分行中收贡献度为12.4%，创造中收1 000万元以上的新产品达到23个。

3. 管理水平提升。通过持续完善创新管理制度与流程，完善创新考核机制；强化创新统筹管理与重点指引，明确各业务条线和中后台部门产品和流程、服务、管理的自主创新项目，并与总行紧密对接；组织做好创意转化和持续开展银行同业产品监测与比对，保质保量完成创新综合管理工作，从而大大提升了全分行 的营销与管理能力。

（三）提升服务，重点工作有新进展

1. 大型项目综合服务能力有新突破。一是全年全分行完成债券承销量和市场占比，均居全省银行同业第一位。二是参与多个政府背景产业基金方案设计。包括广东省政府121亿元粤东西北地区振兴发展股权基金、广州市政府200亿元广州市城市发展基金等。三是与证券、保险、信托等第三方机构合作支持大型项目综合服务有重大突破。四是全力推进城镇化建设项目拓展和战略新兴产业项目营销出成效，重大项目营销有新进展，全年全分行为重点项目和重点企业授信额度达1 020.31亿元。五是深化与政府机构战略合作有重大突破，全年全分行牵头推进与七个地市级政府签订战略合作协议。

2. 扶持小微企业发展有新模式。围绕"小额化、批量化、标准化"，积极推广应用小微企业评分卡信贷业务模式，对单户金额在500万元以下的小微企业贷款业务，采用评分卡进行评价，有效改善了小微企业因报表不齐全、企业财务信息披露不充分而造成的贷款难问题。同时，建立了针对"一圈（商圈）、一链（产业链）、一平台（与政府和协会搭建合作平台）"的批量营销模式。全年全分行利用"助保贷"平台，先后向54家中小企业累计发放贷款4.9亿元。

3. 服务珠三角金融改革创新有新亮点。2013年6月23日，分行与广东省金融办签署了《珠江三角洲金融改革创新综合试验区建设合作协议》，成为当地首家、也是目前唯一一家与省政府开展金融改革创新专项合作的银行。

执笔：何五星

深圳市分行

深圳市分行行长　刘军

一、业务发展概况

2013年是建设银行深圳市分行积极探索发展转型，不断巩固同业领先地位的一年。是年，分行盈利能力持续增强，主要业务稳居市场领先地位。全年实现税前利润109.1亿元，比上年增加16.9亿元，增幅18.3%；中间业务收入55.5亿元，同比增长6.3亿元，增幅12.8%，收入结构持续优化，转型发展成效显著。

【主要业务】截至2013年末，深圳市分行全口径存款余额5 185亿元，其中，企业存款余额2 776亿元，新增233亿元，增长9.2%；储蓄存款余额1 171亿元，新增159亿元，增长15.7%；同业存款余额1 238亿元。各项贷款余额3 343亿元，新增413亿元。其中，其中对公非贴贷款余额2 159亿元、新增287亿元，增长15.3%；个人贷款余额1 159亿元、新增143亿元，增长14%。

2013年，分行拨备前利润、全口径存款余额、人民币对公非贴贷款余额、个人贷款余额、中间业务收入等20项主要业务指标位居同业第一位，并首次实现税前利润突破百亿元，存款、贷款及中间业务收入与同业第二名的差距进一步拉大，实现了分行整体市场表现由“初步领先”向“全面领先”的升级。

【公司业务】截至2013年末，分行企业存款余额2 776亿元，新增233亿元，增长率9.2%；对公非贴贷款余额2 159亿元，新增287亿元，增长率15.34%；对公中间业务收入实现37.4亿元；公司机构客户新增4.45万户，连续12个月蝉联系统首位，成功超越工商银行，顺利实现“四最”目标，成为深圳地区对公存款最大行、对公贷款最大行、对公中间业务收入最大行和对公账户最大行，进一步巩固了在深圳市同业中的对公业务标杆地位。

【个人金融业务】继2012年储蓄存款余额和个贷余额突破“双千亿”大关后，2013年4月个人住房贷款余额也成功突破“千亿大关”。截至2013年末，分行储蓄存款余额1 171亿元，比年初新增159亿元，连续两年余额新增四大行第一；储蓄存款日均1 061亿元，比2012年日均新增151亿元；个人贷款1 159亿元，比年初新增143亿元，余额和新增额均居同业第一位；个人住房贷款余额1 041亿元，比年初新增136亿元，余额同业第一；个人有效客户新增26.4万户，增速18%。喜获2013年深圳市银行卡业务开展及考核综合评价第一名，在11项考核指标中，分行有10项业务指标居同业前列，其中银行卡发卡量、信用卡发卡量、新增信用卡数量、银行卡业务笔数（包括存现、取现、消费及转账）、银行卡消费业务笔数、银行卡消费业务金额等6项指标四大行中排名第一位。

2013年1月29日，建设银行深圳市分行召开2013年工作会议。

【房地产业务】截至2013年末，分行对公房地产开发贷款余额317.21亿元，比年初增加15.61亿元，占对公贷款比重14.01%，比年初减少了1.17个百分点。其中AA-级（含）以上客户贷款余额279.03亿元，占比92.89%，自2012年以来一直保持房地产开发不良贷款零余额。

【中间业务】2013年中间业务实现了平稳发展，全年实现收入55.53亿元，同比增长6.28亿元，增幅13%，主营业务收入占比33.71%，同比提升0.13个百分点，完成总行53.5亿计划的104%，系统内排名第六位，四大行占比达34.56%，同业第一。

【国际业务】2013年分行国际业务继续保持良好的发展态势，中间业务收入完成8.4亿元；国际结算量完成1 643.1亿美元，同比增长20.5%，系统第一、同业第二位；国际收支结算量826.3亿美元，同比增长23.5%；跨境人民币结算量完成1 290.3亿元，同比增长31.1%，系统和同业均排名第二；一般性外汇存款余额达到60.9亿美元，较年初增长2.4亿美元。成为建设银行亚洲、首尔分行等重要海外机构的第一大境内合作银行，与新设的海外分行也实现业务突破，合作渠道更加广泛。

【资产质量与风险控制】"安全年"建设持续推进，资产质量稳定向好。提出安全年建设"六更四无三提高两建成"目标，全年保持零案件。以稳定资产质量为核心，落实全面风险管理要求，加强逾期贷款管理，创新风险监测工具，现实风险防范和化解能力进一步提升。2013年末，不良贷款额26.35亿元，不良贷款率0.79%，分别比年初减少0.19亿元和0.12个百分点，逾期贷款余额较年初有所下降。

【其他业务】2013年深圳市分行实现投资银行收入11.9亿元，债券承销105.4亿元，托管业务资产规模3 160.7亿元，实现中间业务收入1.48亿元，均为同业第一；小企业贷款余额173.1亿元，增幅46.4%；金融市场业务实现中收10.8亿元，增长33%。养老金客户新增257户，计划完成率342%，完成率居中心城市行首位，新增年金客户数稳居同业第一位。自助银行账务性占比84.8%，居系统第二位，柜面分流效果显著。

2013年10月15日，建设银行深圳市分行与中国信达资产管理股份有限公司深圳市分公司签署战略合作协议。

二、主要工作措施

（一）围绕分行发展规划，巩固传统业务优势，坚定不移地推进转型发展升级

落实"三大一高"战略，对公业务向"三足鼎立"转型。全流程监控重大项目授信申报进度，积极创新商业领域产品，组建前海任务型团队，对准上市企业主动授信等，抓住行业龙头，开展链式营销。实现机构业务"三分天下有其一"。重视加强政府机构和民生领域服务，分行领导春节后一上班即带头密集拜访重点机构客户，与市、区和街道三级都建立了紧密的合作关系。更加突出投资银行、金融市场等战略性业务。全

年投资银行与金融市场业务收入26亿元，增幅79.3%。

深化社区金融服务，推进“两会两圈”营销模式，建立个人中高端客户服务体系。要求所有网点“深耕一公里，服务三公里”，扎根社区，搭建客户活动平台和业务联动平台，将社区客户做深、做细、做透。以“两会两圈”有效推动大零售业务发展。以“打通圈会，聚焦小微，助力零售，做实社区”为原则，建立“两会两圈”综合化营销平台，创新推出“商会贷”、“益工贷”等五项产品，授予支行2 000万元以下“圈会”客户审批权限，并对网点实行分类指导。

（二）开展“建设银行好声音”和“满意在建设银行”活动，以创新驱动业务发展

开展“建设银行好声音”活动，以全员创新促业务发展。大力推动人人创新，多渠道征集员工和客户的好建议。员工参与人数达3 000多人，共收集“好声音”7772条，全行共完成创新项目177项，实现可测算中间业务收入2.3亿元，吸收存款192亿元；分行被总行评为五家最具创新力分行之一，产品创新获奖数量系统第二、质量系统第一。在2013年深圳市金融创新奖评选中，获奖数量及等次位列同业第一位。创新“融合+开放”和“综合+开发”工作模式，由单打独斗向综合营销团队转型，由单一服务向综合金融服务转型。创新各类管理工具。开发上线“授信客户结算产品监测平台”、“员工业绩考核系统”等，打造智能化的管理环境。

开展“满意在建设银行”活动，以服务促创新，客户满意度显著提升。落实总行“个人客户服务年”要求，针对成为“社区最具竞争力的银行，最具亲和力的银行，最具服务能力的银行”目标，分别以客户投诉、排队专项治理，抓服务流程改进，强化标准服务，员工的服务理念、行为规范和良好习惯显著改善。在2012年度深圳市政风行风评议及2013年复查中，分行位居银行业第一位。

（三）落实“铁腕抓管理”，促使全行树立成熟的管理文化

深入推进“安全年”建设，案防工作取得实效，实现分行连续八年“零案件”。安全年建设增加“两建成”目标（建成平安分行、合规分行），推出新的“十大案防举措”和“三重一大”决策登记管理制度。召开千人动员大会，开展“树正气、正品行，守法纪、反贿赂”纪律教育月活动，组织近250名领导人员和敏感岗位人员参观监狱。组织安全生产大检查“百日行动”，总分行问题整改率近100%，并荣获深圳银监局“先进保卫组织”称号。

狠抓内控合规体系建设和文化建设，制度有效性和行为遵循性显著增强。制定全覆盖的内控评价管理办法和实施细则，出台分行内控体系建设三年实施规划，并在各分支行成立风险合规部，完善内控管理架构。

加强制度建设和流程优化，管理规范化和流程科学化水平进一步提升。全年制定或修订各类制度138个，如《员工考勤管理办法》、《办公综合管理考核评价办法》等，制度体系进一步完善。同时，加强流程优化工作，反洗钱工作机制、主动授信优质客户的申报材料和流程、现金调拨清单业务流程等得到简化、优化，切实提升工作效能。

（四）求真务实推进党的群众路线教育实践活动，加强队伍建设和人文关怀，工作作风明显改进

弘扬与践行“创业 创新 创优”精神，推进“温暖工程”、“成长工程”和“幸福工程”，打造敢于亮剑、善于协作的队伍。总结和提炼“三创”精神，并在工作中积极弘扬和践行，“三创”精神得以发扬光大、深入人心，使分行核心价值观落地生根。持续实施“温暖工程”，从“衣食住行养休”各方面关心员工。实施“幸福工程”和“成长工程”，完成三批1 150名劳务派遣制员工转制；举办20期网点负责人与部门经理高校培训班，10期优秀员工高校培训班等，持续提高分行队伍素质和凝聚力。

严格落实总行党委工作要求，深入开展改进工作作风和党的群众路线教育实践活动，取得良好的效果。在群众路线教育实践活动中：

严格落实规定动作，举办党委中心组学习2次，集中培训会44场，创新微信平台听取意见方式，共征集意见700多条，精心组织分行党委、40个一级机构召开专题民主生活会，开展批评和自我批评。

做精特色自选动作，落实“两个强化 一个提高”，9家支行均制定实施细则，加强对网点的服务，“工作作风向下延伸”得到进一步强化；从7月起每月开展“扶·平”工程，分行领导和74名管理人员在基层网点工作累计达470余天，指导网点月度经营分析会超380次，三类、四类网点一般性存款日均占比从6月末的22.8%提升到26.8%。

执笔：李睿杰

广西壮族自治区分行

广西壮族自治区分行行长 胡昌苗

一、业务发展概况

2013年建设银行广西区分行全口径存款余额2 060亿元，新增247亿元，增速13.7%，居四大行第一位。各项贷款余额1 496亿元，新增166亿元，增速12.5%，居四大行第一位。实现税前利润40.5亿元，增速20.1%，完成总行计划的111.5%；实现经济增加值19.3亿元，增速25%，完成总行计划的119.5%。

【公司业务】企业存款余额1 080亿元，新增107亿元，居四大行第一；增速11%，居四大行第二位；对公有效客户新增5 402户，完成总行计划的311%；单位结算账户新增1.36万户，连续两年居四大行第一位。对公非贴贷款余额958亿元，新增102亿元，增速11.9%；对公条线实现中间业务收入10.31亿元，增速13%。

【个人金融业务】个人存款余额951亿元，新增140亿元，增速17.2%，其中，新增、增速均居四大行第二位；个人客户金融资产新增170亿元，增速16.8%；个人有效客户新增27.8万户，增速21.7%；个人贷款余额511亿元，新增70亿元，增速15.9%；对私条线实现中间业务收入7.38亿元，增速29%。

【房地产业务】截至2013年末，住房资金归集余额216亿元，新增35亿元，计划完成率137%；住房公积金存款余额63.8亿元，新增7.5亿元，余额、新增均居四大行第一位。个人住房贷款余额491亿元，新增70亿元，余额、新增均居四大行第一位。“房e通”业务成效显著，年末认证客户1.2万户，系统排名第十位，实现电商平台手续费收入1 442万元，系统排名第一位。

【中间业务】实现中间业务收入17.69亿元，增速18.9%，居四大行第一位；比上年末提升1.7个百分点；中间业务净收入占主营业务收入的比重为22.68%，比上年末提升0.65个百分点。

2013年3月15日，建设银行广西壮族自治区分行与广西壮族自治区商务厅战略合作暨银企合作协议签约仪式在南宁举行。

【国际业务】全口径外汇存款余额 28 672 万美元，比年初新增 7 618 万美元，增幅 36.19%。国际结算突破60 亿美元，新增21%。跨境人民币业务取得多项突破，承办广西首笔跨境人民币债权回收及跨境人民币外商直接投资业务，在系统内及广西同业中首先试点与第三方支付机构合作进行跨境人民币支付业务，全年累计办理跨境人民币结算 189 亿元，增长 32%。

【资产质量】全年不良贷款余额 1.62 亿元，比年初减少 0.2 亿元；不良率 0.11%，比年初下降0.03 个百分点；处置不良贷款本金 5 736 万元，回收贷款本金 4.5 亿元，资产质量保持建设银行系统第一。

【其他业务】投资银行业务跨越发展。信贷资产入池总量 70.6 亿元，实现新型投资银行业务收入 2.2 亿元，市场份额53%，居四大行第一位。区域首创股权投资类理财产品 7 亿元，全年共发行保本理财产品 429.5 亿元。养老金业务稳健发展。成功中标柳州五菱汽车工业公司账管人和托管人资格、中铁交投集团受托人和账管人资格；成功拓展南丹南方公司、桂林福达集团“养颐四方”福利计划；创新“乾元—养颐四方”养老金理财产品；全年养老金综合客户数新增 144 户。信用卡业务规模持续扩大。截至 2013 年末，信用卡客户累计 72 万户，净增 17.4 万户，信用卡消费交易额 172 亿元，贷款新增 14 亿元，活动客户和贷款新增均居四大行第一位；分期交易额 15 亿元，其中专项分期 8.2 亿元，增速 53%，系统排名第八位；新增商户 4 096 户，吸收存款 91.2 亿元；实现信用卡业务收入 2.7 亿元。电子银行业务质量明显提升。全年实现收入 1.3 亿元，增速 43%，系统排名第一位；电子银行客户规模达 747 万户，增长 187 万户，其中活跃客户增长 23 万户；手机银行活跃客户规模达 17.5 万户，同比增长483%，系统排名第八位；企业网上银行活跃客户占比 50.2%，系统排名第十位；短信银行、个人网银、手机银行客户覆盖度分别较上年提升 6 个、5 个、3 个百分点；善融商务入驻商户 218 户，活跃商户 64 户，交易额 2.3 亿元。

二、主要工作举措

【强化发展意识，提升市场表现】夯实负债业务基础。在企业存款方面，一是增户增存，新客户抢介入先机，已有客户深度挖潜，他行客户积极拼抢。产品增存，通过保证金存款、第三方备付金存款、票据产品、单用途商业预付卡存款、网络银行 e 点通、e 销通、黄金租借业务等实现增存 5 亿元。管理增存，实施“七个抓”，抓存贷比考核、抓体内循环考核、抓供应链考核、抓过程监控、抓客户分层及三级营销责任落实、抓分管领导竞争力考核、抓数据挖掘运用。结算增存，打造“六张网”，现金管理网、链式营销网、多金归集网、资金承接网、销售归行网、票据结算网，实现增存广覆盖。二是项目拓展突出“第一时间介入、第一时间开立账户、第一时间递交金融服务方案”。在个人存款方面，一是理财增存。利用产品、服务、渠道拼抢和提升客户 AUM 总量，年末个人客户金融资产余额 1 183.3 亿元，新增 170 亿元，增速 16.8%，系统排名第五位。二是代发增存。开展“联动出击”代发工资专项活动，全年累计代发额 451 亿元，同比增加 72 亿元。三是结算增存。全年新增结算通卡 1.7 万张，新增 EPOS 8 000 台，结算通、EPOS 关联账户存款新增 22.5 亿元，理财 EPOS 归集资金 4 亿元。四是营销增存。坚持柜面常态营销和专项营销相结合，从柜台发现潜力客户。五是大户增存。主动为个人高端客户及其家庭企业制定综合解决方案；推动客户分层维护，对临界点客户、流失客户和潜力客户实行名单制定向维护和精准营销拓展。提升资产业务价值贡献。保持在基础建设领域的优势，积极支持地方经济建设的重点领域和重大项目，全年投放各类基建贷款 110.12 亿元。打造“新四化”先发优势。发放全区首笔城镇化贷款，全年发放该类贷款 27.96 亿元。通过并购贷款、跨境人民币结算、新型财务顾问等综合化金融服务支持区内中资企业“走出去”。通过网络银行业务模式实现对供应链上下游企业的跨区域、全面批量营销，全年投放网络银行贷款 4 109 万元。全年涉农贷款比年初新增 53.9 亿元，增速比各项贷款平均增速高 27.4 个百分点。多渠道推动中间业务收入增长。提升中间业务收入在等级行、KPI 考核中的分值占比；加强业务创新，成功开办分行首笔黄金租借业务，创新开展第三方支付机构预付卡销售顾问咨询服务业务。实现电商平台手续费收入1 442万元，系统排名第一位。开展“学产品、讲产品、用产品、卖产品”活动。贵金属业务高速发展，实现中收增速达123.6%；开展专场分期160场，实现专项分期8.22亿元；引导商户、客户多刷龙卡，全年借记卡消费交易额464亿元。加强协作联动，与珠三角地区兄弟行拓展了境外公司中国业务重组项目财务顾问，境内公司境外发债业务，境外IPO上市业务；与建设银行香港分行、建设银行亚洲联动，以“内保外贷”、“内保内贷”、贸易融资、跨境人民币结算等方式为国内走出去客户和境外跨国企业服务；向租赁公司推荐了一批融资项目，向建银国际、建信信托和建信文化基金推荐了一批新型财务顾问项目。

广西壮族自治区分行营业部营业厅以广西银行业第一名的成绩，荣获2013年度中国银行业文明规范服务百佳示范单位荣誉。

【扎实推进“机构业务服务提升年”活动】一是大力拓展财政社保系统。成功研发金融社保卡制发卡平台，全年发卡3万多张，居同业第一位。完成南宁市财政非税系统等多个系统、项目的研发推广，全年新增财政存款4.48亿元、社保存款20.91亿元，新增财政账户22户、社保账户74户。扎实推进“一厅（局）一策”营销活动，与自治区水利、科技、人社、体育、新闻、工商、物价、商务、旅游、海关等16个行业主管部门签订战略合作协议，全年新增政府机构团体存款11.73亿元，公务卡新增4万张，居同业第一位。二是持续巩固事业法人系统。学校、医院贷款余额四大行占比分别为63%、37.56%，连续多年位居同业第一；与广西区域位居前列的9家三甲医院联合推进“八桂健康龙卡”项目，发卡180万张，个人存款余额54亿元。全年新增事业法人存款7.52亿元、贷款5.25亿元。三是联动营销军队武警系统。与武警广西消防、边防、水电等总队客户签订全面业务合作协议，实现与空军南宁基地装备条线的全面合作，成功营销181医院门诊费归集账户，军警业务市场份额跃居同业第一位。全年新增军队武警存款7.95亿元，市场份额跃居同业第一位。四是抓好金融同业系统。成功代理金谷.向日葵17号中小企业发展等信托计划；完成三家城市商业银行及广西北部湾金融租赁公司的授信，实现存放同业和同业借款16.5亿元；CTS客户数新增1.9万户。

【夯实客户基础】一是抓好客户拓展与维护，增强对公客户账户基础。开展“千家万户”、“央企入桂”、“百强空白点”、“拟上市公司”等营销活动，已落地的14家“央企入桂”企业已全部在分行开立账户，广西“百强”企业中有85家在分行开立结算户。依托工商验资通系统，在全区14个地级市实现系统上线全覆盖，开办业务2 629笔。抓小企业客户的批量化营销。搭建69个批量化营销平台，率先成立小企业经营中心，小企业授信客户886户，新增147户。抓小额无贷户的零售化经营。对公小额无贷户净增7 983户，日均存款余额17.93亿元，新增13.13亿元，完成总行计划的657%。二是深入推进“个人客户服务年”活动。全年个人有效客户新增27.81万户，增速21.7%；个人资产客户达503.5万户，新增41.4万户，增速8.97%。其中大众富裕及以上客户新增5.2万户，增速12.7%，系统排名第七位；富裕客户新增1.7万户，增速18.6%，系统排名第八位。开展产品、服务体验活动，对客户开展分层级维护体验，对重点营销产品开展员工使用体验，对区域同业开展服务感受体验，对行领导开展网点客户经理体验。建立客户售后服务回访机制、服务“回头看”机制、客户投诉处理和解机制、客户投诉处理的监督和问责机制，同时将客户投诉纳入分支机构和机构负责人的责任考核范畴。加强公私联动，全年通过资产类客户带动信用卡发卡6.8万张，发展收单商户3 822户；房贷客户信用卡覆盖率达61%，系统排名第五位。新增代发工资6.1万户、代发额45亿元。

【加快渠道建设】推进网点“三综合”建设，网点综合化率达到85%；新设网点15个，购置网点20个，搬迁低效网点10个。新增自助设备438台，增速32.9%；新增离行自助点104个，增速48.8%；自助设备开机率跃居系统第五位，自助渠道分流率系统排名第十位；新增POS商户4 096户，系统排名第十四位；新增EPOS商户7 978户，系统排名第十七位。电子银行渠道交易量提升至柜面的2.2倍，其中账务性交易量占比35.4%，提升1.2个百分点；理财产品交易电子渠道占比39.7%，提升4.1个百分点。

【加强产品创新】全年完成产品创新32项、流程优化8项。“票融通”项目、“客户业务办理预填单创新优化”、“工商验资业务流程优化”项目获总行产品创新奖和流程优化奖。创新中马钦州产业园综合金融解决方案，取得项目前期注册资本金2.18亿元；创新在广西区域第一家推出金融市场信贷业务全流程电子化操作，投放网络银行贷款4 109万元，在21个新上线平台中排名第四位；创新推出贸易融资保证金理财及外币掉期组合产品，累计吸收人民币存款6.4亿元、美元存款1亿元；创新推出理财EPOS，归集行外资金3.9亿元；创新推出“善融贷”、“信用贷”、“供应贷”等多个小企业新产品并实现投放。

【加强风险管理】有序推进风险管理体制改革、信贷机制调整和授信流程优化工作，完成信贷审批的职责调整；优化审批流程，推进前台、后台分离；加强形势和政策研究，把好客户、项目准入关，把准信贷监测重点，提高风险控制的主动性和前瞻性，风险事项得到有效化解；积极运用信贷资产转让手段处置问题贷款，回收本金4.5亿元，处置不良贷款本金5736万元；成功化解钦州港区支行、北海分行两个重大风险项目；加强案件防控考核，开展案件防控“6+2”专项活动，连续四年无新案件和重大风险事项发生；加强内控合规管理，狠抓屡查屡犯问题治理，内部管理基础进一步夯实；实现498个网点和自助区24小时监控守护，建立和完善各类应急预案466个，安全生产得到保障；加强信访维稳，全年无重大群体性事件和非正常上访现象发生；落实信息系统、业务系统安全责任，全年实现安全运营。

【加强队伍建设】开展“学党章 守纪律 正品行”主题教育活动，在贵港分行及桂平支行、兴安支行开展基层党务公开试点工作，塑造柳州分行和桂平支行党建先进典型，促进基层党组织和广大党员作风转变，促进班子队伍建设和经营管理能力提升；推进“知行合一、实干兴行”企业文化主题活动、“树典型、燃激情”先进典型学习宣传活动等，引领全行员工干事创业、建功成才；开展捐资助学和扶贫工作，推进员工关爱项目近300个，帮扶困难员工107人，发放救助金57.5万元，获“广西壮族自治区第二批和谐单位”荣誉称号。

【扎实推进党的群众路线教育实践活动】全行以贯彻落实中央八项规定和总行党委十项要求为切入点，把作风建设作为聚焦点，以“为民务实清廉”为主要内容，以二级分支行以上管理机关、领导班子和领导干部为重点，将规定动作做到位，自选动作做扎实，充分听取意见、深刻查摆问题、认真整改建制。分行党委通过面对面、点对点、线对线深入基层，截至2013年末，收集意见和建议172条，已落实整改141条，正在整改31条；区分行各部门收集意见建议229条，已完成整改199条；各二级行收集意见建议523条，已完成整改419条。

执笔：牟保春　彭瑞娟

海南省分行

海南省分行行长　张中科
(2013 年 1 月任)

一、业务发展概况

截至 2013 年末，建设银行海南省分行全年实现主营业务收入 21.78 亿元，比上年增加 2.99 亿元；税前利润 10.36 亿元，较上年增长 1.41 亿元，完成总行计划 113.51%；净利润 7.74 亿元，较上年增长 1.05 亿元，完成总行计划 115.48%；经济增加值 5.32 亿元，完成总行计划 124.02%。全口径存款余额 766.26 亿元，比年初新增 107.71 亿元，增速排名系统第三位；各类贷款余额 328.45 亿元（含信用卡透支），当年新增 50.49 亿元，增速排名系统第三位。

【公司机构业务】企业存款余额 465.57 亿元，当年新增 62.51 亿元，增速系统排名第五位。非贴现对公贷款余额 210.66 亿元，当年新增 31.14 亿元。

【个人金融业务】储蓄存款余额 282.92 亿元，当年新增 36.08 亿元，增速排名系统第二位。个人类贷款余额 103.71 亿元，比年初新增 18.96 亿元。

【房地产业务】房地产开发贷款余额 27.32 亿元，比年初新增 2.37 亿元。个人住房贷款余额突破 100 亿元大关，新增 18.28 亿元，余额和新增额均位居地区四大行首位。

【中间业务】实现中间业务净收入 3.86 亿元，同比增加 0.89 亿元，增速 30.03%，系统排名第二位；市场占比 20.32%，较年初提高 1.39 个百分点。

【国际业务】外汇对公贷款余额 7 124.78 万美元，比年初增长了 297.03%。实现国际结算业务量 13.74 亿美元，同比增长 22.4%；结售汇业务量 6.18 亿美元，同比增长 26.52%；跨境人民币结算业务量 22.21 亿元，同比增长 629.32%。

【资产质量与风险控制】按五级分类口径，本外币不良贷款余额 3.3 亿元，比年初减少 0.54 亿元；不良贷款率 1%，比年初下降 0.4 个百分点，完成总行下达的控制计划。

二、主要工作举措

（一）坚持业绩说话，各项业务发展“提速升位”

分行新一届党委成立以来，积极传导“用业绩说话”的理念，推动各项业务“提速升位”，全面实施“赶超战略”。

1. 存款新增突破百亿元大关。实施“三大一高”战略和“存量挖潜、增量扩源”策略，强化重点客户和项目的增存能力，抢抓代发工资、单位结算户等增存源头。重点推进国土、住建两大系统营销，取得各级政府土地出让收入及保证金等非税资金存款 34.83 亿元。加强对个人中高端客户的理财产品、代理保险、货币型基金等组合推介，吸收行外资金，维护行内客户。

2. 贷款储备投放实现双佳绩。加强项目储备，围绕政府重点项目、海南百强企业以及行业龙头企业，确定 21 家重点客户和项目实施精准营销；组织开展“授信 80 个以上客户”、“480 拓户工程”等活动，夯实信贷业务基础。把握信贷投

2013 年 7 月 23 日，建设银行海南省海口滨海支行（海口私人银行）举行开业仪式。

向，重点支持 RAROC 值高的大型项目以及小企业、保障房等重点领域和扶持行业的发展。

3. 战略业务发展成效显著。机构业务继续跟进军队武警重点客户营销，全年新增军警账户 55 户，新增军警账户特种存款 3.36 亿元。全面推动民生领域事业法人资产业务发展，共为民生领域客户授信 17.3 亿元，投放贷款 3.09 亿元。省财政厅将省分行确定为海南省产业发展资金唯一存放行，为进一步拓展财政业务奠定良好基础。信用卡业务围绕“吃、住、行、游、购、娱”等相关行业，开展收单商户营销，全年拓展商户 1 308 户。积极营销在我行办理代发工资、公积金缴存业务但未持有信用卡的客户，全年净新增 3.18 万户。加快发展信用卡分期付款业务，实现分期付款交易额 2.13 亿元，完成总行计划 112.11%。造价咨询业务发挥传统优势，集中精力抓大客户、大项目和高收益项目营销，全年成功拓展 62 个咨询项目，圆满完成新海航大厦和北京 301 医院海南分院结算报告。全年累计完成工程造价咨询业务量 66.86 亿元，实现工程造价咨询业务净收入 2 796.69万元，增速 91.85%，位居系统第一。

（二）完善运营机制，提高精细化管理水平

一是加大激励约束力度。编制 2013 年综合经营计划以及 KPI、等级行等考核办法，明确工作目标和政策导向。将分支机构划分为五类等级行，根据业务完成情况按月考核排队，强化对各行负责人的激励约束。本级部门与基层行结成帮扶对子，将部门负责人及员工部分绩效工资与联系行的成绩单挂钩考核，充分调动本级部门参与经营的积极性。

二是优化经营管理模式。完善对公信贷业务经营架构，建立分片包干协助网点型支行资产业务营销以及“8+2”处级行的重点项目责任营销的分层营销模式。实施驻点包干制度，组建个人金融业务分片营销推动小组，定期开展个人业务营销推动工作。开展工作创新，扎实推进产品创新项目实施，分行部门全年共实施 60 项经营管理工作创新。

3. 提高资源配置效率。严格执行“勤俭办行”要求，压缩控制弹性项目开支，用于支持业务发展激励费用。规范费用支出管理，全年分行招待费支出较上年减少 14.26%。从严控制办会数量和标准，2012 年会议费用同比减少 76.88%。强化集中采购管理，全年共组织实施集中采购项目 118 个，平均节约率 5.66%，较上年提高 2.66 个百分点。

（四）加强风险管理，确保案防到位和运营安全

一是加强全面风险管理。进一步梳理和完善授信业务责任认定工作机制，保障分行授信业务可持续发展。及时跟踪监测各项预警性指标，加强钢贸、航运、房地产等周期行业风险研判和提示，关注贸易融资类产品、地方政府融资平台客户风险，稳固资产质量。持续推进经济资本、RAROC 等风险计量工具应用，引导经营机构实现风险防控、业务联动、综合收益等目标。

二是加强案件防控管理。扎实开展案件风险大排查“百日行动”、“抓基层 强管理 防案件”专项活动，集中力量“挖雷”排险。组织开展“学党章 守纪律 正品行”主题教育实践活动，加强员工职业操守教育。认真开展员工行为集中排查，全年组织员工参与排查 7 928 人次。认真抓好领导人员选拔任用监督、巡视、信访核查等工作，确保权力正确运行。

三是加强内部控制管理。制定分行 2013—2015 年内部控制体系建设三年规划，完成年度内部控制评价工作。成立三个合规督查小组，严控基层行关键环节、重点部位风险。积极化解法律

纠纷，全年办理被诉案件 23 件，挽回经济损失 0.74 亿元。实施部门公章集中管理，防控印章操作风险，全年封存废止公章 70 枚，销毁封存 3 年以上公章 422 枚。

四是加强安全运营管理。加大营业网点、自助设备等要害部位以及节假日、重大活动期间安全检查力度，全年成功堵截案件 5 起，协助抓获嫌疑人 5 名。制定各类安全竞赛办法，强化对内部管理中职能重要但易发漏洞的模块管理。全力做好接访劝访、特困救助工作，确敏感时期安全稳定，全年无重大过激行为和恶性事件发生。

（五）加快渠道建设，全面提升客户服务水平

一是抓好“三综合”建设，完善物理渠道网络。按照“三综合”建设要求，加快推进网点功能转型，全年全行对公柜台综合化比例 58.30%；制定网点建设管理暂行办法，提高新设网点建设速度，全年共完成 4 个新设网点筹建工作。加强自助设备管理，全年账务性交易量比 77%，系统排名第七位；台均手续费收入 7.15 万元，系统排名第六位。省分行被当地人民银行评为海南金融系统“ATM 业务发展先进单位”。

二是抓好平台建设，加快电子渠道应用。精心做好“新一代核心系统”推广上线工作，顺利完成阶段性任务。开发健康龙卡项目、工商验资通项目等系统并成功上线运行，助力业务发展。组织电子银行产品专项营销活动，加大对重点客户网上招投标、善融商务、手机支付等电子银行的营销，全年各类电子银行客户新增 54.41 万户，同比增长 35.12%。

三是抓好基础管理，有效提升客户服务水平。通过开展“个人客户服务年”、个人业务产品与渠道体验等活动，全年新增个人客户 13.21 万户，其中，新增私人银行客户 52 人，增速 46.43%，系统排名第十位。制定客户投诉管理办法补充规定，编制营业网点服务手册，持续改进服务质量。上半年，省分行营业网点服务质量调查评价在全国建设银行排名第八位，个人客户服务评价得分在全国建设银行排名第三位。

（六）加强作风建设，扎实开展教育实践活动

按照中央和总行的统一部署，在全辖开展党的群众路线教育实践活动。一是周密部署，为活动“开好局”。成立领导小组，制订活动方案，召开全行动员会，做好活动各项准备工作。二是多措并举，增强学习教育效果。通过党委中心组学习、党委书记讲党课、集体讨论等多种方式，深入学习活动相关内容。三是对镜当梳，深入查摆问题、开展批评。实施帮扶基层的“480 帮扶工程”，分行领导下基层调研 26 次、本级部门蹲点 87 个，访问员工 186 人，累计采取帮扶措施 154 条；认真开展“三必谈”活动，高质量召开专题民主生活会，共查摆出“四风”问题 93 个。四是建章立制，将作风转变融入工作中。严格办文办会管理，优化 OA 系统流程，开展“1180 工程”和“学标杆、树标杆、创标杆”等活动，确保活动取得实效。

（六）加强党的建设、队伍建设和企业文化建设，构建和谐发展局面

一是加强党的建设。结合党的群众路线教育实践活动开展，系统深入抓好中心组学习，全年组织中心组学习 16 次。做好基层党务工作，全年共改设 7 个分支行党总支，接收预备党员 36 名。拍摄宣传片《五指山下谱新篇》，展现分行各级党组织及党员的良好业绩表现与先锋模范作用。

二是加强领导干部队伍建设。通过“公推公选”方式，完成本级副总经理及以上管理人员、分支行副职选拔工作；建设基层机构后备人才库，实施“80 个核心人才津贴项目”。针对管理人员及核心人才举办 11 期培训班，参训人数达 93 人次。

三是加强员工队伍建设。利用“新一代”系统上线网络学习契机，深入开展员工培训工作，全年共组织培训 749 次。加强员工履岗培训，组织员工参加 2013 年岗位资格及零售五岗位考试。推广 EAP 网点落地模型，搭建员工成长平台。

四是加强企业文化建设。组织媒体开展“走进建设银行”系列报道活动，全年刊发稿件 36 篇。开展团建评优活动，荣获总行级五四红旗团组织 3 个、优秀共青团干部 3 人、优秀共青团员 4 人，其中一人荣获“全国金融优秀共青团员”称号。出台关爱员工二十条举措，多方面关心员工生活和工作。

执笔：王文生、王天雷、李惠民

四川省分行

四川省分行行长　曾益

一、业务发展概况

2013年，建设银行四川省分行深入贯彻总行“三大一高”战略部署，按照年初确定的“以加速业务转型为抓手，以提增盈利能力为核心”的总体思路，积极适应市场和形势变化，各项业务持续健康发展，较好地完成了全年经营计划：实现拨备前利润118.9亿元，增速16.4%；一般性存款余额突破6 000亿元，达6 239.5亿元，四大行占比28.6%，新增651.3亿元，居同业第二位、系统第四位；各项贷款余额3 049亿元，新增377亿元，控制在总行计划内。

【公司业务】企业存款余额3 503.7亿元，四大行占比33.2%，保持同业首位，时点新增328亿元，增速10.4%，日均新增353亿元，增速12.5%；公司机构类贷款余额2 117亿元，新增197亿元，中型客户、中小型及以下客户余额占比分别较年初提升了1.8个和1.2个百分点，市州地区贷款余额占比提升了2.5个百分点。

【个人金融业务】个人存款余额2 742.4亿元，时点新增323.3亿元，日均新增329.4亿元，时点和日均新增均居系统第四位。网均存款余额4.2亿元，居四大行第一位，高出四大行平均水平19.4个百分点。个人客户规模持续扩大，全量个人资产客户新增90.5万户，个人有效客户新增57.6万户，代工个人账户新增35万户，AUM 1 000万以上客户AUM和数量分别新增44.8亿元和406人，同比分别提升159%和525%，私人银行客户数量净新增计划完成率居系统第一位。

【中间业务】实现中间业务净收入38.4亿元，增速13.3%，高于系统平均水平0.8个百分点；收入居四大行第二位，四大行占比27.3%，提升了0.18个百分点。

【房地产业务】房地产开发类贷款余额209.5亿元，新增18.8亿元，其中保障性住房项目开发贷款12.4亿元，新增2.2亿元。个人住房贷款余额913.9亿元，全年累计投放270.3亿元，新增170.8亿元，增速53%，同比多增59.2亿元。

【国际业务】一般性外汇存款余额11.8亿美元。其中企业外汇存款余额11.1亿美元，四大行排名第一位，新增2亿美元，增幅22%；外汇信贷余额29.5亿美元，新增11.4亿美元，增速63%。实现跨境人民币结算量121亿元，增速181%，市场占比33%，高于系统平均水平16个百分点。

【资产质量与风险控制】五级分类不良贷款余额10.7亿元，不良率0.35%，分别较年初减少7.09亿元和0.31个百分点。

【其他业务】

小企业业务总行口径小企业信贷余额179.3亿元，新增42亿元，其中小企业非贴现贷款余额158.7亿元，新增44.8亿元，总行计划完成率128%，增速39.4%，非贴现贷款新增列系统第八位。小企业授信客户数2 794户，较年初增长957户，总行计划完成率256%，增速52%，授信客户新增居系统第三位。

电子银行业务手机银行、个人网银和企业网银活跃客户净增数分别为58万户、64.7万户和

2013 年 12 月 9 日，建设银行四川省分行与四川大学签署深化战略合作协议。

2.08 万户，单位和个人短信银行客户新增分别超过 3 万户和 126 万户。电子银行成为交易和销售第一大渠道，电子银行账务性交易量比 47%，电子渠道理财产品销售占比近 60%，销售额 1 285 亿元。全年实现电子银行业务总收入 2.8 亿元，增幅 22%。

信用卡业务　信用卡客户净增 38.9 万户，累计客户数 202.9 万户，信用卡卡量净增 62.6 万张，累计卡量 248.5 万张；信用卡消费交易额 539.8 亿元，累计活动账户数 148.4 万户，账户活动率 58.98%；实现分期交易额 63.7 亿元，同比增长 43%。

投资银行业务发行各类投资银行产品超过 550 亿元；债券承销量 83.7 亿元，较上年增长 44.2 亿元，增幅 112%；理财产品基础资产入池量 152 亿元，系统内排名第四位，较去年增加 125 亿元，增幅 470%。

二、主要工作措施及成效

（一）持续巩固客户基础

坚持“提质”“扩面”相结合，从重点系统、价值客户、关键时段、潜力区域入手，大力巩固和拓展客户基础，推动存款持续稳定增长。

公司业务方面　一是扩大客户接触面，单位结算账户总量突破 13 万户，基本户占比 65.5%，提升了 6 个百分点，新增首次居四大行首位。二是加强重点客户营销，围绕省内 7 大优势产业、120 个重点项目开展营销，成立 6 个业务督导组，逐一落实主攻责任行，与五粮液、四川移动等重点客户及 8 个市州签订了战略合作协议，856 户工业行业龙头客户近半数落户省分行。三是做实做大机构业务，深化与高校、医院、烟草等行业的合作，成功营销成都体院、武警指挥学院等高校基本户，银医卡储备项目突破 20 个，系统内率先实现烟草跨行支付“四网合一”；推出无纸化支付、自助收缴、系统直连等新功能，升级财政、社保综合服务能力，全额承接了 204 亿元中央养老补助资金，机构存款新增 197 亿元，居系统第一位、同业第二位。四是把握沿海产业转移机遇，新拓展了台湾仁宝、韩国现代等一批基本或关键外汇账户，有效企业外汇客户突破 750 户。

个人业务方面　一是提前启动旺季营销，二线支援一线，重点拓展拆迁补偿、务工返乡等领域，第一季度储蓄存款新增 319 亿元，居系统第三位。二是批量拓展客户群体，积极争取优质企事业单位社保 IC 卡发卡资格，全年实现社保 IC 卡发卡 41 万张，同比增长 400%，占全省金融机构总发卡量的 15.5%；强化条线产品联动，代发金额突破 1 000 亿元，同比提升 38%。三是充分挖掘县域发展潜力，帮助明确发展目标，细化经营管理措施，20 个重点帮扶县支行网均储蓄存款新增高出市州行平均水平 8.7%。四是大力拓展家具、五金、药材等专业市场，结算通卡发放 7.5 万张，同比提升了 165%，带来资金沉淀 13.5 亿元。五是提升中高端客户价值贡献，搭建从省分行、二级分支行到私人银行专营机构的多层面营销体系，重点拓展限售股解禁、上市公司高层等优质客户，AUM20 万元以上中高端客户对存款新增的贡献占比达到 75%。

（二）加快业务结构调整

加快推进以信贷结构、收入结构优化调整为核心的业务转型，努力打造新的竞争优势，零售贷款余额、新增占比分别达 37.5% 和 60%，同比提升了 3.3 个和 7.7 个百分点，中间业务收入在系统、同业中的占比分别提升了 0.03 个和 0.18 个百分点。

深化信贷结构调整。统筹区域、行业、客户和产品，以信贷资源的优化配置为抓手，积极拓展新的市场领域。条线上，重点支持小企业、个人助业、信用卡分期等高收益零售贷款，小企业户均贷款余额较年初下降 22%，投放个人助业贷款近 20 亿元，新增居系统首位，信用卡业务对全行中间业务收入贡献近1/5。行业上，稳步发展采矿、机械制造、商业服务等重点潜力行业，重点潜力行业贷款新增占比达15.6%，提升了12.2个百分点。区域上，适度倾斜贷款资源，市州行贷款新增占比提升7.6个百分点。着力提升差别化定价能力，大中型、小企业、个人助业贷款加权浮动比例分别达到6.4%、22.6%、32.4%，个人住房贷款加权浮动比例居同业第一位、系统第二位。

深化收入结构调整。注重推动基础类、资产类、创新类产品全面发展，提高中间业务发展质量和可持续性。巩固基础产品市场份额，满足客户多元化理财需求，代销基金、代理保险收入四大行占比57.7%、36.8%，均居同业首位，贵金属业务收入增幅达40.3%。强化全面金融服务，提高信贷综合收益水平，国际结算、造价咨询、银团贷款等5项产品收入过亿元，实现对公中间业务收入18.3亿元。加快培育战略性、创新类产品增长点，发挥集团内部协同效应，有效利用境外低成本资金，开立融资性保函24亿元，增幅实现翻番，带动跨境人民币结算首次突破100亿元，投资银行收入同业排名大幅提升。

（三）经营服务能力逐步提升

加快推进渠道布局和功能整合，优化业务处理流程，释放前台劳动资源，提升集约化经营水平。

增强渠道竞争能力。全年18个新设网点和151个改造网点对外营业，大面积铺设离行式自助银行，离行式自助设备净新增占比达68%，自助设备总量突破3 000台，较年初净新增737台，居系统第四位。丰富电子银行功能应用，新增了3项“悦生活”民生缴费项目，善融商务交易额居系统第六位，沉淀支付宝等第三方机构资金近30亿元。运用电话支付等新工具，走出网点开展场外营销，扩大农村客户覆盖面，全年新增逾3 000台电话终端，交易额突破15亿元，资金沉淀率近30%。

优化业务处理流程。系统内首创与95533联合开展“电子对账单集中催收”，电子对账覆盖率达60.7%，大力营销企业结算通、回款通等新型结算产品，一户通归集存款近千亿元，居系统第一位。推广对公自助服务终端，网点覆盖率超过60%，提高了柜面作业效率。利用网上招投标规范高效的优势，推动政府公共资源交易电子化，新增了13户交易平台，沉淀资金超90亿元。顺利完成总行新一代核心系统员工、渠道项目上线，“柜外清”“海报屏”在网点全面应用，客户体验得以改善。稳步推进网点“三综合”建设，111个单功能网点和238个单功能柜台完成转型，56个综合营销团队试点工作成效初显。

（四）风险内控管理不断强化

始终保持对风险、案件高压态势，为平稳经营筑起坚实屏障，不良贷款额、率连续多年实现“双降”，实现无案件、无重大违法违规事件、无重大责任事故目标。

努力夯实风险管理。有序推进授信业务流程优化，新设立二级部门授信部，调整部门部分职能，梳理授信制度流程，做到了报告路线清晰、职能衔接顺畅、岗位职责分离。强化前瞻性风险管理，产能过剩行业贷款较年初减少2.85亿元，到期的90亿元政府融资平台贷款顺利回收，薄弱领域风险得到了有效控制。重点关注受宏观经济下行影响大的行业和客户，加大天然气化工、煤炭及煤贸、钢贸等领域风险客户退出力度，盘活、处置“30大”重点关注贷款22.8亿元、“10大”不良贷款7.6亿元。加强操作风险管控力度，对近年操作风险考评持续下滑、排名靠后的“8+1”支行进行重点帮扶，共同解决薄弱环节，提高整体发展水平。

加大案防工作力度。按照总行“零容忍”“三个不放过”要求，扎实组织专项治理和风险大排查“百日行动”，通过“飞行”“顶岗”检查与现代机控有机结合，及时识别化解风险隐患，在公安、银监部门安全评估中排名全省第一位。高度重视审计检查发现问题整改，内审追踪整改率99%，外部监管发现问题整改率100%，2013年度内部控制评价等级被总行评为一类行，反洗钱工作被人民银行评估为A级。加强轻微违规积分管理，严格落实问责制度，对各类违规问题进行了严肃处理。

（五）积极应对芦山地震灾害

“4·20”芦山地震发生后，在总行指导下，省分行迅速反应，第一时间启动应急预案，收集员工、机构受灾信息，网点、自助设备运营情况，制定了系列应对措施。一是提供应急金融服务。雅安辖内客户在省分行网点办理异地存取款交易、汇款交易、挂失及补办等业务，以及使用省分行自助设备办理省分行账户取款，免收手续费。主动与军队、武警、医院等单位取得联系，收集客户应急资金需求，调高小额系统支付上限，紧急调拨资金头寸，全力保障汇路畅通，为成都军区兵站部汽车二十团、武警水电三总队、华西医院等6个单位办理480万元应急支付。二是开辟信贷绿色通道，根据灾区道路抢修方案和救灾医疗需要，及时对灾区国省干道抢修扩建工作和医疗物资采购提供6.03亿元信贷资金支持。三是出台财务支持政策，及时下拨专项费用补助200万元，用于雅安分行等受灾机构购买抗震救灾所需食品、药品、帐篷、饮用水等生活物资，以及紧急维修、加固修缮等支出。四是加强舆论宣传和公益信息发布，通过报刊、电台、网络、网点等多渠道，向客户及时发布省分行抗震救灾工作措施，公布救灾捐款账户信息，对向灾区捐款、汇款的客户，优先办理，免收手续费。五是开展抗震救灾慰问活动，走访慰问华西医院、省交通厅、省财政厅、雅安市人民医院、8740部队等百余家单位，了解跟进客户需求，做好对灾后重建工作的服务保障。

（六）党的群众路线教育实践活动初见成效

认真贯彻中央“八项规定”和总行党委“十项要求”，主动聚焦“四风”查摆问题，力求党的群众路线教育见到真章、落到实处。

一是广泛征求意见。省分行班子成员到35个联系点开展了调研，并通过座谈访谈、问卷调查、发文征求、客户接待日、设置意见箱等多种形式，征求到284条意见建议，省分行党委多次集中研究讨论，落实领导班子和牵头部门责任。二是深入查摆问题。民主生活会前班子成员相互交心谈心，并联系个人思想、工作实际，认真撰写对照检查材料。会上，班子成员严肃认真、实事求是地开展批评与自我批评，既从工作中找差距，又从思想上找原因，既从分管业务中找问题，又积极分担了班子问题责任。三是抓好整改落实。针对群众反映最强烈的29条突出问题，明确了整改原则、整改内容和整改要求，实行一把手负责制，并在一定范围内进行公示，确保整改方案具体化、可操控，既立足于解决当前存在问题，以重点突破推动作风整体好转，也注重发挥制度刚性作用，以建章立制形成推进作风改进的长效机制。四是从简化调研接待、精简文件会议、规范用车用房做起，作风转变有了实实在在的成效，上年招待费、会议费等高弹费用同比分别下降了17%、45%。

（七）班子队伍和企业文化建设取得新进展

坚持以身作则、以人为本，深入推进班子队伍和企业文化建设，打造全行核心竞争力，形成推动业务发展的内生动能。

加强班子队伍建设。按照民主集中制原则，集体决定“三重一大”事项，主动沟通条线间工作。以市场为坐标、以实绩为准绳，正确评价和使用干部。拓宽选人用人渠道，加大竞争性选拔力度。向一线倾斜人力资源，新招录大学生全部充实到一线，从基层干起、从基础学起，前台人员占比77.8%。根据“三综合”要求，适当提高柜面人员补贴标准，提高基层队伍稳定性。

营造健康向上企业文化。开展“知行合一、实干兴行”等活动，为业务发展转型创造良好氛围。完善创先争优长效机制，举办各形式岗位练兵、文明创建和劳动竞赛，不断激发员工工作热情。针对在岗员工、协解人员和离退休干部，开展帮扶慰问164人次。

执笔：谭相永

重庆市分行

重庆市分行行长 李果

一、业务发展概况

2013 年，面对异常复杂的形势，全行认真贯彻总行战略部署，深入开展党的群众路线教育实践活动，以转变发展方式为主线，持续夯实发展基础，持续推进业务转型，持续优化经营机制，各项业务实现了平稳、健康发展。一般性存款余额时点余额 2 149 亿元，四大行占比 26.7%；日均新增 277 亿元，时点新增 244 亿元，居四大行第二位，四大行占比 29.39%，较上年提升 6.04 个百分点。各项贷款余额 2012 亿元，新增 238 亿元，控制在总行下达控制计划内。实现税前利润 58.2 亿元，同比增加 9.6 亿元；实现经济增加值 29.53 亿元，同比增加 5.58 亿元。年末不良贷款余额 3.41 亿元，减少 2.5 亿元；不良贷款率 0.17%，下降 0.17 个百分点。

【公司业务】企业存款余额 1 150 亿元，四大行占比 29.6%，较年初提升 0.53 个百分点；新增 116 亿元，四大行占比 33.95%，较上年提升 7 个百分点。公司类人民币贷款余额 1 292 亿元，较年初新增 115 亿元，增幅 9.77%。公司机构有效客户新增 4 030 户，增速 14%。

【个人金融业务】个人存款余额 999 亿元，四大行余额占比 23.8%，较年初提升 0.36 个百分点；比年初新增 128 亿元，四大行新增占比 26.19%，较上年提升 4.91 个百分点，完成总行年度新增计划的 116%。零售类贷款余额 833 亿元，占贷款总额的 44%，较年初提升 1 个百分点。其中小企业贷款增长满足“两个不低于”监管标准；信用卡专项分期新增 7 亿元。

【中间业务】实现中间业务净收入 22.20 亿元，同比增长 2.52 亿元，同比增速 12.80%，四大行位次保持第二位，四大行占比 29.84%。

【国际业务】外汇企业存款余额 6.61 亿美元，增幅 12.41%；外汇贷款余额 21.08 亿美元，增幅 24.22%；全年中间业务收入 2.11 亿元，同比增速 24.12%，其中外汇资金类增幅 66%；跨境人民币结算量达 115 亿元，同比增长 3.5 亿元，增幅达 3%，跨境人民币结算市场占比 34%，系统内排名第六位；国际业务实现保本理财产品余额 110.5 亿元，比年初增长 108.1%，非保本理财产品余额 120.5 亿元，比年初增长 221.33%。

【战略性业务】分行信用卡客户 76 万户较年初新增 17 万户。收单商户 8 097 户较年初新增 795 户。信用卡消费交易额 258 亿元，同比增长 99 亿元。全行私人银行客户 429 户较年初新增 147 户。养老金客户 192 户较年初新增 64 户。小企业客户 1 867 户较年初新增 324 户。金融社保 IC 卡 410 万张，今年发卡 273 万张。公积金龙卡 72 万张，今年发卡 43 万张。

【资产质量】不良资产额、率持续双降，其中不良贷款余额 3.41 亿元，减少 2.5 亿元；不良贷款率 0.17%，下降 0.17 个百分点。计提贷款损失准备 4.81 亿元，拨备覆盖率 1 130%。

二、主要工作举措

按照年初工作部署，分行主要采取了以下措施：

【脚踏实地，不断推动转型发展】一是贯彻落实“三大一高”客户战略，夯实发展基础。加强直接经营，组建由分行领导牵头的直接营销服务团队，行领导审定营销方案并直接参与营销。成功营销中石化BDO项目、华能两江、京东方等重大招商引资项目，落户基本户15个、一般户5个，到位资金22亿元；与市地勘局、海关、中科院重庆绿色研究院、第三军医大学、重庆医科大学的合作进一步深入。二是公私联动和一体化经营入手提高存量客户贡献。通过公私联动，实现97个项目拆迁客户资金代发23.4亿元，新增544个单位代发，持续性代发资金331亿元；加强信用卡与公司、机构、房金业务的联动，新增商户795户，列系统内第六位，完成率列系统内第一位，跨行收单交易额四大行占比提升4.6个百分点，超过农业银行和中国银行，列第二位。三是系统抓和网点抓相结合批量拓展客户群体。系统抓财政账户，新拓展经开区财务局代管资金户等财政重点账户31户、零余额账户144户，中标5个区县财政代发和财政授权支付项目；开立11个区县移民局三峡后续资金专户，市场占比78.6%。系统抓商贸客户，依托工商部门，营销客户1 300余户工商企业客户；坚持发挥网点主渠道作用。建立网点任务型团队，落实名单制营销管理，激活零小余额客户超过12万人，带来资产约9.4亿元，激活比例达到8.5%，位列系统第5位；在网点开展“1点1日3张”“3310”等达标竞赛活动，努力拓展信用卡、网上银行和手机银行客户。

【加强产品创新，调整业务结构】一是加快战略业务发展。国际业务方面，与境外分行合作数量增加到9家，联动业务25.5亿美元；创新“财贷盈”“出口应收账款风险参与”产品，分别办理39.78亿美元、6.6亿美元。投资银行方面，以推动信贷资产入池、债券承销、股权理财、同业类产品为重点，通过各类投资银行产品融资141.55亿元。电子银行方面，新增13 728个重点账户的电子对账、551亿元理财产品的网上销售、101台汽车的线上销售、29笔2 040万元善融商务平台贷款投放。信用卡方面，信用卡净增发卡21.1万张，增速四大行第一，投放分期信贷21.6亿元，增长132%。二是加强产品的创新和应用。加强重点产品的发展，牵头组建9笔254亿元银团贷款，列四大行首位；非隐蔽保理对流贷替代率达到11%，保理收入四大行首位；新承接各类项目达213个，实现审价业务收入3.25亿元；成立产品统筹与创新委员会，加强产品创新，完成总行产品创新计划9项，完成分行产品创新项目21项。提高网点产品销售能力，编订《产品营销指引》至全辖网点。三是加大信贷结构调整力度。优先向小企业和个人贷款倾斜，零售类贷款新增占比64%，比上年提升12百分点；利用回收的信贷资源加大对轨道、铁路、机场、电力等基础设施领域以及新型工业化等实体经济的投入，调整房地产和融资平台贷款结构，房地产新增贷款的97%用于保障房项目，融资平台贷款中市级占比提高2个百分点。

【完善体制机制，激发内部潜力和发展潜能】一是稳步推进风险管理体制改革，31名风险主管及委派风险经理全部调整到位；适应授信流程调整优化要求，调整了风险管理部、授信审批部、内控合规部、信贷管理部、资产保全部等部门的职责和人员，细化制定了综合授信等6项实施细则，新的授信流程顺利实施。二是系统推动“三综合”建设。实现了57个单一对私网点开办对公业务，166个单一对公柜台办理对私业务，149个理财中心实现了综合复用，组建了352个综合营销队伍，3项进度均超过50%。三是完善资源配置、绩效考核、业务指导工作机制。将财务、人力资源向基层和经营条线倾斜，支行的人均工资增幅比分行本部高10个百分点，业务管理费增量费用全部配置给基层行。完善对基层机构的差异化指导机制。公司条线建立部门负责人和客户经理联系支行制度，个人条线下发客户清单进行精细化指导，计财条线按季发布业务诊断书，审批条线实行对口联系制度。

【强化管理，不断夯实管理基础】一是强化资产质量管控工作。持续加强对政府平台、房地产、光伏等重点领域的风险排查，建立大额授信客户风险评估、责任收贷、重大信用风险项目风险化解等工作机制。强化对同一客户涉及的信贷、理财业务、关联业务信用风险的统一管理，完善贷款支用管理要求，制定银行承兑汇票操作手册，强化放款审查，提高信贷基础管理水平。二是加强内控合规管理。细化制定市分行内部控制体系建设三年规划和内部控制基本规定实施细则，明确25个主要业务流程控制活动内部控制要点，加强内控合规体系建设。组建内控评价工作组和专家团队，完成全辖34个分支行的内控评价和269个经营网点的自评工作。梳理下发现行相关制度涉及的员工禁止性规定，组织开展善融贷等9项业务的操作风险自评估，修订《业务连续性管理实施细则》，加强整改，考核年度整改率达到99.56%。三是切实做好案件防控工作。将《案件防控及反腐倡廉责任状》从市分行行领导层层签订至全辖每一位员工，落实责任。扎实开展“抓基层、强管理、防案件”专项治理活动和案件风险大排查“百日行动”，组织业务检查186次。强化远程监控作用，对“点、库、楼、房、区”等部位开展1 384次全面检查和53次突击检查，整改风险隐患631起，成功堵截各类诈骗事件118起，堵截资金441万元。

【扎扎实实开展好党的群众路线教育实践活动】按照“照镜子、正衣冠、洗洗澡、治治病”的总要求，分行领导班子安排了11个半天集中学习；召开32场次座谈会，到23个支行、18家客户、5家监管机构征求意见，与各层级员工个别谈话79人次，征集意见建议144条；安排了6次“四风”问题集中查摆会，认真组织召开专题民主生活会，查找出市分行领导班子和班子成员“四风”问题115个；对征集到意见建议和查摆出来的问题逐一制定了整改方案，并制定了8项专项整治方案和十多项建章立制计划，明确了整改目标、时限和责任人。全年，会议同比减少21%，参会人数下降30%，会议时间压缩37%；招待费、会议费、差旅费分别下降22%、55%、54%；分行本级机关行发文下降26%，辖属行跨行签报下降32%，基层机构报表下降25%。

执笔：周礼君

贵州省分行

贵州省分行行长　吴民豪

2013年，贵州省分行认真贯彻落实总行党委战略部署，按照年初确定的工作思路，坚持“综合性、多功能、集约化”战略定位不动摇，坚持“三大一高”系统抓客户不懈怠，坚持“增效益、提份额、重质量、调结构、推综合”经营管理要求不放松，坚持“提升能力，促进发展”不停顿，牢牢把握机遇，转变发展方式，服务实体经济，持续推进“五个抓好”，重点落实“五个突出”，全力实现“五个确保”（抓好存款贷款，突出项目落实，确保早见成效；抓好客户账户，突出“三大一高”，确保增长质量；抓好产品销售，突出综合经营，确保推动有力；抓好中间业务，突出战略转型，确保份额提升；抓好内控案防，突出日常管理，确保安全营运），保持了稳健发展态势，市场竞争力进一步增强。王洪章董事长的充分肯定了分行经营管理工作“在西部地区艰难的经济环境下取得如此骄人的成绩，实属不易。这得益于分行党委和领导班子作出的积极努力，同时也是分行5 400多名干部员工勇于拼搏、勇于奉献的结果。”2013年，分行等级行排名第二十一位，连续两年进入二类行行列；KPI考核排名第十三位；不良资产额和不良资产率实现“双降”；连续两年在总行内部控制管理工作评价中获评一类行。

一、业务发展概况

【负债业务】截至2013年末，分行一般性存款余额1 757.76亿元，新增174.87亿元，增幅11.05%，新增四大行排名第二位，总行考核口径一般性存款余额四大行占比31.93%，同比提升0.08个百分点。其中企业存款新增77.74亿元，增幅8.01%；个人存款新增97.13亿元，增幅15.86%，增幅排名系统第五位。贵阳中心城市行一般性、企业存款余额占比均为四大行首位，在全国100个中心城市行综合考核排名第十六位。

【资产业务】各项贷款年末余额1 199.96亿元，新增170.24亿元，增幅16.53%，新增四大行排名第二位。全年实现税前利润36.65亿元，计划完成率111.59%，经营效益显著提升。

2013年1月30日，建设银行贵州省分行与成都铁路局、贵州地区各铁路建设单位召开支持铁路建设座谈会。

【公司业务】全年累计投放对公贷款384.26亿元。其中，向水利、交通、电力等基础设施建设项目投放贷款187.96亿元；向教育、卫生、保障房等领域重大项目投放贷款38.96亿元；向涉农领域投放贷款10.45亿元。审批“5个100工程”项目15个金额47.67亿元，向“贵阳市综合保税区”、“平坝县夏云工业园土地综合整治项目”、“湄潭民建村、宝台村新居安置房”等项目投放38.85亿元。小微企业业务突出助保贷、供应贷和社区金融发展重点，全年搭建批量化营销平台7个，成功与贵州省工商联签订战略合作协议，并成为唯一一家与其直属36家商协会签订合作协议的银行，全年向中小微企业客户投放贷款20.65亿元。通过率先创新试点运用“新农村建设贷款”、“城镇化建设贷款”等金融产品，成功发放全省首笔新农村建设贷款和首笔城镇化建设贷款

【个人金融业务】个人有效客户增加227 902户，私人银行客户增加96户，增幅分别排名系统第六位和第十八位。全年新增借记卡146.4万张，取得贵州省首家推广居民健康卡合作银行资格。新增信用卡12.28万张，累计发卡量突破50万张，年消费交易额突破100亿元。

【住房金融业务】个人贷款全年新增51.80亿元，增幅26.16%。创新公积金补息贷款产品、扩大铁路公积金贷款覆盖面，全年实现住房资金归集新增59.55亿元，公积金个人住房贷款新增41.12亿元，市场份额持续稳居同业首位。

【中间业务】实现中间业务净收入14.15亿元，四大行排名第二位，占比提升0.02个百分点；计划完成率110.32%，系统排名第六位；同比增速21.98%，高于系统平均水平8.77个百分点，排名系统第四位。全年累计销售产品366.5亿元，其中理财产品、保险、实物金、账户金、基金、国债、短信等七项产品中间业务收入四大行排名第一位，借记卡及人民币结算收入四大行排名第二位。

【国际业务】创新运用境内母公司向境外子公司放款方案，成功填补省内中资企业境外放款空白；创新办理“汇财盈”、出口应收账款风险参与和远期信用证付息贴现等产品；全年国际业务结算量突破20亿美元。

【资产质量与风险控制】不良贷款额3.33亿元，较年初减少4 927万元；不良贷款率0.28%，较年初下降0.09个百分点；不良资产额和不良资产率均严格控制在总行管控计划内。处置各类不良资产2.84亿元，计划完成率112.54%；存量对公客户评级和押品价值重估覆盖率均达到100%。

【机构业务】重点抓好省市县级财政业务，特别是拓展县域财政业务。全年通过零余额账户支付的财政资金总量达到791亿元，下游承接的资金总量达到286亿元，较上年同期增加20亿元，财政资金下游承接率36.15%。全年新增零余额账户270户、民生领域账户17户、开立市县级社保账户13户，新增金融社保IC卡22万张。

【投资银行业务】实现债券主承销业务突破，

2013 年 2 月 18 日，建设银行贵州省分行与省住房和城乡建设厅签订政银合作备忘录。

全年通过债务性融资工具、总行资产入池、信托租赁等途径为客户融资 143 亿元。养老金签约客户数新增 38 户，计划完成率 126.67%；个人账户数新增 42 543 户，计划完成率 202.59%，贵州广电和贵州烟草企业年金项目获总行优秀团队表彰。

二、主要工作措施

【深入开展党的群众路线教育实践活动】一是坚持把学习教育贯穿始终，真正让党员领导干部触及灵魂，防止“放空炮”。二是坚持收集意见“从群众中来”，广泛听取员工群众意见建议，做到“全而实”。三是坚持整改措施“到群众中去”，为员工群众解决问题办实事，杜绝“空对空”。四是坚持将“全面完成全年各项工作目标”作为检验教育实践活动开展成效的重要标准。活动开展以来，全行通过各种方式征求意见 1 127 条，经归纳整理形成意见建议 927 条，已整改 781 条，整改率达 84.14%；建立完善规章制度 181 个，会议数同比减少 24.20%，发文数同比减少 9.98%；差旅费同比下降 25.95%、会议费同比下降 32.45%、招待费同比下降 16.97%，达到总行管控要求，较好地实现了“两手抓、两不误、两促进”的目标。

【优化激励考核机制】分行根据总行业务发展重点和战略导向，调整 KPI 考核和等级行评定指标设置和分值权重，建立“三重激励”考核体系，重点支持存款、中间业务、客户账户、电子渠道等业务发展，并首次将国际业务纳入省分行等级行评定指标。同时，制定了专业化经营部门（中心）绩效分配办法，建立了省分行本部差异化绩效工资分配体系，确保薪酬分配向一线员工和价值贡献度大的机构岗位倾斜。

【坚持“三大一高”客户账户战略不动摇】一是抓好“大行业”客户营销。完善对交通、水利、烟草、能源等“大行业”客户管理，强化链式营销和联动营销，成功批量营销重点铁路、高速公路建设项目上下游企业账户，成功营销全省最大工业项目中石化长城能源化工结算账户，实现烟草系统网上支付平台营销突破。二是巩固财政、社保、军警等“大系统”客户优势，加大“三农”、保障性住房、现代高效农业、战略性新兴产业等领域财政资金专户拓展力度。“八一工程”深入推进，率先在全国系统内为武警总队所属单位建立金融服务站，成功拓展成都空军驻黔部队保障房建设专户、空军新舟机场建设项目专户。公司机构有效客户增长 4 833 户，增幅排名系统第三位；单位人民币结算账户增长 12 261 户，增幅四大行第二，账户总量四大行排名提升 1 位居第二位。三是以“推进助保贷、供应贷和社区金融”为抓手，积极拓展中小微客户。全年小企业信贷客户新增 178 户，计划完成率 111%。全年搭建“助保贷”、“供应贷”平台 7 个，成功与贵州省工商联签订战略合作协议，并成为唯一一家与其直属 36 家商协会签订合作协议的银行。四是提升高端客户服务能力。细化高端客户名单制管理，完善私人银行客户非金融服务。

【深化信贷风险管控】一是推行区域风险监测评估机制，建立重点行业和重点客户风险监测台账，加强资产质量预警和重大信贷风险事项监测，充分运用贷后管理系统和工具，开展好信贷检查、风险排查和重大信贷风险事项监控，加强个贷按揭楼盘准入管理，及时采取有效措施防范和化解重大信贷风险。二是加大对我省产能过剩行业的信贷退出力度，有效控制政府融资平台贷款新增，加快优化盘活信贷存量。产能过剩行业贷款余额较年初减少 5.43 亿元；政府融资平台贷款余额较年初减少 1.08 亿元；分行已退出对公信贷客户 11 户金额 2.33 亿元，计划完成率 106.96%，钢铁、电解铝、汽车、纺织、铁合金、电石六个行业的非支持类信贷客户已完全退出。

【增强渠道管理能力】一是加快实施“三综合”建设，全年完成 42 个网点转型，综合型网点达 180 个，占全部营业机构的 82.19%；组建 167 个综合营销团队，占综合型网点的 92.78%，均完成总行下达的目标任务。二是电子银行业务账务性交易量占比达到 40.53%，系统排名第十八位，提升 9 位；善融商务入驻商户 81 户。三是自助设备达到 1 195 台，净新增设备 260 台；台均收入 9.03 万元，系统排名第一位；自助设备账务性交易量同比增幅排名系统第二位；自助设备业务综合考评系统排名第三位。

【强化内控案防和合规文化】分行坚持从严治行、坚持“三个不放过”、坚持对案件和重大事故“零容忍”的工作要求，守住“三个底线”，构建“七个层次”案防体系（各级“一把手”要对案防工作负总责；各部门、各条线在内控案防上要分兵把守，各负其责；“两管一员”要尽忠职守，专业专注，发挥专门职能作用；执纪部门要严格执纪，严厉问责；引导教育全体员工要认清形势，自律自爱；重点风险重点防范；探索建立量化评价机制，做到提前预警），持续抓好案防长效机制建设。一是强化案件专项治理。从 29 个方面提出 64 项治理措施进一步强化案件专项治理，并在总行明确的 4 个专项治理重点领域基础上，增加“员工参与博彩及大额购买彩票”风险防控重点。二是注重培育合规文化。积极倡导“内控促发展，合规创价值”理念，加快推进内控建设三年规划，认真梳理和分析近年来内外部审计检查发现问题及内控评价缺陷，明确 19 个业务流程、143 个现场评价点作为全年内控重点，细化评价点规范性操作标准，“内部控制评价”和“屡查屡犯治理”双管齐下，分行审计发现问题整改率达到 99.66%。三是抓好“平安建设银行”创建，在省公安厅和贵州银监局 2012—2013 年度安全评估工作中取得较好成绩，综合评分省内同业排名第一位。

【加强队伍建设】加强干部选拔任用。坚持德才兼备、以德为先，注重实绩、群众公认的选人用人原则，全年培养提拔六职、七职等人员 42 人。加强“三综合”综合柜员培训，组织开展营运主管、网点负责人轮训，开展面向一线员工的业务知识培训和操作训练。全年举办各类培训 560 期，培训人员 22 973 人次。

执笔：李可佳

云南省分行

云南省分行行长　潘念宁
（2013 年 1 月免）

云南省分行行长　高升亮
（2013 年 1 月任）

2013年面对复杂多变的经济金融形势，云南省分行认真贯彻总行决策部署，深入开展党的群众路线教育实践活动，加快业务发展，推进经营转型，整体经营情况良好，发展能力、综合效益和队伍士气有效提升，主要指标保持领先：一般性存款新增四大行第一、对公存款余额和新增四大行第一，个人贷款余额和新增四大行第一。

一、业务发展概况

【负债业务】一般性存款余额2 606.5亿元，较年初新增313.6亿元，增长13.7%。其中对公存款余额1 573.0亿元，新增176.4亿元，增长12.6%；个人存款余额1 033.6亿元，新增137.2亿元，增长15.3%。一般性存款新增四大行第一，全国建设银行第14位。

【资产业务】各项贷款余额1 645.7亿元，较年初新增187.2亿元，增长12.8%。其中公司类贷款余额1 099.9亿元，新增76.9亿元，增长7.5%；个人贷款余额545.8亿元，新增110.3亿元，增长25.3%。各项贷款新增四大行第三，全国建设银行第18位。

【中间业务】实现中间业务收入18亿元，同比增长15.0%。四大行第二，全国建设银行第23位。

【资产质量】不良率0.47%保持较低水平，控制在总行计划内。拨备覆盖率490%，拨贷比2.45%，抵御风险能力保持较高水平。

【经营效益】实现税前利润52.58亿元，同比增加4.6亿元，增幅9.6%，圆满完成总行下达计划；成本收入比37.96%，同比下降0.24个百分点；存贷利差4.86%，保持较好水平。

二、主要工作措施

【突出重点，提升市场竞争能力】一是狠抓负债业务，存款新增四大行第一。加大存款拓展力度，加强差异化主动负债管理，着力提高存款议价能力。对公条线以核心客户、集团客户、重点客户为重点实施“一对一”营销服务，强化机构存款优势，加大存款拉动型产品组合运用，对公存款新增和余额连续四年保持同业第一，市场份额持续提升。个人条线做实网点基础性营销，积极拓展代发工资等源头客户和专业市场等批量客户，不断强化结算通、电话POS存款沉淀作用，发挥理财产品吸存稳存功能，个人存款新增四大行第二，公积金归集四大行占比超过50%。二是规范发展中间业务，收入结构进一步改善。在遵守服务收费有关规定的基础上坚持收入结构调整，通过“挖潜增收”、案例推广等活动不断培育市场需求。在抓好支付结算、借记卡等传统业务的同时，大力拓展投资银行、保险、租赁、基金等综合化业务，金融市场、投资理财、托管、养老金管理等新兴业务，保持中间业务良好发展势头。网点单产水平及产品渗透率持续提高，理财产品、国内保理、房改金融、贵金属买卖、银团贷款、代销基金、债券承销、CTS、国债9项产品收入四大行第一。

2013年3月6日，建设银行云南省分行与云南省卫生厅签署《云南省银医信息化项目合作框架协议》，成为全省首家居民健康卡合作银行。

【调整结构，提升信贷经营能力】一是抓重大项目营销储备，巩固基础设施领域领先地位。结合云南经济特点制定电力、物流、公路等8个行业营销指引，加大基础设施、重大项目等传统优势领域营销力度，跟进经济社会发展、产业兼并整合等重大项目做实储备，加大文化、教育、卫生等民生领域客户及辖内优质客户营销力度，探索支持城镇化发展、新农村建设金融综合服务工作。新增贷款主要投向优质客户和重点行业，十大贷款客户投放占比下降13.23%，中型客户投放占比提升14.14%。为中国移动、云南电网公司等30家重点集团客户制定了综合金融服务方案，通过总行资金池、信托、租赁等多渠道满足客户资金需求，综合融资项目储备超过700亿元，新增资产入池总量为上年5.1倍。二是信贷资源向个人客户和小企业倾斜，加大专业市场拓展力度。围绕“一圈一链一平台”开展进园区、进市场、进商会协会、进政府营销活动并搭建批量化平台42个，深化与省科技厅、省工信委等政府部门合作，在昆明、红河、临沧、楚雄、保山等地区搭建“助保贷”平台10个。依托电话POS、“新商盟”平台有效突破烟草等专业市场，针对结算通卡存量客户反向营销签约电话支付，全年结算通、电话支付超额完成计划，累计及新增发卡等指标居系统前列。抓好楼盘营销和客户储备，组织开展“建设银行‘家’年华，青春梦想季”、“见证成长、贷动未来”系列营销活动，加强与优质大中型开发企业合作，积极支持县支行住房贷款业务，稳健发展消费经营类贷款，个人贷款突破500亿元，住房贷款余额和新增四大行第一。

【夯实基础，提升业务发展能力】一是千方百计扩大客户基础。对公客户围绕大行业、大系统重点客户开展“链条式”和“批量化”营销，成功开立省属监督、工商、地税条线160个县级预算单位零余额账户，取得包括省级、16个州市级、69个县区财政支付业务代理资格，抓住与省工商联、南亚东南亚联合会、滇中产业新区等签订战略合作协议积极渗透民生领域、产业、商圈、非公经济等，搭建中型、小型客户营销对接平台，100强民企中48家落户省分行，对公有效客户新增计划完成率162.9%，账户新增占比39.3%四大行第一。个人客户在持续开展常态化营销基础上强化精准营销和顾问式营销，以客户全量资金新增为核心，以有针对性、竞争力的产品和服务为抓手，外拓源头、内促升级，做好客户的分层维护和分类经营，个人金融总量0.2万元以上有效客户新增完成计划的210.5%，VIP客户新增1.9万人。二是统筹布局打牢渠道基础。制定《渠道建设三年规划方案》，从资源禀赋统筹考虑渠道布局和分类管理问题。优化网点布局，在昆明建成开业首家贵金属中心，持续提升专业化服务水平和能力，开展低效网点整改工作，全年新增营业网点4个，实施网点装修项目31个，14个网点通过总行五星级网点验收。认真做好离行式自助银行布放工作，自助设备账务性交易量比73.94%，较年初提升5.07%，台均收入全国第4位。加大自助填单机、自助保管箱投入力度，网点自助化水平明显提升。围绕增客户规模，促渠道应用，提账务性交易量比加快发展电子银行，立足各大高校和柜面存量缴费客户分别开展“学生惠”、“悦生活”营销，加强条线联动和渠道整合，电子银行账务性交易量比提升值12.57%全国第八位，手机银行、个人网银存量及新增客户同业第一，“善融商务”商户规模为年初5.9倍。

2013年8月9日至14日，首届云南文化产业博览会在昆明召开，建设银行云南省分行积极参与系列活动并借助“文化悦民”金融服务方案重点宣传相关业务和产品。图为建设银行云南省分行与云南省文产办及省金融办签署《推进云南文化产业产发展合作备忘录》现场。

【强化风控，提升安全营运能力】一是强化信贷风险管理。加强对关键领域、重点产品、核心流程、重要岗位风险识别，健全重点关注跟进客户风险监控及评估分析工作机制，利用稽核、条线检查、内部审计等手段加强关键风险点监控力度。将经济资本占用比例、逾期贷款、垫款等风险指标纳入KPI及管理业绩考核，全年信用风险经济资本增量比计划节约1.11亿元。对风险集中度高的行业和客户执行减额授信，全年信贷退出4.69亿元，“6+1”行业和融资平台的信贷和贷款余额均控制在年初水平下。加强资产保全工作，分行业、区域、产品确定处置重点，累计处置不良资产42 479万元，完成计划的125%。二是提升内控和案防执行力。建立健全“横到边、纵到底”内控管理架构，始终保持对案件及严重违规违纪事件“零容忍”高压态势。加强重点岗位员工异常行为排查工作，以防控员工参与民间融资、违规办理信贷业务、柜面操作风险、商业贿赂等为重点持续推进案件专项治理，组织开展“抓基层、强管理、防案件”，“三讲、三学、三评、三查、三治”等活动推进合规文化建设，营造依法合规良好氛围。全行内部控制评价结果位次上移，内外部审计检查发现问题明显下降，成功堵截10亿元委托贷款诈骗重大风险事件，连续五年未发生案件和重大违规违纪事件。

【优化体制，提升价值创造能力】一是强化战略规划部署与推动。以《云南分行五年发展规划》为依托，顺应外部环境的新变化，结合省分行党委对战略问题的新认识加强对影响全行业务发展的重大问题研究，组织制定对公客户发展、渠道建设和电话POS三年10万户工程三个《三年规划》，不断提升市场分析把控能力。同时结合不同区域、行业和客户研究制定“一行一策”信贷政策，开发云南建设银行综合业务管理系统，开展零售资产进网点等工作，不断强化业务指导的针对性。二是稳步推进管理体制改革。实施昆明地区大营业部制改革，搭建“省分行营业部+7个综合型支行和2个单点支行”组织架构，明确各支行经营界限，完善辐射和综合功能，昆明地区竞争力持续提升。及时跟进总行部署推进对公授信流程调整工作，配套落实人员配置、职责梳理、系统转换等工作，确保改革平稳顺畅。三是利用人力和财务两个资源做实经营部门和网点。积极探索人力与财务两个资源做实网点和经营部门路径，着手拟定相关激励与约束方案，通过引入主动辞职机制落实经营责任和工作推动，通过强化经营业绩导向推动经营效益提升，不断增强人力资源和导向作用和财务资源的指挥棒作用，切实提升部门直接经营能力和网点产出效率。四是加快推进流程优化和产品创新。统筹管理流程优化工作，调整充实省分行本部内设部门，清理规范省分行各种议事协调机构，持续优化前台业务流程，加快推进网点“三综合”建设。完善产品创新机制，围绕特色市场和提升服务加大创新力度，全年提出的14个创新项目有12个得到总行肯定，荣获“2012年度昆明金融创新与发展成果奖”。

【凝心聚力，推进教育实践活动和员工队伍建设】一是开展教育实践活动，工作作风明显改进。组织开展以为民务实清廉为主题的教育实践活动，认真查摆“四风”方面存在的突出问题，围绕文风会风、深入基层调研、机关行政色彩、厉行勤俭节约、严格落实责任等问题进行重点整治，省分行发文数量较上年减少13%，部门平均办文时间缩短近40%，行政性会议数量减少44%；会议费、业务招待费、差旅费支出同比下降39%、20%、22%，内部营销、奢侈浪费等不正之风得到制止，业务指导的有效性和办事效率明显提升。二是强化队伍建设，经营合力进一步提升。加强干部培养和选拔，拓宽选人用人渠道，全年实施包括省分行行级领导在内的76名总经理助理级以上领导人员调整任免工作。以业绩增长助推员工薪酬增长，加紧推进优秀年轻人才加速培养“英才工程”，建立营业网点“八岗位”员工发放一线岗位补贴机制，在迪庆分行执行藏区待遇，从思想、工作、成长、健康、生活五个维度落实关心关爱员工措施。三是做实企业文化工作，社会声誉保持良好。围绕“知行合一，实干兴行”推进企业文化建设，通过“员工故事”、“道德讲堂”与文明创建教育等活动增强企业文化感染力和凝聚力。积极履行社会责任，继续推进“成长计划”、“成才计划”、“英模母亲资助计划”、挂钩扶贫等长期公益项目，实施“母亲健康快车”、“积分圆梦—微公益”、“资助迪庆教改”等资助计划，全年涉及捐助资金超过500万元。荣获2013年度“云南省最佳商业银行服务奖”、“云南省百姓最喜欢的银行卡”、“云南领军电子银行品牌”等12个奖项。

执笔：杨之霞

西藏自治区分行

西藏自治区分行行长　韩文贞

2013年，在西藏自治区党委、政府和总行党委的正确领导下，西藏分行紧抓历史机遇，深入学习贯彻十八大精神，认真贯彻落实总行各项工作部署，继续深化各项改革、夯实发展基础、提升管理水平、加快业务发展，努力提升综合竞争力，全面完成了全年各项目标任务。

一、业务发展概况

【负债业务】一般性存款年末余额593.97亿元，比上年新增107.96亿元，完成计划的144%。

【资产业务】各项贷款年末余额243.38亿元，比年初新增81.94亿元，增幅50.75%。

【中间业务】全年实现中间业务净收入8 820万元，比上年同期增长1 183万元，增幅15.49%，完成全年计划的98.39%。

【经营利润】全年实现税前利润11.33亿元，同比增长2.67亿元，增幅30.79%，完成全年计划的128.74%；实现经济增加值6.76亿元，完成全年计划的131.99%。

【资产质量】年末分行不良贷款额为1.23亿元，较年初减少0.56亿元，贷款不良率0.51%，较年初下降0.6个百分点，资产质量持续优化。

二、主要工作措施

【与西藏自治区政府签订战略合作协议】为深入贯彻党的十八大和中央第五次西藏工作座谈会、西部大开发工作会议精神，深化与西藏自治区政府的战略合作关系，2013年7月17日，总行张建国行长专程赴藏与西藏自治区政府洛桑江村主席签订战略合作协议，双方围绕西藏自治区未来五至十年经济社会发展战略目标，以互利互惠为基础，在探索多样化合作模式以建立紧密稳定的银政合作关系，加强规划领域合作以实现互利共赢、共同发展方面达成了基本共识。

【负债业务稳步增长，资产业务快速发展】机构类存款增长较好，今年取得的成绩较为突出：实现机构类一般性存款333.84亿元，较年初增长80.11亿元，计划完成率205.40%；截至2013年末，中央财政和地方财政到西藏区内财政资金承接率分别为60.63%、92%，均居系统内首位。个人储蓄存款时点余额达到119.38亿元，比年初新增20.27亿元，完成年度计划的101.35%，增速20.45%，系统排名第一位。截至年底，全年累计发放对公非贴贷款135.57亿元，对公非贴贷款新增98.16亿元，创下历年资产业务发展最好水平。其中值得一提的是，2013年8月经多方努力，成功为西藏国盛国有资产投资控股有限公司投放固定资产贷款299 700万元，用于国家支持西藏经济社会发展的226个重点建设项目以及自治区党委、政府确定的重点建设项目，此笔贷款的发放使西藏自治区分行信贷规模从此突破了200亿元大关，资产业务迈上了一个新台阶。个贷方面扭转了往年发展不济的态势，超计划完成任务，全年新增2.66亿元，其中个人住房贷款当年累计发放额达4.8亿元，放款额为近三年最多，住房贷款市场和新增占比均居同业领先地位。

【积极推进营业网点综合化建设，优化体制机制】自总行开展营业网点综合化建设以来，我分行深刻领会总行相关文件精神，按照总行“一

2013 年 1 月 30 日，建设银行西藏自治区分行在拉萨召开 2013 年度工作会议。

行一策”的政策指引，从岗位优化、业务流程优化、营销体系建设等方面入手，全面推进营业网点综合化建设。一是高度重视、精心组织，做深做实各项上线基础工作。采取现场与非现场相结合的调研方式，对网点人员、岗位设置、绩效考核、硬件设施以及业务量等情况进行了调研，结合实际情况，制定了营业网点员工绩效工资考核分配、三综合营销团队建设方案、营业网点岗位设置及劳动组合等相关办法。二是全力抓好各项培训，组织了 CCBS 系统操作能力提升、网点综合型业务人员培养、支行负责人网点综合化建设等培训，累计培训 500 人（次）以上，柜员轮训率达到 100%。三是本着“一行一策”的原则，采取逐一分批分步骤上线推广的方式，先后对拉萨城区单点支行、网点支行、各二级分行推广上线。截至 2013 年末，完成全行 29 个网点的推广上线工作。网点综合化建设项目成功推广上线，为实现资源综合利用、客户综合开发、客户价值综合挖掘，把网点打造成为交付产品的综合化平台奠定了基础。

【抓好“新一代核心系统”上线，推进 IT 转型】“新一代”核心系统建设是对西藏自治区分行现有信息技术架构体系的全面重建，根据总行关于实施“新一代核心系统建设”项目的安排部署，我分行高度重视，制订了相关的实施方案，成立了专门的项目实施小组，下设业务组、培训组和技术支持组，各组通力协作，全面跟进总行项目进度要求，顺利完成产品与客户迁移、业务清理补录和上收、总分行协同测试、特色业务系统配套改造、环境搭建等各项前期准备工作，10 月 15 日，“新一代”第一期在试点网点成功上线，至 10 月 26 日，全行 29 个网点全部实现新一代一期上线功能，提前完成总行要求，业务测试、排队叫号机升级完成率等指标排在全国前列。

2013 年 6 月 29 日，建设银行西藏自治区分行与拉萨市人民政府在拉萨举行战略合作协议签字仪式。

【有序推进对公授信流程优化，提升信贷经营能】按照总行关于风险体制改革和信贷机制调整的总体思路，我分行高度重视，成立了授信流程调整优化推进工作小组，研究制定分行推进方案，全力推动分行授信流程调整优化工作。一是组织各种形式的学习和培训工作，深入解读总行文件精神，开展信贷条线人员培训，促进全行信贷从业人员尽快掌握新的授信流程和相关制度办法。二是梳理原有流程、职责，拟定新流程下的机构和人员调整方案，11 月完成调整如下：撤销资产保全部，其职责划转风险管理部，风险管理部增设资产保全部（二级部）；信贷审批部更名为授信审批部，下设授信部（二级部）。三是根据总行新的授信流程制度，制定了分行大中型对公客户授信管理、大中型对公客户综合授信与审批操作、项目评估操作、对公客户授信评级等实施细则。四是按照总行安排进度，12 月完成信贷审批转授权工作，实施新授信流程试运行，确保了在正式转入新流程前，新旧流程平稳衔接。五是积极研究新流程实施后对分行的影响，努力争取差别化信贷政策，促进信贷业务稳健发展。

【夯实发展基础，促进业务快速增长】一是加强客户基础。持续开展客户拓展年活动，进一步夯实客户基础，截至年末，全行对公有效客户 3 845 户，新增 38 户，增幅 11.2%；个人有效客户 116 793 户，新增 22 134 户，计划完成率 215.29%；高端客户新增远超总行计划，私人银行客户 37 户，比年初净增 17 户，完成总行计划的 425%。二是加强产品基础。对公产品中资金结算产品较往年有所突破，单位人民币结算卡、对公通兑、电子回单柜、对公一户通等均超计划 200% 以上完成；个人产品普遍增势较好，借记卡新增发卡 13.29 万张，创中间业务收入达 3 023 万元，是目前全行中间业务收入最高产品；信用卡全年新增发卡 9 842 张，活动率 72.70%，系统内排名第二位，累计发卡量、当年发卡量、消费交易额、贷款余额均居同业第一位；个人结算通卡产品实现区内首发，全年发放共 376 张；实物黄金销售 249.5 公斤、账户贵金属销售 40.93 吨，增幅分别为 41.97%、56.35%。三是加强渠道基础。物理网点建设快速推进，2013 年新设阿里分行、拉萨东城区支行 2 个分支行，新设娘热路、团结新村、冲吉路、原林芝广场分理处等 4 个自助银行；自助渠道收益提升，自助设备柜面业务替代率 66.22%，本年实现收益 1 107 万元，首次突破千万元大关，单台收入全国排名第七位；电子渠道应用水平提高，全行代销基金业务、理财产品销售、账户金大部分通过电子渠道实现，电子银行账务性交易量占比为 23.15%，完成全年计划 115.74%。

【狠抓风险内控管理，确保安全稳定运营】一是推进内控合规体系化建设。2013 年成立了内控合规团队，初步建立起分行内控合规组织体系；制定了分行内部控制体系建设三年规划，明确了未来三年内控体系建设的指导思想、建设目标、主要任务和工作措施；开展了一级分行内部内控评价工作，筛选分行评价点 471 个，从内部控制设计和运行有效性两个方面对全行各级机构开展内控评价，初步建立了分行内控评价体系。二是加大力度清收存量不良。通过制定清收盘活化险方案，加快推进中小企业不良贷款处置进度，创新不良个贷经营模式等方式，全年累计清收不良贷款 0.56 亿元，不良额 1.23 亿元，低于总行控制额 0.76 亿元，近三年纯新发放贷款不良率为零，分行资产质量持续优化。三是严控案件风险，抓好维稳工作。开展“抓基层 强管理 防案件”专项治理及“百日行动”活动，深入排查了重点领域风险隐患，加强了问题整改，有效防范了各类案件风险，全年未发生任何案件事故。按照自治区党委政府要求，做好法定节日期间、重要敏感时段的安全防范工作，积极预防各类刑事治安案件和安全事故，有效维护全行正常的经营秩序和单位人员、财产的安全，保持了全行的安全与稳定。

【强化领导班子建设，提升员工队伍素质】一是优化领导班子结构。结合信贷体制改革，全年共组织了两次中层管理人员的调整优化工作，持续强化领导班子的配备，形成了领导人员的梯队建设，对拉萨城区支行的负责人进行了优化，配备了营运主管，全年平级调整中层领导人员 21 人次，提拔使用 24 人次。网点型支行负责人中，平级调整 6 人次，提拔使用 7 人次。二是不断改善员工结构。加强与总行沟通，做好员工总量新增规划，2013 年共招录了大学毕业生 70 名（含总审室 3 人），其中研究生 22 名。开展定向招聘员工转制工作，稳定定向招聘员工类群，制定出台了《中国建设银行西藏区分行定向招聘员工 2013 年择优选拔实施方案》，启动了 2013 年定向员工转制工作。三是加强员工培训，为业务发展提供支持。有效利用区外培训资源，加强与天津市分行人员的合作与交流，先后选派 2 批共计 12 人赴天津市分行跟岗学习；选派 2012 年优秀员工参加浙江大学高校培训班；批发条线通过聘请外部专家共举办了两期领导力提升培训班，培训效果显著。全行共举办培训 322 期，参训人员达 6 914人次，平均满意度 4.42，人均培训天数 8.54 天。选派各类员工参加区外培训学习 571 人次，其中参加中国香港和国外培训的人员 49 人次。

【深入开展党的群众路线教育实践活动】一是抓好学习教育，广泛听取意见。组织党员尤其是领导干部集中学习了党的十八大、党章、习近平总书记的一系列重要讲话精神，认真开展“为了谁，依靠谁，我是谁”的专题大讨论，广泛听取了基层员工和客户群体的意见和建议。二是深入查摆问题，开展批评。认真查摆了“四风”问题和制约分行改革发展转型的重大问题，各级分行党委和基层党组织严格按照相关要求开好专题民主生活会和组织生活会。三是紧抓整改落实，建章立制。坚持边学边查边改，紧密结合“个人客户服务年”活动，不断提升服务质量，改善客户体验；持续加强制度建设，出台了车辆管理、接待费、会议费和招待费相关管理办法；大力整治机关作风和“文山会海”现象，厉行节俭，严格控制费用支出，避免舌尖、车轮上的浪费。会议费与上年同期相比下降23.2%；招待费与上年同期相比下降20%。

执笔：雷勇

陕西省分行

陕西省分行行长　牟乃密

2013年，陕西省分行积极应对经济下行、利率市场化、金融脱媒等新形势、新挑战，认真贯彻落实总行决策部署，强基础、调结构、促转型、抓创新，各项经营管理工作站上了新台阶，第一次在存贷款、中间业务和质量效益上做到了全面同业第一。全国建设银行一级分行等级行考核中，陕西省分行排名第九位，较上年前移两位；KPI考核排名第二位，较上年前移十八位，成功实现了“保一类行”的经营目标。

一、业务发展概况

【负债业务】截至2013年末，分行全口径存款余额3 479亿元、一般性存款余额3 424亿元，分别较年初新增190亿元、330亿元，存款余额及新增均居当地同业第一位。

【资产业务】各项贷款年末余额1 868亿元，较年初新增243亿元，贷款余额及新增均居当地同业第一位。

【盈利指标】全年实现拨备前利润70.3亿元，同比增长22%；净资本回报率39.49%，较上年提升2.8个百分点。

【公司业务】截至2013年末，陕西省分行企业存款余额1 803.63亿元，时点新增155.65亿元，同业第一；日均新增217.89亿元，系统第十。分行重点加强了财政机构资金的营销和上下游承接工作，促使2013年末分行机构类一般性存款余额达到827亿元，时点新增89亿元，日均新增104亿元，占到对公存款新增的一半以上，分别完成年度计划的112.20%和145.42%。坚持金融服务实体经济，优先支持先进制造、基础设施、能源等陕西传统优势产业，2013年末，分行非贴现对公贷款余额1 220.93亿元，年新增154.63亿元，新增额系统排名第八位，增幅14.5%，系统排名第五位。大力推进网点“三综合”建设，夯实账户客户基础。截至2013年末，分行单位人民币结算业务收入突破亿元大关，达到11 576万元，同比增长2 827万元，增幅32.3%，收入总量创历史最高水平。单位结算账户突破10万户，新增账户16 021户，同业排名第一位，其中基本账户新增11 700户，四大行占比较上年末提升1.9个百分点。

【个人金融业务】深入开展旺季营销竞赛、个人客户服务年等活动，重点拓展代发工资源头，个人存款继续保持良好增长势头。截至2013末，陕西省分行个人存款余额1 620.23亿元，时点、日均分别新增174.11亿元、216.27亿元，四大行第一。积极打造个人金融优质服务品牌和陕西区域私人银行高端服务品牌，个人客户服务水平考核位次大幅提升，客户满意度评价排名从上年的四大行第二位上升到第一位，个人客户服务能力评价从全国建设银行系统第十四位上升到第四位。组织开展“高频率、小规模、多层级”的私人银行客户互动活动，丰富服务内涵，增加客户粘性，私人银行客户2013年末金融资产余额122亿元，日均新增33亿元，全国系统第十一位，人均金融资产、年提升值和增幅分别为1 233万元、152万元及14.07%，分居全国建设银行系统第四位、第二位、第一位。加强基金、代理保险、贵金属、借记卡、联名卡等重点产品的市场营销，代理基金、保险等重点产品收入均居当地四大行第一位。

【住房金融业务】继续巩固扩大住房金融业务传统优势，综合采用开发贷款、公积金项目贷款、专项债券融资等方式，支持了一大批优质普通商品房和保障房项目，全年房地产开发类贷款新增20亿元，增幅超过42%。房改金融业务继续保持同业第一，委托性住房资金存款当年新增20.59亿元，完成新增计划的158%；公积金存款新增18.33亿元，系统排名从第十二位提升至第五位；住房资金归集新增46.7亿元，完成新增计的划130%。个人住房贷款业务持续发展，截至2013年末，分行个人住房贷款余额621.78亿元，年新增101亿元，个人住房贷款在各项贷款中的占比33.39%，高于全国建设银行系统平均水平5.86个百分点。个人住房贷款不良率为0.12%、逾期率0.48%，分别低于全国建设银行平均水平0.16个和0.18个百分点。

【中间业务】全年实现中间业务净收入19.6亿元，比上年增长20.84%，领先工商银行2.4亿元，首次实现收入总量同业第一。一是加快信用卡业务发展。紧扣“提比、进位、上份额”目标，重点加强“三秦通”龙卡、联名卡和车位、购车、账单等分期业务市场拓展，全年信用卡客户总量突破百万户，净新增28.91万户，四大行第一，增速全国建设银行系统第一；实现中间业务收入2.25亿元，增幅达到42%，占全行中间业务收入的比重达到11.5%，较上年提高了1.74个百分点。二是积极发挥投资银行业务的带动作用。债券承销、保本理财、理财融资三大投资银行业务量均突破百亿元，实现投融资总额574亿元，同比增长248%，累计发行保本理财产品410亿元，注册各类债务融资工具110亿元，发行46亿元，全年投资银行业务实现收入2.43亿元，增幅24.82%，四大行第一。三是提速电子银行业务，重点考核有效交易客户，大力推广“善融商务”、“悦生活”、房e通等电子商务平台，个人网银、手机银行活跃客户分别新增49.19万户、49.26万户，手机银行活跃客户占比系统第一。电子银行创造的中间业务收入达到1.29亿元，增幅28.68%。

【国际业务】积极实施“营销地图”、“五点链接”等国际业务营销策略，创新推出存贷盈等新产品，对公外汇日均存款新增3.1亿美元，全国建设银行系统第三，较上年前移34位；外汇贷款新增2.38亿美元，全国建设银行系统第七；实现外汇中间业务收入7819万元，增幅43%；跨境人民币结算量达到13.39亿元，增速133.28%，全国建设银行系统第九。

【小企业业务】全年小企业业务保持健康平稳发展态势，业务总量、客户总量和贡献度三个方面稳中有增。截至2013年末，分行小企业非贴贷款余额101.580亿元，较年初新增21.59亿元，增速为27.0%，高出各项贷款增速12.1个百分点；小企业不良贷款额2 430万元，不良贷款率0.22%，资产质量系统排名七位；小企业贷款客户数1 224户，年新增393户，增速47.3%；授信客户数1421户，年新增389户，增速37.7%。按照四部委口径，2013年分行小企业贷款余额82.29亿元，年新增35.33亿元，增速为75.2%，全面完成“两个不低于”的监管目标。

【资产质量与风险控制】资产质量总体趋好。不良贷款额9.01亿元，不良贷款率0.49%，分别较2012年下降1.7亿元和0.17个百分点。强化资产保全职能，综合运用催收、诉讼执行、重组盘活等手段，全年处置不良贷款5.5亿元，现金回收3.4亿元，处置率首次突破50%。严格操作风险管理，全面梳理、重检435个不相容岗位，加强操作风险自评估和关键风险点监测，对外部监管和审计监督定性为“比较严重”的问题，统一上收省行问责。全面强化内部控制，构建“三横两纵”评价体系，重点在授权控制与岗位分离、内部监督与内部控制持续改进上下工夫，内部控制工作系统排位有了新提升。严密防范案件。

层层签订案件防控责任状，深入开展“抓基层、强管理、防案件”和“百日大排查”活动，员工行为排查覆盖面100%，全年无重大案件发生，内外部审计项目整改率达到98.21%。

二、主要工作措施

【全力巩固负债业务市场领先优势】坚持积极的市场取向，以保“一类行”和“两个不降低”为目标，紧盯同业、提振士气、寸土必争，全面开展“抓县域，拓客户，挖潜力，提贡献”个人客户主题营销和对公客户“增账户、调结构”综合营销活动，对存款和中间业务收入超额完成部分加大激励，上不封顶。重点落实财政机构业务的九大系统“纵向营销地图”和“横向联动联络图”营销模式，抓资金承接和系统内沉淀，使对公存款在市场竞争的大幅震荡中稳住了阵脚；个人存款突出旺季营销关键时段，第一季度，分行个人存款新增157亿元，占到全年新增的90%，奠定了全年负债业务的领先优势。

【深化信贷结构优化调整】积极推进信贷投放的行业、客户和业务结构调整，努力提高综合收益。优先支持能源、制造业和基础设施等地方优势行业，主动压缩“两高”和产能过剩行业。积极发展企业业务，依托核心客户开展链条式营销，创新推出了“保贷通”、“政府采购贷”、“市场贷”、“高新贷”、“政府补贴贷”的新产品。下发综合贡献度测算模板，权衡收益与风险，细化营销指导，信贷业务经济资本占用较上年下降了0.41个百分点，RAROC值提高了3.47个百分点，个人住房贷款执行利率达到基准利率的1.02倍，小企业贷款综合收益水平上浮超过27%。

【大力推进创新转型】全面推进网点“三综合”建设，将“三综合”作为二级分支行“一把手”工程，并纳入KPI考核，全年综合型网点总量达到301个，占比由年初的60%提升到年末77%。出台二级分支行经营转型评价和县支行等级行评定办法，从多功能和集约化两个维度评价经营转型效果，按季通报测算结果，加快推动经营转型。加强产品创新，实行产品创新项目业务部门与二级分支行“双边记账”，全年共完成产品创新项目32个，系统第十，较2012年前移13位。

【营造积极进取的工作氛围】以为民务实清廉为主要内容，聚焦“形式主义、官僚主义、享乐主义和奢靡之风”，深入开展群众路线教育实践活动，通过学习教育、听取意见，查摆问题、开展批评，整改落实、建章立制等环节，全分行335个党组织、5 000多名党员一起经历了6个多月的精神洗礼和实践锻炼，较为圆满地完成了活动的各项规定动作，弘扬了正气、树立了新风，做到“两促进、两不误”。关注员工的职业生涯规划，出台了青年员工交流锻炼实施办法，稳步推进专业技术评聘，全年新聘专业技术职务人员233名，专业技术人员占全行在岗员工的比重达到28%。重视企业文化建设，组织开展了“成就梦想 创造感动 人人出彩”宣传教育活动，通过先进人物和典型事例展播展示，凝聚了员工的“精、气、神”。

执笔：侯鉴

甘肃省分行

甘肃省分行行长　艾尔肯·艾则孜

一、业务发展概况

【负债业务】全口径存款年末余额 1 647.58 亿元，当年新增存款 80.97 亿元。一般性存款余额 1 642 亿元，新增 147 亿元。其中企业存款新增 62.31 亿元，个人存款新增 84.53 亿元。对公存款余额继续保持市场份额第一。

【资产业务】各项贷款年末余额 825 亿元，新增 114 亿元。不良贷款额 2.6 亿元，比年初下降 0.82 亿元，不良贷款率 0.32%，比年初下降 0.17 个百分点。

【盈利指标】实现税前利润 25.21 亿元，完成总行计划的 117.84%，同比增幅 18.19%；实现经济增加值 12.35 亿元，完成总行计划的 131%，同比增幅 29.53%。

【公司业务】公司类存款较年初新增 28.07 亿元，大中型公司贷款当年新增 28.89 亿元，增速为 6.12%，其中贴现余额为 7.4 亿元，当年新增 3.48 亿元。非隐蔽国内保理流贷替代率 14.69%，比年初增长 7.72%。公司机构有效客户当年新增 4 459 户，完成总行计划的 305.20%。账户数量在新增持续稳居同业第一的基础上，总量也超越同业居首位。

【个人金融业务】个人存款时点新增 84.53 亿元，个人存款日均新增 71.67 亿元，个人存款年末余额达 763.88 亿元，当地同业排名第三位；网均单产 2.88 亿元，网均新增 3 189.81 万元，同业排名第一位。代销基金、贵金属稳居同业第一位，继续巩固了优势地位。

【房金业务】住房公积金贷款年末余额达 94.4 亿元，比年初增长 17.24 亿元。个贷加权平均利率在全行系统排名第二位。关注类贷款控制率在全国建设银行系统内排名第二位，逾期贷款控制率为 0.29%，比全国建设银行平均水平低 0.37%。搭建网络服务平台，拓展住房公积金缴存单位 523 个，住房资金归集新增 36.65 亿元，完成总行全年计划的 122%，住房资金归集新增在全国建设银行系统内排名第 29 位。住房资金存款余额 171.11 亿元，比年初时点增长 19.4 亿元。住房资金存款余额在全国建设银行系统内排名第 14 位，住房资金存款新增在全国建设银行系统内排名第八位，继续保持西北五省第一的良好位次。

2013 年 1 月 23 日，建设银行甘肃省分行与武威市人民政府举行战略合作综合授信签约仪式。

【国际业务】外汇对公存款年末余额为 0.52 亿美元，比年初增加 0.2 亿美元，外汇对公存款余额四大行占比 24.65%，排名第二位；新增占比9.48%，排名第一位。外汇贷款余额为8.8亿美元，较年初增加2.4亿美元，外汇贷款余额四大行占比49.99%，排名第一位；外汇贷款新增占比为55.27%，排名第一位。实现外汇中间业务收入1.03亿元。实现国际结算量34.8亿美元，较上年同期增加9.04亿美元。完成跨境人民币国际结算量20.9亿元，比上年同期增加13.5亿元，跨境人民币国际结算量四大行占比18%，居四大行第二位。

【中间业务】实现中间业务净收入11.77亿元，当地四大行排名第一位；同比新增1.70亿元，增速16.83%，系统内排第13位；超额完成总、分行计划，计划完成率系统内排第12位，主营业务收入占比23.39%。增速、计划完成率、主营业务占比等中间业务主要指标均高于全国建设银行平均水平。

【资产质量与风险控制】资产质量达到历史最优，不良贷款额2.6亿元，比年初下降0.82亿元，不良贷款率0.32%，比年初下降0.17个百分点。近年来纯新发放贷款不良率几乎为零，信贷资产质量达到历史最好水平。全年累计处置不良资产1.68亿元。不良贷款处置额占年初不良贷款总额的49%，较上年提高10个百分点，处置率大幅提升。处置个人类不良贷款0.23亿元，完成计划的139%。非信贷资产处置取得突破，首次实现抵债资产清零。已核销呆账资产回收价值贡献度提升，首次创新运用债权转让手段回收已核销债权0.11亿元，全年已核销呆账资产实现现金回收0.16亿元，完成总行计划的263%，全国系统内排第七名，已核销资产的终极回收价值有效提升。

【其他业务】账户规模首次跃居同业第一位。单位银行结算账户总量67 396户，四大行占比30.30%，超过农业银行1 023户，跃居四大行首位；全年账户新增13126户，新增四大行占比48.79%，四大行排名第一位。其中基本户总量40 406户，四大行占比30.02%；基本户新增8 909户，基本户新增四大行占比48.78%，排名第一位。账户总量新增四大行占比超过农业银行24.12个百分点，基本户新增四大行占比超过农业银行22.28个百分点。中心城市行竞争优势明显。兰州地区一般性存款余额783亿元，四大行占比34.72%，排名第一位。其中对公存款余额继续保持四大行第一；储蓄存款新增34.56亿元，四大行占比41.24%，以绝对优势领先同业。

二、主要工作举措

【坚决落实总行“综合性、多功能、集约化”的发展战略】一是进一步统一思想，全面、深刻地理解综合性的内涵，继续抓好传统存贷款和结算业务，保持同业领先地位。在网点功能转型的基础上，完善新的功能布局、形象展示、客户体验等环境建设。二是顺应客户需求多样化、全方位的新变化，通过存贷款、结算、信用卡、金融市场、贵金属、财富管理、本外币、投资银行理财、电子银行、网络银行以及各业务条线的服务产品，为客户提供最为便捷安全的服务。三是重要客户、重要产品、重要业务功能特别是系统开发与运营、后台服务，均要实现集约化经营，通过集约经营不断降低成本、提高效率效益，加强风险管控。

【不断调整结构，坚持深化转型】一是依托账户，主动调整客户结构。依托“三大一高”战略狠抓账户，完善筛选评价客户机制，着力培育核心客户，扩大高回报、高净值客户占比。通过工商验资e线通系统推广及优化升级，从源头拓展客户；通过企业网银、资金结算网络等服务，提升对集团客户的资金归集力度。抓住养老、医疗等重点民生领域客户拓展机遇，以卡带户，持续做好金融社保卡、公务卡、武警军人保障卡营销工作。2013年分行账户规模首次跃居同业第一位，发展基础进一步夯实。账户总量较2010年末增长近一倍，基本户总量较2010年末翻了一番，实现了跨越式发展。二是依托战略业务，主动调整经营结构。牢牢把握客户体验和安全两个基本点，着力提升电子银行渠道交易、平台销售、系统服务、业务创新和风险控制五大关键能力。依托电子商务平台，发挥“善融商务”亦商亦融的优势，拓展客户基础。三是依托中间业务，主动调整收入结构。认真挖掘和总结中间业务发展典型案例，学习和借鉴系统内领先分行及同业的发展经验。

【抓存款，提升市场份额】一是对公存款持续有效开展“百团千人走万户”客户走访活动。

2013年1月24日，建设银行甘肃省分行召开分行工作会议。

大力推进以财政、社保、政府机构、军警为主体的机构客户大系统营销工作，带动存款、账户、客户的整体增长。公司存款盯市场、盯同业、盯项目，抓重点客户、抓结算账户、抓注册资金和项目资本金。深入分析客户，及时调整策略，提高营销的针对性和有效性。二是储蓄存款紧紧抓住旺季营销。坚持过去成功的做法，深化PK竞赛机制，在网点开展个人存款营销排名竞赛活动，做实网点；围绕中高端客户群体，以建设银行金等个人理财产品营销为重点，有的放矢提供产品组合服务，做实产品；按照“做强高端、做大中端、做简低端”思路，建立差别化服务通道，提高优质客户贡献度和忠诚度，做实服务；深入推广每周一小时谈电子银行产品和客户活动，加大网上银行、自助银行、手机银行等电子渠道建设力度，引导柜台产品交易向电子渠道迁移，做实渠道。

【完善机制体制，强化创新驱动】一是公开、公正、公平的激励机制的建立和有效实施。探索设置更加公平、公正、公开的分配制度和真正意义上体现“压力均等”、“多劳多得”的激励机制，成为了激励员工创造一流业绩的创业平台。根据业务发展的导向，围绕战略性业务、短板业务、提升市场竞争力的核心业务，搭建激励机制平台，激发员工“干一流、争第一”的精神。员工主动找差距，补短板，提升战略性业务和产品的市场竞争力，创新工作思路，增强发展活力。不断完善考核和激励机制，明确激励导向，优化激励措施。二是持续完善创新驱动发展机制。提高创新效率，加大对跨部门、跨条线产品创新的协调力度。发挥基层首创精神，激发员工的创新热情，提升市场竞争力。通过全员培训、EMBA学员的培养和出国培训，以及大量的招收新行员，分行创新能力得到了提升，在总行创新评选中有8人获得了奖项，塑造了甘肃建设银行人的新形象。

【强化内控内管，夯实管理基础】一是坚定不移地深化和加强内控内管，卓有成效地推动全行全面发展。管控好信用风险。倡导健康的信贷文化，强化重点领域风险管控。谨防向民营和小微企业过度授信。对经济下行敏感行业法人贷款，逐户评估，制定风险防控措施。二是以“零容忍”的态度保持案件防控高压态势，守住合规经营底线。强化监察、保卫、风险、内控合规、营运协调联动的案防机制，坚持“每周一小时谈合规”，逐级签订《内控合规经营承诺书》，加强警示教育，培养员工良好的职业道德素养。按照“严格标准、夯实基础、规范建设、有序推进”的思路开展“平安建设银行”创建工作，实践中强调行内检查评比与监管机构安全评估的双向考核，深入推进安防专项治理，实现全行安防设施建设和安全管理操作达标。

【强化党的建设和队伍建设】一是扎实深入开展党的群众路线教育实践活动，取得实实在在的成效。坚持时间服从质量要求，抓好活动的系统安排和协同推进；坚持学习教育贯穿始终，强化党员干部的群众观念；坚持开门纳谏征求意见，着力凝聚全行的智慧和力量；坚持开诚布公谈心交心，聚焦“四风”查摆问题；坚持动真碰硬触及灵魂，扎实开展批评与自我批评；坚持问题导向立行立改，力求实效制定整改方案；坚持因势利导抓好宣传，注重思想引领营造活动氛围；坚持实施全程巡回督导，确保规定动作落实到位。二是针对查摆出来的“四风”问题，全行制定了整改方案，落实整改措施。针对基层机构提出的员工培训、网点员工生活区问题等实际困难，对每个县域支行配置培训费和专项费用。全行通过教育实践活动，弘扬了主旋律，传递了正能量，并将活动成果转化成为提升服务、推动改革发展的强大动力，实现了“业务不下降，案件得到有效控制”的目标。三是坚持群众路线，改进工作作风，取得了新的成效，涌现出了获得总行十大最具影响力员工故事的主人公周军等一大批先进典型，有效激发了员工队伍在学习新业务、掌握新产品、拓展新市场、创新新思路的过程中，不断挑战自我、超越自我的潜力。

执笔：闫学诗　李京

青海省分行

青海省分行行长　郭继庄

一、业务发展概况

【负债业务】截至3013年末，一般性存款余额888.21亿元，完成计划的97.83%，其中，对公存款余额547.35亿元，比年初新增56.68亿元，完成计划的88.81%；个人存款余额340.85亿元，比年初新增39.02亿元，完成计划的114.75%。同业存款余额为5.82亿元，比年初负增长1.7亿元。一般性存款、对公存款、个人存款余额四大行占比分别为35.51%、38.54%、31.54%，继续保持四大行第一位。对公存款新增额四大行占比为39.76%，位居同业第一位。

【资产业务】各项贷款年末余额511.7亿元，比年初新增63.82亿元，完成计划的97.97%，余额和新增额四大行占比分别为34.17%和29.72%，均位居四大行第一位。

【盈利指标】实现账面利润13.36亿元，同比增长2.77亿元，增速26.16%，完成计划的120.52%，四大行占比31.26%，较第二位的农业银行高出4个百分点、1.71亿元。

【资产质量】五级分类不良贷款年末余额4.88亿元，比总行控制数少269万元；不良贷款率为0.95%，与年初持平。

【公司业务】不断强化“存款立行”的经营理念，将稳存增存作为各项工作的重中之重，深入开展市场调研，加强存款工作的组织领导，加大督导和考核激励力度，不断拓宽增存来源，遏制了公司存款大幅下滑的势头。坚持服务实体经济，积极捕捉“新四化”及区域规划发展机遇，大力营销基础设施建设、能源及资源性行业、战略性新兴产业和海东撤地建市规划重点项目，全年累计发放公司类贷款598亿元，进一步巩固了市场份额，荣获2013年度“青海省金融机构支持地方发展”三等奖。同时，创新推出“助保贷”、“善融贷”、“支农贷款”等产品，重点营销各园区优质客户、产业链上下游、招商引资小企业，小企业贷款新增3.13亿元，增长21.88%，高于对公贷款平均增速12.83个百分点，实现了“两个不低于”的监管要求。

【机构业务】紧抓“财政大系统”，有效承接中央财政资金11亿元，资金承接率58%，系统排名第三位，政府机构账户新增114户，财政存款余额达到242.72亿元。协调做好“金保工程”社保资金账户开立及资金存放工作，吸收社保资金4.59亿元；实现武警青海总队基建户向基本户的迁移合并，争得武警军保卡业务的主办行地位，军警客户存款新增2.47亿元。全年机构存款新增63.61亿元，同比多增23.92亿元，占全行一般性存款新增额的67%，贡献度大幅提升，确保了对公存款新增四大行第一的位次。加大对民生领域的支持力度，新增机构类贷款4 014万元，主要投向省广播电视台、青海湖旅游公司、湟源县业余体校等教育、卫生、文化、旅游行业客户。

2013 年 5 月 23 日，建设银行青海省分行举行支持海东经济社会发展座谈会暨战略合作签约仪式。

【个金业务】扎实开展旺季营销活动，充分发挥产品、客户、条线之间的联动作用，继续做好代发工资、金融 IC 卡、拆迁补偿等优质个人结算账户开立等工作，加强结算通、电话 POS、大额存单等产品推广，积极开展客户回馈、客户晋级和零资产客户激活挽留等活动，做好理财产品销售预约及当期衔接，推动了个人存款的持续稳定增长，个人存款较年初新增 39 亿元，前 11 个月始终领跑同业。进一步加大金融 IC 卡发卡力度，积极做好健康龙卡的发卡推广工作，借记卡发卡快速增长，全年借记卡新增发卡 35.8 万张，其中：金融 IC 卡新增发卡 31.4 万张，完成计划的 209%；实现借记卡消费交易额 155 亿元，再创历史新高。

【房金业务】积极开展“抓户扩面增存”营销活动，成功营销省住房公积金支持保障性住房建设第二批次试点项目四个，住房资金存款新增 8.02 亿元；加强优质按揭楼盘的营销和储备，营销按揭贷款合作楼盘项目 67 个，自营性个人住房贷款新增 8.33 亿元，同比增长 32%，巩固了同业第一的龙头地位。以住房装修和大宗生活用品购置等为重点，持续开展个人消费贷款营销活动，个人消费经营类贷款新增 4 270 万元，同比增长 32%，其中累计发放个人支农贷款 518 万元。加强电子商务个贷产品的运用与推广，拓展个人住房贷款交易渠道，促进了善融商务小额贷、质押贷业务的发展。

【中间业务】实现中间业务收入 2.92 亿元，完成计划的 114.04%，同比多增 5 149 万元，增速 21.38%，四大行占比 31.16%，居同业首位，中间业务收入同比多增 5 149 万元，中间业务净收入占主营业务收入比重 11.21%，比上年提升 0.47 个百分点。对公条线充分发挥信贷业务撬动作用，深挖单位人民币结算、工程造价咨询、代理信托资金收付、百易安、国内保理等重点产品销售潜力，大力推广对公一户通、现金管理系统等新型结算产品，积极开办黄金租赁业务，实现中间业务收入 1.21 亿元。个人条线在代理保险、国债等产品创收持续萎缩的情况下，不断加大对黄金、代理寿险等高收益、厚利性产品及银行卡收单业务、理财卡、龙卡通等业务的营销力度，促进了中间业务收入的持续增长，实现中间业务收入 1.71 亿元。

【战略性业务】狠抓产品应用、案例推广和业务创新，电子银行客户规模达 188.1 万户、新增 44.33 万户，均稳居同业第一位；电子银行账务性交易量占比 31.39%，较年初提升 3.64 个百分点。完善信用卡业务考核机制，强化联动营销，积极拓展新业务，信用卡新增发卡量连续三年保持同业第一，存量跃居同业首位，分期业务交易额突破亿元大关；新增公务卡发卡 5 180 张，居同业第一位。顺利完成青海国投 100 亿元 15 年期中期票据前两期 60 亿元债券的发行，成功营销设备融资租赁项目 5.2 亿元，投资银行业务成效突出。率先在当地同业推出跨境人民币结算和“网银结汇”、贸易融资海外代付业务，国际业务持续推进。鑫存管、代理信托业务保持市场领先，养老金业务荣获总行“大项目营销”和“首单突破”团队奖。私人银行业务着力增强专营机构经营能力，明确名单制管理责任，不断提升客户体验，AUM 500 万元以上客户新增 75 户，客户 AUM 值新增 3.02 亿元。

三、主要工作措施

【优化资源配置，提升价值创造力】围绕业务发展目标，合理配置财务资源，完善绩效考核，严格执行费用与目标和业绩挂钩的资源分配规则，提高主营业务收入费用挂钩系数，价值创造能力和经营效益稳步提升。同时，认真贯彻落实中央八项规定和总行十项要求，进一步细化各项管理

2013 年 9 月 3 日，建设银行青海省分行与青海师范大学举行战略合作框架协议暨新校区建设贷款协议签字仪式。

措施，强化成本控制，严控费用支出，制止奢侈浪费，倡导勤俭办行，招待费、会议费支出同比分别下降 19.04% 和 48.74%。

【强化风险管理，全面实现控制目标】进一步明确信贷政策导向，加强对钢贸、光伏、房地产、政府融资平台客户等重点领域的风险管理，强化对逾期贷款、关注类贷款的监测分析，增强风险应对和处置的有效性，进一步加大不良处置回收力度，信贷结构进一步优化，贷款质量保持稳定，全年共处置不良贷款 1.27 亿元，实现不良资产现金回收 1.11 亿元，不良贷款额、不良贷款率、逾期贷款余额等指标均实现了总行资产质量控制目标。

【严格内控管理，确保业务健康发展】制定了《青海省分行内部控制体系建设三年规划实施方案》，严格授权管理，加大审计发现问题整改力度，强化反洗钱工作力度，全行合规管理基础不断夯实。坚持从严治行方针，全面落实案件防控工作责任制，狠抓突出案件风险专项治理，强化员工从业行为管理，加强对“点、库、楼、房、区”等要害部位的安全防范，成功堵截电信诈骗 9 起，为客户挽回资金损失 28 万元，全年未发生重大案件和重大风险事件。强化信访维稳和舆情监控工作，积极化解矛盾纠纷，基本实现了重大节点和敏感时段的信访维稳工作目标。

【优化经营渠道，提高服务水平】从岗位优化、业务流程优化、营销体系建设等方面入手，全面推进营业网点综合化建设，98 个网点实现综合化转型。加快物理网点和自助渠道建设步伐，新设物理网点 2 个、自助银行 17 家、自助设备 76 台，自助设备账务性交易量占比达 83.69%，电话银行交易量达 123.6 万笔，自助渠道分流作用有效发挥，金融服务覆盖面不断扩大，客户服务能力进一步增强，在 2013 年青海省党风、政风、行风社会评价排序中列经营服务类 10 个行业第一名。

【强化运维保障，夯实发展基础】持续推进前台、后台业务分离项目，实现了对公账户电子影像集中审批、支票出售联动二维码打印等业务的集中处理。柜面业务集中处理系统日均业务处理量达 3 877 笔，业务处理成功率 97.16%。强化 IT 精细化管理，加强重要时段和日常运维工作，全年系统运行平稳，达到 99.99% 的运维目标，未发生四级及以上生产事故。顺利实现健康龙卡、省国库集中支付项目的上线运行，互联网与办公网实现两网隔离，完成网点 WIFI 网络部署，为业务发展提供了有力的技术支撑。

【提高工作效能，作风建设成效显著】深入开展以“为民、务实、清廉”为主要内容的党的群众路线教育实践活动，扎实推进学习教育、听取意见、查摆问题、开展批评、整改落实、建章立制各个环节工作，不折不扣地做好“规定动作”。同时，在全辖开展以“树新风、提效率、讲和谐、促发展”为主题的作风转变年活动，从改进机关作风、提升客户服务、厉行勤俭节约等八个方面确定了 22 项主要任务，有特色地做好“自选动作”。全行上下聚焦“四风”抓整改，立足实际转作风，取得了良好成效，各类发文比上年减少 23%，会议数量下降 46.43%。

【加强党的建设，队伍素质有效提升】全面落实党风廉政建设责任制，扎实开展“学党章、守纪律、正品行”主题教育实践活动，加强对党员干部的监督管理，党员素质和党性修养显著增强。有序推进巡视监督工作，促进了基层行内部管理和经营发展水平的提升。举办各类培训项目 727 期，培训共约 26 600 人天，员工履岗能力和业务水平进一步提高。加大人才引进力度，补充高校毕业生和专业技术人员 150 名，员工队伍整体素质有效提升。实施一线网点员工岗位补贴，薪酬福利体系不断完善。

【重视文化引导，树立良好企业形象】主动承担企业社会责任，继续做好“成长计划”、“英模母亲”、“成才计划”等长期公益项目，积极开展帮扶救助、送温暖活动，社会形象进一步提升。扎实开展“知行合一，实干兴行”主题实践活动及创新文化大讨论、青年志愿者活动等，持续推进“职工之家”建家工作，多措并举关爱员工，员工的凝聚力和归属感得到增强，被青海省政府授予2013年度“全省模范劳动关系和谐企业”荣誉称号。狠抓精神文明创建，13个单位被青海省文明委授予省级文明单位标兵和省级文明单位称号。

执笔：衣宁

宁夏回族自治区分行

宁夏回族自治区分行行长　廖林（2013年12月免）

2013年以来，宁夏回族自治区分行认真贯彻总行各项战略部署和经营管理导向，围绕“巩固大银行地位，打造好银行品牌，创建善银行口碑”目标，按照“三个确保”目标要求和“四个着力”工作重点，落实“三大一高”战略和“综合性、多功能、集约化”经营要求，夯实渠道、客户、管理、服务四大基础工作，开展“风险管控年”活动，管控信贷、声誉、道德、财务、操作五大类风险，各项工作取得较好成绩。

一、业务发展概况

【负债业务】截至2013年末，全口径存款余额562亿元，四大行占比32%，四大行排名第一位；一般性存款余额559亿元，四大行占比32%，四大行排名第一位，比年初新增32亿元，四大行占比38%。

【资产业务】各项贷款年末余额567亿元，四大行占比33%，比年初新增49亿元，四大行占比28.5%。

【盈利指标】全年实现拨备前利润16.63亿元，四大行占比30.9%，同比增长1.6亿元，四大行占比50.9%。

【公司业务】企业存款余额312亿元，四大行占比36%，四大行排名第一位，比年初新增12亿元，四大行占比85%；公司类贷款余额444亿元，四大行占比34%，比年初新增27亿元，四大行占比28.3%。

【个人金融业务】储蓄存款247亿元，四大行占比28.2%，比年初新增20亿元，四大行占比28.5%。个人类贷款余额123亿元，四大行占比29.8%，比年初新增22.7亿元，四大行占比28.8%。

【房金业务】房改金融守牢市场地位，坚决巩固住房贷款领先优势，做大做强个人住房贷款品牌，住房公积金贷款余额49.71亿元，新增7.53亿元，委托住房贷款余额49.71亿元，较年初新增7.53亿元。

【中间业务】全年实现中间业务收入4.26亿元，四大行占比32.7%，四大行排名继续保持首位；同比增长0.19亿元，四大行占比14.2%。

【国际业务】完成国际结算量55 465万美元，完成全年计划的108.59%。外汇对公存款余额3 104.15万美元，较年初新增1 917.92万美元，增幅161.69%。完成中间业务收入1 964万元人民币，完成年初指令性计划的125.82%，与上年相比多完成471.2万元，增幅31.57%。

【资产质量与风险控制】实现不良贷款额率“双降”，不良贷款额5.94亿元，不良贷款率1.05%，比年初分别下降1.01亿元和0.29个百分点。

二、主要工作举措

【加强营销力度，负债业务稳定增长】持之以恒抓“三大一高”，对公存款突出把争夺各级财政、社保、公积金、军队武警、医院为主体的机构客户资金以及地方重点建设项目资金作为重点营销对象，提高财政拨付资金及贷款受托支付资金沉淀率。个人存款突出抓“高端客户”，深入挖掘各类名单客户资源，注重抓批发和综合服务。推进网点“三综合”转型，通过更加合理的产品配置、增值的延伸服务应对同业竞争，实现服务的便捷性、个性化。此外，突出抓好第一季度旺季营销重点时段，抓好银川、川外二级行和县域三类重点区域，抓好供应链融资、现金管理服务、理财产品等重点产品，注重对产业链、供应链、核心企业上下游客户的联动营销。

【抓重点抢机遇，信贷营销成效明显】信贷投放重视将宁夏当地的区域特色优势、政策导向与建设银行自身的发展有机结合。做好项目营销和储备，紧紧抓住宁夏区域经济热点，加大对自治区党委政府重大项目及自治区级50大重点项目营销；跟踪研究战略性新兴产业、节能环保、新能源等行业的发展趋势，重点选择国家政策鼓励、技术和市场成熟、商业可持续的项目。做好中小企业客户营销，跟进宁夏中小企业“百家成长千家培育”工程、十大“百亿元”特色产业集群以及自治区发改委重点推介的581个项目中的小企业，实现小企业业务向“小额化和价值大”的方向发展。

【坚持创新发展，中间业务健康发展】大力挖掘新产品，认真开展挖潜增收活动，寻找新的收入增长点，2013年实现了信贷资产入池、境外保函、资产收益权类理财产品、票据受益权转让型理财产品、内保外贷、跨境人民币结算、融资性备用信用证、出口信保等实现零突破。积极开展产品创新推进工作，调整经营方式，转变盈利模式，从组织体系、队伍建设、激励措施等方面促进创新工作。2013年完成6个产品创新项目，先后推出了小企业“塞品通达—葡萄酒贷”、非贸易非经营性用汇业务、昊凯生物债权处理方案、宁夏燕宝基金龙卡、羊绒抵押贷款、社保一卡通项目建设等一批创新产品，为业务发展提供了新的增长点。

【充分把握机遇，战略业务发展加快】电子银行业务取得良好进展，对柜面的分流作用日益增强，账务性交易量比27.82%，比年初提升0.3个百分点。信用卡业务实现快速增长，客户突破20万户大关，账户活动率达到75.76%，全国系统排名靠前。金融社保卡着力提升市场份额和价值开发，累计发卡24.93万张。投资银行业务贡献度提升，信贷资产入池实现中间业务收入428.71万元，自主发行保本理财产品6期，募集资金25 153.1万元，同比增长4.17%；养老金业务突出重点精准营销，受托资产规模达到10 209万元，比年初新增1238万元；账户管理个人户数20 122个，比年初新增5 244个；托管资产规模14 462万元，比年初新增6 703万元；养老金折算户数149户，比年初新增44户。累计完成国际结算量5.54亿美元，完成全年计划的108.59%。跨境人民币业务取得突破性进展，全行累计完成跨境人民币结算量2.126亿元。

【强化发展基础，夯实渠道建设】持续推进“渠道建设年”活动，加快渠道建设。2013年全行营业网点总数达到105个，当年新增网点10个；新增自助银行20个，新增自助设备100台；做宽做广商户渠道，新增特约商户1 152户；电子银行突出加大增量、提升总量、夯实份额，2013年渠道客户总量314.35万户，其中企业网银客户新增3 193户、个人网银客户新增18.54万户、手机银行客户新增23.06万户。通过推进网点“三综合”，优化劳动组合，压缩中台、后台管理人员，提高客户经理占比，对公、对私和二级行网点支行客户经理总量增幅超过10%。

【防控五类风险，风险管控年成效明显】扎实有效推进“风险防控年”活动，持之以恒加强对信贷、道德、操作、财务、声誉风险的防范，风险管理能力全面提升。信贷资产质量稳定向好。积极化解存量不良，严防新增不良，加强授信业务真实性管理，严守“合规、有作为、资产不损失、不形成风险敞口、不演变为其他风险”的底线，管控好风险。道德风险防范效果显著。加强职业道德建设，引导员工正确对待人生、珍惜职业生涯，树立合规操作、遵章守纪意识，明晰纪律、制度“红线”。操作风险防范更加扎实。开展关键点和敏感点专项治理活动，对敏感业务领域及有违规嫌疑的异常现象予以特别关注，对检查审计发现的问题认真整改，着力整治经营管理中违规经营、违章操作、有禁不止、屡查屡犯、执行不力的行为。财务风险防范进一步加强。抓好集中采购管理和固定资产占用及当年支出专项审计项目的实施，维护财经纪律和财务预算的严肃性，提升财务风险防范能力。2013 年安排集中采购项目 145 个，采购预算金额 10 229 万元，实际采购金额 9 070 万元，节省 1 159 万元，节约率 11. 34%。声誉风险管理成效明显，认真对待、及时回应客户投诉、业务纠纷、信访事项、突发事件等，加强针对犯罪分子信用卡诈骗和自助设备盗窃活动猖獗等情况的应对措施，全年共堵截各类诈骗案件 9 起，为客户挽回资金损失 20 多万元，有效提升建设银行对外的整体形象。

【注重转变作风，党建工作成效显著】党的群众路线教育实践活动开展以来，通过开展专项整治，会议数量较 2012 年同期压缩 8%，会议费较 2012 年同期降低 30%，招待费较 2012 年同比压缩 31%，差旅费支出减少 21. 9%。2013 年在宁夏群众评议机关和干部作风结果中，分行在四家国有商业银行中排名第一位。班子建设进一步加强，各级领导人员充分发挥核心表率作用，对重大决策、重要人事任免、重大项目安排、大额度资金运作等经营管理中的重要问题、敏感问题，坚持“集体领导，民主管理，充分酝酿，会议决定”，确保决策科学，提高决策透明度。员工队伍建设创建良好。加强对普通员工的人文关怀，重视解决基层员工反映强烈的现实问题，提高基层员工的福利待遇；重视员工职业生涯发展，加大基层员工培训力度；重视年轻人才培养，完善优秀年轻员工“挂职”、“竞聘”、“考评”三条路子，通过褒扬先进发挥典型模范的示范带头作用，促进广大员工积极主动投身全行发展，形成了个个谋发展、处处为发展的浓厚氛围。

执笔：乔惠婷

新疆维吾尔自治区分行

新疆维吾尔自治区分行行长　魏承国

一、业务发展概况

【负债业务】截至 2013 年末，全口径存款余额 1 734. 66 亿元，当年新增 275. 11 亿元，其中，一般性存款余额达到 1 651 亿元，新增 214. 40 亿元，余额、新增占比同业排名分别为第二位、第一位。

【资产业务】各项贷款年末余额达 996. 99 亿元，当年新增 175. 56 亿元，创历史纪录，增速 21. 37%，高于全国建设银行平均水平 10. 37 个百分点；余额和新增占比同业排名分别为第一位、第二位。其中，小微企业贷款增速 36. 23%，高于全行各项贷款平均增速21.37个百分点。

【盈利指标】实现税前利润31.22亿元，完成总行计划的122%，同比增长37.12%；实现经济增加值15.02亿元，完成总行计划的136.4%，同比增长62.15%；总资产净回报率、经济资本回报率、成本收入比分别为1.43%、30.65%、41.20%，较上年同期相比均有明显改善。

【公司业务】信贷结构继续优化，经营基础有效改善。全行对公结算账户当年新增8 576户，增量增速四大行第一，其中基本结算账户新增6 609户。公司机构有效客户较年初增长20.69%，高于总行增速2.19个百分点。产品创新明显进步。大力发展入池和债务融资工具，完成“小企业保贷通”、“兵团农资通”、“项目前期贷款”等10个创新项目，数量是2012年的5倍，为2014年的创新转型积累了经验。小企业贷款增量、增速实现“两个不低于”。管理基础得到夯实。围绕以客户为中心，狠抓在基层调研、市场响应、联动协作、客户服务、业务流程等方面不协调、不精准、不高效的行为，精细化管理水平不断提升。

2013年3月1日，建设银行新疆维吾尔自治区分行举办金融IC卡行业应用暨票据、并购产品推介会。

【个人金融业务】个人有资产客户增长35万户，增速12.25%，系统内排名第四位。个人存款余额721.78亿元，新增69.93亿元，新增额创历史同期最好成绩，新增额保持同业排名第一位。个人贷款余额211.89亿元，新增51.42亿元，新增额保持同业排名第二位，增速32.04%，高出全国建设银行平均水平12.69个百分点，系统内排名第五位。渠道竞争优势增强。新设12家网点，同业第一；新增182台自助设备，净增77家离行式自助银行，均为近年之最；网点全部实现综合化，客户服务覆盖面进一步扩大。信用卡新增客户、净增发卡、净增收单商户等七项指标位居同业第一，业务发展年内两次获得总行贺信表扬。金融IC卡包括社保和非社保类的发卡量均超额完成总行计划，行业应用和产品拓展成果显著。

【国际业务】全口径外汇存款余额为26 393万美元，较年初增加16 523万美元，增幅167%；外汇贷款余额38 754万美元，较年初增加23 665万美元，增幅157%；国际结算累计完成409 378万美元，与上年同期相比增加59 569万美元，增幅17%，同业排名第一位；实现外汇中间业务实现收入10 726万元，与上年同期相比增加了2 650万元，增幅33%，完成年度计划的113%。

【中间业务】中间业务发展克服重重困难，取得了近三年最好成绩。毛收入、净收入存量、增量、增速均排名同业第一位，毛收入达到11.4亿元，增速24.41%，完成总行计划的111.57%。电子银行战略拓展加快，个人网银、手机银行客户新增均居同业首位，多项指标系统内提升；网上招投标、善融商务等产品应用已见成效；投资银行业务较好地发挥了增加融资、理财增值、创新创收、稳存增存的作用，收入增长接近一倍。

【资产质量与风险控制】风险管控日趋完善，稳健运行得到保障。全年共处置各类不良资产2.97亿元，其中处置不良贷款2.44亿元，实现现金回收0.43亿元。不良贷款额11.34亿元，不良贷款率1.14%，分别比年初下降0.28亿元和0.27个百分点，均控制在总行计划之内。案防底线得到坚守，巩固了连续14年未发生大案要案、11年未发生一般性案件的成果。

二、主要工作举措

【强化新兴领域产品创新工作力度】为加快推进经营转型，不断寻找、创造新的发展优势，新疆区分行进一步加大了产品创新与推广工作力度，并强调深度创新，不断提升全行整体竞争力。一方面，结合实际，将产品创新纳入到各经营部门和二级分行的KPI考核中，并为各行、各部门配置系统用户；另一方面，依托系统，搭建产品创新的创意征集平台，加强新产品的研发和现有产品的优化组合创新，并通过产品创新带动和巩固已有的传统业务优势。同时，优化业务流程，完善外部快速响应客户需求、本部高效解决问题的机制，有效提升综合服务能力。

2013 年 12 月 30 日，建设银行新疆维吾尔自治区分行与乌鲁木齐市人民政府举行银证合作协议签约仪式。

【进一步优化组织架构及操作流程】为了更好地增强机构的环境适应性和稳定性，扭转新疆区分行省会城市行综合实力，促进全行业务健康发展，提升整体竞争力，新疆区分行根据总行《关于省会城市行机构规范设置的指导意见》的要求，结合营业部实际，制定了《中国建设银行新疆区分行营业部组织架构优化方案》。针对区分行营业部原有组织架构存在的管理半径偏大、支行功能配置不全、支行之间存在内耗、层级管理逐步弱化以及业务和管理仍需优化等问题，对营业部进行业务体系结构的调整。一方面，保留营业部管理模式，取消营业部本部事业部架构，梳理部门职责，优化业务和管理流程；另一方面，相应调整组织架构，缩小管理半径，整合部门职能设置，推进网点“三综合”建设，建设综合营销队伍，释放人力资源。建立以市场为导向，以客户为中心的信息灵、反应快、效率高的经营管理新体制。另外，为了积极支持自治区建设“丝绸之路经济带”，更好地为区内外企业实施“走出去”战略提供金融保障，新疆区分行审时度势，并于 2013 年 11 月在霍尔果斯国际边境合作中心设立了支行，开办了跨境人民币融资业务。此外，还通过规范内设部门职责和机构调整，推动二级分行的组织机构及人员的优化，理顺各级各条线经营管理模式；通过优化小企业和个贷业务审批流程和审批方式，规范小企业现代业务和个人信贷业务操作流程，提高业务经办效率和风险控管能力，

【加强风险防范和内控及案防工作】为遏制不良贷款的反弹势头，一方面，利用多种手段逐步压缩风险敞口，中基、海龙等五大不良贷款余额较年初减少 1.8 亿元；另一方面，严把准入和审批关口，不断提高信贷审批质量。同时，积极适应案件监管新要求，坚持案件“零容忍”，完善安全预警机制，通过加强远程监控、警示教育、行为排查、严格考核等措施，确保全年不发生大案要案和一般性案件。另外，通过健全内控评价体系，加大检查考核评价和问题整改力度，以及坚守授信审批政策，不断强化合规经营文化，有效提升了新疆维尔吾自治区分行的内控合规管理水平。

【完善改进激励约束机制管理体系】按照总行全面考核、压力均等的要求，继续推行以“EVA 挂钩”为核心的“上不封顶、下不保底”的绩效分配政策，引导发展方式转变，并纵深推进 KPI 和等级行考核制度，推动业务联动，促进业务快速发展。切实优化调整战略性业务费用配置策略，强力推进电子银行业务发展。在战略资源配置上加大对电子银行的投入力度，在核心业务劳动竞赛考核政策上将电子银行业务作为一项战略业务与存款、中间业务、有效客户定位同等重要的业务指标，激励引导全行抢占电子银行业务竞争制高点。同时，将贷款超值收益率纳入 KPI 考核，且作为追加绩效奖励的挂钩因素；将贷款议价能力纳入对经营部门的 KPI 考核；将综合收益作为信贷审批决策的重要依据；将联动产品和产品覆盖度纳入经营部门 KPI 考核，促进提升整体营销合力。

【狠抓基础建设贯穿经营工作始终】从大局出发，立足当前、着眼长远，将狠抓基础工作作为推动增长、赢得竞争、培养建立正确业绩观的重要举措，旗帜鲜明地作为长久性的工作常抓不懈。一是坚定基本结算户两年赶超中国银行的决心，树立机构类客户两到三年有明显改观的信心，培养专注体现银行基础竞争力产品的耐心，激发

打造新疆地区一流服务网点的雄心。二是要求各单位找准出发点，正视不足、知难而进、持之以恒，将抓基础工作贯穿始终，为当年增长提供动力，为未来发展积聚后劲。

【持续转变作风助推业务健康发展】围绕为民务实清廉，扎实开展党的群众路线教育实践活动，坚持勤俭办行，将开展群众路线教育实践活动与转变工作作风紧密结合，承接地气。一是深入基层调研倾听员工呼声，妥善协调解决员工工作、生活、学习等方面的困难和诉求；二是坚持优化用人机制，拓宽选人用人渠道，加强年轻干部培养；三是积极帮扶边远县支行“职工之家”建设，营造了尊重员工、关爱员工、公开透明的良好氛围。

执笔：孔建新

哈尔滨培训中心

哈尔滨培训中心主任　孙平生

2013 年，哈尔滨培训中心按照总行关于培训工作的总体要求和部署，紧密围绕建设银行业务发展和培训需求，牢固树立“以学员为中心”培训理念，坚持创新，深化改革，强化管理，夯实基础，持续增强培训核心能力，各项工作都取得了较大进展，比较好地发挥了培训主阵地作用。2013 年全年共承办培训班 393 个，培训学员 29 181人次，完成培训工作量 200 521 人天，较上年增长 16 839.5 人天，增幅 8.4 %。

一、有效落实总分行培训计划，满足全行培训需求

【培训计划组织落实到位】根据总行培训计划和分行培训需求，早沟通、早谋划、早安排。通过深入分行走访调研，加强与总行业务部门日常沟通等形式，深入了解总分行培训需求，保证了培训的确定和落实。全年共有 31 个总行部门和 28 个一级分行现场办班，分别占总行部门总量的 75.6% 和分行总量的 73.7%。

【培训项目得到有效实施】充分调动和有效利用各类资源，精心组织，有效管理，发挥培训中心和党校分校联动作用。对内妥善安排好公寓房间，利用公休日开展培训，降低房间空闲率；对外均衡安排培训班次，努力扩大培训量多的班次比重，各类培训资源始终保持满负荷运转，使培训资源瓶颈问题对培训工作造成的不利影响降到最低点，现场培训规模为 338 期，培训学员 23 767人次，培训工作量 183 287 人天，较上年增长 2.71%，达到了历史最高水平。

【培训途径不断拓宽】在认真抓好现场培训的基础上，积极组织开展非现场培训，完成非现场工作量 11 000 人天，较上年增长 28.66%。同时，积极推进培训课件制作工作，形成培训课件制作与培训工作量挂钩机制，拓宽了培训工作量的实现途径。

二、加快培训改革创新，培训质量不断提高

【培训项目和课程开发管理不断加强】不断完善培训项目和课程开发全流程管理模式，对开发环节严格把关，定期清理脱离培训需求的培训项目和课程。积极组织培训师参与总行项目开发，认真做好自主项目开发和课程建设，完成 4 个创

新项目和15门新课程的开发。下大气力对原有较难满足培训需求的24个项目和155门课程进行维护整合，增强了针对性和实效性。

【培训教学改革不断深化】进一步加快远程网络培训发展步伐，构建相应的培训教学管理体系，对培训教学部门职能进行了调整。进一步健全了课程竞争机制，完善了公开竞课制度，实现了课程资源的优化配置。全面推进培训课程AB角制度，全年共有10门公共管理类和25门专业类课程B角通过验收，保证了课程的均衡有效实施。积极组织精品课程及优秀课程评选，评选精品课程4门，优秀课程3门，有效发挥了品牌培训课程的示范作用。积极探索培训方式创新，通过定期组织沙龙活动、开展顾问式培训、培训班结业前增加培训体会交流环节等方式，增强了培训效果，受到了学员欢迎。

【培训教学管理不断夯实】狠抓培训教学制度建设，修订完善了教学、研发、培训、实习等管理制度，继续加大对培训教学改革创新和价值创造的政策支持力度。认真做好教学计划安排和落实，定期开展教学检查，确保了正常教学秩序。

【远程培训工作步伐加快】不断加大对远程培训的资源投入，积极参与总行网络学习平台建设，主动承担总分行远程培训任务，承担了大量总分行电子课件项目开发任务，全年承担总分行电子课件开发项目23个，开发完成268个电子课件。特别是在参与总行新一代核心系统项目开发中，承担了42个专题开发任务，占全部专题的61%，扩大了远程培训工作在全行的影响，得到了总行的肯定。同时，有序推进领导力研发中心、人才素质测评中心和考务中心建设，不断加强理论业务研究，完成人才素质测评13 063人次，完成各业务条线题库200套。

【培训项目管理不断加强】有针对性加强对培训项目管理人员业务能力培训，不断优化和补充项目经理队伍。积极探索培训管理方式创新，建立了培训班结业考试和颁发证书制度，不断加大培训学员考核力度，完成学员考核212期，考核学员14 638人次，增强了培训效果。进一步规范培训项目组织管理，完善了培训管理工作例会制度，定期召开部门联席会议，加强部门间的协调与沟通。加强培训管理制度建设，对重点环节、重点部位定期巡检查访，及时了解和解决学员在培训和生活中遇到的各种问题。

三、坚持党校办学方针，稳步推进党校工作

【积极探索教学创新】以抓好领导干部进修班为重点，不断完善培训内容，丰富教学手段，引入金融特色课，聘请中央党校、总行和社会知名专家来校面授，将党性教育课程扩展到各类班次，培训质量不断提高。全年完成31期培训班，培训学员2 669人次，完成工作量51 154.5人天 。

【学员组织管理得到加强】坚持从严治校方针，切实抓好学员组织管理，采取组织员、学员党支部和分行带队人三个层次管理模式，定期走访学员公寓，定期召开支部小组会议，研究学员在培训和生活中遇到的各种问题学，狠抓制度执行落实，收到了较好效果。

【学员培训生活不断丰富】坚持“用心管理、用情服务”，认真细致地做好学员服务工作，广泛征求学员意见和建议，不断丰富和活跃学员培训生活，形成了富有党校特色的文化氛围，得到了学员的认可。

四、有序推进培训保障能力建设，培训服务水平不断提高

【加强员工队伍建设】进一步优化员工队伍结构，通过招录新员工、岗位交流、管理岗位公开竞聘等形式，使员工岗位配置和队伍结构更趋合理。加强培训师队伍建设，有计划、有重点地开展培训师下行实习、业务调研和技能培训活动，要求每位培训师实习调研天数不得少于15天，培训天数应达到10天以上。同时，加强兼职培训师队伍建设，形成了一支由行内专家为主的兼职培训师队伍，提高了整体培训质量。

【基础设施设备条件不断改善】以新公寓建设项目为重点，加快施工进度，确保安全施工，保证工程质量。进一步加强对电路、管网、消防等基础设施设备的分析论证，对年久失修、功能丧失的设施设备进行维修和更换。同时，组织做好培训楼、多功能餐厅、第三培训教室、3号培训公寓等场所设施改造维修工程立项、设计等准备工作，基础设施设备条件得到改善，为学员创造良好培训生活环境。

【扎实推进“以学员为中心”服务文化建设，

服务保障水平持续提高】通过完善服务制度流程、规范服务标准、开展技能培训、完善服务评价反馈途径等措施，进一步提高各岗位尤其是培训管理、后勤保障等窗口岗位员工综合素质和服务技能，不断推动服务创新，细化服务措施，丰富服务内涵，住宿、餐饮、运输等条线工作服务质量不断提高。通过调研小组到分行调研、定期召开学员座谈会、到学员公寓实地回访、360度调查问卷等形式，广泛收集学员的意见建议，及时整改落实。

【狠抓安全管理不放松，安全管理工作得到强化】坚持把安全工作放在首要位置，认真组织开展安全生产大检查工作，分阶段、分步骤，积极组织推进实施。通过多种形式加强员工安全教育，提高了全员的安全意识。坚持部门“一岗双责”和定期召开安全例会制度，加强在食品卫生、车辆运输、水电管理、防火防盗等安全方面的管控。进一步加大安全管理设备投入，有效发挥了园区闭路监控系统和一卡通等技防作用，确保了培训中心安全稳定。

五、深入开展党建和企业文化建设，校风校貌有变化

【党的群众路线教育实践活动取得实效】按照中央和总行党委的部署和要求，在总行督导组的指导下，以贯彻落实中央八项规定和总行党委十项要求为切入点，紧密围绕活动主题，认真按照活动要求，聚焦“四风”问题，精心组织开展群众路线教育实践活动。在活动中，坚持以学习教育为基础，以查摆问题为重点，以整改落实为根本，切实加强组织领导，做好思想发动，深入检查指导，注重结合实际，突出活动重点和特色，丰富活动形式和内容，把“规定动作”做到位，使“自选动作”有特色，做到活动与工作“两不误、两促进”，群众路线教育活动收到了明显成效。

【领导班子和党风廉政建设不断加强】继续以加强领导班子思想建设、能力建设和作风建设为重点，坚持民主集中制，注重抓好以十八大精神为重点的理论业务学习，不断增强班子的凝聚力、战斗力和竞争力。积极推进党风廉政建设，认真贯彻落实中央八项规定和总行党委十项规定，积极开展“学党章、守纪律、正品行”主题教育实践活动，党风廉政建设得到全面落实。

【管理水平不断提高】通过整章建制和制度流程梳理整合等工作，进一步理顺了制度流程体系。坚持重要事项集体决策，重要工作实行全员通报制度，实现决策的公开、公平、公正，保障了决策的科学性。组织开展内控与合规检查和加强工作督查检查，提高了员工的责任意识、合规意识和风险意识，提升了培训中心整体执行力。

【企业文化建设持续加强和改进】围绕中心工作，精心组织开展员工思想状况调查、“知行合一，实干兴行”、“爱建设银行、爱中心、爱岗位”等主题活动，广泛征集员工故事，加强典型宣传，大力倡导讲正气、讲团结、讲和谐、讲责任、讲联动、讲贡献，积极推动良好校风建设。深入细致地开展关爱员工活动，对病患和困难的离退休人员、内退员工和在岗员工进行帮扶慰问，努力为员工解决实际困难。

执笔：和素军

常州培训中心

常州培训中心副主任（主持工作） 屈建伟

2013 年，在总行党委的领导和关心下，常州培训中心加快创新转型，努力提升培训教学质量和培训服务保障能力；扎实开展教育实践活动，转变工作作风，着力推进各项管理制度的建设和完善，进一步提高员工队伍的专业化水平和综合素质。

一、培训工作概况

【现场培训量保持增长】进一步强化培训需求分析汇总，深挖培训供给潜力，力争统筹合理排班，全年共举办各类培训班 389 期，完成培训人天 19.95 万人天，较上年同比增长 9%。全年完成培训总量 22.19 万人天（其中不含为分行提供的上门培训 1.12 万人天）。在培训服务上，牢固树立“以学员为中心”理念，坚持“严格管理与热情服务”相结合原则，注重安全管控细节，创新学员管理方式，重视学员情绪和心理管理，持续深化常培服务内涵，全年培训组织管理平均满意度达到 99.74%。

【项目课程研发力求实效】紧随行内业务发展战略，加快产品项目研发，关注培训质量提升，努力提高培训课程项目的针对性和实效性，探索培训转型，积极推动培训课程精品化。一是根据行内业务发展及时更新完善培训项目，加大重点项目改造力度，努力做到培训内容因需而变。全年开发完成 73 门新课程，课程总量近 443 门，且大部分都已投入教学实施，有效促进了培训质量提升。还高度再造了 EBC 模拟银行项目，精心设计了“专题 + 模拟训练 + 行为落地”的复合培训模式，应用于二级行和基层行项目。二是及时把握培训方向，勇于创新，推进向咨询型培训转型。将创新专题研究及培训手段、模式创新纳入创新机制管理内容并不断完善，进一步加大资源倾斜和支持力度，鼓励咨询型项目研发。2013 年已成功实施员工心理援助、网点诊断 2 个咨询型项目，赢得分行好评。

2013 年 7 月 24 日，建设银行常州培训中心召开党的群众路线教育实践活动动员大会。

【网络学习推进和运维成绩突出】一是全力配合总行完成网络学习系统运维和新一代项目开发支持工作。全行全年完成网络课程学习 660 万人次；完成现场培训班信息维护 4.1 万期，注册学员 153.5 万人次。二是积极推广网络学习项目在全行的应用，努力提升远程课件开发质量，逐步取得网络学习应用新突破。全年开发完成各类定制课件 307 个，其中总行定制课件 98 个，新一代项目组课件 80 个，各分行标准课件 129 个；另外，中心自主开发课件30个，完成现场培训班资料转换快速课件155个。全年DCCTS培训8.56万人次，其中DCCTS训练7.18万人次，PBCS训练1.38万人次。三是大胆尝试培训新形式，大力推广混成式培训项目，推进网络培训与现场培训的协同机制。2013年成功实施了网点综合营销人员培训、公司客户经理培训2个混成式培训项目，先后在内蒙古自治区、河北省、安徽省、山东省等分行实施，完成网络学习近8 000课时，现场培训近2 500人天，培训效果反馈良好。

【考试与素质测评专业化能力显著提升】考试与素质测评工作在继续保持业务质量和规模的同时，积极开展项目研发和技术创新，推进专业能力提升。一是通过试卷质量的分析与评价制、项目负责人制度，测评项目跟踪评估访谈制度等各项制度的不断完善，借助远程考试、人才测评、360度领导力评估反馈等系统的效用发挥，出色完成考试、测评任务。全年完成命题组卷262套，开展考试考务项目84个，完成岗位考试8.62万人次，开展测评项目43个，测评4 588人次。二是考试与测评服务质量显著提升。通过加强对考试测评项目的数据统计和分析评价，结合总分行需求，不断改进项目设计，2013年考试与测评客户满意度均达到了99%。三是抓住重点项目实施契机，推动业务创新转型。一方面，推动完成公司客户经理、个人客户经理、资金结算师等新一轮专业技术岗位职务题库建设工作，并坚持加强试题库和素材库建设，新增“管理”试题库，试题量548道；增加了46份无领导小组讨论、22个公文筐处理案例、65套结构化面谈题本，引进修订15FQ＋（Fifteen Factor Questionnaire plus）个性因素问卷，充实测评工具库，持续推进试题库和测评案例库建设，做好材料储备；另一方面，进一步加强测评与培训、咨询的结合。2013年开发了领导力在线测试系统，并成功用于二级分行行级管理人员领导力培训班；探索将测评结果用于课程讲授，向学员进行团体反馈交流，强化培训的咨询功能；更加注重测评过程中对被测评对象的培训和反馈指导，使学员获得更好的测评体验和收效。

【党校创新办学成绩突出】党校常州分校全年完成45期班的教学组织和学员管理任务，培训人数3 200人。在办学过程中，分校不折不扣地执行中央党校的教学计划，对上级党校的教学管理要求认真落实，确保了主体班教学质量。同时，坚持自主创新，开发实施了新任支行行长培训项目、业务经理成长培训项目。在教学组织和管理方面，坚持创新教学模式和管理方法，进一步体现党校办学特色。通过增加十八大精神专题学习、群众路线专题学习、开展“优秀学员手册评比”、党校班撰写“对策与建议”、改版设置党务班课程、开展丰富多样的课余兴趣班等手段应用，不断激发学员学习热情，提升办学效果；通过每周学员考勤上墙、学员安全管控日报等制度的严格落实，进一步规范学员管理，推进一流学风建设。

二、主要工作措施

【坚持客户中心和需求导向，着力提升培训质量】一是及时跟进总行业务发展及机制改革步伐，认真研究培训需求变化，分重点、有节奏地组织力量投入开发，不断加快与之相对应的项目、课程研发，做到课程内容因需而变，实现中心项目课程体系的不断完善。二是努力开拓，开发实施咨询型培训项目，推动培训转型。将员工心理援助和网点诊断2个项目作为转型重点项目，认真组织实施，获得分行好评；同时，不断推进测评与培训的结合，自主开发完成二级行长“领导力行为测评”工具并投入教学使用。三是坚持质量为先，努力追求授课规范化和精品化。一方面，严格授课质量标准，所有授课均按照“六个一”模式实施，并对研发教学岗培训师进行动态管理；另一方面，不断创新培训技术，探索实施“电影教学法”、“一站到底”、“LOE最佳领导实践分享”、微电影、课件实验室等10余种新模式，使学员获得多彩的培训体验，取得了良好课堂效果，全年所有培训师平均授课满意度达到了97.72%。四是坚守安全办学防线，强化培训组织规范和服务流程，培训组织管理进一步标准化，常培服务内涵持续深化。在继续严格执行培训实施管控模式以及学员守则、请假制度、外出登记等制度的同时，强调学员自我管理机制的探索，用制度的进一步标准化提升培训组织管理水平，用管理的进一步规范化确保学员安全。同时，坚持用心服务，不断完善细化服务流程标准，努力为学员提供一流培训服务，收获行内广泛好评，全年培训组织管理平均满意度达到99.74%。

【坚持以人为本，建好队伍，努力培育常培发展实力】一是注重学习，建好领导干部队伍。中心党委高度重视并带头学习，以坚持不懈地学习提升干部队伍科学决策能力和政治素养；大力培育优良工作作风，促使党员领导干部牢固树立宗旨意识和群众观点，提高群众工作本领；认真贯彻落实干部选拔任用工作各项制度，坚持群众公认选拔干部，强化效能监督机制，实现凭实绩使用干部，用制度约束权力。二是建设一支能战斗的员工队伍，尤其是建设一支高素质的培训师队伍。注重抓好员工全方位培训、青年人才库建立完善、青年员工职业规划指导开展、专业技术岗位职务聘任、激励制度完善等工作，积极搭建员工发展平台，努力拓宽员工培养渠道，适时开展学习竞赛，不断激发员工工作热情，取得显著效果。青年员工快速成长，先后有16人在金融系统和总行举办的各类评选比赛中摘获荣誉，形成了踏实奋进的工作作风。三是倡导文化引领，不断凝聚常培发展能量。充分发挥工会、团委的桥梁作用，畅通群众反馈意见渠道，挖掘并完善惠民政策，积极做好老干部工作，帮扶帮困工作，认真开展各类员工活动。全年组织开展了业务竞赛、体育比赛等文体活动16次；开展了“常培志愿者在行动”、常培名片创意大赛等综合性活动18项，不断凝聚向心力，形成常培道德风尚新风貌。

【积极推进管理体制规范化，充分发挥机制引领作用】一是深入开展群众路线教育实践活动，借活动之力促中心管理水平提升，坚持以改革精神下大气力抓好整改，取得了明显成效，补充完善了中心行政费用支出审批制度、会议制度、学员管理制度等12项规章制度，精细化管理进一步深化，配置各类资源能力进一步科学化。二是强调有效监督，安全管控更加严格。严格执行学员安全、行车安全、食品安全等七大重点部位的安全管控制度，对网络运维、采购询价等所有重点项目和操作风险环节实施周报制度，加强安全管控和岗位责任制的有效落实。效能监察工作更加细致深入，对风险管控和培训管理重点部位的检查更加严格，2013年还将培训质量考核、群众路线活动整改等方面的工作内容列入效能监察范畴；并对部分项目开展了专项效能监察。三是绩效管理有序推进。中心积极推进绩效管理相关工作，开展实施3个业务部门的绩效考核试点，并制定各部门绩效工作推进时间表。同时对各部门流程、部门架构、岗位职责等进行完善，要求逐一对每个员工就个人绩效目标进行充分沟通。四是事务公开制度不断完善。中心决策实施全公开、全公示，集体决策公开透明。在重大事项决策前，特别对涉及员工利益的事项，充分听取员工意见；所有财务支出都由财管委讨论通过后执行。五是积极培育创新文化，完善创新机制。将创新专题研究以及培训手段、模式创新纳入创新机制管理内容，进一步加大创新支持力度和奖励力度，对员工创新热情给予足够的耐心和空间，充分发挥员工的主观能动性。

执笔：许海英

CHINA 中国建设银行年鉴 CONSTRUCTION BANK ALMANAC 2014

第五部分　综合统计

中国建设银行股份有限公司资产负债表

（2013 年 12 月 31 日）　　（单位：人民币百万元）

	本集团		本行	
	2013 年	2012 年	2013 年	2012 年
资产：				
现金及存放中央银行款项	2 475 001	2 458 069	2 469 497	2 443 276
存放同业款项	321 286	585 898	328 640	584 538
贵金属	35 637	38 419	35 637	38 419
拆出资金	152 065	129 653	233 574	138 015
以公允价值计量且其变动计入当期损益的金融资产	364 050	27 572	356 854	16 206
衍生金融资产	18 910	12 671	16 503	11 667
买入返售金融资产	281 447	316 685	280 959	316 624
应收利息	80 731	68 264	79 025	67 581
客户贷款和垫款	8 361 361	7 309 879	8 025 415	7 142 317
可供出售金融资产	760 292	701 041	714 745	681 416
持有至到期投资	2 100 538	1 918 322	2 095 741	1 915 811
应收款项债券投资	189 737	219 713	182 252	217 741
对子公司的投资	—	—	22 004	16 676
对联营和合营企业的投资	2 624	2 366	—	—
固定资产	135 678	113 946	127 810	110 343
土地使用权	15 731	16 232	15 682	16 181
无形资产	2 053	2 061	1 549	1 564
商誉	1 610	1 651	—	—
递延所得税资产	38 448	27 051	39 093	27 517
其他资产	26 001	23 335	58 417	40 858
资产总计	15 363 210	13 972 828	15 083 397	13 786 750
负债：				
向中央银行借款	79 157	6 281	78 733	6 169
同业及其他金融机构存放款项	692 095	977 487	704 487	980 497
拆入资金	155 917	120 256	122 479	77 640
以公允价值计量且其变动计入当期损益的金融负债	380 380	37 251	377 731	34 533
衍生金融负债	19 872	11 541	16 796	10 045
卖出回购金融资产	61 873	2 360	55 457	891
客户存款	12 223 037	11 343 079	12 055 777	11 250 000
应付职工薪酬	34 080	32 772	32 938	31 886
应交税费	60 209	53 271	59 693	52 862
应付利息	153 627	123 215	152 946	122 804
预计负债	5 014	5 058	5 014	5 058
已发行债务证券	357 540	262 991	322 406	245 024
递延所得税负债	138	332	—	—
其他负债	65 942	47 389	40 339	33 884
负债合计	14 288 881	13 023 283	14 024 796	12 851 293
股东权益：				
股本	250 011	250 011	250 011	250 011
资本公积	135 523	135 523	135 508	135 140
投资重估储备	（19 290）	3 023	（19 275）	3 078
盈余公积	107 970	86 718	107 970	86 718
一般风险准备	153 835	80 483	150 675	79 444
未分配利润	444 084	391 034	434 877	381 844
外币报表折算差额	（6 182）	（4 818）	（1 165）	（778）
归属于本行股东权益合计	1 065 951	941 668	1 058 601	935 457
少数股东权益	8 378	7 877	—	—
股东权益合计	1 074 329	949 545	1 058 601	935 457
负债和股东权益总计	15 363 210	13 972 828	15 083 397	13 786 750

中国建设银行股份有限公司利润表

（2013 年度）　　　　　　　　（单位：人民币百万元）

	本集团		本行	
	2013 年	2012 年	2013 年	2012 年
一、营业收入	508 608	460 746	492 581	447 699
利息净收入	389 544	353 202	383 811	348 916
利息收入	646 253	603 241	636 987	595 723
利息支出	（256 709）	（250 039）	（253 176）	（246 807）
手续费及佣金净收入	104 283	93 507	102 476	91 809
手续费及佣金收入	107 432	96 218	105 415	94 345
手续费及佣金支出	（3 149）	（2 711）	（2 939）	（2 536）
投资收益	6 318	6 327	5 601	5 328
其中：对联营和合营企业的投资收益	60	28	—	—
公允价值变动损失	（1 325）	（661）	（1 096）	（185）
汇兑收益	1 810	1 504	945	1 191
其他业务收入	7 978	6 867	844	640
二、营业支出	（230 636）	（210 460）	（218 121）	（200 164）
营业税金及附加	（31 648）	（30 233）	（31 385）	（30 019）
业务及管理费	（148 692）	（134 566）	（143 832）	（130 509）
资产减值损失	（43 209）	（40 041）	（42 176）	（139 349）
其他业务成本	（7 087）	（5 620）	（728）	（287）
三、营业利润	277 972	250 286	274 460	247 535
加：营业外收入	2 737	1 941	2 583	1 843
减：营业外支出	（903）	（788）	（890）	（780）
四、利润总额	279 806	251 439	276 153	248 598
减：所得税费用	（64 684）	（57 837）	（63 634）	（57 176）
五、净利润	215 122	193 602	212 519	191 422
归属于本行股东的净利润	214 657	193 179		
少数股东损益	465	423		
六、基本和稀释每股收益（人民币元）	0.86	0.77		
七、其他综合收益	（23 422）	（3 574）	（22 434）	（3 413）
最终不计入损益	454	（31）	454	（37）
最终计入损益	（23 876）	（3 543）	（22 888）	（3 376）
八、综合收益总额	191 700	190 028	190 085	188 009
归属于本行股东的综合收益	191 286	189 585		
归属于少数股东的综合收益	414	443		

中国建设银行股份有限公司现金流量表

（2013 年度）（单位：人民币百万元）

	本集团		本行	
	2013 年	2012 年	2013 年	2012 年
一、经营活动现金流量：				
客户存款和同业及其他金融机构存放款项净增加额	613 017	1 373 562	544 890	1 360 249
向中央银行借款净增加额	73 116	4 090	72 804	3 988
拆入资金净增加额	38 816	42 278	47 712	32 607
卖出回购金融资产净增加额	59 603	—	54 566	—
已发行存款证净增加额	96 865	53 554	78 914	46 641
买入返售金融资产净减少额	35 238	—	35 665	—
以公允价值计量且其变动计入当期损益的金融负债净增加额	343 129	3 605	343 198	3 577
收取的利息、手续费及佣金的现金	739 438	685 201	729 203	676 141
收到的其他与经营活动有关的现金	16 765	10 783	3 455	3 250
经营活动现金流入小计	2 015 987	2 173 073	1 910 407	2 126 453
客户贷款和垫款净增加额	(1 116 433)	(1 028 588)	(941 785)	(995 438)
存放中央银行和同业款项净增加额	(33 915)	(212 062)	(33 070)	(208 036)
拆出资金净增加额	(51 108)	(6 186)	(123 751)	(7 899)
买入返售金融资产净增加额	—	(116 642)	—	(116 581)
卖出回购金融资产净减少额	—	(8 101)	—	(10 703)
以公允价值计量且其变动计入当期损益的金融资产净增加额	(332 614)	(2 632)	(337 130)	(5 531)
支付的利息、手续费及佣金的现金	(221 788)	(204 542)	(218 357)	(201 306)
支付给职工以及为职工支付的现金	(85 653)	(76 932)	(83 026)	(74 857)
支付的各项税费	(94 714)	(87 696)	(93 574)	(86 831)
支付的其他与经营活动有关的现金	(33 833)	(60 879)	(47 704)	(60 770)
经营活动现金流出小计	(1 970 058)	(1 804 260)	(1 878 397)	(1 767 952)

续表

	本集团		本行	
	2012 年	2011 年	2012 年	2011 年
经营活动产生的现金流量净额	45 929	368 813	32 010	358 501
二、投资活动现金流量：				
收回投资收到的现金	730 160	608 345	733 716	597 556
收取的现金股利	461	250	505	261
处置固定资产和其他长期资产收回的现金净额	1 851	1 200	1 593	1 038
投资活动现金流入小计	732 472	609 795	735 814	598 855
投资支付的现金	(971 998)	(730 417)	(940 865)	(708 887)
购建固定资产和其他长期资产支付的现金	(38 406)	(34 939)	(33 553)	(31 756)
取得子公司、联营和合营企业支付的现金	(250)	(294)	(3 828)	(1 834)
对子公司增资支付的现金	—	—	(1 500)	(2 892)
投资活动现金流出小计	(1 010 654)	(765 650)	(979 746)	(745 369)
投资活动所用现金流量净额	(278 182)	(155 855)	(243 932)	(146 514)
三、筹资活动现金流量：				
发行债券收到的现金	1 997	41 951	1 997	40 952
子公司吸收少数股东投资收到的现金	51	3 332	—	—
筹资活动现金流入小计	2 048	45 283	1 997	40 952
分配股利支付的现金	(67 044)	(59 220)	(67 003)	(59 128)
偿付已发行债券利息支付的现金	(7 545)	(5 562)	(7 513)	(5 501)
支付其他与筹资活动有关的现金	—	(1 288)	—	—
筹资活动现金流出小计	(74 589)	(66 070)	(74 516)	(64 629)
筹资活动所用的现金流量净额	(72 541)	(20 787)	(72 519)	(23 677)

中国建设银行存、贷款主要指标统计表（人民币）

（2013 年 12 月）　　（单位：亿元）

项　目	本期余额	比年初新增		新增比 2012 年同期（±）
		2013 年	2012 年	
全口径存款	**121 559.38**	**8 264.71**	**10 445.46**	**-2 180.75**
一、一般性存款	115 782.22	10 556.48	10 425.57	130.91
1. 对公存款	60 985.00	4 673.32	4 599.47	73.84
活期存款	39 582.52	3 364.73	2 201.05	1 163.68
定期存款	21 402.48	1 308.59	2 398.42	-1 089.83
2. 个人存款	54 797.22	5 883.16	5 826.10	57.06
活期存款	24 969.67	4 165.03	2 634.21	1 530.82
定期存款	29 827.56	1 718.13	3 191.89	-1 473.76
二、同业存款	5 777.15	-2 291.77	19.89	-2 311.66
保本理财资金	**4 183.42**	**598.84**	**2 042.13**	**-1 443.28**
一、对公保本理财资金	2 581.89	613.10	1 250.20	-637.10
二、个人保本理财资金	1 601.53	-14.26	791.92	-806.18
各项贷款	**76 404.48**	**8 468.61**	**7 638.50**	**830.11**
一、对公贷款	51 767.71	3 997.83	4 241.67	-243.84
其中：贴现贷款	1 190.07	-204.51	256.38	-460.88
二、个人类贷款	24 636.77	4 470.77	3 396.83	1 073.95
其中：个人住房贷款	20 249.44	3 747.66	2 314.61	1 433.05

注：1. 个人类贷款包括个人住房贷款、个人消费类贷款和信用卡透支，不含“个人买方信贷”。

2. 个人住房贷款中含个人商业用房贷款。

3. 存款不含保本理财资金。

中国建设银行存、贷款主要指标统计表（外币）

（2013 年 12 月）　　（单位：亿美元）

项　目	本期余额	比年初新增		新增比 2012 年同期（±）
		2013 年	2012 年	
全口径存款	**583.79**	**-60.87**	**142.81**	**-203.68**
一、一般性存款	388.68	11.84	128.91	-117.07
1. 对公存款	351.42	11.91	128.44	-116.53
活期存款	116.30	7.34	-0.19	7.53
定期存款	235.12	4.58	128.63	-124.05
2. 个人存款	37.26	-0.08	0.47	-0.54
活期存款	16.97	0.01	-0.14	0.15
定期存款	20.29	-0.09	0.60	-0.69
二、同业存款	195.11	-72.71	13.90	-86.61
保本理财资金	**30.10**	**26.25**	**-6.71**	**32.96**
一、对公保本理财资金	28.84	25.84	-6.72	32.55
二、个人保本理财资金	1.26	0.41	0.01	0.41
各项贷款	**553.99**	**29.68**	**258.37**	**-228.70**
一、短期贷款	91.61	4.69	23.45	-18.76
二、中长期贷款	62.21	3.93	-5.81	9.74
三、进出口贸易融资	372.01	18.28	236.30	-218.02
四、境外筹资转贷款	24.12	3.56	1.55	2.01
五、各项垫款	4.00	-0.77	2.90	-3.67
六、其他贷款	0.03	-0.01	-0.01	0.00

注：存款不含保本理财资金。

中国建设银行个人贷款主要指标统计表（本外币）

（2013 年 12 月）（单位：亿元）

项目	本期余额	比年初新增		新增比 2012 年同期（±）
		2013 年	2012 年	
个人贷款合计	**24 645.03**	**4 468.39**	**3 398.97**	**1 069.43**
1. 个人消费贷款	714.90	-90.66	38.64	-129.29
2. 个人助学贷款	3.22	-1.20	-1.47	0.26
3. 个人住房贷款	18 802.20	3 514.63	2 157.83	1 356.80
4. 个人商业用房贷款	1 327.86	242.41	171.83	70.58
5. 个人其他消费贷款	0.05	-0.01	-0.01	0.00
6. 下岗失业人员小额担保贷款	1.33	-0.28	0.12	-0.40
7. 个人助业贷款	916.55	-101.21	230.60	-331.81
8. 个人住房最高额抵押贷款	119.61	-9.46	-15.14	5.67
9. 个人支农贷款	74.16	6.89	13.02	-6.14
10. 个人信用卡透支	2 685.16	907.29	803.54	103.76

中国建设银行各分行存款主要指标统计表（本外币）

（2013 年 12 月）（单位：亿元）

地区	一般性存款		其中：对公存款		其中：储蓄存款	
	本期余额	比年初新增	本期余额	比年初新增	本期余额	比年初新增
全国总计	**122 498.42**	**11 316.55**	**65 866.67**	**5 452.56**	**56 631.74**	**5 863.99**
总行本级	69.66	9.68	0.16	-0.02	69.50	9.69
信用卡条线	74.03	-22.29	25.06	-12.06	48.96	-10.24
长三角	24 147.20	2 064.88	14 201.90	1 129.80	9 945.29	935.09
上海	7 877.60	770.24	4 992.26	554.43	2 885.34	215.81
江苏	6 999.51	632.50	3 632.06	315.42	3 367.45	317.07
浙江	5 767.27	488.27	3 303.43	162.61	2 463.84	325.66
宁波	1 260.51	120.77	832.25	94.59	428.26	26.18
苏州	2 242.29	53.10	1 441.89	2.74	800.40	50.36
珠三角	19 372.80	1 946.08	10 387.06	1 014.04	8 985.74	932.04
广东	10 646.51	923.81	5 302.12	396.89	5 344.38	526.93
深圳	4 179.81	526.61	2 997.17	404.85	1 182.64	121.76
福建	3 450.62	374.76	1 515.42	140.45	1 935.21	234.31
厦门	1 095.86	120.89	572.35	71.85	523.51	49.04

续表

地区	一般性存款		其中：对公存款		其中：储蓄存款	
	本期余额	比年初新增	本期余额	比年初新增	本期余额	比年初新增
环渤海	23 157.66	1 672.56	13 017.39	721.28	10 140.28	951.28
北京	9 390.14	250.77	6 163.72	-17.34	3 226.42	268.11
山东	5 652.52	773.44	2 953.74	425.17	2 698.79	348.26
天津	2 202.53	256.79	1 311.07	147.89	891.46	108.90
河北	4 965.26	298.10	2 068.19	104.21	2 897.07	193.89
青岛	947.22	93.47	520.68	61.35	426.54	32.13
中部	22 959.53	2 520.81	10 869.54	1 107.82	12 089.99	1 412.99
山西	2 608.09	158.01	1 184.83	39.22	1 423.26	118.79
广西	2 053.66	223.28	1 088.12	105.65	965.54	117.63
湖北	3 776.35	464.56	1 543.80	185.30	2 232.55	279.26
河南	4 066.34	556.01	1 850.43	279.90	2 215.91	276.11
湖南	4 248.97	470.85	1 891.29	172.71	2 357.68	298.14
江西	2 062.15	235.62	1 151.78	140.19	910.37	95.43
海南	765.26	108.36	475.74	67.22	289.52	41.14
安徽	2 923.31	254.29	1 469.83	95.56	1 453.48	158.73
三峡	455.41	49.82	213.73	22.06	241.68	27.76
西部	24 092.27	2 608.82	13 536.43	1 358.46	10 555.84	1 250.35
四川	6 278.97	644.43	3 503.19	318.72	2 775.78	325.71
重庆	2 341.26	292.23	1 338.68	184.76	1 002.58	107.47
贵州	1 777.40	171.44	1 049.73	77.83	727.67	93.61
云南	2 627.86	284.81	1 578.90	174.87	1 048.96	109.93
西藏	594.15	108.18	474.59	87.79	119.55	20.39
内蒙古	2 162.90	240.68	1 089.01	105.69	1 073.90	134.99
陕西	3 529.82	389.33	1 818.82	155.85	1 711.00	233.48
甘肃	1 661.52	136.56	885.69	50.06	775.83	86.50
青海	888.88	96.11	547.35	56.68	341.53	39.43
宁夏	560.05	33.54	311.87	12.06	248.19	21.48
新疆	1 669.45	211.50	938.61	134.16	730.85	77.35
东北	8 625.27	516.02	3 829.13	133.23	4 796.14	382.80
辽宁	3 345.48	321.54	1 389.89	111.73	1 955.60	209.81
吉林	1 862.04	184.95	858.45	74.40	1 003.59	110.55
黑龙江	2 181.80	-63.56	906.74	-94.95	1 275.06	31.39
大连	1 235.95	73.10	674.06	42.05	561.89	31.05

注：存款不含保本理财资金。

中国建设银行各分行贷款主要指标统计表（本外币）

（2013 年 12 月）　　（单位：亿元）

地区	各项贷款		其中：对公贷款		其中：个人贷款	
	本期余额	比年初新增	本期余额	比年初新增	本期余额	比年初新增
全国总计	**79 755.01**	**8 552.92**	**55 109.98**	**4 084.53**	**24 645.03**	**4 468.39**
总行本级	119.34	17.96	119.34	17.96	—	—
信用卡条线	2 684.00	905.51	1.14	-0.04	2 682.86	905.55
长三角	17 735.65	1 083.72	12 793.14	562.71	4 942.51	521.01
上海	4 113.92	135.19	3 218.66	-8.17	895.26	143.36
江苏	5 057.27	517.29	3 668.18	315.87	1 389.10	201.42
浙江	5 217.60	161.82	3 562.05	96.99	1 655.55	64.83
宁波	1 342.56	119.86	1 006.37	99.30	336.19	20.56
苏州	2 004.30	149.56	1 337.89	58.71	666.42	90.85
珠三角	12 208.33	1 287.78	7 949.83	612.27	4 258.50	675.51
广东	5 171.78	447.30	3 628.38	205.44	1 543.41	241.86
深圳	3 342.87	413.41	2 183.72	270.65	1 159.15	142.76
福建	2 772.99	317.54	1 624.97	131.48	1 148.02	186.05
厦门	920.69	109.53	512.77	4.69	407.92	104.84
环渤海	13 821.43	1 335.13	10 508.68	708.86	3 312.76	626.27
北京	4 345.86	452.56	3 556.79	334.52	789.08	118.04
山东	3 701.17	360.84	2 685.15	168.98	1 016.02	191.86
天津	1 959.59	167.73	1 617.43	83.47	342.16	84.26
河北	2 957.09	295.08	2 118.21	105.47	838.88	189.61
青岛	857.72	58.92	531.10	16.42	326.62	42.50
中部	13 576.33	1 635.37	9 467.20	862.62	4 109.13	772.75
山西	1 244.42	139.77	1 094.26	96.21	150.16	43.55
广西	1 486.69	162.06	975.18	92.01	511.50	70.04

续表

地区	各项贷款		其中：对公贷款		其中：个人贷款	
	本期余额	比年初新增	本期余额	比年初新增	本期余额	比年初新增
湖北	1 995.27	252.77	1 422.87	139.43	572.40	113.34
河南	2 249.79	298.14	1 560.17	151.97	689.62	146.17
湖南	2 618.94	306.88	1 944.43	161.52	674.50	145.35
江西	1 290.48	156.69	758.39	40.61	532.08	116.08
海南	320.50	47.62	216.78	28.67	103.71	18.96
安徽	1 964.12	223.40	1 176.05	117.38	788.06	106.02
三峡	406.14	48.04	319.04	34.81	87.10	13.23
西部	14 529.12	1 825.83	10 646.98	1 099.59	3 882.14	726.24
四川	3 049.26	377.05	2 117.36	197.48	931.90	179.57
重庆	1 991.57	230.87	1 292.16	115.11	699.41	115.76
贵州	1 199.96	170.24	950.15	118.44	249.81	51.80
云南	1 654.91	181.21	1 109.15	70.87	545.76	110.33
西藏	243.38	81.94	224.89	79.28	18.49	2.66
内蒙古	1 621.09	139.35	1 301.24	88.40	319.86	50.94
陕西	1 867.98	242.51	1 246.20	141.51	621.78	100.99
甘肃	825.16	114.02	701.22	82.74	123.94	31.27
青海	511.70	63.82	475.33	55.06	36.37	8.76
宁夏	567.12	49.27	444.18	26.54	122.95	22.73
新疆	996.99	175.57	785.10	124.15	211.89	51.42
东北	5 080.79	461.63	3 623.67	220.57	1 457.12	241.06
辽宁	1 968.83	204.32	1 391.30	88.20	577.53	116.12
吉林	1 184.47	132.63	846.09	94.53	338.39	38.10
黑龙江	991.94	54.12	715.97	7.18	275.97	46.94
大连	935.54	70.56	670.31	30.66	265.23	39.90

注：个人贷款中不含个人买方信贷。

中国建设银行各分行国际结算业务量情况统计表

（2013 年 12 月）

地区	进口业务		出口业务		边贸业务		收入
	笔数（笔）	金额（万美元）	笔数（笔）	金额（万美元）	笔数（笔）	金额（万美元）	（人民币万元）
全国总计	**1 283 229**	**54 472 986**	**3 137 691**	**54 612 333**	**21 854**	**690 180**	**473 962**
总行本级	578	1 078 367	2 570	9 047	0	0	1 972
长三角	570 689	15 254 184	1 438 120	20 126 872	0	0	120 298
上海	196 948	6 854 988	215 410	7 842 073	0	0	41 087
江苏	81 832	2 697 253	181 045	3 392 987	0	0	29 190
浙江	116 597	1 824 109	804 717	3 724 911	0	0	20 056
宁波	23 895	848 422	85 059	1 055 399	0	0	11 396
苏州	151 417	3 029 412	151 889	4 111 502	0	0	18 571
珠三角	250 525	14 969 660	972 920	16 440 671	0	0	111 838
广东	112 068	4 604 014	342 640	5 752 117	0	0	41 384
深圳	82 069	8 899 550	176 187	7 531 346	0	0	44 304
福建	24 753	746 439	311 690	1 428 955	0	0	18 997
厦门	31 635	719 657	142 403	1 728 253	0	0	7 152
环渤海	245 345	15 829 503	366 806	10 343 283	0	0	140 206
北京	134 711	8 522 325	76 867	4 782 066	0	0	26 447
山东	59 455	3 980 185	169 548	2 864 086	0	0	71 472
天津	17 646	1 513 770	19 150	854 138	0	0	7 187
河北	15 353	786 282	56 593	788 322	0	0	15 814
青岛	18 180	1 026 941	44 648	1 054 671	0	0	19 285
中部	82 241	3 097 321	167 916	3 644 056	7 793	286 053	35 646
山西	2 243	195 020	5 065	191 147	0	0	5 074
广西	5 736	206 599	7 990	134 428	7 793	286 053	3 591
湖北	15 092	598 734	28 204	524 879	0	0	3 655
河南	18 850	856 172	55 385	1 341 314	0	0	5 403
湖南	15 038	312 024	15 805	287 526	0	0	5 815
江西	11 639	433 096	22 274	598 702	0	0	4 478
海南	3 886	94 727	3 881	42 635	0	0	414
安徽	8 971	383 532	25 785	449 897	0	0	4 742
三峡	786	17 417	3 527	73 528	0	0	2 474
西部	65 062	1 951 385	71 563	2 724 158	9 661	338 523	37 335
四川	26 935	623 132	21 647	878 447	0	0	10 304
重庆	12 296	346 693	17 039	890 883	0	0	7 675
贵州	2 635	111 569	2 444	119 665	0	0	1 384
云南	4 042	95 822	5 812	128 492	1 801	32 740	2 677
西藏	41	1 046	664	2 822	0	0	1
内蒙古	4 070	156 799	3 132	97 245	4 156	149 519	2 359
陕西	7 368	232 514	8 494	302 755	0	0	3 068
甘肃	1 217	230 147	1 437	118 306	0	0	3 120
青海	536	16 236	440	14 397	0	0	244
宁夏	848	35 341	1 219	20 124	0	0	865
新疆	5 074	102 086	9 235	151 022	3 704	156 264	5 637
东北	68 789	2 292 566	117 796	1 324 246	4 400	65 604	26 668
辽宁	29 818	770 716	49 948	550 536	723	9 573	10 700
吉林	10 250	754 554	29 509	123 808	0	0	4 458
黑龙江	5 572	136 630	9 220	107 929	3 677	56 031	2 899
大连	23 149	630 666	29 119	541 973	0	0	8 610

中国建设银行各分行中间业务收入情况统计表（本外币、境内）

（2013年12月）

地区	中间业务毛收入	中间业务支出	中间业务净收入	同比增速（毛收入）
全国总计	**10 907 552. 75**	**308 555. 67**	**10 598 997. 08**	**13. 22%**
总行本级	104 247. 04	17 057. 28	87 189. 76	215. 16%
长三角	2 467 714. 52	55 521. 52	2 412 193. 00	6. 70%
上海	665 097. 44	16 937. 40	648 160. 04	10. 70%
江苏	814 942. 97	11 962. 59	802 980. 38	14. 80%
浙江	545 398. 02	15 506. 13	529 891. 89	0. 64%
宁波	153 109. 55	5 007. 28	148 102. 26	3. 68%
苏州	289 166. 53	6 108. 11	283 058. 42	-7. 43%
珠三角	2 079 272. 03	61 428. 36	2 017 843. 67	10. 10%
广东	908 903. 82	33 649. 50	875 254. 32	9. 33%
深圳	555 347. 40	12 861. 08	542 486. 31	12. 75%
福建	487 051. 50	11 062. 94	475 988. 56	6. 57%
厦门	127 969. 31	3 854. 84	124 114. 47	18. 89%
环渤海	1 987 486. 70	49 359. 58	1 938 127. 13	18. 74%
北京	665 512. 88	19 089. 86	646 423. 02	19. 44%
山东	584 610. 08	15 679. 16	568 930. 93	20. 63%
天津	199 438. 96	2 791. 14	196 647. 82	14. 25%
河北	422 658. 44	9 591. 04	413 067. 40	20. 54%
青岛	115 266. 34	2 208. 38	113 057. 96	7. 94%
中部	1 901 921. 30	55 790. 47	1 846 130. 83	17. 42%
山西	168 961. 05	3 967. 55	164 993. 49	14. 38%
广西	176 938. 54	4 270. 66	172 667. 88	18. 90%
湖北	319 567. 78	8 386. 40	311 181. 38	19. 04%
河南	363 169. 38	8 853. 06	354 316. 32	31. 00%
湖南	360 547. 17	17 533. 10	343 014. 07	13. 41%
江西	207 131. 45	5 168. 65	201 962. 80	7. 87%
海南	40 098. 86	1 540. 02	38 558. 84	29. 30%
安徽	209 968. 61	5 185. 66	204 782. 94	12. 56%
三峡	55 538. 46	885. 37	54 653. 09	11. 05%
西部	1 674 250. 82	50 848. 33	1 623 402. 49	15. 51%
四川	394 630. 14	10 408. 82	384 221. 33	13. 44%
重庆	233 016. 74	11 052. 37	221 964. 37	14. 36%
贵州	145 506. 92	4 027. 79	141 479. 13	22. 21%
云南	185 336. 87	5 514. 35	179 822. 53	14. 41%
西藏	9 242. 66	422. 49	8 820. 17	15. 43%
内蒙古	195 350. 68	4 267. 65	191 083. 03	9. 35%
陕西	202 737. 44	5 358. 12	197 379. 32	20. 30%
甘肃	121 223. 50	3 521. 35	117 702. 15	16. 46%
青海	29 234. 05	1 296. 95	27 937. 10	21. 38%
宁夏	43 967. 09	1 389. 38	42 577. 71	5. 22%
新疆	114 004. 72	3 589. 06	110 415. 66	24. 41%
东北	692 660. 35	18 550. 13	674 110. 22	5. 50%
辽宁	233 255. 87	7 004. 81	226 251. 05	9. 88%
吉林	210 908. 95	4 239. 94	206 669. 01	2. 42%
黑龙江	141 191. 72	4 049. 38	137 142. 34	0. 29%
大连	107 303. 81	3 256. 00	104 047. 81	10. 02%

中国建设银行各分行借记卡主要指标统计表（本外币）

（2013 年 12 月）

地区	发卡总量（万张）	存款余额		交易总额		购物消费额（万元）
		余额（万元）	卡均（元）	余额（万元）	卡均（元）	
全国总计	**53 224**	**257 327 334**	**4 835**	**5 648 773 257**	**106 132**	**363 315 865**
长三角	8 504	40 465 760	4 759	996 629 821	117 201	66 625 429
上海	1 443	12 692 236	8 794	214 034 823	148 305	15 485 760
江苏	2 814	10 287 201	3 656	253 787 845	90 201	19 611 023
浙江	2 556	12 069 302	4 722	390 710 366	152 872	22 153 436
宁波	615	1 721 917	2 799	53 044 028	86 211	2 346 956
苏州	1 076	3 695 104	3 435	85 052 759	79 067	7 028 253
珠三角	8 870	45 581 954	5 139	1 131 732 252	127 589	72 046 325
广东	5 158	21 160 743	4 103	340 841 587	66 084	28 418 024
深圳	1 280	7 905 809	6 178	154 301 203	120 581	9 612 150
福建	1 948	12 929 905	6 636	531 657 479	272 868	29 399 683
厦门	484	3 585 496	7 402	104 931 984	216 630	4 616 468
环渤海	8 896	41 623 926	4 679	774 043 843	87 011	53 385 766
北京	1 698	15 037 814	8 857	232 388 765	136 875	18 782 071
山东	3 425	9 817 611	2 867	213 357 191	62 299	12 734 959
天津	975	2 536 408	2 601	51 448 340	52 763	4 549 029
河北	2 310	12 738 123	5 515	249 618 337	108 073	15 339 084
青岛	489	1 493 971	3 058	27 231 211	55 731	1 980 622
中部	12 944	55 795 167	4 310	1 220 864 842	94 318	89 659 291
山西	1 535	5 444 660	3 547	98 761 716	64 348	4 594 587
广西	1 132	4 578 150	4 044	85 767 506	75 754	4 822 507
湖北	2 002	10 455 052	5 222	213 497 103	106 634	17 941 242
河南	2 906	11 843 360	4 076	258 700 753	89 033	25 842 201
湖南	2 477	11 288 940	4 557	257 900 543	104 102	18 692 990
江西	1 149	4 453 899	3 877	112 728 720	98 121	5 826 140
海南	218	1 391 434	6 381	24 475 427	112 246	1 787 594
安徽	1 302	5 131 790	3 943	134 359 135	103 223	8 256 892
三峡	223	1 207 883	5 409	34 673 940	155 266	1 895 139
西部	9 876	55 251 800	5 595	960 281 486	97 234	60 007 932
四川	2 321	15 406 155	6 638	259 202 865	111 677	17 227 439
重庆	1 274	5 560 437	4 365	108 852 335	85 458	7 411 790
贵州	739	4 249 755	5 748	79 104 134	106 984	4 559 849
云南	1 018	5 685 493	5 586	106 809 023	104 934	6 820 870
西藏	67	784 983	11 686	11 384 238	169 480	622 454
内蒙古	1 073	5 881 969	5 483	91 715 607	85 493	4 801 131
陕西	1 303	7 390 007	5 673	121 043 921	92 928	7 746 204
甘肃	831	3 840 976	4 622	57 702 525	69 443	3 744 407
青海	224	1 697 014	7 573	25 114 905	112 071	1 552 247
宁夏	301	1 452 212	4 818	36 975 174	122 679	1 680 644
新疆	725	3 302 798	4 556	62 376 759	86 040	3 840 898
东北	4 134	18 608 726	4 501	565 221 013	136 710	21 591 122
辽宁	1 585	7 847 841	4 950	131 125 084	82 703	7 953 629
吉林	919	4 633 744	5 043	107 742 351	117 264	5 125 087
黑龙江	1 167	4 205 327	3 604	287 361 432	246 305	6 126 412
大连	463	1 921 814	4 147	38 992 145	84 130	2 385 995

中国建设银行各分行信用卡主要指标统计表（本外币、境内）

（2013 年 12 月）

地区	发卡总量（张）	客户总数（户）	账户活动率（%）	特约商户数（户）	年内消费交易额（万元）	业务收入（万元）	其中中间业务收入（万元）	信用卡贷款新增（万元）	其中：分期（万元）
全国总计	**52 013 575**	**44 434 087**	**57.97**	**278 491**	**127 317 201**	**2 010 518**	**1 434 718**	**9 055 094**	**2 845 680**
长三角	11 259 831	9 427 955	53.94	48 037	24 993 463	450 578	326 177	1 436 587	433 338
上海	4 012 081	3 174 821	49.68	19 751	7 248 060	131 335	93 690	396 664	108 939
江苏	3 009 374	2 569 729	52.38	9 312	7 019 503	122 892	91 284	389 337	104 047
浙江	2 816 579	2 462 209	60.53	15 395	7 779 789	139 589	102 861	453 185	160 326
宁波	614 726	533 725	51.38	1 045	1 332 008	23 241	14 892	74 529	19 883
苏州	807 071	687 471	59.51	2 534	1 614 103	33 521	23 450	122 873	40 143
珠三角	9 530 136	7 818 420	60.72	52 141	25 475 320	454 246	335 197	2 067 678	727 373
广东	4 232 027	3 617 182	56.62	32 321	8 648 613	163 925	116 510	530 478	216 087
深圳	1 798 148	1 465 705	62.86	5 513	5 287 604	117 907	80 901	522 861	156 482
福建	2 967 574	2 288 186	65.68	14 307	10 191 814	153 305	123 604	922 656	320 268
厦门	532 387	447 347	57.94	0	1 347 289	19 109	14 183	91 684	34 537
环渤海	8 860 123	7 720 728	56.60	50 951	21 720 187	298 384	220 433	1 591 027	503 626
北京	2 643 048	2 292 589	50.68	21 569	5 089 536	97 989	76 000	348 079	160 606
山东	2 706 226	2 405 005	65.03	15 706	8 365 417	92 972	67 783	628 970	147 652
天津	976 176	806 539	38.28	743	1 194 382	21 754	15 288	110 987	58 383
河北	2 031 795	1 778 558	62.49	10 385	6 106 896	70 032	50 443	443 257	120 335
青岛	502 878	438 037	53.49	2 548	963 955	15 637	10 919	59 735	16 651
中部	9 953 764	8 762 045	58.57	57 022	27 610 943	349 150	242 531	1 871 095	549 028
山西	1 024 952	919 828	60.53	1 837	2 727 169	29 413	18 462	216 998	40 075
广西	802 245	720 871	58.91	5 836	1 719 582	26 612	17 207	138 488	38 322
湖北	1 705 454	1 532 618	53.86	6 079	3 673 478	49 024	35 278	206 052	74 804
河南	2 068 821	1 796 459	63.04	7 457	6 364 311	59 216	40 638	392 058	71 609
湖南	2 189 016	1 893 000	56.73	10 866	5 989 325	87 925	62 100	386 293	126 085
江西	707 380	622 343	61.92	5 953	2 826 377	36 248	27 338	301 772	154 989
海南	161 845	138 604	68.72	2 623	516 748	8 950	5 714	28 628	2 435
安徽	1 096 417	973 869	53.65	10 176	2 566 196	36 468	25 032	147 135	29 544
三峡	197 634	164 453	68.59	6 195	1 227 757	15 293	10 761	53 671	11 164
西部	8 305 655	7 143 030	62.56	54 211	20 904 491	334 052	224 445	1 571 575	465 656
四川	2 485 203	2 028 605	58.98	10 221	5 398 447	96 115	66 595	383 354	149 336
重庆	916 839	799 448	59.10	3 213	2 576 354	44 800	29 310	215 885	68 641
贵州	501 029	448 537	62.86	3 605	1 025 879	17 262	10 823	80 369	22 433
云南	853 356	750 524	62.74	8 591	2 194 601	30 495	19 721	155 283	41 445
西藏	34 491	29 082	72.70	1 245	90 917	1 418	837	4 340	58
内蒙古	934 732	825 553	72.00	4 445	3 892 685	59 587	40 176	290 639	66 984
陕西	1 024 504	872 727	61.39	4 184	1 871 973	30 876	21 310	151 425	46 398
甘肃	605 274	545 934	62.48	6 971	1 225 741	16 458	10 788	92 430	24 091
青海	171 913	152 759	60.97	1 288	312 677	4 689	2 967	16 249	1 084
宁夏	244 003	213 894	75.76	3 169	1 033 641	10 642	6 498	58 478	3 501
新疆	534 311	475 967	64.22	7 279	1 281 576	21 710	15 419	123 124	41 685
东北	4 103 614	3 561 683	54.78	16 129	6 612 363	123 953	85 921	517 257	166 658
辽宁	1 410 132	1 210 769	53.18	5 685	2 072 949	44 047	30 041	166 673	47 257
吉林	1 098 403	915 231	58.98	3 773	2 144 619	37 709	26 871	161 033	52 799
黑龙江	1 150 398	1 034 940	53.70	5 185	1 614 642	26 190	17 561	130 307	45 687
大连	444 681	400 743	52.29	1 486	780 153	16 008	11 448	59 244	20 914

注：贷款口径为本金口径。

中国建设银行各分行电子银行业务主要指标表（本外币）

（2013 年 12 月）

地区	电子银行账务性交易量占比（%）		企业网银活跃客户数（户）		个人网银活跃客户数（户）		手机银行活跃客户数（户）		善融商务活跃商户数（户）	
	期末数	比年初	期末数	比上季	期末数	比上季	期末数	比上季	期末数	比上季
全国总计	**44.20**	**3.78**	**1 084 527**	**143 277**	**42 313 067**	**7 671 904**	**16 684 765**	**4 095 239**	**8 297**	**3 653**
长三角	48.19	3.19	218 749	21 234	6 713 436	1 211 903	2 704 170	666 638	1 627	632
上海	49.93	1.21	72 211	7 797	1 350 682	250 019	551 451	138 714	457	94
江苏	48.28	3.10	58 314	5 033	2 465 039	436 545	914 291	210 642	516	207
浙江	60.50	5.10	48 610	4 558	1 568 513	291 835	661 369	199 666	424	267
宁波	43.40	2.52	12 315	988	463 833	79 955	210 087	37 609	74	31
苏州	38.85	4.03	27 299	2 858	865 369	153 549	366 972	80 007	156	33
珠三角	43.59	2.34	222 169	29 263	6 438 352	1 108 380	2 554 765	615 487	2 848	1 168
广东	37.53	2.29	79 248	9 185	2 757 442	490 561	917 973	219 510	865	314
深圳	49.42	-2.06	57 679	8 800	876 966	170 683	510 606	124 431	375	61
福建	43.17	4.40	61 845	8 198	2 180 550	342 253	864 893	194 406	1 432	664
厦门	44.25	4.72	23 397	3 080	623 394	104 883	261 293	77 140	176	129
环渤海	47.96	5.25	173 819	24 717	7 353 045	1 338 911	2 580 609	664 421	1 521	570
北京	66.53	9.40	37 575	7 917	1 289 710	252 410	425 849	116 050	73	35
山东	43.38	2.83	61 541	8 250	2 991 275	570 003	1 087 345	282 726	971	314
天津	48.07	3.78	18 774	1 639	531 619	113 686	217 654	50 481	72	44
河北	41.60	6.45	47 342	5 666	2 168 406	328 563	693 886	172 512	347	134
青岛	40.23	3.77	8 587	1 245	372 035	74 249	155 875	42 652	58	43
中部	39.73	3.23	218 069	31 124	10 666 122	1 953 670	4 570 807	1 064 032	1 460	801
山西	44.86	4.64	12 227	1 656	820 206	162 082	250 429	73 211	124	43
广西	35.43	1.24	17 169	2 842	674 281	106 862	174 595	65 495	71	53
湖北	38.50	2.07	36 356	5 143	1 792 173	330 117	1 050 765	221 285	306	226
河南	40.47	5.06	36 643	5 210	1 941 514	354 169	612 983	154 245	183	135
湖南	43.83	1.34	42 302	3 736	2 433 735	463 468	1 202 887	271 905	422	246
江西	44.67	5.92	28 541	6 491	1 099 859	214 010	446 499	104 845	185	61
海南	28.65	2.13	4 096	495	127 871	20 788	70 964	16 408	15	10
安徽	40.16	0.82	30 439	3 333	1 622 467	270 376	669 692	128 026	149	23
三峡	40.97	5.81	10 296	2 218	154 016	31 798	91 993	28 612	5	4
西部	35.91	3.44	182 314	27 622	7 892 746	1 479 384	3 129 904	754 672	584	352
四川	47.11	4.46	55 673	8 704	1 754 238	318 368	804 930	171 190	138	112
重庆	42.11	9.22	27 217	3 533	991 500	182 487	443 998	108 942	192	85
贵州	40.53	3.77	12 379	1 997	523 760	88 579	138 492	46 144	35	15
云南	37.97	4.08	19 757	3 004	988 457	195 575	295 814	84 280	22	14
西藏	23.99	-0.39	933	174	34 732	5 379	10 856	2 430	0	0
内蒙古	35.43	1.90	15 123	2 836	703 732	151 396	242 240	49 469	97	68
陕西	39.76	3.18	19 504	2 970	1 242 119	225 006	678 972	127 637	61	29
甘肃	36.10	4.73	11 116	1 505	759 157	143 680	237 466	85 547	30	22
青海	31.20	3.45	4 257	501	176 701	32 460	40 739	11 482	1	1
宁夏	27.82	0.29	5 385	694	140 513	24 134	49 692	10 652	4	3
新疆	33.05	3.21	10 970	1 704	577 837	112 320	186 705	56 899	4	3
东北	38.80	2.80	69 407	9 317	3 238 947	575 899	1 144 436	329 988	257	130
辽宁	39.72	2.41	18 286	1 917	1 233 409	207 683	409 867	104 972	83	31
吉林	38.36	2.85	23 712	2 728	803 129	137 051	399 152	89 411	49	23
黑龙江	37.59	3.96	16 900	3 287	792 347	157 493	204 402	84 349	64	36
大连	39.52	1.96	10 509	1 385	410 062	73 672	131 015	51 256	61	40

注：电子银行账务性交易量含个人网上银行、企业网上银行、callcenter、重要客户服务系统、手机银行、短信银行、家居银行、现金管理系统。

中国建设银行100个中心城市行各项存款综合排名表（本外币）

（2013年12月） （单位：亿元）

名次	地区	一般性存款		其中：对公存款		其中：储蓄存款	
		本期余额	比年初新增	本期余额	比年初新增	本期余额	比年初新增
1	北京	9 390.14	250.77	6 163.72	-17.34	3 226.42	268.11
2	上海	7 877.60	770.24	4 992.26	554.43	2 885.34	215.81
3	深圳	4 179.81	526.61	2 997.17	404.85	1 182.64	121.76
4	广州	3 895.89	126.78	2 059.23	-45.96	1 836.66	172.74
5	成都	3 731.95	398.08	2 280.58	219.97	1 451.37	178.11
6	重庆	2 341.26	292.23	1 338.68	184.76	1 002.58	107.47
7	苏州	2 242.29	53.10	1 441.89	2.74	800.40	50.36
8	天津	2 202.53	256.79	1 311.07	147.89	891.46	108.90
9	西安	1 981.69	238.52	1 029.98	104.39	951.71	134.13
10	武汉	1 713.23	194.32	753.33	90.75	959.90	103.57
11	沈阳	1 635.00	165.02	779.43	51.86	855.57	113.16
12	杭州	1 581.62	106.25	1 009.16	49.26	572.46	56.99
13	南京	1 513.96	189.67	908.43	130.61	605.53	59.06
14	长沙	1 472.45	144.13	836.65	60.32	635.80	83.82
15	福州	1 311.53	138.69	594.87	52.76	716.65	85.93
16	宁波	1 260.51	120.77	832.25	94.59	428.26	26.18
17	大连	1 235.95	73.10	674.06	42.05	561.89	31.05
18	郑州	1 223.38	203.74	667.16	126.64	556.22	77.10
19	昆明	1 189.08	120.43	704.32	64.30	484.76	56.13
20	无锡	1 140.40	45.93	645.05	35.29	495.35	10.64
21	石家庄	1 128.18	40.58	658.71	19.82	469.47	20.75
22	厦门	1 095.86	120.89	572.35	71.85	523.51	49.04
23	济南	1 092.53	115.34	609.85	68.34	482.68	47.00
24	佛山	1 091.21	127.41	591.41	76.43	499.80	50.98
25	贵阳	976.44	123.98	635.51	69.81	340.93	54.18
26	常州	956.24	59.17	453.16	17.66	503.08	41.51
27	东莞	953.84	102.16	403.20	66.07	550.64	36.10
28	青岛	947.22	93.47	520.68	61.35	426.54	32.13
29	南通	893.13	80.19	383.39	29.94	509.73	50.26
30	长春	891.66	15.50	487.33	48.15	404.33	-32.64
31	泉州	890.01	95.95	353.04	39.40	536.97	56.55
32	南宁	879.54	90.20	534.94	48.45	344.60	41.75
33	温州	837.53	18.08	350.40	-38.50	487.12	56.58
34	合肥	829.30	81.43	481.98	33.02	347.32	48.41
35	唐山	811.37	55.15	286.94	31.48	524.43	23.68
36	兰州	780.97	47.70	459.40	13.13	321.57	34.56
37	乌鲁木齐	778.99	80.49	416.77	49.95	362.21	30.54
38	太原	774.23	50.01	402.02	21.52	372.21	28.49
39	南昌	768.50	78.36	473.63	56.27	294.86	22.09
40	金华	737.18	77.78	397.34	30.99	339.84	46.79
41	中山	687.06	83.18	355.38	49.82	331.68	33.36
42	西宁	653.65	88.94	402.44	60.92	251.21	28.02
43	惠州	646.40	73.59	360.12	35.99	286.28	37.60
44	嘉兴	642.65	76.57	363.32	34.27	279.33	42.30
45	哈尔滨	624.04	-301.84	390.05	-64.72	233.99	-237.12
46	烟台	587.93	100.11	339.76	61.21	248.17	38.90
47	呼和浩特	546.33	104.66	333.06	82.47	213.27	22.19
48	绍兴	538.87	42.41	332.79	16.55	206.08	25.86

续表

名次	地区	一般性存款		其中：对公存款		其中：储蓄存款	
		本期余额	比年初新增	本期余额	比年初新增	本期余额	比年初新增
49	保定	538.54	35.02	167.20	-1.13	371.34	36.14
50	珠海	522.20	104.48	283.60	78.90	238.60	25.58
51	扬州	510.09	58.30	246.54	25.18	263.55	33.12
52	潍坊	497.09	76.88	238.59	37.52	258.50	39.36
53	邯郸	468.07	33.02	175.88	13.83	292.19	19.19
54	江门	458.38	58.12	203.59	31.50	254.80	26.62
55	三峡	455.41	49.82	213.73	22.06	241.68	27.76
56	泰州	439.64	59.46	203.68	32.30	235.96	27.16
57	拉萨	436.13	80.91	347.99	66.36	88.14	14.55
58	济宁	432.75	42.74	221.02	27.51	211.73	15.23
59	廊坊	432.52	45.35	197.59	21.37	234.93	23.98
60	沧州	426.25	42.68	138.70	13.75	287.55	28.94
61	洛阳	414.69	50.39	174.33	25.68	240.36	24.72
62	台州	408.86	53.68	239.01	24.03	169.86	29.64
63	包头	401.39	52.42	192.73	22.77	208.66	29.66
64	徐州	400.16	45.69	175.74	13.39	224.43	32.30
65	鄂尔多斯	399.61	8.07	181.61	-28.19	218.00	36.26
66	襄樊	399.15	36.65	141.16	5.10	257.99	31.55
67	汕头	393.66	60.04	162.50	31.64	231.16	28.40
68	淄博	392.41	54.53	158.76	14.79	233.65	39.74
69	东营	386.49	53.92	232.52	41.71	153.97	12.22
70	镇江	383.70	29.07	201.83	10.65	181.88	18.42
71	海口	382.95	31.34	233.46	16.71	149.48	14.62
72	咸阳	327.94	38.35	146.15	11.47	181.79	26.88
73	衡阳	324.96	36.79	114.95	10.81	210.01	25.98
74	大庆	321.40	-22.83	135.04	-7.31	186.35	-15.52
75	榆林	314.65	11.15	182.11	-9.29	132.54	20.44
76	银川	312.48	57.20	167.63	16.72	144.85	40.48
77	鞍山	306.89	29.98	76.65	13.09	230.24	16.89
78	湖州	305.88	28.12	165.37	5.04	140.51	23.08
79	盐城	305.85	40.00	160.69	21.29	145.17	18.71
80	临沂	297.41	50.30	148.61	27.37	148.80	22.93
81	漳州	272.96	37.07	123.56	19.03	149.40	18.04
82	柳州	266.21	36.81	127.98	17.81	138.24	19.01
83	滨州	265.03	39.35	166.12	23.50	98.91	15.86
84	南阳	260.37	36.22	125.14	18.83	135.23	17.39
85	莆田	257.24	36.50	79.03	7.75	178.21	28.75
86	泰安	256.78	36.25	132.08	18.34	124.70	17.91
87	盘锦	246.50	26.08	108.03	12.76	138.47	13.33
88	菏泽	229.53	32.88	108.13	16.68	121.41	16.20
89	聊城	225.51	26.50	116.92	11.18	108.59	15.32
90	平顶山	201.93	8.63	80.12	-5.68	121.81	14.31
91	芜湖	201.67	45.51	96.23	26.67	105.44	18.84
92	桂林	201.64	13.00	71.17	1.57	130.47	11.43
93	新乡	193.65	16.50	82.63	5.93	111.02	10.57
94	三明	190.22	12.53	96.27	1.93	93.95	10.60
95	吉林	185.22	14.15	65.70	6.60	119.52	7.55
96	日照	184.41	45.10	118.17	36.41	66.24	8.70
97	吕梁	175.27	10.70	79.00	-1.23	96.27	11.93
98	九江	171.73	18.33	94.06	8.76	77.68	9.57
99	龙岩	162.93	18.39	86.61	8.63	76.32	9.76
100	滁州	147.49	-14.19	87.58	-16.20	59.91	2.01

中国建设银行100个中心城市行各项贷款综合排名表（本外币）

（2013年12月）　　　　（单位：亿元）

名次	地区	各项贷款		其中：对公贷款		其中：个人贷款	
		本期余额	比年初新增	本期余额	比年初新增	本期余额	比年初新增
1	北京	4 345.86	452.56	3 556.79	334.52	789.08	118.04
2	上海	4 113.92	135.19	3 218.66	-8.17	895.26	143.36
3	深圳	3 342.87	413.41	2 183.72	270.65	1 159.15	142.76
4	成都	2 148.41	184.78	1 504.13	87.81	644.28	96.97
5	苏州	2 004.30	149.56	1 337.89	58.71	666.42	90.85
6	重庆	1 991.57	230.87	1 292.16	115.11	699.41	115.76
7	天津	1 959.59	167.73	1 617.43	83.47	342.16	84.26
8	广州	1 804.79	83.92	1 435.72	38.09	369.07	45.82
9	杭州	1 375.99	-5.62	962.15	-27.12	413.85	21.50
10	宁波	1 342.56	119.86	1 006.37	99.30	336.19	20.56
11	长沙	1 262.39	103.48	952.20	39.31	310.20	64.17
12	西安	1 127.10	121.89	685.92	55.74	441.19	66.15
13	武汉	1 107.44	121.11	796.87	63.34	310.57	57.77
14	福州	992.84	122.74	520.94	39.61	471.89	83.12
15	沈阳	988.84	115.63	621.72	45.00	367.12	70.62
16	南京	948.50	108.75	740.14	56.48	208.37	52.27
17	大连	935.54	70.56	670.31	30.66	265.23	39.90
18	无锡	924.20	65.09	722.76	50.60	201.44	14.49
19	厦门	920.69	109.53	512.77	4.69	407.92	104.84
20	青岛	857.72	58.92	531.10	16.42	326.62	42.50
21	昆明	840.80	69.46	551.14	9.82	289.65	59.65
22	温州	785.56	-36.85	479.55	-18.31	306.02	-18.54
23	贵阳	712.38	65.03	564.87	39.62	147.51	25.41
24	南宁	699.79	41.29	477.96	23.40	221.83	17.89
25	金华	697.23	60.49	487.18	46.62	210.04	13.87
26	常州	689.30	71.15	495.94	53.06	193.36	18.09
27	佛山	677.33	16.82	526.31	0.94	151.02	15.87
28	郑州	675.97	88.28	447.97	60.31	228.00	27.97
29	泉州	660.33	53.76	484.49	26.85	175.84	26.91
30	合肥	627.36	37.06	301.74	1.33	325.62	35.73
31	南通	605.10	59.23	461.37	42.27	143.73	16.96
32	哈尔滨	592.65	48.87	437.47	22.84	155.19	26.03
33	长春	586.72	27.31	423.23	17.61	163.49	9.70
34	唐山	583.59	33.40	497.45	15.35	86.14	18.04
35	石家庄	559.25	55.72	418.77	27.62	140.48	28.09
36	嘉兴	539.96	41.59	404.91	31.39	135.05	10.20
37	乌鲁木齐	508.67	78.83	412.48	54.68	96.18	24.14
38	南昌	503.86	56.24	323.62	18.88	180.25	37.36
39	绍兴	495.07	29.34	357.90	17.96	137.17	11.38
40	太原	455.81	34.33	410.52	19.68	45.29	14.65
41	济南	451.97	19.43	357.50	-4.91	94.47	24.34
42	鄂尔多斯	451.92	21.90	386.28	25.71	65.64	-3.81
43	烟台	440.24	53.41	337.31	32.23	102.92	21.17
44	潍坊	440.11	50.88	275.83	28.27	164.28	22.61
45	东莞	410.54	44.39	247.21	14.48	163.34	29.90
46	西宁	410.42	48.86	380.77	42.74	29.65	6.12
47	三峡	406.14	48.04	319.04	34.81	87.10	13.23
48	台州	405.01	32.38	255.37	19.21	149.64	13.17

续表

名次	地区	各项贷款		其中：对公贷款		其中：个人贷款	
		本期余额	比年初新增	本期余额	比年初新增	本期余额	比年初新增
49	惠州	373.59	30.55	229.92	5.18	143.68	25.37
50	兰州	349.95	30.27	306.55	19.41	43.40	10.87
51	中山	334.65	36.67	196.84	18.94	137.82	17.74
52	泰州	331.34	47.57	236.45	32.52	94.88	15.05
53	镇江	327.30	28.77	255.68	17.35	71.62	11.42
54	廊坊	315.58	48.73	125.74	5.64	189.84	43.09
55	呼和浩特	304.17	52.22	238.01	40.24	66.16	11.98
56	湖州	296.88	13.87	180.86	8.77	116.02	5.10
57	银川	293.17	17.28	237.32	-3.68	55.85	20.96
58	扬州	291.17	33.11	195.72	19.39	95.44	13.72
59	邯郸	271.10	16.02	235.55	5.98	35.55	10.04
60	东营	266.38	20.84	235.06	15.69	31.31	5.15
61	徐州	257.68	31.05	164.60	18.35	93.08	12.71
62	济宁	256.20	34.80	200.02	21.70	56.17	13.10
63	淄博	249.25	27.15	170.73	14.65	78.52	12.50
64	榆林	239.26	46.66	182.03	35.69	57.23	10.97
65	洛阳	236.39	29.63	173.20	14.75	63.20	14.87
66	盐城	232.65	25.63	153.80	11.03	78.85	14.60
67	珠海	232.63	42.83	112.73	28.39	119.90	14.44
68	包头	229.80	16.94	152.09	3.32	77.70	13.62
69	海口	218.09	25.46	164.75	19.27	53.34	6.19
70	临沂	215.12	35.46	130.87	14.90	84.25	20.56
71	柳州	205.32	32.63	129.89	22.54	75.44	10.09
72	漳州	204.19	31.08	112.45	12.02	91.74	19.07
73	保定	203.15	45.46	119.96	22.73	83.19	22.72
74	江门	201.32	29.68	132.70	18.23	68.63	11.44
75	滨州	195.14	14.64	152.79	8.35	42.35	6.29
76	三明	192.48	20.09	114.98	10.30	77.50	9.79
77	沧州	186.96	32.99	127.37	14.76	59.59	18.23
78	菏泽	184.72	23.66	125.76	10.18	58.95	13.48
79	莆田	175.11	32.44	92.88	11.65	82.23	20.79
80	泰安	173.21	25.87	126.99	17.26	46.22	8.61
81	芜湖	172.87	19.37	129.32	14.33	43.55	5.04
82	龙岩	171.70	9.94	91.98	2.54	79.73	7.41
83	日照	158.82	17.76	111.56	5.65	47.27	12.12
84	襄樊	150.46	5.45	98.00	7.03	52.46	-1.57
85	聊城	145.36	0.99	99.78	-11.04	45.58	12.03
86	平顶山	142.87	7.34	126.52	5.45	16.35	1.89
87	新乡	140.48	20.82	95.88	9.37	44.60	11.46
88	南阳	137.89	15.63	92.86	0.87	45.03	14.76
89	鞍山	137.84	20.70	108.99	13.65	28.84	7.05
90	盘锦	135.75	13.38	115.95	8.84	19.79	4.54
91	汕头	135.11	22.86	105.74	18.47	29.37	4.39
92	吉林	131.35	14.19	97.79	12.48	33.56	1.71
93	九江	127.81	6.22	76.17	-3.58	51.64	9.80
94	衡阳	120.00	20.52	83.23	13.08	36.77	7.44
95	滁州	119.50	16.12	79.10	9.79	40.40	6.34
96	咸阳	116.95	15.76	79.84	9.93	37.11	5.83
97	拉萨	111.24	31.97	98.62	29.43	12.61	2.54
98	桂林	110.40	16.32	81.24	10.99	29.16	5.34
99	吕梁	90.12	8.29	72.39	1.22	17.73	7.07
100	大庆	64.83	-12.65	54.73	-14.93	10.10	2.28

中国建设银行各项存款市场占比表（本外币、分地区）

（2013 年 12 月）

地区	一般性存款				其中：对公存款				其中：个人存款			
	余额（亿元）	占比（%）	比年初新增（亿元）	占比（%）	余额（亿元）	占比（%）	比年初新增（亿元）	占比（%）	余额（亿元）	占比（%）	比年初新增（亿元）	占比（%）
全国总计	**122 518.90**	**25.72**	**10 685.71**	**27.34**	**65 885.27**	**27.73**	**4 821.97**	**25.54**	**56 633.63**	**23.72**	**5 863.74**	**29.03**
长三角	24 154.39	24.35	1 973.84	28.19	14 208.43	26.49	1 038.98	28.49	9 945.96	21.83	934.86	27.87
上海	7 880.11	27.28	770.25	43.30	4 994.48	31.98	554.44	54.49	2 885.63	21.74	215.81	28.34
江苏	7 001.45	23.98	632.45	24.50	3 633.94	24.60	315.37	25.20	3 367.51	23.35	317.07	23.83
浙江	5 768.49	22.49	437.86	29.14	3 304.38	24.00	112.43	16.29	2 464.11	20.74	325.43	40.06
宁波	1 260.90	24.91	100.83	24.96	832.63	27.17	74.65	24.63	428.27	21.43	26.18	25.94
苏州	2 243.44	21.55	32.45	4.42	1 443.00	22.50	-17.91	-4.65	800.44	20.02	50.37	14.45
珠三角	19 378.97	27.87	1 845.51	34.52	10 392.73	31.62	913.51	41.99	8 986.24	24.50	932.00	29.39
广东	10 651.68	25.40	853.16	32.20	5 306.91	30.35	326.27	51.50	5 344.77	21.86	526.89	26.14
深圳	4 179.81	29.58	526.61	36.47	2 997.17	33.18	404.85	43.59	1 182.64	23.19	121.76	23.64
福建	3 451.30	32.71	374.83	37.20	1 516.02	32.25	140.51	28.41	1 935.28	33.08	234.31	45.67
厦门	1 096.18	37.55	90.91	36.98	572.63	34.78	41.88	35.26	523.55	41.14	49.04	38.59
环渤海	23 161.27	22.89	1 463.19	19.22	13 020.65	23.33	511.92	9.64	10 140.62	22.36	951.27	41.27
北京	9 391.83	20.69	191.09	7.21	6 165.16	20.46	-77.01	-2.41	3 226.67	21.14	268.10	-49.69
山东	5 653.57	24.60	773.62	33.06	2 954.74	25.58	425.37	39.30	2 698.83	23.61	348.26	27.70
天津	2 202.80	23.79	156.76	26.25	1 311.32	28.16	47.86	29.00	891.48	19.37	108.90	25.20
河北	4 965.48	25.73	248.10	14.87	2 068.39	27.88	54.21	7.73	2 897.09	24.38	193.89	20.05
青岛	947.59	22.35	93.62	26.24	521.04	25.24	61.49	36.41	426.55	19.61	32.12	17.10
中部	22 960.97	27.18	2 500.93	28.38	10 870.87	29.72	1 087.95	31.43	12 090.10	25.25	1 412.98	26.41
山西	2 608.20	23.42	158.05	29.89	1 184.94	25.27	39.27	82.14	1 423.26	22.08	118.78	24.69
广西	2 053.80	24.22	223.30	24.65	1 088.25	28.18	105.67	32.97	965.55	20.92	117.63	20.09
湖北	3 776.56	28.21	464.63	27.66	1 543.98	28.50	185.36	28.35	2 232.58	28.01	279.27	27.23
河南	4 066.69	26.91	556.09	28.66	1 850.76	29.49	279.99	30.81	2 215.93	25.07	276.10	26.77
湖南	4 249.10	35.48	450.85	37.95	1 891.40	39.81	152.71	39.81	2 357.70	32.63	298.14	37.07
江西	2 062.43	24.52	235.52	24.92	1 152.05	28.76	140.09	30.06	910.38	20.67	95.43	19.92
海南	765.31	23.00	108.35	32.43	475.78	26.10	67.21	37.09	289.53	19.24	41.14	26.91
安徽	2 923.47	25.48	254.32	22.11	1 469.98	28.07	95.59	21.76	1 453.49	23.30	158.73	22.33
三峡	455.41	39.01	49.82	35.66	213.73	40.79	22.06	36.70	241.68	37.55	27.76	34.88
西部	24 093.66	28.53	2 398.92	30.53	13 537.74	31.70	1 148.57	34.28	10 555.92	25.28	1 250.35	27.75
四川	6 279.55	28.66	644.47	29.30	3 503.73	33.23	318.76	33.30	2 775.82	24.42	325.71	26.22
重庆	2 341.59	26.62	262.22	31.03	1 339.00	29.74	154.75	41.31	1 002.59	23.35	107.47	22.84
贵州	1 777.47	31.59	171.46	29.14	1 049.80	34.74	77.85	29.32	727.67	27.94	93.61	28.99
云南	2 627.89	27.72	284.81	30.45	1 578.92	30.41	174.87	33.74	1 048.97	24.47	109.94	26.36
西藏	594.15	27.33	108.18	26.71	474.60	27.48	87.79	27.42	119.55	26.75	20.39	24.03
内蒙古	2 162.93	29.53	240.65	44.05	1 089.03	32.93	105.66	60.00	1 073.90	26.74	134.99	36.46
陕西	3 529.99	30.10	239.32	36.22	1 818.97	32.99	5.84	-18.27	1 711.02	27.54	233.48	33.70
甘肃	1 661.55	27.99	136.57	23.06	885.72	30.23	50.07	19.14	775.83	25.81	86.50	26.16
青海	888.89	35.51	96.11	31.49	547.36	38.54	56.68	39.77	341.53	31.54	39.43	24.23
宁夏	560.07	32.08	3.55	6.41	311.88	35.85	-17.93	107.30	248.19	28.33	21.48	29.80
新疆	1 669.58	23.07	211.58	29.22	938.73	25.55	134.23	34.99	730.85	20.50	77.35	22.73
东北	8 625.91	28.93	515.94	25.18	3 829.62	33.54	133.14	18.14	4 796.29	26.07	382.80	29.11
辽宁	3 345.95	31.12	321.51	33.38	1 390.26	35.29	111.71	27.33	1 955.69	28.71	209.80	37.84
吉林	1 862.16	28.66	184.95	29.51	858.54	32.59	74.40	25.10	1 003.62	25.98	110.55	33.47
黑龙江	2 181.85	26.80	-63.62	-25.43	906.76	32.04	-95.02	179.11	1 275.09	24.01	31.40	10.35
大连	1 235.95	27.92	73.10	35.01	674.06	33.48	42.05	51.48	561.89	23.28	31.05	24.43

注：1. 本表数据来源于人民银行信贷收支月报，2013 年 12 月 31 日人行美元汇率 6.0969。

2. 与建设银行口径比，人行各项存款均包含保本理财资金，“对公存款”多包含邮储银行协议存款。

3. 占比为建设银行占国有四大银行的比重。

中国建设银行各项贷款市场占比表（本外币、分地区）

（2013 年 12 月）

地区	各项贷款			
	余额（亿元）	占比（%）	比年初（亿元）	占比（%）
全国总计	**79 782.10**	**26.49**	**8 550.89**	**29.42**
长三角	17 744.23	24.72	1 081.41	23.56
上海	4 117.24	26.20	133.54	15.45
江苏	5 059.21	25.91	517.53	35.79
浙江	5 219.06	23.43	161.39	12.58
宁波	1 342.98	24.06	119.85	27.51
苏州	2 005.74	23.13	149.10	26.50
珠三角	12 215.43	26.42	1 288.00	35.18
广东	5 177.56	21.86	447.53	30.51
深圳	3 342.87	32.93	413.41	44.65
福建	2 773.67	28.92	317.37	32.21
厦门	921.33	32.84	109.69	38.76
环渤海	13 826.88	25.33	1 335.21	26.15
北京	4 348.83	29.51	453.19	28.72
山东	3 702.57	21.67	360.38	23.99
天津	1 959.98	25.14	167.80	25.12
河北	2 957.50	25.94	295.09	26.86
青岛	858.00	24.11	58.75	22.70
中部	13 577.97	27.39	1 635.38	28.19
山西	1 244.48	24.36	139.70	25.46
广西	1 486.85	24.34	162.03	26.29
湖北	1 995.67	27.22	252.83	28.48
河南	2 250.03	27.27	298.14	25.79
湖南	2 619.17	35.20	306.96	39.59
江西	1 290.67	23.89	156.52	25.95
海南	320.53	21.70	47.65	21.66
安徽	1 964.43	26.10	223.51	25.22
三峡	406.14	43.62	48.04	44.78
西部	14 531.74	27.36	1 826.14	27.76
四川	3 049.64	24.32	377.03	25.83
重庆	1 992.60	27.38	230.94	27.49
贵州	1 200.00	27.20	170.24	31.79
云南	1 654.98	24.89	181.14	28.02
西藏	243.38	26.33	81.94	24.23
内蒙古	1 621.25	28.40	139.37	26.17
陕西	1 868.22	32.06	242.61	32.35
甘肃	825.59	26.49	114.10	24.46
青海	511.72	34.17	63.82	29.72
宁夏	567.18	33.03	49.28	28.95
新疆	997.18	28.99	175.67	28.08
东北	5 082.45	28.57	461.31	29.55
辽宁	1 970.26	29.87	204.15	32.88
吉林	1 184.58	29.68	132.62	29.04
黑龙江	992.07	26.78	53.98	23.46
大连	935.54	26.73	70.56	27.82

注：1. 本表数据来源于人民银行信贷收支月报，2013 年 12 月 31 日人行美元汇率 6.0969。

2. 占比为建设银行占国有四大银行的比重。

第六部分 专题与调查研究

一、专题研究

服务型部门文化建设与创新模式研究

——以办公室服务文化建设为例

总行行长办公室　曹星　张乔　潘睿　马菁蕴

企业文化是一个企业的灵魂，是推动企业发展的不竭动力源泉，贯穿企业有机体的每一个组成部分，全方位引领企业发展。作为国有控股大型商业银行，建设银行坚持以客户为中心，弘扬敬业创新精神，培养诚信规范作风，在长期发展过程中逐步形成了具有鲜明个性的企业文化。作为建设银行内部组织单位，总行各部门也根据自身工作特点形成了部门层面的企业文化。部门文化通过确立价值观念、明确工作思想、制定工作目标，形成强大的凝聚力与向心力，激励员工自觉行动、爱岗敬业，提高工作质量与部门协同效率，最终提升全行综合服务能力和竞争力。

部门文化的建立既要与建设银行整体企业文化一脉相承，具有统一的共性，也要结合部门工作特点，形成自身特色。本研究将内部服务理论思想融入行长办公室部门文化内涵中，将"服务型"作为办公室部门文化核心，探索与创新服务型部门文化模式，这既与本部门工作理念相融合，又与全行以客户为中心的服务型企业文化相统一。

一、内部服务理论介绍

（一）内部服务理论及其作用机制

企业为客户所提供的服务质量的高低，很大程度上影响客户的满意度与忠诚度，而客户是否满意、是否忠诚是决定企业在市场竞争中成功与否的关键。如何提升服务质量，吸引并留住客户，是企业面临的重大问题。有研究提出，企业提供的服务可以分为外部服务和内部服务，外部服务的对象是广大顾客，而内部服务的对象则是企业内部全体员工。外部顾客的满意度与内部服务质量存在显著正相关性，企业为员工提供的内部服务质量越高，员工的满意度与忠诚度就越高，从而激励员工提供更高质量的外部服务，进而提升顾客满意度与忠诚度，最终实现企业整体运营质量和效益的提升，作用机制如图 1 所示。内部服务质量理念倡导企业用高质量的"内部产品"满足员工的需求与期望，最终提高企业外部效益与竞争力。

（二）内部服务理论核心内涵

内部服务理论的核心内涵是将企业内部视为一个"类市场"环境，将外部服务理念移植到企业内部。内部服务提供方将服务工作视为产品，而产品需求方为内部员工。内部服务具有两大特点，一是服务产品大多为无形，产出包括建立内部沟通渠道、提供管理支持、建立工作流程与制度等，且产出过程同时也是产品的提供过程；二

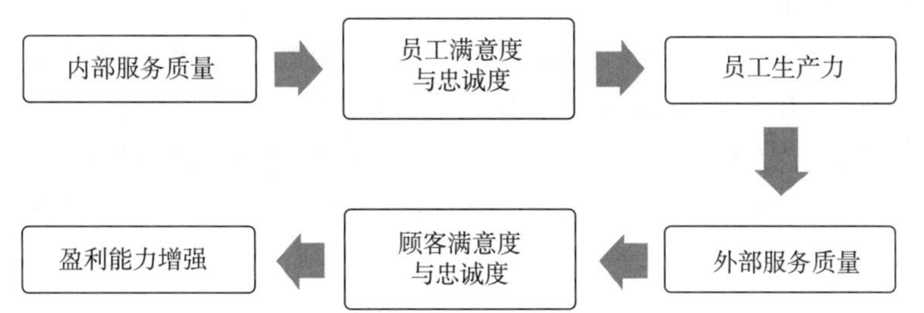

图1　企业内部服务作用机制

是服务过程以员工为中心，服务流程设计以员工需求为出发点，服务以提高员工满意度为目的。

（三）内部服务理论适用性

行长办公室是负责全行组织协调、督查督办工作、行务系统运行，以及总行本部后勤保障服务的综合管理部门，包括行务和总务两个职能板块。办公室的工作主要特点体现在“服务”二字：工作职责上，直接承担总行本部保障服务职能；工作思路上，在组织协调、督查督办等行务管理过程中，同样秉承服务思想，强调服务意识，以服务对象需求为出发点，以细致认真的态度做好做实各项工作。办公室工作特点与内部服务理论框架内涵基本吻合，因此可依据内部服务理论对以服务为核心的办公室部门文化内涵进行提炼与阐释。

二、服务型部门文化体系内涵

（一）服务型部门文化体系要素

通过总结归纳办公室长期以来的服务工作实践以及未来工作方向与目标，研究构建了包括服务思想、服务理念、服务方针、服务目标、服务效果五个层面的服务型部门文化体系（见图2）。

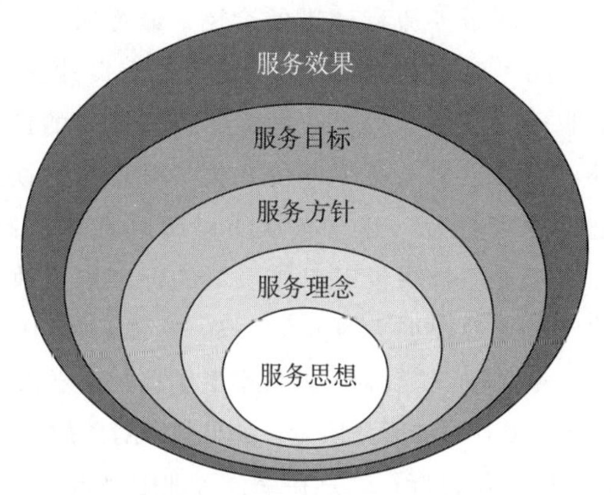

图2　服务型部门文化内涵

1. 服务思想。是指引部门工作的基础，是部门价值观的核心体现。多年来，办公室形成了“以服务为基础、以执行为根本、以效率为核心”的服务哲学，已成为办公室各项服务管理工作的方法论出发点。

2. 服务理念。是部门工作的基本指导原则体系，科学引导着部门工作的目标与方向。根据工作特点，办公室形成一系列基本服务理念，包括：服务效率上，“先解决，后解释”；服务态度上，“先有一个好态度，再有一个好方案”；服务效果上，“即使做不到人人都满意，也要做到大多数人都满意”；服务责任上，“服务无止境，工作无边界”；服务过程中，“想到最困难，做到最圆满”。同时，树立“严肃认真、周到细致、稳妥可靠、优质高效、万无一失”的工作作风，形成服务理念指引下的良好精神风貌。

3. 服务方针。是在部门服务思想和理念指导下的工作方法，体现了工作中的管理边界与道德纪律规范。办公室确立了“四服务”基本方针，即“为行领导服务、为总行部门服务、为分支机构服务、为总行员工服务”。同时，借鉴业务部门“四不能”工作原则，融合形成契合办公室特点的工作要求，即“不能让工作在我手中停留，不能让差错在我手中发生，不能让时机在我手中耽误，不能让服务对象在我这里受到冷落”。

4. 服务目标。服务目标是服务理念和方针的预期目标和实践方向。办公室的服务目标简单明确，行务工作方面，提出做到“专业化、精细化、规范化、标准化”；总务工作方面，提出食堂要“让女员工更健美，让男员工更健壮”，或更简洁地表述为“让员工吃得更健康”，车队要“又整洁又礼貌，又准又快又安全”，票务要让员工“抱着希望来，带着满意归”，医务要“力保总行人无病，哪怕柜上药生尘”，保洁要做到“窗明几净，一尘不染”。以上服务目标具体形象、简单明了、有针对性，充分体现出办公室以员工为中心的服务理念。

5. 服务效果。既是以上四要素的基本归结点，也是推进以上四要素不断改进的出发点，并最终形成改进服务质量的良性循环。为了有效检验服务效果，在这方面，办公室以“工作效率是否提高、业务部门竞争力是否提升、服务对象是否满意”的“三问”为基本原则，并提出“找准参照物”思想，也就是“跟谁比，向谁看”的问题，即“委屈不委屈要跟柜员比，累不累跟电话银行比，员工满意不满意要与百佳客户经理比”，用前台营销服务的标准作为部门服务质量的衡量标尺。

以上五个要素层层展开，构成了服务型部门文化的基本内涵；五个要素紧密联系，最终形成办公室以服务为导向的服务型部门文化体系。

（二）内部服务流程框架

服务型部门文化是指导办公室各项服务工作开展的基础，在实际工作中需要将理论与具体工作实践相结合。本研究依托内部服务理论思想，部分借鉴外部服务流程，梳理形成办公室服务流程框架，包括服务对象细分、内部需求发掘、差异化产品提供、满意度考核评价四个阶段（见图3）。

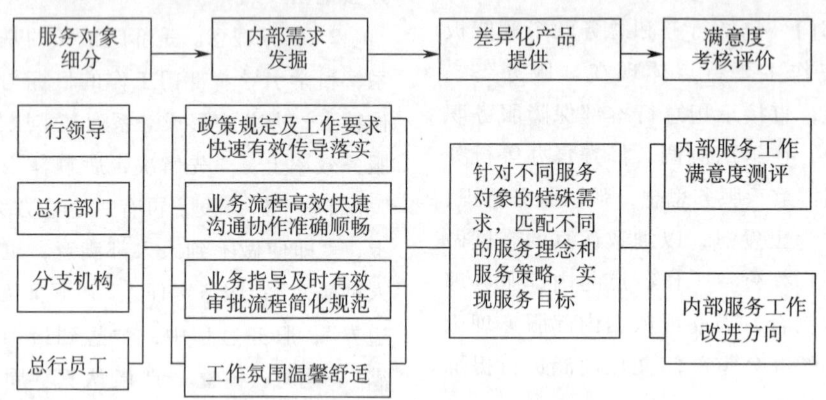

图3　行长办公室内部服务流程

1. 服务对象细分。根据服务对象性质及部门工作内容，对服务对象进行分类，明确细分出四类服务对象，即行领导、总行部门、分支机构、总行员工，相应建立具体服务目标。

2. 内部需求发掘。针对服务对象特点，重点分析、深入发掘其差异化需求。分析梳理服务对象具体需求，如行领导希望政策规定及工作要求快速有效传导落实；总行各部门希望业务流程高效快捷，沟通协作准确顺畅；分支机构希望业务指导及时有效，审批流程简化规范；总行员工希望工作氛围温馨舒适等。

3. 差异化产品提供。在服务对象细分和内部需求挖掘基础上，采取针对性的服务策略，提供差异化服务产品，最大化满足服务对象需求。如针对总行部门和分支机构对提高业务运行效率的需求，精简会议、文件，简化审批事项；针对总行员工工作保障需求，持续改进餐饮、医疗、票务、用车等各项服务工作。

4. 满意度考核评价。服务工作的完成并不是服务流程的终点，为检验服务效果、查找不足、明确后续服务工作改进方向，需要对服务对象满意度进行考核评价，包括满意度测量、意见收集、绩效考核等。满意度考核评价环节提供了服务对象参与内部服务流程改进的途径，最终通过建立部门与服务对象之间的有效沟通交流和良性互动，形成服务质量不断提高、满意度持续提升的良性循环。如通过引入员工评价方法，对总行餐饮质量进行评定打分，建立餐饮质量激励约束机制，作为考核餐饮条线员工工作质量的标准以及改善餐饮质量与管理水平的依据。

服务型部门文化对于办公室工作具有重要意义。一是通过提升内部服务质量，满足服务对象的需求，达到预期工作目标；二是在综合管理中融入服务理念，强化服务意识与执行力，增进部门、分支机构协同合作，提高业务运行效率；三是通过在工作中践行服务文化，将服务理念传导至全行，促进全员服务意识的形成和全行服务水平的提升，最终实现将内部服务成果有效转换为外部市场竞争力。

三、服务型部门文化下工作实践

办公室工作的特点是基础性强、工作量大、协调事项多。在服务型部门文化的指引下，行长办公室不断加强基础管理，注重内部挖潜，调动员工积极性，以高质量、高标准做好各项工作，具体措施如下。

（一）快速响应，力求工作实效

1. 强化督办，提升行务运行效率。对全行重要会议部署的重点工作和领导交办事项，逐项分解落实到部门，限期办理，定期通报；对各部门会签文件、答复下级行请示办理情况进行跟踪提示、定期通报。严格执行首次接触负责制，强化督查办，来文随到随办，确保高质高效，不断提升总行机关办公效能。总行行签报会签平均处理用时2.75天，较上年同期减少0.7天，效率提高21%；受理下级行请示事项平均处理用时5.5天，减少1.6天，效率提升22%。

2. 换位思考，为业务部门提供支持。承担总行行政值班任务，保证上级单位政令及时传达。与业务部门沟通工作，尽量将地点选在长安兴融中心，减少业务部门往返奔波；对部门提出的紧急文件印发、用章用印等需求，下班时间安排专人留守；业务部门需要借出重要档案原件时，及时派专人上门服务并全程跟随配合。

3. 从大局出发，解决问题为先。遇到急事难事时，把解决问题作为首要原则，先解决、后解释，杜绝推诿、扯皮。对分行请示和部门要求，做到急事急办、特事特办、难事帮办。对一些上级机关时间要求紧、涉及部门多的复杂事项，主动承担牵头责任。

4. 深入调查研究，完善各项工作。针对全行近年出现的案件风险及暴露出的印章管理方面问题，开展印章专项治理，组织人员赴多个分行跟岗调研，征求各行意见建议。经分析研究，制定规范行务用印、精简印章有关规定，加强集中管理，防控基层机构印章风险。

（二）开阔思路，科学创新工作方法

1. 梳理工作内容，建立标准化流程。全行性会议涉及面广，人多事杂，易出纰漏，办公室将会议组织标准化、流程化，梳理成10个阶段、72个环节、156个操作细节，实现了“事事有人盯、件件能落地”。

2. 简化沟通渠道，规范工作流程。取消工作联系单，提倡部门之间、上下级行之间直接沟通。摸底调查总行OA系统便函使用情况，根据事由、部门等维度对今年总行制发便函数量进行分类汇总，分析查摆便函使用中存在的问题，对便函运转流程不规范等现象进行了提示。

3. 创新工作思路，优化办公系统。在OA办公系统中开发“印章管理”模块，完整实现印章刻制、使用、保管、销毁等整个生命周期信息的电子化管理，并实现查询、统计等新功能，目标是实现行务用印的电子化审批。

4. 完善激励约束机制，实现科学管理。基于“5S”生产过程管理理论，设计精细量化的KPI指标体系，引入客户满意度评价手段，结合“积分制”管理办法，在餐饮团队内部建立了科学合理的激励约束机制，逐步实现两个“满意”，即调动食堂员工工作积极性，鼓励先进，令大多数食堂员工满意；不断提高餐饮服务质量，令大多数就餐人员满意。

（三）心系员工，持续提升服务水平

1. 强化信息服务，发挥宣传引导职能。办公室负责建设银行报、每日动态、值班动态、建设银行年鉴、投资研究的编制印发工作，上述刊物年发行量达800余期，信息发布量2万多条。同时，办公室将《值班动态》发送范围扩大到一级分行领导，方便分行及时掌握总行政策和要求；对基层行通过《每日动态》等渠道反映的问题和建议逐项研究，及时处理和回复。五大载体充分发挥作用，宣传报道全行重要会议精神、党委工作部署、转型调整举措，交流、反映基层经验做法和意见建议，引导全行统一思想、深化改革发展。

2. 体察员工需求，改进服务工作。遇到寒潮降雪恶劣天气时，通过邮箱提前对全行员工进行温馨提示，及时清扫积雪铺设防滑地毯；在食堂设置孕妇专座，为满足加班员工就餐需求，延长晚餐供应时间，增加菜品种类及热菜热饭供应量；

根据员工需求优化体检方案和套餐种类，将体检时间提前3个月；开通信达大厦与兴融中心班车，方便员工公务往返，提高工作效率；在总行开设火车票代理点，为广大员工出差出行提供便利。

3. 提高餐饮质量，保障员工健康。提高三餐用餐标准及员工补贴，在提高食材品质、丰富菜品种类的同时保持价格不变；在“安全、卫生、可口”的基础上，倡导清淡饮食，改进烹饪工艺，降低菜品的油脂使用量；提高食材加工利用率，充分利用食材边角料制作配菜；建立餐饮服务“员工之声”管理机制，根据员工满意度、饮食偏好等科学调整菜品供应的种类和结构。

4. 厉行勤俭节约，推广节俭文化。制定总行机关后勤工作“勤俭节约十条措施”，从一度电、一桶水、一张纸、一勺饭做起，从细微处培养精打细算的好习惯。节约资源，积极开展“光盘行动”，对“光盘”行为给予鼓励。推广节能灯具，更换节水型龙头和卫生洁具，提倡无纸化办公及文件双面打印。组织工作小组，通过数据挖掘分析，采集总行大楼门禁系统出入人数、食堂就餐人数等历史数据，研究开发出就餐人数预测模型，以此确定食堂午餐饭菜供应量。根据初步估算，通过该模型预测就餐人数可减少误差30%左右，既能节约餐饮生产成本，还可避免因供应不足导致员工长时间等待的现象。

（四）转变作风，不断提高工作效率

1. 精简会议，改进会风。严格控制会议数量，减少和压缩全行性专业会议，尽量通过视频会议安排部署。改进会议形式，不开泛泛部署工作和提一般性要求的会。2013年会议计划压缩了60%；全行会议费支出同比减少1.3亿元，降幅44.6%。

2. 精简文件简报，改进文风。取消部门简报，各部门通过门户网站和内部邮件发布信息。禁止向各分行、各单位布置报送一般性工作总结、非党委或管理层要求的措施、方案，减轻基层行负担。对发文数量实行总量控制，去年总行发文比去年同期减少20%，平均字数减少8%。

3. 精简管理流程，加强全行执行力。对总行部门审批事项进行全面梳理，精简了30%的审批事项，减少了40%的审批件数。精简总行各类领导小组，在原有97个的基础上撤销了57个，并对新设领导小组作出严格规范。

四、结语

在融合内部服务理论的基础上，研究提炼并阐述了行长办公室服务型部门文化内涵，梳理了办公室秉承服务理念、提高服务质量、创新服务方法等多方面践行服务型部门文化的具体措施。当前，我国市场化改革进程不断加快，经济结构调整持续深化，银行业将面临更加严峻的挑战。面对复杂多变的经营环境，企业和部门文化需与时俱进，需继续坚持探索部门文化建设的步伐，为银行把握市场机遇、赢得市场竞争发挥引领与推动作用。

群众路线的内涵与社会主义金融实践

总行行长办公室

群众路线是中国共产党的根本工作路线。“一切为了群众，一切依靠群众，从群众中来，到群众中去。”这22字，字字真言，是中国共产党革命实践的总结，执政规律的凝练，也是社会主义金融改革发展的工作指南。

一、群众观点是唯物史观的重要范畴，人民群众是物质财富和精神财富的创造者，也是推动社会主义金融发展的主体力量

党的群众观点是对群众路线的核心阐述和宗

旨宣示。群众观点提示我们：同人民群众联系的问题是关系党生死存亡和社会主义事业兴衰成败的关键问题，只有密切联系群众，才能经受住长期执政、改革开放、市场经济的考验。党最大的政治优势是联系群众，最大的执政危险是脱离群众。在任何时候、任何情况下，全心全意为人民服务的宗旨不能丢，权力是人民赋予的道理不能忘，最广大人民群众是否拥护、赞成、高兴的评判标准不能乱，人民群众是推进改革发展主体力量的观点不能丢。

纵观我国社会主义金融的发展历程，群众路线是贯穿始终的一根红线：从革命战争和抗日战争时期创办瑞金苏维埃银行、陕甘宁边区银行、西北农民银行、华北银行等，紧紧依靠群众阻击敌人经济封锁；到新中国成立后创建崭新的货币体系和银行体系，紧紧依靠群众在一穷二白的基础上建设新中国；再到改革开放后探索建立现代金融体系，紧紧依靠群众推进社会主义市场经济建设。我国社会主义金融发展的一条宝贵经验，就在于始终坚持人民群众的主体地位，始终坚持为人民群众服务，始终依靠并充分发挥人民群众的智慧和力量。反观2008年爆发并席卷全球的金融危机，其表象是金融高杠杆、衍生品创新等引发虚拟经济泡沫破裂，根源则在于金融脱离实体经济、脱离大众，成为华尔街“精英”和利益集团博取暴利的游戏。殷鉴不远，这也从反面警示我们，我国社会主义金融只有牢牢植根于群众，才能实现持续健康地发展。

二、群众立场反映了分析处理问题、权衡利益得失时对人民群众的态度和情感，这也是社会主义金融的根本立足点

群众立场彰显党的政治本色，具体表现在始终保持与人民群众的血肉联系，同呼吸、共命运；始终坚持以人为本，发展为了人民、发展依靠人民、发展成果由人民共享；始终坚持权为民所用，情为民所系，利为民所谋。只有站稳群众立场，对群众饱含深情，才能真正从群众的角度来看问题、做工作，才能使社会主义事业立于不败之地。

发展社会主义金融要坚持群众立场，这是区别于西方金融的根本所在。社会主义金融的政治本色，就体现在为广大人民群众服务上。早在陕甘宁边区时期，边区银行就依靠群众，对贫苦农民发放农业贷款，帮助其发展生产、增加收入。边区银行的《农村贷款三大纪律八项注意歌》群众口口相传，其中“民主讨论群众来决定”、“银行贷款要发展生产”、“放款手续要简单”、“放款要适合农时”等做法，现在来看还很有借鉴意义。社会主义金融与广大人民始终同呼吸共命运的优良传统，在新时期要长期坚持、不断发扬。金融业的本质是服务业，社会主义金融要始终坚持群众立场，始终将服务群众作为立足点和出发点，让广大人民群众享受到普惠的金融服务。只有真心依靠群众、真情服务群众，我国金融发展才能获得广泛、稳固的基础，才能拥有强大的抵御风险能力。

三、人民群众利益是党的最高利益，也是社会主义金融的终极利益。必须把实现好、维护好、发展好群众利益作为第一要务

党没有自己特殊的利益，人民群众的利益就是党的最高利益。群众利益是多层次、多方面的，包括人民群众当家做主、广泛享有参与国家政治生活方面的政治利益，以及在生产经营、财产所有、生活保障、物质帮助等方面的经济利益，在教育、文化活动、科学研究、提升精神生活等方面的文化权益，在提高生活环境质量、生态资源保护、建设“美丽中国”等方面的生态利益，等等。

社会主义金融要把实现好、维护好、发展好群众利益作为工作的根本指南。一是切实保障金融稳定，维护国家的金融安全，管控好内外部风险，加快建立存款保险等兜底保障机制，确保人民群众的金融财产安全。二是不断促进金融公平，使广大人民群众特别是社会弱势群体都能公平地获取金融服务资源，通过金融的包容性发展，做到人人共同分享社会主义金融改革发展的成果。三是通过加快金融改革转型助推经济社会发展转型，着力推动新型“四化”，培育战略性新兴产业，加大对“三农”、民生等领域的金融支持力度，大力发展绿色金融、低碳金融等。只有牢牢树立群众利益的观念和准则，才能有效避免金融逐利冲动及其带来的负面影响，才能为建成惠及十几亿人口的小康社会，实现广大群众共同期盼

的中华民族伟大复兴“中国梦”提供坚实的金融支持保障。

四、群众工作体制是保障人民当家做主的重要顶层设计。社会主义金融的治理体制建设也要体现群众的广泛参与

宪法明确规定一切权力属于人民，党章明确规定党代表中国最广大人民的根本利益。这就在国体、政体和党的执政理念的高度明确了群众路线和群众工作体制的基本要求。在新的历史时期，通过不断完善党的群众工作体制，建立党代表任期制、党代表提案制等，进一步密切联系群众，集中民智、倾听民意、关心民瘼、凝聚民心；通过不断完善人民代表大会、民主协商、基层民主制度，推进依法治国、行政体制改革、权力运行制约和监督，进一步从体制上保障人民群众参与国家重大事务的权利，为实现最广泛的人民民主打下坚实基础。

社会主义金融的健康发展，也需要从体制上建立牢固的群众基础。当务之急是抓好以下工作：一是在金融监管体系建设方面，高度重视并着力健全广大公众参与、维护公众权益的监管体制架构，保障公众的知情权、参与权和监督权。这也是西方国家金融危机后监管体制改革的一个重点。二是在金融机构的治理体制方面，加快建立健全包括广大职工、金融消费者等在内的“利益相关方”广泛参与的治理体制框架。党的十八大报告明确要求，“健全以职工代表大会为基本形式的企事业单位民主管理制度，保障职工参与管理和监督的民主权利”。这也体现了我国现代企业治理的特色和优势，在推进社会主义金融治理体制架构建设中，需要加以坚持和发扬。

五、群众工作方法既是科学又是艺术。要通过掌握群众工作方法提升金融为民服务的本领

在长期革命和建设实践中，我们党形成了一套行之有效的群众工作方法。例如，坚持问政于民、问需于民、问计于民，从人民群众身上汲取智慧，增强解决复杂问题的本领；将群众情绪作为第一信号，使各项工作尤其是改革的力度、节奏与群众可承受的程度相适应；不断丰富群众工作的新方法、新技能，充分吸收现代管理学、组织学、心理学等科学方法和理念，增强引导群众、组织群众、服务群众的能力；熟练掌握和运用群众语言，以群众容易理解、乐于接受的方式与群众交流，拉近与群众的距离，等等。这些是做好群众工作的重要基本功。

发展社会主义金融，也需要掌握和运用好问计于民、问需于民的科学方法。要发扬党注重调查研究的优良传统，增强调查研究的基本功，从纷繁复杂的经济金融信息和现象中抓住事物的本质，找出金融服务的内在规律。善于运用现代技术方法，如“客户之声”、数据挖掘分析等技术工具，更加精准有效地收集、分析和响应广大客户的金融服务需求，提升精细化、差别化服务能力。同时，重视提升金融服务的“亲和力”，特别在对老百姓介绍金融产品、提示金融风险时，要避免用晦涩难懂的金融专业术语，尽可能使用群众容易理解的通俗语言、直观演示等。

社保项目投入产出阶段性后评估报告

总行财务会计部　总行机构业务部

近年来，我国高度重视改善民生和社会保障工作，各项社保制度改革措施的不断推进为商业银行发展提供历史性机遇。为更好把握商机、促进我行业务发展方式的转变，2010 年，总行在对重点社保项目投入产出抽样调查分析论证的基础上，明确了社保业务的战略性业务地位，并制定了业务经营策略，在对项目投入产出合理测算评估的基础上，对符合项目准入标准的重点社保项目，总行优先安排专项财务资源。通过该策略的建立与实施，我行社保业务发展指向精准、支撑有力，全行社保业务发展步入快车道。截至2013年6月末，全行社保资金存款6 351亿元，较年初新增601亿元，增速10.5%，高于全行对公存款增速5.7个百分点；累计发行金融社保卡2 607万张，上半年新增发卡871万张，较去年同期发卡量翻了一番，增速高达50.2%。

为了解业务推进情况、评估相关财务资源使用效果，我们对2010年以来总行给予专项资源支持、且项目运行期达到一年以上的社保项目开展阶段性后评估工作。现就阶段性后评估情况报告如下：

一、总体情况

本次投入产出后评估范围主要包括2010年以来符合项目投入产出标准、并由总行专项安排财务资源的13家一级分行20个社保项目，其中，项目运行满三年的项目有4个、满两年的项目有13个、满一年的项目有3个。

后评估项目情况表

单位：个

项目运行期	一年	两年	三年	合计数量
项目数量	3	13	4	20
实施分行	山西、辽宁、广东	河北、江苏、浙江、宁波、江西、陕西、青海、新疆	江苏、浙江、云南、贵州	13

从本次后评估总体情况看，13家分行20个社保项目整体效益良好，对于社保存款增长和衍生对公存款拓展的助推效果较为显著，由于金融社保卡发展尚属早期，大规模用卡有待时日，因而对个人客户拓展、储蓄存款和中间业务收入的辐射效应尚不明显。

从2010年至2012年，20个项目直接投入共计4.12亿元，累计实现净利润7.17亿元、实现EVA6.80亿元，成本收入比42.6%；累计实现日均社保存款1 281.57亿元、中间业务收入0.23亿元，发卡785万张，延伸拓展企业存款23.75亿元、储蓄存款15.01亿元。

与预测数据相比，项目整体效益、社保存款及对公存款实际增长情况均好于预测，净利润、日均社保存款和对公存款分别高于预测水平61.0%、7.7%和127.6%；但受发卡进度相对慢于预期且社保卡激活率低等因素影响，储蓄存款增长和中间业务收入均显著低于预测水平，分别低于预测85.6%和64.1%。

20个社保项目阶段性后评估总体情况

项目		实际数（亿元）	预测数（亿元）	实际VS预测	
				实际VS预测（+/-）（亿元）	实际VS预测（%）
效益指标	直接投入	4.12	5.05	-0.93	-18.5
	其中：资本性投入	2.98	3.47	-0.50	-14.3
	费用	1.14	1.57	-0.44	-27.7
	净利润	7.17	4.45	2.72	61.0
	EVA	6.80	4.14	2.66	64.4
	成本收入比（%）	42.6	—	—	
业务指标	日均社保存款	1 281.57	1 189.94	91.63	7.7
	日均企业存款	23.75	10.43	13.31	127.6
	日均储蓄存款	15.01	104.59	-89.58	-85.6
	中间业务收入	0.23	0.65	-0.42	-64.1

注：上述指标均为评估期内累计实现值，下同。

二、项目投入产出后评估情况及原因分析

从具体项目情况看，由于此次后评估项目总量相对较少、行际分布分散、覆盖范围不一，且不同地区实施重点差异较大，因此评估主要针对项目总体的业务运行特征及效益实现情况进行分析，并区分不同运营期项目比较，暂未按项目级别及类型展开细分。后评估的20个项目中，18个项目已实现盈利，平均单个项目实现年均EVA0.24亿元；2个项目由于实施时间较短效益暂未显现，占全部项目的10%；与预测情况相比较，11个项目效益高于预测，9个项目低于预测。

20个社保项目效益实现情况

	分行		项目名称	实际EVA（万元）	预测EVA（万元）	实际VS预测	
						实际VS预测（+/-）(万元)	实际VS预测（%）
项目运行三年项目	江苏	扬州	扬州市劳动社会保障市民卡项目	4 983.9	4 042.3	941.6	23.3
	浙江	绍兴	绍兴社保卡项目	2 023.1	3 455.3	-1432.2	-41.4
	贵州		“金保工程”专项建设资金	6 098.3	2 930.9	3 167.4	108.1
	云南	昆明	昆明市新型农村社会养老保险项目	531.4	389.1	142.2	36.5
	小计			13 636.7	10 817.6	2 819.1	26.1
项目运行二年项目	河北	秦皇岛	秦皇岛市新农合项目	-257.1	1 136.5	-1 393.6	-122.6
	河北	邢台	邢台市医保和社保卡项目	252.0	889.5	-637.4	-71.7
	江苏	南通	如东县社会保障卡项目	1 097.4	-24.0	1 121.4	-4 663.0
	浙江	金华	金华社保卡项目	774.4	1 835.8	-1 061.4	-57.8
	浙江	温州	温州社保卡项目	2 799.1	3 165.8	-366.7	-11.6
	浙江	丽水	丽水社保卡项目	1 201.6	1 046.6	155.0	14.8
	浙江	衢州	衢州社保卡项目	31.1	904.3	-873.2	-96.6
	浙江	台州	台州社保卡项目	1 322.1	1 553.6	-231.5	-14.9
	宁波		社会保障联名卡	4 860.8	2 188.2	2 672.6	122.1
	江西		社保业务新农合信息系统建设项目	107.8	70.0	37.7	53.8
	陕西		社会保障卡项目	1 229.9	-317.9	1 547.8	-486.9
	青海		“金保工程”项目	1 250.0	3 204.4	-1 954.5	-61.0
	新疆		社保金融IC卡项目	7 890.9	13 440.5	-5 549.6	-41.3
	小计			22 559.8	29 093.3	-6 533.4	-22.5
项目运行一年项目	山西		金融社保卡项目	7 582.5	1 090.4	6 492.2	595.4
	辽宁		养老保险系统升级和医保联网项目	24 536.1	729.0	23 807.1	3 265.7
	广东	佛山	佛山社保卡项目	-280.8	-335.0	54.2	-16.2
	小计			31 837.7	1 484.4	30 353.4	2 044.9
合计				68 034.3	41 395.2	26 639.1	64.4

注：1. 实际EVA为项目评估期内实际累计EVA，预测EVA为与项目评估期相对应的预期累计EVA；2. 陕西项目和广东佛山项目在项目初期阶段预测效益均为负数。

（一）业务拓展情况

分行通过参与社保项目有效深化政银合作，总体上对巩固存量业务、带动新增业务拓展发挥了重要作用，但与初期预测比较存在差距，具体表现在：

一是社保存款增长总体良好，个别项目与预测数差距较大。20个项目三年评估期内累计实现日均存款1 282亿元，较预测水平高7.7%。从具

体项目看，9 个项目存款增长低于预期，其中河北秦皇岛、江苏南通、青海项目偏差较大，主要由于政府客户未及时兑现承诺或系统建设进度缓慢。如青海省社保承诺将 20 亿元社保存款由工商银行转存我行，但工商银行通过省委领导施加压力与阻力导致存款迟迟未能到位；河北省秦皇岛新农合项目由于地方政府推进社保系统建设缓慢，系统未完工致使资金归集受限。

二是派生企业存款增长好于预期，但储蓄存款、中间业务收入大幅低于预测。部分项目借助医保结算账户相应拉动医院、药店存款新增，对提升对公存款新增发挥了积极作用，20 个项目三年评估期内累计实现日均企业存款 23.75 亿元，超过预测数 127.6%。但目前尚处于社保卡业务运行初期，各行对于卡片的激活与应用关注度不足，加之客户的用卡习惯形成尚需时日，造成储蓄存款和中间业务实际拓展情况与预期差距较大，分别低于预测 85.6% 和 64.1%。

三是发卡进度略低于预期。本次评估项目中 14 个项目涉及金融社保卡发卡，三年间累计实现发卡 785 万张，较预测数减少 11 万张，低于预测 1.4%，主要由于政府机构在项目启动、卡片监测、参保人信息采集等环节慢于预期进度。考虑到目前大部分发卡项目均在协议中对发卡市场份额进行约定，发卡数量预计得以保障，但发卡进度延后对储蓄存款沉淀及用卡产生的相关中间业务收入将产生不利影响。

（二）效益实现情况

1. 社保存款效益

当前，社保业务直接收益主要来源于社保存款资金沉淀收益，20 个社保项目共实现存款毛收益 15.13 亿元，较预测数多出 3.76 亿元，社保存款收益整体高于预期 33.0%。但从具体项目情况看，12 个社保项目在评估期内产生社保存款毛收益低于其初期预测水平，主要受以下因素影响：

一是社保存款新增低于预期。如：河北秦皇岛项目 2011 年、2012 年社保日均存款分别较预测低 72.2% 和 81.8%；青海项目 2011 年、2012 年社保日均存款分别较预测低 20.8% 和 28.2%，主要是合作协议中涉及从他行撬动的社保资金于 2012 年年底才实现部分划转，同业对于资金转入我行通过省政府领导施加了较大压力，导致该资金转入拖延与减少。

二是存款结构较预期改变，即新增存款期限长于预期。如浙江金华项目社保存款增长主要集中于定期存款，活期存款占比为 12%，低于初期预测 20% 的占比水平；宁波社保卡项目，社保存款新增 34.3 亿元，其中，三年期定期存款新增 30.6 亿元，占比达 88.9%。

2. 中间业务收入

社保项目中间业务收入主要来源于代发养老金和结算业务收入，由于目前多数行对参保人提供的代收代付服务基本为免费、且持卡人金融功能使用率偏低等因素影响，13 家分行 20 个社保项目的中间业务收入贡献目前仍较为有限。从后评估结果看，共计实现中间业务收入 0.23 亿元，低于预测数 64.1%。

3. 储蓄存款效益

沉淀储蓄存款毛收益 0.26 亿元，低于预测数 1.67 亿元，低于预测 86.6%，主要是发卡初期阶段由于卡片金融功能尚未激活启用，储蓄存款沉淀量远未达到预期水平。

4. 对公存款效益

派生企业存款毛收益 0.42 亿元，高于预测数 0.26 亿元，高于预期 165.0%，主要是部分分行通过社保业务带动了医院、药店等存款账户的增长。

（三）投入情况

从 2010 年至 2012 年，13 家分行 20 个社保项目直接投入共计 4.12 亿元，其中，资本性支出 2.98 亿元，制卡费等费用投入 1.14 亿元；受政府主导定价及区域竞争环境等因素影响，项目单位成本差异显著，平均单个项目投入（含资本性投入和制卡费）2 058 万元，最高投入 6 409 万元，最低投入 295 万元；平均每亿元社保存款投入 32 万元，最高投入 371 万元，最低投入 10 万元；14 个涉及发卡项目的单卡成本（含资本性投入和制卡费）平均为 35.6 元/张，最低 16.7 元/张。

项目	平均投入	最高投入	最低投入
单个项目投入（万元）	2 058	6 409	295
每亿元社保存款投入（万元）	32	371	10
单卡成本（元）	35.6	—	16.7

注：投入成本包括资本性投入和费用投入。

（四）不同运营期的项目比较

1. 运行满三年项目情况

运行满3年项目共计4个，包括：江苏扬州劳动社会保障市民卡项目、浙江绍兴社保卡项目、贵州“金保工程”项目、云南昆明市新型农村社会养老保险项目。由于此类项目运行三年后已处于平稳运行期，总体而言效益实现情况良好，并呈现年度间逐年增长的态势；评估期实现EVA合计1.36亿元，高于预测数26.1%，平均成本收入比为45.8%；累计实现日均社保存款469亿元，接近初期预测水平，但储蓄存款和中间业务大幅低于预期。

运行满三年项目阶段性后评估情况

项目		实际数（亿元）	预测数（亿元）	实际VS预测	
				实际VS预测（+/-）（亿元）	实际VS预测（%）
效益指标	直接投入	0.60	0.71	-0.11	-14.9
	净利润	1.44	1.17	0.27	23.4
	EVA	1.36	1.08	0.28	26.1
	成本收入比（%）	45.8	—	—	—
业务指标	日均社保存款	469.08	500.30	-31.22	-6.2
	日均企业存款	4.53	—	—	—
	日均储蓄存款	0.49	30.36	-29.87	-98.4
	中间业务收入	0.03	0.13	-0.10	-75.8

2. 运行满两年项目情况

运行满2年项目共计13个，主要分布在浙江、河北、江苏、宁波、江西、陕西、青海、新疆等分行，评估期实现EVA合计2.26亿元，低于预测22.5%，平均成本收入比为52.9%。13个项目中，8个项目效益水平低于预期，主要与社保存款新增未达预期目标、存款付息成本高于预测以及社保卡激活率低等因素相关。

运行满两年项目阶段性后评估情况

项目		实际数（亿元）	预测数（亿元）	实际VS预测	
				实际VS预测（+/-）（亿元）	实际VS预测（%）
效益指标	直接投入	2.31	3.45	-1.14	-33.0
	净利润	2.41	3.11	-0.70	-22.5
	EVA	2.26	2.91	-0.65	-22.5
	成本收入比（%）	53.1	—	—	—
业务指标	日均社保存款	523.16	535.14	-11.98	-2.2
	日均企业存款	19.22	10.43	8.78	84.2
	日均储蓄存款	12.32	69.59	-57.27	-82.3
	中间业务收入	0.18	0.40	-0.22	-54.3

3. 运行满一年项目情况

项目运行期满1年项目共计3个，包括：山西金融社保卡项目、辽宁养老保险系统升级和医保联网项目和广东佛山社保卡项目。尽管尚处于运行初期，但在社保存款大幅增长带动下，山西、辽宁项目效益均大幅超出预期，其中，山西分行凭借40%的发卡市场份额，2012年新增存款35.9亿元，增幅达34.5%，显著超出预期；辽宁分行则通过投入续签省级社保业务独家合作代理资格，且由于当年省社保投资运作较往年时间有所推迟，社保日均存款超预期快速增长。此类项目效益评估期实现EVA3.18亿元，远超预期水平，平均成本收入比为29.3%。

运行满一年项目阶段性后评估情况

项目		实际数（亿元）	预测数（亿元）	实际 VS 预测	
				实际 VS 预测（+/-）（亿元）	实际 VS 预测（%）
效益指标	直接投入	1.20	0.89	0.31	34.6
	净利润	3.32	0.18	3.14	1 762.2
	EVA	3.18	0.15	3.04	2 044.9
	成本收入比（%）	29.3	—	—	—
业务指标	日均社保存款	289.34	154.51	134.82	87.3
	日均企业存款	—	—	—	—
	日均储蓄存款	2.20	4.64	-2.44	-52.6
	中间业务收入	0.02	0.12	-0.10	-84.9

从不同运营期项目的比较情况看，剔除山西、辽宁两个效益大幅超预期的一年期项目影响，总体而言运行期长的项目产出情况相对好于尚处起步期的项目。随着项目运行渐趋平稳，效益实现相应呈现逐年增长态势，基本达到预期水平；而尚处投入初期的项目，短期内收入难以覆盖成本，成本收入比水平相对较高。

三、存在的问题

从本次后评估情况看，目前项目运行中存在的主要问题包括：

一是部分项目虽然实现预期目标，但存款新增结构不理想，期限长、成本高。涉及的项目主要有宁波、扬州、云南等项目，例如，云南新农保项目三年累计新增社保存款 23.8 亿元，其中，75% 为五年期定期存款，付息成本达 5.49%；

二是受社保存款新增不及预期、付息成本高、社保卡激活率低等因素影响，部分项目未能实现预期目标，主要涉及绍兴、秦皇岛、邢台等 9 个项目，例如，浙江绍兴社保卡项目，新增发卡 54 万张，但卡片激活率低，三年来仅实现储蓄存款 895 万元，远低于预测水平（预测实现储蓄存款 7.05 亿）；

三是个别项目虽完成大批量制卡，但后续配套尚未跟进，仍有大量工作需要落实。比如，山西社保卡项目，2012 年发卡量 384 万张，发卡量和新增发卡量均位居全国系统第一，当地市场占比第一。由于山西省人社厅采用“省里统一制卡、分级发卡”方式，地市社保局发卡推进工作缓慢，大部分社保卡并未能实际发放至参保人员。此外，由于分行在县域近 900 个乡镇、社区和农村无营业网点，未来在这些地区个人客户的拓展、卡片的激活及使用以及用卡环境的部署等尚需做好配套安排。

四、结论及工作建议

（一）社保业务稳定性强、辐射面广，项目效益总体实现预期目标，建议在投入产出分析基础上甄选优质项目继续安排专项资源予以支持

从后评估情况看，项目效益总体实现预期目标，项目参与分行与当地政府合作的深度与广度均得到了巩固，尽管部分经济效益短期内无法显现，但随着合作周期的持续，综合效益将逐步显现。为此，建议继续将社保业务作为全行的战略性业务，在投入产出分析的基础上，对符合经营策略和财务投入标准的优质项目，安排专项资源给予支持。

（二）随着利率市场化的推进，以社保存款沉淀收益为主的盈利模式将不具备可持续性，社保业务营销策略及发展模式要做适应性调整

从项目实施情况看，由于社保机构不断强化对社保资金收益水平的管理，强调资金保值增值，社保存款业务呈现定期化、高成本趋势，可以预见，在日趋激烈的同业竞争环境下，随着利率市场化的推进，存款竞价、付息成本上升将常态化，以社保存款沉淀收益为主的盈利模式将不具备可持续性。对于商业银行而言，应进一步认识到，在社保业务营销拓展过程中，即要维护好政府机构客户关系，加强付息成本管理，夯实稳存增存基础；更应着眼于充分发挥社保卡黏合度和活跃度较强的优势，切实做好社保卡发卡衍生业务拓展工作，加大相关对公和个人客户挖潜力度，不断提升对医疗机构存款以及医保资金结算及其他个人消费服务等相关中间业务的拉动作用，逐步

提高综合收益水平。

（三）部分项目金融社保卡发卡工作推进迟缓、激活率低，应强化联动与配合，做好个人客户拓展及卡片激活工作

从后评估的情况看，部分金融社保卡项目存在发卡推进迟缓、激活率较低的情况，造成储蓄沉淀与相关中间业务收入未达到预测水平。建议相关业务部门加强联动，做好相关的配套安排工作。特别是零售部门进一步加强开卡管理，促进卡片尽早激活，并做好金融社保卡用卡环境建设，增加发卡覆盖的农村区域相关设备的布设力度，便利参保人用卡，提高参保人用卡积极性。

（四）定期开展投入产出后评估工作，对分行加强督导与监控，确保实现预期目标

通过此次后评估，对分行社保业务推进情况、效益实现情况进行了量化评价，较为全面掌握了近两年分行社保以及相关业务的推进情况。后续，将根据此次后评估的结果，对效益水平虽达预期但仍需进一步改善以及效益水平未达预期的分行加强督导与监控，定期开展投入产出后评估工作，确保实现预期目标。

此外，总行财会部和机构部也已结合此次后评估情况，对社保投入产出模型进行优化，通过调整部分参数设置，以期使测算更为科学、合理，后续将进一步完善相关配套政策。

银行间市场资金紧张事件回顾与展望

总行风险管理部　匡军军

2013 年 6 月，国内银行间市场资金持续紧张，资金价格不断攀升，20 日上海同业隔夜拆借利率和回购利率均超过 13%，7 天回购利率最高达 28%，创出历史新高。在资金面收紧等因素直接影响下，国内股市也呈现出急跌态势，截至 6 月 24 日，A 股沪深指数本月跌幅分别达 15%、18%，空头气氛浓烈，引起市场各方的担忧。

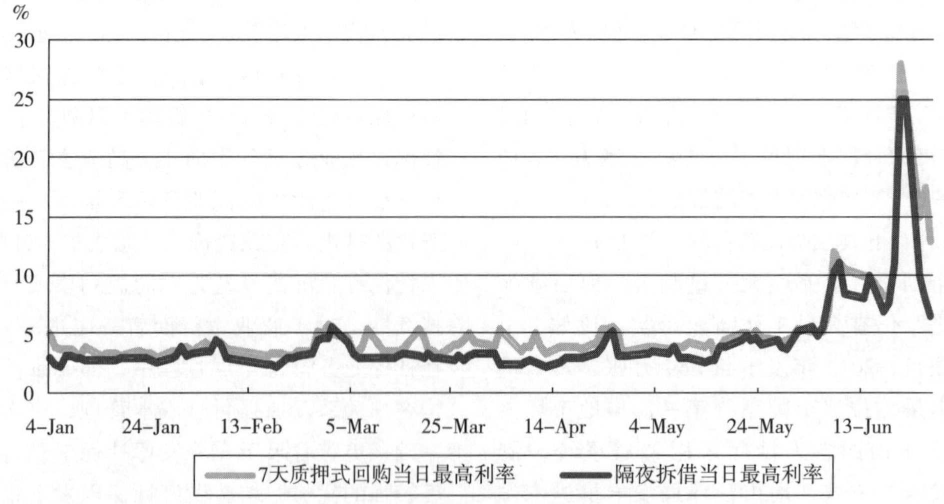

数据来源：Wind 系统。

2013 年上半年银行间货币市场利率走势

一、近期银行间市场资金紧张的原因分析

（一）美国经济复苏导致资金从新兴市场回流

从外部环境来看，近期美国经济复苏迹象明显，5 月失业率降至 7.6%，6 月美国房屋建筑商信心指数涨至 52（为 2006 年 4 月以来首次超过 50），美元指数近日出现走强，伯南克在 6 月 20 日的讲话中暗示货币量化宽松政策存在提前退出的可能，加上国内经济增速减缓及增速目标下调等因素影响，国际上大量资本及热钱开始从新兴市场回流美国。

（二）高杠杆经济是资金紧张的内在原因

2008 年爆发全球金融危机之后，世界主要国家相继加大财政政策刺激力度，根据经济研究机构 GK Dragonomics 统计，2012 年末中国企业债务占 GDP 比率增至 122%，创 15 年新高，远超一般经济体 50%—70% 的水平。

（三）外汇占款大幅下降致使资金流入下降

5 月，国家外汇管理局下发《关于加强外汇资金流入管理有关问题的通知》，加大了对虚假贸易的打击力度，同时受美元走强等因素影响，国内资本流入出现减少，如 5 月份外汇占款新增 668.6 亿元，较 4 月份大幅缩水 77%。

（四）贷款增速较快导致银行备付率降低

6 月，国内银行贷款增速加快，增加了对流动性冲击的敏感性。5 月末，国内金融机构备付率为 1.7%，比一季度末下降 0.3 个百分点，比年初下降 1.6 个百分点。

（五）存款准备金上缴消耗了银行流动性

5 月末，国内金融机构存款大幅增加，一般性存款下旬增加约 1.4 万亿元，导致银行 6 月上旬补缴存款准备金压力较大。在 6 月份存款增长需求依旧加快的情况下，银行的流动性短期内将进一步消耗。

（六）债券市场活跃程度下降

4 月末以来的银行间债券市场规范清理，加大了对丙类户、灰色交易、利益输送等行为的整顿，这些措施有利于债券市场的长期健康发展，但也加剧了市场内短期资金的摩擦，非银行市场参与者的大幅减少，使得市场参与者的资金需求性质更加趋同，从而放大资金利率的波动和冲击。

（七）企业税费清缴对流动性形成冲击

5、6 月为国内企业所得税的重要清缴期，如 5 月净上缴税费额达 5 600 亿元。企业所得税费缴纳意味着资金从企业在商业银行的存款转移至国库在中央银行的存款，财政存款的大幅增加对银行流动性造成了一定冲击。

（八）恐慌情绪等负面心理影响不可忽视

端午节前后，银行间市场资金面逐步收紧，隔夜拆借利率出现急增。6 月 7 日，市场传闻中国光大银行对兴业银行的 60 亿元同业拆借资金本应到期，但光大银行由于头寸紧张而出现违约，直接引爆了市场的流动性紧张恐慌情绪，也在一定程度上加大了市场的脆弱性。

二、各方对本次银行间市场流动性紧张的判断与观点

（一）中央银行态度

※ 6 月 18 日，中央银行在公开市场发行 20 亿元 3 个月期央票，中标利率持平于 2.9089%。在到期流动性本身不多的情况下，中央银行象征性资金回笼的姿态，加大了市场对短期流动性的担忧情绪。

※ 6 月 24 日，中央银行下发《关于商业银行流动性管理事宜的函》，表明我国银行体系流动性总体处于合理水平，同时强调商业银行要密切关注市场流动性形势，加强对流动性影响因素的分析和预测，做好半年末关键时点的流动性安排。要求各金融机构统筹兼顾流动性与盈利性等经营目标，合理安排资产负债总量和期限结构，合理把握一般贷款、票据融资等的配置结构和投放进度，注重通过激活货币信贷存量支持实体经济发展，避免存款“冲时点”等行为，保持货币信贷平稳适度增长。

※ 6 月 25 日，中央银行刊发《合理调节流动性、维护货币市场稳定》的文章，再次强调当前流动性总量并不短缺，近期货币市场利率仍出现上升和波动主要是多种因素叠加影响的结果，并表示近日已向一些符合宏观审慎要求的金融机构提供了流动性支持。下一阶段，中央银行将认真贯彻落实国务院第 13 次常务会议精神，继续实施稳健的货币政策，把稳健的货币政策坚持住、发

挥好，同时将积极运用公开市场操作、再贷款、再贴现及短期流动性调节工具（SLO）、常备借贷便利（SLF）等创新工具组合，适时调节银行体系流动性，保持货币市场稳定。

（二）有关市场反映

1. 中国银行对资金违约事件紧急应对。媒体报道中国银行20日下午发生资金违约事件，交易时间延长半小时，市场资金缺口达千亿规模。20日晚间，中国银行发表严正声明，表明资金违约事件的报道纯属谣言，并向公安部门报案。21日凌晨，21世纪网发布致歉声明，承认《中国银行今日资金违约》的报道不实。

2. 工商银行及时化解流动性危机猜疑。6月19日，工商银行发布通告，称将于6月23日0：10～1：40进行系统优化。截至23日上午11时，工商银行多地系统柜面取款、ATM、网银等均被告知出现故障无法正常使用，由于正处“钱荒”的敏感时期，引发了市场对其流动性紧张的猜疑。23日12时50分，工商银行发布一则官方微博，称系统故障解决，并向客户致歉。

3. 国有大型银行高层相继发表看法。6月27日，我行张建国行长出席台北分行开业记者会时表示，建设银行存贷比维持在64%左右，距离监管机构要求的上限75%还有很大差距，目前流动性充裕，有能力拆放同业，并澄清建设银行没有停止承做新贷款，且大陆方面前两天短期紧张流动性已经缓解，现在已恢复正常。

6月27日，工商银行行长姜建清表示，这次事件不是“钱荒”是“心慌”，中国商业银行整体资产负债结构仍较传统，存贷比同国际横向比较处于低位。作为大银行的工商银行愿意在市场出现波动之际，发挥自身流动性实力雄厚的优势，起到稳定市场的作用。但希望将来政策的预期能更清晰更稳定，以利于更好更深刻地理解整个市场的状况。

三、银行间市场资金紧张的趋势判断

1. 目前的紧张是结构性、短期性资金失衡。5月末国内广义货币（M_2）余额高达104.21万亿元，M_2/GDP比例高达180%，位居世界第一。存款准备金率（20%）目前处于历史高位，整体来看，国内金融体系的存量资金并不缺乏，目前的紧张局面本质上是一种结构性、短期性资金失衡。

2. 中央银行意在引导银行压缩杠杠稳健经营。近年来，银行同业、理财、信托、表外等业务发展蓬勃，银行的资产负债结构也发生了很大变化。部分中小银行依赖从银行间市场借入短期同业资金，并通过短借长贷、期限错配获取利润，此种盈利模式的流动性风险值得担忧。从中央银行近期一系列举措和表态来看，提升金融机构流动性风险管理能力、引导部分银行降低同业业务规模、促进金融为实体经济服务的用意较为明显。

3. 理财集中到期可能再度引发资金紧张，7月中旬或出现一定程度的缓解。结合历史经验来看，6月底、7月初通常为银行的资金紧张期。长期的高利率必将提升实体经济的融资成本，从而对经济发展造成损害，此有悖于政府的愿望和初衷，目前的资金紧缺局面应不会持续太久。仍需警惕的是，根据市场测算，截至今年3月末，国内理财产品规模达13万亿元，其中有1.5万亿元将于6月下旬集中到期，短期内仍不排除资金市场利率再次出现走高的可能，但随着季节性和阶段性因素的消退，预计7月中旬过后，资金紧张的局面会出现一定程度的缓解。

四、我行应对措施与相关业务情况

（一）建立应急机制积极应对

自6月初银行间市场资金面收紧以来，市场风险管理部成立应急工作小组，定期碰头研讨市场流动性收紧对我行相关业务的影响，通过日报、专题分析报告等方式向高管层及时报告，并向前台业务部门提示风险。

（二）6月底前集中到期的理财产品较多

6月底前，我行将有190期金融市场条线理财产品到期，实际募集金额约572.5亿元，其中保本浮动收益型理财产品156期，非保本浮动收益型理财产品34期。从基础资产投向来看，此部分理财产品主要投向同业存放和信用债买卖两类，其中同业存放的规模为512.6亿元，信用债买卖的规模约为60亿元。

（三）IRS产品估值有所回升

截至6月27日，我行自营IRS交易未到期交易余额141.95亿元，轧差后未到期交易余额为117.95亿元，较5月末风险敞口减少8.5亿元。

在近期银行间市场主要曲线大幅上移的情况下，我行自营IRS交易市值重估有所回升，存量交易的估值损益已从5月末的365.14万元，上升至6月27日的588.65万元，上涨223.51万元；已实现损益由5月末的-672万元降至-846万元，减少174万元。

加快审计能力提升，推动审计文化建设

总行审计部课题组

为适应经营管理形势变化，更好地履行审计职责，我行审计条线开展了“审计能力提升年”活动，并以此大力推动全行审计文化建设。活动开展以来，审计条线在审计质量、效率和成效上取得了阶段性的进步，内部审计的独立性、权威性和有效性不断增强。

一、建制度，完善质量控制体系

科学合理的制度规范，是提升能力的重要基础。早在2001年，建设银行就建立了以内部审计章程为龙头、以审计业务准则为核心、以审计事务规范为补充，具有自身特色的内部审计制度规范体系。近年来，根据银行内部审计实践和最新工作要求，紧密结合国际内部审计实务标准和中国内部审计准则体系的发展，及时进行了修订和完善。

目前，建设银行共有内部审计相关的规章制度、办法、指南等40余项，具体包括：一是内部审计章程，明确了内部审计在本银行的地位及其职责、权限、原则，明确了审计机构设置、人员配备和经费保障等内容；二是内部审计准则，规定了开展审计项目的流程和方法、保证审计工作质量的政策和措施、审计人员应遵循的职业行为规范等内容；三是内部审计实务操作手册，明确了审计人员对各类业务进行审计时应执行的步骤、方法和工具；四是各专项审计办法，规定了开展具体专项审计（如任期经济责任审计、管理咨询类审计、非现场审计）时，应遵循的流程、使用的方法和工具等；五是内部审计事务管理规范，如机构管理、人员管理、财务管理、综合管理的规范，主要是与审计有关的日常事务处理标准。健全合理的制度规范，梳理明晰了各项审计工作的流程和标准，为审计工作质量确立了尺度和准绳，为审计有效履职提供了重要保障。

二、选人才，抓好审计队伍建设

充满活力的人才队伍，是提升审计能力的关键力量。审计条线积极稳妥地实施人员交流和增长计划，不断探索和完善形式多样、方法灵活、多层次、多渠道的人员交流机制。同时，积极研究促进新员工成长的方式方法，组织落实新员工融入计划。

一是稳定有序推进队伍建设。各审计机构重点加强队伍建设，通过校园招聘、内部招聘、短期互派、跟岗锻炼、参与分行岗位竞聘等多种方式，不断充实审计力量、激发队伍活力。以专业分工为导向，结合各机构的专业特长和实际需求，打造个性化的增量计划，有针对性地补充紧缺专业人才，调整优化队伍结构。2010—2012年，审计队伍增加近500人，人员专业特长基本覆盖了主要业务领域，年龄结构呈现梯次化，为审计工作的可持续发展提供了宝贵的人力资源。

二是继续完善新员工培养机制。审计部制订并实施审计条线新员工培养计划，明确培养目标、流程、分工和评估标准；各审计机构为新员工搭台子、压担子，指定导师，安排其担任审计项目重要角色，使学习成长融入审计实践。实践证明，对新员工培训、轮岗和项目实践相结合的培养机制，已经初步发挥作用，大批新兵正在迅速变成精兵，生力军正在成长为主力军。2013年审计部又新推出了“青年员工深入体验审计项目实践机制”，进一步创造条件和机会，安排青年员工到基层审计机构实践锻炼，深入了解、学习审计业务，切身认识、体会一线审计工作，拓宽知识面和工作视野。

三、夯基础，扎实推进专业化建设

优化资源配置，合理分工，是提升审计能力的必由之路。“做审计就是做专业”，没有对业务的透彻理解，就没有透彻的审计，没有对审计资源的有效管理，就没有有效的审计。

一是创立并优化了审计专业体系，既覆盖了银行所有的业务经营和支持保障职能，也便于审计立项和审计项目管理。二是推进了审计机构的专长化。规划和引导审计机构的专业方向，按照一个机构牵头、若干机构参与的方式，组建了专业研究机构群，与专业体系对接。让每一个审计机构都拥有一个或多个专长，39 家机构各有分工，相互协作，互为后台。三是引导了审计人员的专家化。规划和引导审计人员的职业发展方向，使其努力发展成为特定领域的风险管理专家和内部控制专家，促进审计人员术有专攻、合理分布。全条线筛选和培养了数百名业务骨干，广泛分布在各个银行业务领域，形成了内部审计的核心人员队伍。四是实行了审计项目的专门化。通过将审计项目按业务特点归类管理，建立关键环节指引，研究并积累基础审计方案，保证在制度框架下，高效率地履行审计职责。五是促进了专业研究的常态化。倡导围绕审计职责开展专业研究，审计机构和审计人员主动学习研究的意识和能力明显提高。既注重银行业务研究，又注重审计方法研究，研究的过程融入到审计项目中，成果体现在审计发现和审计建议中，用实际工作很好地诠释了“研究型审计”。

四、抓质量，在项目中总结提升能力

质量是审计工作的生命线，也是提升审计能力的核心内容。审计条线高度重视全过程审计质量控制，积极探索建立有关机制和方法，完善审计质量控制体系，加强流程管控，有效引导并规范审计行为，不遗余力地促进审计过程质量和报告质量两方面得到改进和提升。

一是注重基础环节的质量控制。严格执行方案审批、报告复核和审议、意见征求等制度，坚持审计工作日志、底稿多级复核等机制，并根据不同的审计项目类型，研究特定的程序控制要求。二是建立审计项目纠错纠偏机制。专门梳理项目质量标准，明确了岗位尽职等基本原则，重申了关键环节纠错纠偏措施，督促审计人员尽其所能，认真履职，避免审计程序或结果的错误和偏差，将纠错纠偏工作贯穿于审计项目的全流程。三是注重项目总结评议机制。通过单个项目讲评或多个项目集中分析回顾，讲评审计报告、审计底稿等，分析项目得失，共享和积累审计质量控制的经验。广泛组织“项目质量回头看”活动，推动质量管理措施的落实。四是建立审计报告质量再检查机制。在业务处室考核项目质量的基础上，组织其他处室对 A 档审计报告进行检查，再次查找差错和不足，及时反馈给相关审计机构参考和改进。通过引入第三方监督，促进了报告审查考核工作的客观公正，也进一步向审计机构传导质量压力，不断提高审计报告质量。

五、谋远略，探索审计价值新增长点

审计项目是内部审计主要的工作形式，也是提升审计能力的重要抓手。随着我行加快推进战略转型，业务经营趋于综合性、集约化和多功能，审计领域、审计对象、审计内容也需要持续拓宽和延伸。为此，审计条线积极探索，不断寻求审计新的价值增长点。一方面，及时跟进新业务、新产品。审计项目覆盖到金融市场、关联交易、数据管控、理财业务、市场风险、集团并表、新资本协议实施等众多新的银行业务或领域，充分了解其核心流程，探究新形势下各类风险隐患的表现和变化特征。另一方面，在做好合规性审计和确认业务的基础上，积极探索管理咨询审计。建设银行专门制定了《关于管理咨询类审计工作的指导意见》，将管理效益的思想融入到日常工作和每个项目中，从促进发展的角度，分析风险缺陷、成本效益，提出完善流程、改进管理的意见建议。每年都组织开展若干审计调查类项目，专题开展效益分析，推动相关业务流程管理的加强和内控水平的提升。利用各类审计成果和经验，发挥特点和优势，向其他条线或业务部门，提供支持、咨询、培训等增值型审计服务。

六、促创新，积极研发审计新工具

审计技术方法的进步是提高审计效率和效果、保证审计质量的重要支撑。审计条线一直注重加强对审计技术方法的探索和研究，并在诸多领域取得了突破。

一是推进非现场审计技术的研发和推广。建设银行自主研制开发的非现场审计系统（OAS），面向审计业务开展数据采集、查询、挖掘和分析，为审计查证提供准确的线索，在审计工作中发挥着巨大的作用，取得了非常好的效果，得到业界的广泛赞誉和高度评价。目前，非现场审计技术的应用已贯穿于审计计划、审前准备、审计实施、审计报告和审计跟踪等审计工作的各个阶段；非现场系统模型已覆盖到主要业务领域、产品和重点环节，形成了信贷业务、负债业务、中间业务、海外业务、财务管理等一系列模型体系。同时，通过全行统一的、分级别的非现场资格认证考试，推广非现场审计技术，提升全员应用水平，充分发挥了非现场审计系统的强大功能。2013 年还启动了非现场审计系统（OAS）总行集中部署工作，拓展数据来源渠道，为将来改进审计组织模式奠定技术基础。

二是完善审计管理信息系统。建设银行自行研制开发了审计管理信息系统（AMIS），建立了一整套规范化的审计业务信息结构体系，涉及主要审计操作和管理环节，对各类审计项目及管理信息进行统一采集、整合、存储和发布，提供了审前准备、现场查证、审计追踪、审计成果加工利用、审计信息多维度查询等智能化功能。该系统的应用，实现了全行审计资源、审计信息的集中共享和综合利用，为审计工作的流程化建设和精细化管理提供了平台支持。2013 年启动了新一代审计管理信息系统的研发工作，将全面打造审计工作和知识管理的新平台。

七、重分享，扎实提升审计能力

有效顺畅的分享渠道，是提升审计能力的有力保障。审计条线通过加强机制建设和渠道建设，努力推进审计经验交流和成果共享工作。

一是建立审计机构支持与协作机制。针对部分审计机构实力较弱、工作质量尚有提升空间的情况，审计部研究建立审计机构支持与协作机制。由实力较强的机构，对有进步需求的机构，在信贷、存款等主要业务领域，进行全方位、多形式的一对一支持协作。二是开发了审计知识库，作为专业研究成果存储、展示、学习和运用的重要平台。还通过内部网页、邮件、文档管理系统等便捷途径，以及开通专家答疑热线（BBS），不断丰富信息交流渠道，缩短了审计人员与专家、机构与机构、项目与项目之间的沟通距离，使分享、交流变得更加便捷、更有价值。三是继续推行审计文书修改案例共享机制。审计部自 2012 年启动《审计文书修改案例及点评》的编制，整理在各类审计报告等文书中发现的文字修改问题，选取典型案例进行点评，提出修改建议，并编辑成集在审计条线共享，深受广大审计人员好评。通过共享案例，既能够引导审计机构举一反三，避免重复出现类似错误或缺陷，也能促使审计人员对照学习，提升自身的归纳分析和文字表达能力。四是建立《审计深度查证案例》共享机制。通过收集整理各类业务审计项目中具有代表性和启示作用的审计查证思路案例，进行剖析和点评，编撰成集，下发审计机构共享学习，促进审计条线人员查证能力的提高。

强化内控合规管理，促进业务健康发展

——赴美国银行参加内控审计短期培训班的学习体会

总行内控合规部　安瑛晖（执笔）、隋修芝、王华、陈功

2013年8月3日至31日，总行内控合规部一行4人与审计条线5人，赴美国银行参加为期4周的内控审计短期培训班。本次培训班的主要培训内容涉及美国银行整体架构、风险管理框架、信用风险管理、市场风险管理、操作风险管理、合规管理以及内部审计（包括问题整改）等方面。通过培训和交流，我们对美国银行的经营管理有了一定认识，尤其是对其合规管理、操作风险管理和问题整改有了比较深刻的认识，并在此基础上提出了借鉴美国银行的经验改进我行内控合规管理工作的若干建议。

一、对美国银行风险管理的基本认识

美国银行根据自身经营管理特点，建立了适应自身架构的风险管理框架，从风险文化、管理流程、管理方法、管制与报告等方面着手，对战略风险、信用风险、市场风险、流动性风险、操作风险、合规风险以及声誉风险等进行全面管理，其实践经验归纳起来主要体现在以下八个方面：一是摆脱“三道防线”束缚的管理框架；二是完善的责任体系和良好的风险文化；三是科学的管理程序和流程；四是适宜的管理方法；五是通畅的信息交流和沟通；六是有效的问题发现与整改机制；七是先进的科技手段支撑；八是强大的培训体系等。

（一）美国银行客户、业务条线以及支持职能的关系

美国银行将客户分为消费者、公司和机构投资者，作为最大的零售银行为消费者提供存款服务、作为最大的抵押银行之一为消费者提供房地产服务、作为能够为消费者和小企业提供广泛产品支持的银行提供全球卡服务、作为拥有最大的全球财富管理平台之一的银行为消费者提供财富和投资管理；作为中等市场和小业务的借款人为公司和机构投资者提供商业银行服务（包括全球解决方案），作为高水准的全球公司和投资银行为公司和机构投资者提供全球银行和市场服务。美国银行根据客户情况建立了四个业务条线，即全球消费者和小企业银行业务条线、全球财富和投资管理业务条线、全球商业银行业务条线、全球银行和市场业务条线。同时，由审计、财务、人力、风险、全球战略和市场营销、全球技术和运营以及法律合规和监管者关系等职能部门对业务条线提供支持。

美国银行业务条线与支持职能部门之间的关系，已经脱离了“三道防线”的概念（见图1），更多地强调业务条线、控制职能部门和审计的协同，共同控制风险，保障业务经营的健康持续发展。其中的基本逻辑是：固有风险 ± 控制效率 = 残余风险。

（二）风险文化

美国银行风险管理框架的基础是风险文化建设，在风险文化建设中注重每位员工个人的责任，强化风险的识别和管理是每个员工的工作，每个人都必须知道自己在风险管理中的作用。美国银行首席执行官指出“每一位员工都有责任在公司预设的风险偏好内进行业务操作。所有人都有义务讨论与风险相关的问题，升级关注，并付诸行动。同时，我们必须做到在业务决策中对风险收益均衡的稳健判断。”美国银行的首席风险官也提出“我们的风险框架能够为雇员在各项业务中保持健壮的、持续的风险管理实践提供保障。每位员工必须理解自己在日常风险管理实践中的角色和责任，包括识别风险、升级上报和充分讨论。”

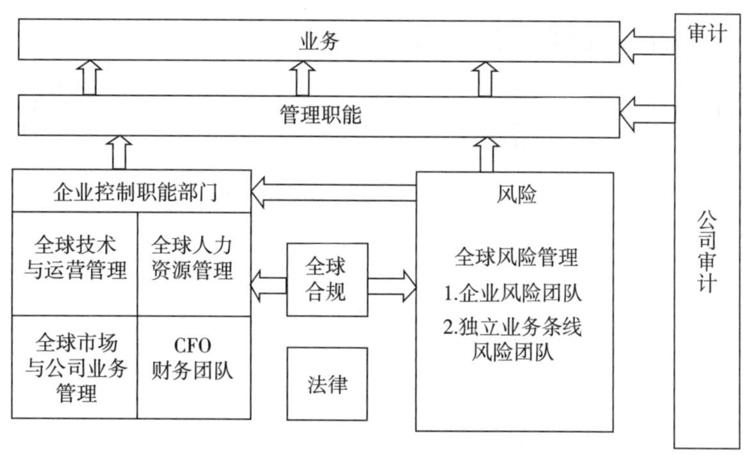

图1 美国银行业务、管理职能与审计的关系

美国银行风险文化的精髓是每位员工都要做正确的事情。而做正确事情的前提是员工必须了解工作的风险。一方面，员工良好的风险意识有助于预测和减轻各项经营活动中潜在的风险；另一方面，银行可以通过如网络培训、视频讲话、调查问卷等方式，让每位员工知晓在风险管理中的责任。同时，美国银行建立了良好的信息交流通道，使得员工能够做到：随时有责任发现身边的风险事件，并有责任坦诚地向管理层反映。美国银行风险文化的形成充分体现在风险内控的全员、全面和全过程管理上。

（三）操作风险管理

美国银行将操作风险分为内部欺诈，外部欺诈，雇用制度和工作场所安全，客户，产品或业务制度，实物资产损害，业务中断和系统故障，执行交付和流程七个类别。操作风险管理包括了识别、缓释、监控、报告等流程。美国银行没有在公司层面设立独立的内部控制管理部门，其管理职责分散在各个业务条线、控制职能部门和审计条线，统一纳入风险管理框架之中。在整个风险管理框架中，美国银行在管理层设立了专门的操作风险委员会，向董事会企业风险委员会和审计委员会负责；操作风险管理部作为全行操作风险的主要管理与支持部门单独设立；设立操作风险执行官，向首席风险官汇报；各条线负责人对所辖领域内的操作风险负责。同时，美国银行通过制订和实施操作风险覆盖计划提升操作风险管理和控制的有效性（见图2）。

（四）合规风险管理

美国银行将合规风险管理统一纳入风险管理框架之中，设立了集团合规部（corporate compliance）、企业合规部（enterprise compliance，负责跨业务条线的合规管理，如关联交易和反洗钱）和业务合规部（business compliance），并具有以下几个特点：一是明确业务部门对本条线合规风险负第一责任；风险管理部门、合规管理部门、法律部门是合规风险管制部门，提供持续、客观的监督；审计部门行使独立的合规风险监督职责。合规风险管制部门派驻业务条线进行相应的管制。二是美国银行合规风险管理的前提是建立完整的制度体系和控制标准，作为附件与合规风险管理框架一并上报董事会审计委员会审核批准。制度体系和控制标准既要满足监管部门的要求，又能够适应合规风险管理的需要，同时把对制度体系重检、更新、输入作为日常工作，以保证制度体系适应业务发展和合规风险管理需要，保障合规风险管理工作顺利开展。三是编制并实施年度合规战略规划。美国银行年度合规战略规划由董事会审计委员会审查和批准，明确全行合规风险的目标、风险偏好、实施风险管理的方法和程序。四是合规风险过程管理。首先识别业务条线的关键风险点，制定缓释控制方案对关键风险点风险进行管理，设定相应指标对关键风险及其缓释活动进行监控，将重要风险事项向高管层报告。

监控和测试是美国银行重要的风险管理手段，其通过监控和测试识别和发现控制的薄弱环节和存在的问题。大部分薄弱环节和存在的问题由业

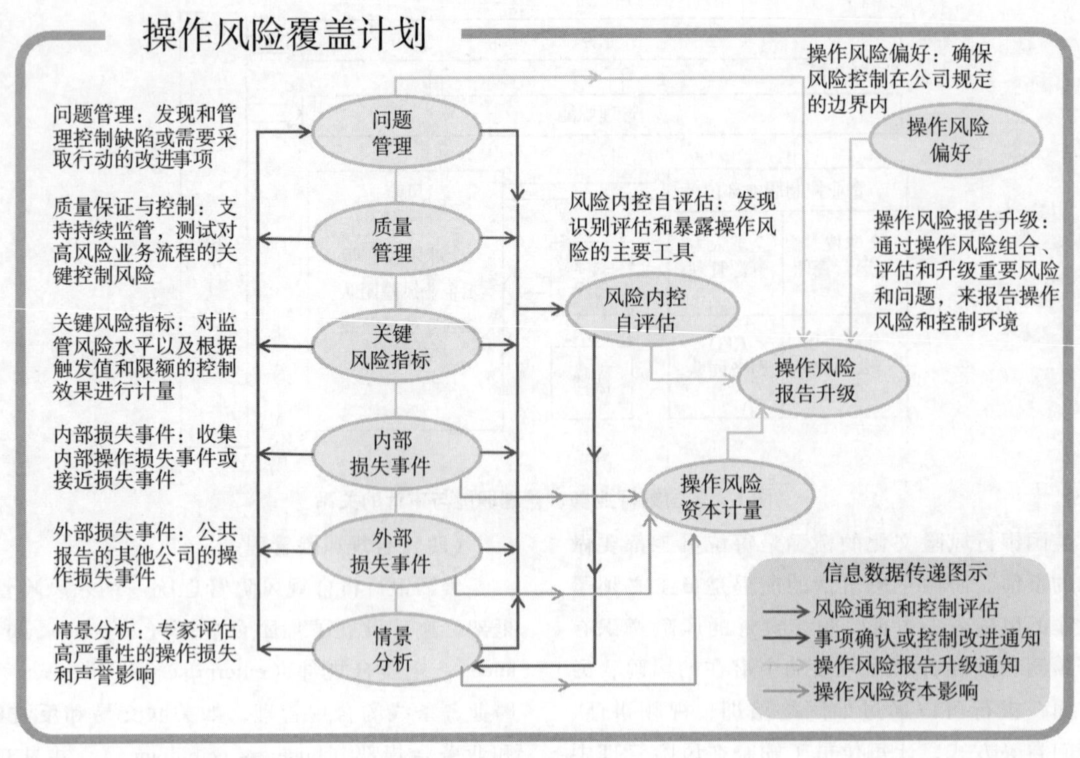

图 2　操作风险覆盖计划

务条线自我识别出来，业务部门、审计、风险、合规、法律管控部门发现的薄弱环节和存在的问题统一纳入美国银行问题数据库，通过审核分析风险数据，确认业务流程中控制的剩余风险，限期由相应部门提出改善控制和问题解决的措施，从而有效地化解剩余风险。对高风险领域每年至少执行一次测试活动，中等风险领域至少每两年执行一次测试活动，低等风险领域至少每三年执行一次测试活动。

（五）制度建设

美国银行在企业层面建立了一整套完备的文件体系和发布应用平台。第一，严格区分相关文献的属性，主要包括政策、制度和操作手册。其中，政策主要是根据法律法规、监管、行业标准制定的原则性要求制定；制度则具体描述满足管理要求所应采取的行动步骤；操作手册与实际业务流程或系统紧密关联，员工可以凭借操作手册办理业务。第二，明确各类文件的拥有者，主要分为企业级和条线级，其中，全行性政策只有50～60个、条线的政策有2 200个。根据层面不同，其适用对象和业务范围也有所不同，并由不同层级的委员会批准通过。第三，文件必须依照模板的固定格式编写，其制定、修改、批准与存储均有清晰的流程记录，更新时间也有明确的要求。第四，美国银行合规部门下设一个专门的企业政策小组，负责制定整个文献系统的流程框架；为全行文献的文档管理提供工具支持；同时，协调文献编制部门与人员，避免文献条款间的冲突与空白。

（六）控制有效性评价

美国银行对战略风险、信用风险、市场风险、流动性风险、操作风险、合规风险、声誉风险七大风险进行风险评估，每年通过测试对关键控制点的残余风险进行评估，并通过相应的机制和手段对残余风险进行管理，确保高风险领域的风险得到有效控制。评估结果作为对关键控制点控制有效性的依据和考核评价的根据，作为下一年度监控和测试工作的重点，并作为制定监控和测试频率的依据。同时，美国银行定期对关键测量指标进行测量，识别和发现风险事件，及时予以纠正和解决。

风险评估是美国银行风险管理的关键内容之一，是识别风险、发现潜在风险的主要渠道，是其制定内控合规政策、确定管理重点的重要依据。

各级机构的风险评估结果决定了监控和测试活动的频率。风险评估测试结果要及时向高管层报告，在此基础上，将根据不同情况及风险程度制订风险缓释计划，以减轻风险并弥补风险控制中的薄弱环节和不足。

（七）问题整改

问题整改是改进和完善内控合规体系，实现经营管理健康持续发展的基本手段。美国银行建立了一套发现例外、确认问题、启动整改、跟踪整改以及整改验证和关闭问题的全流程工作体制，保障了经营管理工作的有效开展。

一是问题验证与关闭。美国银行对内部审计、外部监管、信贷审查、风险合规或业务部门识别的重要缺陷，升级成为问题的，均在 CIT（centre issues tracking）中进行记录。审计部门负责对分类结果为高风险、中风险和外部监管部门提出的严重问题的改进情况进行跟踪验证，对问题状态进行更新，在系统中记录验证过程及验证结果。审计部门在确认问题的根本原因被准确定位，业务部门已经建立了恰当控制并且控制是可持续的之后，最终关闭问题。

二是问题升级报告。美国银行内审部门每月向各业务条线主管发出问题升级报告，报告各业务条线需要采取行动的问题信息，包括审计、业务条线、外部监管和信贷审查识别出的各类问题的严重程度。

（八）信息技术应用

美国银行对风险的识别与度量、缓释与控制、监控与测试、报告与审查等风险管理全过程都已经具备 IT 支持，并以此为基础，可以支撑“风险识别、升级报告、充分讨论”风险方法的落地，提升风险管理的效能。同时，美国银行通过建立强大的培训系统，为所有员工提供培训支持。

二、对我行内控合规管理工作的建议

结合我行内控合规管理工作实际，我们认为，可以借鉴美国银行的经验，以风险文化建设为基础，整合操作风险管理、内部控制和合规管理职能，在业务条线开展风险自评估的前提下，以日常合规性检查、定期内控有效性评价、内外部审计与外部监管检查为主要手段，建立问题发现工作机制，准确定位问题实质，并强调问题的系统性整改，防范和控制内部操作风险和外部合规风险，逐步建立健全自我纠错和自我完善的内控合规体系，促进业务经营健康持续发展。

（一）风险文化

在风险文化建设方面，我行应注重风险文化培养，明确“风险管理是每位员工的责任”，使员工牢固树立风险意识，并能够清晰地认知自己在风险管理中的角色定位和所承担的责任；使员工了解和掌握控制和防范风险的行为准则与行为规范，并以自己在日常工作中的实际行动防范和控制经营管理风险。

（二）管理框架

我行应进一步健全风险管理框架，以适应自身经营管理特点为原则，在强调“业务条线对风险承担第一责任”的前提下，整合管理控制职能，特别是要有机整合内部操作风险和外部合规风险控制职能，进一步明晰业务条线、控制职能部门和审计的职责分工，并理顺内控合规与业务条线、风险管理和审计之间的关系，确保协同运作，促进经营管理活动正常开展。

（三）管理流程

我行应进一步完善风险识别与度量、缓释与控制、监控与测试、报告与审查的管理流程；建立通畅的信息交流与沟通渠道，确保“令行禁止”。同时，逐步确立“风险识别、升级报告和充分讨论”的工作方法，逐步形成“风险讨论无边界、信息披露有规则”的工作氛围，有效促进风险管理工作的开展。

（四）控制职能

我行应进一步强化内控、合规与操作风险管理职能的整合，统一组织推动和协调全行制度管理、操作风险管控以及问题整改等工作，强调内控合规管理与日常业务经营的有机融合，促进内控合规措施在业务和管理活动中得到有效落实，并注重日常监控和后评价，保障内控合规“纵向到底、横向到边”。

（五）监管规则

我行应在公司层面建立外部监管规则库，对外部监管规则进行全面的归集、分析和内部发布，为业务条线、控制职能部门和审计提供清晰的外部监管要求；同时，建立外部监管规则变动管理工作机制，主动跟踪监管变化，及时采取相应的应对措施，尽力避免由于内部实施滞后带来的合规风险事件发生。

（六）规章制度

我行应针对规章制度管理过程中存在的缺乏统筹安排和分类管理的问题，逐步推行规章制度体系的分层级管理，统筹安排制度制定，落实制度的规范性要求，开发文件管理信息平台，促进全行规章制度实现规范化、统一化和电子化，最大程度提供文件阅读便利，提高规章制度遵照执行效率和执行准确性。

（七）内控评价

我行应逐步推行风险控制有效性评估，改进和完善现有内控评价方法，以风险管理为导向，加大风险控制有效性的评估力度，通过评估残余风险，以风险偏好和风险承受度为衡量和判定标准，发现控制缺陷，为发现问题和解决问题提供支持，真正发挥内控评价在自我纠错和自我完善过程中的纽带作用。

（八）监督检查

我行应进一步整合检查工作，强化业务条线检查、内控合规检查、内控评价、内部审计、外部监督检查和外部审计监督检查的整合管理，明确相关部门职责分工，由牵头部门综合管理检查监督事务和信息整合报告，使管理层能够清晰了解和掌握内外部检查发现的问题状况，为科学决策提供有效支持。

（九）问题整改

从问题确认与整改环节来看，我行应尽快引入问题确认和问题整改验证机制，区分例外（exception）和问题（issue），准确定位问题实质，实施有针对性和系统性的整改，重点解决风险较高的问题，避免“眉毛胡子一把抓”；同时，强化责任并落实严格的奖惩措施，以保证整改效率和效果。

（十）科技应用

我行应充分利用现代信息科技手段，强化风险管理信息系统的开发和应用，支持风险管理流程的落地实施，支撑“风险识别、升级报告、充分讨论”风险方法的实现。在内控合规平台建设中，应借助新一代核心系统，把风险控制的监控预警作为重点，对关键控制点实施有效监控，降低风险事件的发生。

营业网点综合化建设试点阶段风险与内控评估报告

总行内控合规部

2013 年 4 月，总行风险管理部、内控合规部、营运管理部派员组成工作小组，赴山东、上海、河北、深圳四个试点分行开展了网点综合化建设风险与内控评估工作。工作小组围绕综合化建设风险变化情况，采取调阅资料、访谈、报表分析、穿行测试和情景分析等方法，从人员风险、流程风险、系统风险和外部相关风险四个维度，全面梳理识别网点综合化建设存在的主要风险点，并重点关注部门职责边界处的风险管理。具体情况报告如下。

一、试点分行网点综合化建设风险内控方面的有效做法

（一）以岗位为主线，推进标准化操作和流程化控制，夯实网点综合化建设的制度基础

试点分行通过制度手册化、柜员操作标准的统一和规范化，使总行、分行的制度文件以手册化的形式落地，便于网点员工较快、较好地把握有关文件精神及要求，掌握综合柜员制的操作，并有效开展综合营销。如深圳分行在全面梳理 130 项柜员业务操作流程的基础上，编制了约 90

万字的“柜员岗位工作手册”、“公司与机构业务产品手册”等，并搭建电子化手册管理和查询平台，努力推进柜面业务的标准化、规范化操作，有效防控该领域操作风险。上海分行则借助内部企业网络搭建了操作手册管理平台①，每半年对操作手册修订和评审一次，以确保操作手册有效和完整，极大地方便了柜员日常工作使用和学习掌握柜面操作技能。

（二）梳理优化作业流程，突出集中处理和专业化控制，在提高人员复用效力的同时，强化风险管理

1. 进一步上移网点事务性工作，集中处理前台部分费时业务，减少差错和监管处罚。如河北分行将前台原需 70 人兼职每天花费 1 小时的反洗钱数据补录工作，上收至二级分行（反洗钱管理中心），由 6 人集中专职处理，既减少了可疑信息补录不及时的监管处罚风险，又能够将网点释放的人力资源向营销服务倾斜②。

2. 进一步细分和优化前台业务处理流程，实行部分复杂或风险高发业务的专业专注处理，以防范风险。山东分行将一些重要空白凭证的管理③和出售、银行承兑汇票承兑、银行汇票签发等欺诈高发业务分离到后台区域，由专业化人员专注处理，在释放前台人员营销精力的同时，也推进了风险防控水平的提高。

3. 借助专业化技术手段，简化前台作业，提高自动化和批处理能力。上海分行研究开发电子回单箱管理系统，实现客户回单自助打印，减少前台柜员打印、整理、分发等事务性工作。

（三）创新人才培养方式，强化人员培训，快速提升员工适岗技能，为网点综合化做好人员储备

试点分行通过集中培训结合跟岗实练、严格岗位准入、加强跟岗指导等多种形式，快速提升柜员综合业务素质。如深圳分行在集中培训的基础上，采取晚上针对性培训、双休日学习“充电”、网络在线专业知识补充等多种形式，敦促员工在不断增进自己的专业强项的同时，学习补充其他综合性业务知识技能。同时通过综合型营销团队的组建和人员合理配置，在发挥专业互补和整合能力的同时，发挥员工之间的“传、帮、带”和知识经验共享作用，在最大限度挖掘客户价值的同时提升员工的综合素质和能力。

（四）积极推进网点综合化配套机制建设

在推进综合化建设进程中，试点分行更加注重配套工作机制的建设，将边界（部门）管理转变为流程管理，将文件管理转变为手册管理，将经验管理转变为数据管理，将模糊管理转变为标准化管理，努力提升管理的科学化、规范化水平。深圳分行的网点综合化已在全辖推开。他们不仅建立了网点综合化建设工作的推动标准、验收标准，发布了网点综合柜员等级管理、产品经理和客户经理的管理制度，出台了网点负责人综合化工作、大堂经理工作、综合营销队伍考核与管理、客户经理技能提升四个指引，并通过实行柜员等级管理、明确晋升规则、打通员工岗位晋升渠道、针对柜员等级配以相应的基础绩效工资等方式，激励和引导柜员大幅提升综合业务水平，激励和引导客户经理、产品经理有效提升综合营销能力，激励和引导网点负责人有效提升网点的整体竞争能力，而且有效将网点的业务发展与客户经理和柜员绩效考核及职业生涯规划结合在一起，为综合化目标的实现提供了强有力的支撑。

二、评估发现的风险问题及成因分析

网点综合化有助于提升我行的综合竞争能力和服务水平，但其推进落实是一项宏大工程，需要在总结试点经验的基础上加强顶层设计，相关政策、制度、IT、培训、考核等要配套跟进，并需要建立推进的工作机制。从本次风险评估的角度看，尚存在一些值得关注并需要解决的问题。

（一）网点综合化建设过程中相关标准和配套政策制度体系尚不完善，综合协调机制和统筹规划能力有待加强

1. 柜面操作风险管控流程不够顺畅，部分职

① 该平台上的操作手册包括公用业务、对公业务、对私业务、国际业务四个模块，由 610 个小的操作手册组成。

② 试点结束后，河北分行综合营销团队的数量达到了 223 个，综合营销人员 1 067 人，有效提升了网点营销服务能力，营销业绩初步显现。

③ 空白印鉴卡除外。

责边界不清。《关于印发推进营业网点综合化建设若干意见的通知》（建总函〔2012〕809号）规定营运管理部作为综合部门来牵头网点综合化建设，但相应职责未做调整，对试点行也未做出明确的调整要求，由于网点综合化建设涉及的业务条线和事项众多（见表1），包括相关部门职责中产品业务制度流程的制定修订、对下业务指导和检查、网点人员管理、绩效考核等具体内容，易造成推进过程中协调成本高、难度较大等问题。对试点分行的调查评估中也发现，有的分行柜面操作风险管理部门也未统一，有的仍采取条线分散管理模式，易造成网点操作风险多头管理和职责内容的交叉重叠。不利于统筹规划和管理资源的整合性运用，并易引发操作风险。

表1　网点综合化涉及的部门及主要相关事项

网点综合化涉及事项	总行对应主管部门	备注
网点选址、升级报备	个人存款与投资部	资产负债管理部负责网点规划
网点业绩考核	多部门	营运管理部负责差错考核
个人产品的柜面操作（对私）	个人存款与投资部	
网点自助设备管理	个人存款与投资部	
结算产品的柜面操作（对公）	资金结算部	
营业主管的管理	资金结算部	营运主管的管理尚未明确
人员培训、调配	人力资源部	
业务印章的管理	多部门	印章种类多，基本按照监管要求或者业务产品设计。近期财会部牵头，向行领导提交了印章管理的改进方案
现金出纳管理及调配	营运管理部	营运部负责综合管理制度的制定，柜面操作风险由结算、个金等业务部门管理
柜面凭证管理	多部门	柜面产品众多，凭证均由相应业务条线设计，甚至由总行业务处室设计。近期营运部提出凭证整合方案，已签报行领导同意

表2　试点分行网点柜面风险管理部门分布

机构	网点综合化牵头部门	柜面业务督导检查管理部门
总行	营运管理部	多部门
河北	营运管理部	营运管理部
上海	营业管理部	营业管理部
山东	营运管理部	营运管理部下设二级部
深圳	结算业务部	结算业务部
河南	会计部	多部门（联合检查）
湖北	营运管理部	柜面业务督导部
北京	营运管理部	资金结算部

2. 岗位资质和准入标准需进一步整合、调整。目前网点人员涉及的监管和总行各类考试高达十几种①，亟待总行梳理规范和进一步明确八岗位的最低资质标准。

3. 营运主管的管理亟待规范。由于主管部门不明确，全行对营运主管的管理不规范，其任职资格、选聘形式、岗位职责、业绩考核、绩效分配等缺乏统一标准和管理，部分网点营运主管承

① 外部监管考试：会计证、反假币、人民银行网点交换资质（票据交换员）考试，保险代理从业人员资格证书、基金销售从业人员资格证书；总行营业网点零售五岗位考试：普通柜员、高级柜员、个人业务顾问、柜员主管、网点经理（理论+操作）；总行业务岗位考试：对公柜面业务A岗、B岗，中级、初级理财师，电子银行业务，信用卡业务等。

担营销职能，不利于营运主管专注于网点风险控制。

（二）网点综合化所带来的柜员权限扩大、柜面专业化和综合化关系处理不当等所带来的风险不容忽视

网点综合化建设后，柜面劳动组合调整会带来一些新的操作风险。尤其是单一对私网点开办对公业务后，网点及柜员经办业务的系统权限放大，保管的单证范围更广、重要物品及印章的种类增加等，都加大了风险管控的难度。同时，对于大型综合性网点，由于其业务量大、辐射范围广、产品复杂程度高，既需要专业素质好并且对信贷政策、行业特点和产品性能把握较好的客户经理和产品经理，又需要有公、私及国际结算等各类业务全面了解的综合柜员。如何摆布好专业化服务与综合性营销的关系，将会影响网点的工作效率和客户满意度的进一步提升。

（三）网点综合化后，现有的员工培养方式难以满足综合化对人员的技能要求

长期的条线分割，使得柜员素质单一，增加了"三综合"建设的难度，同时也对培训提出了新的要求。一是业务培训、产品知识培训、营销技能培训、素质能力培训等各条线培训使得网点疲于应付，难以达到培训效果；二是以知识传导为主的统一培训和转培训方式实战效果不佳，缺乏有针对性的多岗位轮训，缺少人员培养计划，能够胜任综合化发展的人员储备不足；三是传统的"师傅带徒弟"的方式，虽有较好的"实战"效果，但难以适应综合化全面推开后的大规模培训要求。

（四）既有的系统功能和技防水平，难以有效满足综合化后网点对风险防控的需要

1. 业务系统授权控制不完善或控制过度。网点综合化扩充了网点功能和柜员业务处理范围，而业务系统个别环节授权控制的不完善，则极易引发柜面业务操作风险。

2. 业务系统存在功能缺陷，亟待完善优化。如：CCBS系统银行承兑汇票到期解付对定期多笔保证金扣款，只能联动一笔保证金，其余保证金需逐笔手工转出，且无到期日工前提示，极易造成付款延误，发生核算风险。

3. 个别业务环节缺少系统控制，机控不足，不利于有效控制和降低网点操作风险。如：印章及重要物品管理未纳入系统进行登记管理，其保管交接仍停留在手工登记阶段，存在较大的随意性；柜面业务检查缺乏相关信息平台（系统）支持，检查成果、资源难以共享，不利于对相关数据资料开展综合分析和深入挖掘，不利于检查效率效果的提高。

（五）既有的部分管理架构、管理模式、作业流程制约着网点综合化目标的实现

经过对私一二代转型，个人客户经理团队已经初具规模，且自上而下管理、考核已形成一套较为成熟的体系和规范化运作。对公业务管理则相对较为松散，公司、机构、小企业、结算等部门都有对公业务的管理职责，但考核机制难以统一规范。这无形中将网点人为分割为对公条线、对私条线，不利于实现真正的综合营销、综合柜员，也不利于网点综合化的顺利推进。

三、有关建议

（一）借鉴试点行经验，梳理整合网点管理部门职能，提升对网点集约化、标准化的支持、保障和管理水平

1. 建议进一步明确和细化牵头管理部门职责，并理清其与相关部门的职责边界，减少多头管理并努力降低协调成本。建议将涉及网点综合业务管理职责统一划归牵头管理部门，统筹安排各项工作，细化推进计划，指导和推动全行网点综合化建设，以便于解决多头管理和专业化支持不足的问题。同时，理清牵头管理部门与相关业务部门的职责边界，建议相关业务部门侧重产品研发，提出新产品培训及推广需求，由牵头管理部门负责培训的统筹规划和执行；业务部门制定的相关业务流程、授权复核、凭证及印章使用等规章制度，由牵头管理部门根据网点综合建设要求审核后，联合下发网点执行。网点的有关诉求和问题，也报请牵头管理部门统一研究后分转相关业务部门研复，以实现"一个口"对下和对上。考核方面也建议牵头管理部门会同相关部门制定统一考核方案，明确考核标准和综合指标体系，并推动尽快完善业务数据的自动采集，形成强有力的考核系统支撑。

2. 强化网点综合化的制度基础。尽快出台单功能网点综合化转型、岗位设置及劳动组合、综合营销队伍建设、检查督导等配套制度，并充分利用试点行已有的制度和手册化成果，建立网点综合化机构转型、岗位设置、内部功能布局、检查验收等配套的执行标准。同时，整合营销手册，统一梳理对私、对公、个人及小企业信贷产品，明确联动产品，引导网点提高存量客户和新增客户产品覆盖度，完善岗位培训手册，尽快完成网点负责人、柜员、高级柜员、产品销售经理、网点客户经理、营运主管等岗位培训要点。

（二）统筹兼顾，处理好专业化和综合化的关系

在网点综合化建设过程中要处理好综合化提升与专业化分工的衔接和配合。应按照成本与效益匹配原则，循序推进综合化进程。并充分考虑省分行、直辖市行和城市行的管理架构、人员素质、金融资源的差异，实施差别化的网点综合化模式。同时，继续上收前台业务到后台集中处理，尽量减少前台的案头工作，防范操作风险。对反洗钱工作、残损币清分整点等原前台处理的某些工作尽量集中到后台处理，风险防范由前台的分散控制转变成后台的集中控制，充分释放前台人力资源，使网点人员的工作重心真正放在业务办理、综合营销、服务等方面。

（三）规范和完善营运主管的管理

营运主管作为柜面风险把控的最关键岗位，网点综合化后，其风险管理职责范围加大，必须要尽快规范并强化营运主管的管理。建议明确营运管理部为营运主管的主要管理部门，牵头对营运主管的准入资格、任命方式、工作职责、业绩考核、绩效分配等相关制度重新梳理和规范，并明确营运主管柜面操作风险全面把控的专责，使其能够专注于网点风险控制。

（四）统一规划柜面人员职业生涯，改进和加强人员培养能力

一是尽快明确八岗位各自的工作职责、准入资格（含必备上岗证书），在统一梳理现有柜面人员上岗考试资格基础上，研究统一技能规范，做好现有持证人员与八岗位人员衔接，并适度增加上岗证书年度考试频度。二是合理规划柜面人员岗位培训，打破条线培训任务繁重现状，在满足基本培训要求的基础上，注重柜面人员个人职业发展，有针对性地安排柜面人员技能升级培训。三是丰富培训内容与形式，组织开发并及时更新适用于网点综合化环境的模拟操作软件，强化柜员的上机操作训练。四是强化对新上岗人员的跟岗指导和后续业务水平检测，缩短新人的适岗时间。对新开办对公业务网点的柜员及营运主管，上级行要有序组织与原综合性机构相关岗位人员之间进行轮岗。五是强化原有对公或对私柜面人员的轮岗。对办理对公业务有困难的网点、柜员，上级行及营运主管要加强现场指导。

（五）优化完善系统功能，提高业务支持和技防水平

全面梳理系统交易中的业务授权控制，研究制定《柜面业务授权流程优化方案》，按照先易后难、分步实施、尽快见效原则，通过精简授权事项、减少重复授权、实现授权综合化远程授权与现场授权相结合等方式，提高授权针对性和业务办理效率，实现网点人力资源综合有效利用；完善优化 CCBS、COS－T、PB 等功能，增加系统对印章及重要物品的管理功能。通过提高支付密码器覆盖率、推广普及前台电子验印、为柜面增配票据鉴别仪等方式，强化风险防范意识，提高风险防范水平。

（六）统一柜面操作风险管理，提高柜面风险防控能力

进一步细化、明确相关部门在网点操作风险管理方面的职责和定位，从企业级角度，规划和设计柜面操作风险管理体系，整合柜面风险防控资源，既避免交叉重复管理，又避免出现管理盲区。

建设银行实施反洗钱集中作业建议方案

总行内控合规部

一、我行反洗钱合规工作现状

（一）管理架构与工作内容

纵向，包括总行、一级分行和二级分支行、基层网点，分别设有反洗钱处、科、岗。横向，各级行主要业务部门均有联络员。目前，全行反洗钱专、兼职人员共约38 000人。

总行反洗钱工作领导小组是我行反洗钱工作的最高决策机构，各一级分行均设置有反洗钱工作领导小组。各级反洗钱业务主管部门（内控合规或法律、纪检部门）负责牵头组织所辖机构的反洗钱工作，各部门负责在本条线落实各项工作要求。我行反洗钱合规工作遵从“履行法定义务，服务业务经营，有效控制风险”的思想，具体内容见表1。

表1　我行各级机构反洗钱工作内容

工作内容	总行	一级分行	二级以下分、支行	基层网点
监管沟通	•	•	•	
政策研究	•	•		
宣传培训	•	•	•	•
制度建设	•	•		
业务支持和指导	•	•	•	
监督检查整改	•	•	•	
IT系统建设	•			
海外机构管理	•			
客户身份识别				•
可疑线索举报				•
可疑线索核实				•
向监管机关报告	•	•	•	
配合监管检查	•	•	•	•
可疑交易分析				•
客户风险等级分类				•
缺失数据补录				•

注：圈注部分为反洗钱集中上收的作业内容。

（二）存在的突出问题与改进方向

反洗钱合规工作当前的突出问题并非资源投入不足，而是资源投入结构不合理，工作重心不恰当，导致资源浪费、工作有效性差。大量人力、财力投入到本应由系统、少数专业人士完成的缺失数据补录、可疑交易分析、客户风险等级分类等工作中去。

1. 基层员工工作压力加大，客户营销和业务发展受到影响。数据表明，全行一线员工每天要补录大额交易数据3万多笔、分析可疑交易13万份、对3万多户客户进行洗钱风险分类，日均需7 254小时用于反洗钱数据处理工作。

2. 反洗钱工作的有效性和合规风险管控能力不高。反洗钱工作具有较强专业性，但由于基层员工全都是兼岗，相关知识、技能不足，反洗钱工作处理不及时、工作有效性不高，经过系统筛选出来的风险提示信息未得到有效应用，存在较大的合规风险隐患。以上虞事件为例，涉案嫌疑人卢国明2010—2011年两年间被反洗钱监测分析系统提交了13 000余份可疑交易报告，但均被当地柜员调整为不可疑或者置之不理，错失了及早堵截的时机。

调整反洗钱合规管理模式，将数据补录、可疑交易人工分析、客户风险等级分类等工作由基层网点转移到上级管理行后台集中作业，即可有效解决上述问题。

二、反洗钱集中作业的必要性与可行性

（一）必要性：顺应监管导向、符合我行战略

反洗钱集中作业的主要目的在于提高反洗钱合规工作的有效性，及早发现并防范风险事件。实施反洗钱集中作业，符合综合性、多功能、集约化的发展方向，是网点“三综合”、前后台分

离的重要组成部分。

1. 反洗钱集中作业已成监管评估考核的重要内容。中央银行遵照风险为本的反洗钱监管原则，以提高工作有效性为目的，推动金融机构开展反洗钱集中，推行单一法人监管模式（监管目标集中于总行）。自2012年初开始，在以工商银行为代表的大型金融机构及招行等36家中小金融机构开展综合试点工作。同时，在中央银行对大型金融机构的反洗钱单一法人监管评价体系中，商业银行是否开展了反洗钱集中以及反洗钱的组织机构和人员配备等情况已成为监管考核的首要内容。

2. 反洗钱集中作业将调整资源投入结构，降低人力成本。以已完成“二级分行集中”的河北省分行为例：该行共735个营业机构，“集中”前，1 930名基层员工（兼职）日均投入1 100小时做反洗钱数据处理工作。“集中”后，66名（包括44名劳务外包人员）员工日均投入528小时，且工作质量大幅提高。通过调整资源投入结构，人力成本降低了52%左右。如实现一级分行集中乃至全行集中，资源投入结构将更加合理，成本将进一步节约。

（二）可行性：基础扎实、系统支持、无缝衔接

1. 全行需补录数据量大幅度下降，集中作业的工作量、需要的人力资源已大大减少。通过反洗钱战略成本管理项目，我行已基本解决了前几年海量的数据补录压力。新一代上线后，预计将接近实现“数据零补录”，届时原从事数据补录的人员将转型从事可疑交易人工分析等工作，再加上人员专业素质的逐步提高，集中所需人员将进一步减少。

2. 现有反洗钱监测分析系统可支持反洗钱集中作业。现有反洗钱监测分析系统已实现全行单一客户集中监测分析大额交易和可疑交易功能，通过用户、权限的调整和再分配，现有的反洗钱系统可以支持反洗钱作业集中。

3. 新的业务流程和系统建设已完成研究，正在组织实施。反洗钱组件已列入新一代核心系统二期项目实施。反洗钱集中作业后，组织架构、业务流程、系统操作可与新一代核心系统实现无缝衔接。

三、反洗钱集中作业模式选择

（一）同业经验

目前，国际上大型商业银行多已实现了反洗钱集中处理。国内同业也都先后启动了反洗钱集中工作。同业一般有两种模式：一是分行集中：直辖市、计划单列市等城市分行集中到一级分行，省级分行集中到二级分行，这是工商银行、中国银行等目前正在实践的模式；二是全行集中：全行范围内集中作业，是花旗、渣打等国际大型银行多采用的模式，招行也正在开展全行集中（见表2）。

表2　工、中、农、招及渣打银行反洗钱集中处理模式及目前进度表

银行	模式	具体情况		目前进度
		总行	分行	
工商银行	分行集中	在内控合规部下设反洗钱中心（与反洗钱处合署办公）	城市行集中到一级分行，省分行集中到二级分行	工商银行已完成反洗钱集中，正按照新流程，依托新系统集中开展反洗钱作业
中国银行	分行集中	目前仍为法律与合规部下设反洗钱处	思路与工商银行基本相同	正在北京、上海、浙江分行试点
农业银行	分行集中	内控合规部下设反洗钱中心（二级部）	思路与工商银行基本相同	正在天津、浙江、上海、深圳等分行试点
招商银行	全行集中	合规部下设反洗钱中心负责管理，营运部下设反洗钱监测中心负责数据处理	保留少量反洗钱岗位人员	反洗钱中心、监测分析中心都已成立，正在开展集中工作
渣打银行	全行集中	全行后台业务中心内设反洗钱团队	少量反洗钱信息报告员	起步较早，比较成熟，运行顺畅、效果明显

工商银行2012年底已将数据补录、可疑交易分析、客户等级分类等工作集中到一级或二级分行处理。截至2013年5月底，工商银行全行反洗钱中心人员共约1 730人。集中后，工商银行可疑交易报告数量大幅度降低，可疑交易报告质量得到人行反洗钱中心好评。

（二）三种集中模式比较

借鉴国际、国内同业经验，我们对二级分行集中、一级分行集中、全行集中三套方案进行了优劣势和可行性分析比较：

1. 二级分行集中。即省级分行实行二级分行集中（城市行实行一级分行集中）。

理由（优势）：工商银行等大型商业银行以及我行河北等省分行当前按照二级分行集中的模式进行试点，有实践经验积累与验证。分行集中，主要由分行承担改革，分行有内在动力和压力，人、财、物由分行分别解决，易于实施，比较稳妥，能够快速实现将反洗钱数据作业从基层转移到上级行后台、解放一线生产力的目标。

困难（劣势）：从全行业务流程、数据分配和系统建设的角度看，二级分行集中的资源集约度与工作有效性不是很高，只是局部地域的集中，并不是完全意义上的集中，属于过渡性方案，将来进一步集中，已配置的反洗钱资源（人、财、物）再次面临着重新配置的问题。

2. 一级分行集中。即所有分行都实行一级分行集中。

理由（优势）：与二级分行集中相比，集中程度、工作有效性进一步提高，一级分行对反洗钱资源的调配力度更强，集中作业效率更高，且总行的管理半径小，易于组织协调。

困难（劣势）：没有二级分行集中的经验和资源积累，集中难度较大，尤其是规模较大的省分行，一步集中到一级分行的难度很大。

3. 全行集中。即全行反洗钱数据全部集中到总行反洗钱中心作业。

理由（优势）：全行集中的集约度最高、效果最明显，也符合监管导向和我行发展战略。

困难（劣势）：尽管全行集中是最理想的模式，但当前实施的条件尚未完全成熟：一是没有分行集中的经验积累和基础，全行集中的实施压力和工作难度很大（在机构数量、交易量和数据、系统支持方面，招行和我行不具可比性）；二是目前新一代核心系统尚未上线，反洗钱系统和相关业务系统及数据信息的支持、保障力度还需加强；三是反洗钱、反欺诈、稽核监测整合工作尚处于研究阶段，待明确具体整合方案再通盘考量全行集中为宜，以免改革反复。

表3　　三种集中作业模式所需人员测算情况

集中模式	二级分行集中 省分行集中到二级分行，城市行集中到一级分行	一级分行集中 所有一级分行都实行一级分行集中	全行集中 全行反洗钱作业集中到总行
同业及河北分行情况	工商银行每家二级分行需6～20人，平均10人。我行河北分行平均每家二级分行约6人	规模较小的工商银行省分行一级分行集中约需30人	招商银行总行反洗钱中心约80人
人员测算	参考同业及河北行，城市行约需150人，即20×4（直辖市）+10×7（其他城市行）；省分行约需1 860人（310个二级行×6人）	参考同业，城市行约需150人，即20×4（直辖市）+10×7（其他城市行）；省分行约需810人（27省×30人）	我行大额交易明细数量约为招行4倍，据此估算并考虑到规模效应，我行约需280人
共需人数	约2 010人	约960人	约280人

四、我行实施反洗钱集中作业建议方案

（一）原则与目标

反洗钱集中作业，不是简单的人员、作业集中，而是基于“集约化”的资源结构调整，是在整合工作内容基础上对反洗钱职责的强化，是从组织机构、业务流程到风险管控和系统建设等多个方面对反洗钱合规工作机制的全面改革。因此，

反洗钱集中作业应坚持“依法合规、安全有效”的原则，以风险为本，实现三个目标：一是健全反洗钱内控机制，建立合理有效的工作流程；二是强化职责，提高工作有效性，提升全行风险联合防控能力；三是调整资源投入结构，解放一线生产力。

（二）集中作业内容

原则上，集中数据补录、可疑交易人工分析和客户风险等级分类等三项反洗钱作业。

反洗钱集中后，客户身份识别和重点可疑交易信息的核实等工作仍需由直接接触客户的一线员工和客户经理承担，各级机构反洗钱部门仍需负责反洗钱政策管理、研究、检查、培训和宣传等工作，各业务条线也仍应在本条线内负责落实反洗钱各项要求。

（三）集中作业模式

综合分析上述三种模式，建议我行采取一级分行集中的模式。但对当前实施一级分行集中确有困难的省分行，经总行同意，可先行实施二级分行集中或区域集中，待条件成熟后，再进一步集中。同时，明确全行集中为我行反洗钱作业集中的目标模式，加快反洗钱、反欺诈、稽核监测整合和新一代核心系统反洗钱组件建设等工作，积极为全行集中打好基础、做好准备。

该模式具有五大鲜明特点：

一是整体部署。即，总行统一指挥，整体、通盘研究全行反洗钱集中的模式和实施步骤，明确要求；分行积极承担，有效落实。

二是明确方向。即，全行集中模式是我行反洗钱集中作业的发展方向（集约度最高、效果最明显），但当前一步到位实施全行集中的条件尚未成熟，需逐步、分阶段予以实现。

三是兼顾效率与效果。一级分行集中，与二级分行集中相比较，作业集约度大大提高。同时，分行有动力，资源有保证，能够快速实现解放一线生产力的目标。

四是实事求是，保持政策灵活度。即，原则上要求一级分行集中，对确有困难的省分行，实事求是，同意其先实施二级分行集中，不搞“一刀切”，给予分行一定的自主权，最大程度达成全行共识。

五是具备一定先进性。一级分行集中，集约度高于工商银行、中国银行和农业银行目前实施的二级分行集中。且我行明确提出全行集中的发展方向，通盘考量并预留了反洗钱与反欺诈、稽核监测整合的空间。我行规划和实施方案领先四大行，具备一定的先进性，符合我行“国内领先、国际一流”的定位。

（四）机构与职责

我行反洗钱集中作业的机构统一名称为“反洗钱中心”。

总行反洗钱中心设在内控合规部，与反洗钱业务管理处合署办公，负责全行反洗钱合规日常管理工作。

分行内控合规职能部门下设反洗钱中心，负责分行辖内反洗钱集中作业和反洗钱合规日常管理工作。

（五）岗位设置与资源保障

1. 反洗钱中心设置数据补录岗、甄别分类岗、审核管理岗、分析报告岗、合规管理岗、运维支持岗等基本岗位，并符合总行关于不相容岗位的管理规定。

2. 分行应从所辖反洗钱集中作业工作量出发，结合人力资源管理实际情况，明确反洗钱中心所需员工数量，确定编制，配备充足资源。

3. 反洗钱中心员工应遵纪守法，注重保密，具备必要的专业能力与前台业务经验。为确保信息安全，有效降低数据泄露风险，外包业务及人员管理应符合总行相关规定。

4. 分行应建立有效的反洗钱中心内控机制，建立健全员工选拔、流动机制和激励约束机制，研究员工职业生涯发展规划，持续开展员工岗位业务培训。

5. 分行应为反洗钱中心配置充足、独立的办公场所，配备工作所需的各类硬件设备，确保网络环境安全、通畅。

建设银行支持丝绸之路经济带建设方案

总行公司业务部

国家主席习近平访问中亚四国时提出共建丝绸之路经济带的战略构想，充分展示了中国政府希望与周边邻国深入合作和共同发展的良好意愿，引起了国际社会的高度评价和广泛共鸣。目前，国家对丝绸之路经济带建设的相关规划尚未出台，根据历史上丝绸之路所经路线，初步判断丝绸之路经济带可能主要涉及陕西、甘肃、新疆、青海、宁夏西北五省。为抓住丝绸之路经济带战略发展契机，带动我行各项业务又好又快发展，结合国家“十二五”规划和西部大开发战略规划，先行挖掘机遇，梳理重点，并提出与之配套的政策措施。

一、丝绸之路经济带建设给我行带来的市场机遇

（一）基础设施建设的机遇

基础设施是经济社会发展的基础和必备条件，是丝绸之路经济带建设的重要保障。在国家西部大开发和丝绸之路经济带战略实施过程中，将不断推进油气管网、电网、水利基础设施建设和信息基础设施建设，提升城市综合承载能力，大规模的基础设施建设为我行业务发展提供了巨大商机。

（二）交通运输网络建设带来的机遇

中亚地区的交通基础设施供给严重不足，运输效率低下，一定程度上阻碍了该地区经济发展。因此，丝绸之路经济带必将致力于地区交通运输网络的建设，逐步建立连接中亚各国家与世界其他国家的交通运输网络，为区域内产业发展、对外合作交流提供潜在动力。完善跨境交通走廊建设将给我行业务发展带来广阔的业务发展空间。

（三）特色优势产业的机遇

经过多年的发展，我国丝绸之路西部五省初步形成了以冶金、化工为主导的工业格局，有色金属、航空、盐化工、石油化工、机械电子、医药以及建材等工业得到长足发展，涌现出一大批优势明显、特色鲜明的企业。丝绸之路经济带的发展，将为特色产业的发展提供更加广阔的空间。

（四）战略性新兴产业的机遇

丝绸之路经济带建设将持续贯彻国家经济发展方式转变和产业结构调整政策要求，节能环保、新一代信息技术、生物领域、高端装备制造、新能源、新材料等战略性新兴产业仍将蓬勃发展，我行应积极跟进、大力发展、深入挖掘新的利润增长点。

（五）能源产业发展的机遇

丝绸之路地处中亚，能够提供丰富的资源储备。我国西部地区是国家重要的能源基地，煤炭、石油、天然气、水电、核电及风能、太阳能、生物质能等能源产业将得到快速发展。哈萨克斯坦、乌兹别克斯坦等中亚邻国同样具有可观的石油、天然气、矿产等资源储量。建设丝绸之路经济带将拉动该地区能源、冶金、化工等产业的发展，同时为能源贸易创造新通道。

（六）产业转移的机遇

丝绸之路经济带建设过程中，西部五省将进一步实施优势资源转化战略，充分发挥资源丰富、要素成本低、市场潜力大等优势，积极承接东中部地区的产业转移，壮大优势产业，建设国家重要的战略资源接续地和产业集聚区。在产业转移过程中将产生大量的资金需求，从而为调整信贷结构、提升服务水平找到新的拓展方向。

（七）现代服务业发展的机遇

古丝绸之路始于贸易交流，拓展于文化交融。丝绸之路经济带建设将促进金融、物流、信息、旅游等现代化服务业的发展，有利于加快建立区

域性金融中心、构建现代物流体系、培育信息网络建设，以及挖掘旅游资源、打造丝绸之路精品旅游基地。这些都为我行扩大服务渠道，拓展服务领域，开展综合化经营提供了良好机遇。

（八）农业现代化的机遇

农业现代化是丝绸之路经济带建设的重中之重，我国西部五省的特色农业、农产品深加工具有广阔的发展前景；随着新农村建设的推进，以及区域化、规模化、标准化农产品产业项目和现代化农业产业园项目的建设，必将带动“三农”金融服务需求快速增长。为我行在服务“三农”、支持新农村建设方面带来重要的发展机遇。

（九）国际合作的发展机遇

目前中国已成为中亚国家最主要的贸易伙伴，打造丝绸之路经济带将进一步降低我国与中亚各国的贸易成本和投资成本，促进贸易和投资便利化，同时，丝绸之路经济带建设为中资企业“走出去”带来业务发展机遇，并将为商业银行创造更大的发展空间。

（十）财政社保的发展机遇

丝绸之路经济带战略的实施，将带动区域经济的快速发展，财政收入总量也会有大幅增长，商业银行代理财政业务的市场空间将进一步放大。此外，社会保障和金融服务水平将不断提升，金融社保卡的普及率和激活度将不断提高，为我行业务发展带来巨大的发展机遇。

二、明确我行支持的重点

（一）积极支持基础设施和重大项目建设

一是综合交通网络。积极介入跨国交通运输通道的建设，包括泛亚铁路和公路，中吉乌公路等物流主干线的建设；推进陆桥通道及东西部通道建设，积极支持兰新第二双线、兰新铁路嘉峪关至阿拉山口段电气化改造，轨道交通，煤运等铁路货运通道的建设和扩能改造；支持纳入国家区域发展规划的优质高速公路项目，以及列入“十二五”规划的国际枢纽机场和五大机场群重点干线机场项目建设。

二是油气管网、电网、信息网络。重点支持西气东输、西电东送；中哈、中俄国际油气管道；三网融合、宽带互联网、4G网络等信息基础设施建设。

三是重点水利工程。重点支持骨干水利工程和重点水利枢纽建设，南水北调西线工程，重点节水改造项目等。

四是重点城市群及城市基础设施建设。重点支持关中－天水、兰州新区、兰西、天山北坡、沿黄等城市群的发展。积极支持中心城市市政道路、供排水、污水处理、供暖供气、垃圾处理等公用设施建设等。

（二）重点支持特色优势产业发展

一是重点支持具有资源优势的煤炭、石油、天然气、水电、核电、风电、太阳能的开发、生产、运输和储存项目。支持陇东、陕北、宁东、新疆大型煤炭基地建设，支持新疆、甘肃石化基地建设，有序支持重点流域大型水电项目建设及输出能力配套、投资方实力强的风电及太阳能基地建设。

二是根据西部产业布局，重点支持清洁高效发电设备、输变电、石化、环保成套装备、大型机械、专业设备、电子设备制造、军工、航空航天等支柱产业中具有自主知识产权、主业突出、竞争力强的大型企业。

三是以国家级重点高新园区、产业基地为依托，积极拓展具有技术优势和自主知识产权的新能源、新材料、节能环保、生物医药、信息网络、新能源汽车优质客户。

四是重点支持丝绸之路经济带省份全国性、区域性和沿边口岸物流中心建设；以扩大旅游合作为载体，以发展文化产业为重点，与各方一起打造丝绸之路文化旅游带；支持西安区域性金融中心建设；支持大型文化、传媒、会展产业集团做大做强。

五是重点支持国家级和省级（含自治区、直辖市）产业园区（包括经济技术开发区、高新技术产业开发区、保税区、国际港务区、出口加工区等各类专业园区等）建设。

六是支持清真食品和穆斯林用品企业进行产品研发、市场开拓、品牌培育和技术改造，支持国际穆斯林商贸城和银川、吴忠清真产品集散中转基地建设，打造我国清真食品和穆斯林用品认证、研发设计、生产加工、展示交易和集散五大中心。

（三）加大“三农”领域支持力度

一是重点支持关中优质商品粮基地、陕南优质水稻基地、河西及沿黄灌区高效节水农业、河湟流域特色农牧业百里长廊、新疆全国节水灌溉示范推广基地等农业项目。

二是积极支持在农业生产和农产品流通领域实现规模化、集约化的企业、合作社及专业户。支持集约型农业生产、农产品流通及农副产品深加工等重点行业，不断提高现代农业的贷款比重。扶持具有地域特色的高科技农业、生态农业、创汇农业，以龙头企业为核心拓展农户及农产品购销物流金融业务。重点关注高产、优质、高效、生态、安全的农业技术开发领域，积极支持配套科技型、服务型农村企业。

三是积极探索多种担保模式，解决农业企业和农户贷款难、缺乏有效担保及抵押品的问题。根据农民专业合作社法人授信、社员单体授信以及二者相结合的授信业务需求特点、风险特征，推广创新“农企＋农户”等多种增信模式；在已有的林权抵押贷款的基础上，探索推广农（副）产品订单、仓单、水域滩涂使用权等权利抵（质）押贷款品种。

（四）力促财政社保的业务发展

一是密切关注并掌握丝绸之路经济带的财政政策变化，了解财政资金的投放渠道及方式，积极跟进财政收入收缴及支出的改革变化，努力提升我行在当地财政业务的市场份额。

二是抓好农村社保业务的新契机。积极参与新农保、失地农民养老、新农合等涉农险种的金融服务，通过产品和服务模式创新转型提高我行农村社保金融服务水平，依托电话POS移动终端和助农取款等多项服务，不断延伸县域社保业务的金融服务触角。

三是积极介入金融社保卡的深入普及。随着丝绸之路经济带相关地区的社会保障和金融服务水平的不断提升，我行应加大金融社保卡发卡力度，并带动相关社保“大系统”中下游链条的业务增长。

（五）助推国际业务新发展

一是积极发展人民币跨境结算业务。积极向中央银行争取相关政策，拓展与中亚国家的代理行和账户行网络，加强新产品开发和应用，优化清算系统、加大境内外分行联动，满足丝绸之路经济带建设全国性、区域性和沿边口岸物流中心的国际结算需求，促进人民币跨境结算业务发展。

二是拓展国际融资业务。加强对丝绸之路经济带重点项目、重点客户境外筹资转贷款业务的集中营销，提升我行境外筹资转贷款业务在当地的市场占比；支持丝绸之路经济带地区出口企业“走出去”，参与中亚、欧洲等国家地区的电力等基础设施建设，积极发展人民币出口信贷业务；加大对飞机制造业务的支持，实现西部地区飞机融资业务的突破。

（六）支持小微企业的业务发展

积极支持贸易类小企业的发展，加大对服务产业小企业金融扶持力度。围绕旅游特色产业及能源、贸易等核心产业，积极支持商务服务、物联网、科技创新、信息技术等行业的小微企业，推进知识产权质押贷款、供应贷、信用类贷款等，缓解服务型小微企业的融资难问题。

三、支持措施和建议

（一）组建区域研究团队

总行相关部门和分行共同组建研究团队，密切跟踪丝绸之路经济带建设的相关规划和政策导向，重点关注国家在产业政策、财税政策、投融资政策、金融政策等重要领域的政策支持和资源倾斜，及时跟进国家重大能源、基础设施、经贸合作等项目的审批进展，充分挖掘优势行业和优质客户的业务需求，积极主动做好相关配套政策的制定工作，确保在丝绸之路经济带建设过程中赢得竞争主动，带动我行各项业务快速发展。

（二）加强东西部联动

一是加强东部分行与西部分行的项目联动。对丝绸之路经济带建设过程中涉及的跨区域重大项目，西部地区分行应及时与东部地区分行沟通，加强信息资源共享，形成营销合力，共同推进项目开展。二是加强人才交流。选拔丝绸之路经济带西部分行的业务骨干交流到总行及东部分行跟岗学习，提升分行综合经营管理水平。研究制定灵活的政策措施，鼓励东部地区分行干部到西部分行交流，将东部分行的好经验、好做法带到西部分行。

（三）实施差别化的信贷管理政策

加强对丝绸之路经济带重点产业、客户的跟踪研究，总行研究制定区域差别化的信贷审批指引，为信贷营销和信贷决策提供判断参考依据。对于有重大影响的重点优质客户（项目）或复杂棘手的授信业务，实施预沟通或预报告机制，优先安排评级授信和优先安排上会审批。对具有重大影响、营销时效性强、同业竞争较为激烈的重点基础建设项目和经济技术含量要求较高的新兴产业建设项目，由总行直接牵头项目评估工作。

（四）持续加大资源配置力度

研究加大对丝绸之路经济带相关地区信贷支持力度，在资源配置上予以倾斜，有效满足优质客户和项目的需求，未来5年，列入丝绸之路经济带的分行贷款增速要高于全行平均贷款增速3—5个百分点。统筹全行财务资源，对丝绸之路经济带建设的重点项目在营销拓展费用等方面给予支持，对总行牵头营销的丝绸之路经济带的重点客户和重点项目，配置一定的专项营销费用。

（五）完善渠道建设

增加固定资产购建资本投入，研究设立金融服务机构，延伸服务触角。在满足自助渠道建设规划的前提下，增加自助渠道建设，着力提高业务管理水平，积极开通设备交易功能。结合丝绸之路经济带建设，优先发展西安区域性金融中心建设，研究在中亚国家设立分支机构或增加代理服务机构，加强对中亚地区国家的业务辐射。

（六）做大做强国际业务

依托上海合作组织经贸合作框架，有针对性地挖掘客户，加强与亚欧国家的贸易往来金融服务。以中哈霍尔果斯边境合作中心建设为契机，稳步推进跨境人民币业务，并从机构设置、人员配备、价格授权、绩效考核等方面对合作中心给予适当的行内政策支持。

（七）加大金融创新力度

积极运用产品创新试点行、产品创新直通车和银企联动创新三大工具，加强产品创新的支持力度，在符合监管政策的前提下，通过创新持续提高金融服务水平。

（八）提供综合化的金融服务

发挥集团优势，充分利用建信租赁、建信基金、建信保险、建银国际等子公司的业务牌照，为企业及重点项目提供投行、产业基金、金融租赁、信托、保险等综合金融服务。

国家区域规划与建设银行公司业务营销指导意见

总行公司业务部

国家区域规划（政策）是银行做好实体经济服务的重要抓手，也是调整信贷结构、加强信贷储备和提高储备转化率、推进金融创新的重要依据。在认真研究近年来国家新出台的34个规划（政策）的基础上，形成了我行公司业务营销指导意见。

一、国家区域规划的发展机遇分析

（一）环渤海地区

环渤海地区是指环绕着渤海全部及黄海的部分沿岸地区所组成的经济区域（狭义上指京津冀地区、山东半岛蓝色经济区和辽中南城市群构成的经济圈，广义上包括内蒙古自治区中部和山西省部分地区）。本文中的环渤海地区包括北京、天津、河北、山东、辽宁，即三省两市的“3+2”经济区域。

1. 规划（政策）要点。环渤海地区的功能定位是：北方地区对外开放的门户，我国参与经济全球化的主体区域，有全球影响力的先进制造业基地和现代服务业基地，全国科技创新与技术研发基地，全国经济发展的重要引擎，辐射带动“三北”地区发展的龙头。

该区域将优化发展京津冀、辽中南、山东半岛地区，重点开发冀中南、鲁东南地区。优化提升京津冀城市群的空间布局和发展质量，逐步打造最具活力和更具国际竞争力的世界级城市群。重点培育辽中南、山东半岛等城市群。在冀中南等城市化地区，创造条件，加速形成一批城市密集区。发挥特大城市在城市群中的龙头作用，增强对区域经济发展的辐射带动能力。着力把北京、天津、沈阳等城市建设成为国家中心城市，把济南、青岛、大连等城市建设成为具有一定国际影响力的现代化大都市。

2. 发展机遇。伴随着中国投资走向和经济重心北上的趋势，环渤海地区将进入加速发展时期，在战略性新兴产业、海洋经济、城镇化建设、区域一体化等方面将为银行业务发展带来重大商机。

（二）长三角地区

长三角地区包括上海市、江苏省和浙江省，并以上海市和江苏省的南京、苏州、无锡、常州、镇江、扬州、泰州、南通，浙江省的杭州、宁波、湖州、嘉兴、绍兴、舟山、台州 16 个城市为核心区。

1. 规划（政策）要点。国家将长三角地区定位为亚太地区重要的国际门户、全球重要的现代服务业和先进制造业中心和具有较强国际竞争力的世界级城市群。该区域将形成以上海为核心，沿沪宁和沪杭甬线、沿江、沿湾、沿海、沿宁湖杭线、沿湖、沿东陇海线、沿运河、沿温丽金衢线为发展带的“一核九带”空间格局。到 2015 年，长三角区域将率先实现全面建设小康社会的目标。

2. 发展机遇。在国家区域规划的基础上，长三角地区实施了重点产业调整规划。

现代农业：建成国家重要的商品粮基地、食品精深加工和贸易基地，大力发展海洋渔业；做强棉花、油菜、蚕桑、啤酒大麦等特色优势产业，围绕优势特色农产品，鼓励发展精深加工，提高农产品附加值和综合利用水平。

先进制造业：加快建设世界级电子信息产业基地；提升机械装备制造业水平和核心竞争力，打造海洋先进装备制造业基地，鼓励发展新能源装备制造。

战略性新兴产业：培育发展生物医药、新材料、新能源、民用航空航天产业等战略性新兴产业，积极发展海水淡化及综合利用、深海装备制造等海洋新兴产业。

现代服务业：上海重点发展金融、航运等服务业，南京、无锡和苏州重点发展现代物流、科技服务、商务会展、创意设计、电子商务和文化旅游等服务业，宁波重点发展现代物流、商务会展等服务业，苏北和浙西南地区加快建设各具特色的现代服务业集聚区。

临港加工产业：利用国际大宗农产品中转和仓储条件，积极发展粮油加工业，提高精深加工水平；积极承接产业转移，打造东中西产业合作的集聚区。

纺织服装业：重点发展现代纺织业，积极提升产业层次和产品档次，促进传统纺织业向周边地区转移。

沿海港口群建设、特色产业园区建设、物流基础设施建设和交通、电力、水利、现代信息系统、能源和海洋防灾减灾等重大沿海基础设施网络建设方面的融资需求，为金融支持长三角地区发展提供了新的机遇。同时，在智慧城市、网络城市、智能交通、城镇通讯、供水、供气、道路管网、景观保护、农村电网改造等基础设施建设方面，资金需求也较大。

（三）珠三角地区

珠三角地区以广东省的广州、深圳、珠海、佛山、江门、东莞、中山、惠州和肇庆市为主体，辐射泛珠三角区域。其中，泛珠三角区域为：广东、福建、江西、湖南、广西、海南、四川、贵州、云南等九省和香港、澳门特别行政区（“9+2”）。

1. 规划（政策）要点。

（1）推进珠三角区域经济一体化发展，重点推进海峡西岸经济区发展，建设海南国际旅游岛。

（2）深化沿海开放，加快从全球加工装配基地向研发、先进制造和服务基地转变；深化深圳等经济特区开发开放。

（3）深化粤港澳、两岸经济合作。

（4）优化提升珠三角城市群的空间布局和发展质量，培育海峡西岸城市群；把广州建成国家中心城市，把深圳培育成国际化大都市，把厦门、福州、佛山建设成具有一定国际影响力的现代化大都市。

（5）把海峡西岸经济区打造成为两岸人民交流合作先行先试区域，服务周边地区发展新的对外开放综合通道，东部沿海地区先进制造业的重要基地，我国重要的自然和文化旅游中心。建立两岸区域性金融服务中心、促进金融改革与创新、深化闽港澳和两岸金融合作。

（6）把深圳前海建设成为“特区中的特区”，给予一系列先行先试支持政策，并成为现代服务业体制机制创新区，现代服务业发展集聚区，香港与内地紧密合作的先导区，珠三角地区产业升级的引领区，作为人民币国际化试验示范区，为香港人民币离岸中心发展提供重要支撑。

（7）广州南沙新区的战略定位为：粤港澳优质生活圈，新型城市化典范，以生产性服务业为主导的现代产业新高地，具有世界先进水平的综合服务枢纽，社会管理服务创新试验区。

（8）区域金融改革创新方面，明确广东省作为金融改革创新综合试验区和金融强省建设总体布局，广州、深圳两个区域金融中心，前海、横琴、南沙三个创新平台及广东金融高新技术服务区后援基地建设。

2. 发展机遇。珠三角区域将发挥临海、临边和直接与东盟国际市场连接的内外双向开放市场优势，区域发展将更注重挖掘内涵，实现高质量增长，促进区域转型升级。基础设施、制造业、电子技术等传统行业将得到进一步发展，现代服务业、高端制造业、海洋经济、新能源等新兴产业也将迎来跨越式发展。珠三角金融改革方案的出台，为我行探索本外币金融模式与机制创新、密切与港澳台金融联系方面带来重大机遇。

（四）东北地区

东北振兴规划范围包括：辽宁、吉林、黑龙江省和内蒙古自治区呼伦贝尔市、兴安盟、通辽市、赤峰市和锡林郭勒盟（蒙东地区）。

1. 规划（政策）要点。到2015年，东北地区将成为具有较强国际竞争力的装备制造业基地、国家新兴原材料基地、能源保障基地、重要的技术研发和创新基地、面向东北亚开放的重要枢纽。

东北振兴将更加注重强化主体功能区定位，实施分类管理的区域和投资政策，差别化的产业和土地政策，优化发展辽中南地区、沈阳经济区，重点开发哈大齐工业走廊、牡绥地区和长吉图经济区。推进辽宁沿海经济带等重点经济区加快发展，推进东北东部地区经济一体化。优化城市布局和形态，形成若干产业集聚、人口集中的城市群，重点培育辽中南、哈长等城市群，着力把沈阳建设成为国家中心城市，把哈尔滨、长春、大连建设成为具有一定国际影响力的现代化大都市。

2. 发展机遇。未来五年，东北地区将加快转变经济发展方式、大幅改善民生，推动经济社会发展再上新台阶。在基础设施建设、产业转型升级、新农村及城镇化建设、沿海沿边开放、民生领域等方面为拓展金融服务提供了广阔空间。

（五）中部地区

中部地区包括山西、安徽、江西、河南、湖北和湖南六省。

1. 规划（政策）要点。中部地区是全国“三农”问题最为突出的区域，是推进新一轮工业化和城镇化的重点区域，也是内需增长极具潜力的区域，在新时期国家区域发展格局中占有举足轻重的地位。到2020年，中部地区年均经济增长速度快于全国平均水平，经济总量占全国比重进一步提高，城乡居民收入与经济同步增长，城镇化率力争达到全国平均水平，基本公共服务主要指标接近东部地区水平。

2. 发展机遇。随着工业化、城镇化深入发展和扩大内需战略全面实施，中部地区广阔的市场潜力和承东启西的区位优势将进一步得到发挥；国际国内产业分工加快调整，为中部地区有序承接国内外产业转移、推动产业结构升级创造了良好机遇。在崛起过程中，中部地区对基础设施建设、城镇化建设和医疗卫生、教育文化、社会保障等民生领域以及地区特色产业发展等提出了更多的金融新需求。

（六）西部地区

西部大开发的范围包括陕西、甘肃、青海、宁夏、新疆、四川、重庆、云南、贵州、西藏区、内蒙古、广西12个省、自治区、直辖市，3个少数民族自治州。

1. 规划（政策）要点。国家在《“十二五”规划纲要》明确：“把实施西部大开发战略放在区域发展总体战略优先位置。”

（1）重点支持领域

优先发展西部基础设施建设：突出强调交通和水利两个关键环节。交通重点解决通道建设和路网完善问题；水利重点解决西南地区工程性缺水和西北地区资源性缺水问题。

支持11个重点经济区率先发展：继续推进成渝、关中—天水、北部湾等经济区发展，建成具有全国影响的经济增长极。同时，支持呼包银榆、兰西格、天山北坡、陕甘宁等经济区发展，形成西部地区新的增长带，培育滇中、黔中、宁夏沿黄、藏中南等经济区，形成省域经济增长点。

推进8个农产品主产区优化发展：发挥光热水土资源和生物资源丰富优势，结合特殊自然条件，构建以天山南北麓、河西走廊等8个农产品主产区为主体，以其他农业地区为重要组成的农业发展战略格局。

大力发展特色优势产业：一是加快发展现代能源产业；二是优化调整资源加工产业；三是改造提升装备制造业；四是积极培育战略性新兴产业；五是大力发展现代服务业；六是有序承接产业转移。

（2）城镇化建设。壮大成渝城市群，培育关中－天水城市群，在川南、渝西、黔中、滇中、宁夏沿黄、北部湾、天山北坡等地形成城市密集区；把重庆建设成为国家中心城市，把成都培育成为国际化大都市，把昆明建设成为具有一定国际影响力的现代化大都市；把西部的县、城、关、镇建设成为具有一定规模效应和集聚效应的中小城市；完善西部地区的小城镇作为农村地区公共服务中心的功能。

2. 发展机遇。西部地区将成为未来的国家能源基地、资源深加工基地和装备制造业基地。未来发展的增长点将在交通、信息网络、水利等重大项目和基础设施建设领域，同时与基建相关的建材、钢铁、房地产、建筑施工等行业景气度也将持续提升；沿边贸易、特色农牧业等特色产业将得到进一步发展；文化教育、医疗卫生、社会保障等民生领域将成为新一轮投资热点；随着城镇化进程的加速，旅游、商贸、物流、金融等现代服务业也将形成大量新增需求。

二、营销目标及相关要求

（一）营销目标

2013年，争取全行贷款储备总量不低于5.1万亿元，其中，已审批通过储备达2万亿元，发放储备转化率达到50%，AA级（及以上）客户贷款储备占比在85%以上；新农村建设贷款新增500亿元，增幅不低于60%；稳步开展城镇化建设贷款试点，全行贷款新增200亿元。

（二）紧跟政策导向，抢抓战略机遇

总行在加强国家区域政策研究的同时，将加大对分行的指导力度。各分行要积极关注新型工业化、信息化、城镇化和农业现代化在区域发展的新进展，从客户、行业、区域、产品维度，明晰发展思路，细化目标市场。

（三）强化精准营销，做实项目储备

紧盯国家发改委新审批的2 254个重点项目，在有效防范风险的前提下，加强营销，做好项目对接。

一是根据区域特点，寻找新的增长点。中西部地区分行要突出关注交通、能源、水利等基础设施建设，以及产业承接转移的国家重点项目；东北地区分行要突出关注产业转型升级、科技创新及沿海、沿边开放市场机遇；东部地区分行要突出关注金融创新、战略性新兴产业、海洋经济及现代服务业发展。

二是加强对重大项目营销，做实储备。分行要加强与当地政府部门的沟通，密切跟踪城镇基础设施、“三农”、保障性安居工程、节能减排和生态环保、自主创新等中央预算内资金投向领域，做好项目资金承接工作，重点支持在建、续建项目、“十二五”重大规划项目。

三是促进储备项目的及时转化。对已储备在手的好项目、好客户，要好中选优，积极跟进，落实条件，争取早投放，早收益，提高贷款储备转化率。制定综合化授信和服务方案，组建客户服务团队，运用好产品组合配置，提高客户的综合贡献。

（四）加快产品创新，推动业务发展

一是加快重点区域产品创新。运用产品创新试点行、直通车和银企联动创新三大工具，加强针对性和实用性的产品创新。如前海地区，我行可率先在港发行人民币债券，拓展跨境双向人民币贷款业务，探索资本项目可兑换；支持香港人民币离岸业务，构建跨境人民币业务创新试验区。

二是积极开展新农村建设贷款和争取城镇化贷款创新产品试点。稳步扩大新农村建设贷款试点地区，加强基础管理，确保资产质量。打造"城乡合"品牌建设，重点支持与城镇化建设相关的新城区建设、旧城镇和城中村改造、安置房建设及配套的土地综合整治，产业园区建设和城镇基础设施建设等项目，提高综合收益水平。

三是做好创新产品的信息共享。一要加强行业性产品研究，探索公路、铁路等行业搭桥贷款、造价咨询、中期票据及企业债等特色产品组合，满足基础设施领域金融服务需求；二要积极推进并购贷款，支持优质企业做强做大，促进产业整合与调整；三要加强新产品的试点经验总结，及时完善相关制度及业务流程。

（五）落实差别化政策，优化资源配置

一是以差别化政策支持区域特色行业发展。总行将进一步完善区域差别化政策，优化资源配置。分行要在营销中加强对客户、行业、产品、收入等因素的研究分析力度，在统一风险偏好的基础上，按照市场优势、资源优势、技术优势、区位优势、管理优势等标准，对区域优势行业实施差别化信贷政策。

二是以价值创造为导向优化资源配置。在综合收益率高、风控能力较强、管理水平较高，但我行市场占比较低的区域适当倾斜资源，提升市场份额；在具有重大发展机遇、经济发展加速、综合收益率高、区域不良率低的西部地区加大资源配置，巩固市场领先地位；在其他区域实施差别化的资源配置政策，引导业务结构调整，持续优化行业、客户、产品结构，提升价值创造力；坚持将信贷资源向区域内"资本占用少，风险权重低，经营效益好"的业务倾斜。

（六）深化区域联动，提升营销能力

要进一步完善区域联动机制，发挥区域整体合力。一是加强区域内分行的联动，提升跨分行重要客户的服务水平。二是加强各区域分行之间的联动，中西部地区分行要主动对接东部沿海地区分行，为承接优质客户产业转移打下基础，东北地区、环渤海地区分行在加强互动的同时，密切与长三角、珠三角地区分行的交流合作，支持东北企业参与中西部地区老工业基地调整改造。建立优质客户信息共享机制，借助内部银团、现金管理、电子银行等产品联动，进一步提升整体营销能力。

（七）增强合规意识，严格政策底线

密切关注民营企业经营风险和产能严重过剩行业风险，密切关注政府融资平台监管政策变化，努力优化信贷结构。严格按照监管要求，推进中间业务合规发展。

商业银行盈利模式转型分析报告

总行产品创新与管理部

2013 年中国银行业面临诸多挑战，多家银行鲜明地提出转型要求，麦肯锡在研究报告中指出了银行转型的重点和机遇。根据王洪章董事长的批示，我们对商业银行盈利模式面临的挑战、机遇进行了分析，并提出相关建议。现简报如下。

一、商业银行面临的转型压力

股改上市以来，国有银行经历了多年高速增长，这主要得益于中国改革、经济增长、人口红利及银行自身的改革与努力。2012 年与2005 年相比，建设银行资产总额从 4.6 万亿元增长到 14 万亿元，年均增幅超过 17%，净利润由 471 亿元上升到 1 936 亿元，年均增幅超过 22%，均远高于经济增速。既往的高增长盈利模式目前主要面临以下四个方面的挑战。

（一）经济下行对经营效益和资产质量形成双重压力

今年上半年 GDP 增长 7.6%，接近年度目标下限；汇丰 7 月份 PMI 降至 47.7，创 11 个月新低；国务院出台小微企业减免税等“微刺激”政策，说明经济下行风险犹在。数据表明，银行业的利润增长与 GDP 的增幅高度正相关。中国经济下行且进入“中速”发展时代，不仅减少了银行增长机会，而且给资产质量带来了较大压力。银行实现可持续发展，必须同时应对“稳增长”和“保质量”的双重挑战。

（二）利率市场化提速和多层次资本市场发展对现有盈利模式形成冲击

银行业利润总额占 2013 年中国财富 500 强的 50.2%，而美国这一比例仅为 23.7%。2012 年与 2002 年相比，银行业金融资产总额由 23 万元增加到 131 万亿元，增长 5.5 倍，而利润总额由 364 亿元上升到 1.51 万亿元，上升 42 倍。在利率市场化的大背景下，这种高利差和以贷款为主的盈利模式势将难以为继。去年以来，中国银行业 NIM 已连续三个季度下滑，最近贷款利率的全面放开将进一步松动银行的定价地位。美国利率市场化前后，银行业存贷款利差下降了 54BPS，其影响可见一斑。同时，多层次资本市场发展将导致间接融资比例不断下降。2012 年企业债筹资达 2.25 万亿元，是 2002 年的 74 倍；银行理财余额 7.1 万亿元，与信托业、保险业资产总额相当。2013 年一季度，银行贷款占社会融资总量 51.9%，较 2002 年已下降 40 个百分点，而美国银行信贷在社会融资中的占比仅为 13%。

（三）同业及跨界竞争全面展开

“超级网银”、跨行取现等的推出，淡化了银行边界，弱化了传统渠道优势。证券、保险等非银行金融机构，不断争夺银行传统业务。2012 年，证券、保险公司合计融资约 1.68 万亿元，是十年前的 8 倍；小额贷款公司自 2008 年试点以来，四年间成立了 6 080 家，贷款余额 5 921 亿元，相当于一家中小型股份制银行。各家银行对互联网金融和移动金融的角力正逐步升级，如平安提出科技金融战略，浦发提出移动金融战略，中信推出“异度支付”等。金融脱媒越来越突出，互联网金融创新更是不断蚕食银行存款、贷款和支付等传统业务。余额宝的推出、货币基金实现 T+0 及具备消费支付等功能，侵蚀了银行的传统存款功能；阿里贷、人人贷、虚拟信用卡等网络贷款的层出不穷，侵蚀了银行的传统贷款功能；支付结算领域的竞争更为明显，2013 年一季度，获得第三方支付牌照的企业已达 223 家，总交易额达到 3.39 万亿元，电子商务用户已达 1.93 亿户，有 61.3% 的中国网民使用第三方支付进行在线支付。第三方支付已成为第二大电子支付方式。

（四）经济结构转型和监管政策提出新要求

6 月末的“钱荒”，虽然有季节性和偶发因素，但也暴露了金融结构失衡、资金空转套利和金融泡沫化的倾向，说明银行业与支持实体经济发展和经济结构转型等国家宏观经济要求还存在一定距离。近两年，银监会推出了资本管理、“腕骨指标”等监管规定，出台了银行收费、外汇业务、理财业务等系列监管要求，并重拳整肃债券市场交易、银行同业交易，大力整顿政府融资平台贷款。这些都对银行的业务发展和现有盈利模式形成挑战，对银行加快转型提出了新要求。

二、商业银行的盈利机会分析

挑战的同时也面临着诸多机遇。经济结构转型伴随着城镇化、消费金融、商品市场等巨大需求；技术进步推动银行精准营销、渠道智能、灵活创新和集中运营；全球化拓展了新的价值来源。银行业竞争的加剧，将进一步分化市场格局，有利于扩大行业领先者的优势。面对新的变化和趋势，建设银行需要不断打造新的盈利机会，确立新的利基点。

（一）公司金融

1. 大型企业。大型企业仍然是最大的客户群，2015 年中国大型企业客户市场收益预计超过

1 万亿元①。大型企业的规模和行业地位，决定了其在传统银行、投资银行等领域具有全面的金融需求，并发挥着对上下游企业的带动作用。金融脱媒在大型企业表现得最为明显。为了降低成本，大型企业会更多地依赖债券、股票等直接融资方式，从而相应增加商业银行在资本市场、投资银行等领域的机会。

大型企业依然是经营的重点，但应避免单一的信贷营销模式。大型企业金融服务应向综合金融服务，特别是资本市场和投资银行服务转型。在营销模式上，以综合金融服务为主，重在提供个性化的金融解决方案；在产品服务上，更加强调资本市场和投资银行的服务；在协作方式上，实现四个方面的联动，即公司业务与投行业务联动、大型企业与小微企业和个人客户联动、银行与子公司的联动、境内外分行的联动。因此，转型的重点是建立综合营销机制，培育个性化金融解决方案的定制能力，加大协作力度和提高决策效率，促进交叉销售。

2. 中型企业。2015 年中国中型企业市场收益规模会超过 9 000 亿元②。中型企业潜力巨大，是有待挖掘的"金矿"，也是各家银行争夺的重点。对于以基本建设为传统优势的建设银行，更是如此。2013 年一季度，建设银行中型企业贷款③比工商银行少 9 896亿元，在公司类贷款中的占比少于 8%。

目前，中型企业在我行尚没有作为一个独立的客户群体加以管理。中型企业转型的难点在于风险控制，中型企业的信贷、风险政策，往往与大型企业一致。因此，需要针对中型企业的特点，研究建立相应的政策、制度和工具，包括评级授信、风险管理，而不是套用大型企业的风险政策、工具和方法。同时，在中型企业做大做强的过程中，要加强引导，避免其自身的转型风险。

3. 小微企业。小微企业在增加就业、促进增长等方面作用显著，是经济发展的中坚力量，是金融支持实体经济的重点领域。富国银行的经验证明，小微企业可以带来大量盈利机会。该行 100 万美元以下的中小企业贷款余额约占企业贷款的 17%，平均利率在 8% ~ 10%，远高于其他贷款。

小微企业经营转型的难点在于：一是构筑小微企业零售化经营能力。主要是向批量处理的零售模式转变，包括建立便利快捷的审核机制、有效的信用评分体系、完善贷后管理等。二是强化风险控制能力。主要是建立适合于小微企业的风险管理政策、工具和方法，充分借助政府等外部力量，引入风险池等缓释手段，提高小微企业风险控制能力。三是"大而不变"。在小微企业上调为中型企业后，坚持"同一个客户、同一家银行"，避免客户类型变化后，由于内部管理原因引致的客户丧失。另外，在小微企业的不同发展阶段，服务的侧重点应有所不同。

（二）零售金融

1. 互联网金融和移动金融。新技术将带来服务渠道和服务模式的变革，客户消费行为也将发生变化。2012 年底，我国网民数量已达 5. 64 亿，智能手机用户 1. 67 亿。2012 年网络购物总额达到 1. 26 万亿元，占社会零售商品销售总额的 6. 1%，同比增长 66. 5%。互联网金融和移动金融将是未来银行的战略高地。

互联网金融和移动金融转型的难点在于：一是创新商业模式。即把握互联网和移动技术的发展趋势，抢占战略制高点，形成新的盈利机会；利用互联网和大数据技术，提高精准营销能力。二是基于客户需求驱动的快速迭代创新能力。在客户需求探查、用户体验和技术应用等方面，形成合力，实现创新的快速部署。三是渠道的同步性和用户体验的一致性。让客户在不同的渠道上，享受一致的体验，让跨界服务无时、无地、无缝地体现在客户身边。四是快速传播。利用社交媒体、网络商圈等作用，发挥网络对消费行为和交易模式快速传播的特点，创造商机。

2. 私人银行。据福布斯杂志估计，国内已有超过 6 万多的亿万富翁，而千万富翁则超过 96 万人。胡润研究院的报告指出，中国已经有比美国更多的亿万富翁。波士顿咨询公司称，中国富人的可投资资产 2012 年增长了 14%，达到 12 万亿

① 引自麦肯锡报告，大型企业为年收入在 1. 25 亿美元以上企业，下同。
② 引自麦肯锡报告，指年收入在 6 000 万至 1. 25 亿美元之间的企业。
③ 四部委口径。

美元。高盛则认为中国私人银行进入黄金时代。私人银行是中国金融市场上的新兴业务。私人银行客户以其高收益将成为银行业新的增长点。

私人银行的转型根本在于建立一套独特的经营模式。根据调查，国内私人银行客户中私营企业家加上企业高管达83%，这些客户的背后基本都有企业运作。因此，在私人银行客户服务上，不仅仅是销售理财等高收益产品或提供高端会员服务，更重要的是建立有效的服务平台和运行机制，丰富产品供给，提供选择便利，注重财富规划，提高产品方案设计能力，满足财富管理与传承、隐私保护、养老与遗产规划及海外投资等特殊金融需求等。另外，客户经理的素质也是重要一环。

3. 消费金融。在中国经济向消费转型的过程中，消费金融将扮演越来越重要的角色。个人住房信贷仍然是主要贡献者。2012 年房金业务净利润 108 亿元，全行贡献 11.5%。信用卡分期等消费信贷也快速增长。

发展消费金融，需要不断提高消费信贷的比重。这是消费金融需求不断扩张的需要，是优化信贷存量资源的手段，也是资本约束条件下提升盈利的必然。但在具体的发展过程中，应吸取以往部分产品资产质量不高的教训，找准细分市场，完善风险控制，实现风险和收益的平衡。

（三）金融市场等相关业务

1. 固定收益、货币和商品市场。固定收益证券市场将爆发性增长，预计年增长将超过 15%。亚洲商品市场收入 2015 年预计达到 100 亿美元。建设银行 2015 年商品与期货业务收入将达到 40 亿元。

面对这些增长机会，建设银行需要构建相关领域的交易能力和产品创新能力，继续提高交易人员数量和素质，维持队伍稳定，不断提升市场分析判断能力、定价能力和交易能力，拓展做市的品种和规模，适应市场开放的要求。

2. 资产管理。资产管理已经成为一个庞大的市场。2012 年全国理财产品余额达到 7.1 万亿元，保险业资产总额为 7.35 万亿元，托管证券市值 13.76 万亿元，信托资产规模 7.47 万亿元。一方面是理财产品来源广泛，包括银行、子公司和第三方；另一方面是客户需求旺盛，包括公司机构、个人、私人银行、养老金客户都有丰富的资产管理需求。因此，构建资产管理平台，对于有效衔接供给和需求，提高资产配置能力，发挥母子公司联动作用，有效控制风险，具有积极意义。同时，发挥银行专业优势，提高在资产托管、养老金等领域的受托资产管理能力。

3. 金融机构业务。预计 2015 年金融机构客户将带来超过 800 亿元的收入。包括为小型银行和海外银行提供拆借、清算、支付、现金管理、托管、代理交易、跨境贸易融资等服务。2015 年金融机构客户将贡献 45% 的金融市场和投资银行收入。因此，应将金融机构客户服务放在更加重要的位置，整合相应的管理资源和流程，升级和研发与之相关的产品和服务，适应频繁交易和高效运作等要求。

4. 交易金融。预计 2015 年中国交易金融总收入将达到 2 700 亿元，包括现金管理、供应链融资、贸易融资、账户服务、清算结算等金融服务。建设银行的交易金融能力较国际银行还存在一定差距，如产品的组合能力有待提高，与客户系统的衔接有待加强，交易处理能力有待提升，跨境金融服务有待整合等。应通过产品和服务整合、系统平台建设、交易整合和服务共享等方式，提高交易金融服务能力。

5. 人民币国际化。人民币国际化将形成多个人民币金融服务和交易市场，为国内银行带来巨大商机。主要包括：一是支付结算市场。2012 年跨境贸易人民币结算 2.94 万亿元人民币，估计 2015 年人民币贸易及投资相关的结算量将达到 9 万亿元。二是人民币清算服务。未来的海外人民币必然在境内举行最终清算，四大行将成为具有纽约大型清算银行类似影响力的银行。三是人民币交易。资本项目放开将诞生海量交易的人民币在岸市场，国内银行将主导人民币的交易定价、交易品种的规则制定。对于人民币国际化带来的机会，应加强研究分析，创新产品和服务，提前布局，把握先机。

三、商业银行盈利模式转型的建议

综合上述分析，我们认为推动盈利模式转型的关键是“加快两个步伐”和“提升六种能力”。

（一）加快公司客户转型步伐

针对大、中、小型公司客户的不同特点和发展趋势，制定不同的客户发展策略。

——大型客户。以“投行先导，信贷支撑，综合服务”为重点。大力发展资本市场和投资银行业务，抓住因金融脱媒而带来的债券发行、股票承销和并购重组等新机会；巩固传统的信贷优势，培育良好的客户关系；提供综合金融服务，提高综合定价能力，促进交叉销售；以大型企业为龙头抓好两头，拓展上下游客户，带动中小企业和个人客户的发展。

——中型客户。以“加大投入，控制风险，综合服务”为重点。将中型客户作为独立的客户群进行管理，大力发展中型企业客户，提高中型企业客户价值贡献占比；研究制定中型企业信贷政策、风险政策，完善风险管理工具和缓释手段，抓住中型企业关键风险点，切实控制风险；贷款投向向中型企业倾斜，提高中型企业贷款占比，达到五年规划要求；帮助中型企业转型，立足传统商业银行业务及部分投行业务，为中型企业提供全面的金融解决方案。

——小微企业。以“优化模式，控制风险，综合服务，两头延伸”为重点。完善小微企业经营模式，坚持零售化转型和批量营销，提高小微企业经营能力；针对小微企业制定有别于大中型企业的风险识别、计量、缓释措施；充分借助政府、协会、商圈、产业集群等优势，引入风险池等缓释手段，提高小微企业风险控制能力；加强面对小微企业及其业主在内的综合金融服务，促进交叉销售；围绕小微企业生命发展周期抓住两头，在发展初期协助引入风险基金、创业基金，促进小微企业健康成长，在成熟期，拓展其上市融资的机会；建立小微企业价值核算体系，完整地计量其收益、准备金支出和贷款损失等情况，准确分析小微企业价值贡献。

（二）加快零售业务转型步伐

——大力发展互联网金融和移动金融。加大电子银行建设力度，抢占互联网金融和移动金融的战略制高点。把银行服务与互联网技术和电子商务紧密结合起来，发挥银行的资金媒介、信息媒介和信用媒介的固有优势；把银行服务与智能手机的应用紧密结合起来，实现无时不在、社区式的在线金融服务。研究成立互联网金融公司或互联网银行，引入市场化机制，更好地适应互联网生态的竞争要求。

——大力发展私人银行业务。致力于私人银行客户的隐私保护和资产增值，提高服务品质和品牌影响力。创新服务模式，建立面向私人银行客户的投行、资产管理、信托等综合服务平台，拓展增值服务领域。嫁接零售、对公和资产管理等不同渠道和业务，促进交叉销售。提高客户经理素质，从产品销售转向财富规划，实现融资与融智并重，提高差异化服务能力。

——把握消费金融发展机遇。适应国家经济转型、扩大内需和收入分配制度改革的需要，充分把握消费金融需求。加强客户细分和组合营销，加大重点信用卡客户、持卡人和商户的营销力度。巩固个人住房贷款优势，发挥个贷客户产品覆盖度高、资金流稳定等优势。科学分析个人经营贷款及信用卡分期等产品的风险点及盈利机会，做到有所为有所不为，防范欺诈和违规支用风险。

——提高零售业务精细化管理水平。实施精细化管理，促进流程标准化，提升集约化处理程度，降低渠道和交易成本，着力提高客户体验和服务质量。充分利用大数据技术，提升数据挖掘和分析能力，加强客户偏好研究，提高精准营销的水平。建立个人客户和产品的统一视图，提高交叉销售数量，争做客户主办银行。

（三）加快提高风险管理能力

——树立正确的风险收益平衡的观念。站在风险和收益相匹配的角度，处理好收益的当期性和风险的滞后性之间的矛盾。统一全行的风险偏好，清晰、一贯地加以传导，并维持稳定。

——制定面向不同客户和产品的风险策略。在统一风险偏好的前提下，针对不同客户和产品，明确相应的风险政策，制定相应的授信、审批标准。

——加快风险计量工具的开发和应用，提高决策的效率和效果。针对不同类型客户和客户的不同生命周期建立相应的风险计量模型，并嵌入业务流程，形成体系化的运行模式。结合互联网和大数据技术，建立相应的风险计量模型，适应新的市场发展需要。

——优化和完善信贷管理体制机制，实现权

责对等、决策高效、流程科学、运转顺畅。

（四）加快提高资产管理能力

——打造资产管理平台，提高资产配置和管理能力，满足个人、私人银行、公司、养老金等各类客户的理财需求。发挥本行优势，调动基金、信托、保险等子公司的作用，并依托第三方，建立统一的资产配置及管理平台，丰富资产供给。进一步提高基金托管、养老金等资产受托管理能力，拓展业务范围。

——研究成立资产管理公司，整合本行及子公司的资产管理业务及能力，适应监管要求的变化。

——不断优化与资产管理相关的风险体系，提高运作效率和风险控制能力。

（五）加快提高定价能力

——完善贷款定价机制。不断优化定价策略、流程和授权，建立风险准确计量基础上的贷款计价机制，保证收益覆盖成本，实现贷款收益与存款成本、运营成本、经济资本成本的平衡。

——完善定价方法和技术。建立精确的数据统计系统，为商业银行净存续分析、净现值分析和动态模拟方法提供较为完备的基础数据；建立完善的利率风险计量系统，为商业银行识别、计量和管理各类利率风险提供工具；研究利率敏感性缺口管理等方法，制定明确的全行资产负债结构策略；建立科学的定价模型，综合考虑成本、信用评级、久期、风险损失、违约概率等指标，提升定价的精准性。

——加强定价人才队伍培养。加大对资本、风险、定价和产品等方面人才培养，使其掌握科学的定价方法和精细化管理工具；不断提升客户经理的定价技能，为市场营销奠定基础。

（六）加快提高多维度盈利分析和管理能力

——准确计量客户、产品和责任中心的价值贡献。建立客户、产品、层级和员工的统一视图，准确归集收入和成本，合理分摊成本和转移收入，形成客户、产品和责任中心等多维度的盈利分析报告。

——建立多维度的考核体系。分别建立针对客户、产品、渠道和层级等的多维度考核体系，提高考核的针对性，强化财务业绩责任，夯实经营基础。

——建立收益分享机制。按照综合化的战略要求，合理确定客户、产品、渠道的收益分享规则，促进母子公司、总行部门之间、分行之间的业务联动，提高整体盈利能力。

（七）加快提高产品创新能力

——制订产品创新规划，明确产品创新战略。建立清晰的产品创新策略，坚持“自主创新、引领为主”，强化产品组合创新，充分体现差异化的要求，不断提升产品品牌价值。

——确定产品创新的重点。牢牢把握国家经济转型主脉，坚持“客户、市场、技术、全球化、监管”五个方面的创新驱动，充分发挥整合和联动优势，努力抢占互联网金融、移动金融、链式金融等创新制高点。加大小微企业、财富管理、投资银行、商品及金融交易等战略新兴业务的创新力度，提升综合金融服务水平。

——建立有利于产品创新的体制机制。切实发挥产品统筹与创新委员会的组织、推动和协调作用，充分调动总分行两个积极性，逐步形成自上而下产品研发和自下而上需求驱动相结合的创新责任体系。结合“新一代”的建设，整合现有资源，研究设立总行产品研发中心，形成有自主研发能力的产品专业团队。对于重大产品研发，组建跨部门任务型团队，加强协作，提高效率。每年要确定若干个跨部门和总分行联动的重大产品研发项目，重点推进，取得突破。加大产品创新激励力度，加强产品创新队伍建设，培育以“鼓励、开放、宽容、审慎”、“试错、容错、纠错”及“创新兴行、创新强行”等为核心要素的产品创新文化。

（八）加快提高交易能力

——不断提高商品市场、期货、外汇、衍生品等交易水平，夯实代客交易能力，充实交易团队力量。拓展为小型银行和海外银行提供服务的机会。探索在金融市场、投资银行、电子银行等领域适当引入市场机制，提高人才市场竞争力。

——加强供应链金融、现金管理、贸易融资等重点产品创新，优化系统平台建设，提升产品和服务的组合能力应用，提高交易服务能力，并带动上下游客户的营销和服务。

——继续推进网点“三综合”建设，提高网点服务水平。大力推进电子银行建设，提高客户体验，降低交易成本。

当前城投债风险评估及预测

总行金融市场部　魏雪梅

在地方政府财政收入增速下降以及银行信贷收紧收严的情况下，建设资金来源退而转向了债券市场。2012年，城投债券发行量达到了创纪录的1.25万亿，是2011年的3倍，与此同时，随着发行体的增加，发行人的整体资质也在不断下滑，2012年AAA级发行量占比仅为10%，较2009年井喷时期的48%，下降了38个百分点。十八大提出"城镇化"的政策指引，原本已陷入债务隐忧的地方政府必然再燃起新一轮投资冲动。2013年1月份发行了1251.7亿元的城投债，是去年同期的6倍，其中，主体评级为AAA的占比仅为1.8%，AA级及以下占比为59.5%，较去年提升21个百分点，城投债发行人资质中枢进一步下降。

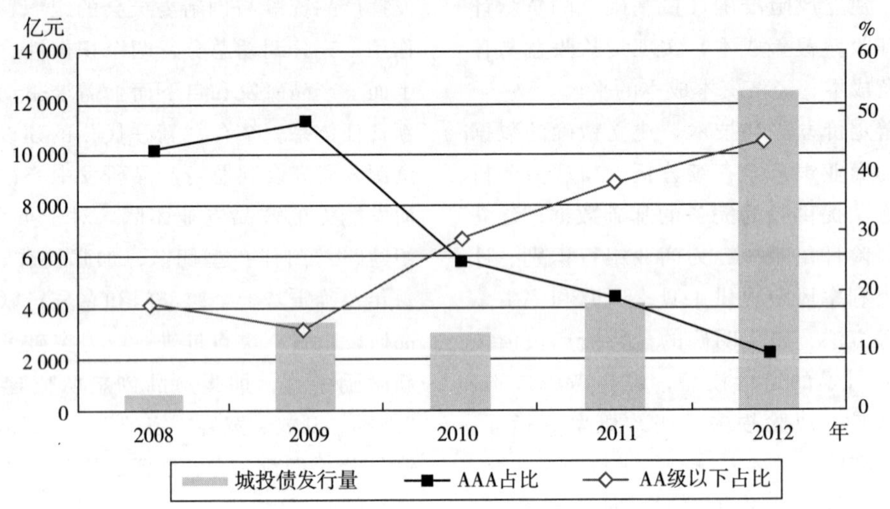

数据来源：Wind，建设银行金融市场部。

图1　近年来城投债发行情况

2012年以来的城投债发行高峰存在以下特点：第一，从区域分布上看，发行人集中在中西部财政实力较弱地区，除江苏、浙江以及北上广等传统发债大省外，中西部地区的安徽、湖南、湖北、重庆也成为城投债发行大省，年度发行额在300亿～500亿元。第二，从债券种类上看，主要可以分为两类：以发改委为主导的企业债，和以交易商协会为指导的短融、中票，虽然两者申请资格都要求城投公司应是银监会认定的平台退出类公司，但是前者需要发改委审批，且必须遵循"21111"① 原则，而后者则只需要在交易商协会备案，发债主体没有特别明确的限制，2012年城投债中短融、中票发行了3 960亿元，是2011年的3.5倍。第三，自2010年6月政府明令地方财政不能为城投债担保后，城投债的担保方式日益多元化，包括土地使用权担保、应收账款（财政收入）担保和股权质押担保

① 即每个省会城市可以有两家融资平台申请发债，国家级开发区、保税区和地级市允许1家平台发债，县级主体必须是百强县才能有1家平台发债；北京、天津、上海和重庆四个直辖市申报城投项目没有限制，但直辖市所属任一区仅可同时申报1家。

等，而且无担保也逐渐成为主流，目前60%以上城投债都是无担保的。

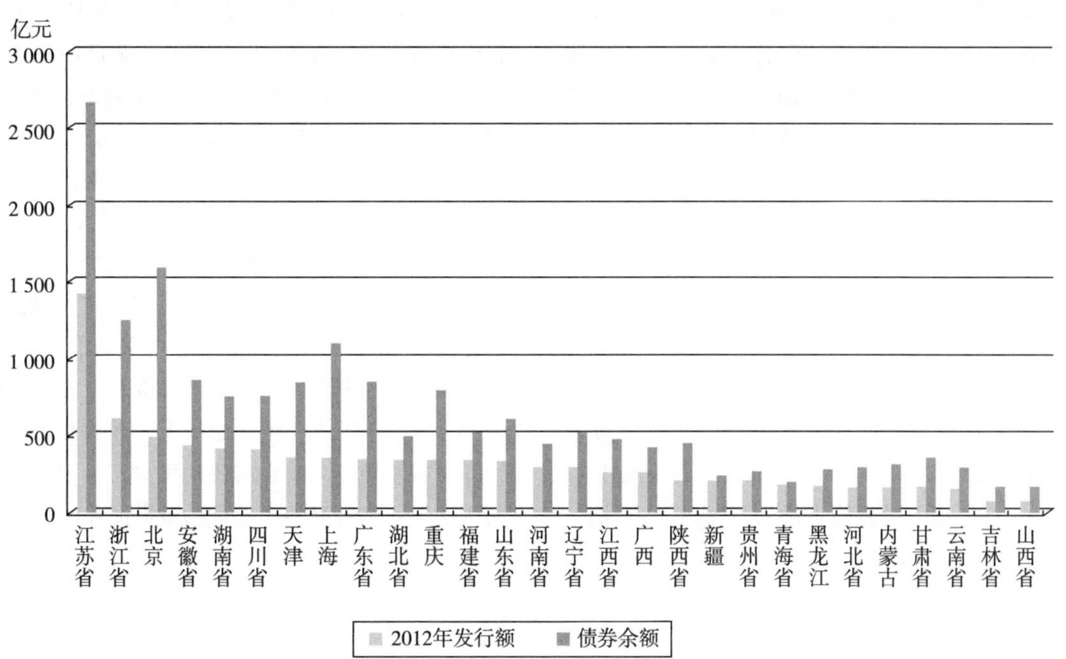

数据来源：Wind，建设银行金融市场部。

图2　2012年中西部地区城投债发行量大增

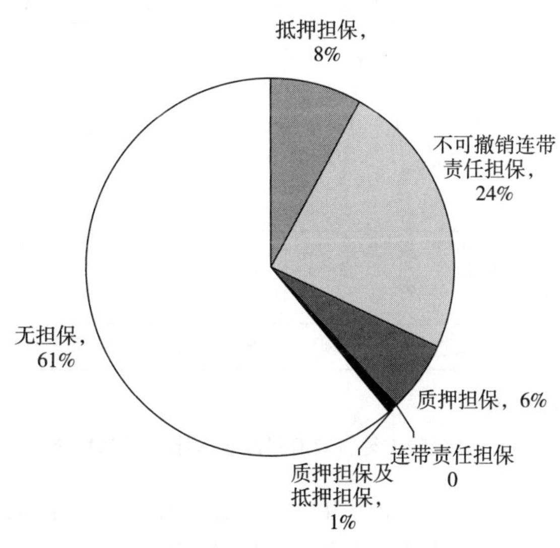

数据来源：Wind，建设银行金融市场部。

图3　无担保城投债成为主流

中国信用债市场至今仍未曾爆发过真正的违约事件，即便18个月前云南城投资产重组引发的城投债危机曾席卷整个信用债市场，但去年山东海龙、新中基等信用事件最终以地方政府牵头组织兑付告终，市场对信用债刚性兑付的预期得到进一步强化。当前市场对信用债尤其是城投债违约风险已经存在低估，以基金、理财产品等代表的广义基金对其表现出过于强烈的追捧热情。城投债信息披露制度不完善，披露不及时是普遍现象，城投企业资产注水、核心资产转移、发债主体随意组合等负面事件时有发生。投资者仅从城投企业的公开披露信息则很难判断公司的偿债能力和信用资质，判断其偿债能力更多的是要观察其所在地区发达程度、当地政府的财政实力等。

城投债个体偿债能力被弱化、地方政府的隐形信用成为城投债投资的普遍逻辑。本文从城投债/地方预算收入考量各地政府城投债负担率，从地区负债/地方预算收入考量各地政府的公共债务压力，进而评估当前城投债风险压力。

从地方政府债券债务负担率来看，2012年末，地方政府债券融资总额①达到3.14万亿元，占地方政府当年预算收入的52%，较2010年底提升了18个百分点。从城投债务负担率来看，2012年城投债务发行量激增，城投债务余额占地方政府财政收入比例从2010年末的23%上升至2012年末的41%，其中最高的省份为青海省、占比达到了99%，甘肃省排名第二、占比为66%，重庆市第三、占比为49%，城投债务占比超过40%的省份多达8个。而在18个月前，城投债务占地方财政收入比例超过40%的只有两个省份，最高的为安徽省、占比为45%，次高的为重庆市、占比为44%。从区域分布上看，中西部地区城投债务负担率上升较快、风险较大，尤其是排名在前位的青海、甘肃，其经济总量小、财政收入少，再加上债务负担率高，隐含风险较大，尤其是需要对低评级个券保持警惕。而经济总量中等的其他中西部省份，如安徽、湖南等，虽然其经济总量和财政收入尚可，但由于近几年债务总量上升较快且省内地市经济发展差异较大，也需要甄别对待、警惕经济欠发达且债务率较高地市发行的城投债务。

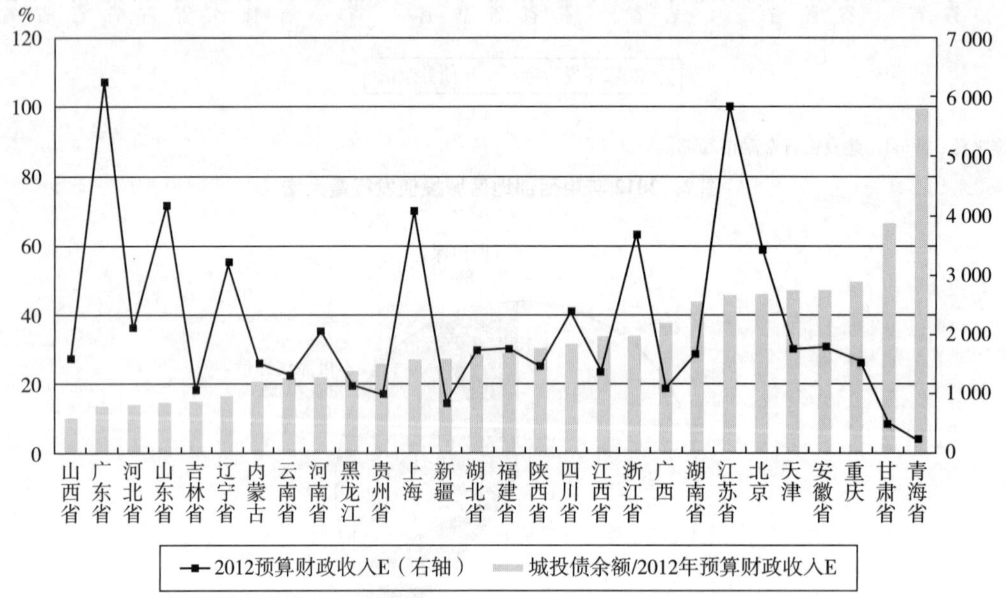

数据来源：Wind，建设银行金融市场部。

图4 城投债余额占地方政府财政收入比例（2012年E②）

从中国政府整体债务负担率来看，2012年末，预计全国省、市、县三级地方政府性债务余额将达到14.5万亿元，相当于当年地方财政收入的156%（较2010年末提升了10个百分点），加上国债存量，中国政府债务总量达到了22.3万亿元，相当于经济总量的43%。再考虑上铁道债、政策性银行债、央票、银行重组债等隐性债务，中国政府广义债务总量将达到32.9万亿元，相当于经济总量的63%。从政府整体债务率来看，2012年末政府债务/全国财政收入为148%，较2011年上升12个百分点，但较2009年高峰时期仍下降了25个百分点，中国政府整体债务率并不算太重。然而，考虑到隐性债务，中国政府广义债务率就要达到218%，

① 仅考虑债券融资，地方政府整体债务数据2010年后并没有公布。

② 2012年地方财政收入为预算收入的预测值。

高于目前全球排名第一的国家——日本，从这点　上看，中国政府债务负担率较重。

表 1　　中国政府负债率和债务率测算　　单位：万亿元、%

	2009 年	2010 年	2011 年	2012 年
地方债务合计	9.02	10.72	12.0	14.5
国债余额	6.02	6.75	7.3	7.81
隐性债务	10.93	11.04	10.18	10.58
政府债务合计	15.04	17.47	19.3	22.31
政府广义债务合计	25.97	28.51	29.48	32.89
GDP（名义数）	34.09	40.15	47.31	51.93
政府负债率	44	44	41	43
政府广义负债率	76	71	62	63
地方本级财政预算收入	3.26	4.05	5.23	6.11
地方本级政府基金收入	1.58	3.43	3.82	3.18
地方财政收入合计	4.84	7.48	9.05	9.29
中央本级公共财政预算收入	3.59	4.26	5.14	5.61
中央政府性基金收入	0.25	0.16	0.1	0.1
中央国有资本经营预算收益		0.06	0.08	0.08
中央财政收入合计	3.84	4.48	5.32	5.79
全国财政收入合计	8.68	11.96	14.37	15.08
政府债务率	173	146	134	148
政府广义债务率	299	238	205	218

数据来源：审计署，统计局，建设银行金融市场部测算。

注：表中红色数字为预计值，相关统计机构并未公布。隐性债务包括央票、铁道债、银行重组债和政策性银行债。政府负债率＝政府债务/GDP，政府广义负债率＝政府广义债务/GDP，政府债务率＝政府债务/全国财政收入，政府广义债务率＝政府广义债务/全国财政收入。

2013 年底以来，城投公司资产重组事件再度浮出水面。武汉经济发展投资（集团）、柳州市投资控股有限公司等城投公司相继发布资产重组公告①。城投债发行量的激增和资产重组动作频繁引发监管部门担忧。最近两个月内，包括发改委、财政部、中央银行、银监会、银行间市场交易商协会等或联合或单独发文，规范地方融资平台的资产重组、资产注入甚至评级，先后出台了《关于加强土地储备与融资管理的通知》、《关于进一步强化企业债券风险防范管理有关问题的通知》、《关于制止地方政府违法违规融资行为的通知》和《非金融企业债务融资工具信用评级业务自律指引》。长期上看，前三个文件将以土地储备机构债务、保障房名单企业债务以及以前已签订 BT 应收款为基础的债务统称为地方政府性债务，地方政府隐形债务显性化，原有债务的保障程度有所提高；在原有债务规模约束下，地方政府对于新增债务规模控制力度将有所加强，有助于控制地方政府债务系统风险的上升。因此，城投债务存在一个新老划断问题。对于原有地方政府担保责任相对清晰的城投债务，从偿还顺序考虑，相对于平台贷款城投公司一般会优先偿付债券融资，即便出现恶劣事件，地方财政兜底仍是大概率事件。但对于 463 号文后发行的城投债，政府对于城投企业债项支持力度明显减弱的背景

① 与此前云投集团将一部分资产划出的做法不同，这两家城投公司采取的是资产置换方式。武汉经济发展投资（集团）进行的是股权置换，柳州市投资控股有限公司则采取土地、房产置换所持两家公司股权的做法。而对于置换资产的具体情况、估值情况这两家城投公司并未详细披露。

下，企业自身实力无法迅速增强，城投债信用状况将受到一定影响，信用溢价上升在所难免、风险渐增。

表 2　最近两个月公布的债券规范性文件

时间	出台部门	文件名称	主要内容
2012 年 11 月 5 日	国土资源部、财政部、中央银行、银监会	《关于加强土地储备与融资管理的通知》（国土资发〔2012〕162 号）	加强土地准备机构、业务和资金管理，厘清土地储备业务与融资的关系，切实防范可能出现的金融风险，保障土地储备工作规范健康运行
2012 年 12 月 11 日	发改委	《关于进一步强化企业债券风险防范管理有关问题的通知》（财金〔2012〕3451 号）	约束担保企业债中存在的互保或转圈担保情况，根据发债主体的财务指标和信用评级对发行人实行分类监管，并要求对主体资质较低的债券进行强制增信
2012 年 12 月 24 日	财政部、发改委、中央银行、银监会	《关于制止地方政府违法违规融资行为的通知》（财预〔2012〕463 号）	通过规范融资方式、制止违规担保两个措施约束了地方政府及其融资平台政府性债务规模的无序扩张
2013 年 1 月 8 日	交易商协会	《非金融企业债务融资工具信用评级业务自律指引》	加强信用评级市场自律管理，规范非金融企业债务融资工具信用评级业务

数据来源：各部委网站，建设银行金融市场部整理。

2013 年初以来，在资金面、政策面等推动下，信用债尤其是中短期品种再度演绎上涨行情，1 年期品种较年初下降 24 ~ 42bps，3 年期品种降幅稍窄，在 15 ~ 23bps，而 5 年期以上品种变动不大。从利差保护上看，无论是高等级还是高收益品种，5 年期以上品种信用利差仍在历史 3/4 分位，配置价值较大；而对中短期品种，其信用利差多在历史中位数附近，配置价值减弱。虽然中国债券市场至今尚未有真正意义上的违约事件发生，这也夸大了市场关于信用债刚性兑付的预期，但个别信用事件爆发仍是大概率事件，在当前地方财政收入增速下降和债务负担加重的情况下，2013 年城投债尤其是中低评级产品估值风险不容忽视。我们一直强调，“黑天鹅”的到来只是时间问题，没有违约不利于债券市场的长远健康发展。

表 3　AAA、AA、AA－级信用债信用利差测算

等级	利差（bps）	短融（AAA）：1 年期	中票（AAA）：3 年期	中票（AAA）：5 年期	企业债（AAA）：7 年期	企业债（AAA）：10 年期
AAA	2013/1/24	113	145	164	162	169
	与历史 3/4 分位数差值	－25	－12	－4	3	10
	与历史中位数差值	1	5	14	25	32
AA	2013/1/25	164	196	244	279	298
	与历史 3/4 分位数差值	－30	－45	－16	－0	18
	与历史中位数差值	11	－14	5	51	70
AA－	2013/1/25	213	275	331	361	391
	与历史 3/4 分位数差值	－30	－41	－12	－6	4
	与历史中位数差值	13	9	50	67	95

表4　AA、AA－与AAA级信用债等级利差测算

等级	利差（bps）	短融（AA－）：1年期	中票（AA－）：3年期	中票（AA－）：5年期	企业债（AAA－）：7年期	企业债（AA－）：10年期
AA－AAA	2013－01－25	50	51	80	118	130
	与历史3/4分位数差值	－18	－37	－18	1	17
	与历史中位数差值	1	－26	－5	24	33
	与历史1/4分位数差值	14	－12	8	51	63
（AA－）－AAA	2013/1/25	99	130	167	200	223
	与历史3/4分位数差值	－11	－42	－12	－1	14
	与历史中位数差值	16	16	43	46	61
	与历史1/4分位数差值	38	29	61	85	108

数据来源：Wind，建设银行金融市场部测算。

上海自贸区展望及对商业银行的影响

总行战略规划部　李昊

一、国际主要自由贸易区样本与上海自贸区定位

自贸区分为两种，一种是广义自贸区，指两个或两个以上国家或地区通过签署自贸协定（FT－Agreement），在WTO最惠国待遇基础上，相互进一步开放市场，分阶段取消绝大部分货物的关税和非关税壁垒，改善服务业市场准入条件，实现贸易和投资的自由化，从而形成促进商品、服务和资本、技术、人员等生产要素自由流动的“大区”（FT－Area）。中国近年来积极推动的中日韩自贸区，即是广义自贸区。

另一种是狭义自贸区，1973年国际海关理事会签订的《京都公约》将其定义如下：“指一国的部分领土，在这部分领土内运入的任何货物就进口关税及其他各税而言，被认为在关境以外，并免于实施惯常的海关监管制度。”狭义自贸区是自由港的进一步延伸，如巴拿马科隆自贸区、德国汉堡自贸区、美国纽约1号对外贸易区等。上海自贸区属于狭义自贸区。

（一）美国自由贸易区：综合型自贸区

根据1934年的《对外贸易区法案》，美国将对外贸易区的主要功能定为进出口贸易、转口贸易及仓储。1950年美国国会修订了该法案，进一步拓展其功能，允许进行展销和加工制造，从而使对外贸易区由纯贸易型发展为贸工型贸易区。1980年国会再次调整法案，允许用美国零部件和外国原材料装配而成的制成品，其增值部分免税，目的是进一步鼓励在对外贸易区内发展加工工业。为了适应对外贸易发展的新需求，1991年美国对外贸易区委员会颁布了自由贸易区新的管理条例。至此，美国对外贸易区的主要功能有进出口贸易、保税仓储、简单商业性加工、商品展销、混合加工和制造及转口贸易等。

（二）德国汉堡自由港：“关界围墙”管理

德国汉堡港是欧洲经济自由区的典型，依托汉堡港而建立，由一条长23.5千米，高3米的金属栅栏与其他港区隔开，进出自由港的陆上通道关卡有25个，海路通道关卡有12个，面积约16.2平方千米，可开展货物转船、储存、流通以

及船舶建造等业务。享有以下主要优惠政策：(1) 船只从海上进入或离自由港驶往海外无须向海关结关。(2) 凡进出或转运货物在自由港装卸、转船和储存不受海关的任何限制。(3) 货物只有从自由港输入欧盟市场时才需向海关结关，交纳关税及其他进口税。(4) 只要能提供有关单证证明，海关就可给予区别管理，视同在欧盟境内另一口岸已完成进入欧盟手续，到汉堡只是为了完成物流流程。(5) 自由港还有金融自由，如外汇兑换自由、资金进出和经营自由；投资自由，如雇工、经营自由，无国民与非国民待遇之分等。

汉堡港的优势在于其物流效率，汉堡港居于欧洲之首的铁路货运网密度，在德国，起讫于汉堡港的集装箱铁路货运量占到34%，汉堡港还在研究在港口附近和腹地建立多个中转枢纽，以转口贸易带动了金融、保险等第三产业的发展。

1993 年马约生效，欧盟成立，欧盟区内贸易自由度越来越高。依靠关税优惠吸引贸易的时代已经过去，今年汉堡港取消了其自由贸易区政策。自由港取消后，所有进入汉堡港的货物都需要直接报关，但因为大多数货物都是从欧盟 28 个成员国进口或者出口，所以不构成什么问题。那些只和非欧盟国家发生联系的货物，可以前往免税仓库，免税仓库和以前的自由贸易区政策是一样的。

(三) 香港完全自由港：带来服务业高度发展

香港是亚太区最重要的国际金融、贸易、航运、信息服务枢纽之一，是跨国公司云集的地区总部，金融服务、贸易和物流、旅游、专业服务成为香港服务业的四大支柱产业。香港是国际中心枢纽港，在香港的集装箱处理量中，中转货值比率高达 72. 57%。

香港实行对外完全开放的自由港政策。任何货物（除少数禁止与限额以外）进出香港自由，仅需提前 14 天报关；外国人也可以自由进行投资生产，区内商品的进出等不收关税或仅对个别例外商品（烟酒等）征收关税；港区内允许对货物和商品进行装卸、修理、加工、整理、买卖、展示或销毁、储存等；主要发展转口或过境贸易等港口经济，通过吸引外来船只、货物，赚取装卸、堆栈、加工、存储等费用。

(四) 新加坡自贸区：提供免税区

亚洲的自贸区起步相对较晚，其中新加坡自由港的发展引人关注。

1969 年，新加坡在裕廊工业区的裕廊码头内划设了第一个自由贸易区，随后发展成为一个高度开放的贸易自由港。如今，新加坡自由港已成为全球贸易最自由的地区之一，国外直接投资占据制造业投资总额的七成。

与德国、美国的自贸区不同，新加坡的自由贸易区并非依靠税务优惠来吸引外资进行加工制造的生产基地，而主要是提供一个免税区，方便商家把货物存放在区内，以重新分类、鉴别、包装和展示，然后再出口或转口贸易。在新加坡，进口产品一般没有配额限制，大部分货物无须许可证即可免税进口（危险品、医药品、军火等产品必须办理进口许可证）；同时，外币可在新加坡自由兑换及出入。

(五) 上海自贸区：定位和区位特点突出，综合型自贸区将成方向

从区位条件来看，上海交通便利、产业集群诸多、金融和服务发达、劳动力资源丰富。上海具备自由港、自由区和出口加工区等条件，有望发展成综合型的自由贸易区。自贸区转口、加工以及服务和金融行业有望获得良好发展。

二、上海自贸区制度设计展望

结合国际经验，自由贸易区内通常推行“境内关外”的保税政策，指在一国领土之内、国家关税领域之外设立小块特定区域，加以划定允许外国商品货物豁免关税，免除通关、清关的复杂手续，可以在区域内自由流通或再出境。最值得上海借鉴学习的主要是香港和新加坡。

国际自贸区制度设计主要包括以下八点：(1) 境内关外的政策，通关手续简便、高效，海关几乎不干涉；(2) 税收极其优惠，包括关税、增值税、所得税等；(3) 实行一站式服务管理，以提供友善的招商投资服务环境；(4) 投资、贸易自由，鼓励民营企业参与管理运营自由贸易区；(5) 以发展国际物流功能为导向，吸引高端制造业，鼓励服务外包；(6) 提供便利的金融设施和服务，提供外汇自由兑换与离岸金融中心服务；(7) 提供优惠的土地政策；(8) 建立法律政策框架，指导设立自由贸易区。

三、政策法规及金融创新是上海自贸区的突破核心

作为中国自贸区的试点，上海自贸区预计将出台多项措施实施投资领域的先行试点。投资者普遍期待，这些政策不仅将为上海注入发展新动力，也将探索中国放权发展、创新改革的道路。除了贸易自由化之外，上海自贸区的核心亮点在于制度创新和金融创新。可能出台的政策还将包括：

（一）建立负面清单管理模式，简化投资流程

在扩大投资领域方面，探索建立负面清单管理模式①。

对负面清单之外的领域，将外商投资项目由核准制改为备案制，将外商投资企业合同章程审批改为备案管理。中国企业的境外投资管理方式也将进行改变，对境外投资一般项目拟实行备案制。

为解除取消审批与当前四部法律相关规定的冲突，数部法律有关规定将在上海自贸区暂停实施②。

若上海自贸区建立负面清单管理模式，将使得外商投资和国内企业对外投资的流程大幅简化，是政策放权的有利尝试；备案制将吸引更多投资至上海自贸区，有望激发园区内的服务业产业快速发展。

（二）金融领域进行重要的开放和创新

金融领域开放是上海自贸区政策焦点。上海自贸区方案涉及金融创新的内容包括：利率市场化，企业法人可在自贸区内完成人民币自由兑换，金融业对外开放（外资银行可开展试点人民币业务，包括接受存款、企业融资、贸易融资、财务活动、贵金属买卖及证券交易等），金融服务创新（允许部分中资银行从事离岸业务），等等。

可以预期利率市场化、汇率市场化、金融市场产品创新、离岸业务、金融业对外开放以及内资外投和外资内投等可能将在上海自贸区优先进行试点：（1）人民币资本项目下逐步开放，上海自由贸易园区将全方位为企业提供与海外资本和市场对接窗口，未来企业法人可在自贸区内完成人民币自由兑换，个人则暂不施行；（2）外资银行可在保税区开展试点的人民币业务，但不享受国民待遇，可从事各类零售及批发银行业务，包括接受存款、企业融资、贸易融资、财务活动、贵金属买卖及证券交易等；（3）构建离岸金融中心、人民币汇率价格发行机制，能使外流资金更好的周转，提高人民币使用的效率；（4）金融服务创新，与贸易相关的金融业务，如融资租赁、期货保税交割、保税仓单押融等也在逐步推行。

（三）投资开放

投资开放主要包括内资外投和外资内投两个方面：（1）外资内投可以获得准入前的国民待遇，企业设立和项目立项不需要事先提交项目可行性研究报告，实行少干预、无补贴政策；（2）内资外投可能从现有的“核准制”转变为“备案制”，为区内注册登记满足条件公司提供资金援助。

（四）配套税收优惠政策

注册在试验区内符合条件的专业从事境外股权投资的项目公司，参照技术先进性服务业减按15%的税率征收企业所得税；区内符合条件的公

---

① 负面清单是指凡是针对外资的与国民待遇、最惠国待遇不符的管理措施，或业绩要求、高管要求等方面的管理措施均以清单方式列明。目前为止，我国对外资的管理一直采用《外商投资产业指导目录》模式，在这份由国家发改委和商务部制定目录中，列出了我国鼓励、限制、禁止外商进入行业。所有外商投资和商业投资只能在规定的范围内活动。而负面清单是给不开放的行业和受限制的商业活动列一个清单，明确告诉对方哪些领域和行业是限制或禁止外商活动的。那么，只要未列入名单的就是法无禁止皆可为。

② 8月26日，全国人大常委会第四次会议审议了《关于授权国务院在中国（上海）自由贸易试验区等国务院决定的试验区内暂时停止实施有关法律规定的决定（草案）》，对自贸区内负面清单之外的外商投资暂时停止实施《外资企业法》、《中外合资经营企业法》、《中外合作经营企业法》3部法律的有关规定，暂时停止实施文物保护法的有关规定，时间为3年。8月30日，全国人大常委会授权国务院在上海外高桥保税区、上海外高桥保税物流园区、洋山保税港区和上海浦东机场综合保税区基础上设立的上海自贸试验区内，对国家规定实施准入特别管理措施之外的外商投资，暂时调整《外资企业法》、《中外合资经营企业法》和《中外合作经营企业法》规定的有关行政审批。

司从事离岸业务收入，也按15%的税率征收企业所得税。税收优惠政策将有利于扩大上海的转口贸易和离岸贸易，对相关企业的业绩形成直接的利好。

四、上海自贸区对全国经济发展的辐射作用

自贸区试点建设将为中国经济发展带来经济辐射和试点推广双重作用。

经济辐射作用主要体现在：（1）在国有企业改革、审批制度改革、投资制度改革、政府经贸监管改革与金融开放等方面，都会做出有益的尝试和推动。（2）促进港口与城市协调发展，改善就业。自由贸易港与城市的功能是互相促进的，例如汉堡、鹿特丹和安特卫普都是依托港口贸易发展起来的，港、市融为一体，互相促进。（3）促进了经济的现代化和国际化，带动了金融、保险等现代服务业的发展，拉动当前疲软的对外贸易，为新时期中国外贸“突围”破题。例如，巴拿马科隆自由贸易园区作为世界航运中转枢纽，货物流转量巨大，吸引各国货物在科隆自由贸易园区集散，大进大出带动了资金在自由贸易园区的大量流动，吸引了40多家外资银行及分支机构在此落户。

试点推广作用体现在：上海自贸区获国务院原则通过后，可能推出自贸区试点区域包括广州南沙、深圳保税区域、珠海横琴、天津、厦门、舟山、广西、重庆。目前，天津、舟山、广州、厦门等地已向或者准备向国务院及各部委提交关于保税区转型自贸区建议，争取享受和上海同样的政策支持。但预计大部分自贸区级别和配套政策或将弱于上海自贸区。

五、上海自贸区政策突破将为商业银行带来机会，同时也考验银行快速反应、经营管理和创新能力

（一）自贸区将带来众多投资机会，商业银行应提高对投资机会所涉及行业企业重视和进入

自贸区投资机会主要集中在建设带来贸易增加、交通物流需求增大，港口运输相关交通物流将受益。上海自贸区从战略角度看，也是中国金融改革开放的一个重要实验区，如果离岸金融市场得到发展，将对中国金融改革形成强烈的倒逼机制。如果采取较宽松的金融政策，将吸引大量国际金融机构设立分支，带动保税区商业地产的需求。另外，三区联动将带来基础设施建设的需求，完善交通物流体系也需要进行投资，带来相关行业受益。而上海自贸区与浦东主体功能区规划的协调发展，将带来浦东发展新格局突破，迪斯尼乐园和免税购物的可能推出等将带来现代服务业发展。结合国外自贸区发展范例，国际贸易、金融、物流、航运服务、信息服务和地产六大行业有望在自贸区建立或发展过程中受益。因此，商业银行应提高对这些相关受益行业和企业的重视。

（二）自贸区制度突破、金融创新将快速试点，商业银行应加强相关法律法规、制度突破和创新研究，抢占市场先机

自贸区将按照国际最先进的模式进行建设，从国内角度看可能存在制度改革突破，但从自贸区发展看，由于自贸区已经普遍化，最先进的模式才能保证其吸引力。高效的管理和便捷的交通物流是自贸区成功的条件，所以上海自贸区的定位将会很高，建设将带来中长期的主题性投资机会。

从自贸区方案制定、建设运营到效果显现，需要较长时间。国务院已批准自贸区方案，细节预计年内将推出，加上农业银行已经和上海市政府签订了园区建设贷款协议，园区建设在方案制定完毕后，将快速展开。中国有可能启动加入TPP谈判下，该协议要求金融业全面开放，自贸区金融创新必将很快试点。这将是对商业银行快速反应和创新能力的考验。

建设银行应加快展开对自贸区的全面战略研究工作，当前要抓紧申请离岸牌照，同时细化服务于自贸区的特别政策和产品方案，创造我行在对自贸区的服务和产品中先发优势。特别是要加强对自贸区扩大开放措施中涉及法律法规及其调整和制度突破的掌握和分析，关注“双边”或“多边”协定的安排，深化对“维也纳公约”、“国际保付代理公约”和“开普敦公约”等具体内含的理解，及时跟踪掌握中国加入“跨太平洋伙伴关系协议”（TPP）情况，积极寻找相关产品、服务机会，实现相关业务突破。

（三）自贸区金融创新将为商业银行带来挑战，同时也为银行创新实践带来难得的机会

上海自贸区或将试行利率市场化和人民币的可自由兑换，如果实现的话将是中国金融改革重大突破，甚至可以说数十年来从未有过的大突破。目前预测，这两项政策突破的可能性非常大。上海自贸区将是一个与国际接轨的自由贸易区，从自贸区国际经验看，尽管区内主要投资和贸易领域的国际接轨和便利化，但是需要有大量的机构提供金融服务。

上海自贸区与国际接轨后，将会有一批中资银行进入这个区域开展金融活动。与目前国内金融机构经营环境不同，自贸区内利率和汇率是自由化的，货币基本可兑换，因此，在这个形势下，商业银行要提高在新形势下的定价能力，积极推进离岸业务机构设立。在利率市场化或货币可自由兑换的情况下，需要将本外币综合起来进行整体流动性管理和资产负债管理。由于利率、汇率的变化，市场上会产生很多对于利率和汇率产品的需求，国际市场上的金融产品也会有多种在自贸区运作，这都将为商业银行带来挑战。

商业银行在自贸区内展开经营会获得很多经验，有许多可以借鉴的东西。同时，由于自贸区内对金融创新限制较少，自贸区将为银行的金融创新带来便利和机会，商业银行应积极把握机会，实践创新。

我行支持新型城镇化的战略选择

总行战略规划部　李庆治　李小平

城镇化①对扩大内需、缓解产能过剩和调和社会矛盾等具有重要意义。我行应从全局视野、战略高度做好统筹部署，顺势而为，把握机遇，规避风险。

一、新型城镇化的推进趋势

改革开放 30 多年来，我国城镇化率由 1978 年的 17.92%，逐步提升到 2012 年的 52.57%②，走完了英国 200 年、美国 100 年和日本 50 年的道路。然而，如果按照户籍人口计算，当前我国城镇化率仅为 35% 左右，与发达国家平均 80% 的水平相比仍有很大差距。与此同时，我国城镇化快速发展过程中出现了人口城镇化不彻底、土地城镇化高于人口城镇化、发展方式粗放、区域发展不协调等一系列问题。可见，我国城镇化无论是“量”上还是“质”上都有很大提升空间。

近年来，在交通拥挤、环境恶化、资源短缺等“城市病”日益显现的情况下，河南、四川、湖南、江苏等省纷纷提出了新型城镇化概念，并相继进行了先期实践。党的十八大把城镇化战略上升到了国家战略的层面，并赋予了城镇化新的内涵。相比传统的城镇化，新型城镇化更加强调“质”的提升，是“以人为本”、“四化协调”、“城乡互动”、“绿色低碳”的城镇化。

未来新型城镇化有望在国家的整体部署下，以农民市民化为核心，以城市群为主体形态，以提高城市综合承载力为支撑，以完善体制机制为保障，稳妥推进。一是统筹制度安排，改革先行，对户籍、社会保障、土地、财税、投融资等制度

① 城镇化一词，起源于拉丁文 Urbanization，最早出自 1867 年西班牙工程师 A. Serda 的著作《城镇化基本理论》，大致被用来描述乡村向城市演变的过程。20 世纪 70 年代后期，Urbanization 一词被引入我国学术界，通常译作城市化或都市化，后被城镇化逐渐替代（见维基百科）。城镇化本质上具有三层含义：一是实现农村富余劳动力向城镇的物理空间转移；二是被转移人口的生产方式由农业向工商业等非农业转变；三是被转移人口的生活方式变化，生活质量提升。

② 城市常住人口占全国总人口的比例。

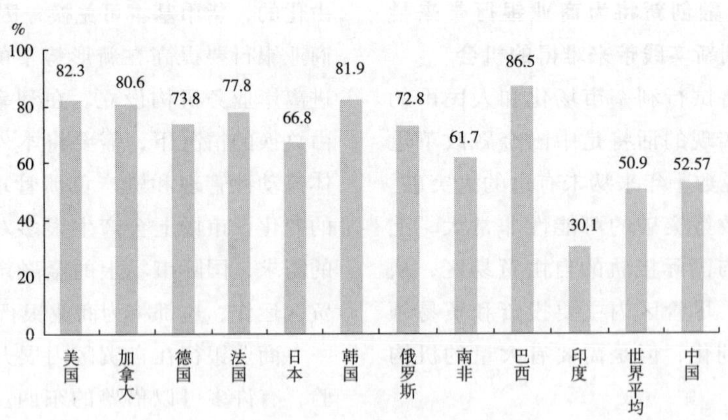

注：数据来源于国家统计局，其中，我国数据为2012年数，别国或地区为2010年数。

图1　中外城镇化率比较

进行深化和变革，为城镇化创造制度保障。二是实施“两横三纵”① 的城市群战略（见图2），优先推进京津冀、长三角、珠三角、长江中游和成渝5个国家级城市群和海峡西岸、山东半岛、哈长、辽中南、中原、江淮、关中、北部湾、太原、滇中、黔中、呼包鄂榆、乌昌石、宁夏炎黄等区域性城市群的城镇化建设，带动180多个地级以上城市和1万多个城镇的发展。三是遵循从存量城镇化②到增量城镇化的渐进推进路径。首先立足大城市的定位调整优化和产业升级，加强旧城区改造和新区建设，以大城市带动大郊区，推进存量城镇化，解决既有农民工的市民化问题。随着以后时机的不断成熟，城镇化的重点将逐步过渡到中小城镇和新农村，以开发区和农村新社区建设为重点，最终实现增量城镇化，并为农业现代化创造条件。

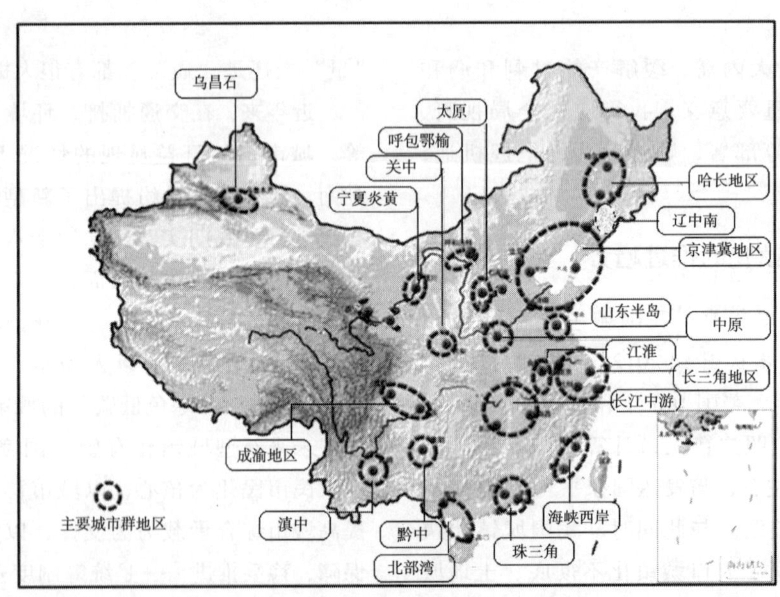

资料来源：《2010年主体功能区规划》及正在制订的《促进城镇化健康发展规划》初稿。

图2　“两横三纵”的城市群战略布局

① 即以陆桥通道、沿长江通道为两条横轴，以沿海、京哈京广、包昆通道为三条纵轴，以国家优化开发和重点开发的城市化地区为主要支撑，以轴线上其他城市化地区为重要组成的城镇化战略格局。

② 存量城镇化主要是指农民工市民化，即解决已经进入城市的农民工成为真正的城市人的城镇化问题。

二、新型城镇化带给我行的主要机遇

新型城镇化是未来10年我国扩大内需的最大潜力所在，其基于基础设施建设、产业支撑、住房、社保、消费和农业现代化等方面的内容将产生巨大的资金需求，给我行多种业务创造发展机遇。

（一）基础设施建设方面的机遇

与发达国家相比，我国的路网、城市绿地、供排水、垃圾处理等城市基础设施仍显薄弱。未来新型城镇化的基础设施建设涉及全国20个左右城市群、180多个地级以上城市、1万多个城镇和数十万个行政村，涵盖路网（铁路、公路、轨道交通等）、电网、供排水、污水处理、垃圾处理、网络通讯、园林绿化、应急减灾等多个系统，需要庞大的资金投入，将会给建设银行信贷、投资银行等业务带来巨大发展机遇。

表1　城镇基础设施建设带来的银行机遇

基础设施	建设空间
路网建设	“十二五”期间，全国轨道交通建设规划3 300千米，快速公交系统3 000千米，综合性交通枢纽200座，城市群之间的城际铁路、高速公路等交通建设空间巨大
电网建设	农民市民化后用电需求将增大，电网扩网和升级改造投资空间大
供水、气、暖	2020年，生活用供水总量将较2012年增长30%，煤气需求增长44%，供暖需求将会增长49%
污水处理	“十二五”期间，我国污水处理率由77%上升到85%，城市污水处理投资预计超过7 000亿元
垃圾处理	2012年全国规划及新开工建设的垃圾发电项目规划为6 4535吨/日，同比增长26.3%
网络通讯	2011年，全国平均家庭宽带普及率为29%，其中农村家庭宽带普及率仅为10%左右，发展空间巨大
园林绿化	2010年城市园林绿化固定资产投资超过2000年的15倍，2010年以来复合增长率为70%，预计未来将持续增长

估算其中的资金需求，2011年我国第一产业就业人数2.66亿人，以目前的农业劳动生产率水平，农业生产需要劳动力近1.8亿人，可向城镇转移的剩余劳动力约8 600万人。按照每转移一个农村人口需要固定资产投资10万元人民币计算，未来10年仅新转移人口需要的基础设施建设投入就超过8.6万亿元，如果考虑到现有城市基础设施滞后的现实，未来城市基础设施建设投入资金需求将会更大。

（二）产业支撑方面的机遇

一是东部发达地区产业转型升级将给我行带来重要的发展机遇。近年来，广东、上海等东部发达地区“以产业转移促进产业转型升级”的做法，使传统产业通过集群发展、品牌提升、产业转移等手段获得加速升级，产业高端化趋势凸显。这一过程中伴随的先进制造业投资、高端服务业培育、企业兼并重组、上市发债等都需要商业银行的大力支持。

二是我国中西部地区具有资源丰富、要素成本低、市场潜力大的优势，未来融合承接国内外产业转移，需要进行大量的基础设施和公共服务平台建设投资，将产生信贷、债券发行、财政资金托管、并购咨询等一系列金融需求。

三是城镇化过程中以现代服务业为主的第三产业发展空间广阔，金融服务需求潜力巨大。服务业是城镇就业最大的容纳器，发达国家服务业产值和就业比重一般在70%～80%，而我国目前只有43%。未来商业、物流、餐饮、旅游、文化等产业及其他生产生活性服务业的发展将给我行速贷通、成长之路、小额贷、助保贷等小微企业产品创造巨大的发展空间。

（三）住房市场方面的机遇

当前我国1.6亿外出农民工中在城市实现购房的仅有0.7%（见表2）。随着新型城镇化的深入推进，这类群体的住房条件需要不断改善。另外，每年相当数量的新增城镇转移人口也将对住房产生新增需求。这些都是城镇住房刚性需求的重要构成，是拉动我行住房公积金、住房按揭、开发贷款等业务快速发展的重要力量。

表 2 2011 年外出农民工在不同地区务工的住宿情况 单位：%

住宿方式	全国	东部地区	中部地区	西部地区
单位宿舍	32.4	35.2	28.9	24.0
与他人合租住房	19.3	20.9	14.5	16.8
独立租赁住房	14.3	14.2	12.4	16.3
乡外从业回家居住	13.2	13.2	15.2	11.5
工地工棚	10.2	7.4	15.6	16.8
生产经营场所	5.9	5.2	7.3	7.5
务工地自购房	0.7	0.6	0.8	1.0
其他	4.0	3.3	5.3	6.1

数据来源：《2011 年我国农民工调查监测报告》，国家统计局。

（四）社会保障方面的机遇

新型城镇化首要解决的就是既有农民工的市民化问题，主要是完善这类群体的教育、医疗、社保等城市公共服务和社会保障。目前我国 2.6 亿农民工中绝大多数并未享受与城市人群等同的社会保障。按照国家发改委的预测，未来 10 年这类基于农民工市民化的教育、医疗等社会保障支出将达到 15 万亿 ~20 万亿元。这一过程将给我行的社保资金托管、金融社保卡、养老金、企业年金等业务提供重要的发展机会。

（五）消费方面的机遇

一方面，如果对既有农民工提供完全市民化的公共服务和社会保障，将会大大消除现有 2.6 亿农民工的后顾之忧，彻底激发其消费需求。按照中金公司的研究，如果完全实现农民工市民化，农民工在交通通信、文化娱乐等方面的消费支出将会大幅提高（见图 3）。

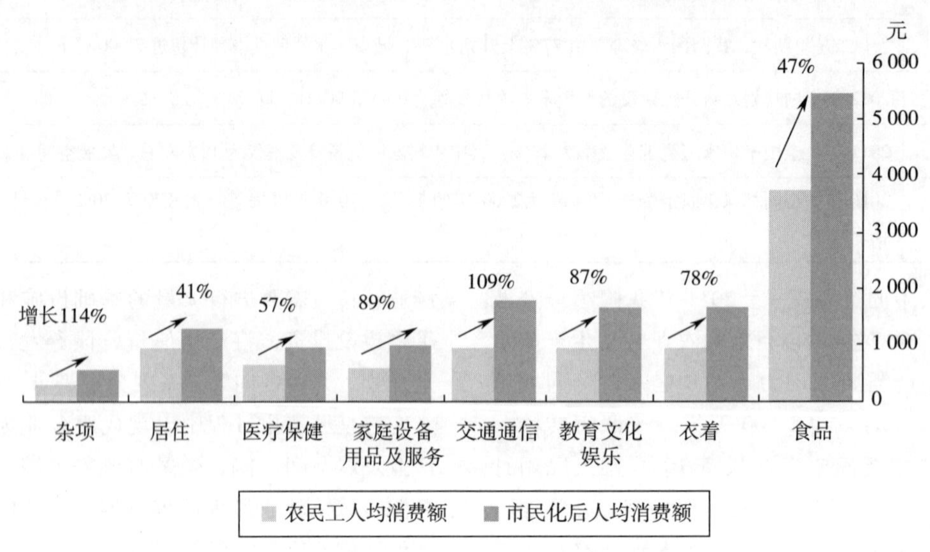

数据来源：中金公司。

图 3 "农民工市民化"后消费结构变化后带来新需求

另一方面，未来增量农村人口转移到城市后，他们的收入水平将大幅提高，从而会增加消费支出。2011 年我国城镇居民人均收入为 23 979 元，而农村人均收入为 9 833 元，约占城镇居民收入的41%；2011 年城镇居民人均消费 15 161 元，农村人均消费 5 211 元，城镇居民人均消费支出是农村居民的 2.9 倍。随着生活方式的转变和生活质量的提高，新转移人群必然减少自给消费，提高商品消费的支出比例，对购置大宗生活生产用品、汽车、旅游、教育等都将产生巨大的需求，将给商业银行带来信用卡等消费金融业务机会。

三、我行支持城镇化面临的主要风险和困难

新型城镇化给我行带来机遇的同时，其内在的一些深层次问题和某些尚不明确的法律政策制度等也会给我行支持城镇化带来一些困难甚至"陷阱"，从而使我行在服务城镇化过程中面临系列风险。

（一）政策风险

新型城镇化意在重点解决农民工的市民化问题。然而，在土地财政和政绩攀比的推动下，当前地方城府对房地产开发的热情依然不减，城镇化存在过度“房地产化”的危险。我行如果大规模支持新城及房地产开发，将面临房地产调控的政策风险，如果支持力度不够又可能错失地方政府财政金融及后续的相关业务机会，处于两难之中。

同时，商业银行服务新型城镇化建设还面临着地方政府融资平台的政策限制。当前新型城镇化涉及的土地整理、住宅、基础设施以及公共设施建设项目，仍然主要以政府主导通过组建投资公司来推进。在当前监管部门对地方融资平台严格清理整顿要求下，部分新型城镇化建设项目贷款主体被列入地方政府融资平台名单，信贷投入将受到限制。

另外，当前我国大部分农村集体所有土地仍未完成土地确权，尚不能进行抵押。即使已经完成确权的农村集体所有土地，也面临与现有物权法①相冲突的境况。在农村产权抵押融资缺乏法律支持这一现状下，我行开展农村集体土地相关城镇化业务存在很大的介入障碍和法律政策风险。

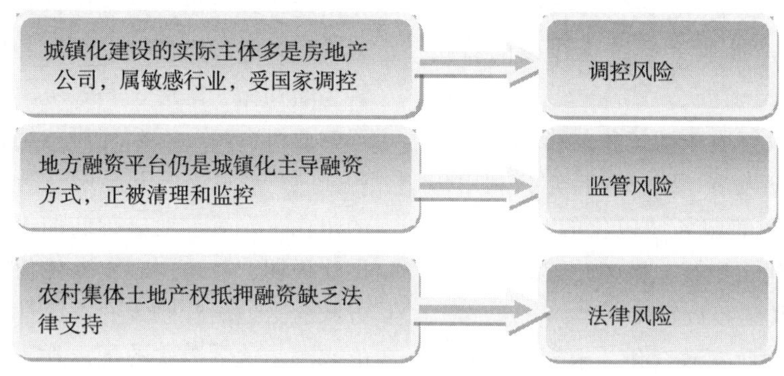

图4　三大政策风险

（二）地方政府偿债风险

近年来，地方政府债务高企，对土地财政的依赖性越来越强，据财政部统计，2011 年地方政府国有土地使用权出让收入超过 3 万亿元，相当于地方政府财政收入的 80% 以上。随着未来农村土地征收补偿标准的逐步提高，土地出让价格受政策调控难以大浮上涨，地方政府增加土地出让收入的难度越来越大。受制于系列制度的制约，短期内新型城镇化的多元化融资模式尚难以完全建立并成熟起来，城镇化的推进必然受到一定的资金制约，特别是行政级别较低的地方政府和以地方政府信用为担保的债务，其风险将加大，我行支持城镇化可能面临部分地方政府拖延还贷、无力还贷等偿债风险。

（三）重复建设带来的信贷风险

长期以来，在地方政府强烈的招商意愿和投资冲动下，我国部分地区存在较为严重的工业园区盲目建设问题。未来推进新型城镇化，工业园区建设可能会一哄而上，再次出现严重的重复建设问题。工业园区重复建设一方面存在园区利用率不高的问题，如有些地方工业园区建好几年后都没有企业入驻；另一方面，在各种优惠条件的诱惑下，园区企业盲目进入园区，扩大生产线，又会带来严重的产能过剩问题。不管是园区利用率不高，还是产能过剩，都将对我行介入相关项目的信贷资金带来较大风险。

（四）潜在的银行声誉风险

新型城镇化进程中，必然会涉及农村土地征收、复垦以及农民拆迁和安置房等建设，这些项目需要银行资金的介入。但农村土地征收、农房拆迁安置等领域社会矛盾突出，较容易引发群体性事件。信贷资金如果支持了损害农民、农业利益的项目，引发的社会矛盾将会对我行声誉造成严重影响。同时，城镇化推进过程中也隐藏着更

① 我国物权法明确规定“耕地、宅基地、自留地、自留山等集体所有的土地使用权”不能抵押。

大的环境污染风险，如果我行不慎支持了重大环境污染项目，同样将面临较大的声誉风险。

四、我行支持新型城镇化的战略把控

1. 战略定位：全面服务城镇化建设的首选银行。我行应以市场拓展和提高综合收益为目标，以合规经营为前提，以风险控制为基础，加强政策支持和资源配置，强化产品创新和品牌建设，充分发挥我行在基础设施建设、住房金融等领域的传统优势，按照突出重点、信贷先行、因地制宜、积极稳妥的推进方式，带动各项业务快速发展，不断提升我行在城镇化建设领域中的竞争力，力争把我行打造成全面服务城镇化建设的首选银行。

为进一步扩大我行服务城镇化的影响力，促进城镇化业务的后期发展，建议我行充分利用传媒，积极塑造我行全面服务城镇化的品牌形象，当前可以考虑把“建设银行，城镇化建设的首选银行”作为关键宣传语投放媒体。

2. 战略抓手：深化银政合作。未来推进新型城镇化，中央财政有望承担更多责任，将加大面向农民工市民化的投入，并增加对中小城市、城镇的财政转移支付。另外，中央与地方之间的财权、事权配比有可能按照“多予少取放活”的原则进行调整，部分相关事权有可能会被下放，同时把相应财权划归地方。地方政府将在新型城镇化推进过程中处于主导地位。加强与地方政府的联系与合作，不但有利于促进我行财政代理、社保、投资银行等相关中间业务的发展，而且有利于及时准确地掌握地方城镇化项目和企业信息，抢占市场先机。

当前强化银政战略合作，一是积极与各级政府签署更为务实和深入的战略合作协议，以战略合作为契机，开展全面深入合作。二是尽早制定专门针对各级政府的营销管理办法，使银政战略合作关系的建立和维护机制化、系统化。三是发挥集团优势，积极为政府提供一揽子城镇化金融服务方案。建议我行充分借鉴国开金融公司参与城镇化的业务模式（见下案例），当前可以考虑加强与中国建投的合作，借助建投公司的直投平台，发挥我行基金公司、信托公司等集团优势，提供全面金融服务，后期可以考虑成立我行专属的金融直投公司，直接参与城镇化一揽子金融服务。

［案例］国开金融公司是国家开发银行的全资子公司，主要从事城镇开发业务，其一揽子城镇化金融服务方案值得我行借鉴。这种业务模式的主要思路是：国开金融与地方政府进行合作，首先由地方政府出面向农民进行征地，但由国开金融代替政府对农民进行征地补偿，包括为农民提供买断社保、医保、安置房、商业股份和农业公司就业机会等一系列优厚待遇，最终实现土地顺利征收。然后，国开金融充当城镇化项目掌舵者的角色，先对土地进行前期投入开发，拉长土地出让周期，最终实现土地增值，增值部分成为地方政府土地出让收入、农民补偿和国土金融利润的来源。这一模式的优点在于：在现有的土地法律框架下开展，法律政策风险小；既能够保证地方政府的土地财政，又能为地方政府分忧解难，颇受政府欢迎；征地补偿实行市场对价，公平公正，征地效率高；国开金融也得到了丰厚利润回报，可以实现三者共赢。

3. 战略路径：先行试点，典型引路。近期，为规范城镇化建设贷款管理，防范授信业务风险，我行已发布《中国建设银行城镇化建设贷款管理办法（试行）》。考虑到新型城镇化金融需求不仅仅是对公贷款需求，还包括存款、投行、消费金融等多种需求，以及城镇化推进模式的区域差异化，我行可按区域优先选择部分经济总量大、财政实力强、新型城镇化先期实践成效显著的地区先行试点，探索银行参与城镇化建设的综合金融服务模式，待试点成熟后在全国范围内推广。建议把广东、江苏、河南、四川、陕西五省分行作为我行城镇化建设的先期试点分行（见表3）。

表3　　广东、江苏等五省城镇化相关情况　　单位:%、万亿元、亿元

省份	城镇化率	2012年GDP	财政总收入	城镇化先期实践情况
广东	67.4	5.7	14 000	三旧改造实验区，“双转移”促进城乡区域协调发展。我行旧城改造贷款业务试点
江苏	63	5.4	8 121.85	承接产业转移示范区。我行新农村建设信贷业务和旧城改造贷款业务试点区域

续表

省份	城镇化率	2012 年 GDP	财政总收入	城镇化先期实践情况
河南	42.4	3	3 282.8	中原经济区建设，实践“两不三新”新型城镇化道路的典型
四川	43.5	2.38	5 348	城乡统筹的示范区。我行新农村建设信贷业务试点
陕西	50.02	1.45	2 800.1	西部地区重要的经济中心

数据来源：2013 年各省政府工作报告。

五、我行支持城镇化的业务重点

新型城镇化金融需求大，涉及银行业务类型多，我行应充分把握机遇，制定差别化的资源配置方案，重点支持发展潜力大、综合效益好、风险可控的业务（见表4）。

1. 优先支持城镇化建设贷款业务。基础设施建设、旧城改造、土地整理、安置房建设等城镇化建设项目将优先推进，资金需求量巨大，我行可发挥在基础设施建设贷款方面的业务优势，提前介入，抢占先机。同时，城镇化建设项目是地方政府直接推动的项目，对此类项目的信贷支持是商业银行维系地方政府关系的关键，是发展财政金融、社保等机构业务的基础，为了促进其他业务的发展，我行应优先支持城镇化建设项目。

2. 重点发展财政金融、金融 IC 卡、养老金、电子银行等无风险业务。新型城镇化带来财税资金服务需求和社会保障支出将大幅增加，为商业银行大力发展财政金融、金融 IC 卡以及养老金等业务带来难得机遇，这些业务均属于无风险业务，能带来大量存款沉淀和丰厚中间收入，我行应重点发展此类业务。同时，自助终端、网上银行、手机银行、短信金融等电子渠道可以弥补我行县域、镇、村的渠道劣势，我行应加大电子银行业务的发展。

3. 积极发展投资银行、住房金融、消费金融等风险相对较小业务。新型城镇化将推动地方政府建设债券、城镇化建设企业债券发行，以及通过理财资金满足城镇化建设需求，这为投资银行业务发展带来机遇；2.6 亿农民工以及新增转移人口住房需求增加，为商业银行住房公积金和住房按揭业务带来机遇；农民工市民化后，消费能力不断提高，消费习惯逐步改变，信用卡、消费贷款等需求将大幅增长，为商业银行消费金融业务发展带来机遇。在密切关注理财资金的项目选择风险，按揭贷款的房价下跌风险以及信用卡、消费贷违约风险的基础上，我行可积极发展这些业务。

4. 择优支持相关产业融资业务。城镇化进程中，产业的升级转移及地方优势特色产业的发展对金融服务需求大，为商业银行发展企业金融，特别是小微企业金融服务提供了大好机会。然而，产业的升级转移发展总是伴随着程度不等的产业“空心化”、产业转移“水土不服”、重复建设、产能过剩、环境污染等问题，商业银行在提供金融服务时面临较大风险。因此，我行应择优支持符合国家产业政策、城市群内聚集互补、发展前景良好等产业，提供相关金融服务。

表 4　　我行支持新型城镇化的业务重点

支持类别	业务类型	主要理由
优先支持	城镇化建设贷款	先行推进，资金需求量大，我行具有传统优势，是发展财政类业务的基础
重点发展	财政金融	财税资金快速增长，且无风险
	金融 IC 卡	社会保障范围和额度的提高，带来金融 IC 业务大发展机遇，且无风险
	养老金	城镇化提升养老保障水平，提振养老金业务发展，且无风险
	电子银行	电子银行扩展成本低，速度快，可填补我行县域、镇、村的渠道劣势
积极发展	投资银行	债券承销、并购业务空间大，理财资金支持城镇化项目有一定风险
	住房公积金及住房按揭	2.6 亿存量农民工及新增转移人口的住房金融需求巨大，可能存在房价下跌风险
	消费金融	信用卡、消费贷款需求大幅增长，可能存在违约风险
择优支持	小微企业金融服务	机会多，风险也大，应择优支持

六、我行支持城镇化的区域选择

遵循我国主体功能区规划和城镇化发展规划路径，围绕重点城市群中心城市产业布局，我行支持城镇化应实施区域差别化策略。

1. 重点支持国家级城市群区域城镇化发展。京津冀、长三角、珠三角、长江中游和成渝为国家级城市群，是城镇化建设的排头兵和重点区域。国家级城市群人口集中，经济发达，产业支撑能力强，地方政府财力足，可以较好地解决农民工的市民化问题，新型城镇化推进会相对顺利，金融需求量大且集中。我行应高度重视国家级城市群城镇化建设机遇，重点支持该区域城镇化发展，抢占新型城镇化金融服务的业务制高点。

2. 积极支持大城市城镇化发展。在大力提升国家级城市群发展水平的同时，新型城镇化将围绕大城市综合承载能力的增强，积极培育壮大区域性城市群。中原、关中、辽中南等区域性城市群主要分布在我国中西部以及东北地区，是承接东部产业转移，发展地区优势产业，吸纳农村转移人口的主要区域，城镇化发展空间大。我行应在当前中心城市行战略的基础上，充分发掘各区域开发区建设和产业转移中的业务机会，积极支持大城市城镇化发展。

3. 有选择地支持县域及中心镇城镇化发展。县域及中心镇在城镇化进程中起着“承上启下”的作用，是吸纳农村转移人口的主体承载区。然而，我国区域发展极不平衡，东部发达地区县域与中西部欠发达地区县域经济发展水平有较大差异，城镇化推进的难度不同，银行资金进入的风险不同。我行应优先支持东部发达地区县域及中心镇城镇化以及百强县、千强镇城镇化发展；有选择地支持中西部有特色资源、特色产业、政府财政实力相对较强地区县域城镇化发展；审慎支持缺乏规划、缺乏产业支撑、经济落后地区县域城镇化项目。

七、城镇化业务的风险防范

1. 积极化解政策性风险。银行服务新型城镇化面临的政策性风险主要涉及房地产调控政策制约、融资平台监管限制和农村产权抵押缺乏法律支持等。我行应加大新型城镇化相关政策以及监管政策研究，通过服务策略设计、产品创新等途径，积极化解防范政策性风险。如对于部分房地产企业参与的安置房等城镇化项目，可以不在房地产科目核算，而放入城镇化建设项目科目；如涉及农村产权抵押项目，通过产品设计，引入地方政府及第三方担保公司，确保项目资金安全。

2. 重点防范银行声誉风险。城镇化建设涉及面广，利益格局复杂，突发事件多，银行面临的声誉风险影响面大，破坏性强，我行在支持城镇化建设中应重点防范此类风险。防范过程中应严守项目准入关口，所支持项目必须符合国家和省级政府关于新型城镇化发展的相关制度规定，符合国家规划、土地、环保等政策，获得政府统一规划和立项，按规定取得相应批准文件等，将风险阻隔在源头之外。同时，加强与地方政府和媒体的合作，如出现风险，应及时通过政府化解、媒体引导，降低风险影响程度。

3. 区别对待地方政府偿债风险。我国区域经济发展不平衡导致地方政府的财政实力悬殊，偿债风险不同。我行应根据东、中、西，省级、市级、县级等地方政府财政情况，制定差别化的风险管控政策，区别对待地方政府偿债风险，重点防范县级以下政府偿债风险。

自助设备维保服务采购模式研究报告

总行采购部 杜芳

一、设备维保现状分析

（一）总体情况

数据统计显示，该银行的自助设备维保费用呈逐年增长趋势，但维保费用单价逐年下降。以2008—2010年的数据为例，该银行的ATM设备维保费用年均增幅12.5%，拉动因素是参保设备数量年均增幅达到18.8%，缓释因素是维保均价年均有5.2%的降幅；一体机设备维保费用年均增幅73.9%，拉动因素是参保设备数量年均增幅达到81.4%，缓释因素是维保均价年均有3.6%的降幅。

（二）维保服务商和维保费用情况

该银行自助设备在生命周期内全部采购维保服务，其中总行负责设备整机与第一年维保服务的采购，之后的维保服务总行没有统一的选择策略，由分行自行确定。下面，以某三年数据为例详细分析分行维保服务商情况。

ATM方面，实行非原厂商维保服务的分行数量占比72%，设备数量占比87%，费用占比86%。维保均价，非原厂商比原厂商低8%。原厂和非原厂维保服务费用分布见图1和图2。

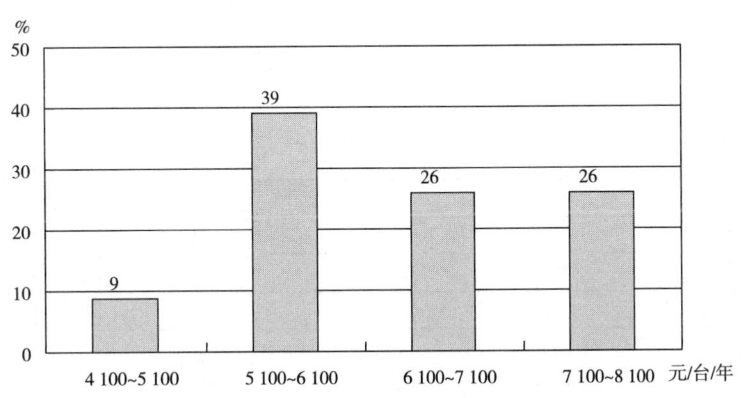

图1 ATM原厂商维保费用分布图

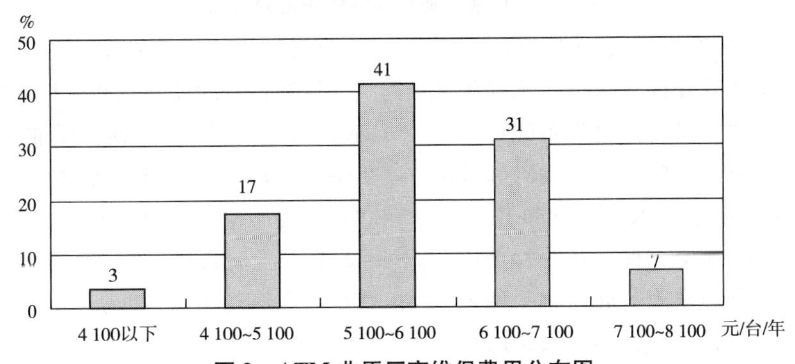

图2 ATM非原厂商维保费用分布图

从调查分析看，分行普遍对非原厂商的服务质量，尤其是在响应时间等方面的评价优于原厂商。在分行使用的非原厂商中，有4家服务商同时为5—8个分行提供跨品牌设备的维保服务，有3家服务商同时为两个分行提供跨品牌设备的维保服务，7家非原厂商维保设备的数量占全行设备总量的67%。

一体机方面，实行原厂商维保服务的分行数量占比84%，设备数量占比83%，费用占比86%。维保均价，非原厂商比原厂商低23%。原厂和非原厂维保服务费用分布见图3和图4。

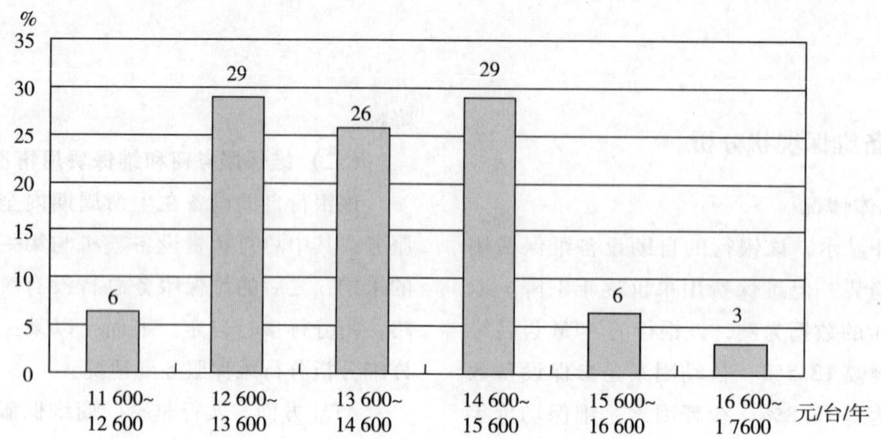

图3 一体机原厂商维保费用分布图

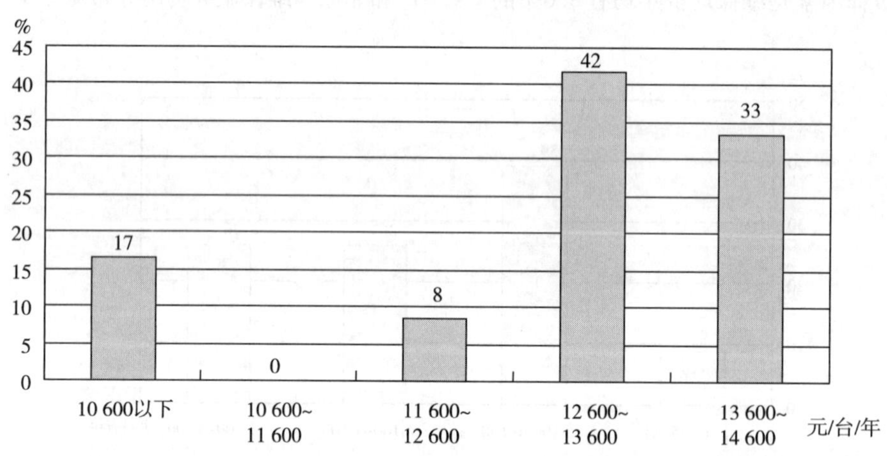

图4 一体机非原厂商维保费用分布图

从调查分析看，虽然原厂商与非原厂商有23%的价差，但绝大多数分行（84%）选择了原厂商维保服务。主要原因是一体机设备配件供应渠道较少、技术壁垒较高、底层数据代码和升级支持不开放（尤其是核心模块，如验钞模块），原厂商能够提供更好的服务保障。在分行使用的非原厂服务商中，只有两家服务商同时为两家分行提供跨品牌设备的维保服务，维保设备的数量仅占全行设备总量的4%。

（三）维保服务标准情况

该银行自助设备总行采购中附带一年的原厂商维保服务，服务内容、标准由总行统一确定。出保后分行维保服务标准的主要内容基本相同，包括设备巡检、软硬件升级、故障排除、备品备件库的设立、现场培训等；部分分行还根据自身情况，在修复响应时间、驻场监控等方面提出了更高要求。

二、设备维保服务商选择的分析和建议

（一）原厂维保服务的优劣势分析

原厂维保的主要优势是对产品结构了解深入，拥有强大的技术支持，备件的质量可靠、数量充足。对于第三方服务商（原厂直接授权的除外，以下同）来说，由于中高端产品的专业性和特殊性，获得原厂硬件备件的渠道是一个大问题，同时储存备件本身也要冒一定的投资风险，所以第三方服务商往往对于高端硬件的维保是其软肋之一。

另外，在服务覆盖范围和辐射能力方面，原厂也较第三方服务商更有优势。在原厂的服务能力上，某专业机构研究发现：原厂具有一线、二线城市的完备覆盖能力，对于三、四线城市同样具有很强的辐射能力。这一点，一般的第三方服务商难以比肩。不仅如此，拥有备件库的数量和城市分布能力，也比第三方服务商更加雄厚。再从专业技术人员的数量以及认证等级上，原厂也绝对占有相当优势。

不过，原厂也存在不可回避的短板。最突出的是原厂的维保价格要远远高出第三方服务商。在某调查中，第三方服务商不无自豪地说：某银行的几年维保单子，如果让原厂做需要过亿元，而我们几千万元就能拿下。可见这其中的差价有多大。

（二）第三方维保服务的优劣势分析

一般而言，第三方服务商在提供维保服务时，由于人力成本和市场竞争效应等原因，价格明显低于原厂。在服务的响应时间和承诺级别上，原厂和第三方服务商也存在一定缝隙。原厂商的唯一性会导致其出现嫌贫爱富的情况，设备数量和服务费用多的客户（分行），原厂服务态度就很积极，而设备数量和服务费用少的客户（分行），有时会遭到原厂商“端架子”的待遇。而第三方服务商，为了维系好客户，防止被替换，无论维保数额多大，只要客户一个电话，就会第一时间出现在客户现场。

但中高端产品领域内，规模实力强、服务覆盖面广、技术水平高的第三方服务商并不多，尤其是技术壁垒比较高的产品，第三方服务商在维护人员技术水平和备件供应保障方面存在着明显的缺陷，同时，原厂对配件也有非常严格的控制措施，制约了第三方服务商的维护质量。因此，对于重要的、核心的、安全性要求高的设备，在选择第三方服务商时需要特别谨慎。

（三）该银行自助设备维保服务商选择情况

1. ATM 维保服务商。分行自购的维保服务中，ATM 大多数分行选择非原厂商，少量分行选择原厂商。根据该银行某一年的 ATM 故障率数据，4 家采用原厂服务商的分行平均故障率为 0.36%，两家采用专业非原厂服务商的分行平均故障率为 0.375%，接近于原厂服务商平均故障率，均低于全行平均故障率 0.54% 的水平。部分分行选择专业服务能力有限的非原厂服务商，其平均故障率大大高于全行的平均水平，最高故障率达到 0.77%。

上述数据可以看出，ATM 维保市场已经发展得比较成熟，经过多年的经验积累，除原厂外，市场上已拥有一批区域性的具有较强技术实力的专业第三方服务商，他们的技术能力、服务能力已达到或接近原厂水平。

2. 一体机维保服务商。分行自购的维保服务中，一体机大多数分行选择原厂商，少量分行选择非原厂商。根据该银行某一年的一体机故障率数据，34 家全部采用原厂服务商的分行平均设备故障率为 0.6%，而 4 家全部采用非原厂服务商的分行平均设备故障率略高于全行平均故障率。

一体机虽然也有少数分行采用区域服务能力较强的专业非原厂服务商，但和 ATM 相比，一体机维保市场的成熟度没那么高，整个供应市场都以原厂提供服务为主，优质专业的第三方服务商非常少。受设备配件供应渠道较少、技术壁垒较高、底层数据代码和升级支持不开放（尤其是核心模块，如验钞模块）等因素的影响，第三方服务商服务能力普遍较弱，发展缓慢。

（四）自助设备维保服务商选择建议

考虑到目前 ATM 设备维保服务市场成熟度较高，专业的第三方服务水平已经与原厂不相上下，在严格的采购程序筛选后，ATM 维保服务商选择策略可以是建立原厂和专业第三方的良性竞争机制，压缩维保成本，提高服务质量。

对于一体机设备，无论是服务水平、服务质量、备件保障，还是核心模块的升级（如新型假

钞的鉴别升级），原厂都具有明显的先发优势，第三方服务商在短期内难以实现替代。当然，少数区域如果具备服务能力较强的第三方服务商，也可尝试性引入，这样更有利于建立竞争机制、压缩维保成本。因此，从确保设备安全性和运行稳定性等方面考虑，建议一体机维保服务商选择策略是以原厂商为主、少量专业第三方为辅（即有服务范围限制等）。

三、设备维保采购模式的分析和建议

（一）设备使用年限与故障率分析

根据该行自助设备报废管理规定，报废标准为：设备使用8年且满足“正常维护后连续三个月设备硬件故障率高于15%”的要求，因此，大部分自助设备使用年限至少8年，其中，部分分行通过加强运维管理等办法，有效延长了设备使用年限，个别设备使用年限已超过10年。

大量实践证明，多数电子设备的故障率是时间的曲线函数，业界普遍认可的设备故障典型曲线——“浴盆曲线”较为直观地展现了故障率与使用时间的关系，设备故障率随时间的变化大致分早期故障期、偶发故障期和耗损故障期（见图5）。

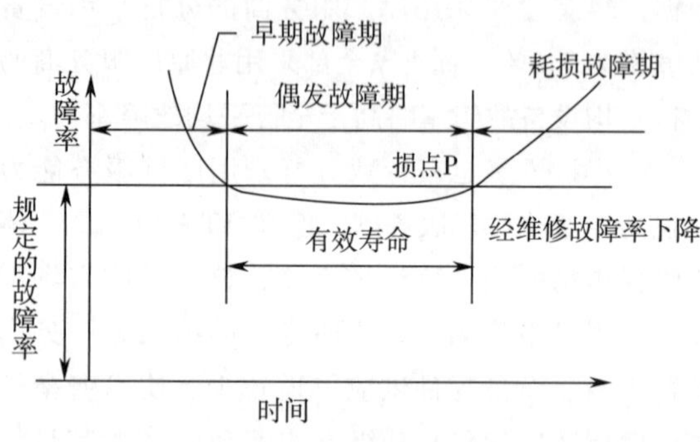

图5 设备故障浴盆曲线

自助设备是一种机电类产品，故障率也符合“浴盆曲线”规律，即在设备使用初期（早期故障期），会有许多瑕疵。专业的自助设备厂商为使此类故障不在客户中出现，会在设备生产过程中通过老化测试把瑕疵暴露出来，以便出厂前进行调整。老化测试是在高温环境下对设备进行开机运行测试，测试时间一般为4—8小时。正常情况下，经过老化测试之后出厂的自助设备应该已进入到偶发故障期。

根据该银行的自助设备运行数据，我们发现设备使用初始的2—3年，故障率相对较低（人为造成的故障除外），一般在使用4—6年后出现损点P，即进入耗损故障期，故障率逐渐上升（根据每台自助设备的交易量不同，该数字会有所变化）。

（二）设备维保采购模式分析

大型商业银行普遍的采购模式是总行负责设备整机与1—2年维保服务的采购，出保之后的设备单独采购维护服务。由于设备保有量大，很难根据每台设备的使用时间购买维保服务，因此，首保后的维保服务采购，一般不区分设备的使用年限，约定一个统一的维保服务单价。

然而，自助设备的维护成本与故障率呈正相关，新老设备的维护成本应该有明显差异。根据上述分析，新购设备前2—3年的维保成本一般处于整个生命周期的最低水平，如果新购设备时，设备整机采购附带2—3年原厂维保服务，平均单价应低于单独采购维保的价格。

（三）设备维保采购模式建议

结合ATM和一体机服务商类型的分析结果，采购模式也要区别对待。

对于ATM的维护服务，建议可以在设备整机采购时附带2—3年的原厂维保，之后，可采用原厂与专业第三方服务商共同竞争的方式确定最终服务商。初期维护由原厂提供有两方面好处，一方面，在设备使用初期，由原厂提供更为专业、可靠的维护服务，有效延长设备的生命周期，另一方面，由于故障率相对较低，维护成本可以大大降低。

对于一体机的维护服务，建议可以在设备整机采购时附带3—5年的原厂维保。这样的模式既保证了一体机的维护质量，又可有效降低一体机的原厂服务价格，还给第三方服务商的发展预留出空间。如果几年后，一体机的维护服务市场也与ATM一样成熟，就可以对后续维保服务采取原厂与专业第三方良性竞争的采购机制。

四、新模式的效果分析和可能存在的问题

（一）新模式的效果分析

1. 新模式提升维保管理水平。新的维保管理模式，对银行设备维保范围、维保标准、服务商

选择策略、采购策略等进行统一规范，有助于解决分行设备维护管理模式不一、服务商选择策略缺失、维保标准不尽相同等问题，可以进一步规范全行设备维保管理，提升维保管理水平。

2. 新模式提高设备运行稳定性。第三方服务商尤其是本地化的小规模服务商为争夺市场，往往采取低价竞争策略，但入选后受成本、服务实力及下年度入选不确定性等因素影响，不同程度地存在短期行为，维保服务停留于排除表面故障，没有动力解决深层次问题，直接影响了自助设备开机率，甚至缩短了设备使用寿命。新的维保管理模式，明确了各类设备的维保服务方式，由总行统一选定原厂商和专业的有实力的非原厂服务商，建立长期稳定的合作关系，可增强维护服务的连续性，提高设备运行稳定性，避免服务商的短期行为。

3. 新模式有效发挥集中采购的优势。新的维保管理模式既有利于发挥规模采购优势、引入竞争机制，也有利于充分发挥总行在供应市场信息、谈判议价能力、对服务商的监督制约力等方面的优势，在同等维保内容、同一维保级别下，能最大限度压缩维保服务成本。

（二）可能存在的问题

在该银行的调研中我们了解到，少数分行对总行集中采购的服务商存在顾虑，一是担心分行对服务商约束力不够，二是引入新的服务商需要重新磨合，三是分行个性化需求难以满足。总行推行新的管理模式，少数分行可能会有抵触情绪，进而影响分行配合的积极性，甚至有可能放大维保服务过程中遇到的问题。

另外，少数分行因服务商类型变化、维保标准和服务品质的提高可能导致维保费用增加。但从整体利益出发，全行的采购成本一定会明显下降的。

（三）问题的应对措施

1. 提高采购工作质量。一是加强维保服务市场的调查研究，把技术实力、服务能力强的服务商遴选出来。二是加强合同约束力度，增加约束条款，提高服务商服务的积极性。

2. 加强履约管理。一是总行相关部门通力配合，制定有关维保服务商管理办法。二是分行要加大合同执行力度，把商务谈判的成果转化为服务的效果。三是加强维护服务商跟踪管理和服务评价，建立总、分行间快速反应反馈渠道，需求管理部门定期反馈服务商履约情况，及时解决分行服务中出现的问题。四是充分运用服务评价结果，把服务情况的好坏作为后续采购评审的重要指标。

新时期银行业企业文化建设研究

——我国银行业企业文化建设的实践与探索报告

总行公共关系与企业文化部课题组

2012 年 11 月 29 日，习近平总书记在参观“复兴之路”展览时，现场提出了实现中华民族伟大复兴的“中国梦”。标志着我国进入了一个“走中国道路、弘扬中国精神，凝聚中国力量”共筑“中国梦”的新时代。“中国梦”深刻道出了中国近代以来历史发展的主题主线，深情描绘了近代以来中华民族生生不息、不断求索、不懈奋斗的历史，在两个“一百年”时候实现国家富强、民族复兴、人民幸福和社会和谐。这一伟大时代的开启，不仅为坚持发展我国金融事业打开了新视野，更为银行业企业文化建设开辟了划时代的新空间。要实现“中国梦”，就必须增强对中国特色社会主义的理论自信、道路自信、制度自信。对于全社会而言，就是要打造先进文化，为实现“中国梦”输送强大的精神动力；对我国银行业而言，作为现代经济的核心，就是要加强研究“中国梦”时代银行业企业文化建设的机遇、挑战和趋势，以文化提升银行机构创新活力，以文化凝聚银行业队伍力量，以文化引领银行业科学发展，在实现中华民族伟大复兴的进程中发挥重要作用，为实现“中国梦”创造更大的财富智慧。

十八届三中全会后，银行业不仅面临着国家全面深化金融改革的大势，更是要接受互联网创新的巨大挑战。正当银行业企业文化建设的关键时期，中国银监会审时度势，组织多家银行机构开展企业文化实践与探索活动，这必将对规范银行业企业文化、引领银行业企业文化发展产生深远影响。为此，中国建设银行高度重视，立即响应，第一时间成立银行业企业文化建设实践与探索课题研究小组，制定细化课题研究实施方案，以新时期银行业企业文化建设研究为主题方向，按照银监会统一安排，选择目标银行单位，采取实地走访、集中座谈、深度访谈等多种方式，高效率、高质量、高标准地开展了银行业企业文化建设研究课题的实践与探索活动。

一、我国银行业企业文化的历史、现状分析

根据公布的相关统计数据，截至2012年底，我国银行业金融机构共有法人机构3 747家，从业人员336.2万人。银行业金融机构资产总额为133.6万亿元，比年初增加20.3万亿元，增长17.9%；负债总额为125.0万亿元，比年初增加18.9万亿元，增长17.8%。全国银行业金融机构网点总数达20.51万家，近两年以每年3 000—4 000家的数量递增。网点数量超过1万家的银行共有五家，分别是邮政储蓄银行、农业银行、工商银行、中国银行、建设银行。网点数量最多的为邮政储蓄银行，达到3.9万家，行业占比高达19%。国有大型商业银行、股份制商业银行、区域性商业银行等呈现出了前所未有的齐头并进的发展势头，成为了我国经济建设和金融业务发展的一支重要力量。

在银行业加快发展的进程中，银行业企业文化逐步形成了“传承创新、百花齐放”的良好局面。从20世纪90年代初开始至21世纪初，已走过了“引进传播”、“特色研究”、“推陈出新”三个阶段的建设之路，特别是在思想上对企业文化实现了从“认知型”到“创新型”的质的飞跃。目前，企业文化成为了各家银行机构培育竞争力、提升软实力的重要渠道。企业文化决定企业兴衰成败，成为了各家银行自上而下的普遍共识，其地位日益凸显，作用愈加突出。

（一）国有大型商业银行企业文化的历史、现状及特点

通过信息资料收集、实地调研、现场观摩企业文化建设载体与成果等方法可以发现，我国以“工、农、中、建、交”为代表的国有大型商业银行，对企业文化高度重视，无论是组织建设、要素导入、宣贯载体，还是企业形象、品牌设计、社会责任，均以各自特色优势，成为了我国银行业企业文化建设的探路者和引领者。

1. 工商银行企业文化始终坚持一脉相承，用心打造以银行博物馆、《工商银行记忆》文化史料图册等为载体的立体文化传播阵地，不仅彰显了“工于至诚，行以致远”的独特魅力，更是有效发挥了文化凝聚人心、引领发展、创造价值的核心作用。工商银行企业文化植根于中华文化的沃土，凝结自全体工商银行人的思想和智慧。在变革中发展，在融合中凝聚，在进取中壮大，在不断发展的实践与认识中逐步丰富和清晰起来。

（1）传承文化，工商银行企业文化从历史走来。创立初期，工商银行传承人民银行“铁账本、铁算盘、铁规章”的“三铁精神”，提出了“求实创新、吃苦耐劳、顾全大局、团结奋进”的工商银行精神，全行员工艰苦创业，勇于进取，迅速奠定了市场领先地位。随着国家经济体制改革的深化和金融服务企业的转型，工商银行的经营管理理念开始向现代金融企业转变，并逐步提出了“十字方针 ”：“效益、质量、发展、管理、创新”，形成了“五种观念”：“稳健的发展观、真实的效益观、全面的质量观、严格的管理观、科学的创新观”，培育了“六种精神”：“勤俭建设银行、艰苦奋斗的创业精神；锐意改革、勇于探索的创新精神；真抓实干、注重实效的务实精神；恪尽职守、严谨稳健的负责精神；崇尚知识、尊重人才的科学精神；同心同德、和衷共济的团队精神”，各种优秀的企业文化因子开始相互融通、相互促进，逐步形成了具有工商银行特色的

企业精神和经营理念。

在股改上市后新的发展阶段，工商银行紧紧围绕提升核心竞争力，坚持“以改革为突破、以创新为驱动、以服务为宗旨、以转变发展方式为主要途径和以人为本”的五项原则，工商银行的使命、愿景逐渐清晰，价值观基本确立，工商银行的企业文化体系初步形成。2010 年，工商银行颁发《中国工商银行企业文化手册》。多年以来，工商银行用心打造的银行博物馆、感动工商银行评选活动等，成为了银行业企业文化建设项目的经典工程。在工商银行企业文化的引领下，不同背景、不同专业、不同部门的工商银行员工始终步调一致、团结同心；不同层级、不同国度、不同经营领域的分支机构始终目标如一、蓬勃进取；工商银行员工无论是在举步维艰的困难时期，还是在一往无前的大发展时期，都能齐心协力、屡创佳绩；今天的中国工商银行跻身全球大银行之列，踏上了建设国际一流现代金融企业的新征程。

（2）服务客户，赢得客户的信赖和支持。客户作为金融服务的对象，他们的认同和信赖是形成工商银行价值的源泉。工商银行始终坚持“以客户为中心，服务创造价值”的经营宗旨，把客户满意度作为衡量服务质量和工作绩效的主要标准，将企业文化融入服务的每个细节。一是建立大服务格局，全面提升服务效能。工商银行以柜面人员、大堂经理、客户经理为“一线”，以中后台和各级管理人员为“二线”，构建了“领导为员工服务、二线为一线服务、全员为客户服务”的“大服务”格局，形成改善服务的合力与动力。二是大力加强服务渠道建设，努力为客户提供便捷高效的服务。目前，工商银行通过 17 225家境内机构、跨越亚非欧美澳五大洲的 388 多家境外机构和遍布全球的逾 1 817 家代理行以及网上银行、电话银行和自助银行等分销渠道，向460 万公司客户和4. 11 亿个人客户提供广泛的金融产品和服务，服务供给能力显著提升。三是坚持“人无我有、人有我优”的产品创新理念，大力推进产品创新，不断满足客户多样化的金融需求。工商银行始终坚持以科技创新为引导，依托强大科技优势，打造了一批服务竞争“杀手锏”和竞争力强的拳头产品。经过多年来的持续创新，全行数千个产品，覆盖商业银行、投行、基金、租赁和保险等多个领域，连续多年保持国内金融产品最为丰富银行的地位。四是推行“精细化服务”理念，大力实施服务提升工程，为客户创造良好的消费体验。股改上市后，工商银行通过持续开展“优质服务年”、“奥运服务年”、“服务提升年”等接力式服务改进计划，全行服务流程不断优化，服务面貌有了明显改观，在 2009—2012 年中国银行业文明规范服务百佳、千佳示范单位评选中，工商银行获评家数连续四年居同业之首。

（3）成就员工，工商银行将企业文化融入员工管理和人文关怀的各个方面。员工作为金融服务的提供者，为工商银行的企业发展和价值实现注入了不竭动力和勃勃生机。工商银行始终奉行以人为本，将员工视为最宝贵的资源，将企业文化融入员工管理和人文关怀中。工商银行企业文化建设始终把员工作为一切工作的出发点和落脚点，坚持“贴近实际、贴近一线、贴近员工”的工作原则，创新开展了三届“感动工商银行”员工评选表彰活动，每届活动都有近 30 万员工参与网络投票，成为全行参与人数最多的活动之一，使员工在活动中自我教育、自我激励、自我成长。连续 12 年围绕不同阶段中心任务，连续开展主题鲜明、形式新颖的主题教育活动，引导员工统一思想、更新理念、转变作风、提升素质。积极创建人尽其才的用人环境与发展平台，科学规划员工职业发展路径，建立起“纵向可进退、横向可交流”的职业发展新机制；建立了理念先进、覆盖全面、运行高效、富有活力的教育培训体系，启动了为期 10 年的国际化人才培养项目；积极搭建“员工心理绿色通道”，开展“员工帮助计划”，为员工营造和谐健康、积极向上的“精神家园”；通过编制《工商银行记忆》文化史料图册、《工商银行企业文化系列故事集》等，以员工周围的人、身边的事等喜闻乐见方式，使员工认知进而认同并践行企业文化；在内部网络平台和互联网官方网站开通“企业文化园地”专栏，为广大员工打造了一个交流心得、展示才华、分享快乐、感悟生活的平台；每个重大节假日，各级机构纷纷组织形式多样的文化活动，丰富员工业余文化生活。通过这些活动，不仅有效地推动了各项业务健康快速发展，而且营造了以人为本、和谐统一的文化氛围，使成就员工与成就工商银行相统一，实现员工与工商银行的共同发展。

（4）提升核心竞争力，工商银行将“跨文化”理念融入日常管理。伴随着国际化的进程，工商银行面向世界、着眼未来，探索实施“跨文化”管理，制作双语版企业文化手册，推动价值理念向境外机构员工和客户传播；积极扩大境内外员工交流，举办境外员工培训班，向境外员工讲授集团企业文化，促进文化融合；实施全球雇员管理，统筹全集团人力资源，实行全球范围内的员工有序流动和优化配置。工商银行成立了专门的“企业文化建设推进委员会”，负责指导和推动全行企业文化建设工作，不断丰富、优化和提升企业文化体系，通过精心培育和广泛借鉴，使企业文化始终保持旺盛的生机与活力，不断开创企业文化建设的新局面。

2. 农业银行企业文化建设在传承中华传统文化精髓的基础上，以构建具有农业银行特色的企业文化核心理念体系为主线，在“大行德广，伴您成长”品牌的创建中实现了转型、跨越、发展。农业银行高度重视企业文化建设，自1979年第四次恢复成立30多年来，不论是国家专业银行时期，还是向商业银行转轨时期，始终认真履行着自己的职责，不仅完成了国家赋予的支持农村经济、支持改革开放的神圣使命，而且在这一过程中对如何建设现代金融企业文化，进行了有益的尝试和探索，积累了丰富的经验。近年来，农业银行党委站在改革发展的历史高度，把加强企业文化建设，推行“文化强行”战略，作为贯彻落实科学发展观，履行服务“三农”社会责任，打造一流现代商业银行的战略性举措，组织员工开展企业文化大讨论，举全行之力，集全员智慧，确立了“面向三农，服务城乡，回报股东，成就员工”的使命和“建设一流现代商业银行”的愿景，提炼了“诚信立业，稳健行远”的核心价值观以及经营、管理、服务、风险、人才五大理念，用以指导和促推全行改革发展各项工作，并带来了脱胎换骨的变化。

（1）适应现代金融企业特点，探索企业文化发展路径。80年代初，伴随农业银行各项工作的起步，企业文化建设被纳入农业银行党委的视线。以建立一整套信贷、财会制度为标志，开始步入规范化管理；以开展“金融红旗手、金融红旗单位”劳动竞赛为标志开始实施精神激励机制；以开展农村金融理论研究，大力宣传农村金融工作为标志，注重提升农业银行工作层次；以出台《中国农业银行思想政治工作条例》，开展丰富多彩的群众性活动为标志，形成物质文明和精神文明两手抓的格局；以启用行徽、统一行名字体为标志，将现代金融企业文化元素融入农业银行；以1996年出台的《中国农业银行企业文化建设实施方案》为标志，农业银行企业文化建设开始成形；以进入新世纪以后“大行德广，伴您成长”品牌的推出为标志，农业银行企业文化建设日趋成熟；以2013年发布《中国农业银行企业文化建设规划》为标志，勾画了农业银行承前启后的企业文化蓝图。

（2）站在历史发展的新起点，掀起企业文化建设高潮。进入股份制改革时期，农业银行党委审时度势，站在历史发展的新起点，提出了“企业只有拥有成熟的文化，才能具有生命的活力，才能获得生存、发展和壮大的基础”的企业文化建设理念。农业银行总行成立了企业文化建设委员会，负责全行企业文化建设的规划与部署。分行成立企业文化建设执行委员会，负责本级及辖属分支机构企业文化的推广与落实。近年来，总行先后4次举办了企业文化培训班，各分行、学院企业文化工作的负责人和企业文化宣讲人员约500人次参加了培训。经过培训，128名宣讲人员获得了企业文化讲师证书，成为农业银行首批企业文化讲师。2013年，企业文化课程被列为全行员工必修课程，通过农银大学平台，全行44万员工可通过登录网络大学，在线学习企业文化基础知识和办公VI标准，并通过考试，强化员工对企业文化的理解。

（3）采取各种有效措施，巩固企业文化成果。积极开展企业文化深植。制定了《中国农业银行企业文化核心理念深植实施方案》，分别在山东、山西等十省市分行开展了企业文化深植试点。通过制订方案、反复宣贯、挂钩经营、全员考核等措施推动深植工作开展并及时总结经验向全国推广。在企业文化总体框架下，总行确定财务会计部、法律与内控合规部、个人金融部、风险管理部、人力资源部五个部门作为牵头部门，分别负责“经营文化”、“合规文化”、“服务文化”、“风险文化”和“人才文化”在全行的推广与落实，分别制定了相关理念的落地深植实施方案，形成了横向由企业文化部统筹牵头、纵向由五部门共同推进，其他各部门齐抓共管的企业文化工作格局。加强对外宣传与展示，设计印制了企业文化核心理念手册、系列张贴画以及各类宣传品，各级行各部门、一线营业网点都按总行统一要求，在办公场所、会议室、营业大厅的醒目位置展示和张贴，特别是农业银行在基层网点员工休息区统一制作了“员工文化墙”，统一宣传农业银行企业文化理念及网点自身文化建设。农业银行企业文化核心理念的总结、提炼、形成以及深植推广，更是体现了全行上下共同认可的价值取向和精神追求，并显现出软实力带来硬发展的良好趋势。

（4）高品质、高效率、负责任，《规划》蓝图引领农业银行建设一流企业文化。农业银行把“高品质、高效率、负责任”作为企业文化建设的总追求。其中，高品质是农业银行作为一流商业银行应有的业务素养和文化品格；高效率是应有的制度安排和企业能力的重要展示；负责任是与经济社会发展进步相适应的职业操守、文化伦理和人文情怀。关于企业文化未来三年建设目标，农业银行明确提出，通过全面系统深入的企业文化建设，争取用三年时间，实现四大目标：用“高品质、高效率、负责任”的理念，引领业务发展；将“高品质、高效率、负责任”的要求，融入内控管理；将“高品质、高效率、负责任”的追求，植入员工行为；用“高品质、高效率、负责任”的行动，提升社会形象。

3. 中国银行企业文化建设在一百年的发展历程中，始终以稳健经营的理念，客户至上的宗旨和严谨细致的作风，赢得业界和客户的广泛赞誉，树立了“百年中国银行，全球服务”的品牌形象。中国银行秉承追求卓越的精神，将爱国爱民作为办行之魂，将诚信至上作为立行之本，将改革创新作为强行之路，将以人为本作为兴行之基，成功打造了百年中国银行品牌形象。中国银行的百年发展历程是我国近、现代金融史的一个缩影，可划分为三个三十多年，即：旧中国的37年，新中国成立后到改革开放前的30年，改革开放后的34年。历经了在内忧外患中艰难成长、在新中国成立后获得新生、在改革开放后发展壮大的曲折而辉煌的发展道路。经过几代人的艰辛探索和不懈追求，中国银行不仅创造了丰厚的物质财富，奠定了现代化、国际化大银行的坚实基础，同时积淀了深厚的文化底蕴，形成了宝贵的精神财富。

（1）爱国爱民是办行之魂。爱国爱民的优良传统贯穿中国银行百年发展历史。中国银行成立伊始，就抱定要“为社会谋福利、为国家求富强”的宗旨，坚持以“服务民众、改进国民生活”为发展各项业务的出发点，积极支持民族工业、商业和农业的发展，自觉将自身发展与国家、民族的命运紧密联系在一起。在各个历史时期，中国银行始终不忘历史使命，以支持民族独立、人民解放、经济发展、社会进步、民生改善和国家富强为己任，坚定信念，奋发图强。这就是中国银行一百年来从未中断营业、永葆基业长青的精神支柱。

（2）诚信至上是立行之本。信用是银行的生命。中国银行成立后即对大清银行债权债务进行清理，在时局动荡、市况凋敝难以追索的情况下，中国银行毅然承担起债务偿还责任，此举极大地“博得社会之信用”。新中国成立后，中国银行更是将银行信用与国家信誉紧密相连，重合同、保支付、守信用，即使在“文革”期间也没有停止过正常业务，赢得了国际国内社会的高度赞扬。中国银行长期坚持稳健经营，注重防范风险，像爱惜自己的生命一样爱护着银行信用，始终坚持对股东负责、对社会负责、对客户负责、对银行负责、对员工负责的理念，这是中国银行事业持续发展的内在根源。

（3）改革创新是强行之路。创新是中国银行前进的不竭动力。中国银行的业务创新开创了中国金融史上的诸多“第一”，建立健全了金融业一系列规范和标准。1913年，中国银行借鉴国际经验与市场做法，率先改革会计制度，采用复式借贷记账，带动全国同业推行现代会计制度。20世纪60年代末，中国银行积极尝试对港澳地区贸易采用人民币计价结算，到1976年范围扩大到120多个国家，有力地支持了国家对外贸易发展。不断运用新思维、新方法、新技术，持续进行理念创新、业务创新、技术创新和管理创新，使中国银行在复杂的经营环境和激烈的市场竞争中，不断提升竞争能力、服务能力和盈利能力，获得了市场和客户的广泛认同。

（4）以人为本是兴行之基。百年大计，业以才兴。在20世纪20年代，中国银行就强调人才的极端重要性，认为“人事刷新实为中国银行革新的最重要目标”。从那时开始，中国银行就改革人事制度，建立薪酬激励约束机制，实行考试录用与聘任制，以“高”、“洁”、“坚”为准则，加强队伍建设和行风建设，严格管理，赏罚分明。坚持人事制度改革，完善职位管理、薪酬管理、绩效管理和人才培养开发，激发了人才队伍的活力，促进了中国银行的持续健康发展，实现了员工与银行共同成长进步，成为中国银行百年长盛不衰的根基。

（5）核心价值观凝聚发展动力。中国银行百年发展形成的宝贵精神财富，归结到一点就是追求卓越的精神。股份制改革以来，中国银行在继承传统文化的基础上，融入时代精神和社会主义核心价值体系，立足于全球化、多元化的经营特色，为适应大型跨国银行集团的发展战略，提炼形成了以“追求卓越”为统领，以“诚信、绩效、责任、创新、和谐”五个方面为支撑的核心价值理念。

（6）提升品牌美誉度，履行企业社会责任。中国银行从成立之初就恪守“为社会谋福利，为国家谋富强”的远大理想，自觉回报社会。近年来，秉承“追求卓越”的核心价值观，支持社会公益事业，履行企业社会责任，致力于抗灾救灾、扶贫帮困、绿色金融、志愿服务等活动。全力支持抗击汶川、玉树地震、舟曲泥石流等自然灾害，为灾后重建提供了优质金融服务；圆满完成奥运会、残奥会、上海世博会和广州亚运会金融服务工作；持续推进“绿色银行”建设，进一步完善“绿色信贷”长效机制；大力开展国家助学贷款业务，累计为128万名学子提供帮助；以金融力量传播文化之美，大力扶持文化艺术产业。2013年，凭借长期以来在社会公益事业领域的突出贡献被评为“最佳社会责任上市公司”，由中国银行独家支持的“彩虹桥”中外学生文化交流项目获得“优秀企业社会责任案例奖”。2011—2013年，连续三年入选全球系统重要性银行，表明了国际社会对中国经济和金融业改革发展成就的高度认可。面对新的百年征程，中国银行将持续加强企业文化建设，抢抓机遇，应对挑战，为破解经营发展难题，激发内生增长动力，建设最好银行提供强有力的文化支撑。

4. 建设银行企业文化勇于传承创新、敢于与时俱进、坚守以人为本、善于内外兼修，在“善建者行，成其久远”品牌打造中不断引领超越。进入“十二五”，建设银行新一届党委坚持以科学发展为主题，以战略转型为重任，提出了“综合性、多功能、集约化”的发展战略，明确了建设“国内最佳、国际一流”现代化商业银行的战略目标。当前，建设银行市值已位列全球前列，主宣传用语“善建者行，成其久远”、“中国建设银行，建设现代生活”更是宣示了建设银行与客户共同发展的坚定决心；建设银行核心价值观“诚实、公正、稳健、创造”已转化为现实的文化力量，成为建设银行发展源源不断的精神动力和文化支撑。

（1）建设银行企业文化伴随着银行职能转变与业务发展，在不同历史阶段，呈现出不同的风格内涵，凸显传承创新的时代特征。

在1994年后，建设银行进入了由专业银行向商业银行转变的阶段，也是其文化建设的里程碑阶段。尤其是1996—1997年，建设银行党委在认真研究分析国有商业银行经营管理存在的弊病和面临风险挑战的基础上，明确了商业银行改革发展方向，强化了全行市场竞争意识和改革创新精神。1996年，建设银行在金融系统率先导入企业识别系统（CIS），启用新的行名、行徽，确定了文化要素体系，印发了企业理念管理手册和员工行为规范管理手册。

2005年股改上市以来，建设银行党委在建立现代公司治理结构、推进转变经营机制的过程中，着力构建适应现代商业银行需要的企业价值理念体系。2007年建设银行再一次率先出台了具有现代商业银行典型特征的建设银行文化要素体系及员工行为规范、职业操守等制度体系，明确了愿景、使命、核心价值观及其理念。“以市场为导向，以客户为中心”的经营理念、“诚实、公正、稳健、创造”的核心价值观和“为客户提供更好服务，为股东创造更大价值，为员工搭建广阔的发展平台，为社会承担全面的企业公民责任”的使命等，都充分体现了社会主义核心价值体系的内在要求和现代商业银行的本质内涵，体现了建设银行的高度文化自觉性。

（2）建设银行在不同时期，随着社会经济形势的发展变化和企业经营管理重心的调整，企业文化的内涵都不断丰富和发展，具有鲜明的与时俱进特色和烙印。

从2007年开始，建设银行坚持每年在全行组织开展主题实践活动，积极促进价值理念向职业行为的转化。无论是2009年的“抓服务、讲合规、促发展”主题活动，还是2013年的“知行合一，实干兴行”主题活动，都突出科学发展的主题，把社会主义核心价值体系和建设银行核心价值理念贯穿于改革发展的各方面，渗透到经营管理的各环节。

在社会责任文化建设方面，建设银行履行“为社会承担全面的企业公民责任”的使命，秉承“努力成为服务大众的银行、促进民生的银行、低碳环保的银行、可持续发展的银行”的企业社会责任理念，坚持服务实体经济、资助贫困群体、解决教育卫生问题，大力支持民生工程、节能减排、环境保护、小微企业、“三农”发展、文化产业、科技创新等领域和战略新兴产业；全行积极参加抗震救灾、服务奥运、服务世博等重大社会公益活动，创造出许多感人事迹和鲜活案例。

（3）建设银行企业文化着力强化认知认同，以此凝心聚力，促进科学发展。在抓住企业文化建设的重要环节上时时彰显“以人为本、内外兼修”的务实风格。

建设银行将社会主义核心价值体系和建设银行核心价值观建设作为人本文化建设的首要任务，持续培育员工“共同价值观”。坚持把人文关怀作为企业文化建设的重要内容，积极探索以“思想关爱、工作关爱、成长关爱、健康关爱、家庭关爱”的关爱员工长效机制建设，促进员工与建设银行共同发展。加大员工职业培训力度，不断增加培训教育投入，建立健全了多层次培训教育体系。加强员工职业生涯规划与管理，积极搭建员工成长的平台。多年来，建设银行在积极打造服务品牌，包括“向党工作站”（新疆分行）、“红梅理财中心”（山西分行）等一系列以服务渠道和模式命名的优秀服务品牌。这些服务品牌诠释了建设银行为客户提供更好服务的生动创造，成为弘扬建设银行优秀文化传播的重要载体。

（4）积极探索文化管理，在同业率先创建了企业文化建设示范单位，涌现了一大批优秀的可复制推广的文化成果及案例。2003年确定第一批10个二级分支行为“总行级企业文化建设示范点”，2012年，变更名称为“总行级企业文化建设示范单位”，与中国政研会“企业文化建设示范单位”相一致。其基本定位是探索创新、先行先试、创新示范、以点带面。为加强规范化、科学化管理，制定完善了《全行企业文化建设示范单位考核标准及其细则》，实行动态管理，建立退出机制。截至2012年，先后完成了四期审核考评，新增50个，淘汰12个，目前共有48个示范单位。近年来，各“示范单位”积极探索创新，总结经验，提炼成果，示范推广，很好地发挥了企业文化建设的排头兵和试验田作用，在服务营销、产品创新、内控合规、人本管理、文化传播等各个方面创造了一系列具有示范推广价值的模式、方法、途径和手段。主要包括：北京东四支行“五心服务、四级党员责任区”模式、厦门分行“网点服务质量考核体系”、湖南郴州分行“南大支行精细化服务模式”、辽宁朝阳分行“零态文化管理模式”、江西南昌洪都支行“精细高效经营管理系统”、河南洛阳分行华山路支行“合规文化管理系统”等。

（5）全行深入开展讲员工身边故事，讲出了正气，树立了新风，凝聚了正能量，打造了建设银行特有的故事品牌。2011年以来，按照总行党委的要求，全行积极推动典型引导，以讲员工身边故事等方式，营造了学先进、学典型的浓厚氛围。仅2012年，各分行组织故事会、报告会数百场，超过11万人参加。总行从分行上报的1 000余篇员工故事中，挖掘了34个可敬、可爱、可学的重点员工故事，包括陕西汉中分行8年36万笔业务无差错的服务客户典型吴笑梅，吉林长春一汽支行每天处理各类票据500—600笔无差错、被誉为“具有德国式的国际标准”的客户经理朴玉今，安徽分行不畏病魔、顽强拼搏创造一流业绩的爱岗敬业典型刘丽，宁愿自己被扣积分也要挽回客户损失的宁波分行高级柜员常波，河北分行坚持几十年照顾患病妻子的安喜来，天津宝坻支行66次义务献血5万毫升的魏广碧等，全行利用报纸、电视等行内外媒体广泛宣传，以普通建设银行人的爱岗敬业、服务客户、拼搏进取、奉献社会的感人事迹感动了社会和客户，展现了建设银行的良好形象。

5. 交通银行坚持以“拼搏进取　责任立业　创新超越”为核心价值引领，致力于打造百年品牌形象。作为具有105年历史的民族金融企业，交通银行通过优秀企业精神和经营理念的不断积淀，逐步形成了特有的文化传统和竞争优势。多年来，交通银行在探索实践国有股份制商业银行经营管理之道的进程中，不仅注重业务发展的“硬指标”，更重视通过加强企业文化建设，不断提升“软实力”，并使之成为全行凝聚力和创造力的重要源泉，对内推动了交通银行综合实力的提升，对外塑造了良好的金融品牌形象。

（1）交通银行在同业较早建立了完整的企业文化理念体系。包括四个方面，企业使命、企业愿景、企业核心价值观和企业经营理念。2012年在企业文化理念的基础上又发展形成了符合交通银行文化的企业精神。交通银行以企业文化手册为载体，实现了要素表达清晰、释义透彻明了。交通银行以“拼搏进取　责任立业　创新超越”为核心价值观，共同建设“价值卓越的一流国际金融集团”为企业愿景，以“提供更优金融方案，持续创造共同价值”为企业公民的崇高使命，以“诚信永恒，稳健致远”为企业经营理念，充分反映了交通银行对责任、利益、诚信的态度，是建设和谐银行的清晰表达。

（2）交通银行在企业文化发展上始终坚持继承与创新相结合。交通银行在105年的发展历程中，形成了优良传统，企业文化深厚底蕴。新的历史发展时期，在继承和弘扬传统文化精髓的同时，企业文化与时俱进、开拓创新，结合时代和社会发展的要求，不断赋予新的内涵，使之成为持续推动事业发展的强劲动力。从2005年起，交通银行着手重构重塑企业文化，总行党委和决策层把重构重塑企业文化作为全行重点建设项目之一，提上重要议事日程。2006年，在继承和发扬百年交通银行优秀文化基因的基础上，提炼了以“责任立业 创新超越”为核心价值观的企业文化理念体系。2012年初，为使企业文化更加匹配“走国际化、综合化道路，建设以财富管理为特色的一流公众持股银行集团”的发展战略，总行党委将其中的“企业精神和核心价值观”体系进一步完善表述为“拼搏进取、责任立业、创新超越”。着眼于立足全局高度而提出了“一个交行、一个客户”的服务理念，不断丰富企业文化理念的内涵，使企业文化理念在业务领域得到具体体现。

（3）交通银行在企业文化建设上坚持服务于发展战略。将企业文化作为经营管理的重要组成部分，纳入到全行发展战略之中。通过企业文化对经营管理全过程的不断渗透，将核心价值观与全行发展战略、IT蓝图建设、业务流程整合、人力资源管理改革等各项工作深度融合，全面提升核心竞争力，促进管理和绩效进步，确保发展战略的顺利实施。

（4）交通银行在企业文化宣贯上坚持全员参与实践。坚持管理者的主导作用与全行员工的主体作用紧密结合。通过各环节、各层级群策群力，充分调动广大员工，特别是各级管理者参与企业文化建设的积极性和创造性。通过全员实践，形成和衷共济、共谋发展的良好氛围。在企业文化理念、内涵、实践要求的宣传灌输方面，交通银行通过建立健全企业文化建设工作保障机制、编撰印发《企业文化手册》及《企业文化故事选》等系列宣传学习材料、将企业文化培训和考试纳入员工岗位培训序列、出版发行企业文化内刊、适时进行企业文化深度调研与测评等手段，全方位、多角度地加大了企业文化理念、内涵及实践要求的宣教力度，使以“责任”和“创新”为核心价值观的企业文化理念体系被全行员工认知认同。“您的财富管理银行”口号的提出，更是受到社会各方的好评。

（5）交通银行在企业文化模式上坚持共性与个性相结合。正确处理集团文化与所属分支机构文化之间的关系。在集团核心价值观的统一指引下，鼓励和支持分支机构结合不同地域和自身文化特点，对总行确定的核心价值观进行细化，通过不断丰富内涵，培育和创造特色文化，达到共性与个性的有机结合。借助所处区域的区位优势，坚持全方位、多维度、立体化贯彻实施以“责任”和“创新”为核心的企业文化，围绕“责任、创新、服务、和谐”等方面推进企业文化建设，使交通银行企业文化理念转化为全体员工共同的价值标准和行为规范，在全行落地生根、开花结果，使员工工作积极性不断提高，金融服务水平有效提升，业务发展再上新台阶，企业凝聚力再攀新高峰。在全行企业文化框架下，以“信贷文化二十条”为代表的信贷文化、合规文化、风险管理文化、服务文化、廉政文化等子文化建设不断取得新进展。各分行在经营管理中融入文化管理的自觉性得到提升，责任文化建设试点行、先进行企业文化建设工作成效显著；以服务文化建设为例，始终坚持创新服务手段，努力打造个性化服务品牌；子公司企业文化建设试点工作也规范起步，集团文化与子公司文化逐步平稳对接；企业文化建设总体发展趋好，在理念宣灌上取得了较大成效。

6. 五大银行开展企业文化建设各具做法，对本行改革发展和全行业的企业文化建设起到了引领和示范作用

（1）五大行企业文化建设组织架构体系对比，如表1所示。

表1　五大行企业文化建设归口管理部门

企业文化建设	总行归口管理部门	部门主要职能
工商银行	教育培训部	党宣、员工教育培训、理论教育、企业文化
农业银行	企业文化部	党宣、新闻宣传、品牌管理、理论教育、企业文化（社会责任）
中国银行	党群工作部	党宣、党务、理论教育、企业文化
建设银行	公共关系与企业文化部	党宣、新闻宣传、品牌管理（社会责任）、理论教育、企业文化
交通银行	企业文化部	党宣、公共关系、品牌管理、企业文化（社会责任）

从表1可以看出，农业银行、建设银行、交通银行均设置了专门的企业文化建设归口管理部门，且职能比较接近，其中建设银行在同业率先整合公共关系与企业文化职能，成立了公共关系与企业文化部，公共关系作为大企业文化的范畴，通过职能整合、资源整合，打通公共关系与企业文化的通道，形成合力，发挥出二者的最大效能；工商银行、中国银行企业文化建设归口管理部门各不相同，且还负责其他相关工作。

（2）各行企业文化建设特色做法，如表2所示。

表2　各行企业文化建设特色做法

银行	企业文化特色做法
工商银行	1. 两年一度的“感动工商银行”人物评选宣传活动 2. 每年一度的宣传思想和企业文化建设先进单位及个人评选通报 3. 每年布置开展主题宣传教育活动 4. 开展跨文化管理实践，加强对海外机构的企业文化建设管理和指导 5. 鼓励分支机构开展特色文化建设 6. 设立中国银行业博物馆
农业银行	1. 上市之年启动了企业文化宣贯、深植三年规划 2. 设立精神文明和企业文化简报，直接报送所有行领导，并抄报中央文明办等上级单位 3. 由总行相关部门分别牵头，负责推进专项文化建设 4. 积极利用企业文化行业协会宣传农业银行企业文化成效，并利用互联网加强企业文化的外部宣传 5. 在全行开展“农业银行大讲堂”活动
中国银行	1. 每年开展员工思想动态和工作作风调查活动 2. 深入开展“创新创造价值”、“流程整合金点子”、“让客户少一分钟等待、让员工早一分钟回家”等主题文化活动 3. 以“百年行庆”为契机，广泛开展了行史教育和企业文化宣讲活动 4. 每年评选企业文化建设工作先进单位和先进个人，树立系统内标杆

续表

银行	企业文化特色做法
建设银行	1. 每年开展企业文化主题系列活动 2. 开展企业文化示范单位建设，增强了企业文化落地的载体和抓手 3. 持续三年在全行开展了员工讲故事活动，打造了建设银行的故事品牌 4. 狠抓服务品牌和典型打造 5. 深入开展员工关爱活动，探索了思想关爱、工作关爱、成长关爱、生活关爱、健康关爱等关爱措施 6. 开展企业文化建设成效评估
交通银行	1. 每年围绕党委战略和当年工作会议要求，开展宣传教育主题活动 2. 行内设立了行史馆 3. 制订了企业文化建设三年规划 4. 将企业文化建设纳入对基层领导班子的考核

（二）股份制商业银行企业文化的历史、现状及特点

为研究股份制商业银行企业文化，调研组选择了光大银行、民生银行和招商银行，通过信息资料收集、实地调研、现场观摩企业文化建设载体与成果，发现股份制商业银行企业文化都能够以其“新起点、新队伍、新风格”紧贴时代脉搏，传承共性，张扬个性，企业文化在不同层级间得以推进建设，成为了银行业企业文化建设的生力军力量。

1. 光大银行成立于1992年，是伴着世纪之交中国金融改革的步伐不断发展壮大起来的。2006年，光大银行成立了企业文化推广实施项目组，正式确立了企业文化体系，主要包括光大银行发展愿景、核心价值观以及员工行为模式等。

（1）企业文化要素组成。光大银行的发展愿景是“精品银行，诚信伙伴”，具体包含“五精五诚”，即资产精良、产品精致、服务精湛、人员精干、经营精益；对股东诚信、对客户诚信、对员工诚信、对政府和监管机构诚信、对社会诚信。光大银行的核心价值观是“诚信为本、创新为先、团队合作、卓越执行、和谐发展”。

（2）企业文化宣传推广。企业文化体系确立之后，光大银行迅速建立了企业文化推广工作组织与领导体系。组织体系的建立，为光大银行企业文化推广工作的迅速展开奠定了坚实基础。召开了企业文化推广暨培训会。会议要求各级办公室要成为此项工作的组织者和推动者，要积极宣传并带头实践企业文化。经过专门培训的企业文化辅导员成为各单位宣讲会的主角。总行企业文化推广实施小组还专门派出讲师团参加重点分行的宣讲活动；各部门组织员工站在践行企业文化、体现核心价值观的高度，对本部门、本岗位的工作进一步明确定位，研讨提升服务质量和服务效率的办法和措施。通过召开服务研讨会，总行各部门员工对企业文化体系有了深入的理解。

（3）企业文化推进实践。制定《企业文化推广工作指导意见》，要求全行深刻认识企业文化推广的长期艰巨性，现阶段必须按照总行的“规定动作”组织、落实好各项企业文化实践活动，促使员工养成践行核心价值观的自觉习惯。创造性地组织开展了“行长在线”活动，最基层员工可以通过内部网络和最高层领导进行直接、平等的交流，谈企业发展，谈业务拓展，谈风险管理，谈考核评价，甚至可以谈自己的生活和思想，因而“行长在线”迅速得到了全行员工的欢迎。开展“行长当一天大堂经理”。管理者从办公室走到直面客户的服务最前线——大堂经理的岗位，向广大市民与本行员工表明优秀的第一线客户服务在光大银行的重要性，更是充分显示了该行在推进实现“精品银行，诚信伙伴”发展愿景上的决心。

2. 民生银行成立于1996年，是我国首家主要由非公有制企业入股的全国性股份制商业银行。民生银行凭借着特有的企业文化，迅速提升了企业的核心竞争力，创造出低风险、高效益、快增长的发展模式。

民生银行的组织文化大致可分为三层，即精

神文化、制度文化和物质文化。精神文化是组织文化的内核和灵魂，决定了制度文化和行为文化；制度文化起着精神文化和物质文化的连接作用；物质文化则是组织文化的外在表现。

（1）民生银行的物质文化。物质文化是组织文化的外在表现，它从一个角度对民生银行的企业精神、企业目标、企业经营哲学、企业风气、企业道德做了具体的展示，使人对这家银行一目了然、印象深刻。民生银行自成立以来，就按照“团结奋进，开拓创新，培育人才；严格管理，规范行为，敬业守法；讲究质量，提高效益，健康发展”的经营发展方针，在改革发展与管理等方面进行了有益探索，先后推出了“大集中”科技平台、“两率”考核机制、“三卡”工程、独立评审制度、八大基础管理系统、集中处理商业模式及事业部改革等制度创新，实现了低风险、快增长、高效益的战略目标，树立了充满生机与活力的崭新的商业银行形象。

（2）民生银行的制度文化。良好的公司治理结构是企业组织管理制度建设的核心，完善的公司治理结构将有利于促进企业的发展，尤其是有利于促进企业的长期、稳定、持续和健康发展。民生银行在法律上和经济上是无上级主管单位的独立法人，是国内现有金融企业中所有权和经营权分离最彻底的，银行属于全体股东，股东根据所有权分得红利，但不干涉银行的具体经营活动，民生银行的经营权属于行领导班子，重大的投资活动则必须通过董事会或股东大会的批准。正因为如此，民生银行的经营不受任何行政干预，它始终沿着一条清晰的脉络向前发展。

（3）民生银行的精神文化。战略目标：100年之后，达到像花旗、汇丰那样的规模，办成一家百年老店。企业精神：开拓、团结、敬业、优质。核心价值观：创新。惟有创新才能走向中兴，惟有不断创新才能办成百年老店。创新应该是一项系统工程，是包含从产品到管理到制度的多层次创新体系。只有创新，使民生银行拥有生生不息的活力，不断地适应环境，赢得发展。

3. 招商银行成立于1987年，是中国第一家完全由企业法人持股的股份制商业银行。从初创期创新导向的“创业文化”到目标导向的“规模文化”，再到规则导向的“风险文化”，继而向更高层次的“管理文化”演进，招行文化内涵和外延，内容和形式都与时俱进，不断得到充实和提高。

（1）文化萌芽期，创业文化。成立之初的招商银行具有明确的愿景：“做真正的银行”，并且有强烈的历史使命感：“在中国这块土地上走出一条改革的路子，办成具有中国特色的社会主义新型银行”。“吃苦在前、享受在后”、“拼搏、奉献、创新”、“敢为天下先”和“以苦累为荣”等这个时期提出的口号集中反映了招商银行文化萌芽期的企业价值取向是拼搏奉献、创新和客户至上。而在制度层面，当时的人力资源制度体现出与文化精神层面较好的契合，主要表现在：在招聘中体现公平竞争；严格的考核和晋升机制；比较注重人文关怀。

（2）文化发展期，规模文化。随着总行从蛇口搬到深圳，招商银行进入了高速发展期；而受到那一时期全国金融行业高热的感染，不可避免地具有强烈的规模扩张的冲动，形成了规模文化。这一阶段招行的愿景是做“国际化的大银行”，价值观则是“以业绩论英雄”、重结果不重过程。个人工作业绩与收入、晋升紧密挂钩，注重业务发展速度、规模和短期效益，相信“发展是硬道理”。服务意识进一步得到加强，1997年提出的“拼搏、奉献、创新”成为招银精神的核心内容；在经营理念上创新意识非常突出，而在风险意识上相对欠缺，管理比较薄弱，业务管理制度缺乏统一性，并很自然地导致了团队与全行协作的不足，相对缺乏人文关怀。

（3）文化变革期，风险文化。随着行长更迭，以及领导团队对高速发展累积大量风险的反思，招商银行开始在价值取向上，强调风险管理是银行永恒的主题，把风险文化作为企业文化的重要组成部分，重结果更重视过程，严格按规章制度办事，培养从实际出发的扎实工作作风，效益重于规模，长期重于短期。为统一思想，招商银行还提出处理好管理与发展、质量与效率、股东、员工和客户的关系、制度与文化、长期效益与短期效益五大关系。

（4）文化整合期，管理文化。随着上市成为公众公司，招行提出银行“因势而变”的理念、一三五铁律、“效益、质量、规模协调发展”的科学发展观及经营战略转型的思想，成为国内商业银行业的思想领袖。招银文化的精神层从“铸造中国民族银行业精品，宁可降低速度也重视资产质量”，向“打造股市蓝筹，塑造百年招银”的目标转变。

（5）招银文化，成为同业知名品牌。招银文化体系包括精神层、制度层、行为层和社会层。其中，精神层（核心层）主要指企业的愿景、使命，核心价值观与企业理念，企业精神和作风，是企业文化深层次的、隐性的内核，决定了制度文化和行为文化。制度层（中间层）主要是指企业的各种规章制度和企业员工对这些规章制度的认同程度，也包括企业的组织结构等。行为层（表层）是形成制度层和精神层的条件，主要指企业的外观，内部小环境、产品的外观、服务，以及风俗、仪式、故事和英雄人物等方面。社会层（企业文化的对外传播）是企业文化的外溢，是企业同其社会环境相互反馈而形成的价值体现，既有社会对企业的认同，也包括企业对社会的态度。具体而言，招银文化的精神层由九大部分组成。招银愿景：力创股市蓝筹，打造百年招银；招银使命：为客户提供最新最好的金融服务；核心价值观：服务、创新、稳健；经营理念：因势而变，因您而变；发展理念：效益、质量、规模协调发展；人本理念：尊重、关爱、分享；全局理念：全局至上，和谐为美；招银精神：挑战、自省、奉献；招银作风：严格、扎实、高效。

（三）区域性商业银行企业文化的历史、现状及特点

为研究区域性商业银行企业文化，调研组选择了上海银行、浙商银行、徽商银行和晋商银行，通过信息资料收集、实地调研、现场观摩企业文化建设载体与成果，发现区域性商业银行已将企业文化建设纳入了发展规划，以其鲜明的地域特色、务实风格和灵活性，进入了企业文化体系建设的学习、孕育、提升等实践阶段。

1. 上海银行企业文化在区域性商业银行中最具生机和活力。上海银行成立于1995年，是一家由上海市国有股份、中资法人股份、外资股份及众多个人股份共同组成的新型的股份制商业银行。上海银行以服务地方经济、服务中小企业、服务市民为特色，以“点滴用心、相伴成长”为服务理念，稳健经营，规范管理，获得了良好的社会效益和经济效益。

（1）2007年颁布的《上海银行企业文化精义》，奠定了上海银行企业文化建设的基础。2008年编辑出版《上海银行企业文化建设故事选编》，为企业文化的传导增添了精彩活力。2013年，上海银行与专业公司合作，正在推出新版的《上海银行共同价值宣言》，谋划以打造更具有凝聚力的企业文化优势，为“中国梦”时代铸造更领先的竞争优势和发展优势。

（2）培育国际金融中心的文化底蕴，从金融企业文化建设开始。从1995年99家信用社合并成立到1998年更名为上海银行，上海银行逐步实现了由多个法人、分散经营向一级法人、集约化经营的转变，走上了现代商业银行之路。上海国际金融中心建设对建立优秀的企业文化提出了迫切要求。培育国际金融中心所需要的社会文化底蕴，必须从建设优秀的金融企业文化入手。这不仅是上海银行决策者们的意见，也是全行员工的共识。

（3）五大核心价值观，构筑企业文化体系。在《上海银行企业文化精义》手册中，上海银行清晰表述了自己的企业愿景——成为品质精良服务一流的现代商业银行。作为上海银行的追求目标，这一愿景蕴含着丰富的内涵。它包含着该行要立足上海，区域发展，服务全国，接轨国际的目标；包含着该行要着力发展专业化、集约化、特色化的经营个性，努力建设成为队伍精干、结构完善、内控严密、运营安全、资本充足、服务优良、效益良好、科技进步、创新领先、社会认同的充满生机和活力的现代商业银行的期望；上海银行确立的价值观体系包含了人才观、道德观、经营观、服务观和利益观在内的五大观。即提倡“以人为本，人才兴行”的人才观、“弘扬社会公德，恪守职业操守”的道德观、“以义生利，融智成金”的经营观、“点滴用心、相伴成长”的服务观、“利人利己，共建和谐”的利益观。

（4）建立行之有效的企业文化工作机制。首先，领导垂范，全员参与。在总行层面，该行在党委领导下成立了企业文化建设推进小组，统一部署和推动企业文化建设工作。各部门、各分支行的主要负责人作为企业文化建设的责任人，承担推进工作的领导责任。全行各单位（部门）再按照总行的统一部署，结合工作实际，把企业文化建设融入经营管理之中，组织推进各阶段企业文化建设工作，在全行形成上下联动，员工互动，党政工团齐抓共建，同力聚焦，共同推进的工作机制。其次，制定测评方法，建立考核制度。该行制定了《企业文化建设实施方案》，还将提出评估标准和测评方法，对各单位的企业文化建设工作进行阶段性评价；要求在干部述职报告和员工工作总结中体现参与企业文化建设的内容，把企业文化建设工作评估结果作为对各部门、各分支行总体评价的重要依据之一。

（5）树立典型，以点带面。上海银行以价值观体系为标准，大力发现、培养、总结先进典型，发挥典型人物和典型事迹示范、辐射和传承的作用，使上海银行理念和价值观成为全行员工共同的追求，而且还建立起一套表彰、宣传典型人物的工作机制，使塑造象征上海银行企业理念和精神的“先进人物”的工作长效化、系统化。

2. 晋商银行、徽商银行和浙商银行企业文化处于萌芽发育阶段，具有鲜明的“多样性”和“商帮”烙印

（1）晋商银行以诚信义利为核心理念，致力于打造民族品牌银行。我国历史上的晋商，书写了山西商人称雄商界、纵横欧亚的传奇，创造了中国早期金融业的辉煌，引领了中国近现代的金融革命，而晋商所开创的明礼诚信、开拓创新的精神，更融入了山西人的血脉和品格。2009 年，以“晋商”命名的晋商银行成立。颁布《晋商银行企业文化理念》，创刊《晋商银行报》，编辑出版《在路上——晋商银行年刊》、《晋商银行——过去、现在、未来》，开辟了建设晋商文化与晋商银行文化的重要渠道，构建打造民族银行品牌的立体阵地。新机构、新理念，成就新战略。深谙晋商战略之道的晋商银行，起步伊始就提出了“力争把晋商银行打造成治理完善、资本充足、内控严密、服务和效益良好的，具有较强竞争力和影响力的民族品牌银行”的发展愿景，明确了“扶持小微企业、支持优势企业、服务城乡居民”的市场定位，确立了“积极完成省内网点布局，逐步向省外拓展辐射，择机在境内外资本市场公开上市”的“三步走”发展战略。2010 年，在国际知名罗兰·贝格咨询公司的协助下，制订了《晋商银行 2011—2015 年发展战略规划》。

“晋商”是中国金融的一个符号，晋商品牌更是宝贵的历史财富。以传承晋商精神，发展晋商品牌为己任的晋商银行，始终致力于改进金融服务，塑造民族品牌。晋商银行积极优化服务环境，构建了以太原市晋阳、并州、龙城等 58 家支行和吕梁、运城、临汾、朔州 4 家异地分行为依托的服务平台，并通过全面推进物理网点、自助网点、网上银行、电话银行建设，为广大客户提供了多样便利的服务渠道，逐步成为老百姓喜爱的家门口的银行。“走进晋商银行，感受优质服务”，得到了社会各界的认可和好评。晋商银行积极塑造服务品牌，以促进山西经济发展为重点，通过加大信贷投放，优化信贷结构，有效地服务支持了山西经济的发展。

晋商银行高举“诚信、敬业、守纪、和谐、创新、发展”的企业文化大旗，全面加强中国传统道德文化、商业银行经营文化和晋商银行企业文化教育，成为有力推动晋商银行转型、跨越发展的强大引擎。同时，通过开展“学习型银行、知识型员工”创建、“五树五建五推进”主题教育活动等多种形式进一步加强干部队伍建设，形成了风清、气正、心齐、劲足的良好氛围，培养造就了朝气蓬勃、充满活力、积极向上、敢为人先，热爱晋商银行、忠诚晋商银行事业的员工群体。

（2）徽商银行是全国首家由城市商业银行和城市信用社联合重组设立的区域性股份制银行。徽商银行重组按照“6 + 7”方案进行整体设计，即由原合肥、芜湖、安庆、马鞍山、淮北、蚌埠 6 家城市商业银行和六安、铜陵、淮南、阜阳的 7 家城市信用社合并组建。2005 年，徽商银行正式挂牌成立。徽商的历史文化精髓深深影响着徽商银行，徽商银行在传承徽商独特的历史文化精髓的同时，努力探索地方银行的经营模式。在经营管理过程中，徽商银行坚持“人本金融”的理念，努力为客户提供优质的金融服务，为股东创造合理的投资回报；在企业内部，为员工提供广阔的事业发展空间；在外部，为社会创造经济效益的同时，积极承担社会责任，力争创造更多的社会效益。

徽商银行在改革、发展的进程中，始终将企业文化作为全面提升经营管理水平和员工综合素质的重要途径。在培育具有徽行特色的企业文化方面进行了积极的努力和大胆的探索，初步形成了企业文化建设的雏形，为业务的发展、风险的管控以及体制机制的改革、整合等提供了有效的支撑。2009年，由董事长主导编写了《徽商银行企业文化要素及释义》、《徽商银行员工职业操守》、《徽商银行员工行为规范》，制定了全新的《徽商银行企业文化建设实施方案》，旨在通过企业文化的有效推广，形成全行统一的核心价值观、经营管理理念和企业精神，推进具有徽商银行特色的企业文化建设，进一步提升全行核心竞争力。

在企业文化建设过程中，徽商银行以共同的愿景鼓舞人，大气磅礴地提出了“创一流品质，建百年徽银”的愿景，并围绕这一目标导入了企业文化要素体系。针对“创一流品质”，徽商银行提出了“五个一流”的具体标准，并建立了一整套的目标体系，并制定了企业文化三年规划和分阶段的实施目标，纳入到每年的全行重点工作安排之中，促使徽商银行发展的远大愿景有了更为坚实的基础及行为准则，成为指引徽商银行持续发展的指路明灯。同时，根据行业特征和自身特点，提出了经营、管理、风险、服务、人才等专项文化理念，提升企业文化成为指导全行各项工作的精神指引。

徽商银行的风险理念明晰而又缜密。包括：审慎、理性、稳健的风险偏好设定，分层、分离、整合的风险治理结构，前瞻、客观、专业的风险管理技术和主动、量化、持续的风险管理机制，并付诸实施。同时，“以人为本”的用人理念为徽商银行的业务发展提供了强有力的支撑。

（3）浙商银行成立于2004年，对企业文化建设和市场与业务定位、发展战略纳入了长远战略规划。在业务发展中，一直坚持利用多种形式加强企业文化宣传和引导：通过建设统一的企业文化标准、服务标准、员工行为标准和经营标准，更好地塑造与推广企业形象；通过多种平台的企业文化研读和培训，把企业文化贯穿于经营管理的方方面面，培育员工对浙商银行文化的认同感；通过开展登山、环湖行、文化沙龙等群体性文化活动，活跃文化氛围，弘扬企业精神；通过参与各类慈善活动和公益事业，积极践行社会责任，实现企业社会价值。

2013年，出台了《浙商银行文化体系及释义》，全面系统阐述了浙商银行文化体系，高度概括了核心文化和经营哲学，进一步明确了十大经营理念，标志着浙商银行文化体系正式确立。目前，浙商银行已初步形成了“以做事做好事为原则，以负责、勤奋、务实、大气为基本要求，以你好、我好、大家好为目标”的特色企业文化，迈出了浙商银行企业文化建设的坚实步伐。

二、我国银行业企业文化建设的主要措施和有效途径

我国银行业企业文化是社会主义先进文化的有机组成部分，是社会主义核心价值观在银行业的具体宣贯和实践篇章。各家银行的企业文化对外是银行的一面旗帜，对内是一种向心力。银行作为社会主义市场经济的一大市场主体，又是经济发展的晴雨表。通过对部分银行企业文化建设情况进行调研分析，可以看出，建设先进的企业文化，既是社会主义精神文明建设的需要，又能增强社会认同和有利于自身发展，其具有的普遍性、多样性、独特性和传承性，必然决定我国银行业在企业文化建设上具有共性的措施和有效的实现途经，值得同业借鉴和学习。

（一）坚持顶层设计、决策层主导和全员参与的有机统一

在企业文化建设上，无论是国有大型商业银行、股份制商业银行，还是区域性商业银行，通过对其代表性银行企业文化推进情况的分析，都是坚持顶层设计、决策层主导和全员参与的模式展开。在总行层面，工商银行、农业银行、中国银行、建设银行、交通银行、招商银行设有企业文化工作职能的相关部门，但组织架构、职责范围、人员情况及条线管理情况不尽相同；而光大银行、民生银行、上海银行、晋商银行、徽商银行和浙商银行，成立了由董事长牵头的企业文化工作指导委员会等领导机构，并明确了具体的责任部门，构建了条线负责专项文化建设的立体网络。特别是建设银行、交通银行以独立、完善、系统的工作考核制度，强化了对一级分行企业文化工作指导，健全了全员参与企业文化建设的保

障机制。

多家国有大型商业银行、股份制商业银行聘请外部公司参与设计企业文化要素体系。而区域性商业银行则坚持自己设计，因而保存了鲜活的地方文化属性。各家银行企业文化要素的出台，都要经过高决策层反复的酝酿设计和修改讨论，采取多种方式让全体员工参与到要素理念的大讨论中。以培训宣讲、视频网络、辩论演讲、员工手册等多种渠道，实现全员参与，把统一全行员工价值认同作为企业文化建设的重要方式。

（二）突出以人为本，重视价值观管理和人文关怀，各家银行把员工视为企业最宝贵的财富，通过人本管理激励、鼓舞和凝聚员工

各家银行将企业文化作为凝心聚力的“人心工程”大力推进，积极探索。在企业使命要素中，大部分融入了“关怀员工”的因子。工商银行组织开展“感动工商银行”评选活动；农业银行在全行范围内大张旗鼓地开展学先进、学英模等活动；中国银行坚持开展“身边人讲身边事”活动，用身边的典型教育员工；建设银行征集员工故事、举办员工故事会、开展员工思想状况调查等活动；上海银行颁布《共同价值宣言》，突出价值力量；晋商银行、徽商银行和浙商银行善于通过开展员工文体活动，把人文关怀送到员工的身边、员工的家庭。人本管理，成为各家银行提升文化力的建设重点，都给予了充分的体现和实践探索。

（三）坚持以客户为中心，重视培育服务文化，各家银行把服务文化作为市场认同和提升核心竞争力的“关键工程”着力推进

工商银行始终坚持“以客户为中心”，把客户满意度作为衡量服务质量和工作绩效的主要标准，将企业文化融入服务的每个环节；农业银行在企业文化总体框架下，总行确定个人金融部作为牵头部门，负责“服务文化”在全行的推广与落实，将服务文化作为专项文化落地深植；建设银行提出“服务是根本，创新服务是长期战略”，以创建企业文化建设示范单位和服务品牌为载体，把“以市场为导向，以客户为中心”经营理念上升到了长期战略，实现了服务文化建设的日常化、具体化、标准化；招行以“因势而变，因您而变”的经营理念建设“微变”的服务文化；上海银行提出“点滴用心、相伴成长”的服务理念；浙商银行建设“你好我好大家好”的服务文化，其风格低调、稳健、朴实，易于宣贯，便于植根。

（四）强调稳健经营，重视培育风险合规文化，各家银行在企业文化建设上都注重稳健经营、风险合规文化的培育

农业银行、建设银行等不仅将“稳健”作为核心价值观，而且建立了专项的风险理念。这一点，各家银行基本趋同，大部分选择了审慎、理性、稳健的风险偏好，并作为专项文化重点建设，大力宣贯。由于决策层对风险文化的高度重视，风险文化成了与业务、产品、部门、条线对接最为成功的专项文化。在建设过程中，对提升银行业全员风险意识、风险合规管理体系建立发挥了重要作用。

（五）积极履行社会责任，重视企业形象与社会声誉，大型股份制商业银行每年发布社会责任报告，制度化、系统化开展和推进公益项目

在社会责任文化建设上，无论是国有大型商业银行、股份制商业银行，还是区域性商业银行，大部分将回报社会、积极履行社会责任作为企业的重要使命在企业文化要素中得到了展现。各家银行善于从实际出发，积极参与社会公益事业，精心打造许多具有社会影响力的社会责任品牌，为银行业与社会和谐发展做出了积极贡献。目前，大部分银行将发布《社会责任报告》，作为银行社会责任文化建设的重要内容和提升社会认知的重要窗口，不断丰富责任内容，创新发布载体，有效提升了银行业整体的社会责任意识和贡献度。

工商银行连续18年实施定点扶贫，创新开展“六大扶贫工程”，改善当地生活条件，帮助群众脱贫致富；建设银行致力于“服务大众、促进民生、低碳环保、可持续发展”的社会责任战略目标，努力为客户提供综合性、多功能服务，与客户同发展、与社会共繁荣，已成为37万名员工的高度共识和自觉行动。持续推进“贫困高中生成长计划”、“少数民族地区大学生成才计划”以及“贫困英模母亲资助计划”等长期公益项目；启动实施“母亲健康快车中国建设银行资助计划”，购置医疗救治专用车辆，为西部农村的贫困妇女、少数民族妇女提供医疗服务，被老百姓称为“爱心车”、“救命车”；创新开展“建设银行·2012

寻找成长之星”公益摄影大赛，展示受公益资助人群自立、自强的成长故事，展现公益的温暖和力量；光大银行实施西部“母亲水窖”公益项目；上海银行开展对浦东祝桥村帮困结对工作，赞助第十四届中国上海国际艺术节，并成立“上海银行文化艺术专项基金”。各家银行积极践行社会责任的行为，为银行业赢得了良好的社会声誉，也成为了各家银行发展实力和品牌形象最直接的表现。

（六）注重绩效导向，统筹股东、客户、员工、社会各方利益，实现了银行服务实体经济与自身科学发展的有机统一

各家银行在企业文化要素规划中，十分注重股东、客户、员工、社会各方利益的平衡和兼顾。因为只有正确处理好各方面的利益，才能为银行创造最大利润带来更大保障。各家银行在企业文化体系设计上无不体现了这一主题。而绩效导向，对银行创造价值的方向、途径和模式具有现实的牵引力。为了追求企业发展和利润，各家银行十分注重绩效导向文化和绩效导向体系的建设。

工商银行在绩效考核体系中构建了管理、销售、专业、运行四大类别、二十个序列的岗位职级体系，初步形成了适合各类员工成长的职业发展和晋升机制，有效拓宽了员工职业发展路径。引入了个人绩效合约、目标考核管理、行为能力评价等先进工具和理念，建立了比较完善的绩效评价机制和绩效管理流程，引导员工讲求绩效贡献、关注专业能力发展，形成努力为工商银行作贡献、主要凭业绩说话的价值观。构建了以岗位价值为核心、以员工履职能力和工作业绩为依据的公司化薪酬分配机制，通过以岗定薪、以能定资、以绩定奖、以市场为参照的薪酬分配方式，强化岗位责任、知识能力、绩效贡献、市场价值等现代化薪酬分配理念。

建设银行在绩效考核体系中较早引入平衡计分卡思想，从财务和非财务维度进行综合评价考核，统筹平衡效益与效率、速度与质量、短期与长期等多方面因素，引导业务全面发展；在考核工具上，较早运用关键业绩指标体系（KPI），抓好业绩驱动和业绩评价的关键要素，在统筹平衡基础上做到重点突出。建设银行绩效考核体系发展完善的一个重要特点是沿着价值创造链不断向前延展，从后端的财务效益覆盖到中间经营过程，再上溯到前端经营基础。近年来，建设银行在经营业绩保持向好的同时，客户基础、产品创新和渠道建设等经营基础也持续得到改善，全行可持续发展能力和长期竞争能力得到进一步提升。

三、我国银行业企业文化建设现阶段存在的主要问题及对策

当“文化强国”在党的十八大被上升到国家战略后，我国银行业又迎来了新一轮的企业文化发展机遇，许多银行提出了“文化兴行”理念，进一步强化了企业文化建设力度。但通过对我国银行业企业文化现状的调研分行，企业文化仍然属于我国银行业的弱项，与业务发展不相匹配。地域上，南、北部之间，差异明显；在规模上，国有大型商业银行、股份制商业银行、区域性商业银行之间，存在着一定的差异。在历史跨度上，“老银行”与“新银行”更是差距较大。整体而言，银行业企业文化建设与“文化强国”战略和社会主义精神文明建设目标存在着较大差距。这充分证明加强银行业企业文化建设，是关乎我国银行业竞争力提升和金融业长期稳健运行的大事。机遇面前，关键在于银行家能否“看清问题、看远方向、看准对策”。同时，整个银行业作为国民经济的核心，也需要一种行业性的核心价值理念导向，对内约束和激励银行业员工，对外展示银行业良好的社会形象。

（一）银行业企业文化发展不平衡，少数银行尚未制订企业文化发展战略和建设工作规划

企业文化在国有大银行之间、股份制银行之间、区域银行之间都存在明显的差异。特别是区域银行企业文化建设面临着起步晚、措施少、投入小等现实问题，无企业文化发展战略，无企业文化建设工作规划，甚至停留在开展工会文体活动的层面，重利润追求、轻文化建设的思想仍然长期存在。

对策：不立规矩，不能成方圆。要解决银行业企业发展不平衡的问题，需要银行自身努力之外，更需要统一的《中国银行业务企业文化建设指引》，包括企业文化建设的内容项目、文化要素、组织评价、工作流程等体系作出明确规定，以规范银行业“神聚而形散”的企业文化建设现

象，切实提升企业文化建设的起点。银行系统内要建立独立、定性、定量的企业文化工作考核评价制度，强化各级组织对企业文化建设的推动力。要把银行业企业文化评价引入银监会职能部门的日常工作，这不仅能促进银行自身文化建设水平，而且对整个银行业“稳中求进，进中求好”的发展目标产生保障效能。

（二）少数基层管理人员文化自觉意识不强，员工参与程度不高，对企业文化建设工作的重要性认识不足

在调研中发现少数银行的基层管理人员尚未真正认识到企业文化对于经营与管理、改革与发展的重要意义。在管理方面大多侧重于业务的经营质量、金融产品和服务的扩展延伸，在文化建设方面虽有涉及，但多停留于表面，尚未得到社会公众的认可。而对企业文化的理解上也存在误区，不少银行特别是基层银行片面地认为企业文化建设就是搞一些文娱活动，做一些外在形象的包装。有些银行甚至为建设文化而建设文化，不注重经济效益与文化建设的实际联系，没有深刻认识到企业文化对企业经营管理的巨大推动作用，对企业品牌形象的巨大提升作用，使文化建设失去了其根本意义。

对策：迫切需要从两个层面革新观念。首先是管理者观念的革新。管理层是企业文化的最初创造者，其观念与抉择将决定企业文化建设的未来方向。管理层应明确银行的文化建设必须与其经营管理紧密结合起来，明确企业文化的实践意义是为了增强银行实力，而不是仅为了取悦员工或客户。其次是员工观念的革新。传统观念使得银行员工对于企业缺少新主人翁意识，不利于银行的生存与发展。因此，管理层应该从企业文化建设入手，逐步培养员工的新主人翁意识，使员工的敬业奉献精神、自我发展意识和拼搏创新风格得到长远发展。

（三）企业文化建设重点在精神文化层面，尚未完全与制度文化、行为文化有机融合

银行业的企业文化建设多存在着急功近利的短期行为，对于制度和理念，常常是提出容易、实践难，只是提出一些宣传用语，喊着响亮，听着开心，满足于精神需要。一些银行初步形成企业文化之后，并没有随着企业经营环境和管理水平的变化，不断总结提炼，持续引导企业文化向前发展。缺乏完善的企业文化建设机制，也缺乏对文化建设持之以恒的精神，致使缺乏个性，忽视创新，文化建设与社会文化发展、银行自身发展严重脱节。

对策：必须明确制度内涵。只有正确适宜的制度内涵才能对企业文化起导向和渗透作用，促使员工产生自豪感，自觉遵守各项规章制度，维护企业形象，积极参与企业文化建设。因此，赋予企业文化明确的核心与丰富的内涵，是银行企业文化的基础。银行必须坚持共性与个性相统一的原则，把握时代脉搏，突出银行特点，把内外部环境有机地结合起来，才能奠定构建银行先进文化的基础。

（四）少数基层企业文化建设存在与经营管理渗透融合不够，造成企业文化建设与经营管理“两张皮”现象

目前，各家银行在企业文化建设中普遍存在与经营管理难以齐头并进的问题，一些专项文化理念提出了，但要渗透到经营管理的具体环节，存在较大困难。突出表现在“以客户为中心”理念的具体执行上，出台的操作规定还是以“业务、产品、部门”为中心，导致产品操作流程过于烦琐，客户满意度难以提升。管理分经验管理、科学管理、文化管理三个层次，部分基层经营管理者开展经营管理时仍然处于经验管理与科学管理并存的层次，要上升到文化管理层次，还有很长的路要走。一些基层管理者片面地把企业文化建设与精神文明建设、文体活动混为一体，认为企业文化建设就是搞一些热热闹闹、高高兴兴的活动，想当然地把企业文化等同于员工娱乐文化。许多陈旧观念，导致银行在具体行动上把企业文化建设与经营管理搞成了“两张皮”，上下难以形成合力。

对策：必须坚持以人为本理念。要努力培养和造就一大批在银行企业文化方面具有较高素质、较强能力和较为成熟的人才，在激烈的市场竞争中发挥最大的管理效率。通过人才培养，实现银行业企业文化多元化发展；通过强化企业文化建设，为银行人才培养创造良好环境。人才是核心竞争能力的载体，而这也正是企业文化发展的源泉和目标。要切实关注客户需求，并作为企业文化建设的中心目标。不仅要关注利润，更要关注与客户建立长期稳定的战略关系，为其提供真正有价值的服务。

招商银行在企业文化融入经营管理方面进行了有益探索和实践。招商银行在致力于制度建设的同时，始终高度重视企业文化建设，加强了企业文化管理队伍的建设，印发了《招商银行企业文化管理师管理暂行办法》，扩大了基层员工参与招商银行企业文化工作的覆盖面。同时，始终坚持以客户为中心，尊重和关爱客户，发现需求，提供个性化的产品和服务，满足客户的期待与梦想。

（五）企业文化内外部不平衡，银行业尚未形成制度化常态化的企业文化建设交流沟通机制

在调研过程中，“工、农、中、建、交”五大行，农业银行、建设银行与交通银行，在总行层面成立了专门的公共关系与企业文化部，承担了企业文化推进、理论教育、新闻宣传、声誉管理、广告品牌、社会责任等职责。而大部分银行将职责分散于办公室、党委宣传部等部门，文化资源分散，尚未形成合力。从调研来看，银行业企业文化职能部门机构、队伍建设仍处于“多样性、探索性”的渐进阶段。而股份制银行、区域性银行，没有一家成立专门的公共关系与企业文化机构，主要是通过企业文化领导小组协调、指定部门牵头，各部门配合而推进企业文化工作的运转。同时，我国银行业企业文化重内部传播、轻对外传播，甚至部分银行在内部传播上也处于薄弱环节，队伍不稳定，从而导致银行业之间难以建立高效、长期的企业文化交流沟通工作机制。

对策：一是必须构建富含创造力的企业文化。要善于丰富创新企业文化建设载体，将建筑物、博物馆、报刊杂志、微电影等凡是能满足视觉、听觉系统的渠道或载体都打造成为展示、宣贯企业文化的阵地。要坚持继承与创新相统一的原则，融汇国际文化、传统文化、现代文化、网络文化等精华成分，使银行企业文化具有现代化、丰富化、多样化的特点。特别是文化品牌要具有鲜明的时代感和时效性，实现经营行为和员工行为更加适应竞争激烈的市场环境。要通过形式多样、丰富多彩的企业文化外部传播形式，传递整个银行业的正能量，树立整个银行业的良好外部形象。

二是必须构建有价值的品牌文化。定位清晰，充满个性的品牌文化必然是具有深厚底蕴的品牌文化。建设银行创立“善建者行”品牌形象；中国银行树立沉稳、老练、理性的品牌形象；招行定位于白领银行；民生银行植根于民营企业；农业银行形成了博大、成长、绿色的个性品牌。消费者期待的不仅是财富的增值，更要求具有个性化、亲和力、感染力的品牌服务。在品牌文化传播中要融入消费者的情感元素，才能赢得市场认可、客户忠诚。

三是需要搭建银行业企业文化交流平台。鉴于我国银行业企业文化发展的现状，银监会等职能部门可发挥管理协调职能，为银行业企业文化搭建“桥梁”，建立沟通机制。要定期组织开展银行同业企业文化建设交流活动，共享各家银行企业文化建设的先进成果。

（六）银行业尚未形成统一的行业精神引领和约束，建议由主管部门组织论证，征集全行业均认同的行业精神

从调研的五大银行及部分股份制银行和区域性银行的情况看，基本都有自己的核心价值观及相关理念，也都能反映银行自身特点及价值追求。但是从全行业看，如能规范行业精神，并通过行业主管部门加强对外的宣导，将有助于树立银行业对外的良好形象。同时，随着银行业改革的推进，一部分个人和单位也将可能申请开办银行，也需要一种行业的精神来进行引导和约束，才能实现整个银行业长远健康持续发展。

基于此和调研情况分析，我们初步建议行业精神可以体现出以下相关要素。第一是诚信，体现出银行业经营货币必须要坚守的原则，特别是在金融改革推进的今天，诚信永远是银行的基本追求。第二是责任，包括银行业对股东、社会、员工的责任，也包括员工对企业、社会的责任。第三是稳健，银行业作为经营风险的行业，作为经济运行核心，要时刻守住风险底线，真正做到稳健远行。第四是创新，在移动互联网、各种新技术日益发展的今天，银行面临着跨界竞争，也面临着能否更好地服务实体经济发展和客户需求的挑战，需要行业具有创新精神，做到始终与经济社会发展同步。

（七）少数基层企业文化建设存在重建设、重实践，轻考核、轻评估的现象。企业文化建设的成效没有量化，企业文化建设主要依靠自发和自觉，考核没有上升到一种必然

在调研过程中，我们看到，各银行虽然开展

了卓有成效的企业文化建设实践，也对凝聚队伍、促进发展起到了文化引领作用。但是往往是布置工作后缺乏科学系统的考核，弱化了对工作的指导和约束。也实际造成了少数领导人员认识上的不重视，工作上的不落实。

对策，一是可以将企业文化建设纳入到对基层领导班子的约束性考核项目或加减分项目，包括开展员工满意度测评等，强化各级领导班子的企业文化自觉意识。二是定期开展企业文化评估，对单位执行战略，经营管理，团队建设，人本管理等方面进行系统评估，不断修正，确保企业文化对单位发展的引领和推动作用。三是可以将企业文化建设年度任务量化打分和通报，以增强对分支机构企业文化建设的指导力度。

四、新时期我国银行业企业文化面临的挑战、机遇及未来展望

当前，我国发展进入了全面深化改革的攻坚期，未来银行业面临的最大挑战在于经济发展方式转型和网络创新改革商业模式带来的全方位挑战。我国银行不仅要适应利率市场化和金融监管变革趋势，提高资本配置效率、增加风险定价能力，转向集约型经营增长模式，而且面临着企业文化传统理念颠覆、载体模式多样、网络文化快速发展的严重挑战，也为未来银行业企业文化建设带来了前所未有的机遇。

（一）“中国文化”模式下银行业企业文化建设的目标和体系

在“文化强国”战略的指引下，“中国文化”必然走向世界，成为中国道路和中国经济的支柱力量。这既是挑战，又是机遇。必然要求银行业企业文化符合潮流和趋势，不断创新，追求卓越，才能实现银行业企业文化的大发展。

在“中国文化”模式下，银行业要具有世界一流的企业文化要素，高效的运行体系，完善的传播渠道，以及驱动转型成为产业文化的机制。也就是在企业文化内涵从价值观念、经营准则、经营作风、企业精神、道德规范、发展目标等原有基础上再融入新闻宣传、品牌管理、文化产业等新元素，构建“愿景体系、标识体系、产业体系、故事体系、典型体系、品牌体系”组成的“六个体系”。

愿景体系，让全员奋进。对银行而言，愿景就是为办成什么样的银行、带出一支什么样的队伍而制定的目标体系。它反映了银行的价值理念、发展目标，体现了银行的责任和使命。确立符合银行实际的追求愿景，可以为银行发展提供强大动力。

标识体系，让客户熟知。银行标识是企业文化的外在集中体现，是一个银行区别于其他银行的一种形象符号体系。因此，企业文化一定要有自己的标识。好的标识能为企业文化锦上添花。可以说，越简单、越具有文化内涵的符号越能打动人，越容易让人认识并记住。

产业体系，让实力彰显。产业是企业文化的有效载体。一个银行不仅要开展传统的企业文化活动，而且能够出文化精品，以最大限度地调动员工参与，给员工带来快乐的同时增强银行的软实力。通过打造具有“五个一工程”水准的文化产业体系，把企业文化转化成为现实的生产力，让文化成为银行利润的增长点。

故事体系，让社会感动。理念的东西只有通过通俗化的故事才能吸引人，高深的东西只有通过深入浅出的解说才能说服人。毛泽东同志所讲的愚公移山故事，让亿万人民记住了做事要坚忍不拔、排除万难，去争取胜利。因此，银行的核心价值观念要通过能够感人的故事来展现。故事不仅要讲给员工听，更要传播给客户听，这样才会赢得客户认同。

典型体系，让员工信服。榜样的力量是无穷的，典型是最有说服力的。树立一个好的典型，可以使员工学有榜样，起到引领带动作用。因此，树典型是银行企业文化建设中的重要内容。它不仅可以展示银行所倡导的价值理念，使员工明确方向、坚定信念、不懈追求，而且能够激发员工的创造活力，为银行发展壮大献计献策。

品牌体系，让客户满意。产品只能满足客户的理性需求，而品牌体系要解决的是满足客户情感和文化需求。品牌中最重要的是服务品牌，它实质上是企业文化的结晶。从一定意义上说，银行提供给社会的主要是产品与服务。通过服务品牌，不仅可以增加产品的可信度，而且可以展示银行独特的精神风貌。

（二）“中国网络”模式下银行业企业文化建设的机遇和挑战

在互联网的快速发展和“宽带中国”战略推进时，各家银行都在加快推进战略转型，探索实施综合化经营和差异化竞争的发展战略，创新尝试走“跨界、跨业”的经营之路，这将成为提升银行竞争力的必然选择。由此可见，研究网络时代银行经营管理的变化与企业文化建设是银行业务发展的需要。

网络创新改变商业模式，跨界经营终将打造“全能”版本。大家经常听到一句震撼的话：“移动公司发展了这么多年，今年才发现，原来腾讯才是他们最厉害的竞争对手!”最彻底的竞争是跨界竞争。移动收费的主营业务，而“跨界者”进入时实行“免费”，因为他不靠这个赚钱。面对阿里支付宝对银行的冲击，建设银行推出了“善融商务”，提出了以企业级姿态实施电子银行战略，也是银行业跨界发展的一个鲜活案例。

跨界者从来不专业，其创新能力以前所未有的迅猛，从一个领域进入另一个领域。门缝正在裂开，边界正在打开，传统的金融业、广告业、运输业、零售业等，都可能被逐一击破。放眼网络世界，一个个更便利、更关联、更全面的商业系统，正在逐一形成。分离的，是那些大企业的家业；综合的，是新的商业模式。机场，能不能成为一个娱乐场？可不可以成为最重要的社交中心？这些，都似乎不再遥远。微信只是一个萌芽，摇一摇的背后，人们正在从家庭、办公室走出来，进入一个极大的、广阔的社交需求时代。互联网和移动技术正将信息革命推向崭新水平。现在大数据、云计算、微信等，其蕴藏的巨大力量使我们都不敢想象。未来十年，数据重构商业，流量改写未来，旧思想渐渐消失。大数据时代，云计算的发展，一切都在经历一个推倒重来的过程。谁不转型，谁就在未来失去生存能力。这既是挑战，又是机遇。

面对风起云涌的网络创新，银行企业文化建设只有与时俱进，创新发展，丰富内涵，才能永葆企业文化的活力。在设计企业文化体系时，要将网络纳入规划的范畴，统筹考虑，全面设计，特别是在宣贯上既要高度重视网络力量，更要自觉示范引领，确保不放弃不遗漏每个网络工具，为银行战略提供更清晰、更强力的文化支持。

（三）“中国媒体”模式下银行业企业文化建设的创新和展望

随着新媒体的快速发展，未来的“中国媒体”模式将是主流媒体和新兴媒体共同发展的时代。以互联网技术革新所推动下的媒体变革，我国已进入“人人都是通讯社、个个都有麦克风”的新兴媒体时代。最新数据显示，中国微博用户规模为3.09亿，手机网民数量达4.2亿，网民总数已逼近5.64亿。

新兴媒体时代是一个“自我”的媒介时代，典型化的受众角色由被动向主动（主角）的革命性转变，个性化的自我参与、自我表达、自由发声、互动演绎，使得信息流在这样一个全新的时空领域中得到最彻底的释放和交融。通过玩转手机，按动拇指，点击快捷键，就可以在瞬间转发微博、张贴博文、微信互动、转帖发帖、视频上传。也正是基于这种开放性、交互性、便捷性、简易性等技术创新条件的支撑和有效传播链的自由构建，新兴媒体正全方位地将社会大众带入信息和新闻事件的收集、整理、报道、分析、点评和传播的全部过程之中。

传统模式下银行习惯了与主流媒体打交道，善于以主流媒体为载体开展企业文化工作。但对新兴媒体还不掌握、不适应，存在着许多畏难思想和观念。这是挑战，更是机遇。

面对这一大潮与趋势，要切实认清媒体“人人化、自由化”的特点，高度重视员工这支新兴媒体的重要力量，把握规律，立足内部，全员参与，激活新兴媒体下企业文化建设的新领域。因此，在“中国媒体”模式下，银行企业文化要善于借助员工力量时时刻刻“好声音”，而且员工参与人数越多、水平越高，就会为银行带来更广泛的社会效应，其价值创造力不言而喻。

面对这一大潮与趋势，银行要构建新兴媒体下全员建设企业文化的新理念、新机制，引领全员在思想观念上主动打通主流媒体和新兴媒体这两个舆论场。要积极建构全媒体、全方位、立体式的舆论宣传与企业文化建设新格局。要系统建立全员的媒体培训制度、媒体议题应对制度、媒体企业形象宣传制度、媒体广告与品牌推介制度等，大力推进媒体企业文化建设力度，不断增强新媒体的应用操作能力、舆情分析研判能力和网络互动、舆情引导和形象品牌推广能力，打造“中国媒体”模式下全员“讲银行好故事，传银行好声音”的企业文化建设新优势。

功崇惟志，业广惟勤。新时期银行业企业文化建设的大潮与趋势，就是社会主义文化大发展大繁荣的大潮，是“文化强国”战略提升“两个”文明大发展的趋势。在“中国文化”、“中国网络”、“中国媒体”新模式下，银行界要携手共进，筚路蓝缕，创新不止，为新时期银行战略愿景输送源源不断的精神动力和思想宝库，以“中国奇迹”努力开创我国银行业向“文化管理、文化兴行”成功转型的崭新局面。

关于建设银行发展互联网金融的探讨

江西省分行课题组

一、互联网金融对传统商业银行的挑战

互联网金融引发的技术脱媒、渠道脱媒、信息脱媒、客户关系脱媒正在逐步削弱着银行传统金融中介功能，挤压银行的生存空间，银行业逐步沦为互联网产业链的末端，仅提供后台支持服务。具体表现为以下几方面：

在客户服务领域，商业银行的传统服务模式面临考验。互联网金融颠覆了银行原有的以单个客户为目标的服务模式，考验着金融企业对于整个产业链客户群的整体服务能力。

在支付领域，商业银行的主体地位受到挑战。近年来互联网巨头们抓住互联网金融领域的商机，依托支付平台衍生的网络生态链、海量交易数据、灵活商业模式，开发了新型支付工具，挑战银行在支付活动中的核心地位。在国际结算领域，第三方支付公司的跨境结算已介入。

在国内结算领域，快钱已进入；国际汇兑，阿里巴巴已实现了境外买家向境内卖家支付；中间业务，快钱等已介入基金和保险平台代销业务。2012 年，阿里巴巴旗下淘宝和天猫交易额突破 10 000亿元，几乎与银行支付规模持平。而在第三方支付市场中，“支付宝”已然一家独大。

在服务领域，银行传统信贷业务和中间业务都面临新的竞争。2012 年“阿里小贷”开始在江浙沪试点，今年已推广到全国。腾讯、京东、苏宁、华为等互联网企业纷纷试水金融业务，推出各种小额信贷和链金融服务。据不完全统计，目前全国网络借贷平台已超过 300 家，2013 年以来全行业的成交量高达 200 亿元。

二、建设银行开拓互联网金融的策略

面对互联网金融的快速发展，传统金融行业正在感受到前所未有的压力与挑战，建设银行应当高度重视和积极应对互联网金融的挑战。

（一）以互联网企业的思维方式和理念，加快转型步伐

应对互联网金融的挑战，建设银行必须以互联网企业的思维方式和理念，加快转型步伐，一是要加快战略转型，重塑优势，弥补劣势；二是要在经营理念、组织架构、管理流程、运营模式、IT 架构等领域进行全面调整和深度整合，融入新技术、新生活和新商业模式。二是要通过提供全方位、多功能、差异化的金融服务，吸引、巩固客户，优化客户结构，扩大市场份额。三是要加大创新力度，拓宽服务形式，大力发展电子银行、消费金融等战略新兴业务。

（二）通过业务创新，进行结构转型

互联网金融的迅猛发展，尤其是互联网理财的崛起，倒逼银行转型“云银行”。因此对于商

业银行来说，是否及时进行结构转型将成为赶超竞争对手的决定因素。具体到建设银行来说，主要通过业务创新，进行结构转型。同业的光大银行依托自身银行的结算优势开发金融服务开放平台，开放平台从自身的优势业务领域切入，探路"另类"金融开放平台。就很有借鉴意义。

目前建设银行的优势主要体现在保持价值创造能力、成本管理能力领先同业，资产质量、流动性等关键指标稳定。建设银行自身传统优势主要体现在"三大一高"的大行业、大系统、大城市领域。建设银行的业务创新应该紧紧围绕自身的传统优势领域以及所擅长的业务开展，结合互联网发展的趋势和特点，开展具有自身特点并且满足用户交易习惯的产品。在保障支付安全的基础上尽可能地简化支付流程，加强与同行之间的合作关系，充分发挥优势，提升市场占有率。

（三）要借助互联网技术做银行，银行服务已迈入微信时代

作为当前最火热的移动互联网社交平台之一，微信用户数目前已达4.5亿左右。随着微信用户人数的上升，微信银行逐步成为互联网金融的新战场。

2013年4月，招商银行高调推广"信用卡微信"服务，随后又率先推出了微信银行。与此同时，中信银行亦宣布其微信银行"包打听"正式上线，平安银行2013年10月12日正式推出"贷贷平安商务卡"微信服务平台，标志着平安银行成为国内第一家向小微企业客户推出微信金融服务平台的银行。光大微信银行2013年10月15日宣布微信银行正式上线，首期即可提供300余项生活缴费服务。浦发银行首推微信银行闪电理财功能。

在移动金融快速发展之际，建设银行率先推出"建设银行电子银行"微信公众账号，成效显著。截至目前，建设银行微信银行的存量客户达202万户，其2014年累计交易金额更突破167万元。但是对于微信银行，建设银行还应完善其服务内容和客户体验，精心设计微信平台。在为客户提供微信金融服务的同时，建设银行还应尽快超越第三方机构，着眼建设更高层次的竞争平台，即建设以"微信金融+微信生活"为核心的全方位的金融综合服务平台，让客户不仅能在该平台上办理各类银行业务，还能实现消费金融领域的移动支付。要将微信打造成为一个全方位的线上金融服务平台。

（四）加快电商领域的投资力，做大做强全渠道电子商务服务平台——善融商务

随着互联网和信息技术的飞速发展，电子商务已成为一场划时代的商业革命，引发了居民生活消费、企业生产经营和社会商贸流通的深刻变革，颠覆了传统建设银行赖以生存的经营环境，促使银行经营模式和经营理念的转型与创新。

同业中各大银行纷纷试水电子商务服务平台，2012年，交通银行"交博汇"、中国银行"云购物"平台先后上线，2013年4月，中国农业银行推出了"E商管家"。2013年12月，兴业银行拟筹建独立电商公司，推出互联网理财品牌——"钱大掌柜"，依托其银银平台搭建的合作网络，引进移动互联网基因并整合线上线下资源，布局互联网金融。

面对电子商务发展的日新月异，建设银行2012年及时推出全渠道电子商务服务平台——"善融商务"，效果明显。2013年半年报显示建设银行的"善融商务"电子商务平台注册会员数突破150万，交易额近百亿元，融资规模达到数十亿元。目前对于"善融商务"来说，应该尽快改进与完善经营机制。因为在"善融商务"整体架构当中，电子银行部是牵头部门，负责系统开发、平台建设、功能体验的改善、客户需求的反馈等推进工作；同时，还涉及该行公司部、小企业部、个人信贷、信息技术等部门的配合，各地分行则承担了平台商户的拓展工作。在银行体系内，以分散配合的方式推进电子商务平台的建设、推广和运营，还需要提高效率与效果。同时还要把握电子商务与传统的银行运营在决策机制、前中后台协作要求、人员团队配置乃至团队文化上的差异。

（五）应强化精准营销，努力形成规模优势

电商平台营销不同于银行传统产品，建设银行要针对平台特点开展精准营销。一是把握先机，快速覆盖市场。要充分利用电商平台嵌入企业经营管理的流程化竞争优势，发挥网点众多覆盖面广的市场优势，建立快速响应机制，把握先机，迅速批量地扩展客户群，形成规模优势，有效占领市场；二是深度拓展，实施链式营销。这是基于价值创新的一种全新营销模式，即在充分关注客户的需求特点和经营特点的基础上，创新服务方式、革新业务流程，结合建设银行在“三大”（大行业、大系统与大城市）方面的客户优势，以企业的信息流、物流为主要跟踪链条，深度拓展现有客户的业务潜在需求，以产业链条中的核心大客户为突破口，展开链式营销，推出全方位、一体化的综合金融服务，为企业提供全过程的“一揽子”解决方案；三是强化培训，开展专业营销。以专业的电商营销团队对企业管理层开展营销和服务。

（六）不断完善金融服务，实现电子商务和金融服务的深度融合

和国外互联网金融发展情况不同，中国的互联网金融是由电商企业在做，这也说明银行在消费者服务方面存在缺失。因为要适应客户不断变化的习惯和需求，依托互联网金融的特性，金融业务必然要不断地推陈出新，其本质始终在于提供更优质的银行服务。目前，招行推出小企业融资平台“小企业 e 家”的投融资平台。平安重磅推出“移动小微银行”，浦发银行发布“电商通 2.0”，全面升级该行服务小微电商企业的能力、手段和范围。

面对互联网企业与同业的竞争压力，建设银行要通过不断完善流程化电商平台，打造以网上交易为主导、以金融服务为特色的“电子商务 + 金融服务”平台模式，为 B2B 企业客户提供产品信息发布、在线交易、支付结算、分期付款、融资贷款、资金托管等全方位的专业服务，实现电子商务和金融服务的深度融合。重点从服务小微企业入手。围绕小额化、标准化、专业化，初步建立了促进小微企业业务健康发展的长效机制，“一链一圈一平台”的客户群批量营销模式。

（七）推进“大数据”技术的应用，充分挖掘数据的价值

银行业的虚拟化、数字化已成为现实，大量有价值的市场和客户信息被蕴含在数据当中。谁能够充分挖掘这些数据的价值，了解客户行为的习惯和背后的动机，谁就可以更好地为客户服务，掌握竞争的主动权。据 21 世纪经济报道 10 月 1 日消息，近日，光大银行依托银行结算优势开发金融服务开放平台，以银行做电商的思维，积累客户以进行大数据分析，关键的是其开放平台是从光大银行的优势业务领域切入。

对于建设银行而言，战略抉择就是大力推进“大数据”技术发展。“大数据”是一种新的数据分析与运用技术，是在现代信息技术发展基础上对海量信息数据进行分析运用的技术方法，具有显著优于传统数据分析方法的精确性和对重要细节信息的发现、挖掘和利用能力。将现代信息技术引入和应用到银行经营运作的相关环节，实现由信息管理辅助或替代人工管理的过程，强调现代信息设备、工具和技术在银行经营中的应用，依靠信息来组织与统筹银行的经营管理，是银行运营管理模式的一种革新，具有运营集中、系统整合、信息共享和数据挖掘的特征，能促成传统业务拓展和经营管理模式的彻底转型。

三、互联网金融监管政策及相关风险

随着“余额宝”规模突破 4 000 亿元，将互联网金融纳入监管成为一大焦点。余额宝等互联网金融是值得肯定的金融创新，但互联网金融目前缺乏有效的监管措施，相比于银行多年发展的安全正规，仍然存在许多风险。目前银监会已上报国务院互联网金融监管方案。在大力推动普惠金融战略的背景下，有关互联网金融和民间金融的监管新规有望出台，一些创新的互联网金融业务将被纳入“正规军”，而不少处于发展瓶颈期的类金融行业如小贷公司也将被推入发展的快车道。同时，监管层发文规范影子银行的“107”文件，互联网金融也被纳入其中。

目前互联网金融有效监管措施的缺乏，也增加建设银行发展互联网金融的风险。而互联网金融的风险大主要体现在：一是信用风险大。目前我国信用体系尚不完善，互联网金融的相关法律还有待配套，互联网金融违约成本较低，容易诱发恶意骗贷、卷款跑路等风险问题。特别是 P2P 网贷平台由于准入门槛低和缺乏监管，成为不法分子从事非法集资和诈骗等犯罪活动的温床。去年以来，淘金贷、优易网、安泰卓越等 P2P 网贷平台先后曝出“跑路”事件；二是网络安全风险大。我国互联网安全问题突出，网络金融犯罪问题不容忽视。一旦遭遇黑客攻击，互联网金融的正常运作会受到影响，危及消费者的资金安全和个人信息安全。因此，建设银行在大力发展互联网金融的同时更要注意防范风险。

金融支持武汉建设国家中心城市的挑战与对策建议

湖北省分行课题组

2012 年，武汉市正式宣布加入到建设国家中心城市的行列中。武汉建设国家中心城市有着得天独厚的优势，但是也面临着诸多严峻的挑战。金融作为经济的核心，其对于助推武汉建设国家中心城市的重要性不言而喻。如何充分发挥金融在建设国家中心城市中的作用，成为武汉金融从业者和金融监管者必须认真思考的课题。

本文在结合国际先进城市建设过程中历史经验的基础上，总结了国家中心城市内涵、功能及演进规律，提炼了金融支持对于国家中心城市建设的作用机制。接下来，在客观分析武汉建设国家中心城市的优势、面临的挑战的基础上，重点剖析了金融支持武汉建设国家中心城市的主要制约因素和障碍，提出了加快金融支持武汉建设国家中心城市的对策建议。

2012 年 5 月 18 ~ 20 日，温家宝总理【国务院主要领导．下同】到湖北考察工作，在听取湖北省的工作汇报后，温家宝【国务院主要领导】明确表示，要大力支持武汉建设国家中心城市。2012 年 6 月，武汉市政府正式宣布武汉建设国家中心城市进入全面推进阶段。2013 年 3 月 7 日，中共中央政治局常委、国务院副总理李克强参加十一届全国人大五次会议湖北代表团审议时，武汉市委书记阮成发同志在历举武汉优势的基础上表示，武汉有基础、有条件、有决心、有信心成为中部的国家中心城市，吁请国家进一步支持武汉建设国家中心城市。武汉建设国家中心城市已经成为武汉市当前经济社会发展中一项重大任务。作为金融从业人员，我们需要客观分析金融支持武汉建设国家中心城市中面临的挑战，努力消除和化解影响金融支持的各项不利因素，充分发挥金融支持的作用，更好地助力武汉的经济社会发展，为武汉建设国家中心城市添砖加瓦。

为了充分借鉴国际国内建设国家中心城市的领先经验，本文在总结国家中心城市发展规律的基础上，客观剖析武汉建设国家中心城市的优势、面临的挑战，重点分析武汉所面临的金融支持方面的制约因素和不足，提出金融支持武汉建设国家中心城市的措施建议。

一、国家中心城市的内涵、发展规律

（一）国家中心城市的内涵

所谓国家中心城市，就是在全国具备引领、辐射、集散功能的城市，这种功能表现在政治、经济、文化诸方面。2010 年 2 月，国家住房和城乡建设部发布的《全国城镇体系规划》明确提出建设五大国家级中心城市，分别是环渤海地区的北京市和天津市、东部地区的上海市、华南地区的广州市和中西部地区的重庆市。从字面理解，“国家中心城市”似乎带有一定的行政色彩，是一国范围内主导国家经济社会发展的核心城市。其实，国家中心城市更多涉及的是城市职能（功能）、城市在国家的地位与作用等城市核心要义。在全球化的背景下，Friedmann 于 1986 年提出了到目前为止最为经典的世界城市理论，他首先认为全球化时代的城市可以被看做跨国公司在管理全球劳动配置与分工中的控制中心，由此将地方与全球经济整合起来，在这种整合的过程中，新的国际劳动分工决定了城市的功能和城市体系的结构。

西方国家的中心城市通常指在一组相互接近、联系密切、不同规模的城镇群体中，一两个规模最大或位置适中的城市，它们在经济、社会、文化等方面发挥主导作用。中心城市是经济区域内生产和交换集中的地方，对周围地区可产生较强的经济辐射作用，它们承担着组织和协调区域经济活动的特殊作用。

国家中心城市代表一国最高的城市发展水平，是联系国内外的重要端口和关键门户，代表国家最高端城市参与国际竞争与合作。因此，除了功能性特征外，象征性、标杆性、示范性等是国家中心城市的外延。为了更明晰了解国家中心城市的作用和功能，参考城市地理学中“城市体系”分析视角，对国家中心城市及与其相关的一组概念进行横向对比分析（见表1）。

表1　　国家中心城市与其他城市的比较

城市类别	全球城市	洲际中心城市	国家中心城市	区域中心城市
定义	世界发展水平最高的城市	跨洲际城市发展顶级水平的城市	国家最高城市发展水平的城市	区域性最高发展水平的城市
举例	伦敦、纽约、东京	巴黎、新加坡、芝加哥、巴塞罗那	里昂、慕尼黑、北京、上海	武汉
功能	全球金融、贸易、信息、控制、协调、高端服务中心	跨洲际区域经济、政治和经济文化中心	国家经济、文化、教育中心，国家经济增长极	地区性经济、行政、文化中心，地区经济增长极
产业结构	最高端生产性服务主导，第二产业很小，几乎没有第一产业	生产性服务业主导、第二产业较小，第一产业很小	生产性服务业和先进制造业主导，第一产业比重较小	服务业和制造业并举，第一产业占一定比重
中心—腹地关系	等级扩散	等级扩散多，传染扩散少	等级扩散少，传染扩散多	传染扩散

需要说明，各类型城市也存在一定程度的交叉性，这里只是试图对复杂的城市—区域关联进行简单的刻画，反映一些基本的城市演化和发展倾向。四组城市可能因为城市功能的变更而发生城市位序上的更迭，一旦“国家中心城市”的中心性功能愈渐强化，对跨洲界的广大地区经济和社会发展产生重大影响，便可以升格为“跨洲型国际性大都市”；反之，如果“国家中心城市”在激烈的全球城市竞争中处于不利位置，原有优势日渐丧失，降格为“区域性中心城市”，其位置可能被取代。简而言之，国家中心城市具有内、外两项基本职能。对内，它是一国城市最高发展水平的代表，在经济发达、社会进步、文化繁荣等方面引领国家发展，是一国的“首善之区”。对外，它是一国参与全球经济循环的主要载体，是国家和地区经济全球化过程的重要平台，起着衔接国家其他城市和地区与世界联系的桥梁、纽带作用。

（二）世界各国国家中心城市的类型

根据经济区位和政治区位的优越性差异，可以对国家中心城市进行不同的分类，大致可以划分为沿海首都型、沿海非首都型、内陆首都型和内陆非首都型（见表2）。

表2　　以区位划分的国家中心城市

城市类型	沿海首都型	沿海非首都型	内陆首都型	内陆非首都型
发展特点	以行政中心和交通枢纽形成的国家中心城市	以空间区位和港口贸易直接发展而起	由行政中心和交通枢纽发展而起	由内河航运、铁路枢纽发展而起

续表

城市类型	沿海首都型	沿海非首都型	内陆首都型	内陆非首都型
代表城市	伦敦、东京、首尔	纽约、上海、圣保罗	莫斯科	芝加哥、慕尼黑
所在国家特性	沿海，国土面积小的岛国	海岸线长，国土面积大	内陆型国家居多，与国土面积关系不大	国土面积大，具有广阔腹地的国家

从国际经验来看，以沿海首都型和沿海非首都型成长为国家中心城市居多，但在内陆面积大的国家，在其广阔的内陆腹地仍有国际中心城市的出现，德国的法兰克福、慕尼黑和美国的芝加哥。德国现代化经历了100多年，国际化程度最高的城市不是沿海城市而是内陆城市，法兰克福是欧洲最重要的经济中心，他的地位仅次于伦敦、巴黎。慕尼黑是德国南部的工业城市，拥有非常高端的工业，包括汽车制造业和先进的高新技术产业等。

区位优势是众多国家中心城市的共同特点，但并不一定是决定性优势，从芝加哥和慕尼黑等城市的发展经验看，以高新技术等先进制造业和商贸服务、金融、会展旅游为代表的生产性服务业才是城市成长高度的真正决定因素。

（三）国家中心城市发展规律

世界上具有重要影响力的城市的成长途径和发展经验，包括转型过程中城市职能定位、产业与空间转型升级、都市圈发展等方面的政策选择，为武汉建设国家中心城市提供经验借鉴。

1. 国家中心城市产业结构变迁规律。根据国际经验，国家中心城市的建设伴随着城市功能的变迁，而城市功能的变化很大程度上体现在城市主导产业的变迁。概括而言，国家中心城市产业结构变化大致有4个主要阶段：农业向制造业转型（工业化）、制造业主导向服务业主导转型（服务业化）、传统服务业主导向现代服务业主动转型（服务业务高端化）、资本驱动向创新驱动转型（创新发展）。

表3　国家中心城市发展阶段特征

成长阶段	区域中心城市	国家中心城市	世界城市	
转型过程	工业化	服务化发展	服务高端化	创新发展
沿海首都型	东京（19世纪后半期到20世纪上半叶）；伦敦（19世纪中后期）	伦敦（19世纪中期到20世纪60年代）；巴黎（20世纪70年代末）；东京（1920—1960年）	伦敦（20世纪60年代到20世纪90年代初）；巴黎（20世纪后期至21世纪初）；东京（1960—2000年）；新加坡（20世纪80年代）	伦敦（20世纪90年代中后期至今）；东京（21世纪初至今）；新加坡（21世纪初至今）
沿海非首都型	纽约（19世纪中叶后期）	纽约（19世纪后期到20世纪70年代）	纽约（20世纪80年代至20世纪末）	纽约（21世纪初至今）
内陆非首都型	芝加哥（19世纪中后期）	芝加哥（20世纪中期到20世纪70年代）	芝加哥（20世纪80年代到21世纪初）	芝加哥（21世纪初至今）

以纽约为例，20世纪70年代，纽约开始了制造业大量外迁的现象，并由此引发了历史上最为严重的财政危机，纽约通过顺应知识经济发展的规律，大力发展金融、保险、管理咨询等对人力资本及知识资本要求较高的生产者服务业。经过几十年的发展，生产者服务业就已经成为纽约的主导产业，全球超过一半的最有影响的证券公司、投资银行汇集于此，50多家全球财富500强

企业总部设在纽约，超过50%的就业人口集中在金融、保险、管理咨询等生产者服务行业。因此，20世纪70年代的产业结构变迁为纽约持续成为全球首屈一指的国际大都市奠定了最为坚实的基础。

2. 各国国家中心城市产业结构特点。纵观各国中心城市可以发现，第三产业中高端服务业比重高。纽约、伦敦、东京等国际大都市第三产业比重超过了70%，并且主要集中在金融、保险、管理咨询等高端服务业领域。纽约、伦敦的金融保险与房地产业的比重均超过了30%。有资料显示，伦敦的外国银行数达到了接近500家，拥有130多家外国证券公司、120多家外国保险公司，还有100多家的国内银行。而全美最大的6家商业银行总部设在纽约，世界最大的10家证券公司中的6家总部设在纽约。东京、巴黎、新加坡等国际金融中心的外国银行数都超过100家。

由于金融机构天然具有资源集聚的作用，因此通过大力发展金融等高端服务业，不断强化资源集聚功能，带动商务服务业、法律服务业、财务会计、审计等高端服务业的发展。

（四）世界各国国家中心城市具备的条件

国家中心城市的科学发展实力就是国家中心城市实现经济社会全面协调可持续发展的基础、能力、水平和质量的总和。国家中心城市科学发展实力主要包含以下要素：

——综合经济实力，是指国家中心城市在一定时期内经济发展的综合水平和在国家主要经济区域内外优化配置资源的能力。

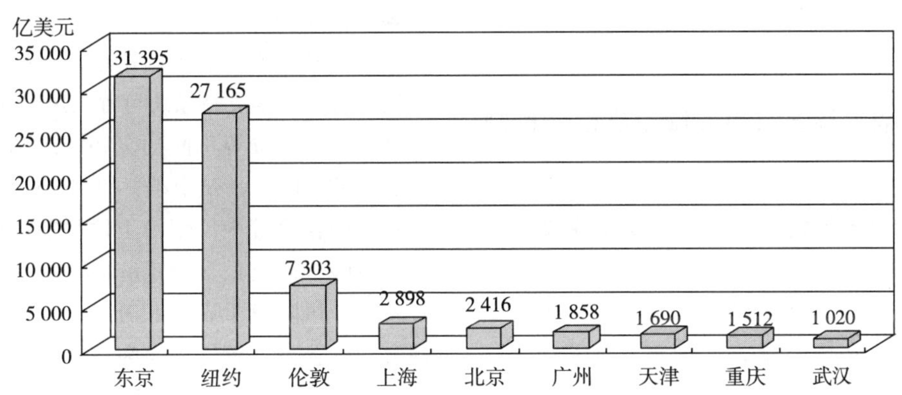

注：东京、纽约和伦敦是大都市圈概念。

数据来源：《Global MetroMonitor Volatility, Growth, and Recovery 2011》和中国各市统计公报。

图1　2011年各国中心城市的经济实力对比

——创新能力，是指国家中心城市科技创新能力、文化创新能力、体制创新能力、环境创新能力等的综合体现。

——可持续发展能力，是指国家中心城市的综合承载力和在经济社会发展与人口、资源、环境相协调前提下实现城市永续发展的能力。

——公共服务和社会治理能力，是指国家中心城市公共资源、公共服务满足城乡居民日益增长的物质文化需要的能力和发展民主法制、实现公平正义、建设法。治社会、促进社会和谐的能力。

——文化软实力，是指国家中心城市由其历史文化积淀、精神文化品质、文化创新能力和市民素质等综合形成的竞争力。

——国际竞争力，是指国家中心城市和综合性门户城市代表国家参与国际分工、合作与竞争的能力。

真正意义上的全国中心城市，至少具备三大指标：一是经济总量；二是经济外向度，城市开放程度，其中包括一定数量的跨国公司、外国领馆，如重庆拥有7家外国领事馆，上海更是多达70家，而武汉目前为3家；三是拥有一定数量的国家级平台，如国家东湖自主创新示范区、国家级综合物流保税区等。成为国家中心城市，必须在经济、城建、城市管理、文化乃至市民文明程度等软硬件上都要有强大示范效应，代表国家形象、参与国际竞争。

（五）国家中心城市的功能和途径

国家中心城市除了具有一般城市的普通功能外，还有其更为特殊的功能，即能带动区域扩张，形成具有较高城市化水平和多层次、多功能的城市群；能通过聚集和扩散效应以及创新动力推动国家中心城市自身和与之相联系的城市乃至国家经济的发展。具体地说，国家中心城市的功能主要有：一是集聚功能，主要表现在集聚人口、集聚资金、集聚技术、集聚企业，能够产生规模集聚效应，提高经济效率；二是辐射带动功能，主要表现在生产要素的扩散、产业的扩散、精神文明成果的扩散，有利于实现区域协调发展、促进经济中心城市自身的进一步发展；

三是创新功能，表现为观念的创新、科技创新、经济制度和机制的创新；四是价值创造功能，表现为价值增值能力、产业的高附加值能力等。

二、金融支持国家中心城市建设的机制分析

（一）金融支持提升国家中心城市建设的资源集聚功能

在国家中心城市的建设过程中，许多企业存在着诸多金融支持需求，这种需求主要包括：一是发展资金需求。企业发展是一项复杂性的长期活动，其不确定因素多，资金需求大。缺乏适当的融资渠道与平台而造成的资金瓶颈，已经成为我国大多数企业创新的重大障碍。二是流动性需求。企业日常付现成本和费用、到期债务清偿（包括借款、到期债券、各种应付款项、租金等）和近期现金支付交易事项等。特别是其中受契约约束的到期债务和费用额是其最迫切的流动性需求量。三是风险应对需求。由于企业经营的基础、难度和复杂性、外部市场等环境的不确定性以及企业自身能力的有限性决定了经营管理过程存在风险，需要企业有足够的资金来应对各类风险。金融支持系统的资源筹集功能就是通过开发设计一系列金融产品、金融工具，提供投融资服务，使资源能够汇聚到风险和收益最为匹配的行业和领域，提升了资源的配置效率，尤其为技术创新企业发展和城市自主创新提供充足的资金保障。

（二）金融支持提升国家中心城市建设的创新功能

技术创新过程涉及研发人员、风险投资基金、政府相关支持部门、商业银行、证券公司等很多主体。技术创新顺利进行及其实现的基本前提是相关主体对于技术的价值和价格有一个基本的认识和判断，并且在双方可以谈判接受的范围之内，而最终达成一致。真实的技术价格是在金融机构参与技术创新过程中通过竞争形成的。这种价格通过金融系统的其他组成部分向外界相关各经济主体传递，从而使这一“发现”的技术价格成为一种现实价格。这样，就为技术创新相关主体之间契约的达成奠定了重要基础，从而有力促进技术创新的顺利进行。

（三）金融支持提升国家中心城市建设中的风险分散功能

针对技术创新的不确定性，在中小科技型的不同阶段，金融支持系统可提供风险投资、私募、信贷、股权融资等不同的金融产品和工具，以分散和转移风险，满足中小科技型企业发展的需要。在技术创新过程中，创新主体往往难以独自承担全部风险，而金融支持系统的该项功能就是使得技术创新风险发生转移和分散，以达到在不同主体之间的合理配置，从而为技术创新的融资提供可行渠道，保证创新的成功。

（四）金融支持提升国家中心城市建设中的资源配置能力

企业的经济活动实质是一个包括经营方向的筛选确定、创业合作伙伴的选择、战略联盟对象的确定、融资方式选择、技术创新调整等的不断筛选择优的过程。所以，金融支持实体经济的内在机制之一，就在于金融系统能够对实体经济所经营的项目进行优选，择优汰劣。这个过程实质上就是以资金供求形式表现出来的资源优化配置过程。整个社会的资金在不断的项目筛选过程中，引导整个社会资源的优化配置和经济效率的提高。

（五）金融支持提升国家城市建设中的信用约束功能

经济主体在筹集到资金的同时，需要接受来自资金提供者以及金融市场施加的各种约束。一是来自股东的监督，包括风险投资者等在内的股东关心企业的经营状况和发展前景；二是来自债

权人的监督，包括商业银行等在内的债权人对企业的监督；三是来自资本市场的压力，企业经营好坏影响其金融产品的价格，价格高低直接关系到企业和投资者的利益；四是来自社会的监督，包括师事务所、律师事务所、资产评估公司等中介机构也对企业形成有力的监督。金融机构通过严格筛选和规范的操作引导各类与之有业务往来的经济主体珍视自身信用，逐步使得各类经济主体形成良好的信用意识、建立健全自身的信用保障机制，从而使得整个社会的信用约束力大大增强，信用环境得到快速改善。良好的信用环境会进一步吸引更多的金融资源汇聚于此，从而形成金融支持与信用环境改善之间良性的循环，为国家中心城市建设提供更为坚实的金融支持，促使企业改善经营管理，推动企业健康发展。

三、武汉建设国家中心城市的优势分析

加快建设国家中心城市、全面提升科学发展实力，武汉具备较强的区位优势、一定的物质技术基础、丰富的人力资源储备、深厚的历史人文积淀，以及重大战略契机和政策支持等方面的有利条件，但同时也面临着自身发展深层次矛盾、国内区域和城市的竞争、经济全球化特别是当前国际金融危机等方面的严峻挑战。

（一）宏观经济背景和政策支持是“天时”

“中部崛起”、武汉城市圈、两型社会、东湖高新国家级创新产业基地等成为中央支持武汉发展的重要内容。我国区域发展战略正由非均衡发展向均衡发展的方向转变。国家一系列重大战略决策，给予了武汉和武汉城市圈比较重要的定位。

一是国家主体功能区规划当中，中央确定武汉要成为国家中心城市，把武汉城市圈定位为国家中西部一个重大增长极。武汉承担着“两区一枢纽”的国家使命，即“两型社会”建设综合配套改革试验区、东湖国家自主创新示范区以及综合交通枢纽建设试点城市，这些全局性、先导性和战略性探索使命，奠定了未来武汉在国家发展大局中的重要地位。

二是促进中部崛起规划当中也提出沿长江经济带，武汉在长江经济带中居中心地位。国家“十二五”规划中，提出的沿长江中游经济带，毫无疑问武汉又是核心。在这一战略转变过程中，中部地区若干城市圈（群）的建设将是其中的重点。在“中部崛起”的良好环境中，武汉城市圈充分利用其优势条件，完全可以在中部地区实现率先崛起。建设一个经济一体化、充满活力的武汉城市圈，形成区域经济强劲的增长极，不仅会有力推动湖北新型工业化和全面建设小康社会的进程，也会切实促进中部地区的整体发展，实现“中部崛起”。

（二）区位优势是“地利”

从宏观发展大势来看，武汉具有建设国家中心城市的交通区位条件。武汉继成为全国航空铁路高速公路网枢纽后，又被确定为长江中游航运中心、国家综合交通枢纽建设试点城市，伴随“江海直达”、“保税园区”以及国际航空航线开辟，武汉已经开始从“九省通衢”发展为“九州通衢”。中部地区开始进入崛起阶段，长江经济带开发开放全面启动，为武汉建设国家中心城市提供强大的区域推动力。因此，瞄准国家中心城市定位，推进武汉新一轮大发展，是时代赋予武汉的历史使命。

在区位优势上，北京是祖国首都，是全国的中心和沟通国外的重要据点，是国内和国际最为重要的交通枢纽。上海依托长三角，有着优良的海港，是我国最知名的港口和商贸城市。广州背靠大陆，面朝东南亚，既可北上，又可南下，其地理位置十分突出。天津地处渤海湾，是华北地区最为重要的出海口。重庆是长江上游的航运中心，也是带动西部经济社会发展的桥头堡。武汉地处中国最中央，处“天元”之位，是中部交通枢纽和发动机，可辐射东西南北，具有“得天独厚”特色和优势，特别是发展内生型经济上，武汉的区位优势将变得更为明显和有利。

（三）丰富的人力资源储备是“人和”

科技转化为生产力已是世人不争的事实，武汉是我国重要的科教基地，科教综合实力位列全国城市前列，智力资源的优势比较突出。2012年，武汉普通高等学校79所，有7所大学进入国家“211”工程，在校研究生10.61万人。全市拥有政府部门属科学技术研究机构104所，国家重点实验室20个，国家实验室1个，国家工程实验室3个，国家级工程技术研究中心23个，国家级企业技术中心19个。两院院士58人。

武汉同时拥有3个国家级的开发区，其中，

东湖新技术开发区是继北京中关村后第二个自主创新示范区。全市拥有国家级孵化器15家，国家863计划成果产业化基地10个，高新技术企业819家，新增237家。

（四）较好的物质技术积累是“先机”

一是武汉在中部地区省会城市中经济总量规模最大，在中部地区最具有建设国家中心城市的物质基础。随着国家区域协调发展等战略实施，中西部地区一定会崛起新的国家中心城市。得天独厚的区位优势、历史地位、技术条件，使武汉成为最有希望冲击国家中心城市的中部城市。

二是近十年来武汉城市基础设施得到极大的改善，城市港口、车站、机场等重大基础设施建设上了较大台阶，这为下阶段加快建设国家中心城市提供了必要基础。实现大市场战略后，市场建设和发展使武汉市产贸云集、人气旺盛，这是华中地区其他城市远远无法相比的。

三是这两年国家为启动经济，采取各种措施，尤其是为扩大内需作出了加快城市化发展的战略决策，为武汉市经济发展带来新机遇。华中地区人口众多，目前城市化水平较低，其城市化发展潜力很大。城市化将带来巨大需求，城市基础设施建设、人口生活水平提高、生活方式转变都将产生巨大投资需求和消费需求。

四、武汉建设国家中心城市的挑战及其金融归因分析

武汉的区位优势明显，人力资源丰富，具有较好的物质技术基础，具备发展成为国家中心城市的条件，潜力很大。但是目前来看，武汉与北京、上海等国家中心城市相比仍然有较大的差距。

（一）经济总量偏小、人均GDP偏低，金融资源不足是重要引致原因

1. 武汉经济总量偏小、人均GDP较低。根据各主要城市经济总量初步核算情况，2012年上海、北京、天津、广州、重庆和武汉的GDP分别为20 101亿元、17 801亿元、12 885亿元、13 551亿元、11 459亿元和8 004亿元，武汉GDP仅为上海的1/3，不足北京的1/2，仅为广州的55%，天津的60.79%，重庆的60%（见图2）。这表明，与其他的国家中心城市相比较，武汉的整体经济规模还偏小，需要武汉挖掘未来的发展潜力，凭借新兴产业和后发优势，再加上一系列国家级的发展战略和支持政策，快速追赶先进城市。

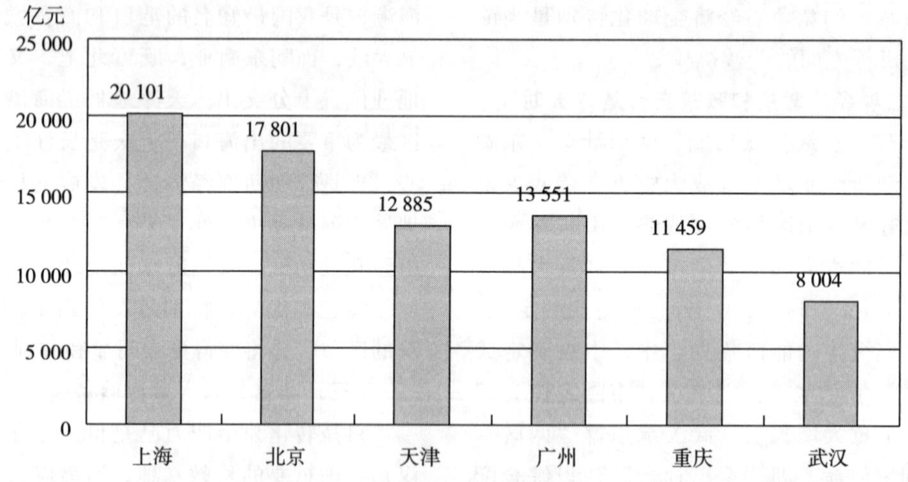

资料来源：根据各个城市发布的统计公报、年度经济通报数据整理。

图2 2012年全国各主要城市GDP情况

从人均可支配收入来看，上海、广州、北京、天津分别为40 188元、38 054元、36 469元和29 626元，而武汉仅有27 061元（见图3）。

2. 金融资源不足将制约武汉的经济总量和人均可支配收入。金融是经济的核心，现代经济的发展离不开金融资源的支持。国内外各类经济计量研究已经表明，金融资源是决定一个地区经济总量和人民富裕程度的重要因素。对于武汉而言，同样如此。相对于其他国家中心城市，武汉的金融资源明显不足。

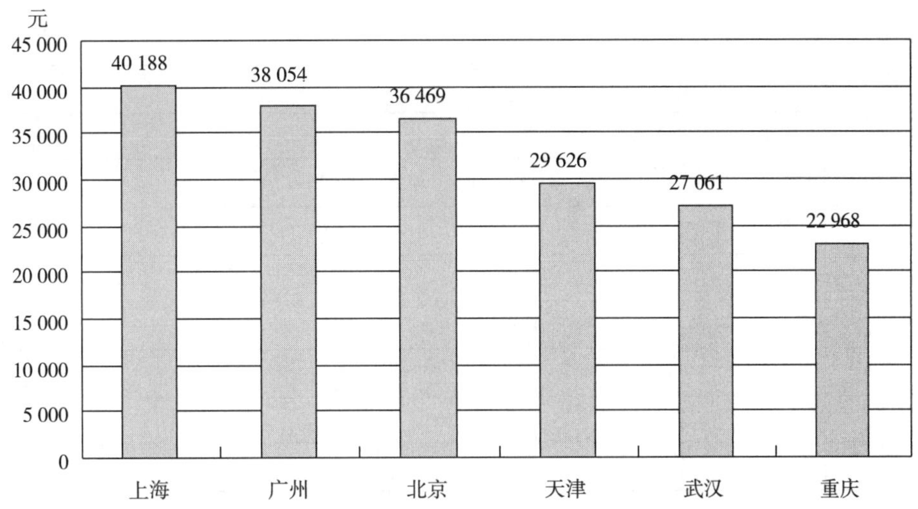

资料来源：根据各个城市的统计公报、经济数据快报整理。

图3　2012 年全国各主要城市人均可支配收入情况

表4 主要选取了存款总额、贷款总额、金融业增加值、金融从业人数四个指标来衡量金融对我国主要城市建设的支持程度。

表4　武汉与上海、北京地区金融指标比较

单位：亿元、万

指标	武汉	上海	北京
存款总额（2012 年）	13 132	63 555	84 837
贷款总额（2012 年）	11 576	40 982	43 189
金融业增加值（2011 年）	292	1 804	1 603
金融从业人数（2011 年）	3.77	22.11	25.80

数据来源：各城市 2012 年统计公报、《中国金融统计年鉴 2011》整理所得。

与发达城市相比，武汉地区存款总额仅为北京的 15%、上海的 20%；贷款总额仅为北京的 26%、上海的 28%，金融贡献度和金融相关率也相对较弱，金融业总体发展水平仍然有限。

同时，武汉金融从业人数仅为北京的 14.61%，上海的 17.05%，深圳的 41.43%，而且高端金融人才短缺，人力资源亟待优化。现代金融业服务技术科技化程度高，随着家庭银行、手机银行、网上银行等新兴业务的迅速发展，金融业经营模式逐渐从传统实体经营向虚拟网络经营发展转变，金融创新涉及领域广、知识面宽，具有集人才、技术、机构、网络、信息、资金和信誉于一体的特征，是金融领域的高技术产业，它需要一大批金融知识面广、业务能力强、实践经验丰富，既懂会计核算又会经营管理的顶级人才，没有高素质的人力资源队伍和硬件条件难以适应发展的需要。而武汉金融从业人员多是从传统业务中转移过来的，人员素质与实际发展需要之间存在一定的差距。

（二）经济结构不合理，金融结构失衡是重要引致因素

1. 武汉的民营经济发展不足，高新技术产业比重小、价值创造力不高

一是民营经济发展不足。武汉民营经济占全市经济的比重只有 41%，低于全省平均水平 7.5 个百分点，与东部沿海城市差距很大，宁波在 70% 以上，其他东部城市在 50% 以上。武汉民营经济仍然以传统第三产业为主，制造业发展不足，高新技术企业更少。个体服务业占全市个体户的 90% 以上，个体批发零售餐饮业占第三产业个体户的 80% 以上，民营工业增加值占民营经济总量的 25.2%。

二是高新技术产业比重小。2012 年，武汉市第三产业比重为 48.6%，显著低于北京、广州和上海，按照理论标准判断，武汉产业结构已经升级，但实际上工业化任务远远没有完成，产业结构是低水平、低层次的（见图 4）。根据相关资料显示，在工业方面，武汉规模以上传统工业产值与高新技术产值的大致比例为 68∶32，深圳为 43.5∶56.5。在服务业方面，武汉传统服务业与现代服务业比例为 48.5∶51.5，深圳为 32.5∶67.5。

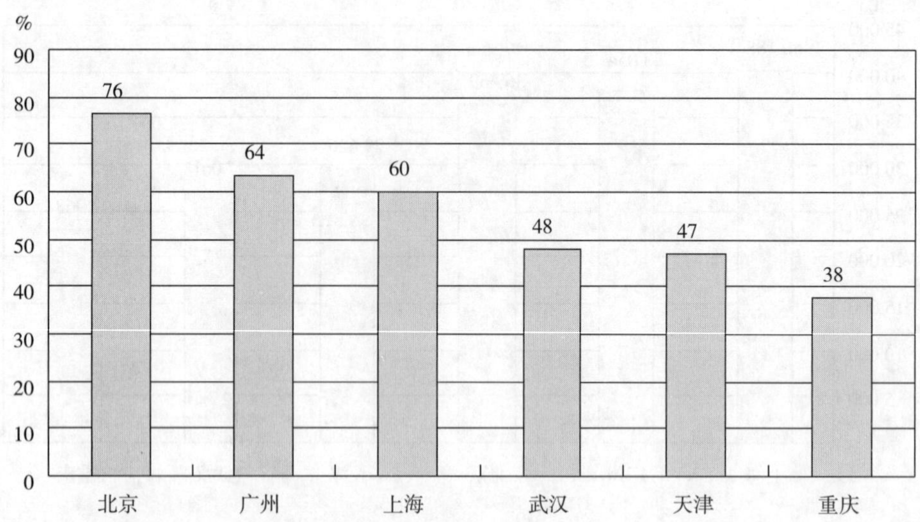

资料来源：根据各城市 2012 年统计公报数据整理。

图4　2012 年武汉和国家中心城市第三产业比重情况

三是高新技术企业价值创造能力不高。2012 年我市高新技术产业实现产值 4 556.0 亿元，比上年增长 32.1%，继 2011 年突破 3 000 亿台阶后，2012 年迈上 4 000 亿台阶；实现增加值 1 353.4亿元，比上年增长 26.0%。高新技术增加值占全市生产总值的比重为 16.9%，高新技术产业的发展速度明显快于全市经济的发展速度。但是从中小企业的发展潜力、企业上市后备资源的潜力来看，东湖高新区尽管为智力密集区，创新创业比较活跃，但是与中关村、深圳、杭州、苏州相比，仍存在巨大差距，与示范区的要求相差较大。东湖高新区的龙头企业、主导产业仍然是一些老企业、老产业，新面孔不多，符合上市的后备企业大约有 100 多家，整个高新区中小企业的发展潜力、企业上市的后备资源无法与先进地区相比。武汉开发区的高新技术企业人均创造收入位列上海、北京、天津、广州等城市之后，与重庆高新技术企业人均创造收入基本相同，这表明武汉高新技术企业价值创造能力还较弱，整体实力有待加强。

2. 金融结构单一制约了民营经济和高科技产业的发展。

一直以来，武汉银行类金融机构的资产总额在金融机构资产总额中的占比很高，货币性金融资产占比要明显高于有价证券（股票和证券）和保险资产的占比，证券、保险、信托、租赁、财务公司等非银行金融机构的发展明显不足。2011 年企业直接融资规模只占企业融资总额的 12.41%，间接融资比例在 87.59% 以上，直接融资和间接融资表现出了明显的结构失衡。2011 年，武汉直接融资中，股票融资 154 亿元，债券融资 192 亿元，与发达城市的融资情况差距较大。另外，在债券市场上，债券种类主要是国债和政策性金融债，政府行为对债券融资结构影响明显。这些都说明武汉非银行金融机构相对于银行金融机构来说发展相对滞后，金融产业结构相对单一。

单一的金融机构类型无法满足处于不同生命周期的企业和产业的金融需求。武汉的民营企业大多数仍然处于创业期，资金需求较为旺盛，但是风险较高，以银行为主体的金融机构往往只能解决其中风险相对较小企业的资金需求，而无法满足大多数企业的资金需求。

科技型企业从初创到成熟的成长过程，通常分为种子期、创业期、成长期和成熟期四个阶段。处于不同阶段的企业的资金需求特点和强度、资金筹措能力和途径等都存在较大的差异，这就决定了不同成长阶段的企业适用不同的融资策略和途径，需要多层次的金融市场体系提供融资支持。从国外的经验来看，种子期一般是由创业者个人和亲属出资创业，或有天使投资者投资（政府和私人投资）；进入成熟期的企业，则通过上市、并购或由商业银行进行债务融资；处于创业期和成长期的科技型企业则往往由政府的风险补偿机制支持专门的金融机构为其提供融资。传统的银行之所以难以满足科技型企业的资金需求，主要有如下原因：一是信息不对称制约着银行对科技贷款的投放。科技型中小企业具有创新活动不确定性的特点，在没有获得商业成功之前，银行难以评估科技成果的货币价值和企业的风险特性，银行与企业之间这种严重的信息不对称，造成了对科技型中小企业的贷款具有很大的不确定性。二是中小科技企业抵质押物难以满足传统银行的要求。一般而言，银行主要通过抵质押物和市场化的定价来充分抵补风险，获取收益。而处于初创期和成长期的科技型中小企业往往没有足值和合格的抵押物。三是受制于我国利率未市场化，银行难以通过提高定价来充分化解科技型企业的高风险，因此，面对无法有效抵补高风险的情况，传统的商业银行往往选择放弃中小科技型企业客户。四是传统银行的制度和流程设计制约了科技贷款的发展。传统银行的信贷审批制度、流程和产品往往是标准化和统一化的，未针对科技型企业量体裁衣，更没有为科技企业专门制定差别化的信贷制度和流程设计，因此，传统银行的授信方案往往难以有效满足科技型企业的需求。

总体而言，多数中小型高技术企业的明显特征是缺乏抵质押物、风险大，作为风险厌恶的银行业金融机构仅能获得固定的收益率，而承担的风险却可能远远超出收益率，这导致银行无法满足高技术企业的金融需求。同时，由于其他相应的中介金融机构的发展不足以及政府的风险补偿机制不健全等，导致银行很难将金融资源用于支持民营经济和高技术产业。

（三）工业竞争力有待提升，金融配套服务不足是重要制约因素

1. 武汉的工业竞争力与国家中心城市仍然有一定差距

一是工业增加值比重低，工业化水平不高。从工业增加值来看，2012 年武汉工业增加值为2 711 亿元，远远低于五大国家中心城市的工业增加值，仅为上海市工业增加值的40%，北京的45%。从工业增加值占 GDP 的比重来看，2012 年武汉工业增加值占 GDP 的比重为33.88%，比天津低18 个百分点，比重庆低11 个百分点（见表5）。

表5　2012 年武汉和国家中心城市工业增加值情况 单位：亿元

城市	GDP	工业增加值	占 GDP 比重（%）
天津	12 885	6 664	51.72
重庆	11 459	5 181	45.21
上海	20 101	7 913	39.36
武汉	8 004	2 711	33.88
广州	13 551	4 547	33.55
北京	17 801	3 294	18.51

资料来源：根据各城市统计公报数据整理。

二是大企业少，规模效应不强。相关资料显示，武汉大企业不多，2012 年，规模以上工业企业1 893 户，在15 个副省级及以上城市中排10 位左右，宁波、杭州在10 000 户以上，深圳8 000 户以上，广州、青岛、沈阳、大连都在5 000 户以上，南京、成都也在4 000 户左右。武汉规模以上工业企业利润总额为351 亿元，远远低于五大国家中心城市，仅为上海规模以上工业企业利润总额的16%，甚至仅为重庆规模以上工业企业利润总额的63%。这表明武汉规模以上企业的价值创造能力相对较弱，企业实力和竞争能力有待提高。

而且有关资料显示，武汉企业的集聚效应不强，投资类电子产品本地配套不到10%，消费类电子产品的核心部件基本依赖进口；汽车的国产化率虽然在85%以上，但本地配套仅占国产化零部件的45.5%左右，发动机、车桥、底盘等核心部件都要从市外采购。

三是企业实力普遍较弱，知名品牌不多。武汉制造业国家级名牌产品只有9 个，不足全国的1%。青岛68 个，成都、大连均为20 个，沈阳19 个。除钢铁、烟草、光电子信息等产业外，其他具有比较优势的行业和企业并不多，产品的市场占有率不高。武汉工业产品销售收入占全国的份额不足1%，不及上海的1/6。

2. 金融配套支持不足是制约工业竞争力提升的重要因素

一是对传统产业配套支持的深度不够。武汉地区的金融业目前主要从事传统存贷业务，为企业提供的配套财务咨询服务、发展分析服务、风险控制服务等高盈利的中间业务发展相对滞后，加上传统金融业务发展历史悠久，对武汉传统产业的投放比重较高，但是支持深度明显不足，没能够通过金融资源的倾斜来引领传统产业提高竞争力，促进企业转变发展方式、提高产品附加值。例如，2011 年武汉地区 5 000 万元以上贷款的大客户中，矿产采选业、造纸、钢铁、电力、化工等“两高一资”行业的贷款占比明显高于其他行业，但是多数贷款用于固定资产建设、扩大产能，而没有用于提升产品附加值的深加工、拓展产业链等。

二是对新兴产业的配套支持不足制约了武汉工业发展水平的提档升级。目前，湖北省实际运营的创业投资及管理咨询公司仅 70 家，管理的创业投资资本近 80 亿元，而深圳全市共有私募基金 300 多家，管理资本达到 2 500 亿元人民币，其差距可见一斑。

三是金融机构的服务能力不高。因湖北金融业多从事传统金融业务而业绩不高，2011 年武汉金融产业增加值 292 亿元，仅占武汉 GDP 增加值的 6.33%，武汉市无法入围中国金融 GDP 前十名的城市。从金融增加值来看，武汉金融业的价值创造能力也相对较弱，金融增加值明显低于五大国家中心城市，不足北京和上海金融增加值的五分之一，仅为广州、天津、重庆金融增加值的一半左右（见图 5）。

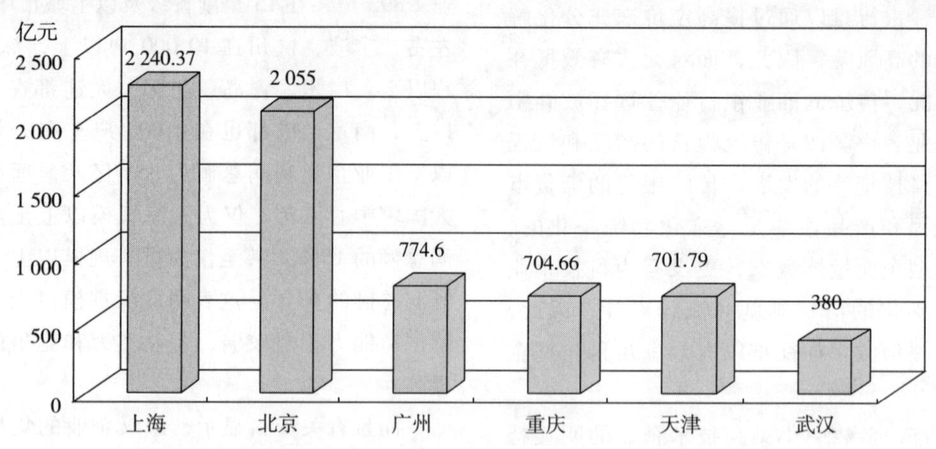

资料来源：根据各市统计公报数据整理。

图 5　2011 年武汉和国家中心城市金融增加值情况

此外，外资银行在武汉集聚不够，规模太小无法产生辐射和示范效应，无法与上海等外资金融机构发达城市相比，很难实现金融发展与国际同步，制约了武汉知名度和影响力的提升。

（四）企业自主创新能力不强，金融支持不足是重要的制约因素

1. 企业自主创新能力与国家中心城市有较大差距。武汉科教实力全国第三，科技成果丰硕，但与本地的经济衔接并不紧密。武汉专业技术人才中有 75% 集中在教育卫生战线，科技成果中有 90% 以上集中在高等院校和科研院所，专利申请有 60% 以上也集中在大专院校和科研院所，科技成果的实际转化率只有 35% 且 80% 流向外地，武汉技术开发机构只有 31% 建立在企业，深圳 93% 建立在企业。武汉企业没有真正成为自主创新的主体。

一是创新主体积极性不高，研发规模小。武汉八成以上企业没有开展科技活动。2012 年开展 R&D 活动的单位 562 家，其中，研究机构 32 所，占研究机构的 50.8%。高等院校 36 所，占高等院校的 46.2%。规模以上工业 391 家，占规模以上工业企业的 15.4%，而且设有技术开发机构的企业只有 198 户，占 7.8%。规模以上工业企业科技活动人员 3.10 万人，占职工人数的 3.9%，不足北京、深圳的二分之一，不足上海的三分之一。

二是创新投入少，投入力度弱。2012 年，武汉研究与试验发展（R&D）经费支出 2 012.9 亿元，不足北京的六分之一、上海的四分之一、深圳的二分之一。规模以上工业企业研究与试验发展支出占销售收入的比重（R&D 投入强度）约为

1.9%，远远落后上海、深圳、北京，与发达国家8%的平均水平比较更是相差甚远。

三是创新产出效率低，专利授予量较少。发明专利是衡量一个企业和一个地区创新能力的重要指标。2012年，武汉市专利申请24 105件，增加2 226件。其中，发明专利8 071件，增加1 709件。专利授权13 698件，增加2 110件。其中，发明专利授权3 252件，增加667件。每万人发明专利拥有量9.8件。技术市场合同成交额169.69亿元，增长57.8%。专利授权量继2010年后连续3年保持在1万件以上。尽管专利授权总量持续稳步增长，但与国家中心城市相比，武汉专利授予量明显低于五大国家中心城市，仅为上海专利授予量的26%，北京专利授予量的27%。

2. 金融对企业创新的支持力度不足是制约企业创新的重要因素

一是缺乏金融总部效应，各金融分支机构的创新和对企业创新的金融支持力度受到总部的制约较多。从风险偏好来看，各金融分支机构往往具有过于保守的风险偏好，且受到总部的制约，无法通过有效的制度安排和风险管控措施来主动承担和配置风险，从而难以形成与当地企业特点和创新活动相匹配的风险偏好。从金融产品创新来看，武汉各金融分支机构缺乏直接支持企业进行自主创新的金融产品，并且受到总部所制定的各项产品和客户准入标准的限制，往往无法及时和自主地开发支持当地企业研发或者创新的金融产品，分支机构要自行开发产品往往要经过层层的审批和核准，最终往往难以通过风险偏好保守的总部的审批。从信贷机制和流程来看，各金融分支机构受到总部所制定的内部信贷政策、机制和流程的限制，无法根据中小科技企业的融资需求特点来重新制定信贷政策、建立机制和流程再造来支持企业的创新活动。这些限制就导致当地企业的贷款仅仅是在用于固定资产建设、扩大产能，而难以投入到企业的创新活动中，不利于企业的自主创新能力的提升。

二是政府的风险补偿机制不足制约了金融机构对企业创新活动的支持。企业的创新活动需要长时间的、大量的资金投入，金融机构为此类活动融资时，需要承担较大的风险。目前，武汉缺乏较好的直接针对金融机构为提升企业自主创新活动提供融资服务而遭受损失的风险补偿基金。

三是武汉地区金融机构的风险管理水平不高，无法支撑自身的金融创新和为企业创新提供风险管理服务。截至2011年底，武汉市银行机构不良贷款率为1.48%左右，而同期北京市银行机构不良贷款率为1.03%，上海市银行机构不良贷款率为1.23%，这意味着北京和上海地区的银行机构不仅贷款规模远远高于武汉，而且资产质量要明显好于武汉，这反映出武汉地区金融资产质量偏低，风险管理水平落后于国家中心城市（见图6）。

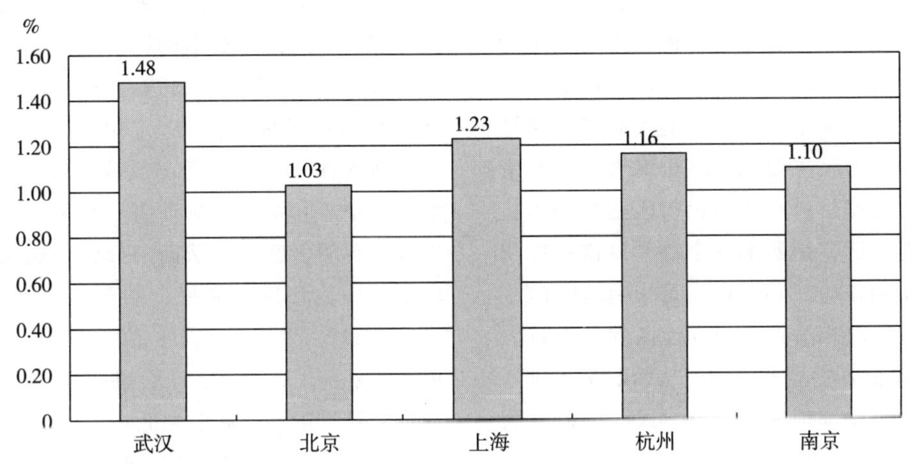

资料来源：中国社科院金融所。

图6　主要城市银行业不良贷款率（2011）

（五）城镇化不足、辐射带动力不强，区域金融中心建设不足是重要制约因素

1. 武汉城市圈城镇化不足，武汉对周边地区的辐射带动作用有待加强

一是武汉城市圈的工业化、城镇化明显不足。统计显示，“十一五”期间，湖北省城镇人口2 690万，城镇化率为47%，形成了1个特大城市，5个大城市，建制镇达到740个。根据《湖北省住房和城乡建设事业“十二五”规划纲要》，“十二五”期间，湖北省将按照“两圈一带”发展战略，坚持“一主两副”总体格局，把武汉城市圈和“宜荆荆”、“襄十随”城市群做大做强，逐步归并和减少村镇数量，缩小城乡人均住宅占地规模。具体的指标包括，全省城镇化水平达到52%以上，其中武汉城市圈城镇化率达到58%以上，转移农村人口300万人。特大城市和大城市增至15个左右，中小城市增至50个左右，3万人口以上的建制镇增至100个左右。

尽管与自身相比，武汉城市圈的工业化、城镇化将有大幅提升，但是与其他国家中心城市相比，武汉城市圈的城镇化率明显较低。例如，北京、上海的城镇化率均高于80%。

二是武汉对中部地区其他各省的经济辐射力不高。京沪是中国最有影响力的两个城市，就经济方面看，上海的辐射能力要强过北京，上海不仅带动了整个长三角地区的经济发展，而且其经济辐射能力超出了国界，在国际上也有一席之地。政治、文化等方面的辐射能力，北京要强于上海，北京是全国的政治和文化中心，而上海是全国的经济和金融中心。天津、重庆、广州3市的辐射能力都远逊于北京和上海，辐射能力尚属区域性的，如天津的辐射圈主要涵盖环渤海区域，是华北地区一个特大城市；重庆的辐射区主要涵盖长江上游和西南地区，是西部一个特大城市；广州的辐射圈主要涵盖珠三角地区，是华南地区的一个特大城市。目前武汉仅是中部地区的一个特大城市，其辐射能力主要集中于“武汉城市圈”，再远一点也就是中部地区。可见，武汉辐射能力远远落后于京沪，也仅是一个地区性特大城市。

2. 武汉作为中部区域金融中心建设不足影响了其经济辐射带动能力

一是武汉的金融机构数量和种类都与国家中心城市有较大差距。目前，武汉现有各类金融机构139家，但全国性金融机构总部很少，目前仅建设银行、招商银行和交通银行在武汉建立了客户服务中心，外资金融机构中，仅有汇丰银行（中国）有限公司武汉分行、法国兴业银行（中国）有限公司武汉分行、东亚银行（中国）有限公司武汉分行、日本瑞穗实业银行（中国）有限公司武汉分行、渣打银行武汉分行以及荷兰银行有限公司武汉代表处6家外资银行。而国内西部的重要城市成都现有各类金融机构198家，其中外资银行有汇丰银行成都分行、华侨银行成都分行、东亚银行成都分行、渣打银行成都分行、花旗银行成都分行、大华银行成都分行、苏格兰皇家银行成都分行、南洋商业银行成都分行、摩根大通银行成都分行、三菱东京日联银行成都分行以及友利银行成都分行等13家外资银行。可以得知，武汉的金融机构数量和成都相比还有一定的差距，武汉和成都均在高速发展，但成都的发展速度比武汉更快。

目前总部设在武汉的银行仅有湖北本省的商业银行；证券公司仅有长江证券、天风证券等；基本没有基金管理公司总部设在武汉。金融机构总部数量少，使得武汉市在区域内难以形成较强的辐射力和影响力，这种状况与区域金融中心要求还有不小的差距。这也这直接制约了武汉对周边地区的经济辐射半径和影响力。

二是金融机构间合作不够，产品同质化竞争较为严重。除银行卡服务外，银行间其他业务合作不多，不同银行对不同城市间的相互代理业务尚未涉足，在国外较成熟合作方式（如银团贷款）在内推行难度也较大。由于缺乏产品创新，当前对内各家银行市场定位基本相同，主要是大型优质企业和基础设施业务，服务内容、品种水平也没有明显区别，从而导致各家金融机构在客户争夺中竞相压低利率，甚至相互贬损，冲突。这种零和游戏不仅扰乱了信贷市场，加大风险，形成负外部性，也不利于金融业务的创新和发展，最终会导致市场的畸形和低效。

三是各类金融机构的金融支持政策有待丰富。目前在金融支持城镇化建设中，各大金融机构支持农村城镇贷款的政策制度还比较缺乏，支持农村城镇建设的贷款优惠政策也相对较少。同时，

在信贷产品创新上，商业银行信贷品种一律由总行开发，湖北当地的各分支机构难以根据属地实际需求开展金融产品创新，而地方金融机构自主创新的能力又较弱。基层金融机构的信贷品种主要是针对工商企业的短期流动性贷款和中长期贷款（基建和技改贷款），缺少对农业的扶助开发贷款和10年以上的长期建设投资，而且贷款方式主要以抵押为主，缺少信用放款。

四是部分城镇化建设项目未来收益不确定性大，不能产生足够的现金流，地方政府融资能力受到制约。农村城镇化建设以城镇基础设施和公共事业建设为主，承办单位一般是地方政府相关主管部门，这些部门一般不具备承贷主体资格，银行主要通过政府投融资平台垫贷方式介入项目。近年来，国家不断加大对地方政府融资平台融资行为、融资途径和融资用途的规范。一方面，城镇化建设贷款项目中比较多的是公益性项目如城市垃圾处理、废水处理等建设项目，项目本身不产生现金流，需要政府财政补贴或提供政策优惠维持运营，因此还款来源较难保障。另一方面，项目贷款多为中长期贷款，偿还期跨度大，此间再有政府换届和政策不连续都会加深信用风险。另外，项目贷款行业、期限集中度较高，行业发展存在不确定性，管理贷款难度很大。这些项目金融介入的同时就已经面临项目收益的风险。随着经济发展，一些大型项目如果与市场、政策背离，其优势转化为劣势，潜在的风险就会暴露出来。

基于以上种种原因，金融机构对城镇化建设的资金支持力度难以满足需求，地方政府融资平台的融资能力受到较大的制约，对城镇化建设的后续投入资金不足成为一个亟待解决的问题。

五、金融支持武汉建设国家中心城市的政策建议

从武汉所具有的优势来看，武汉已初步具备建设国家中心城市的基本条件。中部崛起战略、“两型社会”综合配套改革试验、东湖国家自主创新示范区三大国家战略叠加武汉，武汉在国家发展格局中的战略地位日益凸显。建设国家中心城市，作为现代经济的核心，金融业必然为区域经济发展提供极为重要的支撑。因此武汉要成为中部地区的中心城市，就需要建设区域金融中心，成为中部地区金融枢纽和经济核心。以下结合武汉金融产业发展现状，就促进金融发展，支持武汉建设国家中心城市提出几点政策建议。

（一）加强金融业发展的规划布局，提升金融资源集聚能力

1. 发挥政府在金融业规划布局中的主导作用。无论从国外还是国内的经验看，金融集聚区的形成中，政府主导都起到了十分重要的作用。具体来说，政府主导作用应体现在以下方面：

一是努力引进金融机构建立交易中心、支付中心和路演中心。优化规划，提供载体，全力推动金融机构集聚，特别是非传统金融机构的集聚。鼓励金融创新，积极支持金融机构加大金融产品和服务的创新力度，密切关注和大力培育新型金融业发展。

二是支持直接融资。落实促进企业上市扶持政策，构筑企业上市平台，利用区域内金融资源，帮助拟上市企业做好上市之前的辅导、重组、改制、申报等工作，优先推进高新技术（产业）企业、现代服务业企业上市融资。支持上市公司通过再融资和并购重组做大做强。

三是构筑项目融资平台。充分认识经济与金融良性互动、协调发展的内在需求，把金融业发展作为促进区域经济发展的重要手段之一。设立金融产业专项资金，出台金融业扶持政策，支持金融机构集聚。鼓励金融创新，激励贡献突出的金融机构。加强金融服务平台建设，营造良好的金融发展环境。

四是加大金融创新。通过银行、信托等多种渠道，为重大项目解决资金瓶颈问题。加大金融业促进支柱产业发展力度。加强金融业与实体产业特别是优势产业之间的相互支持和相互渗透。围绕产业结构调整，着力优化信贷结构，切实加大对现代服务业及行业龙头企业的信贷投放力度。推动电子商务等现代服务业的发展，促进金融业渗透到企业生产和流通的各个环节，提升产业能级，推进经济和金融的良性互动。支持和配合金融机构的金融创新试点，鼓励区域内金融机构参与各种金融创新试点。

五是建立协调机制。强化金融业发展的引导和服务作用，建立政府、金融机构和企业之间的

信息沟通机制。采取有效的政策措施，提供公开透明、便捷高效的行政服务，切实帮助金融机构解决发展中面临的困难和问题。

2. 加快金融聚集区基础设施建设。从国外经验来看，著名的区域金融中心的形成，除了拥有特定的历史渊源和地理位置优势外，其长期的发展关键在于完善的金融基础设施、法律、制度和政策环境能够充分满足金融服务的需要。一要集中投入资金进行金融集聚区的道路交通、商务区、生活设施建设，特别是金融区的商业街、学区等配套建设，应满足金融区内从业人员及其家属子女生活、就业、就医、上学的要求；二要建设先进的结算和支付系统，满足金融业务发展的需求；三要建立能充分保护重要的代理人关系的公正性法律与监管体系；四要建设具有国际化水准的金融培训体系，放宽金融人才准入原则。

3. 突出重点、统筹兼顾，合理布局。金融集聚、金融布局是一个长期的过程，发展中应突出重点。目前，从武汉的金融产业发展情况来看，首先要明确金融聚集区和已现雏形的金融后台服务中心的定位。建议：

一要把金融聚集区定位为中心城区的核心金融操作区，努力引进金融机构建立交易中心、支付中心和路演中心。优化规划，提供载体，全力推动金融机构集聚，特别是非传统金融机构的集聚。鼓励金融创新，积极支持金融机构加大金融产品和服务的创新力度，密切关注和大力培育新型金融业发展。

二要加快国际金融后台服务基地落地项目的建设进度，在现有项目的基础上，加大各金融机构后台服务中心的招商力度，进一步提升国际金融后台服务基地的影响力。

三是着力发展金融衍生行业。引进和培育各类股权投资企业和股权管理企业，鼓励发展多种形式的风险创业投资，促进充裕的民间资金转化为产业资本。壮大信托业务，充分发挥信托工具的功能优势，积极创新金融产品。鼓励期货公司等金融衍生品交易机构的发展，使期货市场成为控制成本以及利用价格发现功能稳定生产的重要工具。

四是科学规划金融超市和资本要素大市场，引导资产评估、信用评级、会计审计、法律服务、金融咨询等与金融相关的中介服务机构向其集聚，为金融中心建设提供良好的社会服务支持。

4. 大力吸引国内外金融人才。金融规划布局不仅仅是金融机构、金融市场建设和集聚，更重要的是金融人才的集聚，坚持以人为本，探索培训、选拔、引进、使用的系统性金融人才服务体系。具体来说，一是在我市建立高级金融人才培训中心，引进国际先进的教育培训理念和技术，对具有相当学历且在工作中表现较好的人员实施有针对性的封闭式强化教学，进一步提高他们的专业知识和业务水平；二是要进一步完善社会保障体系，逐步消除人才流动中的各种限制，针对从国外引进的高级金融人才，在个人所得税上可以给予一定的减免政策；三是加快推动金融从业人员薪酬改革，根据“劳动、资本、技术和管理等生产要素参与分配”的原则，建立市场化的以绩效为导向的薪酬制度。

（二）搭建金融支持平台，疏通金融服务渠道

充分发挥金融支持武汉建设国家中心城市的作用，推动武汉各产业加快协调发展，要集合力量、逐步搭建信息共享、强强联合、配置资源的面向全国甚至全球的综合金融支持平台。

1. 完善风险补偿机制，搭建金融服务平台。一是要进一步完善中小企业信贷风险补偿机制和金融市场中介体系。建立财政专项基金，鼓励金融机构开展金融创新，大力推广产业链条保理业务、仓储信贷等业务模式，支持产业集群经济发展。规范设立政府出资、商业化运作、不以盈利为目的的担保机构，做大做强担保服务平台，组建区域性担保公司、专业性担保公司和再担保公司等担保机构，解决各层次借款人担保难问题。二是建立专项贷款担保基金和贷款风险补偿基金，充分发挥基金的应急互助功能。鼓励各保险公司与银行类金融机构建立广覆盖、多层次、政策互补、风险共担的互动平台，稳步有序发展保险中介市场，与保险市场相互促进、相互补充。有效利用银行利率和保险费率的杠杆机制，探索分散风险和解决融资难问题的有效合作方式。三是积极支持会计师事务所、律师事务所、资产评估事务所、信用评级公司等中介服务机构的产权制度改革和组织制度创新。研究探索建立政府、银行类金融机构、保险公司共同参与的区域性、系统性风险应对机制，有效防范链条式风险。

2. 健全政银企协调机制，搭建信息沟通平台。一是武汉市应健全政、银、企长效沟通和定期会商机制，建立成熟的信息平台和有效的协商机制。政府在信息平台及时公布武汉市重大产业政策、环保政策和财税政策，以及各区域中重点项目建设、新项目储备、招商引资最新动向等信息。相关重点企业应定期公布资信等级、生产经营状况、财务状况、产业发展前景、融资需求、融资中存在的问题，以及希望得到帮助和支持的事项。金融部门应适时公布信贷政策、贷款条件、贷款程序、融资工具及金融服务品种等金融资讯。二是通过政、银、企三方之间建立有组织、多形式、制度化的合作机制，加强信贷政策和产业政策协调配合，有效解决信息不对称问题，促进货币政策传导有形化和具体化，实现金融发展和经济发展目标。三是政府、金融机构和企业之间还应共同研究经济运行中涉及资金融通、信用及司法环境建设、债权维护等关键问题，在重大项目筹备和建设中，增加金融部门、金融机构的参与度和话语权，提高项目建设资金的评估和审批效率。

3. 加快支付体系建设，搭建资金结算平台。武汉市及其“8+1”城市圈支付体系建设已经取得了一定的发展：资金清算在同城票据交换基础上实行了城市圈“大同城”；电子支付系统也在圈内城市完成了一体化；票据市场推行承兑汇票一体化，形成产业链的企业之间的连接。下一步，要以构建安全、高效的现代化支付清算体系为目标，加快现代化支付清算体系各子系统建设，搭建对接中部地区城市、全国甚至全球的现代化支付体系。鼓励金融机构非现金支付工具的推广和创新，努力防范支付清算体系风险，大力推动支付清算体系改革。完善以中央银行现代支付系统为核心，以金融机构内部支付系统为基础，以网上银行、银行卡、电子支付等新型支付工具为发展方向的现代支付结算体系建设，降低资金结算成本，提高资金汇划效率。通过新闻媒体、宣传板、宣传单、服务公示等多种形式，加大现代支付结算知识的宣传推广力度。积极与社会劳动保障、医疗等部门建立支付体系建设联动机制，采取免除年费和小额账户管理费、降低“特色银行卡”手续费标准等综合措施，扩大现代支付体系的覆盖范围和应用广度。

4. 提升整体金融素质，搭建金融文化平台。金融文化是金融业健康发展的源泉，金融文化的差异决定不同区域的金融治理结构和风险偏好。武汉成为国家中心城市，金融体系的整体提升离不开金融文化的作用。政府、金融机构和市场参与者汲取与时俱进的金融文化，才能创新金融思维。因此，搭建新型的金融文化平台，全民范围内宣讲、沟通、融入先进的金融文化，对于金融发展和经济战略的实现具有重大意义。武汉市在保留区域传统金融文化积极面的基础上，改进其局限性，金融部门通过将金融管理理念对市场参与者的金融行为和价值取向产生广泛影响和渗透力，从而使企业和个人规范自身行为，提高金融素质，这对适应区域经济的独特性和快速发展，抵御全球经济危机有着不可忽视的现实作用。

（三）培育多层次金融市场体系，加快扭转金融结构单一的局面

1. 明确各类金融机构的市场角色和职能。随着各种金融机构的增加，不同规模和种类的金融机构在市场上的定位、功能和服务对象往往存在不明确和严重的同质化问题，这样往往形成无序竞争的局面。为解决武汉市金融机构城市分工不明、职能定位不准、同质化严重的问题，金融机构应根据自身金融机构层次和城市自身经济发展特征选定支持方向，进行功能定位，在贷款服务内容、品种、水平和客户评价标准上为武汉市企业提供差别化服务，避免无序竞争。如大型国有银行重点支持武汉金融中心内的大型项目，汉口银行等地方性商业银行重点支持地方财政项目和有地方特色的中小企业发展。金融机构还要加强业务协作，主动在银团贷款、业务代理方面沟通合作，建立合理有效的收益分配机制，以取得规模经济效应，联弱为强，避免为争夺客户压低利率，互损利益。

2. 进一步巩固和发展已有的各类金融市场。构建多层次的金融市场体系，有利于解决武汉市金融结构不平衡的问题，提高直接融资比例，防止金融风险过度集中于银行体系。目前倡导以融资市场化和信用证券化为主体取向的金融改革，发展票据和股票市场扩大企业融资渠道。武汉市应积极响应，大力发展商业承兑汇票等票据业务，推进票据业务专营化水平，支持在市场竞争中产生商业化、专业化的票据中介。支持有实力的龙头企业上市融资，加快发展债券市场，扩大发行品种和范围，逐步形成适应武汉市发展要求的区域性债券市场。可以选择武汉有实力的大型企业发行各类企业债券，为武汉市建设中心城市输送资金；选择地方商业银行发行次级债，为地方商业银行建立有效的资本金补充机制；试行市政债券，吸引民间资金参加武汉大型市政建设、公共事业建设和能源建设项目等。做好武汉东湖高新技术开发区进入全国代办股份系统试点，建立"汉柜"等未上市股份公司股权场外交易市场，帮助更多的中小企业通过资本市场筹集发展资金。在东湖国家自主创新示范区大力推进股权资本化、智力资本化和资产证券化改革，全力打造东湖"资本特区"。在认真做好各类交易场所清理规范的基础上，加快发展现有交易市场，积极稳妥推进药品交易、碳交易、航运交易和林业资源交易等要素市场建设，立足湖北，辐射中部，着力构建具有区域特色的多层次资本市场体系。

3. 积极建立和发展各新兴类型的金融市场

第一，加快发展产权交易市场。武汉市中小企业众多，企业股本融资需求和股权流动需求强烈，可以借鉴天津和上海的经验，从资本市场着手突破，加快以光谷产权交易所为核心的产权交易机构整合重组，尽快形成立足武汉城市圈、面向全省、服务全国的多功能、多层次的综合性产权市场。武汉具有打造全国股权投资中心的巨大优势，"先行先试"为武汉打造股权投资中心提供了政策操作空间，大量科技型企业为股权投资机构提供了众多的投资对象，光谷联合交易所和即将推出的新三板为股权投资机构提供了稳妥、便捷的资本退出途径。武汉应当及时抓住这一难得的历史机遇，大力吸引各类股权投资的独立法人机构和人才落户示范区，打造全国性的股权投资中心。具体来讲，武汉打造股权投资中心，建议应做好五点工作：一是要充分利用先行先试，根据股权投资的特点和偏好，出台鼓励股权投资的财政、税收、土地等政策法规，保障股权投资的快速发展；二是大力支持本地的金融机构、龙头企业进入股权投资领域，设立专业的产业投资基金；三是开展金融招商，吸引外地资本在本地设立具有法人资格的股权投资机构；四是做好专业的信息服务，为股权投资搭机构建资本与企业资源对接的平台；五是大力吸引金融人才，把吸引金融人才纳入武汉市"3551"人才特区建设计划，或设立专门的金融人才培育和引进计划。

第二，积极发展产业基金市场。发展各种基金对于强化武汉市的金融功能和地位是一个很好的着力点。武汉应在积极争取发展城市圈地方性产业投资基金的基础上，企业、个人等各类资本向武汉集聚，形成基金配置的区域性市场，既搞活城市圈内资本流动，又有利于形成中部资本市场中心。

第三，大力发展创业（风险）投资市场。应鼓励发展风险投资，武汉具有科技资源和区域性金融资源两大优势，将两个优势有机结合起来。通过投向创业投资基金，创业投资企业投向成长型高科技风险企业，与国内外创业风险投资机构合作，建立若干创新创业投资基金，为高新技术企业和创新型企业搭建创新创业投资平台。使企业、金融机构、个人、外商等各类投资者积极参与风险投资。

第四，促进期货市场稳步发展。2007 年 10 月，大连市商品交易所在武汉中粮肉食品有限公司成功组织了生猪期货模拟交割，旨在更好地利用期货市场服务武汉城市发展。武汉应适应股指期货等金融衍生产品发展的形势，在武汉设立稻米等农产品期货交割库，并推动期货公司从增强资本实力、完善股权结构、健全内控制度、充实人才储备等方面做好相关准备工作。涉农企业应积极参与和利用国内期货市场进行价格发现、套期保值、风险规避，使期货市场成为企业控制成本、稳定生产、管理库存的重要工具。

（四）营造金融创新环境，提升金融业对企业创新的支持力度

1. 努力创造公平竞争的市场环境和良好的制度环境。武汉市应进一步完善公平竞争的市场氛围，巩固金融机构市场主体地位，降低民营资本进入金融领域的难度，规范金融同业竞争行为，从而推进本地金融机构加强创新力度，努力契合市场需求，弥补需求空白，破解中小企业、民营企业等弱势主体和行业融资难题，提高资本配置效率。与此同时，应建立和完善个人信用评估体系、金融产品再保险制度及金融信息统计和共享机制，为金融产品创新提供制度保障。

2. 减少金融管制力度，扩大金融创新的空间，注重人才培养和吸引。金融创新有赖于金融管制的放松，信贷规模、业务范围、资本市场的金融管制阻碍了金融创新的道路。武汉市应切合实际情况，适时放松管制，如适当放宽各类金融机构的业务限制，明确金融管制范围和界限，降低行政权对金融市场的干预，稳定金融创新预期，激发创新活力。创新的核心动力是人才，政府相关部门应积极与国家级科研和教育机构合作，为金融创新人才的培养和交流提供平台，调整武汉市人才政策，吸引更多的金融类专业人才为金融创新的发展贡献力量。

3. 优化金融监管机制，动态调整风险控制与金融创新的关系。金融创新需要公平的市场环境，需要降低行政干预，但不能脱离监管而存在。金融创新带来的高杠杆性和复杂性，不仅加重系统性风险的危害，增大监管难度，而且对货币政策效应产生影响。武汉市应完善有效的金融监管机制，既要防止监管过松，影响金融创新质量，加重道德风险危害，又要防止监管泛滥，管制过严，制约金融创新发展，影响市场效率。可以探索建立“金融监管评估委员会”等第三方评估机构，对武汉市相关部门出台的监管办法进行常态化的评估，以分析研究作为确认监管边界和范围的手段，稳定监管预期，提高实施的科学性。

4. 加强金融相关法律法规的完善和落实，为金融创新发挥积极作用提供保障。金融创新是把“双刃剑”，使用得当有利于资源高效运作和优化配置，促进实体经济发展，使用不当则会导致金融体系稳定性下降，增加系统性风险。有效防范金融创新的负作用，将法律法规作为约束金融创新行为的基础保障，改善实时监管的滞后性和不完全性，强化道德风险约束，引导金融业良性有序发展。金融创新是一种无形资产，具有特殊的知识产权属性。因此应在现有法律基础上，建立健全对金融创新产品的保护措施，提高创新方的收益性和积极性。建议在市金融办内部成立金融产品管理部门，对金融机构的创新产品进行备案，对创新方给予产品独家经营期限。对创新产品进行备案有利于及时分析和掌握产品风险信息，提高实时监管有效性；给予创新方产品独家经营期限，在鼓励创新的同时建立“试验田”，有利于增进对新产品的了解，防范在不了解产品“性能”的条件下，大规模效仿后系统性风险的提高。

（五）加大科技金融支持力度，加快推进经济结构优化

1. 利用武汉先行先试的政策优势，鼓励金融机构通过创新为具有潜力的科技型企业服务。政府积极与金融监管部门沟通，鼓励金融机构探索支持科技创新型中小企业发展的金融创新方式，结合金融超市等方式引导金融资源为处于不同阶段（孵化、发展、成长、成熟）的科技创新型企业服务。这就要求武汉要利用好先行先试的优惠政策，将各类金融资源（包括银行、资本市场、债券市场、民间资本等）有效调动，充分利用现有的金融资源最大效率地为处于不同阶段真正具有创新潜力的企业服务。

2. 鼓励金融机构通过创新满足不同成长阶段科技企业融资需要。推进商业银行设立服务于中小科技企业信贷的专营机构；针对中小企业需求，加大信贷规模，增加担保机构资本金总量，积极探索适合科技型中小企业特点的金融工具。在东湖高新区开展组合金融试点，扩大商标、知识产权质押融资规模，试行科技企业应收账款、设备租赁和房地产信托融资模式，推出功能多元、风险共担的复合金融产品，并简化手续、降低门槛，有效缓解科技企业融资难问题，以满足不同成长阶段科技企业融资需要。

3. 推进财政与信贷合作，充分发挥财政资金的杠杆作用。对设立专营机构或专项贷款达到一定比重的金融机构，给予财税优惠。对于面临融资瓶颈的科技型中小企业，通过政府出资建立中小科技企业贷款风险补偿资金，扩大信贷风险补偿的覆盖面。

一是为贷款的科技型中小企业给予贴息，综合考虑不同融资品种的成本和效用，按行业特点执行不同贴息比例，通过补偿实际支付的贷款利息方式，发挥财政资金对金融资金的引导、放大作用。

二是建立担保风险补助，对担保机构为科技

型企业独立担保和联合担保的担保费给予补助，对担保机构发生代偿损失给予部分补偿。

三是无偿资助或资本金注入，针对初创期科技型企业社会投资“市场失效”，在财政科技投入中采取无偿资助或资本金注入的形式予以支持，形成对种子期企业的“天使投入”，每年重点扶持100个左右的初创性企业和在孵企业成长。

四是大力推进政府采购自主创新产品的试点。通过首购、订购、首台（套）重大技术装备试验和示范项目、推广应用等政府采购方式，支持企业自主创新。采购自主创新产品的适用领域，从政府行政办公类扩展到市政设施、建筑、节水节能、环保和资源循环利用、交通管理、公共安全、医疗卫生、农业、教育、科技研发、工程养护等使用市区两级财政性资金全额投资或部分投资的项目。

4. 大力发挥民间资本对科技金融的支持作用。一是为民间PE私募股权投资基金投资科技企业提供配套服务。和普通权益性投资不同的是，PE是以退出获利为目的投资形式。它的投资收益来源有三：第一，改善被投资公司的盈利能力，提升被投资公司的资产价值；第二，充分利用债务性融资手段，减少税收成本；第三，正确选择交易时机，获取更具优势的进入退出价格。二是设立并加快推动专门面向中小科技企业的小额贷款公司的发展。小额贷款公司贷款手续简便，担保条件相对较低。中小企业所经营的项目在规模、经营指标、风险控制能力等方面往往不能达到商业银行全国统一的授信标准，因此限制了其进一步发展。小额贷款公司的融资免去了烦琐的交易手续，交易过程快捷，能使中小企业迅速、方便地筹到所需资金。三是政府积极与金融监管部门沟通，加快各类新型的风险补偿和规避机制在各类金融机构中的推广和应用。例如，加快发展“企业信用联盟”。会员企业在融资的时候，实行会员之间相互担保，不再需要抵质押物。

5. 鼓励大型商业银行设立面向中小科技企业的专门科技支行

第一，政府积极与银行监管部门沟通协调，给予科技支行“先行先试”的优惠政策。对于科技支行，需要突破传统商业银行的部分信贷制度要求，实行不同的考核制度和体系，充分的考虑科技支行的特点，制定差异化的金融监管要求，鼓励科技支行进行金融创新。具体来说，科技支行至少应当在三个方面享受优惠政策。一是给予科技支行先行先试政策，率先实行利率市场化，允许科技支行突破贷款利率的上限，根据客户的具体情况实行市场化定价，抵补科技型企业高风险所带来的收益不确定性。二是享受财政补偿、贴息和财政担保，例如政府每年给予科技支行一定的政策补贴或部分分担科技支行的贷款损失，对科技支行在债券市场上发债给予担保，对科技企业的贷款或专门投资中小科技企业的股权投资基金进行财政贴息等。三是实行差异化的金融监管要求。比如针对科技支行相对高风险偏好的特点，鼓励科技支行进行押品创新，适当放宽存贷比要求，允许科技支行少量投资贷款对象的股权等。

第二，鼓励商业银行创新业务发展和管理模式。科技支行要以客户的发展能力和潜在收入流量为评估和审批基础，在可控风险下支持高风险、高收益为特征的科技企业，创造全新的银行商业模式和制度安排，培养和造就一批既熟悉科技创新并深谙金融管理的经营管理团队，建立科学的内控制度和信用鉴别体系，减少信息不对称，有效地弥补现有银行体系及功能上的不足。

第三，鼓励商业银行创新押品和担保模式。结合科技型中小企业的特点，从抵押、担保、信用评估等几个方面进行创新，扩大抵押品范围，允许企业以技术专利等知识产权作为抵押担保，甚至可以探讨将担保由有限责任扩展到企业家个人的无限责任，帮助科技支行规避风险。

第四，政府联合银行监管部门帮助商业银行探索新的企业融资工具和途径。对于创业期和成长期的企业，可以借鉴夹层基金的业务模式，贷款与股权投资相匹配，科技支行持有企业一定的股权，其目的不是控股，而是使科技支行能够从企业的高成长中获得较高股权收益，抵补成长期企业的高风险；对处在成长期，又不愿意出让股权进行融资的科技企业，可探索债转股的融资模式，使银行对企业的金融服务更加灵活。

（六）加大城镇化建设的金融支持力度，提高武汉的辐射带动作用

1. 制定、完善支持城镇化建设的有关政策和法律制度。一是金融管理部门要把支持城镇化建设列入金融工作的议事日程，充分发挥窗口指导作用，利用各种货币政策工具，引导商业银行、农村信用社把更多的资金投向中小城市建设。二是金融管理部门应出台相应政策措施，实行差异化的金融监管政策，促进各类金融机构开展有针对性的贷款，也可以推动各类金融机构成立新的开发性的专业金融分支机构，专门满足城镇化中基础设施建设的贷款需求。三是地方政府应主动与各类金融机构的总部联系，争取从金融总部层面给予当地的分支机构差别化政策、绩效考核等足够的灵活性，鼓励当地的分支机构从自身的优势出发，加快金融产品创新、尽快制定金融支持城镇化建设相关制度，加大金融支持城镇化建设的力度。

2. 积极引入社会投资，建立城建债务化解机制和多元化资金筹措机制。一是要加大财政投入，把财政支出的重点放在基础设施、公用事业及公益性项目上，并充分发挥财政投资的杠杆作用，通过部分投资、贴息、信贷担保和减免税等多种方式来吸引全社会投资。二是通过增加城市建设投资公司的现金流量、培育收益性基础设施项目及以资产划拨方式降低资产负债率等途径提高城市建设投资公司的贷款融资能力，并从未来可借资金总量中划出一块用于债务重组。三是充分利用资本市场，通过债券发行、借壳上市、企业股票上市、建立产业投资基金等途径融资。四是对经营性项目运用特许权经营、BOT、TOT、ABS 等形式吸引融资。五是对准经营性项目或非经营性项目可实施财政贴息、基准收入补贴政策、政府购买产品或提供项目原料保证项目合理回报等方式吸引社会资金投资。

3. 各类金融机构发挥自身优势找准切入点、加大支持力度。各金融机构要在防控风险的前提条件下，根据自身的业务特点，积极探索并找准支持城镇建设的切入点。一是国有商业银行、城市商业银行及股份制商业银行应主要在健全城镇功能和发展城镇社会服务中寻求商机，重点解决距离中心城市较近的城镇的金融需求，如供排水、交通、能源、信息、防灾减灾等基础设施建设需求，城镇居民住房消费、教育消费、耐用消费品需求及企业化运作方式的污染综合治理需求等。二是农村信用社主要在发展城镇经济、促进社区服务水平提高上开展金融服务，重点支持农业产业化、农产品结构调整、农产品深加工、运输、储存等，同时积极支持面向城镇社区服务的各类服务机构，特别是有需求潜力和就业容量大的服务业，促进城镇第三产业发展。三是建立和发展地方性中小金融机构。充分发挥农村合作金融机构服务县域小企业的生力军作用，努力推动地方中小银行发展成为中小企业的伙伴银行，有序扩大村镇银行和小额贷款公司等新型金融组织试点。同时，大力引导国有商业银行设立中小企业信贷专营机构。四是改变市场准入条件，为民间资本进入金融机构打开方便之门，通过各种优惠政策引导民间资本加入到城镇化建设的行列中。五是发挥各类金融机构的合力，加大金融创新力度。金融机构要把握金融需求呈多样化趋势，加强银行、证券、保险、投资基金行业之间的合作，满足客户多方面的金融需求。在做好传统业务的同时，积极开拓网络结算与服务、股票质押贷款、证券资金结算、资产管理、财务顾问、投资银行业务、基金托管、代收保险费、代支保险金、代销保险产品等业务领域，增加银行的综合服务能力。更要适应金融需求个性化发展趋势，金融机构就必须加大金融创新力度，提高个性化金融服务的能力。

4. 加强房地产市场管理，消除市场的波动对经济的不良影响。近年来，人民银行和银监会为促进房地产金融业务的健康发展和防范金融风险，制定了一系列信贷政策指引和金融监管规定。政府部门和有关单位应确保各项政策落到实处，在加强商业性信贷风险管理的同时，加快调整房地产信贷结构，优先支持普通商品住房和经济适用住房的建设，积极支持城市政府加快健全廉租住房制度，继续推动房地产金融创新，提高房地产信贷资源的配置效率，识别和分散房地产金融风险，促进房地产金融市场的健康发展。

组　　长：廖　林　陈汉华

课题组成员：张绍恩　金　鹏　刘　斌

石祖葆　倪海青　熊　威

胡　轶　吴红高　胡和清

"五度·蓝色行动"

——后台服务与效率提升研究项目材料

四川省分行课题组

"五度·蓝色行动"——后台服务与效率提升研究项目是一个创新性行动式培训项目，是由中国建设银行四川省分行发起的旨在从"态度、配合度、速度、准度、深度"五个维度提升后台服务与效率的综合性行动式培训项目。"五度·蓝色行动"突破传统的培训方式，把咨询融入培训，从培训评估的最高两个层面行为改变和绩效提升进行项目设计，将培训融入到工作行动中，干中学、学中干。项目从建设银行发展的战略高度出发，以建设银行文化和理念为指引，以构建系统性服务能力为突破口，通过"理念导入+技能培训+子项目深入+合理化建议延伸+咨询辅导+员工行动"等"混合植入"的运作模式，引导分支行提炼明晰近期发展目标及理念，优化分支行的运营以及服务流程，培养高素质的骨干以及团队，促进解决分支行近期发展焦点问题和战略发展问题，有力地为分支行高效发展导入了一股支撑力量。在已实践的八个分支行中，内部客户满意度前测平均水平58.6%，后测平均水平达到76.3%，平均提升了17.7%，效果较为显著。

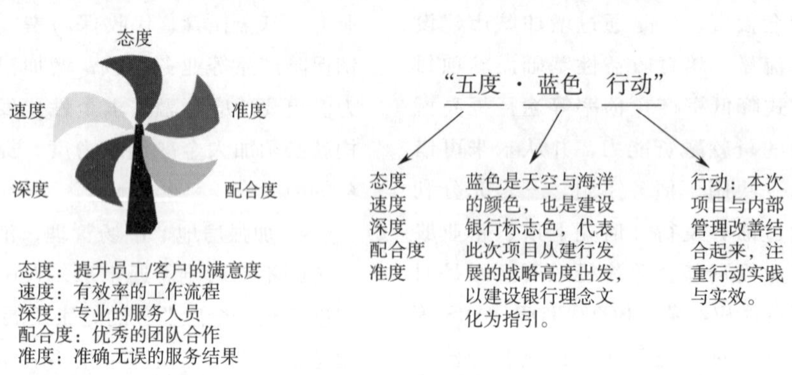

一、项目背景

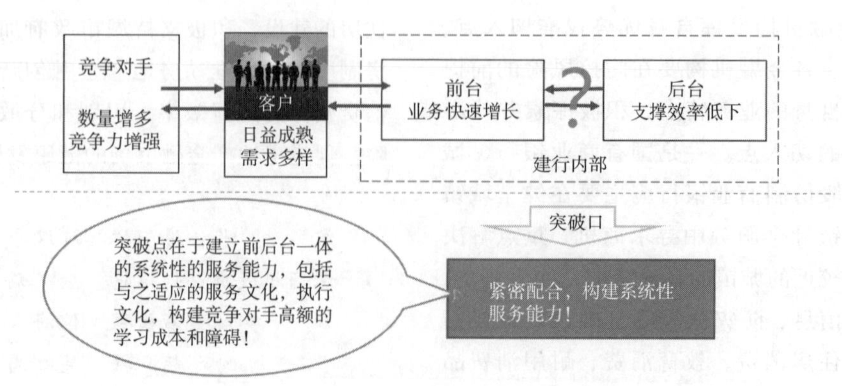

作为金融服务业，客户是我们财富的源泉；谁掌握了客户，谁就掌握了市场和未来。随着经营环境的剧烈变化，建设银行不但要面对国内同行强有力的竞争，还将直接面对外资银行在市场、客户、人才等领域的全方位的冲击。以客户为中心提高服务质量，是建设银行安身立命之本。建设银行四川分行党委对此有着非常清醒的认识，在工作和各项改革中一直坚持以“以客户为中心”的经营理念，我们的前台服务取得了令人欣慰的变化，业务得到了快速稳健的发展，但我们的后台服务、后台运营却与“以客户为中心”的要求、与国际一流商业银行的要求还存在着一定差距。

如果后台服务意识不能改变，工作流程不能优化，效率不能提高，不能适应前台业务快速发展对后台提出的更高要求，必将成为制约我行业务进一步快速发展的瓶颈，也必将制约我行成为国际一流商业银行的进程。因此，我们希望通过这个行动式培训项目，改进后台管理部门传统的行政式管理模式，提升全行后台现代化管理水平和办公效率，有效支撑前台业务进一步高速发展的需求。

二、项目运作模式

“五度·蓝色行动”行动式培训项目一共有前期调研、启动会、拥抱改变、团队提升、超越自我、后期总结六个关键阶段，包含了调研立项、目标理念提炼导入、领导力提升、技能培训、子项目深入、合理化建议延伸6个关键工作事项。

（一）项目总体运作模式——“混合植入模式”

“五度·蓝色行动”培训项目采用了“混合植入模式”，是在三个二级分行实践中总结提炼的实效很强的综合性行动培训模式，是采用多种培训方法、技术、工具有机结合运用，改变员工观念、提升骨干能力、促进分支行服务与效率的持续改善。

混合：在项目运行全过程，混合授课、研讨、辅导、咨询等多种培训手段，混合行动学习、咨询式培训等多种培训方法。

植入理念：针对广大员工导入服务与效率理念，创造良好的改善环境。

植入方法：通过培训与项目实践植入工作方法与工具。

植入能力：通过内部项目深入实践，提升骨干员工能力，为项目的持续深入开展提供人力保障。

植入种子：通过广泛的合理化建议行动带动分行大范围的改善，植入持续改善提升工具与种子。

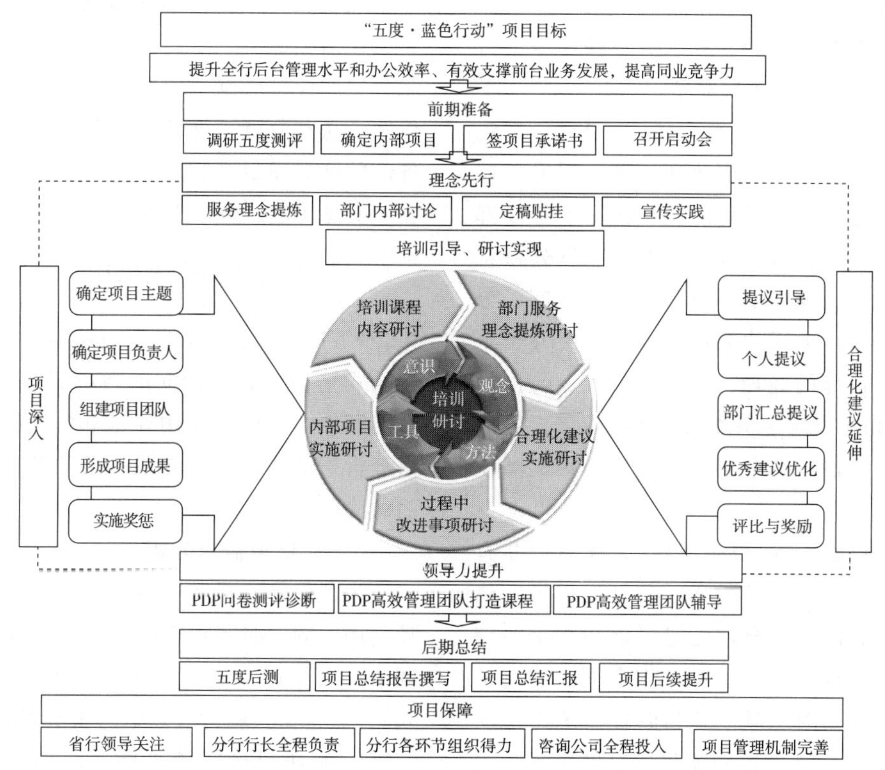

附：　　传统培训项目与“五度·蓝色行动”行动式培训项目比较分析

比较要素	传统培训项目	“五度·蓝色行动”行动式培训项目
1. 项目目标	指向单次培训目标，更注重知识与技能的传授	指向组织目标，在注重全体员工理念改变、骨干员工技能提升的基础上，更关注组织与部门绩效目标的达成
2. 项目内容	以单次课程培训内容为主	以任务和问题解决为导向；以项目调研设计项目规划；以培训导入理念、方法与工具；以部门提炼服务理念作为工作指引；以项目实践促进员工技能提升与组织绩效改善；以合理化建议提议与优化促进组织持续改善迈向卓越；以开展前后评估真正促进提升项目效果
3. 项目形式	操作形式较单一，一般以课堂讲授为主	学中干、干中学，采用混合植入操作模式，通过调研、培训、研讨、辅导、员工行动、工作实践、讲演汇报、效果评估等多种形式有机整合实现
4. 项目时间	项目时间较短，一般一周内完成	项目时间较长，三个月时间为导入阶段，支行可根据情况持续改进
5. 受益人数	以课程的目标群体为主	全行员工，并以支行骨干员工为主
6. 项目效果	项目效果指向课堂讲授效果，关注员工听课满意度与知识掌握程度	项目效果在保证骨干员工学以致用提升技能基础上，指向内、外部客户满意度与组织能力、效率提升

（二）项目执行模式——“四化、四有”

本项目是综合性非常强的行动式培训项目，需要有较为系统、标准的执行模式才能保障最终项目效果，故项目组在试点的基础上提出了“四化、四有”项目执行模式。所谓“四化”是指：职责明晰化、流程标准化、实施工具化、机制体系化；所谓“四有”是指：人人有责任、事事有流程、操作有工具、操作有保障。

“职责明晰化——人人有责任”，项目一共包括前期调研、启动会、拥抱改变、团队提升、超越自我、后期总结六个关键阶段，在每个阶段都对省分行行领导、省分行人力资源部、省分行企业文化部、项目经理、培训讲师、咨询顾问、分支行行长、分支行项目协调负责人、分支行子项目经理、分支行部门经理、中后台员工、前台员工12个关键角色设定了清晰的工作职责，保障项目在每个关键阶段各角色都能有效配合，提高项目执行效率。

“流程标准化——事事有流程”，项目一共有调研立项、目标理念提炼导入、领导力提升、技能培训、子项目深入、合理化建议延伸6个关键工作事项，分别针对每个主要工作事项提炼出了标准工作流程，同时对整个项目管控提炼出了项目总体实施流程与进度控制流程，通过这8个关键流程进一步提升了项目执行规范与标准化。

“实施工具化——操作有工具”，项目开发的工具一共分为两大类，一类是管控类工具，一类是操作类工具，共有30个主要操作工具，能有效保障上述8个关键实施流程落地。

“机制体系化——全程有保障”，项目共设计了文化引领机制、项目执行考核制、项目承诺机制、定期检核机制、项目机制激励机制五大保障机制，从省分行、管理培训公司、分支行领导及各部门针对项目全程工作都做出约束要求，并订立了奖惩机制，较好地保障了项目实施效果。

三、项目培训技术运用

“五度·蓝色行动”项目是综合性非常强的行动式培训项目，指向的目标是组织效率提升，对培训技术的组合运用要求非常高，现从培训需求分析、培训内容与方式、培训效果评估三大方面做简要说明。

（一）培训需求分析

为了保障项目实施效果，项目组会在项目启动前用一周的时间到实施行开展调研，截至目前，调研人数超过1 000人（访谈177人，问卷831人），获得了实施行有效的一手资料和信息。

1. 调研目标需清晰明了。项目组为了“五度·蓝色行动”能得以顺利实施，须获得以下基本信息：行领导班子实施本项目的意愿强烈程度；分、支行阶段发展遇到的瓶颈或焦点问题；中后台与前台互动支撑出现的焦点问题；分、支行是否有清晰的发展目标及理念以及员工认同情况；目前员工队伍的士气状况；目前员工技能状况。

2. 多种调研方法配合促进收集真实有效信息。本项目采用问卷、资料收集、访谈、座谈、现场观察等多种调研方法结合的方式展开调研，从各个角度、各个层面收集真实有效信息。如问卷调研主要针对前台的表现对后台进行评测，同时提供一些集中的开放式问题，能够得到后台对前台服务的“态度、配合度、速度、准度、深度”五个方面的表现评分以及其中短板和焦点问题等。

3. 调研分析力求聚焦，寻求根本问题的促进与解决。项目组调研信息的分析力求聚焦促进解决分支行发展的根本问题。分析的过程主要从省行对分支行的目标要求以及分支行自我设定的目标出发，分析分支行实现目标的主要障碍因素，然后再分解哪些因素可以通过培训促进提升技能解决，哪些因素可以通过理念导入转变观念解决，哪些可以通过内部立项直接行动解决。分析的过程主要是从组织绩效提升的关键方面入手而非岗位绩效提升入手，在设计内部立项过程中，为了能促使内部子项目达到一定效果，会涉及分析影响项目效果的员工技能因素以及提升方式，主要从岗位工作目标及任务以及岗位任务对岗位人员的能力素质要求出发，设计好提升路径与方式。

（二）培训内容与方式

“五度·蓝色行动”的项目目标是促进中后台服务效率提升，在实际操作中，由于分支行领导很想利用此平台促进整体组织效率提升，所以培训内容与方式方法采用了“混合植入模式”，整体促动全体员工行动发生改变。以项目目标理念提炼导入与内部子项目深入两个主要环节举例说明。

1. 在理念导入环节采用了多种培训方式组合促进

（1）发展目标理念的达成。在项目组帮助下，采用咨询辅导的方式引导分支行提炼出本行的发展目标、理念，分支行领导班子多次研讨，达成共识。

（2）发展目标理念的宣传。一是将分支行目标理念设计印刷成单页，每个员工一份，另外将分支行发展目标、理念上墙贴挂到分支行会议室、电梯入口、食堂入口等重要位置，进行广泛宣传。二是在举行项目启动大会上，由分支行一把手在全员大会上代表班子进行全员宣贯、解读。

（3）发展目标理念的落实。一是由项目组与分支行领导班子一道开研讨会，针对部门负责人及骨干进一步宣贯分支行目标理念，同时采用研讨的方式，以分支行目标理念为主导，结合部门、经营单位实际，现场提炼本部门发展目标、理念，讨论出初稿，并在研讨会上展示，领导、老师现场点评，部门人员有疑问就提出讨论，对整个分支行的目标理念进行进一步的贯穿。二是部门组织内部员工研讨部门发展目标理念，让员工充分发表意见，修改理念初稿，在员工中达成共识，将分支行行目标理念落到部门目标理念。三是将确定的部门目标理念设计成 POP 上强贴挂到部门内，成为日常工作行动指南。四是将分支行目标理念、部门目标理念制作成精美的放映版 PPT 文件，在有大会的环节开始播放，进行不断灌输和传导。五是在整个项目培训期间，培训讲师以及分支行领导都会在培训课堂上以及会议的讲话中，有意识地传导分支行核心目标理念，不断固化，将目标理念真正入脑入心。

2. 在内部子项目实践中采用了多种培训组合方式。内部项目主要由分行主管领导挂帅，主要部门负责人担任具体项目执行经理，集合所有相关部门精英骨干团队一同来完成，较好地促进分支行集中解决近期发展阶段焦点问题。

（1）首先，项目调研阶段就充分与分管行长、部门负责人以及相关骨干充分沟通，子项目立项的范围内容以及基本解决思路，与相关人员达成基本共识。

（2）其次，开展《项目管理》培训，让学员基本理解项目管理整体操作方式，之后结合各内部子项目具体目标，老师讲一部分工具，项目组成员结合本项目研讨产出一部分成果，之后便进行交流研讨，在课程上不断与老师、领导、同部门同事、不同部门的同事不断碰撞，最后产出内部子项目的目标、项目规划等项目实施基本文件。

老师在课程结束的最后，把项目管理整套模板发给学员，要求学员在课后，形成一套完整的项目实施管控工具。

（3）再次，内部项目成员课堂后形成完整的项目规划，按照项目规划开始实施子项目，开始实践培训所学，同时解决分支行焦点问题。

（4）之后，咨询顾问会随时跟踪项目进展情况，根据项目组需要组织召开内部项目研讨会，协调领导支持及各方支援，同时引导大家思考解决内部子项目实施过程中遇到的障碍或问题。

（5）再之后，会召开项目中期汇报会，由各内部项目组主导汇报，汇报进程、取得进展以及不足，分支行领导及时点评，咨询顾问提出改善建议，内部项目组在听取领导和专家建议后在实施中继续改进、完善、落实。

（6）在内部子项目实施中后期，有的内部项目遇到实施瓶颈，此时，咨询顾问会直接参与与项目组成员共同解决问题，有的直接提供解决问题的案例，有的提供解决问题的工具，有的直接提出解决问题的方法，促进内部项目推进，同时也提升骨干人员分析问题解决问题的能力。

总之，采用培训导入、行动实践、研讨提升、讲演汇报、领导指导、专家点评、咨询辅导、跨部门合作等多种方式，在学中做，在做中学，学有所得，做有所成，不但管理人员、骨干开阔了视野，提升了能力，同时也部分解决了分支行的现状问题，还建立了共同解决问题的伙伴式同事关系。

（三）培训效果评估

“五度·蓝色行动”采用了柯氏反应、学习、行为、成果四级评估，在五度项目各个模块中都有涉及，项目组认为已经达到了3.5级。

（1）课堂培训采用了柯氏一、二级评估，采用课后问卷调研的方式，培训满意度达到了98%以上。

（2）整个“五度·蓝色行动”项目采用内部客户满意度调研问卷前后测的方式，注重行为的变化，达到了柯氏三级水平。在已实施的八个分支行中，内部客户满意度前测平均水平58.6%，后测平均水平达到76.3%，平均提升了17.7%，效果较为显著。

（3）柯氏第四级培训投资效益分析很难评估，不过在五度项目所导入的分支行，员工士气、服务水平以及组织效率都有不同程度的提高，还未找出有效数据评估培训收益率，故定义为3.5级。但实施五度培训项目的分支行在业务发展、业绩提升方面取得了较好的成果，如：在建设银行自贡分行个金全员营销内部子项目上，项目组投入了大量精力，在当年自贡旺季营销结束后自贡分行新增存款7.8亿元，假设能保持到年底，银行利润收益按2%计算，那么就是1 560万，假设五度项目在其中的贡献度占20%，除以此项目所有费用投入25万，那么投资收益率高达1 200%；又如：成都七支行小企业业务提升项目实施后，小企业业务得到了较快发展，当年新增在成都城区支行中排名第一。

四、项目价值

“五度·蓝色行动”项目价值既有员工观念改变、工作技能提升等基本价值，也有对分支行整体服务效率提升从而带来的竞争力增强的深层价值，以及对省分行培训模式影响和改变的深远价值。

（一）对分支行员工的价值

1. 员工自身观念得以改变，工作更加积极主动，工作和谐度增强。一位分行员工在五度留言中深情地总结道：“知道、悟到、做到、得到”，通过“五度·蓝色行动”使自己了解了许多新的理念和观点，并悟到了这些理念的价值所在，相信通过今后的坚持和努力，最终使自己的经验得以丰富，能力得以提升。

2. 较为系统地学习了一些工具、方法，有效地支撑了本职岗位工作。参加过五度培训的员工总结道：“课堂有益，研讨有效，日积月累，定有成效”；“该项行动是一个极好的行动配需的项目，提升了自我的沟通和融合的意识，并且能运用到工作和生活中，而改变自己的工作效率和生活态度。建议：今后多加强类似的学习和培训。”

（二）对二级分支行的价值

“五度·蓝色行动”项目普遍受到各分支行领导的欢迎，是因为项目本身对分行领导班子整体提升分行工作水平有直接帮助，总结如下。

1. 帮助二级分支行统一发展目标、理念。各个分支行的发展目标、理念一般都停留在五年发展规划上，不够清晰聚焦，也没有落实到部门。五度项目发展目标理念提炼导入环节有效帮助分支行提炼出了本行以及各部门一致性非常强的发展目标、理念，并不断宣贯，达成共识，形成合力。做得较好的有建设银行自贡分行与成都第三支行，自贡分行针对自身从低谷向高峰攀升过程中诸多不利局面清晰地提出了“年年提升、三年翻番、五年升位”的发展目标与“清零、固本；聚力、发展；合规、坚持”发展理念；建设银行成都第三支行针对本身发展水平较高又要保持高水平的持续发展要求鲜明地提出了“始终走在市场的最前列，办区域客户首选银行”的发展目标与“整体布局、系统推进、双轮驱动、精细管理、自我超越”注重以人为本，关注可持续发展的理念。

2. 帮助中后台员工改变观念、提高服务意识，增强对前台的支持力度，总体提升中后台的服务效率。通过课堂培训、理念提炼导入、多类工作场合的宣贯，促动中后台员工“态度、配合度、速度、准度、深度”多个方面的转变；通过后台服务效率提升子项目，真正为前台解决实际问题，如：内江分行“网点日终工作流程优化项目”使网点的下班时间平均提前了50分钟，遂宁分行“后台110项目”有效减少了前台非业务事务办理时间，提升了客户满意度。七个行从内部客户满意度平均水平前后测提升了17.7%就可以得到验证。

3. 帮助分支行解决当下发展的焦点问题。主要是通过立内部子项目来解决，有的找到某个发展瓶颈突破的系统思路，有的当下解决焦点问题。成都第三支行为了实现可持续发展目标，必须以人为本，所以立了“员工幸福度提升项目”；自贡分行百废待兴，需要有突破点来拉动，个金条线为优选，所以立了“个金全区域全员营销项目”；宜宾分行曾有过辉煌，目前公司条线与个金条线都需要有进一步的突破，所以立了“白酒行业集群拓展项目”、“个金网点竞争力提升项目”。

4. 帮助分支行提振员工士气与工作热情。比较明显的是建设银行自贡分行与成都第七支行，因为这两个行在项目启动之前受历史因素影响，员工士气非常低落，看不到发展希望，通过五度项目多种形式的促动，明细了发展方向，看到一些良好变化，员工增强了信心，士气与工作热情都有明显提升，整个分支行逐渐找到了发展的活力。

5. 帮助分支行整体提升领导力。主要是通过“领导力提升”工作模块以及多种培训方式促动实现，能帮助各分行领导班子成员促进沟通协作，提升团队凝聚力，使分支行核心团队成员从共事到共识，发挥最大的团队绩效；帮助分行中高层人员全面了解自我思维模式的优势和盲点，帮助其调节工作状态、理清工作思路与重点；帮助行领导掌握分支行中高层人员的核心优势、岗位适应度和管理风险，整体提升干部队伍的执行能力。

6. 能帮助分支行推动变革，提升竞争力。省分行搭建的“五度·蓝色行动”项目平台，会用各种有效方法，从全行各个角度促动高层管理人员、中层管理人员以及广大员工行动，是难得的一次组织变革时机，分支行领导班子理解得透，抓得紧，深入得多，就能很好地促进分支行整体竞争力的提升。

（三）对省分行的价值

省分行目前组织的培训大多从条线和岗位展开，如领导力培训、新员工培训、客户经理培训、网点经理培训、会计主管培训、培训主管培训等等，此类培训主要针对岗位胜任力要求展开，对岗位价值较大。而“五度·蓝色行动”项目是从全行、全员的角度开展的组织服务效率提升的实效式培训，此种培训模式已日渐成熟，对省分行开展整体式培训项目具有积极的指导和深远价值。

五、项目的实践情况

本项目从立项以来先后在德阳分行等8个分支行进行了项目实践，效果良好。前台对中后台满意度平均提升了17.7%；培训量达到了29 020人次·小时，培训满意度达到98%以上；前期总调研量已经达到了1 000人次以上；分、支行目标理念8个，部门发展目标理念155条；合理化建议总计2 613条，合理化建议优化方案64个；分支行共实施推进了31个以上的内部子项目。“五度·蓝色行动”培训项目有力地支持了实践单位经营管理，员工素质、业务能力、组织效率都得到了提升，促进了业务的发展。

关于改进公文运转效率的调研报告

甘肃省分行课题组

一、调查目的

为积极响应省分行党委“一张图引发的改革”大讨论活动号召，切实转变工作作风，加快公文运转速度，提高公文工作的质量和水平，特在全行范围内进行公文运转效率调查问卷，面向全行员工收集公文管理的意见和建议。

二、调查方式

调查采用网络问卷调查形式，员工通过门户网站内部流程用户之声栏目“专项 VOPA 调查及讨论”平台参与调查。

三、结果分析

本次调查共收回 1 642 份问卷。其中省分行本部答题人数为 213 人，占比 13%；分支行本部答题人数为 626 人，占比 38.1%；一线网点答题人数 803 人，占比 48.9%。具体结果如下：

从答题人数分布情况来看，本次调查二级行及一线网点员工所占比例为 87%，因此调查结果可以充分体现出基层员工的意愿。

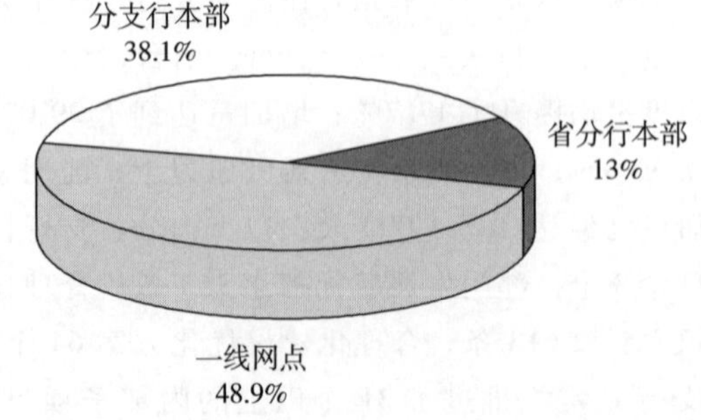

从 OA 系统使用情况来看，只有 24% 左右的员工利用 OA 系统获取工作信息。由于能够达到更快捷、更高效的沟通效果，员工更倾向于使用邮件、电话、企业门户网或其他时效性较强的系统工具来处理日常事务。

Q. 您一般从那种途径获取工作信息比较多

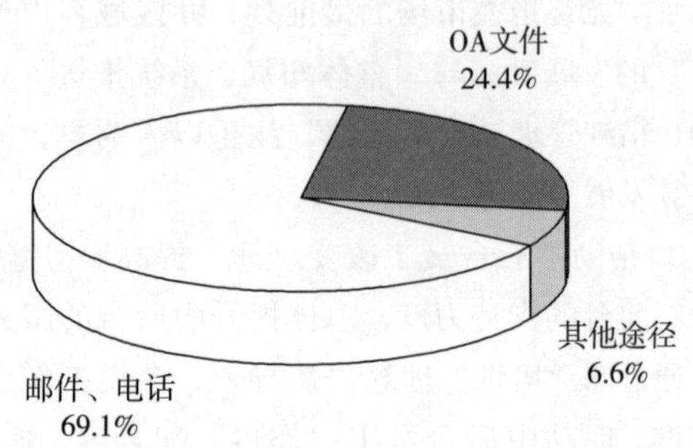

Q. 您在日常工作中，更倾向于哪种系统工具

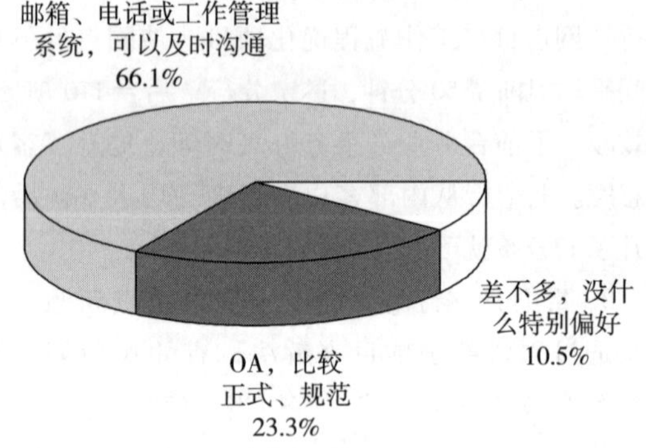

发文数量方面

绝大多数员工认为文件过多，以“文件落实文件”现象严重。据统计，70% 的员工认为文件过多以致基层单位无法有效甄别、划分主次，致使文件大多流于形式。分析原因，目前存在一种普遍认识，即只有正式文件才能引起重视，否则工作就无法推进落实；相关部门习惯以文件体现工作量，一些完全可以通过电话或邮件来上传下达的工作，却非要正式行文通知。结果就是“上面千条线，下面一根针”，大量未阅读文件累积到基层，导致制订的方案、政策等无法有效推进、实施，严重影响到工作的开展。

Q. 您认为目前文件是否过多

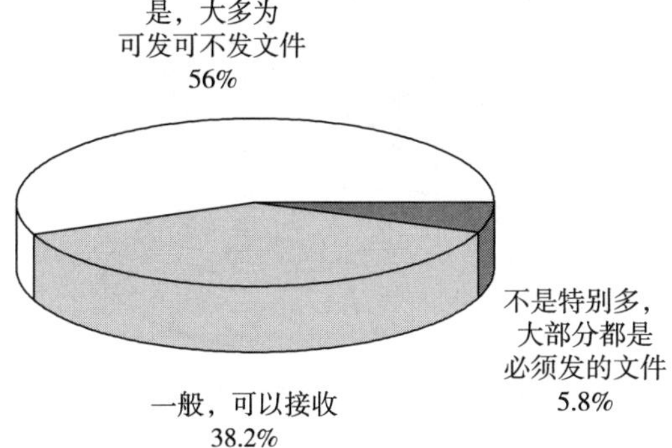

Q. 目前文件过多的主要原因有哪些？（多选）

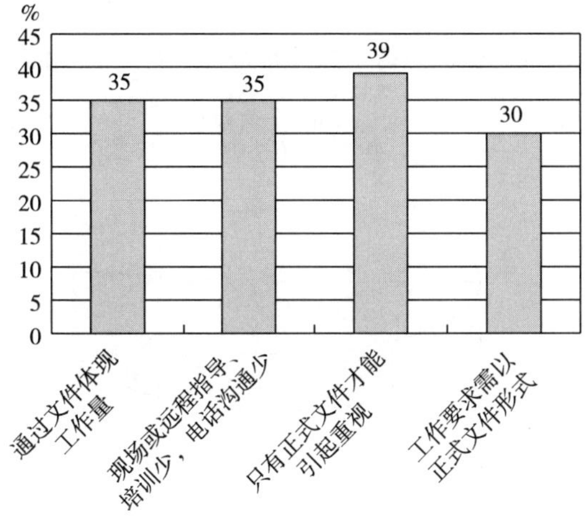

Q. 您认为文件过多是否会影响重视程度导致执行效果不佳

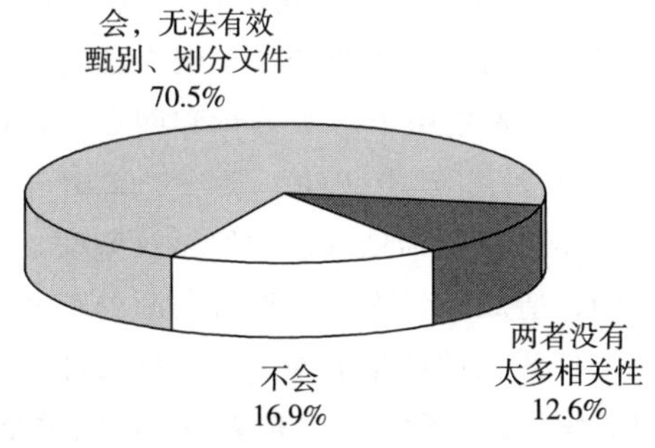

可精简文件类型方面

从反馈的数据来看，二级行每天平均向下级机构发文的数量较少，有的二级行甚至月均发文量仅1份，而需处理的文件大多为上级行来文，其中又以要求基层行正式行文报送贯彻落实报告、调研材料、整改报告、工作措施等一般性文件的居多，由此可见，省分行部门成为名副其实的“文件生产主力军”。大量文件的产生，培养了一批批“写手”，埋没了一个又一个的“营销手”。根据OA系统统计数据，截至8月末，省分行共收到报告类文件1 469份，占二级行来文的37.9%。文件报送工作严重挤压了基层行业务营销时间，73%的员工认为这类文件无须经过OA正式行文上报。

截至8月末，省分行发文中，检查通知、业务通报、批复及报送相关机构的产品说明等类型的文件共1 290份，约占发文总量的43.8%。以省分行行发文为例，一份文件需经历“拟稿、部门领导审核、综合处理、办公室核稿、办公室主任审核、行领导签发、发文，收文单位登记、办公室批办、承办部门阅览”等十多个环节，涉及流转人员十多人。由此来看，这类文件若通过OA处理，既占用资源又浪费时间，诸如检查通知文件，甚至会影响检查效果。对此，68%的员工认为检查工作可以电话、邮件告知或进行突击检查；超过半数的员工认为业务通报、产品说明报告无须发文，所占比例分别为64%、55%；认为无必要单纯转发上级行文件的则占40%。

Q. 您认为需要向上级行提交的反馈报告是否有必要反馈，是否需要以正式文件形式报送

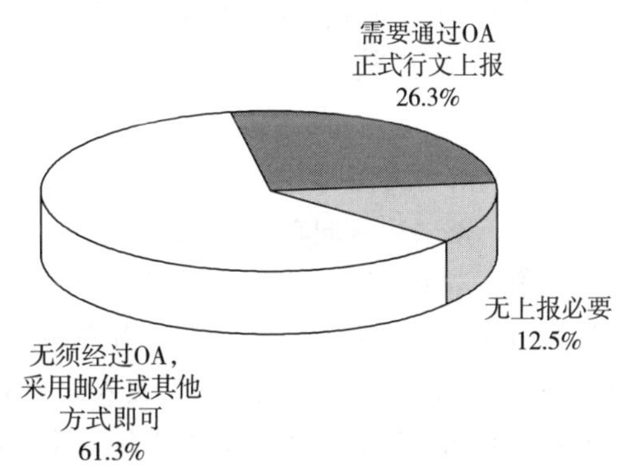

Q. 您认为到下级行或网点检查工作是否有必要提前发文通知

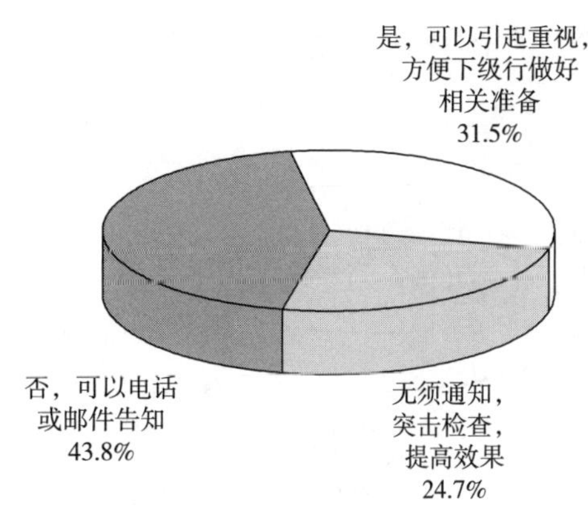

Q. 您认为检查结束后是否有必要以正式文件形式报送调研报告

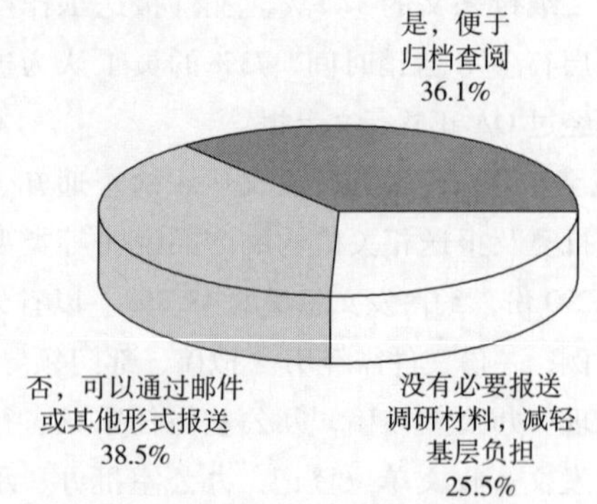

Q. 您认为哪些文件无须通过 OA 发文，以邮件或其他方式实现文件的点对点流转即可。(多选)

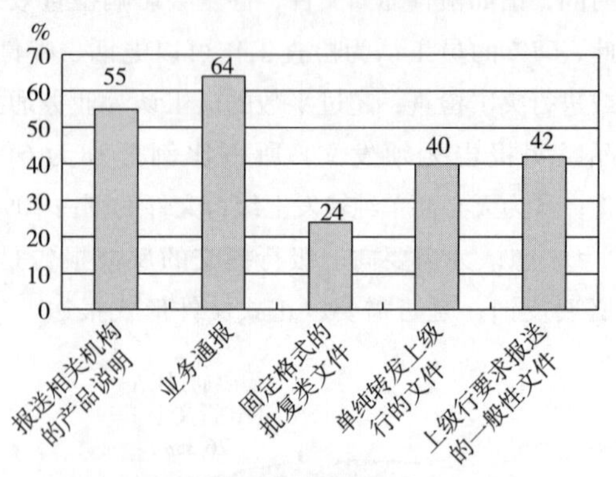

文件流转环节方面

据估计，基层行从起草请示文件到接收批复文件、办结，至少需要经过 20 个环节，完成全部请示流程需要 7—15 天的时间，有时需要超过半个月，甚至更长时间。过多的环节和过长的周期，使业务处理时间滞后，严重影响到工作效率及客户满意度。对此，52% 的员工认为请示文件可归类处理。请示批复流程亟待优化。

Q. 您所在机构从起草请示文件到接收批复文件大约需要多长时间

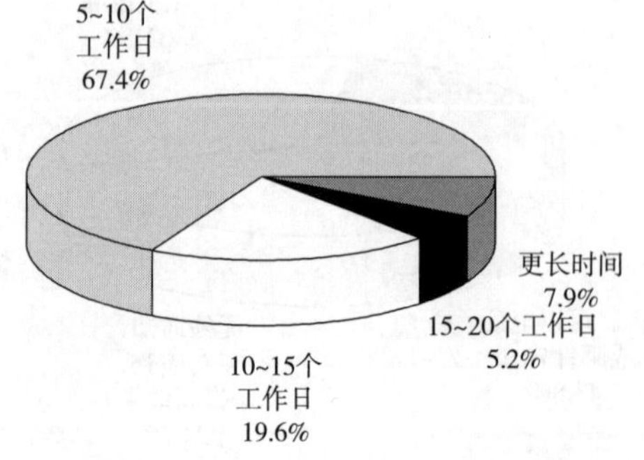

Q. 您认为请示批复类文件流转环节周期是否过多、过长，影响工作进展

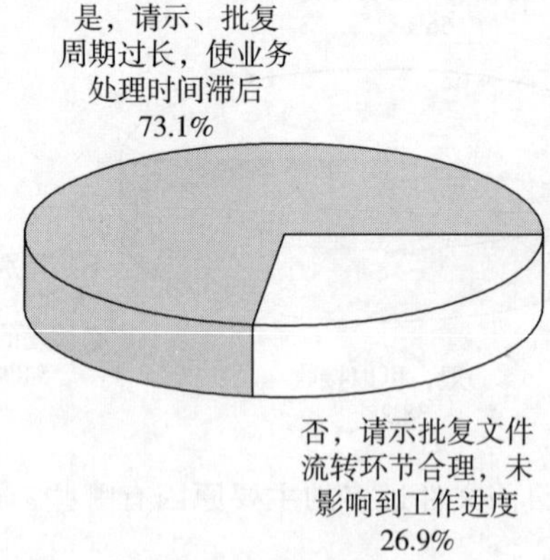

Q. 您认为请示文件是否有必要一事一批复

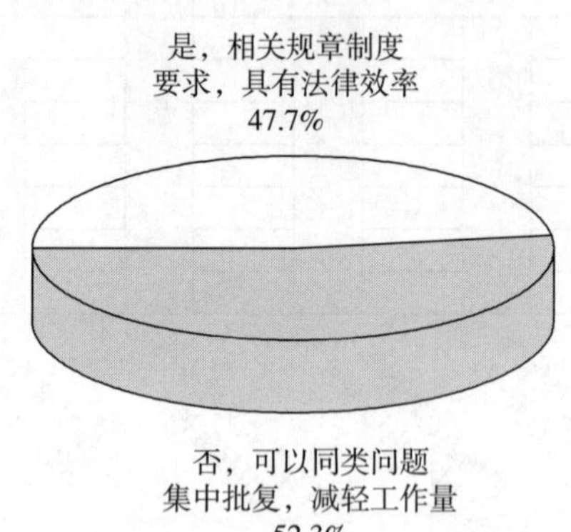

结论

据总行通报，2012 年我行有 50 余万份文件处于未打开状态（全行所有 OA 用户流转文件之和），其中 80% 集中于二级分行和网点。根据总行要求，这 50 多万份文件汇聚的“文山”需要纯手工操作进行归档处理，这种无效劳动，挤占大量时间，造成大量人力、物力资源的耗费。分析这些未打开文件产生的原因：一是文件内容已经会议组织传达、学习；二是文件通过网站专栏、邮箱等渠道重复流转；三是部分基层单位忙于营销，根本无暇顾及阅览文件。但反观我行业务发展，年年都在大跨越，可见这 50 多万份未打开文件并未对业务发展造成影响，这也从侧面反映出文件并非推动业务有效发展的最优渠道和工具。如何改变“文山”现象，有效提高公文质量及处理效率，充分发挥文件的功效，是当前亟须解决的问题。

四、建议

截至2013年8月末，省分行共发文2 944份，较上年同期（3 081份）下降4.4%，精简文件效果还不明显。结合本次调查问卷的数据分析及反馈内容，对提高公文效率提出以下建议。

（一）对省分行公文处理的建议

1. 减少文件数量方面

一般性报送文件：尽量不要求基层行报送贯彻落实报告、工作总结、调研材料、整改报告及某项工作的进展情况、措施等。确需报送的，通过工作管理系统、邮箱等途径点对点报送，减少中间不必要的流转环节。

转发类文件：对于涉及活动、方案、制度等的上级行来文，如无新的切实可行的措施、要求，或与基层行业务无关的，不必转发，通过邮箱、企业网发布即可；需要全行员工特别是基层行员工学习掌握的制度类、操作流程类文件可以直发，减少转发次数。确需转发的文件，由省分行将涉及基层行工作的相关内容进行提炼后下发，尽量避免照转照抄、稿来稿去。

业务类文件：减少与基层行工作无关的文件。如条线工作要点等宏观性指导文件，随着时间推移及当前形势变化，这类指导性文件可能会与实际工作有出入，缺乏前瞻性，对基层行具体工作指导意义不大；部门条线可根据当前形势变化与业务发展情况通过手机短信、QQ或飞秋工作群、邮件、企业网专栏等途径发布阶段性工作提示，或由部门条线负责人与二级行相关负责人直接联系，就具体工作事项进行实时沟通。相关业务部门可对业务操作类文件进行汇编，统一出台营销、活动方案等文件，减少重复发文，加强业务联动的执行效果。业务通报可通过企业网专栏按月或按季发布，不再另行发文。

其他类型文件：检查通知、结果通报及某项活动进展情况通报、在ISO9000文控管理系统中发布操作规程的通知等，统一在企业门户网专栏发布，有效利用互联网信息传递快捷的特点。如涉及全行的大检查等事项，可以在门户网站发布预通知；整改相关事项能以表格形式在整改信息系统处理的，或能将整改结果通过邮箱反馈的，不走OA。

其他无实质内容，或能通过邮件、电话等解决的问题，一律不再发文，切实为基层行甄别和分类整理文件提供方便。

特别说明：减少发文数量，并不意味着文件发布渠道的转移，造成此减彼增，而是要减少无效事项，从根源上消灭文件多的现象。如定期开展业务联合大检查，减少检查次数与频率；与相关机构协商取消产品说明的报送；减少与业务发展无关却增加基层负担的活动等。

2. 提高文件质量方面。起草文件注重“短、实、新”，不搞“穿靴戴帽”，避免长篇累牍；表达直白、直观，使基层执行者易于理解透彻，便于准确落实；尽量用图说话、按图施工。

篇幅上：严格字数限制，压缩文件篇幅。一般性发文不超过1 500字，签报正文不超过1 000字，上报文件不超过2 000字，具体操作层面可由OA管理员在OA系统中设置具体参数实现“机控”。精简不必要文字，力求简明扼要。如业务类文件中对客户基本情况的介绍通常占据过半篇幅，这些内容可在CLPM、重要客户系统等查询，无须再做过多重复描述。

内容上：条理清晰、重点突出，以基层执行者“看得懂、学得会、用得着”为标准，减少关于重要性或意义的一般性论述，注重对各项业务发展的指导性、推动性和实用性。实施细则、制度办法等语言精准简练，措施具体可行。激励政策、活动方案及其他业务类文件减少对专有名词的使用，尽量以自然、通俗的语言表述，确需使用的，要对概念定义进行说明；将复杂公式简单化、表格化，避免因接受程度不同造成的理解偏差。

“一图胜千言”：尽可能地将文字描述转化为图表形式，使其“视觉化”，达到一目了然的地步，加快执行者对内容的理解速度，从而节省时间。尤其是针对检查结果、业务通报等常规性文件，设计标准化图表格式，减少相应的文字说明，以便接收者更为直观生动地感受和挖掘信息。

特别说明：文件只是将管理者的思路、想法、要求等传达给执行者的手段，落实才是关键，一切不以解决问题为目的的文件都属于无效文件，切忌本末倒置。

3. 提升流转效率方面

减少中间环节。对产品说明等总行直发文件取消批办环节，由相关业务部门直接承办。严控文件发送范围，避免由此产生的无效流转。充分运用OA系统的跨行签报、便函、跨行事务审批等功能，减少中间环节，实现点对点流转。如一般性请示事项用跨行签报或跨行事务审批直接发送归口管理部门，有针对性地归类处理。

提高处理时效。对公文督办、审核、请示批复等限时处理，减少等待时间。如会签时间超过1个工作日，由发起部门进行催办；对下级行涉及请示事项的文件，在批办环节设置督办时间，文件批转承办部门后，系统自动对承办部门处理人进行即时提示。

特别说明：OA3.6系统具有收文登记即点击文件后，超过3个月即可自动办结的功能。针对目前文件大量累积的现象，建议OA用户特别是基层行用户及时点击、查看文件，有效利用系统功能，减少累积文件归档工作量。

（二）恳请总行予以考虑的建议

文件管理方面

恳请减少对一般性文件报送的要求，以便将更多精力放在业务发展上。建议缩小文件的发送范围，优化综合处理等重复流转环节；建立审批系统，对业务类请示批复事项设置标准格式，经办人员按照要求填写相应要素，做到有据可查即可；针对产品说明制定固定的红头格式等要素，由信息发布者按要求在业务系统填写并导入相关文件进行实时更新。

技术支持层面

建议开启一级分行短信提醒功能，在OA系统中嵌入即时通讯工具如飞秋，并与手机绑定，员工通过OA即可进行实时交流，减少因时间延误、文件批转错误等产生的等待时间，提高处理时效。

专题负责人：辛辰

调研组成员：杨锦华、仲慧慧、贯嘉琦、章雯雯

执笔：贯嘉琦

五、高层论坛

努力打造新形势下大银行管理高风险客户群体的能力

总行风险管理部　刘桂峰

在前不久国内银行业颇为密集的2012年度业绩发布会上，银行尤其国有控股大型银行被媒体和专业分析师追问最多的是资产质量和盈利能力问题，即在经济中速增长和利率市场化改革不断推进的大背景下能否保持资产质量持续稳定和盈利能力持续增长问题。虽然银行均作出了正面回应，但也坦言压力很大。笔者看来，这不仅是面临着双重挤压的问题，更面临今后一个时期银行必须下大力气调整自己的资产组合，把过去规避掉的或者重新选择一批客户纳入自己的目标客户并努力经营好的问题。这无疑考验着银行的综合经营能力，主要是其背后的风险管理能力，尤其管理高风险客户群体的能力。

一、新形势下大银行面临调整资产组合以保持持续盈利的压力

随着经济金融体制改革的不断推进、尤其利率市场化的提速，国内银行业的盈利空间日益受到挤压。在大银行的海外布局尚在推进、海外机构的净利润尚在整体利润中占比甚小、境内仍是主战场的情况下，大银行盈利能力的持续性面临很大的挑战和压力。

（一）票据、债券、非定向工具融资的大幅增长使金融“脱媒”趋势加剧

多年来企业融资过分依赖于银行体系被普遍认为是产生系统性风险的根源，推进企业直接融资、增进资本市场工具一直是金融改革的重要目标之一。银行在这一进程中固然能不断壮大其中间业务，但这一收入相比先前的利息收入则落差较大，同时伴生的更大威胁在于其优质客户尤其大客户信贷需求的锐减，而这恰恰是银行长期以来获取稳定收入、构成优质信贷资产的重要来源。有关资料显示，近年来企业通过信用债、短融、中票等资本市场工具筹措资金的步伐提速很快，这无疑在很大程度上替代了银行该方面贷款。在此大背景下，银行不得不再把眼光投向他处、投向更远的地方、甚至投向目前慎做或少做的客户群体，寻求能够获取更多收入的客户资源。

（二）利率市场化进程的加快使银行的获利空间进一步缩小

从银行近几年净息差（NIM）下降的轨迹看，存贷款利率浮动空间的逐年增大起着强力助推作用。可以预期，利率管制完全放开后还会带来NIM的进一步下滑。尤其是资质优良、同业极力争抢的大型客户，其谈判能力足以使银行的定价

跌至盈亏线以下。为保持持续盈利能力，银行必须寻求优质大型客户以外的其他客户共同组成新的资产组合，通过承担更多风险以获取更多利润。

（三）同业竞争的加剧使银行必须在客户选择上另辟蹊径

随着国外银行不断登陆、国内银行布点分设的增多，同业间竞争愈益激烈，尤其对优质大型客户的争抢，几近“白热化”。其间不乏不守规矩者、不遵守行业规则者，使有的竞争变成了同业间自相残杀，各自大伤元气的前提下经营成本也居高不下。大型银行要在坚持自身底线前提下从这种“混战”中冲杀出来，必须提前布局，寻求新的领域，拓展新的增长点，以在不断加剧的竞争中始终把握主动。

（四）企业自身意识的觉醒和话语权的增大也使银行做出适当让步

资本市场的扩容和利率管制放开的最大受益者是企业。他们在这一进程中不仅可以通过多元化的融资渠道增加自身选择的主动性，而且可以通过多样化融资工具的组合运用降低融资成本，还可以增大同银行讨价还价的能力。不仅大型企业，一些处于成长快速通道、有良好前景的中型企业也加入了这一行列。严峻的形势使银行不得不在定价上做出让步，带来自身盈利压力的进一步加大。

二、银行需要接纳一批能带来较高收益但会使总的资产组合风险水平提升的客户群体

银行尤其大型银行需要审时度势，在冷静分析周边环境和自身条件的基础上，在总体上不改变稳健经营的风险偏好前提下，理性选择一批能带来较高收益但同时会带来较高风险的客户，适度增进总体风险承担水平。

（一）选择一批成长性良好的中型企业

这类企业渴望成长壮大，急需拓展业务空间，需要资金的支持援助，银行对其议价能力较强。但该类企业在成长过程中存在较多不确定性，带来的风险也较大。银行需要有一套标准、程序及辅助性工具来进行识别及筛选，把真正有前景、有潜力、有核心技术、有持续研发能力、企业家有洞察力和担当能力、专业专注于某一领域或扩大与该领域能形成产业链投入的企业识别出来，加以重点辅导与培植，给予资金支持，帮助其逐步做大做强，使之成为银行资产组合中大型客户的坚实后备，成为极具潜力和成长能力的客户群体。该类企业应首选实业性企业，并以国家产业政策鼓励加大发展的行业为主。

（二）选择一批活力旺盛的小型和微型企业

这类企业灵活性大，适应市场变化能力强，属标准的“船小好掉头”类。他们在发展过程中同样希望快速成长起来，立稳脚跟，因此对资金的需求非常旺盛，银行对该类企业同样有较强的议价能力。但该类企业抗风险能力弱，一遇“寒流”或市场上“风吹草动”便容易“打喷嚏”感冒，破产清盘的概率很高。银行也需要有一套好的识别和筛选标准，把真正有生命力、市场机会把握得准、企业家有头脑和嬗变能力的选出来，给予重点支持，但一定要注意贷款期限的把握，以两年以下甚至更短为主。

（三）选择一批有前景的个人助业型客户

随着价值多元化因素的成长以及就业形势的日益严峻，拥有现代知识组合的大学生、研究生毕业后选择自主创业的人数越来越多。这批人有头脑、有激情，善于把握机会。但基本上赤手空拳，几乎没有自有资金来为未来可能承担的风险“背书”，因此银行要把其发展为未来潜力客户的现阶段扶植几近于“风投”。但这又是一个充满希望、前景无限的群体，银行应精选其中的“人尖”，即有激情但更理性、肯吃苦同时又有韧劲、有专业背景又有创新精神的人，帮助其抓住某一领域的机会，脚踏实地奋力拓展，站稳脚跟并逐步发展壮大。

（四）选择一批有潜力的个人消费类客户

在拉动经济增长的“三驾马车”中投资和出口已增长乏力的背景下，消费在现在和未来经济增长中“一枝独秀”的趋势将愈益明显。这不仅是未来的政策着力点，也是中国经济持续增长的活力所在。从农民到工人、从蓝领到白领乃至“金领”、从知识阶层到创业者、从公务员到企业家，不仅有各自消费偏好，消费能力也在不断升级，呈现出多样化、多层次特点。银行应抓住这一机遇，除继续做好个人住房类贷款服务外，紧盯消费升级和分层裂变带来的新的需求变化，开

发出针对性强的产品，并针对中高端客户消费需求多样化特点，开发出使用方便、综合功能强大、适当前卫的金融卡种，以为这批潜力客户消费能力的不断升华提供强有力的支撑。

（五）选择一批农业领域专业集约型企业

随着“新四化”的推进，我国农业生产模式和管理方式将发生巨大变化，小户型、分散化的经营方式难以为继，汹涌而来的专业化、集中经营的模式将以很快的步伐取而代之，只要国家有关政策调整到位，这股浪潮会很快到来。可以预见，未来中国大地上会出现一大批规模化、机械化程度均较高的现代农场式企业，一大批已具一定资本储备、对土地有着真挚感情、只待冲锋号令一响便急不可耐进入这一领域的有识之士已整装待发。银行尤其大型银行应敏锐抓住这一机会，凭借其网络触角、信息技术、风险管理等专业优势，加强对该领域的研究与战略布局，时机一到便快速进入这一充满生机与活力的领域，抢占制高点，下大力气培育起自己的优质客户群体。

同时，银行还应选择一批与国家产业政策相接、有远大发展前景的企业。如拥有一定核心技术并具备持续研发能力、生产节能产品，以及能够推动这些产品商业化运用的企业，包括能够推动可再生能源运用于商业建筑（大型写字楼、专用办公楼等）和民用住宅等的开发企业，在促进国家可持续发展战略逐步实现的同时，培育自己有持续增长能力的客户群体。

三、银行要着力打造自身风险管理专业化、精细化能力

大型银行要真正把自身信贷资产组合调整到能够承担更高风险获取更高收益的更具挑战性的状态，达成在未来较长时期保持整体收益稳定增长的目标，除了要在经营理念和管理模式上做出重大调整之外，关键要着力打造专业化、精细化的风险管理能力，以为进行科学的客户选择、精确的风险收益计量、前瞻的风险预警化解、果断的风险处置提供坚实支撑。

（一）打造专业、精细的信贷政策，着力增进其引导能力

银行要在大的信贷政策框架下，针对上述客户制定明确具体的政策要求，以有效引导营销、审批及贷后的风险管理。要对一些行业做深度研究，重在挖掘出大中型企业以外的中型及小微型企业，哪些可以阶段性持有，哪些可以做“长线”培育；哪些可以支持其在自己专业领域做深做强后可通过并购进一步做大做强，哪些只能与其上游或下游的核心企业帮衬成产业链，等等。也要对一些区域做深度研究，在明晰其资源优势、成本优势、运输优势及产业集群优势等前提下，确定哪一类行业的企业适合于在哪一类区域做，能够做多少，银行的风险承担底线在哪儿，等等。产品的配置则在综合考虑企业所在行业和区域的基础上进行，如东南沿海区域贸易类的产品会多一些，中西部地区则制造类企业契合的产品要多一些。银行应该在细分客户的前提下针对其所在不同行业及区域的特点制定出分门别类、针对性极强的政策，同时运用好经济资本、风险调整后的收益水平（RAROC）、风险限额等政策工具进行有效引导，把有限资源真正配置到能带来较高收益、同时又能有效控制风险的客户集群上来。

（二）开发足量、精细的风险计量模型，有效支撑客户选择

中小型企业不同于大企业，银行无法做到一户一策，批量式管理成为其必然选择。但这种批量式管理绝不是“大轰大嗡”式的粗放式管理，而是分组分类式管理，且尽可能根据不同特征进行细化分类，开发出不同的计量模型，为客户的精准营销提供支撑。我国银行业尤其国有控股大型银行近几年在风险计量方面取得了长足进步，但与国际活跃银行比还差得很远，尤其在模型数量和精准度方面存在很大差距。以零售模型为例，美国银行开发有600多张零售评分卡，桑坦德银行零售领域（含小企业）的计量模型也达220多个，我国银行即便是建设银行目前在这方面的计量模型也只有几十个，因此需下大力气，配置足量资源，尤其培养一大批分门别类的风险计量专家，针对不同客户，尤其中型企业、小企业、小微企业以及创业型个人客户开发出符合其风险特征、能有效对客户资质和风险承担能力进行评价和评分的计量模型，并根据市场及政策环境等变化不断重检、优化或升级，以有效支撑客户经理、风险经理辨识风险、选择客户，促进银行整体经营战略的有效实现。

（三）科学预警，争取把风险隐患解决在前端

如果说大型企业的风险暴露还需要一个过程，中小企业的坏账形成几乎是瞬间的事情，瞬息万变的市场随时会给该类企业带来机会或苦难，因此对其风险预警需要独辟蹊径，探索新路。银行要实时抓取与企业核心财务状况、与市场变化密切相关的指标，设置阈值，观察其变化，发现异常及时预警。对于出现异常信号的企业，不仅要敦促客户经理第一时间把最新情况抓回来，风险经理也要抽取一定客户，尤其对于超过监测阈值的企业要上门查看，掌握实情，在分析判断基础上果断采取措施。该类先行性指标不必过多，但要抓住最本质核心的几个，且要随企业经营和市场形势的变化实时调整。该类指标既要有通用性的，更要有分门别类、针对不同企业分组的特定指标。风险经理要定期监测，实时重检，使其始终处于能反映市场最新变化和企业核心风险的状态。当然，该类指标的设置和调整离不开客户经理对客户的日常监测和情况的动态把握，并且要把了解到的最新情况及时输入信贷系统，以有效支撑对客户群体的监测预警及客户的有效评级。在这里，风险经理通过风险监测模型承担对一类或若干类、一组或若干组中小客户群体的监测和风险预警的责任，客户经理则要通过日常的监测和管理对单个客户的最新状况了然于胸，并根据预警信号采取针对性措施，这样就能把问题解决在前端，解决在媒体曝光或监管部门提示之前，就能从整体上把握主动。

（四）果断处置，力争把问题资产在最佳时间处置掉

中小企业问题资产的处置贵在时机的把握，正如市场机会稍纵即逝一样，处置最佳时机一旦错过同样不会再来。大型银行可运用自身客户数量多、网络化程度高、信息量大等优势，专业化、多样式手段进行处置。可寻求行业内龙头企业对中小企业的并购，也可帮助业内有核心技术、成长能力和远大前景的中型企业对其上下游企业进行并购，还可促成有产业集群优势区域的潜力企业的跨业并购。对于抵押物足值而风险暴露充分的企业，要果断收取抵押物并进行快速处置。要充分利用国家给予的政策及日益规范的市场环境，对于耗时、费力、成本高的小微企业实施批量化打包处置，以最大限度节约成本，提高效益。

四、银行要注重坚守几个底线

在经营和管理风险及收益均相对高的客户，提升资产组合整体贡献度的过程中，银行应注意坚守几个底线。

1. 产能过剩行业的中型及小微型企业不能要。我国该类行业沉疴已久，调整起来难度很大。现值国际经济复苏缓慢、国内经济下行趋稳状态下，国家在下大决心进行调整，但不排除有企业借调整之机进一步扩大产能之举，且技术进步前提下调整本身就有提高生产率之效。因此，银行在选择中型企业及小微型企业时，一定不要涉足这些领域，尤其钢铁、水泥、电解铝、平板玻璃、光伏、船舶等行业的该类企业近阶段内要避而远之。

2. 与生态、环境保护相悖的中型及小微型企业不能要。在社会生态及环境约束日益趋紧，人们对洁净空气、健康食物诉求日趋强烈的大背景下，银行不去涉足该类企业，不仅是自身风险管理需要、财务效益需要，更重要还是银行所承担社会责任的需要。中型企业在成长过程中，小微型企业在创办阶段，有的往往不顾环保方面要求而随便排污，有的甚至为节约成本把建好的排污设施搁置一旁纯做“样子”。对于该类企业，即使其描绘的经营前景再美好，呈现出来的发展潜力再远大，银行仍要坚定地对其说“不”。对于已在支持的企业，一经发现有上述状况要坚决退出，且日后不再与其打交道。

3. 有违国家法纪和职业道德的中型与小微型企业不能要。有的企业表面上遵纪守法，生产着与民众需求相关的产品，但背地有洗钱或不正当转移资产的行为。对于该类触及社会道德底线的企业，银行要建立起“黑名单”，现在及将来都要坚决将其置之门外。

4. 企业家没有胆略和担当能力的企业不能要。无论创业还是并购其他企业后把规模和业务拓展的更宽，企业家除了要有过人的胆略，即具备敏锐捕捉市场机会的能力和借机乘势而起的胆略之外，还必须有承担风险的勇气和能力。那些在形势好时信心满满、借贷时信誓旦旦，但形势一有负面变化、经营遇到困难时便瞬间崩溃，甚至“跑路式”一走了之的企业主，属于没有担当也是缺乏责任的。对于这类企业，银行也要将其列入“黑名单”，并避而远之。

欧洲美元市场对人民币国际化的启示

总行国际业务部 杨爱民

中国已成为全球第二大经济体，但人民币在国际上的使用与中国经济实力的增长却并不匹配。尽管在政府助推下，人民币国际化正以新的面貌改变着国际金融市场格局，但仍存在着一些深层次问题有待解决，特别是在金融市场创新方面还有很长的路要走。一个国家货币的国际化远非一场运动那样简单，而是一个由市场驱动的长期、渐进的演化过程，这期间，离岸市场中非居民之间的中介功能，也就是离岸人民币的第三方使用是货币国际化的重要因素之一，而中资海外机构的积极参与将对真正意义上的人民币国际化产生深远影响。

人民币国际化是中国经济发展到一定阶段的必然结果，不仅改变国际金融市场面貌也将推动国内金融市场的改革和接轨，人民币国际化过程中遇到的利率、汇率等瓶颈将会在离岸市场的演变中逐步解决，在这方面，欧洲美元市场提供了重要参考。

一、欧洲美元市场是美元国际化的核心

几家英国商人银行的交易员出于自身利益，利用境外积淀的美元存款调剂银行间的头寸，成为欧洲美元市场雏形，华宝银行凭借企业家的远见根据市场需求，推出欧洲美元债券，将欧洲美元从短期货币市场过渡到中长期资本市场，将全球高品质的发行人，同多样化的投资者结合在一起，也将美元的国际化推向新的高峰，这项完全由私人部门以市场需求为动力的创新是一个完全自由的市场，带来全球资本市场一体化以及金融全球化，欧洲美元市场由此成为国际货币体系中不可或缺的一个组成部分，也成为美元国际化的核心。

（一）一个由供需驱动的新型市场

欧洲美元（Eurodollar）指的是在发行国之外交易和使用的发行国货币，主要以美元为主。欧洲美元的供应主要有以下几个主要因素：早在20世纪20年代的伦敦、柏林和维也纳就已经出现境外的美元存款，战后美国政府庞大的欧洲救援计划为美元在境外的使用和存留奠定了基础。冷战期间，以前苏联为首的东欧国家大规模向伦敦等地转移存款，加上美国政府在大萧条后实施的一系列严格的监管措施，特别是利率和资本管制方面的条例迫使美国境内的存款转移到以伦敦为主的欧洲城市。另外，70年代欧佩克产油国由于石油危机一夜暴富出现大量美元现金为欧洲美元的供应提供了更加坚实的基础。1979年英国取消外汇管制后，更多的英国机构投资者也参与到欧洲美元市场中。

对欧洲美元存款的需求源于20世纪50年代后期，英国政府出于本国经济发展的考虑限制英镑作为国际货币的使用，英国的一些商人银行以及外国银行在伦敦的子公司开始将境外美元存款在金融机构之间调剂，欧洲美元的借贷逐渐在银行间市场中流行起来。其中欧洲各国中央银行的态度对欧洲美元起到推动作用，德国将其作为减少美元储备的渠道，意大利将其作为美元融资的平台；瑞士将其当成信托资金的盈利出口；英国将其作为有利于英国收支，强化伦敦作为国际金融中心地位的工具；而美国政府考虑到本国金融机构在欧洲美元市场的商业利润也间接鼓励使用欧洲美元。

随后，一些由于本国实施货币紧缩政策或难

以满足国内苛刻贷款条件的跨国企业，特别是美国企业的子公司开始在离岸市场寻求新的资金来源，一些梦想实现经济腾飞但面临外汇资金紧张的拉丁美洲及非洲国家也开始问津欧洲美元的信贷市场。

从欧洲美元的供应演变（见表1）可以看出欧洲美元市场如何在不同历史时期法律环境、外国政府政策和全球经济环境的条件下不断变化，欧洲美元市场客观上为离岸美元市场的崛起奠定了坚实的基础。

表1　欧洲美元供应与需求历史演变

时间	来源	使用	法律政策	欧洲美元比较优势
50年代后期	东欧国家存款、英国商人银行、美国国际收支赤字	解决银行间流动性问题	Q条例 存款准备金规定 欧美各国资本管制	高利率、限制少，由于交易集中在伦敦和巴黎，而且主要在优质的欧洲银行和美国的欧洲分行之间，政治和金融风险相对较小
60~70年代	各国中央银行和国际清算银行的收支盈余、跨国金融机构、跨国公司、美国的银行	发达国家政府、跨国公司	利息平衡税 外国信贷限制计划	监管成本低、解决资金流动性和筹资、没有存款准备金和存款保险要求
70年代石油危机后	石油输出国的石油美元存款	新兴市场国家用于支付高额进口账单和新的基础设施投资	英、美、德取消资本管制	不受美联储控制，筹资方面具有低门槛、低成本、高效率的特点
80年代后	日本、韩国贸易盈余	美国和其他国家的跨国公司用于公司并购		美国境外重要的资金来源、具有资金成本低的优势
90年代后		非银行机构为主（养老金等），用于杠杆和筹资	欧元的诞生弱化了欧洲美元	

资料来源：根据相关资料整理。

（二）欧洲美元市场的兴旺助推美元国际化

欧洲美元市场的兴旺得益于欧洲美元债券（Eurobond）市场，这个一度全球最有活力的市场为投资者开辟一条便捷的融资渠道，也形成崭新的跨境机构间的联系网，推动全球资本市场的一体化，也将美元国际化推向新高峰。

欧洲美元债券市场初期指由企业和政府机构在美国境外发行的只面对非居民的固定价格债券。具有企业家独到眼光的欧洲商人银行华宝银行经英国政府许可，于1963年发行了第一笔欧洲美元债券，筹资金额1 500万美元，用于意大利的收费高速路建设，由意大利政府机构担保。这次发行成为欧洲美元债券的典范。

欧洲美元债券以缺少监管、缺少竞争门槛、融资成本低、免税、无记名、手续简便、债券品种多样化等优势成为全球大批寻求低成本筹资的机构投资者、企业、金融机构、国际组织和各国政府融资的重要渠道。20世纪80年代是欧洲美元债券发行的高峰，它根据供求情况，不断推出新的或组合产品，并以此把国际股票市场、国际票据市场、国际外汇市场和国际黄金市场紧密地联系在一起，有力地推动了国际金融与世界经济一体化。

发行新债，同债券相关的二级市场的做市，交易，对冲，套利构成现代金融体系的基本框架，成为战后最有影响力的金融创新，更重要的是欧洲美元利率成为国际资金成本最有效的晴雨表，是国际借贷市场的重要货币。

欧洲美元市场加大离岸美元的吸引力，成为美元在全球蔓延的里程碑。截至1997年，全球90%的国际贷款来自这个市场，欧洲美元市场成为美元国际化的核心动力之一。美元借助欧洲美元债券市场成为全球最强势的国际货币。

二、美国银行进军海外加速美元国际化步伐

美国金融机构在规避监管和追求回报的利益驱使下，走出国门，其初期海外业务的重点就是发展欧洲美元业务。美国金融机构在欧洲美元这个不受监管、低成本的平台上，将金融创新发挥到极致，客观上为离岸美元市场的发展奠定了坚实的基础，加速了美元的国际化进程。

（一）美国银行成为欧洲美元市场的主力军

美国银行于1959年开始参与欧洲美元市场，其动力一方面是美国政府在准备金、利率管制、存款保险和分业经营等方面的严格监管让美国的国内业务举步维艰。另一方面是国内客户受欧洲美元市场较高回报的诱惑，不断将存款从美国银行转移。

为了生存，美国金融机构开始了庞大的海外市场竞争战略，纷纷在欧洲和拉丁美洲地区那些环境宽松的地区设点。英格兰银行在离岸业务方面的高效率以及放手态度也对美国金融机构产生强烈的吸引力。在华盛顿申请一项新业务需要数月的时间，而在伦敦几分钟内就可以得到批准。1959年，伦敦只有7家美国机构，伴随着欧洲债券业务，发行和交易外币债券，到了1969年，有近30家美国机构在伦敦设点，市场中最初占主导地位的英国商人银行撤出，另外，随着美国金融机构进军拉丁美洲的一些避税天堂设点，1965年开始，欧洲美元市场的主角换成美国金融机构。

欧洲美元市场成为美国金融机构大显身手的舞台，业务包括存放在巴黎的西德马克、存放在巴哈马的瑞士法郎，分支机构遍及巴哈马、开曼、新加坡和日本等全球各个角落。花旗银行的巴哈马分行成为该行北半球规模最大的海外业务中心，存贷款在伦敦谈价，簿记在“避税天堂”成为美国金融机构新的经营模式。

欧洲美元业务让美国的金融机构尝到甜头。截至1977年，美国最大的10家银行海外利润普遍高于国内，其中花旗集团海外利润占比高达80%，而在1970年该行海外收入占比还不到20%。花旗在100多个国家设立了2 000多家庞大的分支网络，成为非居民之间不可或缺的金融中介。美国银行从利润回报出发积极参与并一度主导欧洲美元市场，客观上成为美元国际化的助推器。

（二）美国金融机构通过金融创新加速美元国际化

美国金融机构通过参与欧洲美元市场，为市场带来创新，对美元国际化产生了积极的影响。由于监管成本的降低，美国银行在金融创新方面有了更多的设计，为这个市场带来活力。

花旗前身，国民城市银行为了追回流失的美元存款，率先推出欧洲美元大额存款凭证等创新工具，率先突破美联储的Q条例，为客户提供了更多的投资选择，其重要性还在于让欧洲美元对非银行基金变得更有吸引力，延长了欧洲美元存款的到期日，便于同贷款期限相匹配。

伴随着国际金融市场的发展以及宏观形势的变化，美国的金融机构采用金融创新积极应对。20世纪70年代，石油美元为欧洲美元市场注入新的血液，那些来自中东石油出口国家的巨额存款大部分以短期为主，而贷款都是中长期，美元汇率和利率的波动让欧洲美元市场风险骤增，市场上出现强烈的避险需求。美国的金融机构顺势推出同欧洲美元相关的金融衍生品。如20世纪70年代末出现的欧洲美元浮动利率CD和欧洲美元浮动利率票据都是为了应对利率波动的金融创新。

1981年12月推出的欧洲美元期货是一系列金融创新的高峰，也是美国第一个现金交割的金融期货合约。由于一些银行用欧洲美元市场规避美国国债持有的损失，而不是使用流动性较差的国库券期货去规避，欧洲美元市场很快就在规模上超出国债市场，成为美国最大的期货市场。

美国的金融机构为了保持竞争力发放大量欧洲美元贷款，然后去欧洲期货市场规避敞口风险。同时还出现一大批新的债券品种，如零息债券、浮动利率债券、货币期权债券、互换债券、可转换看跌期权债券等。规模庞大的欧洲美元期货市场以流动性强和便于交易等优势吸引了一大批投资者，新加坡货币交易中心开通欧洲美元期货使其越来越国际化。

欧洲美元市场很快成为短期利率市场支柱，是国际货币市场中最市场化、最敏感、不受中央银行控制的金融工具，新的欧洲美元期货市场最终被货币当局用于干预市场。

欧洲美元市场对美元的国际化产生深远影响，这个规模庞大的境外美元市场在1970年后增长更加迅猛，南美“避税天堂”的簿记美元为其增添新的渠道。截至2010年年中，簿记在海外的美元达到近4.9万亿，而且由纯粹的离岸业务唱主角。美国银行业围绕着欧洲美元市场的金融创新将美元国际化推向新的高峰。

三、欧洲美元对人民币国际化的启示

（一）非居民之间的使用加速美元国际化

除去政治、军事和经贸等方面因素，推动美元国际化最重要的一个因素就是欧洲美元市场的崛起，欧洲美元市场为美元成为全球交易和储备货币奠定了坚实的基础。

欧洲美元市场在促进美国国际化方面对我们的启示是货币的国际化是一个自然演变的过程，受到宏观经济、监管政策、金融机构的逐利与市场投资者多样化需求等多方面的影响，欧洲美元市场在过去近40年的发展中，市场的自然发育客观上加速货币国际化的进程。

一国货币实现真正意义的国际化先决条件是货币发行国以外本国与非居民之间，特别是非居民与非居民之间愿意在全球范围的贸易和金融交易中相互使用该货币作为交换媒介。欧洲美元市场的真正意义在于其存款来自非银行供应，最终贷给非银行用户，无论是货币市场还是资本市场，境外企业和个人愿意持有、使用和投资欧洲美元才是货币国际化的关键。

而反观人民币国际化，目前香港是离岸人民币业务的枢纽，离岸人民币的使用主要还局限在中央银行、银行间市场和政府、企业债券，境外非居民持有和使用人民币的数量较少，纯粹的离岸借贷业务就更少。国内企业用人民币做贸易支付时主要以套利为主。根据国际清算银行的统计，在全部支付中，人民币是最少被使用的货币之一，排在第16位，而在信用证使用方面成为排在美元、欧元之后的第三大货币，主要是用人民币信用证在境内和离岸两个市场中套利，这并不是人民币国际化的初衷，关键问题是当人民币离岸市场套利空间缩小，在缺少投资产品和渠道的环境下，人民币结算所带动的人民币国际化会大打折扣。

从欧洲美元的演变看，非居民之间的借贷和交易才是人民币国际化的关键，特别是各国政府、跨国公司、跨国金融组织和机构投资者持有并交易人民币的意愿。因此，培育和扩大境外非居民持有和使用人民币是国际化长期战略的重要步骤。离岸人民币市场需要时间和市场参与者自身的动力，仅靠政府推动的货币国际化目前还没有成功先例。尽管英国可以提供人民币产品服务技术支持、基础设施和监管方面服务，但真正的动力来自非居民企业或个人对人民币的需求，这个需求并不是短期内靠行政手段解决的。

欧洲美元经历了38年的风风雨雨为离岸人民币市场提供了参考，要逐步将人民币国际化从政府推动过渡到境外机构和个人的自愿持有和使用将是一个漫长的过程，要经历市场的自然发育。

从美国巨额债务到经济难以摆脱危机的泥潭的现状为人民币提供了前所未有的机会。尽管人民币目前还没有实现完全自由兑换，在海外的接受程度还很低，但人民币在离岸市场上具有很大的使用空间。全球无论是机构投资者如基金公司和资产管理公司还是个人都有出于风险防范考虑的多样化投资和配置人民币资产的需求。离岸人民币市场将为风险管理提供货币、国别风险和业务多样化的多种选择。

目前，离岸市场还是全球其他地区人民币流入大陆的通道，以投机为目的的人民币国际化将会是暂时现象。正如国际清算银行在最近一份研究报告中认为，最终，离岸人民币市场可能如同欧洲美元市场一样将发展成为一个成熟的、非中国借款和贷款人之间的中介。

（二）中资机构的创新力度有助于人民币国家化推广

从美国金融机构在欧洲美元市场中的表现可以看出，在市场培育过程中，本国金融机构的金融创新与积极主动的参与对美元国际化起着至关重要的作用。接受非银行存款，向非银行提供贷款让美国金融机构成为美元在全球流行的重要中介。

随着中资境外金融机构数量的增加，分支机构已经遍及全球主要的离岸金融中心，中资金融机构应视人民币国际化为海外业务拓展新的突破口，培育并发展这个潜力无穷的新市场，主动充当非居民与非居民之间的中介。利用人民币离岸市场这个平台，加大金融产品与工具的创新，这不仅有利于推进人民币国际化进程，也可以为中资金融机构开辟新的海外收入来源。

即使各方面条件全部满足，人民币国际化要想替代美元也需要相当长的一段时间。例如美国经济尽管在19世纪70年代就超过了英国，但美元又经历了至少50年的时间才取代英镑成为最重要的全球货币。人民币离岸市场自2010年7月正式成立以来，只有两年多的历史，从市场规模到投资渠道都处于初级阶段，还需要更多的创新和突破。

中资机构积极参与离岸市场加大金融创新力度将有助于人民币国际化在全球的推广，但最终人民币国际化的成功还取决于纯粹意义上的离岸业务，在这方面，欧洲美元市场对人民币国际化的进程具有重要的参考意义。

科学统筹　构建智慧银行

总行信息技术管理部　金磐石

构建“智慧银行”是中国银行业迎接挑战、把握机遇的必经之路。同时，“智慧银行”的构建非一朝一夕之功，将是一个艰苦卓绝的历程。建设银行将努力利用4~5年时间，依托“新一代核心系统”建设工程，打造“智慧建设银行”。同时希望以此为契机，积极与国内同业及非金融机构合作，打造中国的“智慧金融”。

一、“智慧银行”建设目标的确立和发展

建设银行于2003年完成了全行数据大集中，将此前众多分支机构从彼此隔绝的信息孤岛整合成了一个统一的信息实体；2003—2006年通过实施项目群，建成客户关系管理、管理会计、对公贷款流程管理系统、数据仓库等一大批满足股改上市要求的产品服务及管理决策系统。信息化建设方面取得的丰硕成果，较好地支持了全行经营发展要求。但在发展中也存在诸多不足，如渠道与产品绑定、系统灵活性不足；系统多以部门视角建设，纵向集中为主，横向整合不足；客户信息分散在各个产品系统中，缺乏有效整合。上述不足从本质上看，难以支持“智慧银行”所要求的互联互通，更无法满足主动感知和透彻洞察的要求。

结合“智慧银行”应具备的能力和行内业务技术现状，建设银行自2010年起在行内开展了广泛的学习与研讨，开始探索符合自身特点、可持续的、智慧的发展之道。在《中国建设银行业务发展战略纲要》（“十二五”规划）规划目标的指导下，建设银行于2011年编制完成了IT基本架构规划。随后，正式启动“新一代核心系统”工程（以下简称“新一代”），开始构建具有建设银行特色“智慧银行”的历程。主要包括感应度量、互联互通、智能洞察三大目标。

更透彻的感应度量是指“智慧银行”应对需求和客户体验两个方面有更深入的感知。敏锐、及时的感知市场趋势和需求，进而触发产品、流程、服务、业务模式的创新。同时利用任何可以随时随地感知、捕捉和传递信息的设备、系统或工具，及时获取客户对产品/服务的反馈并进行分析处理，以便快速采取应对措施和进行长期规划。

更全面的互联互通是指“智慧银行”应将银行内部与外部互联成一个有机的整体。在银行与客户的互联互通上，将银行服务从传统柜面网点延伸到客户家里、办公室、手机，或任何可以接入互联网的地方，使得客户可以在任何时间、任何地点，以任何方式享受银行的服务，进行各项交易，并获得一致的客户体验。在银行内部的互

联互通上，将跨区域、跨职能部门、跨业务领域及跨渠道服务整合到一个平台，从而形成一个共享视图，并为客户提供一站式服务。

更深入的智能洞察是指“智慧银行”应通过各种接触渠道获取更丰富的数据，使用先进技术对内部和外部系统的信息和数据整合，对海量数据进行综合的集中处理，最终建立全面且精准的洞察，通过智能分析，提升业务决策能力，回应市场环境的细微变化。

二、“智慧银行”建设面临的挑战

在透彻感知层面，“以客户为中心”的理念在前期IT建设中未能充分体现，缺乏准确的客户感知。受历史技术水平和运营体制制约，建设银行现有信息技术建设未能与“以市场为导向、以客户为中心”的经营理念深度融合，系统建设更多地停留在业务操作电子化、信息处理自动化上。通过账户、介质等来管理客户，缺少完整、准确、一致的客户信息，难以准确识别客户，更做不到主动感知客户，响应速度慢，难以满足“随需应变”要求。对产品的定义以及系统开发还沿袭传统模式，侧重内部营运需要。产品系统层次化、结构化、参数化程度不高，增加了产品组合和创新的难度，导致IT系统对业务创新的响应能力不足，无法快速响应市场变化，产品创新能力还没有成为银行核心竞争力。同时，对于由新技术发展所引发的服务模式变化的敏感度不够，未能做到“随需应变”。

在互联互通层面，缺乏面向服务的整合设计，未能实现真正意义的互联互通，“智慧银行”所强调的是业务与数据层面的互联互通，而非某项业务在某个部门内单纯流转。这就需要在业务规划和信息建设之初就从银行最高层面进行整体统筹与设计。中国建设银行从数据和渠道层面缺乏面向服务的整合设计。一方面，渠道系统与产品系统绑定较为紧密，功能边界不够清晰，渠道之间的流程未能有效打通，难以满足互联互通、协同服务的要求；另一方面，跨不同接触渠道的业务流程烦琐，数据流转未能全部实现自动化，流转时间长、效率低。上述问题的存在使得行内无法实现真正意义上的互联互通。不同接触渠道的业务处理流程和时效性存在差异，无法打造一致的客户体验，客户体验的不一致体现在对外客户服务和对内员工使用两个方面。因业务流程尚未真正整合，针对外部客户的服务流程分割，服务水平、审核标准、处理时效各有差异。外部客户在不同渠道中难以获得一致的服务体验。与此同时，行内各级员工使用多套应用系统开展日常服务/管理工作，用户界面风格、操作习惯千差万别，事务处理流程不标准，对业务处理、培训和内部运营管理造成不便。

在智能洞察层面，虽然中国建设银行信息系统已覆盖各个领域，但信息的有效性存在不足。首先，行内目前使用的数据模型主要围绕传统会计核算设计，缺乏满足客户服务、产品营销、分析决策、监管要求等多维度、多层级需求的总体规划。其次，部门级系统的建设形成大量数据孤岛，不同系统间数据一致性较差，加大了数据整合的难度，造成数据泛滥与信息贫乏共存的状况。除此以外，原手工模式下定义的报表在信息化后仍大量存在，而部分经营决策急需的分析报告仍难获得。数据分散、质量不高、缺乏共享，难以满足精细化管理和深入的智能分析要求，无法形成精准的洞察。

三、科学统筹，构建“智慧银行”

“新一代核心系统”建设是建设银行推动“智慧银行”建设的重要举措。目标是着眼于全球领先实践，围绕银行业务价值链，从整体上去看待企业战略、业务流程和信息技术的关系，通过三者有机融合，实现可持续发展的策略。

（一）业务变革

在全新的、先进的企业级建模方法指导下构建业务架构，以企业级、标准化、层次化方式表述业务需求。“新一代”首先确定出涵盖银行业务的六大价值链，包括产品管理、营销支持、产品运营、业务支持、风险管控、报告与决策。同时提炼归纳出体现未来发展要求的业务转型方向，并进一步分解为转型举措，通过聚类方法形成业务组件，从而搭建出全行的企业级的业务架构框架。以客户为中心、主动服务、提升客户体验能力；提升行内机构之间互联互通能力；提升产品创新能力和服务能力；提升与合作机构间互联互通，共生共赢能力；提升运营卓越能力；提升集成风险管理能力等均是与“智慧银行”要求紧密相关的业务转型发展方向。我们针对上述转型目标组织内外部业务、IT专家进行专题研究，编制形成业务能力需求实现方案。

在确定业务能力需求实现方案后，明确了业务变革的目标和方案。但是，传统银行各业务部门、应用系统中的数据信息整合程度不高、统计分析的口径不够统一，存在数据信息重复、一致性较差、数据质量和准确性不高的问题。无疑，要实现“智慧银行”更智能化地分析洞察、感知和互联互通，必须解决上述数据方面的问题。“新一代”建立起企业级数据标准体系，并就金融统计数据标准向人民银行提出实施建议，为构建“智慧金融”献计献策；制定了企业级指标体系建设方法，建立企业级指标体系和“统一衍生数据视图”；编制元数据管理需求与实施规划，建立企业级数据字典。

上述工作确定了业务能力需求实现方案以及数据标准、数据需求与元数据管理等方面的方案。但是，如何实现银行业务的企业级统一描述，使得不同的业务部门、分行以及信息技术人员用共同的语言来解读业务视图。

“新一代”借鉴使用了企业级建模方法来实现这一目标。所谓企业级建模，就是以结构化、模型化、层次化的方法，全面、完整展现业务流程和业务对象，为业务创新提供基础，为全行业务按照价值图进行解构和需求整合提供基础框架；从企业级视角规范高阶业务需求分析方法、表现形式，划分业务能力范围；建立全行统一的数据标准规范。实现流程和数据一体化，解决跨部门、跨领域业务流程割裂、业务流程不合理、业务描述不标准、不统一的问题。解决需求缺乏整合、需求颗粒度不一致、应用边界不清的问题，使企业级的业务能力视角成为可能，从而建立企业级业务视图。“新一代”将业务能力需求实现方案分析解读后，将要求融入到流程模型、数据模型、产品模型、用户体验模型中，交付IT开发，这四个用标准化、层次化要求形成的模型成为业务和IT人员沟通交流业务要求的统一视图。

（二）技术变革

在IT架构规划上，采用能够保证“智慧银行”所要求的更加开放、灵活和松耦合的原则，合理布局银行各类应用系统的SOA架构。另外，“智慧银行”的转型，要求新一代信息系统能够支持建立统一的客户视图，实现多渠道整合、信息智能分析，能够有效支撑新产品的开发、迅速响应灵活多变的客户需求及与合作机构间高效的互联互通。据此，“新一代”将全行应用架构规划为渠道整合层、客户服务整合层、应用集成层、外联集成层、产品服务层、数据集成层、管理分析层。比如在渠道整合层，建立外部客户渠道整合平台和内部客户渠道整合平台，建立集各服务渠道于一体的全方位、24×7小时的多渠道整合平台，为客户提供一站式服务，向客户以一致、协调的方式呈现客服中心、柜面、自助设备、手机和Internet等服务渠道产生的客户信息、活动、历史交易；帮助客户在交易过程中无缝地在多个服务渠道之间进行切换，减少重复劳动，为客户提供完美的服务体验。例如，网点运营高峰时，通过移动手持终端为排队等候的客户提供业务办理或预处理，减少柜台处理压力和客户等待时间，提升客户体验，处处体现出智能、智慧和精细。

在完成了IT架构规划和应用平台定义后，需进一步研究确定符合规划设计能力的技术实现手段。首先，参照规划设计的方案要求，充分研究先进信息技术的领先实践，在渠道整合层充分采用多种渠道服务技术，来为客户提供完美的渠道服务体验，实现架构规划设计的目标。如移动（互联）技术、人机交互技术等。

另外，基于“智慧银行”以及数据集成层和管理分析层规划设计目标的要求，建立动态的业务支持IT基础设施，可以灵活支持业务变化、促进业务创新与转型。在技术方面，引入动态部署的IT基础架构，满足动态并发的低时延服务、大幅度增长的分析计算以及高峰期容量要求。在开放灵活的SOA架构基础上，采用虚拟化技术和海量数据处理技术。

确定了规划设计与实现的技术手段，就意味“新一代”目标会得以成功实现吗？还需要制订切实可行的计划、科学有效的实施方法和工艺以及建立与其相适应的组织和管理手段。在制订切实可行的计划方面，在综合考虑“新一代”建设的重要工作环节和建设过程中业务持续发展的要求后，制定了分三期实现“新一代”总体目标的路线图。

另一方面，着手“新一代”实施管理体系和实施方法及工艺的研究制定工作。传统的信息系统建设通常以各“应用系统”为主体进行规划、设计和建设，在必要的阶段进行“应用系统集成”工作，在设计、开发和测试等实施工艺上，缺乏将信息系统作为协调统一的有机整体来对待的企业级实施管理体系和方法工艺。“新一代”的建设，是“智慧银行”目标得以实现的基础，“新一代”的建设也必须与企业级的业务视图相呼应。因此，除做好企业级的规划设计外，还需要建立企业级的一体化实施管理体系和方法工艺。“新一代”进行了如下实施管理和方法工艺方面的工作：

★ 建立一体化实施管理体系，建立软件工厂实施流程工艺，建立统一的可视化开发方法和工具；建立适合 SOA 架构和应用及应用组件测试的体系方法和测试平台。

★ 建立基于云计算技术的一体化开发测试环境；建立信息系统项目全生命周期管理和 360 度全景视图管理平台以及统一的业务变革与技术变革资产配置管理平台；建立 360 度测试和用户体验中心，确保“新一代”全过程的“企业级视图”。

商业银行服务内蒙古新型城镇化建设研究

内蒙古自治区分行　邱书民

随着十八大报告将新型城镇化上升为国家战略，新型城镇化正逐步成为中国新的发展热点。尤其我国进入经济转型的关键时期，新型城市化的作用甚至超越了其自身的含义，成为未来我国国民经济发展的核心动力。积极稳妥推进新型城镇化建设，也是内蒙古现代化建设的历史性任务，是转变发展方式的战略核心，是扩大有效需求的现实选择。作为与实体经济紧密相连的银行业，如何适应新时期城镇化建设的新要求，体现自身经营特色，加大对新型城镇化建设支持力度，助推自治区经济社会发展，是当前亟须关注和解决的问题。

一、内蒙古城镇化发展现状及面临的问题

目前，内蒙古城镇化率已达 56.6%，标志着地区城镇化进程实现了历史性突破。内蒙古城镇体系正在逐步完善，基本形成了以呼和浩特、包头和鄂尔多斯为龙头，以盟市所在地等区域性中心城市为支柱，以旗县所在地及重点镇为支撑的城镇体系框架。内蒙古城镇化进入了持续推进、快速发展时期，城市化综合效应日益凸显，但城镇化的水平和质量，与发达地区相比还有较大差距。

1. 城镇化水平和质量相对较低。内蒙古城镇化仍处于一种“半城镇化”。大量农村牧区产业工人虽然居住在城镇并被计算到城镇人口当中，但他们并不能真正享受到与城镇居民同等的各类公共服务。如农牧民已经离开农村牧区到城镇就业和生活，但他们在劳动报酬、子女教育、社保、住房等方面，还不能与城镇居民享有同等待遇。

2. 城镇化进程的地区差异较大，城镇规模偏小，聚集和辐射能力不强。从内部结构看，蒙西地区城镇体系相对完备，蒙东地区大城市数量少、中小城市规模小、小城镇分散的局面仍未改变。大多数建制镇主要是由自然经济条件形成的农村集镇演化而来，普遍存在镇区人口偏少、生产要素集聚水平偏低、辐射能力偏弱等问题。

3. 缺少支柱产业支撑，产业布局不够合理，发展后劲不足。一些小城镇缺乏具有一定规模的第二、第三产业，特别是缺少具有地方优势的高附加值农产品加工业。企业规模小，缺乏产业化

龙头，产品技术含量低，很难形成较强的镇区综合经济实力。“十一五”期间，内蒙古城镇化与工业化率之比均低于下限1.4，城镇化与第三产业比重的比值有逐年提高的趋势。

4. 城镇化建设资金短缺。受担保体系不够健全等因素影响，新型城镇化建设所需的资金通过银行渠道融资的难度较大。并且我国资本市场还不够发达，能够满足不同融资主体需求的融资渠道狭小，融资工具少。

二、当前商业银行服务新型城镇化建设中存在的“短板”

1. 相关配套政策措施还不够完善。目前，银行业支持城镇化建设中，缺乏对小城镇建设有效的信贷指导和协调。还没有建立城镇化信贷操作制度和方案，缺乏支持城镇化信贷投放的外部激励和风险补偿的长效机制。与农村金融发展相联系的土地制度改革、投资环境、司法环境、信用环境、公共基础设施服务建设等改革尚未到位。

2. 城镇化金融投入总量不足，基础建设资金缺口较大。政府财政支农资金在财政总支出及在农业总产值中的占比仍然较低。政策性银行、商业银行、农信社对城镇化建设的信贷投入很少，未充分发挥城镇化建设资金来源的功能。

3. 金融市场层次单一，城镇经济主体融资渠道狭窄。目前我国城镇化的金融支持仍过于倚重传统银行信贷手段，直接融资所占比重很低，金融市场层次单一。银行机构金融创新存在创新品种少、规模小、市场适应性有限等问题。

4. 城镇金融体系发展还不够健全，银行网点分布面窄。城镇金融机构组织体系还不够完善，城镇化建设资金缺乏支持主体。部分商业银行城镇金融机构数量少，业务经营同质化现象严重。金融资源分配区域分布不均，金融资源配置向中心城区过度集中，对农村小集镇建设和重点集镇、中心集镇发展的扶持相对不足。

5. 金融产品同质化与城镇化建设多元化金融需求存在矛盾。当前，担保方式大都以房地产抵押为主，分支机构难以根据属地实际需求开展金融产品创新，无法满足起步阶段的新型城镇化建设项目融资需求。

三、新型城镇化过程中蕴藏的金融服务新需求分析

（一）基础设施建设中的金融服务需求

新型城镇化更加注意城市的集群规划和发展，而且为增强大城市对城镇的辐射功能，实现新型城镇化的信息化、智能化以及生态化，对新型城镇化进程起支撑及引导作用城市交通、通讯设施建设将被大幅推进。《内蒙古自治区“十二五”年规划纲要》中提出，“加快市政基础设施建设。发展呼和浩特、包头城市立体交通体系，加快建设城市轻轨。加强供水设施建设，城市用水普及率达到95%。完善现有污水处理设施，城市污水处理率达到85%。支持热电联产，建设集中供热管网。加快建设天然气管网，有条件的旗县政府所在地城镇逐步使用天然气，城市用气普及率达到85%以上。继续建设和完善垃圾处理设施，城市生活垃圾无害化处理率达到95%。”围绕新增城区建设和旧城区、棚户区改造等领域，将产生大量基础设施类金融服务需求。

（二）产业化发展中的金融服务需求

城镇化过程中工业企业快速发展需要金融不断创新。新型工业化过程中将呈现成长型企业增多、产业转移集聚加速等新特点，战略性新兴产业、工业园区以及技术创新等领域金融需求明显增加。城镇化促使农业开发更注重提高土地集约经营和资源使用效率，强化了农业规模化、产业化和综合化开发的发展趋势，促使农业内部生产结构向高价值的农产品门类发展，农业产业化资金需求扩大。城镇化带动第三产业发展也将衍生大量小额信贷需求。同时，要进行“与区域经济发展和产业布局紧密衔接”的新型城镇化，意味着需要依据地方特色与产业发展特点，集约发展条件优越的低碳产业。这必然需要投入大量的金融资源支持新型城镇各类产业的调整以及集约型、低碳型产业发展。

（三）个人金融服务需求

城镇化过程中，大量农村劳动力从传统农业向第二、第三产业转移后，其收入水平和消费能力大幅提高，不但在住房、教育、卫生、耐用工业品消费甚至创业资金等方面的信贷资金需求增加，而且对金融服务的需求也从传统的存贷款、

汇兑业务向投资理财、信用卡、保管箱、金融咨询、信托、有价证券买卖等更广泛的领域拓展。居民自主创业、就业及消费的金融服务需求将逐步增加。“新市民”保险与社会保障方面的金融需求将逐步增加。在农村城镇化进程中，需要着力构建以农村基本养老保险制度、合作医疗制度、农村居民最低生活保障为主要内容的社会保障体系，并逐步提高保障水平，最终实现城乡社会保障一体化。

（四）其他金融服务需求

在城镇化过程中，地方财政定位可能逐渐从发展经济型向公共服务型转变，融资渠道将从主要依靠信贷逐步转向地方债券、市政债券等新型债券市场，社会保障的统筹层次也将发生新的变化，体现出城镇化战略下财政运作方式的新特点。未来地方政府债券市场融资的比重还将逐步扩大，为商业银行债券承销和债券投资业务带来了新的发展空间。同时，财政支出结构和方式的变化也将对银行代理财政性业务提出新需求。

四、商业银行服务新型城镇化建设对策建议

（一）转变经营观念，增强主动服务意识

商业银行要从服务经济社会发展和自身长远发展的角度出发，一是利用新型城镇化建设的发展空间，坚持社会效益与经济效益相统一，加大支持力度。二是通过加强与新型城镇化建设过程中参与企业的合作关系，开拓发展企业上下游企业，通过拓展客户、账户基础，增加供应链上企业的黏性，巩固和扩大银行市场份额，带动中小企业及相关业务发展，实现银行业务转型。三是支持新型城镇化有利于银行业进一步优化信贷结构，提高资本运营能力，拓展新的利润空间，应该将之作为当前及未来重点支持的领域，切实提高支持新型城镇化建设的积极性和主动性。四是加大资源投入发挥自身特色战略优势。制定与城镇化发展相适应、能够发挥自身优势的特色发展战略，通过提供综合的金融服务实现业务和收益的快速增加。

（二）调整优化支持新型城镇化建设的信贷政策体系，合理把握信贷投放

银行业应主动对接国家和自治区经济发展战略，认真贯彻落实产业政策的各项要求，推动自治区经济发展方式转变和结构调整。一是在总体信贷政策上，应将国家宏观调控和结构调整政策纳入银行中长期战略规划和年度经营计划，实现银行信贷政策与国家经济发展战略的有机统一。二是加强信贷资源配置，探索单独安排城镇化专项经济资本计划、专项信贷计划。可以考虑每年预留一定信贷规模，专门用于城镇化重大项目的临时性、战略性资金需求。加强财务资源和人力资源配置，探索单独列支城镇化营销费用和专项效益工资，加大在客户经理配备、网点优化调整等方面的投入力度。三是制定和完善适应新型城镇化建设的准入政策、准入条件，扩大客户范围。四是重点支持现代农业、新型工业化、现代物流和服务业、城市基础设施建设等领域，尤其加大对城乡一体化中产业融合的金融支持力度，逐步出台差异化的区域信贷政策。五是降低对贷款客户资产规模的要求，适当放宽对贷款抵押物的限制，建立与新型城镇化建设特点相一致的决策机制和审批流程，提高金融服务效率和质量。六是在合法、合规和风险可控的前提下，由银行机构自主确定贷款利率，加大对新型城镇化建设的支持力度。

（三）构建多层次融资平台，拓宽新型城镇化建设融资渠道

银行业应深入研究，找准各自的着力点和方向，创新拓展新型城镇化建设融资模式与渠道。一是发挥自身特色优势，尝试建立横跨货币市场、资本市场、债券市场和实业投资市场的金融运营新模式，多渠道解决小城镇建设进程中的重点建设项目和基础设施项目资金来源问题。二是积极发展债券市场，优化金融市场融资结构。可以创造条件发行市政债券，扩大地方政府发行市政建设债券的范围，不断扩大经营性建设项目直接融资规模。三是积极创造条件引导民间资本等各类资金支持城镇化发展。四是通过发行企业债的方式筹集城镇建设资金，大力支持农业产业化龙头企业通过上市、发行企业债、引入境内外战略投资者等方式做大做强。

（四）支持新型城镇化建设过程中的民生经济发展，满足新增城镇人口的金融需求

银行业应围绕农民工进城和农村转移人口市

民化，积极支持改善生产生活条件的金融需求。一是有重点地介入主体清晰、投资明确、商业运作的城市基础设施建设项目。在风险可控的前提下加大对城镇保障房建设的金融支持力度。降低住房信贷门槛，严格执行差别化住房信贷政策，努力满足新增城镇人口的首套住房刚性需求。持续增加对农村新型社区建设、环境整治等的信贷投入，满足农民旧房改造、自建房等需求。二是支持地方政府在公共服务领域发挥主导作用，积极提供资金和金融渠道支撑。重点支持县级市及中心镇教育、医疗、交通等公共服务体系扩张服务网络。积极探索与新农合、新农保相适应的信贷介入方式，扩大服务规模，提升服务标准。三是加大城镇转移人口在教育、职业技能培训等方面的金融支持力度。

（五）加快产品和服务创新，拓宽服务渠道和领域

银行业应围绕新型城镇化建设金融需求，着力创新服务产品。一是针对各类金融需求主体，分门别类推出系列信贷产品，创新相关信贷政策制度，不断扩大信贷类产品的覆盖面。二是探索“信贷 + 保险”等新型信贷模式，推广保单质押贷款。积极开展中小企业股权质押贷款、应收账款质押、仓单质押等品种。三是灵活运用各类政策性贷款，优化准入门槛、产品设计和贷款定价，支持农村剩余劳动力就业创业，城镇居民就业创业。四是立足综合经营平台，积极创新金融服务模式，为客户提供财务顾问、租赁、投资银行、保险、产业投资基金等综合化金融服务，实现“融资”与“融智”的有机结合。五是在风险可控的前提下，下放信贷审批权。

（六）深化银政合作，加强内部联动

结合当前“一省一规划、一地一模式”的城镇化特征，银行在做好与中央相关部门对接的同时，重点做好与各级地方政府特别是省市级政府的对接工作。在银行内部，做实横向的“区域联动”机制，根据城市群内各城市之间一体化发展的新趋势，搭建相关分行的合作平台，推进不同城市分行的业务联动。同时，做实纵向的“城乡联动”机制，根据各城市群内部呈现“中心城区、城乡结合部、强县强镇”三个纵向层次的特点，加强城区行与县域行之间的业务联动，实现城乡业务的协同发展。

（七）进一步完善服务渠道，努力提升金融服务能力

围绕城镇化进程中新的金融需求，优化物理网点布局，强化电子渠道服务，提高金融服务覆盖面。一是加大营业网点建设，优化布局，提高覆盖率。持续提高在新兴城市、强县富镇以及具有良好资源禀赋和发展潜力区域的营业机构覆盖面。遵循网点建设与客户资源相一致、网点功能与客户需求相匹配的原则，调整优化网点布局。二是加大以电子银行为代表的新型服务渠道建设。高度关注信息化与城镇化交融发展的新趋势，加强网络金融、移动金融、语音金融等新渠道建设，加快自助金融产品创新步伐，不断提升电子渠道金融服务水平，前瞻性把握城镇化进程中的互联网金融服务机遇。

（八）持续加强风险防控，以自身的安全运行保障新型城镇化建设

强化风险防范，严守风险底线，切实加强城镇化业务风险管理。前瞻性研究城镇化新业务、新主体的潜在风险，做好新业务、新产品的风险评估和风险缓释，严控城镇化业务的衍生风险。严格规范城镇化业务运作，落实银监会监管要求与规定，做好贷款资金监管工作。落实贷后管理责任制，及时进行贷后检查，加强对抵质押品变更、保管等方面动态信息的跟踪。完善与金融相关的法律制度。通过法律的完善来保护和开发城镇经济的潜在抵押担保资源，增加企业和农户的合法抵押、担保、信用增进等资源，促进商业银行城镇化金融业务的健康、有效发展。

充分利用金融手段助推地方经济发展

广西壮族自治区分行　胡昌苗

一、充分认识金融业对广西加快发展的重要作用

（一）金融是现代经济的核心

邓小平同志曾经说过："金融很重要，是现代经济的核心。金融搞好了，一着棋活，全盘皆活。"这非常精辟地指出了金融在现代经济社会中的重要地位和作用。在现代经济中，金融是引导资源配置的重要手段，经济资源配置能否最大限度地满足经济发展的要求，在相当程度上取决于金融业的运行状况。同时，金融还是现代服务业的重要组成部分，能够产生大量的利润和税收，增加就业，在金融业发达的国家和地区，金融业从业人员、GDP 贡献都在 5%～10% 之间，其发展水平是衡量经济社会发达程度的重要标志。

（二）"广西速度"需要金融业更好更快地发展

今年"两会"期间，自治区为了贯彻落实十八大精神，抓住发展机遇，提出了保持高于全国平均水平的"广西速度"，要与全国同步建成小康社会，实现富民强桂的"广西梦"。这对于目前还属于"后发展、欠发达"地区的广西来说，既志存高远，又势在必行。要实现这一目标，离不开金融业的发展和支持，必须充分发挥好金融业作为现代经济核心的作用，为全区经济社会发展提供更强有力的支撑。同时，"广西速度"要做到有质量、有效益、可持续，必须更加注重经济结构战略性调整，更加注重扩大开放合作，更加注重"四化"联动，更加注重扶贫开发，更加注重生态文明建设，这也需要发挥金融有效配置资源的作用，促进经济发展方式转变和经济结构调整，形成经济金融健康、协调、可持续发展的格局。

（三）广西金融业发展空间巨大

近年来，伴随着广西经济的快速发展，广西金融业的发展也日新月异，金融体系不断完善，金融总量不断扩大，已跻身存贷款"万亿"俱乐部之列，金融创新能力不断增强，金融服务水平不断提升，金融产业在国民经济中的地位和作用日益凸显，广西正在从一个金融业欠发达地区迅速跃升为金融业发展充满生机活力的区域。但在发展过程中也存在一些矛盾和问题。

一是金融业发展的总体水平偏低。金融总量规模偏小，存、贷款余额仅占同期全国总量的 1.7%、1.8%，与广西 GDP 在全国的比重（2.5%）还有一定的差距；金融发展结构不平衡，融资结构单一，直接融资与间接融资的比例不协调，2012 年全区直接融资额为 443 亿元，而全年贷款新增为 1 708 亿元，直接、间接融资比重为 12.7：87.3，银行贷款仍然是企业获取资金的主要手段；金融主体结构失衡，银行业占主导地位，证券、保险、期货等行业比重偏低，信托投资、融资租赁、消费金融公司等新型金融机构还刚刚起步；金融业区域之间、城乡之间发展不平衡，金融资源配置不均衡，对欠发达地区、县域、"三农"和中小企业的服务较为薄弱，无法满足实际需求。

二是金融创新还有待深化。近年来广西区内金融机构在利用新技术、加强创新、开发新产品等方面取得了显著的进步，中间业务在金融机构利润中的占比越来越高。但总体上讲，由于经济发展水平、人才、管理、服务等方面的原因，广西金融业的创新程度较低，金融产品较为单一，营销手段简单，市场竞争同质化现象严重，缺乏

品牌效应。

三是金融业发展的外部环境还有待改善。近年来广西经济建设如火如荼，为金融业发展提供了肥沃的土壤。但同时，许多不法分子也利用北部湾经济区开放开发、中国—东盟自由贸易区建设、“广西速度”等概念大搞金融传销活动，东部一些针对银行的诈骗、欺诈、暴力抢劫等活动也逐步向广西蔓延，给广西金融业持续、健康、快速发展带来了隐患和潜在风险。同时，经济发展速度放缓，大宗商品价格下降，对广西糖业、有色金属等支柱行业也产生较大影响，存在一定还款风险。

这些问题的形成既有历史原因，也有发展过程中的结构性矛盾。我们一方面要正视问题的存在，另一方面也要看到，广西金融业的发展空间十分广阔，需要政府、企业和金融机构多方的共同努力和协调配合，实现金融功能的最大化，为广西经济的发展注入强劲的动力。

二、善用金融

当前，广西正处于加快转变经济发展方式和产业结构转型升级的关键时期和攻坚阶段，迫切需要加快金融业改革发展，为广西经济发展提供有力支持。

（一）广开渠道，优化融资结构

广西工业化、城镇化的快速发展，对资金的需求在今后几年内会越来越大，传统信贷等融资渠道远远不能满足要求。一方面要继续推进“引金入桂”，扩大金融业的总体规模，另一方面要充分发挥重点金融机构的作用，拓展其全方位、综合化融资和服务功能。要推动金融业加快由传统的投融资中介向综合金融服务商转变，由单一产品营销向综合理财服务转变，由简单的信贷营销向综合融资服务转变，与政府、企业等多方加强合作，加大创新力度，借鉴东部成功经验，共同改变当前融资结构单一、融资能力不足的局面，创造与客户价值分享、与社会共同进步的和谐发展局面。一是立足于服务实体经济，调整优化信贷结构，围绕“新四化”的推进，增加对自治区重点企业、重点项目及外向型经济的信贷投入，实现经济的快速腾飞；顺应城镇化建设需要，积极推进城乡基础设施建设及城镇化配套服务，推动几个城市圈的快速发展；增强对节能环保、清洁能源等领域的信贷支持，严控对“两高一剩”行业的信贷投入；加大对“三农”、小企业、就业、消费、科技创新等重点领域和薄弱环节的支持，促进经济社会和谐发展。二是积极拓宽直接融资渠道，充分利用国家有关支持西部大开发、北部湾经济区建设、与东盟合作等优惠政策，利用投资银行平台，努力扩大短融、中票、私募债、市政债、境内外 IPO 等直接融资规模，鼓励引进各类投资基金，探索发展各类产业基金和创业投资基金，并积极拓展租赁、信托等渠道。三是进一步完善金融组织体系，积极引进实力强的全国性、地方性银行机构和国际金融组织、外资金融机构，积极发展证券、基金、期货、保险、信托等非银行业金融机构，发展壮大地方性金融机构，加快培育村镇银行、农村资金互助社、小额贷款公司等新型金融机构，形成多元化、竞争性的金融组织体系。

（二）开辟海外融资渠道

广西面向东盟，毗邻港澳，具有优良的金融开放合作的区位优势。特别是中国香港、新加坡均是重要的国际金融中心，金融资源丰富，市场功能完善，融资成本相对较低，是广西开发开放的重要市场。区内的广西投资集团、区农垦等企业均有了海外融资的计划。政府应加强引导，鼓励本地金融机构加大力度，紧跟企业海外融资需求，加强与海外机构的联动，充分利用境外融资成本低廉的优势，通过多样化的产品组合，打通境内外融资市场，满足企业多元化的融资需求。一是依托海外分支机构，为企业提供境外 IPO、发债等境外融资服务。二是根据国际资本市场走势，将内保外贷、买方信贷等业务与利率、汇率产品相结合，利用远期结售汇、人民币外币掉期、外币利率掉期等产品，帮助企业规避金融风险。三是积极利用跨境人民币业务为外贸企业提供全方位服务，推动人民币业务在对外开放合作中快速发展。

（三）加强与东盟的金融合作

随着中国—东盟自贸区的正式建成，中国—东盟贸易增长迅速，2012 年，中国与东盟贸易额突破 4 000 亿美元，同比增长 10.2%。经贸合作带来金融合作的需求，区域贸易一体化将推动金融一体化的进程，带来新的挑战和机遇。在现有基础上进一步加强与东盟的金融合作，不但有利于落实自治区的“大开放、大开发”战略，支持广西与东盟国家间的经济交流，同时也有利于广西金融业的多元化发展。一是积极向国家争取把广西北部湾经济区作为我国重要的金融改革实验区，加快把南宁建设成为区域性国际金融中心，形成现代化金融服务体系，服务中国—东盟自贸区。二是加快推进中国—东盟自贸区金融市场建设，包括区域债券市场、股票市场和保险市场的合作等，积极推进中国—东盟投资合作基金发展，形成多元化的投融资渠道。并以中马、马中产业园建设为契机，融入金融开放合作，探索金融、经贸开放合作良性互动的模式。三是以跨境人民币结算为重点，建立和完善与东盟国家之间的资金流动和银行结算体系，形成多元化、多层次、多功能的现代化电子金融平台。四是积极推进东兴开放开发试验区建设，完善试验区金融服务功能，积极推动金融创新，促进金融沿边开放开发。

三、善待金融

金融业发展需要各家金融机构的共同努力，也需要政府部门、监管机构、企业、行业协会等多方面的大力支持和有序参与。金融业发展离不开成熟健全的诚信体系和生态环境，特别是当前经济环境复杂，企业经营困难，银行成为社会关注的焦点。努力营造良好的发展环境、信用环境、舆论环境，对金融业长远发展格外重要。一是建立健全社会信用体系，为金融业发展提供良好的信用环境。把“诚信”建设摆在战略发展的位置，在全社会倡导诚实守信的社会风气；构建广西企业信用信息平台，完善规范化的企业资信评估机构和信用制度，从根本上改善融资环境。二是多方努力支持制糖、有色金属等支柱性行业的发展，避免出现区域性金融风险。要通过税收政策和电价等支持政策，积极争取国家对糖、电解铝等的保护性政策支持，为广西支柱型产业健康可持续发展创造条件。同时，对各市县的平台贷款及其他融资要努力确保运转正常。三是下大力气维护金融市场秩序，特别是针对当前社会上违法骗贷、金融诈骗、POS机套现、自助银行区暴力抢劫等重点领域加大惩处力度，为金融业发展营造良好的环境。四是筑巢引凤，大力吸引和培养高素质的金融人才。要在税收优惠、买房、家属入学就业等方面制定、完善政策措施，引进金融、法律、会计、经济分析等方面的人才，并通过“走出去”、“引进来”等方式加大本地人才培养，为金融业快速健康发展奠定基础。五是加大金融知识普及宣传力度，增进公众对现代金融产品、服务和相应风险的识别和了解，对重大金融热点敏感问题，如银行服务收费、银证合作、银保合作等问题，及时引导社会舆论，为金融业发展营造良好的舆论环境。六是建立金融信息资源共享机制，形成渠道畅通、交流便捷、密切协作、信息共享的金融信息服务平台。

四、建设银行广西区分行努力支持地方经济社会发展

（一）认真落实金融服务实体经济的本质要求

我行紧跟广西工业化、城镇化进程，以信贷资金支持为切入点，拓宽融资渠道，为广西基础设施建设和重大在建续建项目、央企入桂、制糖和有色金属等地方支柱产业、保障性住房建设等提供全方位的金融支持和服务。2012年以来，我行累计向广西区域投放贷款840亿元，其中净新增信贷投入200亿元。同时，积极调动建设银行集团内信托、租赁、基金、投行及海外机构的力量，通过投行、信托、租赁、理财等新兴产品筹集资金112亿元，有力地支持了广西经济的发展。

（二）积极服务和保障民生

我行一直高度重视民生领域的金融支持与服务，依托“民本通达”综合金融服务方案，通过“一厅一策”、“一行一策”为社保、卫生、教育、文化、环保等民生领域客户提供综合金融服务。我行先后与广西区社保厅、广电总局、广西医科大学一附院、广西区人民医院、广西财经学院等签订了《全面合作协议》，累计向卫生和教育行业投放贷款27亿元，市场份额保持同业领先。同时，努力发挥建设银行在住房金融市场的传统优势，大力支持保障性住房建设。2011年以来，累计投放保障性住房开发贷款38.9亿元；截至2013年3月末，保障性住房贷款余额25.1亿元，在四大国有银行中占比89%。

（三）服务广西对外开放开发

我行积极跟进广西“大开放、大开发”战略的实施，坚持本外币一体化服务理念，为中信大锰公司加蓬项目、广西水电工程局安哥拉项目等企业“走出去”项目提供金融支持；为富士康集团等入桂外资企业提供贸易融资、国际结算和资金交易等业务；积极开展跨境人民币结算服务，支持沿边开放开发。

（四）大力支持“三农”和小微企业发展

一是积极推进东兴农村金融改革试点，针对东兴市作为中越边境城市，边境贸易频繁，货物进出口次数多等特点，重点发展“速贷通”、供应链融资、贸易融资、保证金质押等产品，创新推出符合“三农”和中小企业需求的“抵押+联保联贷”、“抵押+贸易融资（可控货权）”等信贷业务。二是结合新农村建设规划，支持农村社区建设、农民安置房项目建设、农村土地综合整治、城乡基础设施建设和现代农业项目。三是积极开展“小微企业金融服务宣传月”活动，与自治区工信委以及南宁、百色市政府合作搭建中小企业服务平台，2012年小微企业贷款新增22.4亿元，增幅达到35.6%，实现了“两个不低于”监管目标。

（五）积极推进产品和服务创新

我行积极践行“以客户为中心”的经营理念，积极推进产品和服务创新，针对小微企业金融需求推出了“助保贷”、“小额贷”、“互助通”等新产品，针对企业客户资金运作及结售汇等需要开发了“鑫溢通”、“汇贷盈”等产品，在区内商业银行中率先推出了同时具备银行借记卡和医院就诊卡双重功能的“八桂健康龙卡”，开辟了网络银行、善融商务、E商贸通等新型电子银行服务渠道，进一步发挥了金融便捷百姓生活的重要作用，得到了消费者的赞誉和肯定。

金融支持海洋经济发展的路径探析

——建设银行海南省分行服务海南“海洋强省”战略的市场机遇与营销策略

海南省分行　张中科

海洋是我国经济实现可持续发展的重要载体，海洋经济是我国国民经济实现加快发展新的增长点。根据国务院出台的《全国海洋经济发展“十二五”规划》，2011—2015年，我国海洋生产总值年均增长8%，2015年占国内生产总值的比重将达到10%。海洋经济的快速发展必将给金融业带来巨大的机遇。海南作为全国管辖海洋面积最大的省份，在发展海洋经济方面拥有得天独厚的优势，目前海南省已启动“海洋强省”战略，未来海洋经济发展的前景广阔，商机无限。海南省分行应从全局视野、战略高度做好统筹部署，顺势而为，把握机遇，加快发展。

一、我国海洋经济概况及海南省海洋经济发展简况

（一）我国海洋经济概况

海洋经济是开发、利用和保护海洋的各类产业活动，以及与之相关联活动的总和。2012年9月国务院批准了作为我国“十二五”期间海洋经济发展行动纲领的“海洋经济‘十二五’规划”，确定海洋传统产业、海洋新兴产业和海洋服务业作为我国海洋经济发展的重点产业。2011年国务院批复山东等三个海洋经济发展试点省份规划上升为国家战略。2012年3月国务院批准了《全国海洋功能区划（2011—2020年）》，明确划分了农渔业、港口航运、工业与城镇用海、矿产与能源、

旅游休闲娱乐、海洋保护、特殊利用、保留八类海洋功能区，并陆续批复山东、浙江、海南、广东、上海等11个地区海洋功能区划，使我国“十二五”规划中提出的“推进海洋经济发展”战略向前推进了一大步，海洋经济发展被提升到前所未有的地位，在新形势下海洋经济将成为我国新的经济增长点。

（二）海南海洋经济发展现状

1. 海洋经济发展状况。海南作为我国海洋功能区划唯一的热带海洋省份和最大的经济特区，管辖约200万平方千米的海域，拥有丰富的海洋资源。面对南海日益升温的国际局势和更加严峻的海洋安全形势，加快建设海洋强省，快速提升南海资源开发、保护和综合管理能力，“以开发促维权”具有更加深远和重大的国家战略意义。

“十一五”期间，海南海洋经济年平均增长14%，比全国平均水平高0.5%，持续高于同期国民经济增速。到2011年，海南全省海洋生产总值达612亿元，比上年增长17%，三次产业比值调整为23.5:20.8:55.7，海洋产业结构不断优化。已初步形成了海洋渔业、海洋旅游业、海洋交通运输业、海洋油气业海洋经济四大支柱产业（四大支柱产业增加值达396亿元，占全省海洋生产总值的64.7%）。海洋经济的快速发展，特别是海洋旅游业的快速发展带动了海南交通运输业、房地产业、酒店业的快速发展，刺激了消费需求，也有力地拉动了沿海市县的经济增长。2011年，海南沿海市县生产总值已占到全省生产总值的85%。

据《海南省“十二五”海洋经济发展规划》，“十二五”期间，海南海洋经济以每年16%以上的速度增长，海洋经济在国民经济中的支柱地位进一步巩固。到2015年，全省海洋生产总值（GOP）达1 098亿元，比2010年翻一番，到2020年，全省海洋生产总值达2 306亿元，比2010年翻两番，占全省生产总值超过35%，三次海洋产业比重为18:34:48。初步建成以海洋旅游业为龙头，海洋油气化工业、海洋交通业、船舶制造业、海洋渔业为支撑，海洋新兴产业为补充的特色海洋产业体系。

2. 海南海洋经济发展中存在的问题

一是海洋经济总量小。在全国11个沿海省市，2011年，广东实现海洋生产总值9 800亿元，山东8 300亿元，浙江4 500亿元，福建4 400亿元，海南仅612亿元，不到广东和山东的1/10，在全国倒数第一，与海洋大省的地位不相称。

二是海洋产业水平低。高技术含量、大规模的海洋产业企业欠缺，海洋渔业、海洋交通运输业等海洋产业不合理，海洋生物等海洋新兴产业发展滞后。

三是海洋基础设施落后。全省公路、铁路等陆地大通道交通网络建设、“四方五港”等重要港口建设有待加快、加强，需大力构建以港口为中心辐射四方的海南国际航运物流中心。

四是海洋科研力量不足。科研机构数量少、规模小，海洋科技人才数量严重不足，尚未形成合力，到目前为止还没有一个大型研发基地，专业化大专院校，影响了海洋科技综合优势的发挥。科技成果产业化进展较慢、转化率较低，贡献率低。

二、海南分行服务海洋经济发展面临的机遇和挑战

“十二五”期间海南海洋经济发展将以每年16%以上的速度增长，海洋经济在国民经济中的支柱地位进一步确立。今年海南省再次提出实施“海洋强省”战略，特别是2012年三沙市的设立，将使海南省在海洋经济发展的规模和速度上产生实质性的大发展。2013年3月19日，建设银行总行为积极贯彻落实国家支持海洋经济发展相关政策，发掘海洋经济银行业务机遇，推出了《中国建设银行海洋经济建设贷款管理办法》（征求意见稿，以下简称《管理办法》）。海南分行应抓住这个时机，开拓进取，力求创新，要抢先于金融同业，占领制高点。在控制实质性风险的前提下，尽早、尽快推出一些适应海洋经济发展的新思路、新产品，力争以海南海洋经济发展为突破口，推动分行的资产业务发展迈上新台阶。

（一）海南分行面临的发展机遇

1. 优先支持滨海及海岛度假旅游业。2012年总行信贷政策将该行业列入海南分行优先支持类，这一政策在2013年《管理办法》中将得以延续和发展。海南分行应重点支持亚龙湾国家旅游度假区、海棠湾国家海岸旅游度假区、清水湾旅

游度假区等“十区”的五星级酒店项目、公园和景区游览项目、会议及展览项目以及相关服务项目。如：亚龙湾海洋运动俱乐部项目、海棠湾香格里拉大酒店项目、陵水海洋主题公园项目、海南珊瑚礁生态修复基地建设项目等。

2. 优先支持海洋油气化工产业。该行业虽然在总行2012年信贷政策中仅原油加工及石油制品制造、人工原油制造被列入优先支持行业，2013年《管理办法》未将此项纳入海洋经济业务定义范围，但由于参与投资者大多为全球排名500强的知名油气化大企业，该类授信业务办理皆享用绿色通道。海南海洋油气储量丰富，且油气化工产业具有广阔的市场前景，项目投资巨大，在该类授信业务中银行通常能取得较好的综合收益。海南分行应继续加大对该产业及产业链项目的营销和支持力度。如重点支持300万吨LNG项目、100万吨乙烯及炼油改扩建工程、中海油精细化工二期工程、150万吨特种油等重点项目。

3. 优先支持港口码头、临港产业园区建设，审慎支持航运业发展。2012年总行信贷政策重点支持《全国沿海港口布局规划》以及《全国内河航道与港口布局规划》中的重点港口、重点建设项目所在地港务局（集团公司）和投资主体，审慎支持水上运输业。2013年《管理办法》中港口建设包括了岸线整理、航道疏浚、港口桩基、码头建设、进出港口道路及其他配套基础设施建设，也包括港口建设后期的港口机械设备的采购、安装、运营等投入，港口建设范围得以延伸。其中，临港产业园区建设为用于国家和省级（含自治区、直辖市）临港产业园区建设，包括园区土地开发、厂房建设、办公楼和商业物业开发以及产业园区相关的配套基础设施建设等，为银行业务营销拓展了新的授信渠道。海南分行应充分利用总行出台或即将出台的新政策，重点支持中石化洋浦成品油保税库码头项目、海南炼化码头泊位改扩建工程、清水湾国际信息产业园项目、海口港新海港区汽车客货滚装码头一期工程、琼州跨海大桥等重点项目。

4. 审慎支持船舶制造业。2012年总行信贷政策对娱乐船和运动船制造、船用配套设备制造、船舶改装与拆除等行业采取审慎支持政策。2013年《管理办法》虽未将该行业纳入海洋经济产业发展定义范围，但该行业在海南省具有较好的发展前景，海南分行仍可沿用2012年审慎支持政策（2013年信贷政策未出），有选择性地支持洋浦海航游艇制造项目、临高威隆船舶金牌港修造船基地二期工程等重点项目，并可优先支持国家已经同意“十二五”期间支持海南新建渔船1 188艘项目。

5. 优先支持海洋捕捞渔业和水产品加工业，审慎支持水产养殖业。《管理办法》虽然未将海洋渔业纳入定义范围，但2012年总行信贷政策已将业和水产品加工业纳入优先支持行业。海南分行应重点拓展外海捕捞业务，积极营销和扶持龙头捕捞企业和相应的水产品加工企业，如海南南海现代渔业集团有限公司的补给捕捞船队项目、海南江海实业有限公司的南沙移动渔业基地项目、洋浦丰盛生态农业有限公司的洋浦丰盛海产品加工物流项目、海南厚水湾集团有限公司的临高厚水湾渔业物流中心项目等。

6. 积极探索和支持海洋矿产业。2012年总行信贷政策将采矿业列为海南分行优先支持行业。海南石英砂、锆钛砂资源丰富，海南分行可积极探索和介入支持此类矿产业。如海南矿业股份有限公司的北一采场深部开采项目等，紧密追踪和跟进国家南海可燃冰的商业开采步伐。

7. 积极探索和支持海洋能源和海洋生物医药产业。2012年总行信贷政策将利用海上太阳能、潮流能、波浪能发电等自然清洁能源发电产业以及战略性新兴产业中的生物领域都列入了优先支持行业。目前，海南分行可加大力度拓展，争取有所突破。

（二）海南分行面临的挑战

1. 借款主体面临的挑战。《管理办法》中明确贷款客户必须为“政府授权（批准）承担海洋经济相关项目建设的企、事业法人”，集体组织、个体工商户等组织机构未予包括，今后小企业相关贷款业务可能面临政策障碍。未来海洋经济的发展必然会涉及不少由政府主导的城市基础设施建设、港口建设等政府背景类公司。如何在不违反监管机构相关政策的前提下给予海洋经济信贷支持，将是海南分行所需解决的一大问题。

2. 贷款用途面临的挑战。《管理办法》中明确贷款用途为“滩涂资源开发利用、港口建设、临港产业园区建设以及滨海旅游项目建设”，海洋渔业、海洋船舶工业、海洋油气业、海洋盐业和盐化工业、海洋药物和生物制品业等直接或间接与开发海洋资源及空间关联的产业活动则没有包括在内，营销和开展业务可能受到限制。

3. 借款条件面临的挑战。《管理办法》对区域条件、借款人条件及项目条件都做了较高的要求和规定，完全符合条件的大中型企业有限，可能对海南分行业务发展带来困扰。如能将海南分行认定为海洋经济特别试点行，可为今后争取一些较为宽松的项目和客户政策、推出新的海洋金融产品奠定基础。

4. 审批权限面临的挑战。总行向海南分行授权的业务审批权限有限。“美丽海南”宜人宜居的生态环境每年吸引大量国内外游客旅游度假，特别是海边一线高星级酒店和海景旅游房产都受到市场的热烈追捧，酒店和开发商都取得了不错的经济效益。随着人们生活水平的提高，涉及海洋资源利用的旅游度假项目前景可持续看好，但海南分行对一线海景酒店项目审批授权有限，影响自主营销与审批该类项目。

5. 产品创新面临的挑战。适用海洋经济产业的客户（项目）金融产品较少，难以满足客户（项目）的需求。可积极借鉴和吸收国内外先进的海洋金融模式与经验，在船舶融资、航运融资、贸易融资、供应链融资、汇率避险等方面加大产品创新力度和优化组合，规范发展在建船舶抵押、海域使用权抵押、船舶出口买方信贷、船舶预付款保函等各种新业务。

三、海南分行服务海洋经济发展的营销策略

（一）营销基本思路

抓住国家海洋经济发展规划、海南省海洋经济“十二五”规划和总行《管理办法》发布的契机，以海南海洋经济四大支柱产业为着力点，以产品创新和综合化金融服务方案为突破口，积极探索金融支持海洋经济发展的新举措，坚持抓大不放小的营销策略，带动海洋经济客户存款、贷款、中间业务、客户和账户等全面增长，打造新的业务增长点，不断提升市场竞争力。

（二）营销推进模式

一是发挥海南分行基础设施领域传统优势，以四大支柱产业建设为着力点，加强与海南地方政府沟通、合作，及时筛选和拓展一批符合政策规定、具备开发建设资质且还款来源明确、合法、充足的优质客户和项目。

二是以海南分行公司委为核心，联系行制度为纽带，由对公信贷推进小组牵头，带动全行学习研究海洋经济建设贷款管理办法，调动全行营销积极性，促使全行上下形成合力，促进海洋经济相关业务快速增长。

三是积极向总行争取相关扶持政策。海南是全国最大的海洋省份又是唯一的热带海洋省份，特殊的地理位置和条件，特殊的经济发展进程和弱小的经济实体，造就了海南丰富的资源与经济实力的不对称性，但发展潜力巨大。海南分行应积极争取成为海洋经济特别试点行，为争取较宽松的项目和客户政策、推出新的海洋金融产品奠定基础，增强市场竞争力。

（三）营销基本目标

1. 确保海洋经济业务稳步发展，争取在海洋经济金融服务业务中存款、贷款、中间业务收入等主要业务指标增速“确保四行第二、力争四行第一”。

2. 积极探索“龙头企业＋上下游”、“传统产品＋创新服务”的产业化经营信贷模式，培育一支专业化、特色化的金融服务队伍，走出一条海南分行独具特色的海洋经济金融服务新路子。

（四）营销重点

针对海南海洋经济发展规划和产业特点，重点服务海洋渔业、海洋旅游业、海洋交通运输业、海洋油气及化工业与海洋新兴产业等产业。把信贷资源向“资本占用少、风险权重低、经济效益好”的大型项目倾斜。

1. 重点营销行业

（1）海洋渔业。培育和扶持水产养殖业、水产品精深加工业的龙头企业，特别要适应海洋渔业发展方式的转变，大力支持外海和远洋捕捞业的发展，积极介入中心渔港、国家一级渔港、西沙渔业补给基地、外海捕捞基地建设，支持海洋渔船更新改造项目。

（2）海洋旅游业。支持滨海度假旅游、海洋

观光旅游、海岛旅游（西沙旅游）、邮轮旅游、游艇旅游、海上运动旅游、海上休闲旅游等项目的发展；大力支持旅游饭店业，特别是具有区域优势的四星级酒店和五星级酒店，为其提供固定资产贷款或商业物业抵押贷款；积极介入实现海洋生态景观、历史文化遗迹、独特地质地貌景观及其周边海域或海岛建立海洋公园项目，海洋生态保护和旅游开发的有机结合。

（3）海洋交通运输业。大力支持港口基础设施和集疏运体系建设项目，重点支持洋浦、海口（马村）、八所、三亚、清澜五个港口；积极介入邮轮码头及其配套设施建设和国际邮轮母港；营销港航类企业和物流园区业主公司（大印物流园）。

（4）海洋油气及化工业。洋浦经济开发区作为海南省南海油气资源利用开发的战略基地，可以进行整体营销，尝试组合营销固定资产贷款、滩涂开发贷款、土地储备贷款、配套基础设施贷款、供应链融资、造价咨询等产品。在项目选择上，突出抓好油气开发、油气化工、商业石油储备和成品油储备项目的营销，积极介入海南国家石油战略储备基地建设。对于其他临海临港开发区，也可参照类似的措施。

（5）涉海制造业。积极介入海洋油气和矿产资源开发装备、海洋可再生能源（风能等）、化学资源开发装备制造等海洋工程设备制造项目；跟进海洋执法与巡航公务艇（执法快艇）、游艇及船舶修造等项目的营销。

（6）海洋生物、海洋制药等新兴行业。积极营销海口药谷内研发制造南药、黎药、海洋药物等相关公司，积极培育发展生物医药、海洋制药产业；积极跟进海水利用业、海洋能利用业所涉及的客户或项目。

2. 重点营销项目——2013 年海南省涉海重点项目。2013 年海南省重点投资项目 307 个（已减去 42 个已竣工项目），从投资项目计划表中的“建设规模和内容”看，涉及海洋经济发展项目的有 104 个，占 33.88%，符合或接近《管理办法》定义范围项目 28 个，占 9.12%；2013 年海南省预备重点投资项目 94 个，可归属于泛海洋经济发展项目的有 49 个，占 52.12%，符合或接近即将下发管理办法定义范围项目 12 个，占 12.76%。针对以上涉海发展项目，海南分行将做好全面对接，全力为项目顺利竣工投产做好金融支撑。

3. 三沙市综合授信业务方案。三沙是海南海洋经济开发的桥头堡，在经济和战略上都具有特殊的、举足轻重的意义和地位。近几年基础设施建设将是其发展的重点，同时，三沙还将以海洋经济为依托，着力发展海上油气服务、海上旅游、海洋渔业等特色经济。海南分行应抓住这一有利时机，积极支持三沙市基础设施建设，特别是机场、港口、码头、交通运输、供水、供电等急需的基础设施建设项目，可匹配固定资产贷款、基本建设贷款等产品，提供一揽子综合授信金融服务，以达到快速介入三沙市建设和迅速壮大海南分行资产业务的目的。海南分行应加强与三沙市政府的合作，发挥我行传统业务优势，积极为三沙市提供住房公积金、住房维修基金、工程造价咨询、项目招投标等业务服务。

（五）营销措施

1. 全行重视，积极发展。全行上下要在思想上高度重视海南“海洋强省”发展的战略意义，熟悉、掌握和研究海南海洋经济布局及产业发展思路，各分支行和经营单位要结合当地产业发展及资源优势情况，积极行动起来，提前与地方各主管单位了解项目发展信息及情况，积极选择龙头企业和项目介入；建立符合海洋经济产业链上、下游企业特点的授信模式，运用信贷产品组合为海洋经济提供综合信贷服务方案，成为企业融资理财的“贴心人”。同时，结合海洋经济发展区域特点，加快沿海各市县机构网点建设，推进金融网点向海洋经济发展示范区布局，优先保证海洋经济重点地区金融服务覆盖，提升海南分行金融服务海洋经济发展能力。

2. 创建机制，合作共赢。按照“共搭平台、共建制度、共筑诚信、共享发展”的原则，加强与海洋行政主管部门沟通，密切关注各级海洋行政主管部门信息资源，深入推进银政战略合作，充分发挥金融服务优势，做好中心产业衔接和重点项目对接工作。建立并理顺与地方政府的沟通机制，密切跟踪地方经济产业发展规划，加强产业政策、货币政策、金融产品、融资需求等方面的信息沟通，辅助构建“产业资金池”、“助保资金池”等融资平台，实现金融需求与供给的有效对接，构建起共赢的银政合作机制。

3. 创新抵押，拓展业务。与政府联动，积极开展海域使用权抵押贷款业务，加大对滩涂、海水养殖、临港工业等拥有海域使用权的海洋产业的融资支持。继续推动海岛使用权抵押贷款、在建船舶抵押贷款、出口退税账户托管贷款、订单质押贷款、应收账款质押贷款、股权质押贷款和存货质押贷款，以及码头、船坞、船台等涉海资产抵押贷款和渔民联合担保信用贷款等信贷业务。向总行申请3 000吨以下船舶贷款押品准入，适当降低海洋产业贷款的抵质押条件，使更多的涉海小企业可以突破3 000吨的押品硬性指标，办理船舶贷款业务，加大力度，完善和推广渔船等小型船舶抵押贷款业务。

4. 优化服务，支持发展。优化流程，加快对重点涉海企业外汇业务审批手续速度；现有资源（如短期外债额度和外汇资金等）对涉海企业予以适当倾斜；利用内保外贷等政策，加大对涉海企业“走出去”后的融资支持；支持有条件的涉海企业通过境外私募和公募方式开展跨境资本运作。简化手续，鼓励涉海企业在跨境贸易、跨境投融资活动中使用人民币；不断拓展跨境人民币结算业务种类，探索开展涉海企业资本项下的人民币业务；结合外向型涉海企业特点，丰富人民币跨境结算产品，推出与之配套的保值避险、资金理财等产品；提高跨境人民币结算便利性，帮助涉海企业规避汇率风险。

5. 借助优势，扩大覆盖。借助政府客户行政监管优势，加强对政府要素交易中心资金监管等领域的研究，大力发展新兴领域百易安、现金管理和电子银行等业务，提高产品覆盖领域和客户覆盖度，提高产品效益。如政府采购、工程投标保证金监管、旅行社保证金、第三方支付托管、资产、信托资金等。

6. 抓供应链，推广产品。大力发展以货权控制、自偿式交易为主的供应链融资等业务，围绕核心企业，覆盖供应链上下游，满足港口航运物流服务体系各环节的融资需求，满足涉海工业制造体系各环节的融资需求。下大力气推广国内（国际）保理、应收账款质押、融货通、票证通和国内信用证等产品，为客户提供更多样化的信贷融资产品。

7. 抓小企业，助力成长。根据海洋经济行业特点，针对各小企业不同发展状况，提供“速贷通”、“成长之路”、“小额贷”、“信用贷”、“网银循环贷”和“善融贷”等不同的产品，力争使海南分行抓住海洋经济发展中优质小企业，实现产品体系全覆盖。重点针对海洋渔业、油气及化工业和交通运输业中基础建设的供应链上下游小企业，为其提供国内保理、应收账款质押、仓单质押和金银仓等产品，帮助小企业快速成长。

8. 创新产品，促进发展。抓住海南海洋经济发展机遇，培育优秀的专业化产品经理队伍，构建顺畅的产品创新机制，积极向总行争取开展海洋经济领域的金融业务创新试点，利用产品创新试点行、直通车创新和银企联动创新等产品创新三大工具，充分借用总行和全国建设银行力量，调动全行前中后台资源，甚至客户资源，针对海南海洋经济发展状况，不断与总行就客户需求而进行产品创意沟通、研究，不断创造出风险可控、符合需求和客户满意的金融产品，从而提高市场响应度，贴近市场；提高客户满意度，贴住客户，走出一条海南分行独具特色的海洋经济金融服务新路子，以实现各项业务快速发展。

9. 政策倾斜，强化竞争。积极争取总行的资金和政策支持，增强市场竞争能力。首先，争取在信贷规模、机构设置、审批权限、产品创新等方面给予政策倾斜。其次，对海洋经济发展的重点领域和重大项目，争取通过银团贷款、联合贷款、同业合作等方式重点给予资金支持，并积极向总行争取海洋经济建设贷款单列规模。再次，充分利用总行资源，引导系统内投行、租赁、信托等机构开展海洋经济领域的金融服务。同时，对海洋经济重点地区的分支机构给予信贷额度、业务费用、人力资源、业务授权的倾斜，在控制信贷风险的前提下，争取总行适当下放信贷审批权限和金融产品开发权限。

商业银行支持中小企业发展探究

湖南省分行 副行长 刘广良

近年来，我国中小企业快速发展，已成为我国经济发展的重要力量。对于如何有效支持中小企业发展，一直是各家商业银行积极探索的课题。针对当前中小企业融资中存在的问题和原因，商业银行应进一步明确中小企业业务战略定位，加快推进业务转型，构建科学合理的组织架构和业务流程，加快产品和机制创新，研究有效的风险管理模式，促进中小企业业务健康快速发展。

一、中小企业对社会经济发展的重要意义

改革开放特别是党的十五大以来，我国的中小企业发展迅速，在国民经济和社会发展中的地位和作用日益增强。尤其是近年来，中央陆续出台了一系列支持和扶植中小企业的发展的政策，要求加大对中小企业金融的支持力度，银行监管部门还对商业银行下达了“两个不低于”的监管要求，使得商业银行如何服务和支持中小企业发展成为各界关注的焦点。党的十八届三中全会指出，必须毫不动摇鼓励、支持、引导非公有制经济的发展，激发非公有制经济的活力与创造力，再次明确释放了支持中小企业发展的信号。然而一直以来，社会上关于中小企业融资难的议论络绎不绝，而商业银行对中小企业发展支持力度也为社会所诟病。究竟是什么原因导致这一问题的产生，如何正确认识产生这一问题的症结所在并有效加以改进，需要对中小企业发展的重要性和必要性有足够充分的认识。

从经济学理论上分析，中小企业具有旺盛的生命力，其发展和兴起生生不息具有内生因素。英国著名新古典学派经济学家阿尔弗雷德·马歇尔（Alfred Marshall）认为，企业的生长犹如有生命的动物与植物，在出生阶段，可以获得足够的营养，但是这种状况不可能永远地发展下去，当企业长成一棵大树，其活力也将枯竭，企业就会死去，新的生命就会诞生。这种企业的进化过程使得经济的发展绵绵不绝，中小企业不断涌现。美国新制度学派的代表人物约翰·加尔布雷思（John Kenneth Galbraith）则干脆将经济分为两大系统，一类是有组织的大企业，一类是分散的中小企业，它们各自在市场上扮演着不同的角色。从产业分工理论的角度看，中小企业的存在是产业分工的结果，有许多产业只适合中小企业发展，而不适合大型企业的介入。

美国从19世纪初开始的五次企业兼并浪潮中，有的大型企业规模更大，而许多小型企业通过合并也变成了大型企业。在兼并的浪潮中，人们似乎只能在大企业的阴影中寻找中小企业的身影。但事实上，美国中小企业在大企业发展的同时，一刻也没有停止自己发展的脚步，在许多领域尤其是高科技领域仍然表现出勃勃生机。目前美国共有中小企业2 000多万家，它们占了全美国企业总数的99%，贡献GDP的40%，提供了75%的就业机会。同时美国的中小企业是技术创新、思想活跃的聚集地，美国有一半以上的创新发明是在小企业实现的，小企业的人均发明创造是大企业的两倍，很多公司都经历了从矮子到巨人的过程，比如现在的微软、谷歌、facebook等。可以说中小企业撑起了美国经济的半边天，也是美国成为经济强国的源泉之一。

从中国的具体情况分析，目前全国工商注册登记的中小企业占全部注册企业总数的99%，提供了近80%的城镇就业岗位，完成了75%以上的企业技术创新，创造的最终产品和服务价值相当于国内生产总值的60%左右，纳税额约占国家税收总额的50%左右，可以说中小企业解决了相当

一大批劳动者的就业问题和吃饭问题，对社会稳定做出了相当大的贡献。但探究其更深层次的原因，支持中小企业发展应是社会主义市场经济建设的内在需求。从经济学的一般意思上看，在一个合理的经济体系中，其微观经济实体应当是大中小规模在时间上继起、空间上并存的企业群，大中小企业规模不停地变动，形成一个经济生态平衡。改革开放以来，随着国有经济从民生竞争领域中的逐步退出，新企业孕生、原企业健康运营和落伍企业出局将构成一个新的企业生态循环。在这个新的生态系统中，在市场经济模式下所生成的经营灵活、市场反应灵敏、具有自我衍生能力的中小企业的蓬勃发展，将必然对社会经济运行和发展产生积极的影响，从而促进公平的市场经济条件下的充分竞争和优胜劣汰，最终对经济运行和发展的模式带来正面的影响。归根结底，促进中小企业发展是一个涉及市场经济体制下微观实体的重构问题。通过促进中小企业的健康发展，能够充分缓冲国民经济整体风险，熨平经济周期性衰退的褶皱，增强经济全球化下国内经济的抗震能力，是整个国民经济快速健康发展的必然要求。

在支持中小企业发展的观念上，一方面不能仅仅认为发展中小企业是为了给大企业拾遗补缺，或者简单将发展中小企业仅作为解决就业、转移农村剩余劳动力等社会问题的方法；另一方面，更应该认识到市场竞争的固有属性下，新老循环、大小转化的正常市场现象，摒弃对中小企业因小就保、因小就扶的不当理念。对于商业银行而言，只有清晰了认识，摆正了观念，才能在支持中小企业融资的工作上采取更加有效的措施，取得更加显著的效果。

二、当前中小企业融资中存在的问题

当前中小企业融资中存在的问题，概括起来讲，一是“融资难”，二是“融资贵”，主要表现在以下几个方面：

一是融资途径不畅通。从内源融资来看，我国中小企业的现状不尽如人意，中小企业分配中留利不足，自我积累意识差；税负优势不明显；自有资金来源有限，资金难以支持企业的快速发展等。从外源融资来看，中小企业可以选择的融资渠道并不畅通，上市融资、发行债券、信托融资的门槛较高，风险投资机构少、规模小，财政扶持能力不足，其主要渠道还是依靠银行贷款。这一情况也直接催生了非正常渠道的融资，如高息借贷等。

二是融资结构不合理。我国的中小企业发展主要依靠自身积累、严重依赖内源融资，外源融资比重小。单一的融资结构极大地制约了企业的快速发展和做强做大。并且在外源性融资中，中小企业一般只能向银行申请贷款，主要表现为银行借款。在以银行借款为主渠道的融资方面，借款的形式一般以抵押或担保贷款为主；借款的期限一般以一年内的短期贷款为主，以固定资产投资为目的长期贷款则常常较为困难；与其规模、信用等级等相关，借款的金额一般也比较小。

三是融资成本较高。与大中型企业相比，中小企业在借款方面不仅与优惠利率无缘，而且还要支付比大中型企业借款更多的浮动利息。同时，由于银行对中小企业的贷款多采取抵押或担保方式，不仅手续繁杂，而且为寻求担保或抵押等，中小企业还要付出诸如担保费、抵押资产评估等相关费用。正规融资渠道的狭窄和阻塞，使许多中小企业为求生存、求发展不得不从民间高利借贷，加重了企业经营成本，扰乱了正常的金融秩序。

三、中小企业融资问题原因分析

从当前经济情况看，中小企业面临众多因素的挤出效应。而从深层次分析，我国中小企业融资问题的原因，并不仅仅来自某一方的不足，总体来说分别来自于企业本身、银行与政府三个方面。

从企业自身来说，企业信用等级低，融资意识淡薄较为突出。中小企业自身信用等级低，这是其普遍存在的现象。中小企业自身规模有限、资金缺乏、信用水平低、没有完整的企业规划、倒闭率高、贷款偿还违约率高。中小企业一般是由具有血缘关系的人共同创立，大多实行家族式管理，产权结构不明晰，企业经营效率不高，开拓新的市场难，不能有效地避免市场风险，影响了中小企业的偿债能力，造成了其履约能力的下降。银行的首要目标是安全性、流动性和收益性，然而中小企业的高倒闭率和高违约率使得银行难以遵守安全性和收益性原则，导致银行不愿放贷。同时，中小企业对金融系统市场化程度的提高嗅觉不灵敏，主动出击意识不强，而且缺乏高素质的金融人才，对金融市场和融资工具生疏和不懂得树立和宣传自身金融形象，从而束缚自身开拓融资渠道的可能性。

从银行方面来看，在认识上存在误区，认为中小企业规模小，对商业银行的存款、中间业务收入等贡献不是很大、见效不快，并且抗风性能力弱、违约率较高，因而发展小企业业务积极性不是很高；在战略定位上存在缺失或不到位，部分商业银行特别是国有大型商业银行以做大企业、大项目见长，在支持中小企业发展方面，尚未提到改善业务结构、实现战略转型、提升内在竞争力的战略高度，在资源配置上向大中型企业倾斜，商业银行客户群体中，数量只占5%左右的大中型企业，却占了50%以上的信贷资源。此外，金融体系不完善，银企信息不对称形成较大的融资障碍。首先，利率市场化的调节机制尚未完全建立，损害银行对中小企业的贷款积极性。由于中小企业贷款的风险不确定性较大，国际大银行的普遍做法对中小企业贷款的利率就比对大企业的贷款利率水平高出1～1．5个百分点左右。但是国内银行向中小企业，尤其是小微企业收费受到监管当局政策限制，这种限制金融机构对金融服务和产品的收费会挫伤金融机构调查和收集中小企业信息的积极性，从而影响向中小企业提供贷款和其他金融服务。其次是信用担保体系的不完善，中小企业寻求担保困难。我国从1999年才开始进行中小企业信用担保体系的工作试点，存在着担保机构不多，担保资金不充足，担保手续繁杂等诸多问题。目前看，担保机构尤其是民营担保机构对中小企业收取费用高，增加了企业的融资成本，也增加了担保的难度。银行对担保机构的担保能力和行为存疑，因此出于对自身利益的保护，银行则在中小企业的担保贷款问题上又比较谨慎。同时，银行对抵押物的要求十分严格，目前国内银行一般偏好于房地产等不动产的抵押。而中小企业大多受经营规模所限，固定资产较少，土地房屋等抵押物不足，一般很难提供合乎银行标准的抵押品。最后，银企信息不对称和银行的不利选择形成障碍。许多中小企业为实现融资目的，往往会想尽一切办法，甚至不惜弄虚作假。这不仅会产生有损银行与投资者利益的道德风险，亦会进一步损毁企业自身的社会公信度。因此，银行要向中小企业提供贷款，只有加大人力资源的投入以提高信息的收集和分析质量，否则银行的贷款违约率将会很高。同时，由于中小企业对资本和债务需求的规模较小，金融机构为规避自身的经营风险和降低经营成本，只有选择不向中小企业贷款。

从政府的层面看，政府扶持力度不够，政策不配套形成障碍。政府在中小企业融资问题上起着不可忽视的作用。美国、日本、西班牙等国家都设有专门的政府部门和政策性金融机构为中小企业发展提供资金帮助。在我国，长期以来，政府在资金、税收、市场开发、人才、技术、信息等方面一直给予国有大中型企业特殊的扶持，造成了中小企业市场竞争环境的不确定和竞争条件的不平等。虽然近年来政府加大了对中小企业的支持力度，但形成的整体效果还未得到体现。同时，在社会征信系统的建设上仍存较大的不完善地方，对于社会诚信环境的打造未取得实质性的突破，造成了金融机构对中小企业信用状况难以取证，对恶意逃废债务的企业主也无法形成有效的社会谴责，这也在相当大程度上造成了中小企业整体信用环境的恶化。对建立“风险补偿资金”的要求落实不到位，一旦出现中小企业无法履约的情况，政府没有有效的抵御风险的措施和途径；此外，政府职能转变不够，特别是地方政府对中小企业发展行政干预太多，市场的配置资源和调节作用发挥不够，一定程度上也造成了中小企业融资难。

四、商业银行有效支持中小企业发展的几点思考

在当前我国经济发展转型、经济结构深层调整的关键时期，尽管中小企业仍然面临诸多困难和挑战，但支持中小企业发展，通过将中小企业纳入银行基础客户群体从而扩大和夯实银行持续发展能力基础，无疑是商业银行的必然选择。特别是在利率市场化进程加快推进的新形势下，商业银行面临利差不断收窄的压力和挑战，必须加

快业务转型，充分发挥中小企业贷款定价能力方面的优势，增加自身收益，提高盈利能力。不管是在响应国家号召，承担社会责任的层面，还是银行自身持续经营，获取利润的层面，商业银行都必须也应尽快完成角色的转换，真正将中小企业业务融入到自身经营发展策略的核心之中。以湖南为例，省工商登记企业120余万户，其中大型企业只有60家左右；据人民银行统计，2012年末，全省金融机构小微企业贷款余额2 708.6万元，新增480.9亿元。中小企业数量众多，银行金融服务的市场潜力巨大。因此，商业银行要真正做好对中小企业的扶植和服务，以下几个方面至关重要。

（一）明确中小企业业务在银行内部的战略定位

战略定位是确定企业长远发展目标，并指出实现长远目标的策略和途径。商业银行将中小企业业务纳入银行内部重点战略发展的组成之一，在未来几年乃至几十年中按照战略定位的要求有计划地进行业务拓展和客户营销，是商业银行对于中小企业在新形势下的战略定位和重新思考后的必然结果。作为一个长期的发展定位，一旦确立将对商业银行自身的发展具备长期和深远的影响，因此中小企业业务战略定位是否恰当至关重要。笔者认为，在银行高层评估确立中小企业业务战略定位时，必须清晰和明确。各商业银行应在综合分析银行自身业务规模、行业结构、客户群体、产品渠道、区域经济发展等因素的基础上确定，必须是适合本身发展需求的、并对自身业务形成有益的补充。这种战略定位可以将中小企业业务作为全面目标中的一个重要环节，也可以将中小企业作为主要目标，但不论是哪种定位，都必须在银行战略中明确提出，在银行内部形成上下一致的思想导向和行动步调，并且将其贯穿到具体操作中去。

1. 明确客户战略

一是做好客户结构发展规划，重点服务银行熟悉、了解的存量客户。在客户拓展方面，围绕向“零售化”转型，以社区金融为切入点，依托综合市场、社区商圈、产业集群、居民小区等，推进批量化营销；挖掘客户潜在的金融需求，利用有限的信贷资源，带动业务联动和产品交叉销售，增强客户对银行产品的使用频率和依赖，提升为客户综合服务的能力。二是注意做好对成长后小企业的持续服务。实施差别化对待、稳健性过渡的原则，对达到中型企业标准的小企业客户，在其信贷需求没有超过存量余额的情况下，可给予适当的过渡期，继续通过小企业相关信贷政策支持，促使有效益的小企业成长为中型企业。三是加强对小企业的退出管理。对不符合国家产业政策，能耗高、污染重、达不到环保要求的小企业；公司治理混乱、主营业务不突出、生产工艺落后、融资成本过高、盈利能力不足、信用状况持续恶化、抵质押不足的小企业；对受宏观政策影响大、抗经济周期风险能力弱的成本推动型出口加工小企业和销售渠道过于集中的外贸小企业，坚决实行退出，以不断优化商业银行的中小企业客户结构。

2. 明确行业战略

一是加强对限制类行业的管控。严格管控“6+1”等敏感行业；压缩退出列入“淘汰落后产能名录”、低水平重复建设的“十一小”行业客户；主动退出主业不清、盲目扩张、脱离实体经济、诚信度差、管理混乱的民营企业。

二是重点发展优势行业。巩固高端制造业、批发零售业等领域传统优势的同时，以消费类、民生服务、低碳环保、绿色节能行业以及软件信息服务、现代物流、文化创意、电子商务、服务外包等新兴创新型行业为重点，推进小企业客户质量提升。大力发展支持符合产业升级方向、契合区域资源优势、集群化发展及为核心企业配套的小企业。

3. 明确产品战略

一是在继续做好传统优势产品的同时，着重推广更加切合中小企业特点的零售化产品，提高500万元以下小额贷款的占比。二是大力发展与政府、供应链核心企业合作的产品，在批量营销客户的同时，利用其独特的核心地位优势，及时发现并有效控制风险。

4. 明确渠道战略

一是在坚持小企业经营中心和小企业客户经理主渠道地位的同时，根据当前经济发展特征，重点推进电子银行渠道建设，实现批量化、专业化管理。依托电子商务平台，为小企业提供专属网络银行产品，并引导客户通过网上银行实现自助办理。二是提高对网点的利用效率，通过对小企业经营中心进行优化升级，强化对网点的业务支持和网点对小企业经营中心的营销支持，真正建立起全体系、全方位、全覆盖的小企业营销渠道。

5. 明确区域战略

一是重点推进大城市，特别是省会城市小企业业务发展。二是优先选择民营经济比较发达、小企业比较活跃、信用环境和法律环境良好、机构经营管理水平较高的区域，作为重点支持的中心城市，迅速打造在当地的竞争优势。三是结合各地区域经济特点，对全国“百强县”等重点县域进行分析、筛选和确定。

与此同时，商业银行的中小企业业务的战略还必须体现到考核、计划、风险容忍等方面，使战略更好的落地。在考核方面，中小企业业务必须作为整体业务考核的重要组成部分，KPI（关键绩效指标）考核、等级行考核、员工收入考核必须对中小企业业务有具体的考核目标。对中小企业业务专业支行的考核侧重中小企业的户数及贷款增长等指标，弱化其他经营发展指标。对客户经理个人，可以在贷款本息收回后，采取买单制的形式给予客户经理一定的奖励。在计划安排方面，优先保证中小企业业务的贷款规模需求，确保中小企业的融资需求及时满足。在风险容忍方面，要改革奖励办法，考核各行的整体不良率（大数定律），对不良率低、管理好的行进行奖励。在不良贷款的责任追究方面，要有一定的容忍度，不良率控制在一定范围内的，客户经理尽职的可以免责。

（二）推进小企业业务转型

对于商业银行来说，中小企业特别是小企业客户数量多，难以管理，风险较大，竞争激烈等，根本的原因在于还没有找到发展小企业业务正确的途径和方法，还在用传统的做大型客户的思维和模式来营销、管理客户。因此，商业银行要加快推进小企业业务“小额化、批量化、标准化、规模化”的转型。

“小额化”，是指小企业客户要做小额贷款，具体就是优先选择单户贷款500万元以下的小企业客户。小额化的最大好处就是在“小额、分散”的原则下，依据大数定律，贷款风险可以得到有效的分散，平均的贷款风险将趋向于预期风险。同时一旦出现经营困难，小额的银行负债在小企业客户可承受范围内，违约概率相对较低，有利于降低商业银行贷款的风险。发展小额化贷款有成熟的先例可循，如美国银行零售业务拥有巨大的市场份额，而其绝大部分的客户贷款额度在10万美元左右；民生银行在对小微企业贷款上一直坚持小额化和价格覆盖风险的原则，其不良贷款率一直保持在0．5%以下；从目前全国小企业不良贷款的情况来看，单户500万元以下的不良贷款项目较少，绝大部分的不良贷款出现在1 000万元至3 000万元之间。因此，小企业业务“小额化”是转型的重要标准。

“批量化”，是指要改变过去对客户一对一的营销模式，通过抓住龙头与核心，按照“1 + N”的模式搭建产品营销平台，批量化地营销和拓展客户群体。一对一的营销模式像是钓鱼，适用于大客户的营销，但用在小企业客户上在成本和效率上都不合算；而批量化营销就如同撒网，只要找准了关键，抓住了核心，就一定能大大提升效率，节约成本，有效提升客户数量。同时通过搭建平台，依托核心批量发展的客户，有银行和平台核心的双方监控，更可以大大降低商业银行贷款的风险，节约贷后管理中的人力物力等成本。

“标准化”，是指由过去小企业业务评级—授信—支用的信贷模式中客户个性特质多，特例事项多，情况千差万别，逐步过渡为通过事前风险评估和预测以统一的标准评价客户、审批业务。一是产品的标准化，通过一系列符合市场需求的标准化信贷产品，批量化做好客户的营销。二是营销方案的标准化，通过充分的评估和论证做好与核心平台合作的营销方案，制定统一的准入标准和评价体系，形成标准化的营销方案，实现风险和收益的平衡。标准化的营销方案可以进行一次性审批，通过后就可以批量化发展客户。通过标准化，可以大大提升我们的营销效率，同时由于在事前对潜在风险进行了充分的论证，制定了可有效控制风险的评价体系，还可以有效地控制风险。

所谓“规模化”，就是指小企业业务要实现一定规模。只有上了规模才能充分体现小企业业务的价值贡献，所以小企业业务规模化，有利于彰显价值，促进小企业业务的良性发展。二是小企业业务规模化，有利于充分发挥大数定律，分散和控制风险。大数定律只有通过极大的单体数量和极小的单体金额，才能使得风险趋向于预期。客户数量太少，规模上不去，大数定律就无法发挥作用。因此，只有在坚持小额化发展的同时，不断扩大客户群体，提升小企业业务规模，才能有效地降低小企业业务的整体风险。

小企业业务“小额化、批量化、标准化、规模化”的转型要求相互联系、相辅相成，有效地实现了业务发展和风险控制的统一。小额化是标准，批量化是手段，标准化是载体，规模化是目标，在业务推进中这四个方面只有齐头并进，才能达到转型的目的，确保小企业业务的可持续发展。

（三）构建合理的业务发展组织架构和流程

中小企业业务的自身特点与银行传统对公批发业务相比较有较大的区别，主要表现在业务短、频、急，用传统批发业务模式经营中小企业业务必然是削足适履，银行需要重新构建与其自身战略定位相适应的中小企业业务发展组织架构和流程。

这种专门的组织架构必须是相对独立、层级分明的，在纵向的上下级之间形成政策制度的合理传导及监督，在横向的层面形成有效覆盖的网络系统，这些网络系统既可以是物理的，如网点、柜台等，也可以是虚拟的，如网上银行、手机银行等。在这个相对独立的中小企业发展组织结构中，银行管理层赋予其独立运作的财务、审批、信贷等资源权力，并可以有效考量其给银行带来的效益和风险，从而清晰明确地反映银行战略意图和战略目标的实现程度。

关键是要改进完善高效贷款审批机制。构建中小企业授权架构，推行符合中小企业授信特点的业务授权方案。制定中小企业客户授信准入管理制度，明确有别于大中型客户的授信准入管理规则。建立中小企业授信额度管理制度，满足统一授信和中小企业“短、频、急”授信特点两方面的需求。建设中小企业授信优化流程模块，为实施高效的中小企业授信流程提供系统支撑和运行。

在中小企业业务流程上，应当秉承分散营销、集中处理的原则，有效覆盖的网络触角多层面营销，将信息反馈至专门设立的集中业务后台处理中心，按照标准化、批量化的操作规则，实行流水线式的操作模式，有效提高业务处理的效率，充分适应中小企业业务的特点。

（四）建立具备竞争力的产品体系和产品创新机制

在支持中小企业发展上，商业银行应当将建立合适的产品体系以及产品创新机制作为重要的一项基础工作。从当前看，中小企业融资抵押担保难的问题尤为突出，因此从某种程度上讲，所有的中小企业产品创新的核心就是解决“担保”这个基本问题。解决这个问题，就要通过灵活多变的产品创新和运用，推进“一圈一链一平台”集群营销服务，大力发展商业圈融资、产业链融资和企业群融资。具体来说，对于存量优质客户，在持续做好客户服务基础上，通过小微企业产品引导客户办理贷款，继而提供套餐式的、一揽子综合化金融服务，提升客户服务的深度和广度。对于新增客户，在选择客户和套餐销售中，重点关注符合国家产业升级方向、政策支持导向的行业和区域内的小微企业群，尤其是“工业化、信息化、城镇化、农业现代化”等“新四化”领域中的小微企业客户，以及商圈、专业市场、产业集群、供应链中的优质小微企业客户群。这样才能使商业银行在市场竞争中占得先机，有助于银行自身战略目标的实现。具体有以下几个新的途径值得研究和探索。

一是基于客户银行账户交易行为的产品研发。通过综合分析客户在商业银行账户上长期的交易行为，从中筛选出部分资金交易量相对较大，交易行为较为稳健，同时以企业主在银行拥有一定金融资产作为信用背书，向中小企业客户发放一定额度的不需要提供担保的信用贷款。

二是基于产业链条的产品研发。即依托核心大型企业，通过掌握其上下游供应链条的中小企业客户的物流、资金等信息，依据其与核心企业的发生的交易订单、应收账款等发放的贷款。针对“一链”，重点围绕优质大客户，总体评审，统一开发和管理，为其上下游小企业设计推广“交易信贷”产品。

三是基于政府等第三方合作增信的产品研发。

通过与政府、园区等第三方合做，组成适当的客户筛选、信用增加、风险抵偿等机制，为特定范围内的中小企业提供信贷支持。针对“一圈”，与市场管理方、园区管委会等建立合作，对圈内客户分层分类，设计推广“团体贷款”产品。

四是基于资本市场信用的产品设计，如银行牵头，政府支持组建在资本市场上发行的中小企业集合债、集合票据、集合信托等。针对“一平台”，加强与政府、保险公司和优质担保公司合作，推广小企业信贷产品。

以建设银行为例，近年来，在支持服务中小企业方面，建设银行大力发展产业链融资、供应链融资、商业圈融资和企业群融资，推动互联网金融的发展，构建网络融资平台，发展符合中小企业需要的交叉型金融业务和产品创新，这些产品覆盖了绝大多数中小企业的信贷需求。通过近年来的持续创新，已形成了综合性产品体系。特别是通过搭建政府、企业、银行三方合作平台，由政府的风险补偿资金、企业缴纳的助保金共同组成“助保金池”为企业贷款增信，银行向企业提供贷款支持，三方共享信息资源，协同控制风险；能够扩大企业可贷款额度，降低融资成本。企业最少仅需提供40%的担保，有效破解了小企业因保证和抵押不足而面临的融资困境，既扶持了众多中小微企业发展，又拓宽了政府财税收入的来源，创造了更多就业机会，培育了良好金融信用环境。

（五）研究建立中小企业风控机制

对于支持中小企业发展，商业银行应该是既倾力扶持，又严防风险。特别是要重点防范中小企业多头授信、过度授信的风险，以及区域性、行业性等过度集中的集群性风险。

一是关注并防范重点领域、重点区域、重点行业风险。密切关注“两高一剩”行业结构调整时暴露的金融风险，防范跨市场、跨行业经营带来的交叉金融风险；密切关注民间融资、非法集资等传染渗透的风险；密切关注经济下行周期各地暴露出的中小企业经营风险，如去年以来的长三角、珠三角部分民营中小企业经营困难所凸显的行业性和区域性风险，采取有效措施，防止银行信贷资产出现不良或不良的蔓延。

二是提高中小企业贷款的风险定价能力。所谓风险定价，是在准确计量贷款风险的基础上，通过贷款价格充分覆盖不同种类的贷款可能带来的损失，实现风险和收益的对称。随着利率市场化的推进，商业银行“风险定价时代”已经来临。除采取措施控制并化解不良贷款外，提高风险定价能力成为商业银行应对利率市场化挑战和保持中小企业持续、健康发展的关键。商业银行需要建立一整套完整的定价机制，充分实现因客定价、因产品定价，将市场风险和操作风险形成的成本通过一定的路径实现在贷款定价中，最终实现风险和收益的平衡。

三是建立一个良好的、完整的信用风险评估体系和风险管理制度，来准确计量、评估、控制中小企业风险。小企业的风控体系有其自身的特点，零售化的特点要求适当放宽小企业不良贷款容忍度，建立完善的尽职免责机制。从国际先进银行风险管理的实践来看，普遍将中小企业分为单一风险管理模式的中小企业和零售化管理模式的中小企业，前者的资产规模已经接近大型企业，在授信审批、监控、贷后管理上都与大型企业采取的模式相同。后者不仅资产规模和销售额较低，而且银行对其授信总额也有明显的控制，在授信审批、监控和贷后管理上更类似于私人贷款和按揭等零售业务。从国际银行的管理经验看，中小企业贷款的风险评估和管理将趋向于基于数据系统分析的零售化管理模式。

四是采用评分卡模式。商业银行借鉴零售产品申请评分卡和行为评分卡的做法，开发针对中小企业的申请评分卡和行为评分卡应是今后银行对中小企业风险管理的主流模式。通过采用评分卡为基础的人工审批与自动审批相结合的模式，来满足日益增加的同业竞争和资本充足率约束的压力。同时，通过开发统一的申请评分卡和行为评分卡，通过自上而下的持续收集评分卡的使用数据，进行评分卡表现的验证，形成从预测到事后验证预测结果，再根据实际结果修正预测模型的良性循环。在此基础上，可以有效地实现对中小企业风险的评估和控制。这种风险管理模式的数据收集和整理不可能一蹴而就，但通过几年的运行和修正，将有可能形成一套基本正确的风险评价模型，从而促进中小企业业务健康快速发展。

CHINA 中国建设银行年鉴 2014
CONSTRUCTION BANK ALMANAC

第七部分　大事记

领导重要活动类

1月4日 董事长王洪章、副行长章更生在北京会见了为提前谋划和准备党的群众路线教育实施活动来我行开展专题调研的中央国家机关工委副书记姚志平一行。

1月5—7日 董事长王洪章在中央党校参加学习贯彻党的十八大精神研讨班。

1月8日 董事长王洪章在北京出席中国文化产业高端对话开幕式并致辞，行长张建国出席开幕式及论坛活动。

1月9日 董事长王洪章在山西省驻京办参加山西省与国有大型银行座谈会议。

1月9日 行长张建国、副行长胡哲一在北京会见淡马锡控股战略部总裁谢松辉一行。

1月10—11日 董事长王洪章赴云南省分行进行工作调研。调研期间，王洪章走访基层网点，看望慰问一线员工和困难员工，出席了云南省分行领导干部大会，与云南省分行领导班子成员、部门主要负责人进行座谈。调研期间，王洪章还会见了云南省副省长丁绍祥。

1月10日 行长张建国在北京分别会见酒钢集团董事长冯杰、安徽省常务副省长詹夏来。

1月11日 行长张建国赴天津出席天津市分行党员领导干部民主生活会。

1月14日 董事长王洪章、董事会秘书陈彩虹在北京会见英国前商务大臣、现怡和集团执行董事沙逊爵士。

1月14日 行长张建国在北京参加银监会2013年全国银行业监督管理工作会议。

1月15日 董事长王洪章，行长张建国，副行长胡哲一、赵欢在信达大厦会见并宴请卢森堡财政大臣吕克·弗里登及卢森堡驻华大使柯意赫一行。

1月16日 董事长王洪章、副行长章更生、首席财务官曾俭华、零售业务总监田惠宇在北京会见西城区委书记王宁一行。

1月16日 董事长王洪章、副行长朱洪波在总行会见俄罗斯外贸银行（VTB）董事长兼行长安德烈·科斯京（Andrey Kostin）先生一行。

1月16日 行长张建国、副行长胡哲一在香港拜会香港金管局副总裁阮国恒，出席香港地区机构整合与调整工作启动暨动员会。

1月21日 董事长王洪章陪同中央领导同志视察北京印钞有限公司，并参加座谈会议。

1月22日 董事长王洪章、行长张建国、纪委书记朱洪波在北京参加中央纪委第十八届第二次全体会议。

1月23日 董事长王洪章在北京参加国务院第八次全体会议。

1月23日 董事长王洪章，行长张建国，监事长张福荣，纪委书记朱洪波，副行长胡哲一、庞秀生、赵欢、章更生在北京出席2012年度总行党委民主生活会。

1月24日 董事长王洪章、零售业务总监田惠宇在北京出席北京市分行党委民主生活会。

1月24日 行长张建国、副行长胡哲一在南京先后会见江苏省省长李学勇、常务副省长李云峰。

1月25日 行长张建国、副行长胡哲一在南京会见苏州市委书记蒋宏坤。

1月25日 监事长张福荣在北京与银监会案件稽查局局长苏保祥沟通有关工作。

1月29日 董事长王洪章、纪委书记朱洪波到中央政法委汇报有关工作。

1月29日　董事长王洪章在北京听取银行间市场交易商协会工作汇报。

1月29日　行长张建国、副行长章更生到人民大会堂参加中央国家机关第二十七次党的工作会议暨第二十五次纪检工作会议。

1月29日　监事长张福荣、副行长胡哲一在北京与最高人民法院副院长奚晓明沟通有关工作。

1月30日　董事长王洪章、董事会秘书陈彩虹在北京会见钟瑞明先生。

1月30日　行长张建国、副行长胡哲一、首席风险官黄志凌在北京会见加拿大金融机构监管署（OSFI）署长助理马克·策尔默（Mark Zelmer）先生一行。

1月31日　董事长王洪章在北京参加北京市服务中央在京企业和金融机构工作座谈会议。

1月31日　董事长王洪章、监事长张福荣在北京参加银监会召开的五家大型银行座谈会议。

2月4日　建设银行总行在北京举行总行本部新春团拜会。董事长王洪章，监事长张福荣，纪委书记朱洪波，副行长胡哲一、庞秀生、章更生，首席风险官黄志凌，董事会秘书陈彩虹，批发业务总监许会斌，投资理财总监王贵亚出席团拜会。

2月4日　行长张建国、副行长赵欢、首席财务官曾俭华在北京出席五大行金融座谈会议。

2月5日　行长张建国在北京会见中铝集团董事长熊维平。

2月5日　行长张建国、首席风险官黄志凌、批发业务总监许会斌在北京与授信审批人座谈。

2月6日　行长张建国、副行长赵欢到总行投资银行部宣布有关人事任免事宜。

2月8日　监事长张福荣在人民大会堂参加中办、国办2013年春节团拜会。

2月18日　董事长王洪章到杭州出差，其间，出席浙江省分行民主生活会。

2月20—22日　董事长王洪章先后在吉林、黑龙江调研，慰问一线员工、走访客户、开展座谈。在吉林调研期间，吉林省委书记王儒林，省长巴音朝鲁，省政协主席黄燕明，省委常委、常务副省长马俊清等地方领导先后会见并拜访了王洪章一行；在黑龙江调研期间，黑龙江省省委副书记、省长王宪魁，省委副书记杜家豪，省委常委、副省长刘国中，省政府秘书长李海涛，省政府副秘书长张建辉，省金融办副主任翟广照等领导同志会见了王洪章一行。

2月21日　行长张建国、副行长庞秀生、首席财务官曾俭华赴武汉南湖生产基地调研，其间，会见湖北省委书记李鸿忠、省长王国生、省委秘书长傅德辉、副省长张通。

2月25日　董事长王洪章、副行长庞秀生、章更生在北京调研了新一代核心系统建设推进工作小组工作情况。

2月26—28日　董事长王洪章在北京参加党的十八届二中全会。

2月26日　行长张建国在北京会见英国巴克莱银行高级顾问杰布·布什（Jeb Bush）先生一行。

2月26日　监事长张福荣、首席财务官曾俭华在北京听取培训中心建设有关情况汇报。

2月27日　监事长张福荣在北京听取专业化中心有关情况汇报。

2月28日至3月1日　监事长张福荣在北京参加政协组织学习。

3月1日—6月1日　董事长王洪章在中央党校参加第53期省部级干部进修班。

3月5日　行长张建国在加拿大渥太华拜会加拿大金融机构监管署（OSFI）审批部执行董事朱地·卡梅伦女士，拜会加拿大财长詹姆斯·弗莱厄蒂先生。

3月5日　行长张建国在美国纽约会见美国信安董事长施伯文先生一行。

3月7日　董事长王洪章、批发业务总监许会斌在北京拜会中国航天科技集团总经理马兴瑞。

3月15日　董事长王洪章在北京会见独立董事候选人。

3月18日—3月22日　中国建设银行2013年度巡视工作培训班在北京举办。

3月18日　董事长王洪章、副行长朱洪波到培训班看望巡视人员，与巡视组培训班学员座谈，并作重要讲话。

3月18日　董事长王洪章、副行长胡哲一在北京会见俄罗斯外贸银行副董事长莫斯。

3 月 18 日　董事长王洪章在北京会见独立董事候选人。

3 月 19 日　董事长王洪章在北京会见独立董事候选人。

3 月 19 日　行长张建国、副行长赵欢在北京会见中国铁路总公司总会计师余邦利。

3 月 19 日　行长张建国、副行长胡哲一在北京会见淡马锡中国区及新加坡区联席总裁谢松辉。

3 月 20 日　董事长王洪章在北京出席国务院第一次全体会议。

3 月 20 日　董事长王洪章在北京会见俄罗斯外贸银行副董事长莫斯先生一行。

3 月 20 日　行长张建国、副行长胡哲一、庞秀生、章更生、首席风险官黄志凌、首席审计官余静波、董事会秘书陈彩虹赴香港出席董事会会议。

3 月 21 日　行长张建国、副行长胡哲一、庞秀生、章更生听取驻港机构工作汇报。

3 月 21 日　监事长张福荣赴香港出席监事会会议。

3 月 22 日　监事长张福荣到香港培训中心调研。

3 月 25 日　行长张建国、副行长赵欢在北京会见汇丰集团董事局主席范智廉一行。

3 月 26 日　行长张建国在北京参加国务院第一次廉政工作会议。

3 月 26 日　监事长张福荣在北京参加政协有关会议。

3 月 27 日　董事长王洪章、董事会秘书陈彩虹在北京会见怡和控股有限公司主席亨利·凯瑟克先生一行。

3 月 27 日　监事长张福荣在北京参加政协有关会议。

3 月 27—29 日　行长张建国、副行长章更生、批发业务总监许会斌、投资理财总监王贵亚赴天津出席全行 2013 年对公业务工作会议。3 月 27 日，天津市市委书记孙春兰会见了行长张建国一行，参加会见的还有天津市委常委、市长黄兴国，市委常委、常务副市长崔津渡、市政府副秘书长陈宗胜等。3 月 29 日，行长张建国会见了天津物产集团有限公司董事长王志忠、总经理刘伟平。

4 月 2 日　行长张建国、副行长章更生在北京拜会解放军总后勤部财务部部长戴忠义。

4 月 2 日　行长张建国在北京接受中央电视台关于银监会 2012 年度服务小微企业先进单位评选的采访。

4 月 8 日　行长张建国、副行长章更生在北京会见人力资源和社会保障部副部长胡晓义。

4 月 9—16 日　行长张建国、首席财务官曾俭华赴美国出席业绩路演并拜访监管机构、战略投资者及代理行高层。

4 月 10 日　董事长王洪章、监事长张福荣、副行长章更生在北京出席全行组织人事工作会议。

4 月 11—12 日　监事长张福荣、首席审计官余静波赴海南分行调研并出席全行审计工作会议。其间，与海南省分行领导班子座谈。

4 月 12 日　董事长王洪章在北京接受英国《银行家》杂志主编专访。

4 月 15 日　董事长王洪章在北京参加国务院有关会议。

4 月 15 日　董事长王洪章在北京出席俄罗斯第一副总理舒瓦洛夫集体会见活动。

4 月 18—26 日　监事长张福荣、首席审计官余静波赴欧洲出席业绩路演。

4 月 22—23 日　行长张建国、首席财务官曾俭华、首席风险官黄志凌赴南昌出席银监会监管联动会议。其间，拜会江西省委书记强卫、省长鹿心社。

4 月 24 日　董事长王洪章在北京参加银监会有关会议。

4 月 25 日　董事长王洪章在北京接受台湾《经济日报》主编采访。

4 月 26 日　行长张建国在北京主持党委中心组（扩大）学习“中国梦”专题辅导讲座。副行长庞秀生、章更生，首席财务官曾俭华，首席风险官黄志凌，批发业务总监许会斌，投资理财总监王贵亚出席。

4 月 30 日　张福荣监事长在波兰华沙拜会波兰金融监督管理局。

5月2日 董事长王洪章、董事会秘书陈彩虹在北京会见彼得·列文爵士。

5月3日 行长张建国在北京会见西藏自治区副主席丁业现一行。

5月6—15日 董事长王洪章、副行长胡哲一、董事会秘书陈彩虹先后赴韩国、阿联酋、卡塔尔业绩路演。

5月6—7日 行长张建国、纪委书记朱洪波赴河南郑州出席我行与河南省人民政府“支持中原经济区建设战略合作”签约仪式，并到河南省分行进行调研。其间，会见河南省委书记郭庚茂、省长谢伏瞻。

5月8日 行长张建国、副行长赵欢在北京会见荷兰发展合作与外贸大臣莉莉安·普罗门女士一行。

5月9日 行长张建国在北京会见广西壮族自治区常务副主席黄道伟一行。

5月10日 监事长张福荣到天津蓟县支行调研。

5月13日 监事长张福荣在北京与部分分行主要负责人进行竞争力提醒谈话。

5月18日 董事长王洪章、行长张建国、监事长张福荣、副行长胡哲一、庞秀生在北京听取香港机构整合工作进展情况汇报。

5月18日 董事长王洪章、副行长胡哲一在北京与俄罗斯外贸银行董事长柯斯金举行电话会议。

5月21—23日 董事长王洪章赴大连参加中组部举办的学习贯彻党的十八大精神专题研讨班。

5月21日 行长张建国、副行长庞秀生在北京会见IBM原董事长彭明盛。

5月21日 行长张建国、副行长赵欢、首席风险官黄志凌在北京会见中国中铁集团董事长李长进。

5月22日 行长张建国在北京会见全国政协港澳台侨委员会主任杨崇汇一行。

5月23日 行长张建国在总行会见IBM公司原全球董事长彭明盛先生一行。

5月24日 监事长张福荣在北京参加中组部有关会议。

5月27日 董事长王洪章在北京接受新华社《财经国家周刊》杂志采访。

5月27日 行长张建国、副行长赵欢在北京会见宁夏回族自治区副主席王和山一行。

5月28日 董事长王洪章、纪委书记朱洪波、副行长赵欢、章更生、首席财务官曾俭华、董事会秘书陈彩虹、批发业务总监许会斌在北京出席“青年创新建行强”创新创效金点子大赛颁奖展示暨“五四”表彰活动。

5月29日 董事长王洪章在北京参加国家机关工委组织的关于征求对中央政治局加强作风建设、深入开展群众路线教育实践活动意见建议的专题座谈会议。

5月29日 董事长王洪章在北京会见银监会案件稽核局局长苏茂祥。

5月30日 董事长王洪章在北京接受中央电视台财经频道采访。

5月31日 行长张建国在北京会见德国中央合作银行股份有限公司董事会主席沃尔夫冈·克什（Wolfgang Kirsch）先生一行。

5月31日 监事长张福荣在北京参加中组部有关会议。

6月1—2日 国务院马凯副总理一行到湖北武汉就金融支持实体经济发展问题展开调研。调研期间，到湖北省分行武汉光谷支行视察。银监会主席尚福林，助理杨家才，国务院副秘书长肖亚庆，人行总行副行长潘功胜，湖北省副省长张通、武汉市市长唐良智陪同视察。

6月3—4日 董事长王洪章赴上海出席IMC论坛，期间，在虹桥迎宾馆参加“金融服务实体经济”座谈会议。

6月4日 行长张建国、首席风险官黄志凌在北京出席2013年总行重大信用风险项目化解方案论证会。

6月5日 董事长王洪章、董事会秘书陈彩虹在北京会见三星电子大中国区总裁朴载淳一行。

6月6日 行长张建国在北京参加中国太平保险集团有限责任公司成立大会。

6月8日 董事长王洪章、副行长章更生在北京参加中央国家机关部门党组（党委）中心组学习经验交流会议。

6月13日 行长张建国，监事长张福荣，纪委书记朱洪波，副行长胡哲一、赵欢、章更生，首席财务官曾俭华，首席审计官余静波，董事会秘书陈彩虹，批发业务总监许会斌，投资理财总监王贵亚在北京出席“城镇化”专题（视频）辅导讲座。

6月17—18日 监事长张福荣、副行长胡哲一赴香港调研，其间，与有关机构负责人座谈，并会见香港金融管理局局长陈德霖。

6月18—19日 董事长王洪章在北京京西宾馆出席党的群众路线教育实践活动工作会议。

6月18日 行长张建国、副行长章更生在北京会见中铁建董事长孟凤朝。

6月19日 董事长王洪章在北京参加国务院有关会议。

6月20日 董事长王洪章在北京会见印度塔塔集团董事长塞勒斯·米斯特瑞（Cyrus Mistry）先生一行。

6月20日 行长张建国在北京会见湖南省副省长韩永文一行。

6月20日 监事长张福荣在北京会见中投公司监事长李晓鹏。

6月24日 董事长王洪章、副行长章更生在北京接见我行参加共青团第十七次全国代表大会代表。

6月24—26日 监事长张福荣先后到江西省分行、青岛市分行调研。

6月25日 董事长王洪章在北京参加银监会有关会议。

6月26日 董事长王洪章、首席财务官曾俭华在北京会见高盛集团副董事长马克·史华兹先生一行。

6月27日 行长张建国、副行长胡哲一在台北出席台北分行开业仪式。仪式由副行长胡哲一主持，行长张建国、海峡交流基金会董事长林中森出席并致辞，台湾各界嘉宾300余人出席。

6月27日 董事长王洪章、副行长庞秀生、赵欢在香港出席香港地区机构整合发布会议。

6月28日 行长张建国率团赴南非，出席“南非储备银行三方会议”，并拜访代理行和客户高层。

7月1日 董事长王洪章在北京会见中投公司总经理高西庆。

7月2日 董事长王洪章、监事长张福荣、副行长章更生在北京向中央督导组汇报工作。

7月8日 行长张建国、首席财务官曾俭华在北京会见中集集团总裁麦伯良一行。

7月8日 行长张建国、副行长赵欢在北京会见信达资产管理公司董事长侯建杭一行。

7月9日 董事长王洪章、副行长章更生在北京会见中石化董事长傅成玉。

7月10日 董事长王洪章、副行长胡哲一、董事会秘书陈彩虹在北京会见汇丰集团行政总裁欧智华。

7月11—12日 行长张建国、副行长章更生赴内蒙古区分行调研。其间，出席我行与内蒙古自治区政府战略合作协议签字仪式。

7月12日 监事长张福荣在北京出席总行督导（指导）组成员培训会议。

7月15日 董事长王洪章在北京会见中投公司董事长丁学东。

7月15日 行长张建国在北京参加国务院有关会议。

7月15日 监事长张福荣、副行长庞秀生在北京出席总行部门级、一级分行行级领导人员公开选拔面试。

7月16日 监事长张福荣在北京出席总行部门级、一级分行行级领导人员公开选拔面试。

7月17日 董事长王洪章在北京参加国务院有关会议。

7月17日 董事长王洪章、副行长庞秀生在北京会见中国银联董事长苏宁、总裁许罗德一行。

7月17—18日 行长张建国、副行长赵欢视察西藏自治区分行部分网点，西藏自治区常务副主席丁业现陪同视察。其间，到西藏区分行调研，并拜会西藏自治区党委书记陈全国。

7月17日　监事长张福荣在北京出席总行部门级、一级分行行级领导人员公开选拔面试。

7月18日　董事长王洪章、首席财务官曾俭华到陕西调研。

7月22日　中国外交部马朝旭部长助理和中国国际贸易促进委员会于平副会长一行来访，向董事长王洪章颁发APEC工商咨询理事会（ABAC）中国候任代表证书。副行长胡哲一、董事会秘书陈彩虹出席颁证仪式。

7月22—23日　监事长张福荣到云南省分行调研，其间，主持召开云南省分行营业部模式改革推进工作座谈会议。

7月23日　行长张建国在北京出席全国政协经济组情况通报会议。

7月24日　行长张建国、纪委书记朱洪波、首席财务官曾俭华、首席风险官黄志凌在北京参加银监会2013年上半年监管会谈。

7月25日　董事长王洪章、行长张建国、首席财务官曾俭华在北京出席“母亲健康快车”捐赠及发车仪式。全国人大常委会副委员长、全国妇联主席沈跃跃，中国妇女发展基金会理事长黄晴宜，全国妇联副主席、书记处书记、中国妇女发展基金会副理事长甄砚等领导共同出席了活动。

7月26日　董事长王洪章在北京会见东亚银行有限公司主席兼行政总裁李国宝博士一行。

7月26日　董事王洪章、监事长张福荣、副行长章更生在北京与中央督导组沟通有关工作。

7月29日　董事长王洪章主持总行党委班子集中学习，行长张建国，监事长张福荣，纪委书记朱洪波，副行长胡哲一、庞秀生、赵欢、章更生出席。

7月29日　董事长王洪章、董事会秘书陈彩虹在北京会见董事齐守印。

7月29—30日　监事长张福荣赴湖北出席湖北省分行中层以上领导人员大会。

7月30日　董事长王洪章在大连出席中德储蓄银行第四届第一次董事会。

7月31日　行长张建国到银监会参加2013年上半年全国银行业监督管理工作会议暨经济金融形势通报分析（电视电话）会议。

8月1日　行长张建国、首席财务官曾俭华在北京宣布有关人事任命。监事长张福荣与有关人员进行任前谈话。

8月1日　行长张建国在北京会见卡特彼勒集团总裁爱德华·莱普先生一行。

8月5日　董事长王洪章、董事会秘书陈彩虹在北京参加国际经济金融事务咨询机构G30访谈。

8月5日　监事长张福荣、副行长章更生在北京出席总行督导（指导）组工作座谈会议。

8月6日　董事长王洪章在总行会见国际经济金融事务咨询机构G30项目团队主管Nicholas Le Pan先生一行。

8月7日　董事长王洪章在北京出席群众路线教育实践活动专题座谈会议。

8月7日　行长张建国、首席财务官曾俭华在北京召开分管部门群众路线教育实践活动座谈会议。

8月7日　行长张建国、副行长章更生在北京会见解放军总政治部联络部部长邢运明。

8月8—9日　董事长王洪章赴香港参加新建行亚洲董事会第一次会议。

8月12日　董事长王洪章为北京总行本部干部员工讲党课，行长张建国，监事长张福荣，纪委书记朱洪波，副行长胡哲一、庞秀生、赵欢、章更生，首席财务官曾俭华，首席风险官黄志凌，首席审计官余静波，董事会秘书陈彩虹，批发业务总监许会斌，投资理财总监王贵亚出席。

8月13日　董事长王洪章、副行长章更生到天津调研，并召开党的群众路线教育实践活动座谈。其间，与天津市委书记孙春兰，市委副书记、市长黄兴国举行会谈

8月13日　行长张建国、副行长胡哲一、首席财务官曾俭华、批发业务总监许会斌、投资理财总监王贵亚在北京听取国际业务工作汇报。

8月14—15日　行长张建国到宜昌调研三峡分行，并开展座谈。其间，会见湖北省委常委、宜昌市委书记黄楚平，市长马旭明。

8月14日 监事长张福荣在北京与南方航空集团交流监事会工作。

8月15日 监事长张福荣、副行长章更生在北京与中央第33督导组沟通有关情况。

8月15日 监事长张福荣在北京与分管部门有关负责人座谈。

8月16日 董事长王洪章、董事会秘书陈彩虹在北京出席APEC中国工商理事会成立大会暨第一次全体会议。

8月16日 行长张建国在上海调研信用卡中心。

8月19日 董事长王洪章到北京市分行宣布有关人事任免事宜。

8月19—22日 董事长王洪章、首席财务官曾俭华赴浙江指导浙江省分行开展党的群众路线教育实践活动。

8月25日 行长张建国率团赴香港出席中期业绩发布会，并会见投资者。

8月27日 董事长王洪章在北京与美国银行CEO布莱恩·莫伊尼汉先生召开电话会议。

8月28日 董事长王洪章在北京参加国务院常务会议。

8月28日 董事长王洪章在北京主持党委中心组学习贯彻习近平总书记等中央领导同志近期讲话精神。行长张建国，监事长张福荣，副行长胡哲一、庞秀生、章更生，首席风险官黄志凌，投资理财总监王贵亚参加。

8月29—31日 董事长王洪章在青海省分行就开展党的群众路线教育实践活动进行调研。调研期间，董事长王洪章一行与青海省省长郝鹏，省委常委、常务副省长骆玉林，副省长高云龙等进行了工作会谈。

8月30日 监事长张福荣到河北省分行调研党的群众路线教育实践活动开展情况。

9月2日 董事长王洪章在北京出席中管金融企业党委教育实践活动领导小组组长座谈会议。

9月2日至12月13日 行长张建国在国家行政学院参加中组部培训班。

9月2日 行长张建国、首席财务官曾俭华在北京出席重点分行不良贷款处置和风险化解专题会议。

9月3日 行长张建国、纪委书记朱洪波、首席财务官曾俭华在北京会见中海油总经理杨华。

9月4日 董事长王洪章在北京参加中组部有关会议。

9月4日 监事长张福荣、纪委书记朱洪波、首席财务官曾俭华、董事会秘书陈彩虹在北京参加我行2013年企业开放日活动。

9月5日 董事长王洪章在北京出席第二届金融街论坛并发表演讲。

9月5日 监事长张福荣到山西省分行调研党的群众路线教育实践活动开展情况。

9月6日 董事长王洪章、副行长胡哲一在北京会见英中贸易协会主席沙逊勋爵。

9月6日 董事长王洪章在北京主持总行党委集中学习，行长张建国，监事长张福荣，纪委书记朱洪波，副行长胡哲一、庞秀生、章更生出席。

9月9日 董事长王洪章在北京会见新加坡驻华大使罗家良先生。

9月9日 行长张建国到银监会学习有关文件。

9月10日 董事长王洪章到银监会参加有关会议。

9月10日 董事长王洪章在总行会见新加坡驻华大使罗家良先生一行。

9月10日 监事长张福荣在北京与中央督导组沟通有关工作。

9月11日 董事长王洪章在北京主持总行党委集中学习，监事长张福荣，纪委书记朱洪波，副行长胡哲一、庞秀生、章更生、杨文升出席。

9月11日 董事长王洪章在北京会见交易商协会秘书长谢多，之后向中央督导组组长马之庚汇报工作。

9月11日 监事长张福荣在北京主持召开党的群众路线教育实践活动领导小组办公室碰头会；之

后到银监会参加有关会议。

9 月 12 日 董事长王洪章、监事长张福荣在北京分别与中央教育实践活动办公室联络三组成员座谈。

9 月 12 日 董事长王洪章在北京会见台湾君龙人寿董事长朱炳昱。

9 月 13 日 董事长王洪章、行长张建国、监事长张福荣、纪委书记朱洪波、副行长胡哲一、庞秀生在北京与中央督导组沟通有关情况。

9 月 13—14 日 董事长王洪章、副行长胡哲一，中央党的群众路线教育实践活动第三十三督导组副组长魏向阳和成员崔光来，到山东省分行开展党的群众路线教育实践活动调研。调研期间，王洪章会见了山东省委书记姜异康、省长郭树清等领导同志。

9 月 16 日 董事长王洪章、董事会秘书陈彩虹在北京会见普华永道高级顾问大卫·埃尔顿先生一行。

9 月 16 日 董事长王洪章在总行会见台湾人寿董事长朱炳昱先生一行。

9 月 16 日 监事长张福荣赴沈阳出席辽宁省分行中层干部大会，宣布有关人事任免事宜；之后与中央督导组沟通有关情况。

9 月 17 日 董事长王洪章在北京出席中国残联第六次全国代表大会开幕式；会见美国信安集团董事长施博文先生；参加交易商协会会议。

9 月 17 日 监事长张福荣在北京主持召开部分分行群众路线教育实践活动推进情况座谈会议。

9 月 18 日 监事长张福荣在北京与中央督导组沟通有关情况。

9 月 23—24 日 监事长张福荣先后到黑龙江省分行、吉林省分行宣布人事任免事宜。

9 月 24 日 董事长王洪章、副行长庞秀生、杨文升到电子银行部调研有关工作。

9 月 25 日 董事长王洪章在北京主持党委中心组学习，监事长张福荣，纪委书记朱洪波，副行长胡哲一、赵欢、杨文升，首席风险官黄志凌，董事会秘书陈彩虹，批发业务总监许会斌出席。

9 月 25 日 监事长张福荣在北京与有关分行负责人进行任前谈话。

9 月 26—27 日 监事长张福荣赴苏州分行宣布有关人事任免事宜。

9 月 27 日 董事长王洪章、副行长赵欢到信贷管理部调研。

9 月 29 日 董事长王洪章、首席财务官曾俭华、董事会秘书陈彩虹在北京参加银监会召开的大型商业银行座谈会议。

9 月 29 日 监事长张福荣到天津审计分部宣布有关人事任免事宜。

10 月 5—8 日 董事长王洪章、董事会秘书陈彩虹一行赴印度尼西亚巴厘岛参加亚太经合组织（APEC）工商领导人峰会。王洪章作为 APEC 工商咨询理事会（ABAC）中国候任代表和 APEC 中国工商理事会副主席出席了峰会相关会议及论坛，并与 APEC 各经济体工商界代表进行了广泛交流和沟通。10 月 7 日下午，中国国家主席习近平出席峰会并发表主旨演讲，演讲之前，王洪章向峰会介绍了习近平主席和演讲主题。10 月 8 日，行长张建国、纪委书记朱洪波在北京会见广东省副省长陈云贤。

10 月 9 日 监事长张福荣、副行长章更生在北京出席总行督导（指导）组工作座谈会议。

10 月 8—15 日 监事长张福荣率团赴加拿大、美国，出席“2013 年世行年会”，并推动多伦多分行申设事宜。

10 月 10 日 董事长王洪章、副行长章更生在北京会见泰康人寿董事长陈东升。

10 月 10 日 监事长张福荣在加拿大多伦多拜会加拿大皇家银行首席执行官戈登·尼克松（Gordon Nixon）先生。

10 月 11 日 监事长张福荣在美国华盛顿会见纽约梅隆银行副董事长 Tim Keaney 先生一行，以及德国储蓄银行总裁 Georg Fahrenschon 先生一行。

10 月 12 日 董事长王洪章在北京参加国务院有关会议，汇报我行党的群众路线教育实践活动开展情况。

10月14日 董事长王洪章在北京与总行班子成员谈心谈话；参加中英财经对话企业家座谈会议。

10月16日 董事长王洪章、首席风险官曾俭华在北京参加国务院有关会议。

10月17日 行长张建国、副行长胡哲一、首席风险官曾俭华在北京会见加拿大外交部长约翰·贝尔德先生一行。

10月18日 董事长王洪章在北京参加国务院有关会议。

10月21日 董事长王洪章、行长张建国、副行长胡哲一赴上海出席我行与上海市政府战略合作备忘录签字仪式。

10月21日 董事长王洪章、副行长胡哲一在上海会见宝钢集团董事长徐乐江。

10月22日 董事长王洪章、副行长胡哲一在上海出席我行与东方航空集团战略合作协议签字仪式。

10月22日 行长张建国、副行长胡哲一在北京与董事伊琳·若诗沟通有关工作。

10月23日 董事长王洪章、行长张建国、监事长张福荣、纪委书记朱洪波、副行长章更生在北京参加中央纪委副书记、监察部部长黄树贤一行调研座谈会议。

10月25日 董事长王洪章、行长张建国、监事长张福荣、副行长朱洪波、胡哲一、庞秀生、赵欢、章更生，首席经济学家黄志凌，董事会秘书陈彩虹在北京出席党的群众路线教育实践活动情况通报会议。

10月25日 董事长王洪章、监事长张福荣、副行长章更生在北京出席一级分行党的群众路线教育实践活动领导小组组长座谈会议。

10月27日至11月2日 董事长王洪章率团赴英国、卢森堡、德国，推动伦敦子行争取伦敦人民币业务清算行资格，拜会卢森堡首相、财政大臣、中央银行及金融监管委员会高层，并出席卢森堡机构开业仪式。

10月28日 行长张建国、纪委书记朱洪波在北京会见中电集团董事长范集湘。

10月29日 行长张建国、纪委书记朱洪波在北京会见全国社保基金理事会副理事长王忠民。

10月30日 监事长张福荣在北京参加第一批教育实践活动工作座谈会议。

11月4—8日 董事长王洪章到中央党校参加学习贯彻习近平总书记系列讲话精神第一期研讨班。

11月5日 行长张建国、纪委书记朱洪波、副行长赵欢会见在北京中国机械工业集团有限公司董事长任洪斌，并出席双方战略合作协议签字仪式。

11月6日 行长张建国、纪委书记朱洪波、副行长杨文升在北京会见中石化股份有限公司总裁李春光。

11月6日 监事长张福荣在郑州主持召开部分二级分行党的群众路线教育实践活动座谈会议。

11月7日 监事长张福荣在郑州出席河南省分行领导班子座谈会议。

11月8日 行长张建国、副行长章更生、首席审计官余静波在北京会见301医院院长李书章、政委阮炳黎。

11月8日 监事长张福荣在北京参加中投公司控参股银行监事会工作座谈会议。

11月11日 监事长张福荣在北京参加中央督导组教育实践活动工作会议。

11月12日 监事长张福荣赴昆明参加云南省分行民主生活会。

11月13日 董事长王洪章在北京参加国务院常务会议。

11月14日 董事长王洪章在北京接受《中国金融家》杂志采访。

11月14日 董事长王洪章、副行长赵欢、董事会秘书陈彩虹在北京会见中金公司董事长金立群。

11月18日 董事长王洪章在北京出席马来西亚国家银行北京代表处开业仪式。

11月19日 董事长王洪章、副行长胡哲一在北京会见马来西亚国家银行行长洁蒂·阿兹女士一行。

11月20日 监事长张福荣在北京会见信达资产管理公司监事长陈维中。

11月21日 董事长王洪章在北京拜会中投公司董事长丁学东；出席中欧工商峰会并发表演讲。

11月21日 监事长张福荣、副行长章更生在北京主持召开公开选拔领导人员任前集体谈话会议。

11月22日 董事长王洪章在北京接受中央电视台采访。

11月22日 董事长王洪章、纪委书记朱洪波、首席审计官余静波在北京拜会中国电信集团董事长王晓初，并出席双方战略合作协议签字仪式。

11月25日 董事长王洪章在北京出席"新浪金麒麟论坛"并发表主题演讲。

11月25日 行长张建国到银监会学习有关文件。

11月27日 董事长王洪章、副行长章更生、董事会秘书陈彩虹到福建省分行调研。

11月28日 董事长王洪章在厦门主持召开华东地区发展转型座谈会议，副行长章更生、董事会秘书陈彩虹出席。

11月29日 董事长王洪章、副行长章更生、董事会秘书陈彩虹在厦门市分行调研。

11月29日 行长张建国在宜昌出席三峡分行专题民主生活会。

11月30日 董事长王洪章在浙江出席浙江省分行专题民主生活会并调研浙江省分行党委教育实践活动开展情况。

12月1—5日 监事长张福荣赴伦敦出席中国建设银行QFII/RQFII投资国际论坛。

12月2日 董事长王洪章、副行长章更生在北京与中央督导组组长马之庚沟通有关工作。

12月2—4日 董事长王洪章、副行长章更生到奥地利出席中德住房储蓄银行董事会会议。

12月3日 行长张建国到银监会参加第二届银行高管与监管领导沟通会议。

12月6日 董事长王洪章在奥地利维也纳出席中德银行第四届董事会第二次会议，并会见德国施豪银行行长麦茨博士一行。

12月6日 监事长张福荣在英国伦敦拜会英国财政部副财长SajidJavid（萨伊德．维德）先生，以及英格兰银行副行长Sir Jon Cunliffe爵士。

12月10—13日 董事长王洪章、行长张建国在北京出席中央经济工作会议、中央城镇化工作会议。

12月10日 监事长张福荣在北京与中央党的群众路线教育实践活动第33督导组到北京市分行调研教育实践活动开展情况。

12月11日 监事长张福荣在北京听取我行2013年案件防控情况汇报。

12月17日 董事长王洪章在香港出席建行亚洲董事会会议，其间，拜会香港金管局有关负责人，并赴澳门拜访澳门特首和金管局局长。

12月17日 行长张建国，纪委书记朱洪波，副行长赵欢在北京拜会银监会副主席周慕冰。

12月17日 行长张建国、纪委书记朱洪波在北京会见中冶集团总经理国文清、中冶股份有限公司总裁张兆祥。

12月17日 监事长张福荣在天津主持召开华北、东北地区分行发展转型座谈会议。

12月18日 董事长王洪章在澳门拜会澳门金管局及澳门工委有关负责人。

12月18日 行长张建国、纪委书记朱洪波、副行长胡哲一、赵欢、章更生、杨文升在北京出席国家审计署金融审计数据分析平台推广验收会议。

12月18日 行长张建国、副行长庞秀生、首席风险官曾俭华、首席审计官余静波到天津出席座谈会议。

12月19日 董事长王洪章、纪委书记朱洪波在北京会见中国铝业董事长熊维平一行。

12月19日 董事长王洪章，副行长胡哲一、章更生，批发业务总监许会斌在北京出席"人民币新角色"专题报告会。

12月20日 董事长王洪章在北京拜会外交部副部长李保东。

12月23日 监事长张福荣、副行长胡哲一在北京听取伦敦子行申请人民币清算行资格有关情况汇报。

12月24日 监事长张福荣在北京参加政协有关会议。

12月25—26日 董事长王洪章及党委委员杨文升、首席经济学家黄志凌一行，到广西壮族自治区分行、贵州省分行进行工作调研。调研期间，王洪章会见了广西壮族自治区党委书记彭清华、自治区人民政府主席陈武，贵州省省委书记赵克志、省长陈敏尔等领导同志。在桂林期间，王洪章董事长还与广西壮族自治区党委书记彭清华、自治区主席陈武共同出席了自治区政府与中国建设银行战略合作协议签约仪式。

12月27日 董事长王洪章在贵州主持召开西南、西北地区分行发展转型座谈会议，副行长杨文升、首席经济学家黄志凌出席。

12月27日 行长张建国、副行长赵欢、章更生在北京会见辽宁省省长陈政高一行。

12月30日 行长张建国、副行长杨文升、首席风险官曾俭华到山东省分行看望员工，其间，拜会山东省省长郭树清。

机构及人事类

1月15日 中国建设银行总务部一级部建制撤销，相关职能、内设机构及人员合并到行长办公室。

3月7日 中国建设银行总行产品与质量管理部更名为产品创新与管理部。

3月21日 中国建设银行（俄罗斯）有限责任公司开业，国务院副总理汪洋出席中国建设银行（俄罗斯）有限责任公司开业仪式并与董事长王洪章共同为中国建设银行（俄罗斯）有限责任公司揭牌。

4月9日 建设银行党校举行2013年春季学期（第28期）干部进修班开学典礼。党委副书记、监事长、党校校长张福荣出席开学典礼并发表讲话。

4月18日 中国建设银行村镇银行管理委员会撤销。

5月13日 中国建设银行（迪拜）有限公司开业，这是我行在中东的首家机构。董事长王洪章、副行长胡哲一、中国驻迪拜总领事詹京保、阿联酋经济部副部长阿卜杜勒·艾哈迈德·阿勒萨利赫、迪拜国际金融中心总裁阿卜杜勒·穆罕默德·萨利赫、迪拜金融服务局首席执行官伊恩·约翰斯顿出席了开业仪式。

5月30日 中国建设银行（新西兰）有限公司筹备组成立。

5月30日 中国建设银行智利分行筹备组成立。

5月30日 中国建设银行澳门分行筹备组成立。

6月24日 总行印发《关于中国建设银行股份有限公司监事会组成人员的通知》（建总发〔2013〕116号）；《关于中国建设银行股份有限公司监事会各委员会组成人员的通知》（建总发〔2013〕117号）。

6月24日 总行信贷管理部设立；总行授信管理部更名为授信审批部，下设授信部（二级部）；总行资产保全部一级部建制撤销，主要职责划转风险管理部；总行风险管理部增设资产保全部（二级部)。6月27日 中国建设银行台北分行开业。行长张建国、海峡交流基金会董事长林中森出席并致辞。仪式由副行长胡哲一主持。

6月27日 中国建设银行在香港九龙湾中国建设银行中心举行香港地区机构整合发布会暨中国建设银行中心启用仪式。董事长王洪章，副行长庞秀生、赵欢，中央人民政府驻香港特别行政区联络办公室殷晓静副主任，香港金融管理局阮国恒副总裁，香港发展局陈茂波局长出席了发布会。

7月4日 建设银行党校举行2013年春季学期（第28期）干部进修班毕业典礼。党委副书记、监事长、党校校长张福荣出席毕业典礼并发表讲话。

7月6日 配合全行风险管理体制完善、信贷机制调整、授信流程优化工作，总行以建总发〔2013〕128号文件明确，授信管理部更名为授信审批部，下设授信部（二级部）。

7月8日 总行风险管理部操作风险管理职责划入总行内控合规部；总行风险管理部业务持续性管理处、操作风险管理处合并划转总行内控合规部，总行内控合规部增设操作风险管理处。

7月25日 总行印发《关于中国建设银行股份有限公司董事会组成人员调整的通知》（建总发〔2013〕136号）。

8月2日 总行印发《关于中国建设银行股份有限公司董事会组成人员调整的通知》（建总发〔2013〕145号）。

9月10日 建设银行党校举行2013年秋季学期（第29期）干部进修班开学典礼。党委副书记、监事长、党校校长张福荣出席开学典礼并发表讲话。

9月11日 建设银行澳门分行获得银监会正式批准。

9月29日 建设银行上海自贸区分行正式获银监会批准，成为首批在区内开业的银行。

10月12日 总行印发《关于中国建设银行股份有限公司董事会组成人员调整的通知》（建总发〔2013〕186号）。

10月24日 总行资产负债管理部机构审批职责划归总行人力资源部；总行人力资源部增设机构管理处，负责全行机构管理职能。

10月24日 中国建设银行（上海）中心成立。

10月25日 中国建设银行大阪分行开业。党委委员杨文升、中国驻大阪总领事刘毅仁、中国驻日本大使馆经济商务公使吕克俭出席开业仪式。

10月29日 中国建设银行（欧洲）有限公司及中国建设银行卢森堡分行开业仪式在卢森堡皇家酒店隆重举行。董事长王洪章、卢森堡财政部长吕克·弗里登、中国驻卢森堡大公国大使曾宪柒出席并致辞。仪式由副行长赵欢主持，卢森堡及欧洲各界嘉宾近300人出席了开业仪式。

11月 建设银行霍尔果斯中哈合作中心支行正式营业，是首家经当地银监局批准的银行。

11月15日 中国建设银行股份有限公司双流支行升格为中国建设银行股份有限公司双流分行。

12月10日 总行"生产基地建设指挥部"更名为"基建办公室"；总行战略规划与股权投资部增设董监事工作处，负责境内外子公司专职派出董事监事的日常管理；总行电子银行部增设电子商务处和移动金融处。

12月16日 建设银行正式向银监会递交在新西兰设立子银行的申请。

12月18日 总行印发《关于中国建设银行股份有限公司董事会组成人员调整的通知》（建总发〔2013〕247号）。

12月23日 总行国际业务部增设跨境人民币业务处；总行国际业务部海外机构管理部二级部建制撤销，保留原下设机构规划处、业务管理处2个处室，并分别更名为海外机构规划处、海外业务管理处；总行国际业务部设立国际交易金融服务处，撤销国际融资处、外汇现金管理和对外投资服务处2个处室。

12月30日 建设银行智利分行获得银监会正式批准。

业务类

1月1日　“中国建设银行人民币单位结算账户电子影像集中管理系统”在全行全面上线。结算账户集中管理由在线流程审批替代了手工审批，账户资料由电子影像管理替代了纸质资料管理。

1月9日　建设银行与中国金币总公司在北京签署战略合作协议。董事长王洪章致辞，副行长赵欢、投资理财总监王贵亚出席。

1月14日　建设银行与美国银行“小微企业电话营销与综合服务战略协助项目”启动。

1月16日　建设银行与俄罗斯外贸银行在北京签署了《中国建设银行与俄罗斯外贸银行框架合作协议》。董事长王洪章与俄罗斯外贸银行董事长兼行长安德烈·科斯京共同出席了签字仪式并签署协议。

1月18日　我行电子商务金融服务推广大会在北京举办，隆重开启我行“善融商务”电子商务金融服务平台；行长张建国接见了与会嘉宾，副行长庞秀生致辞并回答媒体提问，党委委员章更生出席推广大会。

2月7日　建设银行向中国银监会正式提交信用风险内部评级初级法、市场风险内部模型法和操作风险标准法的实施申请，成为国内首批提交实施申请的银行之一。

2月25日　建设银行与全国工商联在北京签署战略合作协议。全国工商联主席王钦敏，中央统战部副部长、全国工商联党组书记、常务副主席全哲洙，中国建设银行董事长王洪章、副行长赵欢出席签订仪式暨座谈会。

3月12日　建设银行与曼联足球俱乐部、中国银联联合向社会推出曼联足球信用卡，这是曼联足球俱乐部联名银行卡产品首次在国内发行。

3月20日　总行在北京举办养老金卡发布仪式，隆重推出国内首张具有养老特色的联名借记卡。行长张建国、副行长赵欢出席发布仪式。发布仪式由批发业务总监许会斌主持。

3月25日　建设银行在香港召开2012年度业绩发布会。董事长王洪章、副行长庞秀生、首席风险官黄志凌、董事会秘书陈彩虹出席。

3月25日　建设银行在北京召开2012年度业绩发布会。行长张建国，副行长胡哲一、赵欢、章更生，首席财务官曾俭华，批发业务总监许会斌，投资理财总监王贵亚出席。3月26日“建行龙卡信用卡”新浪官方微博正式开通运行。

4月15日　建设银行与广交会电子商务有限公司签署战略合作协议。

4月27日　建设银行与中国联通在北京签署战略合作协议。行长张建国、批发业务总监许会斌出席签约仪式。

5月　建设银行与另外两家国内同业联合牵头完成华为和中兴为出口商、非洲第一大电信运营商MTN尼日利亚子公司为进口商和借款人的3亿美元出口买方信贷银团项目，并于当年签约提款，实现了建设银行非洲地区出口买方信贷业务“零”的突破。

5月2日　建设银行与中国船舶工业集团在北京签署战略合作协议。董事长王洪章、批发业务总监许会斌出席签约仪式。

5月6日　建设银行与河南省人民政府在郑州签署《支持中原经济区建设战略合作协议》。张建国行长、谢伏瞻省长出席签字仪式并致辞，朱洪波副行长和李克常务副省长分别代表双方签署合作协议。

5月16日 建设银行“民本通达”品牌广告正式在央视投放。

6月17日 建设银行与新华网在北京签署战略合作协议。董事长王洪章、副行长章更生、批发业务总监许会斌出席签约仪式。

7月 全行组织开展以“金融创新，服务创优，促进发展”为主题的劳动竞赛活动。

7月2日 建设银行与中国移动在北京签署战略合作协议。董事长王洪章、副行长庞秀生、批发业务总监许会斌出席签约仪式。

7月9日 建设银行与清华大学在北京续签战略合作协议。董事长王洪章、行长张建国和副行长章更生，清华大学校长陈吉宁、常务副校长程建平和副校长姜胜耀出席签约仪式。

7月12日 建设银行与内蒙古自治区政府在呼和浩特签署战略合作协议。行长张建国、副行长章更生、内蒙古自治区政府主席巴特尔、内蒙古自治区政府副主席布小林出席签约仪式。

7月17日 建设银行与西藏自治区政府在拉萨签署战略合作协议。行长张建国、副行长赵欢、西藏自治区人民政府主席洛桑江村、常务副主席丁业现出席签约仪式。

7月24日 建设银行与中国有色矿业集团在北京签署战略合作协议。行长张建国、批发业务总监许会斌出席。

8月1日 建设银行在同业中首家开通投诉监督电话，受理和处理客户因对投诉处理不满而进行的申诉。

8月19日 建设银行与中国平安集团在北京签署全面战略合作协议。中国平安集团董事长马明哲、总经理任汇川、副总经理姚波，董事长王洪章，行长张建国，副行长赵欢，章更生出席了签字仪式。

8月26日 2013年建设银行中期业绩发布会在北京举行，董事长王洪章，副行长庞秀生、赵欢，董事会秘书陈彩虹出席。

8月26日 2013年建设银行中期业绩发布会在香港举行，行长张建国、纪委书记朱洪波、副行长胡哲一、首席财务官曾俭华出席。

8月28日 建设银行与中国电力国际有限公司在北京签署《电力项目融资合作协议》，行长张建国出席签约仪式并致辞，中电国际董事长李小琳等公司领导及各参加行负责人出席仪式。

9月3日 美国银行沽售建设银行20亿股H股，双方战略合作关系将维持不变。

9月16日 建设银行与中国信息安全测评中心在北京签署战略合作协议。副行长庞秀生和国家安全部党委委员、政治部主任苏德良出席签约仪式。

9月16日 建设银行与中国银联联合推出国内首张具有显示功能的信用卡——龙卡数字显示信用卡，标志着我国信用卡在数字显示技术和制卡工艺方面取得重大突破。

9月25日 “以贷定存”试点工作正式启动。在江苏、安徽、山东、河南、湖北、广东、贵州、云南、苏州分行等部分市、县基层机构开展“以贷定存”试点，以适应政府性资金存款业务市场竞争的生态环境变化。

9月29日 建设银行信用卡发卡量突破5 000万张，实现了历史性的跨越。

10月21日 建设行与上海市人民政府在沪签署《战略合作备忘录》。董事长王洪章，上海市委副书记、市长杨雄出席签约活动，并共同为中国建设银行（上海）中心揭牌。行长张建国与上海市委常委、常务副市长屠光绍代表双方签约。

10月22日 建设银行与东方航空集团在上海签署战略合作协议。董事长王洪章、副行长胡哲一出席签字仪式。

10月25日 建设银行与中国宝安集团股份有限公司、深国投商用置业（集团）有限公司在深圳分别签署了基于LPR报价的首单1年期贷款协议，合同金额总计5.5亿元，实现了与市场利率定价自律机制LPR的同步推出。

10月15日 建设银行正式发行龙卡手机信用卡，标志着建设银行移动支付业务又迈出崭新的一步。

10 月 31 日 建设银行信用卡当年消费交易额首次突破万亿大关。

11 月 建设银行微信银行正式对外开放，可向客户提供微金融、悦生活、信用卡、微客服 4 大类、75 项功能和服务。

11 月 新一代对公现金管理（一期）成功上线运行，从企业级的角度实现了对公现金管理产品和网络渠道的“五合一”。

11 月 建设银行联合另外一家国内同业，共同牵头完成四川机械设备进出口有限公司阿塞拜疆电解铝 9040 万美元出口买方信贷银团贷款协议签约，实现了建设银行对中亚地区出口买方信贷业务“零”的突破。

11 月 1 日 副行长庞秀生在巴西圣保罗出席建设银行收购巴西 Banco Industrial e Comercial S. A（简称 BIC 银行）的签约仪式，并代表建设银行与 BIC 银行控股股东签署股权购买协议，收购 BIC 银行 72% 的股份（若剔除库存股，建设银行持股比例为 73.96%），交易金额 16.21 亿雷亚尔（约合 44 亿元人民币）。

11 月 5 日 建设银行与北京中国机械工业集团有限公司在北京签署战略合作协议，行长张建国、纪委书记朱洪波、副行长赵欢、国机集团董事长任洪斌、总会计师骆家駹出席签字仪式。

11 月 15 日 印发《中国建设银行 2013—2015 年产品创新规划》，这是建设银行首次发布产品创新专项规划，明确提出了未来全行产品创新的战略目标、指导思想、创新策略、主要领域、重点内容和工作措施，并勾画出近三年全行产品创新的路线图。

11 月 22 日 建设银行与中国电信集团在北京签署战略合作协议。董事长王洪章、纪委书记朱洪波、首席审计官余静波、中国电信董事长王晓初、副总经理高同庆、总经理助理郭浩出席签字仪式。

11 月 26 日 建设银行以总分第一的成绩中标中央财政授权支付代理银行项目。

11 月 27 日 建设银行与中国电子信息产业集团公司签署战略合作协议。行长张建国，首席审计官余静波、中国电子总经理刘烈宏、总会计师李晓春出席签约仪式。

11 月 27 日 建设银行与厦门市人民政府在厦门签署战略合作协议。董事长王洪章与福建省委常委、厦门市委书记王蒙徽、厦门市委副书记、市长刘可清出席签约仪式，并为“中国建设银行两岸人民币清算中心”揭牌。副行长章更生与厦门市副市长国桂荣代表双方签署《全面支持“美丽厦门”建设战略合作协议》。

11 月 28 日 由华融、长城、东方、信达四大资产管理公司及浙江省浙商资产管理有限公司、江苏资产管理有限公司、广东粤财资产管理有限公司等三家省级资产管理公司参加的中国建设银行小企业不良贷款批量转让公开竞价程序圆满结束，标志着建设银行第一单 60 亿元小企业不良贷款批量转让工作取得成功。

12 月 5 日 建设银行与中国传媒大学在北京签署战略合作协议。行长张建国、首席审计官余静波、批发业务总监许会斌、中国传媒大学党委书记陈文申、副校长吕志胜出席。

12 月 7 日 在确认全部 38 家分行人员机构、培训、业务、系统到位的基础上，建设银行对公授信业务新旧流程正式切换，标志着对公授信业务流程调整优化工作取得阶段性重要成果。

12 月 20 日 建设银行与全国中小企业股份转让系统有限公司在北京签署《战略合作协议》。

12 月 24 日 建设银行与四川省宜宾五粮液集团有限公司签署《战略合作协议》，副行长朱洪波及宜宾市常务副市长杜紫平，五粮液集团董事长唐桥、总经理刘中国等出席签约仪式。

12 月 25 日 建设银行与广西壮族自治区政府在南宁举行高层会谈并签署《战略合作协议》。董事长王洪章与广西壮族自治区党委书记彭清华、广西壮族自治区政府主席陈武出席会谈并见证协议签署。杨文升党委委员与广西壮族自治区政府常务副主席黄道伟代表双方签署《战略合作协议》。

会议类

1 月 18 日 建设银行总行本部 2012 年度部门绩效考核述职大会在北京召开。董事长王洪章，行长张建国，监事长张福荣，纪委书记朱洪波，副行长胡哲一、庞秀生、赵欢、章更生，首席财务官曾俭华，首席审计官余静波，董事会秘书陈彩虹，批发业务总监许会斌，投资理财总监王贵亚出席。

1 月 20—21 日 中国建设银行 2013 年工作会议在北京召开。董事长王洪章，行长张建国，监事长张福荣，纪委书记朱洪波，副行长胡哲一、庞秀生、赵欢、章更生，首席财务官曾俭华，首席风险官黄志凌，首席审计官余静波，董事会秘书陈彩虹，批发业务总监许会斌，零售业务总监田惠宇，投资理财总监王贵亚出席。会议贯彻党的十八大和中央经济工作会议精神，总结 2012 年度工作，部署 2013 年的工作任务。会上，董事长王洪章、行长张建国分别作了讲话和工作报告，监事长张福荣主持会议并作总结讲话。

1 月 22 日 中国建设银行 2013 年海外工作座谈会在北京召开。行长张建国出席并讲话，副行长胡哲一主持会议并对 2013 年工作进行了部署，总行相关部门负责人和各海外机构主要负责人参加了会议。

1 月 30 日 中国建设银行股份有限公司 2013 年第一次会议以书面议案方式召开，相关议案于 2013 年 1 月 30 日向董事发出，并于 2013 年 2 月 4 日收到全体董事的书面反馈意见，会议审议通过了关于资本管理高级方法实施申请报告的议案，授权高级管理层根据监管要求进行完善，并提交申请报告及其他相关文件。

2 月 6 日 中国建设银行股份有限公司监事会 2013 年第一次会议以书面会议方式召开，全体监事于 2013 年 2 月 6 日前均以书面方式反馈了意见。会议审议并通过了《中国建设银行股份有限公司监事会 2012 年度工作总结》和《中国建设银行股份有限公司监事会 2013 年度工作计划》两项议案。

2 月 7 日 中国建设银行总行在北京全国政协礼堂举行总行本部离退休老同志迎新春团拜会。董事长王洪章，行长张建国，监事长张福荣，纪委书记朱洪波，副行长赵欢、章更生，首席财务官曾俭华，首席审计官余静波，批发业务总监许会斌出席团拜会。

2 月 17 日 建设银行总行召开专题会议，研究 2013 年综合经营计划安排有关事宜，行长张建国主持，纪委书记朱洪波，副行长胡哲一、庞秀生、赵欢、章更生，首席财务官曾俭华，首席风险官黄志凌，首席审计官余静波，批发业务总监许会斌，零售业务总监田惠宇，投资理财总监王贵亚出席。

2 月 22 日 2013 年全行计划财务工作会议在武汉召开。行长张建国出席会议并作重要讲话，副行长庞秀生主持会议并作大会总结，首席财务官曾俭华作工作报告，部分董事、监事出席会议，财政部、银监会和汇金公司有关同志应邀参加会议。

2 月 26—27 日 总行全行零售业务工作会议在河南郑州召开，副行长赵欢到会并作讲话，王勇、朱振民、董轼董事出席。会议总结回顾了 2012 年全行零售业务经营情况，研究未来一段时间面临的机遇挑战，明确思路目标，部署了 2013 年零售业务重点工作。

2013 年 3 月 12 日 中国建设银行股份有限公司监事会 2013 年第二次会议在北京召开，会议由张福荣监事长主持，刘进、宋逢明、张华建、金磐石、李卫平、黄叔平、郭峰和戴德明监事出席会议。董事会秘书陈彩虹列席会议。本次监事会会议研究讨论了《2012 年度监事会报告》、《监事会 2012 年度履职评价及监督意见》和《商业银行监事会工作指引》的落实意见。

3月15—16日 中国建设银行纪检监察工作（视频）会议召开。董事长王洪章，行长张建国，纪委书记朱洪波，副行长赵欢、章更生，首席财务官曾俭华，首席风险官黄志凌，首席审计官余静波，批发业务总监许会斌出席。中国监察学会建设银行分会会长辛树森和中央纪委二室副主任张志刚及部分董事、监事、高管人员出席了会议。总行党委书记、董事长王洪章作重要讲话，总行党委委员、纪委书记、副行长朱洪波作工作报告。

3月22日 中国建设银行股份有限公司董事会2013年第二次会议在香港召开，行长张建国，监事长张福荣，纪委书记朱洪波，副行长胡哲一、庞秀生、章更生，首席财务官曾俭华，首席风险官黄志凌，首席审计官余静波，董事会秘书陈彩虹出席。会议审议通过了关于建设银行2012年年度报告、年度报告摘要及业绩公告、2012年利润分配方案、聘用2013年度外部审计师、2012年度内部控制评价报告、2013年度内部审计计划、资本充足率管理办法、2015年底前新增发行不超过600亿元人民币等值减记型合格资本工具、2012年度资本充足率管理报告、澳门地区机构设置及业务模式调整、在新西兰设立子银行、中国建设银行（伦敦）有限公司增资30亿元人民币、2012年社会责任报告、2012年度董监事及高级管理人员薪酬分配实施细则、提名张建国先生连任执行董事、提名赵锡军先生连任本行独立非执行董事、提名陈远玲女士连任本行非执行董事、提名朱洪波先生为本行执行董事候选人、提名胡哲一先生为本行执行董事候选人、提名钟瑞明先生为本行独立非执行董事候选人、提名梁高美懿女士为本行独立非执行董事候选人、提名维姆·科克先生为本行独立非执行董事候选人、提名莫里·洪恩先生为本行独立非执行董事候选人、提名徐铁先生为本行非执行董事候选人、提名齐守印先生为本行非执行董事候选人、聘任章更生先生为副行长、修订公司章程和提请召开本行2012年度股东大会等议案。

3月22日 中国建设银行股份有限公司监事会2013年第三次会议在香港召开，会议由监事长张福荣主持，刘进、宋逢明、张华建、金磐石、黄叔平、郭峰和戴德明监事出席会议，李卫平监事因公务请假，委托金磐石监事代为出席并表决。首席财务官曾俭华、首席风险官黄志凌列席会议。会议审议通过了2012年年度报告、年度报告摘要、2012年度利润分配方案、2012年社会责任报告、2012年度内部控制评价报告、2012年度监事会报告、关于提名张福荣先生连任本行股东代表监事的议案、关于提名刘进女士连任本行股东代表监事的议案、关于提名李晓玲女士为本行股东代表监事候选人的议案、关于提名白建军先生为本行外部监事候选人的议案、监事会对董事会及其专门委员会、高级管理层、董事、高级管理人员2012年度履职情况的评价报告、监事会及监事2012年度履职情况的自我评价报告共11项议案，讨论了银监会影子银行关联业务及部分表外业务检查整改方案。

3月22日 建设银行总行召开2012年度监管情况通报会议。行长张建国，监事长张福荣，纪委书记朱洪波，副行长胡哲一、庞秀生、章更生，首席财务官曾俭华，首席风险官黄志凌，首席审计官余静波，董事会秘书陈彩虹出席。

3月28—29日 全行2013年对公业务工作会议在天津召开。行长张建国、副行长章更生、批发业务总监许会斌、投资理财总监王贵亚出席。会议贯彻落实了全行工作会议精神，总结2012年和2013年一季度对公业务运营情况，部署了2013年对公业务工作。

4月10日 中国建设银行组织人事工作（视频）会议召开。董事长王洪章出席并作重要讲话，监事长张福荣主持会议，副行长章更生出席会议，中组部有关同志应邀参加了会议。会议进一步落实了全国组织部长会议、全国人才工作座谈会和全行年初工作会议精神，回顾总结了2012年组织人事工作，研究部署2013年重点工作。

4月10日 全行2013—2015年产品创新规划研讨会在深圳召开。投资理财总监王贵亚主持会议，部分一级分行的领导及相关条线的业务骨干参加研讨。会议听取了产品创新与管理部对我行2013—2015年产品创新初步规划的汇报，讨论了当前形势下产品创新的需求，初步提出了产品创新工作的重点领域，并对下一步产品创新工作提出了具体要求。

4月12日 建设银行2013年全行审计工作会议在海口召开。监事长张福荣，首席审计官余静波，部分董事、监事出席会议。首席审计官余静波作工作报告。

4月18日　2013年一季度经营形势分析会议在北京召开。行长张建国，纪委书记朱洪波，副行长胡哲一、庞秀生、章更生，首席风险官黄志凌，董事会秘书陈彩虹，批发业务总监许会斌，投资理财总监王贵亚出席。

4月25日　全行共青团和青年工作座谈会在云南昆明召开，副行长章更生出席会议并讲话。云南、上海、广东等八个分行团委书记围绕“新时期如何紧扣中心工作和业务发展创新团的工作”这一主题交流了创新做法和意见建议。

4月26日　中国建设银行股份有限公司董事会2013年第三次会议在北京召开，董事长王洪章，行长张建国，副行长胡哲一、庞秀生，首席财务官曾俭华，董事会秘书陈彩虹出席。会议听取了审计委员会主席介绍审计委员会会议情况，审议通过了关于2013年第一季度报告、内部资本充足评估报告、在智利设立分行、为中国建设银行（亚洲）股份有限公司增资和向四川省雅安地震灾区捐款等议案。

4月26日　中国建设银行股份有限公司监事会2013年第四次会议在北京召开。会议应出席监事9名，实际亲自出席监事5名，监事长张福荣委托李卫平监事代为主持并表决，刘进监事委托宋逢明监事代为出席并表决，张华建监事委托金磐石监事代为出席并表决，郭峰监事委托戴德明监事代为出席并表决。首席财务官曾俭华、董事会秘书陈彩虹列席会议。会议审议通过了关于2013年第一季度报告的议案。

5月2日　建设银行总行召开全行风险防控工作专题会议。行长张建国主持、纪委书记朱洪波、副行长赵欢、首席财务官曾俭华、首席风险官黄志凌、首席审计官余静波出席。

5月2日　建设银行召开总行债券业务风险排查会议。行长张建国主持，副行长赵欢、首席风险官黄志凌出席。

5月10日　总行召开信访维稳专题会议。副行长朱洪波主持会议并讲话，传达了银监会关于“5.13”银行协解人员串联群体聚集上访的紧急情况和相关会议精神，通报了四家银行近期信访维稳工作情况，提出了工作目标，安排部署了具体工作。

5月17日—18日　中国建设银行战略与创新专题研讨暨春季工作座谈会在北京召开，董事王洪章，行长张建国，监事长张福荣，原监事长谢渡扬，纪委书记朱洪波，副行长胡哲一、庞秀生、赵欢、章更生，首席财务官曾俭华，首席风险官黄志凌，首席审计官余静波，董事会秘书陈彩虹，批发业务总监许会斌，投资理财总监王贵亚出席。会上，党委书记、董事长王洪章作了关于电子银行发展战略的重要讲话，行长张建国作全行经营情况报告，监事长张福荣主持会议。总行高级管理人员，部分董事、监事出席会议。人民银行、银监会和汇金公司有关同志应邀出席会议。会议研讨了电子银行业务战略发展专题，分析了2013年前4个月经营情况，研究部署了下一阶段工作任务。本次季度工作会议内容作了重要调整，务实和务虚相结合，旨在推动理念变革、形成战略思维、引导管理创新，促进全行各项业务稳健发展。

5月28日　“青年创新建行强”创新创效金点子大赛颁奖展示暨“五四”表彰视频会议在北京召开，党委书记、董事长王洪章出席并讲话，党委委员、副行长朱洪波、赵欢、章更生及总行高级管理人员曾俭华、陈彩虹、许会斌出席表彰会并为获奖集体和个人颁奖。

5月31日　全行新闻宣传工作座谈会在山东济宁召开。副行长章更生出席会议并讲话。会议交流了经验，分析了形势，查找了问题和不足，研究部署了下一阶段工作重点和措施。

6月4—5日　2013年总行重大信用风险项目化解方案论证会在北京明苑会议中心召开。行长张建国出席并作重要讲话，副行长胡哲一和赵欢到会指导，黄志凌首席风险官主持。

6月6日　中国建设银行股份有限公司2012年度股东大会在北京召开，董事长王洪章、行长张建国、监事长张福荣、纪委书记朱洪波、副行长胡哲一、首席财务官曾俭华、首席风险官黄志凌、董事会秘书陈彩虹、批发业务总监许会斌出席。会议审议通过了建设银行2012年度董事会报告、2012年度监事会报告、2012 年度财务决算方案、2012 年度利润分配方案、2013 年度固定资产投资预算，聘用 2013 年度外部审计师，选举张建国先生连任本行执行董事，选举赵锡军先生连任本行独立非执行董事，选举陈远玲女士连任本行非执行董事，选举朱洪波先生、胡哲一先生担任本行执行董事，选举钟瑞明先生、梁高美懿女士、维姆·科克先生、莫里·洪恩先生担任本行独立非执行董事，选举徐铁先生、齐守印先生担任本行非执行董事，选举张福荣先生、刘进女士连任本行股东代表监事，选举李晓玲女士担任本行股东代表监事，选举白建军先生、王辛敏先生担任本行外部监事。确定了 2015 年年底前新增发行不超过 600 亿元人民币等值减记型合格资本工具。修订了《中国建设银行股份有限公司章程》等议案。

6 月 6 日 中国建设银行股份有限公司监事会 2013 年第五次会议在北京召开。会议由张福荣监事长主持，刘进、李晓玲、金磐石、李卫平、黄叔平、张华建、王辛敏和白建军监事出席会议，董事会秘书陈彩虹列席会议。本次监事会会议审议通过了关于提名张福荣先生连任中国建设银行股份有限公司监事长的议案、关于提名中国建设银行股份有限公司监事会履职尽职监督委员会委员的议案、关于提名中国建设银行股份有限公司监事会财务与内部控制监督委员会委员的议案。会议决议张福荣先生连任本行监事长，决议张福荣先生、刘进女士、李晓玲女士、李卫平先生、王辛敏先生担任本行监事会履职尽职监督委员会委员、决议李晓玲女士、刘进女士、金磐石先生、黄叔平女士、张华建先生、白建军先生担任本行监事会财务与内部控制监督委员会委员。

6 月 7 日 中国建设银行股份有限公司董事会 2013 年第四次会议在北京召开，董事长王洪章主持，行长张建国、监事长张福荣、副行长胡哲一、首席风险官黄志凌、董事会秘书陈彩虹出席。会议听取了审计委员会主席介绍审计委员会会议情况、风险管理委员会主席介绍风险管理委员会会议情况、提名与薪酬委员会主席介绍提名与薪酬委员会会议情况、关联交易控制委员会主席介绍关联交易控制委员会会议情况，审议通过了关于提议董事会战略发展委员会委员、审计委员会委员、风险管理委员会委员、提名与薪酬委员会委员、关联交易控制委员会委员。提议梁高美懿女士担任董事会风险管理委员会主席，关于提议伊琳·若诗女士担任董事会提名与薪酬委员会主席，提议赵锡军先生连任董事会关联交易控制委员会主席，张建国先生连任本行副董事长、行长，提名张龙先生为本行独立董事候选人、陈彩虹先生连任本行董事会秘书。通过了 2012 年度董事和监事薪酬分配清算方案、2012 年度高级管理人员薪酬分配清算方案、董事会对行长授权方案、重大风险事项报告规程（试行）、全面风险管理报告、成立信贷管理部及资产保全部不再作为一级部建制设置等议案。

6 月 13 日 “新型城镇化”专题报告会在北京举行，国家发展改革委城市和小城镇改革发展中心主任李铁受邀作报告。党委副书记、行长张建国，在京党委成员、董事、监事、高管人员出席。报告会由党委委员、副行长章更生主持。

6 月 14 日 建设银行召开党委中心组（扩大）经济金融形势分析会议。董事长王洪章，行长张建国，监事长张福荣，纪委书记朱洪波，副行长胡哲一、庞秀生、章更生，首席财务官曾俭华，首席风险官黄志凌，首席审计官余静波，董事会秘书陈彩虹，批发业务总监许会斌，投资理财总监王贵亚出席。

6 月 19 日 建设银行召开上半年主要工作部署（视频）会议。行长张建国主持，首席财务官曾俭华，首席风险官黄志凌出席。

6 月 25 日 总行党委召开会议，传达学习中央党的群众路线教育实践活动工作会议精神，研究部署全行开展群众路线教育实践活动有关工作。党委书记、董事长王洪章主持会议。会议还审议了《关于在全行深入开展党的群众路线教育实践活动的意见》。

6 月 25 日 安全生产大检查动员部署视频会议在北京召开，总行张建国行长出席会议并作重要讲话，会议由朱洪波副行长主持。这次会议的主要内容是贯彻落实国务院关于集中开展安全生产大检查的工作部署要求，对全行集中开展安全生产大检查工作进行动员部署。

7 月 5 日 全行党的群众路线教育实践活动动员（视频）大会和工作布置会在北京召开。董事长王洪章，行长张建国，监事长张福荣，纪委书记朱洪波，副行长胡哲一、庞秀生、赵欢、章更生，首席财务官曾俭华，首席风险官黄志凌，首席审计官余静波，批发业务总监许会斌，投资理财总监王贵亚出席。

7月11—12日 党的群众路线教育实践活动督导（指导）组工作培训会在北京召开，总行对督导（指导）组人员进行了集中培训。党委副书记、监事长、党的群众路线教育实践活动领导小组副组长张福荣就如何进一步学习领会中央和总行党委精神，统一思想认识，明确职责任务，掌握工作方法，保证督导（指导）工作顺利开展并取得预期效果，提出了具体要求。

7月22日 2013年上半年经营形势分析会议在北京召开。行长张建国主持，纪委书记朱洪波，副行长胡哲一、庞秀生、赵欢、章更生，首席财务官曾俭华，首席风险官黄志凌，首席审计官余静波，董事会秘书陈彩虹，批发业务总监许会斌，投资理财总监王贵亚出席。

8月2—3日 2013年全行工程造价咨询业务推介会在安徽召开，住建部标准定额司、中国建设工程造价管理协会、部分地方造价管理部门等领导及我行造价咨询业务重要客户代表等100多人参会，批发业务总监许会斌出席会议并发表讲话。

8月6—7日 中国建设银行战略与创新专题研讨暨夏季工作座谈会议在北京召开。会上，党委书记、董事长王洪章作了重要讲话，行长张建国作全行经营情况报告，监事长张福荣主持会议。总行高级管理人员，部分董事、监事出席会议。中央党的群众路线教育实践活动督导组、人民银行、银监会和汇金公司有关同志应邀出席会议。各一级分行、海外机构、培训中心主要负责人，总行各部门、各审计分部主要负责人，各子公司主要负责人，总行党的群众路线教育实践活动指导组和督导组的有关人员参加了会议。会议主要内容是：传达贯彻党中央、国务院有关会议精神，深入开展党的群众路线教育实践活动，总结上半年工作，研究布置下一阶段任务，推进风险管理体制改革、信贷机制调整和对公授信流程优化。

8月7日 建设银行2013年夏季海外工作座谈会在北京召开。会议通报上半年海外业务发展情况，分析监管政策等内外部变化对业务的影响及需解决的问题，并部署下半年工作。

8月23日 中国建设银行股份有限公司董事会2013年第五次会议在北京召开，董事长王洪章，行长张建国，监事长张福荣，纪委书记朱洪波，副行长胡哲一、庞秀生，首席财务官曾俭华，董事会秘书陈彩虹出席。会议听取了审计委员会主席介绍审计委员会会议情况、风险管理委员会主持人介绍风险管理委员会会议情况、关联交易控制委员会主席介绍关联交易控制委员会会议情况、提名与薪酬委员会主席介绍提名与薪酬委员会会议情况，审议通过了2013年半年度报告、半年度业绩公告及半年度报告摘要、聘用2014年度外部审计师、发行不超过220亿元人民币等值减记型二级资本工具、提名张燕玲女士为本行非执行董事候选人、提名郭衍鹏先生为本行非执行董事候选人、庞秀生兼任首席财务官、曾俭华改任首席风险官、董事会成员多元化政策、提请召开2013年第一次临时股东大会等议案。

8月23日 中国建设银行股份有限公司监事会2013年第六次会议在北京召开。会议由张福荣监事长主持，刘进、李晓玲、金磐石、李卫平、黄叔平、张华建、王辛敏和白建军监事出席会议。首席财务官曾俭华、董事会秘书陈彩虹列席会议。银监会银行监管一部陈颖副主任、建行处李翰阳副处长应邀列席会议。会议审议通过了2013年半年度报告、半年度报告摘要。研究讨论了监事薪酬安排方式、《监事会及其成员履职评价办法（初稿）》、关于改进年度履职监督与评价工作的建议，听取了上半年监督主要情况报告及相关建议的汇报。

8月26日 机构业务经验交流（视频）会议在北京召开，副行长章更生出席了会议。

9月29日 贯彻落实国务院和银监会进一步提升小微企业金融服务相关意见的视频会议在北京召开。副行长章更生、批发业务总监许会斌参加会议并讲话。会议传达了国务院和银监会小微企业金融服务会议的主要精神，通报了全行小微企业业务发展情况，对下一步小企业业务提出了要求。

9月30日 全行党的群众路线教育实践活动领导小组工作会议在北京召开，监事长张福荣主持，副行长章更生出席。

10 月 22 日 三季度经营形势分析会在北京召开。行长张建国主持，纪委书记朱洪波，副行长胡哲一、庞秀生、赵欢、章更生，首席风险官曾俭华，首席经济学家黄志凌，首席审计官余静波，董事会秘书陈彩虹，批发业务总监许会斌出席。

10 月 24 日 中国建设银行股份有限公司 2013 年第一次临时股东大会在北京召开，董事长王洪章主持，行长张建国，监事长张福荣，纪委书记朱洪波，副行长胡哲一、庞秀生，首席风险官曾俭华，董事会秘书陈彩虹出席。会议审议通过了关于 2012 年度董事和监事薪酬分配清算方案、选举张龙先生担任本行独立非执行董事、选举张燕玲女士、郭衍鹏先生担任本行非执行董事的议案。

10 月 25 日 中国建设银行股份有限公司董事会 2013 年第六次会议在北京召开，董事长王洪章主持，行长张建国，监事长张福荣，纪委书记朱洪波，副行长胡哲一、庞秀生，董事会秘书陈彩虹出席。会议听取了审计委员会主席介绍审计委员会会议情况、提名与薪酬委员会主席介绍提名与薪酬委员会会议情况，审议通过了关于 2013 年第三季度报告、收购 BIC 银行股份、提议张龙先生为本行审计委员会、风险管理委员会和关联交易控制委员会委员、提议张燕玲女士为本行战略发展委员会、审计委员会委员、提议郭衍鹏先生为本行战略发展委员会、提名与薪酬委员会委员、聘任杨文升先生为本行副行长、将《董事会对行长授权管理办法》修订为《董事会授权管理办法》的议案，书面参阅了银监会《商业银行公司治理指引》有关条款解析。

10 月 25 日 中国建设银行股份有限公司监事会 2013 年第七次会议在北京召开。会议由监事长张福荣主持，刘进、李晓玲、金磐石、李卫平、黄叔平、王辛敏和白建军监事出席会议，张华建监事委托金磐石监事代为出席并表决。董事会秘书陈彩虹列席会议。银监会银行监管一部建行处丁慧处长应邀列席会议。会议审议通过了 2013 年第三季度报告、《中国建设银行股份有限公司监事会及其成员履职评价办法（试行）》以及《监事会 2013 年年度履职监督与评价工作方案》三项议案。听取了风险管理工作情况和内控合规工作情况两项汇报。

10 月 30 日 党的群众路线教育实践活动整改工作座谈会议在北京召开。监事长张福荣主持，副行长章更生出席。

11 月 7 日 建设银行召开党委（扩大）会议，传达中央有关文件精神。董事长王洪章主持，纪委书记朱洪波，副行长胡哲一、杨文升，首席风险官曾俭华，首席经济学家黄志凌，董事会秘书陈彩虹出席。

11 月 7 日 监事会工作座谈会议在郑州召开。监事长张福荣主持并讲话，刘进、李卫平、王辛敏监事和吉林、福建、山东、河南、湖南、四川六家分行的主要负责人参加了座谈。

11 月 14 日 建设银行召开（视频）会议，传达党的十八届三中全会精神。董事长王洪章主持，副行长章更生、首席风险官曾俭华、首席经济学家黄志凌、首席审计官余静波、董事会秘书陈彩虹、批发业务总监许会斌出席。

11 月 18—19 日 中国建设银行战略与创新专题研讨暨秋季工作座谈会议在北京召开。会上，党委书记、董事长王洪章作了题为《以党的十八届三中全会精神为指引加快发展创新推进战略转型》的讲话，行长张建国作全行经营情况报告，监事长张福荣主持会议并作总结讲话。总行高级管理人员，部分董事、监事出席会议。中央党的群众路线教育实践活动第三十三督导组、人民银行、银监会和汇金公司有关同志应邀出席会议。总行党的群众路线教育实践活动各指导组、督导组组长也出席了会议。会议传达了党的十八届三中全会精神，分析了全行发展面临的机遇和挑战，总结了 2013 年前三季度工作情况，研究部署了产品创新和岁末年初的各项工作。

11 月 19 日 建设银行 2013 年秋季海外工作座谈会在北京召开，副行长胡哲一主持会议并作讲话，银监会银行监管一部负责同志也出席会议并与各海外机构进行了交流。

11 月 28 日 全行公司机构客户养老金业务营销推进视频会召开。副行长朱洪波出席会议并讲话，许会斌批发业务总监主持会议。会议总结了 2013 年以来养老金业务发展情况，分析养老金业务面临的战略机遇和挑战，研究部署岁末和2014年各项工作。

12月2日 “中国建设银行QFII/RQFII投资国际论坛”在伦敦成功举办。来自10多个国家的185家英国、欧洲及亚洲的投资机构300多位代表参加了此会议，张福荣监事长出席当天论坛并致开幕辞。

12月11日 建设银行召开专题会议，研究当前风险事项等有关工作。行长张建国主持，副行长胡哲一、庞秀生、赵欢、章更生、杨文升，首席风险官曾俭华出席。

12月13日 中国建设银行股份有限公司董事会2013年第七次会议在北京召开。董事长王洪章主持，监事长张福荣、纪委书记朱洪波、副行长胡哲一、首席风险官曾俭华、董事会秘书陈彩虹出席。

12月18日 总行在天津组织召开东北、华北地区9家分行考核办法调整座谈会。会议由副行长庞秀生主持，行长张建国发表重要讲话，首席风险官曾俭华和首席审计官余静波出席会议并讲话。会议研究讨论了分行绩效考核办法的调整。

12月24日 中国建设银行股份有限公司监事会2013年第八次会议在北京召开。会议由张福荣监事长主持，李晓玲、金磐石、李卫平、张华建、王辛敏和白建军监事出席会议，刘进监事委托李晓玲监事代为出席并表决，黄叔平监事委托金磐石监事代为出席并表决。董事会秘书陈彩虹列席会议。银监会银行监管一部建行处副处长李翰阳应邀列席会议。会议审议通过了《监事会2014年度工作计划》，并书面审阅了我行内控合规管理情况、流动性风险管理情况和资本管理情况的汇报。

综合类

1月15日 万事达卡国际组织、VISA国际组织和JCB分别授予我行“最佳境外旅游产品奖”、“2012年度最具影响力营销活动奖”和“2012年度最具人气产品奖”等奖项。另外，在金融界“领航中国”金融行业年度评选活动中，荣获“信用卡最佳服务”；在《银行家》杂志“2012中国金融创新奖”活动中，荣获“十佳金融产品营销奖”；在《第一财经》“2012年度第一财经金融价值榜（CFV）”中荣获“年度信用卡品牌奖”；在《理财周报》“2012中国最受尊敬银行暨最佳零售银行评选”中荣获“2012年最受青睐信用卡品牌”。

1月18日 建设银行在本部大楼举办电子商务金融服务推广大会，推出我行“善融商务”电子商务金融服务平台，行长张建国接见与会嘉宾，副行长庞秀生致辞并回答媒体提问，党委委员章更生出席推广大会。

3月20日 中国建设银行在信达大厦举办养老金卡发布仪式，推出国内首张具有养老特色的联名借记卡。行长张建国、副行长赵欢出席发布仪式，批发业务总监许会斌主持发布仪式。我行重要养老金客户、合作机构嘉宾出席了会议。

4月中国建设银行入围《财富》中国企业社会责任排行榜25强，位居四大行之首。

4月21日 四川雅安发生地震，建设银行迅即捐款1 500万元，用于支持灾区人民抗震救灾、重建家园。

5月 美国《福布斯》杂志发布2013年全球2 000强上市企业排行榜，中国建设银行凭借良好的经营业绩，在销售额、利润、资产和市值四项指标综合排名中位列第二，较上年提升11位。

5月16日 中国建设银行荣获《亚洲银行家》杂志评选的“2013年中国最佳按揭及住房贷款业务奖”。

5月29日 建设银行荣获VISA国际组织银行卡风险管理“领导者”奖，建设银行是大陆地区首次及唯一获此奖项的银行。

5月31日 中国建设银行荣获首届“民生中国 中国养老金融服务最具领导力品牌”奖项。该奖项由人民日报社《民生周刊》杂志社、中国管理科学研究院、中国国际经济合作促进会等单位联合评选。

6月 在证券时报社、新财富杂志社联合主办的“2013中国最佳风控机构评选”中，中国建设银行荣获“中国最佳风控理财银行”大奖。

7月 美国《巴伦周刊》发布2013年全球最受尊敬的100家企业排行榜，建设银行是三家上榜中资企业中唯一一家中资银行。

7月 截至2013年7月末，使用中国建设银行“鑫存管”系统的客户为2 244.8万户，客户总数持续多年保持同业第一；客户交易结算资金总余额达到1 676.67亿元，多年来首次超过工商银行，排名同业第一。

7月25日 建设银行捐款800万元购置“母亲健康快车”。

8月1日 建设银行与中国妇女发展基金会共同举行“母亲健康快车”捐赠发车活动，全国人大常委会副委员会、全国妇联主席沈跃跃，中国妇女发展基金会理事长黄晴宜，全国妇联副主席、书记处书记、中国妇女发展基金会副理事长甄砚，我行董事长王洪章、行长张建国、首席财务官曾俭华等领导共同出席会活动。

8月 中国建设银行荣获“中国银行业协会养老金专业突出贡献单位奖”。

9月4—5日 监事长张福荣、执行董事兼副行长朱洪波在京出席我行2013年“稳健之行”企业开放日活动开幕式。

9月29日 中国建设银行联合中国青少年基金会、中国文学艺术基金会等多家公益机构，共同启动“积分圆梦·微公益”行动。党委书记、董事长王洪章与团中央书记处常务书记贺军科、中国文联副主席徐沛东、中央金融团工委副书记康华平、青年歌唱家吕薇共同启动水晶球。副行长赵欢分别与中国青少年发展基金会秘书长涂猛、中国文学艺术基金会副秘书长郭希敏互换合作协议，副行长章更生主持启动仪式。

10月 建设银行总行将主品牌宣传语“善建者行”修订为“善建者行 成其久远”，并设计制作了“灯塔篇”和“旭日篇”系列形象宣传画面。

10月5—8日 董事长王洪章、董事会秘书陈彩虹一行赴印度尼西亚巴厘岛参加亚太经合组织（APEC）工商领导人峰会。王洪章作为APEC工商咨询理事会（ABAC）中国候任代表和APEC中国工商理事会副主席出席了峰会相关会议及论坛，并与APEC各经济体工商界代表进行了广泛交流和沟通。峰会期间，王洪章分别会见了俄罗斯外贸银行（VTB）董事长考斯金先生、普华永道全球主席戴瑞礼先生、台湾中国信托金融控股公司副董事长薛香川先生一行，就业务拓展及合作进行交流和沟通。峰会期间，王洪章还分别接受了中央电视台和新华社记者的采访。

10月6日 董事长王洪章参加APEC中国工商理事会代表与新西兰代表团座谈会，与新西兰总理约翰·基先生进行了会谈。

10月6日 董事长王洪章出席由峰会组委会和中国贸促会共同举办的“中国之夜”活动并发表演讲，向近400位各经济体代表介绍了中国工商界积极参与和支持APEC各项事务的有关情况。

10月7日 中国国家主席习近平出席峰会并发表主旨演讲，演讲之前，王洪章向峰会介绍了习近平主席和演讲主题。

10月14日 在第七届中国中小企业节上，建设银行荣获2013年度唯一“最佳中小企业服务银行”，建设银行“助保贷”荣获“最具创新性企业金融服务产品”。

11月14日 建设银行荣获银监会“2012年度小微企业金融服务表现突出的银行”，小微企业“善融贷”产品获评银监会“2012年度小微企业金融服务银行特色产品”。

11 月 21 日 第九届中欧工商峰会在北京人民大会堂举行，国务院总理李克强、欧洲理事会主席范龙佩、欧盟委员会主席巴罗佐出席峰会并发表主题演讲。王洪章董事长应邀出席本次会议，并代表中国工商界在大会全体会议上发表了演讲。王洪章就当前国内外经济金融形势、十八届三中全会对改革开放影响、中欧经贸金融合作以及中国建设银行未来海外发展战略发表看法，并与参会代表进行了问答交流。会议结束后，李克强总理与王洪章等部分中欧工商代表亲切握手交谈。

11 月 中国建设银行荣获美国《环球金融》杂志“2013 年中国之星——最佳公司管治奖”和“2013 年中国最佳基础设施融资银行奖”。

11 月 30 日 建设银行荣获第八届中国中小企业家年会“2013 年度全国支持中小企业发展十佳商业银行”奖项。

12 月 监事长张福荣在伦敦出席中国建设银行 QFII/RQFII 投资国际论坛并致辞。

12 月 中国建设银行获“2013 金融价值榜”榜单中的最高奖项“年度银行”奖。

CHINA 中国建设银行年鉴 CONSTRUCTION BANK ALMANAC 2014

第八部分　附录

2013年中国建设银行董事、监事及高级管理层名录

董事

王洪章　董事长、执行董事、党委书记
张建国　副董事长、执行董事、党委副书记
朱洪波　执行董事（2013年7月任）、党委委员
胡哲一　执行董事（2013年7月任）、党委委员
齐守印　非执行董事（2013年7月任）
张燕玲（女）　非执行董事（2014年1月任）
陈远玲（女）　非执行董事
徐　铁　非执行董事（2013年9月任）
董　轼　非执行董事
张　龙　独立非执行董事（2014年1月任）
伊琳·若诗（女）　独立非执行董事
赵锡军　独立非执行董事（2013年6月任）
钟瑞明　独立非执行董事（2013年10月任）
维姆·科克　独立非执行董事（2013年10月任）
莫里·洪恩　独立非执行董事（2013年12月任）
梁高美懿（女）　独立非执行董事（2013年12月任）
王　勇　非执行董事（2013年6月离任）
朱振民　非执行董事（2013年12月离任）
李晓玲（女）　非执行董事（2013年6月离任）
任志刚　独立非执行董事（2013年10月离任）
詹妮·希普利爵士（女）　独立非执行董事（2013年12月离任）
黄启民　独立非执行董事（2013年12月离任）

监事

张福荣　监事长、党委副书记
刘　进（女）　股东代表监事
李晓玲（女）　股东代表监事（2013年6月任）
金磐石　职工代表监事
黄叔平（女）　职工代表监事
张华建　职工代表监事
王辛敏　外部监事（2013年6月任）

白建军　外部监事（2013 年 6 月任）
宋逢明　股东代表监事（2013 年 6 月离任）
李卫平　职工代表监事（2014 年 1 月离任）
郭　峰　外部监事（2013 年 6 月离任）
戴德明　外部监事（2013 年 6 月离任）

高级管理人员

张建国　行长、党委副书记
朱洪波　副行长
纪委书记、党委委员
胡哲一　副行长、党委委员
庞秀生　副行长、党委委员
首席财务官
赵　欢　副行长（2014 年 1 月离任）、党委委员（2013 年 12 月免）
章更生　副行长（2013 年 4 月任）、党委委员
工会委员会主席、机关党委书记
杨文升　副行长（2013 年 12 月任）、党委委员（2013 年 9 月任）
黄　毅　高级管理层成员（2013 年 12 月任）、党委委员（2013 年 12 月任）
曾俭华　首席风险官（2013 年 9 月任）
黄志凌　首席经济学家（2013 年 9 月任）
余静波　首席审计官
陈彩虹　董事会秘书
许会斌　批发业务总监

2013 年建设银行总行部门领导名录

董事会办公室

主任：徐漫霞（女）
副主任：何欣梅（女）
副主任：卢　刚
副主任：李　兖
主任助理：高　云（女）

监事会办公室

主任：刘　进（女）
副主任：车新亭
副主任：薄银根

行长办公室（党委办公室）

行长办公室、党委办公室主任：王　琳
行长办公室、党委办公室副主任：杨　洸
行长办公室副主任：林朝晖
建设银行报副总编辑：刘健（总行部门副总经理级）
行长办公室（总务）副主任：郭京凯
行长办公室（总务）副主任：刘建国
行长办公室（总务）副主任：祝艳阳（2013 年 12 月任）
总务部总经理助理：张鲜平（2013 年 11 月免，退休）
信访办公室主任：王艳薇（女）（总行部门总经理级）
信访办公室副主任：李恒生（总行部门副总经理）

资产负债管理部

总经理：许一鸣
副总经理：张　毅（2013 年 11 月免）
副总经理：刘方根
副总经理：王晓薇（女）
副总经理：邸慧清（女）（2013 年 11 月任）

财务会计部

总经理：应承康

副总经理：俞 斌
副总经理：汪 涛
副总经理：许 涛
副总经理：朱 琳（女）
总经理助理：杨立斌

人力资源部

总经理、党委组织部部长：李卫平（兼任工会委员会常务副主席）
培训管理中心主任：曹亮（总行部门总经理级）（兼党校副校长）（2013 年 8 月免，退休）
副总经理、党委组织部副部长：李春信（总行部门总经理级）
副总经理：刘 英（女）
副总经理、党委组织部副部长：徐云清
副总经理、党委组织部副部长：徐 剑

战略规划与股权投资部

总经理： 李云泽
副总经理：文远华（2013 年 7 月任）
副总经理：谢瑞平
副总经理：齐建功
副总经理：常佳伟

风险管理部

总经理：任德奇（2013 年 10 月任）
副总经理：刘桂峰（女）（总行部门总经理级）[2013 年 7 月兼任资产保全部（二级部）总经理]
副总经理：高 扬（2013 年 7 月任）
副总经理：田国林
副总经理：杨 军 [2013 年 7 月兼任市场风险管理部（二级部）总经理]
资深风险经理（专业技术二级）：怡 颖（女）
市场风险管理部（二级部）副总经理：钱爱莉（女）（总行部门副总经理）（2013 年 12 月任）
资产保全部（二级部）副总经理：谭兴民（2013 年 7 月任）
资产保全部（二级部）副总经理：马 奎（2013 年 7 月任）
资产保全部（二级部）资深风险经理（专业技术二级）：曹桂英（女）（2013 年 7 月任）

信贷管理部

总经理：于妍玲（女）（2013 年 7 月任）
副总经理：刘守平（2013 年 7 月任）
副总经理：尚朝辉（2013 年 7 月任）
副总经理：张华清（2013 年 7 月任）
副总经理：陈 蕾（2013 年 7 月任）
副总经理：尚 妍（女）（2013 年 11 月任）

授信审批部

总经理：王 业

副总经理：李敏新（总行部门总经理级）
副总经理：邓艾兵（总行部门副总经理）（2013 年 7 月任，兼任授信部（二级部）总经理）
副总经理：宋知春（女）
副总经理：臧慧业
副总经理：童文涛（2013 年 11 月任）
授信部（二级部）副总经理：张明合（2013 年 7 月任）
授信部（二级部）副总经理：贺志红（2013 年 7 月任）
授信部（二级部）副总经理：修　琦（2013 年 7 月任）
资深风险经理（专业技术二级）：张　颖（女）
副总经理级专职贷款审批人：王建林
副总经理级专职贷款审批人：何　平（女）
副总经理级专职贷款审批人：王展刚
副总经理级专职贷款审批人：张山林
副总经理级专职贷款审批人：蒋　雯（女）
副总经理级专职贷款审批人：魏海滨
副总经理级专职贷款审批人：张　承
副总经理级专职贷款审批人：饶跃胜
副总经理级专职贷款审批人：陈林峰
副总经理级专职贷款审批人：蒋伯荣
副总经理级专职贷款审批人：陈红霞（女）
副总经理级专职贷款审批人：周永舫
副总经理级专职贷款审批人：陈新声
副总经理级专职贷款审批人：江艳峰
副总经理级专职贷款审批人：曹　众
副总经理级专职贷款审批人：李年丰
副总经理级专职贷款审批人：张文利
副总经理级专职贷款审批人：毕立民
副总经理级专职贷款审批人：商立平

审计部

总经理：赵观甫
副总经理：周小知（2013 年 7 月任）
副总经理：冯道海
副总经理：杨　军
副总经理：武丕宏
副总经理：靳晓飞（女）（2013 年 7 月任）

内控合规部

总经理：王　军（2013 年 10 月任）
副总经理：王书仁（2013 年 1 月任，2013 年 7 月免）
副总经理：秦仁文（2013 年 1 月任）
副总经理：陈宝东（2013 年 7 月任）

副总经理：万盛举（2013 年 7 月任）
总经理助理：蒋　睿（2013 年 1 月任）

公司业务部

总经理：康　义（2013 年 10 月任）
资深专员：魏兴富（总行部门总经理级）
副总经理：蔡亚蓉（女）
副总经理：李　钺（女）
副总经理：李丽杰（女）

集团客户部

总经理：程远国
副总经理：张向群
副总经理：万志敏
副总经理：郑玉金（女）
副总经理：程志伟（2013 年 4 月任）
副总经理：鲁秀艳（女）（2013 年 4 月任）
总经理助理：周　明

机构业务部

总经理：刘仁刚
副总经理：张　坤
副总经理：王　强
副总经理：王雪玲（女）
副总经理：孙玉辉
副总经理：葛文杰

小企业业务部

总经理：余　江
副总经理：周鑫泉
副总经理：隋　露（女）
副总经理：李从军
副总经理：李晓芳（女）

养老金业务部

总经理：冯丽英（女）
副总经理：龚　毅
副总经理：李红骏
副总经理：施宇平
总经理助理：杭　琛
总经理助理：张剑峰（女）

投资托管业务部

总经理：杨新丰
副总经理：纪　伟
副总经理：张军红
副总经理：郑绍平
副总经理：黄秀莲（女）（2013 年 12 月任）
总经理助理：尹　东

资金结算部

总经理：李国建
副总经理：周玉旺
副总经理：张继波
副总经理：霍晓梅（女）

个人存款与投资部

总经理：杨绍萍（女）（2013 年 10 月任）
副总经理：马美芹（女）
副总经理：张　敏（女）（2013 年 12 月任）
副总经理：刘　涛（女）
副总经理：曹　伟
副总经理：孙　娜（女）
电话银行中心副总经理：周　夏（总行部门总经理助理）

财富管理与私人银行部

总经理：魏春旗
副总经理：应　红（女）
副总经理：梅雨方
副总经理：杨　刚
副总经理：马　勇
副总经理：严　俊（2013 年 11 月任）

住房金融与个人信贷部

总经理：王　毅（2013 年 11 月任）
副总经理：孙冰峰（总行部门总经理级）
副总经理：孙聚贤（女）
副总经理：孟国鸿
副总经理：周　刚（2013 年 11 月任）

信用卡中心

总经理、党委书记：段超良
副总经理、党委副书记：蒋志春

副总经理、党委委员：吴惠涛
运行总监、党委委员：黄　勇（总行部门副总经理级）
总经理助理、党委委员：张　伟（2013 年 12 月任党委委员）
纪委书记、党委委员：杨学才（总行部门副总经理）（2013 年 12 月任）

电子银行部

总经理：黄　浩
副总经理：马春峰（总行部门总经理级）
副总经理：刘建忠
副总经理：寇　冠
副总经理：于　潇（女）（2013 年 11 月任）

产品创新与管理部

总经理：李尚荣
副总经理：赵志宏
副总经理：胡恒社
副总经理：陈　昕
总经理助理：汪下烟

金融市场部

总经理：谷　裕
副总经理：王　勇（总行部门总经理级）（兼任商品与期货交易部总经理）
副总经理：曹守年
副总经理：刘　彦（女）
副总经理：张　铮
总经理助理：严　瑛（女）
商品与期货交易部（二级部）副总经理：格　根（女）（2013 年 12 月任）（总行部门副总经理）
商品与期货交易部（二级部）副总经理：雷　鸣（总行部门总经理助理）
香港交易中心副主任：郭志鹏（总行部门副总经理）

投资银行部

总经理：黄　曦（女）（2013 年 2 月任）
副总经理：孙念北（女）
业务总监：黄金华（总行部门副总经理）
副总经理：李少俊
副总经理：谢国旺（2013 年 11 月任）

国际业务部

总经理：杨爱民
副总经理：孙建政（总行部门总经理级）
副总经理：江建华
副总经理：彭　钢（2013 年 6 月免）

副总经理：孙剑波（女）

营运管理部

主要负责人：杨丰来
副总经理：吕穗春（女）（总行部门总经理级）
副总经理：李雪艳（女）
副总经理：梁　军
副总经理：陈　德（兼任后台业务中心总经理）
总经理助理：李月希
资金业务营运总监：刘润发（总行部门总经理助理）

信息中心

总经理：刘静芳（女）（2013 年 1 月任）
副总经理：施　良
副总经理：曹建勇（2013 年 7 月任）
副总经理：常　征
资深经理（专业技术二级）：尚　波（2013 年 12 月任）

信息技术管理部

总经理：金磐石
副总经理：朱玉红（女）（总行部门总经理级）（兼任“新一代核心系统”建设推进工作小组常务副组长）
总工程师（专业技术一级）：胡宪忠
副总经理：李　骁（兼任北京开发中心主任）
副总经理：王申科
副总经理：王　燕（女）（2013 年 1 月免）
副总经理：刘延新
资深信息技术工程师（专业技术二级）：林磊明
总经理助理：纪朝晖

法律事务部

总经理：程美芬（女）
副总经理：曹屹立
副总经理：吴胜春
副总经理：侯太领
总经理助理：周立众（2013 年 12 月任）
资深经理（专业技术二级）：邱纪成（2013 年 12 月任）

研究部

总经理：吴建杭（2013 年 10 月任）
副总经理：许占涛（总行部门总经理级）
副总经理：蒋清海

副总经理：宋海林（2013 年 7 月任）
副总经理：朱　勇

采购部

总经理：吴建中
副总经理：顾万寿
副总经理：黄文化

纪检监察部

总经理、纪委副书记：张华建（兼巡视工作办公室主任）

副总经理、纪委副书记：林　鸿（总行部门总经理）（兼巡视工作办公室副主任）（2013 年 5 月免纪检监察部副总经理）

副总经理：王德刚
副总经理：刘文锦（2013 年 5 月任）
总经理助理：罗　铿
巡视工作办公室副主任：傅晓燕（女）（2013 年 4 月兼巡视组副组长）
巡视工作办公室副主任：吴　忆（女）（2013 年 9 月免）
巡视工作办公室主任助理：赵　荣（女）
第一巡视组组长：张　涛（女）（2013 年 1 月任）
第二巡视组组长：潘念宁（女）（2013 年 1 月任）
第三巡视组组长：王　毅（2013 年 1 月任）
巡视组副组长：赵　翀（总行部门副总经理）（2013 年 4 月任）
中国监察学会建设银行分行副秘书长：韩晓春（女）（总行部门副总经理）

公共关系与企业文化部

总经理、党委宣传部部长：王　炽
副总经理：何小平
副总经理：柴　翔
副总经理：张延明（2013 年 5 月任）

安全保卫部

总经理：刘　晖
副总经理：任亚民
副总经理：熊自力

离退休人员管理部

总经理：安全德
副总经理：齐迪清（2013 年 3 月免，退休）
副总经理：邹春生（2013 年 9 月任）

机关党委

副书记：张　宪（总行部门总经理级）

副书记：吴慧文（女）（总行部门副总经理）
机关纪委副书记：李志（女）（总行部门副总经理）（2013 年 4 月兼任巡视组副组长）

党校

副校长、高级研修院院长：王博之（总行部门总经理）
副校长、高级研修院副院长：周　平（2013 年 12 月任）

工会

副主席：张玉英（女）（总行部门总经理级）

副主席：凌　雯（女）（总行部门总经理级）（2013 年 1 月免，退休）
副主席：邵风高
团委书记：周　波（总行部门副总经理）（2013 年 10 月任）

基建办公室

主任：刘铁彦（总行部门总经理级）

“新一代核心系统”建设推进工作小组

副组长：王怀伟

2013年建设银行分行领导名录

北京市分行

行长、党委书记：田惠宇（2013年5月免）
行长（兼）、党委书记：余静波（2013年8月任）
副行长（总行部门总经理级）、党委副书记：方秋月
纪委书记、党委委员：董建恒
副行长、党委委员：李　凡
副行长、党委委员：郎理英（女）
副行长、党委委员：徐洪昇（2013年1月任副行长）
副行长、党委委员：张力铮（2013年1月任副行长）
风险总监：邓艾兵（2013年7月免）
行长助理：吴泼伟
资深专员：赵克义

天津市分行

行长、党委书记：高德高
副行长、党委副书记：杨铁军（2013年12月免）
纪委书记、党委委员：李　军（女）
副行长、党委委员：刘步其
副行长、党委委员：王　斌
副行长、党委委员：文远华（2013年7月免）
副行长、党委委员：李明凯（2013年12月由风险总监改任）
副行长、党委委员：屈宏志（2013年11月任党委委员，12月任副行长）

河北省分行

行长、党委书记：李秀昆（蒙古族）
副行长、党委副书记：孙福州
副行长、党委委员：周小知（2013年7月免）
副行长、党委委员：郭英辉（女）
纪委书记、副行长、党委委员：韩智慧
副行长、党委委员：李春生
副行长、党委委员：喻永新（2013年12月由风险总监改任）
副行长、党委委员：尹全振（2013年12月任）
副行长、党委委员：王永平（2013年12月由行长助理提任）

行长助理：朱建辉（2013 年 6 月免）
工会主任：杜彦芳（女）

山西省分行

行长、党委书记：高　强
副行长、党委副书记：陈东平
纪委书记、副行长、党委委员：解陆一
副行长、党委委员：斛文锋
副行长、党委委员：于凡（女）（2013 年 11 月任党委委员，12 月任副行长）
风险总监：杨利亚
资深专员：孟荣华
资深专员：康生福

内蒙古自治区分行

行长、党委书记：邱书民
纪委书记、党委委员：楚孔用
副行长、党委委员：张兆西
副行长、党委委员：董发凯（2013 年 8 月任）
副行长、党委委员：崔殿满（2013 年 12 月由风险总监改任）
副行长、党委委员：孙建国（2013 年 4 月任）
副行长、党委委员：乔俊峰（蒙古族）（2013 年 4 月由行长助理提任）
副行长、党委委员：高凤山（2013 年 11 月由行长助理提任党委委员，12 月任副行长）
行长助理：吕作龙
资深专员（总行部门总经理级）：裴品才

辽宁省分行

行长、党委书记：杨文升（2013 年 9 月免）
行长、党委书记：袁桂军（2013 年 10 月任）
副行长（总行部门总经理级）、党委副书记：陈　利
副行长、党委委员：籍宝奎
副行长、党委委员：陈宝东（2013 年 7 月免）
纪委书记、党委委员：肖　青（女）（2013 年 6 月免副行长）
副行长、党委委员：韩　民
副行长、党委委员：于宁哲
副行长、党委委员：司朝伟（2013 年 6 月任）
风险总监：刘　伟（2013 年 1 月免）
副行长、党委委员：张　勇（2013 年 1 月任风险总监，12 月改任副行长、党委委员）
党委委员：张连钢（2013 年 11 月任）

大连市分行

行长、党委书记：林忠治
副行长、党委副书记：程超英（女）

纪委书记、党委委员：隋　岩（女）
副行长、党委委员：石新亭
副行长、党委委员：张喜军
副行长、党委委员：全敏（朝鲜族）
风险总监：王津成
行长助理：张鹏举
行长助理：率长江

吉林省分行

行长、党委书记：张　勤（2013 年 9 月免）
行长、党委书记：杨铁军（2013 年 9 月任主要负责人，12 月任行长、党委书记）
副行长、党委副书记：郭元析
副行长、党委委员、工会主任：姚殿英
副行长、党委委员：吕春光
纪委书记、党委委员：奚丽娟（女）（满族）
副行长、党委委员：具京子（女）（朝鲜族）
副行长、党委委员：尹　君（2013 年 7 月免）
副行长、党委委员：刘　伟（2013 年 1 月任）
行长助理：孙建国（2013 年 4 月免）

黑龙江省分行

行长、党委书记：鲁可贵（2013 年 9 月免）
行长、党委书记：张　勤（2013 年 9 月任）
副行长、党委副书记：耿庆军
副行长、党委委员：姜鸿飞
纪委书记、党委委员、工会主任：张慧敏（女）
副行长、党委委员：尹　君（2013 年 7 月任）
副行长、党委委员：李　松（2013 年 4 月由行长助理提任）
副行长、党委委员：江文波
风险总监：董发凯（2013 年 8 月免）
行长助理：邹洵游

上海市分行

行长、党委书记：王　江
副行长、党委副书记：忻明宝
副行长、党委副书记：徐　捷
副行长、党委委员：张忠德（回族）（2013 年 8 月免，退休）
纪委书记、副行长、党委委员：林晓东
副行长、党委委员：陈金富
副行长、党委委员：徐众华
副行长、党委委员：吴益强（2013 年 4 月由行长助理提任）
工会主任：王明珏（2013 年 9 月免，退休）

副行长、党委委员：李　骏（2013 年 7 月任）

副行长、党委委员：李朝阳（2013 年 4 月任风险总监，12 月改任副行长、党委委员）

江苏省分行

行长、党委书记：杨　毓

副行长、党委副书记：沈义明

副行长、党委副书记：张　毅（2013 年 11 月任党委副书记，12 月任副行长）

副行长、党委委员：樊庆刚

副行长、党委委员：金扬统

副行长、党委委员：邵　斌

纪委书记、党委委员：王光明

党委委员：张伟煜（2013 年 12 月任）

风险总监：武　莉（女）

行长助理：贾　纯

苏州分行

行长、党委书记：岳　鹰（2013 年 9 月免）

党委书记：刘兴华（2013 年 9 月任主要负责人，12 月任党委书记）

副行长、党委副书记：杨　虹（女）

副行长、党委委员：黄松鹤

纪委书记、副行长、党委委员：方建平

工会主任：吕伟民

风险总监：许永良

资深专家：林少斌

行长助理：朱斌晨

行长助理：冯　宇

行长助理（挂职）：顾卫东

浙江省分行

行长、党委书记：黄先俊（蒙古族）

副行长、党委副书记：侯建培

副行长、党委副书记：林顺辉

副行长、党委委员：张　民（2013 年 5 月免纪委书记）

纪委书记、党委委员、工会主任：傅春兰（女）（2013 年 5 月任纪委书记、党委委员）

副行长、党委委员：陈慧芳（女）（2013 年 7 月任党委委员，9 月任副行长）

副行长、党委委员：陈根海（2013 年 7 月任）

风险总监：叶　进（2013 年 2 月任）

行长助理：何向东

宁波市分行

行长、党委书记：苏　克

党委书记：葛王杰（2013 年 12 月任）

纪委书记、副行长、党委委员：任国正（2013 年 9 月任纪委书记）
副行长、党委委员：陈恒星
副行长、党委委员：卢　冲
风险总监：叶　进（2013 年 2 月免）
党委委员：张琐琐（女）（2013 年 11 月任）
行长助理：陈晓峰（2013 年 2 月任）

安徽省分行

行长、党委书记：戴跃明
副行长、党委副书记：刘兴华（2013 年 12 月免）
副行长、党委委员：姚启凡
纪委书记、党委委员：杨庆生
副行长、党委委员：杨学军
党委委员：吴振广（2013 年 12 月任，免风险总监）
行长助理：张广飞
资深专员：范绍杰
资深专员：徐明堑（2013 年 7 月免，退休）

福建省分行

行长、党委书记：彭洪明
副行长、党委副书记：陈万铭（布依族）
副行长、党委委员：李文贤
副行长、党委委员：林和发
副行长、党委委员：刘　峰
纪委书记、党委委员：胡敏华
副行长、党委委员：丁保平（回族）
副行长、党委委员：王东标（2013 年 12 月由风险总监改任）
工会主任：郑碧玲（女）
行长助理：黄　汾
行长助理：林　平
行长助理：吴建政

厦门市分行

行长、党委书记：刘丽华（女）
副行长、党委副书记：生柳荣
副行长、党委副书记：黄　霞（女）（2013 年 12 月由风险总监提任）
副行长、党委委员：林　华（女）
副行长、党委委员：肖春辉
纪委书记、党委委员：戴丽萍（女）
副行长、党委委员：黄惠玲（女）
副行长、党委委员：黄华红（女）（2013 年 11 月任党委委员，12 月任副行长）
资深专员：丁嘉槐（2013 年 10 月任）

江西省分行

行长、党委书记：万国平
副行长、党委副书记：易建荣（2013 年 2 月任）
副行长、党委委员：彭家彬
纪委书记、党委委员：丁嘉槐（2013 年 10 月免）
副行长、党委委员：喻金龙
副行长、党委委员：蒋曙明
纪委书记、党委委员：王志武（女）（2013 年 12 月任）
风险总监：杜占良
行长助理：刘　忠

山东省分行

行长、党委书记：薛　峰
副行长、党委副书记：李文达
副行长、党委委员：王晓永
副行长、纪委书记、党委委员：张维国（2013 年 9 月任纪委书记）
副行长、党委委员：刘振奇
副行长、党委委员：路　民
纪委书记、党委委员：司朝伟（2013 年 6 月免）
副行长、党委委员：李建平
风险总监：葛王杰（2013 年 9 月免）
副行长、党委委员：朱治昌（2013 年 11 月由行长助理提任党委委员，12 月任副行长）
党委委员：郝子建（2013 年 11 月任）
行长助理：宋佐军

青岛市分行

行长、党委书记：冯　涛
副行长、党委委员：刘远方（2013 年 1 月任）
副行长、党委委员：王士清
副行长、党委委员：郭中华（女）
副行长、党委委员：刘从正
纪委书记、党委委员：杨洲德
党委委员：陈庆辉（2013 年 12 月由风险总监改任）

河南省分行

行长、党委书记：石亭峰
副行长、党委委员：张志军
副行长、党委委员：石永拴
副行长、党委委员：王保信
副行长、党委委员：黄兴宏
副行长、党委委员：路建华（2013 年 7 月任党委委员，9 月任副行长）

纪委书记、党委委员：张新华（2013 年 5 月任）
党委委员：许建东（2013 年 12 月由风险总监改任）
行长助理：胡　军

湖北省分行

行长、党委书记：任德奇（2013 年 10 月免）
党委书记：廖　林（2013 年 9 月任主要负责人，12 月任党委书记）
副行长、党委副书记：陈汉华
副行长、党委委员：范广州
纪委书记、党委委员：王继光（2013 年 10 月免，退休）
副行长、党委委员：王进军
副行长、党委委员：段红涛
副行长、党委委员：石章振
副行长、党委委员：李忠东（2013 年 12 月由风险总监改任）
纪委书记、党委委员：张为忠（2013 年 12 月任）
行长助理：任　鹏
巡视员：陶恒喜

三峡分行

行长、党委书记：林　帆
副行长、党委委员：罗泽民
副行长、党委委员：张家材
副行长、党委委员：常　平
副行长、党委委员：叶　轮
风险总监：汪兴全
工会主任：宋文德
行长助理：柴洪斌
资深专员：佟晓林（2013 年 10 月由纪委书记、党委委员改任）

湖南省分行

行长、党委书记：刘力耕
副行长、党委副书记：陈二尧
副行长、党委委员：李　泉
纪委书记、党委委员：易建荣（2013 年 2 月免）
副行长、党委委员：刘广良
副行长、党委委员：尹利芳
副行长、党委委员：梁德顺
党委委员：文爱华（2013 年 12 月由风险总监改任）
纪委委员、党委委员：朱怀伟（2013 年 5 月任）

广东省分行

行长、党委书记：靳彦民

副行长、党委委员：易景安
副行长、党委委员：沈奕明
纪委书记、副行长、党委委员：王少先
副行长、党委委员：陈翠芳（女）
副行长、党委委员：李　民
副行长、党委委员：李洪茂（2013 年 11 月由行长助理提任党委委员，12 月任副行长）
风险总监：梁洪晨
工会主任：王志雄
资深专员：李锦海（2013 年 9 月由副行长、党委副书记改任）

深圳市分行

行长、党委书记：刘　军
副行长、党委委员：吴集荣
纪委书记、党委委员：王　雄
副行长、党委委员：李华峰
副行长、党委委员：赵芝然
副行长、党委委员：潘　虹
副行长、党委委员：戴惠明
副行长、党委委员：韩凤林（2013 年 12 月由风险总监改任）

广西壮族自治区分行

行长、党委书记：胡昌苗
副行长、党委副书记：魏振华
副行长、党委委员：李思影
纪委书记、党委委员、工会主任：杨静挺
副行长、党委委员：梁建林（回族）
副行长、党委委员：黄诚东
副行长、党委委员：农卫东（壮族）
风险总监：陈创胜
行长助理：张石强（2013 年 2 月任）

海南省分行

行长、党委书记：张中科（2013 年 1 月任）
副行长、党委副书记：麦仲山（壮族）
纪委书记、副行长、党委委员：路建华（2013 年 7 月免）
副行长、党委委员：李明曦（2013 年 2 月免）
副行长、党委委员：石　滨（女）
纪委书记、党委委员、工会主任：尹慧琳（女）（2013 年 7 月任纪委书记、党委委员）
党委委员：戴建军（土家族）（2013 年 11 月任）
风险总监：麦文盛
资深专家：梁福成（2013 年 1 月由行长、党委书记改任）
资深专员：赵永林

四川省分行

行长、党委书记：曾　益
副行长、党委委员：万　鸿（2013 年 8 月免，退休）
副行长、党委委员：王　浩
纪委书记、党委委员：李述成
副行长、党委委员：严　斌（2013 年 9 月任党委委员，12 月任副行长）
副行长、党委委员：卢　生（2013 年 9 月任党委委员，12 月任副行长）
副行长、党委委员：汪　海（2013 年 12 月由风险总监改任）
工会主任：颜克忠
行长助理：戴虎林
行长助理：杨泽新（女）
资深专员：李祥国（2013 年 9 月由副行长、党委委员改任，11 月免资深专员职务，退休）

重庆市分行

行长、党委书记：李　果
副行长、党委委员：严　斌（2013 年 9 月免）
副行长、党委委员：文姜元
副行长、党委委员：熊　刚
纪委书记、党委委员：高永强
党委委员：陈义（2013 年 12 月由风险总监改任）
党委委员：吴承恩（2013 年 11 月由行长助理提任）
行长助理：张　希
资深专家：何益民（2013 年 1 月任）
资深专员：罗文章
资深专员：颜显民（女）

贵州省分行

行长、党委书记：吴民豪
副行长、党委委员：张民权（白族）
副行长、党委委员、工会主任：蒋晓树
副行长、党委委员：杜　坚
副行长、党委委员：许修智
纪委书记、党委委员：陈中新
风险总监：周　晓
行长助理：朱启江

云南省分行

行长、党委书记：潘念宁（2013 年 1 月免）
行长、党委书记：高升亮（2013 年 1 月任）
副行长、党委副书记：马亦凌（女）（回族）（2013 年 12 月由党委委员提任党委副书记）
副行长、党委委员：何　跃

副行长、党委委员：董晓威（2013 年 12 月任副行长，免纪委书记）
纪委书记、党委委员：赵海涛（2013 年 12 月由风险总监改任）
副行长、党委委员：李瑞冬（2013 年 5 月任）（女）
行长助理：王晶武（2013 年 11 月免）
资深专员：范京云

西藏自治区分行

行长、党委书记：韩文贞
副行长、党委委员：严仕成
纪委书记、党委委员：次仁顿珠（藏族）
副行长、党委委员：卢　生（2013 年 9 月免）
副行长、党委委员：查克健
副行长、党委委员：王曼村（2013 年 1 月任副行长）
风险总监：刘晓兰（女）
行长助理：武青勇
巡视员：罗布桑珠（藏族）

陕西省分行

行长、党委书记：牟乃密
副行长、党委副书记：李忠华
副行长、党委委员：刘红旗
副行长、党委委员：曹建平（2013 年 12 月由风险总监改任）
副行长、党委委员：张玺峰（2013 年 7 月由行长助理提任）
副行长、党委委员：张　敏（女）（2013 年 7 月由行长助理提任）
纪委书记、党委委员：严建新（2013 年 12 月任）

甘肃省分行

行长、党委书记：艾尔肯．艾则孜（维吾尔族）
副行长、党委委员：孙一顺
副行长、党委委员：王文永
副行长、党委委员：杨玉江
纪委书记、党委委员：苏安平
副行长、党委委员：朱博海
风险总监：杨仲元

青海省分行

行长、党委书记：郭继庄
副行长、党委副书记：李振宇
副行长、党委委员：王正录
纪委书记、党委委员：卜建平
副行长、党委委员：郑海峰
副行长、党委委员：梁世斌

副行长、党委委员：刘志发（2013 年 11 月任党委委员，12 月任副行长）
风险总监：金大钊（满族）

宁夏回族自治区分行

行长、党委书记：廖　林（2013 年 12 月免）
副行长、党委副书记：刘海涛
纪委书记、党委委员：袁　贵
副行长、党委委员：徐长宁
副行长、党委委员：陈福功
副行长、党委委员：吴其海（2013 年 12 月由行长助理提任）
副行长、党委委员：王　斌（2013 年 12 月由行长助理提任）

新疆维吾尔自治区分行

行长、党委书记：魏承国
副行长、党委委员：杨险峰
副行长、党委委员：张春生
纪委书记、副行长、党委委员：阿布来提·木明（维吾尔族）
副行长、党委委员：徐军世
党委委员：李新平
风险总监：闫静波

哈尔滨培训中心

主任、党委书记兼建设银行党校哈尔滨分校校长：孙平生
副主任、党委副书记：孙耀河
纪委书记、党委委员：王建立

常州培训中心

副主任、党委副书记（主持工作）：屈建伟
副主任、党委副书记：江炳钰
纪委书记、副主任、党委委员兼建设银行党校常州分校副校长：赵余分

备注：

此前与行办杨旭联系，沟通以下内容：
1. 针对部分分行专业技术二级人员的情况列入名录，目前已统一去掉，不含此类人员。
2. 针对部分分行注明少数民族干部民族的情况，目前已把所有少数民族情况标记注明。
以上变化情况是否成为年鉴正式内容，请行办按年鉴标准最终定夺。

2013年建设银行海外机构负责人名单

序号	所在机构	姓名	性别	备注
1	中国建设银行（亚洲）股份有限公司	毛裕民	男	2013年7月任
2	新加坡分行	姜国云	男	
3	法兰克福分行	李锁生	男	2013年6月免
		李　彪	男	2013年6月任
4	约翰内斯堡分行	张进国	男	
5	东京分行	李勇龙	男	
6	首尔分行	李　彪	男	2013年6月免
		彭　钢	男	2013年6月任
7	中国建设银行（伦敦）有限公司	丰刁来	男	2013年1月任
8	纽约分行	李　伟	男	2013年4月免
		张　骏	男	2013年4月任
9	悉尼分行	王启新	男	
10	胡志明市分行	孙　琳	男	
11	中国建设银行（俄罗斯）有限责任公司	高　榕	男	2013年5月任
12	中国建设银行（迪拜）有限公司	袁盛瑞	男	2013年7月任
13	台北分行	李国夫	男	2013年6月任
14	中国建设银行（欧洲）有限公司（卢森堡分行）	李锁生	男	2013年9月任

2013年建设银行审计机构负责人名单

序号	所在机构	姓名	性别	备注
1	天津审计分部	张彦冰	男	2013年2月（病故）
		鲁可贵	男	2013年9月任
2	沈阳审计分部	崔滨洲	男	2013年7月免
		王书仁	男	2013年7月任
3	上海审计分部	沈　明	男	
4	南京审计分部	邵来吉	男	
5	武汉审计分部	金海萍	女	
6	广州审计分部	熊建华	男	
7	成都审计分部	黄叔平	女	
8	西安审计分部	汪永俭	男	
9	香港审计分部	黄亚平	女	2013年4月免
		孔永新	男	2013年6月任
10	北京总审计室	张超英	女	
11	河北总审计室	靳晓飞	女	2013年7月免
		岳　鹰	男	2013年9月任，2014年1月免
12	山西总审计室	许敏鸣	女	
13	内蒙古总审计室	张为忠	男	2013年12月免
		白俊芝	女	2013年12月任
14	大连总审计室	金　军	男	
15	吉林总审计室	宋　涛	男	
16	黑龙江总审计室	贾悦红	女	
17	浙江总审计室	王爱玲	女	
18	宁波总审计室	黄品良	男	
19	福建总审计室	兰晋东	男	2013年12月免
		林　华	女	2013年12月任

续表

序号	所在机构	姓名	性别	备注
20	厦门总审计室	温　剑	男	
21	山东总审计室	刘远方	男	2013 年 1 月免
		崔凤芹	女	2013 年 1 月任
22	青岛总审计室	崔凤芹	女	2013 年 1 月免
		于敬一	女	2013 年 5 月任
23	安徽总审计室	杜皖青	女	2013 年 5 月免
		胡　忠	男	2013 年 11 月任
24	苏州总审计室	谷成沛	男	
25	江西总审计室	樊精隆	男	
26	河南总审计室	程全正	男	
27	宜昌总审计室	刘家桂	男	
28	湖南总审计室	王新立	男	
29	深圳总审计室	刘京保	男	2013 年 9 月免
		谭晓兵	男	2013 年 12 月任
30	广西总审计室	陈泽钧	男	
31	海南总审计室	庞平声	男	
32	重庆总审计室	刘　平	男	
33	贵州总审计室	陈光俊	男	
34	云南总审计室	王黎川	男	
35	西藏总审计室	杨劲青	女	
36	甘肃总审计室	孙积安	男	
37	青海总审计室	李锦旗	男	
38	宁夏总审计室	宁连珠	男	2013 年 7 月免
		沈忠良	男	2013 年 11 月任
39	新疆总审计室	熊跃明	男